institutions politiques
et
droit constitutionnel

La loi du 11 mars 1957 n'autorisant, aux termes des alinéas 2 et 3 de l'article 41, d'une part, que les « copies ou reproductions strictement réservées à l'usage privé du copiste et non destinées à une utilisation collective » et, d'autre part, que les analyses et les courtes citations dans un but d'exemple et d'illustration, « toute représentation ou reproduction intégrale, ou partielle, faite sans le consentement de l'auteur ou de ses ayants droit ou ayants cause, est illicite » (alinéa 1er de l'article 40).

Cette représentation ou reproduction, par quelque procédé que ce soit, constituerait donc une contrefaçon sanctionnée par les articles 425 et suivants du Code pénal.

© Éditions Dalloz - 1990

Précis Dalloz

institutions politiques
et
droit constitutionnel

Marcel Prélot
Ancien Vice-Président de la Commission
des lois constitutionnelles du Sénat
Ancien Président de la Commission des affaires juridiques
de l'Assemblée du Conseil de l'Europe
Recteur et professeur honoraires

Onzième édition
1990

revue et mise à jour par

Jean Boulouis
Professeur émérite à l'Université Paris 2
Doyen honoraire

DALLOZ
11, rue Soufflot, 75240 Paris Cedex 05

codes dalloz

Volumes brochés 10,5 × 15

publiés annuellement :

- Code civil
- Code de commerce
- Code pénal
- Code de procédure pénale
et code de justice militaire *(un volume)*
- Nouveau code de procédure civile
- Code du travail

publiés périodiquement :

- Code administratif
- Code des loyers et de la copropriété
- Code rural et code forestier *(un volume)*
- Code de la sécurité sociale
et code de la mutualité *(un volume)*
- Codes de la santé publique,
de la famille et de l'aide sociale *(un volume)*
- Code général des impôts
- Livre des procédures fiscales
- Code des sociétés
- Code de l'urbanisme
- Code de l'environnement
- Code de la construction et de l'habitation
- Code électoral

AVERTISSEMENT

Le maintien du nom de Marcel Prélot sur la couverture de ce Précis, dont voici bientôt quinze ans, il nous avait fait l'honneur de nous remettre l'héritage, appelle quelques explications.

Il en est une, très naturelle, qui tient à ce qu'une partie de l'ouvrage — le livre 4 — demeure de sa seule plume. La présentation de l'histoire des institutions politiques françaises est, de l'avis général, d'une telle qualité qu'il eût été vain, sinon même téméraire, d'y vouloir changer quoi que ce soit.

Mais, il est une autre raison. Cette présentation historique participe d'une certaine vision du droit constitutionnel qui informait l'ensemble du livre et qui était personnelle à son auteur. Il était inévitable que les exigences de l'actualisation imposent des modifications plus ou moins profondes de ce qui n'appartenait pas au passé. On a cependant souhaité rester fidèle à cette vision et sauvegarder, autant qu'il était possible, ce qui faisait de ce précis une véritable œuvre de doctrine. C'est dans l'espoir d'y être parvenu que l'on a à honneur que « le Prélot » soit encore « le Prélot ».

J. B.

TABLE DES MATIÈRES

Introduction	1
CHAPITRE I. — L'ÉTAT	1
Section 1. — Définition et situation de l'État	1
Étymologie et naissance du terme	1
Spécification du phénomène étatique	2
L'État classique	3
De l'État classique à l'État nouveau	5
L'État, société et pouvoir	7
Section 2. — L'État, société politique	9
La masse humaine	9
L'assise territoriale	10
La cohésion politique	11
Section 3. — L'État, pouvoir politique	13
La puissance dominante	13
Le pouvoir exclusif	15
Le pouvoir institutionnalisé	16
CHAPITRE II. — LE DROIT PUBLIC	19
Origine et vicissitudes de la distinction classique	19
Critères et caractères distinctifs des droits public et privé	21
Définition des droits public et privé	22
Critiques faites à la distinction classique	23
Relativité de la division classique	24
Portée philosophique et politique de la distinction classique	25
CHAPITRE III. — LE DROIT CONSTITUTIONNEL	28
La multiplicité des droits constitutionnels	28
Le droit public constitutionnel	30
Réduction du droit constitutionnel au droit constitutionnel politique	32
Critique de cette conception	33
L'étude du droit constitutionnel	35
Plan du précis	36

LIVRE I. — THÉORIE GÉNÉRALE DES INSTITUTIONS POLITIQUES

CHAPITRE PRÉLIMINAIRE. — DÉFINITION ET CLASSIFICATION DES INSTITUTIONS POLITIQUES 41

Éléments d'une théorie générale des institutions politiques 41
Le phénomène d'intégration 41
La notion d'institution 43
Plan du livre I 45
Bibliographie générale des institutions politiques 46

TITRE I. — LES INSTITUTIONS GOUVERNANTES 51

CHAPITRE I. — LES DÉMOCRATIES 51

Section 1. — Naissance et croissance de la démocratie 51

Définition des démocraties 51
La démocratie antique 52
La crise de la conscience européenne et l'apparition de la liberté moderne 54
La démocratie constitutionnelle 56

Section 2. — Fondements et caractéristiques de la démocratie 57

L'universalité de la participation 57
Les libertés publiques et privées 59
Le pluralisme idéologique 61
La décision majoritaire 63
Le pluralisme institutionnel 65

Section 3. — L'organisation juridique du peuple 69

L'institutionnalisation du peuple 69
Les régimes électoraux 70
La représentation majoritaire 71
La représentation des minorités 74
La représentation proportionnelle 74

Section 4. — L'organisation politique du peuple 78

La conception individualiste du peuple 78
L'insertion des partis dans l'ordonnancement constitutionnel 80
L'incidence des partis sur le fonctionnement des régimes 81

Section 5. — Le peuple et les assemblées représentatives 82

Classification des démocraties suivant les rapports du peuple avec les assemblées représentatives 82

La démocratie directe ou sans représentation 83
Le régime représentatif 86
La démocratie semi-représentative 87
La démocratie semi-directe 88

Section 6. — Le peuple et le gouvernement 92

Classification des démocraties suivant les rapports du peuple avec le gouvernement 92

§ 1. — *Le régime présidentiel* 93

    La démocratie présidentielle 93
    A. — L'élection populaire du Président 94
    B. — La séparation des pouvoirs 95
    C. — Gouvernement présidentiel ou gouvernement congressionnel 99

§ 2. — *Le régime conventionnel* 101

    La démocratie conventionnelle 101
    L'exécutif dépendant 101

§ 3. — *Le régime parlementaire* 104

    La formation du régime parlementaire 104
    Les traits caractéristiques du régime 107
    Les types de parlementarisme 109
    Les extensions du régime parlementaire 110
    Les régimes parlementaires de l'Europe occidentale 111

CHAPITRE II. — LES MONOCRATIES 120

Section 1. — Fondements et caractéristiques 120

Définition des monocraties 120
Le pouvoir personnel 120
Le double monisme 121
Classification des monocraties 123

Section 2. — Les monocraties classiques 124

Les monarchies absolues 124
Les tyrannies 126
Les dictatures de crise 127

Section 3. — Les monocraties populaires 130

La permanence dictatoriale 130
L'unicité d'organe gouvernant 131
Le support populaire 132
Le parti unique 134
Le totalitarisme 136

Section 4. — Les dictatures militaires 137

Les dictatures militaires du Proche-Orient 137

    Les dictatures militaires de l'Afrique noire 138
    Les dictatures militaires sud-américaines 140

CHAPITRE III. — LES OLIGARCHIES 143

    Définition et classification 143
    Les gouvernements pluripersonnels 144
    Les aristocraties 144
    Les ploutocraties censitaires 148
    Les partitocraties 149

CHAPITRE IV. — LES RÉGIMES MIXTES 151

Section 1. — Fondements et caractéristiques 151

    Définition des régimes mixtes 151
    Classification des régimes mixtes 152

Section 2. — Les régimes mixtes par principe 154

    La république romaine 154
    La monarchie limitée 154
    Le parlementarisme dualiste 156
    Le césarisme démocratique 158

Section 3. — Les régimes mixtes circonstanciels 160

    Désignation 160
    L' « État autoritaire » autrichien et polonais 161
    L' « État corporatif » portugais et l' « État national »
    espagnol. Caractères. Évolution contemporaine 161
    Les présidentialismes 163

CHAPITRE V. — L'ÉTAT SOCIALISTE 167

    Spécificité et diversité de l'État socialiste 167

Section 1. — Le modèle soviétique 169

    L'évolution constitutionnelle 169
    La constitution du 7 octobre 1977 et sa révision 171
    Fondements et principes 173
    Le système institutionnel 175

Section 2. — Autres États socialistes 179

    Les États socialistes d'Europe centrale et orientale 179
    La Chine populaire 181
    La République socialiste fédérative de Yougoslavie 188

TITRE II. — LES INSTITUTIONS CONSTITUANTES 195

CHAPITRE I. — L'ÉTABLISSEMENT DES ÉTATS
    ET LA SUCCESSION DES RÉGIMES 195

    L'apparition des États 195

Les modes seconds de création des États et de transformation des régimes 196
L'abrogation de l'ordre constitutionnel antérieur 200
Les gouvernements de fait 204
Le passage au nouveau régime de droit 205

CHAPITRE II. — LA COUTUME CONSTITUANTE 207

Le rôle constituant de la coutume 207
La coexistence du droit écrit et du droit coutumier 208
L'établissement des règles constitutionnelles coutumières 211
Valeur de la coutume constituante 212
Les conséquences de l'établissement coutumier des règles constitutionnelles 215

CHAPITRE III. — LES CONSTITUTIONS ÉCRITES .. 217

Section 1. — Origine et caractéristiques des constitutions écrites 217

La théorie des constitutions écrites 217
La super-légalité constitutionnelle 218

Section 2. — L'élaboration des constitutions écrites .. 219

La distinction des pouvoirs constituants originaires et dérivés 219
Les formes du pouvoir constituant originaire 219
Les formes démocratiques 220
Les formes monocratiques 221
Les formes mixtes 221

Section 3. — L'étendue des constitutions écrites 222

Le formalisme constitutionnel 222
Les déclarations et les garanties des droits 223

Section 4. — Le contrôle de constitutionnalité 226

Le fondement du contrôle de constitutionnalité 226
Le contrôle par l'opinion 227
Le contrôle politique 228
Le contrôle par l'ensemble des juridictions 229
« Le gouvernement des juges » aux États-Unis 231
Le contrôle par voie d'action devant une juridiction spéciale 236
Le contrôle de constitutionnalité écarté par la constitution ou par la jurisprudence 240
Les conséquences du contrôle de constitutionnalité 241

Section 5. — La révision et l'abrogation des constitutions écrites 242

Portée de la rigidité constitutionnelle 242
Théorie du pouvoir spontané de révision 242

Théorie du parallélisme des formes 243
Les formes démocratiques de révision 244
Les formes monocratiques de révision 245
Les formes mixtes de révision 245

TITRE III. — LES INSTITUTIONS INTÉGRANTES ET AGRÉGATIVES 247

CHAPITRE I. — L'ÉTAT UNITAIRE 247

L'État, institution intégrante 247
L'intégration, œuvre de l'État 248
La centralisation administrative 249
L'État unitaire simple 250
La déconcentration 251
La décentralisation 251
L'État unitaire complexe 253
L'Union incorporée 255
Le régionalisme 256
Le régionalisme « politique » 256
Le régionalisme diversifié 258

CHAPITRE II. — L'ÉTAT FÉDÉRAL 260

Le phénomène fédératif 260
Définition de l'État fédéral 261

Section 1. — Caractères généraux de l'État fédéral 262

L'unité de l'État fédéral 262
La pluralité d'États fédérés 263
L'autonomie constitutionnelle des États fédérés 264
L'imbrication des ordonnancements constitutionnels de
l'État fédéral et des États fédérés 265

Section 2. — Les États fédéraux 267

Multiplicité et diversité des États fédéraux 267
Le fédéralisme aux États-Unis 268
Le fédéralisme suisse 274
Le fédéralisme allemand 276
Le fédéralisme soviétique 281
Le fédéralisme yougoslave 285

CHAPITRE III. — LES UNIONS D'ÉTATS 288

Caractéristiques et diversités des unions d'États 288

Section 1. — La confédération d'États 289

État fédéral et confédération d'États 289
Définition de la confédération 290
Passé et avenir de la confédération 291

Section 2. — L'union personnelle 292
  Définition de l'union personnelle 292
  Indépendance constitutionnelle et symbiose politique des États unis personnellement 292

Section 3. — L'union réelle 294
  Définition de l'union réelle 294

Section 4. — Les unions inégales 295
  Caractéristiques et formes 295
  L'État vassal 295
  L'État protégé 296
  L'État sous mandat 297
  Les territoires sous tutelle 297

Section 5. — Le relâchement des unions 297
  L'évolution du Commonwealth 297
  La dislocation de l'Union française 300

LIVRE II. — HISTOIRE DES INSTITUTIONS POLITIQUES FRANÇAISES

CHAPITRE PRÉLIMINAIRE. — ÉTENDUE ET DIVISIONS 305

  Les limites de l'histoire 305
  La suite des constitutions 305
  La suite des gouvernements semi-constitutionnels et des régimes de fait 306
  Les constitutions demeurées à l'état de projet 308
  L'enchaînement des constitutions 309
  Plan du Livre II 312
  Bibliographie de l'histoire des institutions politiques françaises 313

TITRE I. — LES INNOVATIONS 315

CHAPITRE I. — LA MONARCHIE PARTAGÉE 315

Section 1. — Les origines 315
  La constitution de l'Ancien Régime 315
  Les innovations révolutionnaires 317
  Les sources du mouvement constitutionnaliste 318
  Les buts du mouvement constitutionnaliste 320
  Le pouvoir constituant des États généraux 321
  L'élaboration et l'adoption de la Constitution 323
  Nature juridique de la Constitution de 1791 325

Section 2. — Fondements et caractéristiques 327
  Le dogmatisme révolutionnaire 327

La monarchie révolutionnée 327
La souveraineté nationale 328
Le régime représentatif 331
La séparation des pouvoirs 333

Section 3. — Les organes 334

Détermination des organes 334
Les assemblées primaires et électorales 335
L'Assemblée nationale législative 337
Le Roi 338

Section 4. — Le fonctionnement du régime 339

Courte carrière de la Constitution de 1791 339
L'antagonisme des pouvoirs 340
Le déséquilibre des pouvoirs 341

Section 5. — La fin de la Constitution 344

Le conflit du Roi et de l'Assemblée 344
La convocation de la Convention 345

CHAPITRE II. — LE GOUVERNEMENT CONVENTIONNEL 347

Section 1. — Les origines 347

La Convention nationale 347
Les premières mesures 348
La Constitution girondine 349
La Constitution montagnarde 351

Section 2. — Fondements et caractéristiques 352

La République 352
La souveraineté du peuple 353
La démocratie semi-directe 354
Le gouvernement d'assemblée 355

Section 3. — Les organes 355

Les assemblées primaires 355
Le corps législatif 356
Le conseil exécutif 357

Section 4. — Le Gouvernement conventionnel 357

Les difficultés d'application 357
Valeur dogmatique de la Constitution de l'an I 358
La succession des comités 359
Le régime conventionnel 360

CHAPITRE III. — LA RÉPUBLIQUE OLIGARCHIQUE — 362

Section 1. — Les origines — 362

L'abandon de la Constitution montagnarde — 362
Discussion et vote de la Constitution de l'an III — 363

Section 2. — Fondements et caractéristiques — 364

L'oligarchie directoriale — 364
La République — 365
La souveraineté populaire — 365
Le régime représentatif — 366
La séparation des pouvoirs — 366

Section 3. — Les organes — 368

Les assemblées primaires et électorales — 368
Les Conseils — 369
Le Directoire — 369

Section 4. — Le fonctionnement du régime — 371

Les faiblesses constitutionnelles — 371
Les coups d'État en chaîne — 373

Section 5. — La fin de la Constitution — 375

Les 18 et 19 brumaire — 375

CHAPITRE IV. — LA MONOCRATIE CONSULAIRE ET IMPÉRIALE — 377

Section 1. — Les origines — 377

Le réformisme brumairien — 377
L'influence de Sieyès — 378
L'action de Bonaparte — 381
L'adoption de la Constitution — 382

Section 2. — Fondements et caractéristiques — 382

Survivance et altération des principes révolutionnaires — 382
La République — 383
La souveraineté nationale — 383
L'ébauche du césarisme démocratique — 384
La primauté du gouvernement — 385

Section 3. — Les organes — 386

Le corps électoral — 386
Les assemblées — 387
Le gouvernement — 388

Section 4. — Le fonctionnement et les transformations de la Constitution — 389

L'accentuation du pouvoir personnel — 389
Le Consulat décennal — 390

Vers le Consulat viager	391
Le sénatus-consulte de l'an X	392
De la monocratie à la monarchie	394
Le sénatus-consulte de l'an XII	395

Section 5. — La fin de la Constitution ... 397

Irréalité des institutions napoléoniennes ... 397
Le dernier sénatus-consulte : la Constitution sénatoriale du 6 avril 1814 ... 398

TITRE II. — LES RESTAURATIONS ... 401

CHAPITRE I. — LA MONARCHIE LIMITÉE ... 401

Section 1. — Les origines ... 401

L'octroi de la Charte ... 401

Section 2. — Fondements et caractéristiques ... 402

Restauration de la monarchie bourbonienne	402
La souveraineté royale	404
La monarchie limitée	404
La représentation censitaire	405
Le concours des pouvoirs	407

Section 3. — Les organes ... 409

Le roi	409
Les chambres	409
Les ministres	410
Le corps électoral	411

Section 4. — Le fonctionnement du régime ... 412

L'empire selon la Charte : l'acte additionnel aux constitutions de l'Empire ... 412
Intérêt constitutionnel de la monarchie de la Restauration ... 413
Le débat doctrinal sur le rôle du roi ... 414
L'attitude de Louis XVIII et de Charles X ... 417

Section 5. — La fin de la Charte ... 419

L'épreuve de force ... 419

CHAPITRE II. — LE PARLEMENTARISME DUALISTE ... 422

Section 1. — Les origines ... 422

Le pacte du 9 août 1830 ... 422

Section 2. — Fondements et caractéristiques ... 423

Le retour à la « monarchie révolutionnaire »	423
La souveraineté nationale	423

La royauté représentative 423
Le parlementarisme dualiste 424

Section 3. — Les organes 425

Modifications apportées à la Charte de 1814 425

Section 4. — Le fonctionnement du régime 426

Importance constitutionnelle de la seconde Charte 426
Le rôle du roi 427
La réforme parlementaire et électorale 429

Section 5. — La fin de la seconde Charte 431

La dépression économique et morale et la campagne des banquets 431

CHAPITRE III. — LA RÉPUBLIQUE DÉMOCRATIQUE 433

Section 1. — Les origines 433

Le suffrage universel 433
L'Assemblée constituante 434

Section 2. — Fondements et caractéristiques 436

La République 436
La souveraineté populaire 437
Le régime représentatif 438
La séparation des pouvoirs 439

Section 3. — Les organes 440

Les collèges électoraux 440
L'Assemblée législative et le Conseil d'État 441
Le président de la République 442

Section 4. — Le fonctionnement du régime 444

L'éclectisme constitutionnel 444
La primauté présidentielle 446
La restriction du suffrage 447

Section 5. — La fin de la Constitution 448

L'échec de la révision constitutionnelle 448
Le coup d'État du 2 décembre 1851 449

CHAPITRE IV. — LE CÉSARISME DÉMOCRATIQUE 451

Section 1. — Les origines 451

Les cinq bases 451
La présidence décennale et le rétablissement de l'Empire 452

Section 2. — Fondements et caractéristiques 452

La restauration impériale 452
Le césarisme démocratique 453

Section 3. — Les organes 456

L'empereur 456
Les collèges électoraux 457
Les assemblées 458

Section 4. — Le fonctionnement du régime 460

L'empire intégral 460
L'empire libéral 462

Section 5. — La fin de la Constitution 465

L'empire parlementaire 465

TITRE III. — LA STABILITÉ 467

CHAPITRE UNIQUE. — LA RÉPUBLIQUE
PARLEMENTAIRE 467

Section 1. — Les origines 467

Le rétablissement de la République 467
La réunion de l'Assemblée nationale 468
Thiers, chef du pouvoir exécutif 469
Premier échec de la restauration monarchique 470
Thiers, président de la République 471
Naissance de la République parlementaire 472
L'échec définitif de la restauration monarchique 473
Le septennat personnel du maréchal de Mac-Mahon 474
Transaction libérale 474
Les hésitations de l'Assemblée 475
Le vote des lois constitutionnelles 477

Section 2. — Fondements et caractéristiques 480

Empirisme et transaction 480
La République 481
La souveraineté nationale 482
Le régime représentatif 483
Le gouvernement parlementaire 484

Section 3. — Les organes 484

Les collèges électoraux 484
Le Parlement 486
Le Président de la République et les ministres 488

Section 4. — Le fonctionnement du régime 489

La stabilisation constitutionnelle 489
Le parlementarisme dualiste 489
La crise du 16 mai 1877 491
La Constitution Grévy 493
Le parlementarisme absolu 495

La primauté des Chambres : A) La suprématie et l'extension du pouvoir législatif 496
La primauté des Chambres : B) L'emprise sur l'action gouvernementale 498
La faiblesse de l'exécutif : A) L'effacement de la présidence de la République 501
La faiblesse de l'exécutif : B) La croissance difficile de la présidence du Conseil 503
La faiblesse de l'exécutif : C) L'instabilité gouvernementale 505
L'influence diffuse du peuple : A) Le régime électoral ... 507
L'influence diffuse du peuple : B) La multiplicité et l'inorganisation des partis 510
L'apparition des forces collectives 515

Section 5. — La fin de la Constitution 516

L'épuisement du régime 516
L'échec des tentatives révisionnistes 517
L'éviction du Parlement comme organe gouvernemental 518
L'éviction du Parlement comme organe législatif 521
L'éviction du Parlement comme organe constituant 522

TITRE IV. — LES INCERTITUDES 525

CHAPITRE I. — LES GOUVERNEMENTS DE FAIT .. 525

Section 1. — Le régime de Vichy 525

Le pouvoir constituant du maréchal Pétain 525
La monocratie du Chef d'État 526
Le fonctionnement et la transformation du régime 530
La dyarchie du chef d'État et du chef de gouvernement 531
Le projet de Constitution établi par le maréchal Pétain en vertu de la loi constitutionnelle du 10 juillet 1940 532
Les tentatives de retour à l'Assemblée nationale 534

Section 2. — Les gouvernements de Londres et d'Alger 535

Continuité de la République 535
Les gouvernements de Londres 536
Les gouvernements d'Alger 538

Section 3. — Le gouvernement de la Libération et le régime transitoire 541

L'implantation clandestine des autorités extra-métropolitaines 541
Transfert et remaniement du gouvernement provisoire (15 avril-10 septembre 1944) 543
La convocation de la Constituante et le référendum du 21 octobre 1945 544
La « petite Constitution » du 2 novembre 1945 545
Le départ du Général de Gaulle et la crise de janvier 1946 546

CHAPITRE II. — LA SECONDE RÉPUBLIQUE PARLEMENTAIRE ... 548

Section 1. — Les origines ... 548

La composition de la première Constituante ... 548
Les travaux de la première commission de la Constitution ... 549
Le projet du 19 avril 1946 ... 550
L'adoption par l'Assemblée et le rejet par le peuple ... 552
La seconde Constituante et la seconde commission de la Constitution ... 553
Les prises de position du Général de Gaulle : le discours de Bayeux et la déclaration du 27 août 1946 ... 554
L'adoption par l'Assemblée et par le peuple ... 555

Section 2. — Fondements et caractéristiques ... 556

La République ... 556
La souveraineté populaire ... 557
La démocratie semi-directe et semi-représentative ... 557
Le parlementarisme absolu ... 558
L'Union française ... 559

Section 3. — Les organes ... 561

Le peuple ... 561
Le Parlement ... 561
Le Président de la République, le président du Conseil et les ministres ... 563
Les Assemblées quasi parlementaires ... 565
Les Hauts Conseils ... 569

Section 4. — Le fonctionnement du régime ... 571

La seconde République parlementaire ... 571
Le régime des partis ... 573
Le rétablissement parlementaire ... 574
La révision constitutionnelle du 7 décembre 1954 ... 575
Étendue et limites du rétablissement parlementaire ... 577
L'impuissance législative ... 579
L'instabilité ministérielle ... 580
Le multipartisme ... 582
Les forces collectives et les groupes de pression ... 588

Section 5. — La fin de la Constitution ... 590

La fin de l'Union française ... 590
La seconde révision constitutionnelle ... 591
Le 13 mars et le 13 mai 1958 ... 593
Le retour du Général de Gaulle ... 594
La révision-abrogation ... 595

LIVRE III. — INSTITUTIONS POLITIQUES DE LA CINQUIÈME RÉPUBLIQUE

Présentation d'ensemble	601
Indications bibliographiques générales	601

TITRE I. — LA CONSTITUTION DU 4 OCTOBRE 1958 — 605

L'élaboration et l'adoption	605
La mise en place des nouvelles institutions	607
Vue générale de la Constitution	608

CHAPITRE I. — LA CONSTITUTION ET L'ORDONNANCEMENT JURIDIQUE — 613

Détermination de l'ordonnancement juridique par la Constitution	613

Section 1. — La Constitution et la différenciation des règles — 613

Différenciation des règles et répartition des compétences	613
Les lois organiques	614
Les lois	615
Les règlements	618
Les traités et accords internationaux	619

Section 2. — La Constitution et la hiérarchie des règles — 621

La hiérarchie des règles et les modalités de sa sanction	621
Principe de constitutionnalité et primauté de la Constitution	621
La subordination des lois organiques et des règlements des assemblées parlementaires	623
L'assujettissement des lois	625
La situation des règlements	626
Les traités et accords internationaux	627

Section 3. — La rigidité constitutionnelle — 629

La révision de la Constitution	629
La révision selon l'article 89 et ses applications	630
Le recours à l'article 11 et la controverse sur sa constitutionnalité	635

CHAPITRE II. — LA CONSTITUTION ET LE RÉGIME POLITIQUE — 641

Position du problème	641

Section 1. — La République démocratique — 641

Qualification de la République	641
Complexion de la République — son indivisibilité	642
Caractères fondamentaux de la République	644

Section 2. — La séparation des pouvoirs et le système constitutionnel 646

La Constitution et l'aménagement de la séparation des pouvoirs 646
L'équilibre des pouvoirs et l'évolution du système constitutionnel 647

TITRE II. — LA SOUVERAINETÉ 655

Conception de la souveraineté dans la Constitution 655

CHAPITRE I. — LE TITULAIRE DE LA SOUVERAINETÉ 658

Le peuple et son organisation 658

Section 1. — Réglementation juridique du pouvoir du suffrage 659

Caractères généraux du droit de vote 659

§ 1. — *La possession du droit de vote* 660
La nationalité 660
La capacité civile 661
La dignité morale 661

§ 2. — *L'exercice du droit de vote* 662
L'inscription sur la liste électorale 662
Le contrôle de la liste 666

Section 2. — L'organisation politique du peuple 667

La reconnaissance constitutionnelle des partis 667
Régime juridique des partis 668
Évolution des partis — Bipolarisation — Alternance 670

CHAPITRE II. — L'EXERCICE DE LA SOUVERAINETÉ 674

Le gouvernement semi-direct 674

Section 1. — Le régime représentatif 674

Le principe représentatif 674
Réglementation générale des élections 676

Section 2. — Le référendum 680

Régime du référendum 680
Pratique du référendum 681

TITRE III. — LE PRÉSIDENT DE LA RÉPUBLIQUE 685

La présidence et les présidents 685

TABLE DES MATIÈRES　　　　XXIII

CHAPITRE I. — STATUT DU PRÉSIDENT DE LA RÉPUBLIQUE 688

Section 1. — La désignation 688

Le mode originaire 688
La révision de 1962 — l'élection au suffrage universel direct 688

§ 1. — *Les mesures préparatoires* 690

La date du scrutin et la convocation des électeurs 690
La présentation 692
Le cautionnement 693
L'établissement de la liste des candidats 694

§ 2. — *La campagne électorale* 695

L'organisation de la campagne 695
Le contrôle 696

§ 3. — *Le scrutin et la proclamation des résultats* 697

Le scrutin-participation des électeurs établis hors de France 697
L'examen des réclamations 697
La proclamation des résultats 698

Section 2. — Le mandat présidentiel 700

Le septennat 700
La suppléance et l'intérim 702

Section 3. — L'exercice des fonctions 704

Les incompatibilités 704
La préséance protocolaire et la protection pénale 704
La responsabilité personnelle 704

CHAPITRE II. — LA FONCTION PRÉSIDENTIELLE 706

Section 1. — Le rôle du Président de la République 706

La définition du rôle du Président de la République par la Constitution 706
La fonction de représentation 707
La fonction de sauvegarde 709
La fonction d'arbitrage 710

Section 2. — Les attributions du Président de la République 711

Classifications des attributions présidentielles 711

§ 1. — *Les attributions personnelles d'exercice autonome* 712

La nomination et le remplacement du Premier ministre 712
Le droit de message 713

Le Président de la République, chef des armées	714
Le Président de la République et le Conseil constitutionnel	715

§ 2. — *Les attributions personnelles d'exercice conditionné* 715

Le recours au référendum de l'article 11	715
La dissolution de l'Assemblée nationale	716
L'exercice des pouvoirs exceptionnels de l'article 16	717

§ 3. — *Les attributions collégiales ou partagées* 721

Les présidences	721
La participation du Président au fonctionnement du Parlement	722
La participation du Président à la procédure législative	723
La participation du Président à l'exercice du pouvoir réglementaire	725
Les pouvoirs de nomination	727
Le droit de grâce	727
La ratification des traités et la déclaration de guerre	728

Section 3. — Les moyens d'action du Président de la République 728

Les services	728
Les actes	729
Les actes juridiques et leur régime	729

Section 4. — L'irresponsabilité politique 731

Le principe d'irresponsabilité	731
L'exception de haute trahison	731
L'irresponsabilité et l'évolution de la fonction présidentielle	733

TITRE IV. — LE GOUVERNEMENT 735

Gouvernement et fonction gouvernementale	735
Pouvoir d'auto-organisation et structure du Gouvernement	737
La collégialité	738
La Ve République et la stabilité ministérielle	739

CHAPITRE I. — LE PREMIER MINISTRE 741

Section 1. — Statut 741

Désignation et durée des fonctions	741
Délégation et intérim	743
Situation personnelle	743

Section 2. — Attributions et moyens d'action 744

La primauté du Premier ministre 744
La suppléance et le conseil du Président de la République 745
L'exécution de la fonction gouvernementale 745
Les services du Premier ministre 747
Les actes du Premier ministre 747

CHAPITRE II. — LES MEMBRES DU GOUVERNEMENT 749

Section 1. — Statut 749

Désignation 749
Les incompatibilités ministérielles 750
La responsabilité civile et pénale 752
Les séquelles de la condition de membre du Gouvernement 752

Section 2. — L'exercice des fonctions 753
La répartition des attributions 753
Les catégories de membres du Gouvernement 753
La fonction ministérielle 755
Les actes ministériels 755

CHAPITRE III. — LES CONSEILS AUXILIAIRES 757

Fonction des conseils auxiliaires 757

Section 1. — Le conseil économique et social 757

Présentation 757
Composition — Statut des membres 758
Organisation et fonctionnement 759
Mission et attributions 761

Section 2. — Le Conseil d'État 763

Le Conseil d'État, conseiller du Gouvernement 763

TITRE V. — LE PARLEMENT 765

Le Parlement dans le système constitutionnel de 1958 .. 765
Le droit applicable au Parlement 767
Les règlements des assemblées 769
Institution parlementaire et fonction parlementaire 770

CHAPITRE I. — L'INSTITUTION PARLEMENTAIRE 771

Le siège des assemblées 771
La structure bicamérale 771
Le régime des sessions 773

Section 1. — **Les membres du Parlement** ... 776

Le mandat parlementaire ... 776

§ 1. — *Les élections aux assemblées* ... 778

    A. — Les élections à l'Assemblée nationale ... 778
        Caractères généraux du régime électoral ... 778
        La convocation des électeurs ... 779
        L'éligibilité ... 780
        La candidature ... 781
        La propagande électorale ... 783
        Le scrutin ... 786
    B. — Les élections au Sénat ... 786
        Caractères généraux du régime électoral ... 786
        Le corps électoral sénatorial ... 787
        L'élection ... 789
    C. — Le contentieux des élections aux assemblées ... 790
        Le jugement des contestations par le Conseil constitutionnel ... 790

§ 2. — *Le statut du parlementaire* ... 792

    Principes généraux ... 792
    A. — Les incompatibilités ... 792
        L'incompatibilité avec les fonctions publiques ... 792
        La compatibilité avec les activités privées et ses limites ... 796
        Sanction des incompatibilités ... 798
    B. — Les immunités ... 800
        La protection du parlementaire ... 800
        L'irresponsabilité ... 801
        L'inviolabilité ... 802
    C. — La situation matérielle ... 808
        L'indemnité parlementaire ... 808
        Les avantages accessoires ... 809

§ 3. — *La fin du mandat et le remplacement* ... 809

    Fin collective et fin individuelle ... 809
    Le remplacement ... 811

Section 2. — **L'organisation des assemblées** ... 813

Vue générale ... 813

§ 1. — *Les organes directeurs* ... 814

    Le bureau ... 814
    La présidence ... 816
    La questure ... 818
    Les secrétaires ... 818
    La conférence des présidents ... 818

§ 2. — *Les formations* 819
Diversité des formations 819
A. — Les formations internes 820
Les groupes politiques 820
Les commissions 822
Les commissions générales permanentes 823
Les commissions spéciales 826
Les commissions d'enquête et de contrôle 827
Les commissions particulières 828
B. — Les formations générales 829
Le Congrès 829
La séance plénière ou publique 829
L'organisation des séances plénières 831
L'obligation de vote personnel des parlementaires 836
La discipline des parlementaires 837

CHAPITRE II. — LA FONCTION PARLEMENTAIRE 839

Les composantes de la fonction parlementaire 839

Section 1. — La fonction de la législation 840

Conditions générales d'exercice 840

§ 1. — *La procédure législative ordinaire* 840
L'initiative des lois 840
L'examen en commission 842
Les amendements 843
Les irrecevabilités 845
La discussion en séance publique 848
Les secondes délibérations 849
Les procédures abrégées 850
Le vote bloqué 851
La coopération des deux assemblées 852
La procédure de la commission mixte paritaire et le pouvoir de l'Assemblée nationale de statuer définitivement 852

§ 2. — *Les procédures spéciales* 857
Les lois organiques 857
Les lois de finances 858
Les lois autorisant la ratification des traités ou accords internationaux 859

§ 3. — *Le dessaisissement du Parlement* 860
Le dessaisissement au profit du peuple 860
Le dessaisissement au profit du gouvernement .. 860

Section 2. — La fonction de contrôle 864

Présentation 864

§ 1. — *Les moyens d'information des assemblées* 865
    Vue générale 865
    A) L'information à l'initiative des citoyens : les pétitions 865
    B) L'information à l'initiative des assemblées 865
    1º — L'initiative individuelle des parlementaires : le système des questions 866
    2º — L'information du Parlement par ses commissions 869
    L'information du Parlement par les délégations 871
    C) L'information à l'initiative du Gouvernement 871

§ 2. — *Les sanctions du contrôle parlementaire* 872
    Modalités 872
    A) Les orientations 873
    B) L'approbation par le Sénat d'une déclaration de politique générale 874
    C) Les autorisations 874
    D) La mise en jeu de la responsabilité politique du Gouvernement 876
    1º — L'engagement par le Gouvernement de sa responsabilité politique 878
    2º — La mise en cause de la responsabilité politique du Gouvernement par l'Assemblée : la censure 882

TITRE VI. — LA JURIDICTION 887

La juridiction dans la Constitution 887

CHAPITRE I. — LA JURIDICTION POLITIQUE 888

Conception de l'institution 888

Section 1. — La Haute Cour de justice; organisation .. 889

Désignation et statut des membres 889
Fonctionnement 890

Section 2. — Compétence et procédure 891

Compétence 891
Procédure 891

CHAPITRE II. — L'AUTORITÉ JUDICIAIRE 893

L'autorité judiciaire et son indépendance 893

Section 1. — Organisation du Conseil supérieur de la magistrature 895

Composition 895
Statut des membres 895

Section 2. — Fonctionnement et attributions 896

Fonctionnement 896
Attributions 896

CHAPITRE III. — LA JURIDICTION CONSTITUTIONNELLE 898

La Constitution et la juridiction constitutionnelle 898

Section 1. — Organisation du Conseil constitutionnel 901

Désignation et statut des membres 901
Organisation interne 902
Critique de la composition du Conseil 903

Section 2. — Les attributions du Conseil constitutionnel et leurs conditions d'exercice 905

Présentation 905
Les attributions consultatives 905
Les attributions de contrôle : A. L'exercice du pouvoir de suffrage 907
Les attributions de contrôle : B. L'exercice des mandats 908
Les attributions de contrôle : C. Le contrôle de constitutionnalité 908
Sur le caractère juridictionnel ou non du Conseil 911

INDEX ALPHABÉTIQUE 913

INTRODUCTION

CHAPITRE I
L'ÉTAT

Section 1
Définition et situation de l'État

1. — Étymologie et naissance du terme. — Le mot « État » vient du latin *status*. En lui-même, ce vocable n'a pas de sens précis. Il traduit une certaine position, celle « d'être debout »; l'idée, aussi, d'une stabilité de situation. En revanche, il prend une signification politique, grâce à l'adjonction du déterminatif *Rei romanœ* ou *Rei publicœ,* l'état de la Chose romaine, ou de la Chose publique, ou encore, l'état de la République.

Dans la suite des temps, le mot *status*, sans son complément mais avec une majuscule, se suffira à lui-même. Toutefois, pour parvenir à cette ellipse, il faut attendre l'Italie et le XVIᵉ siècle. *Tutti gli Stati :* ce sont les premiers mots du *Prince,* connu en 1515. Son auteur, Nicolas Machiavel, précise : « Toutes les dominations qui ont eu ou ont autorité sur les hommes sont des États, et sont ou Républiques ou Principautés. » *Tutti sono Stati e sono o Repubbliche o Principati.* De la sorte, le terme *Stato* s'introduit dans la langue moderne avec le sens qu'il conservera désormais de l'institution politique en soi, abstraction faite des régimes diversifiants. (A. Passerin d'Entrèves, *la notion de l'État,* 1969, p. 37 et s.)

Stato se retrouve bientôt transposé en allemand : *Staat;* en anglais, *State*. Il se rencontre déjà dans Shakespeare qui fait dire à Hamlet qu' « il y a quelque chose de pourri dans l'État de Danemark... *in the State of Danemark* ».

En français, le mot *estat,* ou état, a été reçu du latin dès le XIIIe siècle, dans le sens de situation d'une chose et, au XVe, de celle d'une personne. Il est employé au XVIe siècle par Oresme, dans l'acception de Machiavel, mais nos écrivains politiques parlent plus volontiers de « République » (J. Bodin, *les Six Livres de la République,* 1576), ou de « Seigneurie » (Ch. Loyseau : *Traité des Seigneuries,* 1609). En revanche Louis XIV affectionne le terme d'État, que l'on rencontre souvent dans ses propos vrais ou supposés, ainsi que dans les écrits et discours de Bossuet. Toutefois, c'est seulement au XVIIIe siècle que le mot devient courant. « Jamais, comme alors, on ne l'avait tant prononcé », dit d'Argenson (*Journal et Mémoires,* Journée du 26 juin 1764).

2. — Spécification du phénomène étatique. — Des origines du terme ainsi fixées, passons aux réalités qu'il désigne. Ici la détermination est d'autant plus difficile que deux thèses sont en présence entre lesquelles il faut choisir.

Selon les uns, le phénomène étatique serait commun à toutes les sociétés, les plus primitives comme les plus civilisées. Il y aurait État chaque fois que se produirait ce phénomène élémentaire qu'est la distinction entre ceux qui commandent et ceux qui obéissent ; dès qu'un homme ou un groupe d'hommes plus ou moins nombreux se trouverait en situation d'imposer sa volonté par persuasion ou par contrainte matérielle à un autre groupe d'hommes, généralement beaucoup plus étendu. Le caractère de la différenciation, rudimentaire ou très poussée, n'importerait point à la qualification étatique.

Cette thèse a suscité de vives protestations parmi les historiens et les juristes sociologues. Lucien Febvre, alors directeur de la *Grande Encyclopédie Française,* en tête du tome X, consacré à l'État, qualifie une conception aussi lâche de « confusion d'idées intolérable ». On ne saurait, dit-il justement, « parler du problème des origines de l'État, alors qu'il s'agit d'imaginer ce qu'au plus lointain des sociétés humaines, peuvent être les débuts d'un pouvoir qu'on ne peut même pas encore appeler politique » (L. Febvre, De l'État historique à l'État vivant, Préf. T. X de l'ENCYCLOPÉDIE FRANÇAISE, *L'État Moderne,* Paris, 1re éd., 1935, p. 10. 08.3). On trouve la même opposition de la part de Maurice Hauriou (*Principes du Droit public,* 2e éd., 1916). Pour le maître de Toulouse, il n'y a d'État, au sens précis et exact du terme, qu'au moment où, dans une population de civilisation déjà avancée, le pouvoir politique, s'étant dégagé de tout élément étranger à lui, notamment de caractère patrimonial, prend l'aspect d'une autorité souveraine s'exerçant sur des hommes libres. Celle-ci cesse d'être assimilable à une propriété privée; le pouvoir du prince, à un bien de famille.

On doit donc réserver l'appellation d'État à la forme définie, qualifiée, perfectionnée, éminente, de la collectivité politique, création de la volonté et de la raison humaines, appliquant leurs efforts et leurs réflexions aux problèmes de l'organisation de la Cité et du Pouvoir.

3. — L'État classique. — Jusqu'à nos jours, l'État était un phénomène humain localisé géographiquement, la carte étatique ou politique ne s'étant jamais superposée exactement à la carte physique du monde, pas même à la carte du monde habité et habitable.

Sans doute, des virtualités étatiques existaient partout où il y avait des hommes. Seules, certaines lisières terrestres opposaient une nature foncièrement hostile aux forces d'éclosion de l'État. Partout ailleurs, les conditions primaires de sa création — la fixation au sol, le minimum quantitatif de densité, le minimum qualitatif de niveau de vie — pouvaient être réunis. Toutefois, la géographie humaine nous montrait l'État ne parvenant pas, dans certaines régions, à s'implanter ou à durer. Par suite, existaient des régions qualifiées, les unes, de politiquement actives, et les autres, de politiquement passives, entraînant l'avortement de formations étatiques véritables ou, du moins, leur incomplet développement (Brunhes et C. Vallaux, *la Géographie de l'Histoire,* 1921, p. 285 et s.).

La répartition des régions actives et passives est variable. Ainsi, l'Antiquité n'a connu qu'un petit nombre d'États. Supposons, comme l'a fait Jean Brunhes, que les savants d'il y a quarante siècles aient été armés des procédés modernes d'information et de cartographie ; ils auraient, à ce moment, dressé une carte du monde où quelques points seulement de la planisphère auraient été couverts par des formations étatiques ou pré-étatiques. Le reste de l'univers était peuplé ; des sociétés humaines existaient ; mais celles-ci ne présentaient aucun caractère fixe et permanent, ni limites de territoires, ni capitales. D'autre part, entre ces sociétés elles-mêmes, en continuels déplacements, régnaient de vastes solitudes. On trouvait seulement trois zones d'États quasiment isolés : le Japon, la Chine, l'Inde et l'Indonésie ; probablement certaines sociétés américaines sédentaires ; enfin et surtout, le bassin méditerranéen, avec des zones voisines de semi-nomadisme européen et africain (J. Brunhes et C. Vallaux, *op. cit.*, p. 271).

Il faut attendre la Grèce pour que soit connue et explicitée la notion d'une véritable société politique, humanité et citoyenneté étant identiques, selon Aristote, *Zoôn polikôn, o anthropos* (« *Politique* » *d'Aristote,* éd. Prélot, 1949). « Toutes les tendances, tous les efforts communs des Hellènes dans la religion et le droit, les mœurs et la sociabilité, l'art et la science, la propriété et l'agriculture, le commerce et l'industrie convergent vers la notion de Cité. C'est dans la Cité seulement que l'homme est un être juridique, en dehors, il n'a ni sécurité, ni liberté, ni même d'humanité. Il est un barbare, il est rejeté dans un abaissement incompatible avec l'idée de l'homme. » (J.-C. Bluntschli, *Théorie générale de l'État,* Trad. Riedmatten, 1877, p. 30.)

Aujourd'hui, la question est parfois posée de savoir si la Cité antique doit être considérée comme un État ou si, la civilisation moderne donnant à l'État des traits propres, il faut opposer Cité et État. Au vrai, il n'y a entre les deux que différence de degré et non de nature. On trouve déjà dans la Cité antique un grand nombre de traits sociologiques et juridiques qui marqueront l'État contemporain. C'est aussi des anciens, en particulier des Grecs et des Romains, que nous viennent notre vocabulaire politique, nos catégories juridiques et nombre de conceptions sur lesquelles notre vie publique est séculairement établie (J.-J. Chevallier, *Histoire de la pensée politique,* 1979, t. 1).

En revanche le haut moyen âge, avec les invasions barbares, amène la décadence puis la dissolution de l'État. Mais si l'État disparaît comme institution durant plusieurs siècles, l'idée de l'État perdure. Elle est entretenue chez les clercs par la connaissance des auteurs de l'Antiquité ; elle se manifeste comme une nostalgie chez les princes et parmi leurs sujets.

C'est vers le Xe siècle que « l'Islam combine de nouveau le jeu de l'Empire et de la religion, comme la Rome impériale d'avant le christianisme » (L. Milliot, *Introduction à l'étude du droit musulman,* 1953, p. 45). De son côté, l'ancien monde, au nord de la zone équatoriale, s'organise politiquement. Du XIIIe au XVIe siècle, émergent, peu à peu, du sein de la féodalité, les traits fondamentaux de l'État. Les aboutissements de cette évolution seront particulièrement précoces en France, en Angleterre et en Espagne. 1515, qui, comme on l'a dit déjà, est la date de la diffusion du *Prince,* est aussi, pour notre pays, celle de l'avènement de François Ier et de la bataille de Marignan. Elle marque le franchissement d'un seuil. L'État moderne est, sinon constitué, du moins créé dans ses traits fondamentaux. En faveur de son projet joue vigoureusement la réapparition des idées antiques. L'État moderne est, à sa manière, un chef-d'œuvre de la Renaissance.

Toutefois, si ce courant intellectuel ébranle et transforme le monde médiéval, il ne le détruit pas complètement. Il faudra cent ou cent cinquante ans encore pour que le phénomène étatique moderne parvienne à complète maturité. Bluntschli propose et défend avec de bons arguments la date de 1740 (*op. cit.,* p. 45) ; en France, nous tenons généralement pour 1789, la Révolution provoquant l'évacuation radicale et définitive de toutes les survivances féodales.

Fixé dans son essence, l'État classique peut cependant varier dans ses éléments constitutifs. Il se modifie par agrégation et ségrégation (V. n°s 134 et s.). Il y a ainsi tantôt réduction (formation des unités italienne et allemande), tantôt multiplication du nombre des États (« balkanisation » de la péninsule, puis de l'Europe centrale et orientale).

4. — De l'État « classique » à l'État « nouveau ».
— A l'État classique, tel qu'il s'est historiquement formé en Europe, serait venu s'ajouter, voire s'opposer, un État « nouveau » dont l'époque contemporaine multiplierait les illustrations. Il convient cependant de ne pas se méprendre sur ce caractère de « nouveauté » qui recouvre des phéno-

mènes dont l'origine et les conséquences apparaissent bien différentes.

Dans un premier sens, le terme État « nouveau » a été appliqué aux nouveaux États issu du processus de décolonisation généralisée qui a suivi la seconde guerre mondiale. A ses différentes époques, la colonisation s'est accompagnée de la mise en place, dans des contrées sur lesquelles il n'avait jamais existé ou était tombé en décadence, d'un appareil étatique embryonnaire. Si la colonie, partie intégrante de l'État colonisateur, n'en était qu'une simple dépendance, et non pas un État, les structures administratives ou même gouvernementales, dont elle était inévitablement dotée, constituaient la base d'une organisation dont, par rupture violente ou par évolution ségrégative concertée, pouvait naître un nouvel État. C'est de cette sorte que sont nés, d'abord, les États-Unis, issus des treize colonies anglaises révoltées ; puis les dix-neuf États d'Amérique latine à la suite de l'effondrement des empires ibériques ; enfin, la plupart des États africains et quelques-uns des États asiatiques. L'ampleur de ce dernier phénomène se mesure au nombre des États membres de l'O.N.U. passé de 51 membres originaires à 159 aujourd'hui.

Mais à côté de cette multiplication de nouveaux États et dans un second sens, la question peut se poser de l'apparition d'un État « nouveau » en tant qu'il procéderait d'une conception différente de celle de l'État classique et c'est de ce second point de vue que le problème revêt une importance théorique. Il était naturel que cette question soit envisagée à propos des nombreux États issus de la décolonisation dans la mesure où les sociétés dont ils exprimaient l'indépendance politique présentaient en général des caractères sociologiques, économiques et culturels très différents de ceux des sociétés européennes. Mais dès avant, il eût sans doute été tout aussi approprié de se demander dans quelle mesure la révolution soviétique n'avait pas engendré un « nouvel » État, différent cette fois par sa conception même de l'État « classique » et ce d'autant plus que l'idéologie qui animait cette révolution considérait celui-ci comme une superstructure dont elle annonçait le dépérissement et la disparition.

A cet égard, il semble bien que l'État socialiste (V. n° 93), tel qu'il s'est développé en Union soviétique puis dans d'autres pays à partir de la même idéologie et sur des modèles institutionnels homologues, visait à présenter des caractères spécifiques, qui le distinguent et qui l'opposent à l'État « classique »; même si ce dernier, intégrant toujours davantage l'économique et le social, s'est lui-même transformé.

Quant aux États nés de la décolonisation, on a pu tout d'abord douter de leur originalité. « En tant qu'institution juridique abstraitement définie le nouvel État est essentiellement identique à l'État de lointaine naissance » (L. Nizard, *Les nouveaux États : aboutissements et commencements,* Politique, 1961). Il en revendiquait en effet les caractères selon le droit international et, le mimétisme constitutionnel aidant, il en adoptait les modèles institutionnels.

Cependant la prise de conscience de son identité et les exigences du développement devaient bientôt l'orienter dans des directions différentes. Au-delà d'une adhésion formelle aux principes classiques du droit international, c'est une conception substantiellement nouvelle qu'il s'est efforcé d'en faire prévaloir au sein d'une organisation internationale où il bénéficie désormais de la force du nombre. Au-delà d'une instabilité politique, accompagnant inévitablement le processus d'intégration des sociétés d'une grande hétérogénéité sociologique et qui en masque l'évolution profonde, s'affirme une tendance vers un nouveau constitutionnalisme dont l'inspiration sous-jacente, lors même qu'elle se réclame du socialisme, est révélatrice d'une conception différente de l'État.

G. Conac, *L'évolution constitutionnelle des États francophones d'Afrique...* Economica, 1980; Y. Ben Achour, *L'État nouveau et la philosophie politique et juridique occidentale,* 1980 - *Les pouvoirs africains,* Pouvoirs, n° 25, 1983.

5. — L'État, société et pouvoir. — Ainsi localisée géographiquement et située historiquement, la physionomie de l'État devrait, maintenant, se dégager comme d'elle-même.

En fait, il n'en est malheureusement rien. Si nous ouvrons les dictionnaires les plus célèbres, nous constatons que le terme État a de multiples sens (onze dans Littré, dont cinq sont politiques), sans parler des conceptions passionnelles et tendancieuses qui abondent. Même dans l'usage courant, le vocable reste équivoque puisqu'on lui reconnaît deux significations valables :

— les uns voient dans l'État *une société,* une forme de vie collective, une certaine manière d'être des communautés humaines;

— les autres limitent l'État à l'un de ses éléments, à *un pouvoir,* à une organisation de la contrainte, à un appareil de coercition ou de coopération forcée.

Ces deux acceptions sont simultanément admissibles, à condition d'être tenues, non pour antagonistes, mais pour complémentaires. Sociologiquement, l'État n'est pas une superstructure, un instrument, un « appareil », il est une collectivité humaine informée par un pouvoir. Considéré objectivement, dans ses données irréductibles, l'État-société appelle constamment à lui l'État-pouvoir comme, en contrepartie, l'État-pouvoir implique sans cesse l'État-société sur lequel il s'exerce. Le pouvoir de l'État n'existe qu'inséré au cœur d'une société; la société étatique n'existe et ne subsiste, comme on le précisera plus loin, que par le pouvoir politique. Dissocier la société du pouvoir, rompre l'intimité du pouvoir et de la société, c'est atteindre l'État dans ses œuvres vives et dans son équilibre foncier, en altérer l'essence propre et en détruire l'originalité parmi les autres collectivités.

On doit, en conséquence, considérer comme contraires aux données expérimentales, les doctrines absolutistes de l'État princier et les conceptions marxistes qui font de l'État bourgeois et du peuple des adversaires destinés à se vaincre et à s'éliminer l'un l'autre. La division la plus dangereuse, celle qui porte à son point le plus aigu la crise de l'État est, dès lors, « celle qui s'effectue entre l'État et les individus, entre les gouvernants et les gouvernés... Cette divergence des destinées publiques et privées n'est plus un vice technique, mais un vice organique, une désincarnation » (J.-M. Auby, l'État divisé, in *Crise du Pouvoir et crise du Civisme,* Sem. Soc. de Rennes (1954), Lyon, Chr. soc., 1955, p. 46; V. aussi Dino Pasini, *Stato governo e Stato societa,* 1969).

Aussi est-ce seulement pour les besoins de notre exposition que nous serons maintenant amenés à étudier séparément et successivement l'État comme société et l'État comme pouvoir. Les deux aspects sont irréductiblement liés et se commandent réciproquement, l'État n'étant, au fond, qu'une certaine « forme de vie » sociale (R. Kjellen, *Staat als Lebensform,* 1917).

Sur la théorie générale de l'État, V. parmi les ouvrages récents en langue française, J. Dabin, *l'État ou la Politique,* 1957 ; Encyclopédie française, tome X, *L'État,* 2e éd., 1964 ; M. Halbecq, *L'État, son autorité, son pouvoir,* 1965 ; G. Burdeau, *Traité de science politique,* tome II, *L'État,* 2e éd., 1967. Du même auteur, *L'État,* coll. « Politique », 1970.

Section 2
L'État, société politique

6. — La masse humaine. — L'État se présente d'abord comme une collectivité humaine. Il rassemble des hommes et des femmes aux diverses étapes de leur vie : enfance, adolescence, maturité, vieillesse. Ceux-ci se trouvent déjà réunis en famille, en village, en bourgade, en ville.

De la sorte, se dégage un premier trait de l'État. Il n'est pas une société primaire, mais, selon la formule de G. Scelle, « une unité de superposition » (*Introduction à l'étude du Droit,* 1931, tome I, p. 80). Il englobe les groupements premiers, comme les familles, ou seconds, comme les cités, sans être à son tour englobé par aucune autre formation, comportant, du moins, des liens aussi étroits et aussi durables que ceux que lui-même impose à ses nationaux (sur le caractère des *Institutions internationales,* V. Colliard, *Précis Dalloz,* 7e éd. et P. Reuter, *Manuel Thémis,* 1967).

Le second trait qui caractérise l'État et le différencie des autres collectivités est d'être un phénomène de masse.

A cet égard, l'État se distingue nettement de la Cité antique dont on a parlé plus haut (V. n° 3). Celle-ci est relativement peu peuplée. Autant que nous puissions être exactement renseignés sur elle, Athènes, au temps de sa splendeur, n'atteignait pas le demi-million d'habitants et, là-dessus, il n'y avait guère que 40 000 citoyens, le reste étant composé de femmes, d'enfants, de métèques et d'esclaves. Comme l'écrit G. Sartori : « La polis est aussi différente de l'État territorial qu'une rivière d'un océan. Le problème de l'organisation politique de la première ressemble autant à l'organisation du second que la construction d'un radeau à celle d'un paquebot » (*Théorie de la Démocratie,* 1973, p. 198).

Aujourd'hui, l'unité est, pourrait-on dire, « le million d'hommes », selon l'heureuse expression de Jules Romains, vite reprise par certains historiens. Si nous voulons, ainsi que nous le ferons au Livre I de ce *Précis,* poser en termes exacts les problèmes soulevés par les institutions constituantes et gouvernantes, nous devrons nous garder de raisonner, comme trop d'écrivains politiques, avant ou après Rousseau, sur quelques dizaines de milliers d'hommes. Le million fournit, seul, la vraie mesure. La Chine, l'Inde, l'U.R.S.S., les U.S.A., comptent leurs habitants par centaines de millions; les grands États européens par dizaines; les plus petits États groupent presque tous encore au moins quelques millions. Au-dessous, lorsque la collectivité ne dépasse plus la population d'une grande ville, elle peut, tout en présentant les caractère juridiques de l'État, n'en point avoir le poids politique, ce qui n'a pas laissé de poser des problèmes dans le cadre des organisations internationales (V. Rapport du secrétaire général de l'O.N.U. sur la prolifération des micro-États, sept. 1967).

7. — L'assise territoriale. — L'autre aspect, que l'on peut dire physique, de l'État est son assise territoriale. Au million d'hommes, répondent les millions ou les milliers de kilomètres carrés.

Mais les exigences territoriales ne sont pas seulement pour l'État quantitatives, elles sont aussi qualitatives. L'importance de l'attache au sol apparaît primordiale pour la société étatique. C'est par celle-ci, au moins autant que par son extension démographique, qu'elle se différencie des autres collectivités. Sans doute, toute société composée d'êtres humains est à certains égards « territoriale », puisqu'il n'y a point de vie individuelle ou collective qui ne doive trouver son point d'insertion en un lieu déterminé du globe. Mais cette portée du territoire est très variable. Aujourd'hui, pour la constitution de la famille ou pour l'exercice de la profession, le facteur territorial, sauf dans le milieu rural, n'est plus un élément déterminant. Il peut même devenir quasi indifférent.

Par contre, l'État est « un phénomène essentiellement spatial » (M. Hauriou), « une forme géographique de la vie sociale » (C. Vallaux). Le sol constitue la base sur laquelle opère l'intégration transformant en unité cohérente des populations jusqu'alors indécises et flottantes (V. n° 135). Il détermine, à la fois, l'étendue et les limites de la puissance publique ; il indique la nature et la mesure des services que celle-ci doit rendre, selon la communauté d'intérêts existant au sein du même groupe d'habitants ; il engendre la qualité même de citoyen, chez qui le trait commun et foncier d'occupant de la terre se substitue aux différences sociales et professionnelles.

L'élément de territorialité est donc inhérent à la société politique et l'on ne peut accepter les spéculations aventureuses de certains juristes, comme L. Duguit, estimant possible une différenciation politique se produisant dans le vide. Plus réaliste que ce pseudo-positivisme est le romantisme de Michelet, qui, dans sa grande préface de 1869, écrit : « Sans une base géographique, le peuple, l'acteur historique, semble marcher en l'air, comme dans ces peintures chinoises où le sol manque. »

Parfois sans doute le sol peut manquer, mais c'est qu'il n'a pas encore été rejoint ou qu'il a été provisoirement abandonné. Les fameux navigateurs du *May Flower,* ces puritains embarqués pour le nouveau monde où ils fonderont l'État du Massachussetts, ont, à bord de leur navire, conclu un pacte, leur future constitution. Ils possèdent déjà une organisation politique, mais, loin de se passer du sol, ils aspirent au contraire à s'y installer au plus tôt. A l'inverse, une organisation politique antérieure peut subsister quand le sol a été délaissé. Ainsi dans l'antiquité, des Athéniens qui, en 480 av. J.-C., abandonnèrent leur ville à Xerxès en se transportant sur leurs navires ; ainsi des gouvernements en exil des deux guerres mondiales. Mais, loin d'amener à conclure à l'absence de nécessité de l'élément territorial, ces épisodes en démontrent l'importance capitale.

8. — La cohésion politique. — La rencontre d'une population et d'un territoire adéquat peut engendrer une communauté naturelle, elle ne crée pas, d'elle-même, un État.

A cet égard, il faut écarter, comme scientifiquement non fondé, un certain déterminisme géographique. Le lien étroit — l'intimité, pourrait-on dire — de la terre et de l'État n'entraîne pas le passage obligatoire de l'unité physique à l'unité politique.

Des obstacles divers, des mers, des fleuves, des montagnes dessinent aux yeux de certains le cadre de l'État. C'est la théorie dite des « frontières naturelles ». Jadis éclose dans le cerveau des politiques de Rome, elle est réapparue, comme la notion d'État, dans l'Europe du XVIIe siècle. Mais, alors même, elle ne vaut pas là où une île ou une presqu'île paraît créer les plus nettes dispositions unitaires : l'Angleterre avant que d'être un « Royaume Uni » a été désunie; actuellement encore, les comtés du Nord ne font pas partie de la République irlandaise; la péninsule ibérique comporte deux États bien caractérisés, l'Espagne et le Portugal.

On doit plutôt penser, avec l'ensemble des géographes français, qu'un État naît, non de l'unité, mais de la diversité. Les États se sont formés là où, dans un espace réduit, se rencontrent les formes terrestres les plus variées, du point de vue du climat, du relief et de la nature du sol, du régime des eaux, des voies de communication naturelles, des productions, du peuplement, du genre de vie. Les points favorables à l'éclosion des États ne furent pas les lieux déjà unifiés géographiquement mais, au contraire, les zones dites « de contact ». « Tous les États sont des amalgames de fragments, des assemblages de morceaux détachés de régions naturelles diverses qui se complètent les uns les autres et qui se cimentent, et qui font une unité réelle de leur diversité associée. » (L. Febvre, *La terre et l'évolution humaine,* introduction géographique à l'histoire, Coll. l'*Évolution de l'humanité,* t. IV, 1922, p. 378).

Pas davantage, on ne peut fonder sur l'histoire la croyance en un déterminisme nationalitaire, selon lequel certains groupes humains, appelés « nations », réaliseraient déjà, à l'intérieur d'eux-mêmes, une unité physique et spirituelle qui les prédisposerait à devenir États, qui même, selon le *principe* dit *des nationalités,* leur donnerait un droit à cette transformation (C.-A. Colliard, *Institutions des relations internationales,* 7e éd., n° 71). En fait, l'instinct national, s'il est un facteur politique puissant, est par lui-même dépourvu des moyens de constituer l'unité politique qu'est l'État (V. J. Chevallier, *L'État-Nation,* R.D.P. 1980, p. 1271).

« L'État n'est jamais donné » — que ce soit par le sol, par la race, ou par tout autre élément préexistant —, « l'État est toujours forgé » (L. Febvre, *ibid.*, p. 376). Le juriste, disciple de Gény, exprimerait, un peu différemment mais non moins exactement, la même pensée en affirmant à son tour : « l'État n'est jamais donné, il est toujours construit ».

C'est le pouvoir qui, par ses forces de persuasion et de

contrainte, réalise cette construction. Lui seul est en mesure de faire jaillir de l'unité sociale plus ou moins spontanée, formée par la vie commune sur un même sol, l'unité politique et juridique qu'est l'État. Il y a, sans doute, une nation antérieure, que l'on a justement qualifiée de « nation naturelle » (E. Baudin); elle est socialement vivante; elle peut même constituer déjà un ensemble organique, mais son destin unitaire reste incertain, si, sur ses éléments plastiques, ne s'exercent, en un moment donné, une volonté puissante et constante. Grâce à elle, d'une agrégation sociale, jusqu'alors imparfaite, naît un État. La population fournit la substance à laquelle l'État donne sa forme. Selon l'adage scolastique un peu transposé, *sicut materia appetit formam, societas appetit Statum :* comme la matière tend à la forme, la société aspire à l'État..., mais elle n'y parvient que sous l'influence d'actions humaines délibérées. Ce rassemblement est l'œuvre de princes, de légistes, de capitaines, de prélats, tous « hommes d'État », au sens propre du terme.

Section 3
L'État, pouvoir politique

9. — La puissance dominante. — La primauté du pouvoir, dans la formation de l'État, se retrouve dans tout le cours de son existence. Élément formateur, le pouvoir est aussi le facteur permanent de cohésion de la société politique, puisque celle-ci est une association obligatoire pour ses membres, qui lui appartiennent d'ordinaire, non par adhésion, mais par situation.

Ce qui donne sa note propre à l'assujettissement à l'autorité publique, ce qui le différencie des autres subordinations dont est comme tramée la vie sociale, c'est l'imposition externe de ceux qui lui sont soumis. On ne choisit pas, d'ordinaire, son État. On y naît, on y vit, on y meurt, parfois même on meurt pour lui, et si une option est laissée, elle ne l'est qu'entre deux États. Si, pour des raisons diverses, un homme répudie ou perd l'appartenance à un État, il tombe sous la coupe d'un autre. L'apatridie (ou heimatlosat) est considérée comme une situation anormale, au surplus, pleine, à tous égards, d'inconvénients.

L'assujetissement à l'autorité politique, involontaire dans son origine, demeure, par la suite, également forcé. Certains hommes, les gouvernants, ont le pouvoir de demander unilatéralement de multiples prestations ou abstentions à d'autres hommes, les gouvernés, sans que ceux-ci aient à y consentir.

Ce pouvoir unilatéral de commandement doit nécessairement s'appuyer sur la force matérielle. L'observation des faits, l'étude des doctrines négatrices de l'autorité — couramment appelées anarchistes — montrent l'utopie d'une coopération purement libre, spontanée et volontaire. On rencontre, toujours et partout, au moins un irréductible résidu de contrainte auquel il est indispensable de recourir. En une page remarquable, le juris-consulte allemand Ihering a dit « la contradiction en soi » que serait un État sans force. (*Der Zweck in Recht,* trad. française : *l'évolution du Droit,* par O. de Meulemaere, 1901.)

Mais l'autorité n'est pas simplement la force brute, matérielle et physique. Même historiquement, on a sans doute exagéré son importance dans les sociétés primitives. Aujourd'hui, les investigations sociologiques nous révèlent des phénomènes beaucoup plus complexes que le simple exercice de la coercition externe, de la domination du poing, du fouet ou de la hache. Psychologiquement, une analyse tant soit peu poussée du phénomène de l'obéissance politique constate l'insuffisance de la seule force matérielle. En effet, à l'extrême limite, il faudrait un gendarme derrière chaque citoyen et un gendarme derrière chaque gendarme. « Qui gardera le gardien lui-même? » comme il est déjà demandé dans l'Écriture. Il faut qu'à la contrainte subie, à la simple domination se substitue un ascendant moral, une autorité résultant sans doute d'une maîtrise extérieure qui n'est pas niable et qu'il serait imprudent d'affaiblir, mais aussi d'une conviction intérieure, à certains égards plus importante encore. Psychologiquement, l'autorité vient de ce que les citoyens reconnaissent leur dépendance vis-à-vis d'elle. La puissance est moins dans la volonté de celui qui domine que dans la confiance de celui qui se soumet. Là, gît historiquement et sociologiquement, ce que l'on a appelé le

« mystère de l'obéissance civile » (B. de Jouvenel : *Le pouvoir*, 1945, p. 31). Moralement et intellectuellement, lui répondent les doctrines de la légitimité qui occupent une si grande place dans l'évolution des idées politiques.

10. — Le pouvoir exclusif. — Mais, même intériorisée et spiritualisée, « la puissance » ne suffit pas à définir « le pouvoir politique ». Non seulement celui-ci doit l'emporter, en fait, sur toutes les autres forces, mais encore il lui faut, en droit, disposer exclusivement de la prérogative de commander et de se faire obéir, à l'intérieur de certaines limites qui sont généralement celles de ses confins territoriaux.

Ce droit privilégié n'implique pas qu'il n'y ait d'autorités que politiques. Ces autorités sont, au contraire, multiples : il y a l'autorité familiale avec ses différents aspects : l'autorité maritale aujourd'hui bien réduite, l'autorité parentale ; il y a les autorités professionnelles : autorité patronale, autorité syndicale ; il y a, sur le plan spirituel, les autorités religieuses et ecclésiastiques ; il y a de multiples autorités constituées volontairement résultant de la fondation de sociétés et d'associations. Le pouvoir de l'État n'est donc, au juste, qu'une autorité parmi d'autres. L'absorption de celles-ci n'existe que dans l'acception extrémiste de l'État « totalitaire ».

Sur l'échelle des valeurs, l'autorité politique n'est pas la plus élevée. L'autorité familiale possède certains caractères, notamment l'antériorité et l'intimité, qui lui donnent le pas sur l'autorité politique. Quant à l'autorité religieuse, en cas de conflit avec le pouvoir civil, sa primauté s'impose au croyant. « Il vaut mieux, selon l'Apôtre, obéir à Dieu qu'aux hommes. »

La *souveraineté de l'État*, pour employer le terme courant, bien qu'il soit extrêmement controversé, ne tient donc ni dans un monopole, ni dans une supériorité absolus. Elle n'en reste pas moins, relativement, un faisceau de pouvoirs considérables. Et le contraste apparaît vif entre les efforts intellectuels multipliés pour faire disparaître la notion et l'emprise que celle-ci garde réellement. Tout un ensemble de droits généraux et majeurs n'appartiennent qu'à l'État.

Sur son territoire, il élimine, en droit, toute autre autorité étatique, et c'est là le sens précis qu'il faut donner à l'exclusivité de son pouvoir. Dans le cadre que lui assignent matériellement la géographie et l'histoire, que lui reconnaît juridiquement le droit international, il n'admet aucune concurrence dans l'édiction des règles de droit et l'exercice de la contrainte coercitive qui l'accompagne. La détermination et l'organisation de tous les services publics nécessaires à la sauvegarde de l'État-société appartiennent à l'État-pouvoir de façon plénière et complète, ses organes qualifiés eux-mêmes « pouvoirs », bien qu'ils n'en détiennent qu'une partie, sont seul maîtres de décider des besoins à satisfaire et des moyens à employer. Ils agissent à cet égard en pleine indépendance. Réserve faite de leur responsabilité internationale, ils apprécient librement l'opportunité des décisions générales ou individuelles qu'ils sont appelés à prendre.

La détention de la compétence exclusive comporte naturellement la faculté, pour l'autorité politique, d'y renoncer sur certains points. Par contre, de trop graves ou de trop larges abandons entraîneraient la disparition de l'État comme entité indépendante. Une limite est difficile à tracer. Toutefois, selon l'opinion générale, les transferts consentis, comme conséquence à une insertion dans une institution intégrante, fédération ou union, ou comme suite à l'acceptation d'un régime de vassalité ou de protectorat, laissent subsister le caractère étatique du pouvoir intéressé (V. titre III, *Les institutions intégrantes et agrégatives*).

11. — Le pouvoir institutionnalisé.

— La puissance de l'État qui, physiquement, prime toutes les autres, et qui peut, en principe, intervenir dans tous les domaines où elle n'est pas primée elle-même par une autorité étatique concurrente s'exerce selon des règles. Celles-ci, suivant le degré de développement de l'État et la nature du régime, sont plus ou moins complexes, plus ou moins précises, mais un minimum de dispositions normatives est nécessaire à l'existence même de l'État. L'État-pouvoir — et tel est son dernier trait essentiel — est *institutionnalisé* (sur la notion d'institution, V. plus loin n° 26). La puissance des gouvernants ne se déploie que conformément à des règles générales, impersonnelles et objectives. Le tissu de ces obligations est plus ou moins lâche, mais au moins une trame résistante supporte ou contient toutes les manifestations d'autorité.

Le pouvoir étatique est ainsi un pouvoir s'exerçant selon des règles, c'est-à-dire un « pouvoir de droit ». Ihering encore a admirablement montré comment l'État ne pouvait se passer du droit qui est, pour lui, comme une « politique bien comprise » (*op. cit.,* trad., p. 251).

Cette nécessité apparaît clairement sur le plan de la durée. Pour que le pouvoir subsiste et se transmette, il faut qu'il dépasse le stade individuel pour atteindre celui de l'impersonnalisation. « O princes, vous mourrez, mais votre État doit être immortel », s'écrie Bossuet dans sa *Politique tirée des propres paroles de l'Écriture sainte.* Et tel est bien le redoutable problème qui se pose à tous les gouvernants d'être, dans la continuité du temps, plus qu'un instant éphémère. Cela n'est possible que par une dissociation du pouvoir en soi d'avec les individus qui en assument momentanément la charge. Il faut que l'autorité revienne à une entité permanente à laquelle, sous réserve de leur conformité aux règles posées, seront imputés tous les actes accomplis par les organes de l'institution. Le pouvoir existe ainsi en lui-même, indépendamment de ses agents. La personne, le collège, l'assemblée, le peuple en corps assurent l'autorité, mais ne se confondent pas avec elle. Tel individu, telle collectivité peuvent perdre le pouvoir. Celui-ci ne cessera pas d'exister.

L'institutionnalisation est le fruit d'un long processus historique. A l'origine, il n'existe que des rapports personnels entre le souverain et ses sujets. Sa force individuelle, son prestige naturel imposent le respect de ses décisions. Puis le chef tente d'assurer la durée de sa domination en fondant les liens de soumission sur des promesses réciproques, souvent contractuelles. Ces engagements, tacitement reconduits, prennent la force et la valeur de coutumes. Le moment vient où, grâce à leur durée paisible, les titres de l'autorité n'ont plus besoin d'être renouvelés, puisque l'automatisme des règles se trouve acquis.

Pour prendre un exemple dans notre histoire, les premiers rois de la branche capétienne ont, vis-à-vis de leurs sujets, pratiqué d'abord la méthode contractuelle de l'engagement féodal. Mais cette promesse assurait leur autorité présente, non celle du successeur, d'où l'usage de faire sacrer le futur roi, du vivant du prince régnant, de façon à ce que celui-ci puisse faire reconnaître personnellement celui qui serait l'héritier. Cette pratique est, en revanche, devenue inutile à partir du moment où ont été fixées et communément admises les règles de la succession au trône.

Il va de soi que les normes concernant le pouvoir ne

peuvent être limitées à sa seule transmission. Elles s'accompagnent nécessairement d'autres dispositions disciplinant son exercice ou améliorant sa propre organisation interne. De proche en proche, tout ce qui regarde l'autorité politique dans l'État est institutionnalisé par voie écrite ou coutumière. De même, tendront progressivement à être réglés par le droit ses multiples rapports avec les éléments extérieurs à lui.

CHAPITRE II

LE DROIT PUBLIC

12. — Origine et vicissitudes de la distinction classique. — Tout le droit se rapportant à l'État est du *droit public*. Il s'oppose, selon la distinction traditionnelle d'Ulpien, au droit privé : *Hujus studii duæ sunt positiones : publicum et privatum. Publicum jus est quod ad statum rei romanæ spectat; privatum, quod ad singulorum utilitatem...* l'étude du droit présente deux aspects : le public et le privé. Le droit public concerne l'état de la République; le droit privé, l'utilité des particuliers (*Institutes* de Justinien, L. I, t. I, *De Justitia et Jure,* IV).

Cette division fondamentale du jurisconsulte romain, (170-228), conseiller d'Alexandre Sévère, a traversé les siècles. Elle a pu s'estomper ou se modifier, elle ne s'est jamais effacée tout à fait. Même durant le moyen âge, où la notion romaine d'État s'affaiblit jusqu'à disparaître et où la pensée est « tout imbue du monisme du droit seigneurial, absorbant droit public et droit privé », le dyptique classique bénéficie, jusqu'au Xe siècle au moins, d'une survie intellectuelle. Sans prise sur le vieux droit, il demeure révéré dans le cercle des romanistes et des canonistes pour reprendre vigueur, à la fin du XVe siècle avec l'*Institution au droit des Français* de Guy Coquille, et surtout, les *Pandectes ou digestes de droit français* de Charondas le Caron (G. Chevrier : *Remarques sur l'introduction et les vicissitudes de la distinction du* Jus Privatum *et du* Jus Publicum *dans les œuvres des anciens juristes français,* Arch. philo. Droit Nlle série; I; Sirey 1952).

Au XVIIe siècle, Domat publie, en antithèse à son ouvrage de droit privé, *Les lois civiles dans leur ordre naturel, ou Droit public contenant les matières qui se rapportent à l'ordre général d'un État*. Mais ce titre admirable ne peut cacher le retard considérable que, dès cette époque, le droit public a pris sur le droit privé. Manquant d'exposés systématiques et complets, il « acquiert malaisément une nette conscience de son objet et de ses diverses parties » (G. Chevrier : *op. cit.*, p. 15). L'une des raisons en est l'absolutisme du régime. Le *droit public de la France* de Fleury (1679) est un manuel des connaissances utiles à l'homme de gouvernement. Celles-ci, presque ésotériques, sont destinées à un cercle étroit d'initiés puisque, selon Argou (*Institutions au droit français,* 11e éd., 1773), « les particuliers se mêlent peu en France de ce qui concerne le droit public. » Ainsi, lorsqu'en 1745, sur l'initiative du Chancelier d'Aguesseau, un professeur de droit public est nommé à Besançon, le Président Bouhier juge cette création fort inutile et le nouvel enseignement ne fut guère plus qu'un titre honorifique pour François Elie Courchetet, seigneur d'Esnans (A. Estignard : *La Faculté de droit et l'École centrale à Besançon,* Paris, Dumoulin, 1867, p. 187 et s. et J. Portemer : *Recherches sur l'enseignement du Droit public au XVIIIe siècle,* R.D.P., 1959, p. 341).

Chez les auteurs politiques du XVIIIe siècle, le terme droit public correspond à ce que nous appelons aujourd'hui le droit international, *jus gentis publicum* (d'Aguesseau, *Institution au droit public,* éd. Louis Rigaud, Paris, Sirey, 1956). Par contre, le terme droit politique est entendu par Rousseau à peu près de la manière dont nous concevons présentement le droit public général (R. Derathé, *J.-J. Rousseau et la science politique de son temps,* 2e édit., 1971, p. 393). Il en va de même avec Montesquieu qui, sous l'opposition droit politique-droit civil, replace l'antithèse classique du dyptique d'Ulpien : « Considérés comme vivant dans une société qui doit être maintenue, les hommes ont des lois dans le rapport de ceux qui gouvernent, et c'est le droit politique. Ils en ont encore dans le rapport que tous les citoyens ont entre eux, et c'est le droit civil. » (*Esprit des lois,* I, 3).

Au XIXe siècle, la distinction des deux droits l'emporte définitivement, influencée par la double exaltation de la souveraineté de l'État et de l'autonomie de l'individu. « Les modernes, dit J. C. Bluntschli, ont montré leur intelligence en restaurant la distinction antique. L'Europe, depuis la fin du XVIIIe siècle, lutte activement pour purger le droit public de tout mélange étranger et le but est déjà largement atteint. Le droit public devenu plus noble et plus énergique s'est pénétré de l'esprit public de la nation. Le droit privé, plus souple et plus libre, s'est détaché des liens qui l'attachaient à l'État » (*Le droit public général,* Trad. Riedmatten, 1881, p. 2).

Toutefois, en France, il y a tendance à particulariser le sens du terme « droit public » et à ne comprendre, sous son appellation, que le droit constitutionnel ou que le droit des libertés publiques (V. n° 21).

C'est seulement au dernier quart du XIXe siècle que, influencée surtout par la science allemande, la conception romaine du droit public retrouve chez nous toute son ampleur. Le droit public est conçu derechef comme englobant la totalité du droit de l'État, *Staatsrecht.* Quand le cours de droit public, créé à la Faculté de droit de Paris par L. Bourgeois pour F. Larnaude, entre au programme du doctorat, un rapport de R. Poincaré indique que son objet est « la théorie générale de l'État » (1894).

13. — Critères et caractères distinctifs des droits public et privé. — A travers ces vicissitudes, les auteurs du XIXe et du XXe siècle se sont efforcés de dégager de la formule d'Ulpien, remarquable par sa richesse mais aussi par sa souplesse, un critère précis de distinction. Ces critères ont foisonné jusqu'à atteindre et même, sous la plume d'auteurs allemands, à dépasser la centaine.

On peut toutefois, négligeant des nuances trop subtiles, se contenter de relever ici les deux grands principes de discrimination :

a) Distinction fondée sur le *sujet :* le sujet du droit public est l'État; celui du droit civil, le particulier.

b) Distinction fondée sur l'*intérêt :* intérêt général, sociétaire ou communautaire pour l'État; intérêt propre individuel pour les particuliers : *sunt enim quædam publice utilia, quædam privatim* (public, de *populus* par *poplicus, publicus;* privé de *privus,* pris isolément, singulier, *privare,* mettre à part, exempter).

Établie sur l'une ou l'autre de ces bases, la distinction du droit public et du droit privé imprime à chacun des deux droits des caractères différents sinon opposés :

— Quant à la *généralité* des règles : l'intérêt protégé par le droit public est commun à tous les citoyens ou au moins à tous les membres d'un corps obligatoire. Les intérêts que le droit privé concerne sont particuliers à une famille, à un propriétaire, à une clientèle commerciale, etc. (J. Brèthe de la Gressaye et M. Laborde-Lacoste, *Introduction générale à l'étude du droit,* 1947, p. 109).

— Quant à la *supériorité* hiérarchique : le droit public est supérieur au droit privé. Celui-ci se développe à son abri, presque à son ombre, réclamant son soutien et sa protection : *Jus privatum latet sub tutela juris publici* (Bacon).

— Quant aux *manifestations de volonté :* le droit public s'exprime par l'action autoritaire des gouvernants, des administrateurs et des juges. Le droit privé traduit le jeu d'initiatives individuelles et la rencontre de libres volontés.

— Quant à la *force obligatoire :* le droit public est, de son essence, impératif. Il est fait d'injonctions et de prohibitions. Toutes ses règles sont d'ordre public. Le droit privé se contente souvent de servir de guide ou de soutien aux volontés particulières qui gèrent leurs intérêts comme bon leur semble. Nombre de règles de droit privé suppléent des volontés inexprimées ou défaillantes.

— Quant à la *mobilité :* le constituant et le législateur modifient à volonté le droit public; en droit privé, les situations acquises doivent être respectées.

14. — Définition des droits public et privé. — En termes actuels, la distinction classique peut se formuler ainsi :

— Dans la situation publique, l'homme est dominé par une organisation que la nature lui impose et que sa raison lui commande d'accepter. Des règles, valables pour tous, établissent l'ordre et assurent la coopération qu'exigent la sécurité et la satisfaction des besoins collectifs.

— Dans la situation privée, l'homme tend à s'exprimer, à affirmer sa singularité de vie, à assurer sa liberté d'être et d'agir selon son style propre, à accomplir sa destinée personnelle (R. Théry, « Le Public et le Privé », in *Crise du pouvoir et crise du civisme, op. cit.,* p. 190).

Il en résulte que :

— Dans le premier cas, les préoccupations sociétaires l'emportent, à telle enseigne que leur consistance propre permet de leur donner l'aspect d'une réalité objective, d'une chose, la chose publique : la République ou l'État.

— Dans le second cas, l'individu, au cours des diverses manifestations dont il est le centre et le sujet, est sous la prise directe du Droit.

Bien que les rapports de droit privé aient, le plus souvent, besoin du cadre organique et de l'enveloppe protectrice des institutions publiques, à la limite, ils s'en passeraient. Logiquement, les institutions et les relations privées pourraient — et historiquement, elles ont pu de fait — exister, sans qu'il y ait un État, au sens exact du terme. En tout cas, elles possèdent leur spontanéité et leur dynamisme propres. Dans notre civilisation, les pouvoirs publics organisent le milieu juridique et en font respecter les règles. A l'intérieur de celui-ci, les individus et les groupes privés exercent leurs activités libres. Le droit privé peut ainsi se définir comme *l'ensemble des règles juridiques selon lesquelles les particuliers entretiennent les rapports qu'ils ont entre eux, soit directement, soit en formant des groupes dont ils sont membres.* Ces relations et institutions relèvent de trois ordres fondamentaux : elles sont soit proprement civiles, soit familiales, soit économiques.

En face des particuliers — mais, en les incorporant comme on l'a déjà vu, en tant que nationaux et citoyens, — l'État est institué par les gouvernants, en vue de leur permanence et de leur puissance, ainsi que de l'accomplissement de services collectifs. De la sorte, le droit public peut, à son tour, se définir comme *l'ensemble des règles de Droit qui constituent l'État* (ainsi que les corps publics subordonnés) *et qui sont suivies par lui dans ses relations avec les autres États, les collectivités organisées* et *les individus.*

Quand il s'agit des rapports avec les autres États, le droit public est dit, alors, « international ». Mais les institutions et relations de cet ordre faisant l'objet d'études spéciales et les explications les concernant étant données à leur propos, nous n'avons ici à nous occuper que du droit public interne.

15. — Critiques faites à la distinction classique. — Il est évident que dans la mesure même où les formules que l'on vient de rapporter fixent et figent la distinction traditionnelle, en durcissant ses contours, celle-ci cesse d'être une sorte de vérité générale et se trouve aux prises avec de multiples critiques. Certaines s'attaquent à des aspects de détail, d'autres aux fondements mêmes de ce qu'il est convenu d'appeler la *summa divisio.*

Selon l'observation des sociologues contemporains, notamment d'Émile Durkheim, toute norme juridique serait par nature « publique » en tant que règle de vie « sociale ». L'homme sujet de droit — écrit Georges Scelle — voit ses comportements réglementés et, faute de n'avoir elle-même aucun sens, cette réglementation s'oriente vers un certain nombre de finalités. Ces finalités sont toutes *sociales,* en ce sens qu'elles visent au maintien de la cohésion politique. Tout le droit est social ou public ». (G. Scelle : *Introduction à l'étude du Droit : op. cit.*, p. 25.)

« Mais — reconnaît le même auteur — il est en même temps individualiste puisque l'organisation sociale est la condition des existences individuelles ». Le but final de l'ordre est la personne humaine, par la sauvegarde collectivement organisée de ses intérêts légitimes. Ceux-ci, en profondeur, ne sont jamais purement publics. Il n'y a d'intérêt général qui ne se résolve en intérêt personnel; qui ne se situe dans l'homme et nulle part ailleurs. En dernière analyse, tout le droit est individuel ou privé.

Qu'on centre donc le droit sur l'État, comme le veulent les sociologues socialisants, qu'on l'organise en vue surtout de l'intérêt particulier, selon les philosophies individualistes, on se trouve conduit, dans les deux cas, à affirmer son monisme foncier, à supprimer ou, du moins, à affaiblir considérablement l'antithèse droit public-droit privé. On la maintiendra seulement pour des mobiles secondaires, raisons pédagogiques ou commodités techniques.

16. — Relativité de la division classique. — Une grande partie des critiques du sociologisme et de l'individualisme à l'encontre de la division classique sont spécieuses. Elles proviennent d'une réduction abusive du social ou du collectif au public; de l'individuel et du personnel, au privé. Comme on l'indiquera plus loin à propos des droits constitutionnels privés (V. n° 18), il y a un « social privé » sur lequel ont insisté certains sociologues plus subtils (J. Lacroix : *Force et faiblesse de la famille,* 1949, p. 125 et s.).

En revanche, on doit admettre que la division classique demande à être assortie d'une part de relativité.

Création de l'esprit, le dyptique d'Ulpien — comme le constate A. E. Giffard — ne vise pas la loi, mais la doctrine des jurisconsultes (*Précis de droit romain,* Dalloz, 1951, t. 1, n° 9). Il fait partie d'un système de pensée et d'un cadre de civilisation que nous ont légués les conquérants de la Gaule. Selon les lieux, les époques et les conceptions doctrinales, son interprétation sera donc variable.

La distinction et le volume respectif des droits public et

privé dépendent de l'organisation politique et économique de la société considérée. Le droit privé apparaît seulement lorsque l'activité sociale n'est plus entièrement monopolisée par les autorités du groupe. Il exprime l'avance de l'individualisme ou du libéralisme au sein d'une société donnée. A l'inverse, les progrès du socialisme ou simplement des exigences de la vie collective se traduisent par le recul du droit privé. La logique d'un régime totalitaire entraînerait même sa disparition, mais les théoriciens fascistes ou soviétiques ont rarement été jusqu'aux conséquences ultimes de leurs principes.

Il résulte encore de cette relativité que, là où la distinction du droit public et du droit privé est considérée comme fondamentale par la doctrine, inspiration ou reflet du droit positif, les limites des deux domaines sont mobiles et, sur certains points, indécises.

Le droit privé pénètre le droit public : l'activité des agents de l'administration est soumise dans son ensemble, au droit commun, comme dans le droit anglais classique, ou seulement en partie, comme en France, lorsque sont utilisées les règles dites de la « gestion privée ».

A l'inverse, le droit public déborde sur le droit privé en soumettant à des décisions autoritaires une série de matières laissées jusqu'alors à la liberté contractuelle.

En réalité, c'est bien davantage le jeu entre les deux fonctions fondamentales du droit qui est en cause — la fonction organisatrice et la fonction régulatrice. Le développement de la première, qui accompagne toute transformation de la société, donne l'impression d'une « publication » du droit parce qu'elle interfère nécessairement dans la sphère d'action des particuliers.

17. — Portée philosophique et politique de la distinction classique. — La vigueur et l'étendue des controverses sur la « publicisation » du secteur privé indiquent clairement que la distinction du droit public et du droit privé n'est pas une simple querelle d'Écoles, de portée purement technique ou pédagogique.

La reconnaissance de domaines propres au public et au privé, ainsi que la détermination de la part faite à chacun d'eux, sont en relation directe avec les types et les époques de civilisation. L'abandon ou le maintien de la distinction classique traduit ou permet des transformations intellectuelles et sociales profondes. La séparation nette du public et du privé est la condition même de l'existence et de l'essor de la société libérale, ou de ce que l'on pourrait encore appeler, à la suite de Maurice Hauriou, suivant l'aspect considéré « public » ou « privé », « le régime d'État » ou « l'ordre individualiste ». « Le régime d'État » s'oppose aussi bien au régime féodal où le privé absorbe le public (les fonctions publiques rentrant dans le patrimoine familial) qu'aux régimes totalitaires où le privé, à son tour, est intégré au public. Mais il ne se contente pas d'une séparation, il implique une subordination. « Pour distincts qu'ils soient, le droit public et le droit privé n'en font pas moins partie d'un même système juridique, dont la liberté constitue la valeur maîtresse. La vie publique est comme subordonnée à la vie privée, et notamment à la famille et à l'initiative économique individuelle dont le meilleur épanouissement est toute sa raison d'être. » (*Vie privée et vie publique,* Chr. soc. de France, mars-avril 1949, p. 142.)

Ce système n'est pas seulement, comme d'aucuns le présentent, la traduction juridico-politique d'intérêts matériels, il a une portée morale et spirituelle qu'évoque ainsi Charles Péguy : « La vie privée court sous la vie publique, entretien, soutient, porte, supporte, nourrit la vie publique. Les vertus privées courent sous les vertus publiques. Le privé est le tissu même. *Publica :* les missions publiques ne sont jamais que des îlots et c'est le privé qui est la vie profonde. »

Au total, le diptyque d'Ulpien a, au cours des temps, acquis une quadruple portée :
— philosophique : la distinction du droit public et du droit privé correspond à une certaine conception du monde dont l'âme est la notion chrétienne d'éminente dignité de la personne humaine ;
— politique : l'existence juridique d'un « mur de la vie privée » paraît la plus sûre garantie des libertés individuelles dont la première est la liberté de l'intimité ;
— technique : la diversité des deux droits engendre une plus grande richesse de figures juridiques applicables aux personnes, aux biens et aux actes ;
— pédagogique : l'exposé des règles complexes et diverses que forment le droit national, les droits étrangers et historiques, s'effectuant selon de grandes divisions généralement acceptées, le dyptique droit public-droit privé établit

la ligne maîtresse de partage. Il se combine avec d'autres subdivisions, dont la première et la principale est la distinction entre le constitutionnel et le relationnel.

CHAPITRE III

LE DROIT CONSTITUTIONNEL

18. — La multiplicité des droits constitutionnels. — Il serait possible, s'en tenant à l'usage, de passer directement du droit public au droit constitutionnel, mais, laisser sans explication l'ellipse verbale devenue habituelle donnerait à croire qu'il n'y a de droit constitutionnel que public. On se priverait ainsi d'une interprétation logique du terme et d'une détermination méthodique de son contenu. Nous nous arrêterons donc d'abord au phénomène constitutionnel pris dans toute sa généralité et son ampleur.

Dans le langage courant, on parle de la « constitution » d'un être humain ou de celle de la matière. Si nous transposons cette notion dans le domaine des sciences sociales, nous constaterons aisément que chaque groupe, à partir du moment où il se différencie, possède une organisation déterminée, c'est-à-dire une certaine constitution. Celle-ci est embryonnaire ou plus ou moins développée, mais partout elle existe. Restreindre à la seule société politique cette notion de constitution, c'est jeter les esprits dans une première incertitude, sinon dans une première erreur.

Il y a du droit constitutionnel en deçà et au-delà de l'État :

1º *En deçà de l'État,* il existe une constitution de la famille. L'expression est courante chez les sociologues. Elle doit sa vogue à Le Play, mais l'idée est beaucoup plus ancienne; elle se trouve déjà chez Bodin. Malgré la résistance de beaucoup de juristes, dominés par les traditions individualistes du code napoléonien, sa notion n'a pas cessé de s'imposer à l'esprit.

Il en va de même pour les sociétés commerciales, notamment pour les sociétés anonymes. Sur ce point, les spécialistes eux-mêmes ont souligné les analogies. Par exemple, Thaller a comparé à plusieurs reprises l'assemblée générale des sociétés anonymes au pouvoir délibérant dans le droit constitutionnel politique; de même, Bourcart a insisté sur la correspondance profonde entre les différentes structures des sociétés commerciales et les diverses constitutions des États (E. Gaillard, *La société anonyme de demain,* th. droit, Lyon, 1932, chap. 3. Théorie institutionnelle et fonctions de la société; R. Cestan, *Essai sur le droit collectif,* th. droit, Toulouse, 1927, p. 43).

Dans le droit du travail, on constate pareillement qu'il n'existe pas seulement, entre l'entreprise et ses membres, le lien d'un droit contractuel, mais les obligations d'un droit constitutionnel. Cette situation est parfaitement illustrée par la législation allemande qui donne aux règles concernant l'entreprise le nom de *Betriebsverfassung* et par les controverses françaises sur la nature de l'entreprise (J. Rivero et J. Savatier, *Droit du travail,* Thémis, 11e éd., p. 181 et s.).

2º *Au-delà de l'État,* l'Église catholique et d'autres sociétés religieuses possèdent un droit constitutionnel dont la mise en relief est plus aisée encore. Les beaux travaux de M. L. Moulin ont montré l'influence exercée jadis par les constitutions des ordres religieux sur les constitutions politiques. Le déroulement de Vatican II a montré le concile réinventant peu à peu les règles de la procédure parlementaire qu'il avait d'abord cru pouvoir dédaigner.

La communauté universelle du droit des gens elle-même repose, ainsi que les collectivités internationales plus étroitement intégrées, sur un ensemble de règles constitutives essentielles. G. Scelle s'est particulièrement attaché à mettre en lumière l'existence et les caractères de ce droit constitutionnel international (*Précis de droit des gens, Principes et systématique,* 1re partie, Introduction, Le Milieu Intersocial, 1922, V. également, sa contribution aux *Mél. Carré de Malberg,* 1933, intitulée précisément : *Droit constitutionnel international*).

Ainsi, chaque discipline juridique connaît-elle un droit « constitutionnel », produit de la fonction organisatrice du milieu qu'elle a vocation à régir et qui se distingue d'un droit « relationnel » correspondant à la fonction régulatrice des relations qui se développent dans ce milieu ainsi organisé.

De là, la distinction entre les deux grandes parties du droit public :

— dans l'une, on découvre et explique les règles ayant

trait à la structure de l'État; c'est le *droit public constitutionnel;*

— dans l'autre, on recherche et fixe les règles s'appliquant aux relations de l'État avec les individus ou les collectivités non étatiques dépendant de lui; c'est le *droit public relationnel.*

19. — Le droit public constitutionnel. — A s'en tenir toujours à la logique des termes, le droit public constitutionnel couvre un très vaste domaine. Il englobe l'ensemble des règles qui fondent l'État dans son existence, en déterminent les formes, lui procurent ses structures et son organisation.

Or, un État n'est pas constitué lorsque le statut de l'autorité politique y est seul fixé. Il ne le devient qu'à partir du moment où, par le statut des nationaux, est circonscrite la collectivité humaine dont il est l'expression, déterminée l'organisation administrative, établie la justice. Cette extension du droit constitutionnel à toute la contexture de l'État n'est pas, comme on l'a objecté, une vue de l'esprit ou une simple opinion. Elle correspond au contraire à une réalité sociologique que confirme le droit positif.

Sociologiquement, il existe, en effet, des affinités étroites, des correspondances fondamentales, une solidarité institutionnelle inévitable entre la détermination de la collectivité nationale, l'organisation politique, les structures administratives, le statut de la justice.

1° Les nationaux constituent physiquement la nation. C'est avec la nationalité, de naissance ou d'acquisition, « que se créent, non seulement la forme, mais l'être, la substance de l'État » (A. de Geouffre de la Pradelle, *Encycl. franç.,* t. X, *L'État,* 1re éd., chap. Population). C'est au sein de la collectivité ainsi déterminée que se produit la différenciation entre gouvernants et gouvernés qui est le fait primaire de la création de l'État.

2° A son tour, l'organisation administrative est un élément de la constitution des États, à ce point que ses facteurs déterminant se conçoivent à partir de ces trois éléments, classiquement considérés comme constitutifs de l'État, que sont la population, le territoire, le pouvoir. Non seulement cette organisation est destinée à relayer, du sommet à la base, l'exercice de l'autorité publique suivant des modalités qui caractérisent les formes d'États, mais encore elle se modèle sur des dimensions territoriales et des données humaines définies en fonction d'exigences proprement politiques. Elle se présente, en définitive, comme l'ensemble des structures institutionnelles de concrétisation des missions de l'État et fait ainsi partie intégrante de sa complexion.

3º Quant à la justice, son organisation n'appartient pas moins que celle de l'administration et pour des raisons homologues à la constitution de l'État. Elle se présente également comme la structure institutionnelle d'exécution d'une mission — le maintien de l'ordre dans l'observation de la loi — inhérente à l'existence même de l'institution étatique.

Aussi bien, cette conception large du droit public constitutionnel est-elle confirmée par le droit positif tel qu'il résulte du texte des constitutions elles-mêmes. En reprenant les trois précédentes rubriques, on peut en donner quelques exemples français et étrangers.

1º Nationalité-citoyenneté : Const. 1791 : titre II, art. 2; Const. 1793 : art. 4 à 6; Const. An III : art. 10 et s.; Allemagne fédérale, const. 23 mai 1949; Espagne, Const. 29 déc. 1978 : titre 1, chap. 1, « Des Espagnols et des étrangers »; U.R.S.S., Const. 7 oct. 1977 : art. 33 et s.

2º Organisation administrative : Const. 1791 : titre III, chap. 4, sect. II, « De l'administration intérieure »; Const. 1793 : art. 78 et s., « Des corps administratifs et municipaux »; Const. 1946 : titre X, « Des collectivités territoriales »; Const. 1958 : titre XI, « Des collectivités territoriales »; Espagne, Const. 29 déc. 1978 : titre VIII, « De l'organisation territoriale de l'État »...

3º Justice : Const. 1793 : art. 85 et s., « De la justice civile »; art. 96 et s., « De la justice criminelle »; Const. An III : titre VIII, « Du pouvoir judiciaire »; Charte 1830 : art. 48 et s., « De l'ordre judiciaire »; Const. 1958 : titre VIII, « De l'autorité judiciaire »; Espagne, Const. 29 déc. 1978 : titre VI, « Du pouvoir judiciaire »; U.R.S.S., Const. 7 oct. 1977 : titre VII, « La justice, l'arbitrage et la surveillance du procureur »...

Déterminé ainsi par l'analyse logique confirmée par le droit positif, le droit public constitutionnel apparaît composé de quatre parties :

— la première correspondant à la composition humaine

de la collectivité étatique et que l'on peut appeler *droit constitutionnel démotique* (de démos, le peuple);

— la seconde qui concerne l'organisation des autorités supérieures ou gouvernantes et forme le *droit constitutionnel politique;*

— la troisième qui a trait à l'organisation des collectivités et autorités intermédiaires et forme le *droit constitutionnel administratif;*

— la quatrième qui intéresse enfin l'organisation de la justice et forme le *droit constitutionnel* judiciaire ou plus exactement *juridictionnel.*

20. — Réduction du droit constitutionnel au droit constitutionnel politique. — Il s'en faut cependant que, dans sa conception française classique, la discipline dénommée « droit constitutionnel » comprenne ces quatre aspects. Dans le langage reçu, l'expression « droit constitutionnel » ne désigne en effet que le seul droit constitutionnel politique.

L'origine de cette acception limitative remonte, en France, à 1834, date à laquelle Pellegrino Rossi reçoit de Guizot la première chaire de droit constitutionnel. Le vocabulaire technique se fixe alors. Après avoir confondu, dans le libellé des enseignements et l'intitulé des programmes, droit constitutionnel et droit public, après avoir parlé de « droit politique », de « droit politique constitutionnel » ou même de « droit politique et constitutionnel » (Oudot, *Conscience et science du Droit,* 1856; Eschbach, *Introduction générale à l'étude du droit,* 1856, 3e éd.; Pradier Fodéré, *Principes généraux de droit de politique et de législation,* 1869), l'appellation droit constitutionnel l'emporte définitivement avec son sens actuel.

Mais, entrant tardivement dans les Facultés, la nouvelle discipline y trouve la place en partie déjà prise. Elle est encore plus fortement tenue lorsque le cours de droit constitutionnel s'intègre définitivement aux enseignements de doctorat (1879), puis aux enseignements de licence (1889). La possession d'état des autres disciplines exclut ainsi de son domaine tout l'ensemble de l'organisation administrative et judiciaire, tout ce qui touche au problème de la nationalité.

— Le droit constitutionnel de l'administration, que l'on

appelle couramment « organisation administrative », appartient au droit administratif.

— Le droit constitutionnel des juridictions est fractionné en un certain nombre de morceaux épars. Les juridictions politiques reviennent seules au droit constitutionnel ; les juridictions administratives appartiennent au droit administratif ; les juridictions civiles s'accrochent à la « procédure civile », plus heureusement dénommée aujourd'hui « droit judiciaire privé » ; les juridictions commerciales sont intégrées au droit du même nom, comme les juridictions prud'homales au droit du travail.

— Le droit constitutionnel démotique, d'abord enseigné avec le Code civil, puisqu'il s'y trouvait inclus sous forme de législation de la nationalité, est aujourd'hui rattaché à l'enseignement de droit international privé.

De la sorte, le droit constitutionnel classique se limite au droit constitutionnel politique, c'est-à-dire à *l'ensemble des institutions grâce auxquelles le pouvoir s'établit, s'exerce ou se transmet dans l'État.*

21. — Critique de cette conception. — De nature contingente, la conception qui résulte ainsi pour le droit constitutionnel de sa réduction au droit constitutionnel politique apparaît proprement arbitraire. Elle ne correspond, ni à la notion d'un droit constitutionnel défini par opposition au droit relationnel, ni à la notion d'un droit propre aux phénomènes politiques par opposition aux phénomènes qui, quoique collectifs et publics, n'auraient pas, s'il en existe, ce caractère ; ni même à celle d'un droit dont l'objet et l'étendue seraient tout simplement déterminés par le texte juridique dénommé constitution et qui en est la source, sinon exclusive, du moins principale. Si force est donc d'admettre que la conception du droit dit constitutionnel est de pure convention, il est d'autant plus nécessaire d'en marquer les faiblesses et les insuffisances.

L'effort de construction doctrinale opéré par Marcel Prélot au profit d'une conception scientifique fondée sur la signification éthymologique du terme constitutionnel, dont on vient de suivre le développement, a eu le mérite de mettre l'accent sur la spécificité d'un corps de règles homogènes. Il paraît indéniable que l'ensemble des normes qui informent l'organisation de l'État, qu'il s'agisse des organes gouvernementaux, administratifs ou juridictionnels, constitue une catégorie spécifique, tant du point de vue de leur objet même, que de celui de la technique juridique en ce qui concerne la nature des règles et les conséquences qui s'en déduisent quant à leur qualification, leur interprétation et leur application. Aussi bien, nombreux sont les auteurs étrangers qui, dans l'étude des institutions publiques, englobent naturellement l'organisation administrative et juridictionnelle. Et la doctrine classique française (J. Laferrière, *op. cit.*, introduction; G. Vedel, *id.*) n'a jamais manqué de rappeler la continuité et l'interdépendance qui lient droit constitutionnel, droit administratif dans leur acception pédagogique, voire droit judiciaire dont chacun convient qu'il n'est pas privé.

Mais la conception d'un droit constitutionnel opposé au droit relationnel a l'inconvénient d'exclure rationnellement du premier l'étude de normes constitutives de tout système politique. Il en est tout d'abord ainsi de celles, proprement relationnelles, qui, dans le cadre de la séparation des pouvoirs, régissent les rapports des organes entre lesquels est répartie l'autorité politique, et qui, servant de fondement à la classification classique des systèmes de gouvernement, ne sauraient, en tant que telles, être exclues du droit « constitutionnel » dont elles forment d'ailleurs l'une des parties les plus importantes. Mais il en est également ainsi des libertés publiques, dont Marcel Prélot estimait, cette fois, que « l'exposé systématique n'a pas sa place propre dans le droit constitutionnel scientifiquement conçu ». Outre qu'il s'agirait de droit relationnel — celui des rapports de l'individu et du pouvoir — cette exclusion se justifiait à ses yeux par la circonstance que les libertés — expressions particulières de la liberté, principe informateur de l'ensemble du droit — ne constitueraient pas un véritable corps de règles et qu'au surplus, si lors de sa fondation, le droit constitutionnel s'était vu annexer l'étude des libertés publiques, cette extension purement contingente n'était pas confirmée par la position très variable des constitutions ultérieures à cet égard. Marcel Prélot n'en devait pas moins convenir que « si le droit constitutionnel politique n'a pas à traiter *ex professo* des libertés, il ne saurait les laisser de côté là où celles-ci le concernent directement ou encore lorsqu'il y touche lui-même ». Et il ajoutait : « Par leur insertion dans les textes constitutionnels, elles participent du prestige et de la force (des régimes politiques) bénéficiant éventuellement des garanties du contrôle de constitutionnalité. »

Précisément, le développement de ce contrôle n'a pas seulement confirmé l'appartenance naturelle des libertés publiques au droit constitutionnel, que reconnaissait une importante partie de la doctrine. En organisant dans le cadre de ce droit la sanction de leur respect, il tend toujours davantage à faire de la réglementation des libertés la partie majeure du droit constitutionnel au détriment de celle qui concerne les aménagements organiques dont les modèles ne se renouvellent plus que par altération. A cet égard, l'évolution récente du droit français est significative, qui a fait souhaiter une redéfinition du droit constitutionnel le ramenant à ses origines (L. Favoreu, *L'apport du Conseil constitutionnel au droit public*, Pouvoirs, n° 13, 1980, p. 23). Mais, de la même manière, l'existence d'une jurisprudence constitutionnelle sur des notions telles que celles de « collectivité territoriale », de « catégorie d'établissement public » ou d' « ordre de juridiction » montre que l'exclusion de l'organisation administrative ou juridictionnelle du droit constitutionnel correspond désormais de moins en moins à une conception objective de ce droit. Si, donc, on demeure fidèle à sa définition classique, ce ne peut être que par une nécessité de découpage de moins en moins conforme au droit positif et aux exigences de fond de la pédagogie.

22. — L'étude du droit constitutionnel. — Quelle que soit la conception que l'on adopte de l'objet du droit constitutionnel, son étude s'inscrit dans un cadre que déterminent deux ordres de considérations.

La première est qu'il s'agit d'une discipline juridique, ce qui impose une méthode qui est celle du droit (Fr. Luchaire, *De la méthode en droit constitutionnel*, R.D.P. 1981, p. 275). En cela, le droit constitutionnel se distingue et doit continuer à être distingué de la science politique dont l'objet, la démarche intellectuelle et les méthodes sont différentes. Que les phénomènes considérés soient les mêmes — aussi bien l'autorité que la liberté — n'autorise pas une confusion des genres dont l'expérience a désormais prouvé, s'il en était besoin, qu'elle n'est profitable à aucune des deux disciplines, l'une y perdant en rigueur ce que l'autre n'a pas gagné en certitude. L'apport de la science politique, en tant que science d'observation et d'analyse, est indispensable au constitutionnaliste qui ne peut que se louer de ses progrès car il ne peut davantage s'en passer que le pénaliste de la criminologie ou le civiliste de la sociologie. Disqualifier le droit constitutionnel au motif, qui a été avancé, que l'étude d'une constitution ne renseigne pas sur la réalité d'un régime politique alors que tel n'est pas son objet; annoncer son déclin alors que chaque nouvel État a pour premier souci de se donner une constitution, symbole de sa majorité souveraine; croire que la science politique peut y être avantageusement substituée alors qu'elle ne saurait prétendre en assumer la fonction normative, nous paraissent autant d'idées périlleuses sur lesquelles l'évolution de la Ve République incite notamment à revenir (V. P. Avril, *Une revanche du droit constitutionnel?*, Pouvoirs, 1989, n° 49, 5). Il reste que c'est dans l'existence du droit constitutionnel et dans la sanction attachée à sa nature que les hommes trouvent la justification de leur obéissance civile et la garantie de leur liberté.

La seconde est que, comme toutes les autres disciplines juridiques, le droit constitutionnel comporte plusieurs dimensions qui peuvent en outre être combinées : une dimension historique, une dimension nationale, une dimension étrangère, une dimension comparative; enfin, synthèse épurée de toutes les précédentes, une dimension théorique générale rassemblant les notions abstraites et les concepts fondamentaux. Une étude encyclopédique du droit constitutionnel sous ces divers aspects dépasse évidemment les capacités d'un homme et les dimensions d'un livre, à plus forte raison d'un précis. Force est donc de se limiter en mettant plus spécialement l'accent sur tel ou tel aspect considéré comme fondamental pour la compréhension générale des problèmes, sans négliger pour autant aucune des dimensions dans lesquelles ces problèmes s'inscrivent ou se sont inscrits.

23. — Plan du précis. — C'est, compte tenu, de cet ensemble de considérations, que ce précis a été divisé en trois livres qui en constituent les trois grandes parties :

— le premier est consacré à une *théorie générale des institutions politiques*. Si l'expression « institutions politiques » n'ajoute rien à celle de « droit constitutionnel » sinon la préoccupation de conduire l'analyse dans une perspective plus large que celle qui se limiterait à l'étude des textes, l'édification d'une théorie générale implique que soient conjuguées dans un ensemble aussi équilibré que possible les indications de l'histoire, celles du droit étranger et celles du droit comparé. C'est dans ce cadre et dans cette perspective que seront examinés les différents modèles institutionnels théoriques, illustrés par leurs traductions positives ;

— le second est consacré à *l'histoire constitutionnelle française*. D'un point de vue national, celle-ci vaut à la fois comme étude de droit comparé dans le temps et comme explication directe de l'actuel régime politique. Mais on ne peut méconnaître l'importance que revêt cette histoire qui, depuis 1789, a été, à travers la diversité de ses expériences, à l'origine d'un certain nombre de concepts fondamentaux de la science constitutionnelle ;

— le troisième sera consacré au droit constitutionnel français positif, c'est-à-dire aux *institutions politiques de la Ve République*.

LIVRE I

THÉORIE GÉNÉRALE DES INSTITUTIONS POLITIQUES

CHAPITRE PRÉLIMINAIRE

DÉFINITION ET CLASSIFICATION DES INSTITUTIONS POLITIQUES

24. — Éléments d'une théorie générale des institutions politiques. — Malgré la grande diversité des institutions politiques dans le temps et dans l'espace, il paraît possible d'en concevoir une théorie générale à partir des deux phénomènes fondamentaux dont, par combinaison, ces institutions sont le produit. L'un de ces phénomènes est évidemment le phénomène institutionnel qui conduit à la formation de corps, d'organismes et de mécanismes dont il conviendra de préciser la notion. L'autre correspond à un mouvement qui, informant la constitution et l'évolution des groupements sociaux, crée les conditions d'existence du précédent et en détermine les manifestations. Ce second phénomène est le phénomène d'intégration.

25. — Le phénomène d'intégration. — Dans sa conception la plus générale, le phénomène d'intégration se présente comme un double processus. L'un — externe ou d'agrégation — consiste dans la formation d'unités organiques par réunion d'éléments jusqu'alors indépendants. L'autre — interne ou d'homogénéisation — consiste dans l'accroissement de l'interdépendance des éléments constitutifs d'un ensemble organique existant, dans le renforcement de la cohésion interne de celui-ci (J. Barréa, *Le concept d'intégration politique,* Politique, 1970, n°s 49-52, p. 211). Considérées dans une perspective dynamique étendue à la longue période, les institutions politiques apparaissent comme autant d'illustration de ce double processus dont elles constituent l'aboutissement ou les manifestations transitoires.

Tel qu'il a été précédemment caractérisé, l'État se présente comme le résultat d'une intégration externe non seulement par lui-même dans la mesure où il réalise l'unité organique de ces éléments que sont le territoire, la population et le pouvoir mais aussi en tant à son tour qu'élément dans le cadre plus vaste des phénomènes fédératifs dont il est le point de départ et le point d'arrivée. Il existe donc une *intégration* que l'on peut dire *étatique* qui aboutit à la constitution d'entités organiques complexes dont l'institutionnalisation consacre la qualité d'État.

Mais une fois formée cette entité, le processus d'intégration se poursuit pour en renforcer la cohésion interne. Ce processus se développe à partir de la relation entre la population et le pouvoir. On retrouve ainsi le critère qui, depuis l'Antiquité, domine la classification des formes politiques ou de gouvernement et que les nombreuses théories formulées depuis ne sont pas parvenues à remplacer. « Quels que soient les philosophes de la politique ou les théoriciens du politique, Machiavel ou Bodin, Hobbes ou Rousseau, ou des auteurs moins connus comme G. Naudé et Dahlmann, dès qu'ils abordent le problème de la classification des régimes, ils reprennent sans la modifier fondamentalement celle que la tradition a imposée. Aucun ne met en question le critère du nombre établi par Aristote » (J. Freund, *Le nouvel âge*, 1970, p. 107). Ce critère du nombre donne en réalité la mesure de l'intégration interne puisque aussi bien il repose sur les conditions selon lesquelles, dans sa justification et dans son exercice, l'autorité politique appartient à un seul, à plusieurs ou à tous. Comme tel, il est parfaitement approprié à une classification, c'est-à-dire à une différenciation statique des modèles. On ne peut cependant pas méconnaître le fait que si la démocratie représente à cet égard le modèle le plus intégré des sociétés politiques, l'idéal démocratique constitue pour sa part le moteur le plus puissant d'intégration interne. C'est sous sa pression, comme le montre clairement l'histoire, que s'est progressivement transformé l'État depuis son apparition à l'époque moderne. Il existe donc une *intégration* interne que l'on peut dire *démocratique* dans la mesure où l'idéal démocratique en est le moteur et constitue le facteur déterminant du développement politique contemporain.

Encore convient-il d'observer que cette intégration démocratique se décompose à son tour en deux processus : l'un, de nature proprement politique est achevé lorsque le pouvoir est remis à la totalité des citoyens; l'autre, de nature sociale, se poursuit au sein de la société elle-même dont il vise à accroître toujours davantage l'homogénéité. C'est sur cette distinction que repose la différence qui existe entre la démocratie dite libérale qui, illustrant le premier de ces processus, contrarie ou freine le second par la conception qu'elle retient des droits de la personne et l'État socialiste qui dépassant le premier, s'attache au contraire à réaliser le second. On en aura la confirmation dans cette formule caractéristique de la dernière constitution soviétique qui déclare en propres termes que « l'État contribue au renforcement de l'homogénéité sociale de la société ». Si, dans la démocratie libérale, l'intégration démocratique reproduit la combinaison des lois de participation et d'autonomie qui caractérise par ailleurs l'intégration étatique dans sa forme fédérative en faisant de la seconde le fondement de la reconnaissance des droits de la personne, dans l'État socialiste, elle vise à dépasser ce stade, l'autonomie personnelle n'étant plus conçue que comme le résultat de l'égalité sociale.

On pourrait donc édifier une théorie générale des institutions politiques qui, reposant tout entière sur le phénomène d'intégration, en considérerait successivement, dans leurs différentes phases, l'aspect étatique et l'aspect démocratique. On pourra constater, jusque dans la terminologie employée, que telle est bien l'inspiration qui sous-tend la présentation qu'avait choisie Marcel Prélot et qui a été conservée. Mais une telle théorie générale, s'agissant non pas de phénomènes mais d'institutions, doit être précisée et approfondie par l'intervention de l'élément que constituent celles-ci.

26. — La notion d'institution. — Dans son acception la plus traditionnelle le terme institution désigne l'ensemble des organismes et des mécanismes existant dans une société à une époque donnée. C'est ce sens que l'on trouve dans le titre de l'ouvrage de Fustel de Coulanges, « Les institutions de l'Ancienne France » (1874). Reprenant cette conception pour la systématiser, l'école institutionnaliste, illustrée notamment par M. Hauriou (*Théorie de l'institution et de la fondation*, 1925) et G. Renard (*La théorie de l'institution, essai d'ontologie juridique*, 1930. *La philosophie de l'institution*, 1939. — V. aussi, *Le droit constitutionnel et la théorie de* *l'institution,* Mél. Carré et Malberg), a établi une distinction entre deux grandes catégories d'institutions :

1° Les unes sont les institutions corps (dites aussi institutions personnes, par référence à la personnalité juridique, ou institutions organismes). Elles correspondent à une collectivité humaine, unie par une idéologie ou un besoin communs et soumise à une autorité reconnue et à des règles fixes. L'institution parvient ainsi à une existence propre, transcendant ses composants individuels, auxquels elle n'est plus réductible. L'institution-corps connaît de multiples variétés, tant privées que publiques, existant au sein de cette variété supérieure qu'est l'État. Comme on l'a déjà indiqué (V. n° 11), celui-ci s'institutionnalise lorsque le pouvoir — qu'il intègre par monopolisation — cessant d'être l'effet d'un simple ascendant personnel toujours précaire, devient la mise en œuvre quasi mécanique d'un agencement de règles permanentes, objectivement posées.

En tant que collectivités humaines parvenues à l'existence propre, les institutions-corps s'expriment par le truchement d'organes qui constituent, à leur tour, autant d'institutions-organismes. Ainsi du monarque, du président, des assemblées ou des conseils.

2° Les autres sont des institutions-mécanismes (dites aussi institutions-choses par opposition aux institutions-personnes de la catégorie précédente). Il ne s'agit plus d'un complexe humain juridiquement structuré mais d'un système de règles de droit, formant un ensemble mécanique, susceptible de se combiner avec d'autres.

Institutions-corps et institutions-choses d'une part forment un tout complet; d'autre part, se complètent et se conjuguent pour constituer des ensembles institutionnels complexes dont les systèmes politiques sont l'illustration au niveau supérieur de l'État. Le phénomène d'intégration, précédemment analysé, procure à ces ensembles institutionnels complexes les conditions de leur réalisation et la dynamique de leur évolution. On se trouve ainsi en présence d'un certain nombre d'organismes et de mécanismes dont l'objet est la société et le gouvernement des hommes, dont la pensée politique a élaboré les justifications et les fondements, dont l'histoire décrit l'évolution et dont la science constitutionnelle a systématisé et classé les modèles.

27. — Plan du Livre I. — La combinaison des analyses qui précèdent conduit à distinguer à partir de leur *fonction* dominante sinon exclusive trois grandes catégories d'institutions fondamentales :
— *les institutions gouvernantes;*
— *les institutions constituantes;*
— *les institutions intégratives et agrégatives.*

1° Les institutions gouvernantes (Titre I) sont dans la terminologie classique étudiées sous la rubrique formes de gouvernement ou formes politiques. En réalité, avec ou sans modifications, elles peuvent se comporter en institutions de fondation et de révision. Elles sont aussi intégratives et agrégatives suivant qu'il y a unicité ou pluralités d'appareils politiques. Bien que, comme on l'a dit, leur classification a donné lieu à de nombreuses présentations (V. notamment Ch. Eisenmann, *Essai de classification théorique des formes politiques,* Politique, 1968, n°s 41-44, p. 5. J. Freund, *op. cit.,* p. 107 dont la classification personnelle est inspirée de Max Weber), on restera fidèle à celle proposée par Aristote dont le critère est celui du nombre :
— si tous, ou du moins le très grand nombre, sont appelés à prendre les options politiques majeures, c'est *la démocratie* (chap. I);
— si quelques-uns, restant en tout cas minorité, jouissent seuls de ce droit, c'est *l'oligarchie* (chap. II);
— si un seul tranche souverainement, c'est la *monocratie* (chap. III);
— s'il y a combinaison des trois formes précédentes, ou de deux seulement, c'est le *régime mixte* (chap. IV);
— une place particulière devant cependant être faite à l'*État socialiste* (chap. V).

2° *Les institutions constituantes* (Titre II) devraient, semble-t-il, être examinées avant les institutions gouvernantes, puisque celles-ci logiquement découlent de celles-là. Mais, en réalité, il faut une autorité première — c'est-à-dire un gouvernement — pour créer une autorité seconde ou constituée. Sismondi l'a très bien dit : « l'établissement d'une constitution nouvelle est toujours une pétition de principe. Il faut déjà en avoir une pour en faire une. En d'autres termes, il faut que les institutions nouvelles soient l'œuvre de pouvoirs antérieurement constitués ». Il est donc nécessaire d'avoir, au préalable, étudié les formes politiques pour comprendre la portée des ruptures consenties ou violentes, ainsi que le problème des gouvernements dits de fait (*L'établissement du pouvoir,* chap. I).

A ceux-ci, un régime de droit se substituera systématiquement, selon deux grands modes de formation : *la coutume* (chap. II) et *les constitutions écrites* (chap. III).

3° *Les institutions intégratives et agrégatives* (Titre III) sont, aussi, des institutions gouvernantes : elles sont dites *intégrantes* lorsqu'elles assurent, par leur action directe et dans leur seul cadre, la cohésion de la société politique. Elles sont *agrégatives,* lorsqu'elles ajoutent aux institutions gouvernantes habituelles d'autres institutions destinées à assurer la liaison permanente d'un ensemble d'États plus ou moins complexes.

Le droit constitutionnel classique place sous la rubrique des formes d'État l'examen des grandes solutions imaginées à cet égard par le droit positif. Pour notre compte, nous en distinguerons trois :

— *l'État unitaire,* ainsi dénommé lorsqu'il y a unicité d'institution gouvernante, avec ou sans pluralité d'institutions administratives, centralisées ou décentralisées (chap. I);

— *l'État fédéral* où il y a pluralité d'institutions gouvernantes, l'une dominante, les autres plus ou moins étroitement subordonnées (chap. II);

— *l'Union d'États* où il y a aussi pluralité d'institutions gouvernantes, mais égales et simplement coordonnées par des institutions permanentes (chap. III).

28. — Bibliographie générale des institutions politiques. — On a indiqué ici les références indispensables aux sources et aux travaux intéressant le droit constitutionnel et les institutions politiques. Il s'agit de références générales qui pourront être complétées le cas échéant par des références particulières propres à chaque développement.

1° *Recueils de textes.* — L'évolution relativement rapide du mouvement constitutionnel fait qu'il n'existe à peu près jamais de recueils de textes constitutionnels qui soient parfaitement à jour. On a indiqué ici, dans leur ordre chronologique les principaux recueils dont certains, même périmés depuis longtemps, permettent toujours des recherches historiques :

— Les constitutions modernes, par Dareste, refondu entre 1928 et 1934, par J. Delpech et J. Laferrière.
— Les constitutions européennes, par B. Mirkine-Guétzévitch, P.U.F., 1951.
— Les constitutions du Proche et du Moyen-Orient, par J. E. Godechot, 1957.
— Les constitutions des États de la Communauté, par P. Gonidec, 1959.
— Les constitutions africaines, par D. G. Lavroff et G. Peiser, 1961.
— Les constitutions d'Asie et d'Australie, par H. Puget, éd. de l'Épargne, 1965.
— Corpus constitutionnel, édité sous le patronage de l'Union académique internationale et de l'Académie des sciences morales et politiques depuis 1970. Les constitutions y sont publiées, avec une notice, par ordre alphabétique des États.
— Constitutions et documents politiques, par M. Duverger, P.U.F. régulièrement réédité.
— Textes constitutionnels étrangers par St. Rials, Que sais-je?, n° 2060, 2ᵉ éd., 1984.

2° *Documentation générale*. — Les services de la Documentation française publient dans la série « *Notes documentaires et études* » et dans la série « *Problèmes politiques et sociaux* » des documents et des études intéressant les institutions politiques françaises et étrangères.

Le Bulletin interparlementaire et les informations constitutionnelles et parlementaires, publiés sous les auspices de l'Union interparlementaire, constituent également une source importante d'information.

Des bulletins et des index bibliographiques sont en outre publiés dans les revues indiquées sous 3. Ils permettent de se tenir à jour des travaux et publications.

3° *Revues*. — Plusieurs publications périodiques traitent régulièrement des institutions politiques françaises et étrangères sous l'angle scientifique :
— *La Revue du droit public* et de la science politique en France et à l'Étranger (en abrégé, R.D.P.).
— *La Revue française de science politique* (R.F.Sc.Po.).
— La Revue « *Politique* » qui a pris la suite de la Revue internationale d'histoire politique et constitutionnelle.
— La Revue « *Pouvoirs* » éditée depuis 1977.

On trouvera également, encore que moins régulièrement,

des études sur les institutions étrangères dans la *Revue internationale de Droit comparé* (R.I.D.C.) et dans l'*Annuaire de législation française et étrangère* publiés par le Centre français de Droit comparé.

4º *Ouvrages de doctrine*. — On a placé sous cette rubrique les ouvrages classiques, qui, pour être dépassés au regard de l'actualité, n'en conservent pas moins une importance doctrinale décisive. Ce sont, dans l'ordre chronologique de la dernière édition ou réédition :
— Esmein (A.) et Nézard (H.) : Éléments de droit constitutionnel français et comparé, 1927-1928.
— Joseph Barthélemy et Duez (P.) : Traité de droit constitutionnel, 1933.
— Laferrière (J.) : Manuel élémentaire de droit constitutionnel, 2e éd., 1947.
— Vedel (G.) : Manuel élémentaire de droit constitutionnel, 1949, 2e tirage 1984.
— Carré de Malberg (R.) : Contribution à la théorie générale de l'État, 1921; réédit. C.N.R.S., 1963.
— Hauriou (M.) : Précis de droit constitutionnel, 2e éd. 1929, réédit. C.N.R.S., 1965.
— Duguit (L.) : Traité de droit constitutionnel 1923-1927, réédit. des trois premiers volumes, 1972.

Doivent également être considérés comme ouvrages de doctrine les thèses de doctorat. Un grand nombre de celles-ci sont publiées dans la « bibliothèque » constitutionnelle et de science politique fondée par G. Burdeau à la Librairie Générale de Droit et de Jurisprudence (L.G.D.J.). Il faut encore ajouter les contributions aux *Mélanges* publiés en l'honneur de tel ou tel auteur.

5º *Traités, Manuels et ouvrages :*
— Ardant (Ph.) : Institutions politiques et droit constitutionnel, L.G.D.J. 1989.
— Auby (J.-M. sous la direction de) : Droit public : t. 1 : Théorie générale de l'État et droit constitutionnel -Economica, 1985.
— Burdeau (G.) : Droit constitutionnel et institutions politiques, L.G.D.J., 21e éd., par Fr. Hamon et M. Troper, 1988.
— Burdeau (G.) : Traité de science politique, 2e éd., t. I à VIII.
— Burdeau (G.) : L'État, coll. « Politique » éd. du Seuil, 1970.

- Cadart (J.) : Institutions politiques et droit constitutionnel, L.G.D.J., 2e éd., t. 1, 1978, t. 2, 1980.
- Cadoux (Ch.) : Droit constitutionnel et institutions politiques. Théorie générale des institutions politiques, 3e éd. 1988.
- Chalvidan (P. H.) : Droit constitutionnel, Institutions et Régimes politiques, Nathan 1986.
- Chantebout (B.) : Droit constitutionnel et science politique, 7e éd., 1986.
- Debbasch (Ch.) *et al.* : Droit constitutionnel et institutions politiques, Economica, 2e éd. 1986.
- Duverger (M.) : Institutions politiques et droit constitutionnel, P.U.F., 1978.
- Fabre (M. H.) : Principes républicains de droit constitutionnel, L.G.D.J., 4e éd. 1984.
- Gicquel (J.) et Hauriou (A.) : Droit constitutionnel et institutions politiques, 8e éd. 1984.
- Gicquel (J.) : Droit constitutionnel et institutions politiques, 9e éd., 1987.
- Jeanneau (B.) : Droit constitutionnel et institutions politiques, 7e éd., 1987, Dalloz.
- Lauvaux (Ph.) : Les grandes démocraties contemporaines, P.U.F., 1990.
- Lesage (M.) : Le système politique de l'U.R.S.S., P.U.F., 1987.
- Mény (Y.) : Politique comparée, Montchrétien, 1987.
- Pactet (P.) : Institutions politiques Droit constitutionnel, Masson, 8e éd., 1986.
- Quermonne (J.-L.) : Les régimes politiques occidentaux, Le Seuil, 1986.
- Owona (J.) : Droit constitutionnel et régimes politiques africains, Berger-Levrault, 1986.
- Toinet (M.-F.) : Le système politique des États-Unis, P.U.F., 1987.

Sur les institutions politiques d'un certain nombre de pays on pourra également consulter les ouvrages de la collection « *Comment ils sont gouvernés* » fondée par G. Burdeau à la L.G.D.J. et plus spécialement :
- Les États-Unis par A. Tunc, 3e éd.
- L'Union soviétique par H. Chambre, 2e éd.
- La Suisse par Gignoux.
- L'Italie par Maranini.
- Le Japon par J. Robert.

— Le Royaume-Uni par J. Dutheil de La Rochère sur les régimes africains. V. G. Conac *et al.*, *Les institutions constitutionnelles des États d'Afrique francophone et de la République malgache,* Economica, 1979.

Aux ouvrages consacrés ainsi aux institutions politiques étrangères, on ajoutera les références suivantes à la revue « Pouvoirs » :

— Qui gouverne la Chine ? n° 3 - 1977.
— L'Union soviétique n° 6 - 1978.
— L'Espagne démocratique n° 8 - 1979.
— Les régimes Islamiques n° 12 - 1980 rééd. 1983.
— Italie n° 18 - 1981.
— La République fédérale d'Allemagne n° 22 - 1982.
— Les pouvoirs africains n° 25 - 1983.
— Les États-Unis n° 29 - 1984.
— Le Japon n° 35 - 1985.
— La Grande-Bretagne n° 37 - 1986.
— La Suisse n° 43 - 1987.
— L'U.R.S.S. de Gorbatchev n° 45 - 1988.
— Démocratie n° 52 - 1990.

TITRE I

LES INSTITUTIONS GOUVERNANTES

CHAPITRE I
LES DÉMOCRATIES

Section 1
Naissance et croissance de la démocratie

29. — Définition des démocraties. — Traditionnellement, le mot démocratie désigne le gouvernement auquel le plus grand nombre participe. Il est formé de deux racines grecques : *dèmos* : peuple, et *cratos,* règne, gouvernement, pouvoir. A défaut du terme, dont il n'use pas encore, Hérodote donne du régime un premier commentaire. Père de l'histoire, il l'est aussi de la politologie lorsqu'il fait symboliquement disserter, sur la forme de gouvernement à donner à leur pays, trois princes qui viennent de libérer la Perse de la tyrannie des usurpateurs. Otanès est en faveur du peuple; Mégabise se prononce pour l'aristocratie; Darius, qui l'emportera, pour la monarchie. Avec un imperturbable aplomb, Hérodote affirme l'authenticité de la controverse. Il est plus vraisemblable d'y voir, à la manière des historiens antiques, l'interprétation de situations concrètes et le résumé d'idées reçues (Hérodote, *L'enquête,* Livre III, Thalie, 80, *Choix d'un gouvernement,* N.R.F., La Pléiade, 1964, p. 254).

Le terme *dèmos,* au sens général, couvre l'ensemble de la population masculine libre, englobant aussi bien les nobles, *aristoi,* que les membres de la plèbe, *ochlos.* Le noyau en est formé par les citoyens et paysans des communes agraires appelées *dèmes* (en latin, *pagus*). « Démocratie, en grec, c'est l'exercice du pouvoir par les communes, les *dèmes,* réunies en cités, *polis,* c'est-à-dire en un État fondé sur l'assemblée du peuple, *ecclèsia* » (G. de Reynold, *La démocratie et la Suisse,* 1934, p. 36). Montesquieu a frappé au coin classique la formule de la démocratie, telle que la conçoit la tradition, en disant : « Lorsque, dans la République, le peuple en corps a la souveraine puissance, c'est la démocratie » (*Esprit des Lois,* Livre II, Ch. 11).

30. — La démocratie antique. — Non seulement la démocratie antique fournit à la démocratie moderne sa base : « la souveraine puissance du peuple en corps », mais elle préfigure aussi les trois autres principes de liberté, d'égalité et de majorité, selon lesquels aujourd'hui s'exerce, de même, le pouvoir du nombre.

1º *La démocratie antique,* comme la démocratie moderne, *s'oppose au pouvoir d'un seul* ou monocratie, dont les grandes formes sont alors la monarchie et la tyrannie (V. n°s 67 et 68). De même, elle rejette l'autorité de quelques-uns ou d'un petit nombre, c'est-à-dire l'oligarchie ou l'aristocratie (V. n° 78). Elle attribue le pouvoir dans sa totalité à l'ensemble des citoyens. Sans doute, dans la démocratie antique, tout le monde n'est pas citoyen, mais tout citoyen participe au pouvoir et accède également aux charges. C'est ce que les Grecs expriment dans les deux mots *isonomia* et *isotimia.*

2º *La démocratie antique,* comme la démocratie moderne, *reconnaît la liberté de s'exprimer à toutes les opinions* sur la conduite de la cité. Euripide, dans les *Suppliantes,* fait dire à Thésée, héros de la démocratie : « La liberté tient dans ces mots : que celui qui veut donner un bon conseil à l'État s'avance et parle ; chacun peut se signaler par un bon conseil ou se taire. ».

3° *La démocratie antique, comme la démocratie moderne, place les opinions, reconnues libres, sur un plan d'égalité.* Il n'y a pas d'exclusivité, ni même de privilège. La liberté et l'égalité, au surplus, se confondent, un seul mot grec les traduisant, *isègoria,* c'est-à-dire le droit égal de prendre la parole dans l'Assemblée, car dans la démocratie antique, il y a peu de place pour l'écrit, l'essentiel est dans le discours; la souveraineté, a-t-on pu dire, revient à « la parole éloquente ».

4° *La démocratie antique, comme la démocratie moderne, remet la décision à la majorité.* Dans la conduite de la cité, tout peut être discuté par tous; tout peut être proposé ou contredit. Cependant, le moment vient nécessairement de la décision; et celle-ci se prend en comptant les voix. Lorsque le débat se sera prolongé assez longuement pour que tous ceux qui le veulent aient pu parler, lorsque les facultés réciproques de conviction seront épuisées, il faudra trancher, et c'est la majorité qui prononcera.

La démocratie antique ouvre ainsi la voie à la démocratie moderne, mais elle en diffère aussi sur trois points moins importants toutefois que les similitudes :

1° *La démocratie antique est minoritaire* car, lors même que le régime est démocratique, une petite fraction seulement de la population y participe. La liberté et l'égalité ne concernent qu'une minorité de privilégiés.

En premier lieu, en sont exclus les étrangers, très nombreux car, pour être étranger, il peut suffire d'avoir soi-même un seul auteur étranger. On les nomme « métèques », pour les distinguer des « barbares » et le terme n'a pas alors le caractère désobligeant qu'il a pris aujourd'hui, les métèques jouant un rôle économique et intellectuel important dans les villes grecques, marchés ou ports. En second lieu, sont exclues les femmes, même grecques et libres. En troisième lieu, comme aujourd'hui, les mineurs. Enfin, ce qui est capital, les esclaves, qui assurent la plus grande partie de la vie économique et, dans une certaine mesure aussi, l'administration. Au total la démocratie n'existe que pour environ un dixième de la population, selon la proportion établie pour Athènes par les historiens.

2° *La démocratie antique est directe.* Elle ignore la représentation. Le peuple s'assemble sur l'*Agora,* puis sur la *Pnyx,* lieux illustres dont la renommée contraste avec la relative exiguïté. C'est dans cette réunion que tout se décide.

L'Assemblée est l'organe souverain (V. n° 47 et, sur *Athènes démocratique*. J. Maillet, *Institutions politiques et sociales de l'Antiquité,* Dalloz, 1968).

Le régime de démocratie directe fait un très grand nombre d'abstentionnistes, volontaires ou non, parmi ceux qui naviguent ou habitent au loin. Le peuple au complet, le *dèmos plètuôn,* dont la présence est parfois exigée, ne compte que six mille participants obligatoires. Ainsi est encore accentué le caractère nettement minoritaire de la démocratie antique.

3° *La démocratie antique n'est pas libérale.* « La liberté des Anciens », comme dira Benjamin Constant, consiste dans la participation à la direction des affaires publiques; elle n'implique pas « la liberté des Modernes », qui est celle du comportement individuel. « Le but des Anciens était le partage du pouvoir social entre tous les citoyens d'une même patrie. C'était là ce qu'ils nommaient liberté. Le but des Modernes est la sécurité dans les jouissances privées, et ils nomment liberté les garanties accordées par les institutions à ces jouissances » (*De la Liberté des Anciens comparée à celle des Modernes,* dans le *Cours de politique constitutionnelle,* 1872, t. II, p. 537; cf. Paul Bastid, *Benjamin Constant et sa doctrine,* A. Colin, 1966, 2 vol.).

31. — La crise de la conscience européenne et l'apparition de la liberté moderne. — Dans l'ensemble de l'histoire, la démocratie antique n'est, malgré son importance, qu'un épisode bref et localisé. Entre elle et la démocratie contemporaine, s'étendent quelque vingt siècles, au cours desquels, en dehors de certains phénomènes sporadiques de démocratie autochtone, on ne discerne sa survivance intellectuelle que chez certains solitaires.

Le Message évangélique dépose le germe de la démocratie moderne, en enseignant l'égalité de tous les hommes devant Dieu. Comme le proclame l'Apôtre « dans ce renouvellement, il n'y a plus de Juifs ni de Gentils; de circoncis ni d'incirconcis; de Barbares ni de Grecs; d'esclaves ni d'hommes libres » (Saint Paul aux Colossiens, III, 11). Mais initialement cette affirmation n'a, comme celle des droits de la conscience, qu'une valeur exclusivement religieuse. La Chrétienté naissante admet sa parfaite compatibilité avec l'Empire de César (V. M. Prélot, *Histoire des Idées politiques, op. cit.,* Ch. VIII). La Chrétienté médiévale s'accommode de l'ordre hiérarchique féodal. Si la Réforme introduit la liberté dans l'ordre ecclésiastique, la Renaissance, restaurant l'idée de l'État, exalte la souveraineté et même l'absolutisme. En revanche, socialement, la disparition de l'esclavage, la suppression ou l'atténuation progressive du servage engendrent une nouvelle notion du peuple qui englobe, cette fois, la grande masse de la population (V. R. Laun, *La Démocratie,* 1933).

Cependant, ce n'est pas l'idée de participation qui joue alors le rôle d'idée-force, mais l'idée de liberté. Le point de départ de la démocratie moderne coïncide avec l'éveil du libéralisme. Pour comprendre la démocratie contemporaine, il faut considérer que celle-ci est entrée dans le monde, comme à reculons. Selon l'étymologie, le pouvoir du peuple viendrait d'abord. En conséquence, les nations occidentales, que le phénomène intéresse alors presque seules, auraient dû connaître initialement un régime populaire qui — totalitaire, comme l'antique, ou communautaire, dans le sens médiéval — serait devenu, progressivement, libéral et individualiste. Or, la marche de la démocratie s'est déroulée tout autrement. Elle procède d'un phénomène de psychologie collective différent de celui qui ferait concevoir une reconstitution logique. Elle est issue de ce qu'un grand historien des idées, Paul Hazard, a appelé *« la crise de la conscience européenne »*. Aux alentours de 1680, les Anciens font place aux Modernes. On découvre des peuples nouveaux ; on découvre une nouvelle physique ; on découvrira bientôt une nouvelle philosophie tandis que le droit naturel, fondé par Grotius en 1625, est largement diffusé. En quelques années, le monde intellectuel change de base et d'orientation. Alors, en révolte contre l'absolutisme royal ou princier qui domine quasi complètement, se forme l'idéal de la liberté moderne. « A peu près toutes les attitudes mentales dont l'ensemble aboutira à la Révolution française ont été prises avant la fin du règne de Louis XIV. Le pacte social, la délégation du pouvoir, le droit de révolte des sujets contre le prince, vieille histoire vers 1760 ! Il y a trois quarts de siècle et plus qu'on les discute au grand jour » (*La crise de la conscience européenne,* 1935, p. 471).

Cependant, ce n'est qu'à la fin du XVIIIe siècle, après les révolutions d'Angleterre, d'Amérique et de France que se trouvera formé — principes et institutions — le contenu politique et juridique de la Liberté moderne. Dans ses

Éléments de droit constitutionnel français et comparé, A. Esmein a remarquablement analysé l'apport intellectuel et l'apport institutionnel des « deux sources » de la démocratie moderne. Le premier tribut est fourni par les philosophes. Les révolutions d'Amérique et de France proclament quatre principes fondamentaux qui sont ceux de la souveraineté nationale, de la séparation des pouvoirs, des droits individuels et des constitutions écrites. L'autre legs vient de l'Angleterre, considérée comme le pays modèle, ayant empiriquement résolu le problème de la liberté politique avec l'établissement du gouvernement représentatif, du système des deux Chambres, de la responsabilité ministérielle et du gouvernement de Cabinet.

32. — La démocratie constitutionnelle. — Pour différent qu'il soit de l'absolutisme monarchique, le régime issu de la crise de la conscience européenne et parvenu bientôt, dans le cadre nord atlantique, à la maturité intellectuelle et institutionnelle, n'est pas la démocratie, ou du moins, ne l'est pas encore. Le nom qui lui convient est celui de « gouvernement d'Opinion » (V. M. Prélot, les gouvernements d'Opinion in *la Société politique et la pensée chrétienne.* Sem. Soc. de Reims, 1934, p. 157). Il est alors une oligarchie ; il aurait même pu demeurer définitivement tel, la formation d'un jugement éclairé sur la chose publique n'étant accessible qu'à une minorité instruite, aisée et jouissant de loisirs. Mais le gouvernement d'Opinion qui n'était pas initialement démocratique, l'est partout devenu. La phase oligarchique n'a été, généralement, que transitoire. Par mutation brusque, comme en France, en 1848 (V. n°s 271 à 273), par évolution législative, comme en Angleterre de 1832 à 1918 (V. n° 58), on est passé de la base étroite du « pays légal » à un corps électoral aussi proche que possible du « pays réel ». La présence du peuple, si elle manque au départ, est complète au couronnement. A la différence de la Cité antique totalitaire, c'est d'abord la liberté de l'individu que le monde moderne a eue en vue, l'accordant à tous immédiatement sur le plan civil, à échéance sur le plan civique (V. C. Friedrich : *la démocratie constitutionnelle,* 1958).

La démocratie constitutionnelle, congénitalement liée au libéralisme, revêt ainsi une physionomie beaucoup plus complexe que la démocratie antique. Vraisemblablement, un auteur ancien comme Aristote, ou encore un philosophe médiéval comme Thomas d'Aquin, s'il leur avait été possible de se représenter par anticipation les formes de la démocratie constitutionnelle, n'auraient pas vu en elle un régime pur, mais mixte, monarchique dans son gouvernement (au moins pour les démocraties présidentielles), oligarchique à peu près partout par ses parlements, démocratique là où existe la démocratie directe ou semi-directe.

Au vrai, aucune démocratie n'est intégralement et exclusivement démocratique. Rousseau l'avait déjà vu : le peuple ne peut lui-même « gouverner » au sens étroit du terme; il ne peut même, au sein d'un grand État, légiférer complètement et convenablement. Mais les choix qu'il accomplit, le contrôle qu'il exerce, les révocations qu'il prononce, soit immédiatement, soit à terme, tantôt par lui-même, tantôt par ses représentants, le situent assez au-dessus des autres pouvoirs pour faire de lui le pouvoir souverain détenant la décision finale et prononçant « le dernier mot ».

Par suite, sera donc « démocratique », pour notre temps, tout régime dans lequel, *librement,* une majorité populaire détermine l'orientation et assume le contrôle du gouvernement et de la législation. La notion de *nombre* ne suffit pas, il faut lui joindre celle de *liberté.* « Les termes de démocratie, de gouvernement démocratique, ne peuvent vouloir dire qu'une chose suivant la vraie signification des mots : *un gouvernement auquel le peuple prend une part plus ou moins grande. Son sens est intimement lié à l'idée de liberté politique.* » (A. de Tocqueville, *Note sur la Constituante,* Œuvres complètes, t. VIII, p. 185).

Section 2
Fondements et caractéristiques de la démocratie

33. — L'universalité de la participation. — Pour être démocratique, un régime doit assurer quantitativement et qualitativement la participation à la chose publique du plus grand nombre.

Mais la courbe croissante du peuple est toujours asymptote à la population totale. Historiquement, le corps électoral s'en approche de plus en plus, mais sans jamais pouvoir se confondre pleinement avec elle.

Dans l'antiquité, nous savons qu'il suffisait que les hommes libres, nationaux et majeurs, puissent exercer leurs droits de direction des affaires publiques pour que l'on considérât la démocratie comme réalisée. Un dixième seulement de la population y était intéressée.

Au XIXe siècle, sont généralement considérés comme démocratiques les États où le suffrage universel est institué. Lorsque, pour la première fois à notre connaissance, apparaît, sous la plume de Mallet du Pan, l'expression « suffrage universel », il s'agit de la constitution de l'an VIII qui abolit les restrictions censitaires de la constitution de l'an III (V. n° 236).

Plus tard, en 1848, lorsque Lamartine déclare appeler à la conduite des affaires publiques « tout ce qui porte dans son nom d'homme la qualité du citoyen », il institue effectivement cette fois le suffrage universel (V. n° 272). L'épithète apparaît à l'opinion parfaitement justifiée, puisque n'est exclu aucun national majeur, du sexe masculin, capable et digne. Cependant, ce n'est encore que le quart de la population.

La réforme suffragiste qui convie les femmes aux urnes est introduite dès 1869, dans l'État de Wyoming, puis dans plusieurs États de l'Union nord-américaine, ainsi qu'en Nouvelle-Zélande (1893) et en Australie (1901). Elle a conquis la plupart des peuples, au temps ou à la suite du premier conflit mondial : pays anglo-saxons : Angleterre (1918), États-Unis (1920), Canada (1919), Afrique du Sud (1917); pays scandinaves : Suède (1921), Norvège (1913), Danemark (1915), Finlande (1919); Europe centrale : Allemagne (1919), Autriche (1920), Tchécoslovaquie (1921), Hongrie (1922); Europe orientale : Pologne (1918), Lettonie, Estonie (1920), Lithuanie (1922), Russie (1918); Europe méridionale : Espagne (1931). Après le second conflit mondial, la France et le reste des pays européens ont accordé le suffrage aux femmes, imités, la plupart du temps, par tous les pays extra-européens devenant des démocraties. La Suisse, dernier bastion antisuffragiste, déjà entamé au plan cantonal et local, a accepté par référendum le 7 février 1971 le principe de la généralisation du vote féminin.

Devrait-on aller plus loin et considérer seulement comme une démocratie complète le régime qui pratiquerait le suffrage universel « intégral », où les enfants mineurs voteraient par l'intermédiaire de leurs père et mère, qui déjà les représentent dans les relations de la vie privée? Une réponse affirmative serait logique. Elle n'est pas, en ce moment, retenue par la majorité de l'opinion.

En revanche, il y a une tendance certaine en faveur de l'abaissement de l'âge électoral qui tend à s'établir à 18 ans.

La définition générale de la démocratie s'en tient ainsi à l'appel aux urnes de toute la population adulte, aucune portion, à un moment donné, n'étant collectivement exclue; les interdictions strictement individuelles résultent d'incapacités évidentes ou d'indignités manifestes.

Mais il ne suffit pas que se rencontre le nombre. Il faut encore que sa présence assure son influence. La démocratie attribue au peuple non seulement un rôle effectif, un rôle important, mais un rôle décisif dans la conduite des affaires publiques. Il peut aller d'une simple désignation périodique des organes gouvernants à une intervention directe dans la législation et le gouvernement. Nous y reviendrons lorsque nous étudierons les formes particulières qu'a prises la démocratie. Nous noterons toutefois, dès maintenant, que celle-ci postule des actes explicites d'adhésion et non pas le simple « consentement coutumier » (M. Hauriou), tel qu'il se rencontre dans tout régime durable. Le peuple doit avoir « le pouvoir du dernier mot », selon la définition juridique donnée de la souveraineté. Les anciens, déjà, avaient très bien fait la distinction entre l'opinion du peuple, ou *dèmou phèmis*, et le *dèmou cratos*, la force ou le pouvoir du peuple.

34. — Les libertés publiques et privées. — Pour que le peuple puisse manifester collectivement son pouvoir, il faut que ses membres soient libres individuellement. Autant qu'un régime d'universalité, la démocratie est un régime de liberté. Elle implique un ensemble d'institutions mécanismes appelées *droits individuels*. Dès la Monarchie de Juillet, Pellegrino Rossi distingue trois catégories de droits individuels : privés, publics et politiques.

1° *Les droits privés* pourraient exister sans la société. « Les rapports d'individus à individus, les rapports de famille... sans doute n'obtiendraient pas de garantie sans la société, mais on peut cependant concevoir leur existence sans elle. C'est véritablement le droit privé, celui qui règle les transactions privées entre les hommes et les droits de famille ; c'est le droit civil proprement dit. »

2° *Les droits publics* ne peuvent être conçus hors de l'État social, non seulement faute de garantie, mais parce que, dans l'isolement, le développement des facultés qu'il suppose ne pourrait pas avoir lieu. « Ce sont des droits dont le germe est dans la nature humaine, mais dont le développement demande une société plus ou moins avancée et c'est pour cela qu'on pourrait les appeler des droits sociaux... Ils sont la liberté même, garantie dans ses diverses manifestations par la loi fondamentale du pays. » Les actes intérieurs n'étant pas du ressort du pouvoir social, la liberté humaine s'exprime dans trois catégories d'actes extérieurs.

a) « Les actes extérieurs proprement dits : les actes physiques quel que soit leur but, le bien-être ou le plaisir ou une simple manifestation de la liberté : la liberté d'action, la liberté locomotrice, la liberté qu'on a appelée sécurité.

b) « Les actes qui ont rapport au développement de la pensée et des sentiments moraux : les discours, les publications par la presse et autrement..., notre culte, la religion de chacun. Ils prennent aussi la forme de l'enseignement.

c) « Les actes par lesquels nous approprions les choses à notre bien-être matériel : la liberté appliquée à la propriété, à l'industrie, au commerce, à nos moyens d'existence, » etc.

3° *Les droits politiques* proprement dits consistent dans la participation à la puissance publique. « On ne peut confondre les droits politiques avec les droits publics, parce que les droits politiques, quoi qu'on fasse, qu'on les suppose aussi généraux qu'on voudra, impliquent toujours une condition de capacité..., alors que les droits publics peuvent être exercés ou ne pas l'être, mais que, par leur nature, ils appartiennent à tout homme qui développe ses facultés. » (*Cours de Droit constitutionnel* professé à la faculté de Droit de Paris, t. II, p. 10 à 14).

Les droits politiques, ou liberté de participation, constituent en eux-mêmes la démocratie ; les droits publics représentent pour celle-ci « les libertés nécessaires » (Adolphe Thiers) ; les droits privés peuvent exister ailleurs qu'en démocratie, mais elle les implique en tant qu'indispensables à la création et au maintien d'un climat de liberté. Aussi en France, et à son imitation dans nombre de pays, des *déclarations* et des *garanties* ont constitutionnalisé les principes du droit relationnel (V. n° 119).

35. — Le pluralisme idéologique. — L'ambiance libérale est indispensable à la démocratie car, sans elle, la souveraineté populaire ne peut effectivement s'exercer. Pour être l'expression d'un pouvoir réel, le dernier mot doit constituer, non une simple adhésion, mais une option aussi large et aussi libre que possible entre diverses opinions ou orientations ouvertement débattues. La démocratie postule ainsi un pluralisme idéologique initial.

Celui-ci est le fait de tout pays ayant derrière lui une longue histoire, les mentalités et les croyances doivent nécessairement se concilier dans la tolérance et le respect mutuels. Le libéralisme estime bon, sinon que tout soit dit, du moins que tout ait la liberté d'être dit. Il juge que la libre discussion a par elle-même une valeur, qu'il y a utilité à la confrontation des opinions, que l'esprit de la démocratie est avant tout « le sens du dialogue » (J. Lacroix). Il croit, aussi, à l'avantage négatif de la libre expression des opinions. Les théories dites « subversives » ne peuvent vraiment être interdites. Les inquisitions policières ont pour rançon la clandestinité. La prohibition et la répression suscitent la violence. La pensée s'exalte, s'aigrit et se fausse dans l'impossibilité d'une confrontation normale. Il est préférable de lui laisser cet exutoire, en comptant sur le bon sens général pour neutraliser les excès.

Est-ce à dire que la démocratie ne fixera aucune limite à la contestation ? Elle peut avoir à se défendre elle-même et, en étant largement tolérante, exclure des opinions visant directement à la subversion de la société, à la destruction de l'État, au renversement du régime. Mais ce sont là de regrettables extrémités, révélatrices d'un malaise de l'opinion et d'une carence de l'esprit public.

De plus, toute restriction, même justifiée, à la liberté implique une atteinte à l'égalité de principe à maintenir entre les opinions. La démocratie ne peut s'accommoder du monopole ou même simplement du privilège au profit d'une doctrine, s'assurant, en droit ou en fait, l'exclusivité et la permanence. Elle ne saurait accepter d'orientation déterminée *a priori* ou fixée une fois pour toutes. Elle écarte toute orthodoxie d'État. Pourvu qu'elle-même soit respectueuse de la liberté, chaque conception de la conduite des affaires publiques peut courir sa chance. L'égalité, indispensable en droit, ne signifie pas que les pouvoirs publics aient à assurer aux opinions une égalité de fait. La qualité intellectuelle et le poids social des opinions est infiniment variable; elles jouissent d'accueil et d'appuis très différents : l'enthousiasme de la masse, la sympathie des clergés, le soutien d'organisations syndicales, les ressources des grandes entreprises. Ces divers facteurs jouant librement tendent d'eux-mêmes à un certain équilibre.

Ce que postule la démocratie, c'est que le gouvernement et l'administration ne favorisent ni ne défavorisent directement les opinions licites, qu'ils observent ce que les Anglais appellent le *fair play*, ce que nous pourrions appeler le « franc jeu ».

En conséquence — faiblesse selon les uns, force selon autres — *la démocratie est relativiste*, puisqu'elle met sur un pied d'égalité les opinions majoritaire et dissidente. Elle ne les considère pas comme pareillement valables, indifférentes ou interchangeables en leur fond, mais par rapport au choix subjectif du peuple. Celui-ci ne décide nullement du vrai ou du faux, mais désigne ce qu'il ressent comme utile et opportun. Sauf en certains cas, où les conflits religieux passent sur le *Forum,* ce relativisme est extérieur au plan métaphysique (V. M. Prélot, *les Gouvernements d'Opinion, op. cit.,* p. 164 et 175).

La démocratie politique n'est donc, en elle-même, liée ni au libéralisme économique, ni au socialisme, ni au solidarisme chrétien.

Pour les libéraux, dont les arguments ont été présentés naguère avec beaucoup de vigueur par Yves Guyot (*Les principes de 1789 et le socialisme,* 1894 et *La démocratie individualiste,* 1907) et, plus récemment, par F. von Hayek (*La route de la servitude,* trad. franç., 1945) et par Daniel Villey (*Redevenir des hommes libres,* 1946), il n'y a pas de liberté politique possible sans liberté économique, puisque alors disparaît cette liberté de base que constitue pour un individu le choix entre diverses satisfactions.

Pour les *sociaux-démocrates,* à l'inverse, la démocratie politique ne peut se passer du complément d'une démocratie sociale. Les conditions de la vie quotidienne ne doivent pas être oppressives, au point que la liberté reste pour un grand nombre de citoyens purement formelle. L'accumulation de la richesse ne saurait permettre à quelques-uns de « faire l'opinion », grâce aux instruments perfectionnés que mettent entre leurs mains les techniques modernes de diffusion. La démocratie doit donc écarter *a priori* le laissez-faire capitaliste, source d'inégalité foncière, et mettre en œuvre un dirigisme social égalisant les revenus et éliminant l'insécurité ouvrière et paysanne.

Pour les *démocrates chrétiens,* « une démocratie logique doit s'efforcer d'instaurer d'abord dans l'ordre économique un équilibre de sécurité, en entendant par là non plus un équilibre entre l'offre et la demande solvable, mais entre la production et les besoins primaires » (André Piettre).

Le libéralisme *politique* admet ces trois attitudes. Leur opposition en son sein constitue une ligne logique de clivage, comme c'est le cas dans les assemblées européennes. La seule — mais absolue — exigence de la démocratie est que l'option soit assurée par une libre décision majoritaire et non par la fraude ou la violence. *Si elle est à contenu idéologique variable, la démocratie est à forme institutionnelle certaine.* La pièce maîtresse du système n'est pas une doctrine, mais une procédure, grâce à laquelle le plus grand nombre des citoyens décident des options sociales.

36. — La décision majoritaire. — Dans la faillibilité commune, la majorité met du côté du pouvoir le poids maximum de force, du côté de l'intérêt général le maximum numérique de chances.

Cependant, si les théoriciens de la démocratie s'accordent pour reconnaître comme fondamental le principe majoritaire, leur attitude varie grandement quant à sa conception et à sa portée (V. Claude Leclercq, *Le principe de la majorité,* 1971).

Pour les uns, il est un absolu, dont l'application ne comporte ni restriction ni hésitation. Sieyès appelle le principe de majorité « une maxime incontestable », et ajoute qu'il y a « nécessité de ne reconnaître la volonté commune que dans l'avis de la pluralité » (*Qu'est-ce que le tiers État?* Paris, éd. 1888, p. 82). De même, A. Esmein voit dans la majorité « une de ces idées simples qui se font accepter d'emblée » (*Éléments de droit constitutionnel, op. cit.,* p. 330). La mentalité jacobine estime tous les changements possibles, fût-ce à une voix de différence, et accepte l'idée d'une dictature majoritaire.

Pour les autres, le principe majoritaire doit être considéré seulement comme un expédient majeur, une formule de transaction plus qu'une vraie solution impliquant « la modération dans le succès » (A. Fouillée, *la propriété sociale et la démocratie,* 1884, p. 177). Dans l'antiquité déjà, Denys d'Halicarnasse veut que l'on ne recoure à la majorité qu'à la dernière extrémité, chacun ayant eu le droit antérieurement d'émettre son opinion sur ce qu'il croit utile à la communauté. Pareillement, les auteurs anglais contemporains, tels Lawrence Lowell et Sir Frederic Pollok, estiment que la décision de la majorité ne doit pas violenter la minorité, mais l'amener à se ranger au point de vue majoritaire, non par crainte mais par conviction.

Le droit de la minorité est d'autant plus respectable qu'elle peut devenir demain la majorité. Fondée déjà sur la liberté et l'égalité, l'expression légale d'une opinion dissidente peut invoquer, en sa faveur, le principe majoritaire bien compris. L'opposition est aussi nécessaire à la démocratie que le gouvernement; elle n'est pas un élément hostile, un corps étranger au peuple qu'il faudrait s'efforcer de réduire et d'éliminer à tout prix; elle accomplit un service public; elle est faite pour contrôler, pour aiguillonner la majorité et éventuellement pour se substituer régulièrement à elle. « C'est une erreur manifeste — dit très bien Bertrand de Jouvenel — de regarder la décision par majorité comme le critère des régimes que nous nommons démocratiques. Loin que les majorités les plus massives en faveur d'un gouvernement et de sa politique nous paraissent dénoter l'excellence d'un régime, elles nous le rendent suspect. Nous soupçonnons qu'une telle unanimité provienne des empêchements apportés à l'expression et à la propagation des opinions adverses et ces empêchements nous semblent ôter toute valeur à la majorité obtenue. La décision majoritaire tire donc sa vertu à nos yeux de la liberté d'opinion qui la précède (et qui) anime ce que l'on appelle la dialectique de la démocratie. De la libre concurrence des opinions, une opinion majoritaire se dégage et commande, mais son commandement ne saurait jamais entraver le jeu de la liberté d'opinions qui se poursuit et aboutit à une opinion majoritaire différente qui commande à son tour. Interrompez ce processus, aussitôt vous sortez du régime de liberté. L'opinion majoritaire tire son autorité non de la majorité seule mais de la majorité formée dans un climat de libre opinion » (*De la Souveraineté,* 1955, p. 349).

Il ne suffit pas, cependant, que cette majorité puisse se dégager librement. Il faut encore qu'elle se dégage effectivement. Or, à cet égard, les démocraties occidentales paraissent, depuis quelques années, traverser une crise.

37. — Le pluralisme institutionnel. — Le climat de libre opinion permet le jeu spontané et concurrentiel des puissances en quête du pouvoir (V. M. Prélot, *Sociologie politique, op. cit.*, Liv. II), mais il exige pour son maintien et sa fécondité un pluralisme institutionnel, faisant obstacle à une tyrannie majoritaire toujours possible. La démocratie libérale doit être aussi *constitutionnelle* (V. C. Friedrich : *La démocratie constitutionnelle, op. cit.*).

Des freins et des contrepoids sont mis à l'action brutale du nombre, grâce à l'existence simultanée de plusieurs institutions-organismes qui, avec le peuple, sont le parlement et le gouvernement, eux-mêmes susceptibles d'être divisés en organismes partiels *(Teilorganen)* par la dualité des Chambres et celle de chef d'État et de chef de gouvernement.

Cette diversification institutionnelle tient à la nature des choses et au cours de l'histoire.

Par sa composition même, le peuple ne peut de manière permanente conserver l'autorité en ses mains, ni moins encore l'exercer en détail. A certains moments, il la voit revenir à lui, il la ressaisit, il investit un nouveau personnel gouvernemental et législatif, parfois même il édicte des normes ou prend des décisions. Mais, jusque dans les formes, que nous étudierons plus loin, de la démocratie directe, il ne peut être seul organe gouvernant, comme un homme, dans la monocratie, un groupe d'hommes, restreint, dans l'oligarchie. Le peuple, pris en corps, ne sait que choisir et, exceptionnellement, statuer. Or la vie de l'État exige un organe qui puisse exécuter et, plus généralement, agir. L'État, en dehors d'un organe populaire, doit nécessairement comporter un organe gouvernemental. C'est cette fatalité que constatait Jean-Jacques Rousseau, dans le passage fameux et souvent si mal compris où il déclare impossible « le gouvernement » démocratique. Le peuple, selon lui, doit être « le souverain », c'est-à-dire qu'il lui revient de procéder par mesures générales ; il ne peut être « le gouvernement » car il ne peut prendre les mesures individuelles et particulières qu'à chaque instant exige la conjoncture. Celui-ci doit être abandonné à un homme ou à un groupe d'hommes (*Contrat social,* Liv. III, ch. IV).

Ainsi, même réduit à son schéma le plus simple, outre le peuple lui-même, l'État démocratique implique, nécessairement, un organe gouvernemental distinct de lui. Mais, de plus, dans ses formes contemporaines il comporte une ou plusieurs assemblées, dites « parlement ».

C'est là une conséquence du mode historique de formation de la démocratie. La lutte contre l'absolutisme monarchique, dont elle est sortie, a été menée, non pour l'établissement de la démocratie directe, jugée impraticable pour tout grand État, mais pour l'élargissement des pouvoirs d'assemblées existant déjà.

Comme le dit excellemment M. J. Bourdon, « dans les conceptions actuelles, les assemblées n'ont de pouvoir que celui qu'elles tiennent du peuple ; leurs décisions ne sont respectables que parce qu'elles traduisent la volonté des citoyens. Pour assurer cet idéal, les diverses fractions du peuple doivent être représentées dans l'assemblée en proportion de leur nombre. Le droit parlementaire n'est que la conséquence du droit électoral. C'est là une construction juridique d'une logique parfaite. Mais, historiquement, dans les divers pays, l'ordre de succession des faits en fut exactement l'opposé. Une assemblée a commencé à discuter des affaires publiques quelle que fût sa constitution, même si elle représentait la nation fort mal, comme les parlements anglais, ou pas du tout, comme les parlements français. Tantôt elle n'est pas assez soutenue par l'opinion, et le gouvernement a pu la réduire au silence, tantôt le public s'est intéressé à ses débats, lui a permis de les prolonger et en est venu ultérieurement à vouloir concourir à sa formation. Alors seulement, donc tout à la fin de l'évolution, les préoccupations publiques se sont étendues du parlement aux élections ». La Révolution française, elle-même, s'est attachée « bien plus à l'existence d'une assemblée qu'à la manière de l'élire ». Les « listes de confiance » qui, aujourd'hui, nous étonnent si fort, ont paru quasi normales à leurs contemporains (*La Constitution de l'An VIII*, th. Lettres, Paris, 1941, p. 77 et 78).

Théoriquement, l'idée que la démocratie ne peut être que représentative est un postulat de l'École libérale, formulé par Montesquieu : « Le peuple est incapable de conduire une affaire, de connaître les lieux, les occasions, les moments d'en profiter mais, en revanche, admirable pour choisir ceux à qui il doit conférer quelques parties de son autorité. » (*Esprit des lois,* Livre II, chap. II). Cette thèse sera poussée si loin que, au corps électoral, pour la détermination de la volonté générale, le régime représentatif substituera l'assemblée élue.

Dans l'entre-deux-guerres, M. Hans Kelsen a avancé que « le destin du parlementarisme déciderait de celui de la démocratie » et les événements lui ont donné raison (*La Démocratie, sa nature, sa valeur.* Trad. Ch. Eisenmann, 1932, p. 33). C'est probablement qu'au fond, la solidarité du parlementarisme, au sens large, et de la démocratie n'est pas seulement une situation accidentelle, mais une conséquence de la logique institutionnelle.

Aujourd'hui, la doctrine constitutionnelle considère l'existence de Chambres comme un progrès technique sur la démocratie directe. A côté de la revendication idéale de la liberté, doit jouer le principe sociologique de la division du travail. « Ce n'est certainement pas un hasard, mais le résultat d'une loi de structure des corps sociaux qu'une institution ressemblant à un parlement existe dans toute collectivité tant soit peu évoluée. » (H. Kelsen, *op. cit.*, p. 39.) Non seulement les dimensions de la collectivité rendent celle-ci incapable d'exercer l'activité législative d'un État moderne, mais la complexité de l'œuvre de création du droit veut une spécialisation. L'édiction de la volonté étatique prend un caractère indirect et médiat, le rôle du peuple étant, par sa nature même, limité à la formation et au contrôle des organes qui s'en chargeront.

La place si considérable, tenue de la sorte par les assemblées dans la démocratie moderne, n'a pas été sans entraîner, en retour, beaucoup d'hésitations quant à la situation qu'y occupe le peuple lui-même.

Certains, afin de marquer sa supériorité incontestable, le placent au dessus ou au dehors de tous les cadres juridiques. Celui que l'on appelle aussi, suivant les temps et les lieux, « la Nation », « le Pays », « les Masses » revêt ainsi une physionomie indécise et fuyante. L'Opinion, « impératrice nomade » (Lucien Romier), simultanément enchante les partisans ou effraye les adversaires de la démocratie.

D'autres, par contre, dominés par le phénomène représentatif, ne font de l'élection qu'un préliminaire à la constitution des assemblées, dont elle assure le recrutement. C'est la position classique, déjà formulée par Berriat-Saint-Prix, qui fait de l'exercice du suffrage « une opération préliminaire à l'exercice du pouvoir plutôt qu'un pouvoir proprement dit ». (*Théorie du droit constitutionnel français,* 1851-52, t. II, p. 338). A Esmein, de la même manière fait précéder l'examen du pouvoir législatif d'une section I : « Composition des Chambres et élection de leurs membres ».

L'idée, parfaitement logique, que le peuple, en élisant, serait lui-même un pouvoir de l'État, a eu ainsi bien du mal à se faire jour et à se faire accepter. Elle a été, cependant, formulée dès la monarchie de Juillet par J. Ortolan : « Les publicistes ne considèrent généralement comme fragments détachés de la souveraineté que trois pouvoirs : le pouvoir législatif, le pouvoir judiciaire et le pouvoir exécutif. Il y a longtemps (*Esquisses électorales,* 1842) que je professe l'existence et la permanence d'un quatrième pouvoir, le pouvoir électoral » (*De la souveraineté du peuple et des principes du gouvernement moderne,* cours ouvert à la faculté de Droit de Paris, le samedi 26 février 1848, surlendemain de la proclamation de la République, 1848, p. 29).

L'expression « pouvoir électoral » se trouve, à la même époque, chez Barante (*Questions constitutionnelles,* Paris, 1849), chez le publiciste portugais Pinheiro-Ferrera (*Principes du droit public,* 1834) et chez Saint-Girons, auteur du premier traité scolaire de droit constitutionnel (Paris, 1879). Cependant, aucun de ces auteurs ne donne d'explication sur la notion qu'il introduit ainsi et ne paraît pas lui attacher beaucoup d'importance. C'est seulement au premier quart du XXe siècle que le doyen M. Hauriou, procédant à une révision de la théorie classique de la séparation des pouvoirs (V. n° 189) esquisse une première théorie du pouvoir de suffrage dans *la Souveraineté nationale,* 1912, et dans les *Principes de Droit public,* 2e éd., 1917, p. 648. Il donne à celui-ci toute son importance dans son *Précis de Droit constitutionnel,* paru en 1924. « *Le pouvoir de suffrage*, nous dit-il, est mêlé aux mêmes événements et à la même vie politique intérieure de l'État que le pouvoir délibérant et le pouvoir exécutif. Sous forme de pouvoir électoral, il y est mêlé de loin, bien que, par exemple, au moment du renouvellement général de la Chambre des députés, l'avènement d'une nouvelle majorité se fasse immédiatement sentir. Il y est mêlé de plus près lorsque, la Chambre des Députés ayant été dissoute, le verdict des électeurs est amené à trancher le conflit qui s'était élevé entre le gouvernement exécutif et la Chambre et d'où était provenue la dissolution. Sous forme de pouvoir de référendum, le suffrage est mêlé de plus près encore au gouvernement puisqu'il participe directement à la législation ou même à des mesures administratives importantes... Assurément, dans les pays restés antérieurement fidèles au régime représentatif, où le pouvoir de suffrage n'a sa place que dans les élections, sa qualité de pouvoir de gouvernement est moins visible puisqu'il ne participe directement à aucune opération gouvernementale; mais déjà, il y participe directement puisque la majorité électorale détermine les politiques » (*op. cit.*, n° 551; V. J.-M. Auby, *La théorie du pouvoir de suffrage du droit constitutionnel français, in* POLITIQUE, 1958, p. 293 et s.; M. Prélot, préface à J.-P. Charnay, *Le suffrage politique en France,* élection parlementaire, élection présidentielle, référendums, 1965; J.-P. Charnay, *Sur l'évolution du pouvoir de suffrage,* R.D.P., 1970, p. 1187).

On doit donc considérer comme inhérent à la démocratie l'existence de trois institutions gouvernantes primaires :
— l'institution populaire ou pouvoir électoral;
— l'institution parlementaire ou pouvoir délibérant;
— l'institution gouvernementale ou pouvoir exécutif.

La considération des rapports du peuple avec les assemblées (section V) et avec les gouvernements (section VI) permettra plus loin de déterminer les divers types de démocratie. Mais auparavant, c'est l'étude de l'institutionnalisation du peuple qui s'impose à notre attention sous son double aspect juridique (section III) et politique (section IV).

Section 3
L'organisation juridique du peuple

38. — L'institutionnalisation du peuple. — L'incertitude sur la qualification constitutionnelle du peuple a longtemps retenti sur l'absence ou sur l'insuffisance des règles le concernant. Il a présenté, d'abord, les aspects tumultueux d'une foule agitée de mouvements contraires. Les élections de l'époque révolutionnaire étonnent par leur désordre, leur fantaisie, leur longueur. C'est que rien, ou presque, n'avait été prévu. La Législative se contenta « d'inviter le peuple français à former une Convention Nationale ». Il y avait là, selon la comparaison de M. Hauriou, comme une sorte de réplique, dans l'ordre civique, à la levée en masse dans l'ordre militaire (*Principes de droit public, op. cit.*, p. 648).

En 1848, la seconde République, mieux instruite, ne renouvelle pas l'erreur de 1792. Par le décret-loi du 5 mars 1848, elle a donné au suffrage universel sa première organisation juridique (M. Prélot, l'avènement du suffrage universel, *in* 1848, *Révolution créatrice*, 1948, p. 25 et s.) répondant ainsi à la juste inquiétude de Barante : « Comment, à certains jours, indépendamment de toute autorité, de toute règle, sans être convoqué par un pouvoir existant, le peuple dans son ensemble, dans son unité, en libre délibération, en toute franchise de chaque citoyen, pourrait-il manifester sa souveraineté, en régler l'usage et la forme? » (*Questions constitutionnelles, op. cit.*, p. 2).

Aujourd'hui le pouvoir électoral est, en droit, le plus strictement constitué de tous les pouvoirs. La précision de la législation électorale fait des scrutins une opération administrative, avec tout ce que ce terme implique de régularité, de continuité, et, pour une part, d'automaticité (M. Hauriou, *Principes de Droit constitutionnel, op. cit.*, p. 653). Le peuple possède juridiquement une physionomie précise, une composition certaine. Il est l'ensemble des citoyens, inscrits sur les listes électorales et distribués par circonscriptions et bureaux, afin d'élire ou de statuer.

39. — Les régimes électoraux.

— Lorsque le peuple statue, répondant par *oui* ou par *non* à la question qui lui est posée, la décision est nécessairement majoritaire. Elle peut, cependant, du fait des abstentions n'être prise qu'à la majorité relative. (Pour un exemple, V. référendum français du 23 avril 1972, *infra*, n° 419.)

Lorsque le peuple désigne des représentants, le choix des élus peut s'effectuer selon diverses modalités.

Celles-ci paraissent, au premier abord, ne relever que de la procédure, mais en réalité, elles touchent à l'essence même du corps électoral et forment des types de représentation très différents aussi bien par leur principes que par leurs résultats.

On peut distinguer trois principaux systèmes :

1° la représentation majoritaire;

2° la représentation des minorités ;
3° la représentation proportionnelle.

40. — La représentation majoritaire. — Le système majoritaire, dans son principe même, subordonne la désignation des élus à la convergence sur leur nom du plus grand nombre de suffrages. Dans sa mise en œuvre, ce principe est cependant susceptible de modalités et se trouve exposé à des phénomènes de distorsion.

A. *Modalités.* — Trois facteurs principaux se trouvent à l'origine de ces modalités : Le premier est constitué par la pluralité de choix résultant du nombre de sièges à pourvoir. De ce point de vue, deux solutions sont concevables : ou bien cette pluralité est supprimée par réduction de la circonscription électorale de sorte que le corps électoral correspondant n'ait à pourvoir qu'un seul siège. Le scrutin est dit alors *uninominal,* chaque électeur n'ayant à voter que pour un seul candidat. Ou bien, cette pluralité est maintenue dans le cadre d'une circonscription plus vaste dont le corps électoral devra pourvoir à plusieurs sièges. Le scrutin est dit alors *plurinominal ou de liste,* chaque électeur votant soit pour plusieurs candidats choisis par lui, soit pour une liste de candidats proposés à son suffrage. Si cette seconde modalité est concevable dans un système majoritaire, celui-ci constitue le domaine exclusif de la première.

Un second facteur de diversification découle de la pluralité de choix résultant cette fois de la multiplicité des candidatures. De ce point de vue, c'est la nature de la majorité exigée qui distingue les modalités d'application, suivant que cette majorité est la majorité absolue ou, au contraire, la majorité relative ou pluralité. Le recours à l'une ou à l'autre n'a pas la même signification. L'exigence d'une majorité absolue — c'est-à-dire, non pas, comme on le croit trop souvent, la moitié des voix plus une mais, plus simplement, plus de la moitié des voix — implique théoriquement que l'on recherche une décision du corps électoral sous son aspect organique. Même si cette majorité ne se calcule que sur les suffrages exprimés, il s'agit non seulement d'un choix des électeurs mais aussi d'une nomination par le corps électoral fondée sur sa plus grande préférence globale. Ce trait peut d'ailleurs être indirectement souligné par l'exigence, en plus de la majorité absolue des suffrages exprimés, d'un pourcentage minimum de voix par rapport au nombre des électeurs inscrits. Au contraire, la pluralité n'exprime qu'un ordre de préférence relatif entre les candidats, relativité qui augmente avec le nombre de ceux-ci. Si, à la lumière de ces observations, la majorité absolue paraît préférable, elle présente le danger, partant l'inconvénient, que cette majorité ne soit pas atteinte par une seule opération de vote. C'est ce qui explique que l'on puisse s'en tenir à la majorité relative dont les inconvénients sont réduits par la faiblesse du nombre des candidats, telle qu'elle se manifeste en principe dans un système biparti.

Mais — et c'est le troisième facteur de diversification — il est encore possible, en organisant le scrutin sur deux tours, de combiner majorité absolue (premier tour) et majorité relative (second tour). C'est ce second tour qui porte le nom de *scrutin de ballotage*. Sa réglementation peut être restrictive en ce qui concerne les possibilités de candidature, de sorte que la réduction du nombre des candidats à ce second tour augmente l'efficacité de l'opération.

Le Royaume-Uni et la France, qui sont les deux seuls États de l'Europe occidentale à pratiquer la représentation majoritaire, appliquent, l'un le scrutin majoritaire uninominal à un tour depuis 1931; l'autre le scrutin majoritaire à deux tours rétabli, après une brève interruption au profit de la représentation proportionnelle, par une loi du 11 juillet 1986.

B. *Les phénomènes de distorsion*. — Ils tiennent principalement à deux facteurs :

1º *L'inégalité des circonscriptions*. Pour rapprocher au maximum la majorité légale de la majorité vraie, il devrait y avoir une sorte de péréquation entre les circonscriptions, c'est-à-dire une égalité de population, du moins de population électorale, dans chaque unité territoriale retenue ou constituée. Or, en pratique, il existe souvent entre celles-ci une très grande inégalité.

Il se peut malheureusement que cette inégalité soit préméditée pour favoriser telle ou telle tendance. Ainsi, en France, sous le Second Empire et aux États-Unis où les arabesques audacieuses du gouverneur du Massachussets Gerry ont fait surnommer *Gerry mander* certains découpages étranges évoquant la silhouette ondoyante de la salamandre.

Mais d'autres facteurs moins contestables peuvent expliquer sinon justifier de telles inégalités. Ainsi, outre certaines survivances historiques, du souci de maintenir une correspondance entre les circonscriptions électorales et les circonscriptions de l'administration locale, ou de tenir compte de certaines données géographiques. Ainsi, surtout, de la mobilité de la population, source permanente de graves disparités, qui ne peuvent être résorbées, au moins partiellement, que par une procédure de révision périodique des circonscriptions du genre de celle établie au Royaume-Uni par le *Redistribution of seats Act* (1949 mod. 1958).

Il reste que de telles opérations, déjà plus ou moins suspectes d'arrières-pensées partisanes lors même qu'elles seraient entourées des plus grandes garanties, ne peuvent jamais atteindre une égalité qui soit parfaite, ni durable, mais, au mieux, à des approximations s'inscrivant dans une fourchette en plus et en moins (sur la pratique britannique, V. J. Dutheil de la Rochère, *op. cit.*, p. 97).

2° *L'inégalité des majorités.* Les élus des différentes circonscriptions le sont, en outre, de manière très inégale. La majorité qui les désigne est, tantôt pléthorique, tantôt très faible. Désignés à la majorité relative, ces élus peuvent l'avoir été avec moins de voix que leurs concurrents réunis lorsque l'élection est « triangulaire » ou « quadrangulaire », etc. Par suite, la majorité parlementaire peut, en définitive, correspondre à une minorité électorale. Ce fut fréquemment le cas en France sous la IIIe République et ce l'est au Royaume-Uni où « en règle générale, le parti majoritaire aux Communes ne représente qu'une minorité du corps électoral qui oscille depuis 1945 entre 37 et 48 % » (J. Dutheil de la Rochère, *idem,* p. 86 et s. Sur la situation en France de 1958 à 1974, V. J. Charlot, in *Les modes de scrutin des dix-huit pays libres de l'Europe occidentale,* P.U.F., 1983).

Ces circonstances ne paraissent pas suffisantes pour entraîner un abandon de ce système qui a pour lui la simplicité de la désignation et la personnalisation de l'élu. Les britanniques manifestent un grand attachement à leur régime même s'il existe un courant d'opinion favorable à sa réforme. En France, le retour au scrutin majoritaire à deux tours paraît procéder de la même disposition. V. M. Govoroff, *Le débat sur la réforme électorale en Grande-Bretagne depuis 1974,* R.D.P. 1986, p. 1043.

41. — La représentation des minorités. — Assez généralement, le système majoritaire uninominal laisse aux minorités un certain nombre de sièges. Leur concentration géographique, jointe à la multiplication des circonscriptions, interdit leur élimination. Même sous le Second Empire, les républicains eurent des élus.

Mais cette représentation est empirique et aléatoire. La représentation des minorités, au contraire, a pour but d'assurer systématiquement un minimum de sièges aux opinions dignes de considération.

Les principaux procédés usités sont le vote limité et le vote cumulatif :

— Dans *le vote limité,* la majorité ne peut désigner qu'une partie des élus. Ainsi, en Italie, la loi Acerbo qui fut, en 1924, le fourrier du fascisme, accordait *a priori* les deux tiers des sièges à la majorité, mais réservait le tiers restant des mandats aux listes dites « de minorité ».

— Dans *le vote cumulatif,* l'électeur dispose d'autant de suffrages qu'il y a de candidats à élire et il lui est loisible, soit de voter pour tous les candidats, soit de répartir ses voix seulement sur certains d'entre eux, soit même de les bloquer sur un seul. La minorité, en se groupant habilement, peut devenir majorité pour un ou plusieurs sièges.

42. — La représentation proportionnelle. — La représentation proportionnelle vise à assurer aux différentes opinions entre lesquelles se répartissent les électeurs un nombre de sièges correspondant à leur importance respective. Elle inclut donc la représentation des minorités mais elle la dépasse en attribuant à celles-ci leur juste part. D'une technique plus complexe que le système majoritaire, elle est actuellement pratiquée suivant des modalités variables par la plupart des États de l'Europe occidentale.

A. *Technique de la représentation proportionnelle.* — La mise en œuvre de la représentation proportionnelle comporte trois opérations : la détermination d'un nombre de référence, la répartition des sièges entre les listes en fonction de ce nombre, la détermination des candidats élus.

1. La première de ces opérations peut s'effectuer suivant deux procédés : le quotient électoral ou le nombre uniforme.

Le *quotient électoral* est le nombre obtenu par la division du nombre des votants dans la circonscription par le nombre des sièges à pourvoir. Étant donné 100 000 votants et 10 sièges à pourvoir, ce quotient est de 10 000. Chaque parti aura autant de sièges que le nombre de ses voix contiendra de fois ce quotient. Il est tout à fait improbable que cette seconde division tombe juste, ce qui, comme on va le voir, oblige à résoudre un problème de restes. Comme plus le quotient est faible plus il a de chance d'être contenu dans le nombre de voix obtenu par chaque parti, on a imaginé de ne pas utiliser le *quotient simple* qui vient d'être défini mais un *quotient rectifié,* celui-ci étant le nombre obtenu par la division du nombre des votants par le nombre des sièges augmenté d'une unité (système dit *Hagenbach-Bischof*).

Le nombre unique ou *uniforme* diffère du quotient en ce qu'il est connu d'avance et qu'il est uniforme pour tout le pays au lieu de varier d'une circonscription à l'autre. Au lieu de fixer le nombre de sièges, la loi électorale décide que sera considéré comme élu tout candidat qui aura obtenu un nombre de voix déterminé en fonction du nombre des électeurs dans le pays et d'un nombre approché de membres de l'assemblée. Chaque parti obtient autant de sièges que son nombre de voix contient de fois le nombre uniforme dans la circonscription, ce qui dans ce cadre, assure une égalité parfaite entre les élus.

2. La seconde opération consiste à répartir les sièges. Si le nombre de voix obtenu par chaque parti était un multiple exact du quotient électoral ou du nombre uniforme, la répartition des sièges ne nécessiterait pas d'autre opération. Mais, dans la réalité, il n'en est jamais ainsi, sauf exceptionnellement en cas d'application du quotient rectifié. Dès lors se pose un problème de restes, des sièges restant à pourvoir après la première opération. Le sort de ces sièges « en l'air » doit donc être réglé tout en continuant à respecter la proportionnalité. On y parvient de manière différente dans le cas du quotient et dans celui du nombre unique.

a) Dans le système du quotient, le problème des restes est résolu au sein de la circonscription, soit suivant la méthode de *la plus forte moyenne,* soit suivant celle *des plus grands restes.*

Le système de la plus forte moyenne consiste à attribuer les sièges restant à pourvoir de façon qu'ils représentent le plus grand nombre de voix. Dans l'hypothèse simple où un seul siège reste à pourvoir, on l'offrira successivement à chacune des listes et on l'attribuera à celle qui, compte tenu des sièges déjà obtenus par application du quotient et de ce siège supplémentaire, aura la plus forte moyenne et ainsi de suite pour les autres sièges non encore attribués. On parvient plus simplement au même résultat en appliquant *le système du diviseur électoral* ou *système d'Hondt*. Ce système consiste à diviser le nombre de voix obtenu par chaque liste par 1, 2, 3, etc., jusqu'au nombre de sièges. On range les quotients de ces divisions par ordre décroissant jusqu'à concurrence du nombre des sièges à pourvoir. Ce dernier quotient constitue le diviseur électoral. Chaque liste obtiendra autant de sièges que son nombre de voix contiendra le diviseur électoral.

Le système des *plus grands restes* consiste à attribuer successivement les sièges « en l'air » aux listes qui ont le plus fort reste de voix.

b) Dans *le système du nombre unique,* le problème des restes est résolu en dehors de la circonscription. Après la première répartition opérée comme il a été dit plus haut dans le cadre de la circonscription, les restes de voix non utilisées sont additionnés pour un même parti ou pour des listes apparentées, au niveau d'une région regroupant plusieurs circonscriptions, ou même au niveau national. Il est alors attribué à chaque parti, considéré dans ce cadre plus vaste, autant de sièges que son total de voix inutilisées contient de fois le nombre électoral.

3. La troisième opération consiste à désigner les candidats élus. Elle est liée aux caractères des listes. L'opération est immédiate en cas de listes bloquées. Dans ce cas, en effet, l'électeur est obligé de voter pour une liste complète sans pouvoir ni ajouter ni supprimer un nom, ni modifier l'ordre de présentation. Elle est plus complexe en cas de panachage, c'est-à-dire de listes formées par les électeurs puisant dans plusieurs listes. On établit d'abord la moyenne de la liste présentée en divisant le nombre de suffrages individuels qu'elle a recueillis par le nombre des candidats de la liste en principe égal à celui des sièges à pourvoir. Chaque liste obtient autant de sièges que sa moyenne contient de fois le quotient.

Ex. : soit 100 000 électeurs, dix sièges à pourvoir et trois listes ayant respectivement obtenu A : 46 600 v ; B : 18 300 v ; C : 35 100 v.
Application du quotient rectifié : 100 000 : 10 + 1 = 9 090
A. 46 600 : 9 090 → 5 sièges reste 1 150 v.
B. 18 300 : 9 090 → 2 sièges reste   120 v.

C. 35 100 : 9 090 → 3 sièges reste 7 830 v. Tous les sièges sont attribués.
Application du quotient simple : 100 000 : 10 = 10 000
A. 46 600 : 10 000 → 4 sièges reste 6 600 v.
B. 18 300 : 10 000 → 1 siège reste 8 300 v.
C. 35 100 : 10 000 → 3 sièges reste 5 100 v. Deux sièges restent à pourvoir.
Résolution du problème des restes
Plus forte moyenne
A. 46 600 : (4) + 1 = 9 320 46 600 : (5) + 1 = 7 766 → 5 sièges
B. 18 300 : (1) + 1 = 9 150 18 300 : (1) + 1 = 9 150 → 2 sièges
C. 35 500 : (3) + 1 = 8 775 35 100 : (3) + 1 = 8 775 → 3 sièges
Système d'Hondt

	1	2	3	4	5	6	
A.	46 600	23 300	15 533	11 650	9 320	7 766	→ 5 sièges
B.	18 300	9 150	6 100				→ 2 sièges
C.	35 500	17 550	11 700	8 775			→ 3 sièges

Plus forts restes
A. reste 6 600 + 1 → 5 sièges
B. reste 8 300 + 1 → 2 sièges
C. reste 5 100   → 3 sièges

B. *D'autres modalités peuvent encore se concevoir au nombre desquelles il faut remarquer :*
1. Le système du *vote unique transférable*. Dans ce système, l'électeur vote d'abord pour un candidat et indique ensuite ses préférences pour un ou plusieurs autres. Dès qu'un candidat a obtenu le quotient, les suffrages en surplus vont au candidat préféré en première ligne, jusqu'à ce que celui-ci ait également fait son plein de suffrages, les voix restantes passent alors au candidat préféré en seconde ligne, puis à celui préféré en troisième ligne et ainsi de suite, tant qu'il est nécessaire pour l'attribution des sièges.

Dans ce cas, il n'y a pas, à proprement parler de liste mais une simple nomenclature des candidats dont les circonscriptions sont groupées pour permettre l'exercice des préférences. L'attribution des sièges est longue, mais ce régime donne une grande liberté aux électeurs. C'est la forme anglaise de la représentation proportionnelle. On l'appelle *système de Hare*. Imaginé par celui-ci en 1857, il fut soutenu aux Communes par Stuart Mill en 1867 et rejeté alors par Disraëli. Il est préconisé outre-Manche par la *proportionnal representation society* (V. J. Cadart : *Le vote unique transférable*, Les cah. du droit, n° 23). Appliqué en République d'Irlande, il l'a également été en Ulster à partir de 1973. (V. A. Cocâtre-Zilgien, R.D.P., 1973, p. 1553.)

2. La *représentation proportionnelle personnalisée*, pratiquée en République fédérale d'Allemagne. Dans ce système, l'électeur dispose de deux voix. Il utilise la première dans le cadre de circonscriptions où est élu le candidat qui recueille le plus de voix (scrutin majoritaire uninominal à un tour). Les députés ainsi élus directement sont ultérieurement pris en compte pour la répartition des sièges entre les listes dont les partis ont le monopole de présentation. La seconde voix est utilisée au niveau du Land dans un régime de représentation proportionnelle à la plus forte moyenne entre les listes présentées par les partis. Cette répartition proportionnelle ne porte que sur les sièges restants après prise en compte des élus directs. S'il arrive qu'un parti obtienne un nombre de siège directs supérieur à celui qu'il devrait recueillir à la proportionnelle, ces sièges s'ajoutent aux sièges ordinaires. Le système ne s'applique qu'aux partis politiques qui recueillent au moins trois sièges directs ou 5 % des voix au plan fédéral.

J. Georgel *et al. : Les régimes électoraux dans la communauté européenne*, Cujas, 1979. J. Cadart (sous la direction de), *Les modes de scrutin des dix-huit pays libres de l'Europe occidentale. Leurs résultats et leurs effets comparés*, P.U.F., 1983; *La représentation proportionnelle*, Pouvoirs, 1985, n° 32.

Section 4
L'organisation politique du peuple

43. — La conception individualiste du peuple. — L'armature que la constitution et les lois donnent au corps électoral par l'organisation du suffrage, s'arrête aux limites que posent à l'intervention officielle les principes d'égalité et de liberté, d'où le caractère individuel du droit de suffrage (le suffrage plural, familial ou autre n'étant pratiquement plus usité) et le caractère juridiquement facultatif de son exercice, le vote obligatoire, pratiqué dans certains pays pour lutter contre l'abstention restant l'exception, notamment en raison de la difficulté d'en aménager la sanction.

Aussi bien, si le vote est un droit, l'électeur doit être libre de l'exercer ou non. Le corps électoral, du point de vue du droit public, doit rester formé d'éléments individuels, égaux et libres, dont les volontés se rencontrent un instant de raison pour produire un effet de droit. La conception d'un électeur, être pensant, soupesant, dans l'intimité de sa conscience et finalement dans le secret de l'isoloir, les titres du citoyen digne et capable de vouloir pour la nation, est à la base même de la théorie classique de la représentation (V. n° 188). Seule est prise en considération « la conscience explicite et actuelle de chacun, abstraction faite du milieu, de la situation, des besoins, de toutes les entraves de la vie » (A. Cochin, *Les sociétés de pensée et la démocratie,* 1921).

Il y a donc un fonctionnement spontané du corps électoral, dont la raison individuelle est le moteur, comme l'intérêt dans le monde économique. *Il mondo va da se :* les deux conceptions du libéralisme politique et du libéralisme économique sont sœurs jumelles.

Mais, de fait, cette atomisation du corps électoral n'est qu'une vue théorique des choses. Une poussière d'individus ne peut tenir un rôle actif ; elle n'est pas capable de prendre des initiatives, de mettre en œuvre des procédures longues et compliquées ; elle n'arrive qu'à s'agglutiner un instant pour décider entre deux ou trois propositions, pour choisir entre deux ou plusieurs candidats. La votation ou l'élection est un aboutissement. De longs préliminaires devancent la présentation des hommes et des formules. Une diplomatie antérieure accorde des intérêts divers et des tempéraments variés sur quelques solutions claires, sur quelques courants généraux, sur quelques orientations fondamentales. Le gouvernement d'opinion est, au vrai, « un gouvernement d'option » (G. Vedel). Par ailleurs, le travail de préparation s'accompagne d'une activité d'information et de mobilisation destinée à rallier préventivement les esprits à la candidature suscitée.

Il faut donc qu'à côté de l'organisation constitutionnelle et administrative du pouvoir électoral fixée par les textes, se manifeste l'action de groupements libres, d'initiative privée, interposant leur activité entre le peuple, le parlement et le gouvernement, encadrant les électeurs et les élus dans des formations plus ou moins durables.

44. — L'insertion des partis dans l'ordonnancement constitutionnel. — Ces formations portent le nom générique de parti. L'étude de leur structure, de leur évolution et de leur rôle relève fondamentalement de la *Sociologie politique*. (V. M. Prélot, *Sociologie politique, op. cit.*, chap. XXI, les partis ; M. Duverger, *Les Partis politiques*, 1976 ; J. Charlot, *Les Partis politiques ;* dossiers U2, 1971). On se limitera ici aux incidences constitutionnelles de leur présence ou de leur absence dans le processus politique.

Idéalement, il revient aux partis de combler le vide existant entre l'État et les citoyens. Ils représentent l'une des formes principales revêtues aujourd'hui par les « corps intermédiaires » (V. J. Rivero, in *Crise de l'État et crise du civisme, op. cit.*, p. 317).

L'activité des partis s'exerce dans le cadre des libertés individuelles. « Les partis — selon la définition de M. Paul Marabuto — sont des associations qui se proposent l'action politique » (*Les partis politiques, les mouvements sociaux sous la IVe République*, 1948, p. 3). Ils n'appartiennent pas à l'ordonnancement étatique lui-même, en tant que services publics. Ils collaborent seulement à celui-ci en exerçant une activité d'intérêt général.

La conception libérale exige une distinction nettement marquée. Cependant, il y a généralement aujourd'hui reconnaissance expresse ou tacite des partis et de leur rôle par la constitution, la législation électorale, les règlements des assemblées, les usages gouvernementaux.

— *La constitution*, comme c'est le cas pour la Constitution française du 4 octobre 1958, consacre un ou plusieurs articles aux partis, admettant leur pluralité et leur assignant un statut et des tâches d'intérêt général.

— *Le régime électoral* fait sa place aux partis et n'est pas sans réagir sur leur existence et leur nombre. Les systèmes de représentation proportionnelle proposent même directement une représentation, non des individus, mais du peuple organisé en partis et leurs différentes modalités sont souvent appréciées en fonction de leur aptitude à favoriser les grands ou les petits partis. Ainsi du choix entre plus forts restes et plus forte moyenne. A peu près partout, les partis bénéficient pour la propagande et, jusque dans l'attribution des sièges, d'avantages, et même de privilèges.

— *L'organisation parlementaire* tient également compte des partis qu'elle reconnaît généralement en tant que

« groupes » ou « fractions ». Ceux-ci correspondent, plus ou moins complètement, aux organisations nationales, en dépendent hiérarchiquement et même disciplinairement. Le règlement des assemblées confère aux groupes un rôle officiel et de nombreux droits.

— *La formation et la conduite du gouvernement* sont également influencées par les partis. Dans certains cas, comme en Angleterre, la détention du gouvernement est liée directement au succès d'un parti. Le chef de l'un est, nécessairement, le chef de l'autre (V. n° 62). Ailleurs, les accords entre partis sont la base de formation des groupements de coalition. Il y a partout au moins consultation et intervention des groupes.

Le droit positif peut aller plus loin encore dans la reconnaissance du rôle public des partis, soit en sanctionnant l'appartenance à ceux-ci (par ex. en démissionnant d'office un élu, exclu du parti), soit en officialisant le rôle de l'opposition (par ex. en attribuant un rang de préséance et un traitement à son chef). Il peut aussi préciser et contrôler la situation des partis dans l'État, en leur imposant un statut (Sur le système d'institutionnalisation de l'opposition en Grande-Bretagne, V. J. Lernez, *Le cabinet fantôme l'opposition institutionnalisée en Grande-Bretagne,* Pouvoirs, 1980, n° 12, p. 165. Sur le financement des partis, V. M. Charlot, A. Grosser et A. Mathiot, *Les expériences étrangères de financement des partis politiques, Grande-Bretagne, R.F.A., E.U.,* Assoc. Fr. Sc. Pol., févr. 1979. F. Weill, *Structures de la démocratie et financement de la vie politique en France et en République fédérale d'Allemagne,* R.I.D.C., 1989, 959).

45. — L'incidence des partis sur le fonctionnement des régimes. — L'importance reconnue par l'État aux partis, leur nombre et leur structure ont une incidence marquée sur le fonctionnement et la diversification des régimes démocratiques. On peut ainsi distinguer :

1° *Les régimes à dualité de partis (two parties system),* généralement liés au scrutin majoritaire uninominal à un tour n'impliquent pas une réduction légale du pluralisme idéologique à un dualisme forcé, mais y aboutissent pratiquement. De petits partis existent à côté des deux grands, mais l'opinion leur fait peu crédit et, à moins qu'ils ne bénéficient d'une position marginale, leur influence pratique est nulle. Aussi les électeurs s'en détournent-ils plus ou moins rapidement. Le *two parties system* est le fait de l'Angleterre et des États-Unis, où il facilite grandement le jeu du régime parlementaire (V. n° 62) ou du régime présidentiel (V. n° 55). Cette analyse traditionnelle, pour tant est qu'elle ait jamais été parfaitement exacte, paraît, en ce qui concerne la Grande-Bretagne, en voie d'altération (V. D. Butler, *Le système des partis, « désalignement » ou « réalignement »,* Pouvoirs, 1986, n° 37, p. 23.

2° *Les régimes à partis multiples fortement organisés* correspondent au pluralisme idéologique fondamental de la démocratie, mais durci et schématisé. Le régime électoral y donne aux opinions une représentation proportionnelle à leur importance. En rendant difficile l'obtention par un seul parti de la majorité absolue, le *multipartisme* entraîne la formation de gouvernements de coalition. Les partis, mettant en avant la défense des intérêts propres de leurs commettants, négocient entre eux, un peu comme le feraient les États membres d'une confédération. C'est pourquoi, là où ce système a été poussé à l'extrême, la « partitocratie » transforme la démocratie en une manière d'oligarchie.

3° *Les régimes à partis multiples faiblement et souvent inégalement organisés* traduisent aussi le pluralisme foncier de la démocratie, mais avec une nuance individualiste plus marquée. Les partis ont un rôle variable, certains étant aussi fortement constitués que dans le régime précédent, d'autres n'ayant que des cadres assez lâches. Les électeurs obéissent à de grandes tendances qui, lors des consultations, prennent la forme de *blocs,* de *cartels* ou de *fronts.* Le scrutin uninominal à deux tours peut être à la fois cause et conséquence de cette distribution fluide des opinions (V. n° 325).

— P. Avril, *Essai sur les partis,* L.G.D.J., 1986.

Section 5

Le peuple et les assemblées représentatives

46. — Classification des démocraties suivant les rapports du peuple avec les assemblées représentatives. — *Une première série de formes découle de la nature des rapports entre les organes délibérants et le corps électoral.*

Deux systèmes occupent les extrêmes et deux autres une position intermédiaire :

1º A l'un des pôles, le peuple délibère lui-même sur ses propres affaires. Il légifère directement. L'un des termes, les Chambres, est absent ou, du moins dans le principe, n'est pas nécessaire. C'est ce que l'on appelle *la démocratie directe.*

2º A l'autre extrémité se trouve le système dans lequel le peuple choisit seulement ses députés. Il est l'auteur juridique de la nomination, mais celle-ci ne lui subordonne pas l'élu, indépendant de par son statut constitutionnel. Une fois que les électeurs ont accompli l'acte de désignation, leur rôle est achevé. Alors que la démocratie directe peut se passer de Chambres, l'effacement du corps électoral — qui ne vit qu'un moment éphémère, le seul instant de l'élection — caractérise *le régime représentatif.*

3º Dans *le système semi-représentatif,* comme dans le précédent, l'électeur n'a que le pouvoir d'élire, mais il se trouve en situation d'influencer, au moins psychologiquement, l'élu juridiquement libre. Une opinion diffuse, mais réelle, existe en dehors des Chambres. Elle n'a pas de moyens de s'opposer à leurs votes, mais elle les sanctionne au moment de la réélection. Le dualisme du pouvoir électoral et du pouvoir délibérant, qui n'existe ni dans la démocratie directe, ni dans le régime représentatif, fait ici son apparition.

4º Il se confirme et devient, cette fois, juridiquement opérant dans la *démocratie semi-directe,* où le corps électoral peut se trouver en désaccord avec la volonté des Chambres. Celles-ci sont présentes et ont un rôle actif. Mais la volonté populaire peut s'exprimer en dehors d'elles et même contre elles.

47. — La démocratie directe ou sans représentation.

— Comme on vient de l'indiquer, la démocratie est directe lorsque le peuple assemblé légifère lui-même et statue, sans intermédiaire, sur la désignation et l'orientation du gouvernement.

Tel était, a-t-on vu, le régime de l'antiquité, là où la démocratie y était établie. Les cités grecques trouvaient en elle la transposition institutionnelle de leur situation géographique et démographique. Aussi, les anciennes monarchies et les aristocraties y présentaient-elles déjà quelque chose de démocratique. Mais, à Athènes, au **Siècle de Périclès,** la démocratie atteint son expression complète. Aucun lieu n'en a mieux révélé la nature où, comme jamais ailleurs, le peuple exerça le pouvoir. Les réunions plénières sont d'abord mensuelles; puis, par la suite, plus rapprochées. Cette extrême fréquence est compréhensible seulement si l'on se rappelle que les travaux matériels et l'activité économique étaient le fait, en très grande partie, des métèques et des esclaves. A côté du peuple, réuni dans sa totalité, en *Ecclésia,* les Cinq cents ou *Boulè,* sont chargés, sous son contrôle, de la direction des affaires publiques. Mais ce serait à tort que l'on verrait là une représentation. Les Bouleutes ressemblent à nos élus par certains signes extérieurs, par certains privilèges et par les pouvoirs qu'ils exercent, mais ils ne sont pas des élus; ils sont désignés par tirage au sort. On a dit qu'un peuple religieux voyait dans le hasard une manifestation de la volonté des dieux (Fustel de Coulanges), mais c'est aussi le seul procédé qui, selon la conception antique, n'altère pas la démocratie. Dès qu'il y a élection, celle-ci provoque une sélection et, par là même, engendre une oligarchie ou une aristocratie. Par ailleurs, le tirage au sort supprime tout lien d'origine et, ainsi, de dépendance entre le peuple et le conseil. Ses plus graves inconvénients sont évités par la *docimasie,* sévère examen de moralité, de civisme et parfois même d'aptitude. En outre, dans ce pays où l'on a quelque habileté au jeu, le sort peut être aidé, sinon sollicité.

Aujourd'hui, la démocratie directe a presque entièrement disparu. Là où elle existe, elle ne procède pas de l'antiquité classique mais, vraisemblablement, de certaines survivances des anciennes traditions germaniques que nous a rapportées Tacite. L'assemblée des citoyens ou *Landsgemeinde* n'est plus le fait que d'un canton suisse, celui de Glaris, et de quatre demi-cantons, les deux Unterwalden : Obwald et Nidwald; et les deux Appenzell : Rhodes intérieures et Rhodes extérieures. Zug et Schwitz, dont cependant la première *Landsgemeinde* remontait à 1240, y ont renoncé en 1848. Plus récemment, en 1928, Uri aussi a remplacé sa *Landsgemeinde* par le référendum. Les *Landsgemeinden* sont des réunions pittoresques qui tiennent à la fois de la cérémonie religieuse, de la prise d'armes et du meeting populaire. Le peuple se réunit sur la place historique de Trogen ou sous les marronniers de Wille an der Aa. Il désigne le *Landamann,* ses principaux magistrats, et certains fonctionnaires ; il nomme un Conseil, le *Landrat ;* il fait les lois, y compris les lois constitutionnelles, et ratifie des traités ; il établit et modifie les impôts, accepte les dépenses et autorise les emprunts ; il accomplit même certains actes de haute administration et accorde la bourgeoisie cantonale.

Pour un témoignage récent, V. P. Gaudemet, *Les « Landsgemeinde », survivance de la démocratie directe,* Pouvoirs, 1989, n° 51, p. 127.

Ce régime ne peut évidemment être le fait que de petites communautés de quelques milliers de membres. Aussi, est-ce un Suisse, J.-J. Rousseau qui, au XVIIIe siècle, se pose en propagandiste décidé de la démocratie directe. Non seulement le maintien de l'autorité souveraine (*Contrat Social,* L. III, chap. 12 à 14), la lutte contre les abus du Gouvernement, l'arrêt sur la pente de la dégénérescence (chap. 10), mais la survie même du corps politique (chap. 11) exigent « d'entretenir en mouvement la volonté générale par une participation active et incessante des citoyens à la vie politique. Le souverain — dit J.-J. Rousseau — doit se montrer fréquemment... Il ne saurait agir que quand le peuple est assemblé. Il dispose alors de l'intégralité du pouvoir. A l'instant que le Peuple est légitimement assemblé en corps souverain, toute juridiction du Gouvernement cesse. La puissance du Gouvernement est suspendue et la personne du dernier citoyen est aussi sacrée et inviolable que celle du premier Magistrat, parce que, où se trouve le Représenté, il n'y a plus de Représentant... Ces assemblées du peuple sont l'égide du corps politique et le frein du Gouvernement ». Rousseau veut, donc, que les assemblées soient nombreuses et régulières, et que nul ne puisse les abolir ni proroger, tellement qu'au jour marqué, le peuple soit légitimement convoqué par la loi.

Certaines propensions oligarchiques des gouvernements représentatifs contemporains ont rendu de l'actualité aux conceptions de J.-J. Rousseau. De plus les progrès techniques permettent de franchir aisément divers obstacles matériels, jugés jadis insurmontables. Les haut-parleurs répondent déjà à la question d'Aristote se demandant devant une cité trop vaste : « Quel homme s'y ferait entendre à moins d'avoir les poumons d'un stentor ? » (« *Politique* » *d'Aristote, op. cit.,* p. 70.)

48. — Le régime représentatif. — Autant il loue la démocratie directe, autant J.-J. Rousseau accable la représentation : « l'idée des représentants est moderne. Elle nous vient du gouvernement féodal, de cet inique et absurde gouvernement dans lequel l'espèce humaine est dégradée et où le nom d'homme est en déshonneur. Dans les anciennes Républiques et même dans les monarchies, jamais le peuple n'eut de représentants ; on ne connaissait pas ce mot » (*op. cit.*, L. III, chap. 15).

Cependant, la conception de la représentation, dont l'auteur du *Contrat social* attribue l'origine au moyen âge, n'est nullement celle du régime représentatif, naissant alors en Angleterre. Elle est la représentation particulière des États généraux, qui est encore aujourd'hui la représentation de droit privé. « Le mandat, ou procuration — dit l'article 1984 du Code civil — est l'acte par lequel une personne donne à une autre le pouvoir de faire quelque chose pour le mandant et en son nom... » Cette conception s'accordait parfaitement avec la souveraineté royale, dont elle était, en quelque sorte, le complément, puisque, le Roi incarnant l'État, les représentants exprimaient les doléances des intérêts particuliers (V. C. Soule, *La notion historique de représentation politique*, Politique, 1963, p. 17 et s.).

Mais, à partir du moment où la Nation est proclamée « souveraine », la représentation change de sens. Elle devient « générale » et procède de la constitution. Les élus, de représentants individuels de ceux qui les ont désignés, deviennent les représentants généraux de la Nation, conçue comme une entité collective et abstraite (V. n° 187). Au sens nouveau et désormais classique du terme, est « représentant », l'individu ou le corps qui, constitutionnellement, a le « pouvoir de vouloir » pour la Nation. En conséquence, il n'y a pas de dépendance entre le représentant et l'électeur ; il n'y a même pas de lien contractuel. L'élection est une opération simplement instrumentale, indispensable pour sélectionner ceux qui auront « le pouvoir de vouloir pour la Nation ». Une série de conséquences en découle, diamétralement opposées à celles du mandat de droit privé. Le mandat de droit public est général, libre, irrévocable et présumé toujours exercé en conformité des volontés du mandant.

La théorie de la représentation est née de la Révolution française. Œuvre de Sieyès, elle a une extrême importance historique et pratique (V. n° 187). Elle domine toute la suite de nos institutions, réserve faite de la Constitution de 1793 et de la Charte de 1814. Elle inspire particulièrement les régimes républicains de l'an III (V. n° 219), de 1848 (V. n° 276), de 1875 (V. n° 310).

Rigoureusement suivie, la théorie représentative exclut l'existence d'une opinion extérieure aux assemblées. Elle en écarte jusqu'à la possibilité, puisque c'est seulement par ses représentants réunis que la volonté nationale peut s'exprimer. La représentation dépasse, ainsi, la représentation, car elle ne traduit pas, mais crée la volonté générale. On peut, en conséquence, légitimement dénier à une telle conception, prise dans sa logique absolue, le caractère démocratique. Sieyès, pour son compte, distingue le régime représentatif, qui est son idéal, et la démocratie, qu'il rejette. Plus récemment, à la suite d'une analyse juridique très poussée, Carré de Malberg situe le régime représentatif entre la monarchie et la démocratie (*Contribution à la théorie générale de l'État, op. cit.*, t. II, n° 393).

Cependant, soit équivoque du vocabulaire, soit ignorance de son exacte teneur, le régime représentatif a été confondu avec la démocratie, chaque fois, du moins, qu'il est trouvé assorti d'un assez large suffrage (Sur le dernier état de la question, V. *Le régime représentatif est-il démocratique?*, Pouvoirs, n° 7, 1978).

49. — La démocratie semi-représentative. — La confusion du régime représentatif et de la démocratie a été d'autant plus facile que le langage courant n'a jamais admis le sens, peu conforme à la logique des termes, donné à la représentation par Sieyès et ses continuateurs. Sans en abolir les conséquences juridiques essentielles, des pratiques et même des institutions contraires viennent mitiger l'autonomie morale de l'élu. Les principales suites de la théorie représentative demeurent : la fonction parlementaire n'est pas liée à une circonscription électorale; il n'est pas possible d'imposer au député une attitude déterminée, ni d'abréger son mandat; la validité de ses décisions, correctement prises, est incontestable. Mais, celui-ci, par son propre comportement se place dans une dépendance volontaire. Il n'est plus, étant à moitié « commis », qu'à demi « représentant » conformant ses actes à la volonté de ses électeurs, telle qu'il la croit discerner. Il multiplie, en

conséquence, les contacts, tantôt directement au sein d'une circonscription exiguë, comme l'arrondissement, tantôt par l'intermédiaire d'un parti organisé. D'autre part, il se voit soumis, par la publicité du scrutin et des votes, à une constante surveillance dont la sanction finale est la non-réélection. La menace de cette révocation à terme (fixe ou indéterminé, en cas de dissolution) donne à l'électeur sur l'élu une emprise considérable que le régime représentatif pur s'efforçait d'écarter, en proscrivant la rééligibilité immédiate et indéfinie ; que par contre, la semi-représentation accepte en faisant de la réélection (assortie de la dissolution), le pivot du gouvernement populaire. Le scrutin, qui avait pour objet exclusif de former un organe législatif valable, doit aussi en faire une assemblée accordée à l'opinion publique.

La conception semi-représentative l'emporte aujourd'hui dans la plupart des démocraties contemporaines notamment en France, depuis la IIIe République (V. n°s 310 et 356).

50. — La démocratie semi-directe. — La démocratie semi-directe se caractérise par la présence, dans un système en principe représentatif, de procédures permettant au peuple d'intervenir directement dans l'activité législative et gouvernementale. L'objectif est de rendre la démocratie plus effective en conférant aux citoyens un pouvoir de statuer que ne leur reconnaissent ni le régime représentatif qui limite leur intervention à la seule désignation des représentants, ni vraiment le régime semi-représentatif dans lequel ce sont ces derniers qui s'efforcent, par leur propre comportement, de rendre vraisemblable la présomption qui assimile leur volonté à celle de leurs électeurs.

Cette intervention populaire peut techniquement prendre différentes formes dont les constitutions contemporaines donnent de plus en plus d'exemples mais dont la pratique paraît restreindre l'usage.

A. *Technique de l'intervention populaire.* — L'intervention populaire, génériquement désignée sous le nom de referendum, peut revêtir essentiellement quatre formes :

1º Le *veto populaire* qui permet au peuple de faire échec à une mesure, par ailleurs, parfaite. Avant que cette mesure ne devienne exécutoire, le peuple peut opiner favorablement ou non. S'il se prononce négativement, la mesure ne peut pas entrer en vigueur.

2º Le *référendum* proprement dit qui associe le peuple au pouvoir de décision. Si le référendum, dans son modèle type, se présente comme une participation directe du corps électoral à l'élaboration de la loi, qui ne devient parfaite que par la décision de celui-ci, il existe de nombreuses modalités d'intervention concevables, notamment suivant que la consultation du peuple est facultative ou obligatoire, suivant que son résultat n'a que valeur indicative ou au contraire impérative, etc.

3º L'*initiative populaire* qui permet au peuple, soit de provoquer le déclenchement de la procédure de décision, soit de proposer lui-même la loi. Dans ce dernier cas, l'initiative peut être non formulée lorsqu'elle n'exprime qu'un principe, ou formulée lorsqu'elle se traduit par un texte déjà articulé ou du moins assez détaillé.

4º La *révocation populaire* qui peut mettre fin à un mandat électif, soit individuel, soit collectif. La révocation individuelle permet au corps électoral de renvoyer certains élus dont le comportement a cessé de satisfaire leurs électeurs. Une certaine proportion de ceux-ci peut prendre l'initiative de demander que tel député ou tel magistrat soit remplacé. Si cette proposition réunit un nombre suffisant de pétitionnaires, il y a vote et l'élu mis en minorité doit se retirer alors que, obtenant la majorité, il est considéré comme réélu. Cette procédure de révocation individuelle est généralement désignée par le mot anglais de *recall*. La révocation populaire peut également être collective et frapper une assemblée s'identifiant à une dissolution. La procédure est homologue de la précédente. Elle porte le nom allemand d' « *Abberufungsrecht* ».

Pour en comprendre la véritable portée, et assez souvent la complexité de régime, on ne doit pas oublier que ces différentes techniques d'intervention du peuple viennent s'inscrire dans des systèmes par ailleurs représentatifs, ou bien, en tout cas, comportant des organes investis par un mandat électif. Sauf dans le cas où un tel mandat est impératif ce qui se concilie logiquement avec le droit de révocation, il se pose un premier problème général de principe qui est celui de la compatibilité ou de la conciliabilité de ces procédés avec le système auquel ils sont joints et qui procèdent d'une base théorique différente. Si ce genre de considérations ne fait finalement pas obstacle à leur existence, il apparaît souvent de nature, soit à en retarder la prévision, soit à en compliquer le régime par la nécessité de conjugaison des fonctions, soit encore à en paralyser la mise en œuvre effective. La démocratie semi-directe sera dès lors plus ou moins bien acceptée et pratiquée suivant les domaines dans lesquels l'intervention directe du peuple peut être envisagée. A cet égard, le domaine constituant semble le plus naturel comme étant le domaine d'expression de la souveraineté à titre originaire. De même, celui des relations internationales, où risque d'être impliquée l'identité nationale. En revanche, les domaines législatif et surtout administratif et financier y seront moins ouverts.

Un second problème d'ordre général paraît être celui de l'autorité investie du pouvoir de provoquer l'intervention populaire lorsque cette autorité n'est pas le corps électoral lui-même ou, du moins, une proportion de celui-ci qui demeure d'une détermination délicate. Un tel problème peut être résolu par le droit positif à partir de données purement objectives, ce qui, en raison de son plus ou moins grand automatisme, confère au procédé une certaine rigidité. En revanche, lorsque le déclenchement de la consultation populaire est politiquement discrétionnaire, il prend l'aspect d'un appel au peuple et risque, s'il appartient à une autorité exécutive, spécialement au chef de l'État, de tourner au plébiscite.

B. *Pratique de la démocratie semi-directe.* — Partie de la Suisse, qui en est la terre d'origine et en reste la contrée d'élection, et pratiquée par plusieurs États des États-Unis, la démocratie semi-directe n'a pas cessé d'étendre son empire dès avant le premier conflit mondial puis après celui-ci et de nouveau après le second. Outre l'administration régionale et locale dont on ne fera pas état et le régime français qui sera examiné ultérieurement, on peut retenir quelques illustrations caractéristiques de son domaine et de ses fonctions.

1. *La Suisse* en est, comme on vient de le dire, le pays d'élection. Les modalités d'intervention directe du peuple y portent le nom générique de « droits politiques » ou « droits populaires ». Dans l'ordre fédéral, ces droits comprennent, d'une part le référendum obligatoire pour les révisions constitutionnelles, facultatif pour les lois, facultatif ou obligatoire pour certains traités internationaux. Tous ces

référendums sont décisoires en ce sens que le résultat du vote est impératif. Ils comprennent d'autre part des droits d'initiative populaire en matière de référendum législatif qui, facultatif, doit être organisé à la demande de 50 000 citoyens ou de huit cantons et en matière de révision totale ou partielle de la constitution à la demande de 100 000 citoyens. Dans les cantons, le droit fédéral impose le référendum en matière constitutionnelle. Quant au référendum législatif, il est, suivant les cantons, facultatif (Suisse romande) ou obligatoire (Suisse alémanique). A la différence du droit fédéral qui ne le pratique pas, le référendum administratif est courant en droit cantonal. Celui-ci prévoit l'initiative populaire en matière constitutionnelle et législative.

Le bilan de la mise en œuvre de ces droits s'établit dans l'ordre fédéral de la manière suivante. De 1848 à 1983, 123 votations populaires ont eu lieu sur des projets constitutionnels de l'Assemblée fédérale. L'adoption de la constitution mise à part, 36 ont été négatives et 86 positives. De 1891 à 1983, outre une initiative tendant à une révision totale de la constitution rejetée en 1935, 76 initiatives tendant à une révision partielle ont eu lieu, dont 22 ont provoqué un contre-projet de l'Assemblée fédérale : 68 ont été rejetées. Quant au référendum législatif, de 1874 à 1983, sur environ 1 400 actes susceptibles d'y être soumis, il n'y a eu que 93 votations populaires consécutives à une demande de référendum, 41 positives, 52 négatives.

— J. Ballafond, *Le référendum suisse du 16 mars 1986 relatif à l'adhésion de la Suisse aux Nations unies (aspects constitutionnels)*, R.D.P. 1986, p. 1635.

— J.-F. Flauss, *Le nouveau mode de vote sur l'initiative populaire et le contre-projet en droit fédéral suisse*, R.D.P. 1988, p. 1555.

2. *L'Italie*. — La constitution italienne prévoit l'emploi du référendum pour l'approbation des lois constitutionnelles et, dans la procédure de leur révision, pour les lois constitutionnelles, pour les lois ordinaires spéciales concernant les structures régionales et comme acte normatif autonome d'abrogation des lois ordinaires en vigueur. D'autres hypothèses de consultation existent au niveau régional et local. Dans la pratique, c'est le référendum d'abrogation qui caractérise le régime italien. Son initiative appartient à 500 000 électeurs ou à cinq conseils régionaux et il est soumis à une réglementation minutieuse, source de

péripéties juridiques complexes où la Cour constitutionnelle a fini par jouer un rôle important. Son usage, assez fréquent depuis 1970 sans pour autant être couronné de succès, est révélateur d'une fonction de stimulation mais aussi d'une crise du régime représentatif.

3. *L'Espagne.* — Elle-même adoptée par référendum, la constitution espagnole de 1978 fait une place à ce type de consultation populaire en matière constitutionnelle et prévoit un droit d'initiative législative subordonné à 500 000 demandes. Des mécanismes de participation directe des citoyens tiennent également une place importante dans le cadre des communautés autonomes. La constitution prévoit enfin une procédure de référendum consultatif au niveau national qui a été récemment mise en œuvre à propos de la participation à l'O.T.A.N. (12-3-1986). L'usage de ces différentes consultations est demeuré jusqu'à présent extrêmement rare.

4. *L'Allemagne fédérale.* — La loi fondamentale, si elle place sur un pied d'égalité la démocratie représentative et la démocratie directe, limite l'intervention directe du peuple à la modification territoriale de la Fédération. Encore la portée de cette disposition a-t-elle été ultérieurement restreinte. La situation dans les *Länder* demeure variable.

Ces pays ne sont ni les seuls à inscrire dans leur constitution des procédés caractéristiques de la démocratie semi-directe, quitte d'ailleurs à ne pas les mettre en pratique, ni les seuls au contraire à y recourir malgré leur attachement au système représentatif, comme ce fut le cas au Royaume-Uni le 8 mars 1973 (maintien de l'Irlande du Nord dans le Royaume-Uni) le 5 juin 1975 (maintien au sein des communautés européennes) et le 1er mars 1979 (Dévolution à l'Écosse et au Pays de Galles).

— Sur la situation dans les pays d'Europe occidentale et au Canada, V. F. Delpérée (sous la direction de), *Référendums,* C.R.I.S.P., Bruxelles, 1985.

Section 6
Le peuple et le gouvernement

51. — Classification des démocraties suivant les rapports du peuple avec le gouvernement. — *De la* *nature des rapports du peuple et du gouvernement résulte une autre série de formes démocratiques :*

1º Si le peuple désigne directement l'organe gouvernemental indépendant des Chambres, c'est le *régime présidentiel* que l'on qualifie aussi de *régime de séparation des pouvoirs,* ou encore de *régime américain,* du nom du pays qui fut son berceau et qui en fournit toujours le type.

2º Si le gouvernement est désigné médiatement par le peuple, à travers ses élus, c'est le *régime conventionnel,* ou encore d'*exécutif dépendant.* Concrètement, le *gouvernement suisse* sert cette fois de référence.

3º Si, en dehors du peuple et de l'Assemblée, intervient un élément tiers, le chef d'État, point fixe autour duquel joue la mobilité gouvernementale, c'est le *régime parlementaire,* ou *collaboration des pouvoirs* de *type britannique* (sur le caractère démocratique et la structure des *pouvoirs exécutifs dans les pays occidentaux,* V. P.-M. Gaudemet, 1966).

§ 1. — Le régime présidentiel

52. — La démocratie présidentielle. — Quand les États-Unis se séparent nationalement de l'Angleterre, ils s'en détachent aussi constitutionnellement. La Constitution de Philadelphie est une adaptation républicaine de la monarchie limitée britannique de la même époque. Mais le modèle a été incomplètement suivi. Hamilton, qui prononça à l'Assemblée de Philadelphie, le 18 juin 1787, un discours de cinq heures en faveur de l'adoption du régime anglais, ne réussit pas à convaincre ses collègues.

Progressivement, sauf le Canada qui, demeuré dans l'aire constitutionnelle britannique, est une démocratie parlementaire, le régime présidentiel est devenu le droit commun des États d'Amérique où il n'a connu que des exceptions limitées dans le temps et dans l'espace mais où la transposition du modèle des États-Unis a subi de nombreuses altérations donnant naissance à des « présidentialismes », facilement déséquilibrés.

En France, la seconde République peut, avec certaines nuances, être rangée parmi les régimes présidentiels (V. nos 280 et 281). La Ve fait, à cet égard, l'objet de vives controverses.

53. — A. **L'élection populaire du Président.** — Le premier trait caractéristique du régime présidentiel réside dans l'élection populaire, directe ou indirecte, du chef de l'État qui est en même temps chef du gouvernement.

Selon sa lettre, la constitution des États-Unis prévoit une élection à deux degrés, le Président étant élu par des électeurs eux-mêmes élus par le peuple. Les républicains, initiateurs de ce système, avaient cru ainsi, selon la conception représentative, former un corps restreint et sélectionné et se prémunir contre les risques d'une personnalisation de la fonction. La pratique en a décidé autrement et si le double degré constitutionnel a été pratiquement aboli, l'intervention des partis l'a rétabli d'une autre manière. Des « primaires » ou élections préliminaires (à moins que ce ne soit des réunions de comités) désignent des délégués à une convention nationale qui choisit les candidats du parti aux fonctions de président et de vice-président. A l'issue de la campagne conduite dans des conditions spectaculaires par les candidats ainsi désignés de chacun des deux partis (démocrate et républicain) a lieu la désignation des électeurs présidentiels. La constitution prévoit que chaque État des États-Unis désigne un nombre d'électeurs présidentiels égal au nombre de ses représentants au Congrès, soit deux par État correspondant aux sièges de sénateurs plus un nombre variable suivant les États en fonction de la population correspondant aux sièges à la Chambre des représentants. A l'origine, ces électeurs présidentiels devaient être désignés dans chaque État « selon la manière décidée par sa législature ». Depuis 1868, ils sont, dans tous les États, élus au suffrage universel direct au scrutin de liste majoritaire à un tour le premier mardi de novembre. Comme les électeurs présidentiels ainsi désignés sont, en vertu d'une règle coutumière, investis d'un mandat impératif, le résultat de l'élection présidentielle est connu dès que ces électeurs présidentiels ont été élus. De sorte que, si l'élection présidentielle formelle se fait au second degré le deuxième mercredi de décembre, le président est en réalité déjà désigné et tout se passe comme s'il l'avait été au suffrage direct. Du fait de l'absence de proportionnalité parfaite entre le corps électoral populaire et celui que constituent à leur tour les électeurs présidentiels, il se peut qu'un candidat obtienne une minorité de voix « électorales » alors qu'il avait obtenu une majorité de voix « populaires ». Mais, c'est plus généralement l'inverse qui se produit. Si les électeurs présidentiels ne parvenaient pas à élire un candidat à la majorité absolue, il appartiendrait à la Chambre des représentants de procéder à l'élection (XIIe amendement). L'hypothèse ne s'est pas présentée depuis 1824. En revanche, les États-Unis se sont trouvés il y a quelques années dans une situation sans précédent dans leur histoire. A la suite de la démission en 1973 du vice-président Agnew, le président Nixon, appliquant le XXVe amendement, avait présenté M. G. Ford comme vice-président. Le président Nixon démissionnant à son tour à la suite de l'affaire du *Watergate,* M. G. Ford lui succéda à la présidence et présenta un nouveau vice-président, de sorte que jusqu'à l'élection de M. J. Carter ni le président, ni le vice-président n'avaient été investis par la procédure électorale normale.

V.A. Mathiot, *L'évolution récente de la convention nationale de parti aux États-Unis,* Pouvoirs, 1988, n° 45, p. 141.

54. — B. La séparation des pouvoirs. — Un second trait caractéristique du modèle présidentiel américain réside dans une application théoriquement rigoureuse du principe de séparation des pouvoirs. Les fondateurs en étaient d'autant plus partisans que, outre l'influence de J. Locke, beaucoup d'entre eux voyaient dans la méconnaissance de ce principe par la monarchie anglaise la cause directe des erreurs et des fautes qui avaient entraîné la rupture entre la métropole et ses colonies d'Amérique. De là, l'institution de trois pouvoirs que la constitution nomme « départements », conçus de manière à être organiquement autonomes, mais qui, s'agissant de l'exécutif et du législatif, ne peuvent, fonctionnellement, que se conjuguer dans des actions réciproques et complémentaires.

1. *L'autonomie organique :* Le « département législatif », premier nommé par la constitution, est formé de deux chambres qui constituent le congrès. L'une, la Chambre des Représentants, est composée de députés, élus dans des circonscriptions formées au sein des États, en nombre proportionnel à la population de chacun de ceux-ci, au suffrage universel et au scrutin uninominal majoritaire à un tour. L'autre, le Sénat, chambre fédérale (V. n° 152), est composée sur la base égalitaire de deux membres par État. Ces deux Chambres sont, dans l'exercice de la fonction législative, placées sur un plan d'égalité, le Sénat ayant, en

raison de sa qualité de Chambre fédérale, des attributions particulières, spécialement en matière internationale et la Chambre des Représentants, une priorité en matière financière. Le Congrès siège en permanence et ne peut pas faire l'objet d'une dissolution.

Placé à la tête du « département » exécutif, le Président choisit lui-même les membres de son gouvernement, les « secrétaires », le « secrétaire d'État » ayant en charge les affaires étrangères. Si le président élu, ou tel des secrétaires qu'il choisit, est membre du Congrès, il doit en démissionner. Les secrétaires dépendent de la seule autorité du Président qui les nomme et pourvoit à leur remplacement (cinq secrétaires sur treize dont le secrétaire d'État seront remplacés au cours du premier mandat de M. R. Reagan). Le gouvernement n'a pas au surplus de caractère juridiquement collectif. Le propos prêté à Lincoln est resté célèbre qui aurait conclu un débat avec ses ministres, dans lequel le Président avait été seul de son avis, par ces mots : « Sept non, un oui : les oui l'emportent ». Le Président n'a pas entrée au Congrès, sauf pour la présentation annuelle du message sur l'état de l'Union qui ne donne lieu à aucun débat. Ni le Président, ni les secrétaires ne sont responsables devant le Congrès. Celui-ci ne peut mettre en œuvre à leur égard, comme à l'égard de tous les fonctionnaires civils des États-Unis, y compris les juges, que la procédure d'*impeachment* liée à la perpétration de délits ou de crimes et qui, à l'égard du Président, non seulement a été extrêmement rare, mais n'a jamais, par elle-même, abouti. Ainsi de celle déclenchée en 1867 contre Andrew Johnson à laquelle il manqua deux voix pour atteindre la majorité nécessaire des deux tiers. La situation eût probablement été différente pour le président Richard Nixon dont le comportement dans l'affaire du *Watergate* et dans ses suites avait profondément ému l'opinion. La démission du Président le 8 août 1974 ne fit que prévenir une destitution que chacun commençait à tenir pour certaine.

2. *Les intéractions nécessaires.* — Certaines de ces intéractions sont prévues par le texte constitutionnel mais d'autres, beaucoup plus nombreuses, découlent de la nature des choses, ou, comme Montesquieu l'avait déjà noté, de l'obligation « d'aller de concert ».

Le Président a une certaine action sur la législation. Une action positive d'abord dans la mesure où dans l'exercice de ses attributions d'information du Congrès et pour réaliser le programme sur lequel il a été élu, il se trouve à l'origine de nombreuses lois. Ainsi a-t-on pu parler à son propos de *« Chief Legislator »*, la proportion moyenne des lois proposées par lui et votées par le Congrès avoisinant les 50 %. D'autre part et suivant un phénomène commun à l'ensemble des systèmes représentatifs contemporains, les États-Unis connaissent la pratique des « délégations » du législatif à l'exécutif, pratique qui s'est développée empiriquement et a pris une grande importance même si sa constitutionnalité a toujours paru douteuse. Une action négative ensuite, le Président pouvant mettre son *veto* à une loi et le faisant assez fréquemment (le record à cet égard est détenu par F. D. Roosevelt avec 631, il est vrai au cours de plus de trois mandats) pour que l'on ait pu parler en 1975 d'un *« non government by veto »*. Le Congrès, s'il veut passer outre, doit réunir une majorité des deux tiers, ce qui n'est pas facile dans un système bipartisan (9 cas seulement dans l'exemple de Roosevelt, 7 sur 61 du début de la présidence Reagan à 1987). Le Président peut user en outre d'un *veto dit « de poche »*, qui consiste à conserver par devers lui un texte qu'il devrait promulguer et qui, si la clôture de la législature intervient entre temps, entraîne pratiquement l'abandon de la loi (la proportion moyenne des vetos de poche par rapport à l'ensemble des vetos s'inscrit dans une fourchette de 40 à 70 %).

Pour sa part, le Congrès dispose de moyens qui lui permettent d'agir sur l'exécutif. D'abord et au bénéfice de ce qui vient d'être dit, c'est le Congrès qui vote la loi. A cet égard, pour ne pas se départir de toute autorité dans le cadre de la pratique des délégations, il se réserve le droit d'approuver ou d'improuver les actes du Président ou des agences administratives pris dans ce cadre. Mais ce droit, appelé *« veto législatif »* a, dans un cas d'espèce, été jugé inconstitutionnel par la Cour suprême qui l'a considéré comme contraire tant à la séparation des pouvoirs qu'au bicamérisme *(23 juin 1983, Chadha)*. Le Congrès vote le budget ce qui constitue pour lui un moyen d'action spécialement efficace, tant positif que négatif. Mais surtout le Congrès dispose d'un système de commissions, permanentes ou spéciales, dont l'autorité est considérable, notamment par la résonance que procure la publicité à leurs auditions, et qui a pu donner lieu à des abus, telle la commission présidée par le sénateur Mac Carthy. Quoi qu'il en soit, il s'agit là d'une arme redoutable à la disposition des assemblées. Le Sénat jouit encore, comme on l'a déjà dit, de prérogatives particulières. Outre celle déjà évoquée de donner son avis et son consentement à la nomination des membres de l'équipe gouvernementale, des juges à la Cour suprême (pour lesquels il se montre spécialement exigeant comme l'a éprouvé le Président Nixon dont trois candidats ont été successivement écartés) et des fonctionnaires les plus importants, il doit approuver les traités et il lui est arrivé d'en rejeter de primordiaux, tel en 1920 le traité de Versailles lui-même, entraînant l'absence des États-Unis de la Société des Nations dont leur président avait cependant été le promoteur.

C'est dans ce cadre que vient s'inscrire une coopération nécessaire, tributaire par ailleurs des appartenances partisanes. Le Sénat étant renouvelable par tiers tous les deux ans, les Représentants étant élus pour deux ans et le Président pour quatre, le Chef de l'exécutif se trouve à mi-mandat *(mid terme elections)* en présence d'un renouvellement total de la Chambre populaire et partiel de la Chambre fédérale qui constituent un indicateur important de son audience politique. De toute manière, la situation se ramène toujours à la concordance ou à la non-concordance entre l'appartenance partisane du Président et celle de la majorité du Congrès. Or, cette concordance est rarement parfaite. Pour s'en tenir aux dix dernières années, si le Président J. Carter, démocrate, a bénéficié au Congrès d'une majorité démocrate, il n'en a pas été de même du Président R. Reagan qui, au cours de son premier mandat, s'est trouvé en présence d'une majorité démocrate à la Chambre des Représentants alors que, pour la première fois depuis plus de vingt-cinq ans, son parti, le parti républicain, obtenait la majorité au Sénat. Sa réélection triomphale en 1984 n'a pas modifié cette situation qui a encore évolué en 1986. Les élections de 1988, portant M. G. Bush à la présidence avec 53,37 % des votes populaires et 426 votes électoraux contre 112 à son adversaire, ont replacé le nouveau président dans une situation où son parti, le parti républicain, est minoritaire au Sénat (45 sièges c/ 55 démocrates) à la Chambre des représentants (175 sièges c/ 260 démocrates) et pour les postes de gouverneur (22 c/ 28). De telles discordances qui, partout ailleurs, seraient génératrices de crises, ne le sont généralement pas aux États-Unis, sinon en termes de tensions que l'aptitude au compromis parvient à apaiser.

55. — C. Gouvernement présidentiel ou gouvernement congressionnel. — Ainsi que l'a démontré R. Carré de Malberg, faisant de Montesquieu une mise au point capitale, la séparation des pouvoirs est toujours complétée par une hiérarchisation de ces mêmes pouvoirs. L'un d'eux prend la tête et le reste suit. Le dynamisme du régime tient de fait à une véritable dénivellation (V. *Contribution à la théorie générale de l'État, op. cit.* La séparation des pouvoirs remplacée par la gradation des pouvoirs, t. II, p. 112 et s.).

Le régime américain est une illustration de cette analyse dans la mesure où cette hiérarchisation place au sommet le Président ou le Congrès, le gouvernement étant présidentiel ou, au contraire « congressionnel », suivant l'expression de W. Wilson qui devait faire la critique du système avant que d'accéder lui-même à la présidence (V. *Le gouvernement congressionnel,* trad. franç., 1900).

La primauté présidentielle n'est pas en effet une conséquence directe et inévitable d'un aménagement constitutionnel qui, par la courte durée du mandat et par la constitutionnalisation (XXIIe amendement) du précédent créé par G. Washington limitant la réélection à un seul mandat, tend au contraire à combattre une excessive personnalisation. Elle n'est pas non plus une constante de l'histoire politique des États-Unis comme le suggère le chapitre du magistral ouvrage de Lord Bryce, « *La République américaine* » (trad. franç. 1912-1913) intitulé « Pourquoi les grands hommes ne sont pas choisis présidents ». Il reste que le Président jouit d'une situation prééminente qu'il tient d'abord des conditions de sa désignation qui en font l'élu du peuple à titre personnel et lui fournissent, le cas échéant, l'autorité nécessaire pour tenir tête au Congrès. Il la tient aussi de l'appareil administratif dont il a la disposition et qui est sans commune mesure avec celui dont peuvent se doter des assemblées représentatives condamnées à ne perfectionner que leurs instruments de contrôle. Ainsi, répondant à W. Wilson trois quarts de siècle plus tard, A. M. Schlesinger Jr, soulignait-il dans un ouvrage, intitulé de manière significative « *La Présidence impériale* », le déséquilibre constitutionnel « causé par la façon dont la Présidence (et plus particulièrement les présidents contemporains) s'est approprié les pouvoirs que la constitution et une longue tradition historique ont réservés aux Congrès » (trad. franç., P.U.F., 1976, avant-propos, p. 8).

Cette situation devait entraîner des réactions dont la conclusion de l'affaire du *Watergate,* entraînant la démission de R. Nixon, marqua un sommet mais qui lui étaient en réalité déjà antérieures. Le Congrès a progressivement tenté de reconquérir le terrain perdu, tant en politique étrangère (Case Act de 1972) qu'en politique intérieure (Budget control Act de 1974 — restriction à l'*impoundment* consistant pour le Président à ne pas utiliser tous les crédits votés). Ces dispositions, dont l'efficacité s'est révélée très relative, et quelques autres, n'ont cependant pas consacré une remontée du Congrès permettant de parler, comme on l'a fait, de « Congrès impérial ». L'affaiblissement de la présidence a surtout été un effacement du président dont L. Johnson, rapidement privé d'autorité au sein de son propre parti, fut la première illustration. Le redressement opéré par R. Nixon n'a pas résisté à l'altération de son image et si la présidence de J. Carter n'a pas été telle que le suggère l'expression « cartérisation » pour désigner cette altération de l'image présidentielle, elle n'a pas consacré de véritable rétablissement. L'élection de R. Reagan, triomphalement réélu (525 voix électorales et 52 609 000 voix populaires contre 13 voix électorales et 36 450 000 voix populaires à son adversaire démocrate W. Mondale) a marqué une nouvelle étape où il n'est cependant pas certain que la restauration spectaculaire de l'image présidentielle ne dissimule pas des difficultés chroniques de fonctionnement d'un système devenu trop complexe et trop lourd.

— Sur le régime présidentiel américain — V. Bryce, *La République américaine,* 1912 — A. et S. Tunc, *Le système constitutionnel des États-Unis d'Amérique,* 1954 — A. Tunc, *Les États-Unis d'Amérique,* 3e éd., 1973 — A. M. Schlesinger Jr, *La Présidence impériale,* 1976 — *L'évolution récente du système politique américain,* Assoc. Fr. Sc. Pol., 1976 — A. Tunc, *Le couple Président-Congrès dans la vie politique des États-Unis d'Amérique,* Mél. G. Burdeau, 1977, p. 561 — *Les États-Unis,* Pouvoirs, 1984, n° 29 — M. F. Toinet, *Le système politique des États-Unis,* P.U.F., 1987 — ... *Et la Constitution créa l'Amérique,* Nancy, 1988.

— Sur quelques problèmes particuliers : J.-M. Crouzatier, *Le rôle des commissions d'enquête du Congrès des États-Unis,* R.D.P. 1975, p. 997 — J. Beauté, *Le problème de la limitation des compétences du président des États-Unis en matière d'opérations militaires,*

R.D.I.P., 1976 — P. Vialle, *Le Congrès, le Président et la politique étrangère,* idem, 1979 — P. Gérard, *L'élection présidentielle américaine de 1984,* L.G.D.J. 1987.

— Sur la présidence de M. R. Reagan : J. Beauté, *La présidence Reagan, premier mandat 1981-1985,* Doc. Fr. NED, n° 4787, 1985.

— Sur l'élection de M. George Bush : P. Gérard, *George Bush, président : histoire d'une élection,* Pres. univ. Nancy, 1989 — J. T. S. Keeler et D. S. King, *Les élections de 1988 : la victoire de Bush et les échecs des républicains,* Pouvoirs, 1989, n° 49, p. 169.

§ 2. — Le régime conventionnel

56. — La démocratie conventionnelle. — Le terme de « régime conventionnel » est emprunté à l'histoire constitutionnelle française (V. n° 213). Il y correspond à une forme de gouvernement provisoire, exercé par une assemblée constituante. Ainsi, outre la Convention nationale, des assemblées constituantes de 1848 et de 1871, dans certaines de leurs phases (V. n°s 272 et 300).

Mais, la dépendance de l'exécutif peut également être délibérément organisée. C'était en France le cas de la Constitution de l'An I (V. n° 206) et c'eût été celui de la constitution de 1848 si l'amendement Grévy avait été adopté (V. P. Bastid, *Le Gouvernement d'Assemblée,* 1956). Après la première guerre mondiale, un certain nombre de petits États et les Länder allemands ont adopté ce modèle constitutionnel mais avec de telles variantes que l'on hésite sur leur véritable qualification. (Pour leur rattachement au gouvernement d'assemblée, V. Chavegrin, préf. aux *Constitutions modernes, op. cit.,* p. 13 et s. Pour leur qualification comme une forme particulière de régime parlementaire sans chef d'État, V. R. Capitant, *Régimes parlementaires* in *Mél. Carré de Malberg,* rééd. 1977, p. 31.) Ce régime, surtout lorsqu'il a été mâtiné de régime parlementaire, a donné naissance à des gouvernements faibles et précaires. Ainsi, notamment de l'Autriche où de 1919 à 1938 se sont succédé 23 cabinets.

57. — L'exécutif dépendant. — De même que le modèle du régime présidentiel est américain, le modèle du régime conventionnel ou d'assemblée serait le régime suisse. Cette idée reçue est également une idée discutable. Non seulement les influences qui ont pu s'exercer sur le constituant helvétique ne sont pas celles de la Convention mais celles du Directoire mais encore la Constitution suisse ne vérifie pas tous les traits du régime proprement conventionnel, en particulier l'unité et la souveraineté exclusive de l'Assemblée. Si l'exécutif s'y trouve dans une situation de dépendance, celle-ci ne le frappe ni de cette faiblesse, ni de cette précarité dont souffre le gouvernement d'Assemblée. On se trouve en réalité en présence d'un système directorial inscrit dans un contexte constitutionnel plus large qui lui confère son originalité.

En Suisse, l'Assemblée nationale est composée du Conseil national qui compte 200 membres élus par l'ensemble du peuple, et le Conseil des États qui compte 46 membres représentant les cantons. Les membres du Conseil Fédéral ou *Bundesrat* sont désignés pour quatre ans. Ils sont rééligibles. Toutefois, le Conseil Fédéral est lui-même renouvelé en entier, à chaque renouvellement du Conseil national, de façon à assurer la correspondance politique des deux organes.

Non seulement l'Assemblée domine le gouvernement, puisqu'elle le choisit, mais encore parce qu'elle détient les plus importantes fonctions. Le délibérant, représentant immédiat de la souveraineté, est compétent de plein droit. Le doute sur la nature d'un acte lui bénéficie. Il n'abandonne au pouvoir exécutif que certaines attributions. Encore peut-il les ressaisir, s'il le juge nécessaire. Enfin, il décide en des matières qui, normalement, relèveraient de l'exécutif, comme la nomination d'un général en temps de guerre ou de menace de guerre.

L'exécutif, étroitement cantonné dans sa sphère, y est aussi subordonné aux directives politiques du délibérant. De ce fait, les hommes politiques demeurent, en changeant éventuellement de politique, alors que, dans le régime parlementaire, pour changer de politique, on doit logiquement changer d'hommes (V. n° 60). Même en difficultés sérieuses avec le Conseil national ou le Conseil des États, les conseillers fédéraux ne se retirent pas. Ils s'inclinent, sans plus, devant la volonté du Conseil national (ou du pays, s'exprimant par un référendum) et lui conformant leurs actes. Placé formellement sous la surveillance du législatif, l'exécutif lui adresse non seulement des rapports particuliers, mais un compte annuel de gestion. C'est un document volumineux qui entre dans tous les détails de l'administration. Il fait l'objet d'un examen sérieux par une commission spéciale, puis par le Conseil. Une motion de confiance ou de blâme est ensuite votée. D'autre part, les conseillers peuvent prendre des « motions » ou adopter des « postulats », qui font injonction au Conseil Fédéral d'avoir à agir d'une certaine manière. Tous les traités internationaux sont soumis au législatif, à la seule exception des simples accords ou arrangements.

Cette infériorité constitutionnelle de l'exécutif est encore accusée par la collégialité. L'organe gouvernemental compte sept membres, dont l'un est Président de la Confédération, mais la fonction n'est conférée que pour une année et presque à tour de rôle. Simple *primus inter pares,* le Président n'a qu'une besogne de représentation sans pouvoirs propres. C'est le Conseil en corps qui détient le pouvoir de décision. « Les décisions émanent du Conseil fédéral comme autorité » (Constitution suisse, art. 103). Cette collégialité n'est pas nécessairement assortie de l'homogénéité politique. Depuis que le parti radical a perdu la majorité absolue, le Conseil fédéral est formé d'hommes appartenant à des partis très divers. Sa composition obéit depuis 1959 à ce qu'il est convenu d'appeler *« la formule magique »* qui répartit les postes entre quatre partis, 2 (socialistes), 2 (démo-chrétiens), 2 (radicaux démocrates), 1 (centristes). Cette composition reflète en outre les diversités de langues et de confessions, ainsi que l'importance des cantons. Enfin, dernier trait caractéristique, la situation de l'exécutif est modeste. Les membres du Bundesrat, chefs d'un département ministériel sont, en même temps, leur propres chefs de bureau. Leur tâche matérielle est très lourde, car les Suisses, fort économes, se refusent à la création de postes de hauts fonctionnaires. Leurs traitements sont peu élevés.

La conclusion logique devrait être la faiblesse de l'exécutif, délibérément placé dans une situation subordonnée et ouverte à toutes les divisions. Or l'exécutif suisse est très fort. Il dirige réellement les affaires. Il donne l'impression, quand il défend sa politique devant l'Assemblée fédérale, « d'une équipe professionnelle devant une collection d'amateurs » (W. E. Rappard). Il jouit d'une exceptionnelle stabilité. Entre 1848 et 1939, la longévité effective des conseillers élus pour quatre ans a été, en moyenne, presque doublée. Il n'y a qu'un exemple de retraite forcée. Encore se rattache-t-il aux événements de la première guerre mondiale. Le bernois Schenk est resté 32 ans en place; le tessinois Motta a géré 20 ans les Affaires étrangères, après avoir déjà passé 5 ans dans un autre département (V. C. J. Gignoux, *la Suisse*, 1960).

Ce système n'est ainsi que sur le papier celui d'un exécutif dépendant. Gouvernement directorial, il s'inscrit dans un contexte où les institutions de démocratie directe et le fédéralisme imposent des équilibres plus fondamentaux que celui exécutif-assemblée.

V. Pouvoirs, 1987, n° 43, *La Suisse.*

— La pratique constitutionnelle s'est enrichie récemment d'un nouveau précédent de retraite forcée. Lapremière femme, membre du Conseil fédéral et vice-président de la Confédération a été contrainte pour affaire personnelle à la démission (12-12-1988) et son immunité levée (17-2-1989).

§ 3. — Le régime parlementaire

58. — La formation du régime parlementaire. — Bien que d'autres pays, comme la Hongrie, revendiquent l'honneur d'avoir fondé un parlementarisme autochtone, l'Angleterre est vraiment « la Mère des Parlements », *Mater parliamentorum*. La démocratie parlementaire y est le fruit d'une longue évolution, où les tâtonnements empiriques l'emportent sur les prises de positions de principe. La logique formelle cède le pas à cette logique spécifique qu'A. Esmein a appelée « logique des institutions ». De la monarchie absolue sort la monarchie limitée; de la monarchie limitée découle la monarchie parlementaire; de la monarchie parlementaire provient, finalement, la démocratie parlementaire.

a) Au départ, la situation anglaise est comparable à la française. Des deux côtés du *Channel,* la monarchie est absolue. Mais la révolution se produit en Angleterre près de 150 ans auparavant. Dès 1656, tombe la tête d'un roi. La seconde révolution de 1688 amène la fuite d'un autre et l'instauration d'un régime de monarchie limitée, les limitations intervenant à la manière anglaise, c'est-à-dire concrètement. Le roi n'est plus législateur unique. Les Communes et les Lords font la loi avec lui, le Parlement étant, dans la terminologie britannique, l'ensemble formé par la Couronne, les Chambres des Communes et des Lords. Le roi ne peut plus lever d'impôts sans leur accord. Le roi, enfin, n'a droit à l'obéissance de ses soldats que tant qu'une loi l'ordonne et celle-ci doit être renouvelée tous les ans. De la sorte, un monarque, en conflit avec le parlement, serait bientôt privé de tous moyens d'action et de coercition.

Mais les limitations ainsi apportées à la monarchie ne doivent pas conduire à minimiser le rôle du roi. Le monarque reste l'organe souverain, dont procèdent l'orientation et l'impulsion politiques. Il faut, à cet égard, se garder soigneusement des anticipations. La monarchie limitée n'est pas le régime parlementaire; encore moins, un régime démocratique. Nous la classerons plus loin parmi les régimes mixtes (V. n° 86). Cependant le roi, qui doit compter avec le parlement, est obligé de marcher de concert avec lui. C'est la fameuse contrainte décrite par Montesquieu. « Le corps législatif y étant composé de deux parties, l'une enchaînera l'autre par sa faculté mutuelle d'empêcher. Toutes les deux seront liées par la puissance exécutrice qui le sera elle-même par la législative. Ces trois puissances devraient former un repos ou une inaction mais, comme par le mouvement nécessaire des choses, elles sont contraintes d'aller, elles seront forcées d'aller de concert » (*Esprit des Lois,* L. XI, chap. VI).

Cependant, le maître de la Brède ne pouvait deviner la manière exacte dont ce « concert » serait obtenu. Il devait résulter de l'apparition d'un organe de liaison.

b) Le cabinet, d'abord ministère personnel du roi, se détachant du conseil permanent, deviendra, en trois étapes, le ministère du Parlement.

1re *étape :* comme il faut que les trois pouvoirs aillent de concert, un moyen pour le roi d'obtenir le concours des Chambres sera de prendre les membres du cabinet, soit dans la majorité même ou, au moins, parmi des sympathisants. C'est là d'ailleurs une simple pratique, un moment même interdite, puis contrariée par d'autres tendances, notamment le goût des rois d'investir leurs favoris ou des membres de grandes familles. Mais, sous Guillaume d'Orange, puis sous la reine Anne, de 1702 à 1714, l'usage s'affermit de choisir désormais des hommes politiques en correspondance d'esprit et en concordance de vues avec la majorité des Communes.

2e *étape :* la responsabilité naît devant les communes. C'est alors une responsabilité au sens juridique strict, puisqu'elle se traduit par d'éventuelles poursuites devant une juridiction. Mais le poursuivant est, ici, la Chambre des communes et le juge, la Chambre des Lords. Cette procédure porte le nom d'*impeachment*. Elle devient aux mains de la Chambre des Communes un moyen pour se débarrasser d'un cabinet avec lequel elle est en conflit. Toutefois, l'outil est lourd et les conséquences d'autant plus graves, qu'à partir de l'Acte d'Établissement, il est interdit au roi de grâcier l'individu condamné à la suite d'une procédure d'*impeachment*. C'est alors qu'apparaît la responsabilité politique. Celui que menace la procédure d'*impeachment* peut l'esquiver en démissionnant. Tel est le point de départ, lointain, mais précis, de la démission ministérielle. Elle n'est pas, alors comme par la suite, le signe d'une difficulté, parfois très limitée, entre ministre et Chambre, mais le moyen par lequel un ministre, depuis longtemps en lutte avec les députés, évite, en démissionnant, une éventuelle sanction pénale. Ainsi, se retirent Lord Walpole, en 1742, et Lord North en 1782. A partir de ce moment, la pratique devient coutume, la dernière tentative d'accusation, visant Lord Melville, date de 1804.

3e *étape* : ce cabinet est resté jusqu'à présent le gouvernement du roi. Il s'agit, peut-on dire, de le faire changer de bord en passant du côté du parlement. Cette conversion résulte d'une situation intrinsèquement fâcheuse, mais qui, cependant, devait avoir d'heureuses conséquences. De 1714 à 1830, les lois de succession portent au trône d'Angleterre quatre princes hanovriens qui tous se prénommeront George. Ils ne connaissent pas ou mal la langue anglaise et, par conséquent, ne peuvent suivre les débats politiques de leurs ministères. Tous, sauf un, sont des hommes médiocres; certains mêmes, tarés ou infirmes. George III est aveugle, avant de devenir fou. George IV est ivrogne, débauché et paresseux. Il en résulte que, comme naturellement, l'équipe des ministres se détache du roi. Elle siège, en dehors de lui, dans une petite pièce, « le cabinet », qui va lui donner son nom. Les ministres sont ensuite reçus par le roi, mais bientôt un seul l'approche. Il fait un rapport au souverain, à qui on le traduit, à moins que le ministre ne parle lui-même allemand. De la sorte naît un premier ministre de fait, qui entre seul en contact avec le roi. Le cabinet travaille en dehors du monarque. La pratique devient rapidement coutume, si bien que George III, avant de devenir infirme, ne peut retrouver, quand il la réclame, la présidence des délibérations. L'éviction se trouvera confirmée lorsque, les lois de succession ayant amené la fin de l'union personnelle entre le Hanovre et la Grande-Bretagne, Victoria montera sur le trône. C'est une très jeune fille. Ses conseillers revendiquent, pour lui permettre de s'instruire des affaires publiques, l'accès du conseil. Il lui est obstinément refusé (1837).

c) Mais l'Angleterre demeure dans le cadre de l'oligarchie. Toutes ces transformations s'effectuent avec un corps électoral efficient, vu le jeu de la dissolution, mais extrêmement restreint et composé de manière aussi inégale qu'arbitraire. C'est seulement à partir de 1831 que son élargissement commence avec la montée de la classe moyenne. Il y a alors 435 000 électeurs en Grande-Bretagne, c'est-à-dire sensiblement plus que dans la France de la même époque (V. n° 270). En 1832, le *Reform bill* élève ce nombre à 652 000. On passe à un peu plus d'un million, en 1866; à deux millions, en 1869, alors que la France pratique déjà le suffrage universel. On monte à 2 600 000, en 1883; à 4 000 000, en 1885. Mais le système, fondé sur la « franchise », reste bizarrement inégalitaire. Le suffrage universel n'intervient qu'en 1918, avec le *Representation of the people act,* qui ouvre l'accès aux urnes à 21 millions d'électeurs et d'électrices, l'évolution est enfin achevée. En 1927, l'âge devenant le même pour les femmes que pour les hommes, on atteint près de 29 millions d'électeurs.

En même temps, depuis le début du XXe siècle, l'influence conservatrice des Lords est sensiblement amoindrie. En 1902, Lord Salisbury est l'ultime premier ministre pris parmi les pairs. En 1911, un *Parliament Act* rend temporaire le veto des Lords (limité, en 1949 à deux sessions successives, avec une durée maximum d'un an) et leur enlève tout pouvoir sur les *Money bills* ou projets de lois à caractère financier.

En 1961 il a été admis qu'un lord quitte la Chambre haute et se fasse élire aux Communes en renonçant à la pairie; Sir Alec Douglas Hume a pu ainsi devenir premier ministre.

59. — Les traits caractéristiques du régime. — En dépit de sa dénomination, ce n'est pas l'existence d'un parlement qui caractérise le régime parlementaire. D'autres régimes — démocratiques ou non — possèdent des Chambres. Mais ce point étant facilement acquis, la doctrine constitutionnelle traditionnelle se divise sur les critères à retenir en raison notamment de la prise en considération d'éléments qui, à différentes époques et dans différents pays, ont pu revêtir une importance décisive, soit dans l'évolution, soit dans la transposition de ce mode de gouvernement.

M. Prélot professait que ce qui différencie vraiment le régime parlementaire et en fait une forme politique bien distincte, c'est, en dehors du Peuple, du Parlement et du Gouvernement lui-même, la présence d'un élément tiers, tantôt héréditaire, tantôt désigné pour un temps assez long en dehors du suffrage direct du peuple. Il y aurait ainsi, soustrait au flux et au reflux de la politique quotidienne, un « point fixe » ou un « pouvoir neutre » autour duquel gravitent les majorités successives. Et il est bien vrai que ce trait propre distingue le régime parlementaire du régime présidentiel où Président et Congrès sont issus d'une même base élective et ont des pouvoirs propres, comme il le distingue du régime conventionnel où le peuple désigne l'assemblée qui élit à son tour le gouvernement. Mais ce premier caractère, pour important qu'il soit, doit être combiné avec d'autres. A l'existence d'un chef d'État irresponsable doit s'ajouter le fait que, s'il nomme bien le gouvernement, ce chef d'État n'est pas libre de son choix mais doit l'exercer de manière, non pas à satisfaire sa propre politique mais à permettre à la majorité parlementaire de mettre en œuvre la sienne. A ce deuxième caractère, qui se traduit dans l'expression par les Chambres d'une confiance envers le gouvernement que celui-ci doit conserver, s'en ajouterait un troisième tenant à ce que cette confiance parlementaire n'est suffisante que si elle correspond à la confiance populaire, trait par lequel le gouvernement parlementaire appartient à la catégorie des gouvernements d'opinion. Cette correspondance est assurée par le choix du chef de la majorité comme chef du gouvernement et vérifiée, le cas échéant, par le recours à la dissolution. De ces différents critères, M. Prélot donnait des illustrations empruntées à la pratique anglaise qui permettaient de constater la survivance du droit royal de choisir — comme ce fut le cas pour Mac Millan ou Sir Alec Douglas Hume nommés premiers ministres alors qu'ils n'étaient pas encore leader du parti majoritaire — d'interpréter la dissolution, moins comme une procédure d'arbitrage d'un conflit entre Parlement et Gouvernement, que comme le moyen de consulter le corps électoral sur le maintien d'une politique ou sur la résolution d'un problème sur lequel il n'avait pas pu être consulté; de relever, enfin, l'extrême rareté d'une chute de gouvernement sur une motion de censure de l'assemblée, le départ de M. Callaghan dans ces conditions, en 1979, n'ayant de précédent que cinquante ans plutôt avec R. Mac Donald.

Il reste que cette analyse ne peut être acceptée qu'au bénéfice d'une double remarque. D'abord, essentiellement instruite par la pratique britannique, elle incorpore implicitement ces données particulières à ce pays que sont la fidélité à une institution monarchique que n'a pas atteint le dépouillement progressif de ses pouvoirs réels et l'existence d'un système bipartisan qui, même altéré, conditionne largement le fonctionnement du système. Il faut observer, d'autre part, que de telles caractéristiques ne se conçoivent qu'inscrites dans des modèles secondaires traduisant, comme on va le voir, des virtualités d'équilibrage différent entre les principaux protagonistes.

En définitive, ce qui caractérise le plus sûrement le gouvernement parlementaire, c'est d'être un gouvernement responsable. On s'en convaincra sans doute en observant que ce que l'on a appelé sa « rationalisation » a principalement, sinon exclusivement, porté sur l'aménagement des procédures de sanction de la responsabilité politique du gouvernement pour tenter de parvenir à des résultats que le système anglais assure empiriquement par sa structure même. Cet aspect est d'autant plus significatif qu'il confirme, non seulement la différence avec le régime présidentiel qui ne connaît pas ce type de responsabilité devant les Chambres, mais aussi la différence avec le régime conventionnel qui n'est autre que cette différence capitale entre une responsabilité qui oblige à se démettre en cas de divergence avec l'assemblée et une subordination qui oblige au contraire à se soumettre à la volonté de celle-ci.

60. — Les types de parlementarisme. — Considéré dans une perspective historique aussi bien que technique, le régime parlementaire apparaît susceptible de modalités en fonction de l'équilibre (ou du déséquilibre) existant entre les protagonistes. On a ainsi été conduit à distinguer :

— un parlementarisme « *dualiste* », dans lequel le chef de l'État jouit encore de prérogatives importantes qui lui permettent d'intervenir efficacement dans le fonctionnement du système. Il dispose plus spécialement d'un droit de révocation des ministres ainsi assujettis à une double responsabilité devant les Chambres et devant le chef de l'État, et d'un droit de dissolution propre. Ce premier type est également appelé « orléaniste » en raison de son application dans la charte française de 1830 (V. n° 87);

— un parlementarisme à *primauté gouvernementale* dans lequel, au dépouillement progressif du monarque, a correspondu une montée en puissance du gouvernement et spécialement de son chef, leader conduisant à la fois le gouvernement, la Chambre et le pays grâce à un ministère homogène et une double majorité parlementaire et électorale;

— un parlementarisme à *prépondérance parlementaire* dans lequel c'est le Parlement, ou l'une de ses Chambres, qui s'empare de la réalité du pouvoir. « Moniste » comme le précédent, ce type de parlementarisme a également été qualifié « d'absolu » (R. Carré de Malberg). Il a été celui de la IIIe République à partir de la « constitution Grévy » (V. n° 318) et celui de la IVe.

61. — Les extensions du régime parlementaire. —
Le parlementarisme anglais, original dans son devenir historique, est le régime le plus imité mais aussi le plus déformé, moins peut-être par rapport à la réalité de son fonctionnement et de sa propre évolution que par rapport à l'idée que l'on a pu se faire de ce qui constituerait son orthodoxie.

Pendant tout le XIXe siècle et le début du XXe de nombreuses monarchies européennes ont plus ou moins bien copié les institutions britanniques. En 1875, la France a adapté à la République le régime parlementaire, réputé jusque-là, d'essence monarchique. Simultanément, lors même qu'ils se détachaient extérieurement de l'Angleterre, les principaux membres du Commonwealth restaient alignés sur ses institutions.

La victoire de la France et du Royaume-Uni à l'issue du premier conflit mondial fut considérée comme une victoire du parlementarisme. Les transplantations qui devaient en résulter ne se firent cependant pas sans graves altérations. Au pragmatisme auquel le modèle devait sa souplesse fut substituée une rationalisation qui en accusa le durcissement. L'adjonction de procédés de démocratie semi-directe, les emprunts faits aux régimes présidentiel et conventionnel défigurèrent le modèle dont les mérites parurent moins évidents et firent douter de son aptitude à être transposé. Des résistances insurmontables se manifestèrent et entraînèrent un mouvement de repli. Un certain nombre de pays européens passèrent ainsi à la monocratie ou à ses succédanés autoritaires.

Après la seconde guerre mondiale, le régime parlementaire a recouvré son crédit, reconquis en Europe une partie du terrain perdu et connu, hors de ce continent, de nouvelles extensions. Son domaine couvre, outre le Japon, trois grands groupes d'États :
— Le Royaume Uni et la plupart des États du Commonwealth ;
— Les monarchies de l'Europe du Nord et la Finlande ;
— Les monarchies et les républiques de l'Europe occidentale.

Les extensions aux États d'Afrique anglophone et francophone ont été de courte durée. Résultat d'une imitation purement formelle, le parlementarisme n'a pas trouvé dans ces pays dépourvus du substratum sociologique, psychologique et économique nécessaire, un terrain dans lequel il puisse s'implanter solidement. A partir de 1960, il a progressivement cédé la place à des régimes qui relèvent du présidentialisme, lorsqu'il ne s'agit pas purement et simplement de dictatures militaires.

62. — Les régimes parlementaires de l'Europe occidentale. — Outre le Royaume-Uni référence privilégiée du système, le régime parlementaire, constitue, comme on vient de le dire, le modèle gouvernemental de la quasi-totalité des États de l'Europe occidentale, monarchies ou républiques. Ce régime y revêt cependant des traits particuliers suivant les pays. Il en est ainsi notamment de l'Allemagne fédérale, de l'Italie et de l'Espagne où ce régime a succédé à des régimes dictatoriaux issus de son premier échec.

A. *Le modèle anglais.* — Formé dans les conditions qui ont été décrites (V. n° 58), le régime parlementaire anglais s'inscrit dans un cadre juridique essentiellement coutumier (conventions de constitution) et dans le cadre institutionnel d'une monarchie héréditaire. Si, formellement, les pouvoirs de la Couronne demeurent intacts, il ne reste pratiquement plus rien de la prérogative royale, les pouvoirs étendus attribués à la Reine étant, en fait, exercés par le cabinet ou sur la proposition du Premier ministre. Ainsi en est-il en particulier du droit de dissolution de la Chambre des Communes à propos duquel la querelle constitutionnelle paraît éteinte depuis 1974. En pratique, le monarque, tenu au courant de toutes les affaires de l'État, s'abstient de toute intervention politique, ce qui ne l'empêche pas, de l'aveu même de certains anciens premiers ministres, d'exercer avec la discrétion nécessaire, ces trois fonctions dans lesquelles W. Bagehot (*La constitution anglaise,* trad. franç. 1869) résumait naguère son rôle : *savoir, encourager, avertir.*

Le Parlement, lui-même, est formé de deux assemblées. L'une, la Chambre des Lords, de recrutement principalement héréditaire est une assemblée nombreuse (plus de mille personnes), mais de faible présence effective. Ses pouvoirs n'ont pas cessé d'être réduits suivant une évolution marquée, comme on l'a vu, par le *Parliament Act* de 1911, qui retira aux Lords le pouvoir sur les money bills et restreignit leur pouvoir de veto législatif que réduisit encore le *Parliament Act* de 1949. Un texte voté par la Chambre des Communes au cours de deux sessions successives peut ainsi devenir loi sans leur assentiment à condition que se soit écoulé un délai d'un an entre les deux deuxièmes lectures aux Communes. Aussi bien, ce veto est-il rarement utilisé. La question, sinon de l'existence, du moins de l'avenir de cette assemblée fait, déjà depuis plusieurs années, l'objet de discussions. L'autre est la Chambre des Communes, dont les membres (M.P.) sont élus comme il a été dit plus haut (V. n° 40) pour une durée maximum de cinq ans. Présidée par le *Speaker* élu pour la durée de la législature et à qui sa parfaite impartialité vaut d'être souvent réélu même en cas de changement de majorité, la Chambre des Communes partage le temps de ses sessions en principe annuelle en deux parties sensiblement égales, l'une consacrée à la législation, l'autre au contrôle du gouvernement. Le vote des lois, dont le texte peut être introduit dans l'une ou l'autre chambre exige trois lectures, le rôle des commissions étant devenu essentiel. Le contrôle du gouvernement s'exerce suivant les procédés classiques du contrôle parlementaire (débats de politique générale, questions) qui ont d'ailleurs pris naissance ici.

Quant au gouvernement, composé de différentes catégories de membres et d'effectif assez nombreux, il comprend un organe restreint dont ne font partie que certains de ses membres, soit nécessairement, soit en fonction d'opportunités politiques appréciées par le Premier ministre. Celui-ci est formellement nommé par la Reine dont la prérogative se borne à cet égard à désigner le *leader* du parti majoritaire aux Communes dont il doit être membre. Véritable chef du gouvernement, il dispose de pouvoirs considérables (nomination et révocation des ministres, direction du gouvernement et du cabinet qu'il préside et dont il détermine la structure et définit l'action). Chef du parti majoritaire dont il tient une autorité qu'il doit conserver, c'est à lui qu'il appartient de provoquer la dissolution des Communes au moment qu'il considère personnellement comme le plus opportun du point de vue de la stratégie politique, avec ce que ce choix comporte de risques pour la conservation du pouvoir. Si chaque ministre est politiquement responsable des actes qui relèvent de son département, tous les ministres sont collectivement responsables des actes du Cabinet. Il faut ajouter que ce gouvernement trouve en face de lui aux Communes une opposition institutionnalisée, dont le *leader* est, en cette qualité, rémunéré sur des fonds publics, et qui, prête à prendre le pouvoir, met en place un cabinet fantôme *(Shadow Cabinet)*.

Ces mécanismes, dont on vient de ne décrire que l'essentiel, doivent être considérés à la lumière apparemment plus éclairante de composantes politiques qui leur confèrent une cohérence qui n'a pas, comme ailleurs, rendu nécessaire une « rationalisation » qui leur soit extérieure. La représentation majoritaire et le système bipartisan sont ainsi décisifs. En votant pour un parti, l'électeur anglais ne choisit pas un député mais le Premier ministre puisque ce sera le leader de ce parti si celui-ci est majoritaire. De même et suivant la même logique institutionnelle, bien que responsable politiquement, le gouvernement, dont la composition tient compte des rapports de force au sein du parti sur lequel il s'appuie, peut compter sur la confiance de celui-ci qui, par hypothèse dispose de la majorité parlementaire, laquelle en définitive lui est plus assujettie qu'elle ne le domine.

Dès lors, toute altération du système bipartisan et toute insuffisance dans les résultats de la représentation majoritaire sont susceptibles de provoquer des difficultés. Or l'évolution contemporaine indique qu'en effet le système a dû affronter ce genre de situation : dégradation du bipartisme par émergence de partis tiers, trouble dans la représentation majoritaire consécutive à l'augmentation de la versatilité de l'électorat *(swing)*, courte majorité parlementaire imposant des alliances, indiscipline des députés de la majorité ont caractérisé une période de crise à laquelle la victoire de Mme Thatcher en 1979 semble avoir mis fin par un retour à une situation traditionnelle.

Confirmée en 1983 puis en 1987, cette victoire a fait de Mme Thatcher le plus long Premier ministre depuis 1827. Son parti n'en a pas moins marqué un certain recul (— 33 sièges en 1987) et son autorité ne semble plus y être aussi assurée qu'elle l'a été.

— Parmi les ouvrages récents, V. J. Dutheil de la Rochère, *Le Royaume-Uni*, L.G.D.J. 1979 — Cl. Journès, *L'État britannique*, Publisud, 1985 — *La Grande-Bretagne*, Pouvoirs, 1986, n° 37 — Sur la Chambre des Lords, V. Bouvier, *La réforme de la Chambre des Lords*, R.I.D.C., 1983, n° 3, p. 509. — Sur les élections de 1987, V. Pouvoirs, 1987, n° 43, p. 190 ; 1988, n° 46, p. 151.

B. *L'Allemagne fédérale*. — La loi fondamentale *(Grundgesetz)* entrée en vigueur le 24 mai 1949 a établi en Allemagne fédérale un régime parlementaire que ses modalités placent au nombre des illustrations les plus caractéristiques du parlementarisme rationalisé.

Si la structure bicamérale du pouvoir législatif *(Bundestag* et *Bundesrat)* répond aux exigences du fédéralisme (V. n° 154), l'exécutif, dans sa branche gouvernementale, sinon en la personne du président fédéral, jouit d'une position constitutionnellement renforcée, tant dans les conditions de sa désignation et de son organisation, que dans les modalités de sa responsabilité politique. De tous ces points de vue, en effet, le chancelier fédéral en apparaît comme le véritable chef. Ainsi, est-il tout d'abord directement investi de la confiance du *Bundestag*, soit normalement, sur proposition du président fédéral, au premier tour de scrutin, à la majorité de l'effectif légal de l'assemblée et sans débat ; soit, en cas d'échec de cette première procédure, suivant des modalités subsidiaires qui, après un bref délai à nouveau sans résultat, peuvent aboutir à une investiture à la majorité relative, sous réserve de l'assentiment du président fédéral qui peut préférer prononcer la dissolution. L'autorité du chancelier, ainsi seul personnellement investi, est consacrée sur le gouvernement par son droit de proposer au président fédéral la nomination et la révocation des ministres, sans intervention du *Bundestag,* fût-ce sous forme d'un vote sanctionnant le débat sur la formation du gouvernement. En pratique, depuis l'origine, l'investiture du Chancelier a toujours eu lieu suivant la procédure normale, sur présentation du président fédéral et dans des délais dont la brièveté suggère l'existence d'un accord préalable des partis. Ainsi, l'autorité du chancelier est-elle doublement tributaire de sa position au sein de son propre parti et des exigences des alliances parlementaires, comme l'ont montré les crises de coalition de 1966 et 1982.

Le fait que le chancelier soit seul investi de la confiance parlementaire a pour corollaire un aménagement caractéristique de la responsabilité politique qu'il est également seul à assumer. La loi fondamentale (art. 67) organise d'une part une procédure devenue célèbre sous le nom de « motion de censure constructive ». Cette procédure, dirigée contre le seul chancelier, exige de la part du *Bundestag,* dont c'est la seule arme pour obtenir la démission de celui-ci, un vote à la majorité du nombre légal des députés portant élection d'un nouveau chancelier nommément désigné. Cette première procédure doit être considérée en relation avec celle de la question de confiance régie par l'article suivant de la loi fondamentale. La caractéristique de cette question de confiance est que, juridiquement, son rejet n'entraîne pas la démission obligatoire du chancelier qui, mis en minorité, peut continuer à gouverner. Si ce rejet a pour conséquence de permettre au chancelier de mettre en œuvre, avec l'appui du Président et de la Chambre fédérale, les dispositions relatives à l'état de nécessité législative (L.F., art. 81), il est aussi une condition de la dissolution du *Bundestag.* En pratique, ni l'une, ni l'autre de ces procédures n'ont été appliquées jusqu'en 1972. Cette année vit l'échec d'une motion de censure, suivi à quelques mois du rejet d'une question de confiance entraînant la dissolution. La crise de 1982-1983 devait illustrer l'hypothèse d'une succession de ces procédures : question de confiance, puis vote d'une motion de censure avec désignation d'un nouveau chancelier (oct. 1982, remplacement de M. H. Schmidt par M. H. Kohl), qui posa à son tour la question de confiance entraînant la dissolution et des élections (mars 1983). Cette dissolution fit l'objet d'un recours au Tribunal constitutionnel fédéral dont l'éventuelle intervention au titre de l'inter-

prétation de la Loi Fondamentale constitue le dernier trait caractéristique du système (V. n° 125).
— V. J. Amphoux, *Le chancelier fédéral dans le régime constitutionnel de la République fédérale d'Allemagne*, L.G.D.J., 1962 — *La R.F.A.* Pouvoirs, 1982, n° 22 — M. Fromont, *Le parlementarisme allemand de 1981 à 1983 : crise et mutation*, R.D.P., 1983, p. 929 — Ph. Lauvaux et J. Ziller, *Trente-cinq ans de parlementarisme rationalisé en R.F.A. : un bilan*, idem, 1985, p. 1023 — C. Grewe, *Le système politique Ouest-allemand*, Que sais-je, n° 2275, 1986 et la chronique de A. Kimmel, Pouvoirs, 1987, n° 42, p. 159; 1988, n° 47, p. 183.

C. *L'Italie*. — La constitution du 27 décembre 1947 a fait de l'Italie, après rejet référendaire de la monarchie, une république parlementaire. Mais ce parlementarisme, qui a pu être rapproché de celui de la IVe République française, présente lui aussi, sinon toujours dans les structures institutionnelles que lui donne la constitution, du moins dans sa pratique, des caractères particuliers.

La première magistrature de l'État est confiée à un président élu pour sept ans et indéfiniment rééligible, par un collège composé de l'ensemble des parlementaires auxquels se joignent des délégués des régions, eux-mêmes élus par les conseils régionaux. Exigeant la majorité des 2/3 aux deux premiers tours, absolue ensuite, cette élection s'est progressivement révélée difficile. Politiquement irresponsable, le président voit tous ses actes soumis à contre-seing. Ses attributions sont celles qui reviennent ordinairement à un chef d'État parlementaire, y compris le droit de dissolution des Chambres ou de l'une seulement d'entre elles, après audition de leurs présidents.

Le pouvoir législatif est partagé entre deux assemblées, une Chambre des députés et un Sénat, placées sur un plan de parfaite égalité, sinon en ce qui concerne leur recrutement — les députés sont élus à la proportionnelle avec répartition des restes au plan national, les sénateurs suivant une combinaison de scrutin majoritaire et de proportionnelle au plan régional —, du moins dans la durée du mandat de leurs membres et dans leurs attributions.

Le Gouvernement est composé d'un président du Conseil et de ministres qui forment ensemble le Conseil des ministres. Le Président du Conseil est nommé par le Président de la République qui, sur sa proposition, nomme également les ministres. Le gouvernement doit jouir de la confiance des deux assemblées et, à cette fin, doit se présenter devant elles dans les dix jours de sa constitution. Le président du Conseil est le chef du gouvernement qu'il dirige et dont il maintient l'unité d'action politique et administrative.

En soumettant le gouvernement à l'investiture parlementaire, la Constitution implique que le choix du président du Conseil et celui des ministres corresponde à une majorité dans les deux assemblées. Elle pose le principe de la responsabilité solidaire des ministres pour les actes de leur Conseil et individuelle pour les actes de leurs départements respectifs. La manière dont est sanctionnée la responsabilité politique du gouvernement fait du parlementarisme italien un parlementarisme rationalisé dans la double mesure où, d'une part, elle renforce les exigences de forme des motions de confiance et de censure (motivation, vote sur appel nominal) et, pour ces dernières, par la nécessité d'une initiative du 1/10 au moins des membres de l'assemblée et du respect d'un délai de réflexion avant le vote, et où, d'autre part, la constitution précise que le vote contraire de l'une ou des deux chambres sur une proposition du gouvernement n'entraîne pas obligatoirement la démission de celui-ci.

On rappellera que le système italien comporte des institutions de démocratie semi-directe, spécialement un référendum d'abrogation législative (V. n° 50) et on verra qu'il possède une Cour constitutionnelle (V. n° 125).

Ainsi constitué, le système n'a pas fonctionné comme pouvait le faire espérer la rationalisation du parlementarisme. Il a été marqué par une instabilité gouvernementale chronique — plus de 45 gouvernements se sont succédé depuis l'entrée en vigueur de la constitution, même s'il s'agit souvent des mêmes hommes — et ce malgré ou à cause de l'existence de deux partis importants, la démocratie chrétienne et le parti communiste qui, ne réunissant chacun qu'environ le tiers des suffrages ne peuvent, pour des raisons idéologiques évidentes, ni se coaliser, ni alterner. Cette crise endémique des mécanismes institutionnels, ajoutée aux crises internes des partis, alimente des débats renouvelés sur la réforme constitutionnelle et la réforme électorale. Elle contraste cependant avec la réalité d'un pouvoir qui s'exerce parallèlement dans ce que les italiens appellent le *« sotto governo »*, version dérivée de la partitocratie.

— V. *L'Italie,* Pouvoirs, 1981, n° 18 et pour l'évolution récente la chronique de A. Manzella dans cette revue, 1986, n° 37, p. 155 - 1987, n° 43, p. 193 - 1989, n° 51, p. 159.

D. *Le parlementarisme espagnol.* — Adoptée par référendum le 6 décembre 1978, la constitution espagnole du 29 décembre suivant dispose que « la forme politique de l'État espagnol est la monarchie parlementaire ».

La magistrature suprême est ainsi dévolue à un monarque héréditaire dont la personne est inviolable et exempte de responsabilité. Le gouvernement est placé sous l'autorité d'un président proposé par le roi à l'investiture du Congrès des députés qui, sur exposé du programme que ce candidat se propose de mettre en œuvre, doit accorder sa confiance par un vote à la majorité absolue de ses membres au premier tour, à la majorité simple au second, qui a lieu 48 heures après, et ainsi de suite, sauf dissolution des deux chambres par le roi si, dans les deux mois suivant le premier vote d'investiture, aucun candidat n'a obtenu la confiance du Congrès. Les autres membres du gouvernement sont nommés par le roi sur la proposition du président. Les « *Cortes generales* » représentent le peuple espagnol et sont composées du Congrès des députés et du Sénat, ce dernier étant la « Chambre de représentation territoriale ».

Les mécanismes de responsabilité politique procèdent d'une rationalisation du parlementarisme. A la question de confiance devant le Congrès des députés par le président du gouvernement après délibération du conseil des ministres sur son programme ou sur une déclaration de politique générale fait pendant la motion de censure à l'initiative du dixième au moins des députés. Dans le premier cas, la confiance est réputée accordée si la majorité absolue des députés vote en sa faveur. De type constructif, la motion de censure doit présenter un candidat à la présidence du gouvernement et, après délai de réflexion, requiert pour son adoption la majorité absolue. Dans l'un et l'autre cas, le gouvernement privé de la confiance doit démissionner, le roi devant, soit proposer un nouveau candidat à l'investiture parlementaire, soit nommer le candidat présenté par la motion de censure. La dissolution du Congrès, du Sénat ou des *Cortes generales* est décrétée par le roi, après délibération en conseil des ministres, sur proposition du président du gouvernement et sous sa responsabilité exclusive. Ici encore un Tribunal constitutionnel (V. n° 125) complète les structures d'un régime dont le fonctionnement n'a pas connu de crises propres, la seule importante qui se soit produite, d'origine externe au système constitutionnel, ayant été maitrisée par le roi.

— *L'Espagne démocratique,* Pouvoirs, 1979, n° 8, Nlle éd. 1984
— Y. Rodriguez, *Le monarque dans le nouveau régime politique espagnol,* R.D.P. 1982, p. 65 — P. Vilanova, chron., Pouvoirs, 1986, n° 39, p. 139 - 1988, n° 44, p. 159 - 1989, n° 50, p. 173 : *Espagne 1978-1988 : dix ans de constitution.*

CHAPITRE II

LES MONOCRATIES

Section 1
Fondements et caractéristiques

63. — Définition des monocraties. — Le terme traditionnel de « monarchie », comme on vient de le voir, peut ne signifier que l'hérédité des fonctions de chef d'État, la monarchie parlementaire étant l'une des formes les plus vivantes et les plus effectives de la démocratie. Le néologisme « monocratie » (de *monos,* seul, et *cratos,* pouvoir) est donc nécessaire pour souligner l'antithèse du pouvoir personnel et du pouvoir dépersonnalisé de l'universalité des citoyens, comme pour évoquer le double monopole, appartenant à un seul, de la détention du pouvoir et de la formulation de l'idéologie.

64. — Le pouvoir personnel. — Tantôt avec ostentation, tantôt avec cautèle, la monocratie pratique la personnalisation. Alors que le régime démocratique est celui du pouvoir anonyme, qu'il devrait même se traduire par une dépersonnalisation parfois proche de l'évanouissement, la monocratie incarne le pouvoir en un seul homme. Aux origines de l'État moderne, elle maintint, dans le gouvernement princier, les survivances personnelles de la puissance féodale (V. F. Funck-Brentano, l'*Ancien Régime,* 1930). Lors des périodes de désagrégation, elle ramène l'autorité à son expression individuelle, antérieure à l'institutionnalisation, provoquant derechef l'absorption de la notion d'État dans celle de puissance personnelle (V. G. Burdeau, *Traité de Science politique, op. cit.,* t. I, 1re éd., p. 285 et s.).

Ainsi, le pouvoir monocratique se présente-t-il volontiers

comme un pouvoir originaire, dont le titulaire est lui-même le créateur. Il sera donc, au sens propre du terme, un pouvoir « autocratique ». Même s'il lui arrive d'invoquer des titres extérieurs de légitimité : la succession dynastique, l'intérêt national, la mission à assumer ne sont qu'un moyen de renforcer sa situation et d'accentuer son caractère personnel. Le Chef est le seul homme suceptible d'occuper la place suprême, selon les décrets de la Providence, la marche du Destin ou la manifestation du Génie. Lui seul peut, face aux exigences du moment, interpréter intuitivement les volontés populaires ou appliquer sans défaillance une doctrine de salut.

65. — Le double monisme. — Alors que la démocratie est pluraliste, mettant en jeu au moins trois pouvoirs — le pouvoir de suffrage, le pouvoir délibérant et le pouvoir exécutif — qu'il y a multiplicité des organes et répartition des fonctions, la monocratie implique l'unité et l'unicité du pouvoir.

Sans doute, le monarque apparaît souvent entouré d'un grand luxe de dignitaires et assisté de multiples conseils, mais, alors même qu'au-delà d'une simple figuration, les uns et les autres rempliraient un rôle utile, ils ne sont pas des organes de l'État puisqu'ils sont dénués de tout « pouvoir de vouloir » pour lui. L'impulsion et la décision viennent du roi, du tyran ou du dictateur. Il n'y a qu'un esprit qui médite, qu'une volonté qui décide. Sans doute, de fait, cette personnalité unique subira-t-elle des influences mais, en droit, compte son seul comportement.

Parallèlement, la personnalisation du pouvoir entraîne sur le plan idéologique la réduction à l'unicité de la multiplicité des conceptions individuelles concernant la vie publique et privée. L'homme qui détient le pouvoir est de par les titres qui l'ont porté à la tête de l'État et de par la situation unique où il se trouve, le seul capable de discerner le bien de la collectivité. La doctrine qu'il énonce ou professe est par suite la seule valable et la seule bonne, donc la seule susceptible d'être professée et propagée.

La conception de l'État et du pouvoir, l'orientation politique n'ont pas à être mises en discussion devant l'ensemble des citoyens, pour qu'ils en débattent librement et égalitairement, puis pour qu'ils en décident finalement, soit directement, soit en désignant, pour ce ce faire, des représentants. Le choix politique relève du détenteur du pouvoir à raison de sa situation personnelle prééminente et exclusive. Il en débat et en décide seul dans le secret de sa conscience et de ses conseils.

A l'enchaînement démocratique des principes de liberté, d'égalité, d'universalité et de majorité, correspond la série antithétique formée par les principes d'autorité, d'orthodoxie et d'exclusivité.

1º *Le principe d'autorité* s'oppose à celui de majorité. Puisqu'un homme détient le pouvoir, à raison de titres indiscutables, il est beaucoup mieux placé pour décider qu'une masse tiraillée entre de multiples points de vue. Son choix fait, son point de vue s'impose. Il n'y a pas lieu de se préoccuper de l'accord du plus grand nombre, autrement que pour en surveiller, prévenir et réprimer les éventuelles réactions.

2º *Le principe d'orthodoxie* s'oppose au principe d'égalité. La conception personnelle du chef, réputée la meilleure, cesse d'être une opinion parmi d'autres pour devenir un axiome politique. Une seule doctrine est qualifiée pour inspirer l'activité gouvernante. Durant l'ancien régime, la religion a ses prolongements sur le terrain politique. Le centre de l'opposition, sous Louis XIV, est chez les Jansénistes. La lutte de Bossuet et de Fénelon autour du trône est essentiellement politique (V. R. Schmittlein, *L'aspect politique du différend Bossuet-Fénelon,* 1954). Les monocraties contemporaines ont leurs doctrines propres, qui sont autant de religions temporelles (V. M. Prélot, *Histoire des Idées politiques, op. cit.,* n°s 361 et s., n°s 404 et s.).

3º *Le principe d'exclusivité* s'oppose au principe de liberté. Ce dernier, dans le cadre du régime, impliquait l'expression, sans contrariété ni limites, des opinions sur les affaires publiques et sur le comportement des gouvernants. Une telle attitude n'est plus tolérable. Puisqu'une seule doctrine est bonne, les autres doivent s'effacer, qu'elles soient directement mauvaises et funestes ou simplement superflues et, par là même, nocives, comme provoquant la dispersion des esprits. A l'inverse, la doctrine, choisie ou élaborée par le titulaire du pouvoir, doit être propagée par tous les moyens. L'orthodoxie politique a les mêmes conséquences que l'orthodoxie religieuse. Elle n'admet pas de salut en dehors d'elle; elle a ses apostats, ses schismatiques, ses hérétiques et ses excommuniés. A la limite, la monocratie est un régime sans libertés. Sans doute, elle peut tolérer certaines libertés du comportement privé, mais la logique du système restreint ou même élimine l'autonomie individuelle. La monocratie engendre le totalitarisme (V. n° 74).

66. — Classification des monocraties. — Doctrinalement et historiquement, les formes monocratiques ont beaucoup varié. Cependant, une ligne de partage assez précise sépare les monocraties classiques et les monocraties contemporaines. Les premières sont antérieures à la démocratie moderne, tandis que les autres sont nées en réaction contre elle, soit pour l'éliminer (Italie, Allemagne), soit pour en préparer autoritairement une forme nouvelle réputée supérieure (U.R.S.S.); soit pour permettre un développement économique et social accéléré (Proche-Orient, Afrique, Asie). On peut ainsi distinguer :

1° Les *monocraties classiques* de type historique.

Dans le passé, elles revêtent trois formes dont la distinction résulte de critères traditionnels. Ce sont :

— la *monarchie absolue,*
— la *tyrannie,*
— la *dictature.*

2° Les *monocraties populaires,* relativement récentes. Elles ont, sans doute, des antécédents lointains ou proches. A travers l'histoire on trouve un type de pouvoir que Raymond Aron a proposé d'appeler *despotisme populaire* ou *césarisme démagogique,* et qui « présente la même combinaison de pouvoirs personnels et arbitraires au sommet et de consentement, voire d'approbation et d'exaltation des masses ». (*L'homme contre les tyrans,* Gallimard, 1946, p. 113). Mais c'est seulement dans la première moitié du xxe siècle qu'un régime nouveau s'est nettement dégagé, que ses caractères antinomiques ont permis de désigner sous le nom de « monocratie populaire » (M. Prélot, *l'Empire Fasciste,* 1936).

Les monocraties populaires ont chacune leur individualité historique découlant de leur idéologie ou procédant du tempérament du peuple sur lequel elles exercent leur pouvoir. Elles sont, plus encore, marquées par la personnalité hors série du dictateur : elles naissent comme l'expression de celle-ci, elles suivent les évolutions de son caractère et de sa santé, elles disparaissent avec lui ou se transforment en passant d'un individu à un autre.

Cependant elles ont en commun cinq traits essentiels :
— la permanence,
— l'organe unique,
— le support populaire,
— le parti unique,
— le totalitarisme.

Aujourd'hui, les grandes monocraties populaires ont toutes disparu, l'italienne et l'allemande, avec la fin tragique du *Duce* et du *Führer;* la soviétique, par la répudiation du stalinisme et une certaine évolution du régime vers une mixité relative.

3º *Les didactures de développement,* généralement militaires, se rencontrent surtout dans les pays en voie de croissance. Elles procèdent, à la fois, des traditions prétoriennes du Bas-Empire et des monocraties populaires contemporaines, avec le monopole du parti unique, l'appel aux masses et l'utilisation des techniques de persuasion. Politiquement, elles sont ambivalentes (V. M. Duverger, *la Dictature,* 1961).

Elles peuvent être réactionnaires, conservatrices, réformistes, révolutionnaires, leurs étiquettes étant souvent trompeuses. Leurs trois grandes zones de prolifération sont :
— le Proche-Orient,
— l'Afrique Noire,
— l'Amérique du Sud.

Section 2
Les monocraties classiques

67. — Les monarchies absolues. — A. *Aire d'extension.* — Parmi ces monocraties, la monarchie absolue tient historiquement la plus large place. Depuis la personnalisation du pouvoir, toutes les époques l'ont connue et, il y a peu de temps encore, elle dominait la plus grande partie du monde. L'absolutisme monarchique a été pratiqué en France de 1515 à 1789. S'il n'a pu y renaître au XIXe siècle, il a survécu ailleurs; il a même, après le Congrès de Vienne, repris pied dans certains États. Au début du XXe siècle, il couvrait encore, en Europe, les empires russe et ottoman (V. D. Lévy : *L'absolutisme,* in Rev. int. d'hist. pol. et const., avr.-juin 1952, p. 153 et s.). En Afrique et en Asie, ce sont le plus souvent des royaumes que rencontrent les puissances colonisatrices. Suivant les cas, elles les détruisent ou les vassalisent (V. sur *La Royauté en Afrique noire* : J. Bruyas, Ann. afr., 1966).

B. *Principes de l'absolutisme*. — La monarchie absolue trouve non seulement son expression pratique dans le comportement des rois, mais encore sa justification dans les écrits des théoriciens, qui sont souvent les princes eux-mêmes — Louis XIV et Frédéric II — ou de grands hommes d'État, comme Richelieu. Dans leur ensemble, ceux-ci s'efforcent de distinguer la monarchie absolue des autres manifestations du pouvoir personnel. Ils le présentent comme sa forme la meilleure, la plus élevée moralement et la plus achevée politiquement. Par son origine et son esprit, ils l'éloignent de la tyrannie ou de la dictature (V. M. Prélot, *Histoire des idées politiques, op. cit.,* n° 193).

a) La monarchie fait l'objet d'une succession régulière. L'hérédité en est le principe habituel. Le trône est attribué aux conditions que déterminent, en France, les lois fondamentales : principe de légitimité qui exclut les bâtards ; principe de primogéniture qui établit un rang incontestable ; principe de masculinité, posé au moment de la guerre de Cent ans ; principe de catholicité, intervenant enfin à l'époque des guerres de religion (V. n° 178).

b) La monarchie est soumise à des lois. La nature du gouvernement monarchique dit Montesquieu (*Esprit des lois,* L. III, chap. II) est « que le prince y ait la souveraine puissance mais qu'il l'exerce selon des lois établies ». Et Bonald précisera, au XIXe siècle : « Le pouvoir absolu est un pouvoir indépendant des hommes sur lesquels il s'exerce ; un pouvoir arbitraire est un pouvoir indépendant des lois en vertu desquelles il s'exerce. »

La logique verbale admet assez difficilement que le monarque puisse, à la fois, être délié des lois, *a lege solutus,* et leur être soumis. L'apparente antinomie peut, toutefois, être résolue grâce à une distinction assez subtile quant à la portée des lois. Elles ont, pour les rois, une valeur « directive » et non « coactive ». La soumission à leur commandement correspond donc à une exigence de la raison ou à un impératif de la conscience, mais non à la contrainte d'un agencement institutionnel. Le roi, dans le système absolutiste, n'est soumis à aucun contrôle positif, les corps formés par les anciens, l'aristocratie, les bourgeois sont, lorsqu'ils existent, des organes exclusivement de conseil. « Le pouvoir — dit Guyot, dans son *Répertoire* paru en 1786, tout à la fin de l'ancien régime — ne peut être partagé, et s'il est utile de ralentir son action pour l'éclairer, il n'est jamais permis de la suspendre pour l'intercepter ou l'éteindre. » L'autorité royale demeure inaliénable et indivisible.

La soumission à laquelle les principes monarchiques invitent le roi est volontaire et sa sanction placée hors de ce monde. Bossuet annonce de grands châtiments, mais pour l'Éternité. « Les princes ne peuvent perdre de vue la mort où l'on voit l'empreinte de l'empire de Dieu » (*Politique tirée des propres paroles de l'Écriture Sainte,* I, 10, 4e proposition). En revanche il se refuse absolument à envisager « les barrières qu'élèvent à la puissance royale ceux qui sont touchés des effets funestes des tentations qu'elle engendre » (*ibid.,* 2e proposition).

Au plan temporel, la monarchie peut impunément méconnaître les lois fondamentales. C'est d'ailleurs ce qui s'est fréquemment produit. Souvent la monarchie a versé dans le despotisme où « un seul, sans loi et sans règle, entraîne tout par sa volonté et par ses caprices » (Montesquieu, *Esprit des Lois,* L. II, chap. I). Il n'y a « entre le *monarque* et le *despote* de différence que plus ou moins de lumière et de bonne volonté dans celui qui gouverne » (*ibid.,* note de la Harpe).

68. — Les tyrannies. — Comme la monarchie, la tyrannie est une très ancienne forme de gouvernement. Elle nous vient de l'antiquité et a été spécialement répandue dans le bassin méditerranéen. A l'époque moderne, on dit plus couramment « despotisme ».

Par contraste avec la monarchie, l'arbitraire est sa marque :

a) La tyrannie est arbitraire dans son origine. Les anciens donnaient le nom de « tyran » au chef d'État détenant le pouvoir hors du jeu normal des institutions. Au point de départ de la tyrannie, il y a occupation brutale, coup de force, usurpation.

b) La tyrannie est arbitraire dans sa transmission par hérédité ou, plutôt, par adoption ou désignation personnelle. A la différence de la monarchie, dont l'un des buts est de faire durer le pouvoir en le transférant régulièrement, on ne passe pas paisiblement d'un tyran à un autre. La violence appelle la violence et la succession tyrannique est toujours incertaine et précaire.

c) La tyrannie est arbitraire dans son exercice. Le tyran jouit du pouvoir sans retenue, dans son exclusif intérêt. Aussi le mot tyrannie comporte-t-il une nuance péjorative que n'a pas le terme monarchie. On y voit une forme corrompue de gouvernement. Cependant, la critique historique ne justifie pas toujours cette appréciation défavorable. Si certains tyrans de l'Antiquité grecque sont des despostes autoritaires et cruels, comme Denys de Syracuse ou Nabis de Sparte, les autres sont des hommes de qualités brillantes, fort estimés de leurs contemporains, qui combattent la puissance de l'oligarchie et tendent à l'abolir. Soutenus par les classes inférieures auxquelles ils doivent leur accès au pouvoir, ils font preuve d'un véritable dévouement au bien public. Ils contribuent à l'amélioration des institutions. Ils donnent un nouvel essor au progrès des sciences, des lettres et des arts. C'est le cas de Cipsélos de Corinthe, de Polycratès de Samos, de Phalaris d'Acragas, de Gélon de Syracuse, de Pysistrate d'Athènes (V. A. d'Andria, *La démocratie athénienne,* th. droit, Paris, 1935, p. 72).

A l'époque moderne, aussi, le terme de despotisme n'est pas toujours pris en mauvaise part. Une certaine conception du despotisme connaît même la vogue. C'est le despotisme « éclairé », qui met l'autorité absolue au service du progrès des lumières. Le pouvoir d'un seul, brisant les routines, doit tendre au mieux-être intellectuel et moral de la collectivité. Au XVIIIe siècle, nombre d'écrivains sont ses partisans, notamment certains philosophes et les premiers économistes, les physiocrates, hostiles aux tendances conservatrices et protectionnistes de la monarchie traditionnelle (V. M. Prélot, *ibid.,* chap. XXII).

Aujourd'hui, le terme tyrannie n'est plus guère usité dans son sens strict, bien que selon certains avis particulièrement autorisés, il eût mieux convenu que celui de dictateur pour désigner les phénomènes autoritaires et totalitaires contemporains (V. E. Halévy, *L'ère des tyrannies,* étude sur le socialisme et la guerre, 1938, et R. Aron, *L'homme contre les tyrans*).

69. — Les dictatures de crise. — Le terme de dictature est d'origine latine, les Grecs disant *œsymnètie*. Il désigne une forme politique bien caractérisée dans sa nature, ses origines, ses conséquences et sa durée.

a) La dictature est une monocratie quasi parfaite en ce sens qu'elle réalise la concentration complète du pouvoir politique. L'autorité, dans sa plénitude, est attribuée à un homme, qui unit en ses mains toutes les fonctions.

b) La dictature est due aux circonstances exceptionnelles ou extraordinaires mais sa source est régulière. Elle est établie et s'exerce conformément aux dispositions constitutionnelles et légales existantes.

c) La dictature entraîne la disparition corrélative des libertés. L'inévitable contrepartie de la plénitude du pouvoir est l'éclipse des droits individuels et collectifs.

d) La dictature est limitée dans le temps. Ce trait est capital aux yeux des juristes classiques aussi bien anciens que modernes. Les rares auteurs français qui ont traité de la question ne conçoivent de dictature que temporaire (M. Hauriou : *Principes de droit public, op. cit.* et Joseph-Barthélemy : *La crise de la démocratie contemporaine,* 1931). Elle est un phénomène politique qui ne saurait se prolonger sans changer de nature. Joseph-Barthélemy, encore, emploie l'expression « parenthèse de césarisme » (*Traité de droit constitutionnel, op. cit.*). La dictature est une sorte d'expédient ou de remède brutal, destiné à faire face à des difficultés exceptionnelles. La concentration des pouvoirs, la suspension des libertés se justifient par l'urgence et l'étendue des périls. Mais, dès que la crise est surmontée, les pouvoirs du dictateur reviennent aux divers organes constitués et les libertés sont rendues aux citoyens.

Ainsi, dans la classification traditionnelle des systèmes politiques, la dictature se différencie de la tyrannie par ses origines régulières, comme celles de la monarchie. Par contre, elle diffère de la monarchie par sa durée très limitée.

La dictature à Rome a été fréquente : 13 cas au Ve siècle avant J.-C. En cas de danger intérieur ou de dissensions internes trop vives, le Sénat enjoignait aux consuls (ou au consul présent lorsque l'autre était absent) de nommer un dictateur. Celui-ci était muni de pleins pouvoirs. Un *imperium* illimité lui permettait de disposer de la vie des citoyens. Tous les magistrats, détenteurs de la puissance publique, lui étaient immédiatement subordonnés. Les tribuns du peuple étaient suspendus de leur fonction et, par suite, ne pouvaient l'empêcher d'agir. Nommé pour un temps bref, en général six mois, le dictateur l'était aussi *rei gerandæ,* pour une mission à accomplir, *belli gerandæ causa,* pour faire la guerre, *seditionis sedendæ causa,* pour étouffer une sédition, ou encore, d'une façon plus générale, *rei publicæ servandæ,* pour sauver la République.

Au moyen âge et aux temps modernes, un certain nombre de dictatures sont instituées à l'imitation de Rome, mais elles se confondent souvent avec le despotisme, la tyrannie ou encore avec le césarisme démocratique. L'une des plus importantes, pour l'histoire constitutionnelle, est celle de Cromwell.

A l'époque contemporaine, la dictature peut être prévue par la constitution. Tel était, par exemple, le régime établi par l'article 38 de la Constitution de Weimar. Le Président du *Reich* pouvait, lorsque la sûreté et l'ordre public étaient menacés ou compromis, prendre les mesures nécessaires pour leur rétablissement : recourir à la force armée, suspendre momentanément l'exercice de tout ou partie des droits fondamentaux (inviolabilité du domicile, art. 116; secret de la correspondance, art. 117; liberté d'opinion, art. 118; liberté de réunion, art. 123; liberté d'association, art. 124; droit de propriété, art. 153). La dictature pouvait aussi être localisée. Elle était alors exercée par un commissaire du Reich, un *Reickskommissar* comme ce fut le cas pour la Ruhr et la Thuringe (V. C. Schmitt : *die Diktatur,* 1928). L'Italie du *Risorgimento* avait connu également des dictateurs et des prodictateurs. Crispi fut prodictateur de Sicile. En France, un régime dictatorial innomé a existé pendant la guerre de 1939-1940, par la combinaison de l'état de siège et des décrets-lois, entraînant à la fois concentration du pouvoir et restriction des libertés. La constitutionnalisation du système s'est accomplie quasi naturellement, à travers les actes constitutionnels du maréchal Pétain (V. n° 334). En 1958, les deux lois du 3 juin ont établi, pour six mois, une dictature exécutive, législative et constituante (V. n° 375). La constitution du 4 octobre 1958 donne, par son article 16, des pouvoirs dictatoriaux au Président de la République *reipublicæ servandæ et restituendæ.*

Dans tous les cas la dictature établie, jadis et naguère, en fonction de circonstances déterminées, disparaît avec les exigences qui l'ont amenée. Elle est de son principe conservatrice ou restauratrice. Elle doit permettre de rétablir le régime antérieur de distinction des pouvoirs et de jouissance des libertés. Devant le péril, les énergies sont rassemblées, les forces de l'État sont concentrées. A la pluralité habituelle se substitue une contraction momentanée, mais une fois supprimées les causes qui ont exigé la réduction à l'unité, on revient à la diversité libérale. La dictature n'est pas une fin en soi, mais une exigence de l'événement. Les sacrifices sont consentis d'autant plus aisément qu'ils doivent permettre de retrouver une situation réputée normale. L'image de la « dictature-parenthèse » est donc parfaitement exacte. La double caractéristique de la dictature classique est de ne pas durer et de remettre les choses en l'état, après avoir éliminé les éléments séditieux ou écarté les menaces étrangères. (Sur l'état actuel de la question, V. *Les pouvoirs de crise,* Pouvoirs, 1979, n° 10).

On demeure, cependant, encore dans le cadre classique lorsque, à un régime ancien, la dictature en substitue un nouveau. La dictature est alors constituante. La magistrature comporte cumul des pouvoirs constitués et du pouvoir constituant. Tel est le cas, dans l'antiquité romaine, de la dictature des Decemvirs (L. Terentilia, 303 post Urbem conditam); dictature constituante de Sylla (*Legibus scribendis et rei publicæ constituendæ,* L. Valeria, 672, p. U. c.); dictature constituante de Lepide, Antoine et César (triumvirat *Rei publicæ constituendæ,* L. Titia, 711, p. U. c.) (V. Th. Mommsen, *Droit public romain,* 1891-1895, t. IV, p. 425 et s.). A l'époque contemporaine, les exemples de dictature constituante sont nombreux, mais souvent assortis d'une consultation populaire.

Toutefois, la dictature constituante peut aussi manquer de base régulière, soit qu'elle provienne directement d'un coup de force, soit qu'elle enfreigne ou fraude la constitution. Elle tend aussi à se prolonger indûment (V. J. Petot, *Les dictatures de crise,* in Politique, 1963, p. 221 et s.).

Section 3

Les monocraties populaires

70. — La permanence dictatoriale. — Alors que, comme on vient de le relever, la dictature classique a pour traits propres d'être exceptionnelle et de durée limitée, les monocraties populaires ont, par principe, l'ambition de la durée. Elles affirment leur intention de perpétuer la concentration des pouvoirs et la restriction des libertés. A la différence de Cincinnatus retournant à sa charrue, les dictateurs contemporains se proposent les plus vastes perspectives : Mussolini évoque « le siècle du fascisme »; Hitler compte par millénaires (V. L. Degrelle, *Hitler pour mille ans,* 1969).

Les théoriciens de la dictature contemporaine se sont employés à justifier cette permanence au pouvoir. Les écrivains soviétiques, tout en maintenant le caractère provisoire de la « dictature de prolétariat », soulignent que, la société bourgeoise ayant duré des siècles, son élimination ne peut être acquise en quelques années, voire en quelques décennies. Les auteurs fascistes ont essayé de démontrer que, le système dictatorial étant celui des temps difficiles, il convenait seul à une époque où l'État vit dangereusement, intérieurement et extérieurement. Dans ce climat de tension, il lui faut une direction unique et intransigeante s'exerçant sans interruption, ni relâchement. Le principe du salut public, comme loi suprême, vaut quotidiennement et non par intermittence. La dictature, en tant que régime « héroïque », s'impose comme nécessité et comme idéal (S. Panunzio, *Teoria generale dello Stato fascista,* 1937, p. 225 et s.).

71. — L'unicité d'organe gouvernant. — Comme la monocratie classique, la monocratie populaire attribue à l'homme personnalisant le pouvoir toute la réalité de celui-ci.

Les assemblées ou conseils divers des dictatures contemporaines ne possèdent aucun pouvoir de décision. Ils ne jouent qu'un rôle très restreint, à peu près nul dans les régimes hitlérien et fasciste, limités et intermittents dans le système stalinien. Leur activité est subordonnée, en toute hypothèse, à l'organe dictatorial dont ils exécutent la volonté, sans jamais pouvoir la contrecarrer.

En Italie, la Chambre des Faisceaux et des Corporations examinait les projets en commission restreinte et le chef du Gouvernement pouvait passer outre ses objections, dès que deux mois s'étaient écoulés. Le Sénat avait toujours approuvé tous les gouvernements antérieurs, souvent à l'unanimité; il conservait ses habitudes. Quant au Grand Conseil, sa composition, son organisation, sa procédure décourageaient *a priori* toute opposition. Il fallut des circonstances dramatiques exceptionnelles pour permettre, dans la nuit du 24 au 25 juillet 1943, la révolte des hiérarques (M. Vaussard, *La Conjuration du Grand conseil fascite contre Mussolini*, 1965).

En Allemagne, le *Reichstag* ne figure même plus à la table analytique d'un ouvrage étudiant *le droit et l'État dans la doctrine nationale socialiste* (R. Bonnard, 1936). Il n'exerce que très rarement les pouvoirs de législation qu'il conserve théoriquement. La loi, acte de *Führung*, est normalement l'œuvre du Führer.

En face de ces corps sans vie, une série d'unions personnelles (ou, si l'on préfère, de dédoublements fonctionnels) réalise la concentration complète du pouvoir aux mains du dictateur. Le *Duce*, chef du gouvernement, premier ministre, secrétaire d'État, dispose de la plénitude du pouvoir gouvernemental (L. du 24 déc. 1925), du pouvoir législatif directement ou indirectement (L. de 1926 et 1938), et du pouvoir constituant (L. de 1928) ; il exerce la direction de la justice et assure, comme commandant en chef, l'autorité militaire. Le *Führer* réunit en sa personne la quadruple fonction de chef de l'État, de chef de l'appareil exécutif, de législateur et de juge suprême. Il détient aussi le pouvoir constituant et exerce le commandement de l'armée. En Russie, la situation a été longtemps moins nette. Staline ne devient qu'à la faveur de la guerre président du Conseil des commissaires du Peuple et maréchal, commandant en chef, disposant de tous les pouvoirs civils et militaires.

72. — Le support populaire. — Dans les monocraties classiques, les éléments populaires sont simplement gouvernés. Le pouvoir monarchique joue des rivalités de personnes et de groupes, ou, encore, établit l'emprise d'une forte bureaucratie sur une population en quelque sorte pulvérisée. Dans les secondes, la collectivité, — *Volk*, peuple, prolétariat —, se trouve constamment invoquée et mobilisée.

L'opposition de la dictature classique et de la dictature populaire, qualifiée par les nationaux-socialistes de *Führung*, a été particulièrement bien mise en lumière par Hitler lui-même. Le dictateur selon l'article 48, comme le fut Brüning, est « une puissance purement individuelle » extérieure au peuple, sans contact avec lui. Le *Führer*, par contre, sort de lui et est en union intime avec lui. « Sa qualité et son pouvoir tiennent à sa participation à l'Esprit du Peuple. » Il est une « personnalité essentiellement communautaire » (discours du 7 mars 1936). En langage philosophique, la *Führung* est immanente au Peuple, tandis que la dictature lui est transcendante.

Cette présentation apologétique correspond sociologiquement à l'aspect délibérément anti-bourgeois des dictatures contemporaines. A cet égard, elles peuvent même paraître plus populaires que les démocraties où l'indépendance des élus, dans le système représentatif, engendre parfois de nettes distorsions. Mais celles-ci sont des accidents, alors qu'en monocratie populaire, il est constant que la participation des masses ne comporte pour elles aucun rôle d'initiative et de décision. Le corps électoral n'a pas à choisir entre plusieurs conceptions et plusieurs personnels politiques. Il n'a qu'à accepter ce qui lui est octroyé. Grâce à la propagande, le consentement n'est point proposé à la résignation, mais offert à l'enthousiasme.

En ce qui concerne le fascisme et l'hitlérisme, l'élection y est une survivance de la démocratie libérale, puis un élément de figuration dans les pompes du régime.

Le fascisme italien a été plébiscité à deux reprises en 1929 et en 1934. Le vote, à la fois, ratifiait la composition de la Chambre, choisie par le Grand Conseil sur présentation des associations professionnelles ou d'intérêt général et manifestait l'adhésion populaire au régime. Les conditions de succès furent éclatantes. Mais le secrétaire général du parti fasciste, Starace, avait lui-même marqué ironiquement la portée limitée du geste : « Quand bien même douze millions de *oui* se transformeraient en vingt-quatre millions de *non*, Mussolini demeurerait au Palazzo Venezia. La Révolution des Chemises noires continuerait sa route. Si vingt-quatre millions de *non* étaient déposés dans les urnes, cela voudrait dire que la masse des électeurs a été saisie d'une folie collective, que toute l'Italie n'est plus qu'un asile d'aliénés. Raison de plus pour que les sages restent à leur poste. » En 1939, l'institution de la Chambre des corporations devait faire disparaître complètement toute base élective.

De son côté, le régime national-socialiste a eu recours aux consultations populaires à l'occasion de grands événements : mort d'Hindenburg (1934), départ de la S.D.N. (1938). En même temps, était ou non nommé un *Reichstag*.

Mais la consultation nationale n'avait pas pour but de permettre au peuple de prendre des décisions s'imposant au Führer. Les doctrinaires nazis ont soigneusement distingué deux volontés du Peuple, l'une subjective, l'autre objective. « La volonté subjective est la *volonté sociétaire* constituée par la somme des volontés individuelles dans leur totalité et dans leur majorité, telle qu'elle s'exprime dans des élections ou des consultations populaires. La volonté objective est *la volonté communautaire* du Peuple, volonté une et distincte des volontés individuelles. Celle-ci s'exprime par le *Führer,* qui rend visible la volonté populaire grâce à l'expression qu'il en donne et qu'il a une aptitude charismatique à dégager. Il va de soi que la volonté objective doit toujours l'emporter sur la volonté subjective » (E. R. Huber, *Verfassung,* Hambourg, 1937).

73. — Le parti unique. — Les monocraties classiques entendent généralement assurer leur pouvoir par l'écrasement ou l'atomisation de leurs adversaires intimidés, réduits au silence, bannis, internés ou exécutés. Elles dominent en créant le vide.

A l'inverse, les monocraties populaires s'efforcent de combler celui-ci en donnant à l'action le dynamisme que fournit en démocratie la majorité électorale et parlementaire.

Parallèlement, le monisme idéologique implique la diffusion et l'étude de la doctrine unique poursuivie systématiquement et extensivement à travers toutes les couches de la population, afin d'obtenir son adhésion et d'entretenir sa ferveur.

Cette double exigence se trouve satisfaite par l'existence d'un « parti unique » ou « parti d'État », créé ou reconnu, organisé et dirigé par le pouvoir, n'ayant ainsi plus grand chose de commun avec l'association privée qui, dans la démocratie, porte le même nom.

Ce n'est plus un groupement issu de l'adhésion d'individus partageant les mêmes convictions, en concurrence avec d'autres groupes similaires et influençant le Gouvernement à raison de leur puissance électorale et parlementaire. C'est une formation officielle, organisme public, service d'un type nouveau, ecclésiastique, militaire et policier, comparable à la fois à une église, à une armée et à une police supplétives, réalisant certaines formes jusqu'alors inédites de centralisation étatique, en particulier la centralisation spirituelle. Doté du monopole de l'organisation, de l'action et de l'orientation politiques, le parti unique seul a droit d'exister. Sa doctrine, érigée en dogme, est seule admise. Son chef est effectivement le seul maître de l'État.

Cette situation établirait une dyarchie génératrice de conflit et source de faiblesse si les monocraties populaires n'avaient prévenu cet antagonisme en complétant la concentration monocratique des pouvoirs politiques classiques par une union dans les mêmes mains des fonctions suprêmes gouvernementales et partisanes. Si, dans chaque dictature, État et parti restent plus ou moins distincts, l'un et l'autre possèdent une structure autoritaire, à la tête de laquelle il y a un même Chef, simultanément dictateur du pays et dictateur du parti. Mussolini, *Capo del governo,* est *Duce del fascismo;* Hitler, chancelier du *Reich,* est *Führer* du national-socialisme, la présidence disparaissant à la mort du maréchal Von Hindenburg (1er août 1934). Staline, secrétaire du parti, devient, en 1941, président du Conseil des commissaires du Peuple.

On ne saurait attacher trop d'importance à cette disposition non écrite des monocraties populaires. Préfigurée dans les démocraties classiques par la présence à la tête du gouvernement du *leader* du parti majoritaire, elle repose ici sur des principes opposés et engendre des conséquences toutes différentes. Alors qu'en régime libéral la formation et l'action de l'opinion se réalisent spontanément et librement, l'État lui-même offrant simplement ses cadres légaux est l' « État partisan », assis sur le « parti d'État » *Staatspartei* « État des partis », ou *Parteienstaat*.

Le problème de l'adhésion populaire se trouve ainsi inversé. Elle n'est plus issue de libres initiatives dont le sens donne à l'État son orientation politique, mais une acceptation dont l'enthousiasme ne modifie pas la nature s'il en change le climat. Alors que la démocratie est animée d'un mouvement de bas en haut, la monocratie, au contraire, procède d'un mouvement inverse de haut en bas. Le pouvoir vient du Chef puisque le Chef est nécessaire à l'État et que l'État existe en lui et s'exprime par lui. Le peuple a donc moins à donner son avis qu'à être convaincu. D'où le rôle capital de la propagande (V. J. Driencourt, *La propagande, nouvelle force politique,* 1950 et J.-M. Domenach, *La propagande politique,* 1950). Également, deviennent indispensables des institutions d'encadrement populaires, dépendant du parti, organismes professionnels et, aussi, entreprises de loisirs, comme le *Dopolavoro* (« Après le travail ») ou la *Kraft durch Freude* (« La force par la joie »).

Sur le parti unique, V. P. Avril, *Essai sur les partis, op. cit.,* p. 87 et s.

74. — Le totalitarisme.

— Le doublement du pouvoir officiel de l'État par le pouvoir officieux du parti et l'accaparement monopolistique de deux pouvoirs par le même potentat engendre une *hypercratie* qui est « un impérialisme de la politique » (J. Freund, *Le nouvel Age, op. cit.,* p. 126 et 127). On l'appelle communément *totalitarisme*. Celui-ci dépasse la sphère politique proprement dite pour absorber, de proche en proche, toute vie sociale. Selon la très exacte formule de M. Joseph Delos, « l'État peut être dit totalitaire, lorsqu'il prétend coïncider avec la société qu'il recouvre et s'identifier avec elle » (*Les idéologies régnantes en matière d'organisation corporative,* in Sem. Soc. d'Angers, 1936, p. 323).

Sur ce point encore la monocratie populaire se différencie des monocraties classiques. Le pouvoir illimité de la dictature historique ou de la monarchie absolue ne se proposent pas de tout absorber en eux. Les néo-monarchistes idéalisent même le gouvernement d'un seul en le présentant comme la meilleure garantie des libertés concrètes. C'est « le roi protecteur des Républiques françaises », selon l'aphorisme de Charles Maurras.

A l'inverse, les monocraties populaires, supprimant la liberté politique, ne sauraient en supporter d'autres. Par suite de leur position internationale aggressive, impliquant l'autarcie, et de leur propension intime à satisfaire les masses, elles doivent pratiquer un capitalisme ou un socialisme d'État très étendu ; prétendant au monopole idéologique, elles sont amenées à prendre en charge tous les besoins, même ceux de l'esprit. Les dictatures nouvelles revendiquent ainsi comme un droit indiscutable leur présence, et bientôt leur omnipotence, dans les domaines religieux, intellectuel, économique ou social, traditionnellement réservés à l'initiative individuelle ou collective des particuliers. La vie privée est réduite au minimum. Elle doit s'effacer et même s'anéantir chaque fois qu'elle pourrait devenir un obstacle au pouvoir. Alors que la liberté individuelle est à la base de la démocratie classique, l'autorité illimitée du pouvoir politique absorbe tout dans les dictatures contemporaines. De même que leur structure est faite pour assurer au chef une obéissance sans réserve, leur doctrine implique qu'aucun domaine de la vie des citoyens ne peut être soustrait à l'emprise de l'État.

Section 4
Les dictatures militaires

75. — Les dictatures militaires du Proche-Orient.
— Les dictatures du Proche-Orient ont été assez exactement qualifiées de « républicaines », en ce sens qu'un de leurs objectifs majeurs est d'éliminer les survivances féodales, et en particulier la monarchie. Elles sont aussi républicaines en ce qu'elles se placent dans la lignée révolutionnaire française de 1789 et de 1793, voire dans le sillage des « dix jours qui ébranlèrent le monde » (V. J. Salomon, *Les dictatures militaires républicaines,* in Politique, avril-juin 1958, p. 98 et s.).

Les dictatures militaires républicaines sont nées dans l'entre-deux-guerres et se sont multipliées durant le second après-guerre. Elles procèdent d'un coup d'État militaire ; l'armée devient l'assise du régime ; elle assure l'encadrement politique du pays. Mais si les bases sont prétoriennes, le but est progressiste. Il est généralement d'accélérer l'évolution d'une société aux survivances féodales vers un stade plus moderne de développement économique et d'organisation étatique.

L'intervention militaire résulte :

— de la carence ou de l'insuffisance d'éléments capables d'instaurer un régime démocratique ou même simplement représentatif ;

— de la présence dans l'armée d'éléments actifs décidés à neutraliser les oligarchies traditionnelles ou financières.

Les dictatures militaires républicaines se manifestent tantôt au grand jour, tantôt par une emprise occulte sur des personnalités civiles exerçant apparemment le pouvoir. Dans le premier cas, l'armée affirme sa neutralité politique, tout en s'attribuant la haute main sur ce qui la concerne directement et en ce qui tient à la vie même du régime qu'elle protège. En fait, l'activité politique du pays est réduite à ce que les militaires acceptent ou tolèrent. Les partis sont mis en tutelle ou en veilleuse lorsqu'ils ne sont pas interdits. Souvent aussi, les puissances économiques sont atteintes par des nationalisations et les puissances religieuses historiques confinées dans un domaine purement spirituel. Des mesures de laïcisation sont poussées aussi loin que l'admettent les convictions populaires.

Comme les dictatures classiques, les dictatures militaires républicaines ne prétendent pas se perpétuer au pouvoir. Elles cherchent leur voie, soit qu'elles aspirent à faire renaître un système politique arabo-musulman authentique (V. M. Flory et R. Mantran, *Les régimes politiques des États arabes*, 1968. — Pouvoirs, 1980, n° 12, *Les régimes islamiques*. — O. Bendourou, *Le régime constitutionnel des monarchies et émirats arabes*, R.T.D.C., 1988, n° 2, p. 429), soit qu'elles s'orientent vers un régime démocratique d'inspiration occidentale, comme ce fut le cas, pour la Turquie, du régime parlementaire, ou vers un présidentialisme d'inspiration socialiste.

76. — Les dictatures militaires de l'Afrique noire.

— Les États d'Afrique noire, issus de la décolonisation, avaient pour la plupart et par pur mimétisme, adopté le régime parlementaire. Celui-ci ne tarda pas à se révéler radicalement inadapté, cette inadaptation entraînant non seulement une particulière instabilité constitutionnelle mais des crises graves et répétées qui ont justifié la prise du pouvoir par l'armée.

« L'armée doit prendre le pouvoir quand les institutions sont bloquées », déclare le général Mobutu, président du Zaïre, dans un opuscule où, en 1966, il s'est efforcé d'établir *les fondements constitutionnels des régimes militaires* (cité par J. Lantier, *l'Afrique déchirée*, 1967, p. 173). L'armée est l'une des forces d'ordre du pays. Elle a le devoir d'agir lorsque le pouvoir civil, confronté avec une crise, non seulement est incapable de la surmonter mais se trouve lui-même entraîné à provoquer la destruction des institutions qu'il a le devoir de protéger. L'intervention de l'armée est hors de la légalité, mais elle procède d'une légitimité plus profonde qui est d'assurer la survie du pays.

Cependant, cette légitimité impose à l'armée des limites

précises et des attitudes déterminées. Elle ne doit pas *prendre parti pour une classe contre une autre, pour une ethnie contre une autre*. Elle ne doit pas engager le pays dans des options qu'il appartient à celui-ci de formuler. Elle ne doit pas davantage se maintenir au pouvoir contre le peuple, ni s'instituer en caste privilégiée. Tout au contraire, son devoir est de faire appel à la collaboration d'hommes politiques et d'instaurer des institutions civiles durables.

Selon ce schéma, évidemment idéalisé, la dictature prétorienne en Afrique noire serait plus proche de la dictature classique *rei publicœ servandœ* que des dictatures contemporaines. Mais, dans l'éclosion des dictatures africaines, un autre aspect intervient qui les rattache aux plus récentes poussées autoritaires. Les dictatures militaires (ou civiles) d'Afrique noire sont des dictatures de développement : *Entwicklungs-Diktaturen* (K. J. Newman, *Die Entwicklungs-Diktatur und der Verfassungsstaat*, 1963). Pour organiser un pays, en vue de la mise en valeur optimale de ses ressources humaines ou matérielles, pour soumettre les décisions économiques à des impératifs de cohérence, un pouvoir fort et centralisé apparaît nécessaire. Or la force ne semble pour l'instant exister que dans l'armée malgré l'exiguïté de ses effectifs par rapport à la population totale.

Même à estimer sincères les protestations de désintéressement de ses chefs, il est difficile de penser que ceux-ci échappent complètement aux tendances des oligarchies, soit à se clore et à se perpétuer, soit à se diviser en fractions rivales s'alliant à certains éléments de la population et amenant ainsi la fin de leur propre hégémonie (V. G. Tixier, *La personnalisation du pouvoir dans les États de l'Afrique de l'Est,* R.D.P., 1965, p. 1129 et s.; *Les coups d'État militaires en Afrique de l'Ouest, ibid.,* 1966, p. 1116 et s.). — L'évolution récente témoigne cependant d'une volonté d'institutionnaliser le phénomène militaire en définissant constitutionnellement le statut de l'armée dans l'État, soit en assurant sa subordination au pouvoir civil, soit en consacrant son intégration dans le système politique, soit enfin en lui confiant un rôle de tuteur qui a pu être qualifié de « protectorat militaire » (V. G. Conac, *op. cit.,* 1979, p. 28 et s.). — J.-L. Seurin, *les régimes militaires* dans *les pouvoirs africains,* Pouvoirs, n° 25, 1983, p. 89.

77. — Les dictatures militaires sud-américaines.
— L'intervention des forces armées dans les mécanismes du pouvoir en Amérique latine remonte aux suites mêmes de la décolonisation. Au lieu de se fédérer, les jeunes États s'opposèrent. Ayant des frontières dont la base géographique était souvent arbitraire, ils se sont affrontés en une série de conflits, dont les plus graves furent la guerre du Paraguay (1864-1870) et celle du Pacifique (1879-1884). Ils ont été amenés, avec l'aide de l'Allemagne (Argentine, Chili), ou de la France (Brésil) à se donner des armées permanentes, avec états-majors et corps d'officiers hypertrophiés. L'importance de ceux-ci s'est encore accrue de par leur avance technique sur les cadres dirigeants de leurs pays respectifs, formés presque exclusivement de juristes, professeurs et avocats.

L'élément militaire a ainsi toujours participé activement à la vie publique. Les premiers chefs politiques, les « libérateurs », furent les généraux Bolivar, San Martin et Sucre. Depuis, avec des formes diverses, « rien ne s'est fait, nulle part, sans l'armée ». Généralement, celle-ci s'est trouvée du côté des classes moyennes dont elle provient. Elle a constitué avec celles-ci un facteur de mouvement. Dominée par une idéologie libérale et progressiste, elle a souvent appuyé une démocratie plus ou moins formelle, fondée sur le suffrage universel, impliquant, avec la participation élargie des populations urbaines, des réformes non seulement dans l'État, mais dans la société (V. C. Fintado, *De l'oligarchie à l'État militaire,* Les temps modernes, oct. 1967, p. 589).

Le présidentialisme oligarchique ou démagogique se révélant incapable d'assimiler des transformations sociales et économiques irréversibles, l'armée intervient pour freiner ou limiter les mouvements populaires qu'elle juge subversifs. A partir de ce moment, le maintien du *statut quo* social implique l'élimination de ce qui subsistait de démocratique dans le présidentialisme.

Mais la dictature militaire, outre les sens divers que lui donnent la géographie et l'histoire, peut être aussi bien d'orientation conservatoire que progressiste. Aujourd'hui, en Amérique latine, le militarisme n'est, en tant que facteur politique, ni « monolithique », ni socialement uniforme. Le sentiment profond de la nécessité d'une transformation, même violente, des structures archaïques a commencé à s'enraciner dans les rangs de l'armée, ainsi que dans une bonne partie du clergé catholique. Par contrecoup, l'extension des mouvements subversifs, avec destructions matérielles, enlèvement d'otage, guérilla urbaine ou provinciale, a entraîné un durcissement des régimes en place.

Les dictatures conservatrices ont, comme les monocraties populaires, placé des mythes transcendants au-dessus de la légalité constitutionnelle. Les *Objectifs nationaux,* de caractère éthique et économique, dominent la vie publique. Par suite, le pays est privé de la faculté de choisir lui-même les orientations politiques fondamentales et de se diriger lui-même grâce aux institutions représentatives. Le *Pouvoir national* a été accaparé par l'armée et par les personnalités civiles qui la couvrent ou qui la servent. Son principal moyen est la coercition. Il en découle une exaltation de *l'État fort,* pourvu d'un appareil juridique et policier capable d'épurer le pays de toute infiltration subversive et d'assurer l'hégémonie des forces économiques. Ainsi du Chili, après le coup d'État du 11 septembre 1973. Libéral en économie, le Pouvoir national se garde de tout dirigisme. Résolument, il se met au service de la technique de la « libre entreprise ». Il se dit ainsi « démocratique » et s'approprie les courants d'idées et d'aspirations aujourd'hui répandues sur tout le continent, en faveur d'une action conjuguées pour le développement du marché commun latino-américain et des échanges culturels; en un mot, pour une union plus étroite des vingt Républiques de l'Amérique latine, afin de combattre la subversion et d'assurer la prospérité. Sous une coloration verbale progressiste, il y a réaction au sens étymologique du terme. Grâce à la protection militaire, un régime, inspiré par les éléments bourgeois, maintient les travailleurs dans la dépendance politique et réserve les pouvoirs de décision aux propriétaires fonciers, aux chefs d'entreprise, aux groupes économiques fortement organisés. Dominant le gouvernement, ces forces assurent l'orientation de l'opinion publique à travers les moyens de diffusion dont elles ont le contrôle (V. C. J. Pinto de Oliveira, *L'Amérique latine à l'heure de la décision,* in PAX ROMANA JOURNAL, n° 5, 1967, p. 26).

Les dictatures progressistes professent aussi un nationalisme exalté, mais y joignent une orientation socialiste assez nette. Ainsi, au Pérou, après le coup d'État du 3 octobre 1968, exilant le président constitutionnel Fernando Belaunde Terry, l'armée a engagé un combat peut-être plus symbolique qu'effectif, tant contre le capital étranger que contre l'oligarchie locale, c'est-à-dire contre les facteurs qui ont bloqué, jusqu'ici, le développement et maintenu un ordre fondé sur les vastes survivances des rapports semi-féodaux.

Mais, conservatrices ou progressistes, les dictatures militaires sud-américaines sont moins des monocraties que des oligarchies larvées se rattachant aux catégories étudiées au chapitre suivant et découlant directement, dans leur forme, du régime mixte, qu'est le présidentialisme dont elles sont le dernier avatar (V. sur l'ensemble des problèmes sud-américains, J. Lambert, *Amérique latine, structures sociales et institutions politiques,* 1963; Luis Mercier Vega, *Mécanismes du pouvoir en Amérique latine,* 1967; M. Niedergang, *Les vingt amériques latines,* 1965).

CHAPITRE III
LES OLIGARCHIES

78. — Définition et classification. — Étymologiquement, on appelle oligarchie la catégorie quantitativement intermédiaire entre les diverses formes de gouvernement d'un seul, — dites « monocraties » — et de gouvernement du grand nombre — appelées « démocraties ». Au minimum, quelques-uns y détiennent le pouvoir; au maximum une fraction importante, mais toujours minoritaire, de la collectivité possède seule des droits politiques.

Le terme est donc pris, par le vocabulaire contemporain, dans un sens purement objectif. On ne lui donne pas le caractère péjoratif que la philosophie antique lui attribuait, par rapport à l'aristocratie (V. Junius (Jules Isaac), *les Oligarques*, éd. de Minuit, 1945).

Quantitativement, les formes de l'oligarchie varient d'abord selon qu'elles se trouvent plus ou moins proches du pôle monarchie ou du pôle démocratique.

— La collégialité à quelques-uns, deux, trois ou quatre, n'est qu'une sorte de monarchie exercée à plusieurs, un *gouvernement pluripersonnel*.

— Par contre, le *gouvernement des collectivités minoritaires*, lorsque celles-ci sont assez nombreuses, est proche de la démocratie et se voit souvent confondu avec elle.

Qualitativement, les gouvernements minoritaires ont revêtu de multiples formes, parmi lesquelles on peut discerner comme régimes types :

— Le gouvernement d'une classe sociale privilégiée ou *aristocratie*.

— Le gouvernement des individus fortunés ou *ploutocratie censitaire*.

— Le gouvernement d'un ou plusieurs partis, ou *partitocratie*.

79. — Les gouvernements pluripersonnels.

Certains régimes confèrent l'autorité à quelques hommes, deux au moins, deux ou trois dizaines au plus. Ce sont moins des oligarchies que des monocraties à plusieurs têtes ; plutôt que des règnes collectifs, des gouvernements multipersonnels. Les hommes ainsi placés à la tête de l'État ne forment pas un groupe homogène, ni ne constituent une catégorie distincte. Ils sont très souvent juxtaposés par le jeu des événements qui consacre leur entente ou neutralise leurs méfiances. Ils exercent collégialement le pouvoir, ou s'en partagent individuellement les attributions, même de façon inégale. Par contre, un fractionnement territorial du pouvoir, comme celui résultant de la division du bas-empire Romain en empire d'Occident et empire d'Orient, substitue à une dyarchie la juxtaposition de deux monarchies.

Le gouvernement pluripersonnel doit être distingué de l'exécutif collégial des républiques démocratiques ou aristocratiques. La division constitutionnelle du pouvoir entre plusieurs mains, ou son exercice en commun, ont alors pour but de renforcer, en l'affaiblissant, l'emprise exercée sur lui par les autres organes. Tout différemment, les monarques ou les dictateurs collectifs détiennent un pouvoir personnel exclusif et l'on peut, d'ordinaire, leur appliquer les principes valables pour les monocraties.

Plus difficilement encore que celles-ci, les gouvernements pluripersonnels prennent une forme institutionnelle. A l'état pur, ils sont une sorte d'accident historique ou une forme transitoire. Il est fréquent que l'un des membres, écartant les autres, devienne monarque. Telle fut, parmi les plus notables exemples, la fin du triumvirat officieux de César, Crassus et Pompée (60 av. J.-C.), et du triumvirat pour la constitution de la République d'Octave, Antoine et Lépide (*triumviri Reipublicæ constituendæ,* 13 av. J.-C.), du Consulat provisoire de Bonaparte, Sieyès et Roger Ducos (V. n°s 238 et s.), du duumvirat des généraux Giraud et de Gaulle (V. n° 341).

80. — Les aristocraties.

Les régimes aristocratiques attribuent le pouvoir politique à la classe sociale, réputée la plus digne. Les membres de celle-ci sont théoriquement « les meilleurs » — en grec, *aristoi* (d'*aristos,* servant de superlatif à *agathos :* bon, brave, noble), en latin, *optimates* (d'*optimus,* superlatif de *bonus*).

L'aristocratie repose ainsi sur l'idée d'une supériorité naturelle ou acquise, partagée en commun par un certain nombre d'hommes, ou plus exactement de familles. Les fondements de cette situation élevée sont divers et généralement multiples. L'aristocratie résulte à la fois de caractères individuels et de circonstances sociales. Elle est une conséquence de la division du travail et de la répartition des biens, mais elle provient aussi d'événements historiques, de considérations morales et psychologiques. Dans la langue d'Homère et d'Hésiode, les aristocrates sont les plus forts, les plus vaillants au combat. Socrate et Platon invoquent simultanément les avantages de la naissance, de l'éducation sociale, de la vertu, de la richesse. Aristote insiste surtout sur ce dernier caractère : le gouvernement d'une minorité de pauvres n'est pas pour lui une oligarchie (« *Politique* » *d'Aristote, op. cit.,* p. 97). A l'époque moderne, nombre d'historiens et de sociologues voient, dans les privilèges de l'aristocratie, une conséquence de la guerre et de la conquête. Ainsi dominèrent les Spartiates à Lacédémone, les Francs en Gaule, les Normands en Angleterre. Ces envahisseurs maintinrent leur pouvoir, comme ils l'avaient acquis, par la supériorité de leur armement. Dans nombre de pays occidentaux, « cavalier » ou « chevalier » est le premier degré de noblesse. La conquête assure, également, la maîtrise par la possession des grands domaines. « C'est à la terre que se prend l'aristocratie, c'est au sol qu'elle s'attache et qu'elle s'appuie » (A. de Tocqueville).

Cette domination de fait est confirmée ensuite par les coutumes et les lois. A la puissance revient le pouvoir. L'organisation politique (qui est souvent encore de type féodal ou préétatique) confère les prérogatives gouvernementales aux membres d'une catégorie devenue juridiquement privilégiée. On honore le service rendu, notamment la protection militaire ; on fait, ailleurs, confiance à l'expérience acquise et consacrée par le succès dans les entreprises privées du commerce et de la navigation.

Alors que, dans la démocratie, tous les nationaux sont citoyens de plein droit, dans l'aristocratie, cette qualité n'est reconnue qu'à une catégorie limitée d'individus. Il y a donc au moins deux classes, dont une seule détient le pouvoir. En règle générale, les privilèges de la minorité gouvernante sont transmissibles héréditairement. Elle forme une caste close, n'ouvrant ses rangs qu'à titre exceptionnel. Cependant, hors de sa base minoritaire, la structure politique est la même qu'en régime démocratique. Ici, le phénomène s'étend à tout le peuple ; là, il se limite à la classe dominante. L'aristocratie est gouverné. Mais, en elle-même, elle est à son tour démocratiquement organisée. Les aristocrates, collectivement maîtres, sont individuellement sujets (V. J.-C. Bluntschli, *Théorie générale de l'État, op. cit.*, p. 291). A considérer les choses d'une façon superficielle, la différence, entre les deux régimes, tiendrait seulement au nombre de ceux qui en ont le bénéfice. Cependant les différences quantitatives donnent à des institutions, identiques d'apparence, un caractère qualitatif propre. Le principe aristocratique tend à concentrer la puissance politique en un conseil étroit, à instituer ainsi une polyarchie, c'est-à-dire comme on vient de l'expliquer, une monocratie à plusieurs têtes (V. G. Glotz, *La Cité grecque*, 1950, p. 95 et 115).

Lorsque l'aristocratie est pure, c'est-à-dire lorsqu'elle exerce seule le pouvoir politique dans l'État, sa forme naturelle est la République, entendue au sens classique de gouvernement de plusieurs. La monarchie peut coexister avec elle sous la forme mixte de la monarchie limitée (V. n° 86). Par contre, la royauté absolue exclut l'aristocratie. Elle l'abat militairement ; elle la ruine politiquement par la création d'une administration centralisée ; elle l'élimine socialement, en l'attirant et en la retenant à la Cour, en en faisant une noblesse fastueuse et brillante, frivole et vaine, jalouse de ses titres, occupant une grande partie des hauts emplois, mais cessant d'avoir en corps la direction de l'État (V. M. Block, *Petit dictionnaire politique*, 1896, p. 35).

Dans l'antiquité, Sparte est le type d'une aristocratie militaire (V. E. Cavaignac, *Sparte*, 1948). Vers elle se tourne l'admiration des intellectuels « laconisants » et ses armes appuient les oligarchies instituées dans les cités vaincues. Tel est, après ses défaites, le lot d'Athènes. Mais au début de son histoire, elle avait déjà connu une constitution « timocratique » où l'accès aux diverses magistratures était subordonné à la fortune. Cette aristocratie ploutocratique des capitales maritimes et marchandes se retrouve dans d'autres cités grecques, ainsi qu'à Carthage, dont le régime — considéré comme « pur » par Aristote, et jugé « mixte » par Polybe — donnait le pouvoir à la richesse. « Le peuple pauvre ne pesait pas beaucoup dans la balance où l'or était tout » (H. et C. de Riancey).

Aux temps modernes, Venise réalise sans doute le type le plus parfait et le plus durable du régime aristocratique des villes commerçantes. Les habitants des îles vénètes, réunis en assemblée à Héraclée en 697, se donnent un chef, le *Dux,* d'où devait sortit plus tard le nom de « Doge ». Son pouvoir, d'abord absolu, se voit limité au fur et à mesure que s'accentue la puissance des familles nobles qui éliminent simultanément l'influence populaire. L'acte décisif est la clôture du Grand Conseil, la *serrata del Maggior Consiglio.* A partir de 1296, n'y entrent plus que ceux dont les titres ancestraux sont dûment vérifiés. Comme des dispositions antérieures ont déjà réservé aux participants au Grand Conseil les charges du gouvernement, le monopole du pouvoir est ainsi assuré à une oligarchie fermée, très jalouse de ses privilèges, mais aussi très capable. Recrutée parmi les éléments autochtones et non parmi les conquérants, elle est assez nombreuse pour se renouveler et ne point se scléroser dans les honneurs. Par ailleurs, une répartition savante des pouvoirs entre de multiples conseils y empêche la confiscation de l'autorité par un homme ou par une famille. Ainsi dura pendant cinq siècles un gouvernement « présentant certaines ressemblances avec les régimes modernes à parti unique ». Sans doute, était-il tombé en décadence à la fin du XVIIIe siècle, mais peut-être eût-il survécu sans l'intervention de Bonaparte qui, par le traité de Loeben, livra la Sérénissime à l'Autriche (V. G. Maranini, *la Costitutione di Venezia dopo la serrata del maggior Consiglio,* 1931; M.-F. Arcelin-Galuz, *L'oligarchie vénitienne, in* Politique, 1967, p. 205 et s.; R. Guerdan, *la Sérénissime,* Fayard, 1970).

Très différent est évidemment le gouvernement de la noblesse polonaise militaire et terrienne; ses membres sont parfois si pauvres qu'ils portent l'éperon sur leur talon nu. Elle constitue une aristocratie authentique du fait qu'après l'extinction de la race antique des Jagellons, en 1572, la monarchie y fut élective et ne put jamais redevenir héréditaire. La noblesse détient la souveraineté par l'organe constitutionnel qui la représente, c'est-à-dire par la Diète. D'autre part, elle prend vis-à-vis du roi viager des précautions jalouses. Des *pacta conventa,* jurés à son avènement, réduisent presque à néant son autorité. Mais la liberté de la noblesse devait être payée de la liberté du pays.

81. — Les ploutocraties censitaires. — Les régimes censitaires sont comparables aux régimes aristocratiques avec cette différence que la minorité gouvernante n'y est pas une classe sociale organiquement constituée, ayant son existence autonome, mais simplement la réunion, en vue des seules opérations électorales, d'individus désignés par la constitution ou la loi, selon un critère simplement quantitatif.

Le mot « cens » vient du latin *census* : compte, dénombrement des personnes et des biens. Ce « recensement » déterminait à la fois les charges fiscales et la participation à la chose publique ; d'où, à l'époque moderne, la désignation sous le mot « cens » du *quantum* de propriété ou d'impôt nécessaire à la détention du droit de vote.

Un cens très léger peut être considéré comme un signe palpable d'attachement à la chose publique. Il consacre le principe que tout membre de la société civique doit coopérer aux charges, quelque faible que soit sa fortune. Il laisse au suffrage sa généralité, sinon son universalité (V. n° 191). Par contre, un cens élevé réserve le pouvoir à une minorité et fonde ainsi, sur le privilège, une forme caractérisée d'oligarchie. Selon un dessein politique précis, on entend délibérément n'accorder le pouvoir qu'aux riches. Estimant que la participation à la chose publique implique l'indépendance matérielle et le loisir intellectuel, on ne saurait l'accorder à tous ; on exclut donc non seulement les indigents, mais ceux qui peinent pour leur pain quotidien. Une telle dévolution du pouvoir à une ploutocratie censitaire fut pleinement réalisée par les Chartes françaises de 1814 (V. n°s 251 et 256) et de 1830 (V. n° 270). L'Angleterre, de son côté, obtenait empiriquement le même résultat en liant, jusqu'à l'avènement du suffrage universel, le droit de vote à la détention des « franchises », c'est-à-dire à la possession en *freehold* d'un bien d'une certaine valeur. Le droit coutumier britannique introduisait une infinie variété de conditions du plus complet illogisme mais, pratiquement, l'évolution démocratique du régime parlementaire n'en fut pas entravée (V. n° 58).

Le régime censitaire est analogue dans ses principes et sa structure au régime démocratique, puisqu'il est comme lui une forme du gouvernement d'Opinion, mais l'universalité gouvernante y est réduite à une minorité. C'est, pourrait-on dire, « la liberté sans la démocratie », à l'inverse du césarisme qui est « la démocratie sans la liberté ».

En principe, comme l'aristocratie, le régime censitaire appelle la république puisqu'il implique la souveraineté de l'élite électorale. De fait, lié historiquement à la monarchie limitée, il est entré en conflit avec elle, préparant la voie à la démocratie parlementaire, en passant ou non par la phase du parlementarisme dualiste.

82. — Les partitocraties.

— L'oligarchie peut enfin exister sous l'apparence d'un régime de masses, du fait de la puissance appartenant aux partis politiques manipulant les institutions gouvernantes ou exerçant sur elles une pression irrésistible.

Au sein des monocraties, le parti unique est aux mains d'une minorité agissante qui se considère elle-même comme une aristocratie. Sociologiquement, elle en présente certains traits, en tant qu'elle forme un milieu fermé, jouissant d'importants privilèges, tel l'accès exclusif à la fonction publique et, hors de l'armée, le monopole du port d'armes.

Mais, comme il l'a été expliqué ci-dessus, le parti unique est lui-même dictatorialement organisé. Le monisme du parti correspond au monisme de l'État avec lequel il se confond finalement en la personne du Chef, simultanément unique dictateur du pays et du parti. Il n'y a donc ni gouvernement collectif, ni régime aristocratique, mais gouvernement personnel et monocratie.

Cependant, cette contraction autoritaire peut, à la suite de certaines circonstances, céder le pas à une reprise de la direction, sinon par l'ensemble du parti, du moins par le collège des hiérarques qui entoure le Chef. Après les désastres de Tunisie et de Sicile, les membres du Grand Conseil invitèrent le roi à user des pouvoirs constitutionnels du Statut albertin pour écarter Benito Mussolini. Après la mort de Staline, les chefs du parti communiste ont dénoncé « le culte de la personnalité » et promis de donner désormais au pays et au parti une direction collégiale. Logiquement, celle-ci eût dû conduire au règne d'une oligarchie partisane, le parti détenant un pouvoir rendu collectif, grâce à une organisation autonome et démocratisée intérieurement. Jusqu'à une époque très récente « le centralisme démocratique » et la rigueur de l'orthodoxie doctrinale ont limité une telle évolution.

Au sein des démocraties, les partis, là où ils sont forts, constituent un substitut doublement oligarchique de la participation populaire au pouvoir.

Par leur action d'abord, ils créent un pays partisan différent du pays réel, comme l'était le pays légal des oligarchies censitaires. S'interposant entre les gouvernants et le peuple, les partis substituent leur influence à celle des électeurs auxquels ils imposent des candidats de leur choix. Élus grâce au parti, les parlementaires demeurent sous l'influence de celui-ci dont dépend leur réélection. Ministres, ils sont dans *le régime des partis* les représentants de celui-ci au sein du gouvernement qui devient le lieu de leur affrontement. Les solutions adoptées finalement sont des compromis à moins que, constamment différées, elles n'engendrent l'immobilisme.

Dans leur structure, les partis eux-mêmes subissent une contraction oligarchique. Cette tendance des mouvements politiques, même réputés avancés, à se constituer en groupes restreints et clos a été remarquablement mise en lumière par Robert Michels dans son analyse de la Sozial Demokratie à l'époque wilhelminienne (*Zur Soziologie des Parteiwesens in der modernen Demokratie,* 1911, trad. *Les partis politiques,* essai sur les tendances oligarchiques des démocraties, 1914, rééd. 1971. V. M. Prélot, *Histoire des Idées Politiques, op. cit.,* n° 450). L'argot polémique allemand a forgé les termes *Bonzentum* (caste des bonzes) et *Parteimumien* (momies du parti) pour désigner le phénomène de l'accaparement de l'appareil du parti par une coterie de permanents inamovibles et sclérosés.

Le gouvernement de Weimar a été qualifié de *Parteienbundestaat* (O. Koelreutter, *Deutsches Verfassungsrecht,* 1935, p. 46); celui de la IVe République française a été appelé *régime des partis;* mais c'est en Italie qu'il a surtout été fait usage du terme de *partitocratie* (V. P. L. Zampetti, *Democrazia e potere dei Partiti,* il nuovo regime politico, 1969; Cl. Malberti, *Sistemi di partiti e Democrazia;* A. Colombo, *La Dinamica-storica dei partiti politici,* 1965 et 1970).

Cependant, il ne semble pas que la partitocratie soit un régime proprement et authentiquement oligarchique. Elle est plutôt une hypertrophie des phénomènes partisans inhérants à la démocratie classique.

CHAPITRE IV

LES RÉGIMES MIXTES

Section 1
Fondements et caractéristiques

83. — Définition des régimes mixtes. — Ainsi qu'il a été aisé de l'observer au cours des trois précédents chapitres, la classification des institutions gouvernantes, sur la base retenue comme fondamentale de l'étendue numérique de la participation au pouvoir, n'est pas toujours aisée. On constate souvent un chevauchement des régimes et aucun, dans le concret, ne peut être réputé complètement pur. Cependant, chacun s'efforce de demeurer dans sa ligne logique, en éliminant les survivances ou en luttant contre les apports hétérogènes.

Cette tendance intégriste est abandonnée par une quatrième catégorie d'institutions gouvernantes qui tend à combiner, ou au moins à juxtaposer, des éléments divers provenant des trois régimes fondamentaux : démocratie, oligarchie, monarchie.

Leur appellation traditionnelle est celle de régimes mixtes et non ainsi qu'on les qualifie parfois de *régimes intermédiaires*. Cette dernière désignation doit en effet être réservée aux régimes oligarchiques qui, comme on vient de le dire, se situent en un point déterminé de l'espace laissé vide entre les deux régimes extrêmes du gouvernement d'un seul et du pouvoir du grand nombre.

Les régimes mixtes sont des « types de synthèse » reposant sur la combinaison, l'association dans une certaine proportion de principes opposés simples. Ils ont une existence indépendante distincte, tout autant que celle des types simples eux-mêmes (Ch. Eisenmann, *Cours de Droit consti-*

tutionnel comparé, Paris, les Cours du Droit, 1950-1951, p. 94, et Politique, 1968, *loc. cit.*).

L'existence même des régimes mixtes a cependant été contestée. « Il n'y a pas à vrai dire de gouvernement mixte parce que, dans chaque société, on finit par découvrir un principe d'action qui domine tous les autres » (A. de Tocqueville, *De la Démocratie en Amérique*, chap. XV, p. 304, éd. de 1850).

L'observation de Tocqueville est, comme toujours, profonde. La mixité n'est jamais complète ni parfaitement équilibrée. Mais cette constatation permet seulement de distinguer des « régimes mixtes paritaires » et des « régimes mixtes inégalitaires » (Ch. Eisenmann, *Essai de classification, op. cit.*, p. 85) sans que disparaisse par là même la catégorie générale des régimes mixtes. (Sur les régimes mixtes, V. en dernier lieu, J. Petot, *La notion de régime mixte*, Mél. Ch. Eisenmann, 1975, p. 99.)

84. — La classification des régimes mixtes. —

Cependant la classification des régimes mixtes en « paritaires » et « inégalitaires » présente l'inconvénient majeur d'attirer les régimes mixtes dans l'orbite des régimes simples et éventuellement de les y résorber. Une distinction, faisant mieux ressortir les diversités et les particularités des régimes mixtes, est fournie par l'origine de la mixité, tantôt systématiquement établie, tantôt découlant d'une évolution événementielle.

A. *Les régimes mixtes par système ou par principe.* — Ils se rencontrent déjà dans la pensée grecque. Hippodame de Millet et Aristote préconisent des emprunts méthodiques aux divers gouvernements, qui se tempéreraient les uns par les autres (V. M. Prélot, *Histoire des Idées politiques, op. cit.*, n°s 15, 47 et s.). Mais la conception du régime mixte est l'apport propre des auteurs romains, de Polybe et de Cicéron, la République étant elle-même, à leurs yeux, un mélange idéal de monarchie, d'aristocratie, de démocratie. Le régime mixte est aussi préconisé par la philosophie scolastique. Tout en préférant, en théorie, la monarchie pure, l'Aquinate estime que, pratiquement, le meilleur régime est le régime mixte, « celui que donna Moïse aux Hébreux, ou celui de la France au temps de Saint Louis. Capable de procurer simultanément les divers éléments du bien commun, il combine avec le principe monarchique les institutions aristocratiques et démocratiques. Il assure simultanément et suffisamment l'ordre, la justice distributive, la liberté. Il suppose une communauté vivant dans les meilleures conditions qu'on puisse raisonnablement espérer » (C. Journet, préf. au *Gouvernement royal* de St Thomas d'Aquin, Lib. du Dauphin, 1931, p. 21).

A l'époque contemporaine, l'épithète mixte convient particulièrement à la *monarchie limitée* et au *parlementarisme dualiste* — qui réunissent monocratie, aristocratie et oligarchie censitaire — ainsi qu'au *césarisme démocratique* — qui conjoint monocratie et démocratie.

B. *Les régimes mixtes circonstanciels*. — Les régimes mixtes par accident ne correspondent pas à une volonté délibérée de leurs auteurs, ni davantage à une conception doctrinale. Leur diversité et leur inégalité portent la marque de l'événement, de la présence d'une personnalité dominante, de la survenance de périls internes ou externes, d'un changement des esprits, du vieillissement de la « classe politique », de la montée des couches nouvelles, etc.

Ces facteurs sont assez forts pour provoquer une modification de régime, mais trop faibles pour entraîner une mutation complète. Il y a transaction de fait. De la sorte, les régimes mixtes sont constamment en évolution, celle-ci n'étant d'ailleurs point rectiligne, mais comportant des accélérations, des arrêts et des régressions. A cet égard, les régimes mixtes pourraient être considérés comme des régimes de transition, s'ils ne connaissaient souvent une durée supérieure à celle des régimes réputés purs.

On ne saurait prétendre épuiser la nomenclature des régimes circonstanciels. On se bornera donc à n'en donner que quelques exemples (1).

(1) Marcel Prélot présentait, des régimes mixtes circonstanciels, une sous-classification suivant que leur mixité lui paraissait dériver de la démocratie ou de la monocratie. On a renoncé à maintenir cette subdivision. Il ne nous a pas paru, en effet, possible de continuer à qualifier l'ensemble des États socialistes comme le seul exemple de régimes mixtes dérivés de la monocratie et, à vrai dire, M. Prélot lui-même marquait un doute à cet égard, compte tenu d'évolutions qui nous semblent imposer de considérer le « modèle socialiste » comme un modèle original. Quant aux illustrations des régimes mixtes « dérivés » de la démocratie, leur caractère principalement circonstanciel se mesure au fait que la plupart ne sont plus que des illustrations historiques. Elles n'ont été maintenues qu'en tant que telles.

Section 2

Les régimes mixtes par principe

85. — La république romaine. — Comme on vient de le relever, selon l'analyse classique de Polybe (201 à 120 av. J.-C.), Rome, objet de l'admiration plus que du ressentiment de ce « grec conquis » (Fustel de Coulanges), réalise dans sa perfection le type de gouvernement mixte. A dévisager les consuls, le régime est monarchique; à considérer le Sénat, il est aristocratique; à regarder les comices, il est démocratique. La codirection de l'aristocratie et du peuple — *Senatus Populusque romanus* — est un partage ingénieux de l'autorité entre trois pouvoirs, dont aucun ne peut se passer des autres. Par suite, ce système constitutionnel engendre un harmonieux équilibre qui assure à la fois la force de l'État et la dignité de vie des citoyens. Telle est, aussi, l'opinion de Cicéron qui analyse de manière analogue le système romain et en donne ce que l'on pourrait appeler la version officielle (V. M. Prélot : *Histoire des idées politiques, op. cit.,* ch. VII).

En fait, — à supposer qu'elle ait jamais fait une place réelle à la démocratie — la constitution romaine n'a plus, dès le IIIe siècle avant J.-C., que les apparences de l'égalité républicaine. Le gouvernement effectif passe aux mains d'une aristocratie, la noblesse sénatoriale, qui devient une oligarchie de plus en plus fermée et exclusive. Il en avait été de même à Sparte et à Carthage dont, selon Polybe, les gouvernements auraient aussi été de caractère mixte, quoique de façon moins parfaite (V. L. Homo : *Les institutions politiques romaines de la Cité et de l'État,* 1927, p. 138 et s. V. également, pour l'analyse détaillée des institutions romaines, J. Maillet, *Institutions politiques et sociales de l'Antiquité :* Caractères généraux des institutions républicaines, *op. cit.*).

86. — La monarchie limitée. — La monarchie limitée se différencie de la monarchie absolue en ce que le pouvoir, qui continue d'appartenir à un seul, se trouve limité dans son exercice par l'existence et le jeu d'autres organes politiques subordonnés, mais efficients.

On distingue généralement deux formes de monarchie limitée : l'une antérieure à la monarchie absolue aurait été celle de la France avant 1614. Son étude, très controversée, relève de *l'histoire des institutions publiques;* l'autre, qui nous intéresse directement, est la conséquence de la destruction violente des monarchies absolues par les révolutions d'Angleterre et de France.

Déjà pratiquée en Angleterre, depuis l'avènement de Guillaume d'Orange (V. n° 58), la monarchie limitée est introduite en France par la Charte de 1814. On la rencontre temporairement dans les pays de l'Allemagne du Sud : Bavière (1818), Bade (1818), Wurtemberg (1819), Hesse-Darmstadt (1820). Ce régime sera aussi dans ses grandes lignes celui de la Prusse en 1880; celui du *Reich* allemand, en 1871; de l'Autriche, au milieu du XIXe siècle; de la Russie, entre 1906 et 1917.

La monarchie limitée est un régime typiquement mixte en ce qu'il combine le principe monocratique du gouvernement d'un seul, avec la participation au pouvoir d'une aristocratie nobiliaire et héréditaire, qui forme la Chambre haute, et d'une oligarchie censitaire qui désigne la Chambre basse, tenue pour la représentation de la nation entière.

Toutefois, la monarchie limitée n'est pas une monarchie partagée, comme la monarchie révolutionnée de 1789 (V. n° 186). Le roi demeure souverain, tel qu'il l'était avant l'introduction du régime constitutionnel. Le principe du système est indiqué par le substantif « monarchie », l'adjectif « limitée » l'atténuant simplement. Comme le dit le meilleur théoricien du système « le pouvoir du monarque existe avant et au-dessus du peuple et c'est en lui que tout le peuple doit se confondre » (F. J. Stahl : *Philosophie des Rechts*, 2 vol., 1830 et 1837).

Le monarque conserve une pleine liberté, même dans le domaine législatif. Le parlement n'est pas un organe de représentation du peuple, mais un organe de l'État dans la formation duquel intervient une partie du peuple. Il ne légifère pas. Il établit seulement « le contenu de la loi ». La loi est, en effet, formée de deux éléments : une maxime de droit qui formule la norme et un commandement qui la sanctionne. Or, la souveraineté se manifeste, non dans la détermination du contenu, mais par la sanction qui le rend obligatoire. La sanction seule est donc l'acte législatif au sens du droit public. (P. Laband : *Droit public de l'Empire allemand,* trad. franç., 1901, t. II, p. 264).

De même, toujours d'après les théoriciens de la monarchie limitée, les droits budgétaires du parlement ne peuvent faire obstacle au pouvoir souverain. L'accent est mis sur le caractère administratif du budget, afin de souligner que, dans son établissement, la participation du parlement n'est pas nécessaire. Si le projet n'est pas approuvé, le roi a le droit de percevoir les taxes et de faire face aux dépenses inscrites au budget de l'année précédente. La limitation consiste en l'impossibilité pour le prince d'aggraver de lui-même la fiscalité. Laband, ici encore, montre fort bien que la monarchie limitée cesserait d'être une monarchie si le Parlement avait le droit de refuser l'autorisation de percevoir les recettes et d'effectuer les dépenses. En effet, si l'opposition pouvait, par son refus du budget, empêcher le recouvrement des impôts, le gouvernement devrait se retirer et être remplacé, ou bien, s'il restait en place et passait outre, être mis en accusation. Dans les deux cas, l'on s'acheminerait vers le parlementarisme et la démocratie.

Enfin, la monarchie limitée comporte la faculté pour le prince de faire les ordonnances de nécessité. Des décrets ayant force de loi peuvent remplacer la procédure législative normale, au cas où celle-ci se trouverait bloquée par les circonstances ou par la mauvaise volonté de la Chambre populaire.

Assez laborieuse à justifier théoriquement, cette situation de la monarchie souveraine, quoique respectant elle-même des limites, est aussi difficile à maintenir pratiquement.

87. — Le parlementarisme dualiste. — Le parlementarisme dualiste, qui dérive de la monarchie limitée, reste encore un régime mixte, du fait de l'influence propre conservée au chef de l'État et du maintien, avec quelques atténuations, de Chambres, l'une aristocratique et l'autre censitaire.

La forte situation du chef de l'État en fait l'égal, sinon le supérieur des Chambres. Autant que sous leur dépendance, le ministère est sous la sienne. Le système est ainsi dualiste, puisqu'il y a double responsabilité ministérielle, le roi pouvant renvoyer les ministres et dissoudre la Chambre qui les soutiendrait. Il a, en outre, l'appui de la Chambre haute qui lui est dévouée par tradition et aussi par nécessité, puisque, grâce aux « fournées de pairs », il peut en modifier la composition.

Le parlementarisme dualiste fait sans doute une part moins large à la monocratie que la monarchie limitée, car le chef de l'État n'a pas seulement à demander aux Chambres les moyens de sa politique (lois nouvelles et nouvelles ressources), mais aussi à accepter la politique résultant de la composition de la Chambre. Cependant, élue sur une base étroite, celle-ci ne présente qu'une force discutable. Si elle n'a ni majorité homogène, ni chef reconnu, le roi, en jouant habilement de la situation, peut poursuivre une politique presque aussi personnelle que dans la monarchie limitée.

A côté de la forme authentique du parlementarisme dualiste, avec rôle politique direct du monarque, il existe un dualisme larvé, avec prépondérance du chef du gouvernement qu'il choisit. Ce régime s'est, notamment, rencontré en Italie, entre « la chute de la vieille Droite », en 1876, et l'entrée en guerre du royaume en 1915. Durant cette période, une personnalité politique, forte de l'appui du roi, gouverne le pays sans posséder vraiment une base démocratique et parlementaire, comme c'est alors le fait en Angleterre. Ainsi, se sont succédé les trois dictatures larvées de De Pretis, de Crispi et de Giolitti. Ce dernier sut tenir la Chambre en sa dépendance, grâce à la menace de la dissolution et à son habileté consommée à manœuvrer le corps électoral. Le Sénat, à la nomination royale, lui était, par ailleurs, entièrement soumis. On peut rapprocher du régime italien le « système tournant » qui a fonctionné en Espagne sous la Constitution de 1876, depuis le *pronunciamiento* de Martinez Campos, en 1874, jusqu'à celui de Primo de Rivera en septembre 1923. Au lieu de se disputer réellement le pouvoir, les deux partis, conservateurs et libéraux, s'étaient, sous la garantie royale, mis d'accord pour s'y succéder tour à tour amiablement. Le « rotativisme » fonctionna très bien avec Canovas del Castillo et Sagasta, mais, sous des chefs discutés et moins habiles, il ne put surmonter les difficultés extérieures ou sociales. En Bulgarie, Ferdinand Ier sut, de même, pendant un temps, faire alterner habilement les cabinets russophiles et austrophiles, le Parlement émanant en fait plus du gouvernement que du pays.

La monarchie limitée et le parlementarisme dualiste se sont trouvés souvent dépassés dans le sens monocratique par les réactions autoritaires, survenues après une expérience malheureuse de démocratie parlementaire. En 1930, Alexandre Ier de Yougoslavie a abrogé la Constitution de Vidovdan et exercé personnellement le pouvoir jusqu'à la promulgation de la nouvelle Constitution du 3 septembre

1931, qui rétablit une certaine représentation. La Constitution roumaine du 27 février 1938 fut un retour, avec quelques innovations, à l'ancienne Constitution de 1864, datant d'Alexandre Couza et transformée plus tard en constitution parlementaire. En Bulgarie, le roi Boris inspira le second coup d'État du 19 mai 1934, le premier, le 9 juin 1923, ayant été marqué par l'assassinat du *leader* paysan Stambouliski et par l'intervention de l'armée. Un troisième se préparait, pour libérer la Bulgarie de l'emprise hitlérienne, lorsque le roi Boris mourut mystérieusement à son retour de Berchtesgaden (28 août 1943).

Si le monarque l'emporte, c'est alors ce qui a été appelé, en Europe centrale et en Russie, le « pseudo-constitutionnalisme » (B. Mirkine-Guetzévitch, *Les origines françaises du régime parlementaire*. Académie des sc. mor. et pol., juill.-août 1932). Les institutions en apparence libérales ne font que masquer un absolutisme foncier. La monarchie victorieuse méconnaît ses limites théoriques, comme en Allemagne et en Russie, et, avec moins de netteté, en Autriche. En Russie, la première Révolution de 1917 met fin à la fois au tsarisme et à son omnipotence. En Allemagne, c'est *in extremis* qu'en octobre 1918 l'empereur Guillaume II fait appel au prince Max de Bade pour transformer la monarchie limitée en monarchie parlementaire. L'entreprise fut à peine esquissée puisque, le 9 novembre, la République était proclamée.

A l'inverse, dans les pays occidentaux, notamment en Angleterre, après Guillaume d'Orange, la monarchie parlementaire s'est, à travers les phases indiquées (V. n° 59), peu à peu substituée à la monarchie limitée. En France, sous Louis XVIII et avec Louis-Philippe, la monarchie limitée a évolué vers le parlementarisme dualiste (V. n°s 259, 265 et 266).

88. — Le césarisme démocratique. — Le césarisme démocratique est également un régime mixte, en ce qu'il se propose d'associer la monocratie et la démocratie. Structurellement, les affinités sont grandes entre la monarchie limitée et le césarisme, puisque, dans les deux cas, le chef de l'État a besoin de la représentation nationale, soit pour légiférer, soit pour percevoir l'impôt. Mais, dans le principe, les régimes sont très différents. L'autorité du César s'exerce moins en vertu d'une souveraineté propre (que cependant il invoque parfois) qu'au nom du Peuple qui lui remet le pouvoir par plébiscite et qui, de temps en temps, l'approuve dans la même forme.

De la sorte, le césarisme démocratique se rapproche de la démocratie directe. Il est, d'ailleurs, impossible de distinguer formellement plébiscite et référendum. Dans les deux cas, le corps électoral se prononce par « oui » ou par « non »; dans les deux cas, il y a votation et non élection, c'est-à-dire approbation d'une formule et non choix de personnes. Par contre, la signification politique des mêmes actes est différente. Dans le référendum, le peuple participe, cas par cas, à l'activité constitutionnelle, législative ou administrative, en acceptant ou en rejetant des propositions auxquelles il est appelé à donner ou à refuser force obligatoire. Dans le plébiscite, il y a manifestation globale de confiance et abandon du pouvoir à un chef auquel la Nation reconnaît des droits illimités.

Selon l'étymologie, le précurseur du système serait Jules César, mais celui-ci se proposait plutôt de fonder une monarchie absolue, de type helléno-asiatique. La découverte de ses intentions provoqua son exécution, en plein Sénat, par Brutus et les autres conjurés, il y a 2 000 ans, aux Ides de Mars (44 av. J.-C.). Un dénouement aussi tragique instruisit Octave qui prend le titre d'empereur (d'*imperator*, commandant en chef) en vertu d'un mandat légal tenu par le Sénat par senatus-consulte, du peuple par plébiscite.

D'aucuns ont rapproché du précédent romain le gouvernement des Médicis à Florence, le protectorat de Cromwell en Angleterre. Mais la construction théorique et pratique du césarisme démocratique est, à l'époque contemporaine, l'œuvre des deux Napoléon, particulièrement du second (V. n° 288).

Le césarisme est démocratique en ce sens qu'il affirme le principe de la souveraineté populaire; qu'il « reconnaît et garantit les grands principes proclamés en 1789 et qui sont la base du droit public des Français » (Constitution du 14 janv. 1852, art. 1); que le chef de l'État se présente, lui-même, comme l'élu du peuple, comme le dépositaire et l'exécuteur de ses volontés.

Par contre, le césarisme est monocratique en tant qu'un homme y est maître de la quasi-totalité du pouvoir. La confiance qui lui est donnée en bloc ne peut lui être retirée en détail. La conséquence en est la suppression ou, tout au moins, la restriction des libertés, en tant qu'elles concernent l'opinion. Selon la formule lapidaire de Jules Simon : « le césarisme, c'est la démocratie sans la liberté ». Or, le droit majoritaire n'est démocratique qu'avec la liberté de discussion et de contestation légale.

Au fond, les deux principes du césarisme démocratique — le principe du gouvernement personnel qui le rattache à la monocratie absolutiste et le principe démocratique qui le rattache à la démocratie libérale — sont antinomiques. Ils peuvent se rencontrer historiquement réunis, toute constitution durable comportant une certaine tension interne, favorable à son équilibre. Mais l'un d'eux doit l'emporter. L'exemple des empires français en est la preuve. Lorsque la dictature personnelle triomphe, le césarisme démocratique se rapproche de la monocratie absolutiste. Tel a été le destin du premier Empire où il y eut beaucoup de césarisme et peu de démocratie (V. n° 245). Napoléon Ier s'y révèle despote éclairé, dans le style du XVIIIe siècle, et précurseur des dictatures idéologiques et totalitaires du XXe (V. Ch. Eisenmann; Politique, 1947, p. 781 et 1948, p. 520 et s.). A l'inverse, l'évolution de l'Empire intégral vers l'Empire parlementaire, à travers l'Empire libéral, traduit l'affirmation de l'élément démocratique du régime entraînant progressivement la disparition du pouvoir personnel (V. n°s 293 à 295).

Section 3
Les régimes mixtes circonstanciels

89. — Désignation. — On peut placer dans cette catégorie des régimes désormais historiques qui se sont établis à différentes périodes en Autriche, en Pologne, au Portugal et en Espagne. De durée variable, leur caractéristique a consisté dans l'établissement d'un État « autoritaire » — *der autoritare Staat* — qui, ni sur le plan des principes, ni sur celui des institutions ne se porte aux extrémités des monocraties populaires. La tentation du totalitarisme y a été plus ou moins bien contenue par le catholicisme foncier des populations et par une adhésion à un corporatisme, réagissant dans l'organisation politique contre les excès de l'individualisme.

90. — L' « État autoritaire » autrichien et polonais. — Il correspond respectivement à la constitution autrichienne du 1er mai 1934 et polonaise du 23 avril 1935.

La première est fortement marquée par le présidentialisme, au point qu'un humoriste viennois ait pu dire à son propos que « le président fédéral nomme le peuple ». Choisi par l'Assemblée des bourgmestres parmi trois candidats proposés par l'Assemblée fédérale, le Président nommait un gouvernement indépendant de la Diète et des quatre conseils, eux-mêmes choisis selon des modes compliqués tous exclusifs d'élections populaires. Ce régime, destiné à maintenir l'indépendance du pays, facilitera au contraire l'entreprise hitlérienne dont l' « Anschluss » marquera le dénouement le 12 mars 1938.

La seconde succéda à la dictature innomée du maréchal Pilsudski, exercée depuis mai 1926. Elle déplaçait le centre de gravité politique du parlement au président. Celui-ci devenait l'organe essentiel. Si sa désignation continuait d'incomber à la Diète, il n'en était ainsi que si le président sortant n'opposait pas son veto à la désignation de son successeur; veto qui renvoyait au peuple le choix entre le candidat désigné par la Diète et un candidat soutenu par le président sortant. De même, si le président étant contraint de gouverner avec des ministres ayant la majorité dans les chambres, ces ministres n'étaient obligés de se retirer que si le gouvernement était mis en minorité devant les deux chambres.

91. — L' « État corporatif » portugais et l' « État national » espagnol : caractères-évolution contemporaine. — Ces deux régimes fondés l'un sur la constitution du 19 mars 1933, l'autre sur un pronunciamento militaire en juillet 1936, ont en tant que tels disparu avec leurs fondateurs, O. Salazar et F. Franco.

A. La constitution portugaise de 1933, qualifiée de « corporative » bien que cet aspect n'ait eu du point de vue politique qu'une portée secondaire, établissait un régime qui, extérieurement du moins, tenait à la fois du régime présidentiel et du régime parlementaire. Le chef de l'État y était élu par le peuple pour une durée de sept ans renouvelable. Il était en principe responsable devant la nation, choisissait et révoquait librement les ministres que l'Assemblée ne pouvait pas renverser et disposait d'un veto législatif. Mais le Président désignait un gouvernement qui demeurait distinct, avec à sa tête un président du conseil jouissant de la primauté sur les ministres. Le contreseing des actes du Président et le droit pour celui-ci de dissoudre l'Assemblée étaient prévus. Quant à cette assemblée, elle était en principe élue au suffrage universel, restreint en fait par l'analphabétisme. Elle fut successivement désignée au collège unique, puis au scrutin uninominal. Elle légiférait obligatoirement sur certaines matières, facultativement sur d'autres, l'initiative étant partagée entre ses membres et le chef de l'État. Il lui appartenait en outre, sans que ces pouvoirs soient sanctionnés par la mise en jeu de la responsabilité du gouvernement, de contrôler la politique étrangère, l'observation de la constitution et l'exécution des lois.

En fait, le pouvoir appartenait au président du conseil, le docteur (« Doutor ») Oliveira Salazar que ses qualités d'économiste et son sentiment national avaient porté au premier rang à une époque où le Portugal semblait acculé à une banqueroute menaçant son indépendance. Salazar qui considérait la démocratie sous sa forme parlementaire et multipartisane comme condamnée (cf. en dernier lieu, discours du 4 juillet 1957) devait gouverner le Portugal jusqu'en septembre 1968, soit pendant près de quarante ans. Plus encore que la révision constitutionnelle de 1959, relative à la désignation du président et consécutive à la première dualité de candidatures à la magistrature suprême observée depuis la « révolution nationale » de 1926, l'effacement de Salazar de la scène politique allait entraîner un changement de régime que l'on espérait dans la continuité et qu'un soulèvement militaire lié à la décolonisation opéra au contraire sans transition. Au milieu des incertitudes politiques, le Portugal devait finalement élire le 25 avril 1975 une assemblée constituante et se donner une nouvelle constitution le 2 avril 1976. Celle-ci se caractérise par l'établissement d'un système semi-présidentiel sous tutelle militaire (la traduction française en a été publiée avec une présentation de M. M. Duverger, en décembre 1976 par le Centro Nacional de Estudos).

D. Rousseau, *La primauté présidentielle dans le nouveau régime politique portugais : mythe et réalité*, R.D.P., 1980, p. 1325.

B. Le système espagnol, issu du pronunciamento de juillet 1936 qui, proclamant la caducité de la constitution républicaine de 1931, avait porté au pouvoir le général Franco (29 décembre 1936), devait, à travers un certain nombre de modifications, se transformer avec la disparition de celui-ci. Bien qu'il ait été contemporain des dictatures fasciste et national socialiste qui contribuèrent à son établissement, le régime franquiste s'en distinguait aussi bien par les conditions de son avènement (coup de force militaire suivi d'une guerre civile) que par sa doctrine et son aménagement institutionnel. Prétendant donner « une solution spécifiquement espagnole à un problème spécifiquement espagnol », il décrira le cycle ordinaire des dictatures. Au lendemain de la guerre qui marque la défaite de celles-ci, les mesures vont se suivre qui, tout en restant fidèles à l'inspiration initiale, l'orienteront vers le rétablissement de la monarchie. De 1942 à 1947, cinq lois fondamentales amorcent cette évolution depuis l'institution des Cortès (1942) et du référendum national (1945) jusqu'au règlement de la succession à la direction de l'État (8 juin 1947). La loi organique du 10 janvier 1967, approuvée par référendum le 14 décembre précédent, marqua une étape décisive dans cette évolution. Désigné comme successeur du « Caudillo » en juillet 1969, le prince Juan Carlos de Bourbon est devenu roi d'Espagne à la mort du général Franco. Une huitième loi fondamentale fut adoptée par référendum en décembre 1976. Elle réglait de manière aussi concise que possible — cinq articles plus des dispositions transitoires — l'organisation et la répartition des pouvoirs et proclamait les principes marquant l'évolution du système politique et constitutionnel vers un régime démocratique définitivement consacré par la constitution du 29 décembre 1978.

V. Cl. Daval, *L'évolution politique et constitutionnelle de l'Espagne depuis la mort du général Franco*, R.D.P. 1978, p. 361 et *supra*, n° 62.

92. — Les présidentialismes. — Le terme « présidentialisme » dont l'origine est, linguistiquement, sud-américaine, est entré dans la terminologie du droit constitutionnel par l'usage qui en a été fait pour qualifier le système politique pratiqué par certains pays européens dans l'entre-deux guerres. Il désigne, avec cette nuance de péjoration que la doctrine ne peut s'empêcher d'attacher à la méconnaissance des modèles du droit constitutionnel classique, une altération du régime présidentiel résultant de l'omnipotence du président. C'est à ce trait, tout à fait relatif, que l'on recherche indifféremment dans les textes ou dans la pratique, que se reconnaîtrait ce régime qui demeure ainsi assez mal caractérisé. Le présidentialisme a toujours trouvé une terre d'élection en Amérique latine mais il s'est étendu à l'Afrique où il se présente comme un système plus propre que le régime parlementaire, tout d'abord imité sans succès, à faire face aux exigences du gouvernement dans des États où le développement économique est la préoccupation dominante. Dans les deux zones géographiques il se distingue souvent assez mal des dictatures militaires (V. n°s 74 et s.) dont il procède ou qui se confondent institutionnellement avec lui.

— *Le présidentialisme sud-américain.* — Le présidentialisme sud-américain est parfois présenté comme une expression du césarisme démocratique (V. L. Vallenilla Lanz, *Césarisme démocratique en Amérique,* trad. et préf. de M. André, 1926). Mais il est plutôt une déviation du régime inspiré des États-Unis qui demeure prédominant en Amérique du Sud, les tentatives de régime parlementaire faites notamment au Chili et au Brésil n'ayant pas duré (V. L. Carneiro, *Una experiência de parlamentarismo,* 1965).

Le régime présidentiel, comme on l'a déjà constaté (V. n° 55), conduit, selon sa pente naturelle, à la primauté du chef d'État. S'il n'y avait la brièveté du mandat et la limitation de la réélection, le régime présidentiel verserait aisément au césarisme, comme inversement le césarisme, s'il était franchement démocratique, pourrait lui-même devenir un gouvernement présidentiel viager. Or, en Amérique latine, non seulement le Président possède toutes les prérogatives qui lui sont accordées en Amérique du Nord, mais encore il peut user de moyens extraordinaires que la constitution lui confère, tel le droit de suspendre les garanties constitutionnelles et de proclamer l'état de siège. Si l'on y joint « l'intervention fédérale » dans les États à structure pluraliste, les moyens d'une dictature constituée (V. n° 70) sont ainsi réunis (V. B. Mirkine-Guetzévitch, *Les constitutions américaines,* 1932, Essai synthétique, VII. Les Présidents et les Dictateurs; J. Lambert, *Amérique latine : structu-*

res sociales et institutions politiques, op. cit., IVe partie, ch. 4 et 6).

Aux propensions, sinon aux tentations, constitutionnelles, viennent se joindre les influences géographiques et ethniques. Disséminées sur de longues distances, les populations autochtones, immigrées ou métissées, manquent d'homogénéité. Habituées à la passivité, sous l'autorité de la métropole et de ses vice-rois, sans convictions ni organisation en partis, elles ont tendance à considérer exclusivement la détention du pouvoir sous l'aspect d'un bénéfice personnel. Selon la tradition espagnole, le *Caudillo* est le pivot de la vie sociale et le *pronunciamiento* militaire, le plus habituel instrument des changements d'homme et de régime.

Il s'établit une manière de cercle vicieux : toutes les constitutions sont issues de la guerre civile; toutes sont menacées d'une revanche des éléments vaincus; toutes, pour se défendre, incitent le président, dont la personne symbolise souvent l'une d'elle, à demander aux Chambres ou à s'attribuer directement les prérogatives exceptionnelles que la Constitution a prévues, en vue des futures luttes intestines. Ainsi s'instaure une dictature légale, à laquelle mettra fin, à plus ou moins brève échéance, une autre révolution ou un autre coup d'État militaire. Un nouveau président sera élu qui, lui-même, « s'il n'a l'âme d'un Caton » (Président Plaza) recourra à la dictature légale ou, souvent, extra-légale.

La transition est d'ailleurs insensible, le présidentialisme comportant de multiples aspects. Il peut rester démocratique et n'être qu'une accentuation des tendances nord-américaines favorables à la primauté de l'exécutif; il peut être un césarisme démocratique où l'adhésion de la majorité du peuple est affective; il peut glisser à la dictature prétorienne cherchant à se perpétuer (V. no 76); il peut, s'orienter, cette fois sous l'influence européenne, vers un type de monocratie populaire, avec parti unique et culte de la personnalité, le dictateur ou ses proches étant, telle Evita Péron, proprement canonisés; il peut, comme ce fut le cas au Chili, avec l'élection du Dr Allende, engendrer le passage a un régime de « démocratie avancée » d'inspiration marxiste avec retour sanglant à la dictature prétorienne (cf. Populismes ou césarismes populistes (en Amérique latine), Rev. Fr. Sc. Pol., juin 1969).

— *Le présidentialisme africain.* — S'il correspond aux

mêmes exigences du développement et s'il résulte de l'existence de structures sociales à bien des égards homologues, le présidentialisme africain est par son inspiration constitutionnelle différent du présidentialisme sud-américain. Le modèle du système présidentiel américain classique n'y est pas la référence unique et dominante mais aussi celui de la démocratie populaire par emprunt au parti unique et à l'idéologie socialiste, ou même, en Afrique francophone, la constitution française de 1958. Il présente ainsi une très grande variété d'expressions et des facultés spécifiques d'évolution. Tout autant que son homologue latino-américain, ce présidentialisme apparaît spécialement fragile, dérivant facilement à la dictature militaire (V. n° 75). Il lui arrive cependant d'être stable — comme par exemple en Tunisie (Cf. amendement du 2 avril 1976 sur les rapports exécutifs-législatifs) — ou, issu d'une révolte prétorienne, de s'institutionnaliser comme c'est le cas de l'Égypte (Sur la constitution égyptienne du 11 septembre 1971, V. G. Tixier, R.D.P., 1972, p. 1129).

Sur le présidentialisme, V. R. Moulin, *Le présidentialisme et la classification des régimes politiques,* 1978. — G. Conac, *Pour une théorie du présidentialisme, quelques réflexions sur les présidentialismes latino-américains,* Mél. G. Burdeau, p. 115. — *L'évolution constitutionnelle des États francophones d'Afrique noire, op. cit.,* 1979, p. 38. — *Portrait du chef d'État,* Pouvoirs, n° 25, 1983, p. 121. — J. Gicquel, *Le présidentialisme négro-africain : l'exemple camerounais, idem,* p. 701. — M. Duverger, *Les régimes semi-présidentiels,* 1986. — Sur le problème constitutionnel dans les pays en voie de développement, V. L. Hamon, *Essai d'introduction à l'étude des régimes politiques du Tiers Monde,* Bull. Inst. int. Adm. publ., 1967, n° 4, p. 7.

CHAPITRE V
L'ÉTAT SOCIALISTE

93. — Spécificité et diversité de l'État socialiste.
— Né de la révolution bolchévique de 1917 en Russie, l'État que l'on désigne aujourd'hui génériquement comme État socialiste et qui, après la seconde guerre mondiale, s'est progressivement établi dans un certain nombre de pays de quatre des continents, à partir de circonstances révolutionnaires et en fonction de données locales différentes, présente une spécificité dont il se prévaut pour se distinguer du modèle classique et s'y opposer. Il serait ainsi un État nouveau (V. n° 4).

Cette spécificité est d'abord et fondamentalement d'ordre idéologique et relève, en tant que telle de la philosophie. Il suffira de rappeler ici que cette forme politique s'autorise du matérialisme historique considéré comme fondant scientifiquement l'avènement du communisme. La dogmatique marxiste-léniniste qui traduit cette philosophie ne comporte pas seulement une interprétation des phénomènes économiques générateurs de division entre classes sociales et assurant la prédominance de l'une d'entre elles dans des conditions auxquelles ne peut remédier qu'une appropriation collective des moyens de production. Elle comporte aussi une vision de l'État considéré comme une super structure que l'évolution historique condamne à terme au dépérissement et une conception de la démocratie qui ne la limite pas à une intégration du pouvoir et de la société par la participation de tous à son exercice, mais vise à une intégration sociale complète de cette société, elle-même homogénéisée; ce qu'exprime en propres termes l'actuelle constitution soviétique. La disparition de l'État n'étant que la conclusion de la transformation de la société, la stratégie doit consister à aménager les structures étatiques de manière à ce qu'elles soient l'instrument de cette transformation.

Dès lors, et bien qu'elle soit à cet égard moins apparente, cette spécificité se marque ensuite au plan institutionnel par l'adoption d'un modèle qui, à l'image de ce que fut le gouvernement révolutionnaire de la convention nationale en France, répudie les principes fondamentaux du constitutionnalisme libéral. Excluant le principe représentatif et le mandat qu'il implique au profit du mandat impératif et du principe de délégation, ce modèle récuse la séparation des pouvoirs au bénéfice de son contraire, l'unité et l'indivisibilité d'un pouvoir d'État qu'expriment les seules instances électives populaires, dont procèdent et auxquelles sont subordonnés jusqu'à la révocation tous les autres organes exécutifs, administratifs et juridictionnels. Il n'est pas jusqu'à la constitution elle-même dont la conception n'apparaisse différente. La loi fondamentale ne doit plus être considérée comme un ensemble de règles d'organisation du pouvoir destinées à le contenir et de droits qui lui soient opposables, mais comme l'instrument destiné à faire franchir à la société les étapes successives de sa transformation. Le réformisme constitutionnel périodique est ainsi inhérent à ce type d'État.

Cette spécificité se marque enfin et essentiellement par le rôle dévolu à un parti politique occupant une place privilégiée au sein des organisations sociales. Dépositaire de l'orthodoxie idéologique — ce qui conduit ses membres à s'excommunier entre eux — le parti dirige la société et conduit son évolution. « Noyau » du système politique, il en constitue les véritables structures qui, parallèles aux structures institutionnelles, les investissent, les animent et les contrôlent. Maître du réformisme constitutionnel, il confère à la constitution le caractère d'une constitution octroyée.

De ce type d'État, la version soviétique est restée le modèle. Les transcriptions qui en ont été faites dans d'autres pays ont nécessairement comporté des variantes imposées par les données locales avec lesquelles il a dû composer sans pour autant abandonner l'essentiel de ce qui le caractérise. Les événements actuels, dont il serait téméraire de prétendre apprécier déjà toutes les conséquences, montrent que si le modèle évolue, sans pour l'instant récuser ses fondements idéologiques, ses transcriptions se sont plus ou moins fragilisés suivant que ces fondements et leurs implications tendent à être rejetés.

— Sur la constitution dans les systèmes socialistes, V. P. Kastari, *Le caractère normatif et la prééminence des constitutions,* Rev. int. dt comp., 1966, p. 831.

— Parmi les études les plus récentes sur l'État socialiste, V. T. V. Draganu, *Structures et institutions constitutionnelles des pays socialistes européens,* 1981. — P. Gélard, *Le phénomène du parti unique dans les États socialistes,* Mél. L. Hanon, 1982, p. 279.

Section 1
Le modèle soviétique

94. — L'évolution constitutionnelle. — Jusqu'à l'époque actuelle, l'histoire constitutionnelle de l'U.R.S.S. a connu trois constitutions qui en ont marqué les étapes successives.

1° *La constitution russe du 10 juillet 1918.* Adoptée par le Ve Congrès pan-russe des soviets, la première constitution de la République de Russie, appliquant les thèses exposées par Lénine dans son ouvrage *L'État et la Révolution,* définissait ainsi son objet : « Établir, sous forme d'un gouvernement soviétique fort, la dictature des travailleurs des villes et des campagnes, ainsi que des paysans les plus pauvres ; réaliser la complète suppression de la bourgeoisie, l'abolition de l'exploitation de l'homme par l'homme, l'établissement du socialisme sous lequel n'existeront plus, ni les divisions de classe, ni les contraintes de l'État » (art. IX).

La réalisation de ce programme reposait, pour l'essentiel, sur deux ordres de mesures. Les unes étaient destinées à établir cette dictature du prolétariat par l'exclusion de la participation politique de catégories sociales réputées lui être hostiles. Les autres consistaient à remettre la totalité du pouvoir à des conseils (soviets), constitués en pyramide de la base locale au sommet, avec délégation de niveau en niveau, mandat impératif et révocabilité des élus. Le pouvoir ainsi constitué n'était pas divisé à partir de critères de nature ou de qualité mais réparti suivant une « règle de dimension ». En fait, issu d'une révolution encore affrontée à des ennemis de l'intérieur et de l'extérieur, le gouvernement demeure révolutionnaire et se présente déjà comme une dictature partisane.

2° *La constitution soviétique du 31 janvier 1924*. Cette deuxième constitution s'inscrit dans le prolongement de la déclaration et du traité sur la formation de l'U.R.S.S. approuvés le 30 décembre 1922 par le premier Congrès des soviets de l'Union. Si les fondements idéologiques demeurent les mêmes, la notion d'État reparaît et, tirant les leçons de la pratique, le constituant développe une structure institutionnelle qui comporte désormais une dimension fédérale.

Un Comité exécutif central, composé de deux assemblées, dont l'une représentative des collectivités territoriales composantes, devient l'organe effectif d'un pouvoir toujours détenu en principe par le Congrès des soviets de l'Union élu au suffrage restreint, indirect et public. Un présidium de ce Comité exerce les pouvoirs de celui-ci pendant les intersessions. Un conseil des commissaires du peuple, maintenu en tant que gouvernement, voit sa composition diversifiée en fonction des structures fédérales.

C'est sous ce régime que s'affirme l'autorité de J. Staline, secrétaire général du Comité central du parti communiste depuis 1922.

3° *La constitution du 5 décembre 1936*. Dite « stalinienne », cette troisième constitution fut adoptée par le dernier Congrès des soviets de l'Union, institution qui disparaît. Elle ne modifie pas les bases idéologiques du système dont Staline déclare au contraire que, dans l'évolution vers le communisme, il a désormais réalisé la première phase, celle de l'instauration du socialisme.

Cette constitution n'en comporte pas moins plusieurs innovations. Elle énumère d'abord un certain nombre de droits et de libertés, conçus non pas dans une optique personnelle mais selon une définition sociétaire. Elle modifie les conditions d'exercice du pouvoir de suffrage qui, de public, indirect et restreint qu'il était, devient en principe direct, égal et secret. Quant au système institutionnel central, il comportera désormais un Soviet suprême, composé de deux assemblées, le soviet de l'Union élu par les citoyens et le soviet des nationalités également élu par les citoyens mais en fonction du nombre de sièges accordés à chacune des catégories de collectivités territoriales composantes, et un présidium de ce Soviet suprême. Le conseil des commissaires du peuple est maintenu sous cette dénomination qu'il ne perdra au profit de celle de Conseil des ministres qu'en 1947.

Cette constitution a régi l'Union soviétique jusqu'en 1977. Malgré les apparences, qui permettent à Staline de la présenter comme la plus démocratique du monde, elle couvre une période de l'histoire politique de l'U.R.S.S. qui peut se diviser en deux époques. La première est celle d'un régime à domination partisane exclusive, soutenant une autocratie allant jusqu'à une véritable institutionnalisation du meurtre politique. La guerre, réunissant d'abord entre les mêmes mains les fonctions de secrétaire général du parti et celles de président du conseil des commissaires du peuple, aboutit à remettre à Staline la détention personnelle de la totalité du pouvoir d'État qu'il ne perdra plus jusqu'à sa mort en 1952, usant de tous les procédés, y compris policiers, moins pour la conserver que pour en parfaire la personnalisation exclusive. La disparition du maître du Kremlin marquera le début d'une seconde époque, amorcée par une destalinisation et un retour à un exercice collectif du pouvoir qui ne survivra pas à l'ascension de N. Kroutchev à la tête du parti et de l'État. Ses successeurs continueront à exercer un pouvoir personnel qui, de L. Brejnev à C. Tchernenko, évoluera vers la gérontocratie et l'immobilisme.

C'est néanmoins à L. Brejnev que sera due l'actuelle constitution et, à l'accession au pouvoir de M. Gorbatchev en mars 1985, sa révision, première expression constitutionnelle d'une volonté de réforme profonde dont celui-ci s'est fait le promoteur.

— Sur la période stalinienne et ses procédés, V. N. Kroutchev, *Rapport secret au XXe Congrès du parti communiste, 25 février 1956*, Doc. Fr. 23 juin 1956, n° 2189. — H. Chambre, *Le culte de la personnalité en Union soviétique*, Rev. de l'Act. pop., 1956, p. 785. — Z. K. Brzeziaski, *The permanent purge*, 1956.

— Sur la période bréjnevienne, V. P. Gélard, *De Brejnev à Tchernenko et les dix-huit mois de J. Andropov*, Pouvoirs, 1985, n° 33, p. 141.

— Sur les débuts de la période Gorbatchev, Pouvoirs, 1988, n° 45, *L'U.R.S.S. de Gorbatchev*.

95. — La constitution du 7 octobre 1977 et sa révision.

— La constitution actuelle de l'Union soviétique est la constitution du 7 octobre 1977 telle que formellement révisée le 1er décembre 1988.

Le projet d'un remplacement de la constitution stalinienne de 1936 remonte à 1961. Conformément à la doctrine reçue en matière de révision des constitutions socialistes, ce remplacement était présenté comme devant marquer une nouvelle étape dans le développement du socialisme : le passage d'un « État de la majorité du peuple » à un « État du peuple tout entier », annoncé au XXXIIe Congrès du parti communiste. Mise en chantier sous N. Kroutchev, la réforme ne fut définitivement adoptée sous L. Brejnev que par la 7e session extraordinaire (9e législature) du Soviet suprême statuant à l'unanimité le 7 octobre 1977.

Précédée d'un long préambule historique, la nouvelle loi fondamentale comptait 174 articles répartis en 9 titres et 21 chapitres. Plusieurs de ces articles renvoyaient à des lois, que l'on peut dire organiques, le soin de préciser ou de fixer le régime d'institutions aussi importantes que le contrôle populaire, le Conseil des ministres, la Cour suprême, l'arbitrage d'État et la Procurature. Il en allait de même, de manière plus générale, pour la législation électorale et l'harmonisation de la législation de l'U.R.S.S. avec la nouvelle constitution.

La révision de celle-ci, décidée dans son objet et dans son calendrier par la XIXe conférence du parti communiste en juillet 1988, fut adoptée sur rapport de M. Gorbatchev par chacune des assemblées du Soviet suprême le 1er décembre 1988. Était simultanément adoptée la loi sur les élections des députés du peuple de l'U.R.S.S. Cette révision s'est caractérisée par trois traits : sa rapidité (elle a été réalisée en cinq mois), son étendue (55 articles sur 174); son caractère incomplet laissant en l'état les droits et libertés et la question des autonomies renvoyés à plus tard. Elle n'en constitue pas moins une étape décisive dans l'évolution du système soviétique dont le développement se poursuit et n'est pas achevé.

— Sur la réforme de 1977 et la nouvelle constitution, V. J.-Y. Collignon, *La théorie de l'État du peuple tout entier en Union soviétique,* 1967. — L. Brejnev, *Sur le projet de loi fondamentale de l'U.R.S.S. et le bilan de la discussion nationale,* Moscou, Agence Novosti, 1977, en français. — P. et M. Lavigne, *Regards sur la constitution soviétique de 1977,* Economica, 1979. — M. Lesage, *La constitution de l'U.R.S.S., texte et commentaires,* Doc. Fr., N.E.D. 4493-94. — B. N. Toporine, *La constitution. Loi fondamentale de l'U.R.S.S.,* Journées de la Sté de Lég. comp., 1979, vol. 1, p. 135. — P. Gélard, *L'application de la constitution soviétique du 7 octobre 1977 et l'harmonisation de la législation,* Pouvoirs, 1980, n° 14, p. 156 et 1981, n° 18, p. 141.

— Sur la révision de 1988, V. M. Lesage, *L'U.R.S.S. : de la légalité socialiste à l'État de droit*, R.D.P., 1989, p. 271. — P. Gélard, *La réforme constitutionnelle soviétique du 1er décembre 1988*, idem, p. 299. — I. Commeau-Ruffin, *U.R.S.S., quelle démocratie?*, Pouvoirs, 1990, n° 52, p. 87.

96. — Fondements et principes. — Tels qu'ils figurent dans le préambule et les dispositions des titres I à III (chap. 1 à 7) du texte de 1988. Ils se répartissent en quatre points.

1° *Le système politique.* L'État soviétique se proclame « État du peuple tout entier ». Succédant à « l'État des ouvriers et des paysans », lui-même successeur de la dictature du prolétariat, cet État correspond à l'existence d'une « société socialiste évoluée », « étape rationnelle sur le chemin du communisme ». L'objectif demeure la construction d'une « société socialiste sans classes où se développera l'auto-administration sociale communiste ».

Le système repose sur l'attribution de tout le pouvoir au peuple qui exerce le pouvoir d'État par les soviets de ses députés. Ces soviets, dénommés, non plus soviets des « députés des travailleurs », mais soviets des « députés du peuple », constituent le système unique des organes de ce pouvoir d'État depuis les villages jusqu'au sommet (V. *infra*, n° 97). Les organisations sociales (collectifs de travailleurs, syndicats, coopératives, etc.) participent à la gestion de l'ensemble des affaires de l'État, dont les plus importantes sont soumises à la « discussion populaire » et au référendm. Le texte de 1977 constitutionnalise le « centralisme démocratique » dont il donne la définition (art. 3) et attribue au parti comuniste une place singulière que ne lui reconnaissait pas la constitution de 1936, ne le nommant qu'au nombre des organisations sociales. Présenté comme « la force qui dirige et oriente la société soviétique », comme le « noyau de son système politique, des organisations d'État et des organisations sociales », existant pour le peuple et placé à son service, le parti communiste « armé de la doctrine marxiste-léniniste », « définit la perspective générale du développement de la société, les orientations de la politique intérieure et étrangère de l'Union soviétique, dirige la grande œuvre intérieure et étrangère de l'Union soviétique, dirige la grande œuvre créatrice du peuple soviétique (et) confère un caractère organisé et scientifiquement fondé à sa lutte pour la victoire du communisme » (art. 6). Publiquement contesté, cet article 6 n'a pas survécu à l'évolution actuelle du régime.

2° *Le système économique et social.* Il est fondé sur la propriété d'État (du peuple tout entier), la propriété kolkhozienne et coopérative. L'État protège la propriété socialiste et crée les conditions de son accroissement. Les revenus du travail constituent le fondement de la propriété personnelle des citoyens et le droit d'hériter de cette propriété est garanti par l'État. L'économie est dirigée sur la base de plans. A cette fin, il est fait appel au calcul économique et la constitution fait référence aux notions de coût, de profit ou de bénéfices aussi qu'aux autres leviers ou stimulants économiques.

Le développement social et culturel est fondé sur « l'union indéfectible des ouvriers, des paysans et des intellectuels ». En font partie les actions concernant les conditions de travail, la santé, la sécurité sociale, etc., celles enfin appuyées sur le perfectionnement du système unique d'instruction publique.

3° *Les relations extérieures.* Le texte de 1977 consacre trois de ses articles (28 à 30) à la politique extérieure — ce qui est une innovation — et deux (31 et 32) à la « défense de la patrie socialiste » — ce qui constitue un rappel de la constitution de 1920 —, les premières de ces dispositions constitutionnalisent en particulier la notion de « coexistence pacifique » et indiquent les aspects que prend, au plan international, la participation de l'Union soviétique au système socialiste mondial dont elle est partie intégrante.

4° *Les droits fondamentaux des citoyens.* Après avoir défini la citoyenneté et posé le principe d'égalité des citoyens en insistant sur sa garantie à l'égard des femmes et des races ou ethnies différentes, le texte de 1977 (art. 40 à 46) énumère et réglemente les droits fondamentaux et les libertés. Sont aussi consacrés le droit au travail, au repos, à la protection de la santé, à la sécurité matérielle, au logement, à l'instruction, au bénéfice des réalisations de la culture, les droits de participation, les libertés de parole, de presse, de réunion, de manifestation et d'association, la liberté de conscience, la liberté de création scientifique, technique et artistique, la protection de la famille et l'inviolabilité de la personne, de la vie privée et du domicile. Mais si la jouissance de ces droits et libertés est placée sous la garantie d'un droit de critique et de suggestion et sous la sanction de recours, participant eux-mêmes du droit à la protection de la justice, elle continue d'être présentée comme « inséparable de l'exécution de ses obligations par le citoyen ». Ces obligations marquent moins des limites à ces droits et libertés qu'elles n'en déterminent la substance en en fixant le cadre et la finalité sociale. Ainsi est-il précisé d'emblée que « l'exercice par les citoyens des droits et libertés ne doit pas porter préjudice aux intérêts de la société et de l'État . Les libertés de presse, de parole, de réunion, de meeting, etc., ne sont garanties que « conformément aux objectifs de l'édification du communisme ». Le citoyen soviétique est tenu au respect et à l'affermissement de la propriété socialiste et au devoir d'intransigeance à l'égard des comportements antisociaux.

Si ces dispositions du texte de 1977 n'ont pas été modifiées mais devraient l'être à échéance non encore fixée, elles s'inscrivent déjà dans un contexte nouveau. Celui-ci est, dès à présent, caractérisé par une évolution qui, depuis la conception de l'ordonnancement juridique jusqu'au statut de la juridiction en passant par la réglementation de l'exercice de certaines libertés, témoigne d'une tendance, sinon à une substitution d'un État de droit à la « légalité socialiste », du moins à une reconnaissance des exigences du premier (V. sur ce point, M. Lesage, *op. cit.*, R.D.P., 1989, p. 271).

97. — Le système institutionnel. — C'est à l'égard de certaines des structures de celui-ci, que le texte de 1977 n'avait pas substantiellement modifiées, que se marque au contraire l'importance de la révision de 1988. Ce système, qui comporte cinq ensembles d'organes, se présente désormais de la manière suivante.

1º *Les soviets des députés du peuple.* Ils constituent le système unique des organes « représentatifs » (1988) du pouvoir d'État. L'article 89 nouveau de la constitution en donne une énumération dans laquelle, en plus des soviets suprêmes et des soviets locaux précédemment visés, apparaît une institution qui rappelle l'ancien Congrès des soviets de l'Union de la constitution de 1924. Il s'agit du Congrès des députés du peuple de l'U.R.S.S. et des Congrès des députés du peuple des Républiques fédérées et autonomes.

Le régime électoral des députés du peuple tel que l'avait fixé le texte de 1977 se retrouve modifié de manière importante. Le suffrage est universel, l'électorat étant maintenu à 18 ans et l'article 98 nouveau énonce lui-même les cas de privation du droit de vote. Le suffrage est également secret, la loi électorale de 1988 imposant désormais le passage effectif par l'isoloir. Son caractère direct et égal, s'il continue d'être affirmé, n'est pas général pour autant qu'y font exception les élections des députés représentants les organisations sociales et les collectivités autonomes. L'éligibilité reste fixée à 18 ans et pour les députés du peuple de l'U.R.S.S. à 21 ans, la règle de non-cumul de plus de deux mandats devenant impérative de même qu'une incompatibilité entre la plupart des fonctions exécutives et l'appartenance aux soviets qui y désignent. Les modifications les plus significatives portent en outre sur les points suivants. D'abord, le scrutin, qui depuis 1936 était uninominal, devient uni ou plurinominal. Apparaît ensuite une nouvelle catégorie de députés élus par les organismes centraux des organisations sociales dans des conditions fixées par la constitution. Celle-ci règle en troisième lieu de manière différente la question des candidatures. Le nouvel article 100 détermine les conditions de présentation de ces candidatures, le parti communiste n'étant plus nommé en tant que tel. Ce droit de présentation est élargi, étant notamment attribué aux « assemblées d'électeurs sur les lieux de travail ». Le nombre des candidats n'est plus limité et les bulletins de vote peuvent comporter n'importe quel nombre de candidats. Pour éviter cependant une multiplicité de ceux-ci, la constitution prévoit l'institution d'assemblées préélectorales de circonscription chargées, lorsque le nombre de candidats est supérieur à deux, d'opérer un tri sélectif. Cette disposition a, en pratique, donné lieu à critiques.

2º *Les organes supérieurs du pouvoir d'État.* L'institution du Congrès des députés de l'U.R.S.S., qui devient l'organe suprême du pouvoir d'État et les nouvelles répartitions d'attributions qui en sont la conséquence, modifient le modèle institutionnel antérieur.

a) Le Congrès des députés du peuple de l'U.R.S.S. — Il se compose de 2 250 députés répartis en trois catégories : 750 au titre des circonscriptions électorales territoriales avec un nombre d'électeur égal pour chaque circonscription ; 750 au titre des circonscriptions électorales nationales (V. nº 155) ; 750 au titre des organisations sociales fédérales suivant des normes de répartition qui ont été fixées par la loi du

1er décembre 1988. Les effectifs des deux premières catégories correspondent à ceux du soviet de l'Union et du soviet des nationalités dans le régime de 1977. La troisième catégorie est nouvelle et couvre un grand nombre d'organisations, le parti communiste en tant que tel n'y disposant que de cent sièges.

Les attributions de ce Congrès occupent treize rubriques de l'article 108 nouveau. Outre des fonctions électives, elles recoupent pour l'essentiel les attributions de l'ancien Soviet suprême.

b) Le Soviet suprême et son présidium. — Il devient l'organe permanent, législatif, exécutif et de contrôle du pouvoir d'État de l'U.R.S.S. Élu au scrutin secret par le Congrès des députés du peuple parmi ses membres, il lui est subordonné.

Le Soviet suprême est composé de deux assemblées, égales en nombre et en droits comme elles l'étaient dans le régime de 1977. Ces assemblées sont désormais élues comme on vient de le dire par le Congrès des députés du peuple parmi ses membres à la majorité absolue : le soviet de l'Union, parmi les députés au titre des circonscriptions territoriales et des organisations sociales en tenant compte du nombre des électeurs dans chaque république ou région; le soviet des nationalités, parmi les députés au titre des circonscriptions territoriales nationales et des organisations sociales à raison de 11 par République fédérée, 4 pour chaque République autonome, 2 pour chaque région autonome et de 1 pour chaque district autonome, ce qui en réduit l'effectif de 750 à 271, le Soviet suprême n'ayant plus qu'un effectif total de 542 députés. Il est prévu que chaque année le Congrès procède au renouvellement du cinquième de chacune des deux assemblées.

Ce Soviet suprême qui, jusque-là, ne siégeait que quatre jours par an, siégera désormais en deux sessions annuelles de quatre à cinq mois sans compter d'éventuelles sessions extraordinaires. Ses attributions sont accrues par transfert de celles que possédaient son présidium. L'initiative des lois est élargie, des priorités d'examen sont établies au profit de l'une ou de l'autre assemblée, le désaccord persistant de celles-ci étant désormais porté devant le Congrès des députés du peuple.

Quant au présidium, son effectif passe de 29 membres à environ 50 désignés ès qualité suivant les dispositions de la constitution. C'est, dit le texte constitutionnel nouveau, un organe subordonné au Soviet suprême. Ses attributions sont sensiblement réduites.

c) Le président du Soviet suprême. — Il s'agit d'une institution nouvelle dont la titulature est ambiguë pour éviter une dénomination qui en ferait le chef de l'État. C'est pourtant ce qu'il est, aussi bien par les attributions qui lui sont confiées que par l'affirmation constitutionnelle qu'en fait « la plus haute personnalité de l'État soviétique ». Il est élu par le Congrès des députés du peuple, parmi ceux-ci pour une durée de cinq ans renouvelable une seule fois. Il peut à tout moment être révoqué par ce même Congrès au scrutin secret.

3° *Le Conseil des ministres.* — La révision constitutionnelle 1988 l'a peu affecté. Organe exécutif et régulateur supérieur du pouvoir d'État, il constitue le gouvernement de l'U.R.S.S. Il est formé par le Soviet suprême en séance commune et comprend un nombre élevé de membres que la constitution ne fixe pas. A sa responsabilité devant le Soviet suprême, la réforme de 1988 a ajouté la responsabilité devant le Congrès des députés du peuple. Le nombre élevé de ses membres avait conduit à constitutionnaliser l'existence d'un présidium du Conseil des ministres : cette disposition n'a pas été modifiée. La compétence de ce conseil porte sur toutes les questions de l'administration de l'État qui sont de la compétence de l'U.R.S.S. pour autant qu'elles ne relèvent pas du peuple, du Soviet suprême et de son présidium ou du président du Soviet suprême.

4° *Les organes de contrôle.* — Au contrôle populaire et à la Procurature, la révision de 1988 a ajouté un comité de contrôle constitutionnel.

Les organes du contrôle populaire allient le contrôle d'État avec le contrôle social des travailleurs dans les entreprises, les établissements et les organisations. Ils sont constitués par les soviets des députés du peuple.

La Procurature est constituée par le procureur général de l'U.R.S.S. et par les procureurs nommés par lui. Le procureur général est responsable devant le Congrès des députés du peuple et devant le Soviet suprême auxquels il rend compte de son activité. La Procurature est chargée de la surveillance supérieure de l'exécution stricte et uniforme des lois.

Le comité de contrôle constitutionnel est une innovation

de la révision de 1988. Suivant l'article 125 nouveau, ce comité est élu par le Congrès des députés du peuple pour une durée de dix ans parmi les spécialistes de la politique et du droit (V. n° 122).

5° *La juridiction.* — Elle appartient à deux sortes d'institutions : les institutions judiciaires et l'arbitrage d'État. Celui-ci est chargé du règlement des litiges économiques entre les entreprises, administrations et organisations. Son organisation et son fonctionnement sont fixés par une loi. La révision de 1988 vise à assurer une plus grande indépendance des premières. Les juges et les assesseurs populaires seront désormais élus pour une durée de dix ans par les soviets du niveau supérieur.

Sur la constitution de 1977, V. *L'Union Soviétique,* Pouvoirs, n° 6, 1978. — P. et M. Lavigne, *Regards sur la constitution soviétique de 1977,* Economica, 1979. — M. Lesage, *La constitution de l'U.R.S.S., texte et commentaires;* Doc. Fr. N.E.D., n° 4493-4494 (cette dernière publication contient des extraits des lois sur la citoyenneté soviétique, les élections au Soviet suprême et le Conseil des ministres. — B. N. Toporine, *La constitution, loi fondamentale de l'État soviétique,* Journées de la Sté Lég. comp. Vol. 1, 1979, p. 135.

Sur l'ensemble du système, M. Lesage, *Le système politique de l'U.R.S.S.,* Thémis, 1987.

Section 2

Autres États socialistes

98. — Les États socialistes d'Europe centrale et orientale. — L'établissement de régimes socialistes dans les pays de l'Europe centrale et orientale a été directement lié à l'hégémonie soviétique dans cette partie du monde consécutive à la seconde guerre mondiale. Ces régimes ont connu trois époques qui sont comme un contrepoint de l'évolution politique d'U.R.S.S.

1° La première de ces époques a correspondu à l'instauration de ce qu'il fut convenu d'appeler les *« démocraties populaires ».* Partant de l'existence de « fronts », formés par les divers mouvements de lutte contre le nazisme dans lesquels les communistes n'étaient pas toujours en majorité mais où l'idéologie dont ils se réclamaient leur assurait une particulière audience, ces régimes se constituèrent par élimination parfois violente des autres mouvements. S'installant au gouvernement, les partis communistes s'attribuèrent le monopole du pouvoir sous l'autorité de personnalités locales occupant une place notoire au sein de l'internationale communiste. L'évolution de la situation internationale devait contribuer à renforcer la dépendance de régimes empruntant à leur puissant voisin son idéologie et la monocratie partisane. Le contrôle du Kominform et l'élimination des hérétiques du stalinisme, puis la défense du « camp socialiste », que traduisent la création du « Comecon » (1949) et la conclusion du pacte de Varsovie (1955), achèvent, sur le plan économique et militaire, l'allégeance politique à l'Union soviétique.

2º Une deuxième époque commence avec la mort de Staline et les espérances que font naître la déstalinisation et la suppression du Kominform. Des résurgences du sentiment national et des tentatives de démocratisation se manifestent ici et là. Réprimées avec la dernière vigueur en Hongrie (1956), puis en Tchécoslovaquie (1968) grâce à l'appareil militaire du Pacte de Varsovie, ces aspirations avaient abouti en Pologne et en Roumanie à une libéralisation très relative qui fut de courte durée. La dénomination République ou État socialiste marque le franchissement d'une étape qui apparaît comme l'occasion d'une nouvelle réflexion politique.

En réalité, considérée de longue date comme dissidente lorsqu'elle est yougoslave et condamnée comme hérétique lorsqu'elle est tchèque, cette recherche de modèles originaux n'a pas débouché sur une construction politique et institutionnelle nouvelle. L'évolution, lors même qu'elle se traduit par des réformes constitutionnelles, continue à être parallèle à celle dont la nouvelle constitution soviétique sera l'aboutissement.

3º La troisième période se déroule sous nos yeux et a revêtu le caractère spectaculaire que l'on sait. Favorisée par la politique de réformes inaugurée par M. Gorbatchev en Union soviétique et, par l'exemple polonais, elle se caractérise par le succès des aspirations nationales et démocratiques. Il est encore tout à fait prématuré d'entreprendre d'en dresser un bilan, d'autant que du strict point de vue du droit constitutionnel, sinon de la situation politique, la consécration de ces aspirations dans les textes est loin d'être achevée, lors même qu'elle est entreprise. A cet égard, la Pologne, par ailleurs exemplaire, a opéré deux réformes constitutionnelles importantes, l'une dès 1987 par l'adoption de dispositions permettant le recours au référendum, l'autre en 1989 rétablissant le Sénat supprimé en 1949 et instituant une présidence de la République dotée de pouvoirs importants.

Le phénomène le plus caractéristique de cette évolution réside dans le renoncement des partis communistes locaux, désormais divisés, à la fois à leur monopole des principales magistratures et jusqu'à leur identité. Les élections générales où elles ont eu lieu ont consacré leur effondrement.

— Sur les « démocraties populaires », V. M. H. Fabre, *Théorie des démocraties populaires,* 1950. — F. Fejtö, *Histoire des démocraties populaires,* 1952. — P. Paraf, *Les démocraties populaires,* 1962. — L. Naqy, *Démocraties populaires, du bloc soviétique au communisme des patries,* 1968.

— Sur l'évolution politique et constitutionnelle des pays socialistes est-européens, V. notamment : *Études sur les institutions des États socialistes,* Centre Fr. de droit comp. 1967. — M. Lesage, *Les régimes politiques de l'U.R.S.S. et de l'Europe de l'Est,* 1971. — P. Gélard, *Les systèmes politiques des États socialistes,* 1975, t. II, T. V. Draganu, *Structures et institutions constitutionnelles des pays socialistes européens,* 1981. Sur la Pologne : *Le régime et les institutions de la République populaire de Pologne,* Centre d'ét. des Pays de l'Est, Bruxelles. — S. Rosmaryn, *La Pologne,* 1963. — A. Kopatka, *Les modifications apportées à la constitution de la République populaire de Pologne,* Dt polonais contemp., 1976, n° 3/4 qui contient la traduction française de la Constitution du 10 février 1976. — H. Izdebski, *Les amendements à la constitution de la République populaire de Pologne,* R.I.D.C., 1984, n° 1, p. 79. — Sur la Roumanie : *Le régime et les institutions de la Roumanie,* Centre d'ét. des Pays de l'Est, Bruxelles, 1966. — D. Rusu, *Les actes de la grande Assemblée nationale de la République socialiste de Roumanie,* Mél. Brethe de la Gressaye, 1967; *Du contrôle de la Grande Assemblée nationale et du Conseil d'État en Roumanie,* Mél. Burdeau, 1977. — I. Vintu, *La démocratie représentative en Roumanie,* Mél. Gandshof van der Meersch, 1972. — Sur la R.D.A. : K. Sontheimer et W. Bleck, *La République Démocratique allemande,* trad. G. Krebs, 1975. — Sur la Tchécoslovaquie : V. Knapp, *Le régime parlementaire de la Fédération tchécoslovaque,* Mél. Ganshoff van der Meersch, 1972, t. III.

— Sur l'évolution actuelle, V. Pouvoirs, 1990, n° 52, *Démocratie.*

99. — La Chine populaire — Depuis 1949, date d'avènement du régime révolutionnaire provisoire, la Chine a connu une évolution institutionnelle dont les étapes ont été marquées par quatre Constitutions.

A. La première Constitution de la République populaire de Chine fut adoptée par l'Assemblée nationale des représentants du peuple le *20 septembre 1954*. Elle empruntait très largement au modèle soviétique de l'époque. Elle instituait une présidence de la République, dotée de pouvoirs étendus, et qui fut d'abord confiée à Mao Zedong, jusqu'en 1959, puis à Liou Chao Chi, jusqu'en 1968. Les organes supérieurs de l'État se composaient d'autre part d'une Assemblée unique et nombreuse, comparable au Soviet suprême, d'un Comité permanent, assimilable au Praesidium et d'un Conseil des affaires de l'État assumant les fonctions de Conseil des ministres.

La retraite de Mao Zedong en 1958 devait entraîner une évolution de ce système qui reposait essentiellement sur son autorité personnelle. C'est contre cette évolution que Mao devait réagir à partir de 1965 en lançant, après d'autres campagnes de mobilisation populaire, la « révolution culturelle » (V. M. Lesage, *La révolution culturelle en Chine,* Ann. Fac. Droit Lille, 1966, p. 285). Celle-ci provoqua la suspension des règles constitutionnelles, le Conseil des affaires de l'État continuant seul à exercer ses attributions. Appelée à rétablir l'ordre, l'armée, reprenant la technique de la guerre révolutionnaire, mit en place de nouvelles structures. De son côté, le parti communiste chinois, retrouvant une homogénéité constamment menacée depuis 1927, s'engageait à partir de 1973 (Xe Congrès) dans la définition d'une ligne nouvelle. C'est dans ce contexte, sommairement rappelé, que fut convoquée la quatrième assemblée populaire nationale et qu'elle fut saisie en janvier 1975 par le Comité central du parti communiste d'un projet de révision constitutionnelle.

B. Une seconde Constitution fut ainsi adoptée le *17 janvier 1975*. Présentée comme le produit d'une délibération collective continuée pendant cinq années et comme la continuation de la Constitution de 1954, la nouvelle loi fondamentale se caractérisait par la réaffirmation des principes les plus authentiques du marxisme-léninisme. Le rapport qui accompagnait le projet, tout en vantant les mérites du texte constitutionnel précédent, prenait acte de profondes modifications intervenues dans les vingt dernières années et constatait la nécessité d'une révision ramenant les institutions dans la ligne fondamentale redéfinie par les IXe et Xe congrès du parti.

Cette nouvelle Constitution (V. ce *précis,* 6e éd., no 99, Ph. Ardant, R.D.P., 1976, p. 477 et s.) ne devait pas empêcher l'éclosion de crises politiques plus ou moins graves qui continuèrent à secouer le pays à l'occasion de luttes de tendances au sein du personnel politique, dès avant la disparition de Chou En Lai en janvier 1976 et plus encore après celle de Mao Zedong lui-même. A la stabilisation, qui paraît avoir succédé à cette période trouble, allait correspondre l'adoption d'une troisième Constitution (sur la situation à la veille de l'adoption de celle-ci, V. *Qui gouverne la Chine?* Pouvoirs, no 3, 1977).

C. Cette troisième constitution a été adoptée le *5 mars 1978* par la première session de la cinquième Assemblée populaire nationale. Précédé d'un préambule historico-idéologique, le texte qui comportait 60 articles, était divisé en quatre chapitres : Principes généraux — Structure de l'État — Droits et devoirs fondamentaux des citoyens — Drapeau, emblème national, capitale.

Toujours fidèle à l'inspiration fondamentale que constituait, à côté du marxisme-léninisme, la pensée Mao Zedong, *le préambule* se signalait spécialement par le constat que la Chine était devenue un État socialiste connaissant un début de prospérité et par l'importance réservée à la définition de la position de la République populaire dans les relations internationales.

Les « *Principes généraux* » étaient consacrés à la nature de l'État, aux fondements et caractères de la souveraineté et au système socio-économique. La République populaire était définie comme un « *État multinational uni* » où toutes les nationalités sont placées sur un plan de rigoureuse égalité, et comme un « *État socialiste de dictature du prolétariat* dirigé par la classe ouvrière et fondé sur l'alliance des ouvriers et des paysans », tout le pouvoir appartenant au peuple, dont le noyau dirigeant est le parti communiste, et qui l'exerce suivant le principe du centralisme démocratique. Quant au *système socio-économique* dont le développement est planifié, il était présenté comme fondé sur l'appropriation collective des moyens de production conduisant à deux types de propriété, la propriété socialiste du peuple entier et la propriété collective socialiste des masses laborieuses dont relève l'économie de la commune populaire rurale.

La *structure institutionnelle* répartissait les principaux organes en quatre catégories : l'*Assemblée populaire nationale,* organe suprême du pouvoir d'État, désignant dans son sein un *Comité permanent,* responsable devant elle; le *Conseil des affaires de l'État,* gouvernement populaire central, responsable devant l'Assemblée, et son Comité permanent; la *Cour* et le *Parquet populaires suprêmes,* également responsables devant l'Assemblée; enfin, les *organes locaux du pouvoir d'État.*

La Constitution assignait un certain nombre de *devoirs* aux citoyens qui, outre son propre respect et celui de la loi, étaient de nature politico-économique et patriotique. Elle leur reconnaissait un ensemble de *droits* et de *libertés* non seulement économiques et sociaux (droit au travail, à la sécurité sociale, droit de grève...) mais aussi de nature juridique ou politique (liberté religieuse y compris la propagation de l'athéisme, liberté de pensée, liberté individuelle...).

Cette troisième constitution devait bientôt être considérée comme adoptée précipitamment et dépassée. Une commission de révision constituée en septembre 1980 en exécution d'une résolution de la 3e session de la 5e Assemblée populaire nationale fut chargée de préparer un nouveau projet. Adopté le 21 avril 1982, ce projet a été soumis au Comité permanent de l'Assemblée populaire aux fins de publication et de discussion nationale.

D. Cette quatrième Constitution (V. Beijing Information, 27 déc. 1982, n° 52) a été adoptée par la 5e session de la 5e Assemblée populaire nationale le *4 décembre 1982.* Dans sa structure formelle le nouveau texte se divise, comme le précédent, en cinq parties : un préambule et quatre chapitres intitulés de la même manière, les « droits et devoirs fondamentaux des citoyens » précédant désormais le chapitre consacré à la structure de l'État. Le nombre total des articles passe de 60 à 158.

1° *Le Préambule :* Beaucoup plus développé que le précédent, il souligne l'ancienneté de la Chine, rappelle la révolution de 1911 en citant nommément Sun Yatsen et exalte les efforts réalisés par les différentes nationalités dirigées par le parti communiste et guidées par le marxisme-léninisme et la pensée Mao Zedong. Il affirme la fidélité au socialisme et à la lutte des classes qui, bien que « les exploiteurs (aient) été liquidés », n'en subsistera pas moins « pendant une longue période et dans des domaines déterminés ». Faisant mention particulière de Taiwan, il réaffirme les cinq principes qui guident la Chine dans les relations internationales (respect mutuel de la souveraineté et de l'intégrité territoriale — non-agression mutuelle — non-ingérence mutuelle dans les affaires intérieures — égalité et avantages réciproques — coexistence pacifique) et proclame la primauté du texte constitutionnel.

2° *Les principes généraux* (art. 1 à 32). Ils concernent la nature et la structure de l'État, son régime économique et ses principales obligations.

La République populaire de Chine est un État socialiste « de dictature démocratique populaire » dans lequel « tout le pouvoir appartient au peuple » dont les organes sont l'Assemblée populaire nationale et les assemblées locales aux différents échelons. Ces organes fonctionnent suivant le principe du centralisme démocratique. Les nationalités sont égales en droit. L'État assure l'unité et l'intégrité de la légalité socialiste. La structure administrative territoriale de la République divise celle-ci en provinces, régions et municipalités elles-mêmes sous-divisées en départements, districts, cantons autonomes ou non.

Le régime économique a pour base la propriété publique socialiste des moyens de production, c'est-à-dire la propriété du peuple entier et la propriété collective des masses laborieuses. Il applique le principe : de chacun selon ses capacités à chacun selon son travail. L'économie d'État est un secteur socialiste fondé sur la propriété du peuple entier. Les communes populaires rurales et les coopératives des différentes sortes relèvent du secteur socialiste fondé sur la propriété collective des masses laborieuses. L'économie individuelle des travailleurs des villes et de la campagne, pratiquée dans les limites définies par la loi, constitue un complément du secteur socialiste de l'économie fondé sur la propriété publique. Les biens publics socialistes sont spécialement protégés. L'État protège également le droit des citoyens à la propriété de revenus légitimes, y compris le droit à l'héritage des biens privés. L'économie est planifiée. La constitution prévoit expressément une coopération économique avec des investisseurs et opérateurs étrangers.

Les obligations incombant à l'État concernent l'éducation socialiste, le développement des sciences, des lettres et des arts, l'édification de la civilisation spirituelle socialiste, le planning familial mais aussi la protection de la famille, l'écologie, l'ordre public, la défense nationale...

3º Placés désormais immédiatement après les précédents où sont indiquées les obligations de l'État, les *droits et devoirs fondamentaux des citoyens* (art. 33 à 56) en constituent le complément et le prolongement logique. Au titre des droits sont reconnus un certain nombre de droits et de libertés classiques : droits politiques sans distinction à 18 ans, libertés d'expression et de pensée, liberté religieuse, liberté individuelle, inviolabilité du domicile et des correspondances, droit au travail, au repos et à la retraite, droit à l'instruction, à la formation, à la protection sociale... Au titre des devoirs, celui de respecter la constitution et la loi, de défendre la sécurité, l'honneur et les intérêts de la patrie, de payer l'impôt. On remarquera les dispositions nouvelles concernant la liberté religieuse où ne figure plus le droit à la propagation de l'athéisme et la disparition du droit de grève, justifiée par le motif que « dans la société socialiste, la grève n'est ni dans l'intérêt de l'État, ni dans celui des ouvriers » (V. Hu Sheng, secrétaire général adjoint de la commission de révision, « Quelques questions sur le projet de révision de la constitution », Beijing informations nº 18, 3 mai 1982).

4º *La structure de l'État* (art. 57 à 135). Ce troisième chapitre du texte constitutionnel est divisé en sept sections respectivement consacrées à un organe ou type d'organe constitutif de cette structure :

— *L'Assemblée populaire nationale* (sect. 1). Organe suprême du pouvoir d'État, elle est composée de députés élus pour cinq ans par les provinces, les régions autonomes, les municipalités relevant directement de l'autorité centrale ainsi que par les forces armées. Elle se réunit en session ordinaire une fois par an sur convocation de son comité permanent. Elle exerce avec celui-ci le pouvoir législatif de l'État. Les attributions de l'Assemblée se répartissent en réalité en plusieurs catégories : les unes sont d'ordre constitutionnel (amender la constitution et veiller à son application) et législatif (vote des codes). D'autres sont des pouvoirs de désignation (élection du président et du vice-président de la République, du Premier ministre et des ministres, du Président et des membres de la Commission militaire centrale, du président de la Cour populaire suprême et du Procureur général). D'autres sont de nature économique et financière (approbation du Plan et du Budget). D'autres encore sont relatives à la structure administrative de la République (institution des provinces...). L'Assemblée décide enfin de la paix et de la guerre. Elle a le pouvoir de relever de leurs fonctions les autorités qui sont à sa désignation. Le *Comité permanent* de l'Assemblée, où les minorités nationales doivent être représentées dans une proportion adéquate, est élu pour la même durée qu'elle. Son président et ses vice-présidents sont rééligibles pour un seul mandat. Le comité est investi d'un ensemble de pouvoirs d'interprétation, de contrôle, de tutelle, d'adaptation et de complément de ceux de l'Assemblée. La constitution dans ses articles 70 et s. règle divers problèmes de droit parlementaire, notamment celui des commissions et celui des immunités.

— *Le président de la République* (sect. 2). La nouvelle constitution rétablit cette magistrature à laquelle elle ajoute un *vice-président*. Élus par l'Assemblée populaire nationale pour la même durée que celle-ci, rééligibles mais pour un second mandat seulement, destituables par cette même assemblée, président et vice-président exercent les fonctions habituelles d'un chef de l'exécutif.

— *Le Conseil des affaires d'État* (sect. 3). Il est défini comme « le gouvernement populaire central », exécutif de l'organe suprême du pouvoir d'État et « organe administratif suprême de l'État ». Il est composé du Premier ministre, des vice Premiers-ministres, des ministres d'État, des ministres, des présidents des commissions, du président de la Commission des comptes et du secrétaire général. Son mandat est de la même durée que celui de l'Assemblée. Premier ministre, vice-Premiers ministres et ministres d'État ne peuvent assurer plus de deux mandats consécutifs. Les attributions du Conseil que la constitution énumère sous dix-huit rubriques non limitatives sont celles d'un gouvernement de type conventionnel.

— La *Commission militaire centrale* (sect. 4). Elle dirige toutes les forces armées du pays.

— *Les assemblées populaires locales et les gouvernements populaires aux différents échelons* (sect. 5) et *les organes d'administration autonome des régions d'autonomie nationale* (sect. 6) constituent les structures de l'administration territoriale.

— Une dernière section (sect. 7) règle le régime des *tribunaux et des parquets populaires*.

Comme on le sait, le régime chinois a été secoué pendant près de deux mois (16 avril-3 juin 1989) par un mouvement populaire réclamant plus de démocratie. Ce mouvement a été cruellement réprimé sans que, au bénéfice du remplacement du secrétaire général du parti, le régime lui-même ait été en apparence ébranlé.

Sur les principaux aspects de cette nouvelle constitution V. interview précitée de Hu Sheng, dans Beijing Informations, 3 mai 1982, n° 18. — V. aussi *Explications sur le projet de révision de la constitution à la 23e session du comité permanent de la 5e assemblée populaire nationale le 22 avril 1982,* idem, n° 19, 10 mai 1982, avec le texte du projet. — Y. Viltard, *La nouvelle constitution chinoise du 4 décembre 1982,* Pouvoirs, 1984, n° 28, p. 185. — Tao Jingzhou, *La Cour populaire suprême de la République populaire de Chine,* R.I.D.C., 1985, n° 1, p. 107).

Sur les événements d'avril-juin 1989, V. J.-L. Domenach, *Chine, la longue marche vers la démocratie,* Pouvoirs, 1990, n° 52, p. 55.

100. — La République socialiste fédérative de Yougoslavie. — On rappellera brièvement une évolution constitutionnelle spécialement riche dont l'aboutissement actuel est la constitution de 1974.

A. *Évolution constitutionnelle.* — De tous les États socialistes, la République fédérative de Yougoslavie est celui qui a connu le plus grand nombre de constitutions et de révisions constitutionnelles. La chronologie en est la suivante :

1° Constitution du 31 janvier 1946 (V. M. H. Fabre, R.D.P., 1946, p. 454).

2° Loi constitutionnelle du 13 janvier 1953 (V. C. Durand, R.D.P., 1954, p. 86).

3° Constitution du 7 avril 1963 (V. J.-P. Ferretjans, R.D.P., 1963, p. 939).

4° Amendements avril 1967.

5° Amendements 26 décembre 1968 (La documentation française, N.E.D., 30 avril 1959, n° 3585-3586).

6° Révision constitutionnelle du 30 juin 1971 (V. J.-P. Liminana, R.D.P., 1972, p. 831).

7o Constitution du 21 février 1974.

8o Une huitième réforme constitutionnelle est intervenue en 1981 qui amende la constitution de 1974 sur sept points (V. P. Gélard, Pouvoirs, no 18, 1981, p. 155), qui en renforce les caractères en généralisant le renouvellement constant de tous les organes du pouvoir.

9o Une nouvelle révision constitutionnelle a été opérée le 25 novembre 1988 par adoption de trente-quatre amendements portant sur la réforme économique et l'autonomie du Kosovo.

La fréquence de ces modifications constitutionnelles ne doit pas surprendre ni être considérée comme un signe de faiblesse ou d'instabilité. Il est de la nature de l'État socialiste d'adapter les superstructures juridiques à l'évolution de la réalité sociale et économique et, à cet égard, la République yougoslave s'est montrée d'une orthodoxie exemplaire. Mais ces réformes nombreuses ne marquent pas seulement les étapes d'une adaptation de ses institutions par une société en évolution. Elles traduisent aussi une continuité dans un effort de mise en place d'un système socialiste original. Si la constitution de 1946 était proche de la constitution soviétique de 1936, elle en différait déjà par une inspiration dont l'originalité n'a pas depuis cessé de s'affirmer et qui n'est pas sans rappeler, derrière l'affirmation d'une fidélité au marxisme-léninisme, la pensée d'Engels et celle de Proudhon. Ce trait est éclatant à travers l'exposé sur le projet qui devait aboutir à la dernière constitution, présenté le 22 janvier 1974 au Conseil des nationalités par le Président de l'Assemblée fédérale, M. Todorovic. On portera tout spécialement l'attention sur les formules qui affirment *« un nouveau type d'intégration de la sphère du politique et de celle du travail »* ou le *« dépassement du dualisme historique de l'État et de la société »*. A travers l'autogestion généralisée, la République yougoslave a voulu vraiment s'engager sur la voie d'un dépérissement réel de l'État. Sans doute, le principe de la délégation, que la nouvelle constitution met en œuvre, présente-t-il des imperfections du même ordre que celles que comportait un mécanisme identique de désignation des députés sous la Révolution française. Mais le contexte est évidemment différent surtout si l'on veut bien tenir compte qu'il ne s'agit pas d'un aménagement du système représentatif mais d'une institutionnalisation de l'autogestion.

B. *La constitution du 21 février 1974.* — Précédée d'un préambule consacré aux principes fondamentaux, la nouvelle constitution yougoslave ne compte pas moins de 406 articles. Elle est divisée en six parties respectivement intitulées : 1) « La république socialiste fédérative de Yougoslavie » qui traite de la forme de l'État en tant qu'il est fédératif (V. n° 156). 2) « L'organisation sociale » divisée en six titres : organisation socio-économique; fondements du système socio-politique; libertés, droits et devoirs de l'homme et du citoyen; constitutionnalité et légalité; justice et ministère public; défense nationale. 3) « Rapports dans la Fédération et droits et devoirs de la Fédération. » 4) « Organisation de la Fédération », divisée en huit titres : Assemblée de la République; Présidence de la République; Président de la République; Conseil exécutif fédéral; organes exécutifs fédéraux; Tribunal fédéral, procureur public fédéral et avocat social fédéral de l'autogestion; Cour constitutionnelle; Prestation de serment. 5) « Révision de la Constitution. » 6) Dispositions transitoires et finales.

L'établissement constitutionnel ainsi mis en place doit être considéré dans une double perspective : celle du principe de délégation et celle de l'aménagement organique dont le fonctionnement est informé par ce principe.

1° *Le principe de délégation.* Il a été présenté dans l'exposé sur le projet de constitution comme le principe fondamental. Fondement de la démocratie autogestionnaire, dans laquelle la classe ouvrière doit exercer directement le pouvoir politique en alliance avec la paysannerie et les autres travailleurs, il amorce « le processus de dépassement du dualisme historique de l'État et de la société et affirme un nouveau type d'intégration de la sphère du pouvoir et de celle du travail ».

Visant à éliminer les séquelles du système représentatif, considéré comme inséparable du parlementarisme bourgeois et de nature à engendrer la bureaucratisation des rapports sociaux et le raffermissement des monopoles techno-bureaucratiques, le principe de délégation doit permettre à la classe ouvrière de s'organiser politiquement et, sur le plan de l'autogestion, de se « constituer en État » — pour reprendre l'expression de Marx, étant entendu que cet État « a déjà cessé, pour une bonne part, d'en être un ».

Le changement essentiel procuré par le principe de délégation tient à ce que « le pouvoir de décision dans les communautés socio-politiques ne s'exerce plus par l'intermédiaire de représentants politiques généraux mais par l'entremise d'institutions politiques qui assurent, dans les centres de pouvoir politique, la présence directe des intérêts émanant de la base sociale elle-même ». Ainsi « les délégations et les délégués ne sont pas des représentants politiques généraux chargés d'un mandat politique général en tant qu'expression de quelconques droits politiques également généraux des électeurs. Ils sont au contraire les instruments de la classe ouvrière organisée politiquement et, sur le plan de l'autogestion, l'expression des intérêts réels des travailleurs, avec une responsabilité claire, précise et directe devant les ouvriers et tous les autres travailleurs des organisations et communautés de base, ainsi que devant la communauté sociale toute entière ».

La nouvelle constitution se propose donc d'aménager dans ce sens le système d'assemblée. L'exposé sur le projet constate cependant que la totalité des intérêts sociaux des travailleurs ne saurait dans ce système s'exprimer uniquement par le mécanisme de la délégation et « surtout que le processus de décision politique ne peut absolument pas être abandonné à la spontanéité anarchisante ». C'est ici que doivent donc intervenir les forces organisées de la conscience socialiste et plus particulièrement la Ligue des Communistes de Yougoslavie. Mais à cet égard, l'exposé sur le projet insiste nettement sur l'incompatibilité avec la société autogestionnaire de deux conceptions des rapports des forces sociales organisées avec le pouvoir politique : le conception anarcho-libéralisante et la conception « bureaucratique et étatique préconisant l'exercice direct du pouvoir par l'appareil du parti et son trop fameux système de la courroie de transmission ».

Constitué suivant ces principes, l'État doit être intégré à la société dont il devient l'instrument. Ses compétences se trouvent réduites. Elles sont remplacées par « l'activité normative des travailleurs associés, les conventions autogestionnaires et les accords sociaux ». Dépossédé au maximum de ses droits et attributions de titulaire de la fonction de propriétaire des biens sociaux, l'État est réduit au rôle de réducteur des contradictions que ne peuvent pas encore surmonter les mécanismes autogestionnaires », ce qui implique son dépérissement progressif avec le développement de ceux-ci.

Techniquement, le principe de délégation se traduit de la manière suivante. Les travailleurs des organisations et communautés autogestionnaires de base élisent parmi eux, au scrutin direct et secret et pour quatre ans, des délégations dont la composition et le statut sont fixés par ces organisations. La présentation des candidats à ces délégations est conduite par les organisations de l'Alliance socialiste et par les organisations syndicales. Ces délégations choisissent à leur tour les délégués à l'assemblée communale et ainsi de suite.

2° *L'aménagement organique.* La nouvelle constitution institue :

a) *Une assemblée fédérale* composée de deux conseils : le Conseil fédéral et le Conseil des républiques et provinces.

Le premier assure la double représentation des organisations et communautés autogestionnaires et des organisations sociopolitiques à raison de trente délégués par République et de vingt par région autonome. Les délégués sont élus pour quatre ans au scrutin secret par les assemblées des communes sur des listes de présentation établies par les organisations. Le Conseil des républiques et provinces est la Chambre fédérale.

Les deux conseils ont en principe des droits égaux, sauf dans le domaine législatif où le Conseil des républiques et des provinces se voit attribuer des compétences importantes en matière économique, financière, monétaire et sociale.

L'Assemblée fédérale est l'organe de l'autogestion sociale et l'organe suprême du pouvoir dans les limites des droits et devoirs de la Fédération.

b) *La présidence de la République.* Elle est composée du président de l'organe de la Ligue des communistes et d'un membre de chaque République et de chaque province autonome, élu au scrutin secret par l'assemblée de la République ou de la province en séance commune de tous les conseils. Les membres de la Présidence sont élus pour cinq ans et ne sont pas rééligibles plus de deux fois. Ils élisent parmi eux un président et un vice-président chaque année.

Les attributions de la Présidence sont étendues. Elles se présentent soit sous forme d'un droit de proposition (détermination de la politique intérieure et extérieure) soit sous forme d'un droit de désignation (chef du gouvernement, président et juges de la Cour constitutionnelle) soit sous forme de compétences propres (direction et commandement des forces armées, promulgation des lois, pouvoirs exceptionnels, droit de veto suspensif). En cas de conflit entre la Présidence et l'un des Conseils, et après l'échec d'une procédure de conciliation prévue par la Constitution, le Conseil est dissout et la Présidence cesse son mandat tout en continuant à expédier les affaires courantes.

La constitution avait investi le Maréchal Tito de la charge de président à vie. Le maréchal était également président à vie de la Ligue des communistes. Le décès du maréchal, le 4 mai 1980, a rendu ces dispositions caduques.

c) *Le Conseil exécutif fédéral*. Il est défini comme l'organe exécutif de l'Assemblée devant laquelle il est responsable. Au bout de deux ans d'activité, le Conseil exécutif présente aux deux conseils de l'Assemblée un rapport qui donne lieu à un vote de confiance.

Le président et les membres du Conseil sont élus à partir de candidatures dont la désignation est organisée par l'Alliance socialiste du peuple travailleur.

Le Conseil exécutif est désigné après chaque renouvellement des conseils de l'Assemblée. Ses membres sont ainsi élus pour quatre ans. Ils ne peuvent être réélus qu'une fois, le président n'étant plus immédiatement rééligible.

La démission ou la révocation du président du conseil exécutif entraîne la démission ou la révocation de tout le conseil. Le président du Conseil peut proposer que les membres de celui-ci soient relevés de leurs fonctions.

d) *La Cour constitutionnelle*. Sa compétence englobe le contrôle de la constitutionnalité des lois fédérales, celui de la conformité des lois des Républiques et provinces à la loi fédérale et celui de la conformité des actes exécutifs généraux à la constitution et à la loi fédérale. Elle comporte, par ailleurs, le règlement des conflits de compétence entre les Cours constitutionnelles des Républiques et provinces et entre les tribunaux et les autres organes de l'État. Elle statue, enfin, sur les litiges concernant les droits et les devoirs entre la Fédération, les Républiques et les provinces ; entre les Républiques et les provinces et entre les autres communautés socio-politiques, lorsque le litige ne relève pas de la compétence d'un autre tribunal. Les juges ne peuvent désormais assurer qu'un seul mandat. Quant au président, il changera chaque année, de manière que sur une période de huit ans toutes les Républiques et toutes les provinces aient eu leur représentant à la présidence.

Indépendamment de tensions dans sa structure fédérale, le régime yougoslave connaît depuis deux ans des difficultés particulières. Visé par une motion de censure qui, pour n'avoir pas été adoptée, n'en a pas moins divisé l'assemblée fédérale en majorité et minorité (14 mai 1988), le gouvernement au pouvoir depuis un an et demi a dû se retirer devant le refus d'approbation de sa politique économique (30 décembre 1988). Plus récemment, le Congrès de la ligue des communistes, décidant d'abandonner son monopole, a été contraint de s'ajourner, la délégation slovène s'étant retirée.

V. J. Djordjevic, *La constitutionnalité dans le socialisme et la pratique constitutionnelle yougoslave*, Mél. L. Hamon, 1982, p. 185.

TITRE II

LES INSTITUTIONS CONSTITUANTES

CHAPITRE I

L'ÉTABLISSEMENT DES ÉTATS ET LA SUCCESSION DES RÉGIMES

101. — L'apparition des États. — L'État étant issu de la rencontre d'un peuple, d'un sol et d'un pouvoir, sa naissance, comme institution, est souvent impossible à dater exactement. D'ordinaire, les éléments premiers se trouvent dès longtemps réunis. C'est leur arrivée au point de maturation qui détermine l'apparition de l'État. Il doit y avoir stabilisation de la population, délimitation des frontières, individualisation et dégagement d'une autorité proprement politique. Ces phénomènes ne sont pas toujours concomitants, ni susceptibles de constatation à un instant précis.

Quelquefois, il y a proprement fondation. Une autorité politique nouvelle, réunissant déjà sous elle un groupe d'hommes, prend contact avec un espace vide ou peu habité. Ainsi s'établirent, par migration, en Amérique du Nord, les futurs États-Unis et, en Afrique du Sud, les républiques boers de l'Orange et du Transvaal.

Il semble, aussi, que ce mode de création ait été assez fréquent dans l'antiquité, où des terres encore vierges et des populations clairsemées pouvaient, dans le cadre réduit de la Cité, être rassemblées à l'initiative d'un homme. La fondation de Rome, telle que la tradition la rapporte, est par excellence l'exemple d'une telle création. « Ici tout est nouveau : la nation, qui naît de l'union sous un chef commun des débris de souches diverses venus de toutes parts ; le pays inculte et sans maître, dont elle prend en même temps possession, où elle fixe l'emplacement de la Ville Éternelle... L'organisation de la foule ne précède pas d'un instant l'établissement sur le territoire et la fondation de la ville. Les faits coïncident et la Cité nouvelle est aussitôt consacrée par la prière, et affermie par la loi fondamentale que le roi donne au peuple, que le peuple approuve... La pensée de la légende est de présenter une création nouvelle jusque dans ses fondements. Le génie créateur du roi et la volonté collective de la nation se rencontrent ici dans un acte unique de constitution. » (J. C. Bluntschli, *Théorie générale de l'État, op. cit.,* p. 229.)

Les anciens eux-mêmes doutaient que cet acte solennel ait eu réellement lieu, mais il figure parfaitement l'idée romaine de l'État, créé par fixation et organisation de la nation.

En tout cas, l'époque contemporaine ne comporte plus d'initiative semblable. Notre temps est, selon l'expression de Paul Valéry, celui du « monde fini ». La terre est couverte d'États divers et relève d'eux comme territoire propre. La création d'une autorité politique ne devant rien qu'à elle-même est un phénomène désormais dépassé. Au XIXe siècle, quelques aventuriers encore ont essayé de fonder des États. Leurs tentatives n'avaient aucun sérieux. Elles ont sombré dans le ridicule ou sont demeurées à peine ébauchées. Quant à la création du Libéria et de l'État libre du Congo, l'appui que leur apportèrent respectivement les États-Unis et la Belgique les apparentent étroitement aux phénomènes de colonisation.

Il n'y a plus de place, dans le droit constitutionnel actuel, pour la création de pouvoirs étatiques à titre initial mais, seulement, pour des formations secondes procédant d'États ou de régimes déjà existants.

102. — Les modes seconds de création des États et de transformation des régimes. — Les deux situations appelant une organisation constitutionnelle nouvelle sont la création d'un nouvel État ou l'apparition d'un nouveau régime politique.

Le problème de la formation des États ou de la modification de leur étendue se pose à la suite d'une sécession, d'un démembrement, d'une absorption. Il relève du droit international.

Le problème du changement de régime relève, en revanche, du droit constitutionnel. La transformation des formes du pouvoir qu'il implique dépasse un simple changement de titulaire dans le cadre d'institutions existantes, ou, même, une modification importante de celles-ci. Il y a mutation des règles d'établissement, de succession ou de fonctionnement du pouvoir; mais la disparition des modes antérieurs n'implique pas que s'efface l'autorité politique en elle-même ou ceux sur qui elle s'exerce : *forma regiminis mutata, non mutatur populus ipse.*

Deux grandes catégories de mutations politiques doivent être distinguées. Les autorités nouvelles peuvent naître :

— soit du consentement de l'autorité existante;

— soit de la destruction violente de celle-ci et de son remplacement par un autre régime.

A. *Les transformations consenties* le sont par conviction, par esprit de prévision, ou par suite d'une pression qui n'est pas encore irrésistible, mais qui pourrait le devenir. Les gouvernements émancipent alors certains territoires qui dépendent d'eux ou revisent plus ou moins spontanément les règles les concernant. S'appliquant Outre-Mer, le phénomène est appelé *décolonisation.*

La création d'un État peut provenir d'une loi interne (V. plus loin la naissance des États américains et des dominions britanniques), d'un traité international, ou de la décision d'un organe international.

De manière analogue, un changement de régime peut avoir lieu par renonciation ou par réformation. Le titulaire du pouvoir absolu, existant jusqu'alors, procède lui-même à sa limitation et à son aménagement par octroi d'une Charte ou constitution (V. n° 116).

Plus couramment, à l'époque actuelle, un régime se réforme par évolution coutumière ou encore par mise en œuvre du pouvoir constituant dérivé. Celle-ci peut, tout en s'accomplissant avec une apparente régularité formelle, équivaloir à une révolution larvée. C'est ce que l'on a appelé la *fraude à la constitution* (G. Liet-Veau, *Essai d'une théorie juridique des révolutions,* Sirey, 1942).

B. *Les transformations violentes* entraînent des suppressions d'États, des modifications ou des destructions de régimes.

1º Au plan international :

a) *La conquête* entraîne l'absorption totale ou partielle d'un État dans un autre État. La conséquence peut en être l'adoption d'une nouvelle constitution, mieux en rapport avec le nouvel ordre de choses (V. pour la Yougoslavie, la Constitution de Vidovdan, des 15-21 juin 1921). Il peut aussi y avoir extension d'une constitution existante à tout le pays (V. l'extension du Statut sarde de Charles-Albert à l'Italie unifiée et « piémontisée »).

b) *La rébellion* est une insurrection ou un coup de force ne touchant qu'à une partie du pays et aboutissant d'ordinaire à une sécession, avec formation d'un nouvel État, sous une nouvelle constitution (V. la Belgique en 1831).

2º Au plan interne :

a) *L'insurrection* est un soulèvement populaire contre le régime politique établi. Elle procède d'un mécontentement général. De caractère spontané, affectif, irraisonné, le hasard y joue un rôle prédominant. Ses manifestations comportent une large part d'inconnu et d'imprévisibilité. Initialement, elle n'a pas de chefs; les circonstances les feront surgir; elle n'a pas de plan; elle se livre à des actes contradictoires; elle commet, par exemple, des destructions inutiles ou dangereuses pour elle-même; elle est rarement formée d'éléments homogènes; elle réunit des fractions diverses qui souvent deviennent hostiles, une fois le succès acquis. C'est pourquoi elle peut se prolonger par des « journées » où certains insurgés s'efforcent de continuer l'action révolutionnaire, alors que d'autres, déjà installés au pouvoir, les répriment durement. Ainsi, les hommes de Juillet écrasèrent les nombreuses émeutes des débuts de la monarchie de Louis-Philippe. Un peu plus tard, les hommes de Février dirigèrent la répression des journées de Juin 1848.

L'insurrection qui avorte est généralement qualifiée d'émeute.

b) *Le coup de force,* appelé souvent aujourd'hui *putsch,* pour mieux le distinguer de l'insurrection anonyme, est, comme elle, d'origine privée. Mais il est exécuté par un homme ou un groupe d'hommes qui en assument la direction, selon un plan préparé longuement et méthodiquement dans ses moindres détails. Rien ne doit être laissé au hasard car l'opération, pour réussir, doit être brutale et courte. Œuvre de conjurés unis, non seulement par des opinions, mais par une discipline commune, il exige, outre l'homogénéité intellectuelle, la maniabilité dans les mains du chef. Les exécutants, soigneusement choisis, sont groupés en formations généralement restreintes et doivent se plier à des directives données avec méthode et précision.

Babeuf et Blanqui ont formulé la théorie du coup de force et mené eux-mêmes des actions de ce type (V. M. Prélot, *L'évolution politique du socialisme français,* 1939, ch. I et II). En Russie, Lénine et Trotzky ont accentué son caractère technique. La lutte armée contre la police et la troupe devient alors subsidiaire. L'essentiel est de paralyser les moyens d'action de l'adversaire, de se rendre maître de centres nerveux de l'activité étatique, notamment des nœuds de transmission et de communication. Les gouvernants en place sont alors isolés au sommet de l'État. Coupés de leurs organes d'information et d'action, s'agitant dans le vide et ne commandant plus à rien, ils sont balayés sans grand-peine, à moins qu'ils n'aient déjà abandonné la partie. C'est ainsi que s'est déroulée la révolution russe de 1917, durant « les dix jours qui ébranlèrent le monde ».

c) *Le coup d'État* a de grandes analogies avec le coup de force. On confond souvent l'un et l'autre (V. C. Malaparte, *Technique du coup d'État,* trad. franç., 1931; O. Buchet, *Le coup d'État en fait et en droit,* th. droit, Paris, 1935). Mais, du point de vue du constitutionnaliste, il y a entre eux une différence capitale. Le coup d'État n'émane pas de particuliers. Il est « l'acte violent d'une partie des pouvoirs publics contre l'autre » (A. Vandal). Il peut aussi émaner d'un corps public subordonné, comme l'armée qui s'érige alors en pouvoir politique. Il est opéré sous le commandement d'officiers généraux ou supérieurs, voire même de sous-officiers (La Granja, 1836). On lui donne alors le nom de *pronunciamiento,* l'histoire de l'Espagne ayant fourni de nombreux exemples de ce mode de mutation politique.

Le coup d'État peut ne pas viser à la fin du régime établi, mais à sa défense comme ce fut, jusqu'au dernier exclusivement, le cas des coups d'États en chaîne du Directoire (V.

n° 225). Plus souvent, toutefois, le coup d'État est offensif et vise à la création d'un nouveau système politique. Ainsi sont nés le Consulat (V. n° 226) et la République autoritaire, puis l'Empire (V. n° 285).

3° Sur les deux plans interne et international :

a) *L'action étrangère* se rapproche, tant dans ses effets que comme manifestation de force, de l'insurrection ou du coup d'État. Ruinant l'ordre constitutionnel existant, soit par intervention directe, soit par simple contrecoup, elle provoque l'installation d'un nouveau régime. La fin du Premier Empire résulte du refus des Alliés de traiter avec Napoléon et de l'invitation d'Alexandre aux Français de se donner de nouvelles institutions (V. n° 246). La capitulation de Sedan entraîne, sans violence, la chute du Second Empire (V. n° 295). L'armistice de 1940 est suivi de la révision de Vichy et de la Révolution dite « nationale » (V. n°s 333 à 338). L'occupation russe en Europe centrale et orientale provoque la naissance des « démocraties populaires ».

b) *La guerre subversive,* dite aussi *guerre populaire* (Mao Zédong) ou *guerre de style indirect* (général Gambiez) combine à la fois la rébellion interne et l'action étrangère. Il y a comme une dilution clandestine, au sein de populations complices ou intimidées, des forces régulières extérieures. Le pouvoir légal est mis en état d'infériorité par des actions de guerilla qui l'usent matériellement et le disloquent moralement provoquant finalement sa liquidation ou son abdication. Le plus adroit aboutit à moindres frais ; le plus faible gagne en lassant par son insaisissabilité et en écœurant par sa propagande un adversaire en apparence plus puissant que lui (V. F. Gambiez et M. Suire, *L'épée de Damoclès, La guerre en style indirect,* 1967, p. 34, 36).

103. — L'abrogation de l'ordre constitutionnel antérieur. — Le succès de l'insurrection, du coup de force, du coup d'État ou de la guerre subversive amène la disparition de l'ordonnancement politique en vigueur. La constitution est abrogée et tout acte s'y rattachant est désormais sans valeur. Comme devait le dire Mauguin en 1830, à propos de l'abdication de Charles X : « La guerre a prononcé : la victoire a déclaré l'échéance ; l'acte d'abdication est nul ; il n'y a rien à abdiquer, par conséquent rien à déposer aux archives. ».

Toutefois, rarement, au plan politique et juridique, la table est complètement rase.

Sur le plan politique, le gouvernement de fait prolonge souvent en partie un gouvernement régulier antérieur. En décembre 1851, Louis-Napoléon reste Prince-Président. En Italie, le coup de force fasciste laisse en place la dynastie, comme en Espagne le *pronunciamiento* de Primo de Rivera. Il arrive, aussi, que des commissions issues des organes éliminés aient à intervenir dans l'établissement du nouveau régime. Généralement, leur rôle apparaît mince (V. n°s 227 et 285).

Sur le plan juridique, survivent habituellement non seulement les dispositions légales compatibles avec le nouveau régime, mais les textes constitutionnels non directement liés à la forme du gouvernement. Cependant, les articles constitutionnels demeurant ainsi n'ont plus qu'une force simplement légale. C'est la théorie dite de « la déconstitutionnalisation par l'effet des révolutions ». L'article 5 de la Constitution du 4 novembre 1848, abolissant la peine de mort en matière politique, l'article 75 de la Constitution de l'An VIII, concernant la garantie des fonctionnaires en sont de notoires exemples.

Mais ces réserves faites, — et elles sont importantes — le succès de la force entraîne l'abrogation de l'ordre politique et des actes juridiques antérieurs s'y rattachant.

A quel moment cet événement se produit-il? La détermination exacte de sa date présente un grand intérêt pratique surtout lorsque les régimes se succèdent à une cadence rapide, comme entre 1789 et 1870 ou depuis 1940.

1° La réponse peut résulter d'un acte juridique exprès, par exemple la proclamation de la déchéance. En 1792, la Législative suspend le roi (V. n° 197); le 3 avril 1814, le Sénat déclare Napoléon déchu du trône (V. n° 246); en 1870, Gambetta prononce la déchéance de l'Empire au Corps législatif, déchéance renouvelée à Bordeaux par l'Assemblée nationale (V. n° 297); en 1944, l'ordonnance sur le rétablissement de la légalité républicaine fixe au 16 juin 1940 le moment où cessent d'être valables les actes accomplis par le Gouvernement et les Chambres.

2° Lorsqu'il n'y a pas d'actes juridiques exprès, trois points de départ peuvent être retenus.

— *Le moment initial de la Révolution.* C'est la solution proposée par certains en 1830. Elle dérive de l'idée de la

Charte-contrat. La violation du pacte par les grandes ordonnances restitue au pays sa liberté primitive. La résiliation a eu lieu de plein droit le jour où les gouvernants ont manqué à leurs obligations. « Votre commission — dira Dupin — a pensé qu'il ne suffisait pas de constater la vacance comme un fait, mais qu'il fallait aussi la déclarer comme un droit résultant de la violation de la Charte. » (V. n° 261.)

— *Le moment où l'action révolutionnaire l'emporte irrésistiblement.* L'ordre politique antérieur est alors définitivement éliminé. Mais la détermination du jour et de l'heure où triomphe la volonté révolutionnaire est malaisée à fixer. En 1830, l'apparition du drapeau tricolore sur les tours de Notre-Dame marque, au moins par l'iconographie, l'instant où la victoire change de camp.

— *Le moment où se constitue le gouvernement de fait.* Une autorité gouvernementale se substitue à l'ancienne. En 1830, le 29 juillet, se réunissent chez Lafitte quelques députés et la commission municipale. La formation du gouvernement de fait peut être antérieure à la déchéance. Elle fournit au juriste la solution la plus acceptable comme étant celle qui introduit, dans le désordre d'une révolution, le maximum de certitude.

Généralement, les juristes américains s'efforcent d'enrayer la multiplication des coups de force et des coups d'État qui, comme la fièvre jaune, sont une maladie endémique de l'Amérique latine. (V. en droit international, la doctrine de la légitimité constitutionnelle, dite de Tobar, et, d'une façon plus générale, la doctrine de la non-reconnaissance des situations de fait établies par la force, dite doctrine de Stimson.) Certaines constitutions sud-américaines (Chili, Pérou, Honduras, Venezuela, San Salvador) ont prononcé d'avance la nullité des actes qui émaneraient à l'avenir de gouvernements insurrectionnels.

Le même principe a été posé par les gouvernements de Londres et d'Alger vis-à-vis des actes du régime de Vichy.

D'une façon générale, les juristes européens, français notamment, sont plus favorables à la validité des actes des gouvernements de fait. Ils tendent à donner la préférence, sur tout le reste, à la continuité de l'État et à minimiser les dégâts juridiques des bouleversements politiques. Ils estiment qu'il y a de moins grands inconvénients à vouloir consolider le *statu quo,* qu'à rétablir une situation antérieure, même fondée. (V. Assoc. H. Capitant, Lille 1957, rapport Ch. Rousseau.)

Après le 4 septembre 1870, l'Assemblée nationale a rejeté une motion distinguant dans les actes d'un gouvernement qui se qualifiait lui-même de « Défense nationale » (V. n° 296), les dispositions ayant trait à la conduite de la guerre et celles étrangères à la marche des hostilités. A. Bertauld, député et professeur à la Faculté de Droit de Caen, démontra que le critère n'était pas valable, tel acte qui, à première vue, ne paraissait pas toucher à la guerre ayant cependant un lien avec elle. La Cour de Cassation opina dans le même sens (Crim. 8 juin 1871, D.P. 1871.1.79), en annulant un arrêt de la Cour de Douai qui avait refusé d'appliquer un décret du 13 septembre 1870, sur la chasse, comme exorbitant des nécessités de la défense nationale.

La position, intellectuellement la plus satisfaisante, est sans doute celle qui distingue une validité de fait provisoire et une validité juridique définitive, provenant de la ratification par le gouvernement régulier. Un gouvernement de fait, sans base de droit, ne peut donner de valeur juridique à ses actes, mais, en vue d'un moindre mal ou d'un plus grand bien, le gouvernement régulier ultérieur peut en les ratifiant leur conférer ce caractère. Telle fut l'attitude de Louis XVIII vis-à-vis des actes du gouvernement de Napoléon, considéré comme un « gouvernement de fait ». (C'est même à son propos que le terme apparaît dans notre langue : F.-R. de Chateaubriand, *de Buonaparte et des Bourbons,* 1814.) La Charte confirma expressément les situations issues de la Révolution et de l'Empire (art. 9, 69, 70 et 71). Ce fut aussi, malgré l'approbation donnée à la thèse de Bertauld, la solution définitive de l'Assemblée nationale de 1871, soucieuse de dissiper toute équivoque.

En 1944, l'ordonnance du 9 août prise par le gouvernement provisoire déclare dénuées de valeur les dispositions édictées depuis la formation du ministère Pétain, mais, au lieu de valider expressément les seuls actes qu'il paraissait opportun de laisser subsister, elle distingue trois grandes catégories de textes : ceux qui sont expressément et immédiatement annulés, ceux qui sont tacitement et provisoirement maintenus en vigueur, ceux qui sont expressément validés. Entre les textes eux-mêmes annulés, il est sous-distingué suivant que la nullité s'étend à leurs effets passés et à venir ou seulement à ces derniers.

Cl. Leclercq, *Les mécanismes juridiques de disparition de la République*, R.D.P., 1986, p. 1015.

104. — Les gouvernements de fait. — Généralement, les auteurs d'un coup de force ou d'un coup d'État ont le dessein précis de s'emparer du pouvoir et de lui donner eux-mêmes telle ou telle forme. Le plus souvent, ils agissent pour leur compte, comme les deux Bonaparte ou Primo de Rivera. Mais Monk rétablit Charles II sur le trône d'Angleterre en 1660 ; le *pronunciamiento* de Sagonte, en 1874, plaça Alphonse XII sur le trône d'Espagne ; la *Marche sur Rome*, en 1922, se fit sous l'égide d'un « quadrumvirat », Mussolini rejoignant lui-même la capitale en wagon-lit.

Quand la disparition du régime provient d'une insurrection, la part est grande du hasard et de l'improvisation. Le lien est souvent ténu entre le fait révolutionnaire et le gouvernement qui en sort. Son auto-investiture est due à la hardiesse, à la confiance en eux-mêmes, voire à la présomption de ceux qui le composent. Les journées révolutionnaires sont aussi des « journées des dupes ». Ainsi, en 1830, un petit groupe de journalistes et d'hommes publics substitua la monarchie orléaniste à la république attendue.

Cependant, quelle que soit la manière dont le nouveau pouvoir s'installe, il n'est pas immédiatement un pouvoir régulier. Il est un *gouvernement de fait*.

L'expression, pour être courante, n'est cependant pas très heureuse. On ne peut guère en donner qu'une définition toute négative, celle « d'un pouvoir qui n'a pas de droits consacrés et reconnus par une loi positive ». On caractérise ainsi le régime « de fait » par opposition au régime « de droit », au « gouvernement régulier qui vit sous l'empire d'une constitution coutumière ou écrite régissant son organisation et son fonctionnement » (R. Gaudu, *Essai sur la légitimité des gouvernements dans ses rapports avec les gouvernements de fait,* th., Paris, 1913, p. 1 et s.).

Mais, à pousser les choses à fond, le contraste est beaucoup moins vif que les mots ne le suggèrent. Il n'existe guère de gouvernement qui soit purement et simplement de fait. A peu près tous les régimes en vigueur ont, si rudimentaire soit-elle, une organisation et « le gouvernement de fait, quoique dépourvu de droits positivement reconnus ou définis, se comporte comme s'il en avait » (*Ibid*).

Son autorité politique ne tient, cependant, ni à l'ordre

constitutionnel préexistant qu'il contredit, ni à l'insurrection dont il sort, qui a détruit ce même ordre. Il peut, moins encore, invoquer une légitimité toute nouvelle qui ne saurait se fonder sans le secours du temps. La majorité des juristes voient cependant en lui un gouvernement authentique. Leur thèse est également soutenue par des théologiens catholiques. Il y a, pour eux, une légitimité fondée sur les nécessités objectives de l'ordre social. Celle-ci « justifie la création et l'existence des nouveaux gouvernements, quelque forme qu'ils prennent, puisque, dans l'hypothèse où nous raisonnons, ces nouveaux gouvernements sont nécessairement requis par l'ordre public, qui, lui-même, est impossible sans un gouvernement. Il sort de là que, dans de semblables conjonctures, toute la nouveauté se borne à la forme politique des pouvoirs civils, ou à leur mode de transmission ; elles n'affectent nullement le pouvoir considéré en lui-même. Celui-ci continue d'être immuable et digne de respect. Par conséquent, lorsque les nouveaux gouvernements qui représentent cet immuable pouvoir sont constitués, les accepter n'est pas seulement permis mais réclamé, voire même imposé par la nécessité du bien social qui les a faits et les maintient » (Léon XIII, Encyclique *Au milieu des sollicitudes,* 16 févr. 1892, citée par M. Prélot et F. Gallouédec Genuys, *Le Libéralisme catholique,* 1969, p. 299).

Une telle position de principe peut comporter des applications très variables suivant que l'intention de ses tenants est de prévenir les coups de force, en dévalorisant à l'avance leurs conséquences ou, à l'inverse, de précipiter la liquidation des régimes renversés au profit des nouveaux pouvoirs.

105. — Le passage au nouveau régime de droit. —
Le gouvernement de fait n'est jamais, dans son principe, qu'un régime précaire. Souvent on l'appelle ou il se dénomme officiellement « gouvernement provisoire ».

Il aspire, tout naturellement, à devenir un régime de droit, à se donner une base stable et une situation juridiquement reconnue, car, si solide qu'il soit politiquement, un régime est toujours pressé de faire oublier ses origines violentes. Il arrive, d'ailleurs, qu'il n'en guérisse jamais. Ainsi, le Second Empire ne put effacer la tare congénitale du coup d'État et de la manière dont il avait été exécuté.

Le gouvernement provisoire se donne souvent lui-même quelques rudiments d'organisation et proclame certaines règles de fonctionnement auxquelles il entend se conformer mais, surtout il cherche à ordonner son action, à assurer sa transmission en fondant des institutions gouvernantes.

Deux grands procédés sont possibles :

— *consacrer les pratiques par l'usage,* la durée justifiant le pouvoir de fait et lui substituant un pouvoir de droit grâce à la signification qui lui est généralement attribuée. C'est le mode de formation coutumier des règles constitutionnelles (chapitre II);

— *poser, sous forme écrite, les règles de gouvernement,* soit que le pouvoir de fait s'en charge lui-même en devenant pouvoir constituant, soit qu'il cède la place à des institutions constituantes qualifiées, selon sa propre conception de la légitimité, pour accomplir cette tâche. C'est le système dit des constitutions écrites (chapitre III).

CHAPITRE II

LA COUTUME CONSTITUANTE

106. — Le rôle constituant de la coutume. — La force constituante de la coutume a été souvent méconnue ; elle a été passée sous silence ; elle a même été niée au nom d'une conception exclusivement formelle de la constitution.

Cette dernière thèse a été formulée, avec une vigueur et une rigueur particulières, par R. Carré de Malberg : « La caractéristique de la constitution est d'être une loi possédant une puissance renforcée. La notion de constitution ne se trouve réalisée qu'à cette condition. Il y a, dès lors, incompatibilité entre constitution et coutume, la coutume ne possédant pas la force supérieure qui caractérise le droit constitutionnel » (*Contribution à la théorie générale de l'État, op. cit.*, t. II, p. 582, note 10 ; V. aussi J. Laferrière, *Manuel de droit constitutionnel*, 2ᵉ éd., 1947, p. 269 et 341).

Une telle doctrine demeure, en droit pur, tout à fait indiscutable et c'est ce qui explique que des auteurs contemporains aient pu s'en réclamer dans un nouveau débat provoqué par le recours au référendum de révision constitutionnelle sous la Vᵉ République (V. J. Chevallier, *La coutume et le droit constitutionnel français*, R.D.P., 1970, p. 1375).

En réalité, le problème de la coutume constituante doit être posé, non pas en termes opposant droit écrit et droit coutumier, mais dans des termes qui conjuguent ces deux sources du droit constitutionnel (V. A. M. Koulicher, *La multiplicité des sources en droit constitutionnel*, in « les problèmes des sources du droit positif », Ann. Inst. Int. de philo. du dt et de sociologie juridique, 1934, p. 209. — D. Lévy, *Le rôle de la coutume et de la jurisprudence dans l'élaboration du droit constitutionnel*, Mél. M. Waline, 1974, 1, p. 39 ; *De l'idée de coutume constitutionnelle à l'esquisse d'une théorie des sources du droit constitutionnel et de leur sanction,* Mél. Ch. Eisenmann, 1975, p. 81. St Rials, *réflexions sur la notion de coutume constitutionnelle : à propos du dixième anniversaire du référendum de 1969,* Rev. adm., 1979, p. 265. M. Troper, *Nécessité fait loi : réflexions sur la coutume constitutionnelle,* Mél. Charlier, 1981, p. 309).

La reconnaissance d'une coutume constitutionnelle par des auteurs comme L. Rolland (Politique, 1927, p. 679) ou R. Capitant (Gaz. Pal., 21 févr. 1930, réédité, R.D.P., 1979, p. 959), correspond à une période où les lois constitutionnelles écrites — celles de 1875 — étaient particulièrement brèves et, à l'occasion, ambiguës. Il n'y a donc rien d'étonnant à ce que la pratique politique confirmée ait joué un rôle supplétif nécessaire. Aussi bien, l'importance donnée désormais à la science politique dans l'étude des régimes a mis l'accent sur la fonction déterminante de cette pratique dans leur évolution.

Mais les développements qui vont suivre montrent la différence qu'il convient de faire entre l'analyse juridique pure et les analyses sociologico-politiques. Ils ne démentent pas vraiment la négation de toute coutume de droit public pouvant acquérir autorité juridique *contre* la lettre des constitutions écrites, qu'il s'agisse des règles constitutionnelles coutumières qui ont précédé ces dernières à une époque où, d'ailleurs, le droit coutumier était la source à peu près exclusive du droit et voyait son autorité établie à partir de données propres au droit privé, ou qu'il s'agisse d'une situation de coexistence où la coutume ne prend de valeur que supplétive.

107. — La coexistence du droit écrit et du droit coutumier. — Quelle que soit la thèse soutenue, on ne peut s'en tenir à l'alternative sommaire : droit écrit ou droit coutumier. Si l'on considère, comme droit constitutionnel d'un peuple, les normes effectivement suivies dans son gouvernement par les pouvoirs publics, on constatera que leur origine est presque toujours mixte. Il n'y a de constitution ni pleinement coutumière, ni complètement écrite. Il y a au contraire :

1° *Des systèmes presque entièrement coutumiers.* La France de l'ancien régime avait une constitution. Le mot *constitutio* se trouve déjà chez les anciens auteurs (P. Grégoire, dit

Grégoire de Toulouse, *Tractatus de Republica*, 1556), et des usages ou « usances » sont suivis quant à l'établissement, à la transmission et à l'organisation de l'autorité politique (V. n° 178). Il y a cependant quelques parties écrites, telle l'ordonnance sur le domaine, dite de Moulins (1565), la déclaration de 1682 sur les libertés de l'Église gallicane, devenue loi par un édit de la même année.

Présentement la constitution du Royaume-Uni (c'est-à-dire de l'Angleterre, du Pays de Galles, de l'Écosse et de l'Irlande du Nord) reste largement coutumière. Toutefois, dès le moyen âge, elle compte d'importantes parties écrites, renforcées au XVIIe et au XVIIIe siècles. Les textes principaux sont la *Grande Charte* de 1215, la *Confirmatio Cartarum* de 1227, la *Pétition des droits* de 1628, le *Bill des droits* de 1689, l'*Acte d'établissement* de 1700. Ces sources correspondent pour une part à des situations révolues, mais elles contiennent ausi certaines normes fondamentales toujours en vigueur. Par exemple, la Grande Charte pose les deux principes essentiels que la représentation est une condition de la taxation et que la loi est la même pour tous les hommes libres. Aujourd'hui, au sein du droit constitutionnel, les Anglais eux-mêmes distinguent trois catégories de règles :

— *Les usages :* ce sont de simples pratiques ne provenant ni d'une décision législative, ni d'une décision de justice. Dicey les appelle « conventions de la constitution » (*Introduction au droit constitutionnel,* trad. franç. 1906). Elles peuvent néanmoins être de portée capitale, comme les règles obligeant, d'abord, le roi à choisir ses ministres parmi les membres du Parlement ; puis, aujourd'hui, son Premier ministre, exclusivement parmi les membres des Communes. D'aucuns estiment que « les conventions de la constitution », dans toute autre conception du droit que celle de l'Angleterre, seraient considérées comme des règles juridiques. (M. Réglade, *La coutume en droit constitutionnel interne et en droit international,* th. Bordeaux, 1919, p. 161.)

— *La common law :* ce sont des règles qui, sans être nécessairement inscrites dans un texte législatif, ont reçu la sanction des décisions de justice. Ainsi, le principe que « le roi ne peut mal faire » n'est écrit nulle part, mais les tribunaux, en l'appliquant, en ont tiré deux règles fondamentales : le roi ne peut être rendu personnellement responsable de ses propres actes par aucune procédure ; nul ne peut alléguer les ordres de la Couronne pour s'excuser d'un acte que la loi ne justifie pas. Le corollaire de ces axiomes est qu'il y a toujours un individu légalement responsable de chaque acte de la Couronne. De là est venue, juridiquement, la responsabilité ministérielle. Les tribunaux ont refusé de reconnaître comme émanant valablement de la Couronne un acte non revêtu du sceau par un ministre et ont, en revanche, attribué au contresignataire la responsabilité de l'acte.

— *La statute law* : ce sont des lois ordinaires traitant de matières constitutionnelles comme les lois électorales (*Reform bills* de 1832, 1867, 1884, le *Representation of people act* de 1918, les *Parliament acts* de 1911 et de 1949). L'importance des textes va désormais croissante; l'Angleterre tend, sinon au régime de super-légalité constitutionnelle (V. n° 112), du moins à un système plus largement « textuel ». Une réforme de la composition de la Chambre des Lords devrait nécessairement prendre la forme écrite.

2° *Des systèmes semi-coutumiers.* Par exemple, les lois constitutionnelles de la République française de 1875 extrêmement brèves (34 articles, 24 après diverses révisions) n'étaient qu'une faible part du droit constitutionnel de la République parlementaire. « La Constitution Grévy » a été sécrétée par la coutume non seulement en marge, mais parfois en opposition avec « la constitution que l'on avait cru faire » (V. n° 318).

3° *Des systèmes subsidiairement coutumiers :* les constitutions complètes et détaillées, « rationalisées » selon l'expression de B. Mirkine-Guetzévitch, paient aussi tribut à la coutume. La constitution américaine, type même de la constitution écrite et rigide, a été « amendée sans amendements ». Si, par rapport à l'ensemble écrit, les dispositions coutumières apparaissent restreintes, elles sont souvent politiquement primordiales. On peut citer notamment :

— La désignation directe du Président, introduite dès les débuts de la Constitution. Alors que les « Pères » de Philadelphie, partisans du Gouvernement représentatif, voulaient une élection à deux degrés, l'usage s'imposa, quasi immédiatement, que les électeurs du second degré suivraient les indications impératives de leurs commettants.

— La limitation à une seule de la réélection présidentielle, règle devenue aujourd'hui de droit écrit après l'adoption d'un amendement (V. n° 55).

— L'extension du contrôle de la constitutionnalité qui n'est pas dans la Constitution, mais seulement dans l'interprétation donnée par le *Chief Justice* Marshall (V. n° 120). V. P. Julliard, *Le mythe de la stabilité constitutionnelle aux États-Unis,* Pouvoirs, 1984, n° 29, p. 5.

108. — L'établissement des règles constitutionnelles coutumières.
— Les règles constitutionnelles coutumières s'établissent par l'usage, c'est-à-dire par une suite durable de faits répétés, constants et clairs. L'usage implique ainsi :

— La *répétition,* c'est-à-dire la multiplication d'attitudes identiques. Un fait isolé ne suffit pas; il faut que ceux qui le suivent en fassent un « précédent ».

— La *durée* comporte une répétition courant sur un temps prolongé; « maintenue de si long temps comme il peut souvenir à un homme » (Beaumanoir); 10 ans au minimum pour certains; 45 ans, la plus longue prescription d'Église, selon d'autres. En droit constitutionnel on ne saurait fixer exactement le laps de temps nécessaire. La formation des règles de dévolution héréditaire de la Couronne, le passage de la *designatio* à la *coronatio* a demandé plus de deux siècles, de 987 à 1223, lorsque Louis VIII ne fut sacré qu'à son avènement. La formation du régime parlementaire en Angleterre a duré au moins 150 ans, de 1689 à 1837, lorsque Victoria à son avènement fut écartée des réunions du Cabinet (V. n° 58). La formation de la responsabilité ministérielle devant le Sénat de la IIIe République a duré près de 25 ans, de la retraite, inattendue alors, du ministère Tirard (13 mars 1890) à la démission d'Aristide Briand qui avait remis lui-même le sort du gouvernement entre les mains des sénateurs (18 mars 1913) (V. n° 321).

— La *constance* suppose que tous les événements aillent dans le même sens. Un fait en sens contraire met la coutume en doute; plusieurs la ruinent. Ainsi la seconde et la troisième réélections de Roosevelt abolissant le précédent de Washington ont imposé, pour revenir à la pratique antérieure, le vote d'un amendement exprès.

— La *clarté* réclame une suite de faits non susceptibles de plusieurs interprétations ou d'éventuelles équivoques. Ainsi, les démissions de Tirard, puis de Fallières, mis en minorité au Sénat, ont été considérées comme un simple prétexte de retraite pour les ministères fatigués et déjà en voie de dislocation. En juin 1937 et en avril 1938, Léon Blum s'est efforcé d'infirmer les usages en présentant sa retraite comme bénévole et en contestant les droits du Sénat, alors vigoureusement maintenus par le président Jeanneney.

Pour devenir coutume, l'usage a besoin non seulement de ressortir des faits, mais de les transcender en prenant une valeur intellectuelle et morale. Celle-ci résulte, selon la formule romano-canoniste, de l'approbation des « gens éclairés », qui peuvent être, selon les temps et les lieux, les sages de la Cité, les juristes, l'opinion, les pouvoirs publics eux-mêmes, etc. Il est, en tous cas, indispensable que l'usage soit tenu pour autre chose qu'un simple fait, qu'on y voit l'expression d'une véritable règle juridique.

109. — Valeur de la coutume constituante. — La force obligatoire de la coutume tient, selon ses partisans :
— soit à sa valeur propre,
— soit à sa valeur d'équivalence par rapport au droit écrit.

A. *La valeur propre de la coutume peut provenir :*

1° *soit de sa durée paisible créant le droit par prescription.* Les légistes — Loyseau et Guy Coquille notamment — appliquent au prince et à la puissance souveraine l'adage du droit privé : *quantum possessum, tantum prescriptum.* Le roi est souverain absolu parce qu'il a prescrit la propriété de la puissance souveraine, bien que celle-ci fût sans doute d'origine irrégulière. « L'usurpation ancienne fait loi en matière de souverainetés qui n'en peuvent recevoir d'ailleurs » (Loyseau, *Traité des Offices,* 1701). Comme les États et les cours souveraines s'appuient sur la tradition, les légistes les combattent sur le même terrain. Non sans amertume, le cardinal de Retz constate l'action du temps au bénéfice de l'absolutisme. « L'habitude qui a eu la force en quelque pays d'habituer les hommes au feu, nous a endurci à des choses que nos pères ont appréhendé plus que le feu » ;

2° *soit de l'expression qu'elle fournit directement de la conscience populaire.* A côté du réalisme assez plat des juristes de l'ancien régime, la thèse de l'école historique formulée par Savigny et Puchta (*das Gewonheitsrecht,* Erlangen, 1828-1839) prend une autre envergure. Elle repose sur une conception sociologique du droit considéré comme les mœurs et le langage, ainsi qu'un produit collectif dans lequel l'intelligence individuelle n'a guère de part. Sous l'impulsion des faits, sans intervention directe de l'homme, le droit germe et croît spontanément au sein de la conscience commune du peuple, unité réelle et permanente qui rattache le présent au passé et à l'avenir (Savigny). La coutume traduit extérieurement cette volonté collective des générations qui se succèdent. Consistant dans un usage observé par tous, elle reflète exactement la commune conscience du peuple et « sort directement des entrailles même de la nation » (A. Boistel, *Cours de philosophie du droit*, 1899, t. II, p. 413, n° 518). Cette conception vitaliste, intuitive et instinctive est très différente de la volonté populaire tacitement exprimée dont il sera question plus loin. Par contre, elle est voisine de la thèse suivante, en ce qu'elle nie ou minimise considérablement le rôle de la volonté humaine.

3° *Soit de la traduction qu'elle donne de la volonté divine.* « Plus on examine, dit J. de Maistre, le jeu de l'action humaine dans la formation des constitutions politiques, et plus on se convaincra qu'elle n'y entre que d'une manière infiniment subordonnée et comme simple instrument. » Non seulement les fondements des constitutions politiques existent avant toute loi écrite, mais ce qui est le plus proprement constitutionnel et vraiment essentiel n'est jamais écrit. Il ne saurait même l'être, sans exposer la vie de l'État. Cette éclatante supériorité de l'usage tient à ce qu'il est la manifestation de la volonté divine. « La constitution est l'ouvrage des circonstances et le nombre des circonstances est infini. Puisque les éléments projetés dans l'espace se sont arrangés en si bel ordre, sans que, parmi cette foule innombrable d'hommes qui ont agi dans ce vaste champ, un seul ait jamais su ce qu'il faisait par rapport au tout, ni prévu ce qui devait arriver, il s'ensuit que ces éléments étaient guidés dans leur chute par une main infaillible, supérieure à l'homme », les lois fondamentales « sont évidemment son ouvrage... et l'écriture même, très postérieure, est pour elles « le plus grand signe de nullité » (J. de Maistre, *Essai sur le principe générateur des constitutions politiques et des autres institutions humaines*, 1814).

4° *Soit du reflet qu'elle est du rapport matériel des forces sociales.* La théorie de F. Lassalle est la réplique matérialiste des conceptions providentialistes de J. de Maistre. Il parle de la « feuille de papier » de manière aussi sarcastique que Maistre de la « liqueur noire ». Pour l'écrivain socialiste, la constitution est la traduction des relations entre les forces réelles existant en un moment et en un lieu donnés, la coutume reflétant directement ces rapports de force. « Rien n'est plus faux, rien ne conduit davantage à des conclusions erronées que l'opinion dominante et très répandue que c'est une caractéristique des temps modernes de posséder des constitutions (*De l'essence d'une constitution,* discours et pamphlet, 1903, p. 19).

B. *La valeur d'équivalence de la coutume et du droit écrit* écarte la croyance en la supériorité naturelle, voire surnaturelle, de la coutume vis-à-vis de la législation écrite et admet simplement une valeur égale aux origines écrites et aux sources coutumières, les unes comme les autres traduisant la volonté populaire ou la volonté de l'État.

1o *La coutume exprime la volonté du pays lui-même, comme s'il était expressément consulté.* Si la coutume est obligatoire, c'est que le peuple, en l'introduisant et en l'observant, manifeste son intention qu'il en soit ainsi. L'idée est fort ancienne. Un texte anonyme, en appendice au *Conseil à un ami* de Pierre de Fontaines (1253), dit : « quand ci plaît expressément au peuple qu'aucune chose soit gardée aux temps à venir pour coutume ». Ce que confirme Boutillier en déclarant : « Coutume équipolée à loi par approbation des anciens » (*Somme rurale,* 1479). « Usages — dit plus tard C. Léger — est un fait duquel est causé coutume par taisible consentement du peuple » (*Coutumes d'Anjou selon les rubriques du Code*). La même idée est formulée par le premier grand commentateur du Code civil, Duranton : « Qu'importe que les citoyens aient manifesté leur volonté par l'émission de leur suffrage ou par leurs actes » (*Cours de droit civil français,* 1825-37, 21 vol.). Les règles non écrites sont formées immédiatement par la volonté populaire ; elles sont directement posées par la nation. « La force constituante de la coutume n'est qu'un aspect de la souveraineté nationale » (R. Capitant, *op. cit.,* R.D.P. 1979, p. 968).

2o *La coutume traduit la volonté des organes étatiques.* Une autre façon de donner à la coutume force obligatoire est de la considérer comme ayant reçu l'approbation du souverain. C'est la thèse de la monarchie. La coutume est « la loi tacitement consentie » (Cujas). L'observation générale, prolongée et constante d'un même usage, sans opposition de la part du roi, révèle son adhésion. C'est aussi le point de vue des grands civilistes : « le droit est écrit ou non écrit suivant qu'il résulte d'une déclaration expresse du législateur ou qu'il ne repose que sur une approbation tacite de sa part ». (C. Zachariæ, *Le droit civil français,* éd. Aubry et Rau, 1839). « L'usage tire sa force du consentement tacite et présumé du législateur » (C. Toullier, *Droit civil français suivant l'ordre du Code,* 1846-1848). On peut aisément transposer ces principes dans le droit constitutionnel. Les organes politiques expriment la volonté de l'État, la constance de leur manière d'agir traduit la conviction de la nécessité, voire même simplement de l'utilité ou de la commodité des pratiques qui obligent tout autant qu'un texte. La volonté constitutionnelle ou législative de l'État apparaît dans l'usage, aussi bien que dans la loi constitutionnelle ou ordinaire. La coutume, comme la norme écrite, découle de la volonté de l'État. On ne voit pas de raisons de refuser à l'acte posé la force créatrice que l'on reconnaît à l'écrit rédigé (V. C. Girola, *Le consuetudini costituzionali,* Mél. Gény, 1934, t. III, p. 9).

110. — Les conséquences de l'établissement coutumier des règles constitutionnelles. — La formation de règles constitutionnelles par la coutume engendre une série de conséquences dont les principales sont :

1º *La matérialité de la notion de constitution.* La formation coutumière étant la même pour toutes les règles de droit, il est impossible d'introduire, au profit des normes constitutionnelles, une distinction formelle. Le seul critère de celles-ci est matériel, c'est-à-dire que sont lois constitutionnelles celles qui relèvent du droit constitutionnel défini selon la conception classique (V. nº 20). La notion de constitution est alors proprement doctrinale et peut ne pas trouver sa correspondance dans le droit positif.

2º *La souplesse de la constitution.* Les coutumes constitutionnelles se modifient comme elles se créent. Le processus de transformation ou de disparition est le même que celui de leur formation. « Nous voyons — dit Anson — une coutume prévaloir à telle époque, puis une coutume toute différente prévaloir à telle autre époque, et il est parfois difficile, sinon impossible, d'indiquer le moment où s'est produit le changement » (*Lois et pratiques constitutionnelles de l'Angleterre*, trad. franç., 1903, p. 36).

3° *La mobilité de la constitution.* Les coutumes sont en perpétuel devenir. Comme Héraclite ne se baignait jamais deux fois dans le même fleuve, le juriste n'étudie jamais deux fois la même constitution.

CHAPITRE III

LES CONSTITUTIONS ÉCRITES

Section 1
Origine et caractéristiques des constitutions écrites

111. — La théorie des constitutions écrites. — L'apologie des constitutions coutumières est intervenue après coup, en réaction contre la théorie classique des constitutions écrites, alors qu'au XVIIe et surtout au XVIIIe siècle, les conséquences du régime coutumier avaient été dénoncées comme des vices.

— Les règles coutumières, se trouvant immergées dans les faits, n'étaient pas clairement définissables. Elles étaient incertaines et incomplètes. On hésitait sur leur nombre, leur étendue, leur portée.

— Les règles coutumières étant constamment mouvantes, elles échappaient à toute fixation. On ignorait si un fait, dérogeant à la coutume, était un précédent louable ou au contraire une exception répréhensible.

— Les règles coutumières ne posaient aucune véritable limite aux agissements des pouvoirs constitués. L'incertitude et l'instabilité tournaient au profit des « plus forts », c'est-à-dire des gouvernants, bien placés pour ne poser que des précédents à eux favorables.

En conséquence, la doctrine préconisait et l'opinion réclamait à sa suite :

— des règles écrites qui seraient claires, sans incertitudes, ni ambiguïté ;

— des règles écrites qui seraient permanentes et demeureraient intangibles, du moins tant que ne serait pas intervenue une procédure de révision, elle-même définie et rendue difficile ;

— des règles écrites que les gouvernants n'auraient pas faites et sur lesquelles leur volonté serait sans prise.

Cette triple requête est à la base du mouvement constitutionnel moderne. On ne lui doit pas, comme certains l'ont cru, la notion même de constitution. Celle-ci était déjà bien connue de l'antiquité. Aristote, sous le titre de *Politeiai,* avait recueilli les constitutions de cent cinquante-huit cités grecques et barbares. De même, les chartes médiévales s'efforçaient de limiter les droits du pouvoir. Nous avons déjà cité la plus notoire, la *Magna Carta,* rédigée en France, dans l'abbaye cistercienne de Pontigny, par la cardinal Langton à la tête des vassaux révoltés contre Jean sans Terre. Mais, c'est au XVIIIe siècle, en Amérique avec la Constitution de Philadelphie, en France, avec la Constitution de 1791, que se dégage la pleine notion de la constitution, règle écrite, rigide et juridiquement obligatoire. Elle est riche d'un contenu philosophique complexe, alimenté à des sources historiques, doctrinales et pragmatiques (V. nos 180 et 181). Elle traduit au fond, un *volontarisme rationaliste,* directement opposé au déterminisme affectif que nous avons vu dominer les théories coutumières. On veut substituer à une simple résultante historique, jugée incohérente et disparate, une société rationnelle et volontaire. Pour employer le vocabulaire de la sociologie moderne, le mouvement constitutionnaliste tend, dans son fond, à remplacer la *Gemeinschaft* traditionnelle par une *Gesellschaft* rénovée (V. M. Prélot, *Sociologie politique, op. cit.*).

L'exemple franco-américain sera largement suivi. Il devient le droit commun. Au XIXe et au XXe siècle, la plupart des pays possèdent des constitutions écrites. En même temps, ils ont adopté le système des constitutions rigides.

112. — La super-légalité constitutionnelle. — Car les constitutions écrites ne se caractérisent pas seulement par le fait matériel de leur écriture, par leur forme propre, mais par leur force juridique les situant au-dessus des règles législatives ordinaires.

Rédigées, les règles constitutionnelles peuvent être inscrites dans de simples lois. Les notions d'écriture et de super législation ne sont point nécessairement, ni même logiquement solidaires. Des lois peuvent traiter des matières constitutionnelles, ne serait-ce qu'à titre complémentaire. Mais l'écriture, sans super-légalité, ne donne pas aux lois constitutionnelles leurs avantages essentiels : la stabilité et la suprématie. Elle maintient, comme la coutume, le caractère purement matériel de la constitution; elle assure l'hégémonie des pouvoirs constitués et, principalement, de l'un d'entre eux, le pouvoir législatif qui est, alors, le pouvoir constituant.

La conception des constitutions écrites implique, par contre, que la constitution soit l'œuvre d'institutions distinctes des institutions gouvernantes (W. Leisner : *Le pouvoir constituant,* th. Droit, Paris, 1950, dact. — P. Bastid, *L'idée de constitution,* Paris, les Cours de Droit, 1963. — M. Troper, *Le problème de l'interprétation et la théorie de la supralégalité constitutionnelle*. Mél. Ch. Eisenmann, 1975, p. 133).

Section 2
L'élaboration des constitutions écrites

113. — La distinction des pouvoirs constituants originaires et dérivés. — Les constitutions écrites procèdent d'un pouvoir suprême placé au-dessus des autres pouvoirs. Ce pouvoir, dénommé *constituant,* fixe les règles suivant lesquelles sont établis et agissent les pouvoirs dits constitués. Il revêt deux aspects :

— *Le pouvoir constituant, qui dote d'une constitution un pays qui n'en a pas ou qui n'en a plus,* pose des règles constitutionnelles non proprement initiales (V. n° 102), mais cependant assez nouvelles pour qu'on y voie l'origine de l'État ou du régime. On l'appelle, en conséquence, *pouvoir constituant originaire.*

— *Le pouvoir constituant qui modifie une constitution déjà en vigueur,* selon les règles posées par celle-ci. Il dérive ainsi de cette dernière qui le prévoit et l'organise. On l'appelle, par suite, *pouvoir constituant dérivé* ou, encore, *pouvoir constituant institué* (R. Bonnard).

114. — Les formes du pouvoir constituant originaire. — La supériorité des organes constituants sur les organes constitués n'entraîne pas de différence essentielle dans leur principe et dans leurs aspects. La plupart du temps, les institutions gouvernantes deviennent constituantes simplement par renforcement des structures ou des procédures.

On distinguera donc, comme celles-ci, des formes démocratiques, monocratiques ou mixtes. Encore faut-il préciser que ces catégories s'entendent au bénéfice d'une autre distinction entre, d'une part, élaboration et, d'autre part, adoption.

115. — Les formes démocratiques. — Le droit constitutionnel écrit, avec distinction des pouvoirs constituants et constitués, n'est pas une exclusivité de la démocratie, mais en doctrine, il est souvent lié aux conceptions où le pouvoir appartient au peuple.

L'idée est traditionnellement répandue que le pouvoir constituant serait d'essence proprement populaire. Alors même que le régime créé ne serait pas démocratique, son établissement devrait l'être. C'est la thèse de Suarez et de Bellarmin selon laquelle le pouvoir non encore dévolu appartient à la multitude et lui revient en cas de déshérence (V. M. Prélot, *Histoire des idées, op. cit.,* chap. XVI). Celle-ci n'en conserve pas l'exercice; elle l'attribue à un monarque, à quelques-uns, à une assemblée. Bref, elle ne détiendra que le seul pouvoir constituant, les scolastiques étant nettement hostiles à un pouvoir demeurant immanent dans la masse inorganisée.

Le pouvoir constituant peut, en démocratie, prendre :

a) *La forme représentative ou semi-représentative* d'une assemblée appelée *Assemblée nationale* ou encore *Constituante* ou *Convention*. Celle-ci est élue à un suffrage étendu, sinon universel. Tel a été le cas pour la Constitution de 1791 élaborée par les États généraux, réunis le 5 mai 1789, devenus Constituants le 20 juin 1789 (V. n°s 182 et 183), de la Constitution de 1848 établie par l'Assemblée nationale élue le 23 avril 1848 (V. n° 272); des lois constitutionnelles de 1875 faites par l'Assemblée élue le 8 février 1871 (V. n° 296).

b) *La forme démocratique directe* d'une assemblée du peuple, *Ecclesia* ou *Landsgemeinde,* se déclarant constituante. L'éventualité en elle-même est concevable mais, en l'état actuel des techniques, elle paraît à peu près irréalisable. La démocratie directe doit se combiner avec la représentation. Elle devient ainsi semi-directe.

c) *La forme démocratique semi-directe* d'une délibération d'assemblée et d'une consultation populaire. L'élaboration émane d'un corps élu, le texte ne devenant valable qu'avec l'approbation du corps électoral. Ainsi a procédé la Convention pour les deux constitutions établies par elle (V. nos 202 et 215). La constitution de 1946 a fait l'objet de trois référendums : le référendum préparatoire du 21 octobre 1945 sur le caractère constituant de l'assemblée élue ce même jour (V. n° 344), le référendum négatif du 5 mai 1946 (V. n° 350), le référendum positif du 13 octobre 1946 (V. n° 353). La Constitution de 1958 a été approuvée par le référendum du 24 septembre 1958 et modifiée par le référendum du 28 octobre 1962.

116. — Les formes monocratiques. — L'organisation constitutionnelle émane de la décision personnelle d'un homme, généralement le chef de l'État. La distinction, à faire ici, tient au caractère de la monocratie : de légitimité ou de pouvoir de fait.

a) La monocratie, sous la forme de *la monarchie légitime*, possède régulièrement la plénitude du pouvoir. On doit, en conséquence, reconnaître à son détenteur le droit d'aménagement et de limitation. Le roi, jusqu'alors absolu, accorde soit spontanément, soit plus souvent, sous la pression des circonstances, une constitution dite Charte. C'est le cas de la Charte française de 1814 (V. n° 247), du *Statuto* de Charles Albert de 1848, au Piémont, et de nombre de constitutions européennes de la première moitié du XIXe siècle. On donne habituellement à ce mode autocratique le nom d'*octroi*.

b) La dictature de fait, issue d'un coup d'État ou d'une révolution, peut également donner naissance à une constitution par octroi. Toutefois, le terme n'est pas employé traditionnellement, bien que la technique soit la même. Très souvent d'ailleurs, les pouvoirs de faits autoritaires recherchent eux-mêmes, pour soutenir leur établissement, une consécration populaire.

117. — Les formes mixtes. — Les deux combinaisons les plus intéressantes que connaisse l'histoire sont celles de la monocratie avec la démocratie directe et de la monarchie avec la représentation.

a) *La combinaison monocratie-démocratie* se réalise grâce au plébiscite constituant, l'un des pièces maîtresses du césarisme démocratique (V. n° 87 et n° 288). Œuvre du dictateur ou de son entourage, la constitution est soumise à l'adhésion d'un corps électoral suggestionné, dans un climat de libertés restreintes. L'approbation populaire peut aussi, comme pour la Constitution de 1852 être sollicitée préventivement, les principes ou « bases » étant seuls proposés (V. n° 286).

b) *La combinaison monarchie-représentation* traduit l'égalité théorique et l'accord formel entre une assemblée proposant et un prince consentant. La constitution est considérée comme un véritable contrat. On lui donne le nom de *pacte*. Le type historique est fourni par la Charte de Louis-Philippe (V. n° 262). En revanche, la nature contractuelle de la Constitution de 1791 est douteuse (V. n° 184). Le pacte est aussi le mode d'accession d'un prince étranger au trône d'un nouvel État. C'est ce qui s'est produit en Belgique et dans plusieurs États des Balkans. Le serment prêté à la Constitution est la condition même du règne. Elle réapparaît à chaque vacance du trône. « A dater de la mort du roi et jusqu'à la prestation du serment de son successeur au trône ou du régent, les pouvoirs constitutionnels du roi sont exercés au nom du peuple belge, par les ministres réunis en conseil et sous leur responsabilité... Le roi ne prend possession du trône qu'après avoir solennellement prêté le serment suivant au sein des Chambres réunies : Je jure d'observer la Constitution et les lois du peuple belge, de maintenir l'indépendance nationale et l'intégrité du territoire » (Constitution belge du 7 févr. 1831, art. 79 et 80).

Section 3

L'étendue des constitutions écrites

118. — Le formalisme constitutionnel. — Fondée sur la distinction des organes dont elles émanent, la discrimination des lois constitutionnelles et des lois ordinaires est de caractère proprement formel.

Le formalisme permet de tout mettre dans une constitution et, par là même, de rendre constitutionnel tout ce qui s'y trouve. Telle est la pratique des États américains (non de l'Union) qui multiplient les textes constitutionnels, afin de mettre à l'abri de la versatilité des législateurs certaines dispositions jugées importantes. Tel a été, aussi, le cas de l'Assemblée nationale française qui, le 10 août 1926, a ajouté aux règles si sommaires d'organisation des pouvoirs publics, un article consacrant l'autonomie et la dotation de la caisse de gestion des bons de la défense nationale et d'amortissement de la dette. En Suisse, le corps électoral use couramment de cette voie pour faire aboutir ses volontés, l'initiative populaire étant admise en matière constitutionnelle, mais non en matière législative. Il en résulte un gonflement du chapitre premier de la constitution consacré aux « dispositions générales » et l'insertion de textes singuliers, tel celui-ci destiné, en apparence tout au moins, à la protection des animaux : « Il est expressément interdit de saigner les animaux de boucherie sans les avoir étourdis préalablement ; cette disposition s'applique à tout mode d'abattage et à toute espèce de bétail » (art. 25 *bis,* amendement du 20 août 1893).

La super-législation constitutionnelle rend possible et même inévitables les discordances entre les règles constitutionnelles matérielles et formelles. Nombre de règles sont à la fois matériellement et formellement constitutionnelles, mais il y a aussi des règles qui ne sont constitutionnelles que formellement et d'autres que matériellement.

119. — Les déclarations et les garanties des droits.
— La primauté du formalisme reconnue par le droit constitutionnel classique n'a pas seulement des conséquences tactiques ou fortuites, elle permet aussi l'insertion en bloc dans la constitution, par la volonté des constituants, de dispositions jugées par eux aussi fondamentales que les institutions gouvernantes. Tel est le cas, pour le constitutionnalisme libéral, des dispositions regardant les droits individuels (V. n° 21).

On peut estimer qu'en elles-mêmes ces normes ne sont pas « constitutionnelles » parce qu'elles n'intéressent pas l'autorité politique dans son établissement, son transfert ou son organisation. Elles appartiennent au droit public relationnel, puisqu'elles définissent les rapports des citoyens et des habitants avec les pouvoirs. Mais, comme on l'a vu, leur importance est si grande dans la conception démocratique qu'il a paru indispensable de fixer leur nature, leur consistance, leur étendue, en termes solennels ou précis, sous forme de *déclaration* ou de *garantie* (ou sous les deux à la fois).

A. *Les déclarations des droits.* — Il y a dans le monde une tradition des déclarations, fondée philosophiquement sur une base intellectuelle large et diverse. Elle parvient à maturité au XVIIIe siècle et se traduit alors dans nombre de textes d'ampleur et de notoriété variables (V. *Chrestomathie des Droits de l'Homme,* Politique, année 1960, et *supplément,* Politique, janvier-mars 1962).

Inspirée de certains précédents américains vigoureusement soulignés par Georg Jellinek (*Les déclarations des droits de l'homme et du citoyen,* trad. franc., 1902), « la » Déclaration type, « la » Déclaration par excellence, est celle de 1789. « Lorsque l'on dit : *la Déclaration,* il s'agit de la déclaration française votée par la Constituante le 27 août 1789 et mise par cette assemblée en tête de la Constitution du 3 septembre 1791. Le vote de ce texte est l'événement capital de la Révolution et aussi un moment de l'histoire de l'humanité » (Joseph-Barthélemy, *Précis de Droit Public,* Dalloz, 1937, p. 43). Le bicentenaire de la Révolution française a provoqué une abondante littérature sur la déclaration française de 1789. On se bornera à citer ici : J. Morange, *La déclaration des droits de l'homme et du citoyen,* Que sais-je?, n° 2408. — St Rials, *La déclaration des droits de l'homme et du citoyen,* coll. Pluriel.

A sa suite, la déclaration des droits de la Constitution de 1793 compte 35 articles ; celle de l'an II, 31, dont 9 consacrés aux devoirs. La Constitution de 1848 est précédée d'un préambule, en 8 articles et la Constitution française de 1946, également, d'un préambule en 18 alinéas, non numérotés (Sur l'évolution historique du régime français des libertés, C.-A. Colliard, *Les libertés publiques,* Précis Dalloz, 7e éd., 1989).

Nombre de constitutions étrangères ont comporté dans le passé et contiennent aujourd'hui une déclaration. Tel est le cas de la plus grande partie des États européens. Naturellement, l'orientation de ces textes reflète, dans leur diversité, la variété des régimes politiques (V. P. Duclos, *l'Évolution des rapports politiques depuis 1750,* 1950, titre II, Du citoyen à l'homme des masses). Les uns sont de tradition classique ; les autres d'inspiration socialisante ; ceux de l'U.R.S.S. et des démocraties populaires ne comportent que des libertés de « participation » et non « d'autonomie ». Les constitutions yougoslaves de 1963 et de 1974 dépassent ces oppositions en s'efforçant d'abolir graduellement l'antinomie historique de l'Homme et de l'État (V. n° 100).

Mais, quelle que soit leur tendance, indifférente à l'égard du formalisme constitutionnel, les déclarations se présentent toutes comme une suite de propositions générales dont l'expression est habituellement empruntée aux œuvres des écrivains politiques ou aux théories des publicistes les plus en vogue. Ces aphorismes, proclamés par les auteurs d'une constitution nouvelle comme le fondement du régime qu'ils instaurent sont autant d'éléments d'un projet idéal donné à l'État ou d'une axiomatique politique proposée aux gouvernants.

B. *Les garanties des droits.* — A l'instar des déclarations, les garanties des droits sont une énonciation de ceux-ci, mais le ton en est différent, l'allure plus concrète, l'écriture plus directe.

Il peut y avoir déclaration sans garantie ou garantie sans déclaration.

Les Constitutions de l'an VIII (titre VII, *dispositions générales*), les Chartes de 1814 et de 1830 (*Droit public des Français,* 11 et 12 premiers articles), les Constitutions de 1852 et de 1870 (art. 1er) comportent des garanties sans déclaration.

Les lois constitutionnelles de 1875 ne contiennent ni déclaration, ni garantie. Les Constitutions des 27 octobre 1946 et 4 octobre 1958 sont précédées d'un préambule valant déclaration.

Alors que la déclaration, qui est comme la préface de la constitution, voit discuter sa valeur à l'égard du législateur et du juge, la garantie fait partie intégrante de celle-ci. Elle doit donc, dans l'esprit de ses auteurs, être pour l'avenir une limite à l'activité des pouvoirs constitués. La garantie appelle naturellement la sanction de l'inconstitutionnalité.

Section 4

Le contrôle de constitutionnalité

120. — Le fondement du contrôle de constitutionnalité. — Sans l'existence d'une sanction des violations de la règle constitutionnelle par un des pouvoirs constitués, la distinction de principe cède la place à une confusion de fait. Il faut que soit établi un contrôle de la constitutionnalité aboutissant à l'abolition des règles ou des actes inconstitutionnels. « Si l'on adopte un système de constitution écrite, c'est au prix d'une inconséquence logique qu'on ne déclare pas nulles les lois violant le pacte fondamental », (F. Larnaude, *Bull. de législ. comp.*, 1902).

Déjà, au début du XIXe siècle, lors de l'affaire *Marbury* v/ *Madison*, le *Chief Justice* Marshall avait posé l'alternative suivante :

— ou bien la Constitution est une loi supérieure et souveraine, impossible à changer par des moyens ordinaires,

— ou bien, la constitution est située au même niveau que les actes législatifs proprement dits, muable, quand il plait à la législature.

On doit choisir :

— ou un acte législatif contraire à la Constitution n'est pas une loi;

— ou les Constitutions sont d'absurdes tentatives de limiter un pouvoir de sa nature illimité.

En conséquence, si un acte de la législature contraire à la Constitution n'est pas une loi, il ne saurait être une règle effective et obliger les cours malgré son invalidité.

Incontestablement, ce raisonnement procède d'une irréfutable logique, mais, en fait, son application souffre de grandes difficultés. Les constituants ont beaucoup tâtonné. Certains en ont appelé aux réactions conformistes ou violentes de l'opinion (V. n° 121); d'autres ont confié le contrôle à un organe politique (V. n° 122); ailleurs, les tribunaux ont exercé un contrôle juridictionnel étendu (V. n° 123), si vaste même qu'on a parlé, aux États-Unis, de « gouvernement des juges » (V. n° 124); en réaction, certains États n'ont admis le recours en inconstitutionnalité que devant une instance suprême ou spécialisée (V. n° 125); d'autres même ont déclaré le principe inapplicable à raison soit de son incompatibilité avec leur régime de légalité, soit de ses dangers pour la bonne marche des affaires publiques (V. n° 126).

121. — Le contrôle par l'opinion. — La forme élémentaire du contrôle de constitutionnalité est la réaction de l'opinion aux violations de la constitution.

L'Assemblée constituante de 1791 qui, cependant, sépare nettement le pouvoir constituant des pouvoirs constitués, se contente, dans des dispositions générales, d'en remettre le « dépôt » à la fidélité du Corps législatif, du Roi et des juges, à la vigilance des pères de famille, aux épouses et aux mères, à l'affection des jeunes citoyens, au courage de tous les Français » (formule reprise littéralement par la Constitution de l'an III, art. 377, l'invocation au Roi étant remplacée par celle au Directoire exécutif). La Constituante fait ainsi appel à l'adhésion spontanée de l'intelligence, à l'évidence des principes selon la logique cartésienne qui l'inspire. Cependant, dans l'énumération des droits naturels et imprescriptibles de l'homme, dont la conservation est le but de toute association politique, la Déclaration des droits de 1789 indique aussi la résistance à l'oppression.

Celle-ci est poussée au premier plan par la Convention dans la Constitution de 1793 : « Quand le gouvernement viole les droits du peuple, l'insurrection est pour le peuple, et pour chaque portion du peuple, le plus sacré des droits et le plus indispensable des devoirs » (art. 35, comp. art. II et 33). La révolte individuelle et collective devient sanction légitime de l'illégalité et, *a fortiori*, d'éventuelles inconstitutionnalités. Le rapporteur Romme fait l'apologie de l'insurrection comme d'un droit sacré, imprescriptible, supérieur à la loi. Par elle, ont été « rompues les chaînes en 1791, la tyrannie a été renversée en 1792 ». Une statue lui sera élevée auprès de l'effigie de la Liberté, dont elle est la protectrice.

L'attitude des conventionnels n'est pas sans analogie avec les conceptions médiévales où le vassal avait le droit de se révolter contre le suzerain violant le contrat féodal, droit reconnu par les établissements de Saint Louis, la Grande Charte d'Angleterre, la Bulle d'or d'André II de Hongrie, les institutions si pittoresques de Castille et d'Aragon.

Cependant, en dehors des influences doctrinales, les conventionnels ont surtout subi celle des États américains du Nord libérés par une insurrection. La Déclaration des droits du Maryland du 5 octobre 1767 dit, par exemple : « la doctrine de la non-résistance au pouvoir arbitraire et à l'oppression est absurde, servile, et destructrice du bien et du bonheur de l'humanité » (art. 6 ; comp. Déclaration de l'État de Virginie, 1776, art. 3).

122. — Le contrôle politique. — Si la croyance en l'évidence des préceptes constitutionnels pour les imposer et en la bonté naturelle des hommes pour les respecter relèvent d'un optimisme démenti par l'événement, l'appel à la violence est un procédé primitif, un moyen de désespoir, en rupture avec la technique juridique perfectionnée sur laquelle repose le système des constitutions écrites.

Dans le cadre de celui-ci, une première solution naturellement envisagée est celle de la création, parallèlement au pouvoir constituant déterminateur, d'un pouvoir constituant sanctionnateur. L'idée en apparaît dans le discours de Sieyès de thermidor de l'an III (V. n° 125) : « Je demande d'abord un jury de constitution ou, pour franciser un peu le mot jury et le distinguer dans le son du mot de juré, une *jurie constitutionnaire*. C'est un véritable corps de représentants que je demande, avec une mission spéciale de juger les réclamations contre toute atteinte qui serait portée à la Constitution. »

Ces propos trouvent une suite favorable dans la Constitution du 5 fructidor de l'an III. Les Anciens doivent, pour cause d'omission des formes constitutionnelles, refuser d'adopter une proposition de loi venant des Cinq cents, en usant de la formule « la Constitution annule » (art. 97). De plus, les Anciens peuvent refuser d'approuver la loi au fond. Sans que la chose soit précisée, la cause du rejet peut être une inconstitutionnalité (art. 98).

La fonction sanctionnatrice des inconstitutionnalités apparaît (et cette fois plus nettement sous l'influence directe de Sieyès) dans la Constitution de l'an VIII (V. n°s 228 et 237). Le Sénat conservateur n'y a plus de fonctions législatives, mais « il maintient ou annule tous les actes qui lui sont déférés comme inconstitutionnels par le Tribunal ou par le Gouvernement » (art. 21). Le dixième jour après son émission, le décret du Corps législatif est promulgué par le premier Consul. Il cesse alors d'être susceptible de recours (art. 37). Le sénatus-consulte du 28 floréal de l'an XII ajoute à la compétence sénatoriale la protection de droits de l'individu. Par contre, le Tribunat est supprimé en 1807. Le système du Consulat et de l'Empire est repris par Napoléon III (V. n° 291). Dans les deux cas, il devait se révéler quasi inopérant (V. n°s 244, 245, 292).

La courte carrière et l'unique réunion du Comité constitutionnel de la Constitution de 1946 (V. n° 362) ont confirmé l'impression générale antérieure que les organes politiques manquaient en la matière d'efficacité (V. M. Prélot, préf. à J. Lemasurier, *La Constitution de 1946 et le contrôle du législateur*, th. Paris, 1954).

On ne peut davantage retenir comme un véritable contrôle l'appréciation de la constitutionalité par un organe délibérant (V. Suède, Lois organiques sur le *Rksdag*, art. 61 ; Brésil, Constitution de 1891, art. 60), ou gouvernemental (recours dit de *contrafuero* devant le chef de l'État statuant sur proposition du Conseil du Royaume selon les articles 59 et s. de la loi organique de l'État espagnol de 1967).

La constitution soviétique de 1977 (art. 121-4) confiait à un organe politique — le présidium du Soviet suprême de l'Union — le contrôle du respect de la constitution. Allant dans le sens de propositions formulées à l'époque en faveur d'un organe spécial, la révision de 1988 (art. 125 du texte révisé) institue un Comité de contrôle constitutionnel de l'U.R.S.S. Élus pour dix ans par le Congrès des députés, les vingt-trois membres de cette instance doivent être choisis parmi les spécialistes de la politique et du droit. Si, dans cette mesure, le Comité n'est plus un organe proprement politique, ce n'est pas pour autant une juridiction. Se saisissant lui-même ou étant saisi par le Congrès des députés, le plus souvent sur proposition d'autres organes, son rôle se borne à une simple déclaration de conformité ou de non-conformité, assorti dans ce dernier cas d'un pouvoir de suspension des actes autres que ceux des congrès, des soviets suprêmes, des présidiums ou des conseils des ministres. Cette institution s'inscrit dans une perspective ouverte par la création en Hongrie (1984) d'un conseil du droit constitutionnel et en Pologne (1985) d'un tribunal constitutionnel (sur ces institutions, V. P. Gélard, *Les transformations constitutionnelles en Pologne et en Hongrie*, Pouvoirs, 1986, n° 38, p. 127).

123. — Le contrôle par l'ensemble des juridictions. — Plus efficace, et surtout plus conforme à la nature des choses, est le contrôle de constitutionnalité exercé par le juge. Celui-ci est l'organe normalement compétent et le mieux fait pour contrôler la création du droit, pour appliquer et interpréter les règles nouvelles. Sa tâche habituelle est de confronter la loi nationale et la loi étrangère, la loi ancienne et la loi nouvelle, la loi et le règlement. Il agira de même vis-à-vis de la Constitution et de la loi. En bonne logique, on ne voit aucune raison interdisant au juge de se prononcer sur une loi en contradiction avec la loi constitutionnelle supérieure et éventuellement à tenir la première pour nulle et non avenue. Le juge doit conjointement interpréter la loi constitutionnelle et la loi ordinaire; voir si celles-ci sont conciliables et, si elles ne le sont point, sacrifier celle de rang inférieur, « toute loi étant sous condition d'application par le juge ».

Les pouvoirs contentieux du juge resteront dans leur cadre normal et ne déborderont pas sur le plan politique s'ils satisfont à la triple exigence :

— de se limiter au litige présent et actuel;

— de s'exercer seulement entre les parties, sans entraîner l'abrogation de la loi à l'égard des tiers;

— de n'avoir qu'une autorité jurisprudentielle, sa décision ne liant pas le tribunal comme les arrêts de règlement des anciennes cours. La juridiction compétente pourra toujours se reprendre et juger autrement. Une loi constamment mise en échec deviendra caduque en fait, mais restera valable en droit (V. affaire des Tramways de Bucarest, Rec. Sirey, 1912, Jurispr. étrang., p. 12 et la consultation des professeurs de la Faculté de droit de Paris, H. Berthélemy et G. Jèze, approuvés par A. Esmein et F. Larnaude, R.D.P., 1912, p. 319).

Ces principes, qui semblent incontestables n'ont, cependant, reçu leur pleine application que dans un certain nombre d'États. Outre le Japon (V. en dernier lieu, Y. Higuchi, *Évolution récente du contrôle de constitutionnalité sous la constitution japonaise de 1946,* R.I.D.C., 1979, p. 21) ces pays se sont répartis en trois groupes principaux :

1º *Quelques pays européens,* Grèce (Constitution du 2 juin 1927, art. 5); Portugal (Constitution de 1933, art. 123); Suisse (Constitutions cantonales); Yougoslavie (Constitution de 1963, art. 146).

2º *Plusieurs dominions britanniques :* Canada, Afrique du Sud, Australie. L'exception d'inconstitutionnalité y est de droit coutumier et procède de la tradition des constitutions et des parlements coloniaux. Ces derniers ne légiféraient valablement que s'ils se conformaient aux chartes d'Angleterre applicables aux colonies. On doit également tenir compte de la forte situation du juge dans les pays anglo-saxons sans régime administratif. La portée de son intervention y est naturellement plus grande que dans la conception française exposée à propos de l'affaire des tramways de Bucarest.

3° *Divers États américains* : Argentine (Constitution du 25 sept. 1860, art. 100); Bolivie (Constitution du 17 oct. 1880, art. III); Brésil (Constitution du 24 févr. 1891, art. 60); Chili (Constitution du 26 sept. 1925, art. 86); Venezuela (Constitution du 9 juill. 1931, art. 120).

124. — « Le gouvernement des Juges » aux États-Unis. — Quant aux États-Unis d'Amérique, non seulement ils ont donné toute son ampleur au contrôle de constitutionnalité, mais ils en ont fait une pièce fondamentale de leur régime, un véritable mode d'organisation politique, dont on a pu dire qu'il était, en ce domaine, la contribution la plus importante apportée à l'humanité depuis la formation du parlementarisme anglais. Il faut donc faire une place à part au système américain, qualifié, dans sa phase culminante, de « gouvernement des juges ». Son instauration et son évolution forment quatre périodes distinctes :

1° *De 1787 à 1830, la Cour suprême lutte pour faire reconnaître son autorité.* Contrairement à la croyance répandue, la Constitution de Philadelphie ne consacre pas en termes formels le droit pour les tribunaux de vérifier la constitutionnalité des lois. Initialement, l'incertitude règne quant à la portée des articles 3 et 6, ainsi que du 10e amendement (15 déc. 1791) que l'on peut rattacher au texte original. Elle ne commencera à se dissiper qu'au début du XIXe siècle avec la prise de position déjà rapportée de John Marschall. Occupant durant près de trente-cinq ans les fonctions de *Chief Justice,* il fait triompher le système d'interprétation judiciaire de la Constitution à l'encontre du système d'interprétation politique, selon lequel le législateur seul eut été juge de l'étendue de ses pouvoirs. L'arrêt *Marbury* v/ *Madison* (1803) est le premier dans lequel la Cour écarte une loi fédérale, comme incompatible avec la Constitution. Son retentissement fut d'autant plus considérable que la Cour refusait d'appliquer une loi qui lui était manifestement favorable, puisqu'elle étendait sa propre compétence.

De plus, Marshall, dans ses considérants, formule une théorie générale de la Constitution, loi suprême de l'État fédéral. Aussi, a-t-il été appelé « le second fondateur de la Constitution » et ce titre n'est point usurpé, car nul ne se dépensa plus que lui pour donner à l'acte de Philadelphie la portée d'un contrat entre les diverses parties intéressées, contrat dont l'interprétation revenait non pas à l'une des parties, c'est-à-dire à l'un des pouvoirs constitués, mais au juge. La Constitution prend la physionomie, non d'une loi édictée une fois pour toutes, mais d'une sorte de cadre législatif, d'un système contractuel, d'un plan dans lequel devait se développer la vie juridique du pays, d'une directive donnée à l'évolution du droit (James M. Beck, *La Constitution des États-Unis,* 1923).

La Cour suprême des États-Unis devenait ainsi l'interprète naturel de la Constitution. Selon Marshall, les juges pouvaient affirmer : « Voilà ce que dit, voilà ce que veut, tant l'esprit que la lettre de la Constitution, faute de quoi il n'y aurait plus de Constitution. » C'est l'alternative déjà posée plus haut :

— ou contentieux judiciaire de la constitutionnalité,
— ou pas de Constitution du tout.

Cette attitude des juges devait se heurter à l'hostilité des Républicains alors au Gouvernement. Fin 1807, le Président Thomas Jefferson dénonce le travail de sape des magistrats. En 1831, Jackson ironise sur les difficultés que la Cour suprême rencontre pour faire appliquer un de ses arrêts : « John Marshall a prononcé un jugement, qu'il l'exécute, s'il y arrive. » De leur côté, les législateurs annihilent par le 11e amendement (en réalité, le premier), la jurisprudence de la Cour dans l'espèce *Chisholm* v/ *the State of Georgia*. Les juristes eux-mêmes s'opposent à Marshall (V. par ex. Cour suprême de Pennsylvanie, *Eakin* v/ *Raub,* 1825). Ils maintiennent le principe anglais de l'incompétence des juges à déclarer inconstitutionnel un acte parlementaire.

2° *De 1830 à 1880, l'autorité de la Cour suprême et des tribunaux s'affirme incontestée, mais s'exerce avec modération.* C'est le temps décrit avec complaisance par Tocqueville, Boutmy et Bryce (publié en 1888, mais traduit seulement en 1911); c'est également l'époque qui fait l'objet d'une importante communication de F. Larnaude et d'un débat à la « Société de législation comparée » (1902), point de départ d'un mouvement d'opinion favorable à l'introduction en France du contrôle de constitutionnalité. On considère généralement alors que les tribunaux américains ont simplement, à l'occasion d'un procès, le droit de refuser l'application d'une loi inconstitutionnelle. On estime cette attitude parfaitement raisonnable et digne d'être imitée. Mais, ce faisant, on méconnaît, outre le caractère fédéral de la Constitution américaine, la véritable portée de la jurisprudence chez les Anglo-Saxons.

L'autorité de la chose jugée est restreinte en France aux parties et au différend en jugement. Dans le droit américain, l'autorité des arrêts, l'*authoritative opinion,* et l'obligation de s'y tenir, le *stare decisis,* empêchent, une fois pour toutes, l'application ultérieure d'une loi déclarée inconstitutionnelle. Et ceci, même pour la Cour qui en est l'auteur. Par ailleurs, le juge américain intègre la loi nouvelle dans un ensemble coutumier d'origine jurisprudentielle, alors que le juge français reçoit la loi comme partie d'un système écrit d'origine parlementaire. « Tous les statuts étendus ou restreints — dit le jurisconsulte Bruncken —, appelés codes ou non, ne sont que des modifications à la loi coutumière qui doivent être interprétées avec un constant regard à cette fondation qui les soutient. » Les *statutes* — c'est-à-dire les lois —, doivent être considérés comme modifiant la *common law* seulement en ce qu'ils déclarent strictement, dans leurs termes mêmes. Les juges usent des défaillances, des obscurités, des lacunes de la loi pour réintroduire, à sa place, le droit individualiste traditionnel. Enfin, le pouvoir d'équité des Cours leur permet d'adresser des injonctions non seulement aux particuliers, mais, en l'absence d'un régime administratif, aux fonctionnaires. Quoi qu'il en soit, de 1803 (*Marbury* v/ *Madison)* jusqu'aux environs de 1870, on ne relève que trois déclarations d'inconstitutionnalité frappant des lois fédérales.

3° *De 1880 à 1936, la Cour suprême et les juridictions à sa suite opposent au droit émanant du législateur leurs propres conceptions juridiques et les font pratiquement triompher.* Plus encore peut-être que la notion de supériorité des lois constitutionnelles sur les lois ordinaires, l'idée d'un contrat de fédération volontairement conclu entre les États confédérés primitifs, auxquels ont accédé successivement les territoires devenant de nouveaux États, et la conception d'un droit naturel s'imposant comme de légitimité constitutionnelle aux pouvoirs constitués, vont élargir démesurément l'activité du pouvoir judiciaire et lui donner le caractère d'un *Gouvernement des Juges*.

Cette transformation passera inaperçue ou presque des juristes français, jusqu'au moment où elle leur sera révélée par le célèbre ouvrage d'E. Lambert : *le Gouvernement des juges et la lutte contre la législation sociale aux États-Unis*, 1921.

L'éminent comparatiste lyonnais montre comment, au contrôle de constitutionnalité *stricto sensu,* résultant du conflit de la loi ordinaire et de la Constitution à l'intérieur de l'État fédéré ou encore du conflit de la loi fédérale et de la Constitution fédérale, est venue s'ajouter toute une série de nouveaux contrôles :

a) *Un contrôle de fédéralisme* au cas de conflit entre la Constitution fédérale et la Constitution ou la loi de l'État fédéré. Le principe en existait bien antérieurement, mais les germes constitutionnels (art. 1, section 10, n° 1 et art. V) étaient restés stériles jusqu'à leur fécondation en 1868 par le 14e amendement. Celui-ci prescrit que « nul État ne fera ou n'exécutera de lois qui restreignent les privilèges ou immunités des citoyens des États-Unis. Aucun État ne privera une personne de sa vie, de sa liberté ou de sa propriété *sans procédure régulière de droit* ».

b) *Un contrôle des compétences et des tendances législatives* comportant l'examen de l'aptitude du législateur à statuer en certaines matières, ainsi que de l'obligation pour lui de respecter non seulement la lettre mais l'esprit de la Constitution, c'est-à-dire la croyance en l'ordre individualiste exprimé par le *Common law*. Il en est découlé toute une floraison d'inconstitutionnalités nouvelles. La Cour condamne de nombreuses dispositions législatives :

— comme *illégitimes,* c'est-à-dire comme non conformes aux principes supérieurs de la Constitution qui sont ceux du *Common law;*

— comme *attentatoires à la liberté,* notamment à la liberté économique *(Deprivation of liberty);*

— comme *attentatoires à la propriété,* les lois fiscales comprises *(Deprivation of property);*

— comme *attentatoires au libre jeu des contrats,* l'inter-

vention législative esquivant le *due process of law,* c'est-à-dire un procès régulier devant les tribunaux ;
— comme *déraisonnables ou inopportunes.*

Le contrôle judiciaire de constitutionnalité se transforme ainsi en intervention politique. Le « gouvernement des Juges » est établi depuis le moment (les années 1880) où, de critiques timides, les juges sont devenus au nom d'un ordre constitutionnel traditionnel, censeurs intransigeants. Ils parviennent ainsi à ralentir ou à stopper quasi complètement la législation sociale. Le législateur de Pennsylvanie engage une lutte de 15 ans avec la Cour suprême qui annule, au nom du principe de la liberté des contrats, les lois interdissant le *truck-system.* De même, la Cour retarde l'établissement de régimes d'assurances en maintenant, contre l'idée de risque, la notion de responsabilité personnelle pour faute. Plus extraordinaire encore est son attitude à l'égard de la législation antitrust et pro-syndicale. Elle parvient à neutraliser le *Schermann act* dirigé contre les trusts et à éliminer le *Clayton act,* excluant les organisations ouvrières des régimes du *Shermann act* (V. E. Lambert et H. S. Brown, *La lutte judiciaire du capital et du travail organisés aux États-Unis,* 1924. V. également, sur l'ensemble du problème du contrôle, J. Lambert, *Du contrôle de la Constitutionnalité des lois au gouvernement des Juges,* 1937 et A. Blondel, *Le contrôle juridictionnel de la constitutionnalité des lois,* th. Droit, Aix, 1927).

En 1935 et 1936, d'importants arrêts infirment la validité des mesures essentielles du *New Deal.* Encouragée par l'approbation des juristes et d'une grande partie de la presse, la Cour manifeste son opposition à la législation nouvelle, tant sur le plan de la compétence fédérale que sur le fond même des dispositions sociales.

4º *A partir de 1936, la Cour suprême et les juridictions à sa suite se prononcent généralement dans le même sens que les pouvoirs politiques.* Après sa première réélection, Roosevelt engage la lutte avec la Cour. Apparemment, le président se contente de proposer des améliorations de détail au fonctionnement de la justice, sans toucher directement à la Cour suprême, attendant de la pression de l'opinion et du renouvellement progressif des juges, un changement de jurisprudence. Ce revirement se produit au cours de la session de 1936-1937. La Cour accepte les mesures économiques et sociales qu'elle avait antérieurement condamnées. Entièrement reconstituée par F. D. Roosevelt, elle suit alors le Président et le Congrès (V. R. Pinto, *la Crise de l'État aux États-Unis,* 1954, chap. IV : la fin du gouvernement des Juges).

Cependant, il ne semble pas que les juges suprêmes aient sensiblement perdu de leur autorité. Aucun des projets de réforme de l'institution n'a en effet abouti. C'est probablement que la Cour ne paraît s'être jamais mise très longtemps en contradiction avec les tendances profondes de l'opinion.

Earl Warren, *chief justice* pendant quinze ans, a interprété la constitution avec bon sens et largeur d'esprit, considérant la société américaine dans son devenir, selon ce qu'il estimait devoir être le déroulement de l'histoire. La même tendance s'est maintenue sous la présidence du *chief justice* Warren Burger, lors même que la Cour, qui devait rendre des décisions capitales, passait pour beaucoup moins libérale. La nomination à la présidence de la Cour de M. W. Rehrquist n'a pas été acquise sans difficulté du fait des réticences des libéraux. Le président Reagan devait par la suite voir deux de ses candidats au siège laissé vacant par la démission du juge L. F. Powell, l'un rejeté par le Sénat, l'autre renoncer à la fonction. Un troisième candidat nommé en 1987 a été confirmé par le Sénat en février 1988.

V. A. Mathiot. *La Cour suprême des États-Unis à la fin de l'administration Johnson,* Rev. Fr. Sc. Pol. 1969, p. 261. — *Les offensives du Congrès des États-Unis contre la jurisprudence constitutionnelle de la Cour suprême,* Mél. M. Waline, 1974, 1, p. 47. — Ch. Cadoux, *le pouvoir judiciaire aux États-Unis depuis l'élection de R. Nixon. Bilan d'une évolution : 1968-1976,* R.D.P., 1978, p. 41. P. Juillard, Pouvoirs, 1978, n° 4, p. 168. — A. Mathiot, *La Cour suprême de Warren à Burger,* Pouvoirs, 1984, n° 29, p. 59.

125. — Le contrôle par voie d'action devant une juridiction spéciale : Le « modèle européen ». — Soit qu'ils aient pressenti d'eux-mêmes les conséquences politiques d'un contrôle illimité, soit qu'ils aient été sensibles à l'expérience américaine, plusieurs États ont adopté le système de la juridiction constitutionnelle *unique*. Celui-ci présente, selon ses partisans, d'incontestables avantages : « Érigeant le contentieux constitutionnel en un contentieux distinct et indépendant, il localise et limite dans le temps la lutte constitutionnelle; il évite que l'irritante question de la constitutionnalité puisse être soulevée à l'occasion de tout procès, car il permet de lui donner une solution unique et définitive » (Ch. Eisenmann, *La justice constitutionnelle et la haute cour constitutionnelle d'Autriche,* th. Droit, Paris, 1928, p. 292).

La juridiction unique implique que le recours s'exercera par voie d'action. Toutefois, certaines combinaisons permettent également d'user de la procédure d'exception (V. Const. espag. de 1931).

La juridiction unique peut être une juridiction suprême existant déjà à un autre titre ou une juridiction créée spécialement. Toutefois, celle-ci pouvant exercer plusieurs activités, les deux types de juridictions uniques sont, souvent, assez proches l'un de l'autre.

A. *Contrôle réservé au plus haut degré de juridiction.* — C'est le système adopté par la Constitution roumaine du 26 mars 1923. Rompant avec la compétence reconnue à toutes les juridictions, consacrée par l'affaire des tramways de Bucarest dont on a dit plus haut le grand retentissement, il érigeait la seule Cour de cassation, toutes sections réunies, en juge de la constitutionnalité.

Une situation analogue est faite au tribunal fédéral suisse de Lausanne. Compétent en matière civile et pénale, il est juge de la constitutionnalité des actes des autorités cantonales — mais non fédérales — (art. 113 de la Constitution fédérale du 29 mai 1874).

En Allemagne, le *Reichsgericht* de la Constitution de Weimar avait une compétence constitutionnelle.

La Haute Cour irlandaise connaît la question de validité de toute loi par rapport aux dispositions à la Constitution du 1er juillet 1937 (art. 34).

Au Mexique, la procédure d'*amparo,* c'est-à-dire de « protection » ou de « secours », s'exerce devant les juges fédéraux de district, avec contrôle en dernier recours de la Cour suprême fédérale.

B. *Contrôle réservé à un tribunal spécial.* Dans l'entre-deux-guerres, plusieurs constitutions européennes avaient institué un tribunal spécialisé. En Tchécoslovaquie existait une Cour constitutionnelle (Constitution du 29 févr. 1920, préliminaire, art. 2 et 3 et loi du 9 mars 1920); en Autriche, une Haute Cour constitutionnelle (Constitution du 1er nov. 1920, art. 137 à 148); en Espagne, un Tribunal des garanties constitutionnelles (Constitution du 9 déc. 1931, titre 9, art. 121 à 125).

Mais, c'est après 1945 que s'est développé ce qu'il est désormais convenu d'appeler, par opposition au « modèle » américain, un « modèle » européen de justice constitutionnelle. Dans celui-ci « le contentieux constitutionnel, que l'on distingue du contentieux ordinaire, est du ressort exclusif d'un tribunal spécialement constitué à cet effet et qui peut statuer, sans qu'il y ait à proprement parler de litiges, sur saisine directe d'autorités politiques ou juridictionnelles, voire de particuliers, par des décisions ayant effet absolu de la chose jugée » (L. Favoreu, *Les cours constitutionnelles*, Que sais-je? n° 2293, 1986, p. 5). Indépendamment de l'Autriche qui est l'initiateur du système, tel est le cas, outre la France, de l'Italie, de l'Allemagne fédérale, de l'Espagne, du Portugal et de la Belgique. On se bornera à quelques indications essentielles qui compléteront la compréhension des régimes constitutionnels allemand, italien et espagnol.

1. La *République fédérale d'Allemagne* est dotée d'un Tribunal constitutionnel qui siège à Karlsruhe et comprend 16 membres dont six doivent être des juges fédéraux. La moitié de ces 16 membres est élue par le *Bundestag*, l'autre moitié par le *Bundesrat*. Le Tribunal est divisé en deux chambres, ou Sénats, entre lesquelles sont réparties ses compétences. Celles-ci se divisent en deux catégories. Dans la première se trouvent des attributions de justice politique, de juridiction électorale, de juridiction fédérale et de juridiction constitutionnelle. Dans la seconde, se situent les attributions de contrôle de constitutionnalité des lois et des traités, soit préventif soit *a posteriori*. Ce dernier comprend un contrôle abstrait déclenché par le gouvernement d'un Land ou par un tiers des membres du Bundestag, un contrôle concret qui s'exerce sur renvoi des tribunaux, enfin, un recours ouvert aux particuliers pour lésion des droits fondamentaux. En principe, la constatation de l'inconstitutionnalité d'une disposition législative conduit à son annulation, ce qui, en pratique, n'est pas nécessairement le cas.

V. J.-C. Béquin, *Le contrôle de constitutionnalité des lois en R.F.A.* Economica, 1982 — M. Fromont et A. Rieg, *Introduction au droit allemand*, Cujas, 1982-1984 — Ch. Eisenmann, *La justice constitutionnelle dans la R.F.A.* Mél. L. Hamon, 1982, p. 195.

2. *L'Italie* est également dotée d'une Cour constitutionnelle par sa constitution de 1947. Cette Cour est composée de 15 membres désignés, un tiers par le Parlement en séance commune, un tiers par le président de la République et un tiers par les magistratures suprêmes, judiciaire et administrative. La Cour, qui n'est pas divisée en chambres, fonctionne normalement en séance plénière. Ses attributions se répartissent également en deux grandes catégories. Les unes concernent la justice politique, le règlement des conflits de compétence entre les pouvoirs de l'État, entre l'État et les régions et entre les régions, enfin, les conditions d'organisation des référendums abrogatifs. Les autres concernent le contrôle de constitutionnalité des lois régionales à titre préventif et le contrôle *a posteriori* qui s'exerce, soit par voie d'action (contrôle abstrait), soit par voie d'exception (contrôle concret sur renvoi de toute autorité pouvant être définie comme juge). Pour s'en tenir à une vision simple, la pratique étant plus subtile, les arrêts d'annulation ont autorité de chose jugée que ne possèdent pas les arrêts de rejet.

V. Crisafulli, *Le système de contrôle de constitutionnalité des lois en Italie,* R.D.P. 1968, p. 83.

3. L'*Espagne,* qui, comme on l'a vu, avait déjà connu l'institution, l'a rétablie dans sa constitution de 1978. Celle-ci crée un Tribunal constitutionnel composé de 12 membres nommés par le roi sur proposition du Congrès des députés et du Sénat, chacun pour 4 membres, du gouvernement et du Conseil général du pouvoir judiciaire chacun pour 2 membres. Le Tribunal se renouvelle par tiers tous les trois ans. Il est divisé en deux Chambres. Il connaît, d'une part, des conflits entre les pouvoirs constitutionnels de l'État, de l'équilibre entre l'État et les collectivités qui le composent, du recours d'*amparo* qui permet aux particuliers, au ministère public et au Défenseur du peuple de faire sanctionner le respect des droits et libertés énoncés aux articles 14 à 30 de la Constitution, enfin, de la conformité à la constitution des traités non encore ratifiés. Il connaît, d'autre part, du contrôle de constitutionnalité des lois *a posteriori,* soit abstrait, sur recours en inconstitutionnalité, soit sur renvoi par le juge ordinaire d'une question de constitutionnalité, soit sur renvoi au cours de la procédure d'*amparo* (contrôle concret).

V. P. Bon, F. Moderne et Y. Rodriguez, *La Justice constitutionnelle en Espagne,* Economica, 1984.

126. — Le contrôle de constitutionnalité écarté par la constitution ou par la jurisprudence. — Même réservé à une juridiction unique, le contrôle de constitutionnalité a été jugé par certains pays périlleux pour la bonne marche des affaires publiques. Un texte formel a écarté toute intervention du juge en matière constitutionnelle. Ainsi, par exemple, l'article 113 de la Constitution suisse prévoit que « le Tribunal fédéral appliquera les lois votées par l'Assemblée fédérale et les arrêtés de cette Assemblée qui ont une portée générale ».

En France, en l'absence de texte et en dépit de controverses théoriques assez vives, le contrôle juridictionnel s'est longtemps limité à la légalité. La primauté des Chambres dans la Constitution de 1875 se traduit par la primauté de la loi (V. n° 320). Le Conseil d'État a expressément reconnu qu' « en l'état actuel du droit public français, un tel moyen (l'inconstitutionnalité) n'était pas de nature à être discuté devant le Conseil d'État statuant au contentieux. (Cons. d'Ét., Arrighi, 6 nov. 1936, D.P. 1938, 3, 1, avec une note Ch. Eisenmann). Cette affirmation a été constamment renouvelée depuis. Entre 1940 et 1946, la Cour suprême de Justice de Riom avait rejeté les conclusions Le Trocquer du 18 février 1941 (*La parole est à André Le Trocquer,* 1962, p. 51 et s.) et la Haute Cour, les conclusions des défenseurs du maréchal Pétain, « l'autorité judiciaire n'étant pas juge en France de la constitutionnalité des textes législatifs » (*Procès du maréchal Pétain,* J.O., Paris, 1945).Cette situation, au regard de la loi, ne fut pas modifiée par l'institution en 1946 d'un comité constitutionnel. La loi, une fois promulguée, a continué à bénéficier d'une présomption de constitutionnalité qu'il n'appartenait pas aux tribunaux ordinaires de contredire. Ce n'est qu'avec la création en 1958 d'un Conseil constitutionnel, mais à son profit, que le problème du contrôle de constitutionnalité des lois a commencé à se poser en termes différents, replaçant le système français dans le cadre d'un contrôle exercé par un organe spécial (V. n°s 654 et s. et pour le point sur la question Pouvoirs, n° 13, 1980, Nelle éd., 1986).

127. — Les conséquences du contrôle de constitutionnalité. — Ainsi que les divers exemples donnés permettent de le constater, la conséquence directe et première du contrôle de constitutionnalité est de maintenir la distinction entre les institutions constituantes et les institutions gouvernantes, et d'assurer la primauté des premières. S'il n'y a pas de contrôle effectif de la constitutionnalité, la superlégalité est, comme nous l'avons vu démontrer vigoureusement par le grand juge Marshall, une affirmation sans portée.

Mais, en outre, le contrôle de constitutionnalité, lorsqu'il s'exerce pleinement, est aussi la clé de voûte de « l'ordre individualiste » et des structures fédérales.

a) Les droits individuels, considérés comme « naturels », ne peuvent être vraiment protégés, si une autorité indépendante du législateur, et à certains égards supérieure à lui, n'est pas en mesure d'imposer le respect des libertés constitutionnelles. La Cour suprême des États-Unis y a réussi, pendant près d'un siècle et demi. La Cour constitutionnelle allemande s'y attache avec un soin tout particulier. C'est dans le même sens que s'est orienté, de manière remarquable, le Conseil constitutionnel français dont ce n'était pas la vocation originaire.

b) Le maintien des droits appartenant aux États fédérés, au sein de l'État fédéral, est assuré de la meilleure façon par les tribunaux de même que celui des droits reconnus aux collectivités issues du régionalisme politique. Les pouvoirs politiques ne possèdent pas l'impartialité et le doigté nécessaires. Leur intervention ne présente pas non plus l'aspect impersonnel et objectif des arrêts d'une cour de justice.

Bref, la solution donnée au problème du contrôle de constitutionnalité n'intéresse pas seulement l'ordre juridique. Ses conséquences politiques sont aussi importantes que celles découlant de l'organisation même des institutions gouvernantes.

— Sur ce point, V. Y. Mény, *Politique comparée, op. cit.*, p. 416 et s.

Section 5

La révision et l'abrogation des constitutions écrites

128. — Portée de la rigidité constitutionnelle. — La rigidité n'est pas, comme le terme pourrait le laisser croire, l'immutabilité, du moins l'immutabilité complète. Celle-ci a été parfois, mais vainement proposée. Elle est inconciliable avec le mouvement de la vie, et l'expérience contemporaine montre que, pratiquement ou théoriquement (constitutions socialistes) elle est écartée.

Par contre, il peut y avoir immutabilité partielle ou temporaire :

— il y a *immutabilité partielle,* lorsque certains principes ou institutions sont déclarés intangibles. Ainsi, la Constitution française de 1875 décide, à la suite de la révision de 1884, qu'il ne pourrait pas être porté atteinte à la forme républicaine du gouvernement. Cette interdiction est répétée à l'article 89 de la Constitution de 1958. Une proposition de révision en ce sens est, donc, irrecevable ;

— il y a *immutabilité temporaire* lorsque la Constitution n'est pas susceptible de révision pour un temps déterminé. Par exemple, la Constitution de 1791 prévoyait que la législature prochaine et la suivante ne pourraient proposer la réforme d'aucun article constitutionnel (titre VII, art. 3).

Pour le reste, la rigidité, opposée à la souplesse constitutionnelle, tient dans la différence entre les modes d'élaboration de la loi ordinaire et de la loi constitutionnelle de révision. Elle consiste en ce que les seconds soient sensiblement plus ardus que les premiers. Les obstacles sont multipliés sur la voie des révisionnistes, à tel point qu'avant la Constitution de 1875 — et mis à part les régimes napoléoniens —, aucune constitution n'a été revisée régulièrement (V. nos 198, 226, 284).

129. — Théorie du pouvoir spontané de révision. — Certains ont soutenu la thèse de l'illégitimité d'une désignation préalable des organes de révision ou de la détermination d'une procédure. Selon Sieyès, le peuple ne saurait faire abandon de son pouvoir constituant à une autorité quelle qu'elle soit. A lui seul, appartient le droit de changer, en dehors même de toute forme, l'acte constitutionnel. Accepter les entraves d'une règle positive serait l'exposer à perdre sa liberté sans recours, « car il ne faudrait qu'un moment de succès à la tyrannie pour dévouer les peuples, sous prétexte de constitution, à une forme telle qu'il ne leur serait plus possible d'exprimer librement leur volonté et, par conséquent, de secouer la chaîne du despotisme ». L'exercice de la volonté de la nation est libre et indépendante de toutes les règles civiles. De quelques manière qu'une nation veuille, il suffit qu'elle veuille. Toutes les procédures lui sont bonnes.

L'écho de cette conception se retrouve dans l'article 1er, titre VII, de la Constitution de 1791 où : « l'Assemblée nationale constituante déclare que la Nation a le droit imprescriptible de changer sa constitution » et dans le décret du 11 août 1792 qui, sans les convoquer expressément, invite les Français à former une Convention.

130. — Théorie du parallélisme des formes. — Selon d'autres auteurs, le pouvoir constituant dérivé est soumis à la règle dite du « parallélisme des formes ». C'est un principe général de droit, aussi bien que de bon sens, que celui qui est compétent pour accomplir un acte est aussi compétent pour le modifier ou l'abroger (V. Joseph-Barthélemy : *la distinction des lois constitutionnelles et des lois ordinaires dans la Monarchie de Juillet.* R.D.P., 1909, p. 7).

En conséquence, le pouvoir constituant dérivé appartiendrait au même organe que le pouvoir constituant originaire et suivrait la même procédure que celui-ci. J.-J. Rousseau, admet que la Constitution puisse imposer pour sa révision l'emploi des formes dont elle a usé pour sa confection : « il est contraire à la nature du corps social de s'imposer des lois qu'il ne puisse révoquer, mais il n'est ni contre la nature, ni contre la raison qu'il ne puisse révoquer ces lois qu'avec la même solennité qu'il met pour les établir. Voilà toute la chaîne qu'il faut se donner pour l'avenir » *(Considérations sur le gouvernement de la Pologne).*

De fait, les formes dérivées seront généralement moins onéreuses que les formes originaires. Mais, sans que le parallélisme soit absolu, il y aura souvent de grandes analogies entre les modes de révision et ceux d'établissement. On distinguera, de même que pour ces derniers, des formes démocratiques, monocratiques et mixtes.

131. — Les formes démocratiques de révision. — De très nombreuses combinaisons sont possibles pour compliquer les procédures ou pour modifier les organes. Les principales sont :

a) *de nature représentative ou semi-représentative*. Elles comportent :

— soit la désignation d'un organe particulier : Assemblée de révision, Constituante, Convention, sans compétence législative, de façon tantôt absolue (Constitution de l'an III, art. 342), tantôt hors des cas d'urgence (Constitution de 1848, art. 11);

— soit l'élection d'assemblées normales renforcées (Constitution de 1791, titre VIII, art. 3), soit réélection des assemblées ordinaires avant révision (Suisse, art. 120);

— soit l'utilisation des assemblées existantes, comme dans la Constitution de 1875, la réunion en Congrès de la Chambre et du Sénat;

— soit l'attribution, préalable à leur élection, du pouvoir constituant aux assemblées ordinaires (Belgique, Constitution, Tit. VII, art. 131);

b) *de caractère semi-direct*. Le peuple intervient comme organe de ratification (Constitution de la IVe République, art. 90) ou encore il prend l'initiative. Celle-ci est admise par la Constitution suisse. Elle « consiste en une demande présentée par cent mille citoyens suisses ayant le droit de vote et réclamant l'adoption d'un nouvel article constitutionnel ou l'abrogation ou la modification d'articles déterminés de la constitution en vigueur, la demande d'initiative pouvant revêtir la forme d'une proposition conçue en termes généraux ou celle d'un projet rédigé de toute pièce » (art. 121; Cf. l'initiative populaire dans la Constitution de 1793, n° 207).

Une structure fédérale (V. t. III, ch. II) peut permettre encore d'autres complications. Ainsi un « amendement » à la Constitution des États-Unis suppose l'intervention non seulement du Congrès, mais encore des corps législatifs des États : « le Congrès, chaque fois que les 2/3 des deux Chambres l'estimeront nécessaire, proposera des amendements... ou bien, sur la demande des corps législatifs des 2/3 des États, réunira une Convention pour proposer des amendements... Dans les deux cas, (ils) seront valides, à tous égards et en tous points, comme partie de (la) Constitution s'ils sont ratifiés par les organes législatifs des 3/4 des États ou par les Conventions formées par les 3/4 d'entre eux, selon que le Congrès aura proposé l'un ou l'autre mode de ratification » (art. V). En Suisse, la Constitution fédérale révisée, ou la partie révisée de la Constitution, n'entre en vigueur qu'après avoir recueilli la double majorité des citoyens et des États. « Le résultat de la votation populaire dans chaque canton est considéré comme le vote de l'État » (art. 123).

132. — Les formes monocratiques de révision. — Comme pour le pouvoir originaire, il y a lieu de distinguer les Chartes établies par octroi d'un pouvoir traditionnel et les Constitutions issues de dictatures de fait :

a) *L'octroi* comporte en principe un caractère irrévocable : le pouvoir absolu abandonné ne peut être ressaisi. La Charte concédée l'est « à toujours » (V. n° 247). C'est pourquoi, en 1830, Charles X ne révoqua pas la Charte, mais usa du biais des ordonnances (V. n° 261). En revanche, rien n'empêche l'octroi de libertés nouvelles. Celui-ci pourrait prendre l'aspect extraordinaire d'une nouvelle Charte, mais il est plus aisé de recourir à l'accord des trois pouvoirs : le roi, les pairs, les députés, c'est-à-dire à la voix législative ordinaire. La Charte octroyée se modifie alors comme une Charte-pacte.

b) *La concession dictatoriale* se heurte aux mêmes difficultés de révision que la concession par octroi. Généralement, le dictateur cherche à voiler son action personnelle derrière des sollicitations ou des interventions extérieures.

Les deux Napoléon ont utilisé le sénatus-consulte, c'est-à-dire le recours à l'assemblée la plus dépendante d'eux-mêmes. En 1800, le sénatus-consulte est une improvisation suggérée par Talleyrand (V. n° 241); en 1852, il fait l'objet d'une utilisation systématique (V. n°s 293 et s.).

La dictature fasciste transforme la Constitution italienne, réputée souple, en constitution rigide par détermination de sept catégories de matières constitutionnelles et par l'exigence de l'avis préalable du Grand Conseil du fascisme (L. 9 déc. 1928). L'avis du Grand Conseil était obligatoire, mais non nécessairement conforme, bien que de « très haute valeur politique », *valore politico altissimo*.

133. — Les formes mixtes de révision. — Comme dans l'exercice du pouvoir constituant originaire, il y a combinaison possible de la monocratie avec la démocratie semi-directe et même semi-représentative.

Le sénatus-consulte se combine avec le plébiscite lors des modifications importantes conduisant du Consulat à l'Empire (sénatus-consulte de l'an X, V. n° 242 et de l'an XII, V. n° 244). La Constitution de 1852 prévoit que « sera soumise au suffrage universel toute modification aux bases fondamentales de la Constitution, telles qu'elles ont été posées dans la proclamation du 2 décembre et adoptées par le peuple français » (art. 32). Selon ce texte, le sénatus-consulte du 20 avril 1870 a été ratifié par le plébiscite du 8 mai (V. n° 294).

Les révisions constitutionnelles de 1940 et 1958 font appel à la fois à une habilitation par les élus (forme semi-représentative), à une rédaction et à une promulgation par l'exécutif (forme monocratique) et à une acceptation par le peuple (forme semi-démocratique). Le processus prévu n'a pas été suivi par le gouvernement de Vichy (V. n°s 331, 332, 336, 337); par contre, il a été mené à son terme en quelques semaines par le ministère Charles de Gaulle.

La révision constitutionnelle de 1962 a écarté, de manière discutée, le parlement de la révision d'initiative gouvernementale, décidée par le chef d'État et soumise directement au corps électoral.

On notera, enfin, que la révision du pacte, forme originaire, ne donne pas naissance à un pouvoir dérivé distinct. L'accord qu'il réalise est requis pour toute loi puisque celle-ci dépend du concert du roi, des pairs et des députés. La révision s'accomplit par la loi elle-même. La Charte-pacte appartient donc non à la catégorie des constitutions rigides, mais à celle des constitutions souples.

TITRE III

LES INSTITUTIONS INTÉGRANTES ET AGRÉGATIVES

CHAPITRE I
L'ÉTAT UNITAIRE

134. — L'État, institution intégrante. — L'État, « institution des institutions », réunit habituellement en un ensemble unique les divers éléments dont il est fait. Telle est la situation de l'*État simple*, qualifié encore d'*unitaire*. Il justifie ce titre en tant qu'il apparaît :

— *Un dans sa structure* : l'organisation politique est unique en tant qu'elle ne comporte qu'un appareil gouvernemental. Complet par lui-même, il satisfait à toutes les fonctions étatiques. Il n'y a qu'un seul ordonnancement constitutionnel.

— *Un dans son élément humain* : l'organisation politique s'adresse à une collectivité unifiée, prise globalement, sans qu'il soit tenu compte des diversités individuelles. Les décisions des gouvernants obligent de la même façon tous les gouvernés. C'est ce que l'on appelle « l'homogénéité du pouvoir ».

— *un dans ses limites territoriales* : l'organisation politique couvre identiquement tout le territoire étatique sans que se trouvent admises de différences provinciales ou locales.

Cependant, l'État unitaire n'est pas nécessairement « monocratique », ou « totalitaire ».

L'unité « monocratique » exige une concentration organique du pouvoir entre les mains d'un seul ou de quelques-uns (V. n° 65). L'État unitaire s'accorde aussi avec un régime politique divisant les pouvoirs ou distinguant les fonctions. Plusieurs organes concourent à l'exercice d'un pouvoir étatique unique.

Le « totalitarisme », qui livre tout le social à l'absorption de l'État, ne dépend pas d'une structure simple ou complexe, mais de l'extension donnée à son emprise sur les individus et les collectivités (V. n° 74).

Sans doute, certains régimes ont lié « monocratie », « totalitarisme » et « centralisation ». Ce fut le cas, notamment, de l'hitlérisme et du fascisme (V. M. Prélot, l'*Empire fasciste, op. cit.,* ch. X). Mais si, sur le plan politique, cette attitude est logique, elle n'est juridiquement ni générale, ni fatale.

135. — L'intégration, œuvre de l'État. — Selon ce qui a été dit plus haut, l'État, société humaine d'ordre et de destin, tend à l'unité, c'est dire qu'il ne peut exister sans une certaine intégration dont il est lui-même le résultat (V. n° 25).

Cette intégration interne se manifestera, d'abord, par l'institution d'un centre d'attraction qui voudra se soumettre, puis absorber tous les autres centres. Le mouvement centralisateur procédera par coordination, puis par subordination, enfin par substitution. Le pouvoir central dominera les pouvoirs locaux ou particuliers : pouvoir des provinces, des communes, des métiers, etc. Il assurera son autorité par l'unification de l'esprit public et des modes d'intervention. La centralisation prendra ainsi l'aspect d'une exclusivité, vis-à-vis de l'État-société nationale, de l'État-pouvoir grâce au monopole que s'attribue celui-ci de satisfaire par ses propres décisions et par ses propres agents aux besoins communs du pays. En tant qu'accomplissement de l'unité étatique, la centralisation est donc un phénomène très général et très ancien. Selon l'aphorisme profond de

Maurice Hauriou : « l'État n'est pas à base de contrat, mais de centralisation ».

Formation du régime d'État et centralisation sont ainsi deux phénomènes corrélatifs. Dès qu'il y a État, dès qu'apparaît un chef et que celui-ci a autorité sur un territoire et sur une population déterminée, un mouvement incoercible conduit à la centralisation. Tous les fondateurs d'États — les rois, les capitaines, les légistes, l'élite des citoyens qui, au cours des siècles, ont voulu et réalisé une organisation politique — ont été des centralisateurs. Les uns et les autres se sont efforcés de mettre fin à la multiplicité des centres de commandement qui existaient durant la période féodale (celle de la société sans État) et de procéder à la réduction à l'unité de l'extrême variété du monde médiéval. Il y a eu, sous leur égide, rassemblement aux mains d'une seule autorité de tous les pouvoirs d'ordre temporel, pour faire de l'État une unité politique complète, législative et judiciaire, diplomatique et militaire, juridique et même économique.

136. — La centralisation administrative. — L'unité politique de l'État est renforcée par son unification administrative, qui porte le nom de « centralisation administrative », de « centralisation *stricto sensu* » ou, dans le langage courant, de « centralisation » tout court.

En principe, selon sa logique interne et, souvent aussi dans le concret historique, la centralisation accroît, complète et couronne l'unification politique. Substituant une administration unifiée et hiérarchisée à des administrations locales diverses et juxtaposées, elle facilite l'unification politique, dont, par ailleurs, elle procède. Elle est accomplie lorsque toute l'administration procède d'un centre unique et se trouve soumise à une autorité centrale (qui est aussi l'autorité gouvernementale). L'action est assurée par des agents « extérieurs », groupés et subordonnés hiérarchiquement. L'État, ainsi constitué, est unitaire, non seulement politiquement, mais encore administrativement. Le pouvoir administratif imprime à toutes les parties du pays une direction uniforme, ne laissant aucune part de décision aux citoyens cessant eux-mêmes d'être discriminés sur le plan de la localisation ou de la spécialité.

La centralisation comporte ainsi trois éléments essentiels :
— une concentration du pouvoir au triple point de vue de

la force publique, de la compétence technique, des facultés de décision et de nomination;

— une superposition hiérarchisée des autorités et des agents d'exécution;

— une attribution au supérieur d'un pouvoir hiérarchique sur l'inférieur.

L'examen détaillé de ces divers points relève du droit administratif.

137. — L'État unitaire simple.

— Dans sa rigueur, l'État unitaire conjoint l'unité politique et l'unité administrative de structure. Il amalgame la masse des individus qu'il domine, en leur donnant des cadres dont il fixe les limites et détermine l'emprise. A la tête de ses divisions et subdivisions, il place ses agents qui exécutent et transmettent ses décisions par instructions générales ou ordres particuliers.

L'État unitaire centralisé revêt ainsi la figure géométrique d'une pyramide. Les ordres descendent du sommet (la capitale) et vont jusqu'à la base (les villages reculés). De même les ressources en hommes, en argent et en nature, mobilisées aux divers échelons locaux et provinciaux remontent de la base au sommet.

Une telle conception est purement théorique et semble concrètement quasi irréalisable. Comme le constate M. Charles Durand : « un État dans lequel aucune collectivité inférieure ne posséderait d'organe propre serait l'État unitaire par excellence; sauf en ce qui concerne la gestion de leur domaine privé éventuel, les collectivités inférieures ne seraient que des ressorts territoriaux de compétence pour organes de l'État. La centralisation serait absolue... Mais il n'existe pas d'État aussi centralisé et il n'en a sans doute jamais existé dans l'Europe occidentale et centrale, si l'on écarte évidemment les États minuscules où il n'y a pas place pour des collectivités territoriales inférieures » (Ch. Durand, *les États fédéraux,* 1930).

Même si elle pouvait être pratiquement instituée, une centralisation intégrale ne représenterait, sans doute, pas un idéal. Pour les gouvernants d'aujourd'hui, la vraie question est de savoir à quel point arrêter la marche à l'unification ou, comment le point d'équilibre ayant été dépassé, retrouver celui-ci par les procédés de *déconcentration* et de *décentralisation*.

138. — La déconcentration. — A moins qu'il ne s'agisse d'un État très petit — or, nous avons constaté que les dimensions de l'État moderne se mesuraient en millions d'hommes et en milliers de kilomètres carrés —, la centralisation comporte nécessairement l'existence d'échelons successifs, de centres régionaux ou départementaux formant relais et permettant à l'autorité d'être présente sur place par ses agents localisés ou spécialisés. A partir de cette conception, deux modalités de la centralisation sont possibles :

— les agents centralisés, placés sur les marches intermédiaires, peuvent n'être que des agents de transmission, simplement chargés de faire passer les ordres émanant du chef hiérarchique aux agents d'exécution et de contrôler la diligence de ceux-ci. Dans ce cas, la centralisation implique, en même temps, « concentration », puisque c'est exclusivement du centre que proviennent les décisions;

— les agents centralisés peuvent, au contraire, disposer d'un pouvoir propre. Le centre ne prend qu'une partie des décisions; les agents locaux du pouvoir central ont une compétence étendue de décision propre, bien qu'ils restent subordonnés hiérarchiquement et voient s'exercer sur eux les pouvoirs que nous avons dits. Dans ce cas, la centralisation est, en même temps, « déconcentrée ».

La déconcentration est donc une variante de la centralisation et non un aspect de la décentralisation avec laquelle elle est souvent confondue par certains de nos auteurs et par la plupart des juristes étrangers, alors qu'il y a, entre les deux notions, des différences capitales. La déconcentration ne crée pas d'agents administratifs indépendants. Elle déplace seulement le siège du pouvoir de décision. Comme on l'a dit, d'une manière pittoresque, « c'est toujours le même marteau qui frappe, mais on a raccourci le manche ». Ses coups n'en sont ainsi que mieux ajustés.

La déconcentration peut donc être le fait de régimes autoritaires. En France, des mesures importantes de déconcentration datent du Second Empire qui, à des fins de propagande, a qualifié « décrets de décentralisation » les textes du 25 mars 1852 et du 13 avril 1861.

139. — La décentralisation. — En envisageant le phénomène de la centralisation, nous avons souligné la puissance de son déterminisme. Nous avons constaté que le régime d'État tendait naturellement à une accentuation de plus en plus marquée. Les fondateurs et leurs successeurs s'efforcent d'asseoir leur pouvoir grâce à la centralisation du gouvernement et de l'administration, à laquelle se joint, d'ordinaire, une centralisation du droit et de l'économie.

Cependant, la vie de l'État moderne connaît aussi un contre-courant. A partir du moment où l'autorité politique atteint un degré élevé de puissance, une tendance opposée se manifeste. Le gouvernement s'étant emparé de la gestion de tous les services et résumant en ses mains toute l'autorité, un certain nombre d'activités se détachent de lui, sous des influences psychologiques, et, pourrait-on dire, comme sous leur poids physique. La centralisation tend, d'elle-même, à l'absolu; elle organise des services, elle les développe, elle les élargit, elle les multiplie. Mais, à un moment donné, à force d'accumuler, elle est obligée de rendre la main sous peine de périr sous le faix des affaires entassées. Arrive le temps où la centralisation risque d'être fatale au régime d'État qui agissait jusqu'alors en sens unique. Le mouvement se renverse. La décentralisation s'introduit par les voies d'une réforme législative ou des ruptures violentes d'une révolution.

En conséquence, de même que nous avons à certaines époques observé un mouvement centralisateur dominant, d'autres moments historiques voient l'autorité centrale, après avoir tout ramené à elle, tout subordonné à son autorité hiérarchique, accepter elle-même un certain relâchement. C'est l'heure de la décentralisation.

Celle-ci est-elle conciliable avec le caractère unitaire de l'État? Certains auteurs, notamment le doyen Duguit, l'ont nié expressément. La déclaration de la Convention nationale du 24 septembre 1792, reprise par les Constitutions de 1793 (art. 1), de l'an III (art. 1), de l'an VIII (art. 1), de 1848 (préambule, art. 2 et 48), proclamant la France : République « une et indivisible » exclurait non seulement une organisation fédérale à la manière suisse, américaine ou allemande, mais la décentralisation elle-même. Les droits de puissance publique du département ou de la commune ne pouvant être qu'une portion détachée de la souveraineté, leur reconnaissance serait contraire au principe d'indivisibilité.

Cette opinion, à laquelle la majorité de la doctrine ne s'est pas rangée, est contredite aujourd'hui par le droit positif. Tout en affirmant l'indivisibilité de la République (art. 2), la Constitution de 1958 reconnaît l'existence de collectivités territoriales s'administrant librement par des conseils élus (art. 72). Ces dispositions ont fait l'objet d'une législation récente résolument décentralisatrice.

Alors que, tout à l'heure, l'État centralisé présentait un corps unique de services dépendants, les agents d'exécution disséminés sur la surface du pays se trouvant étroitement subordonnés et ayant pour seule charge de traduire les ordres reçus, l'État décentralisé comporte :

— une multiplicité d'organes de décision et de centres particuliers d'intérêts ;

— une autonomie de ces corps possédant des autorités propres dont l'indépendance ou la semi-indépendance résulte souvent de leur mode de désignation ;

— une soumission de ces autorités à un contrôle appelé *tutelle*, selon la tradition historique, contrôle portant sur les organes et les actes.

Comme l'étude approfondie de la centralisation, l'examen des techniques de décentralisation relève du cours de droit administratif. En revanche, il nous revient ici de situer l'État unitaire complexe dans l'ensemble des structures étatiques.

140. — L'État unitaire complexe. — Sous l'action de la déconcentration et de la décentralisation, l'État unitaire prend une physionomie qui altère grandement sa simplicité primitive. En même temps, il se rapproche sensiblement de l'État pluralitaire ou fédéral dont il sera question au chapitre suivant. Il y a même entre les deux assez d'affinités pour que des juristes, dont Hans Kelsen fut le chef de file, aient estimé qu'entre État décentralisé et État fédéral, la différence était de degré et non de nature.

Selon leur classification, la coupure s'établirait entre l'État unitaire simple (ou totalement centralisé) et l'État unitaire complexe (décentralisé et souvent aussi déconcentré). Celui-ci appartiendrait ainsi à la catégorie des États composés.

La conception classique que nous suivons dans ses grandes lignes, nous paraît sensiblement plus proche de la réalité des choses, en soulignant les différences politiques, historiques et psychologiques séparant les deux catégories d'institutions (*contra* J.-M. Aubert, *Essai sur le fédéralisme*, R.D.P., 1963, p. 401).

Alors que les États membres (les « pays » allemands, les

« cantons » suisses, les « États » des États-Unis) ont à leur tête des pouvoirs politiques : un exécutif, un ou plusieurs organes législatifs, des juges, les unités décentralisées ne comportent :

— *ni gouvernement propre*, mais seulement des autorités aux compétences limitées à l'administration;

— *ni législation propre*, mais seulement certaines réglementations particulières, simples mesures d'application et non dispositions normatives initiales;

— *ni juridictions propres*, mais seulement les ressorts territoriaux des juridictions nationales, la justice n'étant pas décentralisée.

La décentralisation est, donc, exclusivement administrative. Bien plus, même dans ce domaine, les autorités décentralisées, n'exercent qu'une action limitée. Une portion seulement de l'administration est décentralisée. A côté d'elle, demeure une administration d'État centralisée, souvent prépondérante. D'autre part, l'administration locale décentralisée n'a pas, d'ordinaire, la plénitude du pouvoir d'exécution. Pour faire aboutir ses décisions, elle doit utiliser l'intermédiaire des autorités centrales et obtenir le concours du ministre ou du préfet. Même pour la partie qui lui est réservée, elle n'a pas les mains libres; elle est contrôlée selon les modalités dites « tutelle administrative ».

L'État décentralisé se rapproche de l'État fédéral en tant qu'il comporte aussi une pluralité d'institutions-corps, mais celles-ci ne sont pas distinguées et détachées politiquement, elles dépendent de l'institution centrale et ne possèdent pas de vie autonome complète en dehors d'elles. D'une façon générale, leur structure et leur esprit se modèlent sur sa structure et se conforment à son esprit.

Par suite, pour bien saisir la nature véritable de la décentralisation, il faut, d'une part, considérer que l'élément unitaire demeure prépondérant, puisque aucune des institutions décentralisées ne saurait vivre par elle seule, mais doit tirer une partie de son existence et de sa subsistance de l'institution centrale. D'autre part, il faut simultanément mettre l'accent sur le caractère pluraliste du système dans lequel, à côté des éléments administratifs de vie, provenant du centre, existent d'autres foyers qui sont les collectivités locales ou corporatives. Un État à régime administratif décentralisé a comme élément dominant une institution centrale mais, sur elle sont greffées nombre d'institutions secondaires. Leurs moyens, spécialement financiers, s'avèrent insuffisants pour qu'elles puissent se détacher et, seules, vivre leur vie, mais elles ont cependant leur indépendance, par rapport aux institutions centralisées prédominantes.

A pousser les choses à fond et à préciser la logique du système, la décentralisation est *un régime de coadministration*, dans lequel il est difficile de ventiler la part des administrations décentralisées et celle de l'administration centralisée. L'enchevêtrement des organes, des ressources et des responsabilités est tel que, dans bien des cas, il est difficile de reconnaître la personnalité administrative dominante.

En résumé, la décentralisation, créatrice d'institutions, est également limitatrice de leurs libertés. Elle ne va que jusqu'à un certain point dans le sens de l'autonomie; elle s'arrête en chemin; elle comporte un mouvement alterné de détachement et de rattachement; elle est un régime plus complémentaire qu'antagoniste de la centralisation. L'unité de l'État l'emporte malgré certaines atténuations apportées à l'unicité et à l'uniformité.

141. — L'Union incorporée. — L'État unitaire peut, sans cesser de l'être, présenter cependant des diversités locales de législation. Il y a alors pluralité de législations sans pluralité de législateur. Un seul organe législatif central établit des normes juridiques qui ne sont pas partout également applicables. Il peut, en édictant celles-ci, ne viser qu'une partie du pays ou, à l'inverse, excepter des règles générales certaines portions du territoire. Souvent, l'*union incorporée* respecte et consacre l'existence de droits antérieurs à une fusion ou à une désannexion. Ainsi, le Royaume-Uni issu de l'incorporation successive à l'Angleterre du Pays de Galles (1536), de l'Écosse (1707), de l'Irlande (entre 1800 et 1921), n'a pas un régime légal uniforme, certaines lois pouvant être appliquées dans l'une ou l'autre des parties du Royaume sans l'être dans toutes. (V. n° 143.)

Bien que le terme ne lui soit pas couramment appliqué, c'est aussi un régime d'union incorporée que pratique la France. Les départements désannexés du Rhin et de la Moselle possèdent leur droit local. Les départements d'Outre-Mer (Cons. art. 73) et les territoires d'Outre-Mer (Const.

art. 74) ne se voient pas appliquer uniformément et automatiquement la législation métropolitaine.

142. — Le régionalisme. — Techniquement, le régionalisme n'est pas distinct de la décentralisation dont il peut n'être considéré que comme une modalité, ce qui est d'ordinaire le cas dans les pays de tradition décentralisatrice. Dans la mesure, cependant, où il s'appuie sur des entités territoriales plus vastes, définies à partir des données de la géographie économique et humaine et des solidarités qui en résultent, il introduit dans la résolution des problèmes administratifs des facteurs affectifs induits de l'histoire et de la culture, partant de caractère politique. C'est ce qui n'a jamais cessé de lui conférer en France une nature ambiguë, déchiré qu'il est entre la suspicion jacobine et cette nostalgie du passé dont Renan avait annoncé les dangers pour l'unité nationale *(Qu'est-ce qu'une nation?)*. Si elle n'en a pas été le motif déterminant, cette ambiguïté a joué un certain rôle dans l'échec au référendum du 26 avril 1969 du projet gouvernemental de régionalisation. Reprise avec prudence, la réforme régionale réalisée par une loi du 5 juillet 1972 n'alla pas au-delà d'une décentralisation imparfaite dans la mesure où elle refusa à la région la qualité de collectivité locale qui ne devait lui être conférée que dix ans plus tard par une loi du 2 mars 1982, dotant cette nouvelle collectivité d'un conseil élu au suffrage universel direct, élisant à son tour son exécutif.

143. — Le régionalisme « politique ». — Le régionalisme devient politique lorsque le cadre et les compétences de la région dépassent celles d'une simple circonscription administrative.

Dans ce cas, la région est une entité organique, géographique et historique, linguistique et même raciale qui possède une puissance interne de cohésion et d'attraction souvent très supérieure à celle d'un État membre dans l'État fédéral. Par ailleurs, elle a son fondement dans la constitution et non pas seulement dans la loi. Surtout, elle dispose d'un pouvoir d'auto-organisation de ses organes de gouvernement et de législation, ainsi que d'un domaine réservé de compétences garanti, comme dans les États fédéraux, par le contrôle d'une Cour constitutionnelle.

En Italie, la constitution du 27 décembre 1947 dit, à son

article 115, « que les régions sont instituées en corps autonomes avec des pouvoirs particuliers et des fonctions propres ». A leur tête, il y a un président, une *junte* et un Conseil régional. Un commissaire du gouvernement préside aux fonctions administratives exercées par l'État et les coordonne avec les fonctions exercées par les régions. Celles-ci, dans les limites posées par les articles 117 et 120, peuvent être d'ordre législatif. En outre, ce régionalisme, « de base » ou « de droit commun », est renforcé et devient régionalisme « politique » pour la Sicile, la Sardaigne, le Trentin-Haut Adige, le Frioul-Vénétie Julienne et la vallée d'Aoste.

V. Claude Palazzoli, *Les Régions italiennes, contribution à l'étude de la décentralisation politique*, L.G.D.J., 1966. — P. Ferrari, *Les régions italiennes*, P.U.F., dossiers Thémis, 1972, spécialement, p. 11, document 2 : *un type intermédiaire d'État entre l'État unitaire et l'État fédéral : l'État régional*.

En Espagne, la constitution du 9 décembre 1931 admettait l'organisation d'une ou plusieurs provinces en régions autonomes. Après l'intermède centralisateur du franquisme, la constitution du 29 décembre 1978 a renoué avec la tradition espagnole en prévoyant l'existence de « Communautés autonomes » — Ces « communautés — dont la création peut résulter de deux procédures différentes (V. art. 146 et 151) — sont uniformément dotées d'une assemblée législative élue au suffrage universel à la représentation proportionnelle, d'un président élu par cette assemblée et nommé par le roi, d'un conseil de gouvernement, enfin d'un Tribunal supérieur de justice. Le président et le Conseil de gouvernement sont responsables devant l'Assemblée (art. 152 et s.). La constitution fixe d'autre part une répartition des compétences (V. art. 148 et 149).

— V. G. Carcassonne, *les nationalités dans la constitution*, Pouvoirs, 1979, n° 8, p. 117. — J. Daniel, *Contestations nationalitaires, régionalisme et décentralisation en Espagne*, Pouvoirs, 1987, n° 40, p. 135.

Une évolution de la régionalisation britannique a paru s'orienter dans le même sens, au profit des composantes de cette union incorporée que constitue le Royaume-Uni (Cf. n° 141). Elle s'est cependant heurtée à de sérieuses difficultés. Tandis que l'acte constitutionnel nord-irlandais de 1973 n'a jamais été appliqué en raison de la situation politique, les actes de « dévolution » à l'Écosse et au Pays de Galles n'ont pas rencontré un excellent accueil. Le référendum auquel ils ont été soumis le 1er mars 1979 n'a obtenu qu'une très faible majorité dans le premier de ces pays et a été un échec dans le second.

V. G. Nafylian, *La dévolution de pouvoirs à l'Écosse et au Pays de Galles*, Pouvoirs, n° 7, 1978, p. 147. — J. Dutheil de la Rochère, *op. cit.*, p. 326).

144. — Le régionalisme diversifié. — L'un des traits du régionalisme est la convergence, dans un même cadre géographique, des traditions, des intérêts et des aspirations. Inversement, la réforme constitutionnelle belge de 1970 établit les cadres régionaux différents pour la politique, la langue et la culture. A l'égard des deux dernières, le régionalisme parvient aux lisières du fédéralisme.

La Belgique est formée de *trois régions politiques* : la région wallonne, la région flamande et la région bruxelloise. La loi attribue aux organes régionaux qu'elle crée et qui sont composés de mandataires élus, la compétence de régler les matières qu'elle détermine. Cette loi doit être adoptée à la majorité dite « *spéciale* », c'est-à-dire surqualifiée et cumulée. La majorité des suffrages, dans chaque groupe linguistique de chacune des Chambres, ne vaut que si la majorité des membres de chaque groupe se trouve réunie et pour autant que le total des votes positifs émis dans les deux groupes linguistiques atteigne les deux tiers des suffrages exprimés.

La Belgique comprend *quatre régions linguistiques* : la région de langue française, la région de langue néerlandaise, la région bilingue de Bruxelles-capitale et la région de langue allemande. Les limites des quatre régions ne peuvent être changées ou rectifiées que par une loi adoptée à la majorité « *spéciale* ».

La Belgique compte *trois communautés culturelles* : française, néerlandaise et allemande. Les langues officielles sont le français dans la région de langue française ; le néerlandais, dans la région de langue néerlandaise ; le français et le néerlandais, à titre égal, dans la région de Bruxelles-capitale ; l'allemand, dans la région de langue allemande, sans préjudice de l'emploi complémentaire du français dans les cas déterminés par la loi. Les lois réglant l'emploi des langues doivent être adoptées à la majorité « *spéciale* ».

Ces structures diversifiées sont renforcées par des dispositions concernant le gouvernement et le parlement ;

— le Conseil des ministres compte autant de ministres d'expression française que d'expression néerlandaise, le Premier ministre ne tombant pas sous le coup de cette distinction ;

— les deux Chambres possèdent chacune un groupe linguistique français et un groupe linguistique néerlandais entre lesquels leurs membres sont répartis de la manière fixée par la loi. Les membres des deux Chambres se réunissent en deux conseils culturels. Une procédure (dite de la « sonnette d'alarme ») assure, à tous les échelons, la protection de la minorité, lorsqu'une motion motivée constate qu'un projet de loi porte gravement atteinte aux relations entre les communautés. L'existence de ces structures diversifiées a entraîné l'institution (L. 8 août 1980) d'une Cour d'arbitrage, constituée sur une base paritaire (6 membres d'expression française et 6 membres d'expression néerlandaise) chargée sur saisine soit de certaines autorités politiques, soit des juridictions ordinaires de statuer sur la régularité des lois et des décrets par rapport aux règles qui sont établies par la constitution ou en vertu de celle-ci pour déterminer les compétences respectives de l'État, des communautés et des régions (L. 28 juin 1983, art. 1, § 1).

Une révision constitutionnelle est intervenue en juillet-août 1988 pour étendre les compétences des communautés et des régions. Le gouvernement central ne conserve plus que les affaires étrangères, la monnaie, la justice, la défense et le maintien de l'ordre.

V. Robert Senelle, *Révision de la Constitution,* 1967-1970, Textes et Documents, Ministère des Affaires étrangères, Bruxelles, 1971. — F. Delpérée : *La Belgique, État fédéral ?* R.D.P. 1972, p. 607. — H. van Impe, *La Belgique sous une constitution révisée,* R.D.P., 1976, p. 463.

CHAPITRE II
L'ÉTAT FÉDÉRAL

145. — Le phénomène fédératif. — L'État unitaire complexe semble porter au maximum l'assouplissement des structures compatible avec le maintien de l'unité de l'État. Logiquement, on ne saurait aller au-delà sans risque de désintégration puisque, dans le principe, une pluralité d'ordonnancements constitutionnels engendre une pluralité d'États. Cependant, l'ingéniosité des hommes et la force des choses ont créé des institutions qui résolvent concrètement l'antinomie théorique de l'unité du tout et de la liberté des composants.

D'une manière très large, ces institutions sont qualifiées de « fédérales ». A travers la variété de leurs aspects historiques ou actuels, se révèle le jeu constant des deux lois d'autonomie et de participation.

La *loi d'autonomie* est essentielle puisque, sans elle, les collectivités membres n'auraient pas le caractère étatique et l'organisation fédérale ne se distinguerait pas de l'État unitaire complexe. Le fédéralisme implique des collectivités politiques individualisées et distinctes ayant chacune leur système législatif, administratif et juridictionnel.

La *loi de participation* est non moins importante. A défaut de celle-ci, il y aurait subordination et non collaboration, la fédération s'apparentant alors aux « unions inégales », comme la suzeraineté ou le protectorat. « Il n'y a vraiment fédéralisme que si les collectivités associées participent par leurs représentants à la constitution des organes fédéraux et à l'élaboration de leurs décisions » (G. Scelle, *Manuel élémentaire de droit international public*, 1943, p. 198).

Alors qu'une tradition historique et une sorte de préjugé classique ont longtemps habitué l'esprit français à voir, dans l'État unitaire, l'expression la plus parfaite, sinon exclusive, de la société politique, la tendance est aujourd'hui renversée. Le « phénomène fédératif » apparaît comme l'un des traits caractéristiques du monde du XXe siècle.

Sur le plan des institutions, ce phénomène se traduit par deux catégories différentes d'organismes et de mécanismes, les uns mariant l'intégration et l'agrégation : ce sont les institutions de l'État fédéral ; les autres se limitant à l'agrégation : ce sont les institutions des unions d'États (Sur le fédéralisme, sous ses divers aspects, V. *Le Fédéralisme,* P.U.F., 1956 et en dernier lieu, St Rials, *Destin du fédéralisme,* L.G.D.J., 1986).

146. — Définition de l'État fédéral.

A la différence de l'État unitaire décentralisé, l'État fédéral n'est plus seulement un État complexe, mais un *État composé.* Il forme, comme dit Karl Strupp, *une union de droit constitutionnel* par opposition aux *unions de droit international* que l'on étudiera au chapitre suivant (*Éléments du droit international public universel, européen et américain,* 1930, t. I, p. 50).

D'ordinaire, l'union de droit constitutionnel naît formellement d'une constitution ou d'un autre acte de droit public interne, mais la contingence des situations historiques et l'incertitude de la terminologie ne permettent pas de retenir, comme critère sûr de l'État fédéral, l'appartenance au droit interne de l'acte de fondation. Pareillement, les indications du vocabulaire courant et même officiel ne doivent être retenues qu'avec une grande prudence. Souvent une dénomination scientifiquement injustifiée est choisie pour des raisons politiques. Ainsi, comme on verra plus loin, la Suisse contemporaine continue de s'appeler « Confédération », alors qu'elle forme incontestablement un État fédéral.

L'analyse des structures peut, seule, fournir une qualification exacte. On réservera, alors, la dénomination d'État fédéral à l'*État où se rencontre une pluralité d'ordonnancements constitutionnels, avec un ordonnancement constitutionnel majeur, auquel sont subordonnés, mais aussi participent, les organes des ordonnancements mineurs.*

L'État fédéral se présente, de la sorte, comme doté d'institutions mixtes, aux aspects tantôt intégratifs, tantôt agrégatifs.

Section 1

Caractères généraux de l'État fédéral

147. — L'unité de l'État fédéral. — A. *L'État fédéral existe seul du point de vue international.* — Cette affirmation est capitale aux yeux de certains juristes, dont elle domine toutes les thèses. Elle les conduit à refouler l'organisation fédérale non seulement parmi les phénomènes internes, mais parmi les questions mineures, sa structure n'étant plus qu'un mode « spécial et typique » de la décentralisation et n'ayant avec elle qu'une « différence de degré et non de nature » (J.-L. Kuntz, *Une nouvelle théorie de l'État fédéral*, Rev. dt. int. lég. comp., 1930, p. 856 ; H. Kelsen, *Allgemeine Staatslehre*, 1925).

1° *L'État fédéral implique l'unité de personnalité internationale.* L'État fédéral paraît seul dans le commerce international. Il possède seul le *jus belli*, le *jus legationis*, le *jus tractatum*. Alors même que, sur ce dernier point, le droit positif comporterait certaines exceptions, elles procèdent du droit fédéral et non du droit international (V. par ex., pour la R.F.A., Loi Fond., art. 32 — pour l'U.R.S.S., const., art. 80). Par ailleurs la jurisprudence internationale impute à l'État fédéral les délits commis par les États membres. « En bref, les États membres ne paraissent pas devant le *Forum* du droit des gens » (J.-L. Kuntz, *op. cit.*, p. 867).

2° *L'État fédéral implique l'unité de nationalité.* Certains États fédéraux ne connaissent qu'une nationalité, mais le plus souvent l'État fédéral et l'État fédéré ont chacun la leur, cette dualité étant caractéristique de l'État fédéral. Mais il n'y a pas là double nationalité, au sens habituel du droit international privé. Le même individu, dans l'État fédéral, est national d'un seul État souverain, alors même qu'il aurait simultanément la citoyenneté ou l'indigénat d'un État fédéré. Le caractère unitaire ressort plus nettement encore, lorsque la nationalité fédérale est, comme aux États-Unis, le phénomène premier, la nationalité du domicile de l'État membre étant acquise en même temps que la nationalité fédérale. Il est moins marqué lorsque la nationalité fédérale découle de celle d'un État membre mais, là encore, il n'en est ainsi qu'en vertu de l'ordre juridique interne de l'État fédéral.

3° *L'État fédéral implique l'unité de territoire.* Le territoire national est formé de l'ensemble des territoires des États fédérés, mais il englobe souvent aussi des portions de sol exclusivement soumises à l'État fédéral, qu'il s'agisse des districts fédéraux, des territoires, des colonies ou encore d'un pays dépendant, comme ce fut le régime du *Reichsland* d'Alsace-Lorraine dans l'empire allemand.

B. *L'État fédéral est une unité politique aux termes du droit constitutionnel :*

1° *L'État fédéral possède un ordonnancement constitutionnel propre,* fixé dans une constitution fédérale, élaboré par un pouvoir constituant, doté de la plénitude de la souveraineté.

2° *Les organes fédéraux édictent une législation nationale.* Dans l'État fédéral, la législation nationale s'adresse directement aux ressortissants des États membres qui sont aussi les siens et cette législation est commune à tous.

3° *L'État fédéral détient des pouvoirs d'administration.* En ce qui regarde les matières de sa compétence, l'État fédéral possède des attributions administratives dont il use, soit par voie d'administration directe (États-Unis), soit par le truchement de l'appareil administratif des États membres surveillé et contrôlé (Allemagne), soit en combinant les deux systèmes (Autriche) (V. M. Mouskhély, *la théorie juridique de l'État fédéral,* th. Droit, Paris, 1931, p. 151).

4° *L'État fédéral a droit de justice.* Il possède ses propres tribunaux; en particulier, un tribunal suprême, chargé de trancher les conflits avec les États membres.

148. — La pluralité d'États fédérés.

— Mais l'unité politique globale de l'État fédéral n'est pas exclusive de l'existence d'une *pluralité d'éléments composants,* eux-mêmes formant des entités politiques complètes.

Le caractère étatique de celles-ci a fait l'objet de foisonnantes controverses. La dispute est d'autant plus difficile à arbitrer et à clore que les définitions choisies l'ont souvent été en fonction de la situation que l'on entendait ainsi faire aux États composants, *Gliedstaaten, Einzelstaaten.* Plus ou moins consciemment, les juristes se sont trouvés influencés par leur appartenance politique ou par leur origine personnelle, tels les auteurs prussiens et bavarois s'opposant au sein du *Reich* wilhelminien.

On ne peut ici, comme le font les internationalistes,

définir l'État par sa position hiérarchique dans la société internationale. La notion à laquelle on aboutit, de la sorte, est toute relative (G. Scelle, *op. cit.*, p. 70), variant avec les progrès ou les reculs de l'organisation des communautés internationales, totales ou partielles.

149. — L'autonomie constitutionnelle des États fédérés.

— Historiquement, l'individualité de l'État fédéré procède de sa situation antérieure d'État isolé ou d'État membre d'une confédération, c'est-à-dire d'un État souverain dans les deux cas. Son entrée dans l'État fédéral n'entraîne pas une fusion au sein de celui-ci, mais simplement une agrégation à d'autres éléments jusque-là séparés ou unis moins intimement. C'est ce que suggère l'étymologie des termes employés : alors que la décentralisation implique desserrement, plus ou moins prononcé des liens du régime unitaire, la fédération évoque un pacte d'union (du latin *fœdus,* génitif, *fœderis,* traité, accord) (V. n° 158).

Alors même que l'État fédéral se formerait par ségrégation, les unités fédérées possèdent une certaine cohésion, antérieure ou virtuelle, qui peut faire totalement défaut à l'unité administrative décentralisée.

La contre-épreuve de l'individualité de l'État fédéré se trouve dans le fait que la disparition de l'État fédéral non seulement le laisserait subsister en tant qu'État, mais lui permettrait, par récupération du solde de ses attributions étatiques, de se comporter immédiatement en État souverain, doté de tous les organes nécessaires à son fonctionnement.

1° *L'État fédéré possède un ordonnancement constitutionnel qui est son œuvre propre,* librement établie par le pouvoir constituant fédéré, librement modifiable, sous réserve du respect de la constitution fédérale.

2° *L'ordonnancement constitutionnel de l'État fédéré forme un système étatique complet,* comportant tous les organes par lesquels le pouvoir étatique se manifeste habituellement. L'autonomie de l'État fédéré implique non seulement l'autonomie administrative, c'est-à-dire l'exécution des lois entendues au sens le plus large, mais l'autonomie législative, c'est-à-dire le droit de faire des lois et l'autonomie juridictionnelle, c'est-à-dire le droit de contrôler l'application de celles-ci par des tribunaux propres.

3° *L'État fédéré a, à sa tête, non des agents, tenus en tutelle, mais de vrais gouvernants*. Princes, présidents, ministres, agissent dans toute l'étendue des pouvoirs que la constitution fédérale reconnaît aux États membres, sauf restrictions introduites expressément. Les organes propres à l'État membre, pris en bloc, sont maîtres de leur régime juridique et de leur action. L'exercice de leurs compétences est soustrait à toute direction, à tout contrôle, à toute immixtion des organes fédéraux non constituants. S'il en allait autrement, c'est que, nonobstant la terminologie usitée, il ne s'agirait pas vraiment d'un État fédéral.

4° *L'ordonnancement politique de l'État fédéré est, constitutionnellement, de type rigide.* Le pouvoir législatif de l'État unitaire peut toujours accroître ou réduire le degré de décentralisation régionale ou locale. Par contre, les compétences de l'État fédéré ne peuvent être amoindries ou supprimées sans le consentement ou du moins l'intervention de celui-ci, puisqu'il participe, comme nous allons le préciser, à la formation de la volonté même de l'État fédéral.

150. — L'imbrication des ordonnancements constitutionnels de l'État fédéral et des États fédérés.

— Ici apparaît directement cet autre aspect du phénomène fédéral, qualifié *loi de participation*. Dans la structure pluralitaire de l'État fédéral, il y a, comme l'avait déjà remarqué Alexis de Tocqueville à propos des États-Unis, deux sociétés distinctes, mais « engagées et, si l'on peut s'exprimer ainsi, emboîtées l'une dans l'autre » (*De la démocratie en Amérique,* Paris, 1835).

L'ordre constitutionnel fédéral n'est pas un ordre de pure agrégation, plaçant au-dessous des ordonnancements collectifs unitaires une pluralité d'ordonnancements particuliers. Il n'y a pas simple superposition de l'État fédéral aux États fédérés, mais compénétration et participation.

Sur le plan politique, État fédéral et États fédérés doivent marcher du même pas, éviter les conflits, maintenir une bonne entente, et de plus, demeurer constamment en communauté d'action et de sentiments. « Il faut que l'autorité centrale, tout en pourvoyant aux besoins de l'ensemble, ménage avec bienveillance l'autorité des parties. Le chef de l'État doit, de son côté, fidélité à l'État général. Les deux États se complètent l'un l'autre » (J.-C. Bluntschli, *La Politique,* Paris, 1879, trad. Riedmatten, p. 263).

Cette complémentarité se manifeste, institutionnellement, par l'imbrication et l'interaction des organes fédéraux et fédérés. Grâce à une organisation particulière de la puissance politique, les membres de l'État fédéral, s'ils ne détiennent pas eux-mêmes le pouvoir souverain, goûtent à celui-ci en leur qualité d'organes de l'État fédéral. Selon une distinction un peu scolastique, mais très expressive, l'État fédéré a part non seulement à l'exercice, mais à la formation de la volonté de l'État tout entier, « à la substance même de sa souveraineté » (L. le Fur, *État fédéral et confédération d'États*, th. Droit, Paris, 1896, p. 601).

A. *Les États fédérés participent à la formation et au jeu de l'ordonnancement constitutionnel fédéral.* Cette intervention prend un relief particulier au plan normatif, constituant ou législatif.

1° *Dans l'organisation du pouvoir constituant fédéral,* outre la participation indirecte que comporte généralement l'intervention dans le processus législatif, une part directe est assurée aux États membres dans tous les actes de la volonté fédérale impliquant remplacement ou modification de la constitution existante. Il existe de très grandes différences dans les régimes de révision adoptés, mais « il est de l'esprit du fédéralisme que la révision soit acceptée par la majorité absolue de tous les membres, sinon même par une majorité renforcée » (Ch. Durand, *Confédération d'États et État fédéral*, p. 90).

2° *Dans l'organisation du pouvoir législatif,* le bicamérisme qui, au sein de l'État unitaire, intéresse seulement l'opportunité politique et l'ingéniosité constitutionnelle, devient, dans l'État fédéral, une nécessité. C'est par le moyen de la seconde Chambre que les États membres reçoivent une représentation en tant que tels, « en leur qualité d'éléments constitutifs de l'État fédéral et non pas eu égard à leur importance respective. Chaque État particulier a le même nombre de représentants que les autres États membres, quelle que soit la différence qui puisse exister entre eux et lui au point de vue de l'étendue territoriale ou du nombre des habitants » (L. Le Fur, *op. cit.,* p. 621).

B. *Réciproquement, l'ordonnancement constitutionnel de l'État fédéral limite la formation et le jeu des ordonnancements politiques des États fédérés.*

1° *L'ordonnancement constitutionnel fédéral impose certains principes et parfois même certaines formes à l'organisation constitutionnelle de l'État fédéré :* inspiration démocratique ou communiste, nombre et composition des organes, étendue du suffrage, etc.

2° *L'ordonnancement constitutionnel fédéral ampute plus ou moins largement les compétences législatives de l'État fédéré.* Selon la logique du fédéralisme, l'État fédéré est compétent de droit commun, l'État fédéral, par attribution, à peu près partout, il existe un domaine législatif mixte.

3° *L'ordonnancement constitutionnel fédéral comporte un organe susceptible de trancher les litiges entre l'État fédéral et les États fédérés.* Le plus souvent, la sanction et l'interprétation des obligations fédérales sont demandées à un organe juridictionnel à la formation duquel l'État fédéré peut lui-même avoir sa part (V. n° 127).

Section 2
Les États fédéraux

151. — Multiplicité et diversité des États fédéraux. — Comme on l'a indiqué précédemment (n° 145), le fédéralisme n'a pas cessé de s'étendre tout au long du XXe siècle au point de couvrir désormais la majeure partie du monde. En Amérique, il constitue le régime de tous les grands États : États-Unis, Canada, Mexique, Brésil, Argentine, Venezuela...; en Europe, celui de la Suisse, de l'Allemagne de l'Ouest, de l'U.R.S.S., de la Yougoslavie, de la Tchécoslovaquie; en Afrique, celui de l'Union Sud-Africaine, etc.

Mais si les traits que l'on vient de dégager donnent une vue exacte du modèle fédéral, ils ne rendent que très imparfaitement compte de la diversité de ses images. A des époques et sous des latitudes différentes, s'agissant d'États anciens pour lesquels le fédéralisme est un mode d'existence historique ou de nouveaux États dont il traduit un choix volontaire, les principes d'autonomie et de participation ne jouent pas de la même manière. Ils engendrent, au sein du modèle général, une grande diversité d'aménagements, témoignant par là de l'extrême souplesse d'adaptation des formules fédératives. L'État fédéral peut être monarchique ou républicain. Il a fédéré des monarchies et des républiques. Il peut former un système clos, jaloux historiquement de ses origines et de ses particularités mais il peut aussi être le cadre et l'instrument d'une extension territoriale, de nouveaux États membres étant constitués ou admis. Il peut enfin être à plusieurs niveaux, les États fédérés fédérant à leur tour d'autres collectivités territoriales autonomes.

Comme toute construction politique, mais plus encore en raison de son caractère composite, l'État fédéral est sollicité par deux tendances contraires. L'une place le centre de gravité du système dans l'État fédéral; l'autre, dans les États membres. On peut systématiser ces orientations en distinguant les États fédéraux « à tendance unitaire » et les États fédéraux « à tendance confédérale ». Pour logique qu'elle soit, et historiquement vraie qu'elle ait pu être, cette distinction est désormais dépassée. L'ensemble des systèmes fédéraux est aujourd'hui soumis à une pression centralisatrice due à la concentration des moyens financiers qu'exigent les politiques d'intervention et de péréquation économique et sociale. La conception même du fédéralisme en a été changée. De structurelle qu'elle était — avec le *fédéralisme « dualiste »*, elle est devenue fonctionnelle — avec le *fédéralisme « coopératif »*. C'est ce que l'ont peut vérifier en examinant quelques systèmes fédéraux contemporains, les uns de type classique, les autres de type socialiste.

152. — Le fédéralisme aux États-Unis.

Les États-Unis passent, à juste titre, pour les « pères du fédéralisme ». Ce sont eux en effet qui, à la fin du XVIIIe siècle inventent ce nouveau type d'État qu'est l'État fédéral. Cette invention n'a pas été le résultat de l'application d'un système théorique préconçu mais le produit empirique de circonstances obligeant au compromis.

A. *Origine et évolution*. — La confédération, constituée en 1781 par les États issus des anciennes colonies anglaises, était d'une structure extrêmement relâchée. Même pendant la guerre d'indépendance, elle s'était révélée fragile et la conclusion de la paix avec l'Angleterre (1783) ne contribua pas à la renforcer. La nécessité s'imposa vite de la réformer et après l'échec d'une première convention tenue à Annapolis (1786), une nouvelle convention se réunit à Philadelphie le 14 mai 1787. Passant outre les restrictions à la mission que lui avait confiée le Congrès, elle entreprit d'emblée, non pas de réviser les articles de la Confédération, mais d'élaborer une nouvelle constitution. L'entreprise se révéla d'autant plus malaisée qu'il s'agissait de concilier la création d'un véritable gouvernement national avec le respect des droits auxquels les États étaient, à proportion de leur importance, plus ou moins jalousement attachés. Trois tendances divisaient à cet égard la Convention. La première, à laquelle appartenait Alexander Hamilton et Benjamin Franklin était favorable à l'institution d'un gouvernement central fort. C'est celle que l'on nomma alors « fédéraliste » et que l'on nomme aujourd'hui plus exactement nationaliste. La seconde ne se prononçait que pour un renforcement de la Confédération. La troisième, dite « unioniste », était en position intermédiaire. Aucune de ces trois tendances ne pouvant l'emporter et, leur coalition se heurtant à des obstacles de doctrine, seul un compromis était concevable. C'est de ce compromis, dû à l'initiative de Franklin et connu sous le nom de « *compromis du Connecticut* » qu'est sortie l'une des dispositions clés du système. Le pouvoir législatif de l'Union — le Congrès — serait divisé en deux chambres dont l'une représenterait la nation et refléterait l'importance respective des États tandis que l'autre assurerait la représentation de ces États en tant que tels sur un plan de stricte égalité. Il va de soi que cette combinaison institutionnelle, qui deviendra caractéristique de l'État fédéral, s'inscrivait dans un ensemble de dispositions concernant d'une part, l'aménagement constitutionnel du pouvoir fédéral; d'autre part, la répartition des compétences entre celui-ci et les États, le tout formant un ensemble cohérent.

Le système ainsi mis en place a évolué sur près de deux siècles. Cette évolution, nécessairement complexe, a été ponctuée par des crises dont la plus grave fut la guerre de sécession (1860-1865) qui faillit entraîner la disparition de l'Union mais en scella finalement l'identité nationale. Sur la longue période, elle semble illustrer le processus d'intégration interne qui, sous l'effet de la logique démocratique, a progressivement conduit les américains à se reconnaître comme une seule nation. Ces deux siècles sont deux siècles de centralisation où la résistance des États, si elle atteste leur vitalité, s'est exprimée par des actions de retardement d'ampleur toujours plus limitée. C'est, semble-t-il, ce que vérifient non seulement le renforcement constant du pouvoir fédéral mais encore, de manière tout aussi significative encore que moins apparente, le fait que la constitution fédérale soit devenue davantage une garantie des droits des citoyens qu'une garantie des droits des États.

A son origine, le système reposait sur une certaine conception des rapports entre les États et la Fédération qui se traduisait par une répartition déterminée des compétences entre celle-ci et ceux-là. Cette conception était celle d'un fédéralisme « dualiste », dans lequel coexistent deux sortes de gouvernements — le gouvernement des États et le gouvernement fédéral — respectivement investis d'une souveraineté propre. Si la primauté du droit fédéral était bien reconnue, la répartition des compétences n'en était pas moins aménagée de telle sorte que les attributions de la Fédération soient limitativement énumérées tandis que les États, outre les attributions qui leur étaient reconnues en propre, conservaient une compétence de principe qu'ils partageaient éventuellement avec le peuple.

Les composantes du système devaient évoluer dans le sens d'une extension du pouvoir fédéral. La révision constitutionnelle ne pouvait guère être, et de fait n'a pas été, l'instrument de cette évolution. Subordonnés à la ratification des trois quarts des États, rares sont les amendements à la constitution des États-Unis — à l'exception des dix premiers qui font corps avec elle — qui concernent directement le fédéralisme. Plusieurs ont néanmoins marqué certaines étapes de l'intégration nationale (XIVe, 1868, relatif à la citoyenneté et aux droits civils; XVe, 1870; XIXe, 1920; XXIVe, 1964, relatifs au droit de suffrage). L'évolution s'est essentiellement opérée par la pratique des *« interprétations constructives »*. Deux illustrations, de portée d'ailleurs différente, en sont restées significatives. La première concerne la conception même du système et s'est traduite dans la doctrine dite de la *nullification* soutenue en 1828 par *J. Calhoun* et selon laquelle la souveraineté, par essence indivisible, appartient aux États et non à la Fédération qui n'est que leur mandataire; de sorte que les États peuvent toujours priver d'effet toute loi du Congrès. L'échec de cette thèse a marqué le véritable point de départ de l'altération du fédéralisme dualiste. La seconde illustration concerne la répartition des compétences et, dans ce domaine, la pratique des interprétations constructives a été constante. Elle est connue sous le nom de *théorie des pouvoirs implicites* (implied powers). Suivant cette théorie, soutenue dès 1790 par A. Hamilton contre l'opinion de Jefferson et de Madison, le Congrès des États-Unis a le pouvoir de faire toutes les lois nécessaires à l'exercice des compétences qui lui sont conférées par la constitution. Cette théorie devait être définitivement consacrée par la Cour suprême sous la présidence de Marshall en 1819 dans l'affaire *Mc Culloch* v/ *Maryland*. C'est elle qui a permis le développement de la législation fédérale sous le contrôle de la Cour. Ce contrôle ne s'est pas toujours exercé dans le même sens et la jurisprudence se divise en périodes qui marquent autant de phases dans l'évolution. Favorable à l'autorité fédérale jusqu'en 1836, la Cour le fut davantage aux droits des États de cette date à la guerre de sécession. De la « reconstruction » aux années 1937, la Cour continuera à protéger les États puis, après la validation du « New Deal » elle renversera ses positions au bénéfice des droits des citoyens reconnue par la législation fédérale. Au cours des dernières années, après avoir encore accentué le « centralisme judiciaire », la jurisprudence s'est à nouveau réorientée vers une plus grande préoccupation de l'autonomie des États.

A son origine, le système reposait aussi sur un certain aménagement institutionnel de la Fédération qui devait garantir que celle-ci ne deviendrait pas trop puissante. Or, sur deux points au moins mais qui sont essentiels, cet aménagement a été modifié. S'ils avaient consenti à l'existence d'un président des États-Unis, les « pères fondateurs » avaient tenté de réduire le caractère national que ne pouvait que conférer cette magistrature à son titulaire, en décidant que ce président serait élu dans les États au suffrage indirect et suivant les modalités arrêtées par ceux-ci. Ils avaient en outre prévu que, faute de majorité absolue suivant ce système, le président serait désigné par le Congrès. Or en pratique l'élection est devenue une élection populaire directe excluant de ce fait l'hypothèse d'une désignation par le Congrès. La seconde modification concerne le Sénat. Le rôle de représentation spécifique des États sur un plan de stricte égalité qui résultait du compromis du Connecticut, s'il a été plus ou moins altéré par le comportement personnel des sénateurs, a, en tout cas, été coupé de sa base institutionnelle par le XXVIIe amendement (1913) qui a substitué l'élection populaire des membres de l'assemblée fédérale à leur désignation par les législatures des États. Ces recours directs au peuple, qui illustrent le processus démocratique d'intégration nationale, ont été facilités, sinon même provoqués par le développement de puissants partis politiques qui, de très bonne heure, se sont organisés au plan fédéral et ont été ainsi des facteurs de réduction des particularismes locaux.

B. *Situation actuelle.* — Dans son expression actuelle, le système fédéral nord-américain demeure conforme au modèle institutionnel classique. Sa nature et sa signification n'en sont pas moins différentes.

Le modèle reste celui d'un fédéralisme étatique observant les principes d'autonomie et de participation. Formés initialement de treize États, les États-Unis en fédèrent aujourd'hui cinquante, les deux derniers étant l'Alaska (1958) et les Iles Hawaï (1959). Lorsqu'un territoire atteint un certain niveau de développement, il peut être admis dans l'Union sous la seule réserve d'adopter une forme républicaine de gouvernement. En fait, il existe entre les États des différences de population et de richesse considérables. Maîtres de leur propre constitution, les États jouissent de la plus grande liberté dans leur aménagement institutionnel. En réalité, cet aménagement est à peu près semblable dans tous les États. Il comprend en général un exécutif — le gouverneur — élu d'ordinaire au suffrage direct pour 2 ou 4 ans et rééligible ; un législatif — la législature — composé dans la quasi-totalité des États de deux chambres d'effectif variable ; un système judiciaire, plus ou moins complexe et ayant à son sommet sa propre Cour suprême. Cette autonomie ne se restreint pas au domaine constitutionnel. Elle le dépasse dans la mesure où les États ont conservé la maîtrise du droit électoral dont la Fédération demeure tributaire et elle s'étend aux domaines législatif, administratif, financier et fiscal. Sans doute la liberté d'action des États est allée se rétrécissant à proportion des interventions fédérales mais elle demeure appréciable et, pour beaucoup d'aspects de son existence, le citoyen américain reste régi par son État.

Le système consacre également le principe de participation, garantie de l'identité des États au sein de la Fédération. Cette garantie se trouve d'abord dans la procédure de révision de la constitution fédérale. Tout amendement de celle-ci requiert pour son adoption, un vote des deux tiers dans les deux chambres du Congrès et, pour son entrée en vigueur, la ratification par les trois quarts des États. De là, non seulement la lenteur des procédures (V. la proposition de 27e amendement remontant à 1923, adoptée par le Congrès en 1971-1972 et dont la date limite de ratification par les États d'abord fixée à mars 1979 a dû être renvoyée à juin 1982) mais encore la disproportion entre le nombre élevé des propositions de révision et celui très limité des amendements adoptés et rendus applicables. La garantie de l'identité des États est encore assurée par l'existence du Sénat dont c'est, on l'a vu, la vocation institutionnelle. Même si l'institution a quelque peu perdu de son caractère spécifiquement fédéral, elle demeure pour les États, qui y sont toujours représentés à égalité (deux sénateurs par État), un instrument efficace d'intervention. La Cour suprême exerçant le contrôle de constitutionnalité, assure enfin la garantie du respect du pacte fédéral.

Le fédéralisme nord-américain n'en a pas moins changé de nature et de signification. A l'abandon du fédéralisme dualiste a correspondu l'apparition et le développement d'un *« fédéralisme coopératif »* (cooperative federalism). Il s'agit d'une conception différente de la conception classique dans la mesure où le système ne se traduit plus en termes de coexistence et de hiérarchie de collectivités entre lesquelles sont réparties des compétences que ces collectivités exercent de manière autonome mais en termes d'actions communes à la réalisation desquelles ces collectivités contribuent suivant les fonctions et avec les moyens qui correspondent à leur nature propre. Ce sont essentiellement les caractères et les exigences de la politique économique et de la politique sociale qui sont à l'origine de cette conception nouvelle dont les manifestations sont moins d'ordre constitutionnel ou proprement juridique que d'ordre financier ou fiscal et dont le système de redistribution des ressources par la politique des subventions fédérales aux États est l'illustration la plus caractéristique. La croissance de telles subventions *(Grant in aid)* — elles sont passées de 10 milliards de dollars en 1965 à 24 milliards en 1970 pour avoisiner 94 milliards en 1981 — a provoqué critiques et réactions. Le président Reagan, d'abord en 1981, puis en 1982, dans la proposition d'un nouveau fédéralisme, a tenté de revenir à une version plus fidèle à la constitution. Mais il ne s'agit là, en définitive, que d'opérations de retardement d'un processus dont Tocqueville avait déjà vu qu'il était centralisateur, nonobstant la structure fédérale.

V. J. Bryce, *La république américaine*, t. I - A. Mathiot, *Le fédéralisme américain*, in Le Fédéralisme, *op. cit.*, 1956, p. 241 - K. Loewenstein, *Réflexions sur le vieillissement de la constitution américaine*, R.D.P., 1972, p. 1005 - G. D. Brown, *Le nouveau fédéralisme : la question de la décentralisation aux États-Unis*, R.I.D.C., 1983, n° 3, p. 497 - H. Kempf et M.-F. Toinet, *La fin du fédéralisme aux États-Unis*, R. Fr. Sc. Pol., 1980, p. 735 - M. Croizet et J. Tournon, *Persistance du fédéralisme aux États-Unis*, idem, 1981, p. 728.

153. — Le fédéralisme suisse. — Le fédéralisme suisse est intimement lié à la plus lointaine histoire de ce pays. On peut en situer l'origine au pacte d'alliance perpétuelle conclu le 15 juillet 1291 entre les trois cantons « forestiers » (Uri, Schwitz, et Unterwalden) qui marque le point de départ de la confédération. Celle-ci s'étendra progressivement pour englober d'abord huit, puis treize cantons et se stabiliser à la veille de la Révolution française. Celle-ci y fut accueillie avec enthousiasme, au point que l'on crut bon d'y faire appel. Le résultat fut en tout point décevant, spécialement dans la mesure où l'on entreprit de réduire la Suisse à l'unité en la dotant d'une constitution directement imitée de la constitution française de l'An III (constitution du 12 avril 1798). Les effets n'étant guère différents de l'une à l'autre, il n'est pas surprenant que Bonaparte intervienne également ici. Son projet dit « de la Malmaison » fut cependant rejeté au profit d'un autre texte adopté en juillet 1802. Mais on dut une nouvelle fois faire appel à Bonaparte qui imposa l'année suivante l' « acte de médiation ». Cette parenthèse se ferme avec le pacte fédéral de 1815 qui restitue à la Suisse des 22 cantons son caractère de confédération. Celle-ci va connaître une existence assez agitée pour des motifs principalement religieux et, tout comme les États-Unis, elle devra surmonter une sécession accompagnée d'une guerre *(Sunderbund)*. Cette guerre marque la fin de la période confédérale et l'entrée dans la période fédérale qu'inaugure la constitution du 12 septembre 1848.

Celle-ci apparaît comme une transaction entre la tendance unitaire et la tendance fédéraliste. La souveraineté des cantons est reconnue mais son domaine restreint. On passe de la Diète unique au système des deux chambres dont l'une, le Conseil des États, est chargée de la représentation des Cantons. Les Cantons, qui avaient constitué le Sunderbund et qui étaient d'appartenance catholique, révisent leur propre constitution dans un sens démocratique et représentatif. La constitution de 1848 fut appliquée pendant vingt-six ans, ce qui permit d'en apercevoir les lacunes et les défauts, notamment l'écartèlement entre la fédération et ses membres d'un certain nombre d'institutions militaires, judiciaires ou économiques.

Une révision intégrale intervint donc en 1874. Elle a été suivie depuis, de nombreuses révisions partielles. Bien qu'elle continue à se qualifier officiellement confédération, la Suisse est un État fédéral composé de 23 cantons, le dernier en date étant le Jura francophone (référendum, 24 septembre 1978). Les cantons, considérés comme des collectivités souveraines sont de complexion diverse, certains étant divisés en demi-cantons (Appenzell, Unterwald, Bâle). En vertu du principe d'autonomie, les cantons jouissent d'une assez large indépendance. Sur le plan constitutionnel, ils sont cependant tenus de demander à la Confédération la garantie de leur constitution qui est subordonnée à trois conditions : non contrariété avec la constitution fédérale, forme républicaine (représentative ou démocratique) du gouvernement; adoption par le peuple et révision à la demande de la majorité absolue des citoyens. Pour le surplus, la souveraineté des cantons s'étend à tous les domaines non limités par la constitution fédérale et comporte l'exercice de tous les droits qui ne sont pas délégués au pouvoir fédéral. Le principe de participation est à son tour consacré. Ainsi de la révision de la constitution fédérale subordonnée à l'acceptation de la majorité des cantons. Ainsi de l'existence d'une seconde chambre fédérale — le Conseil des États — où chaque Canton envoie deux députés. Ainsi, enfin de l'existence d'un Tribunal fédéral, dont la composition doit respecter la pluralité linguistique et qui est notamment chargé de régler les différends entre les cantons ou entre ceux-ci et la confédération. La compétence de ce Tribunal n'a cessé de s'étendre sans cependant englober le contrôle de constitutionnalité des lois fédérales.

Mais, ce qui donne au fédéralisme suisse son originalité, c'est l'importance attribuée, dans l'ensemble du système constitutionnel, aux applications du principe démocratique.

C'est le peuple, lui-même, qui est à la fois le moteur et le contrôleur de l'évolution.

Comme dans les autres systèmes fédéraux, on constate un accroissement progressif des pouvoirs de la fédération, notamment dans le domaine financier et économique (V. référendum du 8 juin 1975). Mais il semble que cet accroissement soit davantage imputable à l'extension des tâches de l'État qu'à une restriction substantielle des droits des cantons.

154. — Le fédéralisme allemand. — Comme à la Suisse, le fédéralisme semble naturel à l'Allemagne, mais, cette fois, il procède moins du sol que de la psychologie, sinon même de l'instinct. Dans plus de cinquante ouvrages en particulier, *Die Naturlehre des Staates* (Heidelberg, 1870), *Der Föderalismus als leitendes Prinzip* (Mayence, 1879), Constantin Franz, le plus remarquable représentant du fédéralisme allemand, oppose sa conception réaliste des structures pluralitaires aux abstractions unitaires qui depuis le XVIe siècle n'ont cessé de gagner du terrain.

Précédé, pour ne pas remonter plus loin, de la Confédération germanique (1815-1866) et de la Confédération de l'Allemagne du Nord (1867-1871), l'État fédéral a pris en Allemagne trois formes constitutionnelles différentes en 1871, 1919 et 1949, avec une parenthèse unitaire de dix ans, de 1935 à 1945.

A. *Le Reich wilhelminien* ou *Kaiserreich*, en même temps qu'il opère le passage de la Confédération à l'État fédéral, réalise l'unité allemande. Aux États composant la Confédération de l'Allemagne du Nord, viennent se joindre les États de l'Allemagne du Sud. Des accords contractuels précèdent ainsi la constitution du 16 avril 1871.

Celle-ci conserve certains traits de la Confédération. Notamment, les États fédérés demeurent des monarchies (les trois villes hanséatiques exceptées). Ils gardent même théoriquement leur souveraineté, mise en commun, mais non aliénée en ce qui concerne la gestion des intérêts collectifs.

La puissance fédérale suprême appartient au *Bundesrat* ou Conseil fédéral dont les membres sont désignés souverainement par les confédérés. Ils y disposent d'un nombre de voix variant de 1 à 17, suivant l'importance qui leur est reconnue. L'Assemblée ainsi formée est beaucoup plus un congrès de diplomates qu'un parlement. Le chef d'État, seul, choisit, nomme et investit ses représentants qui, tous, doivent voter dans le même sens. Les ministres siègent pour les grandes affaires, les fonctionnaires pour les moindres, un rôle important étant dévolu aux commissions permanentes. Le *Bundesrat* doit empêcher les conflits de naître entre États fédérés ou entre ceux-ci et l'Empire. Il essaye d'abord de résoudre le litige diplomatiquement, en s'entendant avec l'État fédéré intéressé. S'il échoue, la législation impériale, émanant de lui-même et du *Reichstag,* tranche.

En fait, l'union personnelle de l'Empire et de la Monarchie prussienne, le cumul des fonctions de Chancelier du *Reich,* de ministre-président de Prusse et de président du *Bundesrat* donnent à l'Empire la physionomie d'une monarchie limitée. Bornés en droit, tant par le *Reichstag* sur le plan unitaire que par le *Bundesrat* sur le plan sociétaire, les pouvoirs de l'Empereur, nommant et congédiant un chancelier sans responsabilité politique devant les assemblées, sont, en fait, considérables.

De 1870 à 1918, « la fonction impériale gagne rapidement en prestige extérieur, effaçant peu à peu la royauté prussienne dans la personnalité du monarque et à la cour de Berlin... » En même temps, les compétences des offices impériaux, *Reichsämter,* progressent beaucoup et tendent à se transformer en ministères. « Cet ensemble bureaucratique réduit corrélativement l'importance du *Bundesrat* » (Éd. Vermeil, *L'Allemagne contemporaine,* 1952, t. I, p. 188 et 189).

Malgré le respect formel dû à leur caractère monarchique, la situation des États membres leur est au fond moins favorable que celle des États américains ou des cantons suisses. La constitution allemande « écarte toute précision gênante et laisse un certain vague entre les domaines du tout et des parties. Ainsi, on donne souvent à l'Empire le droit de légiférer, s'il le juge convenable, sur des matières qui restent, jusqu'à ce qu'il ait usé de ses droits, de la compétence des États particuliers. Ainsi encore, l'on pose en principe que la loi de l'Empire déroge toujours à la loi de l'État particulier : *Reichsrecht bricht Landesrecht.* Aussi l'autorité de l'Empire va toujours croissante. Elle s'étend avec chaque loi nouvelle qu'il édicte » (J.-C. Bluntschli, *op. cit.*, p. 269).

B. *Le Reich weimarien,* intermédiaire entre l'État fédéral et l'État unitaire complexe, succède au *Reich wilhelminien,* déjà lui-même intermédiaire entre la confédération et l'État fédéral. La structure reste fédérale en tant que les États, appelés désormais « Pays », ont leur législation, leur administration, leur juridiction propres, c'est-à-dire dans leur domaine, une puissance étatique *Staatsgewalt* (Constitution du 11 août 1919, art. 5). Mais les Pays, ramenés à 17, deviennent mobiles dans leur étendue et sont représentés au *Reichsrat* en proportion de leur population. Le principe traditionnel que le droit du *Reich* passe le droit des Pays est réaffirmé (art. 13), assorti, cette fois, d'une énonciation des droits législatifs du *Reich,* si étendus que l'on peut se demander où ils s'arrêtent pratiquement (art. 7, 8, 9, 10, 11, 17).

Surtout l'organe fédéral nouveau, dénommé *Reichsrat,* occupe, au lieu de la situation éminente du *Bundesrat,* une position simplement latérale par rapport aux organes essentiels du *Reich,* le président et le *Reichstag.* Il ne possède plus le droit, passé au gouvernement du *Reich,* de rédiger des ordonnances administratives. Il n'a plus qu'une participation à la législation, un droit d'initiative législative et d'avis préalable à l'égard du *Reichstag* sans pouvoir arrêter la marche d'un projet. Jamais son consentement n'est requis comme condition d'adoption d'une loi ; son opposition a pour seule conséquence de provoquer, dans certaines conditions, un référendum.

Finalement, sans distinction ni restriction, tout peut être modifié par la Chambre populaire, le *Reichstag,* avec ou sans intervention du peuple lui-même. De la sorte, le fédéralisme weimarien ne comporte aucune protection véritable. Nul obstacle constitutionnel ne défend le statut fédéral, ni même l'existence des *Länder.*

Avec sa rigueur habituelle, R. Carré de Malberg, dès 1924, concluait négativement son analyse du caractère étatique des *Länder :* « le *Reich* weimarien a pour organe suprême le Peuple allemand. Il n'est plus un *Bundesstaat,* mais un *Volkstaat* » (*op. cit.,* p. 76). La marche des événements, notamment la grande crise économique, devait justifier ce diagnostic, avec cette différence toutefois que le *Bundesstaat* ne sera pas la victime du *Volkstaat.* État fédéral et démocratie périront ensemble, submergés par le national-socialisme.

C. *La République fédérale d'Allemagne*. — Lors de l'élaboration de sa nouvelle constitution — Loi fondamentale du 23 mai 1949 — la question du retour au fédéralisme divisa profondément les partis politiques allemands et elle ne fut résolue positivement que sur l'intervention pressante des autorités alliées. Si en définitive le régime n'a pas été aussi fédéral que d'aucuns l'eussent souhaité, il ne le fut pas moins davantage que ne l'avait été celui de Weimar. Sa survie et son enracinement dans un milieu où, à bien des égards, il ne pouvait pas ne pas paraître artificiel, sont dus à la conception qu'en a imposée la pratique politique et institutionnelle dont l'évolution a été jalonnée par de nombreuses révisions constitutionnelles.

La République fédérale est composée de dix Pays (Länder) auxquels s'ajoute Berlin-Ouest doté d'un statut particulier. La Loi Fondamentale (art. 29) avait prévu une réorganisation territoriale qui tiendrait compte des affinités locales pour parvenir à une structure plus harmonieuse. Plusieurs fois entreprise, cette réorganisation n'a pas abouti. (V. L. 23 août 1976 qui en modifie le régime.) Elle prévoyait « l'accession d'une autre partie de l'Allemagne » (art. 29, § 6), allusion à une réunification qui paraît désormais en voie de réalisation. Les Länder disposent classiquement des prérogatives étatiques qui se traduisent, à travers leur autonomie constitutionnelle, par l'existence d'institutions législatives, exécutives et juridictionnelles propres. L'ordre constitutionnel des Länder doit cependant être conforme aux principes de l'État de droit (Rechtsstaat), républicain, démocratique et social tel que le définit la Loi Fondamentale, conformité garantie par la Fédération. Plus généralement le caractère fédéral de la République, partant l'existence des Länder, est affirmé par la constitution qui interdit toute révision touchant notamment à l'organisation de la Fédération en Pays et au principe de la participation de ceux-ci à la législation (art. 79).

Comme dans tout système fédéral classique, les droits des Länder sont garantis par l'application organique et fonctionnelle du principe de participation. Au plan constitutionnel, cette garantie se traduit par l'exigence, pour la révision de la Loi Fondamentale, d'une majorité des 2/3 dans les deux assemblées, ce qui équivaut sensiblement à l'assentiment des représentants des 2/3 des Länder. Dans l'aménagement institutionnel, la participation se réalise grâce à l'existence d'une seconde chambre de type fédéral, le *Bundesrat*. La structure de celui-ci demeure dans la tradition propre au fédéralisme allemand. Non seulement le Bundesrat est composé de membres des gouvernements des Länder, nommés et révoqués par ces gouvernements et votant en bloc mais encore les Länder n'y disposent pas d'une représentation égalitaire, celle-ci variant de 3 à 5. Ce Bundesrat jouit d'importantes prérogatives. Outre son assentiment à la majorité des 2/3 pour toute révision constitutionnelle, il a l'initiative des lois ordinaires fédérales et doit approuver certaines de celles-ci, notamment les lois financières. Pour les autres, il peut provoquer la constitution avec l'autre assemblée d'une commission mixte dont le régime doit avoir reçu son approbation et il dispose d'un veto suspensif auquel il ne peut être passé outre par l'autre assemblée qu'à une majorité identique à celle qui a prononcé le veto. Les Länder trouvent enfin une garantie dans l'existence d'un Tribunal constitutionnel fédéral chargé notamment de statuer en cas de divergences relatives aux obligations de la Fédération et des Pays.

Mais c'est évidemment dans le système de répartition des compétences entre celle-ci et ceux-là que se trouve la clé du système et l'origine de ses facultés d'évolution. Ce système conjugue de manière complexe compétences fédérales exclusives, compétences concurrentes, et compétences résiduelles propres des Länder. L'évolution s'est orientée, ici aussi, vers un fédéralisme « coopératif » et pour les mêmes raisons économiques, sociales et financières. Le fédéralisme allemand ayant toujours privilégié la participation au détriment de l'autonomie, cette orientation ne lui a été que plus aisée. Elle s'est traduite par la mise en place de structures de collaboration entre Länder et par l'élaboration de politiques communes. Si les compétences de la Fédération se sont étendues, les Länder tiennent toujours l'appareil administratif et ils y puisent leur force. Le système ne va pas en pratique sans conflits — dès lors surtout que l'opposition domine les Länder — mais ceux-ci se résolvent en compromis de sorte que la structure fédérale apparaît comme une garantie supplémentaire du caractère libéral de la démocratie.

V. Ch. Eisenmann, *Bonn-Weimar, deux constitutions de l'Allemagne,* Doc. Fr. N.E.D., 1950, n° 1337. — J. Sigmann, *Les applications du fédéralisme en Allemagne, spécialement depuis 1945*, in Le Fédéralisme, *op. cit.*, 1956, p. 309. — M. Fromont, *Le fédéralisme allemand et les problèmes économiques et financiers*, R.D.P., 1970, p. 535. — A. Moster, *Finances publiques et fédéralisme en R.F.A.*, th. Strasbourg, 1970. — M. Fromont, *L'évolution du fédéralisme allemand depuis 1949*, Mel. Burdeau, 1977, p. 661. — *La R.F.A.*, Pouvoirs, n° 7, 1978, p. 134. — C. Grewe-Leymarie, *Le fédéralisme coopératif en R.F.A.*, Economica, 1981, *Le système politique Ouest Allemand*, Que sais-je? n° 2275, 1986.

155. — Le fédéralisme soviétique. — A la différence des fédéralismes américain, suisse et allemand, que l'on peut qualifier de traditionnels ou d'historiques, l'État fédéral se trouvant enté sur une confédération antérieure, le fédéralisme soviétique est révolutionnaire. Il l'est même à un double titre : en tant que rupture violente avec l'Empire tsariste unitaire, centralisé, assimilateur; en tant, selon Lénine, qu'instrument au service du régime communiste « comme forme transitoire vers l'unité totale des diverses nations » (*Thèse sur les questions nationales et coloniales*, 1920).

Si, malgré les condamnations de principe de Marx et d'Engels, Lénine accepte le fédéralisme, c'est que la Révolution de 1917 est à son origine presque autant nationalitaire que socialiste; c'est également que, si la future U.R.S.S. est territorialement un bloc, sa population est, par contre, divisée en multiples groupes ethniques et linguistiques, avec une trentaine de nationalités différentes.

Le fédéralisme soviétique, consacré par la Constitution de 1936, sous l'influence personnelle de Staline, revêt ainsi des caractères très particuliers. « National dans sa forme », son organisation s'en ressent très fortement; « communiste dans son contenu », ses institutions jouent de façon que ne soit jamais entravée la politique du gouvernement fédéral, agent du parti.

La constitution de 1977 n'a pas fondamentalement modifié cette conception. Les discussions auxquelles elle a donné lieu ont cependant révélé une tension, sinon une véritable contradiction entre l'affirmation de l'avènement d'une nation soviétique unique et la résistance des nationalités. A ce propos L. Brejnev avait cru pouvoir contredire les partisans de la suppression des institutions fédérales en affirmant que « par une mise en œuvre conséquente de la politique des nationalités, nous avons, simultanément à la construction du socialisme et pour la première fois dans l'histoire, résolu le problème des nationalités (Rapport sur le projet de loi fondamentale, Agence Novosti, 1977, p. 13-14). Plus prudent, son successeur devait reconnaître que si, suivant la formule de Lénine, il s'agissait « non seulement de rapprocher des nations mais de réaliser leur fusion », il restait nécessaire de ne pas brûler les étapes et d'admettre que les différences nationales persisteraient plus longtemps que les différences de classes.

Les événements, qui ont agité l'U.R.S.S. lors de la révision constitutionnelle et plus encore depuis, notamment en Lituanie (proclamation de la souveraineté : 7 décembre 1988, puis de l'indépendance : 11 mars 1990), témoignent de l'acuité et de la persistance d'un problème dont cette révision n'a pas traité, sa solution étant remise à plus tard. Il n'en reste pas moins que les réformes opérées en matière institutionnelle ne sont pas sans incidence sur une structure fédérale dont M. Gorbatchev a déclaré qu'en tout état de cause elle exigeait un pouvoir central fort.

A. *Un fédéralisme plus nationalitaire qu'étatique.* — Définie comme un État « multinational fédéral uni » (const. art. 70), l'U.R.S.S. se présente comme un agrégat de collectivités combinant fédéralisme et régionalisme. Les principales de ces collectivités sont de quatre sortes :

1° *Les Républiques fédérées.* De quatre en 1924, leur nombre est aujourd'hui de quinze (const. art. 71). Leur étendue et leur population sont très variables et s'inscrivent entre deux limites : la République de Russie (17 000 000 km^2 — 130 millions d'hab.) et celle d'Estonie (45 000 km^2 — 1 million 300 hab.). Suivant la doctrine stalinienne, la constitution en république fédérée est subordonnée à trois conditions qui se révèlent nécessaires mais non suffisantes : le million d'habitants, une langue et une nationalité majoritaires, une frontière commune avec l'extérieur.

La République fédérée est définie comme un État socialiste souverain. Elle a sa propre constitution et exerce de façon autonome le pouvoir d'État sur son territoire (const. art. 76). Celui-ci ne peut être modifié sans son consentement (const. art. 78) et elle a la maîtrise de ses subdivisions (const. art. 79). La République fédérée participe au règlement des questions qui relèvent de la compétence de l'Union au sein des organes de celle-ci, contribue à l'exercice des prérogatives fédérales et assure le développement économique et social diversifié de son territoire (const. art. 77). Conservant le droit de sécession (const. art. 72), sans que les modalités en soient déterminées, elle peut entrer en relation avec les États étrangers, conclure des traités avec eux, échanger des représentants diplomatiques et consulaires et participer aux activités des organisations internationales (const. art. 80).

2º *Les Républiques autonomes.* Au nombre de vingt, les Républiques autonomes font partie d'une République fédérée. Elles ont leur propre Constitution qui, conforme à la Constitution de celle-ci et à celle de l'Union, tient compte de leurs particularités. Leur territoire ne peut être modifié sans leur consentement. Elles participent au sein des organes de l'Union et de la République fédérée à laquelle elles appartiennent, au règlement des questions qui relèvent de la compétence de ces deux collectivités, contribuent à l'exercice de cette compétence sur leur territoire dont elles assurent le développement économique et social diversifié (const. art. 82 à 85).

3º *Les Régions autonomes* font partie « de la République fédérée ou du territoire » (const. art. 86). Leur régime est fixé par une loi adoptée par le Soviet suprême de la République fédérée sur proposition du Soviet des députés du peuple de la région autonome. Énumérées par la Constitution de l'Union (art. 87), les Régions autonomes sont au nombre de huit.

4º *Les districts autonomes* font partie d'un territoire ou d'une région. Leur statut est fixé par une loi du Soviet suprême de la République fédérée (const. art. 88). Il n'en existe, au nombre dix, qu'au sein de la République de Russie.

Les Républiques fédérées et les Républiques autonomes disposent d'un appareil institutionnel semblable à celui de l'Union : Congrès des députés du peuple, Soviet suprême (monocaméral), Praesidium, Conseil des ministres; les Régions et les Arrondissements autonomes, comme les autres subdivisions administratives, que d'un Soviet des députés du peuple et d'un Comité qui en est l'organe exécutif et administratif.

Le fédéralisme soviétique ne forme donc pas un système pyramidal régulier et homogène. Si la constitution de 1977 avait placé, à égalité d'effectif et de droits, le Soviet de l'Union et le Soviet des Nationalités, la révision de 1988, tout en maintenant cette disposition, en modifie indirectement la signification. D'abord par l'institution du Congrès des députés du peuple au sein duquel les députés élus dans les circonscriptions territoriales nationales suivant la répartition existante (32 par République fédérée, 11 par République autonome, 5 par région autonome et 1 par district autonome) ne représentent plus que le tiers de l'effectif. Ensuite parce que les membres du Soviet des nationalités, réduits à 271 sont élus par le Congrès parmi ses membres élus non seulement au titre des circonscriptions territoriales nationales mais également au titre des organisations sociales suivant une clé de répartition proportionnellement différente de la précédente (République fédérée 11, autonome 4, région autonome 2, district autonome 1). Si par ailleurs le Soviet des Nationalités bénéficie du sort nouveau fait par la révision au Soviet suprême, cette révision lui attribue une priorité d'examen pour les questions d'ordre nationalitaire.

Le texte de 1977 avait étendu la participation en ce qu'il intégrait, ès qualité au Conseil des ministres de l'U.R.S.S, les présidents des conseils des ministres des Républiques fédérées, la révision de 1988 intégrant pour sa part ès qualité au présidium du Soviet suprême les présidents des soviets suprêmes de ces mêmes Républiques fédérées.

B. Mais *le fédéralisme soviétique est unitaire politiquement et économiquement.*

1º L'unité politique est assurée :

a) par l'unité de citoyenneté qui est la citoyenneté de l'U.R.S.S. (const. art. 33, L. 1er déc. 1978).

b) par l'affirmation que l'U.R.S.S. « incarne l'unité du peuple soviétique (et) rassemble toutes les nations et ethnies en vue d'édifier en commun le communisme » (const. art. 70) et par l'extension de la souveraineté de l'Union à tout son territoire (const. art. 75), nonobstant la proclamation du caractère souverain des Républiques fédérées ;

c) par l'obligation pour les Républiques fédérées d'être des États socialistes et d'avoir une Constitution conforme à la Constitution de l'U.R.S.S. ; cette obligation de conformité s'étendant comme on l'a vu pour la Constitution des Républiques autonomes à la Constitution de la République fédérée et à celle de l'Union ;

d) par l'existence du parti dont le rôle et l'organisation centralisée font contrepoids à l'autonomie reconnue aux diverses entités fédérées;

e) enfin par l'institution en 1988 du Congrès des députés du peuple de l'Union comme organe suprême du pouvoir d'État.

2º Quant à l'unité économique, elle est garantie :

a) par l'attribution à l'Union des compétences économiques, financières et budgétaires fondamentales (const. art. 73), les compétences des autres collectivités pour ce qui intéresse ces matières ne s'exerçant qu'à l'intérieur de ce cadre;

b) par la structure exécutive et administrative qui, si elle relève désormais d'une loi organique, ce qui lui rend une certaine souplesse, maintient la distinction entre ministères fédéraux, ministères fédéraux-républicains et ministères des Républiques fédérées, chargés des seules affaires de la compétence de celles-ci. (L. 5 juill. 1978.)

Sur le fédéralisme soviétique et plus généralement dans les États socialistes, V. P. Lavigne, *État unitaire et État fédéral*, « les formes de l'État socialiste », 1968, p. 185. — M. Krutogolov, *Le fédéralisme et la structure de l'État multinational soviétique*, Mél. Ganshoff van der Meerch, 1972, t. III, p. 177. — I. Kiss, *Le fédéralisme soviétique, ses particularités typologiques*, Paris, 1975. — H. Carrère d'Encausse, *L'empire éclaté*, 1978.

156. — Le fédéralisme yougoslave. — A la différence de ce qui s'est passé en U.R.S.S., la Fédération yougoslave ne s'est pas faite, après la Révolution, par une transformation progressive, à la fois militaire, économique et politique, des républiques soviétiques autonomes, ni par la formation, également progressive, d'une communauté fédérale d'abord fondée sur des traités et devenant ensuite constitutionnelle. La question nationale a été résolue au fur et à mesure au sein de la Révolution et de la guerre.

Antérieurement, l'idée fédéraliste était apparue, dans l'histoire des peuples de Yougoslavie, lors de leur éveil national et de la formation des États indépendants en Europe centrale et dans les Balkans; elle a été liée aux aspirations à la formation de communautés plus étendues. Sous l'influence des « Slavophiles », notamment russes, des écrivains et des hommes d'action embrassaient, dans leurs projets fédéralistes, tous les peuples slaves, en particulier, les slaves du sud ou yougoslaves.

Cependant, le premier État yougoslave, intitulé *Royaume des Serbes, Croates et Slovènes* de 1918 à 1929 écarte le fédéralisme. La décentralisation et le *self-government* local prévus par la Constitution de 1921 ne seront mis en œuvre que d'une manière limitée. L'unité de l'État S.H.S. repose sur la fiction de « la nation à trois noms » (Serbe, Croate et Slovène). *Le Royaume de Yougoslavie* issu du coup d'État royal du 6 janvier 1929, pratique la politique d'unification dite du « yougoslavisme intégral ».

La résistance aux occupants italiens et allemands a pour but non seulement la libération de la Yougoslavie, dans son ensemble, mais celle des Croates, des Slovènes, des Serbes, des Macédoniens, des Albanais, des musulmans, etc. Si la guerre de libération nationale n'avait pas apporté effectivement la liberté, l'égalité des droits et la fraternité à tous les peuples de Yougoslavie elle aurait été non seulement privée de sens mais de fondement (Brosz Tito, *La question nationale à la lumière de la lutte de Libération nationale* in *La Lutte des peuples de Yougoslavie pour leur libération,* Belgrade, 1947, p. 136).

Même si le fédéralisme yougoslave procède ainsi d'une situation historique, toute son évolution en souligne l'originalité tandis que la première constitution d'après-guerre — celle du 15 janvier 1946 — était encore proche du « décentralisme » (V. Djordjevic, in *« Les formes de l'État socialiste », op. cit.,* p. 256), celle du 7 avril 1963 faisait de la Yougoslavie un système proche du « confédéralisme ». En réalité, le développement de l' « autogestion », interférant avec le fédéralisme politique, obligeait à découvrir « un fédéralisme coopératif non seulement au sens américain de coopération entre pouvoir central et États mais aussi entre les communautés historiques et nouvelles... (marquant ainsi) la nécessité d'un certain fédéralisme économique et social qui élargira le tableau de la structure fédéraliste » (idem, p. 258).

C'est dans ce sens que devait se poursuivre une évolution que confirma la réforme constitutionnelle du 30 juin 1971 (V. Doc. Fr., N.E.D., n° 3.888-3.889, 10 mai 1972, et J. P. Limiñana, R.D.P., 1972, p. 831) et que consacre la constitution du 21 février 1974.

Celle-ci qualifie la Yougoslavie d'État fédéral. Cet État est constitué de six Républiques et de deux provinces autonomes. Les unes et les autres sont organisées suivant le système de l'autogestion mais tandis que, pour les premières, il est fait mention de la souveraineté de la nation, les secondes ne sont présentées que comme des communautés socio-politiques. L'Assemblée fédérale est le Conseil des Républiques et des Provinces, composé de douze délégués de l'Assemblée de chaque République et de huit délégués de chaque Province. Ce conseil est placé à égalité de droits avec l'autre assemblée de la Fédération — le Conseil Fédéral — dans un grand nombre de domaines. Mais il a en propre les attributions économiques les plus importantes. Par ailleurs, le système de prise de décision repose, en principe, non pas sur le vote majoritaire, mais sur la concertation et l'entente. La constitution prévoit les procédures appropriées de cette concertation et pourvoit à l'éventualité de son échec. Suivant l'exposé de M. Todorovic, Président de la commission constitutionnelle, sur le projet devant le Conseil des nationalités le 22 janvier 1974, « le point central du fonctionnement de ce nouveau type de rapports dans la Fédération est le degré de développement de l'auto-gestion (qui doit permettre) de faire échec au monopole des forces étatiques et technobureaucratiques » (Const. de la République socialiste fédérative de Yougoslavie, Beograd, 1974, éd. française, p. 46).

Construite et maintenue par l'autorité de Tito, puis par la ligue des communistes, la fédération yougoslave, dont le fédéralisme coopératif à base d'autogestion n'est pas parvenu à se réaliser pleinement, est présentement exposée à des tensions internes nationales d'origine ethnique, historique et économique qui la fragilisent et pourraient en imposer le remodelage.

V. S. Sokol, *Rôle et fonction de la deuxième Chambre du Parlement yougoslave : problème du bicaméralisme,* Journées Sté Lég. comp. vol. 7, 1985, p. 205 — Sv. Radovanovic, *Le statut du Conseil fédéral de l'Assemblée de la R.S.F. de Yougoslavie,* idem, p. 219 — H. Sokol, *Le fédéralisme yougoslave modèle constitutionnel et réalité politique,* R.I.D.C., 1986, n° 1, p. 117.

CHAPITRE III

LES UNIONS D'ÉTATS

157. — Caractéristiques et diversités des unions d'États. — Les unions ou « liaisons d'États », *Staatenverbindungen*, se sont appelées plus anciennement « système d'États », *To tôn akaiôn systèma* (Polybe, *Histoires*, l. II, ch. 41), *systema civitatum* (Pufendorf, *De jure naturae, et gentium*, l. VII, chap. 5, n° 16). Leur définition est malaisée car elle doit couvrir des situations politiques très diverses. Aussi, l'opinion des juristes à leur égard est-elle fort incertaine, les uns incluant les unions d'États dans le fédéralisme (G. Scelle, *Manuel, op. cit.*, p. 190 et s.); d'autres faisant en revanche de la confédération l'un des modes d'unions fondé sur l'égalité des États (K. Strupp, *op. cit.*, p. 50); certains, enfin, limitant les unions à leurs deux formes traditionnelles, l'une « réelle », l'autre « personnelle » (Ch. Rousseau, *Droit international public, op. cit.*, t. II, 1974, p. 96 et s.). Quoi qu'il en soit, cette catégorie appartient aux institutions politiques et, si elle relève principalement du droit international, elle ne peut être totalement ignorée du droit constitutionnel.

Du point de vue du droit international, est union d'États tout groupement d'États qui, sans constituer cependant un nouvel État, forme un agrégat politique nettement distinct au sein de la communauté internationale.

Cette distinction au sein de la communauté internationale résulte d'une *liaison institutionnelle* propre, allant au-delà des simples relations internationales qu'ont entre eux tous les États. Elle dépasse également :

— la *liaison contractuelle* que tout traité, même étendu, noue entre ses signataires;

— la *liaison technique*, dite « union administrative »,

limitée, sur le plan d'une compétence diversifiée, à la gestion d'un service public international;

— la *liaison politique* qu'engendre l'alliance fondée sur la recherche commune d'un objectif diplomatique et souvent militaire.

Du point de vue du droit constitutionnel, l'union d'États diffère de l'État fédéral en ce qui n'existe au sommet que des institutions communes partielles et limitées.

Une telle situation se rencontre avec des nuances diverses dans :
— *la confédération,*
— *l'union personnelle,*
— *l'union réelle,*
— *les unions inégales,*
— *les unions relâchées.*

Section 1

La confédération d'États

158. — État fédéral et confédération d'États. — L'origine et les principes de la confédération et de l'État fédéral sont les mêmes. Historiquement, l'État fédéral est issu d'un fédéralisme par agrégation, dont la confédération a marqué une étape. Sociologiquement, la confédération et l'État fédéral mettent, tous deux, en jeu les lois d'autonomie et de participation, mais en poussant en sens contraire les conséquences de l'une et l'autre.

D'une part, les unités composantes sont, non seulement autonomes, mais souveraines. Elles sont des États au sens plein, et quasi universellement admis du terme, de sujets immédiats du droit international.

D'autre part, les organes communs résultent de la seule concession des États associés, sans qu'il y ait partage d'autorité avec des organes unitaires, ni même sans qu'existent des institutions politiques de superposition autres que limitées aux buts de l'union. Il n'y a plus d' « État composé », *(Bundesstaat),* mais un « composé d'États » *(Staatenbund).*

159. — Définition de la confédération. — La confédération, au sens précis du terme, est donc un agrégat durable d'États dont les membres, ayant des objectifs communs, généraux et même vitaux, comme la sécurité et la paix, sont tenus par des engagements permanents et possèdent des organes interétatiques d'action et de représentation.

Il résulte de cette définition :

1° *Qu'il y a « union du droit international »* (K Strupp); que les confédérés sont liés par un contrat du droit des gens; que leurs relations sont diplomatiques.

2° *Que les confédérés peuvent se retirer de l'association* en respectant les clauses du pacte qui l'institue; qu'ils possèdent, ainsi, *le droit de sécession*.

3° *Que l'action confédérale se limite à certains points essentiels.* A cet égard, le pacte confédéral réalise beaucoup mieux que la constitution fédérale l'idéal proudhonien du contrat de fédération selon lequel les contractants « se réservent individuellement, en formant le pacte, plus de droits, de libertés, d'autorité, de propriétés, qu'ils n'en abandonnent » (P. J. Proudhon, *Du Principe fédératif*). Mais les droits « abandonnés » portent sur des matières politiquement essentielles, généralement diplomatiques et militaires.

4° *Que les États confédérés sont en relation seulement par leurs gouvernements,* les citoyens ne relevant que d'un État. Il n'y a pas de territoire commun, ni d'organisation législative ou judiciaire étendant leur compétence à l'ensemble de la population. Selon *le principe de « médiateté »*, les gouvernements des États confédérés sont les intermédiaires obligés de l'action confédérale.

5° *Que la structure confédérale traduit la limitation et la « médiateté » des pouvoirs confédéraux.* La partie de l'activité politique confiée à la confédération s'exerce par le moyen d'organes communs à ces États. Mais ceux-ci sont, à la fois, limités par leur compétence strictement précisée et par leur structure diplomatique, les États n'étant comme on vient de le dire, en contact que par le haut. L'organe commun, généralement appelé *diète,* est un congrès de chefs d'États ou d'ambassadeurs statuant à l'unanimité et *ad referendum,* c'est-à-dire sous réserve de confirmation ultérieure par les gouvernements des États.

Le souci, constamment présent dans l'agrégat confédéral,

de n'attribuer à l'association, en dehors de ses associés, que le minimum de compétences propres, n'empêche pas, cependant, le droit des gens de reconnaître à la confédération la personnalité internationale.

Il arrive aussi que la cohésion politique de la confédération dépasse la portée littérale de ses clauses juridiques, les confédérés formant historiquement ou sociologiquement un groupe homogène ou, encore, étant appelés à mener ensemble une grande entreprise. Dans la confédération, peut déjà germer l'avenir d'une patrie commune.

160. — Passé et avenir de la confédération. —

Fréquemment, le caractère rudimentaire des institutions confédérales ajoute à leur fragilité congénitale. Les confédérations les plus favorisées par l'événement n'ont duré qu'un temps. Toutes ont aujourd'hui cessé d'exister, donnant naissance, ainsi qu'on l'a vu, à des États fédéraux; aboutissant à l'État unitaire, comme pour la Hollande; ou, encore, se dissolvant complètement (sur l'histoire des confédérations, V. Le Fur, *op. cit.*, 1re partie, *historique*).

Cependant, on aurait tort de croire que la formule confédérale ait désormais épuisé toute fécondité. Disparues, comme antérieures à lui, au profit de l'État fédéral ou unitaire, les confédérations réapparaissent maintenant au plan des relations internationales régionales ou, encore, des liaisons nouvelles entre pays d'Outre-Mer recouvrant ou découvrant l'indépendance. L'illustration la plus caractéristique du phénomène est donnée par les *Communautés Européennes* dont la qualification juridique demeure discutée. L'existence d'institutions communes (Conseil des ministres, Commission, Parlement, Cour de Justice), la présence d'un pouvoir normatif propre attribué au Conseil et à la Commission dans les domaines où les États membres ont transféré leurs compétences, le caractère directement applicable aux ressortissants des États membres du droit ainsi élaboré par les institutions communes ne statuant pas nécessairement à l'unanimité mais normalement à la majorité, sont autant de traits d'une construction originale déjà très proche d'un système fédératif et dont l'existence n'est pas sans incidence sur les droits constitutionnels nationaux (V. notamment, n° 512). (Sur la distinction entre Confédération et Fédération, V. en dernier lieu : P. Reuter, *Confédéra*-

tion et Fédération « Vetera et Nova ». Mél. Ch. Rousseau, 1974, p. 199.)

Section 2
L'union personnelle

161. — Définition de l'union personnelle. — L'union personnelle agrège, dans la personne d'un même chef, deux ou plusieurs États conservant juridiquement la plénitude de leur indépendance.

L'union personnelle est ordinairement une conséquence des lois de succession qui font occuper deux trônes par le même prince. Mais l'union peut aussi être voulue, telle l'union personnelle de la Lithuanie et de la Pologne par le mariage du grand Duc Ladislas de Jagellon et de la Reine Hedwige (1385), ou l'union des deux parties de la Roumanie, par l'élection simultanée du Prince Couza, comme Hospodar de Moldavie et de Valachie (1856).

Il n'y a donc pas de raisons valables pour limiter, comme on le fait souvent, l'union personnelle à la forme monarchique. Plusieurs États peuvent élire un même président. Bolivar a été simultanément Président des trois Républiques du Pérou (1813), de la Colombie (1814) et du Venezuela (1816). La Communauté de la Constitution française de 1958 était, à certains égards, une union personnelle, en tant qu'elle procédait moins de l'adhésion à un texte qu'à la personne du général de Gaulle.

Il n'y a pas non plus de raisons déterminantes pour considérer l'union personnelle comme un archaïsme. Elle joue, en effet, « un rôle important et multiforme » dans le droit international contemporain (V. Paul Reuter, *Actualité de l'Union personnelle*, Mél. G. Gidel, 1961).

162. — Indépendance constitutionnelle et symbiose politique des États unis personnellement. — En droit pur, l'union n'existe que dans la personne du chef des deux États. Chacun garde son organisation politique absolument distincte. Les principes et les institutions peuvent même être totalement différents. Ainsi, la Belgique et l'État libre du Congo, au temps de leur union personnelle

(1885-1908), étaient la première monarchie parlementaire et l'autre monarchie absolue.

L'identité des règles constitutionnelles n'est nécessaire que sur un point particulier, celui de la dévolution des fonctions de chef de l'État. Lorsque ces règles deviennent différentes, l'union cesse naturellement avec leur mise en œuvre.

Il n'y a pas, comme dans la fédération, d'institutions communes. Le chef d'État n'intervient jamais comme chef de l'Union, mais tantôt comme chef d'un État, tantôt comme chef de l'autre. Il est un personnage à plusieurs rôles, *qui plures sustinet personas* (D. Anzilotti, *Cours de Droit international,* t. I, trad. G. Gidel, 1919).

Mais cette dichotomie juridique, tant sur le plan interne que sur le plan international, ne doit pas conduire à des conclusions politiques extrêmes. Si les États personnellement unis peuvent contracter entre eux, s'ils peuvent échanger des diplomates et conclure des alliances, s'ils peuvent même être l'un en guerre et l'autre en paix à l'égard d'une tierce puissance, ils ne sauraient, bien que l'hypothèse ait été avancée, être en guerre l'un contre l'autre. « La même personne physique peut avoir deux conditions juridiques, elle n'en aura pas moins une seule volonté. » (M. Pilotti, *Les Unions d'États,* Recueil de cours à l'Académie de Droit international, La Haye, 1928, Paris, 1929, 24, IV, p. 474). Historiquement, cette identité a été souvent le fait d'un monarque absolu ou à peine limité, dirigeant la politique étrangère, commandant l'armée, dictant la loi et rendant la justice. En lui-même se confondaient les réalités du pouvoir et se réalisait « une véritable symbiose gouvernementale » (G. Scelle, *Manuel, op. cit.,* p. 198).

Cette symbiose s'etend même des sommets jusqu'à la base. Le principe que les nationaux d'un État sont étrangers dans l'autre a toujours été, en fait et en droit, grandement atténué. Par exemple, pendant le règne des George, les nobles hanovriens avaient rang à la Cour d'Angleterre et réciproquement.

L'intimité politique que crée entre deux États l'union personnelle est d'ailleurs jugée si inquiétante à l'extérieur et à l'intérieur que les traités et les constitutions ont pris parfois la précaution de l'interdire : paix des Pyrénées prohibant l'union éventuelle de la France et de l'Espagne (1659); traité de Londres visant la Grèce et le Danemark (1863); constitution grecque de 1863, etc.

Section 3
L'union réelle

163. — Définition de l'union réelle. — La communauté politique larvée, que comporte déjà en fait l'union personnelle, s'avoue et s'élargit dans l'union réelle qui, parfois, lui succède. Assez logiquement, le monarque commun s'efforce de créer des organes, uniques, comme lui, pour la direction de certaines affaires. « Par opposition aux États qui ne sont unis que dans la personne de leur chef, l'union réelle associe les États relativement à l'objet, *res,* de leur activité commune » (M. Pilotti, *op. cit.*, p. 105).

Celle-ci est généralement d'ordre diplomatique et militaire, mais il s'y ajoute des prolongements administratifs et financiers. Tel fut le cas de l'Autriche-Hongrie où il y avait, selon l'*Ausgleich* ou compromis de 1867, trois ministères spéciaux chargés des affaires étrangères, de la guerre, de la marine et de leurs dépenses, contrôlés eux-mêmes par des *délégations* des parlements respectifs, siégeant séparément et, en cas de désaccord, votant, pour finir, en commun. (L. Eisenmann, *Le Compromis austro-hongrois,* Th. Droit, Dijon, 1904, 2e éd., Cujas, 1968.)

L'union réelle conjoint ainsi l'union personnelle et la confédération d'États. Elle dépasse même celle-ci dans le sens de l'État fédéral, puisqu'il y a unité de chef d'État et existence d'organes et de services administratifs communs. Sous cet angle, on pourrait la considérer comme une forme d'État fédéral partiel.

De manière analogue à la confédération, mais à la différence de l'union personnelle, l'union réelle est une personne au regard du droit des gens (sur les cas historiques d'union réelle, Suède-Norvège, Autriche-Hongrie, cf. C.-A. Colliard, Précis, 7e éd., nos 108 et s.).

Section 4

Les unions inégales

164. — Caractéristiques et formes. — Dans l'union inégale, la liaison permanente est le fait de deux États en situation hiérarchisée l'un par rapport à l'autre. Les deux entités en cause se trouvent respectivement en deux points assez éloignés de développement politique. Les avantages qu'elles attendent de leur union, pas toujours volontaires pour l'une, sont réciproques, mais différents, parfois même opposés. L'ordre est non plus de coordonation, mais de subordination.

A cette notion d'union inégale correspondent les situations historiques de l'État vassal, de l'État protégé, de l'État sous mandat, et de l'État membre de l'Union française.

Bien que l'on voit, souvent, l'origine de la vassalité dans un acte unilatéral et celle du protectorat dans un contrat ; bien qu'on les sépare souvent à raison de leur source, l'une de droit interne, l'autre de droit des gens, tous deux représentent une situation de subordination nuancé de paternalisme. Le langage lui-même suggère un rapprochement étroit : le protectorat comporte une subordination au protecteur, la vassalité, la protection du suzerain. C'était même, au moyen âge, son principal avantage et sa justification.

De son côté, se rattache également à l'État protégé l'État sous mandat, dont il ne diffère que par le titre de protection, l'État protecteur exerçant ses droits en vertu d'un engagement bilatéral, la puissance mandataire agissant au nom et sous le contrôle de la communauté internationale organisée.

Quant à l'État membre de l'Union Française, c'était — ou ce devait être — également un protectorat, en marche de la subordination vers l'association, ne laissant plus au protecteur qu'un rôle d'orientation générale.

165. — L'État vassal. — La vassalité est la situation de dépendance politique d'un État vis-à-vis d'un autre État, son suzerain, gardant à son égard des droits de puissance publique plus ou moins étendus.

La vassalité doit être établie juridiquement. On ne peut parler, si ce n'est par analogie, d'une vassalité résultant d'une dépendance économique ou religieuse ou même d'une influence politique visible. Elle est instituée par un acte interne dans lequel le suzerain conserve une part de son autorité sur le territoire et la population de l'État vassal. Émancipant une province, il ne va pas jusqu'à lui conférer l'indépendance ; à l'inverse, absorbant un État jusque-là indépendant, il ne le dépouille pas de la totalité de ses droits souverains. Il admet notamment des exemptions militaires et fiscales.

Dominée par les événements, la situation du vassal est variable et mobile. Il aspire à une reconstitution totale du pouvoir entre ses mains ; il risque une conquête définitive de la pleine autorité par l'État suzerain. « L'État mi-souverain tend soit à se reformer en entier, soit à s'effacer en totalité » (A. de Lapradelle, *Cours de Droit constitutionnel,* Pedone, 1912, p. 46).

Le caractère fluide de la vassalité a facilité historiquement certaines émancipations pacifiques. Elle a été, ainsi, l'une des étapes juridiques du démembrement de l'Empire ottoman d'Europe. La Moldo-Valachie (plus tard, Roumanie), la Serbie, le Monténégro, la Bulgarie, ont emprunté cette voie (cf. C. Colliard, *op. cit.,* n° 102). La vassalité a également joué un rôle important dans la marche de l'Égypte vers la pleine souveraineté. Vassale de la Porte depuis 1840, occupée par les Anglais en 1882, elle devint protégée de la Grande-Bretagne de fait en 1914, de droit en 1922 (traité de Lausanne), en attendant d'accéder à l'indépendance en 1936.

La vassalité a été aussi, selon l'avis de certains auteurs (V. D. Anzilotti, *op. cit.,* p. 206), l'une des étapes de l'évolution du *Commonwealth* britannique (V. n° 169).

166. — L'État protégé. — Le protectorat est une union inégale dans laquelle un État, dit « protégé », est placé sous la dépendance d'un autre, dénommé « protecteur », qui lui assure la sécurité et l'assistance, se substituant à lui pour les relations internationales, la défense et même l'administration interne.

On distingue, d'ordinaire, diverses espèces de protectorat : le protectorat colonial, le quasi-protectorat américain, le protectorat du droit des gens (cf. C. Colliard, *ibid.,* n° 83). Mais, seul, le protectorat du droit des gens est une union d'États. Encore celle-ci est-elle souvent altérée par de nombreuses manifestations d'administration directe. L'analyse classique, fondée sur les rapports des deux souverainetés, se trouve à bien des égards en contradiction avec les données concrètes des protectorats contemporains.

Comme la vassalité, « le statut du protectorat ne saurait être définitif. C'est un régime instable, un type intermédiaire qui doit déboucher sur un autre statut... Deux directions sont possibles, l'annexion ou l'émancipation avec des formules intermédiaires » (M. Flory, *La Notion de protectorat et son évolution en Afrique du Nord*, 1955, p. 49 et s.).

167. — L'État sous mandat. — L'État sous mandat peut être considéré comme l'un de ces situations intermédiaires. Il n'y a pas encore émancipation, mais celle-ci est prévue comme prochaine et doit être rejointe par étape. Créés par les traités de paix consécutifs à la première guerre mondiale, tous les mandats ont aujourd'hui pris fin, certains passant par l'étape de la tutelle.

168. — Les territoires sous tutelle. — Les territoires placés sous les mandats qui n'avaient pas encore acquis une indépendance en 1946 sont devenus à la suite de la Charte de San Francisco des États sous tutelle. Tous ces territoires sont aujourd'hui autonomes ou indépendants (V. tableau annexé au commentaire de l'art. 77 de la charte par M. Lamouri, in *La Charte des Nations-Unies*, Economica, 1985, p. 1129).

Section 5
Le relâchement des unions

169. — L'évolution du Commonwealth. — On a distingué plus haut un « fédéralisme par agrégation » et un « fédéralisme par ségrégation ». De même, une union naguère étroite peut se désintégrer sans cependant disparaître. Elle peut même conserver un certain contenu politique. Telle a été, avant d'aboutir à la situation actuelle, l'évolution de l'Empire britannique qui, selon la division classique de Sir Alfred Zimmern, a pris trois formes.

1° *Le premier Empire est celui du pacte colonial.* Fondé sur l'absolutisme et sur la centralisation, il est mort de l'un et de l'autre. L'expérience pénible de la perte des treize colonies d'Amérique du Nord ne devait pas être oubliée.

2° *Le Second Empire, au* XIXe *siècle,* est celui de l'autonomie et du self-government des colonies de peuplement. Le point de départ en est l'acte constitutionnel de 1791 qui attribue une représentation au Haut et au Bas Canada. Une seconde date capitale est 1849. A la suite du rapport de Lord Durham, le principe de gouvernements responsables est reconnu aux communautés britanniques d'Outre-Mer. « Le reste de l'histoire consiste uniquement dans l'élargissement constant de la sphère sur laquelle les gouvernements responsables des *dominions* ont étendu leur autorité » (A. Zimmern, *The third british Empire,* trad. remaniée, Année politique française et étrangère, 1929, nos 2 et 3, p. 152).

3° *Le troisième Empire, au* XXe *siècle, devient le Commonwealth britannique.* Dans le climat d'une guerre, dont le mot d'ordre était la Liberté, l'indépendance des éléments constitutifs se réalise sans sécession. Selon la résolution de la conférence impériale de 1916, il existe désormais une « société de communautés autonomes égales par leurs statuts, nullement subordonnées les unes aux autres dans quelque aspect que ce soit de leurs affaires extérieures ou intérieures ». Cette situation est confirmée et précisée, en 1926, par le rapport Balfour, en 1931, par le statut de Westminster. Le *Commonwealth* britannique ne peut être assimilé à aucune forme classique d'union d'Etats. Le fédéralisme est expressément écarté comme contraire au génie anglo-saxon. Il y a bien une union personnelle, mais l'irresponsabilité du roi atténue sensiblement la symbiose politique dont il a été question plus haut. Par contre, l'identité de Chef d'Etat parlementaire est particulièrement favorable à un développement démocratique commun. En outre, le *Commonwealth* britannique comprend des organes politiques et techniques de coopération qui engendrent une certaine forme d'union réelle. Il y a même eu, pendant la guerre, participation de ministres des dominions au cabinet de guerre (cf. J.-J. Chevallier : *L'Évolution de l'Empire britannique,* Édit. Int., 1931).

4° *Le Commonwealth multiracial et multiculturel.* — Lorsque le Statut de Westminster détermine la position des *dominions,* devenus des pays indépendants dans le cadre du *British Commonwealth of Nations,* cette communauté ne compte que 7 membres : Grande-Bretagne et pays d'Outre-Mer dont la population est composée d'immigrants blancs (Australie, Afrique du Sud, Canada, Nouvelle-Zélande et Terre-Neuve) et l'État libre d'Irlande. En 1977, la vingt et unième conférence réunissait 36 pays : 3 en Europe (Royaume-Uni, Malte et Chypre) 7 en Amérique (Canada, Jamaïque, Trinité et Tobago, Guyane, Barbades, Bahamas, Grenade) 14 en Afrique (Nigeria, Tanzanie, Kenya, Ouganda, Ghana, Malawi, Zambie, Sierra-Leone, Lesotho, Maurice, Bostwana, Seychelles, Swaziland, Gambie) 5 en Asie : Inde, Bangladesh, Sri Lanka, Malaisie, Singapour) 7 en Océanie (Australie, Nouvelle-Zélande, Papouasie-Nouvelle-Guinée, Fidji, Samoa, occidental, Tonga, Nauru).

Presque tous les nouveaux membres du *Commonwealth* furent des pays de couleur, tandis que l'ont quitté deux États blancs, l'Irlande et l'Afrique du Sud. En conséquence, le *Commonwealth* a dû abandonner l'épithète « britannique » et est devenu le *Commonwealth* tout court, officieusement dit : « multiracial, multiculturel, multilingue (discours du premier ministre du Pakistan, conférence de Lahore, 17-24 mars 1954, *in* Nicolas Mansergh, *The multi-racial Commonwealth,* Oxford Univ. Press, 1951, p. 141). Par ailleurs, Elisabeth II porte le titre de « Chef du *Commonwealth* » qui lui permet d'être Reine d'Angleterre, Reine au Canada, en Australie et en Nouvelle-Zélande, tandis que l'Inde et le Pakistan sont des Républiques.

Malgré le jeu de multiples forces centrifuges, malgré les crises, le *Commonwealth* survit à maintes autres organisations et communautés apparemment mieux structurées. Ce sont paradoxalement les petits pays d'Afrique ayant accédé récemment à l'indépendance qui s'intéressent le plus à son maintien et au renforcement de son organisation. Le besoin d'aide économique, technique et culturelle; les intérêts commerciaux, le système préférentiel qui offre encore certains avantages aux partenaires; les relations diplomatiques plus étroites qui peuvent être d'un réel secours lors du règlement des problèmes raciaux et d'autres questions; les conférences de la communauté que l'on peut mettre à profit pour faire pression sur l'ancienne métropole dans le but de hâter la décolonisation; enfin, l'expérience positive de la Grande-Bretagne qui peut être utilisée dans l'organisation de la vie politique rendent la communauté non seulement tolérable mais désirable pour la plupart des nouveaux États qui viennent de recevoir leur indépendance.

Une manifestation concrète de cette tendance est la création du Secrétariat permanent du *Commonwealth*. L'idée en a été lancée par les petits pays qui demandent une administration forte et efficace, conçue sur le modèle du Secrétariat des Nations Unies, afin d'assurer les voies à une collaboration économique, technique et culturelle de plus en plus intense (cf. Bogoljub Kustrin, *Les Dilemmes du Commonwealth, in* Revue de la Politique internationale, nos 366-7, 5-20, VII, 1965, p. 20-21).

Dans la mesure où cette situation tout empirique peut faire l'objet d'une dénomination juridique, on l'a qualifiée d' « union externe », *external association,* ce titre nouveau désignant un agrégat d'États aux liens très lâches, mais très subtils et au fond très solides. « Un peuple ayant une culture traditionnelle propre et un sens national aigu » appartient à un groupe politique où ses intérêts individuels se concilient avec ceux de la communauté globale (N. Mansergh, *The Commonwealth and the Nations,* Oxford Univ. Press, 1946, p. 193).

Quoi qu'il en soit, ce que le Premier ministre britannique a lui même caractérisé comme un « club d'amis » n'a pas cessé de se distendre. « Si l'on met à part les anciens dominions, dont les liens avec la Grande-Bretagne sont des liens de famille extrêmement profonds, le *Commonwealth* des trente-cinq nations signifie au moins autant mais pas beaucoup plus que la francophonie » (J. Dutheil de La Rochère, *op. cit.,* p. 412).

170. — La dislocation de l'Union française. —

1o *L'empire colonial.* — La France d'avant 1946, à l'exemple de l'Angleterre, était un *État impérial,* c'est-à-dire composé d'éléments complexes, dont l'un domine les autres.

La structure française était aussi compliquée que celle de l'Empire britannique. Si la France métropolitaine est elle-même un État unitaire, la France d'Outre-mer connaît un ensemble de situations extrêmement diverses, résultant de l'histoire et de la géographie. Aucune définition constitutionnelle n'est donnée ni même recherchée (cf. Joseph Barthélemy et Paul Duez, *Traité de Droit constitutionnel,* Dalloz, 1933, p. 283).

2o *L'Union française.* — Par contre, c'est dans l'orbite du droit constitutionnel français que la Constitution de 1946, préambule du titre VIII, s'efforce d'inscrire l'avenir des

États protégés d'Afrique du Nord et d'Extrême-Orient (V. n° 358). Les gouvernements de ceux-ci devaient être associés à la conduite politique de l'Union et à l'utilisation des ressources mises en commun, le gouvernement français conservant, avec la présidence de droit, un rôle de direction et une certaine primauté, notamment en ce qui concernait la défense. Quant aux territoires d'Outre-Mer, leurs représentants recevaient une place plus large dans les organes gouvernants de la République française, tandis qu'une Assemblée de l'Union française était créée sur une base paritaire (V. n° 362). Enfin, la loi-cadre du 28 juin 1956 devait donner aux territoires une autonomie interne qui allait sensiblement au-delà des dispositions constitutionnelles.

Cependant l'Union française devait être un échec. Refusé tacitement par la Tunisie et le Maroc, le cadre de l'Union constitutionnelle n'a abrité que peu de temps les trois pays asiatiques, Viet-Nam, Cambodge, Laos. Par ailleurs, les territoires souhaitaient, pour la plupart, devenir des États associés (V. n° 373).

3° *La Communauté*. — Afin de répondre à ces aspirations, la constitution de 1958 crée une Communauté entre la France et les pays d'Outre-Mer ayant répondu « oui » au référendum du 28 septembre 1958 et ayant choisi le statut d'État. Elle comporte une nationalité commune, un président commun, des ministres et un sénat communs. Par contre, il n'y a pas de gouvernement fédéral propre, mais simplement une conférence des premiers ministres. On se trouve ainsi à mi-chemin entre un État fédéral et une Union d'États à laquelle la présence du général de Gaulle donnait certains aspects d'union personnelle.

Cependant la vie de la communauté constitutionnelle devait être éphémère. Quant à la communauté contractuelle, improprement dite « renovée », elle demeurera mort-née. En 1962, il ne restait même plus d'institutions analogues à celles du *Commonwealth* entre la France et ses anciennes dépendances. Il n'y a plus désormais aucune constitution organique si souple soit-elle, ce qui n'empêche pas l'existence de rapports très actifs d'une autre nature (Maurice Flory, *Colonisation, décolonisation et formes de l'État* in L'État, *op. cit.*, p. 70).

LIVRE II

HISTOIRE DES INSTITUTIONS POLITIQUES FRANÇAISES

CHAPITRE PRÉLIMINAIRE
ÉTENDUE ET DIVISIONS

171. — Les limites de l'histoire. — L'histoire constitutionnelle commence au moment où naît l'État, avec l'aboutissement du processus d' « institutionnalisation », engendrant le premier régime politique objectivé (V. n° 11).

Pour la France, ce serait donc au seuil des temps modernes qu'il conviendrait de fixer le point de départ de l'étude du droit constitutionnel national. Mais cette date est reculée de plus de deux siècles et demi par le « constitutionnalisme » libéral qui, chez nous, a longtemps fixé le domaine logique des études constitutionnelles. Selon lui, la grande Révolution a provoqué non seulement une rénovation du droit, mais engendré à proprement parler le droit constitutionnel lui-même, avec l'apparition des principes d'écriture, de rigidité et de superlégalité constitutionnelles, de souveraineté nationale, de séparation des pouvoirs et de régime représentatif.

La coupure de 1789 est aujourd'hui scientifiquement atténuée. Elle survit toutefois pédagogiquement et il y a d'autant moins de raison de remonter au-delà de la Révolution qu'à son autre extrémité, l'histoire constitutionnelle s'est sans cesse allongée.

172. — La suite des constitutions. — Entre 1789 et 1958, c'est-à-dire en un peu moins de deux siècles, la France a connu seize constitutions différentes :

Désignées par leur titre officiel, ce sont :

1° La *Constitution française* du 3 septembre 1791.

2° Les *Actes constitutionnels* et la *Déclaration des droits de l'homme et du citoyen* du 24 juin 1793.

3° La *Constitution de la République française* du 5 fructidor de l'an III (22 août 1795).

4º La *Constitution de la République française* du 22 frimaire de l'an VIII (13 décembre 1799).

5º Le *Sénatus-consulte organique de la Constitution* du 16 thermidor an X (4 août 1802).

6º Le *Sénatus-consulte organique* du 28 floréal de l'an XII (18 mai 1804).

7º La *Charte constitutionnelle* du 4 juin 1814.

8º L'*Acte additionnel aux Constitutions de l'Empire* du 22 avril 1815.

9º La *Charte constitutionnelle* du 14 août 1830.

10º La *Constitution de la République française* du 4 novembre 1848.

11º La *Constitution du 14 janvier 1852 faite en vertu des pouvoirs délégués par le peuple français à Louis-Napoléon-Bonaparte par le vote* des 20 et 21 décembre 1851.

12º Le *Sénatus-consulte* du 7 novembre 1852.

13º Le *Sénatus-consulte* fixant la constitution de l'Empire du 21 mai 1870.

14º Les *Lois* du 25 février 1875 *relative à l'organisation des pouvoirs publics,* du 24 février *relative à l'organisation du sénat,* du 16 juillet, *sur les rapports des pouvoirs publics.*

15º La *Constitution de la République française* du 27 octobre 1946.

16º La *Constitution de la République française* du 4 octobre 1958.

173. — La suite des gouvernements semi-constitutionnels et des régimes de fait.

— L'application régulière des constitutions procure la vie et la durée aux régimes constitutionnels. Ils forment la plus grande partie de l'histoire constitutionnelle et c'est à eux, d'ordinaire, qu'elle limite son étude. Mais, fréquemment, leur abrogation incorrecte fait naître des régimes politiques d'une autre espèce, qui viennent s'insérer dans la succession des régimes constitutionnels et, quelquefois, la doubler. Ces régimes sont dits « gouvernements de fait » (V. nº 104).

Toutefois, une certaine catégorie de régimes dits « de fait » est issue de gouvernements nés de la décision d'organes dotés du pouvoir constituant. Ils sont donc plutôt des régimes semi-constitutionnels que proprement des régimes de fait. Souvent, on parle à leur égard de « petite constitution » ou encore de « demi-constitution ».

Les régimes provisoires qui ont fonctionné en l'absence,

en l'attente ou à la place d'une constitution sont encore plus nombreux que les régimes réguliers. On en dénombre, entre 1789 et 1958, près d'une vingtaine, même sans tenir compte des variations survenues dans leur organisation ou leur comportement. Ce sont :

1° Le *Gouvernement de l'Assemblée nationale* (17 juin 1789-20 juin 1791). Du 5 octobre 1789 au 20 juin 1791, il y a application partielle et anticipée de la Constitution de 1791.

2° Le *second Gouvernement de l'Assemblée nationale* (20 juin-14 septembre 1791), pendant et après la fuite du roi.

3° Le *Gouvernement de l'Assemblée législative* (10 août 1792-20 septembre 1792).

4° Le *Gouvernement de la Convention nationale* (21 septembre 1792-26 octobre 1795) ou régime conventionnel. Il se divise lui-même en quatre phases :

a) octobre 1792 à avril 1793 : maintien de l'exécutif provisoire;

b) avril 1793 à avril 1794 : Gouvernement des comités de salut public et de surveillance générale;

c) avril 1794 à juillet 1794 : dictature de Robespierre;

d) juillet 1794 à octobre 1795 : Gouvernement de l'Assemblée et de la majorité thermidorienne.

5° Le *Consulat provisoire* (18 brumaire-22 frimaire an VIII).

6° Le *Gouvernement provisoire,* suivi de la *lieutenance du Comte d'Artois* et du *Gouvernement de Louis XVIII* avant l'octroi de la charte (9 avril-4 juin 1814).

7° La *dictature de Napoléon* pendant la plus grande partie des Cent Jours (20 mars-1er juin 1815).

8° Le *Gouvernement de la commission de gouvernement* et des *Chambres* (22 juin-8 juillet 1815).

9° Le *Gouvernement de la commission municipale* et la *lieutenance générale du duc d'Orléans* (29 juillet-9 août 1830).

10° Le *Gouvernement provisoire* de 1848 (24 février-4 mai 1848).

11° Les *Gouvernements de l'Assemblée constituante* (4 mai-20 décembre 1848) :

a) pouvoir exécutif confié à une *commission exécutive* de cinq membres (10 mai-24 juin 1848);

b) pleins pouvoirs au général Cavaignac durant les « journées » de juin (du 24 au 28);

c) pouvoir exécutif confié au *général Cavaignac, président du Conseil des ministres* (28 juin-20 décembre 1848).

12º La *dictature du prince-président* Louis-Napoléon Bonaparte (2 décembre 1851-29 mars 1852).

13º Le *Gouvernement de la défense nationale* (4 septembre 1870-13 février 1871).

14º Le *Gouvernement de Thiers* (17 février 1871-24 mai 1873) :

a) régime de la *résolution de Bordeaux* (17 février-31 août 1871);

b) régime de la *loi Rivet* (31 août 1871-13 mars 1873);

c) régime de la *loi des trente* (13 mars 1873-24 mai 1873).

15º Le *septennat personnel du maréchal de Mac-Mahon* (24 mai 1873-8 mars 1876).

16º La *dictature personnelle du maréchal Pétain* (11 juillet 1940-18 avril 1942).

17º La *dictature dyarchique du maréchal Pétain* et de *Pierre Laval* (18 avril-20 août 1944).

18º *L'intérim des secrétaires généraux* (20-25 août 1944).

19º *Le Gouvernement de la Libération nationale* (25 août 1944-9 novembre 1945).

20º Le *régime* transitoire de la *loi* du 2 novembre 1945 (9 novembre 1945-24 décembre 1946).

21º Le *régime* transitoire *des lois* des 2 et 3 juin 1958 (4 juin 1958-5 février 1959).

174. — Les Constitutions demeurées à l'état de projet.

— A l'inverse des régimes de fait proprement dits, qui ont fonctionné sans texte organique, il existe des textes constitutionnels qui, officiellement et intégralement rédigés, n'ont cependant pas acquis valeur exécutoire. Leur importance, quoique secondaire pour l'histoire constitutionnelle, n'est cependant pas complètement négligeable.

Ces textes demeurés à l'état de projet sont au nombre de six. Ce sont :

1º Le *plan de Constitution présenté à la Convention nationale* les 15 et 16 février 1793, l'an I de la République (plan dit « Constitution girondine »).

2º La *Constitution française* du 6 avril 1814 (dite « Constitution sénatoriale »).

3º Le *projet d'Acte constitutionnel* présenté par la commission centrale de la Chambre des représentants, le 29 juin 1815.

4° La *Constitution établie par le maréchal Pétain* en exécution du mandat reçu de l'Assemblée nationale.

5° Le *projet de Constitution de la République française* adoptée par l'Assemblée nationale constituante le 19 avril 1946 et soumise à l'approbation du corps électoral des citoyens français par voie de référendum le 5 mai 1946.

6° La « nouvelle constitution » incluse dans le *projet de loi relatif à la création de régions et à la rénovation du Sénat* du 2 avril 1969, rejeté par le peuple français le 27 avril 1969.

Bien que non effectivement appliquée, nous ne faisons pas, ici, figurer à nouveau la Constitution montagnarde de l'an I, déjà mentionnée plus haut dans la suite des régimes constitutionnels. Rendue exécutoire par le référendum positif de juillet 1793, elle a acquis valeur juridique certaine avant d'être provisoirement suspendue. Par ailleurs, elle représente, historiquement, plus qu'un système simplement envisagé.

175. — L'enchaînement des constitutions. — Cette double suite de régimes entremêlés, réguliers, intercalaires ou de remplacement, donne à l'histoire du droit constitutionnel un aspect confus et morcelé. Les formes politiques se succèdent à une très grande rapidité, près de trente en moins d'un siècle, près de trente-cinq en un peu plus de cent cinquante ans. Parfois, elles se remplacent par évolution naturelle, mais le plus souvent par mutation brusque. Mobilité et diversité sont donc des caractéristiques primordiales qu'il ne faut jamais oublier et qui opposent nettement les vicissitudes de l'État français post-révolutionnaire à la stabilité des institutions de l'ancien régime ou, contemporainement, des pays anglo-saxons.

Il n'est, toutefois, pas d'une bonne méthode juridique d'insister sur la fluidité et la dispersion des systèmes politiques telles qu'elles ressortent des faits. Si l'historien, pour rester à leur contact direct, doit suivre leurs méandres chronologiques, il convient, en revanche, que le constitutionnaliste fasse abstraction, autant qu'il le peut, de trop nombreuses particularités diversifiantes et s'en tienne aux lignes essentielles selon lesquelles se groupent les régimes. Il lui revient d'établir les affinités idéologiques et, surtout, les correspondances de structure qui permettent de construire, par grandes masses, les phases successives du mouvement constitutionnel. Ainsi, à l'éparpillement de dizaines d'étapes, substitue-t-il quelques périodes organiques, qui, sans fausser les données de la vie, confèrent cependant aux transformations institutionnelles un certain sens et en permettent une explication plausible.

Déjà, dans son œuvre posthume, *Contradictions politiques, Théorie du mouvement constitutionnel au XIXe siècle* (1870, réédition : *Œuvres complètes*, Paris, Rivière, 1952), P. J. Proudhon discerne de 1789 au milieu du XIXe siècle, l'opposition fondamentale des révolutions et des restaurations. Plus récemment, Maurice Hauriou formule la « théorie des cycles »; Maurice Deslandres, celle des « phases constitutionnelles »; Joseph Barthélemy et Julien Laferrière celle des « périodes constitutionnelles ».

Ces tentatives d'explication, par la référence qu'elles comportent à l'existence de cycles qui se reproduiraient sur des périodes plus ou moins longues, ne doivent pas accréditer l'idée d'un éternel retour et en définitive d'une sorte d'identité dans la permanence. Comme l'a justement observé le doyen G. Vedel « Ce qui est remarquable c'est que chaque poussée de démocratie, même assortie d'un échec final, a laissé, incorporé à l'expérience et à la psychologie politiques françaises, un certain acquis irréversible, comme si la démocratie avait progressé en France par des vagues dont chacune recule après avoir déferlé mais dont chacune aussi part de plus haut que la précédente » (Manuel, *op. cit.*, p. 71). Au bénéfice de cette observation qui lui restitue sa signification profonde, le mouvement constitutionnel français comporte en définitive quatre phases :

1º *De 1789 à 1814, La France innove.* En révolution ou en guerre, tous les régimes qu'elle essaie sont nouveaux, en ce sens qu'ils n'ont point de correspondant ailleurs ou dans le passé. Ils sont très variés : *monarchie partagée,* en 1789; *gouvernement conventionnel,* en 1793; *République oligarchique,* en l'an III; *monocratie,* en l'an VIII. Aucun de ces régimes n'a la moindre solidité. Le Consulat et l'Empire, tenus pour régimes forts, ne le sont que par la personne de Napoléon. Jamais il n'y eut « institutionnalisation », c'est-à-dire consécration et impersonnalisation des règles de gouvernement par la durée et l'approbation profonde du pays. Souvent même, il n'y eut pas de règle du tout.

2º *De 1814 à 1870, la France restaure* successivement les régimes qu'elle a connus dans son récent passé. A la phase révolutionnaire succède la phase réactionnaire, — au sens étymologique du terme. On revient aux Bourbons, en 1814, avec la *monarchie limitée;* aux Orléans, en 1830, (que beaucoup auraient voulu déjà substituer aux Bourbons en 1789), avec le *parlementarisme dualiste;* à la *République démocratique,* en 1848; au *Césarisme démocratique,* en 1851. Et les restaurations, pas plus que les révolutions, n'apportent la durée.

3º *De 1870 à 1940, la France connaît la stabilité.* La République parlementaire réalise avec la « Constitution Grévy » ce qui avait été l'ambition vaine de toutes ses devancières, « terminer la Révolution ». Les institutions fonctionneront à peu près sans à-coup, parce que l'antagonisme des pouvoirs a disparu. Le président de la République a renoncé à la direction personnelle de l'État (ce qui ne veut pas dire à toute influence). La Chambre, grâce à la présence d'un Sénat pondérateur, ne peut pousser jusqu'au bout son hégémonie. Cependant, la France est constamment en état de malaise politique. C'est que la stabilité constitutionnelle est payée d'un mal moins grave que les accidents constitutionnels antérieurs, mais devenu bientôt chronique, l'instabilité gouvernementale. Si elle n'empêche ni une prospérité croissante, ni la création d'un empire, ni la constitution d'une armée forte et d'alliances diplomatiques qui conduiront à la victoire, l'instabilité rend tous ces succès plus onéreux en sang et en or. Et, de cela, la France de 1920 à 1940 a intensément, quoique confusément, conscience. Aussi, lorsque l'instabilité réapparaît en 1925 et 1926, puis en 1929, l'opinion s'agite. Après Poincaré, quatorze ministères se succèdent en quatre ans et demi. En même temps, une situation financière fort prospère se dégrade rapidement, tandis que, de puissance victorieuse, la France redevient un pays menacé. L'instabilité gouvernementale tue la stabilité constitutionnelle. Du 6 février 1934 au 10 juillet 1940, la IIIe République continue de survivre extérieurement. De fait, l'équilibre imparfait mais réel de la constitution Grévy est rompu. Des expédients, comme les décrets-lois, suppléent aux défaillances des hommes et à l'usure des institutions.

4º *De 1940 à nos jours, la France est en proie aux incertitudes.* La crise, latente depuis 1934, se poursuit, tantôt atténuée, tantôt virulente (V. *La première crise constitutionnelle,* 1934-1946, Politique, juill.-déc. 1959). Les gouvernements de fait traduisent dans les principes et la pratique une réaction exécutive. Mais en se déroulant sous la protection de l'occupant, « la Révolution nationale » discrédite le renforcement de l'autorité au niveau du chef d'État, tandis qu'à l'extérieur, les gouvernements de Londres et d'Alger promettent une restauration républicaine, c'est-à-dire parlementaire. La IVe République est effectivement une seconde république parlementaire, inclinant plus encore que sa devancière vers le gouvernement d'Assemblée. Celui-ci est écarté par le référendum du 5 mai 1946. Mais les corrections apportées par la constitution du 27 octobre 1946 et les retouches tardives de la révision du 7 décembre 1954 ne réussissent pas à créer le pouvoir fort qu'exigent les circonstances, en particulier la marche irrésistible de la décolonisation atteignant la France en Asie, puis en Afrique.

La constitution du 4 octobre 1958, massivement approuvée par le pays, a désormais dépassé les trente années d'existence. Si son économie a été profondément modifiée par l'élection du président de la République au suffrage universel direct et si son application a surmonté l'épreuve d'un double changement de majorité, le système institutionnel qu'elle aménage n'est plus fondamentalement remis en cause.

176. — Plan du Livre II. — Les quatre blocs historiques que nous venons de dégager, ayant chacun leur physionomie propre et leur incontestable homogénéité, formeront les quatre titres de notre Livre II :

I. — Les innovations (1789-1814);

II. — Les restaurations (1814-1870);

III. — La stabilité (1870-1940);

IV. — Les incertitudes (1940-1958).

Afin de faciliter l'étude de ces quatre titres — et de leur donner la portée d'une analyse comparative illustrant l'exposé fait au Livre I — nous les subdiviserons, en chapitres, correspondants à une constitution ou à un groupe de constitutions. De même, à l'intérieur de chaque chapitre, nous suivrons un ordre identique.

D'abord, nous nous occuperons des *origines* de la constitution, c'est-à-dire que nous étudierons, en ce qui la concerne, le fonctionnement du « pouvoir constituant originaire ». Nous indiquerons comment elle a été élaborée et par qui elle a été rédigée (section I).

Après quoi, nous examinerons les *fondements* et les *caractéristiques* du régime institué. Nous expliquerons sur quelles bases théoriques il s'établit et quels principes impliquent sa mise en œuvre effective (section II).

Puis nous passerons à l'analyse des *organes* politiques établis par la constitution (section III).

Ensuite, nous envisagerons le *fonctionnement du régime*, la manière dont la constitution s'est pratiquement comportée, dont elle a évolué ou s'est fixée, les obstacles qu'elle a surmontés ou sur lesquels elle a buté (section IV).

Enfin, nous considérerons les causes amenant et les événements entourant la *fin de la constitution*. Nous préciserons à ce sujet le mode de révision prévu (pouvoir constituant dérivé) et la manière dont, effectivement, la constitution a terminé sa carrière (section V).

177. — Indications bibliographie sur l'histoire des institutions politiques françaises.

A. *Recueil de textes :*
- L. Duguit et H. Monnier : *Les constitutions et les principales lois politiques de la France* (1898), 7e éd., 1952, par G. Berlia.
- R. Bonnard : *Les règlements des assemblées législatives de la France depuis 1789*, 1926.
- M. Duverger : *Constitutions et documents politiques,* Thémis (constamment réédité).
- L. Godechot : *Les constitutions de la France depuis 1789.* Garnier, 1970 (constamment réédité).
- St Rials : *Textes constitutionnels français,* Que sais-je?, n° 2022, 3e éd., 1986.
- St Rials : *Textes politiques français,* Que sais-je?, n° 2171, 1983.
- Ch. Debbasch et J. M. Pontier, *Les constitutions de la France,* Dalloz, 1983.

B. *Ouvrages généraux d'histoire politique et constitutionnelle.*
- M. Deslandres : *Histoire constitutionnelle de la France,* 3 vol. 1932-1937. Nlle publication 1977.
- J. J. Chevalier : *Histoire des institutions politiques de la France de 1789 à nos jours,* Dalloz, 7e éd., 1985.

- M. Jalut : *Histoire constitutionnelle de la France*, Le Scorpion, 2 vol. 1956-1958.
- M. Mopin, *Les grands débats parlementaires de 1875 à nos jours*, Doc. Fr. N.E.D., 1988.
- R. Rémond : *Vie politique en France*, t. I, 1789-1848, t. II, 1848-1978, coll. « U » A. Colin.
- *1789-1989, histoire constitutionnelle*, Pouvoirs, 1989, n° 50.

TITRE I

LES INNOVATIONS

CHAPITRE I
LA MONARCHIE PARTAGÉE

Section 1
Les origines

178. — La Constitution de l'Ancien Régime. — La France, avant 1789, possède une constitution, au moins au sens matériel du terme. L'autorité y suit certaines règles. Une codification en aurait été relativement aisée, comme le prouve la tentative ultérieure de Dufau, Duverger et Guadet (*Collection des conditions, chartes et lois fondamentales des peuples de l'Europe et des deux Amériques,* Paris, 1823, t. I).

L'Ancien Régime connaissait même la distinction capitale, faite par le droit public contemporain, entre les lois constitutionnelles et les lois ordinaires. Les premières portaient alors le nom de « lois fondamentales ».

Elles avaient trait, en premier lieu, à la transmission non pas « héréditaire » mais « statutaire » de la couronne. Son titulaire n'en disposait point, mais elle revenait de droit à celui qui remplissait les conditions pour la détenir régulièrement : condition de légitimité, condition de masculinité, condition de primogéniture, condition de catholicité, apparue la dernière, avec les guerres de religion.

Par ailleurs, les lois fondamentales du royaume organisaient un statut juridique du domaine, inaliénable, indivisible et imprescriptible dans un but d'intérêt public.

Ainsi, à côté des lois ordinaires, existait-il d'autres lois qui s'imposaient au monarque, parce qu'elles étaient les conditions auxquelles la couronne et les prérogatives de celle-ci étaient confiées à lui-même et à sa maison.

On ne saurait donc, sans une exagération néfaste à l'intelligence du droit constitutionnel, opposer radicalement la situation de l'autorité politique avant et après la Révolution. Mais, à leur tour, des similitudes générales ne doivent pas provoquer la méconnaissance des très profondes innovations du droit nouveau.

Tout d'abord, les lois fondamentales ne sont généralement pas écrites mais coutumières (il y a cependant des textes, comme l'ordonnance de Moulins de 1566, sur le domaine). Elles demeurent en conséquence très imprécises. Suivant l'opinion du moment, suivant aussi les auteurs, leur liste va tantôt se rétrécissant, tantôt s'élargissant. Certains ajoutent aux lois précitées les libertés de l'Église gallicane; d'autres, comme Bodin, au XVIe siècle, ou encore, comme Fénelon, à la fin du XVIIe siècle, estiment obligatoires la convocation des États et leur intervention en certaines matières. Enfin, toute une suite d'écrivains, toute une partie de l'opinion éclairée jugent d'ordre fondamental l'exercice des prérogatives parlementaires, remontrances et enregistrement.

Les lois fondamentales ne se distinguent pas formellement des lois ordinaires. Le processus de formation est le même pour les unes et pour les autres. Sans doute, l'avis est répandu que les « lois du royaume ne peuvent être changées ni innovées qu'avec l'accord et le commun consentement des États » (A. Thierry). Au XVIe siècle, ceux-ci tentent de faire prévaloir le point de vue que les lois du royaume ont besoin, pour être édictées, de leur participation. Mais ce principe n'a jamais été reconnu par les monarques, notamment par Louis XIV qui, dans son testament, bouleversa les règles traditionnelles de la succession en prévoyant un éventuel appel au trône des princes « légitimés ».

De même, si nous trouvons une tendance des organes judiciaires à ne pas appliquer une disposition prise par le roi lorsqu'elle est en contradiction avec une des lois fondamentales du royaume ; si les parlements, notamment à plusieurs reprises le parlement de Paris, s'efforcent de faire triompher un contrôle par eux-mêmes des lois fondamentales ; s'ils manifestent avec énergie ces prétentions durant la Fronde ; si même, en 1715, ils annulent le testament de Louis XIV, leurs interventions sont, à dire vrai, assez exceptionnelles et discutées pour que l'un des meilleurs historiens, de notre ancien droit ait pu estimer les lois fondamentales plus morales que juridiques. « Le roi était persuadé qu'il ne pouvait pas toucher aux lois fondamentales et en général, il n'essayait pas de les modifier..., mais si le roi avait voulu violer ces lois qui donc aurait pu l'en empêcher ? La théorie des lois fondamentales n'était en somme qu'une limite morale au pouvoir du roi » (E. Chénon et F. Olivier Martin : *Histoire générale du droit public et privé,* 1929, t. II, p. 135).

Enfin, dernier trait caractéristique, les lois fondamentales étaient établies dans l'intérêt exclusif de l'État. Elles étaient, en somme, des assurances prises par les princes, soit contre leur propre faiblesse, soit contre les éventualités malheureuses. A l'avance, ils s'engageaient à ne pas commettre certaines erreurs qui auraient eu pour conséquence de porter atteinte soit à l'unité, soit à la perpétuité, soit encore à l'indépendance du royaume. Là, en effet, se situaient les buts essentiels des règles successorales et des règles domaniales.

Dans les lois fondamentales, la préoccupation capitale était, donc, l'unité, la perpétuité, l'indépendance de l'État royal, la sauvegarde du régime monarchique. Il n'était fait, par contre, aucune place aux gouvernés, aux sujets ; notamment, le souci des libertés individuelles, des garanties à leur assurer, était complètement absent.

179. — Les innovations révolutionnaires. — C'est la Révolution qui apporte avec elle les trois notions nouvelles d'écriture, de rigidité et de superlégalité, auxquelles il faut joindre, quant au fond, l'idée du droit constitutionnel, « technique de la liberté ».

Est nouvelle l'idée d'écriture, de fixation des dispositions constitutionnelles dans un texte clair, précis, accessible à tous.

Est nouvelle également l'idée de rigidité, selon laquelle la constitution ne peut être changée par les voies habituelles, réputées *souples,* de la législation.

Est encore nouveau le point de vue qu'une constitution, pour mériter ce nom, doit être, non seulement écrite, non seulement intangible pour le pouvoir législatif ordinaire, mais aussi sanctionnée, dans son observation, au moyen d'organes politiques ou des organes juridictionnels, c'est-à-dire des tribunaux soit ordinaires, soit spéciaux.

Est enfin nouvelle la place faite à la liberté, à la protection de l'homme, et à la garantie de ses droits. Il serait exagéré, comme on l'a trop souvent fait, de ne voir dans les constitutions modernes que la préoccupation de l'individu et de la liberté, mais il est évident que, comparées aux lois fondamentales, l'orientation est diamétralement opposée.

180. — Les sources du mouvement constitutionnaliste. — D'où viennent ces idées nouvelles? Pourquoi l'ensemble de l'opinion va-t-elle réclamer, avec une force grandissante et bientôt irrésistible, que la France soit dotée d'une constitution ayant tout au moins certains des principaux caractères que l'on vient d'indiquer?

Ce grand courant constitutionnaliste procède de deux sources nationales : l'une historique, l'autre dogmatique. Une troisième veine est extérieure.

En réaction contre l'absolutisme de Louis XIV, toute une série d'écrivains, aristocrates en majorité — Fénelon, Saint-Simon, Boulainvilliers, Mlle de la Lézardière — s'appuyant sur une érudition parfois fantaisiste, réclament le retour à des règles constitutionnelles abandonnées par la Monarchie au cours des derniers siècles. Pour cette tendance, l'établissement d'une constitution n'est pas une innovation, mais une restauration; restauration, en particulier, des droits de la noblesse méconnus par le roi. Subordonné à l'égoïsme de caste ou de corps, comportant de nombreuses obscurités, le courant historique à lui seul serait sans doute demeuré inopérant, mais, se joignant aux autres mouvements, il contribue à leur puissance (V. M. Prélot, *Histoire des idées politiques, op. cit.,* chap. XXIII).

La source dogmatique se trouve dans les écrits de l'École du droit de la nature et des gens. Son fondateur, le Hollandais Hugues de Groot, habituellement connu sous le nom latinisé de Grotius, publie, en 1625, un ouvrage capital pour le développement à la fois du droit public interne et du droit public international, le *de jure belli ac pacis* : « du droit de la guerre et de la paix ». Écrit en France pendant son exil, ce livre dominera durant deux siècles la pensée juridique européenne.

L'École du droit de la nature et des gens considère la constitution, qu'elle appelle « loi fondamentale », comme l'acte initial de la souveraineté et, en même temps, comme la source de tous les pouvoirs constitués. Précédant les lois ordinaires, elle se trouve posée à l'origine de l'État, que l'École nomme « société civile ». Elle en permet l'existence et en détermine l'organisation, de telle sorte que les pouvoirs institués doivent obligatoirement se conformer à elle et lui obéir dans leur activité quotidienne (cf. *ibid.,* chap. XXI).

Ces idées, exposées par Grotius et ses successeurs, reçoivent, de l'opinion éclairée du XVIIIe siècle, un accueil très favorable et y deviennent lieux communs. Durant les dix ou quinze années qui précèdent la Révolution française, le nombre des travaux sur l'idée de constitution est considérable. Les études se multiplient, les unes d'ordre historique sur ce que pouvait être la véritable constitution de la France depuis une époque plus ou moins reculée, les autres d'ordre théorique sur « la loi fondamentale ».

De toutes ces publications, la plus importante, tant par son fond et sa facture que par son considérable retentissement, est la brochure de Sieyès intitulée *Qu'est-ce que le Tiers État?* L'auteur y établit d'une façon très précise la distinction des lois ordinaires et des lois constitutionnelles. « Si nous voulons, expose-t-il, nous former une juste idée de la suite des lois positives qui ne peuvent émaner que de la volonté de la Nation, nous voyons en première ligne les lois constitutionnelles... Ces lois sont dites fondamentales non pas en ce sens qu'elles pourraient devenir indépendantes de la souveraineté nationale, mais parce que les corps qui existent et agissent par elles ne peuvent point y toucher... La constitution n'est pas l'ouvrage du pouvoir constitué, mais du pouvoir constituant. Aucune sorte du pouvoir délégué ne peut rien changer aux conditions de sa délégation » (Cf. *ibid.,* chap. XXVII).

Voici déjà formulée, avec une clarté qui ne sera pas dépassée, la distinction de la constitution, œuvre d'un pouvoir spécial, d'un pouvoir supérieur, le pouvoir constituant et, d'autre part, de la législation issue d'organes politiques dotés d'attributions étendues mais non illimitées. Les pouvoirs constitués auront une grande liberté d'action et de manœuvre, mais seulement dans le cadre et la mesure déterminés par le pouvoir constituant.

A la séduction sur l'opinion de ce raisonnement théorique vient encore se joindre l'influence extérieure de l'exemple américain. L'établissement des colons anglais ou hollandais, de l'autre côté de l'Atlantique, a donné naissance à un premier phénomène de constitutionnalisme qui est extrêmement important et qui a été trop souvent laissé de côté par les auteurs français. Les émigrants, quittant l'Angleterre et allant s'installer dans certaines contrées du nouveau monde, obtinrent de voir garantir respectivement leurs droits et ceux de leurs protecteurs, par des textes, par des « chartes d'établissement » qui furent la première forme des constitutions modernes. Ces chartes coloniales réglaient la manière dont les colons seraient gouvernés et, aussi, les libertés dont ils jouiraient, surtout en matière religieuse ; car ces colons s'expatriaient, la plupart du temps, bien moins pour des mobiles d'ordre économique ou social que pour des raisons de conscience. De sorte que les chartes coloniales comportaient non seulement les conditions du gouvernement, mais encore une garantie des droits des gouvernés.

Le courant chartiste vient, à la fin du XVIIIe siècle, rejoindre le courant de l'École du droit de la nature et des gens par l'intermédiaire d'un certain nombre de Français, notamment de La Fayette, qui, ayant pris part à la guerre de l'indépendance américaine, rapportent avec eux les théories constitutionnalistes du nouveau monde. Deux ans seulement avant qu'éclate chez nous la Révolution, elles viennent de s'incarner dans la constitution de Philadelphie, la première des constitutions modernes.

181. — Les buts du mouvement constitutionnaliste.
— Les trois courants historique, idéologique et pragmatique, confluant à la fin du XVIIIe siècle, entraînent l'ensemble de l'opinion française vers l'établissement d'une constitution.

Elle en attend la disparition de l'arbitraire, la clarté des règles, la fixité des institutions.

A ces trois objectifs généraux, s'en ajoutent d'autres,

particuliers. Un bon nombre de Français estiment qu'adopter une constitution serait consacrer, en le renouvelant, le « contrat social ». D'une simple résultante historique, d'une « communauté », comme dit aujourd'hui le vocabulaire sociologique, la nation deviendrait une « société » volontaire, ce qui paraît à l'esprit du temps, un inestimable progrès.

On considère aussi, selon les tendances philosophiques de l'époque, la constitution écrite, non seulement comme un lien pour l'autorité et une protection contre ses excès, mais encore comme un moyen d'éducation civique. L'atmosphère intellectuelle continue d'être imprégnée de cartésianisme. Les hommes de la Révolution, dans leur ensemble, pensent que l'affirmation solennelle des principes, à condition qu'ils soient clairs et aient pour eux l'évidence, entraîne naturellement le consentement et le comportement conforme de ceux auxquels ils sont présentés.

182. — Le pouvoir constituant des États généraux. — Le mouvement constitutionnaliste est si fort en 1789 qu'il atteint le Monarque lui-même. Louis XVI, dans sa lettre du 24 janvier 1789, pose expressément la question de la constitution : Les États — dit le roi — donneront « les moyens et avis pour arriver à un ordre constant et invariable de toutes les parties du Gouvernement ».

Les « cahiers », analysés à la Constituante par Clermont-Tonnerre, réclament en chœur une constitution. Ils le font avec moins de véhémence que les brochures et libellés qui circulent à l'époque; sans doute aussi, avec entre eux des variantes considérables de ton et de modalités, mais, cependant, avec un impressionnant ensemble. Un bon nombre, même, pose la rédaction de la constitution comme condition préalable à l'examen de la question financière. L'on ne s'occupera de crédit, l'on n'accordera au roi les subsides qu'il désire, qu'après avoir réglé la question du pouvoir.

De sorte que, selon les manifestations de l'opinion, les revendications des cahiers et même le dessein du roi, les États généraux se trouvent appelés par le cours irrésistible des choses à statuer en matière constitutionnelle, bien qu'ils n'aient pas été convoqués, expressément et régulièrement, en tant que constituante.

Les uns reconnaissent aux États le droit de faire une constitution en partant de rien, de doter la France d'un régime politique comme si celle-ci n'en avait pas. Ils tiennent pour non avenue la constitution coutumière faite des lois fondamentales dont nous avons parlé et, par conséquent, donnent toute liberté de décision aux États. Pour suivre la terminologie juridique actuelle, ils attribuent aux États généraux un pouvoir constituant « originaire ».

D'autres cahiers estiment, et sans doute avec plus d'exactitude, que la France a bien une constitution, mais que celle-ci, depuis un certain nombre d'années, depuis 1614 surtout, depuis que les États généraux n'ont plus été convoqués, a été en partie oubliée, et en partie déviée; qu'en conséquence, il convient de la réformer. Pour suivre également la terminologie actuelle du droit constitutionnel, ils attribuent aux États généraux un pouvoir de révision, un pouvoir constituant « dérivé ».

Mais qu'il s'agisse de faire du neuf et de forger de toutes pièces une constitution, ou bien qu'il soit, plus modestement, question de réformer une constitution existante, d'une manière ou de l'autre, c'est bien une mission constituante qui incombe aux États généraux.

Pareillement, la masse des députés a la conviction que son rôle essentiel est de donner au pays des institutions nouvelles, ou tout au moins renouvelées.

Dès le 27 juillet 1789, Mounier, l'un des membres les plus écoutés du Tiers dira : « les députés sont appelés à établir la constitution française en vertu des pouvoirs qui leur ont été confiés par les citoyens de toutes les classes ». Quelques jours après, le 1er août, au comité de constitution, son rapporteur, Thouret, député de Basse-Normandie précisera : « la Nation peut exercer le pouvoir constitutionnel; soit par ses représentants, soit par elle-même. Les représentants actuels ont reçu compétemment ce pouvoir de leurs commettants ».

Quant à Sieyès, dont l'opinion est souvent si originale, il conteste le principe du pouvoir constituant de l'Assemblée, mais pour des raisons qui en fait reviennent à le lui reconnaître. Il estime qu'issue des États, elle n'a pas été réunie de façon convenable, qu'elle n'a pas été formée par la généralité des citoyens. Pour que les choses se passent régulièrement, il faudrait donc qu'elle s'efface et qu'il soit procédé à la désignation d'une vraie constituante par un mode de suffrage assurant l'égalité et la pleine liberté. Seulement, Sieyès, après avoir posé ces principes, admet pratiquement qu'un texte puisse être établi par l'actuelle constituante à titre de projet provisoire. Une autre assemblée nommée ultérieurement le ratifierait. On traduirait en style juridique l'opinion de Sieyès en disant que l'assemblée, n'ayant pas reçu de mandat, pouvait cependant exercer une gestion d'affaires.

Le système est jusqu'à présent logique. Les cahiers, soutenus par l'ensemble de l'opinion, et même, dans une certaine mesure, avoués par le pouvoir royal, attribuent à l'assemblée nationale le pouvoir constituant. Cependant, une difficulté considérable apparaît immédiatement. Si les constituants tiennent leur pouvoir de la volonté de leurs commettants, ils doivent réaliser les réformes constitutionnelles réclamées par eux, mais n'accomplir que celles-là. La nouvelle constitution s'en tiendra exclusivement au cadre des cahiers.

Or, en fait, les choses vont très différemment. L'assemblée, abandonnant la notion traditionnelle de la représentation féodale, adopte une conception nouvelle selon laquelle, contrairement au sens littéral des mots, le représentant politique est indépendant du représenté.

Il y a là, du point de vue du droit, une solution de continuité, une rupture, en laquelle précisément réside la Révolution. Celle-ci tient moins dans l'auto-attribution du pouvoir constituant que se font les États généraux, qu'à la manière dont ils exerceront ce même pouvoir.

183. — L'élaboration et l'adoption de la Constitution. — Tout d'abord, les États généraux se transforment en Assemblée nationale (17-27 juin). A « l'ancienne distinction des ordres... essentiellement liée à la constitution du royaume » (Louis XVI), se substitue l'assemblée « une et indivisible et dans laquelle la distinction des ordres est abolie » (déclaration du 17 juin). Cette fusion des députés en une réunion unique où décidera la majorité, est un tournant décisif. Antérieurement, l'unité du pays se réalisait dans la seule personne du roi, la nation étant la juxtaposition de trois classes sociales. Désormais, elle s'exprime par l'assemblée, représentation unitaire d'une France composée d'individus, collectivité homogène à laquelle tous les citoyens appartiennent au même titre. Dans l'œuvre de la Révolution, il y a eu des modifications plus visibles. Il n'en est pas qui ait une portée plus considérable, et aille plus au fond des choses (Julien Laferrière, *op. cit.*, p. 50).

Durant le même temps, la fonction constituante de l'assemblée prend le pas sur tout le reste. Le 20 juin, alors qu'elle ne comprend encore que le Tiers et une partie du Clergé, elle adopte l'arrêté auquel l'histoire donne le nom de Serment du jeu de paume. Elle s'y déclare « appelée à fixer la constitution du royaume, opérer la régénération de l'ordre public et maintenir les vrais principes de la monarchie »; elle ne se séparera pas « jusqu'à ce que la constitution du royaume soit établie et affermie sur des fondements solides ».

Cet engagement mettra quelque temps pour être tenu, puisque plus de deux ans s'écouleront du 17 juin au 3 septembre 1791, date du vote final de la Constituante.

Cependant, dès le 5 octobre 1789, l'essentiel est acquis, avec la rédaction et l'adoption de la Déclaration des droits de l'homme et du citoyen, ainsi que des dix-neuf articles concernant le roi, l'assemblée nationale, les ministres. L'assemblée, sur la proposition de Mirabeau, décide de soumettre incontinent les textes à l'acceptation du roi. Comme toujours, celui-ci hésite d'abord, puis, accepte dans la tumultueuse journée du 5 octobre. Ainsi, une constitution rudimentaire, mais suffisante, peut dès lors être appliquée.

Puis la discussion reprend longue et confuse, souvent ralentie du fait que l'assemblée ne s'occupe pas seulement de la constitution, mais encore de toutes les mesures collectives ou mêmes individuelles qu'exigent des événements d'une exceptionnelle gravité; la Révolution, pendant ce temps, poursuivant son cours. Ainsi, l'activité constituante est-elle à la fois retardée et surchargée d'apports étrangers.

Afin d'en sortir, Le Chapelier propose à l'assemblée, le 23 septembre, la codification des textes constitutionnels déjà adoptés : une commission fera le tri; elle éliminera les décrets antérieurement pris qui ne sont que législatifs ou réglementaires; puis, elle procédera à une rédaction des règles proprement constituantes; elle les mettra en ordre; elle en fera « un corps des lois constitutionnelles »; en même temps, elle révisera les articles, elle rectifiera les erreurs de façon à former un tout cohérent et homogène.

Cependant, la motion ne reçoit pas immédiatement satisfaction. Il reste, en effet, nombre de problèmes qui n'ont pas été discutés. D'autre part, à la suite des événements du

Champ de mars (17 juillet 1791), un coup de frein est donné, sur la pente révolutionnaire, par le triumvirat, Duport, Barnave et Alexandre de Lameth, ainsi que par les « Fayettistes », les textes constitutionnels sont révisés dans un sens favorable aux pouvoirs du roi et au resserrement de l'électorat. Aussi, est-ce seulement le 5 août 1791 que Thouret peut présenter à la Constituante son projet de constitution comprenant l'ensemble des textes déjà adoptés, rectifiés et révisés selon le vœu de Le Chapelier. La discussion reprend sur ce « corps des lois constitutionnelles ». Quelques adjonctions, quelques rectifications d'importance interviennent encore, jusqu'au 3 septembre, où Lanjuinais, afin de couper court aux manœuvres dilatoires, fait adopter une motion déclarant que, désormais, la constitution est terminée et qu'on ne pourra plus y rien changer. La proposition — au dire du *Moniteur* — fut accueillie par de longs applaudissements. Tout était fini et, le jour même, la minute était portée au roi par une délégation de l'Assemblée.

Le 13 septembre, Duport, ministre de la Justice, remettait à la Constituante la lettre royale d'acceptation. Le 14, Louis XVI prêtait serment d'employer tout le pouvoir qui lui était délégué à maintenir la constitution décrétée par l'Assemblée. En même temps, sur l'acte qui lui était présenté, il apposait, avec sa signature, la formule « j'accepte et je ferai exécuter ». (On trouvera sur cette période des indications intéressantes dans les *Mémoires de Louis-Philippe,* Paris, 1973).

184. — Nature juridique de la Constitution de 1791.

— La constitution est l'œuvre de la Constituante, mais elle est acceptée par le roi. Auparavant Louis XVI a réaffirmé, à plusieurs reprises, que le pouvoir constituant lui appartenait et que c'était seulement par tolérance de sa part qu'il était exercé par l'Assemblée nationale. Son accord, pour le moins, était indispensable.

On peut, ainsi, considérer qu'il y a dans la décision constituante deux éléments qui se rencontrent, deux volontés qui se rejoignent : la proposition étant faite par l'Assemblée nationale, l'adhésion venant du roi. En conséquence, la Constitution de 1791 se classerait parmi les constitutions appelées depuis *pactes.*

Toutefois, si l'on examine de plus près la Constitution de 1791, on est gagné par le doute. S'agit-il vraiment d'un pacte? Certes le roi a admis l'œuvre de l'Assemblée; il y a eu une rencontre de volontés selon le mécanisme juridique du pacte; mais, si l'on revient sur les circonstances, il apparaît que l'acceptation royale n'a présenté qu'un caractère secondaire.

Une première preuve s'en trouve dans la date. Si les deux contractants avaient été sur un pied d'égalité, la constitution eût dû porter la date du 14 septembre, sa valeur juridique n'existant qu'à partir du moment où la volonté royale aurait été en accord avec la volonté de l'assemblée. Or, c'est la date du 3 qui est attribuée à la constitution. Elle a acquis, dès ce moment, valeur juridique, de sorte que l'acceptation royale n'est qu'une confirmation postérieure.

La formule du serment royal est également révélatrice, en ce sens que le monarque y promet d'employer le pouvoir qui lui est délégué à maintenir la Constitution. Il se place lui-même dans la position subordonnée qui lui est faite par le nouveau texte : il parle d'une constitution « décrétée par l'assemblée ». Son acceptation est donc celle d'un agent d'exécution et non d'un cocontractant.

Par contre, l'autorité pleinement représentative que s'attribue la Constituante est certaine. Établissant la constitution nouvelle sur la base de la souveraineté de la Nation, ne convenait-il pas que cette Nation se trouvât elle-même consultée sur la nouvelle constitution? Or aucun appel direct n'est fait à l'approbation ou au veto populaire. Le corps électoral n'a pour tâche que de désigner des représentants.

La question d'un référendum se trouva effectivement soulevée. Le 30 août 1791, au moment où l'on achevait de réviser et d'adopter le texte définitif, un modéré, Malouet, proposa de le soumettre à la Nation. *Le Moniteur* nous rapporte que cette demande souleva une grande indignation. Le Chapelier répondit : « Notre Constitution? Mais elle est acceptée par les 99 % de la Nation et encore je ne dis pas assez. » L'Assemblée estima cette assurance justifiée et le texte fut adopté par le roi, sans qu'intervînt de consultation populaire.

Section 2
Fondements et caractéristiques

185. — Le dogmatisme révolutionnaire. — Les principes sont, dans la Constitution de 1791, d'une particulière importance. Leur influence a même été si grande que d'aucuns voient, dans l'œuvre de la Constituante, une manifestation exclusivement idéologique. Cette tendance est inspirée surtout par les apophtegmes de Joseph de Maistre et par les critiques de Taine. L'Assemblée, selon l'auteur des *Origines de la France contemporaine,* aurait opéré « par déduction à la manière de Rousseau, d'après une notion abstraite de l'État et du contrat social » (V. M. Prélot, *Histoire des idées politiques, op. cit.,* ch. XXXV et XXXVI).

Il est vrai, comme on l'a déjà souligné, que les hommes de 1789 ont été formés par la philosophie cartésienne, qu'ils sont nourris d'esprit classique de telle sorte que les postulats rationnels exercent sur eux une extrême séduction. Ils ont lu Montesquieu, Jean-Jacques ou Mably. Mais, retenue exclusivement et exploitée systématiquement, la position adoptée par Taine devient inexacte. Les promoteurs de la Révolution se recrutent, dans leur ensemble, parmi les praticiens, les hommes de loi. Ils appartiennent généralement à un certain milieu social, celui de la bourgeoisie aisée, qui va prendre la direction de la Révolution. Or cette classe, comme l'observe très bien un autre historien, Albert Mathiez, « ne se laisse nullement séduire par une idéologie vide ; elle connaît à fond les réalités et possède les moyens d'y conformer ses intérêts ».

Les principes révolutionnaires peuvent, par conséquent, être étudiés de deux façons : ils peuvent être envisagés soit dans l'abstrait, en tant qu'idéologie ; soit historiquement, comme couvrant des buts réels et précis. A cet égard, l'objectif essentiel est alors de substituer à la *monarchie absolue* une *royauté partagée,* c'est-à-dire un régime mixte qui n'est plus monarchique que de nom.

186. — La monarchie révolutionnée. — Comme nous l'avons indiqué, la Constituante ne veut pas abolir, mais régénérer la Monarchie. En 1789, il n'existe pas en France d'opinion républicaine. Au 14 juillet, dix noms à peine pourraient être cités dans Paris, dont ceux de Camille Desmoulins et Brissot. L'ensemble des révolutionnaires, même avancés, n'est pas favorable à la République. Ils voient en celle-ci, comme J.-J. Rousseau, un gouvernement idéal, mais qui ne correspond pas aux besoins d'un grand peuple. Concevable, et peut-être désirable, pour une ville ou un canton, la République n'apparaît pas susceptible d'être proposée à un pays de plus de vingt millions d'habitants, comme la France de la fin du XVIIIe siècle.

République signifie alors « État gouverné par plusieurs » (dictionnaire de l'Académie); il veut dire aussi gouvernement dont le chef n'est pas désigné héréditairement mais choisi à temps ou même à vie. (Un roi électif est le chef d'une République, comme en Pologne.) Or, les constituants demeurent favorables à l'unité et à l'hérédité du gouvernement.

Mais la *monarchie « révolutionnée »* (et non *révolutionnaire,* puisqu'elle est l'objet et non le sujet de la Révolution) n'a plus rien de commun avec la monarchie absolue d'Ancien Régime.

La royauté est d'abord *nationalisée;* le roi porte le titre de « roi des Français » et non plus celui « de roi de France et de Navarre »; il n'est plus roi de son droit propre, selon la succession statutaire traditionnelle, mais de par la volonté de la nation devenue souveraine.

La royauté est *dépersonnalisée;* le roi règne non à titre personnel, mais à celui de représentant de la nation. L'exercice d'un droit subjectif est devenue l'accomplissement d'une fonction déterminée par un statut constitutionnel écrit.

La royauté, enfin, est *partagée* quant à la détention et à l'exercice du pouvoir; alors que le roi de l'Ancien Régime jouissait, avant 1789, de tous les droits, sans autre borne que certaines nécessités de fait ou certaines institutions historiques, comme la vénalité des offices, le roi de la Constitution de 1791 ne détient plus, en vertu de la séparation des pouvoirs que ce qui concerne l'exécution des lois.

187. — La souveraineté nationale. — L'ordre politique de l'Ancien Régime était essentiellement fondé sur l'identification de l'État et de la personne du prince.

On prête à Louis XIV le mot fameux « l'État c'est moi ». Il est vraisemblable que, comme bien des mots historiques, celui-ci n'a pas été prononcé, mais si l'épisode et les termes sont controuvés, le fond même, l'idée que le prince *est* l'État semble alors courante. Bossuet, par exemple, dans *La Politique tirée des propres paroles de l'Écriture sainte* la paraphrase éloquemment : « tout l'État est en lui, en lui est la puissance, en lui est la volonté de tout le peuple ». La même confusion du prince avec l'État se retrouve chez les adversaires de la monarchie absolue. Le pasteur Jurieu, en polémique avec l'évêque de Meaux, constate lui aussi cette identification, mais pour la déplorer et la combattre.

L'ordre politique qui naît en 1789 repose sur la base toute différente de l'identification de la Nation et de l'État. L'État cesse de s'incarner dans le prince, pour se confondre avec la collectivité nationale politiquement organisée. Aussi le problème de la constitution de la Nation en société est-il le premier à résoudre.

Sous l'Ancien Régime, l'unité nationale se réalisait dans la personne du prince, de telle sorte qu'en face de lui les ordres, les pays et les métiers conservaient leurs diversités. D'autre part, ces corps variés n'avaient qu'à représenter leurs légitimes intérêts particuliers, alors que le monarque était réputé incarner, seul, l'intérêt général.

La Révolution, pour substituer la Nation au prince, réalise d'abord l'unité de la Nation. L'une de ses premières œuvres, et sans doute la plus décisive avec la transformation des États en constituante, est de mettre fin à la division de la Nation en ordres et en pays. Elle la remplace par l'égalité individuelle et par l'uniformité de l'organisation en départements, districts et communes.

Unifiée par la disparition de toutes les cloisons, de toutes les diversités que connaissait l'Ancien Régime, la Nation, devenue une société homogène, se trouve dotée de la souveraineté.

Analytiquement, cette affirmation de la souveraineté de la Nation comprend ainsi deux phases : la constitution de la Nation d'abord, l'assomption de la souveraineté ensuite. Pratiquement elles sont concomitantes, car, dès que la Nation existe, elle est naturellement souveraine. Comme le dit, à son article 3, la Déclaration des droits de l'homme et du citoyen : « Le principe de toute souveraineté réside essentiellement dans la Nation ». Le titre III, à son préambule, précise : « la souveraineté appartient à la Nation de qui émanent tous les pouvoirs ».

Cette théorie de la souveraineté nationale qu'on verra recevoir des interprétations diverses, et que l'on envisage seulement ici du point de vue historique, est essentiellement dirigée contre la puissance royale. La détention de la souveraineté par la Nation élimine *ipso facto* celle du roi. Il n'y a pas, en effet, plusieurs souverainetés simultanément possibles mais une seule. Sur un territoire donné, aucun autre pouvoir égal de commander ne peut légitimement se manifester. Concurrence et partage sont radicalement exclus. *La souveraineté est une*.

Le roi ne peut invoquer, comme titre de propriété, le long temps depuis lequel il exerce la souveraineté. L'ayant usurpée, il n'a pu, selon la thèse fameuse de Loyseau, l'acquérir par juste prescription. Car, de son essence, *la souveraineté est imprescriptible*. Elle est une chose insusceptible de possession pour quiconque, sauf pour la Nation elle-même, dont elle traduit le propre pouvoir sociétaire.

Pas davantage, la Nation ne peut se dessaisir elle-même. *La souveraineté est inaliénable* (titre III, art. I). A supposer le consentement de la Nation à l'abandon du pouvoir qu'elle a sur elle-même, un tel renoncement serait sans valeur car il équivaudrait à une mutilation mortelle, c'est-à-dire à un suicide. En se dépouillant de sa souveraineté, la Nation se priverait d'un élément de sa personnalité, ce qui entraînerait sa propre destruction. Tout gouvernement ne peut donc prétendre qu'à l'exercice et non à la propriété de la souveraineté. Encore faut-il que la Nation confère cet exercice par sa décision. Personne ne peut se l'attribuer : aucun individu, aucune section du peuple n'a le droit, soit au titre de la naissance, soit de la supériorité personnelle, soit encore des circonstances, de vouloir se substituer au choix de la Nation. Seule, la société toute entière possède puissance sur elle-même ; seule, elle peut désigner ceux qui détiendront pour son compte le pouvoir de commander.

Mais cette société, comme nous l'avons vu, est désormais faite d'individus et non plus de communautés, corps ou pays. En conséquence, le pouvoir suprême ne va-t-il pas appartenir partiellement à chacun des membres de la Nation ? La solution est évidemment tentante de concevoir la souveraineté comme se partageant à l'infini entre les membres de la collectivité nationale. Cette réponse est si naturelle que, la plupart du temps, elle est faite par ceux qui n'ont pas étudié ou qui ont mal compris la notion de la souveraineté nationale.

Or, une telle explication est non seulement inexacte théoriquement, mais historiquement fausse. En effet, au préambule du titre III de l'article 1er, la *souveraineté* est déclarée *indivisible*. Et ce terme, que l'on prononce souvent légèrement, ou même parfois ironiquement, a une très grande importance. Il veut dire que la collectivité qui possède la souveraineté ne se trouve pas dans un état « d'indivision », c'est-à-dire dans une situation qui pourrait prendre fin par la volonté de ceux qui s'y trouvent, mais dans celui « d'indivisibilité », ce qui signifie que la souveraineté est en elle-même insusceptible de division. C'est l'entité collective Nation, la société nationale unifiée, après la suppression des ordres et la disparition des pays, qui, personnalisée, se trouve, en elle-même et en dehors du monarque, instituée propriétaire du droit de se gouverner.

188. — Le régime représentatif. — Mais une personne morale doit, pour agir, être nécessairement représentée par une ou plusieurs personnes physiques. Par suite, l'établissement du principe de la souveraineté nationale appelle comme conséquence l'admission du principe représentatif. L'idée de souveraineté nationale entraîne après elle l'idée de représentation. La souveraineté, qui appartient à une collectivité ne pouvant l'exercer elle-même, est déléguée à certains individus ou à certains corps. « La Nation, de qui émane tous les pouvoirs, ne peut les exercer que par délégation. La constitution française est représentative » (préambule du titre III, art. 2).

La Nation, sujette exclusive et première de tous les pouvoirs, en attribue, par l'intermédiaire de la constitution, l'exercice aux divers individus ou corps qui vont en devenir, pour son compte, les titulaires effectifs, mais aucun d'entre eux n'en jouira ni disposera à titre personnel. Les gouvernants, individus ou corps, agiront pour le compte de la Nation prise collectivement et indivisément.

Pas plus que la notion antérieure de la souveraineté nationale, la notion de représentation ne doit être prise au sens vulgaire des mots. De même que, tout à l'heure, on était tenté de considérer la souveraineté comme se répartissant entre les membres de la société, on serait incité maintenant, par le langage habituel, à qualifier de « représentants » les seuls députés choisis par un corps électoral et, par là, représentatifs de celui-ci. Une telle interprétation, en ce qui regarde la Constitution de 1791, serait un véritable contresens. En effet, si l'on admettait que le représentant est celui qui est désigné par des électeurs, on reviendrait par ce détour à la conception fragmentaire de la souveraineté que nous avons primitivement écartée. D'autre part, on irait à l'encontre des indications formelles du texte qui établit des représentants qui ne sont pas élus et des élus qui ne sont pas représentants. En effet, à l'article 2 du titre III, le roi, désigné héréditairement, est qualifié de représentant de la Nation; à l'inverse, les administrateurs des départements, des districts, des communes, les juges et même les curés, qui sont élus, ne sont pas représentants. La constitution le dit expressément à propos des administrateurs départementaux et de districts, lorsqu'elle affirme au titre III, chapitre III, section 2, article 2, que : « les administrateurs de département et de district n'ont aucun caractère représentatif ».

Dans la conception révolutionnaire classique, la représentation et l'élection sont deux notions qui ne se recouvrent pas. L'expression « le député représente la Nation » doit s'entendre au sens que le pouvoir qu'il lui appartient d'exercer est non celui de ses électeurs, mais le pouvoir de la Nation, c'est-à-dire de l'État. L'assemblée des députés a pour fonction d'exprimer la volonté générale, une volonté collective et publique, une volonté étatique et non pas les volontés particulières additionnées. « Si les citoyens — a très bien dit Sieyès — dictaient des volontés, ce ne serait plus cet État représentatif, ce serait un État démocratique. »

De telle sorte que la représentation s'analyse non, comme on le croit vulgairement et comme on le répète trop souvent, en un rapport de mandat entre un élu et des électeurs, mais, tout autrement, en un pouvoir constitutionnel, appartenant aux représentants, leur permettant de « vouloir pour la Nation ». La représentation est une compétence juridique, conférée par la constitution habilitant à prendre des décisions étatiques.

Par suite, la représentantion procède de la constitution, non de l'élection. Cette dernière a son importance, mais simplement comme un mode de nomination parmi d'autres. L'hérédité en est un, ainsi que le prouve le caractère représentatif attribué au roi. « Le roi — selon la formule de Mirabeau — est le représentant perpétuel du peuple, comme ses députés sont ses représentants élus à de certaines époques. »

189. — La séparation des pouvoirs. — Il y a ainsi de multiples représentants de la Nation. Une et indivisible dans son essence, la souveraineté est attribuée, dans son exercice, à des organes divers. Aux deux premiers principes, la Constitution de 1791 en ajoute un troisième qui est celui de la séparation des pouvoirs.

L'article 16 de la Déclaration des droits de l'homme et du citoyen dit : « toute société dans laquelle... la séparation des pouvoirs n'est pas déterminée n'a pas de constitution ». Cette formule tranchante contient une assertion évidemment excessive et même inexacte. Il existe, en effet, des constitutions sans séparation des pouvoirs. Mais l'intransigeance de l'affirmation est révélatrice de l'intérêt que lui portent les hommes de la Révolution.

La notion de séparation des pouvoirs vient de Montesquieu, bien que le terme même ne se trouve pas chez lui. Au chapitre VI du livre XI donnant une image passablement idéalisée de la Constitution d'Angleterre, l'auteur de *L'Esprit des lois* formule seulement la théorie de la balance des pouvoirs. Il serait trop long et trop délicat de déterminer l'exacte mesure dans laquelle la théorie de Montesquieu a été directement suivie par les membres de la Constituante. Ceux-ci ont à la fois simplifié et systématisé sa pensée. Ils ont donné au mot « pouvoir » un premier sens, celui d'une *fonction,* d'une tâche déterminée à remplir dans l'État. Ils ont distingué ainsi la fonction « législative », c'est-à-dire la mission de faire la loi; la fonction « exécutive », c'est-à-dire l'office d'exécuter la loi; la fonction « judiciaire », c'est-à-dire le rôle de trancher les litiges entre particuliers.

Puis, la constitution a attribué chacune des fonctions ainsi séparées à un *organe* différent. C'est le second sens du terme « pouvoir ». Il correspond à un individu ou à une collectivité chargé d'agir, de vouloir pour l'État.

La constitution délègue le pouvoir législatif, qui est alors « la fonction législative », à l'Assemblée nationale. « Le pouvoir législatif — dit l'article 3, titre III — est délégué à une Assemblée nationale. » Le pouvoir exécutif — « fonction exécutive » — revient de même au roi. Le pouvoir exécutif, dit l'article 4, est délégué au roi. Enfin, « le pouvoir judiciaire », c'est-à-dire « la fonction de juger », est délégué à des juges élus à temps par le peuple (art. 5).

Il y a donc une double séparation des pouvoirs : une *séparation fonctionnelle* et une *séparation organique*. Faire la loi, appliquer la loi, juger les différends entre particuliers, sont considérés comme des tâches nettement distinctes ; et, d'autre part, l'Assemblée, le roi, les juges sont constitués en autant d'organes indépendants les uns des autres. Le système de la distinction fonctionnelle rejoint ainsi celui de la distinction organique, puisqu'à chaque organe correspond une fonction (V. Michel Troper, *La Séparation des pouvoirs et l'histoire constitutionnelle française,* Paris, 1973).

Section 3
Les organes

190. — Détermination des organes. — Toute constitution établit un ou plusieurs individus, un ou plusieurs groupes d'hommes, comme titulaires de l'autorité politique. Elle les habilite à prendre des décisions de caractère étatique, c'est-à-dire réputées émanant de l'État lui-même.

La Constitution de 1791, en traçant le schéma de la séparation des pouvoirs, fournit une première énumération des organes qu'elle crée. Cependant, si nous passons de ces formules à la réalité du régime établi, nous constatons que, des trois organes énumérés, il n'y en a que deux qui soient politiques : le roi et l'assemblée législative.

Il faut, en effet, éliminer des pouvoirs de gouvernement le pouvoir de juger et, par suite, laisser de côté l'organe formé par l'ensemble des magistrats élus. D'une part, ceux-ci n'ont pas, comme nous l'avons dit, le caractère de représentants ; d'autre part, la fonction de juger, telle qu'elle est comprise par la Constitution de 1791, n'est pas une fonction politique. La séparation des autorités administratives et judiciaires, dont l'exposé revient à l'enseignement du droit administratif, ne laisse aux juges que le soin de trancher les litiges entre particuliers.

En revanche, l'existence d'un autre organe politique nous est révélé par sa structure et ses prérogatives : c'est le corps électoral (V. n° 39). La Constitution de 1791 nous montre, dès cette époque, le corps électoral existant en tant qu'organe, puisqu'il est « organisé » par la constitution, énonçant les principales règles conformément auxquelles il se forme et agit. Parallèlement, existe une fonction électorale ; elle découle logiquement de la notion de souveraineté nationale. Les membres de la Constituante le déclarent expressément. Dans la séance du 11 août 1791, Barnave dit : « La qualité d'électeur n'est qu'une fonction publique à laquelle personne n'a droit et que la société dispense ainsi que le lui prescrit son intérêt. » Et Thouret précise : « La qualité d'électeur est fondée sur une commission publique dont la Nation (c'est-à-dire, avons-nous vu, la Constitution) a le droit de régler la délégation. »

191. — Les assemblées primaires et électorales.

— La nature fonctionnelle de l'électorat explique pourquoi, alors que, théoriquement, l'ensemble des citoyens devrait être appelé à faire partie du corps électoral, la Constitution de 1791 peut introduire deux restrictions capitales :

La première est la distinction des *citoyens actifs* et *passifs ;* la seconde la superposition aux assemblées primaires (titre III, chapitre Ier, section 2, nomination des électeurs, assemblées primaires) des assemblées électorales (section 3, assemblées électorales, nomination des représentants).

Les citoyens passifs jouissent des droits de l'homme et du citoyen mais ne participent ni aux assemblées primaires, c'est-à-dire à la désignation des électeurs, ni par l'intermédiaire de ceux-ci, des représentants. Au contraire, les citoyens actifs bénéficient non seulement des droits inscrits dans la Déclaration, mais ils votent et siègent dans les assemblées primaires. Les conditions requises tiennent à la qualité de Français du sexe masculin ; à l'âge de 25 ans ; au domicile plus ou moins prolongé ; à l'inscription à la garde nationale ; au serment civique ; au fait de n'être pas domestique (le serviteur étant considéré comme jouissant d'une indépendance insuffisante par rapport à son maître) ; enfin, à un cens très léger de trois journées de travail, ce qui représentait alors de 1 fr. 50 à 3 francs or.

Le chiffre d'électeurs ainsi obtenu est de l'ordre de 4 300 000 pour une population française d'environ 24 millions, soit à peu près le sixième. Comme le suffrage dit « universel », tel qu'il fonctionnera de 1848 à 1940, englobera le quart de la population, on peut dire dans son principe, le suffrage révolutionnaire plus démocratique que censitaire. Mais il n'en va pas de même en pratique. La qualité de citoyen actif ne permet pas d'élire : elle autorise seulement à siéger dans l'assemblée primaire. Celle-ci désigne un membre sur cent pour former l'assemblée électorale, qui, établie pour deux ans, procède aux élections des députés ainsi qu'à d'autres désignations, notamment celle des hauts jurés de la Haute Cour nationale. La condition pour faire partie de l'assemblée électorale est, cette fois, un cens élevé, un gros revenu fiscal variant entre cent à quatre cents journées de travail, ce qui aboutit à la prépondérance politique de quelque 40 000 personnes.

Le choix des députés s'effectue dans le cadre de la nouvelle division administrative : le département. Il y a pour la métropole, 745 représentants à désigner, qui sont distribués entre les départements selon les trois proportions du territoire, de la population et de la contribution directe. Sauf le département de Paris, qui n'en nomme qu'un, tous les départements ont au moins trois élus au titre du territoire, ce qui fait 247 députés. 498 députés supplémentaires sont attribués, moitié au titre de la population, moitié de la contribution directe. La masse totale de la population active et la somme totale de la contribution directe sont respectivement divisées, l'une et l'autre, par 249, et chaque département a autant de députés supplémentaires qu'il détient de part de population et de part de contribution (titre III, chap. Ier, sect. 1re, nombre des représentants, bases de la représentation).

La Constitution de 1791 ne prévoit pas, elle-même, de conditions d'éligibilité, mais la loi électorale, appliquée pour la désignation de l'assemblée législative, exigea un revenu fiscal correspondant à un marc d'argent, ce qui équivalait pour l'époque à 50 francs or.

Le corps électoral, fortement sélectionné, a un rôle bien circonscrit. Il exerce exclusivement un suffrage : il ne fait qu'une désignation et ceci dans des termes très différents de ceux en usage pour les États généraux. Les élus y étaient représentants de leurs électeurs et ceux-ci, sous forme de cahiers, leur remettaient des instructions qu'ils suivaient fidèlement, allant jusqu'à s'abstenir en cas de doute. Au contraire, et malgré que le mot soit conservé, la représentation, dans le système du droit révolutionnaire sur lequel nous nous sommes déjà expliqués, se limite à une nomination. Le représentant n'est plus le représentant de ses électeurs mais de cette entité collective qui est la Nation. Il en résulte, du point de vue de la législation positive, *quatre conséquences :*

D'abord, *le représentant est indépendant du représenté.* Il n'est pas lié par ses promesses. Les déclarations qu'il a faites l'obligent peut-être moralement, elles ne le contraignent pas juridiquement.

En second lieu, *le représentant est l'élu de la Nation* et non celui de la circonscription qui le choisit.

En troisième lieu, *les représentants sont désignés pour un temps déterminé.* En 1791, ce délai est bref : deux ans. Mais, durant ces vingt-quatre mois, le représentant ne peut être l'objet d'une révocation.

Enfin, *les actes juridiques des représentants ne sont soumis à aucune ratification.* Selon les principes du régime représentatif, le corps électoral n'a pas d'autre rôle que de nommer les représentants. « Les fonctions des assemblées primaires et électorales se bornent à élire. » (titre III, chap. Ier, sect. 4, art. 1.) Elles n'ont à délibérer ou à se prononcer ni sur la constitution, ni sur les lois, ni sur aucune autre question.

192. — L'Assemblée nationale législative.

« L'Assemblée nationale formant le corps législatif n'est composée que d'une chambre » (titre III, chap. Ier, préambule, art. 1). La Constituante, mue par des mobiles théoriques — l'unité de la Nation — et pratiques — la crainte de maintenir, grâce à une seconde chambre, d'anciennes survivances aristocratiques ou encore d'accueillir dans son sein les éléments modérés, — décide qu'il n'y aura qu'une seule chambre, à la différence des Constitutions d'Amérique et d'Angleterre, toutes deux bicaméristes.

L'Assemblée se réunit de plein droit, elle se constitue elle-même ; elle vérifie les pouvoirs de ses membres ; elle est permanente et ignore le découpage des sessions ; elle n'est pas prorogeable ; elle est indissoluble ; elle parcourt ses deux années de mandat sans interruption et sans crainte de réélection anticipée.

L'Assemblée est puissante. Elle a l'exclusivité des pouvoirs et fonctions que lui délègue la constitution :

En matière de législation, elle propose et décrète, c'est-à-dire qu'elle a l'initiative des lois, ainsi que le pouvoir de les faire;

En matière de finances, elle fixe les dépenses publiques, établit et répartit les contributions, détermine les monnaies;

En matière d'administration, elle décrète la création et la suppression des offices publics, elle statue sur les forces navales et sur le domaine, elle décerne les honneurs publics, etc.;

En matière pénale, elle poursuit les ministres, les principaux agents de l'exécutif, les individus prévenus d'attentat ou de complot contre la sûreté générale de l'État ou contre la constitution devant une Cour nationale, formée de quatre grands juges, membres du tribunal de cassation et de hauts jurés, élus comme les députés à raison de deux par département.

193. — Le roi. — La constitution maintient le roi sur son trône et assure sa succession, selon les règles traditionnelles, « de mâle en mâle, par ordre de primogéniture, à l'exclusion perpétuelle des femmes et de leur descendance ». En cas de minorité, la régence est minutieusement organisée (chap. II, sect. 2).

Le roi prête à la Nation serment de lui être fidèle ainsi qu'à la loi. Il promet de maintenir la constitution.

Le roi est inviolable et sacré, mais il peut être déchu, car, sous la forme d'une abdication présumée, la constitution prévoit cinq cas où le roi redevient un citoyen ordinaire, soumis aux règles communes d'accusation et de jugement (refus ou rétractation du serment, direction d'une armée engagée contre la nation ou non-opposition à celle-ci, refus de rentrer dans le royaume après en être sorti).

Le roi a l'exclusivité du pouvoir exécutif. Il désigne seul les ministres. Il est le chef suprême de l'administration générale, des armées de terre et de mer, dont il nomme partiellement les officiers généraux ou supérieurs. Il a le soin de veiller au maintien de l'ordre et de la tranquillité publique. Il nomme un grand nombre de fonctionnaires. Il annule les actes des administrateurs des départements contraires aux lois ou aux ordres qu'il leur aurait adressés. Il suspend même, dans certains cas, ces administrateurs eux-mêmes.

Le roi est délégué à la sûreté extérieure du royaume dont il doit maintenir les possessions et les droits. Il décide des préparatifs militaires et déclare la guerre ; il entretient les relations politiques au dehors ; il arrête et signe les traités de paix, d'alliance et de commerce ; il nomme les ambassadeurs.

Enfin, le roi a, en matière législative, la faculté de refuser son consentement aux décrets législatifs. Le texte ne peut alors lui être représenté pendant la législature et doit ensuite, pour être réputé sanctionné, être repris, dans les mêmes termes, par les deux législatures suivantes.

Section 4
Le fonctionnement du régime

194. — Courte carrière de la Constitution de 1791. — La Constitution de 1791 n'a fourni qu'une très courte carrière : moins de dix mois et demi, du 1er octobre 1791, réunion de la législative, au 10 août 1792, suspension du roi, si l'on compte strictement ; presque trois ans si l'on admet que l'essentiel du système ait été mis en marche dès l'acceptation par Louis XVI des principaux articles (5 octobre 1789).

Même durant trente-six mois, le contraste reste à expliquer entre l'importance idéologique et le caractère éphémère de l'œuvre de la Constituante. La plupart des auteurs voient en elle avec Barante un acte « où furent inscrits tant de principes vrais et ineffaçables », mais « dont le texte et l'économie ne pouvaient manifestement avoir aucune durée » (*Questions constitutionnelles,* 1849, p. 44-45). — Il va de soi qu'une fois la preuve administrée par l'histoire, la prophétie devient facile. L'on peut objecter à cette clairvoyance rétrospective qu'un système assez proche fondé, lui aussi, sur la séparation des pouvoirs a, sans grande crise (la guerre de Sécession exceptée), régi les États-Unis, depuis plus de deux cents ans.

Mais, outre que la Constitution de Philadelphie a sur celle de 1791 d'incontestables supériorités (notamment l'existence des deux chambres), elle a bénéficié de circonstances bien différentes. Elle s'est appliquée dans un pays neuf et son lent développement coutumier a pu pallier ses faiblesses. L'œuvre de la Constituante par ses dispositions mêmes, renforce les oppositions qui étaient déjà dans les hommes et dans les faits.

195. — L'antagonisme des pouvoirs. — Le roi et l'assemblée sont face à face sans moyen d'accord et de conciliation. La séparation (dont on a vu que les constituants faisaient un tel cas, qu'à leurs yeux un pays où elle n'existerait pas, n'aurait pas eu de constitution), a été poussée si loin que manquent tous moyens de coordination ou même simplement d'entente entre les deux pouvoirs.

Leurs contacts personnels étaient rendus, sinon impossibles, du moins pénibles. Le roi pouvait paraître à l'assemblée, mais elle cessait dès son entrée de délibérer. Quant aux ministres, ils s'y présentaient en posture d'accusés. Ils y étaient interrogés, mais ne prenaient pas part aux délibérations. Tout mode de conviction réciproque entre les deux organes était écarté : l'assemblée ne pouvant, au moyen de question ou d'interpellations, amener les ministres à se ranger à ses vues; à l'inverse, les ministres n'ayant pas la faculté, par l'exposé de leur politique, d'entraîner l'assemblée à leur suite.

Absence, aussi, de participation commune à la législation : la loi naît de l'assemblée seule. Pas d'initiative simultanée; sans doute, le roi pourra prier l'assemblée de prendre en considération tel ou tel objet, mais ce ne sera qu'un vœu. Quant à la discussion des lois, elle se produit en dehors de la présence des ministres, en dehors donc de leur influence. La mission de l'exécutif, comme son nom l'indique, sera simplement d'exécuter les lois sans avoir collaboré à leur confection, ce qui est plein d'inconvénients, puisque le texte établi peut contredire la politique gouvernementale. Pas d'influence non plus sur l'organe législatif lui-même, puisque le roi ne peut ni le suspendre, ni le dissoudre.

La seule intervention dans le domaine législatif dont le monarque dispose est le refus de consentir à un décret du corps législatif. Le roi qui ne peut rien sur la loi en formation, peut opposer son *veto* à la loi une fois faite. Le roi qui, par lui-même ou par ses ministres, ne peut ni avertir ni conseiller, a, selon la terminologie de Montesquieu, « la faculté d'empêcher ». C'est là, entre ses mains, une arme si redoutable que plusieurs monarchistes ne l'acceptèrent qu'avec crainte, formant le souhait, avec Mirabeau et Lally Tollendal, que le roi n'en fît pas usage. En revanche, certains adversaires de Louis XVI poussèrent à l'adoption du *veto,* comme au moyen le plus sûr d'amener un conflit fatal à la monarchie. Entre les deux, les doctrinaires, Sieyès notamment, se prononcèrent avec vigueur contre l'institution, l'appelant « une lettre de cachet contre la volonté générale ». En fait, le *veto* fut immédiatement l'objet de l'inquiétude et de l'hostilité populaires. La caricature et la chanson s'en emparèrent et le roi fut surnommé *M. Veto* (V. « La Carmagnole »).

196. — Le déséquilibre des pouvoirs.

En principe, les deux pouvoirs antagonistes sont égaux. A première lecture, la constitution semble les mettre sur le même pied, en accordant, à chacun dans sa sphère, la plénitude des attributions, soit législatives, soit exécutives.

Si le roi n'a pas pour lui l'élection, il a la tradition, et la possession du trône lui confère encore, malgré les récents événements, un incomparable prestige. Comme on l'a dit, une République n'est envisagée que par quelques isolés. Il suffirait au prince d'un peu d'habileté pour redevenir, tôt ou tard, maître de l'heure. Mais la situation morale de Louis XVI est, dès le début, équivoque. Bientôt, il s'oppose aux réformes qu'il semblait d'abord souhaiter. L'affection de ses sujets se transforme en méfiance. Justifiée ou non, elle est un fait qu'il faut désormais admettre et que renforce une suspicion beaucoup mieux fondée quant à la reine et à la cour. Doté personnellement d'un courage très réel dont il témoignera en plusieurs circonstances, le roi est de caractère indécis; les événements les plus graves le trouvent apathique; de sorte qu'il ne réussira pas à redresser la situation diminuée où l'enferme la Constitution de 1791. Celle-ci le dépouille d'ailleurs des prérogatives qui sont normalement celles d'un Chef d'État. Le texte révolutionnaire, franchissant sans s'y arrêter l'étape de la monarchie dite « limitée », réduit les pouvoirs royaux au-dessous des attributions que conserve alors la monarchie anglaise et que possédera, en France, la monarchie censitaire.

Le roi est privé de son rôle modérateur naturel des pouvoirs publics. Ce n'est pas lui qui convoque les électeurs, ni qui réunit l'assemblée. Il ne peut ni la dissoudre, ni la proroger, c'est-à-dire suspendre son activité pour un certain temps. Il se trouve ainsi sans action sur les deux autres organes.

Le roi, de plus, est limité dans le nombre et le choix de ses ministres. Il ne peut les prendre ni dans l'assemblée, ni dans le tribunal de cassation, ni dans « le haut juré ». La première prohibition le met dans l'impossibilité de faire appel à des hommes politiques marquants et connus, susceptibles de dominer les circonstances. Tel est d'ailleurs bien le dessein des constituants. Contre le régime parlementaire, alors en formation outre-Manche, les arguments théoriques sont d'un grand poids. Mais comme pour toutes les autres questions, les mobiles de fait s'avèrent encore plus décisifs. L'interdiction de principe de désigner des ministres députés vient de la crainte de voir le roi lier à son sort une forte personnalité, choisie dans l'assemblée et possédant sur elle action et crédit. Plus précisément encore, redoute-t-on Mirabeau premier ministre. Ironiquement ce dernier, dans un discours fameux, proposera à ses collègues de borner leur exclusion « à M. de Mirabeau, député des communes de la sénéchaussée d'Aix » (J.-J. Chevallier : *Mireabeau, un grand destin manqué,* Hachette, 1947, p. 113).

Pas davantage, le roi n'a le plein choix de ses collaborateurs moyens ou subalternes. Une grande partie des fonctions publiques sont désormais électives, et, à ce titre, l'entière administration locale — départements, districts, communes — échappe à l'autorité royale. De même, toute la magistrature est constituée à part. Enfin, une disposition bizarre et presque saugrenue nous montre jusqu'à quel point la constitution pousse la défiance à l'égard du roi. La constitution ne lui permet que de nommer deux tiers des contre-amiraux, un tiers des colonels et un sixième des lieutenants de vaisseaux.

De nombreuses menaces planent sur la tête du roi et sur celle de ses collaborateurs. Au chapitre II, les articles 5, 6, 7, prévoient cinq cas d'abdication présumée. Quant aux ministres, ils encourent, en huit cas, douze et vingt ans de gêne et, en cinq cas, la condamnation à mort.

En face de cet exécutif étriqué, ligoté de toutes parts et moralement affaibli, l'assemblée dresse sa puissance de droit et de fait.

Légiférer, dans la conception révolutionnaire comme dans l'œuvre de J.-J. Rousseau, est la fonction suprême, l'incarnation même de la souveraineté. Si celle-ci est théoriquement réservée à la Nation, c'est en réalité à l'assemblée qu'il revient d'exprimer la volonté générale. Alors que le terme devenu impropre, mais cependant conservé, de représentation semble suggérer l'existence d'une volonté première de la Nation traduite par l'assemblée dans la loi, comme par le monarque dans l'exécution, la théorie révolutionnaire fait de la Nation, ainsi que nous l'avons déjà exposé, une collectivité abstraite incapable de manifester ses désirs. La représentation est donc beaucoup plus que la représentation, elle est *l'élaboration de la volonté nationale.* Les membres de l'assemblée sont appelés à opiner, non d'après une volonté nationale pré-établie, puisque cette volonté ne peut s'exprimer, ni même se former, sans eux, mais d'après la conscience qu'ils ont de la volonté générale. Ils statueront, selon leurs propres vues et d'après les circonstances, au fur et à mesure qu'elles se produiront, puisqu'ainsi que nous l'avons dit, ils ne peuvent être liés par aucun mandat ou engagement antérieurs.

Politiquement, la position de l'assemblée est, de même, prépondérante. C'est d'abord, en vertu des textes adoptés dès octobre 1789, la Constituante qui joue le rôle promis ensuite à la Législative. Élue comme États généraux, dans des conditions dramatiques, elle a reçu une mission de restauration financière et de rénovation constitutionnelle. En son sein, se rencontrent la plupart des dirigeants de l'opinion. Aussi est-il naturel qu'elle ambitionne la première place, qu'elle se dirige vers elle d'un pas décidé et qu'après s'en être emparée, malgré certaines résistances royales, notamment au moment du serment du Jeu de paume, elle entende s'y maintenir.

La Législative, qui se réunira le 1er octobre 1791, ne bénéficiera pas d'une situation morale aussi prestigieuse. La Constituante ayant établi l'inéligibilité de ses membres, les électeurs devront faire choix d'un nouveau personnel politique. En général, ils désigneront des administrateurs de départements et de districts. L'assemblée sera marquée ainsi par la jeunesse, l'absence de notoriété et souvent la médiocrité de fortune. Il en résultera une impression générale d'effacement, d'inexpérience et d'incertitude. Les hommes politiques de premier plan se trouveront hors de la représentation et joueront un rôle en marge d'elle, dans la presse ou dans les clubs. Néanmoins, l'assemblée conservera, vis-à-vis du roi, la primauté que lui donnait la constitution. La formule du doyen Deslandres : « passage de l'absolutisme monarchique à l'absolutisme législatif » est sans doute

Section 5
La fin de la Constitution

197. — Le conflit du roi et de l'Assemblée. — Le déséquilibre que l'on vient de dire étant inscrit dans les faits, le seul moyen d'assurer la durée de la constitution eût été sans doute de s'y abandonner. La liaison des pouvoirs aurait ainsi résulté de leur hiérarchisation, l'exécutif se subordonnant au législatif.

Pour cela, il eut suffit, d'une part, que le roi choisît des ministres qui, sans être pris dans l'assemblée puisque cela lui était interdit, y auraient joui du moins de la sympathie des députés; d'autre part, qu'il laissât sommeiller la redoutable prérogative du *veto*.

Louis XVI sembla, d'abord, accepter ces conditions d'effacement, indispensables au maintien de son règne. Il s'abstint de mettre son *veto* à la Constitution civile du clergé, quoique la question lui tînt profondément à cœur. Par ailleurs, en mars 1792, il substitua, aux ministres feuillants, les girondins Dumouriez, Roland, Clavière, Servan, choisis dans la tendance dominante à la Législative.

Mais bientôt le roi abandonna cette attitude prudente. On devait s'y attendre : « comment croire, en effet, qu'un roi, absolu la veille, aurait pu se contenter de la place modeste qu'on lui offrait et accepter sans arrière-pensée de jouer le rôle de simple figurant que lui assignait la constitution nouvelle ? Celle-ci, pour une monarchie, rapetissait par trop le monarque, tandis que, pour une République, selon le mot de Mirabeau, elle avait un roi de trop » (F. Braesch, *l'Année cruciale,* 1921). L'Assemblée nationale législative ayant décidé la déportation des prêtres réfractaires et la formation d'un camp de fédérés aux portes de Paris, le roi fit opposition à ces deux mesures. Le 12 juin, Roland, ministre de l'Intérieur, prévint Louis XVI qu'à maintenir son *veto* aux décrets du 29 mai et du 6 juin, il risquait, étant données l'atmosphère échauffée et l'attitude des masses, sa chute personnelle et la fin même de la monarchie.

La crise était ouverte. L'Assemblée, appuyée par l'opinion, entendait, en brisant le *veto,* consacrer définitivement sa puissance; Louis XVI, en affirmant ses prérogatives, se refuser à un nouvel abaissement du pouvoir royal et reprendre en mains la conduite de l'État. Il renvoie les ministres girondins, Roland lui-même et ses collègues Servant et Clavière. La dislocation du cabinet s'ensuit et Dumouriez son président se retire à son tour.

A ces événements d'ordre constitutionnel se mêlent bientôt dans la rue les mouvements populaires des 20 juin et 10 août 1792. Comme on l'a très exactement qualifiée, la journée du 10 août est « une seconde Révolution ». L'Assemblée, inspirée par son hostilité à l'égard de Louis XVI, se laisse forcer la main. Elle prononce la suspension, décide l'institution d'un exécutif provisoire de six ministres, enfin, convoque une Convention nationale : toutes mesures extra-constitutionnelles qui mettent fin, de manière imprévue, au régime de 1791.

198. — La convocation de la Convention. — La constitution confiait la révision à la Législative même, mais en imposant des modalités longues et compliquées. Trois législatures devaient émettre un vœu identique de révision que réaliserait la quatrième, augmentée de 249 membres spécialement élus. Les trois législatures couvrant six ans, c'était donc la septième année seulement que l'on pouvait entreprendre la modification effective. De plus, jugeant encore ce délai insuffisant, les constituants de 1791, assez fiers de leur œuvre, avaient prescrit qu'il n'y aurait pas de proposition de révision possible pendant les deux premières législatures; ce qui ajoutait ainsi un nouveau moratoire de quatre ans. Au total, la révision ne pouvait jouer avant 1801. Encore l'assemblée avait-elle eu la relative sagesse d'écarter la motion enthousiaste d'un de ses membres qui voulait trente ans d'immuabilité!

Incontestablement, les événements ne permettaient pas une procédure aussi lente. C'est pourquoi la Législative y coupa court et prit la décision de faire élire au suffrage universel une Convention. Elle pouvait d'ailleurs, dans une certaine mesure, s'y croire autorisée par la curieuse rédaction du titre VII, article 1er, intitulé « de la révision des décrets constitutionnels ». La Constitution de 1791 y réservait à la Nation « le droit imprescriptible de changer sa constitution ». La procédure que nous venons de décrire était simplement *proposée* par l'Assemblée constituante, comme étant plus conforme à l'intérêt national. Les constituants qui s'étaient à la fois reconnu le pouvoir de donner au pays une constitution et d'en fixer les modes éventuels de révision, ne s'étaient en revanche pas cru en droit de lier la Nation. Devant le mouvement révolutionnaire du 10 août, la Législative, conséquente avec elle-même, « invita » les Français à procéder à la formation d'une Convention.

CHAPITRE II

LE GOUVERNEMENT CONVENTIONNEL

Section 1

Les origines

199. — La Convention nationale. — Le mot *Convention* est emprunté au vocabulaire du droit constitutionnel américain. D'après la définition contemporaine de Pétion, il désigne « une assemblée établie pour faire ou défaire une constitution ».

La Convention est élue selon un nouveau régime électoral. En même temps qu'elle invite le peuple français à désigner une Convention, la Législative supprime la distinction en citoyens actifs et citoyens passifs. Il n'y a plus, désormais, que des citoyens actifs. Pour en acquérir la qualité, il suffit d'être Français, du sexe masculin, d'avoir 21 ans et de vivre de son travail ou de son revenu. Les domestiques restent exclus et la prestation du serment civique est exigée de ceux à qui la loi en fait une obligation.

A l'égard de l'éligibilité, toutes les restrictions sont abolies. « Les conditions d'éligibilité — dit le décret de la législative du 11 août — ne sont pas applicables à une Convention nationale. » Tous les électeurs, âgés de 25 ans, sont éligibles.

En principe, une masse de sept millions de Français est, ainsi, appelée aux urnes. En fait, il n'y a guère plus d'un dixième de votants. Les assemblées primaires, réunies le 26 août, comptent suivant les estimations des historiens, de 700 000 à 1 000 000 de participants. L'abstentionnisme tient à la nouveauté et à l'indifférence, mais surtout à la crainte : la peur des représailles, l'incertitude qu'en particulier les Jacobins laissent planer sur leurs intentions véritables.

Les assemblées électorales, siégeant le 2 septembre et les jours suivants, désignent près de sept cent cinquante députés. Sur ce total, il y a deux cents Jacobins ou Cordeliers et cent soixante Girondins connus comme tels. Environ quatre cents membres siègent dans la plaine et se portent tantôt d'un côté, tantôt de l'autre, sans jamais se prononcer nettement.

La Convention accueille un certain nombre d'hommes qui ont déjà fait partie de l'Assemblée constituante ou de la Législative, puisque cette fois, il n'y a aucune restriction à l'éligibilité. Avec une accentuation plus marquée vers la gauche, elle n'apparaît pas socialement très différente de sa devancière. L'ensemble demeure bourgeois. Un seul membre, semble-t-il, Noël Pointe-Cadet, est ouvrier manuel, encore exerce-t-il la profession délicate d'armurier.

200. — Les premières mesures.

— Dès les 21 et 22 septembre, la Convention prend deux décrets essentiels :

— le premier, adopté à l'unanimité, abolit la royauté : de cette façon, le régime républicain succède à la monarchie ;

— le second décide que la constitution future sera soumise à l'approbation du corps électoral et à l'acceptation du peuple ; au système purement représentatif, succède la démocratie semi-directe.

Puis, le 11 octobre, la Convention nomme une commission de constitution qui comporte neuf membres et six suppléants. Parmi eux, deux spécialistes des questions constitutionnelles : l'abbé Sieyès et un curieux personnage, Thomas Payne qui, d'origine anglaise, avait collaboré à l'élaboration de la constitution américaine avant de devenir, sous la Constituante, citoyen français. La majorité de la commission est girondine avec Brissot, Vergniaud et Condorcet qui va jouer le rôle principal. De la gauche, viennent Danton et Barrère et, parmi les suppléants, un ami de Robespierre, Hérault de Séchelle.

Barrère donne connaissance, dix jours après, d'un premier rapport à la suite duquel la Convention rend un décret invitant « tous les amis de la Liberté et de l'Égalité à lui présenter, en quelque langue que ce soit, les plans, les vues et les moyens qu'ils croiraient propres à donner une bonne constitution à la France ». Cette invitation est suivie de l'envoi à la Convention d'un certain nombre de projets. Le doyen Deslandres parle d'un « déluge ». Au témoignage de

Lanjuinais, il y en eut trois cents, ce qui ne justifie pas tout à fait la métaphore. Leurs textes ne nous sont pas entièrement parvenus, soit qu'ils n'aient pas été conservés, soit qu'on ne les ait pas encore retrouvés. L'étude des projets connus, faite, il y a quelques années, dans une thèse de la Faculté de droit de Paris, ne laisse pas une impression particulièrement favorable (F. Galy : *La notion de constitution dans les projets de 1793,* 1932). Certains plans émanent de fous ou de demi-fous ; d'autres n'ont aucun intérêt ; l'ensemble, toutefois, traduit un état d'esprit général dont les constituants sont eux-mêmes imprégnés.

Le comité de constitution ne paraît pas, comme le croit encore M. Deslandres, avoir perdu tellement de temps à lire ces projets, puisque, dès le mois de février, il est en mesure de soumettre à la Convention un plan de constitution, connu historiquement sous le nom de « projet girondin » ou encore de « constitution girondine ».

201. — La Constitution girondine.

La déclaration en trente-trois articles et le texte en quatre cents sont, eux-mêmes, précédés d'un rapport à leur échelle. Ce dernier occupe, dans *le Moniteur réimprimé,* trente-six colonnes. Condorcet, son auteur, qui en commence la lecture devant la Convention, ne peut arriver jusqu'au bout ; Barrère doit accourir à son aide et, non sans mal, parvient au terme.

Ce projet girondin réclame l'attention, car il inspirera de très près la Constitution montagnarde. Œuvre d'un mathématicien, il est de facture très dogmatique. Les conséquences sont rigoureusement déduites d'un certain nombre de principes, notamment des première décisions de la Convention : abolition de la monarchie et institution de la démocratie semi-directe.

Condorcet préconise la suppression de la royauté parce qu'elle viole l'égalité naturelle ; qu'elle repose sur un principe qui lui paraît absurde, celui de l'hérédité des qualités ; qu'enfin, elle appelle l'erreur et la séduction comme moyen de gouvernement, alors que l'institution de la république satisfait la raison.

Sous le nom de « gouvernement représentatif », Condorcet établit, en réalité, la démocratie semi-directe. Le gouvernement est dit, par lui, « représentatif », en ce sens que les élus ne sont pas de purs mandataires, de simples porte-parole, mais qu'investis de la confiance du peuple, ils ont le droit de faire des lois en son nom, et sont, à certains égards, indépendants. Mais la représentation n'est pas exclusive, puisque, à côté de l'élection, il y a intervention des électeurs par référendum législatif.

Condorcet reconnaît dans ces derniers les titulaires, non d'une fonction, comme dans la Constitution de 1791, mais d'un droit réputé naturel, auquel la Constitution girondine donne le revêtement d'un droit positif. Sur ce point encore le projet suit la législation existante qui, pour la nomination de la Convention, vient de supprimer la distinction entre citoyens actifs et citoyens passifs. Allant plus loin, Condorcet abolit les deux degrés. Tout mathématicien qu'ils soit, il est conduit à cette suppression par un dessein pratique; il veut éviter le danger que présentent les assemblées électorales. En plusieurs endroits, elles ont eu tendance à se perpétuer et à essayer de se constituer en organe d'administration. De façon à ne pas permettre d'aussi dangereux empiètements, Condorcet établit le suffrage direct à deux tours. Au premier, on choisit des candidats qui, au second tour, entrent seuls en ligne de compte : c'est l'institution du ballottage.

Enfin, Condorcet préconise l'unité du pouvoir. Les constitutions fondées sur la séparation sont des « machines compliquées », qui « se brisent par leur action même », ou bien, ce qui est encore plus fâcheux, des systèmes qui tendent à dégénérer naturellement « en un autre fondé sur l'intrigue, la corruption ou l'indifférence ». Condorcet accable de sarcasmes la trinité parlementaire de Montesquieu : « Il n'y a — dit-il — qu'un seul pouvoir, le pouvoir national qui réside dans le corps législatif. C'est avec l'équilibre des pouvoirs qu'on a des constitutions anglaises et des frères jumeaux qui se battent comme il est arrivé le 10 août entre le pouvoir exécutif et le pouvoir législatif ». Le pouvoir de faire les lois et le pouvoir de déterminer les mesures d'application — c'est-à-dire ce que l'on appelait, en 1791, le pouvoir législatif et le pouvoir exécutif — doivent être rassemblés dans les mêmes mains, celles des représentants du peuple.

A l'unité « du » pouvoir, Condorcet ajoute l'unité « dans » le pouvoir. Il rejette le système des deux chambres et condamne le bicamérisme anglais comme une forme coutumière, née de l'histoire et non de la raison : « Ce n'est pas — constate-t-il — l'ouvrage d'une théorie politique née dans un siècle éclairé ». Il lui reproche plus vivement encore de ne pas correspondre « aux besoins d'une autorité sans cesse agissante ». Si l'on comprend bien la pensée de Condorcet, elle signifie que, pour accomplir l'œuvre de transformation alors en cours, la dualité d'assemblée est une trop lourde machine, alors qu'au contraire, une assemblée unique est un organe beaucoup mieux approprié à une œuvre révolutionnaire.

D'ailleurs, Condorcet ne méconnaît pas les inconvénients de ce pouvoir unique et l'entoure de quelques garanties. On procédera, par exemple, à plusieurs lectures. Surtout, le corps législatif sera quasi constamment renouvelé. Élu par moitié tous les ans, son peu de durée contrariera son omnipotence. Enfin, comme on l'a vu, le peuple interviendra encore pour rejeter les lois qu'il jugerait contraires à ses libertés ou à ses intérêts.

L'Assemblée, d'après le principe d'unité, devrait donner directement ses ordres aux fonctionnaires; cependant Condorcet intercale entre elle et eux le conseil exécutif de la République. Il forme un corps qui arrête en commun les résolutions générales, mais est essentiellement subordonné aux dépositaires de la puissance législative. Par une curieuse inconséquence, il en fait l'élu du peuple entier, ce qui lui rend ainsi une force comparable à celle de l'Assemblée.

Le projet girondin est débattu à partir du 17 avril 1793. On entend de nombreux discours et la discussion est dans l'ensemble assez confuse. Certaines interventions, comme celles d'Anacharsis Klotz, sont un tissu de divagations. Par contre, les propos de Robespierre valent d'être notés. Mais, pendant que la controverse constitutionnelle occupe le devant de la scène, se poursuit en coulisse le drame opposant la Gironde à la Montagne. Les débats sont brutalement interrompus par les journées du 31 mai et du 2 juin, au cours desquelles la commune de Paris cerne la Convention et lui réclame l'exclusion de la droite. Le projet girondin disparaît avec ses auteurs, sans être venu à terme.

202. — La Constitution montagnarde. — Après l'arrestation des vingt-neuf députés exclus, la Convention ne désigne pas une nouvelle commission. Le Comité de salut public lui-même se charge de la besogne. Cependant, il juge opportun de faire appel à cinq nouveaux collaborateurs parmi lesquels Hérault de Séchelles qui, on l'a dit, participait aux travaux de la première commission. Devenu rapporteur, il est en mesure, le 10 juin, de déposer son travail, avec un nouveau projet de constitution. En deux semaines, les débats sont terminés.

On s'est étonné de la rapidité avec laquelle la discussion est menée. M. Deslandres en tire argument pour qualifier d'une façon juridiquement peu exacte, mais historiquement évocatrice, la Constitution de 1793, de « constitution octroyée », voulant dire par là qu'elle est une manifestation autoritaire de la dictature jacobine.

En réalité, la Convention ne recommence pas une délibération qui a déjà eu lieu. Avec certaines modifications qui, sans doute, sont d'importance, la Montagne reprend les idées du projet girondin, puisqu'en cette matière, la rivalité de deux fractions est purement personnelle. Le projet girondin est combattu en tant qu'œuvre de Condorcet et de ses amis. Aussi, lorsque l'opposition girondine a disparu, suffit-il au Comité de salut public et à Hérault de Séchelles de le remanier pour pouvoir l'adopter aisément.

Le vote est acquis le 24 juin et, selon le décret du 21 octobre 1792, le texte soumis au référendum en juillet et en août. On compte environ 1 715 000 oui; près de 140 000 oui conditionnels; moins de 13 000 non. Au total, près de 1 900 000 votants sur sept millions d'électeurs. La proportion des suffrages, plus élevée que pour l'élection de la Convention, reste faible. Le résultat est néanmoins accueilli par des solennités et des fêtes; il y en eut même de religieuses.

Section 2
Fondements et caractéristiques

203. — La République. — Le premier trait du régime est d'être républicain. Dès sa réunion initiale, la Convention, a-t-on vu, proclame l'abolition de la monarchie. Le lendemain, elle décide, en addition au procès-verbal, que « les actes publics seront datés de l'an I de la République » et le 25 septembre elle déclare celle-ci « une et indivisible ». La Constitution, elle-même, reprend cette affirmation dans son premier article.

Alors que la Constitution de 1791 était une œuvre de compromis où l'on s'efforçait d'associer aux principes nouveaux le gouvernement royal, sans d'ailleurs parvenir à un équilibre durable, la Constitution de 1793 est, au contraire, radicale dans son inspiration comme dans ses termes. Elle rompt complètement avec le passé. C'est que, depuis Varennes, le républicanisme est passé sur le plan pratique. Un monarque n'apparaît plus à un nombre croissant d'esprits comme indispensable à la survie d'un grand État. La fuite du roi, outre quelle a ruiné le peu de confiance encore accordée à Louis XVI, a démontré que l'on pouvait se passer de lui. Le parti républicain est né et il s'est développé rapidement.

Aux arguments de faits, se joignent les raisonnements que nous avons déjà trouvés sous la plume de Condorcet et que la constitution girondine résume dans cette formule : « toute hérédité dans les fonctions est absurde et tyrannique » (déclaration, art. 33).

Dans la conception de l'époque, la République est caractérisée par la collégialité, l'élection et la brièveté du gouvernement. La République est le gouvernement de plusieurs : l'exécutif y appartiendra à un conseil relativement nombreux. La République élimine les fonctions héréditaires : la constitution mettra l'accent, avec une obtination voulue, sur l'égalité des hommes. La République, enfin, veut que les fonctions soient de peu de durée : les titulaires, changeant fréquemment, conserveront la mentalité du citoyen gouverné qu'ils ont été et qu'ils redeviendront bientôt.

204. — La souveraineté du peuple. — Alors que la Constitution de 1791 reposait sur la souveraineté nationale, la Constitution de 1793 proclame la souveraineté du peuple.

Il y a entre ces deux conceptions de grandes affinités, cependant elles diffèrent dans leur formule et leurs conséquences. Ce n'est plus, cette fois, la Nation, collectivité abstraite, personne morale transcendante qui est le sujet, mais la totalité concrète des individus : « Le peuple souverain — dit la Constitution — est l'universalité des citoyens ». Au lieu d'une base collective, donnant à la souveraineté un fondement sociétaire, c'est, cette fois, une notion individualiste et atomistique qui est proposée.

La conception de la souveraineté possédée individuellement provient directement de Jean-Jacques Rousseau, dont l'influence sur les constituants de 1793 est considérable. « Le souverain — dit-il au *Contrat social,* livre I, chapitre VIII — n'est formé que des particuliers qui le composent » et il précise — livre III, chapitre I — « supposons que l'État soit composé de dix mille citoyens, chaque membre de l'État a pour *sa part* la dix-millième partie de l'autorité suprême ».

La conséquence théorique de cette analyse est que pour reconstituer la souveraineté dans son entier, il sera nécessaire d'en additionner toutes les parcelles. Autrement dit, pour toute décision souveraine, c'est-à-dire pour toute décision législative, il faudra convoquer le peuple et interroger la totalité des citoyens.

De là, la différence capitale d'ordre pratique entre la souveraineté nationale et la souveraineté du peuple : la première est purement représentative, la seconde mène à la démocratie directe qu'adoptait effectivement J.-J. Rousseau, mais que la Constitution de 1793 se contente de réaliser à demi.

205. — La démocratie semi-directe. — Les députés sont des représentants puisqu'ils peuvent se prononcer sans mandat exprès; puisqu'ils sont investis de la confiance du peuple pour faire les lois en son nom. Mais leur rôle est limité. Dans son rapport, Hérault de Séchelles dit : « Le Gouvernement français n'est représentatif que dans toutes les choses que le peuple peut ne pas faire lui-même. » Et Robespierre, dans le discours auquel on a fait allusion, atténue encore la portée de la représentation : « Les membres de la législative sont les mandataires à qui le peuple a donné la première puissance, mais, dans le vrai sens du mot, on ne peut pas dire qu'ils la représentent parce que dans aucun cas la volonté ne se représente, la volonté est présumée. »

Cette présomption que les législateurs agissent conformément à la volonté générale existe jusqu'à preuve contraire, aussi la décision du corps législatif vaut-elle sous condition résolutoire d'une réclamation approuvée à la majorité, selon une procédure que l'on explicitera tout à l'heure.

Là encore, la pensée des constituants de 1793 s'accorde parfaitement aux vues de J.-J. Rousseau : « Ce n'est point à dire que les ordres des chefs ne puissent passer pour des volontés générales tant que la souveraineté, libre de s'y opposer, ne le fait pas. En pareil cas, du silence universel, on doit présumer le consentement du peuple » (*Contrat social,* livre II, chap. I).

206. — Le gouvernement d'assemblée. — Le dernier trait du régime imaginé par la Convention — celui qui est resté lié à son nom dans l'histoire — est le gouvernement d'assemblée.

Il procède, théoriquement, du principe de « l'unité d'action », sur lequel nous a déjà éclairés le rapport de Condorcet. A la suite encore du projet girondin, la Constitution montagnarde rejette la conception issue de Montesquieu, alors complètement supplanté par Rousseau. Comme l'analyse ce dernier dans sa septième *Lettre écrite de la montagne :* « Le pouvoir législatif consiste en deux choses inséparables, faire des lois et les maintenir, c'est-à-dire avoir inspection sur le pouvoir exécutif, sans cela toute liaison, toute subordination manquerait entre ces deux pouvoirs, le dernier ne dépendrait point de l'autre. » L'impulsion doit être donnée au système social par le législatif, l'exécutif se bornant à lui obéir. Les agents exécutifs sont purement et simplement subordonnés à la puissance législative. Autrement, s'il n'y avait point soumission de l'exécutif au législatif, le principe de l'unité d'action se trouverait compromis. C'est là la formule, conventionnelle par excellence, de *l'exécutif dépendant.*

Section 3
Les organes

207. — Les assemblées primaires. — La Constitution de 1793 procède à une extension simultanée de la composition et des attributions des assemblées primaires.

Quant au nombre des participants, tout homme âgé de 21 ans, né et domicilié en France, devient citoyen ; on admet même, dans certaines conditions, les étrangers.

Quant au rôle, bien que subsistent les assemblées électorales du second degré, les assemblées primaires procèdent directement à l'élection des députés. De plus, elles sont, comme nous l'avons dit, invitées à se prononcer sur les lois qui sont faites simplement *ad referendum*. Dans un délai de quarante jours, la loi proposée doit être soumise à un vote lorsque au moins un dixième des assemblées primaires régulières le demande, dans la moitié plus un des départements. Enfin, en matière constituante, le corps électoral a l'initiative de la révision ; il nomme la convention et procède à la ratification de la nouvelle constitution.

208. — Le corps législatif. — L'acte constitutionnel du 24 juin 1793 maintient et même, si l'on peut dire, renforce le système monocaméral. Non seulement le corps législatif est « un », mais encore il est « indivisible » ; c'est-à-dire qu'il ne peut être sectionné en plusieurs chambres pour délibérer. D'autre part, il est permanent. Il tient une session unique qui dure toute l'année. Commençant le 1er juillet, elle correspond à la législature qui n'est elle-même que d'un an.

Le rôle du corps législatif est essentiel dans l'établissement des règles de droit. Il y a, d'abord, comme on vient de le dire, acceptation présumée de toutes les lois contre lesquelles ne s'élève pas le dixième des assemblées primaires de la moitié plus un des départements. De plus, la Convention introduit une distinction appelée à une grande fortune dans le droit français, celle des lois et des décrets. Le corps législatif qui « propose » les lois, « rend », par contre les décrets (art. 53). Cela veut dire que, si l'adoption de la loi est sous condition résolutoire, le décret a, lui, une valeur définitive. Il n'est pas soumis à ratification populaire éventuelle.

Les articles 54 et 55 distinguent les matières législatives et celles que nous qualifierions, dans la langue d'aujourd'hui, de réglementaires :

Les premières comportent toutes les règles touchant à la législation civile et criminelle, ainsi que les recettes et dépenses publiques. On y a joint d'autres dispositions moins essentielles, comme celles sur les honneurs publics décernés à la mémoire des grands hommes.

Les secondes sont généralement, soit des mesures d'exécution ou de circonstances, soit encore des mesures individuelles. Cependant, figure parmi les attributions du pouvoir réglementaire, la ratification des traités qui, dans le droit public français, sera généralement soumise à autorisation législative.

209. — Le conseil exécutif. — Assez peu logiquement, Condorcet proposait de faire choisir le conseil exécutif par le corps électoral. La Constitution montagnarde écarte cette suggestion, qui aurait eu comme conséquence presque fatale d'empêcher le jeu du principe de l'unité d'action, en équilibrant de fait les forces de l'exécutif et du législatif. Elle décide que les membres du conseil exécutif seront nommés par le corps législatif. Son choix est toutefois limité aux personnes retenues par les assemblées électorales des départements, chacune présentant un candidat.

Le conseil exécutif se compose de vingt-quatre membres. C'est un organe à dessein nombreux, car le péril du gouvernement personnel semble d'autant moins à craindre que plus d'individus participent au pouvoir.

Le rôle du conseil est la direction et la surveillance de l'Administration générale. Ses membres n'administrent pas eux-mêmes. Ils se contentent de nommer et de surveiller « les agents en chef de l'Administration » dont le nombre et les fonctions sont établis par le corps législatif. Individuellement chargés de certaines tâches, les agents en chef ne peuvent former conseil et dépendent à titre individuel du conseil exécutif.

Le conseil exécutif n'est donc qu'un simple intermédiaire entre les agents généraux de l'administration et l'assemblée dont il exécute les lois et décrets sans participer aucunement à leur formation et sans avoir d'influence sur le corps législatif lui-même.

Section 4

Le Gouvernement conventionnel

210. — Les difficultés d'application. — La Constitution de 1793 soumet le conseil exécutif au corps législatif et subordonne celui-ci — à raison de la faible durée de ses fonctions et du référendum toujours possible — aux assemblées électorales.

L'évolution, commencée en 1789, est ainsi achevée quatre ans après. Le centre de gravité du pouvoir est passé du roi d'abord à l'assemblée, puis, de l'assemblée, dans le peuple. C'est le triomphe de la démocratie. Aussi les conventionnels accueillirent-ils eux-mêmes leur œuvre avec enthousiasme ; ils la comparèrent à la loi des douze tables, à l'œuvre de Minos ou à celle de Solon ; ils n'eurent pas de terme assez pompeux pour traduire leur satisfaction.

Cependant, l'entrée en vigueur de la constitution impliquait la fin de la Convention et de sa dictature. Or, des circonstances dramatiques, tant extérieures qu'intérieures, ne permettaient guère de mettre en marche le système complexe de la Constitution de l'an I. Aussi, un décret du 19 vendémiaire de l'an II décidait-il de renvoyer son application à la fin des hostilités. « Le Gouvernement sera révolutionnaire jusqu'à la paix. »

211. — Valeur dogmatique de la Constitution de l'an I. — Pour cette raison, on considère la plupart du temps la Constitution de 1793 comme ayant été lettre morte, et on ne lui accorde qu'un intérêt idéal ou « programmatique ».

Toute constitution présente en effet, à côté de sa valeur de droit positif, une portée dogmatique. Son maintien ou sa remise en vigueur devient le programme de certains partis ou de certains hommes politiques. C'est ainsi que, durant la fin du XVIIIe siècle et pendant une grande partie du XIXe, les républicains avancés qui continuent à s'appeler montagnards et les premiers socialistes, adoptent comme plate-forme la Constitution de l'an I. Sa restauration fut la revendication politique essentielle de la conjuration de Babeuf. Ainsi que le dit l'un des anciens conventionnels, Levasseur, dans une page nostalgique de ses *Mémoires* : « C'était la Constitution de 1793 qu'invoquaient les Babeuf et les Darthé ; c'est encore, sous les glaces de l'âge, la Constitution de 1793 qui fait battre le cœur du stoïque Buonarotti et, si je puis me nommer après ces hommes douloureusement célèbres, c'est ma longue fidélité à ce que j'ai cru être bien qui me console dans mon exil et mes longues douleurs. »

Aujourd'hui, encore, la tradition de 1793 est invoquée par les militants d'extrême gauche. Un rapprochement très suggestif du *constitutionnalisme jacobin* et du *constitutionnalisme soviétique* a été présenté par MM. A. Mestre et Ph. Guttinger (1971).

212. — La succession des comités. — Le gouvernement d'assemblée reste ainsi le legs vivant de la Convention. C'est, aussi, la partie de la Constitution de l'an I qui a effectivement fonctionné en tant que régime provisoire. Sinon dans sa lettre, du moins dans l'un des principes essentiels, l'unité du pouvoir s'est trouvée mise en œuvre sous quatre formes différentes de septembre 1792 à octobre 1795.

D'octobre 1792 à avril 1793, l'assemblée conserve le *Conseil exécutif provisoire* légué par la Législative, c'est-à-dire, pratiquement, l'ancien conseil des ministres sans le roi. Mais elle s'en subordonne les six membres par l'intermédiaire de vingt et un comités permanents qui les contrôlent, chacun dans leur sphère. Ce contrôle tend lui-même à une substitution pure et simple d'autorité, avec l'établissement de deux comités nouveaux, qui entendent participer largement aux attributions exécutives : *Comité de sûreté générale* (17 octobre 1792), *Comité de défense générale* (1er janvier 1793).

D'avril 1793 à avril 1794, le *Comité de salut public et de surveillance générale,* remplaçant le *Comité de défense générale,* prend les décisions aux lieu et place du Comité exécutif qui n'est plus qu'un agent d'exécution. Les ministres qui le forment reçoivent des ordres et se comportent comme de simples chefs de service administratif, les gouvernants effectifs étant les membres du comité. Ainsi, jusqu'à juillet 1793, Danton est-il le vrai ministre des Affaires étrangères. Le décret du 14 frimaire an II (4 décembre 1793) définit la situation très exactement en disant : « la Convention nationale est le centre unique de l'impulsion du gouvernement. Tous les corps constitués et les fonctionnaires publics sont mis sous l'inspection immédiate du *Comité de salut public* pour les mesures de gouvernement et de salut public ». Pour ce qui est relatif aux personnes ou à la sûreté générale et intérieure, l'inspection reste cependant au *Comité de sûreté générale.* Composé de neuf membres nommés pour un mois, le *Comité de salut public* fait chaque semaine rapport à la Convention.

D'avril 1794 à juillet 1794, le Conseil exécutif provisoire, survivance inutile, disparaît définitivement. Lui-même et les six ministres qui le composent sont remplacés par douze commissions (d'un ou deux membres et d'un adjoint) nommés par la Convention sur proposition du *Comité de salut public* et rattachées à lui. Ce dernier est sous l'autorité de la Convention, mais il se réserve — comme dit Carnot — « la pensée du gouvernement »; il prononce « sur les mesures que le défaut de temps ou le secret ne permettent pas de présenter à la discussion de l'Assemblée »; il ne laisse aux commissions que les détails; il exige d'elles un compte rendu quotidien, « leur donne la direction, l'ensemble et le mouvement qui leur sont nécessaires ». En fait, sous le couvert de l'Assemblée qu'il intimide, le *Comité de salut public* gouverne effectivement; de plus, dans son sein même, une personnalité l'emporte et, à la concentration des pouvoirs réalisés aux mains du comité, se superpose la concentration de l'autorité aux mains de Robespierre qui déjà exerce, à la tête des affaires, une véritable dictature depuis l'éviction de Danton (juillet 1793).

De juillet 1794 à octobre 1795, la dictature conventionnelle se maintient. Thermidor marque seulement la fin de l'hégémonie de Robespierre et de la Montagne. La Convention continue de diriger les affaires publiques par des comités soumis à de fréquents renouvellements et spécialisés de façon à assurer l'autorité effective de l'assemblée et à éviter que ne se répète la confiscation des pouvoirs par les comités eux-mêmes, qui avait marqué la période antérieure (V. J. Petot, *Les grandes étapes du régime républicain français* (1792-1969), 1970, p. 137 à 223).

213. — Le régime conventionnel. — A travers ces diverses modifications, que nous nous contentons de rapporter rapidement, persiste le système de l'exécutif dépendant, c'est-à-dire que prévalent, au fond, les idées de Rousseau et de Condorcet. Théoriquement et pratiquement, la Convention crée un type de gouvernement auquel on a donné son nom de *gouvernement conventionnel.* Il se caractérise par la prépondérance d'une assemblée dont l'exécutif suit les impulsions et exécute les ordres.

Certains travaux contemporains, notamment à la *Société d'histoire de la Révolution française,* ont soumis cette notion du gouvernement conventionnel à des critiques assez vives. Le système conventionnel, du moins en certaines de ses phases, ne serait que l'esquisse d'un gouvernement parlementaire encore innomé. Il y aurait eu ainsi un ministère Danton, puis un ministère Robespierre dont la mise en minorité aurait été sanctionnée par la perte non seulement du pouvoir, mais de la vie (V. B. Mirkine-Guetzévitch : *Le Parlementarisme sous la Convention nationale*, L.G.D.J., 1936).

Tout en reconnaissant l'ingéniosité de ces commentaires et la pertinence de certaines de ces remarques, il nous semble préférable, avec le droit constitutionnel classique, de considérer le régime conventionnel comme une forme propre des relations entre assemblée et gouvernement (V. Robert Villers : *La Convention pratiqua-t-elle le gouvernement parlementaire?*, R.D.P., 1951, p. 375. — Paul Bastid : *Le Gouvernement d'assemblée*, Paris, Cujas, 1956).

CHAPITRE III

LA RÉPUBLIQUE OLIGARCHIQUE

Section 1

Les origines

214. — L'abandon de la Constitution montagnarde. — La chute de la Montagne, au 9 thermidor (27 juillet 1794) n'a pas en droit les mêmes conséquences que celle de la Gironde. Les Girondins emportaient avec eux le projet de constitution qu'ils avaient inspiré; la disparition, aussi tragique, des Montagnards n'entraîne cependant pas la fin de l'Acte de l'an I.

Adoptée par la Convention, ratifiée par les assemblées primaires et simplement suspendue jusqu'au moment où le retour à la paix lui permettrait d'entrer en vigueur, la Constitution montagnarde a force exécutoire. Sa valeur juridique est si certaine qu'initialement les Thermidoriens ne parlent que de la compléter par les lois organiques nécessaires à son application.

Pour établir ces dernières, la Convention nomme le 14 germinal (3 avril 1795) une commission. Mais celle-ci n'aboutit pas. Elle démissionne, en s'avouant impuissante à adapter la Constitution de 1793. Elle est bientôt remplacée par une nouvelle commission, dite *commission des onze*, plus hostile encore que la précédente à l'œuvre de la Montagne.

Au même moment, les journées du 12 germinal et du 1er prairial (1er avril et 20 mai 1795) marquent dans la rue la défaite des éléments avancés. C'est à cette date — dit l'historien Raymond Guyot — qu'on devrait fixer le terme de la Révolution. L'esprit public s'éloigne de plus en plus des conceptions radicales du régime conventionnel et de la démocratie semi-directe.

LA RÉPUBLIQUE OLIGARCHIQUE 363

Aussi, en messidor de l'an III (juin 1795), lorsque la commission des onze a achevé son examen, affirme-t-elle sans ambage son opposition délibérée à l'égard de la constitution dont, cependant, elle devait préparer l'application. « Nous vous déclarons — dit son rapporteur Boissy d'Anglas — tous unanimement que cette constitution n'est autre chose que l'organisation de l'anarchie. » Il affirme « nulle la consultation nationale faite par la Convention, viciée qu'elle a été par la fraude et par la violence » et, dans le style de l'époque, il « souhaite de voir enterrer leur odieux ouvrage dans la même tombe qui a dévoré nos tyrans ».

C'est donc, malgré certains artifices de langage et certaines précautions oratoires, une constitution toute nouvelle que va proposer la commission des onze.

215. — Discussion et vote de la Constitution de l'an III.

La discussion devant l'assemblée est relativement brève. Commencée le 5 messidor (23 juin), elle est achevée à la date que portera la constitution, le 5 fructidor de l'an III (22 août 1795). Sa ligne générale est donnée par le rapport de Boissy d'Anglas. Représentant de l'Ardèche, il avait joué un rôle historique le 1er prairial en tenant tête, fort crânement, à l'émeute. Publiciste d'un certain renom, il partage avec Daunou, technicien plus effacé, mais d'influence sans doute plus profonde, la paternité de la constitution directoriale.

Sieyès évita de siéger à la commission de constitution et n'intervint que tardivement, les 2 et 18 thermidor. Ses collègues, qui attendaient de lui de grandes lumières, l'avaient prié avec insistance de faire connaître publiquement ses vues. Mais les deux discours, alors prononcés, obscurs et quasi oraculaires en certaines parties, provoquèrent dans l'assemblée une assez vive déception. Ils n'eurent aucune influence sur la Constitution de l'an III déjà trop avancée dans sa rédaction, mais par contre certaines « opinions », anticipant sur la future Constitution de l'an VIII, doivent, à ce titre, être signalées en tant que prise de date.

Comme la Constitution de l'an I, la Constitution de l'an III fut soumise à ratification populaire. L'empressement apparut mince. Il n'y eut pas un million de votants : 950 000, sur lesquels 916 000 acceptèrent et 40 000 déclinèrent.

Le 4 brumaire de l'an III (26 octobre 1795) la Convention

se sépara ; le président clôtura la dernière séance sur ces paroles : « La Convention nationale déclare que sa mission est remplie et que la session est terminée. »

Au total, trois constitutions étaient sorties de ses tumultueuses et sanglantes assises : une constitution inachevée, la Constitution girondine ; une constitution adoptée, mais dont l'application avait été suspendue, la Constitution de l'an I ou Constitution montagnarde ; une constitution, enfin, qui va durer quatre ans, la Constitution de l'an III ou Constitution directoriale.

Section 2

Fondements et caractéristiques

216. — L'oligarchie directoriale. — Le régime directorial, sans racines historiques, sans répondant en droit comparé, n'est imaginé, par la majorité de ses auteurs, que comme un moyen pour eux de se maintenir au pouvoir.

Ici apparaît un facteur politique qui domine toute l'histoire de 1793 à 1814. A partir de la chute de Robespierre, la conduite de l'État français tombe entre les mains d'un groupe d'hommes que l'on appelle d'ordinaire « les thermidoriens ». Ils sont caractérisés, sans doute, par leur éloignement du jacobinisme, dont ils viennent de se débarrasser violemment en exécutant son chef, mais surtout — ce qui ne doit pas être oublié un seul instant — par leur crainte panique d'une restauration monarchique. S'ils sont maintenant fort assagis, ils restent cependant des « votants », c'est-à-dire des conventionnels ayant « voté » la mort de Louis XVI. Talonnés par une peur des représailles qui tourne à l'angoisse, il leur faut à tout prix conserver la conduite des affaires publiques. Ce n'est pas pour eux une question d'ambition mais de vie.

Cette « aristocratie de révolutionnaires retirés après fortune faite », comme les a appelés pittoresquement M. Waline (cours de doctorat, Paris, 1941-1942), glorifie la Révolution et répudie la Terreur. Ainsi la Constitution de l'an III procède-t-elle d'une réaction contre le régime conventionnel, en même temps qu'elle marque un certain retour à la Constitution de 1791 dont plusieurs traits inspirèrent Boissy d'Anglas et la commission des onze. On y retrouve, en opposition contre la dictature d'assemblée et la démocratie semi-directe, la séparation des pouvoirs et le régime représentatif. En revanche, de la Constitution de l'an I, survivent le régime républicain et la souveraineté populaire.

217. — La République. — Les textes constitutionnels de l'an I et de l'an III s'ouvrent identiquement. A leur premier article, l'un et l'autre proclament : « la République française est une et indivisible ». On retrouve, en 1795 comme en 1793, intégralement réalisées la collégialité, l'éligibilité et la brièveté caractéristiques des pouvoirs républicains. Toutefois, la collégialité est restreinte de vingt-cinq à cinq membres et la brièveté des pouvoirs sensiblement atténuée. Il y a, aussi, moins d'âpreté et de rigueur dans la position antimonarchique du régime.

218. — La souveraineté populaire. — Le second article de la Constitution de l'an III est, de même, directement inspiré de l'acte constitutionnel de 1793. Déclarant que « l'universalité des citoyens français est le souverain » (art. 2), il reprend, en renversant simplement l'ordre des termes, la formule de l'an I : « Le peuple souverain est l'universalité des citoyens français » (art. 7). On retrouve cette affirmation à l'article 17 de la déclaration des droits : « la souveraineté réside essentiellement dans l'ensemble des citoyens », et, aux articles 6 et 18, la Constitution utilise le même mot de « citoyen », déclarant : « la loi est la volonté générale exprimée par la majorité des citoyens », et « nulle réunion de citoyens ne peut s'attribuer la souveraineté ».

La conception directoriale de la souveraineté est donc concrète et individualiste, en opposition avec la conception abstraite et collective de la Constitution de 1791 qui attribuait le pouvoir suprême non point aux citoyens, mais à la Nation prise dans son ensemble et formant corps.

Il n'y a d'ailleurs, peut-être, pas lieu d'attacher une importance excessive à cette terminologie. Il ne paraît pas qu'elle ait frappé les contemporains et qu'ils en aient tiré les arguments que, sur ce point, proposeront plus tard Hauriou ou Carré de Malberg. En réalité, les conséquences pratiques que la Constitution de l'an III fait découler de la souveraineté de l'universalité des citoyens sont très voisines de celles procédant de la souveraineté collective de la Nation dans la

Constitution de 1791, puisque l'une et l'autre admettent le régime représentatif et écartent la démocratie semi-directe.

219. — Le régime représentatif. — Sur le régime représentatif, l'an III n'apporte rien de nouveau. Ce sont, un peu simplifiées par leur premier usage, les conceptions dominant la Constituante, quelques années auparavant, qui sont pratiquement reprises par les conventionnels thermidoriens. On retrouve l'idée que la volonté nationale ne se forme pas immédiatement dans le corps électoral, mais médiatement par les organes représentatifs.

Cette thèse s'exprime avec quelque ingénuité dans le préambule de la loi du 22 floréal de l'an IV sur la vérification des élections. Le Corps législatif y dit se devoir « à lui-même et à la République de déclarer à la Nation quels sont les choix à l'égard desquels ses mandataires constitués en assemblées électorales ont opéré en sens contraire du mandat qu'elle leur avait confié ». Ainsi la représentation se place au-dessus du Corps électoral, selon la tradition classique de 1791.

Toutefois, la représentation pure n'existe que pour les pouvoirs constitués. Le pouvoir constituant comporte le recours à la démocratie semi-directe. En vertu de l'article 346, l'assemblée de révision constitutionnelle adresse immédiatement aux assemblées primaires le projet de réforme qu'elle a arrêté. Le Corps électoral statue.

220. — La séparation des pouvoirs. — Proche de la Constitution de 1791, la Constitution de l'an III l'est, encore, en ce qui concerne la séparation des pouvoirs. Dans la Constitution de l'an I, le principe dominant était « l'unité d'action » en vertu de laquelle l'assemblée se subordonnait les organes d'exécution. Or, la concentration du pouvoir dans le système conventionnel a conduit au régime de la Terreur, à la dictature de Robespierre. En réaction, les survivants thermidoriens reviennent à la séparation des pouvoirs, telle qu'elle avait été conçue par la Constituante. L'article 22 de la Déclaration dit : « la garantie sociale ne peut exister si la division des pouvoirs n'est pas établie, si leurs limites ne sont pas fixées ». C'est la réplique des termes de 1791, en vertu desquels un pays dans lequel la séparation n'était pas déterminée était réputé dénué de constitution.

Boissy d'Anglas et la majorité redoutent essentiellement que les pouvoirs soient confisqués par un individu, comme Robespierre, ou par un petit nombre de partisans, comme le Comité de salut public. Ils multiplient, à cette fin, les prohibitions qui empêcheront le renouvellement d'un tel péril. L'article 46 précise notamment que « le corps législatif ne peut exercer, ni par lui-même, ni par des délégués, le pouvoir exécutif ». En outre, sont établies des incompatibilités rigoureuses. Un membre du corps législatif ne peut remplir aucune fonction publique autre que celle d'archiviste de la République.

La Constitution de 1795 suit encore la Constitution de 1791 dans sa détermination des pouvoirs. On retrouve, empruntée plus ou moins exactement à Montesquieu, la division ternaire en pouvoir exécutif, pouvoir législatif et pouvoir judiciaire. Cependant, le schéma simpliste d'alors se complique. En 1791, à chaque fonction correspondait un organe qui la recevait par délégation. En l'an III, la fonction législative se trouve partagée entre deux organes ou parties d'organes. Il y aura désormais, pour remplir la tâche de législation, non plus une assemblée unique, mais deux conseils. Le pouvoir législatif sera divisé entre les « Cinq cents », d'une part, et les « Anciens » de l'autre.

Cette répartition a strictement pour but d'accentuer la séparation des fonctions par une distinction des organes. En effet, les mobiles qui guident les conventionnels de l'an III ne sont ni la tradition historique qui, en Angleterre, assure une représentation propre à l'aristocratie, et, pas davantage, la structure fédéraliste qui incita les constituants de Philadelphie à établir le bicamérisme. L'aristocratie vient d'être décimée par la Terreur et l'on n'entend, en aucune façon, revenir, même partiellement, à l'Ancien régime par l'intermédiaire d'une assemblée représentant et perpétuant les traditions grâce à l'hérédité. Par ailleurs, les thermidoriens proclament la République française « une et indivisible » (art. 1) et sont, ainsi, hostiles à une seconde chambre créée sur une assise territoriale distincte de la première. Ils recherchent la dualité pour elle-même, en tant que favorable à l'équilibre, à « l'équipondération » comme on dira alors. Cela est si vrai que les mêmes électeurs, pour le même temps et selon les mêmes règles, désignent à la fois les « Cinq cents » et les « Anciens » (V. Michel Troper, *op. cit.*, p. 99 et s., p. 223 et s.).

Section 3
Les organes

221. — Les assemblées primaires et électorales.
— Le corps électoral se compose des citoyens. Les conditions mises à l'acquisition de la citoyenneté politique sont renforcées par rapport à ce qu'elles étaient dans la Constitution montagnarde. Notamment, la qualité de Français est plus parcimonieusement attribuée aux étrangers; ils doivent donner des garanties sérieuses d'attachement à leur nouvelle patrie.

Mais surtout, en rupture avec la Constitution de l'an I et toujours en harmonie avec la Constitution de 1791, il y a d'abord retour au régime censitaire. Il faut, pour être politiquement citoyen, payer une contribution directe foncière ou personnelle, c'est-à-dire perçue au moyen d'un rôle nominatif. Une exception est admise pour les soldats ayant fait campagne pour l'établissement de la République. Cette contribution peut être légère, le chiffre n'en est pas fixé par la Constitution qui, d'autre part, accepte au titre IX, *finances*, l'inscription volontaire pour la valeur locale de trois journées de travail agricole (art. 304).

Plus caractéristique encore que la réapparition du cens, est celle de la distinction entre les assemblées primaires et les assemblées électorales qu'avait éliminées la Constitution de l'an I, du moins pour la nomination des députés. En l'an III, les assemblées primaires choisissent seulement les membres des assemblées électorales à raison d'un électeur par deux cents citoyens ayant le droit de participer aux assemblées. Or, si pour être membre des assemblées primaires, il suffit d'être citoyen résidant dans le canton depuis un an, par contre, pour être membre de l'assemblée électorale, c'est-à-dire pour être vraiment électeur, il faut, outre vingt-cinq ans d'âge, la propriété, l'usufruit ou la location d'un bien d'une valeur variant entre cent et deux cents journées de travail.

L'influence revient ainsi, comme quatre ans plus tôt, aux citoyens aisés, mais moins nombreux encore, une vingtaine de mille seulement. C'était l'application de l'aphorisme de Boissy d'Anglas : « un pays gouverné par les propriétaires est dans l'ordre social; celui où les non-propriétaires gouvernent est dans l'état de nature ».

222. — Les Conseils. — Le corps électoral élit deux conseils : les « Cinq cents » et les « Anciens ». Comme on le sait, il les désigne en bloc, sans établir de distinction entre ceux destinés à siéger aux « Anciens » ou à devenir membre des « Cinq cents ». Toutefois, pour être des premiers, il faut remplir certaines conditions quant à l'âge (40 ans), quant au mariage ou à la viduité (on appelle ironiquement les Anciens « le clan des épouseurs »), quant à la résidence en France (quinze ans, au lieu de dix demandés aux « Cinq cents »). De fait, on rangea d'abord dans la catégorie des « Anciens » tous ceux qui pouvaient y prétendre; puis, comme leur nombre dépassait les deux cent cinquante prévus, on procéda à un tirage au sort.

Si les deux conseils ont la même origine, leurs fonctions sont, par contre, différentes. Les « Cinq cents » prennent l'initiative des lois et en adoptent les textes. Les « Anciens » approuvent ou rejettent les projets venus des « Cinq cents ». Selon une double métaphore qui eut cours à l'époque, les « Cinq cents » sont « l'imagination » et les « Anciens », la « raison » de la République. La formule n'est, toutefois, qu'approximative. Les « Cinq cents » possèdent non seulement l'initiative, mais encore la décision; ils sont donc aussi « la volonté ». Les « Anciens » ont une simple possibilité de *veto*. Ils doivent opter entre l'adoption ou le rejet, en utilisant l'une des deux formules « le Conseil des Anciens approuve » ou bien, « le Conseil des Anciens ne peut approuver ». Marchant d'accord, les deux conseils sont entièrement maîtres de la législation ordinaire; ni *veto* royal comme en 1791, ni consultation populaire comme en 1793 ne peuvent leur faire obstacle.

Les deux conseils présentent, par rapport aux assemblées révolutionnaires antérieures, une longévité plus grande. Alors que la législative de 1791 durait deux ans, que l'assemblée prévue en 1793 siégeait seulement un an, les conseils sont élus pour trois ans. En outre, le renouvellement a lieu par tiers tous les ans.

223. — Le Directoire. — Exécutif républicain, le Directoire est un organe collégial; il est composé de cinq membres, dont l'un est président; mais la présidence est courte, elle dure trois mois et s'exerce par roulement.

Le problème le plus difficile, regardant les directeurs, était celui de leur désignation. Le système d'équilibre des pouvoirs, par leur séparation et leur indépendance, voulait l'égalité entre le Directoire d'une part et les conseils de l'autre. Or, la manière la plus simple, au moins en principe, de l'assurer eût été de faire désigner le Directoire par le peuple. Cette solution fut écartée comme dangereuse par les thermidoriens, guidés par les circonstances et aussi par l'intuition exacte qu'il n'y a pas égalité vraie entre cinq personnes élues d'un côté et sept cent cinquante de l'autre.

En conséquence, on laissa subsister le principe que les Directeurs étaient les élus du peuple, mais on attribua leur nomination au corps législatif « faisant alors les fonctions d'assemblée électorale au nom de la Nation » (art. 132). L'élection eut ainsi lieu au quatrième degré. Des candidats en nombre décuple étaient présentés par les « Cinq cents » (troisième degré) puis, sur cette liste de présentation, les « Anciens » désignaient les Directeurs (quatrième degré). La première fois, le choix était libre. Il fallait seulement avoir quarante ans. Ultérieurement, les membres des conseils devenaient inéligibles pendant le temps de leur appartenance aux « Anciens » ou aux « Cinq cents » et le demeuraient encore un an après leur sortie de charge. Le Directoire se renouvelait par cinquième tous les ans, un directeur sortant de charge au tirage au sort et devenant inéligible pour cinq ans.

Le Directoire gouverne mais n'administre pas. En principe ses membres ne se préoccupent pas des détails de gestion, ils ne dirigent pas de département ministériel; des ministres nommés par eux en ont la responsabilité. La distinction était ainsi complète entre la fonction gouvernementale et la fonction administrative.

Les pouvoirs directoriaux sont sensiblement plus étendus que ceux reconnus au roi dans la Constitution de 1791 et à l'exécutif dans la Constitution de 1793. Notamment, le Directoire possède le droit de faire des proclamations; il détient donc ce que l'on appelle, aujourd'hui, le pouvoir réglementaire. De plus, les administrations locales lui sont soumises pour un grand nombre d'affaires.

Au total, le Directoire, de par la volonté de ses auteurs et la lettre de la constitution, eût dû être, selon le jugement de Joseph-Barthélemy dans son ouvrage sur *Le Rôle du pouvoir exécutif dans les républiques modernes,* 1906, p. 555, « un pouvoir exécutif fort ». « Quelle force a déjà votre puissance exécutive — disait Lally-Tollendal — si on la compare avec ce fantôme de roi qu'on semble n'avoir laissé en 1791 que pour qu'il y eût en France un crime de plus à commettre » (*Défense des émigrés français, adressée au Peuple Français*, Paris, 1797, p. 22).

Section 4
Le fonctionnement du régime

224. — Les faiblesses constitutionnelles. — En fait, la Constitution de l'an III fondait un régime fragile qui ne devait pas fournir une bien longue carrière. Entrée en vigueur le 5 brumaire an IV (27 octobre 1795), elle disparaît, quatre ans après, le 19 brumaire an VIII (10 novembre 1799).

Elle comporte, cependant, un texte très complet. Avec ses trois cent soixante-dix-sept articles, elle est la plus longue de nos constitutions et abonde en dispositions minutieuses. Mais l'équilibre qu'elle établit était sans doute l'un des plus médiocres qu'ait connus notre histoire constitutionnelle. Nous l'avons déjà marqué à propos des principes : la Constitution de l'an III procède de ses deux devancières; elle combine les institutions séparatistes de la monarchie révolutionnaire avec l'exécutif républicain du confusionnisme conventionnel. De telle sorte qu'aujourd'hui encore, les auteurs se partagent sur le point de savoir si le régime de l'an III s'apparente au gouvernement présidentiel à l'américaine ou au gouvernement conventionnel à l'helvétique.

Incontestablement, l'idée essentielle des thermidoriens est de réagir contre l'unité des pouvoirs préconisée par les Girondins et réalisée par les Montagnards, en principe, dans la Constitution de l'an I, en fait dans le gouvernement conventionnel. Ils rétablissent, en l'accentuant, la séparation des pouvoirs de 1791. Les deux organes exécutif et législatif sont rendus complètement indépendants l'un de l'autre : le Directoire se trouvant sans autorité sur le corps législatif; parallèlement le corps législatif n'ayant pas — ou peu — d'influence sur le Directoire.

La vie des conseils se déroule en dehors de toute intervention directoriale : le Directoire ne convoque pas les électeurs; il ne réunit pas ensuite les élus qui se rassemblent à date fixe ; les directeurs ne participent pas aux travaux et n'assistent pas aux séances ; ils ne peuvent pas, au cas de difficulté, ajourner les conseils et moins encore les dissoudre.

Parallèlement, la législation est tout entière l'affaire des conseils. Sans doute le Directoire avait-il le droit de demander aux « Cinq cents » de prendre en considération un vœu de sa part, mais il ne pouvait lui adresser de projet rédigé en forme de lois. Ni l'initiative, ni l'adoption n'étaient partagées. Le Directoire était contraint de promulguer les textes de lois votés sans pouvoir, comme il était permis à Louis XVI, opposer à ceux-ci un veto suspensif. Les conseils n'avaient pas de rapport direct, tout au moins officiellement avec les directeurs, une fois qu'ils les avaient nommés. Ils ne pouvaient ni les interroger, ni les interpeller, ni les blâmer, ni les renverser. Les relations entre le Directoire et les conseils s'effectuaient exclusivement par des intermédiaires spéciaux qui portaient le nom de « messagers d'État ».

Mais, à ces traits séparatistes, classant le Directoire parmi les régimes présidentiels, s'en opposent d'autres qui l'inclinent en sens contraire, vers le confusionnisme, c'est-à-dire vers le gouvernement d'assemblée : l'élection de l'exécutif par les conseils et la structure collégiale. Outre qu'elles brisent la cohérence du système, qu'elles marient presque l'eau et le feu, elles sont, de plus, assorties de modalités particulièrement malheureuses.

Au lieu de réunir les conseils en assemblée électorale, comme fait la Constitution suisse avec laquelle on peut ici la comparer, la Constitution de l'an III imagine le système compliqué de présentation que nous avons décrit. En théorie, il devait y avoir double sélection. En fait les « Cinq cents », neutralisant le degré suprême, décidèrent. Ils choisirent les quelques personnalités qui leur paraissaient susceptibles d'être effectivement désignés. Puis, pour le reste, ils proposèrent des citoyens dont l'obscurité ou l'insignifiance était si manifeste qu'on ne pouvait retenir leurs noms. Les « Anciens » furent ainsi obligés de prendre dans cette liste truquée ceux que les « Cinq cents » désiraient. Plus tard, lors du renouvellement annuel, la liste étant beaucoup plus courte, la manœuvre resta possible, mais elle devint moins aisée.

Par ailleurs, il n'y a pas synchronisme entre le renouvellement des organes. Un membre du Directoire était remplacé tous les ans, tandis que les conseils étaient dans le même délai, rééligibles par tiers. L'opposition d'opinion entre les deux organes pouvait être complète dès la seconde année. Il aurait été cependant facile, pour maintenir l'harmonie, de faire correspondre, encore comme dans l'actuelle constitution suisse, le renouvellement total de l'exécutif avec la réélection, également totale des conseils.

Quant à la collégialité, elle cacha le plus souvent la discorde. Sauf pendant le premier Directoire et dans la suite, à de rares moments, les directeurs ne furent jamais d'accord. L'organisation à cinq de l'exécutif se transforma la plupart du temps en un triumvirat; deux directeurs étaient traités en quantités négligeable, à moins que ce ne fut en ennemis, par les trois autres.

En effet, ne confiant pas régulièrement et officiellement un département ministériel à la gestion de chacun des directeurs (comme c'est aujourd'hui le cas dans le conseil fédéral suisse), la Constitution de l'an III enlevait toute influence aux membres mis en minorité. Un rôle décisif était dévolu à celui dont la voix entraînait de son côté la majorité. Barras, homme vénal et corrompu, devint ainsi l'arbitre de la politique directoriale.

225. — Les coups d'État en chaîne. — Ces erreurs de principe et ces malfaçons techniques auraient peut-être pu disparaître ou s'atténuer à l'usage, si la constitution avait été sincèrement et loyalement appliquée. Mais celle-ci est faussée, avant même son entrée en application, par les décrets des 5 et 13 fructidor (22 et 30 août 1795) au moyen desquels la Convention assurait la survie politique d'une partie de ses membres. Les deux tiers des nouveaux conseils devaient être pris dans son sein. Par ce moyen, « Cinq cents » et « Anciens » comportèrent une majorité révolutionnaire et les cinq directeurs : Reubell, La Revellière, Carnot, Le Tourneur et Barras, furent tous choisis parmi des régicides. Il en résulta un peu plus d'un an de relative stabilité, mais pendant lequel grandit l'opposition du corps électoral et des élus.

Le renouvellement du deuxième tiers, en germinal de l'an V, traduisit cet antagonisme. La majorité des conseils passa aux modérés, voire aux monarchistes, du parti « clichyen », ainsi nommé du nom de la banlieue où se tenaient ses réunions.

L'élection annuelle d'un directeur fit entrer dans l'exécutif un diplomate, Barthélemy, étranger sinon hostile à la Révolution. Carnot, cependant, lia partie avec lui.

Avec une remarquable perspicacité, l'ancien membre du Comité de salut public vit alors que la seule solution correcte était d'incliner le pouvoir exécutif devant l'opinion du législatif, reflet lui-même de l'opinion électorale. « J'ai voulu — a-t-il expliqué plus tard, dans une *Réponse à ses détracteurs* écrite en exil — conserver à la représentation nationale le rang supérieur que la nature des choses ordonne et que la constitution lui désigne. » Pour ce faire, le moyen logique était de renvoyer les ministres et de leur choisir comme remplaçants des hommes agréables aux conseils. Ainsi aurait été introduit empiriquement le régime parlementaire dans lequel le Chef de l'État (ici le Directoire), lorsque la majorité change dans les assemblées, fait appel à de nouveaux ministres accordés à la majorité nouvelle.

Mais Carnot se heurta, aux « Anciens » comme aux « Cinq cents », à l'incompréhension des centres qui n'entrèrent pas dans ses vues et n'acceptèrent pas le remaniement ministériel envisagé. De même, il rencontra l'opposition de ses collègues. Ceux-ci s'en tinrent fermement au principe qu'il y avait séparation des pouvoirs, que le Directoire était indépendant des conseils et qu'en conséquence, il n'avait pas à s'incliner devant eux.

Pour l'emporter, le triumvirat Reubell, La Revellière, Barras ne pouvait user que de la force. Il demande à Bonaparte son appui. Celui-ci envoya Augereau. Dans la nuit du 17 au 18, Barthélemy est arrêté, Carnot s'échappe. La loi du 19 fructidor (5 septembre 1797) épure les conseils en cassant l'élection de plus de deux cents députés de droite, dont trente-trois sont condamnés à la déportation. Le 22 floréal de l'an VI, se produit une opération analogue, moins étendue ; elle porte, cette fois, sur une centaine d'élus, surtout de gauche, qualifiés « d'exagérés ».

Le 30 prairial de l'an VII, les conseils prennent leur revanche. Ils annulent l'élection du directeur Treilhard qui remontait déjà à un an et dont jusque-là l'irrégularité ne les avait pas inquiétés. Ils font pression sur deux autres directeurs, Merlin et La Revellière, qu'ils obligent à démissionner et qu'ils remplacent par des hommes de leur choix. « Le corps législatif — conclut Lucien Bonaparte — a repris la première place qu'il doit tenir dans l'État. »

Section 5
La fin de la Constitution

226. — Les 18 et 19 brumaire. — Extérieurement, le 18 brumaire ressemble étrangement aux journées antérieures, notamment au 18 fructidor. Deux directeurs sont complices; les « Anciens », dans leur ensemble, consentent. Aux « Cinq cents », nombre de membres sont du complot et le président, Lucien Bonaparte, a partie liée directement avec ses instigateurs. Quant au général qui doit être l'agent actif du coup d'État, il a déjà décidé des journées de vendémiaire de l'an III au cours desquelles il a sauvé la Convention, et c'est lui encore qui, ne pouvant ou ne voulant venir en personne, a envoyé Augereau faire le 18 fructidor. Il est alors considéré comme un républicain avancé, presque comme un Jacobin. Aussi, les conspirateurs ne devaient l'appeler qu'en désespoir de cause, après avoir songé à Hoche, mort prématurément; à Joubert, tué à Novi, où il était allé chercher la gloire nécessaire à son accession au pouvoir; à Moreau, qui se récusa.

Ainsi, entre le 18 brumaire, achevant la carrière tourmentée du Directoire et la suite des coups d'État le précédant, la différence tient non dans la manière mais dans le but. Il ne suffit plus, cette fois, de rétablir entre les pouvoirs une harmonie si souvent rompue et toujours précaire, il faut aller à la racine du mal en supprimant la Constitution de l'an III qui est apparue inapplicable.

La révision régulière n'était pas possible; il aurait fallu attendre plusieurs années, car les constituants de l'an III avaient, eux aussi, établi des règles compliquées. A l'inverse des lois, les « Anciens » avaient l'initiative du vœu de révision qu'acceptaient les « Cinq cents ». Vœu et acceptation devaient se renouveler trois fois, tous les trois ans, en trois législatures. A supposer le succès, on aurait dû attendre jusqu'en 1808. Aussi les adversaires de la constitution se décidèrent-ils à trancher le nœud gordien et à demander à la violence ce que refusait la légalité. L'urgence d'ailleurs était grande. L'impopularité du Directoire risquait de favoriser soit à droite — ce qui paraissait vraisemblable — une tentative de restauration monarchique, soit à gauche — ce qui était plus douteux — un succès jacobin et le retour à la Constitution de l'an I.

L'affaire fut machinée bien moins par Bonaparte que par Sieyès, Talleyrand et Fouché. Ce brelan de mauvais prêtres engagea les menées tortueuses qui aboutirent au départ des conseils pour Saint-Cloud et à la dislocation du Directoire.

Le détail des journées est compliqué. Il a été reconstitué de main de maître par l'historien Albert Vandal dans *l'Avènement de Bonaparte* (Paris, Plon, deux vol., 1903-1907). Il nous suffit d'en retenir ici l'aboutissement. Le 19 au soir, une centaine de membres des « Cinq cents » (et peut-être beaucoup moins), présidée par Lucien Bonaparte, votaient une série de mesures qu'adoptaient de leur côté les « Anciens », « attendu la retraite des Cinq cents ». Le Directoire était supprimé, une commission consulaire créée, avec le général Bonaparte et les deux directeurs complices et même, pour l'un, instigateur des journées : Sieyès et Roger Ducos. Enfin, deux commissions législatives, représentant les conseils, rechercheraient avec les consuls les changements à apporter aux dispositions organiques de la constitution.

La constitution de l'An III fut de toutes les constitutions françaises la plus « imitée ». C'est sur son modèle que furent établies, plus ou moins librement, les constitutions de Bologne (1796), cispadane (1797), Ligure (1797), cisalpines (1797-1798), batave (1798), du Valais (1798), helvétique (1798), romaine (1798), napolitaine (1799) et lucquoise (1799). — V. J. Godechot, *La Grande Nation,* 1956.

CHAPITRE IV

LA MONOCRATIE CONSULAIRE ET IMPÉRIALE

Section 1
Les origines

227. — Le réformisme brumairien. — Dans son principe, le coup d'État de novembre 1799 n'a pour but qu'une révision de la Constitution de 1795. A telle enseigne qu'un excellent historien de la Constitution de l'an VIII, M. Jean Bourdon, qualifie lui-même de « révisionnistes » certains des auteurs du nouveau régime (*La Constitution de l'an VIII,* thèse Lettres, Paris, 1942).

Ce sont les événements et, plus encore la personnalité foisonnante et incoercible de Bonaparte qui vont entraîner les brumairiens, très au-delà de leur dessein initial, à la dictature provisoire, puis décennale, puis viagère, enfin, à l'empire héréditaire. En décembre 1799 un tel but n'est non seulement voulu, ni même pressenti de personne.

Les deux commissions des vingt-cinq, désignées le soir du 19 brumaire, forment immédiatement deux sections l'une de sept membres aux « Cinq cents », l'autre de cinq membres aux « Anciens ». Régulièrement, ces sections auraient dû préparer le travail des commissions tandis que la commission consulaire ferait, de son côté, connaître également ses vues. De fait, si les discussions des sections et des commissions furent, selon les recherches de M. Jean Bourdon, plus sérieuses qu'il ne l'est dit d'ordinaire, elles prirent, cependant, un tour très particulier. Sections d'abord, commissions ensuite se réunirent dans le salon de Joséphine au Luxembourg, onze soirs ou plutôt onze nuits consécutives, du 2 au 13 décembre 1799. Dans ces débats, un rôle très important, quoique en apparence effacé, revint à Daunou qui remplit les fonctions de secrétaire, Ancien oratorien, ancien girondin, il avait déjà été, avec Boissy d'Anglas, le principal auteur de la Constitution de l'an III. Mais l'influence décisive fut cette fois exercée par Sieyès, quant à la théorie du système, par Bonaparte quant à son dynamisme réel.

228. — L'influence de Sieyès. — L'initiative appartient à Sieyès, car le prestige et le crédit du citoyen premier consul sont encore contestés. Nombre de brumairiens ne voient en lui qu'un « expédient provisoire » comme l'on dira plus tard d'un autre commandant en chef. Bonaparte lui-même se réserve et observe : il fait son noviciat politique et s'initie aux grands problèmes alors débattus. Par contre, la réputation de Sieyès comme constitutionnaliste n'a fait que s'accroître avec l'échec prévu et annoncé par lui du régime directorial. Chacun attend qu'il proclame les résultats de ses méditations. Toujours mystérieux et souvent gémissant, cet ancien prêtre, ordonné sans vocation, s'est révélé politique astucieux et surtout théoricien plein d'ingéniosité et de profondeur du droit public révolutionnaire (V. M. Prélot, *Histoire des idées politiques, op. cit.*, ch. XXVII, et P. Bastid, *Sieyès et sa pensée*, th. Lettres, 1939 ; 2ᵉ éd. rev. et augm., 1970).

En l'an III, Sieyès s'était réservé et n'avait pris la parole que tardivement. Ses « opinions » des 2 et 18 thermidor (rééditées par M. Paul Bastid, Paris, 1939) étaient restées sans influence sur la constitution directoriale. En l'an VIII, au contraire, Sieyès a le champ libre. Tout le monde attend de l'oracle le régime constitutionnel qui va faire le bonheur de la France. Dans la nuit, lorsqu'il revient en voiture de Saint-Cloud après le coup d'État, Boulay de la Meurthe lui demande avec insistance de lui faire connaître son projet. Comme Sieyès avoue qu'il n'a rien écrit, Boulay de la Meurthe se propose comme secrétaire et, sous sa dictée, met au net ses idées essentielles. Boulay, toutefois, n'est pas le seul confident de Sieyès. Deux autres membres de la commission des « Cinq cents », Daunou, déjà cité et Rœderer, intermédiaire souvent entre Sieyès et Bonaparte, rédigent eux aussi, chacun un projet, sous l'inspiration du maître : Daunou, *le tableau figuratif* qui se trouve dans Mignet, Rœderer le document intitulé : *organisation d'un gouvernement représentatif*.

Ces trois textes comportent de sérieuses variantes, notamment en ce qui regarde la structure du Gouvernement, mais ils coïncident sur l'essentiel. La dictée de Boulay reçoit une consécration officielle par sa publication au *Moniteur,* le 10 frimaire. Plus ou moins fidèlement découpée en articles, elle sert de base aux discussions du salon de Joséphine.

Aussi, pour comprendre la constitution de l'an VIII faut-il d'abord commencer par analyser les idées de Sieyès. Le mécanisme compliqué du régime consulaire demeure, autrement, à peu près inintelligible.

Quant à l'élection, Sieyès qui avait été, en 1791, le théoricien de la souveraineté nationale, reste fidèle à sa doctrine première, mais il en rejette les conséquences qu'en ont tirées les Constitutions de 1791 et de l'an III. Il oppose à ces applications, qu'il juge malencontreuses, une conception nouvelle qu'il qualifie d'organique. Assez confuse dans son énoncé, elle se résume pratiquement dans ces deux axiomes : 1º « Nul ne doit être revêtu d'une fonction que par la confiance de ceux sur lesquels il doit l'exercer » ; 2º « Nul ne doit être nommé fonctionnaire par ceux sur lesquels doit porter son autorité ». C'est ce que dit, en bref, la formule, plus communément citée, suivant laquelle « l'autorité doit venir d'en haut et la confiance d'en bas ». Il en résulte que le corps électoral voit son rôle se limiter à une simple présentation des individus estimés aptes à devenir gouvernants ou agents.

Pour la législation, Sieyès envisage une procédure qui ressemble beaucoup à celle suivie dans les contestations judiciaires. La loi y fait l'objet d'un débat contradictoire devant un jury législatif. En face de l'assemblée, formée de quatre cents membres, se dressent deux tribunes. A l'une, celle des pétitions populaires, viennent prendre la parole les représentants des besoins de la nation, issus d'un corps appelé « Tribunat ». A l'autre, les intérêts du Gouvernement sont portés par les membres des « Conseils d'État ». Le jury, comme un tribunal impartial, écoute en silence les deux parties, puis accorde, selon Sieyès, au Gouvernement ce qui est nécessaire à ses légitimes besoins, tout en conservant au peuple le plus de libertés et le maximum de biens possibles. Les membres du jury législateur et du Tribunat sont choisis, sur les listes de confiance nationale, par le collège des conservateurs. Ce collège, qui forme une quatrième assemblée, compte quatre-vingts puis cent membres. Il sera recruté d'abord par les auteurs de la constitution, puis au fur et à mesure des vacances, par cooptation, c'est-à-dire par les membres déjà en fonction du collège des conservateurs.

Quant au gouvernement, sa structure n'est pas moins originale. Sieyès prévoit deux consuls, le « consul de l'intérieur », et le « consul de l'extérieur », ou encore le « consul de la paix » et le « consul de la guerre ». Chacun des deux consuls dirige un gouvernement complet; chacun est assisté de son conseil d'État qu'il nomme et de ses ministres qu'il choisit (il y en aurait quatorze en tout); chacun possède sa chambre de justice devant laquelle il traduit ses inférieurs en faute. Selon une autre version, celle de Daunou, c'est au conseil d'État qu'appartient le gouvernement lui-même. Les consuls et les ministres exécutent ses décisions.

Les consuls ayant des pouvoirs très étendus, le problème délicat est celui de leur désignation. Sieyès ne la confie pas directement au collège des conservateurs, mais à un personnage dans lequel il a mis toutes ses complaisances, qui est « le grand électeur ». Celui-ci désigne et révoque les consuls de la guerre et de la paix; il représente la France vis-à-vis des nations étrangères; il est comblé d'honneurs et de richesses; il habite les palais nationaux; il reçoit un traitement de cinq millions de francs. De façon à éviter qu'il n'abuse d'une situation aussi exceptionnelle, Sieyès non seulement attribue son choix au collège des conservateurs, mais encore permet à celui-ci de changer le grand électeur, en l'appelant dans son sein et en nommant un nouveau titulaire.

Cette désignation et cette « absorption » du grand électeur indiquent bien que, dans le régime politique qu'imagine Sieyès, l'organe fondamental est le collège des conservateurs. Chargé de « conserver » la constitution, celui-ci est l'autorité suprême, le corps véritablement représentatif, le plus capable de maintenir l'unité du pays et d'en exprimer les vœux. Ses membres, eux aussi, bénéficient des largesses de l'État qui leur assure un revenu annuel de cent mille francs sous forme, en cette époque d'incertitude monétaire, d'une dotation foncière composée de biens nationaux.

En résumé, le système de Sieyès est foncièrement antidémocratique, puisqu'il ne donne volontairement et délibérément au peuple qu'une influence théorique. Par contre il n'est pas antilibéral. L'auteur demeure fidèle à ses « opinions » de l'an III où il affirme : « La fin de tout établissement public est la liberté individuelle ». Il s'efforce d'assurer celle-ci par la stricte distinction des fonctions qu'ingénieusement il divise et subdivise en une suite d'opérations : demander, proposer la loi; faire la loi; gouverner : nommer et procurer l'exécution; exécuter, diriger l'exécution; conserver tous les pouvoirs. Parallèlement, Sieyès multiplie les organes qui sont presque tous collégiaux.

229. — L'action de Bonaparte.

C'est Bonaparte qui donne aux institutions de l'an VIII leur caractère antilibéral et autoritaire. Du vaste et ingénieux édifice de Sieyès, il accepte ce qui a trait à la fonction électorale et à la législation. Il y aura donc des listes de confiance, un Corps législatif muet comme le jury dont il était question tout à l'heure, un Tribunat dont on s'explique maintenant le nom, un Conseil d'État (au lieu de deux), un Sénat « conservateur », comme le collège dont il prend la place.

Par contre, Bonaparte vitupère la débilité de l'exécutif. Il s'en prend d'abord au grand électeur et pose ce dilemme : ou bien celui-ci sera un personnage puissant qui, désignant les consuls, gouvernera par leur intermédiaire, et il faudra redouter sa prépondérance, ou bien, au contraire, sans pouvoir sur eux, il sera un figurant décoratif, « un cochon à l'engrais dans le château de Versailles ». Dans l'un comme dans l'autre cas, omnipotent ou inutile, il doit disparaître. En conséquence, le sénat l'absorbera avant même qu'il ait vécu.

A sa place, Bonaparte, qui veut un vrai gouvernement, impose la primauté du premier consul. Dans le projet de Daunou, il y avait, entre les trois, égalité. Le général exige que les deux consuls, adjoints au premier, n'aient plus que voix consultative. Ainsi disparaît la collégialité funeste du Directoire et le premier consul devient pratiquement le seul gouvernant : il est placé à la tête de toute l'administration elle-même fortement centralisée; il a la nomination des juges; il dispose de tout l'exécutif tandis que, par l'intermédiaire du Conseil d'État, il prend l'initiative de la législation.

Sieyès, qui voit ainsi bouleverser l'agencement de son œuvre, veut d'abord résister; il menace de se retirer à la campagne, mais à la suite de conversations orageuses, il accepte de surseoir à la retraite à laquelle il dit désormais uniquement aspirer.

230. — L'adoption de la Constitution. — Fruit de conversations nocturnes et mondaines, le projet de constitution n'est, juridiquement, rien de plus qu'un texte officieux. Afin de l'authentifier, Bonaparte se hâte d'appeler à lui individuellement les membres des commissions pour leur faire adopter le projet, comme s'ils en avaient effectivement délibéré. Dans la nuit du 21 au 22 frimaire, toutes les signatures sont rassemblées et, le 24, une proclamation des consuls annonce au peuple français qu'une constitution est soumise à son acceptation.

Le plébiscite a lieu, non pas en assemblée primaire comme en l'an I et en l'an III, mais par signatures apposées sur des registres ouverts chez les notaires, juges de paix, greffiers, etc. Il y a trois millions de « oui » et mille cinq cents « non ». D'ailleurs, on a présumé de l'accord du peuple et, dès le 4 nivôse, la Constitution de l'an VIII a commencé sa carrière.

Section 2

Fondements et caractéristiques

231. — Survivance et altération des principes révolutionnaires. — Dans sa rédaction, la Constitution de l'an VIII porte, exclusivement, la marque de l'esprit anti-idéologique de Bonaparte. Aucun des aphorismes de Sieyès n'y a trouvé place; aucune déclaration des droits ne la précède, comme cela avait été le cas de ses trois devancières. C'est une œuvre positive à laquelle le pouvoir demande surtout sa force et sa stabilité. On en revient à la primauté du point de vue étatique qui, avant 1789, caractérisait les lois fondamentales du royaume.

Cependant, la Constitution de l'an VIII n'est pas un retour à l'Ancien régime. Elle continue la série des constitutions révolutionnaires; elle en adopte les deux premiers fondements, *la République* et *la souveraineté nationale;* elle accueille également le troisième, *le régime représentatif,* mais en le modifiant sensiblement. Par contre, elle s'oppose à toute la Révolution quant au mode de relation des pouvoirs : en contradiction avec l'égalité des pouvoirs séparés, tentée en 1791 et en 1795 et, plus encore, avec la subordination de l'exécutif, réalisée en 1793, la Constitution de l'An VIII établit une monocratie.

232. — La République.
La constitution s'affirme républicaine dans son titre et dans son premier article, repris de l'an I et de l'an III. Elle l'est aussi par la structure du gouvernement collégial, temporaire et électif. Sans doute, les modalités marquent-elles, par rapport à 1793, un nouvel amenuisement des principes. La collégialité est réduite à trois membres et, surtout, elle est illusoire. La durée des pouvoirs est considérablement allongée. Mais on continue par la terminologie (consuls, sénateurs, tribuns, etc.) et par les symboles ou les emblèmes à se différencier, aussi nettement que possible, de la monarchie traditionnelle. On insiste d'autant plus sur les signes extérieurs et les déclarations que croît effectivement le pouvoir personnel. On effectuera le rétablissement même de l'Empire sous le nom de la République : « Le gouvernement de la République est confié à un empereur » (sénatus-consulte de l'an XII, art. 1).

233. — La souveraineté nationale.
A côté du principe républicain et avec plus de fidélité peut-être, le consulat adopte pour base la souveraineté nationale. Il faut le souligner, car c'est là où monocratie napoléonienne et monarchie d'Ancien régime diffèrent essentiellement.

Non seulement la souveraineté nationale est invoquée par Sieyès au profit de son système pyramidal, ce qui est assez naturel puisqu'il est l'un de ceux qui ont le mieux mis en lumière les pouvoirs de la Nation, mais encore, elle est aussi affirmée par Bonaparte. Il y a là une réminiscence de ses lectures de Rousseau et de son admiration pour Robespierre, un écho de ses convictions de « général jacobin ». En 1797, si l'on en croit une lettre écrite, pendant les négociations de Campo Formio, à Talleyrand, ministre des relations extérieures, la souveraineté du peuple est même, pour Bonaparte, la seule idée politique qui lui semble « bien claire et bien définie », alors qu'il parle avec un grand dédain des constitutions qui avaient déjà été essayées.

Plus tard, Napoléon ne croira plus guère qu'à son génie et à son destin. Il aura pour le peuple de méprisantes formules..., mais il continuera, cependant, à invoquer la volonté nationale.

234. — L'ébauche du césarisme démocratique. — Cependant, ni pour Sieyès, ni pour Bonaparte, la souveraineté nationale ou populaire ne doit conférer au peuple une participation active et continue à la conduite des affaires. L'un et l'autre, selon le principe de 1791, le font agir constitutionnellement par des représentants. Ils se séparent, par contre, quand il s'agit de savoir qui parlera en son nom.

Sieyès attribue cette mission à « l'élite représentative », le système de sélection qu'on a étudié tout à l'heure étant fort ingénieusement combiné pour parvenir à la formation de celle-ci. Il élimine l'élection ordinaire, mais il laisse le pouvoir aux assemblées. Il reste, ainsi, malgré l'originalité de certaines de ses vues, dans la logique du système révolutionnaire.

Par contre, Bonaparte voit le premier représentant du peuple dans le Gouvernement. Le texte déjà cité de 1797 le disait nettement. Un document ultérieur qui, bien que datant de l'empire, s'applique aux diverses constitutions napoléoniennes, expose cette thèse de façon encore plus caractéristique. Dans une note parue au *Moniteur,* en 1808, à propos d'un prétendu lapsus de l'impératrice à une réception du Corps législatif, Napoléon formule sa doctrine de la représentation : « le premier représentant de la Nation, c'est l'empereur... S'il y avait un corps (législatif) représentatif, ce corps serait souverain. La Constituante, la Convention, même le Corps législatif ont été représentants. De là sont venus nos malheurs. Ce serait une prétention chimérique et criminelle que de vouloir représenter la nation avant l'empereur »... (ou avant le premier consul).

Selon une formule simple — qui sera celle du *césarisme démocratique* — la Nation confie le pouvoir qui est le sien à un chef de son choix. L'opération s'accomplit au moyen du plébiscite constituant qui est un référendum constitutionnel, mais d'un genre particulier. En même temps qu'il approuve de nouvelles institutions, le corps électoral confirme l'autorité d'un homme, dont il valide ainsi l'action antérieure, et comme, en pratique, la foule s'intéresse infiniment plus aux personnalités qu'aux règles de droit, la confiance faite à l'homme emporte tout le reste.

L'élu plébiscité déclare agir au nom du peuple. Et le peuple demeure de droit le souverain, car cette qualité qui lui est inhérente est un attribut inaliénable. De celui-ci, il conserve la jouissance. Son représentant, qui n'en a que l'exercice, peut donc, en principe, être révoqué et se voir substituer un nouveau titulaire. Mais l'hypothèse est purement théorique, car la représentation plébiscitaire suppose, accordés l'un à l'autre, une situation exceptionnelle et un homme extraordinaire. A celui-ci, la confiance populaire ne peut logiquement faire défaut.

Pour Bonaparte comme pour Sieyès, le peuple est passif; on ne lui demande que son adhésion. Il forme, selon l'expression du second, « la base de l'édifice, mais il ne doit servir qu'à porter et à consolider les sommets ». L'image correspond à la situation du pays et à l'esprit du temps. Ainsi que le constate Portalis, la masse est fatiguée de choisir et de délibérer. De leur côté, les intellectuels, les savants, les membres de l'Institut sur lesquels Bonaparte s'appuie alors sont las de l'inconstance des foules. Cabanis, le dernier des encyclopédistes, se réjouit de constater qu'avec la Constitution de l'an VIII « la classe ignorante n'exerce plus aucune influence, ni sur la législation, ni sur le gouvernement », que désormais, si « tout se fait pour le peuple et en son nom, rien ne se fait par lui, ni sous sa dictée irréfléchie » (V. Ch. Durand, *Le pouvoir napoléonien et ses légitimités,* Ann. Fac. Droit, Aix, 1972).

235. — La primauté du gouvernement. — La qualité de premier représentant reconnue au Gouvernement — c'est-à-dire, en réalité, au premier consul puis à l'empereur — lui donne par voie de conséquence logique, le pouvoir dans son intégralité, sous réserve des fonctions limitées concédées par la constitution à d'autres organes.

Il n'est plus question de « pouvoir exécutif », terme qui a quelque chose d'abstrait, d'étroit et de subordonné, mais de « gouvernement », ce qui implique la plénitude de l'action directrice quant aux affaires de l'État.

Ainsi disparaît la théorie de la séparation des pouvoirs qui avait été l'une des pierres angulaires du droit révolutionnaires issu de Montesquieu, et la nouvelle concentration des pouvoirs qui est réalisée, cette fois, se situe au contrepied de celle qui, en 1793, profita à l'Assemblée.

Dès 1797 encore, Bonaparte avait orienté dans ce sens ses pensées. « Lorsque le peuple n'est pas souverain — expose-t-il à Talleyrand — il faut, comme en Angleterre, lui donner des garanties, notamment reconnaître à ses représentants le droit de voter l'impôt. Quand le peuple est souverain, quand toutes les autorités émanent de lui, le pouvoir législatif n'a plus place dans les choses d'administration et d'exécution. Il doit, alors, être sans rang dans la République impassible, sans yeux et sans oreilles pour ce qui l'entoure ».

Bonaparte n'est, ici, une fois encore, que l'interprète prédestiné des tendances de son époque. En 1798, un autre général qui a joué un rôle politique important et qui, après avoir fait défection, demeure en exil, Dumouriez, déclare nécessaire à la France le gouvernement du pouvoir exécutif : « Investi d'une grande autorité, soumis aux lois, mais supérieur à tout le reste, ce pouvoir exécutif, il le faut à long terme, revêtu de majesté et d'éclat. Tant que le pouvoir exécutif sera tiré du corps représentatif et n'aura pas en lui-même un caractère de supériorité, il manquera de dignité et de force. Tant qu'il sera électif, il sera trop au niveau de ceux qui doivent commander, trop changeant, trop facile à renverser. Enfin, tant qu'il sera divisé sur plusieurs têtes, la division finira par la tyrannie du plus habile ou du plus audacieux. »

Section 3
Les organes

236. — Le corps électoral. — Sur le suffrage, la Constitution de l'an VIII suit assez exactement les idées de Sieyès. Elle élargit le corps qui, de censitaire, redevient universel. C'est même à son propos que, pour la première fois sans doute, l'expression « suffrage universel » entre dans la langue politique, sous la plume de l'émigré Mallet du Pan. Mais, au vrai, le vote n'entraîne qu'une présentation. Des listes de confiance sont établies selon un mécanisme arithmétique. Les électeurs forment d'abord, par arrondissement communal, des listes dites de confiance communale. Ces listes sont dix fois moins nombreuses que le total des électeurs ayant le droit de coopérer à leur composition. Les listes de confiance communale se réduisent ensuite au dixième, dans le cadre du département, formant les listes de confiance départementale. Enfin, les listes de confiance départementale, se sélectionnant elles-mêmes au dixième, donnent la liste de confiance nationale.

C'est sur ces listes successives que doivent être prélevés tous les titulaires des fonctions publiques, les choix revenant tantôt au Gouvernement, tantôt au Sénat.

237. — Les assemblées. — Les assemblées sont au nombre de quatre, chacune d'ailleurs avec des attributions nettement distinctes; l'une a la rédaction des projets de loi, l'autre leur examen, la troisième leur adoption, la quatrième le contrôle de leur constitutionnalité.

a) *Le Conseil d'État* est avant tout le conseil du Gouvernement, mais celui-ci possédant l'initiative des lois, le Conseil d'État procède, à ce titre, d'une part à la rédaction des textes et d'autre part à leur défense devant le corps législatif. Les conseillers d'État, au nombre de trente, puis de quarante, sont nommés par le Premier consul.

b) *Le Tribunat* est composé de cent membres âgés d'au moins vingt-cinq ans, touchant une indemnité annuelle de quinze mille francs. Il se renouvelle par cinquième tous les ans, la durée des fonctions étant de cinq ans. L'assemblée est permanente. Elle discute les projets de loi, mais ne décide pas sur eux. Les tribuns après délibération émettent un vœu d'adoption ou un vœu de rejet. Ils peuvent également prendre un vœu sur une loi à faire, mais, dans tous les cas, il s'agit exclusivement de souhaits et jamais de décisions.

c) *Le Corps législatif* est plus nombreux. Il est formé de trois cents membres avec, au moins, un représentant pour chaque département. L'âge des membres est de trente ans. Il ne leur est attribué qu'une indemnité de dix mille francs. Mais le corps législatif ne siège que quatre mois par an, à moins que le Gouvernement ne le convoque plus longuement. Héritier du jury législatif imaginé par Sieyès, il entend en silence les trois orateurs du Gouvernement, membres du Conseil d'État et les trois orateurs du Tribunat. Il vote sans parler. Une fois le scrutin acquis, la loi est complète. L'article 34 le dit expressément : « le corps législatif fait la loi ». La promulgation en est obligatoire pour le Gouvernement.

d) *Le Sénat* est hors du processus législatif. Il ne lui est donné d'intervenir qu'au cas où la loi serait inconstitutionnelle. Il y a, là encore, mise en œuvre d'une idée de Sieyès qui l'avait proposée dès l'an III, dans son « opinion » du 18 thermidor, sous la forme d'une « jurie constitutionnaire ». Les fonctions de celle-ci se trouvent incorporées dans l'institution du « Sénat conservateur » qui annule les actes inconstitutionnels, y compris les listes d'éligibles. Toutefois, cet examen n'est ni général ni automatique. Il faut que l'acte inconstitutionnel soit dénoncé au Sénat par le Tribunat ou par le Gouvernement.

Le Sénat, d'autre part, succède au collège des conservateurs ainsi qu'au grand électeur. Il exerce son pouvoir de suffrage en désignant les législateurs, les tribuns et, tout au moins dans le principe, les consuls, ainsi que quelques magistrats et commissaires. Au nombre de soixante membres d'abord, portés progressivement à quatre-vingts, le Sénat est en théorie l'organe le plus important du système. Au prestige s'ajoute un traitement somptueux de vingt-cinq mille francs or. Le corps se recrute lui-même, avec toutefois cette réserve que son choix se limite à trois candidats, le premier présenté par le Corps législatif, le second par le Tribunat, le troisième par le Premier consul. L'accord des organes de présentation sur deux noms ou même sur un seul réduit ou annule le choix du Sénat (art. 16).

238. — Le Gouvernement. — Le Gouvernement est composé de trois consuls. Nommés pour dix ans, ils sont indéfiniment rééligibles. Mais, comme on le sait par les travaux préparatoires, le Consulat, à la différence du Directoire, ne comporte pas vraiment la collégialité.

Tantôt, le Premier consul agit seul : il a, dit l'article 40, « des fonctions et des attributions particulières » (promulgation des lois, nomination et révocation des plus importants fonctionnaires).

Tantôt il doit consulter les deux autres, mais il n'est pas tenu par leur avis. Ceux-ci « signent le registre de ces actes pour constater leur présence ; et s'ils le veulent, ils y consignent leurs opinions ; après quoi la décision du Premier consul suffit » (art. 42). C'est donc à peu près librement que ce dernier propose les lois et fait les règlements nécessaires pour assurer leur exécution ; décide les recettes et les dépenses de l'État ; pourvoit à la sécurité intérieure et extérieure de l'État ; agit contre les conspirateurs ; entretien au-dehors les relations politiques.

Réserve faite de la discussion de la loi, du vote du budget en bloc et de l'émission des monnaies, de la déclaration de guerre et de la conclusion des traités de paix ou d'alliance le Premier consul décide de tout (V. Ch. Zorgibe, « Bonaparte Premier Consul », *in* Ann. Fac. Droit, Clermont, 1965, p. 60).

Section 4
Le fonctionnement et les transformations de la Constitution

239. — L'accentuation du pouvoir personnel. — Principes et organes n'ont, en ce qui concerne le fonctionnement du système de l'an VIII qu'une valeur relative. La primauté du Gouvernement couvre, dès l'origine, un gouvernement personnel. Un homme est le seul maître du régime. Sa force physique et morale, son destin historique en mesurent la valeur et la durée. Telle fut bien l'impression populaire dès la proclamation du nouveau texte. *La Gazette de France* nous rapporte que le 20 frimaire de l'an VIII (le dimanche 15 décembre), quand l'acte constitutionnel fut lu sur les places publiques et dans les rues de Paris, la foule se pressa si agitée autour des crieurs qu'elle ne saisit pas très bien ce qu'ils disaient. Une femme confia à sa voisine : « Je n'ai rien entendu », l'autre voulant sans doute faire valoir la finesse de son ouïe répliqua : « Moi, je n'ai pas perdu un mot. » « — Eh bien alors qu'y a-t-il dans la Constitution ? » Et l'autre de donner ce résumé lapidaire : « Il y a Bonaparte. »

Cela disait tout et cela suffisait, car, dès les origines, Bonaparte est comblé. Dans sa lutte avec Sieyès, il l'a largement emporté. Toutefois, sous l'influence du doctrinaire, certains organes ont été créés dont l'importance n'est pas exclusivement théorique. La maquette constitutionnelle primitive comportait certaines fonctions, exigées sans doute par la logique du système, mais conçues aussi *intuitu personæ*. L'un des consulats, celui de la paix, semblait fait d'avance pour son auteur, à moins que ce ne fût le grand électorat avec sa dotation, ses honneurs et ses loisirs.

Encore plus important, quant aux fins immédiates et pratiques, était le collège des conservateurs qui devait « conserver », sans doute la constitution, mais surtout le personnel révolutionnaire, ces hommes, toujours les mêmes, que l'on a vu se maintenir au pouvoir à tout prix, depuis qu'ils ont traversé la Terreur. Auteurs de la loi de fructidor de l'an III qui leur assurait les deux tiers des sièges des nouveaux conseils, ils ont également conduit ou inspiré les coups d'État de fructidor an V, floréal an VI, prairial an VII et, surtout, brumaire an VIII. Cette aristocratie des brumairiens est le noyau de la classe politique qui gouvernera la France presque jusqu'à nos jours. « Aujourd'hui, avec le recul des années, lorsque nous cherchons à expliquer l'enchaînement (des événements), nous pouvons dire que le 18 brumaire marque la véritable date de naissance du premier groupe de nos grandes dynasties bourgeoises » (E. Beau de Lomenie : *Les Dynasties bourgeoises*, t. I, p. 24).

V. également : F. Bluche, *Le bonapartisme : aux origines de la droite autoritaire (1800-1850)*, 1980.

Bonaparte a été, initialement, l'élu des brumairiens. C'est eux qui l'ont appelé et hissé au pouvoir, mais il n'en subit pas moins avec impatience les quelques réserves de forme et de durée que ceux-ci ont mis à son omnipotence. Avec énergie et persévérance, mais aussi avec prudence, il va éliminer d'abord la personne de Sieyès, puis les institutions dues à son influence. En même temps, il fera transformer son pouvoir, de décennal, en viager, puis en héréditaire.

Par suite, la constitution initiale sera fréquemment modifiée. Le consulat décennal, du 28 décembre 1799 au 4 août 1802, durera deux ans et demi; le consulat viager, du 4 octobre 1802 au 18 mai 1804, moins de deux ans; enfin l'empire lui-même, un peu moins de dix ans, du 18 mai 1804 au 3 avril 1814.

240. — Le Consulat décennal.

Les consuls définitifs devaient être désignés par la constitution. Les membres des commissions, résidu des « Cinq cents » et des « Anciens », chargés de nouer le fil ténu de la légalité, se préparaient à les élire, lorsque Bonaparte, voulant éviter les surprises d'un scrutin secret, usa d'un vrai truc de prestidigitateur. S'emparant de l'urne, il déclara bien haut qu'il fallait, par un acte éclatant de confiance, rendre hommage à celui qui avait inspiré la Constitution, c'est-à-dire à Sieyès. Interprète du vœu unanime (il l'affirmait du moins), il lui demandait de bien vouloir, dans sa sagesse, choisir les nouveaux consuls. Sieyès se trouvait ainsi fort empêché de se désigner lui-même et, plus encore, d'éliminer Bonaparte.

Il ne put que confirmer son rival. Il lui adjoignit un personnage solennel et décoratif à souhait, Cambacérès, ainsi qu'un membre des « Anciens » assez peu connu, Lebrun, naguère secrétaire de Maupeou.

Écarté du Gouvernement, Sieyès cependant obtenait une compensation. Il devenait président du Sénat dont lui-même et Roger Ducos étaient les deux premiers membres. D'accord avec les deux consuls entrants, ils désignaient la majorité de la haute assemblée. Celle-ci se complétait alors par cooptation, puis, à son tour, choisissait le Corps législatif et le Tribunat.

Ainsi, toutes les assemblées (le Conseil d'État excepté) se trouvaient-elles peuplées d'amis de Sieyès, anciens révolutionnaires bien apaisés sans doute, mais qui considéraient la Constitution de l'an VIII comme un point final et qui n'entendaient créer un gouvernement fort que dans la mesure nécessaire pour écarter tout retour de l'Ancien régime ou toute reprise de jacobinisme.

Bonaparte, perpétuant quant à lui ce qu'on pourrait appeler l'équivoque de brumaire, ne songeait qu'à accroître son pouvoir personnel. Le compromis de l'an VIII n'était que le point de départ vers un destin dont chaque succès accroissait l'audace et l'ampleur.

241. — Vers le Consulat viager.

La paix d'Amiens, le 25 mars 1802, clôturant victorieusement dix ans de guerre, fut la première occasion d'un nouveau pas vers la dictature totale. En même temps, la pacification intérieure était achevée; la chouannerie avait définitivement vécu; la restauration financière quoique précaire, semblait en bonne voie; enfin, l'apaisement religieux assurait au Premier consul une situation hors de pair. L'idée se fit jour parmi ses familiers qu'une récompense nationale devait lui manifester la reconnaissance du pays. Puis, comme pour stimuler l'enthousiasme par la crainte, des complots furent découverts dont le plus grave était celui de la rue Saint-Nicaise. Bien que ses auteurs fussent d'authentiques monarchistes, on en profita pour se débarrasser des éléments les plus actifs et les plus résistants du parti républicain.

Mais, pour aboutir, la Constitution de l'an VIII offrait de sérieux obstacles. Le pouvoir législatif pouvait rejeter un texte qui ne lui convenait pas. Or, le tribunat, dans son ensemble, était hostile et le Corps législatif assez mal disposé.

C'est alors que Talleyrand imagina d'avoir recours au Sénat. Celui-ci, ainsi que nous l'avons dit, était peu nombreux; ses débats, sans publicité; ses membres, personnages de haut rang, toujours enclins à l'approbation. Puisqu'il devait conserver la constitution, ne pouvait-on pas lui demander de l'améliorer, en exerçant à côté du *pouvoir constituant sanctionnateur,* le *pouvoir constituant déterminateur* que le texte de l'an VIII n'avait confié à personne. Ainsi naquit le sénatus-consulte.

Déjà, un peu avant la paix d'Amiens, un premier sénatus-consulte, celui du 22 ventôse de l'an X, avait fixé le mode de renouvellement du Corps législatif et du Tribunat dont, par un trop heureux hasard, les membres éliminés furent tous des opposants.

Le Sénat conservateur accorda d'abord au Premier consul par le sénatus-consulte du 18 floréal (8 mai 1802) une réélection décennale, mais anticipée de plus de sept ans, ce qui conduisait jusqu'à fin 1819. Cependant, l'intéressé avait espéré beaucoup mieux et, bientôt, sur l'initiative de Cambacérès, le Conseil d'État prenait un arrêté en vertu duquel le peuple était consulté pour savoir si Napoléon Bonaparte serait consul à vie. Les registres étaient de nouveau ouverts. Celui des « oui » se couvrit de 3 568 000 signatures. Il n'y eut par contre que 8 365 opposants. Le Sénat se voyait forcer la main et, par le sénatus-consulte du 14 thermidor de l'an X, procédait à la proclamation attendue.

242. — Le sénatus-consulte de l'an X. — Deux jours après, le sénatus-consulte du 16 thermidor étendait aux deux consuls le caractère viager de la fonction. Il apportait en même temps une série de transformations aux institutions existantes, de telle sorte que son texte est souvent qualifié de « Constitution de l'an X ».

Quant aux principes, celle-ci n'innove pas. On demeure dans la ligne générale de la combinaison d'un gouvernement personnel avec un recours platonique à la souveraineté nationale. Le plébiscite, qui a précédé le sénatus-consulte du 14 thermidor, confirme la base populaire du régime.

Par contre, les organes sont assez sensiblement remaniés. D'abord, le corps électoral se voit rendre, au moins en principe, la fonction d'élire. Le système des listes de confiance est abrogé quasi sans avoir été appliqué, tant par indifférence de l'opinion que par suite des atermoiements de l'administration. Le nouveau système se donne pour objet de « rattacher les grandes autorités de l'État à la Nation ». Mais, du principe à l'application, il y a loin. Le régime électoral de l'an X est noyé sous un flot de restrictions et dans une masse de précautions. Quand on l'analyse bien, on s'aperçoit qu'il s'agit simplement d'élections d'électeurs, en vue d'une simple présentation, comme dans le régime antérieur. Seuls les conseillers municipaux des agglomérations de moins de cinq mille habitants sont directement élus. De plus, par un certain biais le régime censitaire réapparaît. « Pour parvenir à la formation de collèges électoraux de département — dit l'article 25 — il sera dressé dans chaque département, sous les ordres du ministre des finances une liste des six cents citoyens les plus imposés aux rôles des contributions foncière, mobilière et somptuaire et au rôle des patentes. »

Le choix des collèges d'arrondissement et des collèges de département se règle d'avance, par relations personnelles entre les préfets, les sous-préfets et les notables appelés à siéger. Peu de monde prend part à ces différentes réunions. Au reste, pas plus que les listes de confiance, le système électoral de l'an X n'aura d'effet pratique. D'après les historiens, il aurait seulement fonctionné en 1813 dans quelques départements.

Les organes législatifs sont maintenus. Les assemblées demeurent. Toutefois leur ordre est modifié, le Sénat est immédiatement suivi du Conseil d'État détaché du Gouvernement ; viennent après le Corps législatif et le Tribunat. Le Sénat a ses pouvoirs renforcés, mais sa dépendance est aussi accentuée à l'égard de Bonaparte. Pour se compléter jusqu'à quatre-vingts, il doit choisir parmi les trois candidats que, seul désormais, lui présente le Premier consul. Celui-ci désigne en outre directement jusqu'à quarante sénateurs. Peu de chose à dire du Corps législatif : le nombre des députés est mis en rapport avec la population de chaque département. Quant au Tribunat, déjà bien diminué par l'épuration de ventôse, il est réduit à cinquante membres et divisé en sections.

D'ailleurs, qu'il s'agisse du Sénat et même du Conseil d'État, qu'il s'agisse surtout du Corps législatif et du Tribunat, de plus en plus, ces institutions forment une simple façade. Tout le pouvoir va au Premier consul qui, pratiquement, nomme ses collègues, désigne son éventuel successeur et possède le droit de ratifier les traités de paix et d'alliance.

Simultanément, Bonaparte acquiert le prestige et accentue les manières d'un souverain. On disait jusqu'alors le « citoyen » ou le « général » Bonaparte, selon le vocabulaire républicain. On dit maintenant Napoléon-Bonaparte et comme, pour un monarque, le prénom tend à se substituer au nom.

A peine le consulat à vie est-il obtenu que, déjà, se dessine une nouvelle étape, celle, précisément, de la monarchie impériale.

243. — De la monocratie à la monarchie.

Le chemin qui conduit du consulat à vie à l'empire est assez court. Il sera cependant pour Napoléon Bonaparte malaisé à parcourir, non pour des motifs de droit, mais d'opinion, dans la mesure où il en reste une.

Sur le terrain juridique, en effet, l'instrument est créé. C'est le sénatus-consulte, procédé d'une souplesse étonnante, grâce auquel on passe sans difficulté d'un système à un autre.

Par contre, au point de vue psychologique, s'élèvent deux gros obstacles. Accorder l'hérédité à Napoléon Bonaparte est inquiétant, car il n'a pas d'enfant et ses héritiers éventuels sont les membres de la famille corse, avides, criards et sans génie. D'autre part, malgré l'exil, malgré les proscriptions, malgré la surveillance de la police, les survivances républicaines sont très fortes. Balzac a bien observé que « Napoléon ne convainquit jamais entièrement de sa souveraineté ceux qu'il avait eu pour supérieurs ou pour égaux, ni ceux qui tenaient pour le droit ».

Aussi, malgré sa toute-puissance, Bonaparte doit-il donner des gages aux brumairiens pour leur faire admettre qu'un système héréditaire institué par lui n'aurait rien de commun avec la monarchie de l'Ancien régime; qu'une nouvelle dynastie serait même le meilleur rempart contre le retour de Louis XVIII.

Afin d'empêcher tout rapprochement avec les Bourbons, un incident, délibérément recherché, met du sang entre eux et Bonaparte. Le jeune duc d'Enghien, enlevé en pays neutre, est fusillé sur l'ordre du premier consul. Désormais, « Napoléon s'est fait de la Convention ».

Le mot est du tribun Curée qui, bientôt, déposera au Tribunat la motion tendant à déclarer Napoléon Bonaparte Empereur des Français et la dignité impériale héréditaire dans sa famille. Le 3 mai, la motion Curée devient un vœu du Tribunat. Vingt-quatre orateurs se prononcent pour, Carnot tout seul, contre.

244. — Le sénatus-consulte de l'an XII.

Le sénatus-consulte organique du 28 floréal de l'an XII (18 mai 1804) est, comme celui de l'an X qu'il révise, une nouvelle constitution, la troisième de la dictature napoléonienne.

Cette fois encore les transitions sont bien ménagées. La république demeure en titre : « République française, Napoléon empereur ». Le nom même d'empire, adopté en 1809, conserve, à l'époque, une certaine résonance révolutionnaire. « Il flattait l'amour-propre de la Nation, sans émouvoir à l'excès l'amour de la liberté. » De même, survit l'affirmation de la souveraineté nationale. Le titre d'empereur « signifie pour les masses une délégation plus large de la souveraineté nationale » que sanctionne un nouveau plébiscite (3 millions et demi de oui contre 2 369 non).

Mais, simultanément, Napoléon invoque les traditions religieuses du droit divin et, pour ce faire, reprend l'antique cérémonie du sacre à laquelle il convoque le Pape lui-même. On sait comment les choses se passèrent. De même que, au moment de l'établissement du consulat, Bonaparte avait naguère subtilisé l'urne, il escamote la couronne, sous les yeux du Saint-Père décontenancé, et la place sur sa propre tête, avant que de couronner, lui-même, Joséphine. Ce double geste indique clairement que l'autorité absolue qu'il exerce lui vient de sa force et de son génie et que l'onction pontificale la consacre seulement.

La Constitution de l'an XII est étendue. Elle comporte cent quarante-deux articles, mais l'importance des dispositions constitutionnelles y est en proportion inverse de leur longueur. En effet, comme on l'a dit, « rien n'est si minutieux à régler que des futilités ». Cinquante-six articles traitent de problèmes de l'hérédité, de la famille impériale, de la régence, des grandes dignités de l'Empire, des grands officiers, des serments. Les articles 101 à 133 s'occupent de la Haute Cour pour la défense du régime. Reste, seulement, une petite cinquantaine d'articles pour la réforme des organes de l'État.

Le Sénat, bien qu'il ne soit mentionné qu'au titre huitième de la constitution, demeure le premier organe. En sont membres les princes français âgés de plus de dix-huit ans; les grands dignitaires; quatre-vingts personnages cooptés par le Sénat lui-même, comme initialement, mais pris sur la liste dressée par les collèges électoraux et présentés par l'Empereur; enfin, les citoyens que ce dernier juge convenable d'élever à cette dignité. L'Empereur, encore, nomme pour un an le président qui, sur son ordre, convoque le Sénat (V. Ch. Durand, *Les présidents du Sénat sous le Premier Empire,* Mél. A. Audinet, Aix-en-Provence).

On peut tenir pour secondaire la création au sein de l'assemblée de deux commissions : l'une dite de la liberté individuelle et l'autre de la liberté de la presse. En effet, lorsque l'on analyse le lourd mécanisme de leur fonctionnement, on s'aperçoit qu'il est inopérant. On peut, de même, considérer comme illusoire le droit conféré au Sénat de dénoncer les lois inconstitutionnelles ou encore d'annuler les opérations électorales.

Si le Corps législatif reçoit la parole, s'il peut désormais discuter et même, formé en comité général, connaître une certaine publicité, ses droits seront pratiquement de minime importance, car il ne sera pas réuni pendant plusieurs années. En 1813 seulement, un sénatus-consulte tardif s'occupera de son organisation intérieure.

Quant au Tribunat qui fut toujours « la bête noire » de Bonaparte, il perd le peu d'importance qui lui restait, avant que d'être supprimé définitivement en 1807 par un sénatus-consulte qui l'intègre au Corps législatif.

Désormais, il ne reste pour ainsi dire rien de la machinerie législative de Sieyès. Ses survivances sont de simples décors destinés à rehausser le gouvernement personnel de l'empereur.

Section 5
La fin de la Constitution

245. — Irréalité des institutions napoléoniennes. — Constamment modifiées, très partiellement appliquées, les institutions napoléoniennes n'ont jamais acquis une véritable réalité. Les organes multipliés à dessein avaient peu à faire; il leur fut demandé moins encore.

Initialement tous les pouvoirs publics se trouvèrent formés sans que le corps électoral prît aucune part à leur désignation, les listes de confiance n'étant pas encore établies. Elles furent supprimées après n'avoir servi qu'une seule fois, en l'an X, pour renouveler un cinquième du Tribunat et du Corps législatif. Le rôle des collèges électoraux ne fut guère plus actif. Le vote, rappelleront des témoins, plus tard sous la Restauration, était pour ainsi dire tombé en désuétude. Les urnes se remplissaient seules et les agents du pouvoir effectuaient toutes les désignations.

Dans ces conditions, rien d'étonnant à ce que les assemblées fussent faiblement composées. Comme l'a dit Thiers, « les hommes propres à la parole, enclins au bruit, furent mis dans le Tribunat, les fatigués obscurs dans le Corps législatif, les fatigués d'un ordre élevé dans le Sénat ». Les premiers, comme l'on sait, furent vite éliminés. Les seconds satisfirent leur naturel besoin de repos. Ils abondèrent dans les vues du maître : « Un signe — dira Napoléon — était un ordre pour le Sénat qui faisait toujours plus qu'on ne désirait de lui » (ordre du jour à l'armée, 3 avril 1814). Les sessions du Corps législatif furent irrégulières et de plus en plus courtes; il n'y avait presque pas de débat. Quant au Conseil d'État son rôle, initialement si important, connut bien vite un rapide déclin.

D'ailleurs, chacun avait le sentiment de la vanité de sa tâche. L'Empereur suffisait à tout et l'arbitraire impérial s'exerçait sur tout. A aucun moment, il n'y eut pour Napoléon de véritables règles de droit auxquelles il se serait considéré comme soumis. Il ne tint compte ni des compétences, ni des formes. Maître du pouvoir, maître pratiquement de la loi, il se plaça délibérément au-dessus d'elle. Souvent absent de la capitale, du fait des opérations militaires, (V. Ch. Durand, *Le régime de l'activité gouvernementale pendant les campagnes de Napoléon,* Ann. Fac.

Droit, Aix 1957), il négligea ou viola délibérément les attributions constitutionnelles. Par exemple, en 1805, il demanda au Sénat l'appel du contingent militaire, alors que seul, le Corps législatif était qualifié pour le lui accorder. En 1813, il oublia de faire procéder au renouvellement du cinquième du Corps législatif. Quant aux libertés individuelles, on sait avec quelle désinvolture il les méconnut. Il éloigna de Paris Mme de Récamier et exila Mme de Staël. Le régime des prisons fut établi exclusivement par lui. Les garanties données à l'autorité judiciaire se virent constamment ignorées. Il y eut, de manière permanente, vacance de la légalité.

A cet égard, le réquisitoire le plus violent émanera du Sénat impérial lui-même. Du jour où l'empereur sera abattu, il retrouvera l'indépendance et l'énergie qui lui avaient jusqu'alors manqué pour qualifier les actes irréguliers qu'il eût dû constitutionnellement censurer.

Si la dictature napoléonienne est réputée politiquement forte, du point de vue constitutionnel, elle est, au vrai un régime très faible. Napoléon qui s'est révélé un créateur heureux et puissant en matière d'organisation administrative, d'organisation judiciaire, d'établissement des codes, particulièrement du Code civil, n'a ici rien fondé. Ainsi que le dit alors très bien l'agent monarchiste Hyde de Neuville, « le pouvoir s'était incorporé à lui-même ». De la sorte, on ne peut parler, au sens exact des mots, d'institutions napoléoniennes, puisque jamais les règles posées n'eurent de vie propre, de réalité objective, indépendante de la personnalité « obsédante » de leur créateur, mais qu'elles suivirent simplement sa fortune.

246. — Le dernier sénatus-consulte : la Constitution sénatoriale du 6 avril 1814.

— On en sait le brusque renversement. Le 14 septembre 1812, Napoléon est à Moscou; le 31 mars 1814, l'empereur de Russie entre à Paris. Immédiatement les alliés exigent l'abdication de Napoléon et demandent « aux Français » de se prononcer sur le gouvernement qui leur semblerait convenir à leur pays.

A cette question, le Sénat impérial se juge qualifié pour répondre. Un dernier sénatus-consulte défait l'Empire qu'un autre sénatus-consulte avait édifié moins de dix ans plus tôt.

Le 3 avril 1814, avec des considérants d'une lecture pénible, le Sénat déclare Napoléon déchu du trône et abolit le droit d'hérédité établi dans sa famille. Sur-le-champ, le Corps législatif adhère au décret du Sénat conservateur. Napoléon cherche en vain à sauvegarder les droits de son fils. Découvert militairement par la défection de Marmont et abandonné par les maréchaux en révolte, il doit abdiquer purement et simplement, le 6 avril 1814.

Cependant, le personnel brumairien devenu le personnel impérial veut survivre à l'empereur. En toute hâte, il vote la « Constitution sénatoriale » du 6 avril 1814.

Celle-ci appelle au trône, au nom du peuple français, Louis-Stanislas-Xavier, frère du dernier roi. « La noblesse ancienne reprend ses titres; la nouvelle consacre les siens héréditairement. » Pour celle-ci la Constitution devenait, comme on l'a constaté ironiquement, « une constitution de rente » (Sur la portée, d'ordinaire méconnue, de *la Constitution du 6 avril 1814*, voir l'étude de M. J. de Soto dans la Rev. int. d'hist. pol. et const., oct.-déc. 1953, p. 268 et s.).

TITRE II

LES RESTAURATIONS

CHAPITRE I
LA MONARCHIE LIMITÉE

Section 1
Les origines

247. — L'octroi de la Charte. — Le Sénat qui, le 1er avril 1814, avait institué un gouvernement provisoire, dont Talleyrand était l'inspirateur et le chef, s'empressa de déférer le pouvoir au comte d'Artois, lieutenant-général, précédant Louis XVIII que la goutte retenait en Angleterre. En retour, sans accepter la constitution, le futur Charles X, manquant de pouvoir à cet effet, assurait, néanmoins, au nom de son frère, qu'il « en admettait les bases ».

Un séjour prolongé en Angleterre avait affermi chez Louis XVIII les tendances naturelles d'un esprit libéral et politique. Aussi, tout en proclamant, dans la déclaration de Saint-Ouen du 23 mai 1814, être rappelé « par l'amour de son peuple au trône de ses pères », reconnaissait-il, également, comme bonnes les bases de la constitution proposée. La rédaction, toutefois, ayant été trop précipitée, une nouvelle version, établie avec la collaboration d'une Commission des deux Assemblées, serait présentée par ses soins au Sénat et au Corps législatif.

Le chancelier Dambray, Ferrand et l'abbé de Montesquiou, membre du gouvernement provisoire, préparèrent un texte. Œuvre surtout du dernier, il s'inspirait de la constitution sénatoriale et en conservait l'essentiel. Assez désordonnée et passablement confuse, cette rédaction fut, à son tour, abandonnée au profit d'une version nouvelle dont Beugnot était le principal auteur. Soumise à la commission prévue, composée de neuf sénateurs et de neuf membres du Corps législatif, ce dernier projet fut discuté et adopté en une semaine, car les « alliés » avaient hâte de quitter Paris et voulaient que le nouveau régime fût installé auparavant. Le roi et le conseil privé approuvèrent plus rapidement encore.

Toutefois, le préambule manquait. La rédaction en fut demandée à Fontanes, comme au plus éloquent des académiciens. Il proposa un morceau littéraire fort pompeux. Ne jugeant l'écrit ni assez clair, ni assez direct d'accent, Beugnot le disséqua en termes plus simples et le compléta, en y ajoutant cette phrase capitale qu'il n'eut même pas le temps de soumettre à Louis XVIII : « à ces causes, nous avons volontairement et par le libre exercice de notre autorité royale, accordé et accordons, fait concession et *octroi* à nos sujets, tant pour nous et nos successeurs, et à toujours, de la charte constitutionnelle qui suit ».

Le texte de la nouvelle constitution fut, à la suite d'un discours du roi, communiqué le 4 juin aux pairs et députés. Aucun vote n'intervint. Le monarque reçut le serment des assemblées, c'est-à-dire, sous leur nouveau nom, du Sénat et du Corps législatif impériaux ralliés à la monarchie traditionnelle.

Section 2
Fondements et caractéristiques

248. — La restauration de la monarchie bourbonienne. — Si différentes les unes des autres qu'aient été, depuis 1789, nos quatre premières constitutions, leur succession s'était déroulée, pourrait-on dire, en sens unique. Chaque régime empruntait plus ou moins à ceux qui l'avaient précédé et possédait, dans les principes de 1789, un fondement commun. En revanche, la charte, œuvre « réactionnaire », au sens propre du terme, entend « renouer la chaîne des temps que de funestes écarts avaient interrompue » (préambule de la charte).

Selon le droit divin et le droit historique, invoqués par les princes en exil, Louis XVIII était investi de la puissance royale depuis 1795. Son règne avait commencé au décès de Louis XVII, en vertu de l'adage : « le roi est mort, vive le roi ». Seules, les circonstances avaient différé l'exercice effectif de son gouvernement. La Restauration devait donc s'effectuer sans réticence, avec, de la part de la Nation, une nuance de regret et même de repentir; de la part du roi, un pardon magnanime.

Cependant, il ne pouvait être question de « restaurer » telle quelle la monarchie d'avant 1789. Louis XVI lui-même avait reconnu, en convoquant les États généraux, la nécessité de vastes réformes. Un quart de siècle s'était écoulé depuis lors, entraînant de radicales transformations, non seulement politiques mais encore intellectuelles, sociales et économiques. Le retour au *statu quo ante* se heurtait à une impossibilité sociologique.

Aussi, malgré son titre archaïque, son préambule, le symbolisme désuet de la cérémonie du 4 juin, la prétention du Chancelier Dambray de faire d'elle « une ordonnance de réformation », la charte ne peut rétablir le pouvoir royal dans son absolutisme, son unité et son unicité. La souveraineté royale, exclusive de principe, doit se concilier en fait avec de larges tempéraments dans son exercice. « Les effets des progrès toujours croissants des lumières, les rapports nouveaux que ces progrès ont introduits dans la société, la direction imprimée aux esprits depuis un demi-siècle et les graves altérations qui en ont résulté » ont, comme le constate encore le préambule, empêché un retour pur et simple au régime d'avant 1789. La monarchie restaurée ne sera donc point la monarchie absolue d'Ancien régime, mais une monarchie nouvelle, une *monarchie limitée* (V. F. Ponteil, *Les Institutions de la France de 1814 à 1870*, P.U.F., 1966).

249. — La souveraineté royale. — Ce régime — on l'oublie parfois — est, d'abord et essentiellement, monarchique : « l'autorité tout entière réside en France dans la personne du roi » (préambule de la charte). Selon les conceptions traditionnelles de l'Ancien régime, la plénitude des pouvoirs appartient au monarque, dès le moment où la couronne lui est échue régulièrement.

Cette investiture ne demande absolument rien au peuple, ni d'ailleurs à personne, fût-ce comme intermédiaire. La souveraineté royale est fondée directement sur le droit divin et les droits historiques qui, au vrai, se confondent, puisque, selon la doctrine de Bossuet, à qui Joseph de Maistre vient de donner une vogue nouvelle, l'histoire est la manifestation visible des desseins de Dieu sur les affaires du monde. L'autorité royale est « une délégation de la Providence » (Louis XIV) que peut suspendre le cours adverse des événements, mais que rétablit aussi la faveur céleste. C'est pourquoi, au début du préambule, Louis XVIII invoque « la divine providence (le) rappelant dans ses États après une longue absence ». Le caractère sacré du pouvoir vient de sa seule légitimité. Il est renforcé par la cérémonie du sacre, capitale dans l'ancienne monarchie et dont la charte a rétabli, en principe, la solennité (art. 74).

250. — La monarchie limitée. — Mais les doctrines invoquées par la Restauration ne pouvaient être acceptées dans leurs déductions logiques que si la société de l'Ancien régime était simultanément reconstituée. Or, comme on l'a déjà souligné, les transformations sociales et psychologiques ne sont pas réversibles et la Restauration s'est effectuée dans des conditions historiques telles que le tranchant des affirmations ne saurait dissimuler la fragilité d'une situation due, pour partie, à l'intervention des armes étrangères. La Restauration est donc un régime de compromis comme l'indique déjà l'épithète dont s'accompagne en titre la charte, qualifiée de « constitutionnelle ». La Restauration ne peut refaire la monarchie intégrale. Elle doit se contenter d'être une monarchie limitée.

Cette monarchie s'appelle « *constitutionnelle* », car, au point de vue formel, sa dignité et sa puissance procèdent de normes écrites. Le prince n'est plus simplement assujetti à un ordre moral, mais à un ordonnancement juridique dont il fait lui-même partie. Bien qu'il en soit l'auteur, le roi n'est ni au-dessus ni au-dehors, mais dans la constitution qui fixe ses droits et ses devoirs. Il est tenu de respecter les lois, tout comme ses sujets. Il ne peut leur demander et ne doit obtenir d'eux qu'une obéissance conforme à la charte et aux règles qui en découlent.

Le monarque est également limité par la pluralité des organes. Le roi selon la charte n'est pas seul. A côté de lui, il y a des pouvoirs dont l'action, et même pour certains la détention, sont indépendantes de sa volonté.

Mais le roi ne partage pas le pouvoir avec eux, comme sous la pseudo-monarchie de 1791. Non seulement il garde le droit au dernier mot et demeure ainsi le souverain, mais il joue encore le rôle d'élément actif et moteur du système. Le roi a, vis-à-vis des chambres, l'*initiative* et la *sanction* : il crée la loi puisque lui seul peut la proposer et la rendre exécutoire. Le roi a, vis-à-vis des ministres, l'*initiative* et la *sanction* : il a le choix de ses collaborateurs; il donne ou refuse à leurs actes son approbation; il les maintient aux affaires ou il les révoque. Le roi a, vis-à-vis du corps électoral, l'*initiative* et la *sanction* : il convoque les collèges électoraux et dissout la Chambre qui a cessé de lui plaire.

251. — La représentation censitaire.

La monarchie instituée par la charte et que nous venons d'appeler limitée est, plus souvent, dite par les juristes et historiens français *représentative*. Le terme est cependant équivoque, car la monarchie de 1814 n'est pas, comme le fut la monarchie de 1791 et comme le sera la monarchie de Juillet, représentative au sens révolutionnaire et classique du terme. Dans ces régimes, le roi est représentant, en tant qu'il tient ses pouvoirs de la Nation et règne en vertu de la Constitution. Tel n'est évidemment pas le cas du monarque de la Restauration qui, lui, règne en vertu de son droit propre. Si la monarchie de 1814 est dite représentative, c'est au sens plus étroit et plus simpliste qu'elle est un régime dans lequel existent, à côté du roi, des organes représentatifs, qui sont les chambres. La déclaration de Saint-Ouen, où se trouvent formulées les bases de la charte, nous renseigne très exactement à cet égard, lorsqu'elle dit : « le gouvernement représentatif sera maintenu tel qu'il existe aujourd'hui divisé en deux corps, savoir le Sénat et la Chambre composée des députés des départements ».

Le principe de la souveraineté royale est sauvegardé — au

moins théoriquement — du fait que les électeurs sont désignés par la charte, c'est-à-dire par le roi. Exclusif de tous droits appartenant au peuple, l'électorat s'analyse comme une pure fonction. « La charte — dira Royer Collard — institue des fonctionnaires dont la fonction consiste à nommer des députés. »

Mais, de fait, cette existence du corps électoral est une sérieuse atteinte à la souveraineté royale et c'est ici qu'apparaît le plus nettement le caractère de compromis et presque de marchandage qui marque le régime. La monarchie selon la charte est une *dyarchie,* un pouvoir que se partagent un roi et une oligarchie.

Politiquement, la Restauration impliquait l'absence totale d'élection, solution logique dans le principe mais pratiquement impossible, ou comme certains ultras l'avaient bien compris, un suffrage très large. C'était, en effet, dans les masses rurales que l'idée monarchique restait la plus vivante et le dévouement à la personne du prince le plus spontané et le plus complet. Là aussi, s'exerçait directement l'action des grands propriétaires fonciers. « Si vous voulez — constatera Villèle — que la première classe arrive dans vos assemblées, faites-la nommer par les auxiliaires qu'elle a dans la dernière. »

En pratique, l'événement impose au roi la collaboration de la fortune ancienne reconstituée et de la fortune récente née des grands bouleversements de la Révolution et des guerres de l'Empire. Les plus titrés des possédants passent du Sénat à la Chambre des pairs et l'ensemble des riches forme les collèges électoraux pour la désignation de la Chambre des députés. La fortune est supposée entraîner la compétence dans la gestion des affaires publiques. « Le citoyen — dit encore Royer-Collard — qui par sa position de fortune et ses dispositions présumées paraît le plus propre à ménager les intérêts (dont la chambre est représentante) est aussi le seul capable de remplir les fonctions d'électeur. De là le cens et l'attribution du pouvoir à une classe restreinte. »

Le cens n'est pas une innovation, du moins dans son principe. On l'a rencontré dans la Constitution de 1791 et dans celle de l'an III. Il consiste dans la détention d'un certain bien ou dans le versement de quelque impôt, comme condition d'attribution de l'électorat. Maintenu à un taux modeste, il n'est pas nécessairement anti-démocratique, le citoyen complet étant celui qui contribue pour sa part aux charges de la cité.

Il en va différemment lorsqu'en 1814 le cens atteint un chiffre élevé et devient le moyen de réserver l'influence politique à un milieu déterminé. La représentation censitaire institue, comme nous l'avons déjà dit, une oligarchie ou, plus précisément, puisque celle-ci est fondée sur l'argent, une ploutocratie.

Toutefois cette aristocratie fiscale ne forme pas un ordre comme la noblesse de l'Ancien régime, ni même une classe au sens sociologique du terme. On trouve parmi elle des éléments urbains et des éléments ruraux. Industriels et commerçants, d'un côté, grands propriétaires, de l'autre, sont souvent en opposition d'intérêts et de vues. Intellectuellement, les uns tiennent pour les conquêtes de la Révolution, les autres sont partisans de l'Ancien régime. Spirituellement, une fraction est croyante; l'autre, voltairienne.

Dans ses *Réflexions politiques* de décembre 1814, Chateaubriand, dont les écrits sur le régime de la charte sont si remarquables, a bien dégagé le seul trait commun aux membres du pays légal : l'oisiveté ou, du moins, les loisirs. « Les Français se partagent aujourd'hui en deux grandes classes, ceux qui ne sont pas obligés de travailler pour vivre et ceux que la fortune met dans un état de dépendance. Occupés de leur existence physique, les seconds n'ont besoin que de bonnes lois, mais les premiers, outre le besoin des bonnes lois, ont encore celui de la considération. »

252. — Le concours des pouvoirs. — La représentation, que la charte institue près du roi, répartit ainsi, pratiquement, l'exercice du pouvoir entre plusieurs organes distincts. Mais, à la différence de la Constitution séparatiste de 1791, il n'y a pas, cette fois, division des fonctions. « La puissance législative s'exerce collectivement par le roi, la chambre des pairs et la chambre des députés des départements » (art. 15). Quant à la puissance exécutive qui n'est dévolue qu'au roi (« au roi seul appartient la puissance exécutive », art. 13), elle ne peut cependant se manifester sans des ressources pécuniaires dont l'établissement requiert derechef la collaboration des chambres. « Aucun impôt ne peut être établi ni perçu, s'il n'a été consenti par les deux chambres et sanctionne par le roi » (art. 48).

Les trois organes : le roi et les deux chambres sont donc obligés de s'accorder. En hostilité, ils ne peuvent se contraindre, mais seulement s'empêcher. Le roi ne peut être astreint; autrement, il cesserait d'être souverain et, selon une formule que l'on citera tout à l'heure, on se trouverait « en République », c'est-à-dire « gouverné par plusieurs ». A l'inverse, le roi ne peut obliger les chambres qui sont indépendantes de lui. Sans l'accord des chambres, le roi ne peut gouverner puisqu'il n'en a les moyens ni financiers, ni législatifs; sans l'entente du roi, les chambres ne peuvent légiférer, puisque c'est le roi qui a l'initiative et la sanction. Une hostilité permanente aboutirait à la paralysie du gouvernement ou au coup d'État. Bon gré, mal gré, il faut donc faire marcher ces puissances de concert, comme l'expliquait déjà Montesquieu à propos de la monarchie anglaise. Royer-Collard le dira excellemment au moment de la crise suprême de 1830 : « Le concours permanent des vues politiques du Gouvernement avec les vœux du peuple — lisez du « pays légal » — (est) la condition indispensable de la marche des affaires publiques. »

Le système le plus apte à assurer ce nécessaire concours des pouvoirs est le régime que nous qualifions aujourd'hui de parlementaire et qui, alors, se cherche encore outre-Manche. Sans l'instituer expressément, la charte constitutionnelle pose trois de ses règles essentielles : le roi est irresponsable; les ministres peuvent être pris dans les chambres et y ont leurs entrées; la chambre peut être dissoute par le roi. Par contre, la charte ne considère les ministres comme engagés que pénalement (art. 55). Elle ne prévoit pas leur responsabilité politique. Mais en fait cette dernière pratique devait rapidement s'instituer.

Ainsi, se trouvent à peu près exactement transposées dans la charte les institutions coutumières anglaises. La monarchie simplement constitutionnelle est dépassée et incline déjà vers la monarchie parlementaire (V. P. Bastid : *Les Institutions politiques de la monarchie parlementaire française,* 1954, G. de Bertier de Sauvigny : *La Restauration,* Flammarion, 1955).

Section 3
Les organes

253. — Le roi. — Le roi est le chef suprême de l'État. Sa personne est inviolable et sacrée. Il est irresponsable.

Le roi propose la loi, il la sanctionne et la promulgue. Il convoque chaque année les deux chambres en session. Il peut les proroger, c'est-à-dire suspendre leurs travaux pendant un certain temps. Il dissout la Chambre des députés. Il nomme les pairs, dont le nombre est illimité. Il a seul le pouvoir exécutif. Il commande les forces de terre et de mer. Il déclare la guerre et fait les traités. Il nomme à tous les emplois. Il prend les règlements et des ordonnances. De lui, émane toute justice. Il a le droit de faire grâce et de commuer les peines.

Cette importante énumération, ici résumée, indique clairement l'étendue considérable du pouvoir royal et sa primauté, conformes aux principes qui viennent d'être mis en lumière.

254. — Les chambres. — La charte adopte le régime bicaméral, comme en Angleterre. Le Parlement est composé de deux chambres aux fonctions semblables. La loi et le budget exigent leurs votes successifs et identiques. L'impôt, toutefois, doit être consenti d'abord par la Chambre basse, celle des députés des départements.

a) *La Chambre des pairs* est qualifiée par l'article 24 de « portion essentielle de la puissance législative ». Ses membres sont nommés par le roi. Il y a bien quelques titulaires de droit, mais ils se trouvent soumis à une autorisation de siéger : les princes ne peuvent participer à chaque session que d'ordre du roi.

Les pairs sont de deux catégories : les uns sont nommés à vie, les autres héréditaires. Leur nombre est illimité, ce qui fait que le roi peut désigner à volonté de nouveaux pairs, soit qu'il désire récompenser une personnalité, soit, encore, que la politique l'exige. La nomination de pairs, en assez grand nombre et en une seule fois, porte le nom de « fournée ». Elle est le procédé classique employé en Angleterre pour vaincre la résistance des Lords. Lorsque la chambre haute entre en opposition avec le ministère, celui-ci propose au roi des nominations massives ; généralement, les Lords menacés de voir une suite de nouveaux venus, s'installant à leurs côtés, attenter ainsi au caractère sélect du corps, s'inclinent devant la simple annonce d'une fournée ou, en tous cas, dès les premières nominations.

L'institution de la Chambre des pairs reste tout artificielle. Une assemblée aristocratique ne se crée pas à volonté; il lui faut un long passé et des promesses d'avenir. Les choix, assez éclectiques, furent vivement critiqués. Au sein de la Chambre des pairs vinrent se rejoindre des éléments provenant les uns de l'ancienne noblesse d'avant 1789, les autres de la nouvelle noblesse impériale (dont nombre de maréchaux), ainsi que certaines notoriétés de plus fraîche date encore. L'un des futurs membres du cabinet Polignac, d'Haussez, dira de la chambre haute qu'elle réunissait les « nullités en faveur » et les « supériorités que l'on redoutait ». Les termes sont cruels et peut-être excessifs, mais, de fait, la Chambre des pairs ne parvint jamais au prestige que, d'avance, le préambule de la charte aurait voulu lui conférer.

b) *La Chambre des députés des départements* est élue par les collèges électoraux, d'abord pour cinq années, et, ensuite, pour sept. La charte l'a voulu nettement inférieure au pouvoir royal. Elle se réunit seulement en session, sur ordonnance. Elle peut être dissoute et prorogée. Ses modes d'actions sont assez lourds, notamment le vote annuel de l'adresse au roi qui entraîne d'interminables débats sans sanction réelle. De plus, elle est affaiblie par les vicissitudes de la législation électorale, par le caractère si restreint du suffrage; enfin et surtout, par le fait que jamais les députés ne parvinrent à se grouper logiquement et de manière permanente comme de l'autre côté de la Manche. La division en conservateurs et libéraux n'eut aucun caractère organique. L'individualisme français prédomina. Des pratiques fâcheuses, notamment la nomination des députés aux fonctions publiques, agirent constamment sur l'opposition de façon à la décomposer et à l'affaiblir.

255. — Les ministres. — Entre les chambres et le roi se situent les ministres. Conséquence nécessaire du pouvoir et de l'irresponsabilité du roi, l'organe ministériel est une innovation essentielle du régime de la charte. Dans tous les systèmes politiques précédemment étudiés, il y avait des ministres dépendant du roi, du directoire, de l'empereur, etc., mais leur rôle était purement administratif. Au contraire, la collaboration des pouvoirs à laquelle conduit la monarchie constitutionnelle, lorsqu'elle se développe en régime parlementaire, fait du ministère ou cabinet un organe autonome. Les ministres forment un corps; ils doivent constituer une entité organique représentant une seule et même politique, dont ils sont solidairement responsables à la fois devant le roi et devant les chambres.

Cette institution qui vient, comme les autres traits du régime parlementaire, de la pratique anglaise, n'est réalisée que de façon assez imparfaite sous la Restauration. En effet, c'est en tâtonnant et sous l'influence de circonstances bien différentes de celles qui agirent outre-Manche, qu'en France se fait l'expérience du cabinet.

Presque tous les ministères comptent des éléments en désaccord les uns avec les autres. Les conditions d'unité et d'homogénéité ne se trouveront remplies qu'avec Villèle et Martignac.

Les attributions sont diverses et assez mal définies : il y a non seulement des ministres à portefeuille (c'est-à-dire chargés de la gestion d'un département), mais aussi, à certains moments, des ministres sans portefeuille dont le rôle est exclusivement politique, ainsi qu'en permanence, un ministre de la maison du roi, dont l'activité intéresse seulement la personne et les biens du prince.

L'homogénéité du recrutement fait également défaut. Contrairement encore à la pratique britannique, les ministres ne sont pas nécessairement choisis dans l'une ou dans l'autre des assemblées.

Enfin, l'institution du premier ministre a beaucoup de peine à s'établir, le roi présidant aux délibérations du conseil. On trouve un ministère acéphale, celui que Talleyrand dirige en fait, deux ministères bicéphales Desolles-Decaze et Polignac-La Bourdonnaye, et même un ministère tricéphale Villèle-Corbière-Montmorency.

256. — Le corps électoral. — Le corps électoral est censitaire. Pour être électeur, il faut payer trois cents francs-or d'impôts directs. De plus, afin de réduire le nombre des électeurs sans toucher à la charte, on pratiqua des dégrèvements. Ainsi, « le pays légal » compta un nombre de participants décroissant. De cent dix mille électeurs en 1817, on tomba à cent cinq mille en 1820 et à quatre-vingt-huit mille seulement en 1830, la population de la France étant alors de trente millions d'habitants.

Ce régime, qualifié de « surcensitaire » par Maurice Deslandres, fut encore aggravé par la loi du 29 juin 1820, dite « du double vote ». Les collèges de département, composés des électeurs les plus imposés en nombre égal au quart de la totalité des électeurs du département, nommaient cent soixante-douze nouveaux députés, les collèges d'arrondissement (où votaient aussi les plus imposés) continuant de désigner les deux cent cinquante-huit élus primitifs.

Enfin, comme on se méfiait de certaines tendances inconsidérées qui, même chez des hommes riches, peuvent résulter des élans de la jeunesse, on demanda trente ans d'âge.

Pour l'éligibilité, les exigences étaient encore plus considérables. Il fallait quarante ans et mille francs d'impôts, ce qui n'était le fait que de seize mille Français. La Corse qui devait désigner deux députés avait en tout et pour tout deux éligibles. La loi prévoyait, alors, l'adjonction des plus imposés au-dessous du chiffre légal de façon à arriver, en tous les cas, à cinquante par département.

Section 4
Le fonctionnement du régime

257. — L'empire selon la Charte : l'acte additionnel aux constitutions de l'empire. — A peine commencée, l'application de la charte se trouve interrompue par le retour de Napoléon. Le régime des Cent-Jours fut d'abord un gouvernement de fait que l'empereur s'efforça de régulariser au plus vite en promulguant, le 23 avril 1814, « l'acte additionnel aux constitutions de l'empire ».

La « Benjamine », ainsi appelée tant du nom de son principal auteur, Benjamin Constant, que comme la dernière venue, institua « l'empire selon la charte ». La souveraineté nationale et le plébiscite (il réunit 1 300 000 oui contre 4 206 non) s'y combinaient avec le bicaméralisme (une chambre des pairs et une chambre des représentants) et avec la responsabilité ministérielle.

Napoléon qui, avant de partir à l'armée, avait ouvert, le

7 juin, la session parlementaire, était vaincu, le 18, à Waterloo. Le 22, il abdiquait, cette fois, en faveur de son fils sous la menace d'une déchéance proclamée par les nouvelles assemblées, répétant le geste du Sénat, l'année précédente. Toujours comme le Sénat, la chambre des représentants, le 29 juin 1815, élaborait une nouvelle constitution « monarchique et représentative ». Mais Louis XVIII, dissolvant les chambres des Cent-Jours, revenait purement et simplement à la charte octroyée, sans tenir compte de l'avertissement que venait de donner à la Restauration l'interrègne napoléonien (V. L.-J. Adher, *Les membres de la Chambre des Représentants de 1815, in* Politique, 1964-1965, p. 33 et s.).

258. — Intérêt constitutionnel de la monarchie de la Restauration.

— Mise de côté cette parenthèse, la charte fut en vigueur de juin 1814 à juillet 1830, c'est-à-dire, au total, une quinzaine d'années. Absolument, c'est peu, surtout comparé aux siècles de l'Ancien régime, mais, relativement, ce fut considérable. Jusqu'alors, aucune constitution n'avait vécu. Morts-nés, inappliqués en 1793, vivant quelques mois de 1791 à 1792, quelques années entrecoupées de coup d'État de 1795 à 1799, les textes révolutionnaires nous retiennent plus par leurs desseins que par leur réalisation. Quant au régime consulaire et impérial, sans cesse en remaniements et transformations, nous avons dit son irréalité.

C'est là, avec la Restauration, une différence capitale. Quant aux principes, le régime apparaît singulièrement étriqué : les libertés sont fort modestes, le corps électoral très restreint, les droits de la chambre bien limités. Mais, au sortir des bouleversements et des proscriptions révolutionnaires, de l'atonie et du despotisme napoléonien, l'atmosphère, politique semble devenue presque libérale. Surtout, les institutions sont sincères : les électeurs élisent réellement et les chambres discutent effectivement le budget, les lois et l'adresse. La tribune et l'urne ne sont plus de vains simulacres. Une époque de paix a succédé à la guerre quasi continuelle. La politique interne a pris le pas sur les préoccupations extérieures. Les grands esprits se consacrent aux débats de doctrine et se passionnent pour eux. La tribune retentit de discours longuement médités et solidement composés. La presse leur fait écho. Le pays acquiert peu à peu cette maturité politique que la Révolution avait plus présumée que connue. De même, se forment les pratiques nécessaires à la réalité du contrôle gouvernemental, à la gestion correcte des finances. La France s'engage dans une voie analogue à celle qui, a peu près dans le même temps, assurera à l'Angleterre le développement des libertés publiques et l'acheminement progressif et continu vers le terme, lointain encore, de la démocratie.

Toutefois, alors qu'outre-Manche, l'attitude des princes hanovriens résout définitivement le problème du rôle du roi qui a causé antérieurement deux révolutions, en France, celui-ci continue à se poser de manière particulièrement aiguë. La Restauration a rétabli le principe de la souveraineté royale, mais elle n'a pu faire que, vingt-cinq ans durant, la Nation n'ait été proclamée souveraine et qu'elle ne continue, dans sa conscience juridique, de se croire telle. On a indiqué plus haut l'équivoque sur le terrain constituant : la Nation a reçu comme la satisfaction d'un droit ce que l'on prétendait lui accorder comme une faveur. Il ne va de même quotidiennement en ce qui concerne l'exercice du pouvoir royal. Le pays l'accepte à condition qu'il ne se fasse pas exagérément sentir. En aucun cas, il ne lui sera permis de mettre directement sa volonté en balance avec l'opinion. Alors que la charte ne fait que limiter la monarchie, une partie importante de l'opinion exige déjà que le roi se conduise en chef d'État parlementaire.

259. — Le débat doctrinal sur le rôle du roi. — Dès 1815, Vitrolles ouvre le débat doctrinal avec sa brochure « *Du ministère dans le gouvernement représentatif* ». A cet essai répond, en 1816, l'opuscule de Guizot « *Du gouvernement représentatif et de l'état actuel de la France* ». Contre Guizot, et dans un sens voisin de celui de Vitrolles, s'aligne Chateaubriand avec son ouvrage fameux « *De la Monarchie selon la charte* ». Enfin, Villemain vient à la rescousse pour soutenir Guizot, avec « *le roi, la charte et la monarchie* ».

Ici se produit l'un de ces chassés-croisés habituels à la vie politique, mais qui, à distance, ne laissent pas d'étonner : la thèse parlementaire de la prépondérance ou, tout au moins, de l'action autonome du ministère est défendue par les monarchistes « ultras », alors qu'au contraire, l'intervention personnelle du prince est soutenue par ceux que l'on appelle les « doctrinaires ».

Ce renversement de position découle de la conjoncture politique. La majorité dans le « pays légal » et à la chambre appartient aux « ultras ». En conséquence, leurs porte-parole réclament, au nom des droits de la majorité, un ministère composé de membres de leur nuance.

A l'inverse, il y a, chez les doctrinaires, tendance à appuyer la résistance du roi. Conscient de l'état de l'opinion non seulement du « pays légal » mais de l'ensemble de la Nation, Louis XVIII s'efforce de maintenir aux affaires un gouvernement beaucoup plus modéré.

La thèse de Vitrolles se résume ainsi : la désignation des ministres appartient au roi seul, mais pour ce choix qui lui revient, il lui faut le concours des chambres. En conséquence, le souverain doit être attentif à nommer seulement des hommes que proposerait la chambre si elle était appelée à se prononcer. Le roi, libre en principe, ne doit retenir, en fait, que des personnalités non seulement agréables à la chambre, mais encore telles que la chambre les choisirait elle-même. Vitrolles admet que le roi puisse imposer ses conditions aux hommes qu'il institue. S'ils ne sont pas d'accord avec lui politiquement, il ne doit pas les nommer. Un autre « ultra » résume assez bien l'esprit de l'écrit de Vitrolles en réclamant « comme chez les Anglais, l'alliance naturelle et perpétuelle de la majorité des chambres avec le ministère ».

Chateaubriand, lui, précise que rien ne doit procéder directement du roi dans les actes du Gouvernement. Le monarque est environné de ministres responsables tandis que lui-même s'élève au-dessus de toute responsabilité. Dans ces conditions, il doit laisser les ministres agir spontanément puisqu'on s'en prendra à eux seuls de l'événement. Il juge, mais il ne force point le ministre. Si une difficulté surgit, le ministre peut obtempérer à l'avis du roi. Alors l'incident est clos. Si, par contre, le ministre maintient son opinion contre l'avis du prince, ce dernier n'insistera pas, à moins qu'une faute ayant été commise, il ne la sanctionne en remplaçant son auteur. L'idéal de la charte est que l'on puisse « tout examiner sans blesser la majesté royale ». Le roi est situé tellement au-dessus du ministère, endossant toutes les responsabilités, qu'il ne saurait jamais souffrir de ses erreurs.

La thèse des doctrinaires est toute différente. Tandis que les « ultras » mettent au premier plan la responsabilité ministérielle et, par là même, veulent que le roi laisse agir les ministres, les premiers, au contraire, insistent sur le rôle politique du monarque. Guizot déclare qu'il n'y a de raison, ni dans la responsabilité ministérielle, ni dans l'inviolabilité royale, pour considérer le roi comme étranger au ministère ou les actes des ministres comme étrangers au roi. Le roi veut et agit. Lui seul a le droit de vouloir, comme le pouvoir d'agir. Les ministres éclairent le roi. Ils sont ses conseillers. Leur responsabilité est impliquée dans leur obligation de ne rien laisser ignorer au roi.

Villemain soutient la même opinion avec des arguments un peu différents. Il s'attaque à ceux qui invoquent sans cesse l'expérience et l'exemple britanniques. Il démontre qu'en France les traditions historiques, la situation sociale sont différentes et qu'en conséquence on ne saurait, purement et simplement, transposer sur le sol français un système étranger.

A la chambre, le problème du rôle du roi est ouvertement posé à la fin de 1815, puis derechef, en 1824, à propos du mode de renouvellement de la chambre. Les ultras, partisans du renouvellement total, estiment qu'il contraindra le roi par une indication massive, à choisir un ministère correspondant à la majorité. Au contraire, les doctrinaires tiennent pour le renouvellement partiel qu'ils jugent seul d'essence monarchique. Portant chaque année sur un cinquième seulement de l'assemblée et ne donnant ainsi que des orientations discrètes, il rend plus facile au roi de maintenir aux affaires un ministère de sa préférence, alors même qu'il n'aurait plus provisoirement la majorité.

Au cours des débats, Royer-Collard, chef des doctrinaires, résume leur point de vue d'une façon particulièrement frappante. « Le gouvernement — dit-il — est tout entier entre les mains du roi et il n'a besoin du concours des chambres que s'il reconnaît la nécessité d'une loi nouvelle ou pour le budget. Le jour où le Gouvernement n'existera que par la majorité de la chambre, le jour où il sera établi que la majorité peut repousser les ministres du roi et lui en imposer d'autres qui seront ses ministres et non les ministres du roi, ce jour-là, c'en est fait non seulement de la charte, mais de notre royauté, ce jour-là nous sommes en République. »

Ainsi se trouvait parfaitement dégagée, d'un côté, la thèse de la monarchie limitée dans laquelle le roi gouverne avec la collaboration de ministres et du Parlement, de l'autre la thèse, non point « républicaine » mais simplement « parlementaire », que les ministres doivent avoir la confiance du Parlement auquel revient ainsi le dernier mot.

260. — L'attitude de Louis XVIII et de Charles X.
— En fait, la thèse doctrinaire, devenue sous Charles X, comme il était logique, la thèse des « ultras », domine les pratiques de la Restauration.

Durant la première partie du règne de Louis XVIII, c'est pleinement le système de la monarchie limitée. Il n'y a pas, toutefois, un véritable gouvernement personnel du roi, mais plutôt, un « gouvernement ministériel » selon le qualificatif de Joseph-Barthélemy (*le Régime parlementaire en France sous Louis XVIII et Charles X*, 1904). Un ministre, soutenu par le roi, dirige à sa volonté les affaires publiques. Louis XVIII choisit des hommes à lui. Il fait appel à Richelieu et surtout à Decazes, personnage de second plan qu'il aima presque paternellement. C'est lui qui le pousse au premier plan et qui le soutient contre vents et marée jusqu'au moment où, après l'assassinat du duc de Berry, il doit se séparer de lui sous la pression de la Chambre. Vis-à-vis de ses ministres, le roi marque nettement son autorité. Lui-même a résumé son attitude dans une manière de *scénario :* les ministres disent au roi : « Voilà notre opinion », le roi répond : « Voilà ma volonté. » Les ministres s'inclinent, ou demeurant en désaccord, ils demandent au roi la permission de se retirer. Le roi à son tour pèse le pour et le contre ; il juge s'il doit se séparer d'un collaborateur ou sacrifier son point de vue au désir de le conserver. Il y a ainsi plusieurs phases successives dans lesquelles se trouvent débattues l'opinion ministérielle et la volonté royale. Les deux s'accordent, en fin de compte, avec ou sans modification du ministère.

Au conseil, Louis XVIII s'ingénie à faciliter le succès de ses décisions. C'est ainsi notamment qu'au temps de Decazes, le ministère étant composé de six membres partagés en deux fractions égales, le roi, afin de permettre à son opinion de l'emporter plus aisément, refusa à son chef de remanier son ministère ou d'y introduire un élément nouveau créant une majorité.

A partir de février 1820 (deuxième ministère Richelieu) et plus nettement encore à partir de 1821 (ministère Villèle), le cabinet étant en accord avec la Chambre et sa politique en harmonie avec celle de la majorité, la condition essentielle du régime parlementaire se trouve réalisée.

Le roi intervient cependant et révoque lui-même directement certains ministres. Le baron Louis est renvoyé en 1822 à la suite d'un incident électoral qui a déplu au monarque. Surtout, en 1824, Chateaubriand, ministre des Affaires étrangères, se trouve selon sa propre expression, « congédié comme un laquais » pour avoir battu en brèche l'autorité de Villèle, à propos d'une conversion de rente ou, peut-être, pour une faute plus grave, sur laquelle la lumière n'a jamais été faite.

Mais que ce soit dans la phase ministérielle ou dans la phase parlementaire, Louis XVIII sut parfaitement tenir son rôle et se placer au-dessus des remous de la politique courante. Il était comme prédestiné par son tempérament à être le modèle du véritable souverain constitutionnel, ayant les dons du « règne » et non du « gouvernement ». Ainsi que Guizot l'a parfaitement dit dans ses *Mémoires :* « Louis XVIII avait comme roi de grandes qualités négatives et expectantes, peu de qualités actives et efficaces. Imposant d'apparence, judicieux, fin, mesuré, il savait contenir, arrêter, définir ; il était hors d'état d'inspirer, de diriger, de donner l'impulsion en tenant les rênes. Il avait peu d'idées et point de passion ; la forte application au travail ne lui convenait guère mieux que le mouvement. Il maintenait bien son rang, son droit, son pouvoir et se défendait assez bien des fautes ; mais sa dignité et sa prudence une fois rassurées, il laissait aller et faire, trop peu énergique d'âme et de corps pour dominer les hommes et les faire concourir à l'accomplissement de ses volontés » (t. I, p. 41).

Charles X était très différent de son frère. En montant sur le trône, en septembre 1824, il n'oubliait pas le passé du comte d'Artois, chef officieux du parti « ultra », opposant au gouvernement de Louis XVIII, bien trop libéral et modéré à son gré. Il se considérait comme chargé de prendre la revanche posthume de son aîné, Louis XVI, et manifestait fréquemment son opposition aux conceptions parlementaires. Il répétait volontiers qu'il aimerait mieux « scier du bois le restant de ses jours que de gouverner à l'anglaise ».

Cependant les difficultés ne vinrent pas immédiatement. En effet, la mort de Louis XVIII se produisit à peu près au milieu du long ministère Villèle qu'appuyait une chambre

« ultra ». Charles X trouvait en place des hommes en accord avec lui. Mais, en 1827, Villèle sentant sa majorité s'effriter, recourut à la dissolution. Le « pays légal », consulté, répondit en envoyant une chambre nouvelle à majorité libérale. Villèle se retira.

Charles X constitua, alors, un cabinet libéral avec Martignac. Il paraissait se soumettre lui-même à la règle du gouvernement parlementaire, mais il combattit en sous-main son ministère et lorsque celui-ci se trouva en difficulté, il le remplaça, le 8 août 1829, par le ministère « ultra » de Polignac. Une crise était ainsi ouverte qui, en moins d'un an, allait amener la fin de la charte.

Section 5
La fin de la Charte

261. — L'épreuve de force. — Dès 1814, Chateaubriand l'avait admirablement dit : « cette machine, moins compliquée que l'organisation de l'ancienne monarchie de Louis XVI, est cependant plus délicate et doit être touchée avec beaucoup d'adresse, la violence la briserait, l'inhabileté en arrêterait les mouvements ».

Charles X ne devait être ni adroit, ni calme, ni habile. Convaincu que le succès de la Révolution avait tenu aux faiblesses de son frère et de ses conseillers, il pensait, par une affirmation d'énergie, faire triompher sa thèse du gouvernement personnel. Il parle de ses « résolutions immuables » et entend, par le discours du trône du 2 mars 1830, tenir tête à la Chambre : « Je trouverai la force de surmonter les obstacles. »

Mais, déjà, l'opinion est en alerte. Thiers avait exposé, dans deux articles du *National*, la thèse que résume la formule fameuse « le roi règne et ne gouverne pas ». Il y avait ajouté ce commentaire menaçant : « Voilà la seule question. Aujourd'hui elle n'est qu'une question de choses... elle deviendra un jour... une question de personne, si un système insensé l'emporte. »

A la Chambre, l'adresse des deux cent vingt et un députés d'opposition présente la pure thèse parlementaire déjà citée : « La charte fait du concours permanent des vues politiques de votre gouvernement avec les vœux de votre peuple la condition indispensable de la marche régulière des affaires publiques. Sire, notre loyauté, note dévouement nous condamnent à vous dire que ce concours n'existe pas. »

Au cours du débat, Guernon-Ranville, ministre de l'Instruction publique, soutient la doctrine de la souveraineté royale et de la monarchie simplement limitée : « le roi était la charte vivante et la première de toutes les libertés. On pouvait, sans violer la charte, critiquer les ministres qu'il avait choisis mais non les empêcher de gouverner, et le refus du budget n'était rien moins qu'un acte de rébellion. Il n'était pas vrai que le Gouvernement de la France fût un gouvernement de majorité comme aux États-Unis ou un gouvernement de parti comme en Angleterre, les Chambres en France n'étaient souveraines ni de nom, ni de fait. Le roi était souverain et la majorité nationale résidait en lui seul » (résumé du *Moniteur,* 30 septembre 1829, par Duvergier de Hauranne : *Histoire du gouvernement parlementaire en France,* 1869, t. X, p. 350). Montbel, ministre de l'Intérieur, reprend à son compte la formule de Royer-Collard (qui maintenant est dans l'opposition) : « le jour où il sera établi de fait que la Chambre peut repousser les ministres du roi, ce jour-là nous sommes en République ».

Au conflit entre le gouvernement, choisi par le roi en opposition avec la majorité parlementaire, et cette majorité parlementaire elle-même, il ne serait plus qu'une issue pacifique : la dissolution. Celle-ci dans le système de la charte n'est pas une remise de la décision au corps électoral — ce qui lui attribuerait le dernier mot et ruinerait la souveraineté du monarque — mais une procédure d'information et de conseil. Convaincu d'être bien servi par ses ministres, tandis que la Chambre estime le contraire, le roi peut vouloir consulter le corps électoral sur ce point capital. Polignac y engage Charle X, mais, le 23 juin et le 8 juillet 1830, les deux cent vingt et un opposants étaient réélus et quarante-neuf nouveaux députés se joignaient à eux.

A défaut de la logique parlementaire rejetée par lui, la simple prudence aurait voulu que Charles X fît appel sinon à un ministère pris dans la majorité, tout au moins à un cabinet de nuance indécise qui lui aurait permis de sauvegarder sa dignité. Au contraire, le roi, avec Polignac, décide de se passer de la Chambre, ce qui était aussi se passer de la charte.

Ici apparaît, dans toute son étendue, l'équivoque dramatique sur laquelle reposait dès ses origines le régime de la Restauration. S'appuyant sur les circonstances, la Nation n'admettait la charte que comme la reconnaissance de ses droits. Arguant des principes, le roi, et plus encore son entourage, considéraient la charte comme laissant subsister intégralement la souveraineté du roi. Selon la première thèse, la charte ne pouvait être modifiée sans le concours des Chambres ; d'après l'autre doctrine, le monarque avait le droit de reprendre librement ce qu'il avait spontanément concédé.

Cependant, Charles X n'ose se porter à cette extrémité et adopte le biais de dispositions réglementaires, prises en vertu de la charte « pour l'exécution des lois et la sûreté de l'État » (art. 14). Le 25 juillet, par quatre grandes ordonnances, il suspend la liberté de la presse ; il dissout la Chambre qui n'a pas encore été réunie ; il enlève le droit de vote aux électeurs patentés ; il convoque les collèges électoraux pour le 13 septembre suivant.

La seconde et la quatrième ordonnances sont nettement contraires à l'esprit de la charte ; la première et la troisième la violent directement, car elles statuent sans les Chambres dans un domaine réservé à la loi.

L'émotion est immédiatement considérable. Cependant, la résistance ne prit d'abord, le 26 et le 27, qu'une forme légale, avec la protestation des journalistes, puis des députés. Mais, dès le second jour, les incidents violents se multiplient ; ils se transforment le 28 en émeutes ; le 29, « en révolution », comme dit le maréchal Marmont, chargé du maintien de l'ordre et impuissant à le rétablir. La troupe évacue Paris le 30 juillet et Mortmart, nommé premier ministre par Charles X, annonce le retrait des ordonnances.

« Trop tard », répondit Lafayette qui avait pris le commandement de la garde nationale. Depuis la veille, Charles X a, en fait, cessé de régner. Il abdique le 2 août en faveur du petit duc de Bordeaux, le futur comte de Chambord.

CHAPITRE II

LE PARLEMENTARISME DUALISTE

Section 1
Les origines

262. — Le pacte du 9 août 1830. — Charles X était sorti de la charte en prenant les grandes ordonnances. L'avènement de Louis-Philippe marque un retour à la charte, purgée cette fois de l'équivoque primitive. Le roi n'accède plus au trône en raison d'un droit historique, indépendamment de la volonté de la Nation. Il n'octroie plus certaines limitations à sa propre souveraineté. Il répond à un appel du « pays légal » et reçoit la fonction suprême, avec des modalités qui sont la condition même de son règne.

Le duc d'Orléans, d'abord nommé lieutenant général du royaume, est appelé au trône par décision des Chambres. Elles lui présentent le texte révisé de la charte. Louis-Philippe accepte, sans restriction ni réserve, les clauses et engagements de la déclaration de la Chambre et de l'acte d'adhésion des pairs. Il prononce le 9 août 1830 un serment qui solennise son accord.

La charte révisée — que d'aucuns auraient voulu appeler la Constitution de 1830 — est ainsi, à la différence de celle de 1814, un acte bilatéral; elle procède d'une union de volontés entre celui qui va être le roi et les deux Chambres, spécialement la Chambre des députés. Un *pacte* donne sa base au nouveau régime.

Section 2
Fondements et caractéristiques

263. — Le retour à la monarchie révolutionnaire. — En 1789, le projet d'une « monarchie révolutionnaire » avait été conçu, mais il avait avorté et une partie de l'opinion en avait gardé la nostalgie. Il impliquait déjà un changement de dynastie au profit des Orléans. Celui-ci s'accomplit en 1830.

Il y a acceptation enthousiaste des principes de 1789. S'ils ne sont pas explicitement proclamés, c'est qu'ils sont devenus lieux communs et, quarante ans après, n'ont plus besoin d'être affichés. Les postulats de 1789 ont pénétré de larges couches de la population. Leur reconnaissance va d'elle-même et, sans doute, leur proclamation affaiblirait-elle leur évidence.

L'on retrouve ainsi, implicitement, à la base du régime de Juillet, la *souveraineté nationale* et la *royauté représentative*. Par contre, la séparation des pouvoirs est écartée. L'inspiration politique n'est point américaine, malgré Lafayette, mais anglaise. On reste dans la ligne de la première charte, en faisant collaborer les pouvoirs et en développant les amorces de *parlementarisme dualiste* qui y étaient contenus.

264. — La souveraineté nationale. — Pour les raisons qu'on vient de dire, ne fut pas retenu l'amendement du député Jean-Charles Persil, proposant d'insérer avant le paragraphe : *forme du gouvernement du roi,* une déclaration empruntée à la Constitution de 1791 : « la souveraineté appartient à la Nation ; elle est inaliénable et imprescriptible », mais la substance en transparaît à travers les symboles et les titres. Le drapeau tricolore est rétabli et Louis-Philippe se nomme « roi des Français ». Le changement de base doctrinale résulte aussi de l'abolition du préambule de la charte « supprimé, comme blessant la dignité nationale, en paraissant octroyer aux Français des droits qui leur appartiennent essentiellement ».

265. — La royauté représentative. — Jean-Charles Persil proposait également d'ajouter la formule du principe représentatif : « La Nation, de qui émane tous les pouvoirs, ne peut les exercer que par délégation. » Il est manifeste que

Louis-Philippe, d'une manière encore plus nette que Louis XVI, agit en qualité de représentant de la Nation. Il ne se nomme pas Philippe VII et ne règne pas à raison d'un titre personnel venant de sa parenté avec le dernier roi. A cet égard, il serait primé par le petit-fils de Charles X, le duc de Bordeaux, et par son éventuelle descendance. Il a été choisi, dira Dupin, « non comme Bourbon, mais quoique Bourbon », comme étant partie au pacte constitutionnel. Les tentatives faites ultérieurement par quelques conservateurs pour construire une théorie de « la quasi-légitimité » en correspondent ni à la réalité historique, ni à la logique des principes selon laquelle une légitimité ne peut être approximative.

De son côté, la représentation censitaire qui se combinait si laborieusement avec la souveraineté royale, s'harmonise parfaitement avec le retour à la souveraineté nationale. L'électorat est une fonction dont les lois déterminent les conditions d'accès et d'exercice. La charte y renvoie, sans préciser elle-même de minimum imposable (art. 30).

266. — Le parlementarisme dualiste. — La souveraineté nationale qui situe au même plan représentatif le roi et les Chambres rend, en principe, beaucoup plus aisé le concours des pouvoirs que postule la charte.

La souveraineté royale soumettait théoriquement la collaboration du roi et des Chambres à la bonne volonté du prince. Ainsi, le parlementarisme de la première charte était-il, selon la formule de René Capitant (*Régimes parlementaires*, dans *Mélanges Carré de Malberg* Sirey, 1933), un parlementarisme de fait. « Un esprit de conciliation, sans aller jusqu'à faire renoncer le roi aux prérogatives de l'exécutif, le porta du moins à n'en faire usage qu'avec modération. »

Le parlementarisme de la seconde charte est, au contraire, un parlementarisme de doctrine dont Duvergier de Hauranne a établi avec autant d'exactitude que de clarté la théorie. Les pouvoirs — c'est-à-dire le roi, la Chambre des pairs et la Chambre des députés — étant égaux, « il faut que de trois actions également libres, il résulte une action commune qui soit le gouvernement, autrement il y aurait dans l'État anarchie et par conséquent impuissance. Or, il est évident que, pour obtenir ce résultat, un intermédiaire est nécessaire qui participant à la fois des trois pouvoirs emprunte à chacun une portion de sa vie propre. Cet intermédiaire est le ministère et ne saurait être que lui... Il est le lien vivant entre les pouvoirs. Il représente le roi dans l'enceinte des Chambres, les Chambres dans le cabinet du roi... ».

Ce régime a été justement qualifié de « dualiste » (R. Capitant, *ibid.*), car le chef de l'État y jouit de prérogatives puissantes qui lui permettent d'intervenir efficacement dans la vie politique. Par le droit de révoquer les ministres, soit directement, soit indirectement, par le droit de dissoudre la Chambre basse et de nommer des pairs, il équilibre l'action des députés et leur pouvoir de renvoyer les ministres.

Section 3
Les organes

267. — Modifications apportées à la Charte de 1814. — Si la Révolution de 1830 renouvelle profondément les bases du régime monarchique, elle n'apporte à sa structure que des retouches secondaires. Elle laisse à peu près intégralement debout l'édifice de 1814. On retrouve quasi intacts les mêmes organes : le roi, les ministres, les deux chambres, le corps électoral.

a) *Le roi,* sous le contre-coup direct de la crise de juillet, voit préciser et limiter son pouvoir réglementaire. L'article 14 *in fine* est remanié et le nouvel article 13 qui le remplace interdit aux ordonnances de « suspendre les lois elles-mêmes ou de dispenser de leur exécution ».

b) *Les ministres,* également sous l'influence des mêmes événements, peuvent être poursuivis par la Chambre sans restriction et non plus seulement pour trahison et concussion.

c) *Les Chambres* voient s'accroître leur autorité. Elles partagent désormais avec le roi l'initiative des lois. La Chambre des députés désigne pour cinq ans son président ; les séances de la Chambre des pairs deviennent publiques. En outre, de par la loi du 22 décembre 1830 (prise en vertu de l'article 68 de la charte), l'hérédité de la pairie est abolie et le choix du roi limité à certaines catégories, d'ailleurs fort étendues.

d) *Le corps électoral* est élargi. On est électeur à vingt-cinq ans, éligible à trente. L'article 69 annonce une nouvelle loi. Prise en date du 18 avril 1831, elle abolit le double vote et ramène le cens de trois cents à deux cents francs. De plus, était prévu un demi cens de capacité. Il ne s'agissait toutefois que de quelques personnes recommandées par leurs titres ou leurs anciennes fonctions. Il fallait être membre ou correspondant de l'Institut de France; ou encore officier général ou supérieur en retraite, ayant une pension d'au moins mille deux cents francs, le traitement de la Légion d'honneur pouvant entrer dans le calcul du minimum.

Section 4
Le fonctionnement du régime

268. — Importance constitutionnelle de la seconde charte. — La seconde charte a eu une existence un peu plus longue que la première. D'août 1830 à février 1848, elle a été appliquée pendant dix-sept ans et demi, dépassant ainsi la durée de sa devancière et, avec elle, la longévité de tous les régimes antérieurs.

Cette nouvelle période de stabilité constitutionnelle continue la précédente. Avec elle, la France, toujours en paix à l'extérieur, perfectionne ses institutions parlementaires et libérales. Ainsi, s'introduit notamment la pratique de l'interpellation. En même temps, l'opinion s'élargit et s'affine. Les débats de la Chambre sont suivis avec une attention que mérite souvent la qualité des discours. C'est la grande époque de l'éloquence parlementaire. Les journaux politiques sont nombreux et avec *la Presse* de Girardin, l'information est mise, pour la première fois, à la portée d'un large public.

Cependant, le problème constitutionnel continue d'abord à tourner autour de la personne et de la fonction royales. Le débat sur le rôle du roi demeure ouvert, tant que la monarchie de Juillet reste fragile, pendant la période des troubles, de 1830 à 1836, puis durant celle des crises ministérielles fréquentes, de 1836 à 1840. A partir de cette date, l'intérêt passe à l'élargissement des bases du régime. L'échec de la double réforme électorale et parlementaire entraînera la révolution de février, funeste contrepartie du succès de la politique personnelle de Louis-Philippe et de l'immobilité qu'elle a provoquée.

269. — Le rôle du roi. — En changeant de dynastie, l'opposition se proposait de fonder irrévocablement la monarchie parlementaire. « Il fallait — dit Thiers — un nouveau roi qui se considérât comme partie liée au contrat, qui admît le grand principe de la déférence aux vœux de la majorité » (*la Monarchie de* 1830, Paris, 1831). Les fondateurs du régime de Juillet voyaient, en Louis-Philippe, le souverain selon *le National,* se contentant de « régner » et laissant le pays « se gouverner lui-même ».

En fait, Louis-Philippe entendait exercer sur la marche des affaires une action prépondérante. La charte lui en donnait le droit qui situait le monarque au cœur même du système. Ainsi que l'explique Pellegrino Rossi, dont nous avons dit qu'il fut dans l'Université le porte-parole officieux du régime : « La royauté, dans notre système constitutionnel, est le centre autour duquel tous les pouvoirs viennent se coordonner pour former un seul tout... C'est dans l'élément monarchique qu'est posé le principe d'unité qui tient ensemble les trois parties de la machine gouvernementale : la monarchie a une part dans les trois branches du pouvoir... Elle n'est complètement étrangère à aucun des grands pouvoirs de l'État » (*Cours de droit constitutionnel,* leçons 72 et 92). D'une manière plus imagée Guizot déclare : « le trône n'est pas un fauteuil vide... La couronne repose sur la tête d'une personne intelligente et libre,... elle n'est pas une simple et inerte machine » (*Mémoires pour servir à l'histoire de mon temps,* Paris, 1870).

Par ailleurs, en gouvernant, Louis-Philippe s'abandonnait à son tempérament naturel. Joinville, l'un de ses fils, écrira à son aîné Nemours en 1847 : « tout remonte au roi. Il est habitué à gouverner et il aime à montrer que c'est lui qui gouverne ». Peut-être l'inquiétude du prince, quant à une succession qui devient aléatoire, lui fait-elle accentuer les traits paternels. En tout cas, l'aperçu n'est pas infidèle. Il rejoint celui de Victor Hugo dans *les Misérables* (livre I, chap. III) qui dépeint le roi « gouvernant trop et ne régnant pas assez ».

Sans doute, Louis-Philippe se défend-il d'empiéter sur les autres pouvoirs et prend-il soin d'indiquer certaines limites qu'il n'a pas l'intention de franchir. Notamment, il fait valoir qu'il n'intervient pas dans l'administration, qu'il laisse ce domaine à ses ministres, qu'il ne s'occupe même pas des fonds secrets de la liste civile. Il reconnaît aussi qu'un roi constitutionnel ne doit pas avoir de favori, ni même de véritables préférences et, dans une conversation avec Montalivet, il se compare familièrement à un maître de poste procédant « au relais des ministres fatigués ».

En réalité, tout en respectant le principe de majorité et avec des principes politiques différents, Louis-Philippe exerce un gouvernement aussi jaloux que celui de Charles X, beaucoup plus actif que celui de Louis XVIII. Si les ministères ont, dans leur origine et dans leur fonctionnement, un aspect plus conforme au gouvernement de cabinet, il s'en faut toutefois de beaucoup que les règles d'homogénéité et d'unité soient respectées. Souvent les chefs de gouvernement ne choisissent pas leurs collaborateurs. De plus, comme la Restauration, la monarchie de Juillet connaît l'acéphalie ou la polycéphalie ministérielles. Il y a des cabinets sans tête (11 août 1830 et 31 mars 1839); il y a des cabinets à plusieurs têtes : le grand ministère Broglie-Thiers-Guizot du 12 mars 1835; il y en a dont la tête est remplacée par une « glorieuse épée », c'est-à-dire dont la direction revient à un maréchal de l'Empire, Soult, Gérard ou Mortier.

Ces ministères sans unité et sans chef, ou sous des chefs apparents ou multiples, sont aussi des ministères sans durée. Leur succession est extrêmement rapide, si rapide qu'en dix ans Louis-Philippe en usera quatorze, et même, d'après certains calculs, dix-neuf, dont l'un, présidé par le duc de Bassano, sera dit « ministère des trois jours ».

Le roi est le principal facteur d'instabilité. Il use et abuse de ses prérogatives. Il pratique la fournée de pairs, ordonne la convocation et prescrit la clôture des sessions parlementaires. Il dissout sept fois la Chambre des députés. Aucune ne va jusqu'au bout de son mandat; certaines ne dépassent pas dix mois; la plus longue atteint à peine quatre ans.

A partir de 1840, Louis-Philippe provoquera, au contraire, un excès de stabilité ministérielle. Il réalisera, pour reprendre l'image de Prévost-Paradol, une « soudure » dangereuse entre l'élément fixe et l'élément mobile du régime parlementaire. En dépit de tous les conseils, même ceux de sa propre famille, il maintiendra au pouvoir plus de sept ans, Guizot dont, il est vrai, la politique est approuvée par les Chambres et par le corps électoral qui, en 1846, lui accordera une majorité beaucoup plus dense qu'en 1842.

270. — La réforme parlementaire et électorale. — Mais, au moment où Robert Peel — qui cependant vient d'élargir outre-Manche l'accès des urnes — se préoccupait si fort de l'opinion des non-votants, Louis-Philippe et Guizot n'ont d'yeux que pour le « pays légal ».

Or, le « pays réel » supporte de plus en plus impatiemment des lois électorales qui engendrent un régime de double corruption : corruption parlementaire et corruption électorale.

La corruption parlementaire résultait du fait qu'en dehors de quelques postes importants, toutes les autres fonctions étaient accessibles aux parlementaires et que tout parlementaire nommé fonctionnaire pouvait le demeurer, à condition d'être réélu, ce qui arrivait d'ordinaire.

De la sorte, dans les Chambres de la monarchie de Juillet, il y eut constamment un contingent élevé de fonctionnaires. Jamais inférieur à cent trente, il alla même jusqu'à près de deux cents.

Ces députés-fonctionnaires se trouvaient dans une situation au moins équivoque, puisque nommés et rémunérés par le pouvoir exécutif, bénéficiant d'un avancement accordé par lui, ils étaient cependant chargés de le contrôler et de lui consentir la loi et l'impôt. Assez naturellement, le grand nombre des élus-fonctionnaires siégeait dans la majorité gouvernementale. Quant à ceux qui pouvaient encore appartenir à l'opposition, on entreprenait ce qu'un prudent euphémisme appelait « leur conquête morale ». En fin de compte, tous tombaient sous l'emprise du ministère et étaient surveillés par lui. Au moment du vote, Guizot, personnellement intègre, scrupuleusement intègre même, s'installait en bas de la tribune et regardait la main des députés pour vérifier la couleur de la boule avec laquelle on opinait alors.

La corruption parlementaire se compliquait de la corruption électorale. Celle-ci tenait au fait que les collèges électoraux étant très restreints, on connaissait approximativement les votes et que l'on récompensait ceux émis en faveur du candidat gouvernemental.

Aussi les deux formules dans lesquelles vont se résumer

les revendications de l'opposition sont-elles la réforme parlementaire d'une part et la réforme électorale de l'autre.

La réforme parlementaire implique essentiellement une loi d'incompatibilité, c'est-à-dire une interdiction d'être à la fois fonctionnaire et député. Le fonctionnaire reste susceptible d'être élu député, le député d'être nommé fonctionnaire, mais la fonction et le mandat ne peuvent être cumulés. Il faut choisir entre les deux.

La réforme électorale consiste dans l'abaissement du cens et dans l'adjonction des capacités.

Dès 1832, avec des modalités diverses, la réforme parlementaire est périodiquement réclamée; dès 1839, commence l'agitation pour la réforme électorale. En 1824, l'une et l'autre sont écartées, la première par cent quatre-vingt-dix-huit voix contre cent quatre-vingt-dix, la seconde par deux cent vingt-quatre contre cent quatre-vingt-treize. Même insuccès en 1847 pour la proposition de Duvergier de Hauranne, le sage et profond auteur *De la réforme parlementaire et de la réforme électorale.*

Ces demandes étaient cependant modestes. En abaissant le cens à cent francs et en conférant l'électorat aux inscrits, à raison de leur profession, sur la seconde partie de la liste du jury criminel, telle qu'elle était alors dressée, on ne doublait même pas le corps électoral, passé du fait de la prospérité générale de cent soixante-six mille en 1832 à deux cent quarante mille en 1847.

Guizot eût voulu s'en tenir à ce dernier accroissement quasi naturel. C'est ce qu'il entendait par sa formule malheureuse : « enrichissez-vous »; de même, la portée si exiguë de « la réforme » alors préconisée explique sa prophétie imprudente sur l'avenir fermé au suffrage universel. Personne ne songe à l'introduction immédiate du vote pour tous. Des indépendants siégeant au plafond comme Lamartine, un polémiste franc-tireur comme Cormenin, un légitimiste audacieux comme l'abbé de Genoude ont lancé l'idée, mais sans croire à sa réalisation pratique, du moins prochaine. Quant aux républicains, si Godefroy Cavaignac inscrit le terme en 1831 dans le programme de la « société (secrète) des droits de l'homme » et si Armand Marrast l'insère, en 1837, dans les colonnes du *National,* ils ne comptent — et même sans doute ne souhaitent — parvenir au but que par étapes. En 1847, ils font cause commune avec les libéraux et c'est en leur compagnie qu'ils engagent, sur la modeste réforme de Duvergier de Hauranne, la campagne des banquets.

Section 5
La fin de la seconde Charte

271. — La dépression économique et morale et la campagne des banquets. — Pour avoir déclenché une révolution, la campagne des banquets semble rétrospectivement un irrésistible raz-de-marée. De fait, il n'y eut en six mois que soixante-dix de ces manifestations gastronomiques, avec dix-sept mille convives. Elles auraient dû d'autant moins menacer le régime que le rapprochement des oppositions avait surtout fait éclater leurs dissentiments.

Mais cette agitation coïncidait avec une triple crise sociale, morale et économique. Le régime de l'oligarchie d'argent a, comme contrepartie, la naissance d'un vaste prolétariat industriel, agité, ainsi que le dit Tocqueville dans son discours prophétique du 27 janvier 1848, « de passions sociales, bien plus redoutables que les passions politiques, parce qu'il ne s'agit plus seulement de renverser telle loi, tel ministère, tel gouvernement, mais de changer le monde lui-même ».

La classe dirigeante est ébranlée par des scandales : celui du général Despans-Cubière, ancien ministre, qui, moyennant finances, avait obtenu de Teste, titulaire des travaux publics, une concession de salines ; celui du duc de Choiseul-Praslin, pair de France assassin présumé de sa femme qui se suicida en prison.

Surtout, la prospérité qui avait jusqu'alors comblé un gouvernement appuyé particulièrement par le monde des affaires, se trouvait compromise. En 1846-1847, la maladie de la pomme de terre en Irlande et en Angleterre, la mauvaise récolte de blé en France provoquaient une crise agricole. La misère paysanne entraînait à sa suite une crise industrielle, puis une crise boursière et bancaire.

Dans cette ambiance déprimée, un incident tourne au drame. L'interdiction du dernier banquet réformiste provoque les premières échauffourées. Le 23 février, la garde nationale, soutien du régime, commence à crier : « Vive la réforme, à bas Guizot ». Le soir, une colonne de manifestants, qui va se retirer, se trouve tout à coup nez à nez avec un important barrage devant le ministère des Affaires étrangères, domicile personnel du président du conseil. La troupe tire, se croyant menacée. Il y a cinquante-deux morts et soixante-quatorze blessés. A la vue des cadavres, Paris le lendemain se soulève. Après avoir abdiqué en faveur de son petit-fils « comme Charles X », Louis-Philippe quitte les Tuileries encore « comme Charles X ». A la Chambre, la duchesse d'Orléans, intrépide et touchante, obtient trop tard la régence en remplacement de l'impopulaire duc de Nemours. L'hémicycle est envahi par la foule réclamant la déchéance et un gouvernement provisoire.

C'en est fait de la charte de 1830. La version révisée périt, comme l'original, sous les coups d'une émeute parisienne.

CHAPITRE III
LA RÉPUBLIQUE DÉMOCRATIQUE

Section 1
Les origines

272. — Le suffrage universel. — Formé à l'instigation des deux journaux républicains, *le National* et *la Réforme*, le gouvernement provisoire ne tient son pouvoir que des acclamations populaires recueillies à la Chambre et à l'Hôtel-de-ville. Lui-même ne se reconnaît d'autre mission que de consulter le pays. Aussi ne proclame-t-il pas sans réserve la République. Il déclare seulement la vouloir, « sauf ratification par le pays qui sera immédiatement consulté ». Des élections générales, pour une Assemblée constituante, sont fixées au 9, puis au 23 avril.

Un décret du 5 mars établit, à son article 5, le suffrage universel. A quelque deux cent quarante mille censitaires, succèdent neuf millions d'hommes. Sans transition, on passe de l'étroit « pays légal » de la monarchie selon la charte à un régime de large démocratie, aucune discrimination de fortune ou de capacité n'étant désormais faite entre les citoyens majeurs du sexe masculin.

Le scrutin d'avril revêt une solennité particulière et soulève une manière de ferveur. Tout y contribue : la nouveauté et l'ampleur des gestes, le caractère aussi des jours choisis, dimanche et lundi de Pâques. Les élections ont lieu au canton et non à la commune, de sorte que les villages se mettent en marche sur les bourgs et les villes précédés de drapeaux, le maire et le curé en tête, chantant des hymnes patriotiques et des cantiques. L'affluence est considérable : sept millions huit cent trente-cinq mille suffrages exprimés, soit quatre-vingt-quatre pour cent des inscrits. (V. M. Prélot : « L'avènement du suffrage universel » dans : 1848, *Révolution créatrice,* 1948, p. 15 et s.).

273. — L'Assemblée constituante. — De cette consultation sort une assemblée nombreuse : neuf cents membres, dont sept cent quatre-vingt-huit élus effectifs. Elle est composée, à droite, de légitimistes partisans du duc de Bordeaux, d'orléanistes dévoués au petit comte de Paris, de catholiques groupés autour de Montalembert. Tous, pour le moment, acceptent le fait accompli. La grande majorité des sièges, six cents environ, revient aux républicains modérés de diverses nuances. Parmi eux, on distingue « les républicains de la veille », en petit nombre, et la masse beaucoup plus considérable des ralliés au nouveau régime, les « républicains du lendemain ». A l'extrême-gauche, quelques socialistes. Parmi eux, mais siégeant aussi sur d'autres bancs de l'assemblée, vingt-quatre ouvriers, extraordinaire nouveauté. (V. M. Prélot : *L'évolution politique du socialisme français.* 1939, p. 51).

La Constituante doit décider d'abord des conditions immédiates du Gouvernement. « L'Assemblée nationale constituante étant investie de la souveraineté populaire dans sa plénitude, le gouvernement provisoire, né de la résolution de février, cesse d'exister. » Il est remplacé par un exécutif dépendant de l'assemblée et délégué selon trois modes successifs :

Du 10 mai au 24 juin est instituée une *Commission du pouvoir exécutif,* organe collégial formé de cinq membres, élus par l'assemblée, et nommant à son tour des ministres, pris hors de son sein et objet de sa surveillance. Émanation de la Constituante, la *pentarchie* (Arago, Garnier-Pagès, Marie, Lamartine, Ledru-Rollin) lui est soumise avec des attributions limitées, strictement exécutives;

Du 24 au 28 juin, « tous les pouvoirs exécutifs sont délégués au général Cavaignac ». L'état de siège étant proclamé et ses conséquences étant alors très étendues, le décret fait de lui une sorte de dictateur. Mais ces pouvoirs exorbitants, Cavaignac en use « sous le contrôle de l'Assemblée en qui réside toujours l'exercice de la souveraineté nationale. Sa situation, au regard de la Constituante, n'est pas différente juridiquement de celle de la Commission exécutive, bien qu'il bénéficiât, devant elle, d'une autorité morale incomparablement plus forte » (P. Bastid : *Doctrine et institution politique de la seconde République,* 2 vol., 1945, t. II, p. 8).

Enfin, *du 28 juin au 20 décembre,* le général Cavaignac détient le pouvoir exécutif en qualité de « président du Conseil »; il nomme les ministres, mais sa position vis-à-vis de l'Assemblée est toujours la même; il doit suivre ses orientations, se faire « l'instrument de la majorité » (Paul Bastid) et remanier son ministère après une mise en échec, le 11 octobre.

Quant aux institutions définitives, la Constituante, après avoir été longuement acclamée par la population parisienne, confirme, dès sa première réunion, le 4 mai, la République proclamée provisoirement le 24 février.

Le 17 mai, elle élit directement une commission de dix-huit membres chargée d'étudier un projet de constitution. Formée dans sa majorité de républicains modérés, sinon d'orléanistes, celle-ci réunit dans son sein plusieurs hommes de grande valeur, connus comme spécialistes des sciences politiques et administratives ou encore, comme réformateurs sociaux. Sans parler de Lamennais qui démissionna presque aussitôt, il y avait là Cormenin, notre premier auteur de droit administratif qui a publié, sous l'anonymat, un opuscule fameux, *Du Conseil d'État comme conseil et comme juridiction;* Vivien, autre maître du droit administratif; Tocqueville, le génial auteur de *La Démocratie en Amérique;* Dufaure, Dupin aîné, Odilon Barrot, chefs de l'opposition dynastique sous la monarchie de Juillet; un socialiste, Victor Considérant; un ouvrier, Corbon, du groupe de *l'Atelier;* Armand Marrast, rédacteur en chef du *National,* l'organe républicain modéré.

Ce dernier, nommé rapporteur, dépose le 19 juin un premier travail qu'examinent, pendant un mois, les bureaux, constitués par tirage au sort. Leurs délégués, parmi lesquels on distingue Thiers, Duvergier de Hauranne, Berruyer, Boulatignier, etc., sont entendus par la commission. Celle-ci, d'après leurs observations, établit un second projet qui, lui-même, fait l'objet d'un second rapport Marrast, achevé le 30 août.

La discussion générale a lieu les 4 et 5 septembre, suivie de la discussion des articles qui occupe vingt-huit séances et se termine le 21 octobre.

La commission procède alors à une troisième mise au point, et l'Assemblée à une ultime discussion, du 1er au

4 novembre. Le même jour, la Constitution de 1848, définitivement adoptée par sept cent trente-neuf voix contre trente, est immédiatement promulguée par le président de l'Assemblée.

Section 2
Fondements et caractéristiques

274. — La République. — La République réapparaît après une éclipse de près d'un demi-siècle. L'affirmation en est solennelle : « La France s'est constituée en République » et celle-ci est proclamée « forme définitive du gouvernement » (préambule I). Elle porte, comme antérieurement, les mêmes marques de l'électivité et de la brièveté du pouvoir. « Les pouvoirs publics ne peuvent être délégués héréditairement » (art. 18) ; « le président de la République est élu pour quatre ans et n'est rééligible qu'après un intervalle de quatre années » (art. 45).

Par contre, une transformation profonde s'effectue, dans la notion classique, que nous avons constamment relevée, du gouvernement républicain comme gouvernement de plusieurs. Toujours respectée en l'an I, en l'an III et même, extérieurement, en l'an VIII, la collégialité de l'exécutif disparaît : « le peuple français délègue le pouvoir à un citoyen qui reçoit le titre de président de la République » (art. 43).

En retour, la conception même de l'État est impersonnalisée, l'idée républicaine se confondant avec la notion de démocratie : le gouvernement républicain n'est plus celui d'un pays dirigé par plusieurs, mais « le gouvernement du peuple même, le gouvernement de l'universalité » (J. Ortolan, *La Souveraineté du peuple et des principes du gouvernement moderne,* 1848).

« On entend par démocratie et par peuple — dit Lamartine — la famille française *tout entière,* la nation dans sa généralité la plus complète, dans toutes les classes, dans tous les modes d'existence. Par ces mêmes mots on n'entend pas le renversement de la tyrannie et du privilège, mais l'abolition de tout privilège et de toute tyrannie.

« La démocratie est l'égalité, c'est-à-dire la participation à droit égal, à titre égal à la délibération des lois et au gouvernement de la nation. La démocratie a dit à tout Français en âge de raison, en condition d'intelligence et de moralité appréciables : tu participeras au droit, à l'exercice du droit social, non parce que tu possèdes mais parce que tu es. Je ne te demande aucun cens matériel; je te fais citoyen et électeur parce que Dieu t'a fait homme. Ton signe de souveraineté, c'est ton âme; ce n'est pas ton champ, ton mur ou ton centime; et ce signe, il est inaliénable comme ton nom d'homme égal à moi.

« Par quel procédé les citoyens participent-ils tous à titre égal au gouvernement et aux lois? Par le suffrage universel... Par le vote qu'ils portent tous à titre égal dans l'urne d'où sort, sous leurs mains, la représentation nationale, ou la souveraineté du peuple reconnue et personnifiée dans ses représentants. La volonté interrogée légalement dans chaque individu raisonnable et moral compose la moyenne sincère de la souveraineté et de la volonté de tous.

« Le suffrage universel est donc la démocratie elle-même; la République démocratique ou le suffrage universel une seule et même chose » (*Le passé, le présent, l'avenir de la République,* Paris, au bureau du Conseiller du Peuple, 1850, 2e partie, livre IV, *De l'organisation du suffrage universel, passim*).

Sans doute, antérieurement, la République démocratique avait-elle été déjà instituée, mais sans le nom et surtout sans la vie, la Constitution de 1793 n'ayant jamais été appliquée.

Ce n'est d'ailleurs point de l'An I que la République de 1848 se recommande. Elle prend, à l'inverse, grand soin de s'en différencier. « La République de 1792 et 1793 — dit encore Lamartine dans le même ouvrage — n'était pas un gouvernement; c'est une révolution, un écroulement... une bataille à mort entre un ordre de choses qui voulait naître et un ordre de choses qui ne voulait pas mourir... Qu'y a-t-il de semblable en 1848? Rien. »

Les principes invoqués ne sont pas ceux du régime montagnard, mais, dans leur esprit et leur formule, ceux de 1791 et de l'an III : la *souveraineté populaire*, *le régime représentatif* et *la séparation des pouvoirs*.

275. — La souveraineté populaire.

La notion de souveraineté populaire double celle de démocratie dont elle donne une interprétation et fournit une variante. Inscrite à l'article 1er du chapitre I, *de la souveraineté,* elle occupe comme le frontispice de la constitution.

Les termes choisis sont, à quelques mots près, ceux de la Déclaration de l'an III « la souveraineté réside dans l'universalité des citoyens français » (art. 17) et de la Constitution de 1791 « aucun individu, aucune fraction du peuple ne peut s'en attribuer l'exercice » (titre III, préambule, art. 1).

Ainsi se trouvent amalgamées les deux notions que les juristes ont distinguées depuis lors de la souveraineté nationale et de la souveraineté populaire. Selon leur interprétation propre, les constituants de 1848 voient dans « l'universalité des citoyens » leur ensemble et non l'addition de chacun d'eux, individuellement considérés, sans que toutefois, comme en 1791, la Nation soit érigée en personne morale abstraite indépendante de ses composants individuels.

Une autre particularité, en 1848, de l'idée de souveraineté populaire, est son accord avec la théorie catholique du droit divin providentiel. A l'époque révolutionnaire, malgré l'invocation à l'Être suprême, l'origine du pouvoir est placée dans le peuple, sans qu'il soit allé au-delà : *omnis potestas a populo.* Au contraire, la Constitution de 1848 est faite « en présence de Dieu et au nom du peuple français », elle procède de l'adage : *omnis potestas a Deo per populum,* qui relève d'une tradition démocratique plus ancienne et plus large, théologiquement appuyée sur les argumentations de Suarez et du cardinal Bellarmin. (V. M. Prélot, *Histoire des Idées politiques, op. cit.,* ch. XVI).

276. — Le régime représentatif. — Bien que se qualifiant elle-même de démocratique, la Constitution de 1848 ne comporte aucune institution de démocratie directe ou semi-directe. Elle est entièrement fondée sur le principe représentatif de 1791 et 1795.

Le député à l'Assemblée nationale législative est qualifié de « représentant du peuple » (art. 21) et son mandat a tous les traits de la représentation classique : indépendance à l'égard de celui qui le désigne; interdiction du mandat impératif (art. 35); généralité de la représentation : les membres de l'Assemblée nationale sont les représentants non du département qui les nomme mais de la France entière (art. 34); irrévocabilité des représentants : l'Assemblée nationale est élue pour trois ans (art. 31); caractère définitif des décisions prises : aucune ratification n'est prévue, même dans le domaine constituant. L'Assemblée nationale rejette la ratification populaire de la constitution par cinq cent quatre-vingt-seize voix contre cent quatre-vingt-dix-sept.

Toutefois, l'analogie avec 1791 n'est pas absolument complète. La Constitution de 1848 écarte la représentation monarchique : « les pouvoirs publics ne peuvent être délégués héréditairement » (art. 18), ainsi que la notion d'élection-fonction. Elle voit dans l'exercice du suffrage un droit naturel « antérieur et supérieur aux lois positives » (préambule III).

277. — La séparation des pouvoirs. — La souveraineté appartenant au peuple et étant exercée par ses représentants, la Constitution de 1848 délègue séparément le pouvoir exécutif, d'une part, et le pouvoir législatif, de l'autre. C'est donc, comme en 1791 et comme en l'an III, un régime de séparation des pouvoirs qui se trouve institué.

L'article 19 précise « la séparation des pouvoirs est la première condition d'un gouvernement libre ». Il y a identité de pensée avec l'article 16 de la Déclaration de 1789 et avec l'article 22 de la Constitution du 5 fructidor.

Cependant, dans la Constitution de 1848, l'expression : « le peuple délègue » a un sens beaucoup plus concret que dans la Constitution de 1791 où il est seulement dit : « le pouvoir est délégué », le terme, « par la Nation » devant se comprendre « par la Constitution ». En 1848, la formule « le peuple délègue » équivaut à l'investiture directe : « le peuple désigne ».

De plus, cette fois, les deux pouvoirs sont placés sur un pied d'égalité : « Le peuple délègue le pouvoir législatif à une assemblée unique » (art. 20); « le peuple délègue le pouvoir exécutif à un citoyen président de la République » (art. 43).

En 1791 et en l'an III, le parallélisme était boiteux car, dans le premier cas, on mettait en balance un exécutif héréditaire et un législatif élu; dans le second, on faisait désigner le Directoire par les conseils. En 1848, il devient rigoureux, puisque les deux pouvoirs y proviennent directement du peuple, identité de fait avec le corps électoral.

En revanche, la Constitution de 1848 va beaucoup moins loin dans la séparation des organes et des fonctions que les

Constitutions de 1791 et de l'an III. Certains modes de collaboration sont prévus. Concurremment avec les représentants, le président peut prendre l'initiative des lois qui est ainsi partagée; le président a le droit de demander une nouvelle délibération (art. 58) : enfin, c'est lui qui, dans certains délais, promulgue la loi. Le législatif collabore, de même, avec l'exécutif. Les mesures graves, comme la déclaration de guerre, doivent être approuvées par l'Assemblée. Surtout, ce qui est capital, celle-ci est ouverte aux ministres qui peuvent être choisis dans son sein, et sont déclarés responsables. L'affirmation de la séparation des pouvoirs ne rend pas impossible le jeu du régime parlementaire (V. Michel Troper, *op. cit.*, p. 108 et s.).

Section 3
Les organes

278. — Les collèges électoraux. — Le corps électoral qui désigne tous les trois ans l'assemblée législative, tous les quatre ans le président de la République, est l'organe souverain puisque les deux autres pouvoirs résultent de son choix.

Désormais, il est ouvert à tous. La constitution confirme l'avènement du suffrage universel (art. 24) et le définit : « sont électeurs, sans condition de cens, tous les Français âgés de vingt et un ans et jouissant de leurs droits civils et politiques » (art. 25). Ainsi, ne se trouve formulée aucune exigence particulière touchant la naissance, la fortune ou la capacité. Les limites posées sont celles d'un minimum, prescrit par le bon sens, auquel peut atteindre l'universalité des nationaux. Il n'y a qu'une seule exclusion massive : celle des femmes. Elle tient à la situation morale et sociale, que l'époque fait au sexe réputé faible. Très peu de personnes estiment alors qu'il puisse y avoir là infraction au principe ou au terme « d'universel ».

La satisfaction aux règles posées pour être électeur ne constitue que le droit à l'électorat. Elle n'en permet pas directement l'exercice. Il faut, en outre, obtenir son inscription sur une liste électorale, dont la loi du 15 mars 1849 détermine les modalités d'établissement et de révision. De façon générale, tous les inscrits votent, y compris les militaires en activité de service.

Le vote est *égal,* c'est-à-dire que chaque électeur n'a qu'une seule voix; il est *unique,* c'est-à-dire que chaque électeur ne vote qu'une fois et en un seul lieu; il est *direct,* c'est-à-dire que chaque électeur désigne immédiatement un élu (constitution, art. 24); il est *facultatif,* c'est-à-dire que chaque électeur peut s'abstenir sans encourir de pénalité; il est *personnel,* c'est-à-dire que chaque électeur doit voter lui-même et ne peut se faire remplacer; il est *secret,* c'est-à-dire que chaque électeur est seul à connaître la teneur de son bulletin.

Le scrutin est en principe cantonal, avec éventuelle division en circonscription de vote, quatre au maximum. Il dure deux jours, chaque commune étant successivement appelée.

L'élection se fait par département, au scrutin dit de liste. Toutefois, celle-ci n'étant pas bloquée, mais composée à volonté (V. n° 42), il s'agit plutôt d'un ensemble d'élections individuelles, multiples et simultanées. Sont élus, dans la limite des sièges à pourvoir, les candiats ayant obtenu la majorité relative, c'est-à-dire le plus de voix, avec, au premier tour, un minimum facilement atteint d'un huitième des électeurs inscrits.

279. — L'Assemblée législative et le Conseil d'État.

— Issue directement du peuple, l'Assemblée doit être, selon les vœux des constituants, un organe puissant. Forte de 750 membres, elle est élue pour trois ans; elle n'est pas tenue à des sessions dépendantes de l'exécutif; elle siège en permanence avec de simples ajournements pour un temps fixé, lorsqu'elle-même a besoin de prendre des vacances. Surtout, l'assemblée est unique. Par-delà les Constitutions de l'an III et de l'an VIII, ainsi que par-delà les deux chartes, on revient à la situation, caractérisant les Constitutions de 1791 et de 1793, qui avait sombré dans le décri général après la Convention.

L'unicité d'assemblée tient d'abord à l'affirmation faite à l'article 11 du préambule : « la République française est démocratique, une et indivisible ». Démocratique, elle écarte l'idée d'une seconde chambre, recherchant sa base dans des éléments différents de ceux fournis par le suffrage universel et reconstituant une aristocratie, comme la Chambre des Lords en Angleterre ou encore comme les deux Chambres des pairs de la Restauration et de la monarchie de Juillet; une et indivisible, la République française ne s'accommode pas d'une seconde assemblée, comme celle existant dans les républiques fédérales suisse et américaine.

Mais, dans leur rejet du bicamérisme, les constituants ont été surtout animés par leur souci de créer un pouvoir législatif puissant. Deux assemblées, en fournissant deux expressions d'une seule pensée, affaiblissent celle-ci. En cas d'accord, le dualisme est inutile; en cas de désaccord, il engendre le désordre. Comme le dit pittoresquement Armand Marrast rappelant les souvenirs du 18 brumaire : « quand on a pour soi les « Anciens », on jette les « Cinq cents » par la fenêtre ». Enfin, deux assemblées rendent plus complexe le problème de la responsabilité ministérielle.

Le Conseil d'État, revêtu d'un caractère nouveau, doit, par ses interventions, assurer certains avantages du bicamérisme. Formé non plus de fonctionnaires nommés, mais d'élus de l'Assemblée nationale, sa collaboration est imposée au Président de la République dans un certain nombre de cas. Elle peut aussi être demandée par l'Assemblée nationale.

Chargé de la préparation des lois, de celle des règlements d'administration publique, de la surveillance de l'administration, le Conseil d'État forme un organe d'étude et de contrôle qui devait, dans l'esprit de ses auteurs, contribuer à la pondération politique du régime et à l'amélioration technique de la législation.

280. — Le président de la République. — De même que l'on réclamait une seule assemblée pour qu'elle fût forte, on crée un président, chef unique et personnel de l'exécutif, pour que celui-ci soit agissant. Pour les mêmes raisons d'autorité, on le veut élu par le peuple.

Cette seconde question souleva, comme il tenait à son importance, un vaste débat dans l'assemblée. L'élection du président par l'ensemble de la nation y trouva de vigoureux adversaires et d'éloquents défenseurs.

A l'extrême gauche, Félix Pyat, qui devait plus tard être membre de la Commune, parla ironiquement de « ce sacre bien autrement divin que l'huile de Reims et le sang de saint Louis » que représentent les millions de voix se comptant sur une tête. « Il ne faut pas tenter Dieu, encore moins l'homme. Le président pourra dire à l'assemblée : Je suis plus que chacun de vous, autant et plus que vous tous... Vous n'êtes en fait que les neuf centièmes du peuple, je suis à moi seul le peuple tout entier. »

A gauche, Jules Grévy préconisa non seulement l'élection par l'assemblée, mais encore la révocabilité permanente par celle-ci du chef de l'exécutif, qualifié seulement de président du conseil. C'était la forme même de gouvernement que l'Assemblée avait organisée avec le général Cavaignac, qu'elle avait pratiquée et avec laquelle elle venait de traverser de grandes difficultés. Il n'y avait qu'à consacrer ce qui était. « Êtes-vous bien sûrs — demanda Jules Grévy — qu'un ambitieux élevé à la présidence ne soit pas tenté de s'y perpétuer. Et si cet ambitieux est le rejeton d'une de ces familles qui ont régné sur la France, s'il n'a jamais renoncé à ce qu'il appelle ses droits,... si (le peuple) est dans un de ces moments de crise,... répondez-vous que cet ambitieux ne parviendra pas à renverser la République ? »

Au centre, de Parieu qui devait ensuite évoluer vers la droite et devenir ministre du prince-président, confirma l'argumentation de Félix Pyat. « Le suffrage perd de sa valeur motivée à mesure que la distance augmente entre le candidat et l'électeur. » En conséquence, l'élection directe du président donne à ce dernier une force infiniment supérieure à celle de l'assemblée. De plus, de Parieu invoqua le droit comparé, celui notamment de l'ancienne République de Hollande et de la République suisse.

S'appuyant, lui, sur l'exemple américain, Tocqueville soutint l'élection par le peuple, avec le correctif des deux degrés, bien qu'il fut devenu illusoire aux États-Unis même.

Ce ne furent, cependant, ni les arguments de science politique, ni les conclusions allant dans le même sens, d'Armand Marrast qui décidèrent, mais un discours de Lamartine où l'élément mystique l'emporta sur les considération d'opportunité. Le poète, dans un grand mouvement d'inspiration, s'abandonna à la fois à la Fatalité antique et à la Providence chrétienne.

Après coup, les membres de l'Assemblée s'efforcèrent de reprendre en détail ce qu'ils avaient accordé en bloc. Ayant fait de la présidence une institution extrêmement puissante, ils restreignirent, d'abord, à quatre ans la durée du mandat excluant en outre la rééligibilité immédiate. Le président devait quitter l'Élysée et ne pouvait se représenter qu'après quatre années de retraite. De plus, on lui refusait le *veto,* même suspensif; on réservait la déclaration de guerre ainsi que les traités à l'approbation de l'Assemblée; on ne permettait pas au président d'exercer le commandement personnel de l'armée; on lui adjoignait la collaboration d'un vice-président nommé par l'Assemblée nationale sur la présentation qu'il faisait de trois candidats et qui le remplaçait éventuellement; on lui imposait, dans plusieurs cas, notamment pour la grâce, la collaboration du Conseil d'État; on lui interdisait de sortir du territoire continental de la République sans y être autorisé par une loi, etc.

Mais tout cela n'était pas susceptible de compenser l'essentiel. Après avoir fait par le suffrage populaire un géant, l'Assemblée s'efforçait de le retenir au moyen de fils assez minces. Comme on le représentera alors, c'était Gulliver maintenu au sol par sept cent cinquante lilliputiens!

Section 4
Le fonctionnement du régime

281. — L'éclectisme constitutionnel. — Proche dans ses inspirations et dans sa structure des constitutions révolutionnaires de 1791 et de 1795, la Constitution de 1848 en a aussi la fragilité. Entrée en vigueur le 20 décembre, avec le serment du prince-président, elle n'existe déjà plus, au début du même mois, trois ans après.

De ce court destin, une part importante de responsabilité incombe à la constitution elle-même. Comme on en a eu l'impression en étudiant les organes, l'œuvre de l'Assemblée nationale est singulièrement composite. Du fait notamment de l'attitude de Cormenin qui obligea les commissaires à l'étude analytique et successive des divers articles, ses auteurs manquèrent de vue d'ensemble et d'esprit de synthèse. Ils ne surent pas choisir entre la démocratie conventionnelle, la démocratie parlementaire et la démocratie présidentielle dont, il est vrai, les types étaient, au milieu du siècle dernier, encore très indécis. Chaque affirmation, chaque institution s'est trouvée ainsi compromise et altérée par l'existence de principes et de dispositions contraires.

Le régime de 1848 prélude par là aux constitutions de la

première après-guerre, des années 1919-1920, auxquelles Joseph-Barthélemy au temps où il était encore libéral, avait donné plaisamment le nom de « constitutions cocktails ». L'œuvre de 1848 est faite aussi d'un mélange singulier. Mais, à la différence des mixtures préparées à Weimar, à Vienne ou plus tard à Madrid, elle n'est guère formée que de produits français. On retrouve, de 1793, l'idée de la République et celle du suffrage universel; on a pris à l'an III, le mandat de trois ans; emprunté à 1791 et à 1793, la chambre unique; au Consulat et à l'Empire, le Conseil d'État, l'exécutif fort, bientôt l'idée du pouvoir personnel; enfin, à la Restauration et à la monarchie de Juillet, la responsabilité ministérielle et la collaboration de l'exécutif et du délibérant.

Ainsi, dans le complexe de 1848, se trouvent virtuels les trois grands systèmes de démocraties.

Le premier était mort-né puisque l'amendement Grévy qui l'aurait fondé fut repoussé par l'Assemblée nationale. Il était suggéré par la chambre unique, celle-ci entraînant comme conséquence normale, le gouvernement conventionnel, c'est-à-dire un exécutif agissant sous son inspiration, désigné et révocable par elle-même. Comme Odilon Barrot avait, sans succès, essayé d'en prévenir Lamartine, la chambre unique excluait le président indépendant et nécessairement rival.

Le second mode, le régime parlementaire était préparé par de si nombreux traits que plusieurs constitutionnalistes et non des moindres, R. Capitant et Ch. Eisenmann notamment, ont rangé la Constitution de 1848 parmi les gouvernements de ce type. On peut, en effet, penser qu'avec l'entrée des ministres à l'assemblée, la compatibilité du mandat parlementaire et de leurs fonctions, la responsabilité et le contreseing, l'essentiel en est acquis. Mais la responsabilité ministérielle, assez mal définie, de l'article 64 ne se substitue pas à celle du président, elle coexiste avec elle. De ce fait, il peut y avoir une politique propre au chef de l'État. On est, donc, hors du parlementarisme. « Il y a responsabilité personnelle du président car il gouverne précisément parce qu'il ne règne pas » (M. Dupin, *Constitution de la République française*, 1849, p. 75). Par ailleurs, manque la dissolution, hors de laquelle la responsabilité ministérielle est sans contrepartie et le mécanisme parlementaire bloqué.

Le troisième régime politique, le gouvernement présidentiel, était appelé par l'élection du président au suffrage universel, sa responsabilité, l'étendue de ses pouvoirs, notamment la nomination et la révocation des ministres sans contreseing. C'est effectivement lui qui allait l'emporter, avec une note toujours croissante de pouvoir personnel.

282. — La primauté présidentielle. — Dès l'élection plébiscitaire du 10 décembre 1848, on s'oriente vers le césarisme démocratique qui sera le régime du Second Empire. Sans doute, Louis-Napoléon Bonaparte ne découvre pas immédiatement son jeu. Le nouveau président a passé sa jeunesse à conspirer en Italie ou aux portes de France, aussi sait-il admirablement cacher ses dispositions et s'acheminer vers ses buts secrets sans heurter directement ceux dont la collaboration lui est indispensable (V. A. Dansette, *Louis Napoléon à la conquête du pouvoir*, 1961).

La division tranchée, proposée par Paul Bastid, de la présidence, en deux phases successives : *le prince-président et le gouvernement parlementaire, le prince-président et le gouvernement personnel* ne nous paraît pas correspondre à la réalité. Dès le début, comme P. Bastid lui-même le montre fort bien, on est en régime personnel. Si le premier ministère Odilon Barrot est composé d'après les règles majoritaires, il est aussi formé selon les vues particulières de Louis-Napoléon qui y a appelé « des hommes honnêtes, capables, dévoués au pays malgré la diversité de leurs origines politiques ». Il n'y a pas de président du conseil. Odilon Barrot n'assume cette tâche qu'en l'absence du président de la République. Surtout, ce qui est décisif du point de vue qui nous occupe, Malleville et Bixio pour avoir déplu au président doivent se retirer, tandis qu'un peu plus tard, resteront en fonction leurs collègues mis en minorité par l'Assemblée nationale, le 27 février 1849. Dans *le Moniteur universel,* Louis-Napoléon viendra à leur aide en déclarant « le ministère peut compter sur l'appui ferme et persévérant du président de la République ». Par contre, à la suite de difficultés avec celui-ci, le même ministère démissionne, le 31 octobre 1849.

Louis-Napoléon, dans un message à l'assemblée, invoque alors la nécessité d'une direction unique et ferme, qui, sous la périphrase « l'élu du 10 décembre », revient à lui-même. A partir de ce moment, les ministères n'ont plus de chef, même nominal. On les désigne par la date de leur formation. C'est le signe qu'ils sont le gouvernement du président et qu'en aucune manière, ils ne peuvent être considérés comme indépendants de lui. Les membres choisis hors de l'assemblée, parmi les amis de l'Élysée sont presque tous des inconnus.

283. — La restriction du suffrage. — Pour maintenir la République, alors que « l'Empire » est déjà à l'Élysée, il n'aurait point fallu que, de leur côté, selon le mot de M. Adrien Dansette, « les monarchies » occupassent déjà la Chambre (*Deuxième République et Second Empire,* Paris, 1942).

Les élections législatives de 1849 sont les premières, en France, où l'opinion se partage selon quelques grands courants (V. G. Genique : *l'élection de l'Assemblée législative en 1849,* 1921). Quatre cent cinquante sièges vont au parti de l'Ordre, presque exclusivement formé de légitimistes et d'orléanistes. Les républicains modérés, maîtres de la Constituante, se sont effondrés. Ils occupent à peine le dixième de l'hémicycle. Par contre, l'extrême gauche démocratique et socialisante forme, sous le nom de Montagne, un groupe de cent quatre-vingts membres. Sortie imprudemment de la légalité, lors de l'échauffourée du Conservatoire, elle est bientôt amputée. Néanmoins, la majorité affecte de redouter son succès aux élections de 1852. Pour barrer la route au radicalisme, elle va s'attaquer au fondement même de la République démocratique, au suffrage universel.

Mais une telle entreprise ne pouvait ouvertement s'accomplir. L'article 24 de la Constitution spécifiant « le suffrage est direct et universel », on eut dû, pour abroger l'universalité, recourir à la difficile procédure de révision que nous retrouverons bientôt. Afin d'y échapper l'Assemblée utilisa la distinction établie plus haut entre le droit à l'électorat et son exercice effectif. Elle vota une simple modification à la législation touchant l'inscription sur la liste électorale. Au lieu des six mois précédemment réclamés, elle imposait trois ans de domicile dans la commune ou le canton.

L'exigence de stage eût été déjà grave en ces débuts de l'industrialisme où les ouvriers, à la recherche d'occasions de travail, se déplaçaient fréquemment et, par suite, remplissaient difficilement une telle condition. Mais surtout le régime adopté comportait un moyen ordinaire de preuve qui, par voie indirecte, rétablissait le régime censitaire. Il fallait justifier d'une inscription au rôle de la contribution personnelle ou des prestations en nature. De la sorte, une partie considérable de la population, notamment des grandes villes, se trouvait privée du droit de suffrage. Les listes étaient réduites d'environ trois millions, ce qui correspondait approximativement à un tiers du corps électoral.

Certes, le régime censitaire ainsi rétabli était presque démocratique par rapport à celui de la Restauration et de la monarchie de Juillet et dépassait, de loin, les revendications réformistes de 1847, mais comme, dans l'intervalle, il y avait eu accession au suffrage de tout Français majeur, la loi du 31 mars 1850 parut, non sans raison, une mesure réactionnaire.

Après un tel vote, la législative se trouvait bien en peine d'en appeler au peuple, au cas d'un conflit avec le prince-président. Ainsi que Lamartine l'en avait vainement avertie, elle avait jeté « dans le sein de la population exclue du suffrage universel, un ferment, un ressentiment, une désaffection qui accentuaient immensément sa faiblesse et ses difficultés ».

Section 5
La fin de la Constitution

284. — L'échec de la révision constitutionnelle. — Dans le même temps, le prince-président accusait sa désinvolture vis-à-vis de l'assemblée. Battu par elle, l'un de ses ministres, qui devait par la suite devenir célèbre, Rouher, ne se retire pas. Par contre, en désaccord avec le président à propos du général Changarnier, tous les ministres démissionnent.

A ce moment, le prince-président forme le cabinet du 9 janvier 1851 qui entre immédiatement en conflit avec l'Assemblée. Celle-ci adopte une motion de méfiance. Le 18 janvier, il n'y a plus de ministère, non certes par respect du prince-président pour les principes parlementaires, mais parce que Louis-Napoléon n'estime pas opportun de pousser le conflit à fond. Déjà, au cours de la discussion, Thiers a prononcé les mots fatidiques « l'Empire est fait ».

Cependant, le prince-président, assuré de son but et confiant dans ses moyens, adopte une formule de transition. Il laisse penser qu'il s'accommoderait de la constitution, s'il pouvait demeurer à l'Élysée. Mais la présidence étant limitée à quatre ans, la prolongation ne pouvait en venir que d'une révision ou d'une violation de la constitution.

C'est, d'abord, la route légale de la révision que le prince-président essaie de suivre. Les obstacles posés par les constituants qu'avaient instruits les précédents révolutionnaires n'étaient pas excessifs. L'Assemblée nationale législative pouvait durant sa troisième et dernière année émettre, si elle estimait la constitution défectueuse ou insuffisante, un vœu à la majorité des trois quarts. Dans ce cas, l'assemblée à élire n'était pas une législative, mais une constituante de neuf cents membres, comme celle de 1848. Elle durait trois mois et, après avoir accompli les réformes constitutionnelles prévues, cédait la place, conformément aux règles habituelles, à une simple législative.

La première législative s'étant réunie le 25 mai 1849, la procédure révisionniste pouvait fonctionner à partir du 25 mai 1851. Pour obtenir le droit à la réélection, les amis du prince-président organisent un vaste pétitionnement. Sous l'influence de ce mouvement d'opinion, l'Assemblée est saisie de cinq propositions. Les débats sont précédés d'un rapport d'Alexis de Tocqueville, du 8 juillet 1851, rapport favorable en somme, mais assez confus dans son érudition. Le 14 juillet, l'Assemblée nationale entreprend l'examen de la question et au bout de quelques jours repousse la révision par deux cent soixante-dix-huit voix contre quatre cent quarante-six. On dit bien « deux cent soixante-dix-huit contre quatre cent quarante-six », puisque la constitution, à son article 111, exigeait, non la majorité simple largement atteinte, mais la majorité renforcée des trois quarts, soit cinq cent quarante-trois voix.

Ce vote, intervenant à la fin de juillet 1851, est décisif. Il ferme la porte à la solution légale, par révision régulière de la constitution. Les ambitions et les dettes du prince-président rendent le coup d'État désormais fatal.

285. — Le coup d'État du 2 décembre 1851. — Très habilement, Louis-Napoléon n'entendait cependant pas entrer en conflit avec l'Assemblée et l'éliminer à propos d'un débat d'ordre personnel, comme précédemment la discussion de sa dotation. Il voulait, d'abord, porter à son maximum l'impopularité déjà grande de la législative, en tirant parti de la faute capitale qu'avait été le vote de la loi du 31 mars 1850.

Louis-Napoléon, alors, semblait cependant avoir approuvé la réforme. Après avoir permis à Baroche de garder pendant sa discussion un silence complice, il avait, peu après, le 10 avril 1851, appelé auprès de lui, Léon Faucher et Buffet, ses principaux auteurs, en qualité de ministres. Beaucoup s'étonnèrent donc lorsqu'au retour des vacances de l'été 1851, le prince-président, retournant brusquement ses positions, demanda à l'Assemblée de se déjuger.

L'invite fut repoussée, le 13 novembre, par trois cent cinquante-trois voix contre trois cent quarante-sept. Faible majorité, elle était de plus dangereuse, laissant en dehors d'elle les républicains qui pour une fois avaient voté avec les hommes de l'Élysée. L'opposition était ainsi disloquée, l'opinion ralliée et la voie libre pour une action de force.

Vingt jours plus tard, c'était le coup d'État. Dans la nuit du 1er au 2 décembre 1851, les chefs de l'opposition et les officiers généraux, suspects d'accord avec eux, étaient arrêtés. Un décret présidentiel était placardé sur les murs de Paris prononçant la dissolution de l'Assemblée nationale et du Conseil d'État; le rétablissement du suffrage universel; la convocation du peuple français dans ses comices, du 14 au 21 décembre 1851.

Un appel au peuple, un appel à l'armée, les invitaient tous deux à prononcer entre l'Assemblée dissoute et le prince-président. En même temps, Louis-Napoléon soumettait à la Nation les bases fondamentales d'une constitution nouvelle.

CHAPITRE IV

LE CÉSARISME DÉMOCRATIQUE

Section 1
Les origines

286. — Les cinq bases. — Octroyée dictatorialement et plébiscitée comme la Constitution de l'an VIII, la Constitution de 1852 s'en distingue cependant par l'antériorité de la consultation populaire. Au lieu de soumettre au peuple la constitution achevée, le prince-président propose de la rédiger selon un schéma comportant :

1º « Un chef responsable nommé pour dix ans »;

2º « Des ministres dépendant du pouvoir exécutif seul »;

3º « Un Conseil d'État formé des hommes les plus distingués préparant les lois et en soutenant la discussion devant le Corps législatif »;

4º « Un Corps législatif discutant et votant les lois, nommé par le suffrage universel sans scrutin de liste qui fausse l'élection »;

5º « Une seconde assemblée formée de toutes les illustrations du pays, pouvoir pondérateur, gardien du pacte fondamental et des libertés publiques. »

Ces cinq bases furent acceptées, les 20 et 21 décembre 1851, par sept millions quatre cent trente-neuf mille « oui » contre six cent quarante mille « non ». Dans l'armée la proportion des « oui » fut sensiblement plus faible, trois cent dix-neuf mille contre quarante-deux mille cinq cents, les troupes d'Algérie, de tendances avancées, ayant généralement voté « non ».

Suivant le précédent de brumaire, il existait une commission consultative issue de la Législative. Mais, plus nettement encore qu'en l'an VIII, elle fut évincée par un comité très restreint formé d'amis personnels du prince-président : Rouher, le futur « vice-empereur », Troplong qui sera l'un des juristes les plus marquants du Second Empire, Persigny, Flahaut, Mesnard.

Les travaux n'avancèrent que très lentement. Le 11 janvier, rien n'était encore prêt. C'est alors qu'à l'invitation du prince-président, Rouher se chargea lui-même de rédiger un texte. Achevé en vingt-quatre heures, il devenait la Constitution du 14 janvier 1852.

287. — La présidence décennale et le rétablissement de l'Empire. — Directement issue « des pouvoirs délégués par le peuple français à Louis-Napoléon Bonaparte par le vote des 20 et 21 décembre 1851 », la nouvelle constitution entre en vigueur dès le 29 mars, mettant fin au gouvernement de fait du prince-président. Les décrets-lois pris durant cet intérim reçoivent rétroactivement valeur de loi (art. 58).

Cependant, ce n'est encore qu'une phase de transition. Le régime conserve, malgré son caractère personnel, le nom de République et le gouvernement n'en est confié que pour dix ans au président en fonction.

Louis-Napoléon vise plus haut. Dès l'automne, il brûle l'étape de la présidence viagère et reçoit du Sénat la dignité et l'hérédité impériales (sénatus-consulte du 7 novembre 1852). Un second plébiscite, les 21 et 22 du même mois, donne des chiffres encore plus favorables que ceux de l'année précédente : sept millions huit cent vingt mille « oui » et, seulement, deux cent cinquante trois mille « non », avec toutefois des abstentions marquées notamment dans les provinces légitimistes de l'ouest. Un décret du 2 décembre 1852 promulgue le sénatus-consulte et proclame empereur des Français Louis-Napoléon Bonaparte, sous le nom de Napoléon III.

Section 2
Fondements et caractéristiques

288. — La restauration impériale. — L'Empire cette fois, n'est pas fondé ; il est simplement restauré : « la dignité impériale est rétablie », déclare le sénatus-consulte. En 1852, se produit en faveur de la dynastie napoléonienne un retour de fortune comparable à celui dont avaient bénéficié les Bourbons trente-huit ans plus tôt. Louis-Napoléon Bonaparte monte sur le trône en tant que fils de Louis et d'Hortense, neveu survivant et héritier légitime de Napoléon Ier. La numération souligne cette succession : l'Empire est le second, mais l'empereur est le troisième Napoléon « ne voulant pas passer sous silence le titre régulier, quoique éphémère, du fils du chef de sa famille que les Chambres proclamèrent dans le dernier élan du patriotisme vaincu ». Il y a donc une sorte de droit divin napoléonien. Le génie du grand empereur a créé un nouvel ordre de choses. Celui qui procède de lui, qui a son sang dans les veines « tire de cette origine une sorte de vocation à régner » (P. de la Gorce). (V. Louis-Napoléon Bonaparte, *Les idées napoléoniennes,* 1839).

Dès la mort du duc de Reichstadt, Louis-Napoléon a été pénétré d'une atmosphère messianique. Tout son entourage pousse le fils d'Hortense à se croire prédestiné. « Le mythe napoléonien s'avance sur lui avec une obstination inouïe jusqu'à l'envelopper tout entier, capter son esprit, son rêve, ses forces pour le décider à agir » (F. Bac : *Le Prince Napoléon,* 1932, p. 103).

Simultanément, au sein du peuple, *le culte de Napoléon* n'a cessé d'être vivace. Il a connu des ferveurs diverses comme on l'a vu, en 1848, sa vigueur et son extension sont telles qu'elles conduisent à la présidence le neveu de l'Empereur. En 1852, elles le replacent sur le trône.

289. — Le césarisme démocratique.

L'hérédité, qui seule entre en ligne dans la dévolution statutaire du trône monarchique, apparaît dans les théories napoléoniennes ainsi qu'une simple indication du destin. Le Second Empire est établi, comme le premier, sur la souveraineté populaire ou, comme l'on dit plus couramment, depuis 1848, sur la démocratie.

Nous avons vu que celle-ci réside essentiellement dans l'universalité du suffrage. L'Empire est démocratique, comme la République de 1848 elle-même, en ce sens que le suffrage y appartient à tous. Le prince-président s'en est fait le champion contre la Législative. Cela a admirablement servi ses affaires personnelles, mais il n'y a pas eu de sa part simple opportunisme. « L'appel au peuple », c'est la formule, simple et claire pour tous, qui oppose le régime napoléonien aux restrictions censitaires des deux monarchies selon la charte et même aux suffrages limités et tamisés de 1791 et de 1795.

Le contact est direct entre le Chef de l'État et la Nation. Il est « l'élu du peuple représentant ses intérêts ». Fidèle à son origine, il ne peut « regarder les prérogatives de la couronne ni comme un dépôt sacré auquel on ne saurait toucher, ni comme l'héritage de (ses) pères, qu'il faille avant tout transmettre intact à (son) fils mais « comme des droits dont il use dans l'intérêt du bien public, de la tranquillité et de la prospérité du pays » (lettre au ministre d'État du 12 novembre 1861).

Ce pouvoir confié par les masses elles-mêmes et s'exerçant à leur profit est, en fait comme en droit, quasi illimité. L'un des meilleurs historiens de cette période, M. Pouthas voit dans le règne de Napoléon III : « une manière d'absolutisme éclairé cherchant directement son appui dans l'accord des masses ».

On revient au régime de l'an VIII et de l'an XII. A leur égard, Louis-Napoléon Bonaparte souligne, dans sa proclamation du 14 janvier 1852, qu'il a cru bon « de préférer les préceptes du génie aux doctrines spécieuses d'hommes aux idées abstraites... Je me rattache — ajoute-t-il — aux institutions renversées par l'Europe entière coalisée contre nous. Puisque la France ne marche, depuis cinquante ans, qu'en vertu de l'organisation administrative, militaire, judiciaire, religieuse, financière du consulat et de l'empire, pourquoi n'adopterions-nous pas aussi les institutions politiques de cette époque ».

Or, ainsi que nous l'avons vu, l'époque en question n'a pas connu de véritables institutions politiques mais, au contraire, le gouvernement personnel.

Sans doute, celui-ci se déclare soumis au peuple. A la différence de la monarchie absolue ou constitutionnelle, l'empire répudie l'irresponsabilité juridique du Chef de l'État : « écrire en tête d'une charte que ce chef est irresponsable c'est mentir au sentiment public, c'est une fiction qui s'est trois fois évanouie au bruit des révolutions ».

Mais cette responsabilité ne s'exerce, si l'on peut dire, qu'à sens unique. L'empereur est l'élu de la Nation. Il a toujours la faculté de l'interroger, au moyen du plébiscite qui a initialement fondé son autorité.

Par contre, la réciproque n'est point admise. Le peuple ne peut mettre en cause la prétendue responsabilité, ni même simplement examiner les actes de l'empereur. Le plébiciste ne saurait provenir d'une volonté populaire; il est d'initiative exclusivement gouvernementale. Il ne peut se produire que dans les circonstances et les conditions voulues par l'empereur.

Non sans illogisme, le peuple à qui l'on demande l'investiture et l'adhésion est considéré comme incapable « d'organiser par lui-même son bonheur durable. Ses ambitions vont à son quotidien. Il n'a pas la possibilité de faire face à ses grands besoins, ni à prévoir l'avenir, comme un pouvoir central alimenté d'expérience peut le faire du haut de son observatoire. Dans l'impuissance où le peuple est de se sauver lui-même, de créer ou de rétablir un ordre, à cause de la multiplicité des ambitions qui le perturbent et qui l'égarent, il faut donc qu'il accepte une direction puissante. Ce pouvoir n'est pas là pour satisfaire ses intérêts privés, mais pour canaliser toutes les forces d'une nation vers le seul but d'un perfectionnement incessant » (F. Bac, *op. cit.*, p. 84, propos de Charles-Henri, père de l'auteur et fils naturel du roi Jérôme qui, aux côtés de Louis-Napoléon, prit part au coup d'État manqué de Strasbourg).

Le césarisme démocratique veut l'opinion captive et dirigée.

L'opinion est captive, en ce sens que lui est déniée la possibilité de se mouvoir et de se développer. A son article premier, la constitution « reconnaît, confirme et garantit les grands principes proclamés en 1789 et qui sont la base du droit public des Français », mais, en réalité, les libertés admises sont celles de la vie privée et non de la vie publique. Il n'y a, notamment, ni liberté de presse, ni liberté de réunion.

L'opinion est dirigée. Certes, il n'y a pas encore une propagande systématique, au sens que ce terme prendra au XXe siècle, mais toute l'administration, dont fait partie le clergé concordataire, est mobilisée en faveur des « candidats officiels ».

Sur cette période, V. F. Bluche, *Le Bonapartisme, aux origines de la droite autoritaire (1800-1850),* IIIe partie : une méthode : le Bonapartisme et Louis-Napoléon, 1980.

Section 3
Les organes

290. — L'empereur. — Chef de l'État, l'empereur « gouverne ». Il commande les forces de terre et de mer. Il déclare la guerre. Il conclut la paix. Il négocie les alliances et les traités de commerce. Il nomme à tous les emplois. Il fait les règlements et décrets nécessaires à l'application des lois. Il déclare l'état de siège, sauf à en référer au Sénat. Il prononce la grâce et accorde l'amnistie (sénatus-consulte de 1852). Il autorise les travaux publics par décret. Il fait rendre la justice en son nom.

L'empereur a l'initiative exclusive des lois ordinaires. Lui seul décide si un projet sera ou non soumis au Corps législatif qui ne peut être saisi que par lui. Il partage avec le Sénat le droit d'initiative, soit d'un sénatus-consulte (c'est-à-dire d'une loi constitutionnelle), soit d'une loi qualifiée de « grand intérêt national ». Il promulgue tous les textes discrétionnairement, de sorte qu'exerçant l'initiative au point de départ, il possède le *veto* au point d'arrivée. Et le *veto* impérial n'est pas simplement « suspensif », comme celui de Louis XVI; il n'est pas non plus, comme ce sera bien plus tard le cas dans la constitution de Weimar, « translatif », c'est-à-dire ouvrant une consultation populaire; il est absolu et définitif.

Les ministres sont les subordonnés du Chef de l'État. Ils ne dépendent que de lui. Selon la proclamation du 14 janvier 1852, ils n'ont droit ni d'être membres du Corps législatif, ni d'y entrer; par contre, ils peuvent appartenir au Sénat, puisque celui-ci n'est pas alors une seconde chambre. Les ministres, pris individuellement, sont responsables, chacun en ce qui les concerne, des actes dont ils sont les auteurs. Ils ne forment pas un cabinet, ni même ne se réunissent en conseil. Ils tiennent, sans doute, séance avec l'empereur, mais pour de simples échanges de vues. Les décisions émanent ensuite du souverain, assisté du ministre responsable, qui se rend individuellement auprès de lui. Ainsi se trouve complètement écarté le principe du gouvernement formé de membres solidaires « obstacle journalier — d'après le document déjà cité — à l'impulsion particulière du Chef de l'État, expression d'une politique émanée des Chambres et par là même, exposée à des changements fréquents qui empêchent tout esprit de suite, toute application d'un système régulier.

291. — Les collèges électoraux. — Le coup d'État s'étant fait sur le rétablissement du suffrage universel, la législation électorale du second Empire est très démocratique, du moins en ce qui concerne l'étendue du corps électoral. Le décret organique du 2 février 1852 déclare : « sont électeurs, sans condition de cens, tous les Français âgés de vingt et un ans accomplis, jouissant de leurs droits civils et politiques ». Six mois de résidence suffisent pour l'inscription sur la liste électorale. C'est le retour pur et simple aux termes de la Constitution de 1848 (art. 25) et à la loi électorale du 15 mars 1849.

Le suffrage universel s'exerce de deux façons : d'une part, nationalement par le plébiscite qui est, soit constituant, en cas de modification des bases du régime, soit personnel, l'empereur ayant toujours le droit de faire appel au peuple français ; d'autre part, localement, par l'élection des députés au Corps législatif.

Au scrutin dit de liste de la seconde République, est substitué le scrutin uninominal qui fut l'une des cinq bases du régime soumises au peuple lors du plébiscite de décembre 1851. « Chaque département est divisé, par un décret du pouvoir exécutif, en circonscriptions électorales égales en nombre aux députés qui lui sont attribués... Chaque circonscription élit un seul député » (décret organique du 2 février 1852, art. 2). En principe, « le peuple choisissant isolément chaque candidat peut plus facilement apprécier le meilleur de chacun d'eux » (proclamation du 14 janvier 1852). En fait, le scrutin uninominal entrave la formation de grands courants d'opinion et permet l'action directe de l'administation.

L'opinion est dirigée. On pratique une géographie électorale active, on remanie constamment les circonscriptions de façon à contrecarrer toute propagande à lointaine échéance, de manière aussi à neutraliser les « mauvais » cantons. On entrave de mille manière l'éclosion des candidatures d'opposition. Par contre, on suscite et soutient ouvertement celle des personnalités favorables au Gouvernement. C'est ce que l'on appelle « la candidature officielle ». « Exercez — écrit Morny aux préfets — votre action au grand jour et mettez le peuple en mesure de discerner quels sont les amis et les ennemis du Gouvernement qu'il a fondé. »

292. — Les assemblées. — Entre l'empereur et le corps électoral, les assemblées ne jouent, en démocratie césarienne, qu'un rôle diminué. Comme sous le premier Empire, après le sénatus-consulte de 1807, elles sont au nombre de trois, exerçant des fonctions très différentes et s'appelant pareillement : Sénat, Corps législatif et Conseil d'État.

a) *Le Conseil d'État,* bien que venant le troisième, au titre VI de la Consitution, est l'organe essentiel du régime. Émanation directe du prince qui nomme ses membres (de 40 au minimum à 50 au maximum), il partage également avec les élus du pays la puissance législative. Selon l'exacte analyse de Cucheval-Clarigny (*Histoire de la Constitution de 1852,* Paris, Santon, 1869), aucune loi n'arrive à la chambre élective que par son intermédiaire et après avoir reçu de lui sa forme définitive. S'il ne provoque, ni ne détermine la présentation d'une mesure, il peut, une fois qu'il en est saisi, remanier profondément les propositions du Gouvernement, y introduire des principes nouveaux et exercer ainsi une initiative refusée au Corps législatif dont les amendements tombent sous son *veto.* De même, le conseil discute le budget et le vote article par article, avant d'aller le défendre devant la chambre élective. Il est, par là, le véritable contrôleur de l'emploi des deniers publics.

S'intercalant entre les ministres et le Corps législatif, il doit, en principe, éviter entre eux tout conflit et même tout contact. Dans la première phase de l'élaboration législative ou budgétaire, la lutte est entre les ministres d'État et le Conseil d'État; dans la seconde, entre les conseillers d'État et le Corps législatif, jamais directement entre les ministres et le Corps législatif.

b) *Le Corps législatif* approuve la loi plus qu'il ne la fait. L'Assemblée n'a pas de liberté intérieure. Le nombre des députés est restreint à deux cent soixante, presque tous dans la main de l'administration par le moyen de la candidature officielle. Le président et les vice-présidents sont nommés par l'empereur dont ils sont comme l'œil sur l'assemblée. Ils exercent, à son égard, une sorte de surveillance. Pour éviter l'entraînement fâcheux de l'éloquence qui déplaît tant à l'auteur de la constitution, il n'y a plus de tribune et chacun parle de sa place.

Le Corps législatif n'a pas d'influence extérieure; pour suivre ses débats, il n'y a que quelques places difficilement accessibles au vrai public; le comité secret est de droit, lorsque cinq membres le demandent; la diffusion des discussions se limite à la reproduction du procès-verbal officiel.

c) *Le Sénat* diffère très profondément des Chambres des pairs de la Restauration et de la monarchie de Juillet et, plus encore, du Sénat de 1875 et de 1884. Les auteurs de la Constitution de 1852 n'ont pas voulu d'une Chambre haute « pâle reflet — dit la proclamation du 14 janvier — de la Chambre des députés, répétant à quelques jours d'intervalle les mêmes discussions sur un autre ton ».

Napoléon III a directement repris le système du Premier Empire, celui de la « jurie constitutionnaire » de Sieyès, devenue collège puis Sénat conservateur. Comme le promettaient les cinq bases, il est « composé des éléments qui, dans tout pays, créent les influences légitimes : le nom illustre, la fortune, le talent, les services rendus ».

Afin de donner plus de prix au titre, le Sénat est peu nombreux. Initialement formé de quatre-vingts membres, il ne doit jamais dépasser cent cinquante. Les uns sont sénateurs de droit : princes de la famille impériale, cardinaux, maréchaux et amiraux; les autres sont librement nommés à vie par l'empereur. L'empereur peut présider le Sénat mais aussi déléguer un président et des vice-présidents. Il attribue, selon les services rendus et la position de fortune, le fastueux traitement de trente-mille francs-or.

Le rôle du Sénat est triple. Il a, d'abord, l'initiative en ce qui regarde les projets d'un grand intérêt national. Ses membres peuvent, par l'examen des pétitions ou par enquête personnelle, connaître des besoins du pays. Leur mission est — d'après *le Moniteur* — de signaler « à l'autorité et à la sollicitude de l'empereur tout ce qui peut contribuer à la gloire de son règne et au progrès de la civilisation ».

Les deux autres fonctions sont d'ordre constituant : le Sénat exerce à la fois le pouvoir constituant sanctionnateur et le pouvoir constituant déterminateur. Par le premier, il annule les mesures contraires à la Constitution; par le second, il a la possibilité d'établir de nouvelles dispositions constitutionnelles.

Le pouvoir constituant sanctionnateur permet au Sénat de vérifier généralement la constitutionnalité de toute mesure et, plus spécialement, celle des textes émanant du Corps législatif. Il n'a pas à adopter ces derniers ; il les examine simplement pour constater s'ils sont ou non conformes à la Constitution. Il annule les dispositions contredisant, non seulement un article précis, mais encore l'ensemble de principes juridiques et même moraux sur lesquels se fonde le second Empire. Doivent être ainsi censurées les lois dangereuses à la défense du territoire ou contraires à la religion, à la morale, à la liberté des citoyens devant la loi, à l'inviolabilité de la propriété, à l'inamovibilité de la magistrature, etc. Mais, étant donnée la procédure législative, le Sénat n'a pour ainsi dire jamais occasion de faire usage de sa prérogative d'empêcher la promulgation.

Beaucoup plus important est donc son pouvoir déterminateur. Le Sénat a pour mission de fixer, par sénatus-consulte, le sens des articles de la constitution, ainsi que de régler tout ce qui est nécessaire à la marche de celle-ci. Or, dès sa proclamation du 2 décembre 1851, le prince-président a indiqué que la constitution serait seulement un point de départ. « Je soumets à vos suffrages les bases fondamentales d'une constitution que les assemblées développeront plus tard. »

Section 4

Le fonctionnement du régime

293. — L'empire intégral. — Le gouvernement de Napoléon III s'étend sur dix-huit années — « dix-huit années de bonheur et de prospérité » rappelleront plus tard ses partisans — presque dix-neuf, si l'on compte le régime de fait, de décembre 1851 à mars 1852, et la République nominale jusqu'en décembre de la même année. Il est, ainsi, le plus durable des régimes que nous ayons jusqu'à maintenant rencontrés.

L'incohérence de sa doctrine, relevée précédemment, n'est pas initialement pour lui source de faiblesse. Tout au contraire, elle représente plutôt une force. Notamment, la combinaison des deux légitimités héréditaire et démocratique, bien qu'inconciliable dans le principe, est politiquement irrésistible. C'est à elles que le futur empereur a dû son élection présidentielle et le succès des deux plébiscites. Elle a exercé sur les masses un attrait incontestable, en joignant à la popularité du nom de Napoléon, le sentiment de la place la plus large faite jusqu'alors au peuple, dans la conduite des affaires publiques.

« Inexpérience, désordre, troubles sanglants, terreurs paniques, tout cela devait conduire bien vite les masses populaires à s'en remettre complètement de leur avenir à l'homme de chair et d'os, paré pourtant de je ne sais quel prestige mystérieux par la magie du nom de Napoléon. Mouvement instinctif mais non trompeur. Il est vrai, et il faut le dire, que Napoléon III a aimé la foule des humbles, que *l'amélioration de leur sort* suivant l'expression saint-simonienne n'a cessé de le préoccuper et a peut-être été la pensée directrice de tout son règne. En s'emparant du pouvoir le 2 décembre, il s'était affranchi des anciennes classes dirigeantes et, en rétablissant dans son intégrité le suffrage universel, il avait bien marqué qu'il n'entendait pas gouverner à leur profit. C'est bien la foule ouvrière et paysanne qu'il a eue surtout devant les yeux » (J. Hours : *la Société politique aux temps modernes,* Sem. soc. de France, Reims, 25e session, 1933, Paris-Lyon, 1934).

A l'adhésion des masses, à peu près totale, sauf en certains milieux urbains réputés très avancés ou, à l'autre extrême, dans certains cantons légitimistes de l'ouest, se joint le ralliement de « la société », dont les préoccupations se tournent vers les mondanités, la littérature, les spectacles, les affaires. En face des incontestables succès économiques du régime, l'opposition libérale ou républicaine ne compte pas, tandis que le légitimisme demeure comme un anachronisme maussade. Après quelques mois, toute vie politique a disparu.

Cependant, ce n'est pas l'atmosphère du premier Empire. La personnalité écrasante de Napoléon, son activité multiforme, les événements militaires, la lassitude de la Révolution toute proche avaient alors empêché les institutions du césarisme démocratique de prendre consistance. Cette fois, dans une ambiance de paix et au sein d'une nation dont les deux monarchies constitutionnelles ont grandement affiné la sensibilité politique, les organes politiques acquièrent une réalité véritable et subissent les adaptations coutumières qui sont le fait de tout régime vivant.

Ainsi, le Conseil d'État voit-il altérer son rôle primitif, sa composition et ses attributions. La première condition de son influence était son indépendance. Elle est atteinte, dès le début, par des révocations retentissantes. D'autre part, les ministres refusent d'accepter son contrôle. Par des mémoires à l'empereur, ils font endosser leur opinion au souverain, la soustrayant ainsi à la critique. Enfin, la défense des lois qui était le côté séduisant de la mission des conseillers, est accaparée par le président Baroche qui accomplit seul, en la déformant, la tâche destinée au Conseil tout entier.

Le Sénat ne fait preuve d'aucune initiative, si bien que *le Moniteur* lui-même, qui le remarque, l'invite à prendre conscience de son grand rôle constitutionnel. Mais ces objurgations restent sans écho dans une assemblée composée de personnalités « arrivées à l'âge du repos » et ayant « épuisé dans l'armée ou dans les fonctions publiques la somme d'activité qui est impartie à l'homme » (Cucheval-Clarigny).

C'est peut-être le Corps législatif qui remplit le mieux sa tâche. Composé d'un nouveau personnel de propriétaires, de commerçants, d'industriels, tous gens habitués aux affaires, il discute budget, questions économiques, travaux publics et forme à l'échelle nationale, plus un conseil général qu'une assemblée politique. Montalembert, presque seul opposant, n'y retrouve pas l'atmosphère de ses anciens triomphes et maudit « cette cave sans air et sans jour où il passa six ans à lutter avec des serpents ».

Au vrai, le seul organe gouvernant est l'empereur. Il est alors en pleine forme et en pleine force. L'attentat d'Orsini n'a été suivi que d'une brève répression et l'ivresse des succès militaires gagne jusqu'au faubourg Saint-Antoine qui acclame le vainqueur de Solférino.

294. — L'empire libéral. — C'est cependant sa politique italienne qui, à distance, mais implacablement, va miner l'Empire au-dehors comme au-dedans. 1860 correspond à une crise grave de l'opinion. L'action personnelle de Napoléon, en matière étrangère et militaire, vient d'aboutir, avec les préliminaires brusqués de Villafranca, à un glorieux échec. Comme d'instinct, le pays se rend compte du grave péril que présentent les modifications introduites dans l'équilibre européen par l'affaiblissement de l'Autriche. D'autre part, à ce malaise intuitif et diffus, se joint le ressentiment fort précis des catholiques. La campagne d'Italie avive la question romaine dont la solution, dans un délai plus ou moins lointain, ne peut qu'être défavorable au pouvoir temporel du Pape.

Il faut ajouter que, quasi simultanément, dans le domaine économique, la politique de libre-échange des saint-simoniens, conseillers de l'empereur, crée, elle aussi, une déception très vive parmi les industriels, sans rallier en contrepartie les masses ouvrières.

Ces mécontentements amènent la renaissance des deux grands partis qui s'étaient manifestés en France dès l'introduction du suffrage universel et que l'on avait cru éliminer pendant les huit années de l'empire autoritaire; le parti républicain, d'une part, démocrate et anticlérical; le parti conservateur, d'autre part, formé surtout des anciens éléments orléanistes, généralement bien vus du clergé.

En soi, le mécanisme constitutionnel permettait à Napoléon de résister. Malgré leur talent et leur prestige les « cinq » membres républicains du Corps législatif, élus en 1857, ne représentent aucun péril immédiat pour le régime. Mais l'empereur est un esprit inquiet. « Ce qui lui fait le plus horreur, c'est la routine : plutôt que de cheminer dans l'ornière, il eût préféré côtoyer l'abîme (P. de la Gorce : *Histoire du second Empire*, 1894, t. I, p. IV). L'empereur aime étonner et surprendre. Il pense déconcerter ses adversaires et aussi obéir aux principes de son gouvernement en prenant lui-même l'initiative des réformes. Ainsi espère-t-il dissocier les deux oppositions, plus hostiles encore l'une à l'autre qu'à lui-même, et reconquérir les troupes en leur donnant satisfaction.

C'est de ces intentions, voire de ce calcul, que résultent les différentes mesures qui, adoptées par sénatus-consulte ou décret vont de 1860 à 1870, modifier considérablement la structure constitutionnelle du second Empire.

Le décret du 24 novembre 1860 rétablit l'adresse comme sous la monarchie constitutionnelle. Le Corps législatif répond au discours de l'empereur et fait connaître son point de vue et ses critiques. En même temps, sont nommés des ministres sans portefeuille, qui n'ont par conséquent, pas à gérer de département ministériel, mais seulement à assurer les rapports du Gouvernement et du Corps législatif, contact soigneusement évité en 1852. En 1863, les ministères sans portefeuille seront réunis en un seul qui prendra le nom de ministère d'État et que l'on qualifiera couramment de « ministère de la parole ».

A partir du 2 février 1861, il y a publicité des débats par deux comptes rendus, l'un sténographique, l'autre analytique. A partir du 31 décembre, vote du budget par section, ce qui resserre considérablement le contrôle. A partir de 1866, droit d'amendement. A partir de 1867, droit d'interpellation remplaçant l'adresse. Enfin, en 1869, droit d'initiative, de nomination du président et du bureau; surtout, entrée des ministres au Corps législatif dont ils peuvent être membres.

Au total, ces mesures établies fragmentairement, entrecoupées par certains temps d'arrêt, voire même par des mouvements de recul (comme le sénatus-consulte du 18 juillet 1866) vont toutes dans le même sens. Elles opèrent un renversement de force. L'organe législatif annihilé en 1851 a recouvré en 1869 son importance politique.

Mais ces diverses dispositions, si elles démantèlent l'empire intégral, ne créent pas un système viable. Le freinage du vieux personnel impérial, les hésitations de Napoléon III, comme, d'ailleurs, des hommes nouveaux auxquels il s'adresse (V. P. Saint-Marc : *Émile Ollivier 1825-1913,* Paris, 1950) rendent incertain et précaire l'octroi des réformes. Les élections sont nettement défavorables. En 1863, dix-sept républicains sont élus et une bonne quinzaine d'indépendants. Ils recueillent, dans le pays, deux millions de suffrages. En 1869, il y aura quatre-vingt-treize opposants, groupant trois millions cinq cent mille voix. Comme la majorité ne compte elle-même que millions cinq cent mille votants, l'écart s'affaiblit rapidement.

Ici apparaissent en pleine lumière les antinomies du système napoléonien fait, comme on l'a dit, d'éléments contradictoires : régime démocratique qui n'est pas républicain, régime autoritaire qui se veut cependant populaire, régime politiquement conservateur mais progressif socialement, régime représentatif mais aussi régime plébiscitaire. Notamment, par cette dernière juxtaposition du plébiscite impérial et de l'élection législative, se trouve ouverte la possibilité d'un conflit, ou du moins d'un contraste entre les verdicts parallèles du corps électoral. La confiance, accordée en bloc à l'empereur, peut lui être refusée en détail par le choix de députés d'opposition ou même simplement de candidats indépendants. Ainsi s'ouvre à l'intérieur du régime une manière de hiatus. Les réformes libérales l'accroissent, au lieu de l'atténuer, puisqu'elles augmentent l'insubordination de l'opinion vis-à-vis du Gouvernement. (*Sur la signification constitutionnelle du second Empire,* voir notre étude, Rev. Fr. Sc. Pol., 1953, p. 31).

Section 5
La fin de la Constitution

295. — L'empire parlementaire. — Au fond, les deux oppositions veulent l'abdication de l'empereur. Le parti républicain réclame une retraite physique, l'éloignement personnel de Napoléon III; le tiers-parti se contenterait d'une abdication politique, c'est-à-dire, en langage juridique, du régime parlementaire.

L'empire parlementaire est établi, de fait, avec le ministère du 2 janvier 1870, sous la présidence d'un ancien républicain rallié à la conception libérale, Émile Ollivier. De droit, il est institué par le sénatus-consulte du 21 mai, suivant le plébiscite du 8 mai, où sept millions trois cent cinquante-six mille « oui » contre un million cinq cent soixante et onze mille « non » approuvent « les réformes libérales opérées depuis 1860 ».

L'empire parlementaire, outre qu'il est institué sans doute trop tardivement pour l'état de l'opinion, présente comme l'empire intégral une construction contradictoire. Reniant ses critiques du régime de la charte, Napoléon III en accepte les institutions, avec l'irresponsabilité du chef de l'État en moins et le suffrage universel en plus.

Était-il possible qu'après avoir exercé le pouvoir personnel, l'empereur âgé et malade se contentât de régner en monarque parlementaire, bénéficiant de la « belle vieillesse » que lui promettait Émile Ollivier? Le temps et l'expérience ont manqué pour fournir la réponse.

Moins de deux mois après l'établissement de l'empire parlementaire, le 10 juillet 1870, la France déclare la guerre à la Prusse. Le 28 juillet, Napoléon III quitte Saint-Cloud pour Metz, Eugénie étant investie de la régence par lettres patentes du 23. Le 9 août, le cabinet Émile Ollivier est renversé. Immédiatement, l'impératrice désigne le général Cousin-Montauban, comte de Palikao, qui constitue un ministère d'officieux où entrent quelques éléments de l'extrême droite bonapartiste.

Le 3 septembre au soir, parvient la fatale dépêche « l'armée est défaite et captive, moi-même suis prisonnier ». Au point de vue constitutionnel, l'événement pour dramatique qu'il soit n'entame pas le système : l'impératrice est régente et un ministère jouit de la majorité au Parlement. Mais, on le sait déjà par l'histoire du premier Empire, la réalité du régime césarien, même devenu libéral, est d'être un gouvernement personnel. Le 4 septembre n'est pas une révolution, pas même une émeute, mais la disparition d'un édifice qui, privé de sa clef de voûte, se défait quasi instantanément. (Sur l'évolution du Second Empire, V. A. Dansette, *Histoire du Second Empire,* t. II, *Du 2 décembre au 4 septembre,* Paris, 1973.)

TITRE III

LA STABILITÉ

CHAPITRE UNIQUE
LA RÉPUBLIQUE PARLEMENTAIRE

Section 1
Les origines

296. — Le rétablissement de la République. — Sauf l'absence d'échauffourées sanglantes, les événements du 4 septembre rappellent étrangement ceux du 24 février. Comme en 1848, échouent toutes les solutions constitutionnelles ou paraconstitutionnelles ébauchées au Corps législatif; comme en 1848, la foule envahit la Chambre; comme en 1848, un gouvernement est formé à l'Hôtel de Ville; comme en 1848, ce n'est qu'un gouvernement provisoire préparant l'élection d'une constituante.

Mais ce gouvernement s'appelle *gouvernement de la Défense nationale,* car sa tâche immédiate est d'ordre militaire : « Nous ne sommes pas — déclare son premier appel — au pouvoir mais au combat ». Politiquement, il ne se considère pas comme un *gouvernement révolutionnaire* : « les hommes du 4 septembre canalisent la révolution en contenant les violents » (G. Hanotaux).

Les circonstances font ainsi du gouvernement de la Défense nationale un *régime triplement limité* dans sa *base,* dans son *objectif* et dans sa *durée :*

Limité dans sa base, car le gouvernement de la Défense nationale est exclusivement un phénomène « parisien ». A l'Hôtel de Ville, le 4 septembre 1870, on constitue « moins le gouvernement de la France qu'un grand conseil local, chargé de disputer à l'envahisseur les murs de Paris » (G. Hanotaux). Composé des élus de la Cité, qu'ils le soient restés ou qu'ils aient opté pour une circonscription provinciale : Gambetta, Jules Simon, Ernest Picard, Jules Favre, Jules Ferry, etc., il a à sa tête le général Trochu, gouverneur militaire de la capitale. Il demandera l'accord de la population de la ville par référendum le 3 novembre 1870 (557 000 oui, 62 000 non). Il administrera la province par une délégation siégeant à Tours, puis à Bordeaux.

Limité dans son but, puisqu'il n'est question que de s'opposer à l'invasion et cela sous un chef militaire.

Limité dans le temps, puisque le gouvernement de la Défense nationale doit céder la place à une constituante. Seules, la poursuite de la lutte et l'occupation d'une partie du territoire empêcheront de recourir aux élections dès le mois de septembre.

Cependant, le gouvernement de la Défense nationale a une couleur précise : il est composé de républicains. La déchéance de l'Empire a été proclamée au Corps législatif et l'avènement de la République à l'Hôtel de Ville. Ainsi, avant même toute détermination constitutionnelle, la République est-elle en possession d'état.

297. — La réunion de l'Assemblée nationale. — Le gouvernement de la Défense nationale prend fin le 13 février 1871. Il remet alors ses pouvoirs à l'assemblée élue le 8 février 1871 et réunie, le 11, au grand théâtre de Bordeaux.

Celle-ci a une double mission : se prononcer sur la guerre ou la paix, décider sur les institutions du pays. La première tâche résulte des clauses de l'armistice ; la seconde, des dispositions émanant du gouvernement provisoire.

Sans doute, le dernier texte, en date du 29 janvier 1871, ne parle-t-il que d'une « assemblée nationale », mais il se réfère implicitement au décret du 8 septembre visant la réunion d'une assemblée nationale *constituante* et à celui du 10 septembre rétablissant, à cette fin, la loi électorale du 15 mars 1849. Nonobstant les controverses ultérieures, la fonction constituante de l'Assemblée est, à ses origines, incontestable.

En fait, les électeurs se préoccupent peu de la question constitutionnelle. Ils se divisent essentiellement sur la paix immédiate ou la guerre à outrance.

C'est pourquoi la majorité est monarchique, les éléments conservateurs étant généralement réputés favorables à la paix. Tenus à l'écart depuis 1852, ils n'ont pas, dans leur ensemble, participé aux erreurs de l'Empire et apparaissent ainsi comme une réserve intacte de dévouements et de talents.

Avec les élections multiples et les démissions, quelque six cent cinquante sièges seulement sur sept cent soixante-huit sont pourvus. Il y a environ quatre cents monarchistes (150 légitimistes, 250 orléanistes), moins de deux cents républicains, un certain nombre d'indécis et de bonapartistes (une trentaine, dont seulement quatre ou cinq avoués).

298. — Thiers, chef du pouvoir exécutif.

La question de la paix est à régler la première. Pour la négocier sans délai et pour la signer, l'Assemblée désigne à l'unanimité Thiers, comme chef du pouvoir exécutif (résolution du 17 février 1871).

Ainsi, indirectement et par un biais — mais on biaisera constamment à Bordeaux et à Versailles — s'engage la première phase de la carrière constituante de l'Assemblée nationale.

Le gouvernement de Thiers, qui va durer vingt-sept mois, apparaît d'abord comme un bref expédient. Il faut au plus vite finir la guerre et remettre en marche les services publics.

L'avantage du procédé est de renvoyer à plus tard la solution politique. Immédiatement l'Assemblée n'est d'accord que sur une négation. Le 1er mars 1871, elle renouvelle expressément et solennellement « la déchéance de Napoléon III et de sa dynastie déjà prononcée par le suffrage universel ». A l'égard des autres éventualités le gouvernement de Thiers promet de rester neutre. C'est ce que l'on appelle *le pacte de Bordeaux* (10 mars 1871).

Une première circonstance vient consolider ce provisoire.

A peine les négociations de paix terminées et l'Assemblée installée à Versailles, éclate la Commune de Paris (18 mars-28 avril), dont Thiers doit réprimer le soulèvement.

Mais, au début de l'été 1871, l'abrogation des lois d'exil rouvre aux prétendants le sol de France.

299. — Premier échec de la restauration monarchique.

— Car il y a deux prétendants. En 1830, Charles X a abdiqué en faveur de son petit-fils, le duc de Bordeaux (qui en 1871, porte le titre de comte de Chambord, du nom de la résidence qui lui a été offerte par une souscription nationale). En 1848, Louis-Philippe a renoncé à la couronne au profit de son petits-fils, le comte de Paris. Les deux princes sont en concurrence virtuelle et, avec eux, les deux conceptions de la royauté que 1830 a posées en antagonistes : la monarchie traditionnelle et simplement limitée des Bourbons ; la monarchie révolutionnaire, parlementaire et libérale des Orléans.

Une entente des deux prétendants est indispensable à la restauration. La majorité est orléaniste, mais elle a besoin pour l'emporter des légitimistes. De plus, elle estime que la monarchie ne serait pas durable sans l'accord des deux branches, sans « la fusion », comme l'on disait alors.

Celle-ci, en elle-même, pouvait être facile ; le comte de Paris est le successeur légitime du comte de Chambord qui n'a pas de postérité. En revanche, l'accord politique est malaisé. Le comte de Chambord reste fidèle aux principes de la première charte. Il n'accepte qu'une constitution octroyée, sauvegardant l'intégrité de la souveraineté royale, limitée seulement en matière de législation et d'imposition. Il rejette un pacte avec l'assemblée consacrant la souveraineté nationale et établissant le régime parlementaire. Enfin, à son programme, il donne, comme symbole, le drapeau blanc.

Tel est l'objet du manifeste, daté de Chambord, le 5 juillet. En un langage d'une noble intransigeance, le prétendant refuse tout compromis : « Français, Henri V ne peut abandonner le drapeau blanc d'Henri IV. Je l'ai reçu comme un dépôt sacré du roi mon aïeul... Il a abrité mon berceau, qu'il ombrage aussi ma tombe. »

Ce document jette la stupeur dans l'Assemblée. Il y a cinq cents voix pour la monarchie libérale et nationale. On n'en trouverait sans doute pas cinquante pour la monarchie sans condition. Désormais, personne ne croit plus la restauration possible, du moins immédiatement. Il est donc nécessaire, une seconde fois, de maintenir le provisoire.

Les républicains ont besoin de délais pour accroître leurs forces. Les élections partielles du 2 juillet où, sur cent dix-huit sièges à pourvoir, cent républicains ont été élus, les encouragent à temporiser.

Les monarchistes comptent eux aussi sur le temps pour reprendre et mener à bien « la fusion » qui vient d'échouer. Toutes les fractions sont donc d'accord pour maintenir Thiers aux affaires, mais en même temps la majorité veut préciser et limiter ses pouvoirs.

300. — Thiers, président de la République. — C'est qu'en effet la résolution du 17 février avait abouti à un résultat paradoxal. D'après elle, l'Assemblée, en principe, gouverne, Thiers n'étant que son agent d'exécution. Mais, de fait, ce commis est le vrai gouvernant.

Membre de l'Assemblée, plébiscité par deux millions de suffrages, il use et abuse de la menace de retourner à son banc. Juridiquement soumis à l'Assemblée, il est politiquement plus puissant qu'elle, car, révocable en principe, il est indispensable en fait. Chef du pouvoir exécutif, président du conseil, premier ministre, à lui seul, a-t-on dit, le ministère tout entier, il exerce, à sa manière, un gouvernement personnel : « la dictature de la persuasion ».

Afin de remettre Thiers dans sa dépendance, l'Assemblée adopte la loi du 31 août 1871, appelée souvent « Constitution Rivet », du nom de son principal auteur.

Composé d'un préambule et de deux articles, ce texte bizarre, qu'expliquent seuls les marchandages entre les amis de Thiers et les monarchistes méfiants, accumule les contradictions : il crée le titre de président de la République et déclare : « ne rien changer au fond des choses »; il décide que les pouvoirs du président dureront autant que l'Assemblée et il laisse à celle-ci la possibilité de le révoquer; il soumet les actes du président au contreseing ministériel, alors que le président reste responsable. Or, la responsabilité parlementaire ne peut résider à volonté dans le titulaire du pouvoir exécutif ou dans ses ministres; l'un prime les autres. La responsabilité individuelle et technique des ministres, la responsabilité collégiale et politique du conseil des ministres se trouvent nécessairement couvertes, absorbées et, pour finir, annihilées par la responsabilité présidentielle.

Pareillement, la loi Rivet échoue dans son autre dessein de fixer les rapports personnels de Thiers avec l'Assemblée. Elle s'efforce d'éloigner de l'hémicycle le président de la République, en lui faisant annoncer à l'avance ses interventions. Mais rien n'étant fixé, il demeure au banc ministériel, adressant un petit papier au président chaque fois qu'il estime avoir quelque chose à dire. La loi Rivet ne fait ainsi que maintenir la situation antérieure. Elle l'accuse même, en donnant à Thiers le prestige de son nouveau titre. Il faut donc reprendre l'opération manquée.

La loi du 13 mars 1873 — appelée « loi des Trente » — établit en règle la communication écrite entre le président et l'Assemblée. Thiers ne peut plus prendre la parole, qu'en séance spéciale, sans débat ni riposte.

La loi des Trente est plus illogique encore que la loi Rivet. Thiers n'a le caractère ni d'un chef d'État indépendant de l'Assemblée, ni d'un chef de gouvernement dépendant. La loi n'est qu'une loi de procédure et de circonstance à laquelle on a, comiquement mais justement, donné le sobriquet de « loi chinoise ».

Dès sa première mise en application, elle devait conduire au conflit. Les monarchistes veulent l'application de la règle éloignant Thiers de l'Assemblée. Celui-ci ne songe qu'aux exceptions et entend tourner la loi des Trente comme il a tourné la loi Rivet.

Le 23 mai 1873, Thiers, dont le garde des sceaux Dufaure vient de déposer un projet de constitution républicaine, se heurte à la majorité monarchiste, conduite par le duc de Broglie. Buffet, autre chef orléaniste, qui a remplacé Grévy à la présidence de l'Assemblée, applique à la lettre la loi des Trente. Après le vote d'un ordre du jour hostile, Thiers démissionne, le 24 mai.

301. — Naissance de la République parlementaire. — Thiers semblait vaincu. En réalité, il avait fondé la République parlementaire.

L'intérêt constitutionnel de son principat — et il apparaîtra considérable — est qu'en deux étapes, il a fait passer la France du gouvernement d'assemblée, avec exécutif dépendant, au régime parlementaire. L'Assemblée, sans le vouloir, sans dessein systématique, sous la seule pression des faits, a créé ou presque un nouveau type de gouvernement.

Au point de départ, la fonction exécutive était confiée à un commis de l'Assemblée, au sens que Rousseau donne au terme d'agent révocable *ad nutum :* à l'arrivée, à la chute de Thiers, il reste peu à faire pour organiser un vrai pouvoir exécutif confié à un président de la République irresponsable, assisté de ministres responsables. Il suffira de donner à la présidence un autre titulaire et une durée fixe.

Le changement de personnalité se produit sur-le-champ. Le 24 au soir, le maréchal de Mac-Mahon est élu président de la République.

On ne saurait imaginer, avec son prédécesseur, plus vif contraste. Le duc de Magenta n'est pas un homme politique, encore moins un orateur : il n'est donc porté ni à gouverner directement, ni à aborder la tribune. En outre, il n'a pas de contact avec l'Assemblée à laquelle il n'appartient pas.

Thiers, parlementaire né, empêchait le régime parlementaire de s'établir parce qu'il voulait être à lui-même son propre premier ministre, parce qu'il voulait tout commander, tout diriger, parce qu'il voulait parler à tout prix et sur tout.

Au contraire, l'absence de talent oratoire du maréchal, sa réserve personnelle, conduisent droit à la République parlementaire.

302. — L'échec définitif de la restauration monarchique.

— Mais le 24 mai avait pour but d'écarter la République parlementaire, non de la fonder. Les instigateurs de la journée se proposaient d'éliminer Thiers parce qu'ils le considéraient comme désormais acquis à la République. Ils ont choisi Mac-Mahon parce que, légitimiste de tradition, il s'effacerait docilement, le moment voulu, devant le comte de Chambord.

Or cet instant paraît tout proche. L'évacuation du territoire pour laquelle Thiers était indispensable s'achève. Tous les leviers de commande, les trois présidences (République : Mac-Mahon, Assemblée : Buffet, vice-présidence du conseil : de Broglie) sont aux mains des monarchistes.

Le 5 août, « la fusion » est faite ; le comte de Paris est reçu à Frohsdorf. Le 13, il demande à Mac-Mahon de convoquer l'Assemblée nationale pour délibérer sur la restauration.

Le président accepte, mais veut qu'au préalable un accord

politique soit réalisé. C'est que la majorité de droite est faible. Les pointages donnent trois cent quarante-huit voix pour, trois cent quarante-quatre contre et trente-six douteuses. Il faut donc, pour assurer la restauration monarchique, remplir non seulement les conditions posées par le centre orléaniste, mais celles plus impérieuses encore d'un appoint du centre gauche, c'est-à-dire le régime parlementaire et le drapeau tricolore.

Ces demandes, le comte de Chambord les acceptera-t-il ? Au vrai, rien ne permet de penser que le prince ait abandonné ses positions de juillet 1871. Cependant, un dernier messager, le député Chesnelong, croit le 14 avril 1873 avoir emporté l'acquiescement royal. Les droites réunies dressent par la plume du duc d'Audiffret-Pasquier l'acte constitutionnel de rappel (28 octobre).

Le 22 octobre, la Restauration paraît assurée. Le 29 octobre, une nouvelle lettre à *l'Union* la rend impossible. Le comte de Chambord n'accepte que la Restauration sans condition : « les prétentions de la veille me donnent la mesure des exigences du lendemain » et il conclut : « Je suis le pilote nécessaire ».

Les espérances légitimistes, si proches de se réaliser, s'évanouissent à nouveau et, cette fois, définitivement.

303. — Le septennat personnel du maréchal de Mac-Mahon.

Néanmoins, c'est, derechef, au provisoire que l'on a recours. Comme la première lettre à *l'Union* avait prorogé les pouvoirs de Thiers, la seconde confirme Mac-Mahon.

La loi du 20 novembre 1873 fixe à sept ans la durée de la présidence du maréchal.

Ainsi, l'ultime condition dont dépendait l'existence de la République parlementaire, la durée déterminée des pouvoirs présidentiels, est maintenant réalisée. La République parlementaire est faite dans les institutions. Elle naît aussi dans les esprits.

304. — La transaction libérale.

Les hommes du centre ont maintenant compris que le choix n'est plus entre la Monarchie et la République, mais entre les diverses formes de République. Désormais fatale, il faut qu'elle soit l'œuvre des conservateurs et non des républicains avancés.

Ainsi se prolonge le courant d'idées qui, né durant les

dernières années de l'Empire, en réaction contre l'autoritarisme et le gouvernement personnel, a reçu le nom de « tiers parti » ou de « parti libéral ».

Il s'est exprimé, notamment, par trois ouvrages fondamentaux : les *Vues sur le gouvernement de la France* du duc Victor de Broglie (père du duc Albert, le vainqueur de Thiers), *la France nouvelle* de Lucien-Anatole Prévost-Paradol, *le Parti libéral* d'Édouard Laboulaye (V. M. Prélot, *Histoire des Idées politiques, op. cit.,* chap. XXXIII).

Les deux premiers sont morts, mais le troisième siège à l'Assemblée où son discours de février 1875, avec l'intervention de Wallon, autre libéral, sera décisif.

Le parti libéral professe une « indifférence déclarée et obstinée aux questions de personne, de dynastie, de forme extérieure de gouvernement » (Prévost-Paradol). « La France libérale peut choisir entre une République qui touche à la monarchie constitutionnelle et une monarchie constitutionnelle qui touche à la République », avait dit, dès 1871, Duvergier de Hauranne, en conclusion de son grand ouvrage sur *l'Histoire du gouvernement parlementaire en France*.

Pour rendre cette option possible, on écarte les souvenirs conventionnels, les exemples américain ou suisse ; on emprunte toutes les institutions de la monarchie parlementaire : l'irresponsabilité du chef d'État, la responsabilité ministérielle, le bicamérisme, la dissolution de la Chambre basse, l'initiative législative et le veto temporaire de l'exécutif.

Une seule différence : un chef d'État élu à temps et appelé président au lieu d'un chef d'État héréditaire et dénommé roi ; mais une clause de révision illimitée permettra ultérieurement, suivant les circonstances, l'établissement de la monarchie constitutionnelle ou la confirmation de la République.

305. — Les hésitations de l'Assemblée. — A la fin de 1873, la transaction libérale ne rallie consciemment qu'une minorité. Une grande partie de l'Assemblée, brusquement déçue dans ses espérances monarchiques, persiste à « vouloir la royauté qu'elle ne peut pas faire » et à refuser « la République qu'elle peut faire » (Duguit et Monnier). Quatorze mois vont lui être nécessaires pour se résigner à la solution républicaine. Toute l'année 1874 sera ainsi perdue presque volontairement en manœuvres dilatoires et en manifestations contradictoires, durant lesquelles se disloquera la majorité monarchiste, sans que se forme encore la nouvelle majorité constitutionnelle.

Après le refus du comte de Chambord, les royalistes se divisent en trois fractions.

Les légitimistes purs ou intransigeants qui manifestent une irréductible hostilité à l'égard de toute solution positive. Ils inaugurent ce que l'on appellera : « la politique du pire », retrouvant, dans cette attitude, les bonapartistes dont le groupe, petit mais turbulent, s'emploie sans relâche aux besognes d'obstruction.

La droite modérée accepte l'organisation d'un septennat « personnel », c'est-à-dire l'aménagement des pouvoirs propres à Mac-Mahon. L'expiration du délai de sept ans, la mort ou la démission du maréchal mettront fin *ipso facto* au régime et reposeront la question constitutionnelle dans son intégralité.

Le centre droit trouve la combinaison trop précaire et, tout en tenant aussi pour un régime provisoire, préconise un septennat « impersonnel ». Si le maréchal abandonne ses fonctions ou disparaît, un autre président sera nommé pour achever le mandat de sept ans. Tout nouvel examen de la question constitutionnelle est ainsi suspendu jusqu'à l'automne de 1880.

Le ministère de Broglie tient naturellement pour le septennat « impersonnel ». C'est aussi la position de la commission pour l'examen des lois constitutionnelles dont l'élection a été décidée par la loi même du 20 novembre 1873 et qui s'appelle, de nouveau, « commission des Trente ».

Le 15 mai 1874, le duc de Broglie lui soumet un projet. L'article 1 réaffirme l'attribution pour sept ans du pouvoir exécutif au maréchal de Mac-Mahon et confie, d'autre part, le pouvoir législatif à deux assemblées : le Grand Conseil et la Chambre des représentants. Composée de membres de droit, de membres nommés par le pouvoir exécutif et de membres élus par tous les corps indépendants électifs ou inamovibles de chaque département, la première est la pièce maîtresse du système. Elle doit servir d'intermédiaire et d'arbitre entre le pouvoir exécutif et la Chambre élue au suffrage universel. Ingénieusement conçue, la constitution de Broglie assure l'influence prépondérante des « notables ». Selon l'appréciation perspicace de Gambetta, son adoption eût « reculé de cinquante ans la démocratie ».

Mais, dès le lendemain, de Broglie est renversé sur une question de procédure par une coalition d'intransigeants de droite et de républicains (16 mai 1874). Un ministère de Cissey lui succède dont l'absence d'autorité accroît la confusion des esprits.

L'Assemblée fait un pas en avant en votant, le 15 juin, par trois cent quarante-cinq voix contre trois cent quarante et une, l'urgence en faveur de la résolution Casimir Perrier, selon laquelle « le gouvernement de la République française se compose de deux Chambres et d'un président, chef du pouvoir exécutif ». Mais la proposition est rejetée au fond par la commission des Trente où le centre droit domine. Elle maintient la thèse du « septennat personnel » et entraîne l'Assemblée à sa suite (23 juillet). Antérieurement, avait été repoussée une motion explicite de rétablissement de la monarchie et quasi simultanément, écartée une demande de dissolution présentée par trois cents membres (15 juin).

Le 5 août, l'Assemblée qui ne sait grouper que des majorités négatives se proroge jusqu'au 30 novembre, une fois les vendanges faites.

A la rentrée, la situation restant aussi indécise, la discussion est tacitement renvoyée aux premiers jours de 1875.

306. — Le vote des lois constitutionnelles. —

L'Assemblée qui vient délibérément de perdre quatorze mois, témoigne, avec la nouvelle année, d'une hâte inattendue. Elle sent l'opinion lasse, peu disposée à lui faire crédit au-delà des prochains mois que l'on s'accorde à dire ses derniers. Au surplus, une élection bonapartiste dans la Nièvre — qui paraît traduire le mécontement du pays vis-à-vis de ces atermoiements — jette, au cours des débats, la panique dans les rangs du centre. La volonté d'en finir primera désormais toute autre considération. D'où ces débats, à la fois étriqués et confus qui, en cinq semaines (21 janvier-25 février) dénoueront une situation rendue quasi inextricable par quatre années d'incertitude.

Simultanément, la commission des Trente saisit l'Assemblée de deux textes : l'un sur l'organisation des pouvoirs publics, dont le rapporteur est Casimir de Ventavon, l'autre sur l'établissement d'une seconde Chambre que soutient Lefèvre-Pontalis.

Les deux projets sont appuyés par le Gouvernement, mais le rôle de celui-ci, dans le débat constitutionnel, sera à peu près nul. Ni son chef, le général de Cissey, ni son ministre de l'Intérieur, le général de Chabaud-Latour, plus versé dans l'art des fortifications que dans celui des constitutions, ne sont en mesure de rallier la majorité conservatrice. Battu dès l'ouverture des débats (6 janvier), c'est un cabinet démissionnaire qui suivra d'abord la discussion, puis, battu derechef, qui déclarera, le 12 février, s'en désintéresser.

Cependant, les premiers votes sont favorables à la commission. Elle marque un double succès contre le centre gauche et la gauche, en faisant adopter, en première lecture, ses deux projets (22 et 25 janvier).

Mais, à la deuxième lecture, le 28 janvier, éclate le conflit décisif entre les partisans du régime provisoire et ceux de l'instauration définitive du gouvernement républicain. Un amendement Laboulaye (qui reprend quasi textuellement l'amendement Casimir Perrier de juin précédent) est écarté, malgré un discours remarquable de son auteur, le seul, sans doute, de toute la discussion constitutionnelle qui vaille aujourd'hui encore la peine d'être relu (359 voix contre 336). Par contre, le 30 janvier, Wallon, autre universitaire, autre membre du centre gauche, autre libéral notoire, réussit à faire triompher, par trois cent cinquante-trois voix contre trois cent cinquante-deux, un amendement déclarant que « le président de la République est élu à la pluralité des suffrages par le Sénat et la Chambre réunis en Assemblée nationale ».

Le succès de l'amendement Wallon est la première cristallisation de la majorité nouvelle qui va faire la constitution. Son importance est décisive ; on l'a cependant exagérée dans un but polémique, en lui attribuant l'institution de la République « à une voix de majorité ». Or, la République existait déjà, dans les faits, depuis le 4 septembre. Au surplus, à supposer que la loi sur les pouvoirs publics l'eût juridiquement fondée, le vote à considérer serait le scrutin final sur l'ensemble. Il devait réunir la majorité considérable de cinq cent huit voix contre cent soixante-dix-huit.

Ce qui est vrai, c'est que l'adoption de l'amendement Wallon donne le coup de grâce à toutes les tentatives pour rester dans le provisoire. Il ne peut désormais plus être question de septennat personnel ou impersonnel, à organes complets ou incomplets, mais de la République parlementaire. Wallon se substitue pratiquement à la commission battue et défaillante pour faire adopter la plupart des textes qui formeront la loi du 25 février 1875.

L'Assemblée ne réserve pas un meilleur sort aux propositions de la commission concernant la seconde Chambre. Alors que, selon Lefèvre-Pontalis, celle-ci devait en appeler pour son recrutement, à « toutes les forces sociales autre que celle du nombre », trois cent vingt-deux voix contre trois cent dix décident sur un amendement Pascal Duprat, que le Sénat sera « électif » et « élu » par les mêmes électeurs que la Chambre des députés. Un contre-projet Bardoux-Dufaure différencie toutefois le recrutement des deux Chambres, en restreignant l'éligibilité sénatoriale à certaines catégories. (Sur le problème du Sénat devant l'Assemblée Nationale, V. J. Feydy, *Les Commissions des Trente et la loi constitutionnelle du 24 février 1875*, et J. Pradon, *L'École du « Correspondant » et le bicamérisme, in* Politique, 1966.)

Mais, se déjugeant une fois de plus, l'Assemblée, par trois cent soixante-huit voix contre deux cent quarante-cinq, refuse de passer à un troisième délibération. Toute l'œuvre constitutionnelle eût été compromise si Wallon, encore, n'avait rallié les deux centres à une nouvelle proprosition : 75 inamovibles, 225 élus dans les départements par les députés, les conseillers généraux, les conseillers d'arrondissement, et par un délégué de chaque conseil municipal. Pour les inamovibles, le centre droit les veut nommés par le président; le centre gauche et la gauche exigent leur élection. On s'accorde sur leur désignation initiale par l'Assemblée nationale; sur leur cooptation ultérieure par le Sénat. Et la loi est adoptée malgré l'obstruction de l'extrême droite et des bonapartistes, par quatre cent trente-cinq voix contre deux cent trente-neuf.

L'Assemblée en revient alors, pour une troisième lecture, à la loi sur l'organisation du pouvoir public. La lacune concernant les attributions du président de la République est comblée par un amendement Wallon-Casimir Perrier et, avec quelques modifications, l'ensemble de la loi recueille, le 25 février 1875, quatre cent vingt-cinq voix contre deux cent cinquante-quatre.

Les bases essentielles du nouveau régime sont ainsi posées. Pour achever l'œuvre, un troisième texte constitutionnel, complémentaire des deux précédents, est préparé par le nouveau gouvernement que préside Buffet. Soumise à une nouvelle commission des Trente, la « loi sur les rapports des pouvoirs publics » a pour auteur Dufaure, garde des Sceaux, et pour rapporteur Laboulaye. Discutée à partir du 21 juin, elle ne subit au cours des débats que des modifications de détail. Désormais, les passions sont tombées et toute résistance apparaît vaine. A chaque scrutin, la majorité constitutionnelle va croissant : elle atteint cinq cent deux voix pour six cent quatre votants, le 16 juillet 1875.

La loi sur l'élection des sénateurs suscite encore moins de discussion. Elle rallie cinq cent trente-trois voix contre soixante-douze. La loi sur l'élection des députés n'entraîne de controverses que quant au mode de scrutin : scrutin de liste contre scutin uninominal. Elle groupe une majorité presque aussi forte de cinq cent six voix contre quatre-vingt-cinq.

Ce vote clôt l'activité constituante de l'Assemblée nationale. Dans le courant de décembre, celle-ci désigne encore les sénateurs inamovibles, puis se sépare définitivement. Le 8 mars 1876, ses pouvoirs souverains sont transmis au bureau des nouvelles Chambres et au conseil des ministres par son dernier président, le duc d'Audiffret-Pasquier.

Section 2
Fondements et caractéristiques

307. — Empirisme et transaction. — Il fallait retracer avec quelque détail cette longue histoire, car elle explique, mieux que toutes autres considérations, le régime établi en 1875. Sans doute, on ne saurait le dire dépourvu de bases doctrinales. Comme nous l'avons constaté, l'École libérale a exercé sur l'Assemblée une influence considérable. Mais cette action ne s'est pas manifestée dogmatiquement. A aucun moment, des thèses ne se sont affrontées dont on eût tiré ensuite les conséquences logiques. Tout au contraire, les institutions ont été progressivement établies, au gré même des circonstances et sous la pression des nécessités. Entre 1871 et 1875, la constitution a été une création continue. Elle était ainsi à peu près faite lorsqu'elle a été discutée. Les rédacteurs n'ont, au total, que très peu innové par rapport à la situation antérieure : le *statu quo* a été consolidé en ce qui regarde le président et les ministres. De même, le suffrage universel s'est vu maintenir purement et simplement. La seule création importante est celle du Sénat. Encore apparaît-il ainsi qu'un démembrement de l'Assemblée nationale, puisqu'en se joignant à la Chambre, il la reconstitue quasi instantanément.

A regarder plus loin, ce ne sont pas seulement les pratiques progressivement élaborées sous Thiers et Mac-Mahon qu'il convient d'invoquer mais tout l'apport de notre histoire constitutionnelle. Dufaure le dit expressément à propos de la loi du 16 juillet 1875 : « Chacune des dispositions que nous proposons a ses antécédents dans quelques-unes des dispositions si variées qui depuis plus d'un siècle ont régi notre pays. » Et le rapporteur Laboulaye constate lui aussi : « La plupart des articles que nous vous proposons de voter sont empruntés à nos constitutions antérieures. Ce sont des règles qui depuis longtemps nous sont connues et qui forment, en quelque sorte, le droit commun des peuples libres. »

Le large recours à la tradition rendait inutile d'amples développements et une minutieuse réglementation. Il permettait aussi d'éviter l'affirmation de principes qui eut pu être dangereuse en l'état de division de l'Assemblée nationale. On ne saurait donc rechercher ceux-ci dans le texte même de la constitution. Il faut les induire de l'adoption de certaines dispositions ou les envisager comme un legs des régimes antérieurs.

A cet égard, deux précédents ont surtout influencé les lois de 1875 : la Constitution de 1848 et la Charte de 1830. A la première ont été empruntées la République et la démocratie ; à la seconde, le régime parlementaire. On peut dire de la troisième République qu'elle est, initialement du moins, la charte sans la monarchie, mais avec le suffrage universel.

308. — La République. — Comme on l'a vu, l'affirmation de la République résulte seulement du titre donné au chef de l'État. C'est autour de l'amendement Wallon qu'a eu lieu la bataille décisive sur la confirmation du régime déjà établi le 4 septembre 1870.

Quant au fond, à la différence de 1791 et de 1830, de l'an XII et de 1852, mais comme en 1795 et 1848, la constitution n'attribue que des pouvoirs temporaires et électifs : le suffrage universel désigne les députés directement pour quatre ans, les sénateurs indirectement; les deux Chambres choisissent le président de la République pour sept ans; ce dernier nomme les ministres que le parlement maintient ou renverse. Ainsi, aucune autorité, quelle qu'elle soit, n'est dévolue héréditairement.

Par contre, la collégialité de l'exécutif est définitivement abandonnée et la durée des pouvoirs présidentiels portée à sept ans avec faculté de réélection. Leur titulaire n'est pas responsable, sauf le cas de haute trahison. Dans toute la mesure du possible l'Assemblée rapproche République et Monarchie. A la différence de 1848, ce n'est pas un idéal adopté d'enthousiasme et de façon définitive, mais un compromis peut-être provisoire. La République n'a guère qu'un contenu négatif. Elle est, selon un mot fameux, « absence de prince ».

309. — La souveraineté nationale. — L'éloignement de l'Assemblée nationale à l'endroit de toute déclaration de principe se manifeste particulièrement à l'égard de la souveraineté nationale. Non seulement celle-ci n'a pas été proclamée, mais elle a même été apparemment rejetée.

On ne saurait, toutefois, arguer de ce vote, émis dans des circonstances très particulières, pour éliminer un principe, base depuis 1789 de toutes nos constitutions, à l'exception de la seule Charte de 1814. En rejetant l'insertion, en tête de la loi du 25 février 1875, d'un amendement Raoul-Duval déclarant, comme en 1848, que « la souveraineté réside dans l'universalité des citoyens français », l'Assemblée ne statue pas sur le fond mais écarte une proposition bonapartiste destinée à faire échouer, au moment de la troisième lecture, le laborieux compromis auquel elle avait abouti. C'est un scrutin de pure opportunité. La majorité considérable de quatre cent soixante voix contre trente confond, avec les adversaires de droite d'un principe jugé « irrémédiablement subversif et révolutionnaire », ses partisans désireux de faire échec à une manœuvre. Certains aussi ont pensé, à l'extrême gauche, qu'on eut affaibli l'évidence en la proclamant.

C'est cette évidence que, sans protestation, constatent, quelques mois plus tard, les rapporteurs de la loi organique du 30 novembre 1875; Ricard et de Marcère déclarent la souveraineté nationale « indiscutable, indiscutée à l'égard du dogme antique de la royauté ».

En utilisant les seuls arguments de texte, Raymond Carré

de Malberg a montré que les termes de l'article 1 de la loi du 25 février 1875 impliquaient nécessairement l'adoption des conceptions constitutionnelles de 1789-1791, en particulier la notion de la loi, comme « expression de la volonté générale », selon l'article 6 de la Déclaration des Droits.

Il est douteux que l'Assemblée nationale ait eu des vues aussi claires et des volontés aussi précises. Elle ne s'est embarrassée ni de l'idéologie parfois subtile de la Constituante, ni de sa construction de la Nation personne morale. Mais toute son attitude, aussi bien dans sa désignation des gouvernants provisoires, Thiers et Mac-Mahon, que dans l'échec de la Restauration ou dans l'établissement du régime définitif, a prouvé qu'elle n'imaginait pas de légitimité en dehors de l'universalité démocratique du suffrage.

G. Bacot, *Carré de Malberg et l'origine de la distinction entre souveraineté du peuple et souveraineté nationale*, C.N.R.S., 1985.

310. — Le régime représentatif. — La souveraineté de la Nation se manifeste seulement par le choix des élus. La démocratie est pratiquée dans sa forme la plus atténuée : celle de la démocratie représentative (V. n° 48).

L'électeur de la troisième République ne fait que choisir des élus. Il est sans influence sur la situation du parlementaire qui est exclusivement déterminée par la constitution, les lois et les règlements.

Cependant, il s'en faut de beaucoup que la réalité de la vie publique corresponde à la rigueur théorique de la représentation pure. Des atténuations considérables résultent d'autres dispositions législatives, ainsi que des pratiques courantes.

Il existe, d'une part, des liens très étroits entre l'élu et la circonscription tenant à sa surface restreinte (le petit scrutin ayant été le mode généralement préféré), à sa fixité relative, au cumul autorisé et couramment pratiqué du mandat législatif et des mandats administratifs.

Il y a, d'autre part, une dépendance réelle de l'élu vis-à-vis des électeurs découlant notamment de la publicité des débats et des votes, de la rééligibilité immédiate et indéfinie.

Ces dispositions sont insuffisantes pour que l'on puisse parler de démocratie semi-directe, puisque l'indépendance juridique de l'élu reste intacte, mais elles pèsent assez sur le plan politique pour altérer le régime de pure représentation et en faire une semi-représentation.

311. — Le gouvernement parlementaire. — En opposition avec les antécédents nationaux (1793-1795-1848) ou étrangers (Amérique et Suisse), la troisième République n'est ni conventionnelle, ni présidentielle, mais parlementaire. C'était, on l'a vu, l'essentiel de la transaction libérale sur laquelle finit par se réunir la majorité de l'Assemblée. Il y a un président de la République irresponsable qui nomme des ministres, qui eux-mêmes doivent avoir la confiance des Chambres. De plus, la solidarité ministérielle, les deux Chambres, la dissolution de la Chambre basse, le partage de l'initiative législative confirment l'imitation du système britannique, acclimaté chez nous sous Louis XVIII et Louis-Philippe.

Comme son antécédent de la Monarchie de Juillet, ce parlementarisme initial comporte des pouvoirs bien distincts. Il disparaît après la crise du 16 mai dont nous étudierons plus loin les péripéties et les conséquences. Il est remplacé par un système tout pragmatique qui n'est parlementaire, ni au sens dualiste d'une collaboration équilibrée des organes, ni davantage au sens moniste, à la manière des Britanniques, réalisant, au profit du cabinet, la réunion de fait des pouvoirs législatifs et gouvernementaux.

La constitution Grévy, comme nous l'appellerons tout à l'heure, est parlementaire, selon la signification la plus absolue du terme, d'un gouvernement directement soumis à l'emprise et à l'impulsion du parlement. « Celui-ci conserve pour lui-même l'essentiel des prérogatives étatiques et n'en délègue au ministère qu'une faible partie, dont il surveille l'exercice avec une extrême vigilance » (R. Capitant : *La crise et la réforme du parlementarisme en France,* Jahrbuch des Offentlichen Rechts, t. XXIII, 1936, extrait, p. 12).

Section 3

Les organes

312. — Les collèges électoraux. — La Constitution se contente de déclarer (loi du 25 février 1875, art. 1) que « la Chambre des députés est nommée par le suffrage universel, dans les conditions déterminées par la loi électorale », c'est-à-dire par la loi organique du 30 novembre 1875.

Dans son ensemble, le corps électoral demeure tel qu'il a été formé en 1848 et tel qu'il a fonctionné sous le second Empire. L'universalité s'entend, non de la totalité de la population, mais de la masse des Français du sexe masculin, ni incapables, ni indignes. Les femmes, malgré plusieurs votes favorables de la Chambre, demeurent éloignées des urnes par suite de l'opposition du Sénat.

Non seulement le Corps électoral n'est pas accru en droit, mais, proportionnellement à l'ensemble de la population, il est réduit de fait par la suspension d'exercice du vote des militaires. La loi sur le recrutement de l'armée de 1872 d'abord, la loi organique du 30 novembre 1875 ensuite, tout en maintenant ceux-ci sur les listes électorales, ne leur permettent plus de voter que très exceptionnellement.

Le corps électoral désigne directement les députés. D'une manière générale, ce choix a lieu de 1875 à 1940 dans le cadre de la « petite circonscription », d'ordinaire l'arrondissement, où l'électeur ne vote que pour un seul candidat. Toutefois, comme nous le préciserons plus loin à propos du fonctionnement de la constitution, de 1885 à 1889 et de 1919 à 1927, le scrutin de liste départemental sera rétabli.

Depuis juillet 1889, c'est-à-dire depuis l'agitation boulangiste, les candidatures de la Chambre des députés sont soumises à déclaration et elles ne peuvent se produire que dans une seule circonscription; depuis les lois du 8 juin 1923 et du 21 juillet 1927, la propagande électorale est réglementée.

Le vote a lieu à la commune ou dans une section de vote. Le suffrage reste unique, facultatif, personnel et secret. Certaines mesures ont renforcé ce dernier caractère, notamment par l'usage de l'isoloir et de l'enveloppe (loi du 29 juillet 1913).

L'élection est majoritaire. Le candidat est élu lorsqu'il obtient la majorité absolue des suffrages exprimés, c'est-à-dire plus de la moitié des voix avec au moins le quart des électeurs inscrits; au second tour, suffit la majorité relative, c'est-à-dire le plus grand nombre de voix. De 1919 à 1927, le second tour, dit scrutin de ballottage, a été supprimé, les mandats non pourvus à la majorité l'étant selon les principes de la représentation proportionnelle, atténuée encore par l'attribution en totalité des sièges restant à la liste ayant la plus forte moyenne (V. n° 43).

Le corps électoral désigne également les sénateurs mais cette fois au suffrage universel indirect.

On a souvent employé dans la presse, les réunions publiques et même à la Chambre, le terme suffrage « restreint ». Cette épithète, qui correspond aux « restrictions » censitaires de la Restauration et de la Monarchie de Juillet, est utilisée ici tout à fait improprement. Il n'y a de privilège pour personne, mais désignation à deux ou trois degrés. Les sénateurs sont « les élus des élus ». Certains de leurs électeurs (députés, conseillers généraux, conseillers d'arrondissement) ne sont pas désignés spécialement, mais remplissent, accessoirement et de droit, la fonction d'électeur sénatorial. Par contre, « les délégués sénatoriaux » sont choisis par les conseils municipaux à l'occasion de chaque élection. Leur mandat est obligatoire et donne lieu à la perception d'une indemnité.

D'abord égale (chaque commune n'ayant qu'un délégué, quelle que fût son importance), la délégation sénatoriale a été ensuite proportionnée jusqu'à 30 électeurs. Toutefois, il n'y a pas proportionnalité rigoureuse. La loi de décembre 1884 établit seulement un rapport avec le nombre des conseillers municipaux, lui-même assez arbitrairement fixé par la loi municipale du 5 avril 1884. Il faut, à Paris, vingt-cinq mille habitants pour un délégué, alors que mille cinq cents suffisaient en banlieue. Marseille a vingt-quatre délégués pour cinq cent mille habitants, le reste des Bouches-du-Rhône trois cent treize délégués pour trois cent mille habitants.

La circonscription sénatoriale est le département et le vote a lieu au chef-lieu. Pour permettre le renouvellement partiel de l'assemblée, chaque département est rangé suivant l'ordre alphabétique dans une série dite A, B ou C. l'élection s'effectue au scrutin individuel ou de liste non bloquée, ce qui revient au même. La majorité absolue est nécessaire aux deux premiers tours ; au troisième la majorité relative suffit. Il n'y a pas de déclaration de candidature.

313. — Le Parlement. — Le Parlement se compose de deux Chambres, la création d'un Sénat étant, ainsi que nous l'avons vu, la principale initiative prise par l'Assemblée nationale.

En dehors du mode différent d'élection, indiqué au paragraphe précédent, le Sénat et la Chambre se diversifient encore par l'âge (25 et 40 ans), par quelques conditions d'éligibilité, par la durée du mandat (4 et 9 ans), par le renouvellement intégral pour la Chambre basse, partiel pour la Haute Assemblée.

Sont lois toutes les décisions, qualifiées telles, prises d'accord par les deux assemblées. Celles-ci peuvent adopter séparément des « résolutions », notamment sur des questions d'ordre interne (règlement) ou concernant l'activité gouvernementale (ordre du jour).

Les fonctions du Parlement sont multiples : il fait la loi, il collabore au Gouvernement, il juge en matière politique. Formé en Congrès ou Assemblée nationale, il élit le chef de l'État et révise la constitution.

L'initiative de la loi appartient concurremment aux membres des Chambres et au président de la République. Elle implique une faculté illimitée d'amendement. Le texte peut indifféremment être discuté d'abord dans l'une ou l'autre Chambre et adopté par elle, sauf en matière budgétaire où il y a priorité pour la Chambre des députés. Tant qu'il n'y a pas accord sur une formule identique, les décisions des deux assemblées sont sans effet. Une « navette » doit se poursuivre entre le Luxembourg et le Palais-Bourbon jusqu'à ce que l'entente soit réalisée.

La participation au Gouvernement se manifeste soit par l'accomplissement direct de certains actes par le Parlement lui-même, soit par des autorisations données au Gouvernement, soit par le contrôle général et permanent de l'exécutif. Le Parlement lui-même décide de l'état de siège, de l'amnistie et de certains actes administratifs. Il donne son approbation préalable aux recettes et dépenses publiques annuelles (budget), ainsi qu'aux recours au crédit, à la déclaration de guerre offensive, à la ratification des principaux traités. Le contrôle permanent de l'activité gouvernementale s'exerce par les questions orales et écrites, mais surtout par l'interpellation que sanctionne l'ordre du jour de confiance. Les Chambres peuvent aussi demander des communications de pièces et procéder à des enquêtes par l'intermédiaire de leurs commissions.

Le Sénat, constitué en Haute Cour de Justice, juge obligatoirement le président de la République, en cas de haute trahison, ainsi que, facultativement, les ministres pour crimes commis dans l'exercice de leurs fonctions et les personnes prévenues d'attentat contre la sûreté de l'État.

Dans les deux premières hypothèses, la Chambre met en accusation.

314. — Le président de la République et les ministres.
— Le président de la République est élu pour sept ans. Les Chambres se réunissent en Congrès un mois avant le terme légal de la présidence ou immédiatement et de plein droit, en cas de vacances inopinées. Aucune condition n'est posée, sauf la non-appartenance à une famille ayant régné sur la France. Le président est indéfiniment rééligible. Il n'est responsable que devant la Haute Cour et dans le seul cas, jamais défini, de « haute trahison ».

Les ministres sont nommés par le président. Ils gèrent d'ordinaire un département ministériel. Quelquefois des ministres d'État sans attributions administratives siègent au conseil. Des sous-secrétaires d'État assistent habituellement les ministres. Aucune condition de choix n'est posée pour les uns ou les autres. Ils peuvent être pris hors du Parlement et, de fait, y sont parfois recrutés. Trois femmes ont été sous-secrétaires d'État. Les ministres sont responsables politiquement devant la Haute Cour et les tribunaux de droit commun, civilement devant les juridictions compétentes.

Le président de la République et les ministres délibèrent et décident en conseil de l'action gouvernementale. La signature et le contre-seing associent le président et le ou les ministres intéressés à la promulgation des lois et à la prise des décrets.

Les attributions gouvernementales englobent les relations internationales, la collaboration à la législation, la participation au fonctionnement des autres pouvoirs publics, la direction de l'Administration et de la Justice; en bref, tout ce que la constitution désigne sous le terme général de « pouvoir exécutif » et qu'elle analyse aux articles 3 et 5 (loi du 25 février 1875), 2, 7 et 8 (loi du 16 juillet 1875).

Section 4
Le fonctionnement du régime

315. — La stabilisation constitutionnelle. — La Constitution de 1875 durera tout près de soixante-cinq ans.

Cette carrière prolongée fait très vivement contraste avec l'instabilité institutionnelle qui marque les quatre-vingt années suivant 1789. Aucune constitution, a-t-on constaté, n'avait depuis lors dépassé dix-huit ans; la majorité jouissant à peine de quelques années de vie.

Sans doute, le régime qui succombera en juillet 1940 n'est point celui des textes de février et juillet 1875. Mais la stabilité des institutions coutumières qui en découlent s'étend sur plus d'un demi-siècle. Car, contrairement à une croyance qui demeure assez répandue, la République n'a pas subi un affaissement progressif modifiant peu à peu principes et usages; elle n'a pas connu, constamment emportée sur une certaine pente, un déclin graduel entraînant sa chute finale. Pas davantage, sur le terrain constitutionnel, ne valent les distinctions faites par les historiens entre la République conservatrice (1871-1879), la République opportuniste (1879-1898), la République radicale (1899-1914), auxquelles ils joignent, faute de les savoir nommer autrement, les périodes de la guerre (1914-1918) et de l'après-guerre (1919-1939). Sauf la première qui coïncide à peu près avec l'élaboration du régime, ces phases ne correspondent institutionnellement à rien.

La réalité, c'est — après deux brèves années (1875-1877), durant lesquelles le maréchal de Mac-Mahon tente de faire fonctionner le parlementarisme dualiste — l'instauration d'un système gouvernemental nouveau issu, pour partie, d'une révision coutumière, pour partie, d'une révision littérale, et que l'on peut appeler, comme nous l'avons déjà fait, *la Constitution Grévy* (sur l'histoire événementielle de la IIIe République, V. J. Chastenet, *Histoire de la IIIe République,* 7 vol., 1952-1963; G. et Éd. Bonnefous, *Histoire politique de la IIIe République,* 7 vol., 1956-1967).

316. — Le parlemantarisme dualiste. — Ainsi que nous l'avons dit plus haut, la République de 1875 est « la République selon la Charte », le président, à l'instar du roi, y tient la première place. Comme en 1830, avec Louis-

Philippe, en 1875 avec Mac-Mahon, est institué un régime parlementaire dualiste dans lequel le chef d'État occupe une situation juridiquement autonome et joue un rôle politiquement important.

Mais la République de la « troisième charte » comporte, à côté des mêmes ressources d'autorité que ses deux devancières, les risques qui furent déjà ceux de 1830 et de 1848. Un roi, un président puissants sont, malgré toutes les fictions verbales, responsables politiquement, lorsqu'ils font une politique personnelle. Tel avait été le cas de Charles X et de Louis-Philippe; tel sera celui de Mac-Mahon, en 1877.

Le maréchal, en effet, ne se considère pas comme un arbitre impartial entre les courants issus du suffrage universel. Élu par l'Assemblée nationale, il estime être le gardien et le dépositaire des intérêts supérieurs du pays : un régent autant qu'un président. Choisi le 24 mai 1873, à la suite de l'interpellation de Broglie, il entend faire triompher la « politique résolument conservatrice » avec laquelle on soupçonnait Thiers de prendre quelque liberté; il est l'homme de cet ensemble de tendances et d'influences auquel l'histoire a donné le nom d'*Ordre moral*.

Dans ces conditions, l'opposition du chef de l'État avec la Chambre républicaine, élue au début de 1876 (373 contre 156), devait rapidement éclater et déborder tout de suite le terrain de la politique courante pour gagner le plan constitutionnel.

L'imprécision des lois de 1875 permettait, en effet, d'en donner une autre interprétation. Comme le dit très bien M. Georges Combredet, à côté de « La constitution que l'on avait cru faire » (*Le vote des lois constitutionnelles de 1875 et le début de leur application,* th. Droit, Paris, 1930), il y en a une autre, bien différente, qu'exposent dès le vote, certains commentateurs républicains (en particulier, L. Ribet, *Esprit de la Constitution du 25 février 1875,* 1875).

D'après eux, l'organe prépondérant n'est ni la présidence ni le Sénat, mais, en vertu de la tradition démocratique et révolutionnaire, la Chambre populaire. Le parlementarisme républicain est, selon la terminologie actuelle, un régime moniste, dans lequel le cabinet gouverne en tant que comité de la majorité parlementaire.

Pour la satisfaire Mac-Mahon eut dû, aussitôt les élections, appeler Gambetta; pour suivre ses propres conceptions, confier le pouvoir au duc de Broglie. Il rejette la première solution avec hauteur et humeur; il diffère la seconde jusqu'au moment où, la Chambre ayant révélé son impuissance sinon sa malfaisance, elle pourra connaître toutes ses chances.

En attendant, s'useront au pouvoir Dufaure, garde des sceaux de Buffet qui se retire, non élu dans les quatre circonscriptions où il se présentait; puis Jules Simon qui « profondément républicain et profondément conservateur » ne parvient cependant point à concilier les tendances opposées de la Chambre républicaine et du Sénat conservateur.

317. — La crise du 16 mai 1877. — Tandis qu'il maintient péniblement ce difficile équilibre, Jules Simon se trouve brusquement pris à partie par le président de la République. Le 16 mai 1877, à 8 heures du matin, celui-ci, au lieu de suggérer une seconde délibération sur les textes incriminés, met en cause, par écrit, l'influence que « le chef de cabinet » *(sic)* a pu conserver sur la Chambre, après les deux échecs qu'il a récemment subis devant elle (délits de presse et loi municipale). Le maréchal juge « une explication à cet égard indispensable », car, dit-il : « Si je ne suis pas responsable comme vous envers le Parlement, j'ai une responsabilité envers la France dont, aujourd'hui plus que jamais, je dois me préoccuper. »

Au lieu d'explications, Jules Simon donne sa démission. La lettre ne contenant pas une révocation en forme, certains juristes — le doyen Deslandres notamment — ont depuis condamné ce geste. Le président du Conseil aurait pu et dû rester à son poste. En fait, l'intéressé n'hésite pas. Il se retire immédiatement ne voulant pas — a-t-il dit dans ses *Souvenirs* — « laisser crier la camarilla à la violation de la Constitution ». Toutefois il s'efforce de minimiser l'incident et de le ramener à un différend personnel, en suggérant à Mac-Mahon d'être « remplacé par des hommes appartenant comme lui au parti républicain conservateur ».

Mais telles ne sont évidemment pas les intentions présidentielles. Conformément aux conceptions constitutionnelles et politiques que nous avons exposées, il entend, face à la Chambre, former un ministère selon ses vues propres. Le 18 mai, il signifie son refus d'appeler au pouvoir un cabinet radical et patronne le duc de Broglie. « J'ai donc dû choisir, et c'était mon droit constitutionnel, des conseillers qui pensent comme moi. »

Dès avant que la prétention soit formulée, la Chambre l'a repoussée. Interpellant le ministère absent, Gambetta réunit trois cent quarante-sept voix contre cent quarante-neuf, condamnant par anticipation le « gouvernement de l'Élysée ». Il ne reste au président que les armes données par la Constitution : la prorogation et la dissolution.

D'abord, la Chambre est prorogée pour un mois. Il n'y a pas de débat, la Constitution s'y opposant, mais, hors séance, trois cent quarante-cinq, d'abord, *trois cent soixante-trois* députés républicains, ensuite, adressent un manifeste au pays.

Revenue le 19 juin, la Chambre, par les mêmes trois cent soixante-trois voix contre cent cinquante-huit, met en minorité le cabinet de Broglie « appelé aux affaires contrairement à la loi des majorités qui est le principe du régime parlementaire » (ordre du jour Horace de Choiseul).

Simultanément, un message présidentiel demande au Sénat « l'avis conforme » que la Constitution exige préalablement à la dissolution. « J'ai constaté — déclare le maréchal de Mac-Mahon — qu'aucun ministère ne pouvait se maintenir sans rechercher l'alliance et subir les conditions du parti radical... Je m'adresse avec confiance à la Nation. » Le 22 juin, la Haute Assemblée se prononce favorablement, mais à une courte majorité de vingt voix. Le 25, décret est pris.

Le 21 septembre, seulement, par une interprétation extensive, et sans doute abusive, de l'article 5 de la loi du 25 février, les élections sont fixées au 14 et 28 octobre. La pression ministérielle est extrêmement vive, la campagne de l'opposition, véhémente. Les républicains perdent une quarantaine de sièges, mais ils restent la majorité. Dès sa réunion, la Chambre décide de soumettre le Gouvernement à l'enquête d'une commission. Peu soutenu par le Sénat, hostile à une seconde dissolution, de Broglie démissionne, le 20 novembre.

L'épreuve est concluante. Mac-Mahon essaie cependant de prolonger sa résistance au verdict de l'opinion. Il appelle au gouvernement un général, Grimaudet de Rochebouët, commandant du XVIIIe corps d'armée qui, avec quelques hauts fonctionnaires, forme un cabinet extra-parlementaire. La Chambre refuse d'entrer en rapport avec le ministère

(23 novembre); refuse de discuter le budget (4 décembre). Ainsi, à partir du 1er janvier, aucun impôt ne pourra être régulièrement perçu. Le maréchal doit choisir entre le coup d'État et la formation d'un ministère républicain.

Après certaines velléités de recours à la force (mais personne n'accepte le portefeuille des finances), le maréchal s'incline et appelle Dufaure. Un message du 13 décembre déclare : « Je me soumets au verdict du pays » et reconnaît que « l'indépendance des ministres est la condition de leur responsabilité ».

Toutefois, Mac-Mahon n'a désarmé que provisoirement. Sa décision définitive dépend des électeurs sénatoriaux. Au début de 1879, le renouvellement de la série sortante, qui groupe les principaux départements réputés conservateurs, pourrait permettre à l'Élysée de reprendre la lutte; le scrutin est au contraire un succès républicain. Cinquante voix de majorité leur sont désormais assurées. Mac-Mahon se retire, le 30 janvier, prétextant des mutations regrettables dans le haut commandement. Le soir même, Grévy est élu par cinq cent soixante-trois voix sur sept cent treize votants.

318. — La Constitution Grévy.

On ne saurait exagérer l'importance constitutionnelle de la crise dite du 16 mai. Toutes proportions gardées, elle équivaut au conflit de 1830 dont elle est la réplique pacifique. 1877 est un 1830 non sanglant dans lequel Charles X se serait incliné devant les deux cent vingt et un, comme Mac-Mahon devant les trois cent soixante-trois; 1879, un 1832 où le roi aurait abdiqué, comme démissionna le duc de Magenta.

Il y a donc entre les deux présidences les mêmes écarts qu'entre les deux chartes. *La présidence de Grévy, ce n'est pas seulement l'élection d'un nouveau chef d'État, c'est une nouvelle Constitution.*

A partir de Grévy, le caractère précaire du régime républicain disparaît. Jusqu'en 1879, c'était ainsi qu'on l'a dit : « La République sans les républicains », ou, pour parler comme Daniel Halévy, « la République des ducs ». La constitution avait été votée, point n'est besoin de le rappeler, par une majorité monarchiste. Un légitimiste (Mac-Mahon) était à la tête de l'État; un orléaniste présidait l'Assemblée (d'Audiffret-Pasquier); un autre (Buffet) dirigeait le ministère. En 1881, par contre, les républicains tiennent tous les postes : Grévy préside la République, Martel le Sénat, Gambetta la

Chambre, Waddington le Cabinet. A la Chambre, il y a 467 républicains pour 90 opposants, royalistes (45) ou bonapartistes (45).

Le tournant est marqué par quelques actes symboliques : le retour des Chambres à Paris (loi constitutionnelle du 19 juin et loi du 22 juillet 1879); la reconnaissance par le ministre de la Guerre de la « Marseillaise » comme hymne national (remise en vigueur du décret de 1795); la première célébration, en 1880, du 14 juillet comme fête nationale, etc.

Un peu plus tard, cette consolidation du régime est achevée par deux dispositions, ajoutées à l'article 8 de la loi du 25 février 1875, suivant lesquelles : « la forme républicaine du gouvernement ne peut faire l'objet d'une proposition de révision. Les membres des familles ayant régné sur la France sont inéligibles à la présidence de la République ». La suppression des prières publiques à la rentrée des Chambres est aussi interprétée, dans l'esprit de l'époque, comme une affirmation républicaine.

Simultanément, sont déconstitutionnalisés les articles de la loi du 24 février 1875 concernant la désignation des sénateurs. La loi du 9 décembre 1884 supprime les inamovibles par voie d'extinction et fait disparaître l'égalité communale dans la désignation des délégués sénatoriaux. Par cette double réforme, la Chambre haute est rapprochée de la Chambre populaire dans son recrutement comme dans son esprit.

Mais plus importantes, sans doute, que ces modifications littérales sont celles instituée coutumièrement par Grévy en ce qui concerne les rapports des pouvoirs publics.

L'emploi, constitutionnellement correct, mais psychologiquement maladroit et politiquement malheureux, que Mac-Mahon a fait des prérogatives présidentielles — révocation, prorogation, dissolution — frappe désormais celles-ci de paralysie.

Grévy, en prenant possession de sa nouvelle charge, déclare nettement dans son message de remerciement : « Je n'entrerai jamais en lutte contre la volonté nationale. » Auteur, naguère, comme nous l'avons vu, d'un amendement qui, en 1848, eût aboli la présidence, il va, ne pouvant se supprimer lui-même, désarmer l'institution.

De plus, en même temps que la présidence, Grévy affaiblira le Gouvernement, notamment par la manière dont il choisira son chef. Ainsi fera-t-il non seulement passer la

France du parlementarisme dualiste au parlementarisme moniste, mais il imprimera à ce dernier, comme nous l'avons déjà constaté, une physionomie profondément différente de celle du même régime, en Angleterre, où l'effacement royal a été plus que compensé par la promotion du premier ministre.

Finalement, en quelques années, une constitution nouvelle se substitue à l'œuvre primitive de l'Assemblée nationale. Elle en diffère essentiellement par la situation prépondérante des Chambres. Celle-ci résulte tant de leur force propre (pouvoir illimité en matière législative, influence prédominante dans le domaine gouvernemental) que de la faiblesse de l'Éxécutif et de l'effacement relatif du Corps électoral.

Nous avons appelé ce régime *Constitution Grévy* en tant qu'élaborée sous sa présidence et sous son influence. Dans un remarquable essai M. Roger Priouret lui a donné le nom pittoresque de *République des députés,* étant entendu que les sénateurs aussi — Waldeck-Rousseau, Combes, Clemenceau, Poincaré, Caillaux — y ont joué un grand rôle. R. Carré de Malberg le désigne du terme plus technique de « parlementarisme absolu ».

319. — Le parlementarisme absolu.

« Le parlementarisme absolu, au sens intégral du mot, [est] un régime dans lequel le Parlement, devenu maître sur toute la ligne, domine complètement l'exécutif. [Il s'oppose] au parlementarisme relatif ou dualiste, dans lequel il y a seulement limitation de la puissance gouvernementale par la puissance parlementaire » (R. Carré de Malberg, *La loi, op. cit.,* p. 196).

L'ultraparlementarisme, ainsi pratiqué, ressemble furieusement au gouvernement d'assemblée. Comme lui, il ne comprend, notamment, ni solidarité ministérielle, ni dissolution de la Chambre par le chef de l'État (V. n° 58).

Si la solidarité ministérielle est proclamée en principe (loi du 25 février 1875, art. 6) et si l'usage veut que tous les ministres démissionnent à la suite de leur chef, cette attitude est cependant toute protocolaire. Comme on le constatera plus loin, l'équipe vaincue fait rarement place nette ainsi que le voudrait le rythme parlementaire de l'alternance majorité-opposition. Nombre des ministres entrants se recrutent parmi les ministres sortants, président du Conseil en tête. L'extrême instabilité ministérielle que l'on analysera bientôt est en partie compensée par la stabilité du personnel politique. On change beaucoup de ministère, mais assez peu de ministres. Ce sont les mêmes qui demeurent aux places importantes ou qui y reviennent sous différents chefs (V. J. Ollé Laprune, *La stabilité des ministres sous la troisième République,* 1962; P. Guérie, *Artisans et facteurs de continuité ministérielle sous la IIIe République,* 1971).

Quant à la dissolution, également inscrite dans la loi constitutionnelle du 25 février 1875, article 5, elle est pratiquement paralysée depuis la crise du 16 mai. Sa disparition de fait est la base commune de la toute puissance des Chambres, de l'instabilité gouvernementale, bien vu des doctrinaires du régime parlementaire, comme Robert Redslob ou des hommes politiques comme Doumergue, Ordinaire et Tardieu, ce régime, lorsque la dissolution en est absente, perd une des principales marques de son authenticité, l'une des pièces maîtresses de son mécanisme.

Un trait essentiel s'oppose cependant de façon décisive à ce que la troisième République soit rangée parmi les gouvernements d'assemblée : c'est l'existence d'une présidence de la République distincte du ministère. Après le 16 mai 1877, les présidents s'effacent volontairement et évitent scrupuleusement tout ce qui pourrait rappeler le souvenir d'un régime personnel. Mais dire plaisamment, comme un humoriste, que « L'élu du Congrès inaugure les expositions et chasse le lapin », c'est ignorer délibérément l'importance « magistrature d'influence » que les présidents ont exercée effectivement. Les mémoires de Combarieu (présidence Loubet), de Joseph Caillaux et de Paul-Boncour (présidence Fallières), de Raymond Poincaré (sur sa propre présidence), de Georges Bonnet (présidences Doumergue et Lebrun), ainsi que les nombreux traits rapportés par M. Adrien Dansette, dans son *Histoire des Présidents de la République* (1954), montrent que l'action présidentielle, pour être limitée dans sa fréquence et son étendue, n'en est pas moins très réelle. Elle est même décisive dans certaines conjonctures historiques.

320. — La primauté des Chambres : A. *La suprématie et l'extension du pouvoir législatif.* — La primauté des Chambres se traduit d'abord par la primauté de la loi. Celle-ci tient tant à la position qui lui est reconnue dans l'ordre juridique, qu'à la notion que l'on a d'elle : quant à sa place, la loi est située au sommet de la hiérarchie des normes de droit ; quant à sa conception, elle est déterminée non par son contenu, mais par l'organe qui l'établit. « Pour qu'une règle soit législative, il est indispensable, et aussi suffisant, qu'elle soit une œuvre du pouvoir législatif, c'est-à-dire de l'organe en qui réside, d'une façon exclusive, ce pouvoir. La notion de loi est donc indépendante de toute condition ayant trait au contenu de l'acte législatif. C'est une notion qui, quelles que soient les bases rationnelles et foncières dudit concept, est d'ordre purement formel ; car elle n'est conditionnée que par l'origine de l'acte, par la qualité de son auteur et la forme de son adoption » (R. Carré de Malberg, *Confrontation de la théorie de la formation du droit, op. cit.,* p. 31 et 38).

Il en résulte que la loi étant, en droit positif, définie comme l'œuvre du Parlement — *le pouvoir législatif,* dit la loi du 25 février 1875, article 1er, *s'exerce par deux assemblées : la Chambre et le Sénat* — la primauté, qui appartient à l'organe, s'étend aux manifestations de sa volonté.

C'est là un point de doctrine fondamental dont les origines datent de 1789 et qui a joué un rôle capital dans notre histoire constitutionnelle. On se souvient qu'en 1830 le peuple français a fait une révolution pour maintenir la supériorité de la loi sur le décret. La Constitution de 1875, dans son expression coutumière, est l'aboutissement logique et l'affleurement naturel de cette tradition.

Comme R. Carré de Malberg l'a encore montré, avec un grand luxe d'arguments et une exceptionnelle pénétration, le texte même de 1875 n'établit pas de séparation des fonctions matérielles, mais une hiérarchie des pouvoirs tenant à leur degré de puissance formelle : « Les Chambres — dit-il — sont l'organe suprême de la République française. »

En effet, des deux pouvoirs que distingue la constitution : pouvoir législatif et pouvoir exécutif, l'un est par son appellation même le supérieur de l'autre ; il pose les règles que le second applique.

Puissance suprême, le pouvoir législatif est ainsi organe illimité : à raison du caractère formel de la loi, il dispose d'un domaine d'exercice indéterminé, sans bornes effectives puisque la constitution se contente d'organiser les pouvoirs publics. En conséquence le droit positif français reconnaît que :

1º tout peut être loi, même les mesures individuelles lorsque les Chambres s'en saisissent;

2º certaines mesures, en vertu de la constitution, de la loi ou de la coutume, doivent nécessairement être prises en forme de loi;

3º les décisions administratives et judiciaires ne valent que conformes à la loi;

4º le pouvoir législatif, inhérent à l'organe législatif, ne peut être délégué;

5º l'exercice du pouvoir législatif ne peut être juridictionnellement contrôlé.

321. — La primauté des Chambres : B. *L'emprise sur l'action gouvernementale*. — A la supériorité juridique, le Parlement joint la suprématie politique résultant de la dépendance où il tient le Gouvernement. Non seulement il contrôle son action, mais il en est la véritable source par la confiance qu'il lui témoigne ou qu'il lui refuse.

La pratique ultérieure consacre pleinement le principe formulé dans l'ordre du jour du 16 mai 1877, affirmant que « la prépondérance du pouvoir parlementaire, s'exerçant par la responsabilité ministérielle, est la première condition du gouvernement du pays par le pays que les lois constitutionnelles ont eu pour but d'établir ».

Nous avons dit plus haut les nombreux moyens pour les Chambres d'agir sur le Gouvernement. La manière dont ils sont mis en œuvre sous la troisième République aggrave singulièrement leurs effets. Alors que la coutume britannique s'ingénie à soustraire le Cabinet à des attaques trop fréquentes et à le protéger contre tout vote de surprise, le système français multiplie les occasions de conflit et les facilités de chute.

De plus, c'est de deux Chambres que le Gouvernement subit le contrôle ou sollicite la confiance.

Alors qu'en Angleterre encore et dans nombre de constitutions anciennes ou contemporaines, la Haute Assemblée ne renverse pas les ministères, en France cette prérogative est devenue effective à partir des dernières années du XIXe siècle. Elle existe déjà, de par la lettre de la Constitution, qui à l'article 6 de la loi du 15 février, dit les ministres « responsables devant *les* Chambres », mais, au début, le Sénat se considère plutôt comme le soutien du Gouvernement que comme son adversaire éventuel. Après 1884, il abandonne peu à peu ce caractère initial. Lorsqu'en 1890 le cabinet Tirard démissionne, à la suite d'un échec au Luxembourg, l'opinion y voit encore le prétexte de la retraite plutôt que sa véritable cause. Par contre, en 1896, le Sénat contraint au départ le ministère radical de Léon Bourgeois. Celui-ci ne tenant pas compte des marques réitérées d'hostilité, la Haute Assemblée l'oblige à démissionner en lui refusant les crédits nécessaires au rapatriement du corps expéditionnaire de Madagascar. En 1908, un autre radical, Clemenceau, pose la question de confiance devant le Sénat, reconnaissant ainsi que le pouvoir ne se dispute pas seulement au Palais-Bourbon. En 1913, Briand qui a suivi son exemple est renversé sur l'introduction de la représentation proportionnelle. En 1925, Herriot, en 1930, Tardieu, en 1932, Laval sont à leur tour victimes du Sénat dont le droit à mettre en jeu la responsabilité ministérielle est désormais certain et ne pourra être infirmé, en 1937, par le geste de Léon Blum démissionnant sans poser la question de confiance, afin de ne pas sembler admettre la prérogative sénatoriale.

L'emprise des deux Chambres sur le Gouvernement devenue ainsi égale se trouve encore renforcée par l'existence et le développement, au sein de l'une et de l'autre assemblées, de formations internes dont l'intervention accroît la rigueur du contrôle et aggrave les conditions de la confiance. Les groupes et les commissions supplantent les bureaux qui, pendant longtemps, ont été la seule formation interne, permanente et officielle du parlementarisme français (V. M. Prélot, *Précis de Droit constitutionnel*, 1re édit., 1948, n° 325).

Interprétant étroitement le règlement, certains présidents, tel Henri Brisson, refusent obstinément aux orateurs le droit de parler autrement qu'en leur nom personnel ou de quelques-uns de leurs amis. Cependant, les groupes jouent déjà en coulisse un rôle considérable. Ainsi, de 1903 à 1909, la délégation des gauches, émanation des groupes siégeant dans cette partie de l'hémicycle, constitue un gouvernement latéral inspirant l'action des ministères en place.

A partir de 1910, les groupes sont officialisés et deviennent un rouage essentiel du parlementarisme français. Ils doivent alors prendre une forme précise. Ceux qui étaient jusqu'alors « ouverts » aux adhérents d'autres groupes vont désormais se « fermer », exiger l'exclusivité et publier la liste exacte de leurs membres. Ils ont un programme commun, la résolution du 10 juin 1932 leur faisant obligation d'une déclaration politique signée de tous leurs membres. Mais, en fait, le groupe n'est qu'exceptionnellement l'émanation parlementaire d'un parti, sa « fraction », comme l'on dit dans les pays d'Europe centrale. Dans la dernière Chambre de la troisième République, deux groupes seulement correspondent rigoureusement à un parti. Cinq ou six autres, qui ont leur noyau formé d'élus de même origine, s'en agrègent d'autres qui ne l'ont point été sur le même programme et qui ne l'acceptent pas toujours complètement. Les adhérents de l'*Alliance démocratique* sont divisés en plusieurs groupes, alors que des groupes comme la « gauche indépendante » réunissent les adhérents de plusieurs petits partis. Pour un grand nombre de députés, le choix d'un groupe procède plus souvent d'affinités ou d'antipathies personnelles que de convictions déterminées. On entend s'assurer ainsi une commission recherchée, finances, affaires étrangères, agriculture ou faire figure de chef de groupe et par là même de ministrable. On s'installe aux lisières ou aux charnières de la majorité. On entre et on sort d'un groupe à volonté. Les liens de discipline sont faibles et, dans les scrutins essentiels, certains groupes se divisent en trois ou quatre tronçons, les uns votant pour, les autres contre, le reste s'abstenant ou étant « absent par congé ». Des députés trouvent encore ces obligations trop lourdes. Ils sont « apparentés » à un groupe ou « non inscrits ».

Néanmoins, malgré (ou peut-être à cause) de cette plasticité, les groupes sont, vis-à-vis du gouvernement, les éléments de pression les plus efficaces. Même sans vote, la défection d'un groupe peut entraîner la chute du cabinet.

Par leur président, les groupes participent au règlement de l'ordre du jour, à la répartition du temps de parole, ainsi qu'aux consultations présidentielles en cas de crise ministérielle. Enfin, les groupes, eux-mêmes, sont la base du recrutement des commissions qu'ils désignent en proportion du nombre de leurs membres.

En asseyant les commissions sur les groupes, le règlement a renforcé simultanément les unes et les autres. Déjà antérieurement redoutables pour les gouvernements (témoin la commission du Budget sous la présidence de Gambetta), les commissions, devenues permanentes dans leur organisation et générales dans leur compétence, absorbent l'essentiel de la tâche législative, leur rapport étant la base de la discussion en assemblée plénière. De même, elles attirent à elles le contrôle sur pièce et sur place de l'activité gouvernementale. Cette emprise s'accroît considérablement au cours de la première guerre mondiale, où Clemenceau prélude à son accession au pouvoir par la double présidence des commissions des Affaires Étrangères et de la Guerre. Plus tard, la commission des Finances du Sénat présidée par Joseph Caillaux abattra le Front Populaire (V. Joseph Barthélemy, *Essai sur le travail parlementaire et le système des commissions,* 1934).

322. — La faiblesse de l'exécutif : A. *L'Effacement de la présidence de la République.* — La suprématie et, pourrait-on dire, l'absolutisme parlementaires apparaissent plus nettement encore si, par contraste, l'on considère la place diminuée des autres organes.

On doit penser que le dessaisissement volontaire de Grévy avait des causes plus profondes qu'accidentelles et personnelles, puisque la tradition ainsi établie s'est maintenue tout au long de la troisième République. Deux présidents, seulement, ont essayé de réagir contre cet effacement : l'un, quasi immédiatement convaincu de la vanité de ses efforts, a démissionné, le second a été contraint à la retraite après une vaine esquisse de résistance.

Casimir Périer n'est resté que six mois à l'Élysée (juin 1894-janvier 1895). Élu dans l'émotion suscitée par l'assassinat de Carnot, grâce à un nom historique et sur une réputation d'autorité, il s'en va pour protester contre la manière dont ses ministres l'ont tenu à l'écart des affaires. Il part, aussi, écœuré de l'indifférence narquoise ou même de la complicité de l'opinion (élection de Géraul-Richard) vis-à-vis de la campagne d'outrages dont a été victime, en sa personne, le premier personnage de l'État.

Alexandre Millerand, lui, pose nettement le problème constitutionnel. Tête de liste du « Bloc national » parisien, il revendique, au cours de la campagne électorale de 1919, un rôle politique actif pour le président de la République. En 1920, candidat au poste suprême, il affirme derechef sa conception d'un président qui gouverne et préconise une révision de la Constitution dans un sens autoritaire. A l'Élysée, il reçoit les préfets, il donne des interviews, il prononce des discours où, par-dessus la tête du président du conseil, il donne des directives de politique intérieure et extérieure. Son attitude amène A. Briand à démissionner, dans des conditions restées obscures, mais qui ressemblent à une révocation.

Cette seconde tentative d'exercer la présidence dans la ligne de la Constitution écrite de 1875 et de la tradition dualiste non seulement est infructueuse, mais confirme, par son échec, un autre affaiblissement de la fonction présidentielle : la révocabilité indirecte de son titulaire.

Le précédent date encore de Jules Grévy. On y voit l'opposition déterminée du Parlement contraindre à la retraite un président, nommé cependant pour une durée fixe, et responsable seulement au cas de haute trahison. Réélu en 1886, Grévy devait renoncer à son mandat dès l'année suivante. Wilson, son gendre, député de Loches, s'était livré, dans le palais même de l'Élysée, au commerce des décorations et aux trafics d'influence. Bien que personnellement étranger au scandale, le beau-père malheureux était trop largement éclaboussé pour demeurer en place. Ayant la faiblesse de ne pas le comprendre, il ne trouva aucun ministère pour couvrir une pareille situation. Faute de pouvoir former un gouvernement et en présence du témoignage manifeste de l'impatience des Chambres, Grévy démissionna au début de 1887.

Dans des circonstances très différentes et pour une cause cette fois nettement politique, Millerand se retire, de même, malgré lui, en 1924. Hostile à sa personne et à sa conception de la présidence, tous les chefs de la nouvelle majorité refusent, après les élections générales du 10 mai, de recevoir le pouvoir de sa main. Il lui faut constituer un cabinet de minorité avec lequel la Chambre refuse d'entrer en rapport. Manquant de l'appui du Sénat, il ne peut la dissoudre et abandonne l'Élysée après y avoir passé moins de quatre ans.

En 1887 et en 1924, à plus de trente-cinq ans de distance, la Chambre écarte la procédure trop lourde, mais la seule littéralement prévue, de la mise en accusation du président devant le Sénat. On ne pouvait, au surplus, dans l'un ou l'autre cas, parler de « haute trahison ». Grévy n'était coupable que d'avoir mal choisi son gendre, et Millerand, qui n'avait jamais celé ses intentions, exprimait, au fond, la volonté de la majorité qui l'avait élu. Il suffisait, pour obtenir le résultat cherché, d'utiliser jusque dans ses dernières conséquences la théorie de la responsabilité ministérielle. Celle-ci est, au vrai, la contrepartie de l'irresponsabilité présidentielle. Si aucun homme politique, susceptible de réunir une majorité parlementaire n'accepte d'assumer la première, la seconde ne peut subsister.

Exceptionnelle mais effective, il s'est donc institué une révocabilité indirecte du président, et ce dernier trait achève d'abaisser la fonction que les lois de 1875 plaçaient en si haut rang.

323. — La faiblesse de l'exécutif : B. *La croissance difficile de la présidence du Conseil.*

— Cet effacement de la présidence bénéficie exclusivement aux Chambres. Le glissement du pouvoir s'opère dans des conditions absolument différentes de celles réalisées par le parlementarisme anglais.

Le régime britannique, en désarmant le chef d'État a en contrepartie renforcé d'autant les pouvoirs du chef du Gouvernement. La conception du roi qui règne sans gouverner entraîne, par conpensation, la promotion d'un premier ministre, guide à la fois du ministère, de la Chambre et du pays, *leader* simultané du Gouvernement, de la majorité parlementaire, de la majorité électorale et, partant, aussi puissant que le monarque de naguère, dirigeant l'État, sans doute, plus effectivement que lui. Ainsi, outre-Manche, la souveraineté de principe du Parlement engendre un gouvernement fort (V. n° 62).

Le rôle politique que les rois de la Restauration et de la monarchie de Juillet ont entendu assumer n'a pas facilité la naissance de la fonction de chef du gouvernement (V. n°s 255, 259 et 269) ni sa formation coutumière.

Sous la troisième République, le président du Conseil reste un ministre-président faisant, comme les autres, partie du cabinet, n'ayant pas d'attributions nettement distinctes. Son autorité effective varie grandement selon la personnalité du titulaire. Certains sont de vrais chefs qui entraînent le Conseil à leur suite; d'autres des conciliateurs et des diplomates qui accordent les points de vue de leurs ministres, dégageant une opinion moyenne à laquelle ils se rangent eux-mêmes; plusieurs gèrent leur propre portefeuille et ne s'occupent guère du reste.

Cependant, la double nécessité de faire reconnaître un rôle propre de direction au président du Conseil et de mettre à sa disposition certains services d'information et de coordination se manifeste de plus en plus impérieusement au fur et à mesure que va croissant l'épuisement du régime (V. n° 328). L'établissement d'une présidence du Conseil sans portefeuille est l'un des quatre points de la réforme constitutionnelle du président Doumergue (V. n° 329).

Après son échec, P.-E. Flandin s'efforce de sauver l'essentiel des projets de son prédécesseur, en légalisant l'existence de la présidence du Conseil et en l'installant à l'hôtel Matignon (loi de finances du 23 déc. 1934, art. 23 et loi du 24 déc. 1934). Un peu plus tard, un décret du 31 janvier 1935 organise les services administratifs de la présidence du Conseil. Ceux-ci dureront jusqu'à la crise de 1940. Toutefois, « des modifications continuelles n'ont guère permis à l'institution de prendre toute l'efficacité que l'on aurait souhaitée » (Joseph Barthélemy, *La présidence du Conseil* dans la Rev. d'hist. pol. et const., janv.-mars 1937, p. 147).

Cette précarité tient à la puissance des Chambres, à la rigueur et à la susceptibilité de leur contrôle, dont nous avons un peu plus haut analysé les manifestations, mais aussi à la contexture interne des cabinets. Une étude attentive des conditions d'instabilité (V. A. Soulier, *L'Instabilité ministérielle sous la troisième République,* 1939) montre que nombre de crises sont dues à des causes internes et que, parmi celles provoquées par le Parlement, plusieurs n'ont fait qu'achever un ministère déjà intérieurement disloqué.

Ici, encore, c'est l'attitude personnelle de Grévy qui est à l'origine des pratiques dont nous venons de mesurer les conséquences. Dans le régime parlementaire authentique ou à l'anglaise, la direction des affaires revient obligatoirement au parti qui a triomphé aux élections. Ce parti possède un chef qui est quasi automatiquement appelé à former, avec ses principaux lieutenants, le nouveau gouvernement. Choisir un autre homme, ce serait faire acte de gouvernement personnel, réintroduire le dualisme dans le régime parlementaire avec les dangers que celui-ci présente pour la couronne.

Si Grévy, en 1879, s'était conformé aux précédents britanniques, il aurait appelé au pouvoir le chef des républicains, qui était alors Gambetta. Mais la communauté d'opinion ne peut atténuer entre les deux hommes une antipathie profonde. En eux s'opposent le républicain de 1848 et le républicain de l'Empire, le tempérament politique de l'Est et celui du Midi.

Profitant de l'absence d'organisation des partis (V. n° 325), ainsi que des rivalités entre leurs chefs, le président de la République, avant et après Gambetta, s'adresse à des personnalités secondaires, toutes (sauf Brisson) de la même nuance républicaine opportuniste, c'est-à-dire du nouveau centre gauche. Aucune ne s'impose. Le président recourt à elles sur une réputation d'habileté, une présomption d'autorité ou de sympathie.

D'ordinaire, le personnage ainsi choisi n'est suivi que par un groupe, souvent même par une fraction de groupe ; il ne forme pas un cabinet homogène, mais recrute des collaborateurs à sa droite et à sa gauche. Constitués de pièces et de morceaux, ces cabinets n'ont pas de politique ferme, ni de programme d'envergure.

324. — La faiblesse de l'exécutif : C. *L'instabilité gouvernementale*. — Plus grave encore que la faiblesse de l'institution est la précarité de son titulaire.

En Angleterre, non seulement le premier ministre est puissant, mais il est solide. Auteur ou, du moins, porteur d'un programme défini, chef d'un parti solidement organisé, qui viennent l'un et l'autre de triompher électoralement, il peut marcher droit devant lui, assuré, neuf fois sur dix, de durer au moins autant que la législature, dont d'habitude il fixe lui-même la limite. La longévité moyenne du cabinet dépasse ainsi trois ans ce qui, dans un gouvernement d'opinion, peut être considéré comme une stabilité largement suffisante.

Il en va tout autrement des ministères français. Déjà (Villèle et Guizot, avec, ou sans le maréchal Soult, exceptés), la Restauration et la Monarchie de Juillet avaient établi une tradition de caducité. Elle s'est renforcée considérablement sous la troisième République où l'on compte :

9 ministères durant la présidence	Grévy (I)	— 1879-1886 — 7 ans
3 — — —	Grévy (II)	— 1886-1887 — 2 ans
10 — — —	Carnot	— 1887-1894 — 6 ans 1/2
1 — — —	Casimir-Périer	— 1894-1895 — 6 mois
5 — — —	Félix Faure	— 1895-1899 — 4 ans
4 — — —	Loubet	— 1899-1906 — 7 ans
9 — — —	Fallières	— 1906-1913 — 7 ans
12 — — —	Poincaré	— 1913-1920 — 7 ans

1	—	—	—	Deschanel	— 1920	—	— 7 mois
5	—	—	—	Millerand	— 1920-1924	—	3 ans 3/4
15	—	—	—	Doumergue	— 1924-1931	—	7 ans
3	—	—	—	Doumer	— 1931-1932	—	moins d'1 an
15	—	—	—	Lebrun (I)	— 1932-1939	—	7 ans
3	—	—	—	Lebrun (II)	— 1939-1940	—	1 an

Au total, quatre-vingt-quinze ministères en soixante ans, cent quatre en soixante-dix ans, si on y ajoute le ministère Thiers et les huit cabinets formés par Mac-Mahon. La durée moyenne est de sept mois et trois semaines; aucun d'entre eux n'atteint trois ans. Sans cohésion, ni autorité, ils meurent de consomption et s'éteignent quasi sans lutte. Le moindre choc extérieur suffit à les désagréger. Habituellement, ils ne cèdent pas la place, mais y restent sous une nouvelle forme, c'est ce que l'on appelle un « replâtrage ». En Italie, Depretis, qui a érigé la pratique en système, l'a dénommée « le transformisme ». Il arrive que le président du conseil rentre lui-même dans le rang. Très souvent, c'est un de ses collègues qui le remplace. Le personnel est quasi interchangeable et fait, au fond, à peu près la même politique. Mais la stabilité relative des ministres ne compense ni politiquement, ni administrativement la discontinuité gouvernementale.

Avec Carnot et Félix Faure, la formule instaurée par Grévy n'est pas modifiée. En vingt ans, de 1879 à 1899, il n'y a que deux ministères durables : un cabinet Ferry de 1883 à 1885 et un cabinet Meline de 1896 à 1898.

En revanche, avec Loubet et le début du septennat d'Armand Fallières, on ne compte en dix ans que cinq ministères. Trois d'entre eux, les cabinets Waldeck-Rousseau, Combes et Clemenceau durent le premier et le dernier presque trois ans, le second deux ans et demi.

Encore Waldeck se retire-t-il volontairement et Clemenceau était-il déjà le véritable chef du cabinet de transition que Sarrien présida pendant sept mois. Cet affermissement gouvernemental ne tient d'ailleurs pas à une modification dans la formation des équipes, mais à une plus grande cohésion de la majorité parlementaire. La « révolution dreyfusienne », pour parler comme Georges Sorel, amène d'abord la constitution du « bloc de gauche », puis la victoire électorale des radicaux (1906) qui disposent à eux seuls de la majorité absolue (420 contre 175 opposants).

Assez naturellement, après 1910, la désagrégation de cette

même majorité entraîne un retour d'instabilité. Celle-ci s'accroît encore de par le rôle que commence à jouer l'organisation extérieure des partis (opposition de principe des socialistes unifiés, adoption par les radicaux du programme de Pau). Pour la première fois, en 1914, un cabinet (le quatrième formé par Ribot) est renversé le jour même de sa présentation devant les Chambres.

La guerre, en élargissant la base du Gouvernement, n'en modifie pas sensiblement la formule. Elle permet de prendre des ministres de l'extrême gauche à la droite. « L'Union sacrée » n'assure cependant pas plus de dix-huit mois de pouvoir à Viviani d'abord et, ensuite, à Briand. Clemenceau doit à sa forte personnalité et à l'événement de durer plus de deux ans.

Après 1919, les victoires alternées du Bloc national (1919), du Cartel des gauches (1924), de l'Union nationale (1928), de l'Union des gauches (1932), mettent en concurrence avec la conception du ministère de personnalités d'avant 1914, la tendance nouvelle au Gouvernement des partis. Périodiquement aussi, les circonstances entraînent le recours à des majorités élargies, où, sous le nom d' « Union nationale », se retrouve « l'Union sacrée », privée des socialistes. Cette dernière formation donne cinq ans de gouvernement à Raymond Poincaré (1922-1924, 1926-1929). Mais, entre ses deux longs passages au pouvoir et après sa retraite, l'instabilité s'accentue, notamment sous les influences extra-parlementaires que l'on retrouvera plus loin en étudiant la crise du régime.

J. M. Domestici Met, *Le deuxième gouvernement Clemenceau (1917-1920) : contribution à l'étude du chef du gouvernement en régime parlementaire,* R.D.P., 1986, p. 1097.

325. — L'influence diffuse du peuple : A. *Le régime électoral.* — Si la précarité gouvernementale peut sembler une conséquence de l'avènement de la démocratie (du moins, d'une certaine conception de celle-ci), il est par contre plus étonnant de voir l'absolutisme parlementaire, sous la troisième République, s'exercer aussi à l'encontre du corps électoral.

Maintenu dans les cadres établis en 1848 et en 1852, le suffrage appelé universel reste limité, ainsi qu'on l'a déjà marqué, aux citoyens mâles et majeurs. Tandis que la plupart des pays ouvrent aux femmes l'accès des urnes, le

Sénat s'oppose avec succès à cette réforme capitale. *A fortiori* est écarté, après avoir été pris en considération par la Chambre, le suffrage universel intégral, dit improprement suffrage familial. Ainsi le corps électoral de la troisième République demeure celui du second Empire. Relativement à l'ensemble de la population, il est même en fait plus restreint, puisque les militaires ne votent pas et que le service militaire obligatoire a sensiblement accru le nombre des jeunes citoyens présents sous les drapeaux.

Par contre, le suffrage universel s'exerce avec une liberté en principe à peu près complète. La consultation de 1877 est la dernière où soit mise en œuvre la candidature officielle. Les « libertés nécessaires » sont largement octroyées par les lois successives. Soit par suite de dispositions particulières, soit en conséquence du droit commun, les controverses électorales peuvent se dérouler sans entrave. La faculté la plus large est laissée aux opinions, mêmes les plus aventurées, de s'exprimer sans contrainte. Mais cette expression est, le plus souvent, dépourvue de clarté et, partant, d'autorité.

Alors qu'Asquith fait arbitrer par les électeurs le conflit des Communes et des Lords, que Baldwin interroge le pays sur l'abandon du libre échange, les électeurs français, sollicités sur tout, ne se sont vraiment prononcés sur rien. Leur action est peu sensible sur le Gouvernement. Nous avons vu que la formation d'un cabinet dépendait surtout des préférences présidentielles et sa durée de la décision des Chambres. Le corps électoral n'a dans l'histoire des crises qu'une part épisodique, alors que celles-ci eussent dû être liées à sa consultation. Quant à l'action collective des électeurs sur les Chambres, elle est encore moins grande. Il y a, comme l'a observé Lucien Romier, une « courbe des législatures » qui les rend presque toutes infidèles à leurs origines (X. Delcros, *Les majorités de reflux à la chambre des députés de 1918 à 1958,* 1970).

L'incertitude des réponses du corps électoral tient, en grande partie, au mode de scrutin. Comme nous l'avons vu en étudiant les organes politiques, la troisième République a pratiqué surtout le scrutin uninominal et majoritaire. Elle ne l'a abandonné qu'à deux reprises et pour un temps assez bref, de 1885 à 1889, de 1919 à 1927, douze ans sur soixante-cinq, trois législatures sur quatorze.

Ce mode de consultation, établi par la Constitution de

1852, dont il était une des cinq bases, est remis en vigueur malgré l'opposition des gauches par l'Assemblée nationale. Elle y voit, selon les déclarations de Lefèvre-Pontalis, « la meilleure digue à opposer à ces entraînements de l'opinion qui inspirent de si vives alarmes ». Une ultime victoire conservatrice unit, une dernière fois, aux droites monarchistes les membres du centre gauche conseillés par Thiers et Dufaure.

Mais le « petit scrutin » déçoit les espérances de ses promoteurs et assure le succès de leurs adversaires. Il n'en reste pas moins combattu vivement par ceux des républicains victorieux demeurés fidèles aux principes affirmés par eux dans l'opposition. Ayant dénoncé dans le régime uninominal l'instrument des pressions gouvernementales et le cadre béni de toutes les corruptions, ils s'estiment, une fois parvenus au pouvoir, tenus par leur programme de rétablir le grand scrutin : celui de 1848 et de 1871. Gambetta prend la tête de la campagne. On connaît ses imprécations contre le « régime parcellaire appliqué au suffrage universel » et sa fameuse comparaison du scrutin d'arrondissement avec « *un miroir brisé* où la France a peine à reconnaître son image ». Devenu président du Conseil, le tribun veut insérer dans la constitution le principe du scrutin de liste. La Chambre le renverse, précisément sur cette question, le 26 janvier 1882. C'est seulement en 1885 que Jules Ferry fait aboutir la réforme ramenée au plan législatif. Nouvelle surprise : le scrutin républicain manque d'emporter la République. Il permet d'abord les élections conservatrices de 1885 (202 élus de l'opposition), puis les triomphes successifs du général Boulanger dans la Dordogne, le Nord (deux fois), la Somme, la Charente-Inférieure et jusque dans la Seine. Pour barrer la route au plébiscite, le ministère Floquet fait rétablir d'urgence le scrutin uninominal (loi du 13 février 1889).

Le second retour au scrutin de liste est issu du mouvement en faveur de la représentation proportionnelle. Celle-ci a pour but de donner à chaque tendance de l'opinion une représentation parlementaire proportionnée au nombre des voix recueillies par elle (Sur le mécanisme technique, V. n° 42). Établie en Belgique en 1899, la représentation proportionnelle provoque en France un vaste mouvement d'opinion. Un modéré, Charles Benoist, le dirige; des hommes de tous partis s'y associent, Jaurès en tête. La proportionnelle réclamant, pour fonctionner, un vaste cadre, la campagne est, en même temps qu'anti-majoritaire, « anti-arrondissementière ». A Périgueux, en écho au propos de Gambetta, Briand, alors président du Conseil, compare l'arrondissement à une « *mare stagnante* au travers de laquelle il convient de faire passer un large courant purificateur ». Mais les manœuvres dilatoires d'une partie de la Chambre et l'hostilité du Sénat empêcheront la réforme d'aboutir. C'est seulement après la guerre, en juillet 1919, que la loi Dessoye établira le scrutin de liste départemental, avec quelques sectionnements, et introduira la représentation proportionnelle pour l'attribution des sièges, là où la majorité absolue n'aura pas été obtenue.

Système hybride, le nouveau mode de consultation ayant assuré, d'abord, le triomphe du bloc national (1919), puis la victoire du cartel des gauches (1924), soulève tour à tour contre lui les diverses fractions de l'opinion. Il est abrogé en 1927 de façon à rendre aux radicaux-socialistes, alors intégrés dans l'Union nationale, leur liberté d'action à l'égard de leurs anciens alliés, les socialistes unifiés.

Le scrutin uninominal ainsi prévalant n'a que très rarement permis au corps électoral de faire entendre clairement sa voix. En apparence très voisin du régime anglais, il en est dans la réalité, très éloigné, par suite de l'existence chez nous de deux pratiques inconnues outre-Manche, le ballotage et la périodicité régulière des consultations; par suite, surtout, des différences profondes quant au régime des partis.

326. — L'influence diffuse du peuple : B. *La multiplicité et l'inorganisation des partis*. — Le nom de « parti » ne recouvre, au début de la troisième République, que de simples tendances individuelles cristallisées, lors des élections, autour de « comités » ou de journaux. Après la victoire décisive de 1877, le « parti républicain », formé des opposants à l'empire, puis aux restaurations monarchiques, se scinda en « opportunistes » renvoyant les réformes promises au moment *opportun* pour les réaliser et en « radicaux » qui les veulent immédiates et *radicales*. Ultérieurement, à la gauche de ceux-ci, apparaissent les premiers socialistes, tandis qu'à la suite des encycliques de Léon XIII, certains conservateurs, « les ralliés », cessent leur opposition au régime.

Au début du XXe siècle, l'affaire Dreyfus, agissant sur ces diverses tendances comme un puissant catalyseur, provoque une suite de regroupements ou de créations :

— En 1901, se constitue le *Parti républicain radical et radical-socialiste* dont un « comité d'action pour les réformes républicaines », créé en 1884, avait été le précurseur. Il s'installe rue de Valois ; d'où le surnom de « Valoisiens » souvent donné aux radicaux. Le *Parti républicain radical et radical-socialiste* est l'héritier direct du « parti républicain », dans ses luttes contre l'Empire et contre « la réaction » monarchiste, conservatrice ou « cléricale ». Venant au pouvoir par intermittence entre 1885 et 1901, il détient ensuite celui-ci à peu près sans interruption jusqu'en 1940 avec la présidence du Conseil ou, au moins, le ministère de l'Intérieur. Son idéal politique est la « constitution Grévy » (V. n° 318), mais son programme initial ayant été à peu près totalement réalisé (séparation de l'Église et de l'État, loi sur les congrégations, enseignement laïc gratuit et obligatoire, impôt sur le revenu), il n'est plus guère, après l'échec du « Cartel des Gauches » (1924-1926), qu'un « parti de gestion », attaché surtout à la détention du pouvoir.

— En 1901 également, sous l'égide d'Adolphe Carnot, naît *l'Alliance républicaine démocratique,* aile gauche du « progressisme ». Ce terme, dont le sens est tout différent de celui qu'il revêt aujourd'hui, désigne les républicains « opportunistes » orientés à gauche qui soutiennent alors Waldeck-Rousseau. Couramment qualifiés de « républicains de gauche », les progressistes continueront la tradition gambettiste des « républicains de gouvernement ». Ils évolueront ainsi vers le centre et la droite, tantôt constituant le gouvernement (ministères Rouvier, Poincaré, Barthou), tantôt participant à des ministères à direction radicale ou républicaine socialiste.

— En 1902, Jacques Piou fonde, avec Albert de Mun, l'*Action libérale populaire* qui doit traduire, dix ans après, le changement d'orientation politique (Encyclique sur le Ralliement : *Au milieu des sollicitudes,* 1892) et sociale (Encyclique sur la condition des ouvriers : *Rerum novarum,* 1891) demandé par Léon XIII aux catholiques français. Mais le triomphe du *Bloc* républicain, suivi de la loi sur les congrégations (1901) et de la loi de Séparation (1905), en maintenant l'*Action libérale* dans une opposition quasi constante au gouvernement, ne lui permet pas de devenir le grand parti républicain conservateur qu'elle ambitionnait d'être. Elle ne survivra pas à la guerre et à la retraite de son leader, en 1919 (V. M. Prélot et F. Gallouédec-Genuys, *Le Libéralisme catholique,* 1968).

— En 1903, la *Fédération républicaine* regroupe l'aile droite du progressisme : *Union libérale* de Bardoux, *Groupe progressiste* de Méline, *Association républicaine* d'Audiffret-Pasquier. Évoluant de plus en plus vers la droite, la Fédération républicaine, sous la présidence de Louis Marin, constituera dans l'entre-deux-guerres, la principale formation conservatrice et nationaliste.

— En 1905, le *Parti socialiste unifié* (S.F.I.O.) rejoint sur l'injonction de l'Internationale (motion d'Amsterdam), les diverses organisations socialistes réformistes et révolutionnaires jusqu'alors rivales (à l'exception d'individualités, Briand, Viviani, Millerand qui se qualifient de *Républicains socialistes*). Avant 1914, le parti unifié pratique l'opposition de principe. De 1914 à 1917, il participe aux ministères dits d'« Union sacrée ». Puis, de nouveau de 1917 à 1936, il se refuse au pouvoir n'accordant parfois aux radicaux qu'un « soutien » précaire (1924-1925). En 1936, Léon Blum assume « l'exercice du pouvoir », en qualité de leader du « Front populaire » (V. M. Prélot, *L'Évolution politique du Socialisme français,* 1939).

Après la première guerre mondiale, apparaissent trois partis nouveaux :

— En 1920, le *Parti communiste français,* qui, à Tours, accepte la direction autoritaire d'une nouvelle « Internationale », la « Troisième » (*Ibid.,* p. 225 et s.) et adopte les thèses de Lénine sur la dictature du prolétariat (V. n° 93). L'idéal politique du parti communiste est l'instauration d'un régime de type soviétique, en passant ou non par la phase transitoire de la démocratie populaire. Pour parvenir à ce but, la tactique du P.C. est tantôt très brutale, « classe contre classe » (1920-1935) et même « politique du pire » (1928), comme l'on dit à droite tantôt très souple « main tendue », « front populaire » (1936), avec soutien parlementaire des gouvernements les plus à gauche. Cette dualité de tactique donne au parti communiste un caractère ambigu. Il est, à la fois, une force révolutionnaire, dont l'organisation en « cellules » peut aisément devenir clandestine, avec passage à « l'action directe », et un parti démocratique particulièrement habile dans l'utilisation du terrain parlementaire et électoral.

— En 1924, le *Parti démocrate populaire* est constitué par la réunion de fédérations autonomes de Républicains démocrates (Seine et Finistère), par l'adhésion d'élus démocrates, notamment alsaciens et bretons, et surtout par l'afflux de nouveaux venus provenant en général des milieux d'action catholique, souvent liés avant 1914 à l'*Action libérale*. S'appuyant sur une tradition ancienne (V. J. B. Duroselle, *Les Débuts du Catholicisme social en France,* 1822-1870, 1951), et surmontant les obstacles rencontrés naguère par la démocratie chrétienne, dont le titre même était prohibé sur le plan politique (V. H. Rollet, *L'Action sociale des Catholiques en France,* 1871-1901, 1947), le *Parti démocrate populaire* constitue un vrai parti, réduit en nombre, mais dont l'influence intellectuelle s'étend bien plus largement (V. M. Prélot, *Histoire et doctrine du Parti démocrate populaire,* Politique, juill.-déc. 1962; R. Laurent, *Le Parti démocrate populaire,* 1924-1944, 1965; E. Pezet, *Les Chrétiens dans la Cité,* 1965).

— En 1937, le *Parti social français* du colonel de la Roque est l'expression politique d'un mouvement combattant : les « Croix de feu ». En plein essor, à la veille de la guerre, il se serait sans doute substitué, tout en l'élargissant, à la droite traditionnelle (V. Ph. Rudeau, *Les Croix de Feu et le P.S.F.,* 1967).

A première vue, ce tableau sommaire des partis politiques sous la troisième République laisserait croire que la France possède dès lors un système complet de partis organisés, mais, en réalité, ce sont là souvent illusions d'étiquettes.

A la différence, de l'étranger, il n'y a aucune commune mesure entre la densité des électeurs et celle des militants et des membres du parti. Le Parti socialiste unifié, qui est celui des partis français qui se rapproche le plus du parti authentique, compte, à l'époque de sa plus grande puissance, dans l'entre-deux-guerres, 130 000 inscrits pour 2 millions d'électeurs. Ces chiffres sont plus significatifs encore si on les rapproche de la situation de la Belgique ou des pays scandinaves. En Belgique, 800 000 électeurs du *Parti ouvrier belge* correspondant à 600 000 membres; dans les pays scandinaves, les inscrits aux partis forment les 8 ou 9 dixièmes des votants. L'élu ne relève que d'un nombre réduit de militants, qui, pour agissants qu'ils soient, comptent numériquement peu dans la masse électorale.

La faiblesse de la discipline est encore plus grande que celle des effectifs. On entre et on sort des partis à volonté, sans qu'il en résulte, ou presque, de discrédit notable ou d'avantage marqué. La fidélité n'est pas un gage de réélection, pas plus, d'ailleurs, que pour une carrière bien menée, n'est un handicap, une évolution habile et discrète, ou même une conversion retentissante. Les élus ont une étiquette parce que celle-ci est d'usage, mais souvent elle ne signifie rien ou peu de chose. A en croire les enseignes, presque tous les députés siégeraient à gauche. Un très grand nombre se disent « indépendants ». Être « républicain socialiste », c'est, dans le Midi ou le Limousin, être le candidat « réactionnaire »; dans le Nord ou dans l'Est, le candidat « avancé ».

Ce qui fait que l'influence du parti n'est décisive qu'à l'extrême gauche. Il n'y a guère que les deux branches du marxisme, la S.F.I.O. et la S.F.I.C., à correspondre à la notion de parti organisé; encore, le communisme l'est-il avec des particularités qui le situent en marge des partis classiques. On peut y ajouter le « parti démocrate populaire », mais celui-ci est jeune et limité dans son implantation. Quant au « Parti social français » qui possédait organisation, cadres et militants, il n'est parlementairement qu'à peine représenté. Si bien qu'il est inexact de parler sous la troisième République d'un système des partis. Il n'y a, avant 1940, que des tendances. On vote « droite » contre « gauche », comme autrefois « mouvement » contre « résistance ». Ces réactions sommaires se traduisent dans des formules de coalition comme le « Bloc », en 1902, avec Waldeck Rousseau, puis avec Combes; comme le « Bloc national » de Clemenceau en 1919, incluant la droite, le centre droit, les radicaux et même des socialistes indépendants; comme le « Cartel des gauches » avec E. Herriot, P. Painlevé et Léon Blum, en 1924 (socialistes, républicains socialistes, radicaux-socialistes); comme en 1936, le « Front populaire », avec les mêmes partis et les communistes.

Assez rarement, étant donné le mode de scrutin uninominal et majoritaire, les élections sont « triangulaires »; c'est-à-dire avec, comme en 1928, au second tour un candidat de droite ou de centre, un candidat de gauche et un candidat communiste. Mais les désistements sont locaux et personnels. La « discipline républicaine » dont il est beaucoup parlé, est, en réalité, une consigne sentimentale. Elle a, aussi, quelque chose d'individuel. Les arbitrages des comités parisiens sont peu respectés.

On a essayé — R. Capitant, notamment — de faire la théorie de ce système français. On a opposé au système britannique, au *two parties system* un *two bloc system* à la française. Mais, justement, le propre de la tradition française est de ne point constituer un système, mais simplement une formule empirique et historique (V. le *Tableau des partis politiques,* d'André Siegfried, 1930 et *la Politique des partis sous la IIIe République,* de François Goguel, 3e éd. 1958).

327. — L'apparition des forces collectives. —
L'individualisme français, qui se marque si fortement dans l'absence d'un régime des partis, s'atténue cependant de manière sensible sur le terrain social et économique. Les lois de 1884 et de 1901 permettent la naissance de puissantes forces collectives. « La population française, si longtemps docile aux administrations, forme des association exigeantes et âpres » (Daniel Halévy).

L'action de celles-ci s'exerce d'ordinaire par les voies normales, mais prend aussi un aspect révolutionnaire, notamment avec la Confédération générale du travail (C.G.T.).

C'est, cependant, celle-ci qui est à l'origine de la seule institution nouvelle apparue depuis 1875, *le Conseil économique national.* Dès 1919, la C.G.T. crée un *Conseil économique du Travail,* dont l'officialisation est une revendication du « Cartel des Gauches ». En 1924, le premier cabinet Herriot annonce, dès son arrivée au pouvoir, la formation d'un Conseil économique. Institué de manière provisoire par le décret du 16 janvier 1925, son existence est confirmée par la loi de finances du 24 avril 1926. Mais ce n'est que dix ans plus tard qu'il reçoit sa structure définitive avec la loi du 19 mars 1936. Pendant quinze ans, il a « œuvré à travers les vicissitudes, mais suivant une évolution progressive qui marque sa vitalité, son activité et son influence » (G. Cahen-Salvador, *le Conseil national économique,* Droit social, 1946, p. 301).

Cependant, malgré les services rendus, le Conseil économique national n'a pas joué, durant cette période, le rôle que ses promoteurs attendaient de lui. L'une des raisons en est certainement que, postérieur et extérieur au régime de 1875, il reste en dehors du mécanisme législatif et gouvernemental traditionnel. On l'a justement comparé à un moteur puissant, mais qui n'embrayait pas.

Section 5
La fin de la Constitution

328. — L'épuisement du régime. — Le système politique, tel que nous venons de l'étudier, a duré un demi-siècle (1880-1934). « Il y a — dit M. Roger Priouret — dans le gouvernement des députés, une solidité particulière que ses adversaires méconnaissent, parce qu'il produit une politique fluide et des ministères éphémères » (*La République des députés, op. cit.*, p. 77). « La Constitution Grévy » a surmonté les scandales et les tumultes internes ; l'affaire Wilson, le boulangisme, le Panama, la révolution dreyfusienne ; puis, la grande épreuve du conflit mondial ; enfin, en 1926, la crise financière et monétaire, suite de la guerre. Par contre, elle n'a pu résister, entre 1934 et 1940, à la multiplicité et à la virulence des facteurs de désagrégation.

Une nouvelle génération de gouvernants n'apporte à la République, ni le dévouement, ni les capacités d'antan. Une partie d'entre elle s'en détourne même pour des raisons idéologiques ou matérielles ; surtout, les hommes manquent dans les diverses fonctions. La guerre et la dénatalité ont affaibli l'ensemble de la population. La « classe politique », dont, depuis les travaux de Gaetano Mosca, on sait l'importance pour le maintien d'un régime, est épuisée. La retraite de Poincaré en juillet 1929 marque le crépuscule des hommes de 1880. Ils ont fourni à la troisième République ses dirigeants et ses cadres, le vaste personnel « opportuniste », cette « couche nouvelle », qui, annoncée par Gambetta, a remplacé « les notables » à la tête du pays. Nés à la vie publique en même temps que le régime, les vieux républicains en connaissaient le maniement intime, ils savaient le faire fonctionner. Eux disparus, aucune personnalité nouvelle ne parviendra à s'imposer à des assemblées, elles-mêmes plus rétives et plus médiocres.

Simultanément, tandis que disparaissent ceux auxquels

les institutions devaient la plus large part de leur vigueur, le milieu social se modifie sensiblement. La Constitution de 1875, largement révisée sous Grévy, correspondait à un certain équilibre des personnes et des biens, encore très proche de l'ordre social du Code Civil. Par contre, dans l'entre-deux-guerres, la richesse acquise joue un rôle de plus en plus restreint, tandis que les forces collectives gagnent du terrain. Il en résulte un déséquilibre profond. Les milieux organisés pèsent lourdement sur la vie politique et économique, tandis que les éléments restés dispersés, s'inquiétant de leur impuissance, rêvent d'expédients aventureux.

Cet affaiblissement interne se manifeste au milieu du désarroi universel, du bouleversement des deux mondes. La fin de la prospérité, à la suite du krach américain de 1929, la croissance de l'insécurité, conséquente à l'échec de l'organisation de la paix et à l'apparition des dictatures fascistes, jettent le trouble dans tous les pays et les font plus ou moins ouvertement renoncer aux institutions démocratiques, jugées incapables de remédier à la ruine des affaires ou de triompher dans la nouvelle course aux armements.

La crise de structure constitutionnelle — la désagrégation, en France, du « gouvernement des Chambres » — est, de la sorte, enrobée dans une crise de conjoncture. Déjà grave en elle-même, mais peut-être encore curable, elle devient mortelle par suite du cours constamment funeste des événements extérieurs.

329. — L'échec des tentatives révisionnistes. —
Dès le lendemain de la première guerre mondiale, étaient apparus les symptômes d'affaiblissement et de désaffection. Des esprits clairvoyants les analysaient et préconisaient *le renforcement de l'autorité*.

Mais l'inquiétude des dirigeants et du pays était, pour un temps, dissipée par le remarquable redressement financier de 1926 et par les quelques années d'apaisement extérieur qui suivent Locarno. Le débat sur *la réforme de l'État*, engagé alors par les « jeunes équipes », effleure à peine les milieux politiques et pénètre, moins encore, l'opinion.

Par contre, après 1932, le malaise devient général. On pressent, à de multiples signes, que sont ébranlées les bases mêmes de l'ordre politique établies depuis cinquante ans.

Le 6 février 1934, la crise du régime prend un caractère aigu et sanglant. Pour la première fois depuis sa fondation, la République parlementaire, incarnée dans la Chambre des députés, doit être défendue par les armes. L'assaut est repoussé de justesse.

Tout le pays aspire plus ou moins obscurément à *la réforme constitutionnelle* (V. Politique, nos 3-4, 15 août-15 septembre 1945 : *Documents sur la réforme de l'État;* J. Gicquel et L. Sfez, *Problèmes de la réforme de l'État en France depuis 1934,* 1965). Mais le président Doumergue laisse s'assoupir et se diviser le vaste courant national qui l'a porté au pouvoir. A l'automne, timidement et tardivement, il ne propose de réviser les lois de 1875 que sur quatre points, dont deux seulement sont de portée constitutionnelle :

1° Suppression de l'avis conforme du Sénat pour la dissolution de la Chambre à partir de la seconde année de la législature.

2° Établissement d'une présidence du Conseil sans portefeuille, limitation à vingt du nombre des ministres.

3° Obligation pour les Chambres de voter les recettes avant les dépenses ; droit pour le Gouvernement, à défaut de vote du budget à la fin de décembre, de proroger celui en cours.

4° Principe d'un statut des fonctionnaires.

Le projet Doumergue, cependant bien modeste, n'est même pas discuté. Les ministres radicaux-socialistes refusent d'y souscrire et entraînent par leur départ la chute du cabinet.

L'année 1934 n'en marque pas moins le début d'une ample révision coutumière. Des pratiques nouvelles mettent fin au parlementarisme absolu instauré lui-même coutumièrement, un demi-siècle plus tôt.

Le Parlement, naguère vainqueur de la présidence, est à son tour éliminé. Il cesse de jouer le premier rôle, tant gouvernemental que législatif, en attendant de faire lui-même abandon de son pouvoir constituant.

330. — L'éviction du Parlement comme organe gouvernemental. — La pratique politique avait, pendant cinquante ans, confié aux Chambres la dévolution réelle de l'autorité. Selon la formule fameuse de Royer-Collard, celles-ci étaient vraiment « les arènes où se disputait le pouvoir ». On ne pouvait le conquérir hors du Parlement et la nomination présidentielle ne prenait elle-même valeur qu'après un vote de confiance; on ne pouvait surtout conserver le pouvoir sans jouir continuellement de la confiance parlementaire.

A partir des « années trente », voire des « années vingt », les Chambres cessent de jouer ce rôle exclusivement, sinon principalement. D'autres influences entrent en jeu.

La première n'est pas rigoureusement nouvelle; mais elle se fait sentir avec plus de netteté. C'est celle du corps électoral. En 1932 et 1936 (comme déjà, en 1924, du cabinet Poincaré), le scrutin entraîne la chute des ministères Tardieu et Sarraut qui passent la main avant même la réunion de la nouvelle législature.

De même, s'accroît l'influence des diverses forces collectives : les partis, les syndicats, les groupements d'intérêt.

En 1925, le congrès radical de Nice amène la retraite de Joseph Caillaux et la chute du second cabinet Painlevé; en 1928, le congrès d'Angers oblige à démissionner les ministères radicaux et met ainsi fin au quatrième ministère Poincaré; à Nantes, la même manœuvre entraîne l'échec de la révision constitutionnelle préconisée par Gaston Doumergue et la dislocation de son gouvernement. Durant cette époque, les congrès et les réunions de la commission permanente du parti socialiste exercent sur la formation des cabinets et sur leur durée une influence considérable. Leur refus systématique de « participation » ou leur « soutien » réticent contribuent grandement à l'instabilité ministérielle (V. M. Prélot, *L'Évolution du socialisme français, op. cit.*, chap. XI et XII).

Les mouvements à base professionnelle ou formés pour la défense d'intérêts, qualifiés aujourd'hui de « groupes de pression », ont généralement une action moins directe. Mais certains élus se font les instruments de leurs revendications. Leurs délégations sont entendues par les parlementaires. Durant la crise financière de 1933, Parlement et Gouvernement se heurtent aux vetos et aux injonctions des anciens combattants et des fonctionnaires. Ces derniers mêmes renversent, quasi directement, le cabinet Paul Boncour.

A ces influences discutables, mais encore avouables, s'en joignent d'autres déjà factieuses : plusieurs gouvernements, en majorité à la Chambre, se brisent sur le symbolique « mur d'argent »; deux ministères (Chautemps II et Daladier II) se retirent sans être mis en minorité, mais menacés par la rue.

En 1936, l'occupation des usines aboutit aux accords Matignon que le Parlement n'a plus qu'à entériner.

Les débats de l'hémicycle, déjà privés des discussions législatives essentielles, se vident de plus en plus de leur substance sous la pression de ces mœurs nouvelles.

En même temps, contribuent à leur déclin certaines transformations matérielles qui modifient les conditions mêmes du gouvernement.

Déjà la presse à grand tirage avait constitué ce que l'on a appelé le « quatrième pouvoir », mais elle n'avait pas dessaisi les Chambres. En élargissant la publicité des débats parlementaires, elle avait fait connaître les arguments et popularisé les traits des principaux orateurs. Par contre, la radiophonie bouleverse complètement les techniques d'information et de suggestion. Désormais l'expression « parler au pays » cesse d'être une image pour devenir une réalité concrète. Il n'est plus besoin de passer par la tribune de la Chambre et le truchement des journaux pour saisir l'opinion. Si d'abord, un souci de correction réserve au Parlement la primeur des informations et des décisions, si les premiers discours radiodiffusés ne sont que des commentaires, il n'en va pas de même lors qu'avec Doumergue est prise l'habitude du microphone. C'est aux ondes qu'en 1935 Laval confie l'économie de ses premiers décrets-lois; c'est sur elles qu'en 1939, Daladier, à son retour de Tunisie, expose sa politique étrangère, que Paul Reynaud explique ses projets financiers. Le Parlement n'est mis au courant qu'après coup de questions déjà résolues en principe.

Sauf la possibilité de maintenir ou non le ministère — faculté que rendent, à certains moments, illusoire les pressions externes que nous venons d'indiquer — le Parlement est dépossédé.

Le signe le plus certain de cette élimination des Chambres comme organe de décision est la déclaration inconstitutionnelle de la guerre, le 3 septembre 1939. Si justifiée qu'elle fût sur le plan international, elle devait, suivant l'article 9 de la loi du 16 juillet 1875, recevoir un assentiment préalable et formel que ne pouvait remplacer un vote de crédit.

La crise parlementaire — crise d'abdication et non d'affirmation, comme l'avait justement caractérisée deux ans plus tôt Yvon Delbos à l'Union inter-parlementaire (5 septembre 1937) — est encore accentuée par les hostilités. Les Chambres qui, de 1915 à 1918, avaient joué un rôle si important, semblent, cette fois, à peu près sans influence sur la marche des événements. Conscientes de l'insuffisance du gouvernement Daladier, elles sont contraintes de le maintenir au pouvoir par l'état de l'opinion. En même temps, la loi du 8 décembre 1939 érige la procédure des décrets-lois en institution normale du temps de guerre.

Le ministère Pétain, par sa composition et son esprit, a un caractère non seulement extra-parlementaire, mais encore anti-parlementaire. Pas plus qu'elles n'ont donné à la guerre l'approbation préalable, cependant nécessaire, les Chambres ne sont consultées sur la demande et l'acceptation de l'armistice.

331. — L'éviction du Parlement comme organe législatif.
— Nous avons vu antérieurement que la suprématie parlementaire réalisée depuis 1880 était, en même temps, la manifestation de la suprématie de la loi. C'est au titre d'organe législatif que les Chambres occupent le degré le plus élevé dans la hiérarchie des pouvoirs et, à ce titre aussi qu'elles imposent, d'abord, leur volonté au gouvernement.

Sans déchoir de leur puissance politique, elles ne peuvent cesser de légiférer. Elles ne le peuvent pas davantage, sans méconnaître juridiquement leur compétence constitutionnelle. Cette règle a été clairement formulée par A. Esmein, à propos du rôle joué par les décrets-lois, dès le XIXe siècle, en Italie : « Le pouvoir n'est point pour les Assemblées un droit propre, c'est une fonction que la constitution leur confie, non pour en disposer à leur gré, mais pour l'exercer elles-mêmes d'après les lois constitutionnelles. Seul, le souverain peut faire une semblable attribution, et le pouvoir législatif n'est pas le souverain, mais simplement le délégué du souverain » (R.P.P., 1894).

Ceci explique l'hostilité de principe, non seulement des milieux politiques, mais encore des juristes français à l'égard de tout dessaisissement législatif consenti par les Chambres. Durant le premier conflit mondial, le Parlement n'avait accordé de délégation que sur des points secondaires et s'était refusé, malgré la gravité de l'heure, à instituer un régime de décret-loi. En 1924, à la veille des élections, les décrets d'économie, acceptés en principe, ne reçurent pas d'applications. On les retrouve en 1926, mais pris pour assurer une liquidation, il est bien entendu que leur usage, absolument exceptionnel, ne créera pas de précédent.

A partir de 1934, il en va tout autrement : les Chambres renoncent périodiquement à légiférer. Le décret-loi devient, après les événements de février, une pratique courante. L'émotion, d'abord intense dans les milieux qui mesurent le caractère extraconstitutionnel du nouvel usage, va en s'atténuant. Comme en proie, l'un après l'autre, à une inexorable fatalité, tous les partis, même ceux qui avaient le plus vivement combattu cette faculté, sont amenés, tout à tour, à solliciter l'octroi d'une habilitation législative.

C'est tous les ans (sauf en 1936), voire même deux fois par an (1938), que le Parlement adopte une loi dite de pleins pouvoirs : loi du 28 février 1934, loi du 8 juin 1935, loi du 30 juin 1937, loi du 13 avril 1938, loi du 5 octobre 1938, loi du 19 mars 1939 (V. Dragos Rusu : *Les Décrets-lois dans le régime constitutionnel de 1875*, 1942).

A la législation par les Chambres se substitue ou se juxtapose ainsi la législation administrative. Le recours quasi constant qui y est fait procède, sans doute, d'une sorte de fatalité politique. Il n'en représente pas moins, malgré l'ingéniosité des explications de certains juristes, une révolution constitutionnelle. En abandonnant les termes de la loi du 25 février 1875, article 1er : « le pouvoir législatif s'exerce par deux assemblées », les Chambres modifient celle-ci, dans l'une de ses dispositions fondamentales et, sans l'avouer par une révision explicite, instaurent un autre régime.

En dépit de son ampleur, le phénomène n'a pas été bien compris en France. Il a été mieux saisi de l'étranger où l'on a montré l'ambivalence de la délégation législative, « moyen légal » permettant aussi bien de revenir à la « légalité constitutionnelle » antérieure que « d'amorcer une constitution toute nouvelle » (Carl Schmitt *in Mélanges Lambert*, 1938, t. III, p. 120). Les Chambres et l'opinion françaises n'ont jamais voulu considérer que la première éventualité.

332. — L'éviction du Parlement comme organe constituant. — Cette élimination progressive des Chambres comme organe législatif et gouvernemental devait trouver sa conclusion dans l'éviction du Parlement comme organe constituant. Elle s'accomplit selon la même technique d'habilitation de l'exécutif. Le décret-loi constituant clôt logiquement le cycle des décrets-lois législatifs.

Après avoir songé pendant quelques heures à accomplir la réforme constitutionnelle par un coup d'État (une nouvelle constitution étant placardée sur les murs de Bordeaux), le maréchal Pétain décida de confier à Pierre Laval le soin de faire prononcer par les Chambres elles-mêmes la fin du régime.

Le transfert des pouvoirs publics à Clermont-Ferrand d'abord, puis bientôt à Vichy, retarda de quelques jours la réunion de l'Assemblée nationale. Ce délai fut employé par Laval à une active campagne auprès de ses collègues du Sénat et auprès des députés, toute une série de réunions se succéda dans lesquelles était mise en lumière la soi-disant nécessité interne et internationale d'une révision constitutionnelle.

Pour celle-ci, la Constitution de 1875 avait prévu une procédure extrêmement simple : adoption d'une résolution conforme dans les deux Chambres, puis réunion du Parlement en Assemblée nationale pour réaliser la révision elle-même. Dès le 9 juillet au matin, la Chambre tenait sa séance propre; l'après-midi, c'était le tour du Sénat. L'une et l'autre adoptaient, presque sans discuter et à la quasi-unanimité, une résolution à la fois très brève et très générale : *la Chambre des députés* (le Sénat) *déclare qu'il y a lieu de réviser les lois constitutionnelles.*

Dans les deux débats, le Gouvernement s'était abstenu, Laval ayant demandé de réserver ses explications pour une réunion commune des députés et des sénateurs, de façon, disait-il, à éviter trois discours successifs et, en substance, identiques. Il souhaitait aussi, vue la délicatesse des circonstances, que cette séance ne soit pas publique et permit une conciliation entre les diverses tendances.

Car si l'unanimité était à peu près faite sur deux points — la nécessité d'institutions nouvelles, l'impossibilité pour le Parlement de les élaborer lui-même — il y avait, par contre, division des esprits sur l'étendue et même quant à l'immédiat exercice du pouvoir constituant.

Les uns réclamaient son attribution rapide et intégrale au maréchal Pétain, avec ratification de ses actes par les assemblées qu'il créerait, c'est-à-dire pratiquement, sans ratification (projet gouvernemental).

D'autres accordaient à la même personnalité des pleins

pouvoirs exécutifs et législatifs et l'invitaient à préparer une nouvelle Constitution qui serait soumise à l'approbation de la Nation, la Constitution de 1875 étant pendant ce temps suspendue (contre-projet des sénateurs anciens combattants).

Une troisième tendance, beaucoup plus faible, représentée par les signataires de la motion dite des vingt-sept — qui ne fut pas discutée — admettait elle aussi les pleins pouvoirs, mais comme une solution provisoire et renvoyait à plus tard le problème constitutionnel.

La réunion commune, secrète et privée réclamée par Pierre Laval eut lieu au matin du 10 juillet. Le projet gouvernemental et le contre-projet émanant des sénateurs anciens combattants s'y opposèrent. Pierre Laval rejeta le second, déclarant que les directives reçues du maréchal-président ne lui permettaient pas d'aller au-delà d'un engagement et d'un amendement : les Chambres subsisteraient jusqu'à la formation des nouvelles assemblées; la ratification de la nouvelle Constitution, selon la demande des sénateurs anciens combattants, reviendrait à la Nation, étant entendu que le terme « Nation » impliquait une très large consultation électorale.

Vidée à l'avance de son contenu et de sa portée, la réunion de l'Assemblée nationale fut à peu près dénuée d'intérêt. Dans la première partie, on ne s'occupa que de procédure; dans la seconde, après suspension pour examen par les deux commissions réunies du suffrage universel de la Chambre et de législation civile du Sénat, on entendit le rapport Boivin-Champeaux, puis, rapidement et toujours sans débat, on arriva au vote acquis à la majorité massive de cinq cent quatre-vingt seize voix contre quatre-vingts.

Apparemment, la troisième République se réformait; en fait, elle disparaissait.

TITRE IV

LES INCERTITUDES

CHAPITRE I
LES GOUVERNEMENTS DE FAIT

Section 1
Le régime de Vichy

333. — Le pouvoir constituant du maréchal Pétain. — L'Assemblée donnait, selon les termes mêmes de la loi constitutionnelle, « tous pouvoirs au Gouvernement de la République, sous l'autorité et la signature du maréchal Pétain, à l'effet de promulguer par un ou plusieurs actes une nouvelle Constitution de l'État français » qui devrait « garantir les droits du Travail, de la Famille et de la Patrie ».

Ainsi était institué un pouvoir constituant extraordinaire, non seulement par les circonstances entourant son attribution, mais par son triple caractère :

— *personnel,* puisque nonobstant la formule « le Gouvernement de la République », le pouvoir constituant ne peut être exercé que sous son « autorité » et sa « signature »;

— *intransmissible,* puisqu'aucune autre autorité ou signature ne se trouve prévue ;

— *illimité,* puisqu'aucun délai de temps n'est fixé, ni aucune structure définie, réserve seulement faite de la forme républicaine (loi constitutionnelle du 14 août 1884, art. 2), de l'existence d'assemblées et de la garantie des droits du Travail, de la Famille et de la Patrie.

Toutefois, le pouvoir constituant du maréchal Pétain n'est que de proposition. Pour devenir définitives, les institutions nouvelles doivent être acceptées par la nation. Le terme « promulgué » indique que la mise en application est immédiate, par l'extension au pouvoir constituant de la technique du décret-loi. Cependant, les actes ne s'imposeront juridiquement, de façon incontestable, qu'après ratification par une consultation populaire « la plus large possible » (P. Laval), et « distincte de l'élection des nouvelles assemblées » (M. Boivin-Champeaux).

Malgré son étendue, le pouvoir constituant du maréchal Pétain reste donc un *pouvoir constituant dérivé,* découlant de la délégation de l'Assemblée nationale.

Or, dès le lendemain, le maréchal agit comme s'il détenait un *pouvoir constituant originaire.* La légitimité sur laquelle il déclare se fonder cesse d'être celle de la république démocratique, au nom de laquelle il avait été investi, pour devenir celle de l'État autoritaire, conformément aux idéologies ambiantes de « la nouvelle Europe ». D'autre part, le silence tombe très vite sur une ratification de plus en plus problématique.

En fait, commettant à la fois un détournement et une usurpation de pouvoir, le Maréchal exercera un pouvoir constituant qu'il n'avait point reçu et n'usera pas finalement de celui qui lui avait été confié. Il en résultera, d'une part, la prise d'une série d'*Actes constitutionnels* appliqués sans ratification et créant, sous les deux formes successives d'une monocratie et d'une dyarchie, un État autoritaire ; d'autre part, la rédaction d'un projet constitutionnel, simple travail d'École, sans rapport avec les perspectives alors ouvertes à l'avenir français.

334. — La monocratie du chef d'État.

Du 11 juillet 1940 au 4 octobre 1941, le maréchal Pétain promulgue 10 « actes constitutionnels », plus 3 modifications de l'acte 4 concernant sa succession. Ces 10 actes organisent la monocratie du chef de l'État, le système proprement « pétainiste » et « vichyssois » de la « Révolution nationale ».

Négativement, l'objectif de celle-ci est clair : c'est la destruction de la troisième République et du régime parlementaire.

Acte constitutionnel n° 1 (10 juillet) portant déclaration de prise du pouvoir par le maréchal Pétain et abrogation implicite de la présidence de la République;

Actes constitutionnel n° 3 (10 juillet) prorogeant et ajournant les Chambres;

Acte constitutionnel n° 6 (1er décembre 1940) réglant la procédure de déchéance des parlementaires.

De plus, au-delà du « régime déchu » les collaborateurs du Maréchal condamnent toute la tradition constitutionnelle française depuis 1789, la Restauration seule exceptée. La « Révolution nationale » s'attaque aux groupements ou milieux qu'elle répute hostiles. Une législation d'exception disperse et éloigne des postes de commande les éléments qui sont réputés faire contre-poids à l'autorité étatique ou même l'emporter sur elle, ceux que Charles Maurras a appelés les « trois États confédérés : l'État-juif, l'État-métèque et l'État-maçon ». Plus généralement, on proscrit les diverses libertés individuelles. On maintient et renforce les restrictions imposées par l'état de siège et par la guerre. On y ajoute celle du rationnement et du contingentement. On en fait un système en dénonçant l'autonomie de l'homme comme l'illusion dissolvante par excellence, en condamnant comme l'erreur la plus funeste des temps modernes l'individualisme « dont se glorifiait naguère le peuple français comme d'un privilège. L'individualisme est à l'origine des maux dont il a failli mourir... L'individualisme ne manifeste jamais de vertu créatrice... L'individualisme reçoit tout de la société et ne lui rend rien... La nature ne crée pas la société à partir des individus, elle crée les individus à partir de la société » (Maréchal Pétain, Revue universelle, 1er janvier 1941).

Par contre les desseins constructifs sont beaucoup plus flous. On peut distinguer deux grands courants. L'un, se manifestant surtout en zone sud, est réactionnaire, monarchiste, corporatif et clérical. Il est proche des réactions autrichiennes, polonaises, portugaises ou espagnoles. L'autre mouvement est révolutionnaire, syndicaliste, « européen » et antichrétien. Plus directement influencé par l'idéologie hitlérienne, la presse et l'édition parisiennes en sont le reflet. Il y a, en outre, toute une séquelle d'intérêts et de rancunes qui, sous un masque idéologique plus ou moins transparent, essaie de se frayer le chemin du pouvoir. A Vichy, on louvoie et lorsque le maréchal parle, il lit tantôt du Gillouin, tantôt du Bergery, tantôt du Romier, tantôt d'autres auteurs de moindre notoriété.

Dans le concret, les actes constitutionnels et la législation n'ont qu'un but, le renforcement direct et immédiat du pouvoir. Si l'État doit être dans l'avenir « corporatif et social », il se contente pour le moment d'être essentiellement « autoritaire, hiérarchique et antilibéral ». « Il importe en premier lieu de restaurer l'État dans sa souveraineté » disait déjà l'exposé des motifs du projet de résolution de révision soumis aux Chambres le 9 juillet 1940. En conséquence, l'autorité est simultanément *personnalisée, libérée, concentrée*.

— *L'autorité est personnalisée*. Attribuée à un homme, elle doit être exercée par cet homme lui-même. Alors que, dans nombre de régimes (que ce soit la monarchie absolue avec un premier ministre ou le gouvernement parlementaire avec un président du conseil), le titulaire du pouvoir ne le détient que nominalement, dans « l'État autoritaire », le chef de l'État rassemble en lui les fonctions séparées du président de la République et du président du conseil. Exerçant déjà la seconde charge, le maréchal Pétain a déclaré assumer aussi la première (acte n° 1) et, avec l'acte n° 2, il a absorbé les fonctions de chef du gouvernement dans celle du chef de l'État. Il y a donc union personnelle des deux catégories d'attributions dont la distinction entraînait, sous la troisième République, l'exercice collégial du pouvoir exécutif.

Le chef d'État du régime autoritaire a, lui, le droit de tout faire, soit seul et directement, soit par l'intermédiaire de ministres soumis à ses ordres et à son contrôle : *Acte constitutionnel n° 7* (27 janvier 1941). La responsabilité des secrétaires d'État, hauts dignitaires et hauts fonctionnaires, devant le chef de l'État est organisée : *Actes constitutionnels n°s 8, 9* (14 août) *et 10* (4 octobre 1941), imposant le serment de fidélité au chef de l'État aux militaires, aux magistrats, aux fonctionnaires et au personnel dirigeant des services concédés.

— *L'autorité est libérée*. Le chef de l'État, au sommet de

la pyramide étatique, est totalement indépendant des autres organes constitués. Il n'a à rendre compte de ses actes à aucun organe politique. Nul, dans l'État, n'est qualifié pour le critiquer, ni *a fortiori* pour le révoquer. Il est irresponsable politiquement.

Le chef d'État est, de même, irresponsable pénalement. On ne peut le poursuivre ni le juger. La haute trahison qui rendait le président de la République justiciable de la Haute Cour n'est pas retenue *(Acte constitutionnel n° 5)*. Elle contredirait, d'ailleurs, la thèse de l'infaillibilité et de l'impeccabilité du chef. Comme le monarque selon l'Écriture sainte, le Maréchal n'est responsable qu'en conscience. Lui-même a affirmé publiquement l'exclusivité morale de ses obligations : « les ministres sont responsables devant moi ; c'est moi seul que l'histoire jugera ».

Tout pouvoir vient du chef qui détermine ses titulaires et ses conditions d'exercice. « L'autorité ne vient plus d'en bas. Elle est proprement celle qu'(il) confie et qu'(il) délègue » (message du 12 août 1941). Il en règle les conditions de dévolution après sa mort ou sa retraite. C'est ainsi qu'il a successivement désigné comme ses successeurs, ses « dauphins », P. Laval, puis l'amiral Darlan, puis, de nouveau, P. Laval, et fixé, de même, les conditions éventuelles de leur remplacement : *Acte constitutionnel n° 4* (11 juillet) relatif à la suppléance et à la succession du chef de l'État, modifié par les actes 4 *bis* (24 septembre 1940), 4 *ter* (13 décembre 1940), 4 *quater* (10 février 1941).

— *L'autorité est concentrée.* Il serait illogique d'assurer la réunion organique et fonctionnelle du pouvoir en une seule personne, il serait plus inconséquent encore de la libérer de tout contrôle et de tout lien de dépendance, d'en faire une « autocratie » au sens exact du terme, pour soustraire ensuite à son emprise les autres activités étatiques, la législation ou la justice. Comment l'État resterait-il « autoritaire », s'il était divisé en lui-même et contre lui-même, si « le pouvoir y arrêtait le pouvoir »?

« L'autocratie moderne — dit le doyen Bonnard — exclut le fractionnement entre plusieurs organes, notamment le fractionnement sur la base de la distinction des fonctions de l'État qu'est la séparation des pouvoirs. La concentration des pouvoirs est dans l'esprit de *l'État autoritaire,* toujours à raison de cette force dont il est nécessaire que le pouvoir public soit doté » (*Les Actes constitutionnels de 1940,* 1942, p. 112; V. H. Michel, *Vichy, année 40,* 1966).

335. — Le fonctionnement et la transformation du régime. — La doctrine et la structure juridique de l'État vichyssois entendent faire de lui un « régime fort ». Il est représenté par ses dignitaires et ses propagandistes comme un chef-d'œuvre de la science et de l'esprit politiques. Les actes constitutionnels reçoivent d'hyperboliques louanges. La France, quittant, sous les coups du malheur, la voie funeste où elle s'était engagée en 1789, en revient aux saines maximes de la contre-révolution. On insinue que la défaite elle-même n'est pas un prix trop élevé pour un tel bienfait. On célèbre à l'envi « la divine surprise », la libération du pouvoir, « la réforme intellectuelle et morale ». Un confident et porte-plume du maréchal annonce sérieusement que « le nouvel État sera un État sans étatisme qui fera une politique sans politicien ». L'imagination ou l'auto-suggestion se donnent libre carrière et s'efforcent de substituer aux atroces réalités de l'occupation l'image de l'État rénové par la « Révolution nationale ».

De fait, aucun régime français n'a été plus faible. Tous ses actes en zone nord ont besoin, pour devenir exécutoires, de l'autorisation du vainqueur; en zone sud, son indépendance est à peine plus grande, jusqu'au 11 novembre 1942, où elle disparaîtra complètement.

Au vrai, plus les pouvoirs se renforcent et se concentrent dans les textes et les intentions, plus ils échappent en fait à leur détenteur théorique. Ni son âge, ni ses habitudes, ni son peu de préparation à la vie publique ne permettent au maréchal octogénaire d'être le chef omniprésent, omniscient et omni-voulant dont les doctrinaires de l'État français ont construit la théorie et dont les multiples services de propagande tendent à imposer l'image. Dans son message du 12 août 1941, tout en s'efforçant de couvrir l'amiral Darlan, dont il a progressivement renforcé les pouvoirs, le maréchal reconnaît l'échec de son entreprise : « l'autorité de mon gouvernement est discutée... l'exactitude et la fidélité des organes de transmission font encore défaut... l'opinion, dont l'assentiment est plus nécessaire encore en régime d'autorité, est aujourd'hui divisée... ». Les mesures répressives prises au cours de l'été (doublement des moyens d'action de la police, interdiction de l'activité des partis, sanctions disciplinaires contre certains fonctionnaires, châtiment des « responsables de la défaite », etc.) ne donnent pas les résultats escomptés. Le message du 1er janvier 1942 accentue la note pessimiste : « la Révolution nationale ne peut encore passer du domaine des principes à celui des faits ».

Le malaise est si profond que, joint à la pression de l'occupant, il oblige le maréchal non seulement à changer de ministres, mais encore à renoncer à sa conception même du gouvernement et à consentir, à partir du 18 avril 1942, à un nouvel aménagement de ses pouvoirs; « pour n'être pas débordé par les événements intérieurs et extérieurs, Pétain doit rappeler l'homme qui, aux yeux de l'Allemagne comme aux yeux de la France, incarne la collaboration » (A. Fabre-Luce : *Journal de la France,* 1942, t. II, p. 288).

336. — La dyarchie du chef d'État et du chef du gouvernement.
— Mais Pierre Laval qui a été, le 13 décembre 1940, évincé du gouvernement de façon fort brutale (V. Robert Aron, *Histoire de Vichy,* Paris, A. Fayard, 1954), n'accepte pas de redevenir vice-président du Conseil. Il veut être chef du gouvernement et disposer, à ce titre, d'une autorité effective et personnelle. L'*Acte constitutionnel n° 11* du 18 avril 1942 satisfait à ses exigences.

Après l'invasion de la zone sud, sept mois plus tard, Laval obtiendra, en outre, que lui soient reconnus les pouvoirs législatif et réglementaire (*Acte constitutionnel n° 12* du 17 novembre 1942, donnant au chef du gouvernement le droit de promulguer les lois sous sa seule signature et *Acte constitutionnel n° 12 bis* du 26 novembre 1942, attribuant le pouvoir législatif au chef du gouvernement en Conseil de Cabinet).

En deux étapes, printemps et automne, le chef du gouvernement attire ainsi à lui la substance des attributions du chef de l'État : le pouvoir gouvernemental qui est celui de la conduite politique du pays; le pouvoir de poser des normes juridiques qui est celui de faire la loi et le règlement.

Toutefois, dans le principe, le chef de l'État n'abandonne rien de ses prérogatives : le chef du gouvernement est nommé par lui, il est responsable devant lui; il lui doit compte de ses « initiatives et ses actes ». Et comme, au surplus, le maréchal Pétain détient le pouvoir constituant, il lui est toujours possible de mettre fin à la dyarchie, de la même façon et aussi aisément qu'il l'a créée.

On ne saurait donc que très approximativement comparer le dualisme du chef de l'État et du chef du gouvernement avec le dualisme traditionnel du président de la République et du président du Conseil. Le dualisme du régime parlementaire, par la nécessité du contre-seing, exige une collaboration constante. Au contraire, la dyarchie établie par les actes constitutionnels de 1942 comporte trois catégories d'attributions : les unes restent propres au chef d'État; les autres sont exercés conjointement par le chef d'État et le chef du Gouvernement; les troisièmes, et les plus étendues, appartiennent simultanément à l'un et à l'autre (cf. Louis Delbez, *La révision constitutionnelle de 1942,* R.D.P., 1943, p. 93).

337. — Le projet de Constitution établi par le Maréchal Pétain en vertu de la loi constitutionnelle du 10 juillet 1940. — Déchargé par Pierre Laval des activités immédiates de gouvernement, le maréchal Pétain revient à la seule tâche que la loi constitutionnelle du 10 juillet 1940 lui ait confié : établir un texte constitutionnel à faire ratifier par la nation.

Déjà, en 1941 et 1942, le Maréchal avait soumis pour avis à la Comission de la Constitution du Conseil National un avant-projet établi par une Commission composée de membres du Conseil d'État (V. Amiral Fernet : *Aux côtés du maréchal Pétain,* 1953). Un texte définitif est mis au point, à partir de juillet 1943, par un comité de rédaction présidé par Lucien Romier. Le Maréchal donne sa signature le 30 janvier 1944. Trois exemplaires sont déposés entre les mains du Vice-Président du Conseil d'État, du premier Président de la Cour de cassation et du notaire du Maréchal (V. L.-D. Girard : *L'Appel de l'Ile d'Yeu,* t. II, A. Bonne, 1951, chap. V : Le mandat constituant du Maréchal; M. Abeberry : *Le projet de constitution du Maréchal Pétain,* th. Droit, Bordeaux, 1951, dact. Le texte même de la Constitution est reproduit dans : G. Berlia : *Les Constitutions et les principales lois politiques de la France depuis 1789,* et dans M. Duverger, *Constitutions et documents politiques.*

Cette Constitution « définitive » tient, pourrait-on dire, le milieu entre les *Actes constitutionnels* de 1940 et la Constitution de 1875. Bien qu'elle évite soigneusement de proclamer la souveraineté nationale ou de se recommander de la démocratie, elle appuie l'autorité de l'État sur l'adhésion de la Nation. Un « circuit continu de confiance » est établi entre celle-ci et le gouvernement. Toute l'organisation procède du principe électif, les autorités tirant directement ou indirectement leur origine du corps électoral, sauf certaines nominations directes confiées au chef de l'État.

Les rapports des pouvoirs publics sont fondés sur la séparation des pouvoirs entendue au double sens fonctionnel et organique : « les trois fonctions de l'État — fonction gouvernementale, fonction législative et fonction juridictionnelle — s'exercent par des organes distincts » (art. 12). Le chef de l'État est élu pour dix ans par un Congrès national qui adjoint aux membres des deux Assemblées maintenues dans leurs titres, des Conseillers provinciaux en nombre égal à celui des parlementaires. Cependant, les attributions du président restent à peu près les mêmes que celles du président de la République de 1875. Le projet n'établit pas le régime présidentiel à la manière de celui des États-Unis ou de la Constitution de 1852 ; il ne consacre pas non plus le régime parlementaire, dans ses formes classiques dualiste ou moniste. « La Constitution Pétain contenait des dispositions qu'il eut été malaisé de rattacher à une conception cohérente ou de ramener à un type nettement déterminé. » Tout le système, ayant dû « combiner des conceptions gouvernementales opposées », ou, du moins, n'ayant « pu développer pleinement celles qui, sans doute, auraient eu ses préférences », apparaît « hybride » et « composite ». Il rappelle « le second Empire au stade de son évolution que marqua le Sénatus-Consulte de 1860, et qui, s'il s'était établi, n'aurait pu se maintenir qu'en aboutissant à la franche acceptation du gouvernement parlementaire » (J. Laferrière : *Manuel de droit constitutionnel,* 2e édit., Paris, 1947, p. 858, 859).

La seule innovation marquante était la création d'une Cour Surpême de Justice aux compétences multiples et étendues ; notamment, elle devait connaître des recours en inconstitutionnalité de la loi ; elle garantissait ainsi les libertés fondamentales inscrites dans les douze premiers articles formant à la Constitution une sorte de Préambule.

Établi, selon son auteur, « pour concilier le principe de la souveraineté nationale et le droit de libre suffrage des citoyens avec la nécessité d'assurer la stabilité de l'État » (message non prononcé du 12 novembre 1943) ce texte ne pouvait être, dans la conjoncture intérieure et extérieure, qu'une constitution mort-née.

338. — Les tentatives de retour à l'Assemblée Nationale.
— Il semble, d'ailleurs, que tout en s'efforçant de remplir le mandat que lui avait confié l'Assemblée le maréchal Pétain ait lui-même douté de l'aboutissement effectif de sa mission constitutionnelle. Par un *Acte constitutionnel n° 4 sexies,* dont il rédige successivement deux versions, il s'efforce de sortir de l'impasse où l'a mis la création manquée de l'État autoritaire en ramenant le régime à son point de départ : le vote de l'Assemblée du 10 juillet 1940. Selon ces textes, le maréchal, s'il ne peut faire ratifier de son vivant la Constitution qu'il a préparée, restitue le pouvoir constituant à la Chambre et au Sénat. Il révoque, en même temps, les mesures contraires prises, par lui-même et son gouvernement, depuis la même date.

Cette attitude nouvelle tend à effacer jusqu'au souvenir de la Révolution nationale. Il n'y aurait pas eu de détournement du pouvoir constituant, d'abolition de la République, de proscription des institutions démocratiques, mais une sorte de malentendu imputable aux circonstances. Se bouclant en quelque sorte sur lui-même, le cycle vichyssois revient à la troisième République, dont il n'aurait que suspendu le cours. Le Maréchal espère, de la sorte, ramener à lui les partisans du *statu quo* politique et social qu'inquiète l'attitude révolutionnaire du gouvernement d'Alger et du Conseil clandestin de la Résistance. Il invoque, de nouveau, l'argument capital de la légitimité. « J'incarne aujourd'hui la légitimité française... C'est le respect de la légitimité qui conditionne la stabilité d'un pays ; en dehors de la légitimité, il ne peut y avoir que des aventures, des rivalités de faction, l'anarchie des luttes fraticides » (V. W. Stucky : *La Fin du régime de Vichy,* 1947). D'autre part, la déclaration atteint directement l'autorité de Pierre Laval qui, une seconde fois, cesse d'être le successeur désigné du chef de l'État et qui risque, en outre, de perdre l'audience des milieux politiques dont il a l'habitude d'invoquer la connaissance et l'appui.

Aussi est-ce vraisemblablement sur l'avertissement, sinon à l'instigation du chef du gouvernement, que les autorités d'occupation interdisent au maréchal la publication de l'*Acte 4 sexies,* ainsi que le prononcé du discours qui devait l'accompagner. Mais l'un et l'autre sont connus par la diffusion semi-clandestine que leur donnent les fidèles du maréchal, ainsi que par la publicité du *Journal de Genève* et de Radio-Sottens. Cependant, les dernières bribes du pouvoir ont échappé aussi bien à l'auteur de l'*Acte 4 sexies* qu'au chef du gouvernement, comme elles échapperont bientôt à l'occupant lui-même.

Le véritable intérêt du document est dans le désarroi qu'il traduit. En lui-même, il est sans portée immédiate, puisqu'il renvoie la convocation de l'Assemblée à la mort du maréchal, c'est-à-dire à une éventualité qui se réalisera longtemps après la libération. Par contre, il entérine définitivement l'échec des tentatives faites pour remplacer, en vertu de la loi constitutionnelle du 10 juillet 1940, la troisième République par un autre régime.

Section 2

Les gouvernements de Londres et d'Alger

339. — Continuité de la République. — En opposition aux tentatives infructueuses du gouvernement de Vichy, pour établir un nouveau régime politique, hors de la métropole, une autorité française libre affirme, par sa présence sous différentes formes, la continuité de la République.

Les gouvernements de fait, installés à Londres d'abord, à Alger ensuite, sont, par la force même des choses, également personnels et autoritaires. L'impératif de la libération nationale rend nécessaire l'incarnation du pouvoir aux mains de celui qui, du fait des circonstances, le détiendra pendant près de cinq ans; la conduite de la guerre exige qu'il reste entouré d'hommes ayant sa confiance et formant une équipe aussi homogène que possible; elle réclame aussi que les pouvoirs demeurent très concentrés dans leur structure, afin de porter au maximum l'effort militaire du pays et son premier élan réparateur. C'est pourquoi, réinstallé en France, subsistera presque inchangé le régime d'Alger qui était déjà, en grande partie, celui de Londres. L'organe de gouvernement est collégial, selon la tradition républicaine, mais, en fait, un homme y joue un rôle prépondérant. Par son prestige, comme par sa stature, il domine la réunion de ses collaborateurs. Depuis le 18 juin 1940, le général de Gaulle est, de fait, le dépositaire de la souveraineté nationale dont sa clairvoyance et son énergie ont assuré la survie. Avec des titres et des aspects divers, le régime de la résistance et de la libération se résume dans la personne du chef suscité par les circonstances, progressivement reconnu comme guide par des éléments de plus en plus étendus et rassemblant, pour finir, autour de lui une écrasante majorité.

Mais, s'il y a, entre les structures des régimes extramétropolitains et le gouvernement de Vichy, ces ressemblances, l'inspiration est totalement différente. Au lieu de prétendre remplacer la République, de Gaulle en affirme la continuité; au lieu de proclamer la disparition de la démocratie, il la restaure progressivement. Dès son retour, il rendra au pays les libertés compatibles avec l'état de guerre et avec la crise civique provoquée par la « Révolution nationale ». Il ne manquera, à son gouvernement ainsi qu'à l'Assemblée consultative, qu'une base élective pour que, déjà, soit restaurée la souveraineté populaire (V. Ch. de Gaulle : *Mémoires de guerre,* t. I : *L'Appel,* 1940-1942, Plon, 1955, p. 119).

340. — Les gouvernements de Londres. — A. *Le Chef des Français libres* (22 juin-27 octobre 1940). De Londres, le 18 juin 1940, le général de brigade à titre temporaire Charles de Gaulle, sous-secrétaire d'État à la Guerre du cabinet Paul Reynaud, qui vient d'arriver en Angleterre, lance, par la voix des ondes, un appel aux Français. Le lendemain, il précise : « les formes ordinaires du pouvoir ont disparu... Devant l'impossibilité de faire jouer nos institutions, moi, général de Gaulle, soldat et chef français, j'ai conscience de parler au nom de la France. » Le 22 juin, il fonde le *Comité de la France libre,* « destiné à grouper une force française aussi grande que possible ». Le 28 juin, il est reconnu par le Gouvernement britannique comme « Chef de tous les Français libres ».

On peut donc, dès ce moment, parler d'une vraie autorité politique. Sans doute, celle-ci n'est pas encore un gouvernement, puisqu'aucun territoire ne dépend d'elle et que les individus qui lui obéissent, en Angleterre, dans l'empire britannique, de par le monde et bientôt en France, le font de leur plein gré. Mais elle porte déjà en elle, comme les

Comités nationaux reconnus pendant la guerre de 1914-1918, une « puissance virtuelle, une aptitude *probable* à constituer un gouvernement ». Du point de vue du droit interne, on peut même aller plus loin et voir, dans le Comité de la France libre, « un gouvernement de fait partiel », selon la définition que donne Georges Scelle du belligérant reconnu (*Manuel élémentaire de droit international public,* 1943, p. 130, 133. Cf. sur la position internationale de la France libre : M. Flory, *Le statut international des gouvernements réfugiés et le cas de la France libre,* 1952).

B. *Le Conseil de Défense de l'Empire* (27 octobre 1940-24 septembre 1941). Mais l'assise territoriale qui manque au Comité de la France libre ne lui fera pas longtemps défaut. Les 26, 27 et 28 août — les « trois glorieuses » d'Afrique — le Tchad, le Cameroun, le moyen Congo et l'Oubangui se rallient au général de Gaulle. En septembre, l'Océanie française, puis les Établissements de l'Inde suivent le mouvement. En octobre, le Gabon est dégagé.

Un embryon d'institution devient nécessaire. De Brazzaville, le 27 octobre 1940, le général de Gaulle annonce la création d'un *Conseil de défense de l'Empire* formé de gouverneurs et commissaires administrant les territoires ralliés, ainsi que de personnalités choisies par lui.

En l'absence d'un gouvernement français, le Conseil exercera ses pouvoirs « au nom de la France », mais uniquement pour sa défense, « sous l'engagement solennel de rendre compte de ses actes aux représentants du peuple français dès qu'il lui aura été possible d'en désigner librement ». Les attributions, normalement dévolues au chef de l'État et au conseil des ministres, sont confiées au Chef des Français libres qui se conformera aux dispositions législatives appliquées en France avant le 23 juin 1940.

C. *Le Comité national français* (24 septembre 1941-3 juin 1943). L'extension de l'action de la France libre au Proche-Orient et l'accroissement de son rôle dans la guerre d'Afrique amènent la création d'un *Comité national français,* « de manière à représenter la Nation qui n'a pas d'autre moyen qu'elle pour faire valoir sa volonté, pour soutenir ses intérêts au dehors et, enfin, pour préparer demain le cadre dans lequel il lui sera possible d'exercer la souveraineté nationale » (Ordonnance n° 16 du 24 septembre 1941).

Sous la présidence du Chef des Français libres, des commissaires « exercent toutes les attributions individuelles ou collégiales normalement dévolues aux ministres ». De plus, le Comité délibère sur les dispositions de nature législative qui font l'objet d'*ordonnances* (et non de *lois*). Il ratifie, de même, les traités et conventions internationales, soumis par la Constitution de 1875 à l'approbation des Chambres.

Les pouvoirs du Chef des Français libres demeurent toujours largement prééminents : il nomme et révoque les commissaires responsables devant lui (art. 2 et 5); il signe et promulgue les ordonnances (art. 3); il prend par décret les dispositions de nature réglementaire (art. 3); il nomme et accrédite les représentants de la France libre à l'étranger, les représentants diplomatiques des puissances étrangères étant eux-mêmes accrédités auprès de lui (art. 6).

Ainsi, *la France libre,* qui, le 14 juillet 1942, s'appellera *la France combattante,* afin d'intégrer aussi la résistance intérieure, possède-t-elle un véritable gouvernement susceptible non seulement de diriger les territoires qui dépendent déjà d'elle, mais encore d'étendre son autorité à ceux qui, outre-mer ou dans la métropole, seront libérés de l'ennemi par son intervention et celle de ses alliés.

341. — Les gouvernements d'Alger. — Logiquement, ceux-ci auraient dû associer le *Comité national français* aux préparatifs et à l'accomplissement du débarquement en Afrique du Nord. Mais, pour des raisons diplomatiques et militaires, le haut commandement interallié, à direction américaine, croit préférable de traiter avec les autorités françaises auxquelles obéissaient sur place l'armée et la flotte. Il devait, du 11 novembre 1942 au 3 juin 1943, en résulter l'existence à Alger d'une troisième autorité française, ne relevant pas de Londres et se détachant progressivement de Vichy. Elle s'intitule d'abord : *Haut Commissariat,* puis *Commandement en Chef civil et militaire.*

A. *Les hauts commissariats de l'amiral Darlan et du général Giraud* (12 novembre 1942-2 février 1943). Dès le succès du débarquement, une convention Darlan-Clark constate « qu'en vertu d'un commun accord entre les personnalités dirigeantes en Afrique française du Nord, l'amiral de la flotte, François Darlan, a été reconnu haut Commissaire de l'Afrique du Nord ». D'après les déclarations de ce dernier, notamment à la radio d'Alger, le régime de Vichy continue dans sa doctrine et dans ses hommes. Le 1er décembre, il forme un Conseil impérial avec les deux gouverneurs généraux de l'Algérie et de l'Afrique occidentale, ainsi qu'avec le résident au Maroc — le résident en Tunisie étant en zone occupée.

C'est cet organisme qui, le 26 décembre, remplace Darlan, assassiné la veille de Noël, par le général Giraud. Les membres du Conseil disent agir « d'accord avec leurs populations et suivant les règles légitimes de leur statut, comme dépositaires des pouvoirs ».

Devant cette situation, le Comité national français a d'abord élevé de Londres, le 16 novembre, une protestation solennelle, déclarant inacceptables pour la France combattante « des dispositions qui auraient pour effet de consacrer le régime de Vichy en Afrique du Nord » et réclamant des conditions d'union « conformes à la dignité et à la volonté du peuple français ». Plus tard, le 28 décembre, après la disparition tragique de l'amiral Darlan, le Comité de Londres offre une entente au général Giraud et la création d'un « pouvoir provisoire élargi groupant toutes les forces françaises à l'intérieur et à l'extérieur du pays et tous les territoires français ».

Mais la conférence tenue à Anfa, quartier de plaisance de Casablanca, sous les auspices du président des États-Unis et du Premier britannique, n'amène aucun accord entre les généraux Giraud et de Gaulle (janvier 1943).

B. *Le Commandement en Chef civil et militaire* (2 février-3 juin 1943). Arbitrant en faveur du premier, les gouvernements des États-Unis et de Grande-Bretagne reconnaissent au général Giraud « le droit et le devoir de préserver sur le plan militaire, économique, financier et moral tous les intérêts français ». En fonction de ce texte et à la suite d'un Conseil impérial, celui-ci prend le titre nouveau de *Commandant en chef civil et militaire*. Il est assisté d'un « Comité de guerre » remplaçant le Conseil d'empire et d'un Conseil supérieur économique qui doivent lui permettre d'assurer « la charge de tous les intérêts vitaux du pays en guerre ».

Patronné par les alliés, le général Giraud rompt, le 7 mars, les rapports qu'il continuait d'entretenir en sous-main avec le gouvernement du maréchal. Bientôt, il reconnaît que, depuis le 22 juin 1940, la volonté du peuple français a cessé de s'exprimer librement; il proclame le droit sacré de celui-ci à se choisir un gouvernement provisoire; il envisage, à cet égard, d'utiliser la vieille loi Trévenenc des 15-23 février 1872, permettant de former une Assemblée provisoire à partir des conseils généraux. Enfin, le 15 mars, écrivant au général Catroux, il se déclare « prêt à recevoir de Gaulle ».

C. *Le Comité français de la Libération nationale* (3 juin 1943-3 juin 1944). Le 23 avril, le conseil général d'Alger réclame l'union avec Londres. Mais le haut commandement américain s'oppose à toute modification politique tant que dureront les opérations en Tunisie et que l'Afrique du Nord ne se sera pas entièrement libérée. C'est donc seulement le 30 mai que le général de Gaulle arrivera à Alger. A la suite de négociations ardues, est institué le 3 juin, *le Comité national de Libération* (V. P. Denis : *Souvenirs de la France libre,* 1946), juxtaposition plus que fusion du Comité national et du Commandement en chef civil et militaire. Les duumvirs Giraud et de Gaulle y alternent dans l'exercice de leur fonction présidentielle; ils conservent le commandement personnel de leurs troupes respectives et composent en égale proportion le Comité de libération nationale de leurs collaborateurs et partisans.

Un tel système, fondé à la fois sur la dualité de direction et sur la confusion des attributions civiles et militaires, ne pouvait durer. L'unification est réalisée, au cours de l'été, par la distinction progressive du pouvoir civil et du pouvoir militaire. Un décret du 2 octobre 1943 complète les dispositions prises le 31 juillet et le 4 août. Il attribue au général de Gaulle la direction de l'action gouvernementale, au général Giraud le commandement militaire et la direction des opérations. En même temps, le texte affirme l'incompatibilité de droit et de fait entre la présidence du Comité français de libération et le commandement effectif des armées en campagne.

Pratiquement, le général Giraud se trouve éliminé de la vie politique et le décret du 9 novembre, qui remanie profondément la composition du comité, n'y maintient que les éléments gaullistes, renforcés de nouveaux représentants de la résistance métropolitaine et algérienne.

Un peu plus tôt, une ordonnance du 17 septembre avait

institué une Assemblée consultative provisoire qui se réunira le 9 novembre. Cet événement est « l'étape décisive dans la vie de l'organisme gouvernemental d'Alger... A partir de cette date, le pouvoir central a acquis une structure qui lui permet d'entreprendre, dans des conditions normales, l'œuvre gouvernementale qui l'attend » (A. Hauriou : *l'expérience politique d'Alger,* Les Cah. pol., avril 1945, p. 31).

D. *Le gouvernement provisoire de la République française* (3 juin-26 août 1944). Afin de traduire pleinement cette situation et, surtout, de marquer sans équivoque, à l'égard du commandement américain, ses droits à exercer immédiatement ses pouvoirs sur le territoire métropolitain libéré, le Comité français de libération, se rendant à un vœu de l'Assemblée consultative du 15 mai 1944, prend, le 3 juin, anniversaire de sa fondation et veille d'événements que l'on pressentait décisifs, le nom de gouvernement provisoire de la République française (G.P.R.F.) (sur toute cette période, V. J.-M. Danan, *La Vie politique d'Alger de 1940 à 1944,* 1963).

Section 3
Le gouvernement de la Libération et le régime transitoire

342. — L'implantation clandestine des autorités extra-métropolitaines. — Trois jours après, les armées alliées débarquent sur les plages de Normandie. Au lieu du pays privé de gouvernement et d'administration qu'elles pensaient rencontrer elles trouvent les autorités régulières installées clandestinement par le gouvernement provisoire de la République, en collaboration (et quelquefois aussi en conflit) avec le Conseil national de la Résistance.

Par un symptomatique phénomène de dédoublement politique, le peuple français s'est progressivement détaché des autorités de Vichy, disposant de la légalité formelle, pour accepter la direction morale, puis matérielle des autorités extérieures ou clandestines représentant la légitimité républicaine survivante.

Dès le 18 juin 1940, les paroles du général de Gaulle avaient trouvé dans l'opinion française un profond écho;

dès l'été, dès l'automne surtout, apparaissaient les premières feuilles clandestines et se forment les premiers noyaux de résistants (V. H. Noguères, M. Degliane-Fouché et J.-L. Vigier, *Histoire de la résistance en France*, 1967). Lentement, les contacts se prennent entre les groupes, tandis que de Gaulle polarise peu à peu toute la résistance intérieure, comme il avait déjà attiré à lui toute la résistance extérieure.

Le 14 mai 1943, la double étape de l'unification de la résistance et de son rattachement à la France combattante est simultanément franchie. Le Conseil National de la Résistance (C.N.R.) est fondé. Trois jours avant l'arrivée du général de Gaulle en Afrique du Nord, il se réunit pour la première fois à Paris. Il groupe huit mouvements de résistance : cinq de la zone nord — ceux de la Résistance, ceux de la Libération, le Front national, Libération-Nord, l'Organisation civile et militaire (O.C.M.); trois de la zone sur — Combat, Franc-Tireur, Libération-Sud; les six principaux partis politiques : la Fédération républicaine, l'Alliance démocratique, le parti démocrate populaire, le parti radical et radical-socialiste, le parti socialiste, le parti communiste; les deux grandes organisations syndicales : la Confédération générale du travail (C.G.T.) et la Confédération française des travailleurs chrétiens (C.F.T.C.). La présidence est exercée par Max (Jean Moulin), délégué général du Comité national français, artisan à la fois de l'union des mouvements et de leurs ralliements à Londres.

Toutefois, cette union personnelle n'est pas organiquement logique. Le même homme ne peut à la fois diriger du dedans la résistance intérieure et représenter auprès d'elle, comme commissaire en mission, le Comité français de libération nationale. Aussi, après la disparition tragique de Jean Moulin, la délégation générale et la présidence du C.N.R. sont-elles distinguées. A la première est nommé Émile Bollaert, ancien préfet du Rhône, révoqué par Vichy et désigné par le gouvernement d'Alger; à la seconde est élu Georges Bidault, agrégé d'histoire et journaliste de renom, représentant au C.N.R. du parti démocrate populaire. Après l'arrestation de E. Bollaert, Alexandre Parodi, maître des requêtes au Conseil d'État, lui succède (V. R. Hostache : *Le Conseil national de la Résistance*, 1958).

Ainsi, l'insurrection nationale qui suivant les lieux, accompagne ou accélère la retraite de l'occupant, n'aura-t-elle point à créer un nouveau gouvernement. « Elle exerce le pouvoir pour le compte d'un gouvernement déjà existant... Les choses se déroulent au grand jour comme il avait été décidé dans la clandestinité qu'elles se passeraient. Ce sont les commissaires de la République nommés et les préfets désignés, les municipalités constituées par les instances compétentes de la résistance qui occupent les fonctions mêmes qui leur avaient été imparties » (L. Hamon : *L'Avènement en août 1944 des Comités de la Libération,* L'aube, 18 et 19 août 1946. V. Robert Aron, *Histoire de la Libération,* 1959).

343. — Transfert et remaniement du gouvernement provisoire (15 avril-10 septembre 1944). — Le régime qui a fonctionné outre-mer ne reçoit que de très légère retouches. Les commissaires prennent le nom de ministres (décret du 10 septembre 1944) et l'assemblée consultative est élargie, par deux fois, pour donner une place prépondérante aux résistants et pour accueillir les prisonniers ou déportés libérés (O. du 11 octobre 1944 et du 22 juin 1945). Le C.N.R., frustré à son sens de son droit exclusif de représenter la Nation jusqu'aux élections, y est entièrement intégré.

Son président entre au Gouvernement, mais aux Affaires étrangères et non à l'Intérieur. Quatre ou cinq portefeuilles passent aux mains des dirigeants des mouvements clandestins, tandis que Jules Jeanneney, président du Sénat, devient vice-président du Conseil (9 septembre 1944). Ce dernier choix marque, parallèlement à l'inclusion de la Résistance dans le Gouvernement, la volonté du régime provisoire de se rattacher, par-dessus la parenthèse de Vichy, aux derniers corps élus de 1940. Dans le même but, le général de Gaulle fera ultérieurement à Léon Blum, à Édouard Herriot, à Louis Marin des offres de participation qui seront déclinées (V. Ch. de Gaulle, *Mémoires de Guerre,* t. III : *Le Salut,* 1959).

C'est que, dans l'intervalle, s'est précisée l'intention du gouvernement provisoire de ne pas revenir sans plus à la constitution de 1875. Déjà, l'ordonnance du 9 août 1944 prononçant la nullité de « l'acte dit loi constitutionnelle du 10 juillet 1940 » et de tous « les actes dits actes constitutionnels » n'a pas tiré de ces prémisses des conclusions complètes, puisqu'elle rétablit « la légalité », mais non « la constitution » républicaine. Seule se trouve affirmée la survivance de principe de la République, tandis que pour ces institutions, l'ordonnance du 21 avril 1944 — modifiée le 12 août 1944 — déclare que « le peuple français (en) décidera souverainement... A cet effet, une assemblée constituante sera convoquée ».

344. — La convocation de la Constituante et le référendum du 21 octobre 1945.

— Selon la doctrine et la tradition républicaines, c'est, en effet, par une Constituante que le peuple doit exprimer sa volonté quant au régime destiné à remplacer les institutions abolies par une révolution ou un coup d'État. Tel a été le cas en 1792, en 1848, et en 1871 (V. n°s 198, 273, 297).

Mais la réunion immédiate et inconditionnée d'une Constituante se heurte, d'abord, à l'obstacle matériel de la continuation de la guerre ; puis, après la capitulation allemande, à l'objection juridique d'une survivance possible de la constitution de 1875. De plus, dans un climat de profonde division, les appréhensions sont vives à l'égard d'un système politique marqué historiquement par le sang de la Terreur, des journées de Juin et de la Commune.

Jugé dangereux à toutes les époques, il apparaît particulièrement redoutable au sortir de quatre années d'occupation, dans la situation matérielle et morale où demeure la France, dans l'état de chaos où reste plongée une partie du monde. Une assemblée unique et souveraine risque de paralyser l'exécutif au moment où il devra affronter les tâches les plus lourdes et les plus délicates. Il est à craindre aussi que l'Assemblée constituante soit davantage séduite par sa tâche gouvernante et législative que par sa besogne propre, qu'elle la laisse traîner, comme en 1871, qu'elle aboutisse à un régime inapplicable comme en 1793, ou gros d'une dictature comme en 1848.

La seule manière de faire « du neuf et du raisonnable » (général de Gaulle) est, par un référendum initial, de limiter la Constituante en lui imposant une distinction des pouvoirs, en lui impartissant des délais, en soumettant, enfin, son œuvre au jugement du peuple. En effet, le peuple pouvait seul dire souverainement si la Constituante de 1875 devait revivre ; le peuple pouvait seul imposer à la Constituante elle-même une constitution provisoire et l'obliger à certains délais ; le peuple pouvait seul se réserver à lui-même le droit de statuer en dernier ressort.

Le 21 octobre 1945, le corps électoral, considérablement accru par le vote des femmes et des militaires, est convoqué pour le référendum le plus large et le plus libre que la France ait jamais connu. Tandis que, dans une urne, il désigne ses élus, il détermine simultanément la nature du mandat qu'il leur confère, en répondant, par un autre bulletin, aux deux questions suivantes :

1re question : *Voulez-vous que l'assemblée élue ce jour soit constituante?*

2e question : *Si le corps électoral a répondu « oui » à la première question, approuvez-vous que les pouvoirs publics soient — jusqu'à la mise en vigueur de la nouvelle constitution — organisés conformément aux dispositions du projet* (de loi portant organisation provisoire des pouvoirs publics) *dont le texte figure au verso du bulletin?*

Autrement dit, le pays avait à opter entre trois solutions :

— pour la Constitution de 1875, en répondant *non* à la première question;

— pour la Constituante illimitée, en répondant *non* à la deuxième question;

— pour la Constituante limitée, en répondant *oui* aux deux questions.

69,5 % des électeurs votèrent effectivement. La Constitution de 1875 ne recueillit que 670 000 voix, 96,4 % des suffrages exprimés, soit 17 908 000, se prononçant contre elle; la Constituante illimitée rassembla une minorité compacte de 6 298 000 *non*; mais la Constituante limitée l'emportait nettement par 12 291 000 *oui*.

345. — La « petite Constitution » du 2 novembre 1945. — Conséquence des résultats du référendum, la première « loi » de la quatrième République est promulguée le 2 novembre. Elle fixe le régime transitoire de la France jusqu'à l'entrée en vigueur de la Constitution définitive.

Limitant, comme on l'a dit, la Constituante, ce texte établit, au profit du gouvernement, une certaine distinction des pouvoirs et lui donne des garanties de stabilité.

Il y a distinction des pouvoirs exécutif et législatif : le premier appartient au gouvernement, le second à l'Assemblée. Celle-ci, de plus, vote le budget, mais sans prendre l'initiative des dépenses. Par contre, elle partage l'initiative des lois que le gouvernement promulgue et pour lesquelles il peut éventuellement demander une seconde délibération.

L'Assemblée nomme le chef du gouvernement à la majorité absolue de ses membres. Elle approuve la composition et le programme du ministère. Elle peut le renverser, mais seulement à la majorité absolue, après un délai de deux jours de réflexion et par scrutin public à la tribune. « Le rejet d'un texte ou d'un crédit n'entraîne pas la démission du gouvernement. »

Le système est ambigu : l'absence d'un chef d'État distinct du chef du Gouvernement, l'élection de ce dernier, l'existence d'une Chambre unique l'apparentent au gouvernement d'assemblée; l'aménagement du pouvoir législatif (avec l'initiative partagée, la promulgation, la seconde délibération), ainsi que l'organisation de la responsabilité ministérielle, le rattachent au régime parlementaire.

L'intention du général de Gaulle est de faire prévaloir l'orientation parlementaire, aussi bien dans le présent, avec l'application de la petite constitution, que dans l'avenir, c'est-à-dire dans la constitution définitive.

L'intention des éléments de gauche (socialistes) et d'extrême-gauche (communistes) qui détiennent la majorité absolue à la Constituante est, selon la tradition et selon leurs aspirations, de rendre l'assemblée souveraine, provisoirement d'abord, puis définitivement, dans la constitution elle-même.

346. — Le départ du général de Gaulle et la crise de janvier 1946.

Le conflit constitutionnel est sous-jacent dès la formation même du gouvernement. Élu unanimement, le 13 novembre, par la Constituante, le général de Gaulle, qui entend répartir librement les portefeuilles, doit revenir devant l'Assemblée pour se faire confirmer son mandat.

Six semaines plus tard, l'opposition des thèses lors du débat budgétaire, les 31 décembre 1945 et 1er janvier 1946, prend un tour aigu, le président du Gouvernement ayant déclaré ne pouvoir demeurer en fonction si lui était imposée une économie massive de 25 % sur les crédits militaires. André Philip affirme qu'une telle attitude est contraire à la loi du 3 novembre 1945, celle-ci précisant expressément, ainsi que nous l'avons souligné, que « le refus d'un crédit n'entraîne pas la démission du Gouvernement ». Le président de la commission de Constitution, transformant ainsi en obligation positive une faculté laissée au Gouvernement, le place dans la situation d'un organe subordonné à l'Assemblée, suivant ses impulsions et n'ayant pas de ligne de conduite propre.

Face à cette thèse, le général de Gaulle expose sa conception d'un gouvernement indépendant, déterminant lui-même sa politique, la poursuivant en accord avec les députés, leur en demandant les moyens, mais ayant le droit, et même le devoir, de se retirer en cas d'un désaccord de principe ou d'un refus des facultés matérielles.

René Capitant démontre que, techniquement, la loi du 2 novembre établit le régime parlementaire et qu'en conséquence, l'interprétation du chef du Gouvernement est la seule vraie, mais son argumentation ne réussit pas à convaincre la gauche et l'extrême-gauche. Le vote sur les crédits de la défense nationale qui intervient laisse intégralement subsister le désaccord de principe entre le général de Gaulle et une partie de l'Assemblée Constituante. Celle-ci étant nettement majoritaire, le général de Gaulle, décidé dès lors à se retirer, démissionne le 20 janvier 1946 (V. Ch. de Gaulle : *Le salut, op. cit.,* p. 278 et s.).

Il ne reviendra au pouvoir que douze ans plus tard, le 1er juin 1958. Entre ces deux dates, s'inscrit la carrière toujours précaire et souvent tourmentée de la quatrième République.

CHAPITRE II

LA SECONDE RÉPUBLIQUE PARLEMENTAIRE

Section 1
Les origines

347. — La composition de la première Constituante. — Comme le corps électoral, l'Assemblée constituante, élue à la représentation proportionnelle, se divise en trois groupes principaux, représentant plus des trois quarts des suffrages exprimés :

— un groupe communiste de 151 membres, plus 8 apparentés (républicains et résistants) (5 006 000 voix);

— un groupe républicain populaire (M.R.P.) de 150 membres (4 781 000 voix);

— un groupe socialiste (S.F.I.O.) de 139 membres (4 562 000 voix), plus 7 apparentés (musulmans algériens).

Les groupes secondaires sont au nombre de quatre :

— un groupe de la « Résistance démocratique et socialiste » de 31 membres dont 4 apparentés (environ 450 000 voix) plus 6 « paysans » et 5 apparentés à ceux-ci;

— un groupe radical et radical-socialiste de 28 membres dont 5 apparentés (environ 1 400 000 voix);

— un groupe de républicains indépendants de 14 membres.

— un groupe d' « unité républicaine » (plus tard « parti républicain de la liberté », P.R.L.) de 39 membres, dont 2 apparentés (environ 2 130 000 voix pour l'ensemble des modérés).

Ce simple relevé statistique (*J.O. Déb.*, séance du 23 nov. 1945, p. 133, 134) fait ressortir une majorité indiscutable en faveur des partisans du gouvernement d'Assemblée. Ceux-ci auraient pu, dès le début, imposer leurs vues.

Toutefois, sauf chez les communistes, elles n'ont pas pris encore la forme d'un projet précis. Par ailleurs, le M.R.P. qui a obtenu un succès aussi vaste qu'inattendu participe au gouvernement. Il ne peut *a priori* être exclu de l'œuvre constitutionnelle.

Les tentatives faites pour l'associer à celle-ci expliquent les vicissitudes des travaux de la commission, élue à la proportionnelle dès le 29 novembre et formée, à l'image de l'Assemblée de 11 communistes et de 1 républicain et résistant apparenté, de 11 républicains populaires, de 10 socialistes, de 3 membres du groupe d' « unité républicaine », de 2 « résistants démocrates et socialistes », de 1 « paysan » apparenté, et de 1 républicain indépendant.

348. — Les travaux de la première commission de la Constitution. — Sous l'influence des facteurs numériques et psychologiques contradictoires que l'on vient d'indiquer, les travaux de la commission se divisent assez nettement en trois phases :

1° *La première phase, de décembre à fin janvier,* est dominée par l'influence du président de la commission, André Philip (S.F.I.O.), dont les vues (exposées dans Les Cah. pol. d'août-sept. 1945 : *Thèses pour servir à une discussion sur la future Constitution,* p. 1 à 5) orientent les débats. Au cours de votes destinés à dégager une « position indicative » sur chacun des grands problèmes constitutionnels, une majorité assez faible se dégage. Elle est souvent centriste : républicaine populaire et socialiste.

2° *La seconde phase, de fin janvier à fin mars,* est celle de la médiation Auriol (S.F.I.O.). Guy Mollet (S.F.I.O.) remplace à la tête de la commission A. Philip, nommé ministre des Finances; l'opposition s'accentue entre la majorité socialo-communiste et le M.R.P. devenu minoritaire. Afin d'atténuer un différend dont il pressent les risques, Vincent Auriol, président de l'Assemblée, propose un compromis sur les questions essentielles de la dualité des Chambres, des attributions et de la désignation du président de la République, de la stabilité gouvernementale. Les propositions Auriol rapprochent le régime à établir du gouvernement parlementaire, en renforçant la situation du chef de l'État, en flanquant l'Assemblée de deux conseils qui joueraient en partie le rôle habituellement dévolu à une seconde Chambre, en permettant, enfin, au Gouvernement de poser la question de confiance. Mais ce compromis, admis des républicains populaires comme un point de départ, est pour les communistes et certains socialistes l'extrême limite de leurs concessions. Le 28 mars, la commission rejette le contrôle de constitutionnalité des lois, revenant ainsi sur un point admis par les socialistes quelques semaines plus tôt et jugé acquis par le M.R.P. A bout de patience, ses représentants passent à l'opposition. M. François de Menthon (M.R.P.) abandonne le rapport général, P.-E. Viard (M.R.P.) et P. Coste-Floret (M.R.P.), les importants rapports spéciaux qui leur avaient été confiés.

3º *La troisième phase, de fin mars au 19 avril,* voit les possibilités d'un large accord s'évanouir définitivement et la majorité socialo-communiste prendre elle-même la responsabilité de son projet. Elle charge de sa défense Pierre Cot qui, ayant abandonné le parti radical, représente désormais à la commission les « républicains et résistants », apparentés au groupe communiste. Avec célérité et virtuosité, il met sur pied une ingénieuse justification des choix de la commission. Sous sa plume, le système projeté devient une création inédite : « un Gouvernement représentatif à base d'Assemblée nationale, comportant une division constitutionnelle des pouvoirs et caractérisé par une organisation très élaborée de contrepoids et d'équilibre ». Différent du parlementarisme classique, il se distinguerait aussi du Gouvernement d'assemblée avec lequel les adversaires du projet voudraient le confondre.

349. — Le projet du 19 avril 1946. — En réalité, malgré quelques emprunts faits au régime parlementaire ou certaines innovations ingénieuses, l'omnipotence du législatif est complète.

1º L'Assemblée nationale nomme seule le président de la République et, dans des conditions à peu près semblables, choisit le président du Conseil, ainsi que son propre président. Les attributions des trois présidents, égaux dans leurs origines, se chevauchent et s'enchevêtrent. Le président de la République perd les deux pouvoirs que la coutume lui reconnaissait effectivement sous la troisième République : choisir le président du Conseil et faire grâce.

2º L'Assemblée accomplit les actes les plus importants de la vie de la Nation. La détention du pouvoir législatif assure sa primauté, puisque la loi, expression de la volonté générale, peut décider de tout et sur tout. Aucun contrôle de constitutionnalité ne lui impose le respect de la déclaration des droits ou des règles organisant les pouvoirs publics. Aucun partage n'intervient dans la confection de la loi. Certes, l'on consulte auparavant le Conseil économique national et l'on consulte ensuite le Conseil de l'Union. Mais ce ne sont que des conseils et les auteurs du projet du 19 avril ont tenu à bien marquer cette place subordonnée et ce rôle subsidiaire en refusant d'adopter l'amendement Coste-Floret qui incluait le Conseil de l'Union dans le Parlement. Les conseillers ne sont les égaux des députés, ni quant au traitement, ni quant aux immunités. L'Assemblée statue sur leur propre sort et leurs discours ne figurent pas au *Journal officiel*. Enfin, leur avis n'impose qu'un délai de quelques jours ou, au mieux, de quelques semaines aux décisions de l'Assemblée nationale. En seconde lecture, celle-ci statue « définitivement et souverainement », c'est-à-dire qu'elle peut adopter des textes que le Conseil de l'Union aura pu ne jamais connaître.

3° L'Assemblée domine le Gouvernement. Elle approuve sa composition, son programme, sa structure. Elle le révoque par la motion de censure. Sans doute le président du Conseil peut-il poser la question de confiance, mais celle-ci ne saurait embarrasser l'Assemblée. En cas de désaccord, le ministre se retire et elle désigne un nouveau président. La dissolution est bien inscrite dans les textes, mais elle n'est possible que dans la seconde partie de la législature, c'est-à-dire seulement après deux ans et demi. Elle exige deux votes solennels de défiance en une même session annuelle. Elle ne tient donc pas compte de la retraite des ministères disparaissant par épuisement ou par dislocation. D'autre part, le Gouvernement n'a aucun intérêt à prononcer la dissolution, puisqu'il provoque ainsi sa propre retraite, devant nécessairement céder la place à un ministère « neutre » formé du président de l'Assemblée et des présidents de commission à qui sont attribués les départements ministériels correspondant à leur présidence. Enfin, il y a pour les ministres tout gain à suivre l'Assemblée, tout risque à s'opposer à elle, car les ministres relèvent de la Haute-Cour, en définitive, nouvelle incarnation de l'Assemblée nationale. Celle-ci, à la fois juge et procureur, poursuit ses propres accusés devant elle-même, puisqu'elle désigne les membres de la Haute-Cour qui sont, pour les deux tiers, choisis dans son sein.

4º L'Assemblée, qui fait la loi, intervient directement dans son exécution par voie judiciaire. La justice passe, de la dépendance gouvernementale, sous celle de l'Assemblée nationale qui a la majorité dans le Conseil de la magistrature. Non seulement elle élit ès qualités six membres du Conseil, mais encore le président de la République, président du Conseil de la magistrature et elle n'est pas sans influence, vue sa qualité de ministre, sur le garde des Sceaux. Au fond, elle dispose de huit membres sur les douze qui composent le Conseil. (V. G. Berlia : *Le projet de constitution du 19 avril 1946,* R.D.P., 1946, p. 209 ; J. Rivero : *Incertitudes de la Constitution d'avril,* Études, juin 1946, p. 356 à 379 ; R. Pelloux : *Le projet de Constitution d'avril 1946,* Chron. soc. de France, juin-juillet 1946, p. 342 à 359 ; G. Lefèvre : *La première Constitution de 1946,* La rev. socialiste, juillet 1946, p. 262 à 284 ; F. le Reclus (M. Prévot) : *Le projet du 19 avril 1946,* Politique, mai-juin 1946, p. 390 à 410).

350. — L'adoption par l'Assemblée et le rejet par le peuple. — Déjà, entre le 7 et le 21 mars, l'Assemblée avait voté la déclaration de droits, rapportée par M. Gilbert Zaksas, député socialiste de la Haute-Garonne. Elle se prononce, du 9 au 19 avril, sur l'ensemble ; puis, sur les 87 articles ; enfin, sur les dernières rédactions d'une seconde lecture. Ce débat hâtif n'apporte à peu près aucun élément nouveau. D'ultimes tentatives d'accord, poursuivies en coulisse, restent sans résultat.

Le 19 avril, l'ensemble est définitivement adopté par 309 voix contre 249. La majorité comprend les communistes, les socialistes et leurs apparentés ; la minorité, le M.R.P., presque tous les « résistants démocrates et socialistes », les radicaux socialistes, les paysans, les indépendants et les membres du P.R.L.

Mais, en vertu de la loi constitutionnelle du 2 novembre 1945, le texte adopté le 19 avril par la Constituante n'est qu'un projet soumis au peuple souverain. Celui-ci est appelé à se prononcer, le 5 mai, dans des conditions identiques à celles du 21 octobre 1945, une seule question étant, cette fois, posée : *approuvez-vous la Constitution adoptée par l'Assemblée nationale constituante?*

Le résultat est négatif. Par dix millions quatre cent cinquante mille « non » contre neuf millions deux cent quatre-vingt mille « oui », le projet est rejeté. Le fait est sans précédent dans notre histoire constitutionnelle où toutes les Constitutions soumises au corps électoral avaient été jusqu'alors approuvées par des majorités abondantes et souvent pléthoriques.

351. — La seconde Constituante et la seconde commission de la Constitution.

— L'échec du projet du 19 avril entraîne, toujours en vertu de la loi constitutionnelle du 2 novembre 1945, une nouvelle convocation des électeurs, en vue de désigner une seconde Constituante.

Le régime électoral demeurant inchangé, les résultats du scrutin du 2 juin 1946, dans leur ensemble, ne diffèrent pas sensiblement de ceux du 21 octobre. Comme la première, la seconde Constituante juxtapose essentiellement trois grands groupes : M.R.P. (5 589 000 voix, 165 élus), parti communiste (5 199 000 voix, 143 élus et 7 apparentés), socialistes unifiés (4 198 000 voix, 128 élus).

Au centre gauche (2 295 000 voix), siègent deux groupes : 17 U.D.S.R. et 31 radicaux socialistes. La droite (2 295 000 voix) se divise en trois fractions : 21 indépendants; 8 paysans (apparentés aux indépendants); 35 membres du P.R.L. De plus, l'Assemblée compte un groupe d' « amis du manifeste algérien » (11) et 2 autonomistes malgaches (*J.O.*, lois et décrets du 16 juin 1946, p. 5338 et 5339).

L'atmosphère politique se trouve modifiée du fait du passage en tête du M.R.P. et d'un certain renforcement des modérés, mais les rapports de force demeurent à peu près les mêmes. Dans la seconde Assemblée, comme dans la première, il reste impossible, sans l'entente de deux grands partis, de réunir une majorité constituante. De plus, l'échec du référendum ne se répercute pas nettement sur l'Assemblée du fait des élus d'outre-mer. Avec leur appoint, communistes et socialistes conservent une très courte majorité, insuffisante sans doute pour maintenir le projet du 19 avril, assez sûre cependant pour empêcher que l'on s'en écartât beaucoup.

De la sorte, la seconde commission de la Constitution se partage également entre partisans du « oui » et du « non ». André Philip est derechef président, mais le rapporteur est un républicain populaire, Paul Coste-Floret. Le parti socialiste dépose une proposition où les modifications au projet d'avril se bornent à quelques amendements bien circonscrits portant sur le Conseil de l'Union française, la présidence de la République et le Conseil supérieur de la magistrature. Les textes du M.R.P., des « paysans » et du P.R.L., tout en s'éloignant plus sensiblement de la constitution avortée, inclinent aussi à la conciliation.

Des propositions Philip et Coste-Floret, qui sont déjà elles-mêmes des compromis, les débats de la commission vont tirer un nouveau compromis, un compromis de compromis, un super-compromis, si l'on peut s'exprimer ainsi, dans lequel on suit le M.R.P., en ce qui regarde le Conseil de la République et, particllement, la protection des lois constitutionnelles, la S.F.I.O., quant au reste (sur les travaux de la Commission, voir : *Séances de la Commission de la Constitution,* comptes rendus analytiques imprimés en exécution de la résolution votée par l'Assemblée le 2 octobre 1946, Paris, imprimerie de l'Assemblée nationale, s.d.). L'accord ainsi réalisé ne dépasse cependant pas ses promoteurs. Au vote d'ensemble du 2 août, seuls socialistes et républicains populaires unissent leurs bulletins positifs, tous les autres partis s'abstiennent.

En revanche, en séance publique, après le 20 août, le rapport intelligent et clair de P. Coste-Floret lui assure non seulement un vif succès personnel, mais encore le ralliement discret de la plupart des groupes. Seuls persévèrent dans leur intransigeance les radicaux partisans de la Constitution de 1875, dont Paul Bastid est le porte-parole, et les communistes, attachés au projet du 19 avril, limite de leurs concessions.

352. — Les prises de position du général de Gaulle : le discours de Bayeux et la déclaration du 27 août 1946.

— C'est alors, que de l'extérieur, se produit la vigoureuse intervention qui, détruisant l'accord à peine ébauché, renverse les positions qui paraissaient déjà prises.

Auparavant, dès l'échec du référendum, le général de Gaulle avait indiqué, le 16 juin, à Bayeux, les grandes lignes de la constitution qu'il souhaitait pour la France. En opposition au projet d'avril, il insistait essentiellement sur l'indépendance du gouvernement et sur l'importance d'une seconde Chambre. D'autre part, il préconisait pour l'Union française une structure fédérale.

Manifestement, le compromis Philip-Coste-Floret restait trop en deçà de ces exigences pour être approuvé. Le général le condamne clairement dans une note à la presse date du 27 août. Sa critique porte surtout sur la Constitution de l'Union (réservée simultanément par l'Assemblée elle-même) et l'absence de Gouvernement, « mot et chose », manquant également dans la proposition de la Commission.

L'entrée en lice du général de Gaulle a deux conséquences immédiates. Elle provoque, d'abord, un singulier chassé-croisé; les communistes se rallient au compromis Philip-Coste-Floret, tandis que tous les petits groupes (U.D.S.R., paysans, indépendants, républicains libéraux) rejoignent les radicaux dans l'opposition. D'autre part, elle voue le M.R.P. à la tâche ingrate de rapprocher le projet constitutionnel des vues du général de Gaulle, sans rompre, pour autant, avec les socialistes.

353. — L'adoption par l'Assemblée et par le peuple.
— On retrouve ainsi à peu près la situation de la première Constituante. Le M.R.P., plus souvent dans la minorité quadripartie que dans la majorité bipartie socialo-communiste est battu, chaque fois, à un faible écart de deux à quatorze voix, celles des algériens du « Manifeste » et des malgaches autonomistes.

Une seconde rupture eût dû en sortir. Elle est évitée grâce à une nouvelle médiation de Vincent Auriol. Le 11 septembre, après une ultime crise, le M.R.P. s'associe aux communistes et aux socialistes pour voter l'article 7 concernant le Conseil de la République. Le tournant décisif est franchi et, comme le constate alors Léon Blum, le vote sur l'ensemble désormais assuré.

Par ailleurs, les dispositions relatives à l'Union française ont fait l'objet d'un projet gouvernemental élaboré par Alexandre Varenne, ministre d'État. Substitué au texte de la Commission, il forme le nouveau titre VIII.

Une seconde lecture, survenant après d'itératives et plus nettes critiques du général de Gaulle, permet encore au M.R.P. de faire admettre quelques retouches favorables à l'indépendance et à l'autorité du président de la République.

Enfin, le dimanche 29 septembre, entre 2 h 20 et 3 h 20 du

matin, les députés se prononcent sur l'ensemble du projet. Celui-ci l'emporte par quatre cent quarante voix (communistes, socialistes, républicains populaires) contre cent six (U.D.S.R., radicaux-socialistes, paysans indépendants et P.R.L.). Une trentaine de députés se sont abstenus ou sont absents.

Quelques heures plus tard, à *Épinal,* le général de Gaulle se déclare catégoriquement hostile au texte qui vient d'être adopté : « Non, franchement non » (V. n° 382).

Préconisé par les partis associés au Gouvernement et pour le vote constituant, le « oui » aurait dû, en conséquence, obtenir près de quinze millions de voix. Il n'en réunit, le 13 octobre, que neuf millions deux cent quatre-vingt-dix-sept mille contre huit millions cent soixante-cinq mille « non ».

Dès ses origines, la quatrième République est ainsi marquée du signe de la précarité. N'ayant su conserver à sa tête son fondateur, — ni voulu le rappeler à temps, — elle voit sa légitimité demeurer incertaine, puisque près des 2/3 des voix lui ont manqué par opposition ou par abstention. Encore faut-il noter que plus de la moitié des « oui » sont des suffrages communistes, approuvant le texte moins en lui-même qu'en tant que transition vers une démocratie populaire.

Section 2
Fondements et caractéristiques

354. — La République. — Incontestablement, l'intention des constituants est de faire œuvre plus républicaine et plus démocratique que leurs devanciers de 1871. La République n'est pas pour eux le fruit de la résignation et d'une « absence de prince ». Elle procède du grand élan de la Libération et est proclamée « au lendemain de la victoire remportée par les peuples libres sur les régimes qui ont tenté d'asservir et de dégrader la personne humaine ».

L'article 2 consacre son emblème : « Le drapeau tricolore, bleu, blanc, rouge, à trois bandes verticales d'égale dimension », son hymne, *la Marseillaise* et sa devise, « liberté, égalité, fraternité ». En outre, cinq épithètes entendent la caractériser : trois sont reprises de 1848 : *une, indivisible, démocratique*, deux sont nouvelles : *laïque* et *sociale*.

355. — La souveraineté populaire. — « La souveraineté nationale — dit l'article 3 de la Constitution — appartient au peuple français ». L'insertion de cette formule, malgré son ambiguïté, signifie, selon le rapporteur général, Paul Coste-Floret l'abandon de la souveraineté nationale (V. n° 186), « théorie irréelle et fausse », au bénéfice de « la théorie juste et féconde de la souveraineté populaire » (V. n° 204). Selon la doctrine classique « la Nation, être abstrait et réel, dispose d'une volonté propre, différente de celle de ses membres, que ses représentants ont pour tâche d'exprimer ». Or, cette « prétendue volonté nationale n'est jamais que la volonté d'une majorité ». La souveraineté se situe « dans le peuple de France composé de l'ensemble des citoyens du pays... et non point dans la volonté abstraite d'une personne-Nation construite pour les besoins de la cause » (*Séances de la Commission, op. cit.*, p. 266). « La souveraineté véritable réside dans la majorité de la volonté des citoyens et non pas, comme on est tenté de le croire, dans la majorité de la volonté de leurs représentants » (*J.O. Déb.*, 21 août 1946, p. 3186).

356. — La démocratie semi-directe et semi-représentative. — L'option en faveur de la souveraineté populaire, proposée par Paul Coste-Floret à l'Assemblée Nationale et acceptée par elle, est destinée à « faire faire à la démocratie véritable un pas en avant... Alors que, dans la théorie de la souveraineté nationale, c'est aux représentants élus du peuple qu'appartient l'exercice effectif de la souveraineté, dans la thèse de la souveraineté populaire, le souverain ne se contente pas d'abdiquer tous les quatre ans en désignant ses représentants, mais il peut être appelé à exercer directement sa souveraineté » *(Séances de la Commission, ibid.).* Alors que la souveraineté nationale est purement représentative, la souveraineté populaire conduit à la démocratie directe ou, au moins, semi-directe et semi-représentative.

Cependant, la Constitution de 1946 ne tire de ces principes que des conséquences pratiques très limitées. Dans le domaine constituant, où le référendum est de principe, le parlement peut décider définitivement si certaines majorités qualifiées sont atteintes. Pour le reste, la constitution s'en tient à la simple représentation : « En toutes autres matières, le peuple exerce sa souveraineté par ses députés à l'Assemblée nationale » (art. 3).

Ceux-ci, toutefois, ne sont pas de purs représentants au sens classique du terme (V. n° 49). Par suite, notamment, du régime électoral proportionnel, ils dépendent, en plus grand nombre et plus fortement que sous la troisième République, des partis organisés (V. n° 365).

357. — Le parlementarisme absolu. — L'exercice de la souveraineté du peuple par les députés à l'Assemblée nationale aboutissait logiquement au gouvernement d'Assemblée. Mais celui-ci ayant été rejeté par le pays, le 5 mai, et le régime présidentiel ayant été *a priori* écarté, Paul Coste-Floret déclare, au nom de la majorité, se rallier au troisième type connu de démocratie. En conséquence, « le projet édicte les règles d'un gouvernement parlementaire où s'affirment la distinction et la collaboration des trois fonctions de l'État » (*op. cit.*, p. 267. Cf. Sur *le régime parlementaire de la quatrième République,* L. Hamon, Politique, juin 1947 et, en général, le n° de la Rev. int. d'hist. pol. et const., avril-juin 1954, consacré au *Régime parlementaire au milieu du* XX*e siècle*).

Cependant, les traits survivants du projet d'avril et la pratique suivie ont fait immédiatement douter les spécialistes de la nature parlementaire du régime instauré par la Constitution du 27 octobre. Par ailleurs, ses adversaires politiques, non sans intention polémique, ont dénoncé en lui une forme du gouvernement d'Assemblée.

A y regarder de plus près, malgré certaines altérations, les institutions de la quatrième République, comme celles de la troisième, relèvent du « parlementarisme absolu » (V. n° 319).

— Trois critères, au moins, ne permettent pas de s'y tromper :

— l'existence d'un chef d'État irresponsable, permanent et influent;

— l'existence d'un président du Conseil désigné par lui et de ministres responsables devant l'Assemblée;

— l'existence, d'une seconde Chambre qui ne cessera d'être revalorisée de 1948 à 1958.

Mais, refuser à la quatrième République la dénomination

de « gouvernement d'Assemblée », c'est respecter une classification scientifique (V. n° 57), ce n'est pas contester que son ultraparlementarisme dépasse celui de la constitution Grévy. La « reparlementarisation » de 1954 arrivera trop tard et sera trop limitée pour sauver le régime.

358. — L'Union française.

— Plus qu'en matière d'institutions, la Constitution du 27 octobre 1946 innove, par rapport à tous les textes antérieurs, en étant conjointement la Constitution de la République et la Constitution de l'Union française.

Sans doute, plusieurs de nos Constitutions avaient antérieurement regardé au-delà de la métropole : la Constitution du 5 fructidor, notamment, avait déclaré les colonies parties intégrantes de la République; celle du 4 novembre 1848 prescrivait que « les colonies purifiées de la servitude et les possessions de l'Inde seraient représentées à l'Assemblée nationale »; celle du 16 janvier 1852 prévoyait qu'un sénatus-consulte réglerait la Constitution de l'Algérie et des colonies; celle de 1875 donnait une représentation sénatoriale à l'Algérie et aux anciennes colonies. Mais toutes ces dispositions, pour importantes qu'elles fussent, n'étaient cependant qu'accessoires. Par contre, la Constitution d'octobre, après le projet d'avril, statue sur un Empire que la troisième République n'a cessé d'agrandir et qui vient de jouer un rôle capital dans la libération de la mère-patrie.

L'*Union française* est formée :

1° de la République française avec ses départements métropolitains, ses départements et ses territoires d'outre-mer;

2° des États associés (art. 60);

3° des territoires associés, c'est-à-dire des pays sous mandat.

« La notion juridique d'Union française est donc parfaitement claire. L'Union n'existe qu'entre les collectivités qui constituent des entités politiques soumises au droit international, ou, pour employer l'expression classique, possèdent la personnalité du droit international » (Pierre Lampué : *L'Union française d'après la constitution* dans la Revue juridique et politique de l'Union française, n° 1, janvier-mars 1947, p. 19).

Dans l'esprit des constituants, devaient être originairement États associés les protectorats d'Afrique du Nord et d'Indochine. Ultérieurement viendraient les rejoindre les territoires d'outre-mer devenant État ou élément d'un État associé (comme la Cochinchine, annexée à l'État associé du Viet-Nam par la loi du 4 juin 1949). C'est ce que laisse entrevoir le préambule quand il proclame : « La France entend conduire les peuples dont elle a pris la charge à la liberté de s'administrer eux-mêmes et de gérer démocratiquement leurs propres affaires »; et ce que précise plus loin l'article 75, quand il dit : « Les statuts respectifs des membres de la République et de l'Union française sont susceptibles d'évolution. Dans le cadre de l'article 60, il peut y avoir des modifications de statuts et des passages d'une catégorie à une autre. » Une certaine préférence pour la formation progressive d'États associés paraît même incluse dans le préambule lorsqu'il déclare : « la France forme avec les peuples d'outre-mer une union fondée sur l'égalité des droits et des devoirs, sans distinction de race, ni de religion ».

« La situation des États associés dans l'Union française résulte pour chacun d'eux de l'acte qui définit ses rapports avec la France » (art. 61). Mais le préambule, ainsi que l'article 62 de la constitution, prévoient de la part des membres une mise en commun (ou une coordination) des ressources en vue de développer leur civilisation respective, d'accroître leur bien-être, et d'assurer leur sécurité collective.

La France joue, dans ce dernier domaine, un rôle prépondérant : « le gouvernement de la République assume la coordination des moyens (de défense) et la direction de la politique propre à préparer et à assurer cette défense » (art. 62). Surtout, le président de la République française est, de droit, président de l'Union et les organes de celle-ci sont incorporés à la Constitution française.

L'union ainsi créée est donc, comme on l'a vu, une union inégale (V. n° 164). Intermédiaire entre le protectorat et la confédération, elle possède aussi certains traits de l'État fédéral avec l'existence d'une nationalité commune, la Constitution attribuant à tous les nationaux et ressortissants de l'Union française « la qualité de citoyen de l'Union française qui leur assure la jouissance des droits et libertés garantis par le préambule de la Constitution » (art. 81). (V. C.A. Paris, 22 févr. 1951, Rev. Jur. et polit. de l'Union française, 1951, p. 132, note J. Foyer.)

Section 3
Les organes

359. — Le peuple. — La constitution prévoit que les députés à l'Assemblée nationale sont élus au suffrage universel égal, direct et secret (art. 3). Celui-ci mérite beaucoup plus exactement que sous la troisième République son qualificatif d'universel. Dans la métropole, disparaissent les deux restrictions essentielles mises à l'universalité du suffrage des individus majeurs : la privation de l'électorat pour les femmes, la suspension de l'exercice du droit de vote pour les militaires en activité de service. Le corps électoral passe ainsi à environ vingt-cinq millions d'inscrits; les électrices y sont d'un quart plus nombreuses que les électeurs.

En Algérie, sont institués deux collèges composés l'un des électeurs français citoyens non musulmans ou musulmans, l'autre des musulmans non citoyens. Dans les colonies, votent les citoyens ainsi que les non-citoyens appartenant à une douzaine de catégories impliquant un certain degré d'évolution. Tantôt le collège est unique; tantôt il est double.

A l'élargissement du corps électoral lui-même, correspond l'élargissement de ses attributions. Le peuple obtient, comme on l'a vu, la souveraineté constituante. Mais des exceptions entament la règle.

Beaucoup plus importante est, en fait, la substitution au « scrutin d'arrondissement », uninominal et majoritaire, de l'élection proportionnelle à la plus forte moyenne, généralement dans le cadre départemental (V. n° 42). La loi du 9 mai 1951 qui donne aux différentes listes la faculté de s'apparenter, en vue d'obtenir la majorité absolue ou d'accroître leur moyenne, reste proportionnaliste dans son inspiration et ses résultats (Sur le corps électoral de la quatrième République, ainsi que sur les autres organes de celle-ci, V. les éditions précédentes de ce *Précis*. V. également *les Institutions politiques de la France,* ouvrage collectif, tome I, *Avant* 1958, Doc. franç., 1959, et F. Goguel : *Le Régime politique français,* 1955).

360. — Le Parlement. — Le Parlement se compose de deux Chambres, l'Assemblée nationale et le Conseil de la

République. Mais, si la constitution de 1875 était d'abord un Sénat, la constitution de 1946 est surtout une Assemblée nationale.

En réaction contre la souveraineté du Luxembourg — se traduisant, entre 1880 et 1940, par le « dernier mot » législatif et même gouvernemental — la Constitution de 1946 a considérablement réduit les pouvoirs de la seconde Chambre. Elle lui enlève la plénitude de l'autorité représentative, puisque c'est par la seule Assemblée nationale que le peuple exerce sa souveraineté (art. 3).

L'inégalité des deux Chambres est si grande que le rapporteur général, lui-même partisan décidé du dualisme, s'est demandé si la Constitution qu'il présentait le comportait vraiment. Il a proposé, comme expression plus exacte, les formules inspirées de l'économie monétaire du « monocamérisme tempéré » ou du « bicamérisme incomplet ». L'une et l'autre traduisent assez bien le compromis voulu par la seconde Constituante. Cependant « monocamérisme tempéré » exprime mieux la conception socialiste initiale d'une Chambre unique entourée de conseils techniques; « bicamérisme incomplet » correspond davantage à la situation qui résultera de l'évolution analysée plus loin (V. n° 368).

Le Conseil de la République n'étant plus qu'un donneur d'avis, dont finalement il peut n'être tenu aucun compte, « l'Assemblée nationale vote seule la loi » (art. 13). Cette exclusivité a une double portée.

1° Comme sous la troisième République, en vertu de la conception « organique » ou « formelle » de la loi, toute matière peut être législative dès que le parlement s'en empare. Cette faculté devient une obligation pour certaines règles :

— soit qu'elles se trouvent énumérées par la Constitution;

— soit qu'elles appartiennent à cette catégorie de normes dont l'élaboration et la détermination sont réservées au législateur par la tradition constitutionnelle républicaine « résultant notamment du préambule de la Constitution et de la déclaration des droits de l'homme de 1789, dont les principes ont été réaffirmés par le préambule » (avis du Conseil d'État du 6 février 1953);

— soit qu'elles aient été expressément réservées au législateur par une loi prévoyant son intervention nécessaire.

2° L'exclusivité de sa compétence législative fait à l'Assemblée nationale l'obligation de l'exercer elle-même et lui défend de s'en dessaisir. Cette interdiction traduit la réaction de l'Assemblée constituante contre l'usage du décret-loi pendant les dernières années de la troisième République. Comme on l'a exposé, la législation gouvernementale fut, alors, non seulement un symptôme, mais un facteur de l'affaiblissement, puis de l'abolition du régime parlementaire. Le décret-loi constituant prit logiquement la suite du décret-loi législatif (V. n° 331). La Constitution de 1946, entendant empêcher le retour à ces pratiques, interdit formellement, sauf en ce qui concerne les territoires d'outre-mer (art. 72), de légiférer par décret. Une disposition de droit écrit renforce ainsi la règle doctrinale vigoureusement défendue par les juristes.

Parallèlement, la souveraineté effective de l'Assemblée se manifeste par l'accroissement du contrôle du gouvernement placé dans son étroite dépendance. La Constitution de 1946, combinaison du régime parlementaire et du gouvernement d'Assemblée, oblige le président du Conseil désigné par le président de la République (comme en régime parlementaire), à être en même temps l'élu de l'Assemblée (comme en régime d'exécutif dépendant). Un vote de celle-ci à la majorité absolue, lui impose de se retirer (V. n° 362).

361. — Le président de la République, le président du Conseil et les ministres. — La Constitution de 1946 maintient la distinction, essentielle au régime parlementaire, du président de la République, chef de l'État et des ministres. Mais elle s'efforce de constitutionnaliser et d'accentuer l'évolution antérieure en renforçant la situation et le rôle du président du Conseil comme détenteur de la réalité du pouvoir, le président de la République n'exerçant plus qu'une magistrature d'influence.

1° *Le président de la République* voit jouer particulièrement en ce qui le concerne l'esprit de compromis qui marque la Constitution de 1946. Sa fonction procède de deux conceptions différentes. Selon l'une, le président de la République doit être une personnalité purement représentative et symbolique, sans influence politique; selon l'autre, il a la garde des intérêts durables et profonds de l'État, de la nation et du régime. La première orientation avait triomphé dans le projet du 19 avril. La Constitution du 27 octobre en garde les traces, mais elle se trouve plus largement influencée par la seconde tendance.

Le président de la quatrième République joint ainsi à ses attributions de représentation intérieure et extérieure, des fonctions politiques qui, sans être proprement gouvernementales, ont d'importantes conséquences sur la marche des affaires publiques. Il est, dans le régime, l'élément de continuité et de permanence. Il doit le maintenir dans son intégrité, en sauvegarder les formes et en défendre l'esprit. Il a pour tâche d'assurer la pérennité de l'État, la succession et la stabilité des gouvernements, l'efficacité de la défense nationale, la cohésion de l'Union française. Il rend la loi exécutoire ou demande une seconde délibération. Il nomme les hauts fonctionnaires et les magistrats, de manière à assurer au-dessus des divisions et des fluctuations des partis, la compétence des uns et l'indépendance des autres.

Mais, à la différence du président américain qui préside et gouverne à la fois, le président de la République française, chef d'État parlementaire, ne peut agir qu'assisté du président du Conseil qui, lui-même, sans la signature présidentielle, ne peut prendre les plus importantes des décisions que son administration comporte. Ainsi la Constitution de 1946 ne fait pas disparaître la figure étrange, au moins en apparence, du Gouvernement de la troisième République, auquel Clemenceau avait donné le sobriquet cruel et excessif de « veau à deux têtes ».

2° *Le président du Conseil,* bien que n'ayant pas la vedette d'un titre spécial, reçoit de la constitution la direction de la politique nationale (art. 47), étant, « *comme il se doit,* le véritable chef du pouvoir exécutif » (Paul Coste-Floret, séance du 4 septembre 1946; *J.O.,* 5 septembre, Déb. A.N., p. 3525). « Dans notre conception, c'est le président du Conseil qui, véritable chef de la majorité parlementaire, a la responsabilité du Gouvernement et détient l'essentiel du pouvoir exécutif » (André Philip, *ibid.,* p. 3526).

Les conditions de nomination du président du Conseil et ses attributions confirment nettement cette primauté. Choisi, *seul,* par le président de la République, il désigne, *seul,* ses ministres; il sollicite et reçoit, *seul,* la confiance initiale de l'Assemblée; il propose, *seul,* le remplacement éventuel d'un ministre. Les ministres et secrétaires d'État doivent lui soumettre les actes essentiels de leur administration, pour lesquels il prend lui-même des décrets, la nécessité de sa signature assurant ainsi son contrôle sur les divers départements.

Par ailleurs, les services de la présidence ont acquis une assise plus stable et un aspect plus net, sous le Gouvernement provisoire; le secrétariat général pérennisé est resté le noyau de l'institution (V. A. Bertrand : *La présidence du Conseil et le secrétariat général du Gouvernement*. R.D.P., 1948, p. 436 et s. J. Marcel : *Le gouvernement et les institutions politiques de la France, op. cit.*, p. 227 à 259).

En principe, la constitution ajoute à la puissance du président du Conseil la stabilité. Investi à la majorité absolue des membres composant l'Assemblée, il doit demeurer en place pendant toute la législature, sauf si, la majorité absolue s'étant renversée, la retraite lui est imposée à la suite d'un refus explicite de confiance, ou d'une motion de censure. Les crises ouvertes par démission volontaire sont réputées ne pas répondre aux conditions des articles 49 (question de confiance) et 50 (motion de censure). Elles n'entrent pas en ligne de compte pour l'ouverture éventuelle de la procédure de dissolution. Ainsi, la rédaction même des articles condamne les traditions ministérielles d'extrême susceptibilité de la troisième République. Elle doit, également, faire obstacle à la démission collective à raison de divisions intérieures ou de désaccord avec un parti. L'autorité propre donnée au président du Conseil par la Constitution de 1946 lui permet de surmonter ces difficultés, en provoquant la retraite des ministres dissidents. En théorie, il n'a pas à devancer les répercussions des événements sur sa majorité. Il doit laisser à l'Assemblée, à la moitié plus un des députés, le soin de déclarer que la confiance initiale est devenue méfiance. Il en va de même lorsque cette situation découle d'un conflit avec son propre parti (V. S. Arné, *le président du Conseil des ministres sous la quatrième République*, 1962. Cette excellente thèse fait, sous l'angle de la présidence, une étude d'ensemble du droit constitutionnel de la quatrième République).

362. — Les Assemblées quasi parlementaires. —
A la différence de la Constitution de 1875, la Constitution de 1946 ne se limite pas aux organes classiques du régime parlementaire démocratique : collèges électoraux, parlement, chef d'État et gouvernement. Elle y ajoute une série de Conseils qui, très différents entre eux, ont tous le trait

commun d'être des donneurs d'avis. On peut les répartir en *assemblées quasi parlementaires,* voisines des Chambres ou en *hauts conseils* assistant le président.

L'Assemblée de l'Union française et le Conseil économique n'appartiennent pas constitutionnellement au Parlement. Cependant, en tant qu'institution ou, individuellement, par le statut de leurs membres, ils s'en rapprochent, soit en raison de dispositions littérales, soit par une sorte de mimétisme délibéré ou inconscient. On a, par suite, évoqué une sorte de « quadricamérisme », mais le rôle réduit des deux conseils ne justifie pas cette assimilation ambitieuse.

1° *L'Assemblée de l'Union française,* organisée par l'article 66 de la Constitution et par une loi du 27 octobre 1946, se compose de deux cent quarante membres au maximum. Leur répartition est dominée par « l'opposition géographique métropole-outre-mer » et non par « l'opposition juridique République française-États et territoires associés » (P. Reuter : *l'Union française et la Constitution de 1946,* D., 1947, chron., p. 35). La représentation de chacun des deux éléments est rigoureusement paritaire, comme il convient à un organisme dont on a voulu faire une institution d'arbitrage.

— *Les représentants de la métropole* (de 75 à 120) sont nommés à la représentation proportionnelle des groupes à raison de deux tiers par l'Assemblée nationale et d'un tiers par le Conseil de la République (art. 67).

— *Les représentants de la France d'outre-mer et des États associés* (en nombre égal) sont choisis selon des modalités diverses : élus pour la France d'outre-mer, désignés par les gouvernements pour les États associés.

En dehors de la validation de ses membres, l'Assemblée de l'Union n'a aucun pouvoir de décision. Elle est un organe exclusivement consultatif auxquels sont soumis, pour avis, les projets ou propositions que lui adressent l'Assemblée nationale, les Gouvernements de la République ou des États associés. Cet avis est obligatoire :

— pour l'extension de la loi française par décret aux territoires d'outre-mer;

— pour l'établissement de mesures particulières à chaque territoire par décret du président de la République pris en Conseil des ministres;

— pour la modification du statut ou les changements de

catégorie des membres de la République et de l'Union française (art. 75);

— pour la fixation du statut et pour l'organisation intérieure de chaque territoire d'outre-mer ou de chaque groupe de territoires (art. 74).

D'autre part, l'Assemblée peut faire des propositions au Gouvernement français et au Haut Conseil de l'Union française. Elle a aussi le droit, sur la proposition que présenterait l'un de ses membres, de prendre une résolution et de charger son bureau de la transmettre à l'Assemblée nationale. Dans les deux cas, les initiatives doivent avoir trait à la législation des territoires d'outre-mer (art. 71).

Mais le Gouvernement n'admettra pas que soient discutées à son égard des « propositions de résolution ». Il s'opposera, de même, à tout ce qui eût pu constituer une amorce de contrôle parlementaire.

2º *Le Conseil économique* n'est pas, à la différence de l'Assemblée de l'Union française, un organe neuf et sans antécédents dans notre droit constitutionnel, puisqu'un Conseil économique existait déjà avant 1940 (V. nº 327).

Toutefois, au lieu de faire revivre l'institution, supprimée par le Gouvernement de Vichy, une loi du 27 octobre 1946 et un décret du 24 février 1947 ont créé une assemblée nouvelle, de structure assez sensiblement différente. Alors qu'en 1936, le point de vue de la représentation professionnelle avait prévalu, les deux Assemblées constituantes ont voulu faire appel aux techniciens de l'économie et « recruter des conseillers habitués à prendre de ces problèmes la vue très large qui s'impose aux membres des organismes interprofessionnels et assurer leur prépondérance dans le conseil » (J. Rivero : *le Conseil économique* dans *les Problèmes économiques et sociaux et la Constitution du 27 octobre 1946, op. cit.*, p. 40). Toutefois, cette conception, défendue notamment par le rapporteur communiste M. Jean Pronteau, s'est trouvée tempérée par une autre tendance, représentée par M. Jean Catrice, républicain populaire, fondant le Conseil sur la représentation des grandes fonctions économiques. Comme pour l'ensemble de la Constitution, un compromis l'a, finalement, emporté.

La désignation des membres, nommés pour 3 ans, s'effectue en deux étapes. Un règlement d'administration publique du 10 mai 1951 détermine d'abord, dans le cadre de l'article 5 de la loi du 20 mars 1951, les organismes qualifiés pour choisir ou pour proposer. Ces associations, groupements ou organisations font ensuite connaître le nom de leurs représentants ou de leurs candidats au président du Conseil des ministres. Les représentants de la « pensée française » sont désignés par décret pris en conseil des ministres. Les conditions d'éligibilité sont les mêmes qu'à l'Assemblée nationale avec, de plus, l'obligation d'appartenir depuis au moins deux ans à la catégorie professionnelle que l'on doit représenter. Sur plusieurs points, le statut de membre du Conseil économique est celui du parlementaire.

Tout en disposant d'une large autonomie interne, le Conseil, n'étant plus, depuis la loi du 20 mars 1951, organe de conciliation et d'arbitrage, n'a qu'une compétence exclusivement consultative. Il est simultanément le conseil de l'Assemblée et celui du Gouvernement. Mais la situation existant avant 1940 se trouve inversée. Le Conseil économique de 1947 est d'abord conseiller de l'Assemblée et, ensuite, du Gouvernement.

Comme conseil de l'Assemblée, le Conseil économique examine pour avis les projets et propositions de lois, de caractère économique et social (à l'exclusion du budget) et les conventions internationales d'ordre économique ou financier soumises à l'approbation de l'Assemblée. Le Conseil est saisi par celle-ci ou se saisit lui-même. Il doit se prononcer dans un délai de vingt jours à dater de la distribution du projet à l'Assemblée nationale. La commission saisie au fond entend alors le rapporteur du Conseil économique qui lui fait connaître, lorsque l'unanimité n'a pas été réalisée, l'avis de la majorité et de la minorité. L'avis du Conseil économique est imprimé et distribué à tous les membres du Parlement. Lecture en est faite au début de la discussion générale.

Comme conseil du Gouvernement, le Conseil économique doit être consulté par le Conseil des ministres :

— « sur l'établissement d'un plan économique national ayant pour objet le plein emploi des hommes et l'utilisation rationnelle des ressources matérielles » (Const., art. 25). Il fait rapport annuellement sur les plans et suggère des modifications éventuelles (loi du 20 mars 1951, art. 4);

— sur l'évolution de la conjoncture économique;

— sur les évaluations officielles du revenu national;

— sur la rédaction des décrets et des règlements d'administration publique pris en application des lois. Il jouit alors d'un délai de trente jours.

L'avis du Conseil est simplement facultatif :
— sur les projets de loi et les questions pour lesquelles le Gouvernement le consulte, en lui impartissant un délai d'examen ;
— sur les projets de décret portant règlement d'administration publique ou de décret simple intéressant l'économie nationale.

De son propre mouvement, le Conseil peut, enfin, se saisir lui-même de toute question économique, sociale et financière, entreprendre à cet effet les enquêtes nécessaires et émettre, en conclusion, des avis et suggestions qui sont adressés au président de l'Assemblée nationale et au président du Conseil des ministres.

363. — Les Hauts Conseils.
— Réunis, comme le Conseil des ministres, sous la présidence du Chef de l'État, les Hauts Conseils sont au nombre de trois : le Comité constitutionnel, le Conseil supérieur de la Magistrature et le Haut Conseil de l'Union française.

1° *Le Comité constitutionnel* doit concilier la supériorité de la constitution avec l'omnipotence législative. En principe, le Comité relève les atteintes inavouées ou les altérations indirectes portées par voie législative à la structure et aux compétences constitutionnelles. Mais ses pouvoirs sont, dans leurs modalités, décourronnés et restreints par les textes constitutionnels. D'une part, l'examen de la conformité des lois avec la Constitution n'englobe pas toute celle-ci. S'en trouve exclu le préambule, c'est-à-dire la définition des libertés et droits individuels reconnus, champ normalement le plus fécond du contrôle de constitutionnalité. Seules peuvent être considérées les violations des dispositions organiques placées sous les titres I à IX. D'autre part, l'examen de la conformité des lois avec la Constitution n'a pas lieu automatiquement. Le Comité n'est pas saisi de chacun des textes avant sa promulgation ; il faut qu'une demande lui en soit faite conjointement par le président de la République et par le président du Conseil de la République. Ceux-ci n'agissent, d'ailleurs, point de leur propre mouvement, mais à la suite d'un vote à la majorité absolue du Conseil de la République.

Présidé par le président de la République, le Comité

constitutionnel comprend deux membres de droit : le président de l'Assemblée nationale et le président du Conseil de la République, ainsi que dix membres élus, dont sept par l'Assemblée nationale et trois par le Conseil de la République.

Le Comité se comporte « moins en juridiction qu'en corps politique..., la primauté étant accordée à la conciliation sur la constatation du droit » (R. Maspetiol : *Le problème de la loi et ses développements récents dans le droit public français,* E.D.C.E., 1949, p. 62). Il recherche, d'abord, un accord entre l'Assemblée nationale et le Conseil de la République. En cas d'échec de sa tentative, il donne dans les cinq jours, ou dans les deux jours en cas d'urgence, son avis sur le texte litigieux.

Si le comité décide que la loi en instance ne présuppose pas de modification de la Constitution, le président de la République procède à la promulgation dans le délai ordinaire, auquel s'adjoignent les délais prévus à l'article 92, c'est-à-dire ceux-là mêmes résultant de l'examen par le Comité constitutionnel.

Si, par contre, le Comité décide que la loi implique une révision de la Constitution, celle-ci doit être entreprise selon les voies régulières. C'est seulement lorsqu'elle aura abouti que la loi en instance pourra être promulguée (V. J. Lemasurier, *La Constitution de 1946 et le contrôle juridictionnel du législateur,* 1954, ainsi que : *Difficultés relatives à l'interprétation des articles 91 et 92 de la Constitution,* R.D.P., 1952, p. 172).

2° *Le Conseil supérieur de la magistrature* a pour tâche d'assurer l'indépendance du pouvoir judiciaire. Sous la forme modeste des deux articles 83 et 84, la Constitution de 1946 « donne à la justice française un nouveau statut constitutionnel » (G. Lyon-Caen, *La justice dans la Constitution du 27 octobre 1946,* D., 1947, chron., p. 5).

Le Conseil se compose de quatorze membres, dont le président de la République, président, et le garde des sceaux, vice-président. Douze suppléants remplacent les titulaires dans l'impossibilité d'assister à une ou plusieurs séances.

Afin d'éviter tant la soumission de la magistrature au Gouvernement que sa dépendance de l'Assemblée impliquée dans le projet d'avril, ou le corporatisme judiciaire d'Ancien Régime, les membres du Conseil ont trois origines différentes : six membres sont élus par l'Assemblée nationale ; quatre membres sont choisis par les magistrats ; deux membres sont désignés par le président de la République.

La Constitution confère au Conseil de la magistrature la présentation des magistrats à la nomination du chef de l'État ; elle lui donne l'administration de la justice, en partage avec le ministère du même nom ; elle lui transfère les attributions de la Cour de cassation comme conseil supérieur de la magistrature (loi du 30 août 1883) ; elle en fait, aussi, le gardien de l'unanimité de la magistrature. En outre, le Conseil possède *des attributions gracieuses,* donnant son avis au président de la République, en matière de grâce et *des attributions électorales* désignant le président et les deux assesseurs de la commission d'instruction de la Haute Cour.

3° *Le Haut Conseil de l'Union française* se compose, d'une part, d'une délégation du Gouvernement français formée du président du Conseil et des principaux ministres intéressés, d'autre part, d'une représentation des États associés constituée conformément aux accords conclus entre la France et ces États. Les territoires associés n'ont pas de délégués, ils sont représentés par la délégation du Gouvernement français.

Le Haut Conseil doit permettre la participation d'une représentation des États associés à la conduite de l'Union (Const. art. 65). Il lui revient notamment d'assurer la mise en commun des moyens de défense. C'est aussi par son intermédiaire que le Gouvernement français est appelé à jouer le rôle prépondérant qui lui est reconnu dans ce domaine (V. G. Peureux : *Le Haut Conseil de l'Union française,* 1960).

Section 4
Le fonctionnement du régime

364. — La seconde République parlementaire. — La première assemblée, chargée du legs onéreux des constituantes et influencée par les pratiques du régime provisoire (V. J. Thierry : *Le gouvernement de la Quatrième République,* 1949), ne parvient pas à donner au pays l'exécutif fort d'un régime parlementaire authentique. Après quelques mois d'expérience, apparaît la vanité des mesures prises pour assurer la stabilité ministérielle. Sur ce point essentiel, comme sur maints détails, la IVe République retrouve la troisième. A la manière d'un palimpseste, sous le texte de la Constitution de 1946, réapparaissent les traits de la « République des députés » (V. n° 318).

Suivant une courte phase de gouvernement des partis qui prolonge la période des gouvernements provisoires Gouin, Bidault et Blum, s'amorce une évolution tantôt lente, tantôt accélérée, mais continue et constamment orientée dans le même sens. Couronnée par la révision du 7 décembre 1954, elle aboutira à un rétablissement presque complet des institutions parlementaires classiques. Alors que la Constitution de 1875 était passée du parlementarisme dualiste à un monisme à prépondérance d'Assemblée, la Constitution de 1946, partant d'un Gouvernement d'Assemblée mitigé de dispositions parlementaires, reviendra à un parlementarisme que l'on ne saurait dire pleinement authentique — puisqu'il lui manque un mode pratique et efficace de dissolution — mais, néanmoins, parfaitement structuré. La courbe, décrite dès 1947 et accentuée entre 1951 et 1955, apporte au régime des modifications égales en importance à celles accomplies de l'une à l'autre Constituante, du projet du 19 avril à la Constitution du 27 octobre 1946.

Ce mouvement de reparlementarisation qui s'arrête en 1955 constitue, en lui-même, une tentative valable, puisqu'il vise à retrouver des institutions mieux équilibrées. Mais la conjoncture rend son aboutissement anachronique et quasi dérisoire. Revenir à la IIIe n'était-ce pas retarder de vingt ans au moins, n'était-ce pas présenter une trop faible barrière à la montée des périls extérieurs, notamment de ceux découlant du phénomène mondial de la décolonisation ?

Cependant, la IVe République rendra vie à un pays épuisé et exsangue et accomplira une œuvre sur plusieurs points remarquable. « La reconstitution et la modernisation des transports et des industries de base, puis le développement continu de la production et plus encore de la productivité sont à l'actif du régime, parce qu'en dépit de l'instabilité ministérielle, il s'est trouvé dans les gouvernements, les partis, les administrations, les bureaux de recherches ou d'études et les organisations patronales, des hommes voyant loin et grand. Pour ne parler que de la métropole, leurs efforts et leurs succès sont inscrits dans les chiffres et portent des noms qui sonnent un peu comme ceux de victoires effaçant bien des défaites : Lacq, Donzère, Carling, Marcoule, Flins... » (J. Fauvet, *La Quatrième République*, 2e éd., 1963, p. 362 ; V. aussi J. Barsalou, *La mal-aimée*, 1964 ; Georgette Elgey, *La République des illusions (1945-1951)*, 1965 ; P. Mendès-France, *Regards sur la IVe République*, Mél. L. Hamon, 1982, p. 477). En politique extérieure, Robert Schuman jettera les bases de l'unité européenne.

365. — Le régime des partis. — L'application de la Constitution qui débute juridiquement le 24 décembre 1946 avec la réunion du Conseil de la République, ne commence politiquement que le 4 mai 1947.

Durant les quatre premiers mois de 1947 se prolonge la période ouverte par le départ du général de Gaulle. Une coalition des partis s'efforce de combler le vide créé à la tête de l'État par la retraite de celui qui, le 18 juin 1940, avait pris en charge la souveraineté française. La France politique se résume, en cinq sigles : P.C., S.F.I.O., M.R.P., R.G.R., P.R.L. Mais, en fait, comptent surtout les trois premières formations. Elles couvrent les 3/4 du corps électoral et les 3/4 de l'hémicycle. Alors que les deux autres, R.G.R. et P.R.L. restent des phénomènes artificiels de mimétisme, M.R.P., S.F.I.O., P.C. sont des partis au plein sens du terme, c'est-à-dire des groupements permanents pour la conquête et l'usage du pouvoir solidement organisés, massivement recrutés, en mesure de contrôler et même de diriger étroitement l'activité parlementaire et gouvernementale de leurs élus.

Les relations étroites entre les partis et les groupes augmentent considérablement le rôle de facteurs collectifs et donnent à la vie parlementaire une tonalité très différente de celle connue sous la IIIe République. Au dégradé qui allait de l'extrême-droite à l'extrême-gauche, aux demi-teintes estompées et fondues, se substituent, dans de larges secteurs de l'hémicycle, des couleurs franches et parfois heurtées. L'influence des groupes va beaucoup plus loin que les attributions qui leur sont reconnues. Elle se manifeste non seulement dans toute l'activité législative, mais encore dans la formation et la vie gouvernementales, les groupes étant la vraie base du ministère.

Cette interposition des partis prévient tout conflit entre l'Assemblée et le Gouvernement. Les Gouvernements dits *tripartis* (communistes-socialistes-républicains populaires) de Félix Gouin (26 janvier au 24 juin) et Georges Bidault (24 juin au 16 décembre), ainsi que le Gouvernement socialiste homogène de Léon Blum durent, tous les trois, le temps qu'ils se seront à l'avance assigné : le vote de la première, puis de la seconde Constitution, la mise en place des nouvelles institutions. Leur existence ministérielle n'est jamais directement menacée et la motion de censure ne sera pas une fois proposée. Dans l'unique débat où une partie de la majorité semble, malgré ses ministres, devoir passer à l'opposition, Georges Bidault, se fondant sur la loi du 2 novembre 1945, pose la question préalable contre un texte d'initiative parlementaire comportant une augmentation de dépenses; mais il doit, peu après, accepter la disjonction de l'article discuté. « La Constituante prouvait ainsi sa souveraineté » (Daniel Mayer, *Le Populaire*, 4-5 août 1946).

Le « régime des partis », qui se survivra durant toute la première législature, disparaît dans sa rigueur et, si l'on peut dire, sa pureté, avec la révocation, le 4 mai 1947, des ministres communistes. A la suite du vote émis par eux contre le propre gouvernement auxquels ils appartenaient, leurs fonctions sont considérées comme ayant pris fin. Les gouvernements de la IVe République, combattus désormais par l'un des trois grands partis, chercheront leur appui « chez les hommes et les formations du centre, dont le style et l'esprit sont hérités de la IIIe » (J. Fauvet, *op. cit.* p. 126).

366. — Le rétablissement parlementaire. — Privée des éléments novateurs du gaullisme, libérée de la poussée révolutionnaire du communisme, la majorité nouvelle demande l'équilibre du régime au retour à un récent passé, déjà paré d'une désignation nostalgique : *la belle Époque*.

L'Élysée reconquiert et même accroît sa magistrature d'influence, tandis que, dans leur comportement, le parlement et l'opinion tendent à retrouver, sous la couche nouvelle de droit écrit, les coutumes antérieures. Lorsqu'il est fait appel aux précédents antérieurs à 1940, ceux-ci sont retenus, même s'ils ne cadrent pas avec la lettre ou l'esprit de 1946. Bien que son dernier supplément date de 1924, le *Traité* classique d'Eugène Pierre continue d'être invoqué par la présidence et par les parlementaires. La plus remarquable de ces résurgences est la question de confiance posée sans aucune forme.

Les lois organiques vont dans le même sens. Ainsi, la loi du 23 septembre 1948 rend au Conseil de la République la base traditionnelle du Sénat, « Grand Conseil des communes de France ».

Inversement, les organismes nouveaux ne jouent à peu près aucun rôle. L'Assemblée de l'Union française recueille les vaincus du suffrage et les « permanents » des partis ; le Conseil Économique n'est guère plus qu'un service onéreux de documentation ; le Comité constitutionnel se réunira, pour la première et unique fois, en juin 1948 (V. A. Soulier, *La délibération du Comité constitutionnel du 18 juin 1948*, R.D.P., 1949, p. 195).

367. — La révision constitutionnelle du 7 décembre 1954.

Mais le rétablissement le plus caractérisé du régime de la IIIe résulte de la révision littérale du 7 décembre 1954.

Afin de vaincre, lors du référendum d'octobre 1946, les réticences d'une partie de leurs troupes, les constituants, le M.R.P. notamment, avaient promis une révision prochaine, étendue et rapide. De fait, celle-ci devait être tardive, limitée et surtout très lente. Entamée seulement le 30 novembre 1950, elle n'aboutira que le 30 novembre 1954, et ne portera que sur onze articles, dont plusieurs révisables seulement en partie :

— Art. 7 (addition) : lacune concernant la déclaration de l'état de siège ;

— Art. 9 (1er et 2e alinéas) : retour au régime des sessions ;

— Art. 11 (1er alinéa) : retour à la tradition selon laquelle la composition du bureau est d'ordre réglementaire ;

— Art. 12 : suppression des pouvoirs conférés au bureau pendant l'interruption des sessions et modification des règles de convocation de l'Assemblée ;

— Art. 14 (2e et 3e alinéas) : attribution au Conseil de la République du droit d'examen en première lecture de projets ou de propositions ;

— Art. 20 : attribution au Conseil de la République d'une participation plus efficace à l'élaboration des lois ;

— Art. 22 (1re phase) : limitation de l'immunité à la durée des sessions ;

— Art. 45 (2e, 3e et 4e alinéas) : modification des règles d'investiture ;

— Art. 49 (2e et 3e alinéas), art. 50 (2e et 3e alinéas) : délai et conditions des votes de confiance ou de censure;

— Art. 52 (1er et 2e alinéas) : suppression de la procédure particulière de formation du Gouvernement intérimaire en cas de dissolution.

Quoique entourée de réserves, l'adhésion du Conseil de la République ne se fait pas attendre. Mais une série d'événements — renouvellement anticipé de l'Assemblée, apparition du R.P.F., sortie des socialistes de la majorité — entraînent l'enlisement de la réforme. La réunion par M. René Pleven de la commission dite « des bons offices » (automne 1951) ne permet pas de surmonter les difficultés de forme et de fond. Tous les partis (sauf les communistes) sont d'accord pour penser qu'un référendum doit être évité, à raison du caractère technique et fragmentaire des réformes. Mais la large majorité nécessaire est impossible à réunir par suite de l'opposition existant tant entre les deux Chambres quant à leurs pouvoirs respectifs, qu'à l'intérieur de l'Assemblée nationale entre ceux qui, n'ayant pas voté la constitution, veulent des modifications substantielles et les partis auteurs de la constitution qui, instinctivement attachés à leur œuvre, n'admettent que de modestes retouches.

C'est seulement au début de 1953, lorsque Paul Coste-Floret (M.R.P.) devient ministre chargé de la révision constitutionnelle et Marcel Prélot (R.P.F.) président de la commission du suffrage universel de l'Assemblée nationale que la révision prend son vrai départ. Un rapprochement s'opère, au cours de réunions officieuses, entre les points de vue des deux Assemblées. Le projet, soutenu par le gouvernement Laniel représenté par M. Barrachin et par le président de la commission et son rapporteur M. Defos du Rau (M.R.P.), est adopté le 22 juillet 1953 par 468 voix contre 127 (communistes et dispersées).

Mais l'élection présidentielle qui devait priver la commission du Conseil de la République de son rapporteur, René Coty; puis l'ouverture de la querelle de la C.E.D. entraînent une série d'atermoiements et même l'ajournement par l'Assemblée nationale de la seconde lecture (11 août 1954). Celle-ci a finalement lieu les 29 et 30 novembre. Malgré un recul de 58 voix, la révision est acquise sans référendum à la double majorité exigée par la Constitution : majorité absolue pour le vote du Conseil de la République; majorité des deux tiers des votants pour l'Assemblée nationale (sur l'ensemble de la révision de 1954, V. C. Poutier, *La réforme de la Constitution, texte et commentaire,* 1954; sur la procédure V. P. Drevet, *La procédure de révision de la Constitution du 27 octobre 1946,* 1959).

368. — Étendue et limites du rétablissement parlementaire. — A la fin de 1954, tant par la promulgation de la loi constitutionnelle du 7 décembre (*J.O.* du 8 déc., p. 11440) que les modifications législatives ou coutumières accomplies depuis sept ans, la IVᵉ République s'est très sensiblement éloignée du régime voulu par les Constituants (sur l'écart entre les intentions des constituants et la pratique suivie, V. E. Blamont : *La Révision de la Constitution,* R.D.P., 1953, p. 415 et s.). Elle s'est, par contre, beaucoup rapprochée de sa devancière, revenant à peu près au type du régime parlementaire, conçu à la française.

1ᵒ *Le président de la République,* systématiquement affaibli par la première Constituante, relevé insuffisamment par le compromis d'octobre 1946, retrouve durant le septennat de Vincent Auriol, sa « magistrature d'influence », avec les traditionnels droits du chef d'État parlementaire de savoir, encourager et avertir.

L'importance rendue à la fonction présidentielle transparaît de façon paradoxale dans l'acharnement marquant, en décembre 1953, l'élection du second président de la République. En 1954, son rôle est encore indirectement, mais substantiellement renforcé par la désignation directe du président du Conseil (art. 45 nouveau) demandant à l'Assemblée nationale sa « confiance » et non plus une « investiture ». Au total, pris dans leur diversité et considérés dans leur efficacité, les pouvoirs du président de 1948 dépassent ceux du président de 1939 (V. G. Berlia : *La présidence de la République, magistrature morale du régime* et *La présidence de la République,* R.D.P., 1948 et oct.-déc. 1955, p. 909, ainsi que : M. Prélot : *La présidence de la République,* dans Ét. jurid. (Assoc. Cujas), *op. cit.,* p. 22).

2ᵒ *Le bicamérisme* se substitue peu à peu au monocamérisme mal tempéré du 27 octobre 1946. Le Conseil de la République opère un vigoureux redressement. Dès l'année 1948, en accord avec le Gouvernement, il oblige l'Assemblée à revenir sur certains de ses votes; il obtient, sur avis du Comité constitutionnel, la fixation de délais en matière d'urgence; il voit poser devant lui la question de confiance;

il retrouve, au mois de septembre, grâce à une loi électorale nouvelle sa physionomie sénatoriale de « Grand Conseil des communes de France »; en décembre, il rend à ses membres le titre de « sénateur ». En 1949, le Conseil de la République accroît ses pouvoirs sur deux points principaux : l'initiative des lois et le contrôle politique de l'action gouvernementale (réforme du règlement, art. 20, art. 87 et s., séance du Conseil de la République, 14 juin 1949). Ces dispositions se heurtent à l'opposition de l'Assemblée nationale. Mais le Conseil passe outre et rétablit pratiquement à son profit le droit d'interpellation. Par la suite, il devait même obliger le gouvernement à accepter un débat que celui-ci lui avait tout d'abord refusé (sur l'évolution du Conseil de la République, V. G. Monnerville, *Une remontée continue,* Politique, 1969, p. 169. — F. Goguel, *Sur la réhabilitation du bicamérisme en France,* Mél. L. Hamon, 1982, p. 325).

La révision du 7 décembre 1954 apporte, enfin sous certaines réserves, l'égalité, quant au dépôt et à la discussion initiale des projets et propositions de loi et la pleine participation du Conseil à l'œuvre législative : « Tout projet ou proposition de loi est examiné successivement par les deux Chambres du Parlement en vue de parvenir à l'adoption d'un texte identique » (art. 20, nouveau).

Déjà, l'année précédente, le congrès de Versailles avait consacré le prestige renaissant du Conseil, en choisissant le sénateur René Coty comme second président de la République.

3º *Les sessions* avaient été pratiquement supprimées par la Constitution de 1946 qui faisait siéger le Parlement du second mardi de janvier au 31 décembre. En outre, les ajournements de séances supérieurs à dix jours étant considérés comme interruptions de sessions, leur durée totale ne pouvait excéder quatre mois (Const. art. 9). La révision du 7 décembre 1954 revient au régime des sessions qui est celui du parlementarisme traditionnel. L'année parlementaire est ramenée à 7 mois, les ajournements de séances supérieurs à huit jours francs étant décomptés.

4º *La dissolution de l'Assemblée,* outre qu'elle connaissait des conditions étroites d'application, était paralysée effectivement par la retraite obligatoire du gouvernement qui la décidait, remplacé par un ministère *ad hoc,* dirigé par le président de l'Assemblée nationale.

Ainsi, il n'était pas demandé au corps électoral de se prononcer selon la logique parlementaire sur le maintien ou le départ du gouvernement en place (V. n° 60), mais selon la logique du gouvernement d'Assemblée de constituer le nouveau corps législatif qui choisirait le nouveau gouvernement (V. n° 56). La révision du 7 décembre revient là encore aux principes du régime parlementaire authentique en décidant que le cabinet recourant aux élections présiderait également à celles-ci, sauf au cas où il se serait retiré sur une motion de censure.

5° *La confiance accordée au Gouvernement* à la majorité simple, dont le chef indique à l'ouverture du débat la composition, est substituée au système de l'investiture. Transaction entre l'élection par l'Assemblée nationale et la nomination par le chef de l'État, celle-ci cumulait les inconvénients des deux systèmes, puisqu'il n'y avait ni élection, un seul candidat étant chaque fois en lice, ni nomination présidentielle, mais simple présentation. De plus, la formation du ministère n'était pas assurée et sa composition finale pouvait être très différente de celle prévue lors de la déclaration du président du Conseil « désigné ».

Cette série de modifications, assorties encore de dispositions mineures, montre combien est inexact, sur le plan constitutionnel, le terme de « réformette » appliqué à la révision du 7 décembre 1954. Sur le plan politique, par contre, celle-ci n'a pu porter ses fruits parce que trop tardive et trop limitée.

Restée quatre ans sur le chantier, elle arrive trop tard pour remédier à la « crise du pouvoir et à la crise du civisme », qui, en 1954, sont déjà en pleine acuité (cf. *Semaine Sociale* de Rennes, 1954). Prisonnière de la résolution votée par la première législature, la révision s'arrête sur le palier où la IIIe République s'était elle-même immobilisée. Elle ne peut remédier ni à l'impuissance législative, ni à l'instabilité ministérielle.

369. — L'impuissance législative. — Comme nous l'avons dit (V. n° 360), la Constitution de 1946 réserve à l'Assemblée nationale le vote de la loi et interdit toute espèce de délégation, mais il était prévisible (V. les avertissements aux Constituantes de Paul Reynaud et les analyses de ce *Précis,* 1re édit., 1948) qu'une prohibition aussi catégorique et aussi générale ne pourrait être maintenue. Effectivement, à cinq reprises, les lois du 17 août 1948, du 11 juillet 1953, du 14 août 1954, du 2 avril 1955, et du 16 mars 1956 ont permis — ce qui est le propre du décret-loi — de modifier par décret des lois antérieures (V. outre les ouvrages de droit administratif : A. de Laubadère : l'art. 13 dans Ét. jurid. (Assoc. Cujas), *op. cit.*, p. 12; J. Donnedieu de Vabres : *l'article 13 et les décrets-lois,* D., Chr., 15 octobre 1953; R. Chapus, *la loi d'habilitation du 11 juillet 1953,* R.D.P. 1953, p. 954).

Le Conseil d'État s'est efforcé de concilier une certaine extension législative du pouvoir réglementaire avec les termes de l'article 13. « Le législateur, dit-il, peut, en principe, déterminer souverainement la compétence du pouvoir réglementaire » et décider, à cette fin, que « certaines matières relevant de la compétence du pouvoir législatif entreront dans la compétence du pouvoir réglementaire. Les décrets pris en ces matières seront ainsi susceptibles de modifier, abroger ou remplacer les dispositions législatives... ». Ils pourront « être eux-mêmes modifiés par d'autres décrets jusqu'à ce que le législateur évoque à nouveau les matières en question dans des conditions excluant dorénavant la compétence du pouvoir réglementaire ». Par contre, l'extension ne peut porter sur les matières réservées à la loi par la Constitution, la tradition constitutionnelle (ou une autre loi), ni « par sa généralité et son imprécision » manifester « la volonté de l'Assemblée nationale d'abandonner au gouvernement l'exercice de la souveraineté nationale », en violation non seulement de l'article 13, mais de l'article 3 selon lequel la souveraineté nationale appartient au peuple français qui « l'exerce par ses députés à l'Assemblée nationale en toutes autres matières que les matières constitutionnelles » (R.D.P., 1953, p. 171).

Même si l'on accepte cette interprétation latitudinaire, les lois précitées de 1948, 1953 et 1954 restent juridiquement très discutables, au moins dans certaines de leurs dispositions. Politiquement, en tout cas, elles consacrent l'incapacité du Parlement à jouer le rôle qu'il avait revendiqué de législateur universel et permanent, détourné qu'il en est par le continuel harcèlement gouvernemental, cause lui-même de l'instabilité ministérielle.

370. — L'instabilité ministérielle. — La Constitution de 1946 avait cru remédier à la précarité gouvernementale en requérant, pour l'investiture comme pour la démission, la réunion de la majorité absolue des membres de l'Assemblée. En fait, l'investiture n'a pas suffi à assurer la formation ultérieure d'un cabinet (M. René Mayer : 24 juillet 1951; M. Jules Moch : 13 octobre 1949), ni à empêcher une chute immédiate (M. Robert Schuman : 7 septembre 1948; H. Queuille : 4 juillet 1950); pas davantage en dépit de la déclaration et des réponses aux questions l'accompagnant, elle n'a assuré une composition du cabinet en concordance avec les orientations indiquées (M.-H. Fabre : *Un échec constitutionnel : l'investiture du président du Conseil des ministres,* R.D.P., 1951, p. 182).

D'autre part, la démission de dix-neuf ministères n'a pas été juridiquement obligatoire. G. Bidault et J. Laniel qui avaient manifesté l'intention d'appliquer la Constitution dans sa lettre et dans son esprit en ne se retirant que sur un vote intervenu à la majorité des députés composant l'Assemblée, ne purent persévérer dans leurs propos, le premier étant renversé peu après constitutionnellement, le second étant menacé de la défection de ses ministres radicaux et républicains sociaux. Ainsi, l'attitude des présidents du Conseil s'est le plus souvent inspirée des coutumes propres à la IIIe République que la Constitution de 1946 entendait écarter : question de confiance dépourvue des formes de l'article 49, retraite en cas de mise en minorité non qualifiée, retraite préalable à un scrutin difficile.

Les accidents ministériels se multiplient parce que, cessant d'être redoutés, ils sont bientôt acceptés, voire même recherchés; car, outre les fournées de nouveaux ministres qu'ils permettent, ils sont devenus « un moyen de résoudre les problèmes. Il n'y a pas d'exemple qu'un nouveau gouvernement n'ait concédé plus que le précédent » (J. Fauvet, *la France déchirée*, 1957, p. 34).

La IVe République compte ainsi 25 ministères en douze ans. Non seulement les crises sont plus nombreuses que sous la IIIe, mais leur durée s'est sensiblement allongée. L'une d'entre elles (mai-juin 1953) dure trente-huit jours (V. G. Berlia : *La crise politique française de mai 1953,* R.D.P., 1953, p. 423; M. Prélot : *Trente-huit jours de crise,* R.D.P., juill. 1953; M. Merle : *L'instabilité ministérielle,* R.D.P., 1951, p. 390).

Sur ce point, la réforme de 1954 ne porte que très incomplètement ses fruits. Les présidents pressentis ou désignés, au lieu d'user hardiment des facilités nouvelles et de rompre délibérément avec les tergiversations de l'investiture, continuent d'agir comme si celles-ci continuaient à s'imposer à eux. Les crises ne sont réduites ni dans leur durée, ni dans leur nombre.

Le recours insolite à la dissolution intervenant en France pour la première fois depuis quatre-vingts ans, n'a aucun rôle stabilisateur, ni même clarificateur tant du fait du contexte politique que de la multiplication et de la division des partis (V. J. Georgel : *La dissolution du 2 décembre 1955,* Celse, 1958).

371. — Le multipartisme. — Pour bien fonctionner, la constitution de 1946 impliquait « l'existence d'un petit nombre de partis cohérents et stables qui, ayant passé contrat entre eux, ne le rompraient que sous certaines conditions et certaines formes » (J. Fauvet, *op. cit.,* p. 113).

Ces exigences sont à peu près remplies lors des deux Constituantes et dans les premiers mois de la première législature. Comme on l'a vu, s'opèrent alors un regroupement et un affermissement des partis. Institutionnellement, le scrutin proportionnel leur est très favorable en tant qu'il postule l'existence de grandes formations nationales aux structures solides. Psychologiquement, le terrain est libre. La guerre, l'occupation et la résistance ont éliminé les cadres politiques anciens, « notables » et « comités », dont l'enracinement local était la principale puissance. Les partis y substituent leur force. L'appartenance à un mouvement national est nécessaire et souvent suffisante pour être élu. La désignation par un « centre » permet à des candidats extérieurs, dits « parachutés », de l'emporter sur cette seule référence.

Mais « le régime des partis » qui découle de cette situation connaît un rapide déclin. Il ne survit que nominalement au départ des ministres communistes. Dès 1947, réapparaissent les conditions historiques qui, sous la IIIe République, avaient empêché des partis puissants de se former. Les élections municipales, sénatoriales, départementales traduisent l'hostilité renaissante de l'opinion au parti considéré en lui-même. Elle se manifeste dans le succès des nombreux candidats prenant l'étiquette d' « Indépendants », et dans la montée du *Rassemblement du Peuple français,* qui se pose en adversaire du « régime des partis ». L'Assemblée nationale se fractionne en 14 groupes, dont 5 d'*Indépendants* de diverses nuances. Aux élections du 2 janvier 1956, 18 listes ont droit à la qualité de « formations électorales nationales », en tant qu'elles présentent des candidats dans 30 départements.

Cependant, le multipartisme de la IVe République est, à la fois, moins foisonnant et plus complexe que la statistique ne le laisse croire. Celle-ci dénomme « parti » non seulement les formations méritant ce nom, mais des groupements de circonstances importants seulement en ce qu'ils engendrent et accroissent la dispersion et la confusion. Après les élections du 2 janvier 1956, la situation dans la dernière phase de la IVe République est intermédiaire entre celle de la IIIe République et celle des lendemains de la Libération. Le mandat parlementaire n'est complètement un mandat de parti que pour les élus communistes. Mais, à d'autres égards, le parti communiste n'est pas lui-même un parti authentique. Tous les autres partis doivent, s'ils veulent se maintenir, tolérer certains écarts de discipline ou même n'en imposer aucune. D'autre part, à l'Assemblée ou au Conseil, la formation réglementaire constituée par le groupe ne correspond pas, comme souvent à l'étranger, à un parti dont il serait la « fraction » parlementaire. Les affinités personnelles, les sympathies, les antipathies, les ambitions jouent un grand rôle dans leur composition. Aussi, y a-t-il généralement plus de groupes que de partis, bien que certains groupes réunissent des membres de plusieurs partis. (Sur le rôle respectif des partis et des groupes, V. P. Mendès-France, *Regards sur la IVe République,* Mél. L. Hamon, p. 477.)

Réserve faite des « antipartis », R.P.F. et U.D.C.A. que l'on retrouvera plus loin, les grands partis de la quatrième République ne sont pas plus de cinq, continuant ceux de la troisième République :

— deux sont issus du socialisme marxiste : le *parti communiste* et *le parti socialiste;*

— un est formé de démocrates d'inspiration chrétienne : le M.R.P.;

— deux proviennent de la dislocation du vieux parti républicain et du ralliement des conservateurs : le *parti radical socialiste* et le *Centre national des Indépendants.*

1° *Le parti communiste* est numériquement (sauf en mai 1946) « le premier parti » de la IVe République : 5 489 000 en 1946 (21,9 %), 4 910 500 (20,2 %) en 1951, 5 514 000 (20,6 %) en 1956. Mais à partir de mai 1947, et surtout après l'échec des grèves révolutionnaires de 1948, le P.C. est isolé. Avec ses 150 ou 100 députés, s'il pèse lourdement sur la vie parlementaire, c'est par son attitude négative, accroissant l'instabilité ministérielle et maintenant l'immobilisme constitutionnel. Paradoxalement, il défend le *statu quo*, dans la mesure où les faiblesses de la constitution de 1946 peuvent permettre « un coup de Prague ».

2° *Le parti socialiste* est, par son ancienneté et sa solidité, le plus authentiquement comparable aux grands partis des démocraties étrangères. Complètement réorganisé après 1944, tous les dirigeants suspects de complaisance pour le régime de Vichy ayant été éliminés, le parti socialiste n'occupe d'abord numériquement que le troisième rang. En 1956, il monte au second retrouvant à peu près son chiffre de 1946 (3 247 000 contre 3 432 000); son pourcentage passe de 13,7 % à 11,3 %, puis 12,1 %. Intellectuellement, le parti vit sur le souvenir de Jaurès et de Léon Blum. Mais, pratiquement, « l'exercice du pouvoir » est devenu le but de son action. De 1944 à 1951, puis, derechef de 1956 à 1958, il dirige le gouvernement ou détient de nombreux et importants portefeuilles, occupant en même temps les grandes charges de l'État (Présidence de la République, 1947-1954, Présidence de l'Assemblée nationale, 1953 et 1956-1958) (V. Paul Ramadier, *Les Socialistes et l'exercice du pouvoir,* Laffont, 1961).

3° *Le Mouvement républicain populaire* a des racines aussi anciennes, quoique moins fortes que celles de la S.F.I.O. Mais alors que le Parti démocrate populaire, dont il est historiquement la continuation, n'avait tenu dans l'hémicycle, entre 1924 et 1940, qu'une place modeste, le M.R.P. connaît en 1945 un rapide essor et, en mai 1946, un vrai triomphe électoral qui fait de lui le premier parti politique français. Les fruits éclosent d'une longue maturation antérieure, dans un climat brusquement rendu favorable par le rôle des chefs du M.R.P. au sein de la Résistance, par l'introduction du vote féminin, par l'éclipse de la droite républicaine. La présence du M.R.P. empêche les partis marxistes de gouverner seuls et la France de glisser à la démocratie populaire. Mais appelé, sans transition ni préparation, à la direction du Gouvernement ou a une participation ministérielle importante, le M.R.P. s'use rapidement. Il devient un « parti de gestion ». La formation du R.P.F. et le regroupement des Indépendants lui font perdre la moitié de ses voix : de plus de 5 000 000, en novembre 1946, il tombe à moins de 2 500 000, en juin 1951. Gardant le même nombre d'électeurs, il reste, en janvier 1956, une force vivante, solidement enracinée en certains points, notamment dans les provinces catholiques de l'Est et de l'Ouest (V. M. Vaussard : *Histoire de la Démocratie chrétienne, France, Belgique, Italie,* 1956 et L. Biton : *la Démocratie chrétienne et la Politique française,* Angers, 1954; E. Pezet, *Chrétiens au service de la Cité, op. cit.*).

4º *Le parti radical* discrédité, du fait des responsabilités qui lui incombent dans le désastre de 1940, a retrouvé dans l'opinion une place importante (2 381 000 suffrages en 1946, 1 480 000 en 1951, 3 227 000 en 1956, incluses les voix souvent difficiles à discriminer du R.G.R. et de l'U.D.S.R.). Indispensables, après le 4 mai 1947, à tous les gouvernements, accueillants à toutes les alliances, les radicaux occupent vite les grands postes : la présidence en permanence des quatre assemblées jusqu'à la retraite d'E. Herriot, la présidence du Conseil à dix reprises. Le parti radical-socialiste doit ses succès au fait qu'il n'est pas vraiment un parti. Simple association de « comités » et de personnalités, aux liens trop souples, la liberté des votes est de règle parmi ses élus. Lorsqu'en 1955, P. Mendès-France s'empare de la direction du parti, avec l'intention d'en faire une organisation disciplinée et orientée, comme la S.F.I.O. ou le M.R.P., il provoque, au lieu de « la rénovation », la dislocation. Les exclusions de décembre 1955 sont suivies d'une scission au congrès de Lyon (octobre 1956). Les principaux chefs radicaux : E. Faure, R. Mayer, A. Marie, H. Queuille n'appartiennent plus au parti officiel. Néanmoins les diverses fractions se retrouvent au sein et dans la majorité des ministères Bourgès-Maunoury et Gaillard. Quant à P. Mendès-France il a, dès le 28 juin 1957, donné sa démission de premier vice-président, avouant ainsi lui-même son propre échec.

5º *Les Indépendants* réunissent à la fois les successeurs des « républicains de gouvernement », dont Gambetta, Ferry, Méline et Poincaré furent les chefs, et leurs adversaires de droite, devenus depuis leurs alliés. Qualifiés couramment de « modérés », sous la IIIe République, ils portent plusieurs étiquettes : *Alliance démocratique, Fédéra-*

tion républicaine, Action libérale populaire, etc. Désemparés et discrédités à la Libération, ils retrouvent assez vite l'audience d'une partie de l'opinion et acceptent, après divers tâtonnements, une organisation unique. Leurs effectifs passent de moins de 2 500 000 en 1946 et 1951 (9,8 et 9,3 %) à 3 257 000. En juillet 1948, R. Duchet, sénateur de la Côte-d'Or, fonde le *Centre républicain des Indépendants* qui réunit l'ancien *Parti républicain de la Liberté* (P.R.L.) et les *Républicains indépendants.* Une fraction des *Paysans* le rejoint ou l'abandonne par intermittence. En juillet 1954, le C.N.I. est sensiblement renforcé par l'adhésion des élus dissidents du R.P.F. qui ont formé *l'Action républicaine et sociale.* Après les élections de 1956, le C.N.I. possède un groupe unique à l'Assemblée nationale (I.P.A.S.). Mais le succès poujadiste, qui lui a fait perdre une trentaine de députés, ne lui permet pas de reprendre la direction du gouvernement, détenue par lui en 1952, avec A. Pinay, et en 1953-1954, avec J. Laniel.

Les cinq partis précités disposant en 1956 de près des 5/6 des sièges, et de 15 millions de voix, à côté d'eux les autres formations apparaissent secondaires ou épisodiques. Cependant, les groupes marginaux ayant une influence supérieure à leurs effectifs, trois, au moins, sont à signaler :

1° *Le Rassemblement des Gauches républicaines* est d'abord un cartel électoral que domine le parti radical et dans lequel entrent l'U.D.S.R. et plusieurs petits partis. Après 1956, il réunit autour d'E. Faure les radicaux exclus ou démissionnaires.

2° *L'Union démocratique et socialiste de la Résistance* (U.D.S.R.) est issue de la Résistance de gauche. Elle reprend la tradition des républicains socialistes qui, de 1905 à 1939, servirent de lien et d'appoint à des majorités très diverses, leur fournissant même leur leader. Après 1955, l'U.D.S.R. oscille, avec R. Pleven et F. Mitterrand, entre le R.G.R. d'E. Faure et le « Front Républicain » de P. Mendès-France.

3° *Le Parti paysan* (groupe Antier) n'a pas accepté finalement de s'intégrer au Centre des Indépendants; il en est cependant très proche.

Les deux seuls partis vraiment nouveaux de la Quatrième République sont nés en tant qu'anti-partis :

1° *Le Rassemblement du Peuple Français* est fondé par le général de Gaulle en avril 1947. Créé pour parer au danger communiste et réformer l'État, le R.P.F. est opposé au

« régime des partis » qu'il se propose d'éliminer grâce au retour au pouvoir du général de Gaulle et à une révision complète de la constitution, selon le discours de Bayeux (V. n° 351). Les élections municipales de 1947 sont un très grand succès (30 % des voix, plus de 5 500 000 suffrages). Mais le refus par les partis, qui se sont ressaisis, d'accepter la double appartenance amène le R.P.F. à se constituer lui-même en parti nouveau. Aux élections de 1951, il ne retrouve que 4 255 000 voix. Ce recul relatif est encore accentué, quant au nombre des sièges, par les apparentements. Ne pouvant prendre lui-même le pouvoir, ne pouvant aller, du fait de la présence des communistes jusqu'au bout de son opposition au système, ne pouvant non plus directement y entrer, le R.P.F., travaillé par des tendances contraires, perd l'audience de l'opinion. Affaibli par des dissidences collectives (A.R.S.) ou individuelles, il tombe, aux élections municipales du 29 avril 1953, de 30 à 10 % des voix. Le 6 mai 1953, le général de Gaulle, tirant la conséquence de l'événement, rend aux élus leur liberté. 70 restent groupés sous le titre de *Centre des Républicains sociaux*. Mais alors qu'une partie d'entre eux soutient Mendès-France et lui donne plusieurs ministres, l'autre fraction le combat et contribue à sa chute, en janvier 1955. En 1956, avec 800 000 voix, les R.S. n'ont que 16 élus (V. Chr. Purchet, *Le R.P.F.*, 1965).

2° *L'Union de défense des commerçants et artisans*, devenue la *Fraternité Française*, de P. Poujade hérite en grande partie des voix des mécontents qui étaient allées en 1951 au R.P.F. et qu'Indépendants et M.R.P., en hâtant la fin de la deuxième législature, croyaient récupérer. « La naissance et la croissance du Mouvement Poujade résultent d'un ensemble de facteurs sociologiques clairement discernables... Les élections du 2 janvier ont révélé davantage qu'une extension considérable; elles ont mis en évidence la profonde résonance qu'un certain langage, fruste et violent, a su dégager dans l'ensemble du pays et parmi des couches d'électeurs qui n'étaient, ni directement visés par la propagande poujadiste, ni directement intéressés par l'action du Mouvement » (J. Malterre et P. Benoist : *Les Partis politiques français*, Paris, 1956, p. 165). Désignés par 2 480 000 voix, les 52 élus de l'U.D.C.A. sont décimés à la suite d'invalidations fondées sur l'apparentement de pseudo-listes, toutes issues en réalité du même parti. Sans chef et travaillé de tendances contradictoires, le poujadisme parlementaire contribue simplement à accentuer la crise du régime dont il est à la fois une cause et une conséquence (V. S. Hoffmann *et al., Le Mouvement Poujade,* 1956).

372. — Les forces collectives et les groupes de pression. — Avec la tentative, limitée socialement et géographiquement, du parti paysan, le poujadisme est la première manifestation, dans la vie politique française, d'un parti qui se donne une base et des objectifs purement professionnels, déclarant même paradoxalement « ne pas faire de politique ».

Son échec rapide confirme dans leur comportement traditionnel les autres groupements économiques qui évitent soigneusement de se confondre avec un parti, alors même qu'ils entretiennent avec l'un ou l'autre des relations étroites. N'apparaissant pas d'ordinaire à visage découvert, ils se transforment eux-mêmes en « groupes de pression » ou, encore, mettent sur pied des organismes directement consacrés au démarchage et aux prises de contact avec les pouvoirs publics. Il y a ainsi des groupes de pression par accessoire ou occasion et des groupes de pression par essence et vocation. Au sens large, peut devenir « groupe de pression », toute organisation d'intérêts, quelle qu'en soit la nature, professionnelle, locale, intellectuelle, spirituelle même, dès que l'intérêt, le besoin ou l'aspiration qui fait sa raison d'être provoque son intervention auprès des parlementaires, des ministres, des fonctionnaires. Au sens étroit, le groupe de pression n'est constitué que pour cette dernière forme d'activité et n'a pas de préoccupations d'ordre général.

Sous ces deux formes, il y a, par rapport à la IIIe République, multiplication des groupes de pression et renforcement de leur action. D'une part, le champ de manœuvre s'étend du fait de la plus large dépendance étatique de la vie économique; d'autre part, les influences s'accroissent par suite du perfectionnement des techniques de persuasion et de leur mise en œuvre, sinon plus cynique, du moins plus systématique (V. J. Meynaud, *Les Groupes de pression en France,* 1958, et *Les Groupes de pression,* 1960, Coll. Que sais-je?; F. Goguel et A. Grosser, *La Politique en France,* 1975).

L'action des *pressure groups* contribue incontestablement

aux faiblesses de la politique française. Tantôt elle diminue la cohésion des partis en agissant sur eux de l'intérieur; tantôt elle s'efforce, de l'extérieur, d'acquérir globalement leur contrôle. Plus volontiers, elle s'emploie individuellement au siège de certains hommes politiques et au noyautage de leurs collaborateurs.

Cependant, l'influence réelle et souvent malsaine des groupes de pression est sans doute moins grande qu'on ne l'a dit. Suggestionnés par la littérature américaine, certains *political scientists* se sont mis en quête de *lobbies* dont le rôle prédominant donnerait le secret de la vie politique française. Or, dans certains cas, les groupements dénoncés n'ont pas le caractère qui leur est prêté. « L'Association parlementaire pour la liberté de l'enseignement », formée exclusivement de députés et de sénateurs, est destinée à assurer — en la matière — l'indépendance des élus. Dans d'autres cas, plus nombreux, le rôle des *lobbies* est considérablement exagéré. Ainsi, la croyance au renversement de P. Mendès-France par le *lobby* de l'alcool relève de la pure propagande.

Le rôle des syndicats, beaucoup moins souligné, est cependant plus sensible dans le délabrement de l'État. Ceux-ci peuvent arrêter le fonctionnement des grands services publics en cas de crise. Leur appareil d'encadrement substitue son autorité à celle de la hiérarchie officielle, tandis que, dans le courant de la vie administrative, il exerce un contrôle rigoureux des carrières.

La tentative pour rendre publics les débats d'intérêts et pour ancrer le syndicalisme dans l'État, déjà amorcée par la légalisation du Conseil national économique de la IIIe République, n'a guère plus de succès avec la constitutionnalisation de son successeur, le Conseil économique de la IVe. Ni le contact entre les dirigeants professionnels qu'il provoque, ni les intéressants débats qu'il permet, ni l'énorme documentation qu'il engendre ne sont données négligeables. Mais, pour ce qui est de l'essentiel, le Conseil n'atténue nullement l'hégémonie de l'Assemblée nationale. L'œuvre législative n'en est pas améliorée, ni le comportement gouvernemental beaucoup mieux éclairé.

Le projet d'un « quadricamérisme », haussant le Conseil économique, devenu « Chambre du travail », au plan des assemblées politiques, restera à l'état d'ébauche, comme seront déçus les espoirs de son premier président, L. Jouhaux, qui voulait faire de celui-ci « un parlement plus qu'une administration » (déclarations au Populaire, 26 mars 1947 ; V. également : *Le rôle du Conseil économique,* Rev. Fr. du Trav., août 1947). En fait, entre 1946 et 1958, le Conseil économique ne réussira jamais à occuper le devant de la scène. Simultanément, les conceptions professionnalistes et corporatistes de droite ou syndicalistes de gauche, si discutées entre 1940 et 1945, marqueront dans l'opinion un net recul.

Section 5
La fin de la Constitution

373. — La fin de l'Union française. — La forte capacité de résorption de « la République des députés » aurait pu, comme sous la Troisième, jouer longtemps encore au profit de la Quatrième, si certains coups mortels ne lui avaient été portés de l'extérieur. Pas plus que la Troisième n'a pu surmonter, de 1934 à 1940, les défis que lui imposaient les régimes totalitaires, la Quatrième n'a été en mesure de faire face aux conséquences du phénomène mondial de *décolonisation,* entraînant la perte des possessions d'Extrême-Orient, puis menaçant directement l'Algérie.

Avant même que ne soit achevée la révision constitutionnelle du 7 décembre 1954, et atteint ainsi le point culminant des tentatives de réforme, la Constitution de l'Union française, partie intégrante de la Constitution de 1946, était devenue caduque par absence d'objet.

Alors que, dans l'esprit de ses auteurs, l'Union devait substituer un régime général et permanent aux accords bilatéraux et temporaires de protectorat (V. n° 165), Maroc et Tunisie s'étaient refusés dès l'abord à la nouvelle formule ; de leur côté, les administrations françaises intéressées accueillaient l'union sans empressement, ne souhaitant pas ouvrir les négociations qui eussent substitué aux traités de Fez et du Bardo de nouveaux accords d'association.

Par contre, les États d'Indochine, imparfaitement reconquis et toujours théâtre de guerre, donnaient leur adhésion à l'Union (Laos, 25 novembre 1942, Cambodge, 27 novembre 1942, Viet-Nam, 5 juin 1943). Le régime « d'Union constitutionnelle » était ensuite mis en place par les conventions franco-vietnamienne (échange de lettres du 8 mars 1949), franco-cambodgienne (traité du 8 novembre 1949), franco-laotienne (convention générale du 19 juillet 1949) et les conventions quadripartites de Pau (25 novembre 1949).

Cependant, ce système cohérent et bien structuré ne devait pas durer trois ans. Sous la pression des événements, la déclaration gouvernementale française de 1953 ouvre la phase de l' « Union contractuelle », extérieure à la constitution française. De nouveaux accords sont négociés avec le Cambodge, conclus avec le Laos (traité d'amitié et d'association, 22 octobre 1953), paraphés avec le Viet-Nam (traité d'indépendance et d'association, 4 juin 1954).

Mais, un mois plus tôt, Dien Bien Phu avait capitulé (7 mai 1954). Avec les accords sur la cessation des hostilités signés à Genève les 20 et 21 juillet, une déclaration générale non signée était publiée entraînant deux conséquences décisives : d'une part, l'indépendance des États d'Indochine ; d'autre part, la mise de cette indépendance sous la protection des quatre puissances signataires. Les relations entre les États d'Indochine et la France devenaient ainsi des relations entre États étrangers. C'était « la liquidation de toute formule d'Union française » (F. Borella, *L'Évolution politique et juridique de l'Union française depuis 1946*, 1958, p. 381).

374. — La seconde révision constitutionnelle. —
La fin malheureuse de l'Union française n'a même pas l'avantage, mis en avant par certains, d'en terminer avec l'état de guerre où se trouve la France depuis quatre ans, ni de renforcer, par le sacrifice des États associés, la situation outre-mer de la République. Dès novembre 1954, l'insurrection éclate en Algérie. Rapprochant les hostilités de la métropole, elle va avoir sur l'esprit public, sur le comportement de l'armée, puis finalement sur les institutions, une décisive influence (V. J. Barale, *La constitution de la IVe République à l'épreuve de la guerre*, 1964).

Celle-ci n'est cependant pas immédiate. Le débat constitutionnel qui clôt, le 30 novembre 1954, la première révision, est sans passion. Pour le parti socialiste, il apparaît comme un point final ; pour une fraction du M.R.P., le souhaitable est déjà dépassé (V. n° 367).

Par contre, P. Reynaud chez les Indépendants, Ed. Barachin à l'A.R.S., M. Prélot chez les Républicains sociaux, prennent immédiatement position en faveur d'une relance constitutionnelle (V. M. Prélot, *Ce qu'il reste à faire,* Monde Nouveau, mai-juin 1956). Afin de donner à celle-ci l'ampleur et la rapidité nécessaires, les présidents des commissions des Finances et du Suffrage universel estiment qu'il faut d'abord faire sauter le goulot d'étranglement de l'article 90. Ils sont suivis par la commission, mais non par l'Assemblée qui, à l'instigation de M. R. Lecourt, vote par 404 voix contre 210 une résolution englobant aussi les articles 17 (initiative des dépenses), 49 (question de confiance), 50 (motion de censure), 51 (dissolution) et l'ensemble du titre VIII (Union française). Toutefois, la précision est donnée et admise que les articles révisables pourront faire l'objet de rapports, de débats et de votes distincts.

De la sorte l'article 90 pourra être aisément révisé le 3 juillet 1958. Le reste s'enlisera d'abord dans de stériles discussions (1955-1958), puis connaîtra, avec les projets Gaillard et Pflimlin, de fiévreux et trop tardifs débats.

Comme l'on sait, la constitution confie à l'Assemblée elle-même le soin d'élaborer le projet de révision. Celle-ci, qui a été renouvelée le 2 janvier 1956, est beaucoup moins révisionniste que sa devancière. Malgré les déclarations du président du Conseil lors de sa présentation devant l'Assemblée et réitérées à Arras, le 6 mai 1956, malgré le vote d'une résolution injonctive du Conseil de la République (26 avril 1956, *J.O.,* déb., 27, p. 636 et s.), c'est seulement le 1er avril 1957 qu'est déposé le rapport de P. Coste-Floret. Au regret de son auteur, il est à peu près entièrement négatif. Mis à part le titre VIII, qu'a révisé en fait la très importante loi-cadre du 23 juin 1956 (V. F. Borella, *op. cit.,* p. 267 et s.), il ne comporte que des modifications fort limitées. Paradoxalement, certaines sont même des aggravations du texte en vigueur. De plus, la commission écarte la procédure des projets séparés et n'apporte à l'article 90 qu'une modification de détail. Ainsi que le constate M. Ed. Barrachin : « les députés ne veulent pas du pouvoir présidentiel, ni du contrat de législature, ni de la dissolution automatique », c'est-à-dire d'aucun des remèdes efficaces à l'instabilité ministérielle.

Ainsi passe un temps qui manquera bientôt aux partisans de la constitution de 1946. Dix mois s'écoulent encore avant que le rapport Coste-Floret ne soit discuté le 12 février 1958.

Entre temps, le gouvernement, comme ses prédécesseurs, plus sensible que l'Assemblée à la dégradation de l'autorité, a lui-même déposé un projet qui, déclaré recevable, n'est cependant pas accepté au fond (V. E. Guldner, *Le rôle du Gouvernement dans la procédure de révision de la Constitution du 27 octobre 1946*, E.D.C.E., 1957, p. 41). Un contre-projet émanant de MM. E. Faure, R. Pleven, P. Arrighi, V. Giscard d'Estaing, entraîne un renvoi à la commission. La discussion, reprise le 11 mars, aboutit le 21, après que le Gouvernement ait obtenu, le 18, un vote de confiance.

La « révision Gaillard » comporte l'irrecevabilité des propositions ayant pour conséquence une réduction des crédits et un accroissement des dépenses; elle assure l'adoption, même sans majorité, d'un texte législatif sur lequel le gouvernement n'a pas perdu la confiance; elle exige, pour le retrait du gouvernement, le vote explicite d'une motion de censure à la majorité absolue des membres composant l'Assemblée; elle rend la dissolution semi-automatique, le président de la République pouvant seul s'y opposer s'il la juge dangereuse.

Mais, avant même que d'être examinée par le Conseil de la République, la « révision Gaillard » apparaît insuffisante. Le 27 mai, M. P. Pflimlin s'efforce d'utiliser les circonstances pour arracher à l'Assemblée la mise en train d'une réforme plus ample. Il fait joindre à la révision en cours les articles 9, 12 (2º), 13 et 45. Il annonce qu'un projet suivra en vertu duquel « le Gouvernement recevra du Parlement des pouvoirs étendus lui permettant d'abroger, modifier ou remplacer les dispositions législatives en vigueur. Le Gouvernement pourra opposer son veto à un texte d'origine parlementaire portant sur les matières précisées par la loi de délégation des pouvoirs. »

375. — Le 13 mars et le 13 mai 1958. — Mais, tandis que MM. Gaillard et Pflimlin demandent à des modifications constitutionnelles problématiques le renforcement des pouvoirs de leurs successeurs, dans l'immédiat, l'autorité leur a déjà échappé.

Le 13 mars 1958, une manifestation des gardiens de la paix parisiens autour du Palais Bourbon indique à l'évidence que, le cas échéant, celui-ci ne serait pas défendu par les armes, comme il l'avait été si énergiquement le 6 février 1934. F. Gaillard, qui connaît les risques de la situation, se retire hâtivement, le 15 avril, sur une condamnation de sa politique tunisienne.

Il était évident, sauf pour trop de parlementaires, que la quatrième crise de la seconde législature serait l'une des dernières tolérées par l'opinion. Elle exigeait une solution prompte et exceptionnelle. Cependant, M. P. Pflimlin n'aboutit, après quatre semaines de vacance du pouvoir, qu'à former une équipe pareille aux autres. Tout le temps a été laissé aux multiples intrigues de se nouer, tandis qu'à Alger, la situation devenait explosive.

Le 13 mai, l'annonce de la formation d'un « ministère libéral » transforme une manifestation en émeute. Le nouveau gouvernement est obligé de composer avec elle en investissant le général Salan de pouvoirs étendus (sur les événements qui n'importent pas directement à l'évolution constitutionnelle, on consultera avec prudence les nombreux ouvrages écrits « trop tard après l'événement pour un reportage, trop tôt pour un récit historique » (Paul Delouvrier). Le plus recommandable, par le sérieux de son information et la solidité de jugement de son auteur, est : *Secrets d'État* de J.-R. Tournoux, 1960).

En quelques jours, la situation devient dramatique. Après l'installation en Corse d'un Comité de Salut public (24 mai), la menace de coups de main analogues en métropole se précise. Aucune réaction, par contre, de la part du pays : « les masses ouvrières n'étaient pas disposées à se battre pour cette forme disqualifiée de la République que représentait une République parlementaire impuissante » (G. Mollet, *13 mai 1958-13 mai 1962*, 1962, p. 3).

Seul, « le plus illustre des Français » était en mesure de détourner les événements d'un cours sanglant, en assumant au sens romain du terme, une dictature *reipublicæ servandæ et constituendæ*. L'objectif du gouvernement et du parlement devenait, alors, de donner à celle-ci les bases régulières qui, historiquement, la distinguent de la tyrannie (V. n° 69).

376. — Le retour du général de Gaulle. — Le 29 mai, usant pleinement des prérogatives du chef de l'État quant à la désignation du chef du gouvernement, R. Coty indique, par un message au Parlement, qu'il a fait appel, pour remplacer M. Pflimlin démissionnaire, au général de Gaulle et qu'il lie personnellement son sort à la ratification de son choix. Dès le 27, le général de Gaulle — dont le souci majeur sera, pendant la crise, de ne se confondre ni avec la république déclinante, ni avec l'insurrection non encore triomphante — a annoncé qu'il a, dès la veille, entamé « le processus nécessaire à l'établissement régulier d'un gouvernement républicain ». Le 29, le Général se rend à l'Élysée. Pressenti, il accepte de former le gouvernement. Le 1er juin, il se présente devant l'Assemblée nationale avec la liste de ses principaux collaborateurs. La confiance lui est accordée par 329 voix contre 224. La seule coutume non respectée, mais aussi non substantielle, est celle des explications demandées au nouveau président du Conseil. Celui-ci s'est retiré dès sa descente de la tribune.

Les 2 et 3 juin, le Gouvernement fait adopter la loi des pleins pouvoirs et la loi constitutionnelle de révision. Toutefois, le calme du pays est tel que, non seulement aucune nouvelle de restriction des libertés n'est prise, mais que plusieurs dispositions exceptionnelles sont levées. Par ailleurs, les élections sénatoriales du 8 juin ne sont pas renvoyées et une série de consultations populaires est prévue, avant même la fin de l'année.

377. — La révision-abrogation. — La loi constitutionnelle du 3 juin 1958 porte exclusivement sur l'article 90, qui, depuis 1955, est devenu la clef de toute réforme. Elle substitue à la procédure très lente d'une résolution initiale, d'un projet établi par l'Assemblée, d'une discussion en la forme législative, d'une consultation populaire, hormis le cas de majorités qualifiées, une révision par le gouvernement, suivie d'un référendum. Le général de Gaulle, invoquant les atermoiements et les échecs antérieurs, refuse catégoriquement d'accepter les suggestions de la commission du suffrage universel s'efforçant de conserver un rôle au Parlement, qui aurait, dans un délai de trois mois, examiné le projet gouvernemental.

Incontestablement, cette procédure d'abrogation soulève des objections dont la moindre n'est pas, psychologiquement, son analogie avec une autre révision, celle du 10 juillet 1940, condamnée sévèrement par le général de Gaulle. Il y a cependant « des différences notables, sinon irréductibles, entre ces deux textes intervenus à des moments dramatiques de notre histoires politique » (J. Georgel).

Quant au droit :

1° La révision de 1958 s'accomplit dans la forme — révision de la clause de révision — qui, précisément aurait, selon plusieurs juristes (notamment Julien Laferrière), rendu régulière la révision de 1940.

2° La procédure de l'article 90 était elle-même en position de révision depuis trois ans (résolution de l'Assemblée nationale du 24 mai, résolution du Conseil de la République du 19 juillet 1955).

3° La révision de 1958 respecte la structure donnée au pouvoir constituant par la Constitution de 1946. En vertu de celle-ci, le pouvoir constituant appartient au peuple (art. 3), sauf au cas de majorités qualifiées (réunies en 1954). La loi du 3 juin 1958 maintient cette disposition essentielle. L'innovation est dans l'élaboration du texte par le gouvernement et non par l'Assemblée. Mais le pouvoir législatif passant pour six mois au gouvernement, il était normal que le pouvoir constituant suivît le même sort. Autrement, le Parlement, réuni spécialement pour cet objet, aurait joué le rôle d'une constituante, alors qu'aux yeux de l'opinion, il était disqualifié comme législateur ordinaire.

4° La révision de 1958 ne peut porter atteinte à la République et à la démocratie. Elle est limitée par un schéma institutionnel relativement précis lorsqu'on le compare à la simple garantie « des droits du Travail, de la Famille et de la Patrie » formulée par la loi constitutionnelle du 10 juillet 1940. Sur plus d'un point, d'ailleurs, la constitution nouvelle reprend les suggestions des projets Gaillard et Pflimlin (V. J. Georgel, *Critiques et réforme des constitutions de la République,* 1960, t. I; M. Merle, *La fin d'un régime,* in Rev. de l'action populaire, mai 1958, p. 771, et J.-L. Quermonne, *Réforme des institutions et rupture de l'immobilisme, ibid.,* juillet-août 1958, p. 785 et s.).

Quant aux circonstances :

1° La révision s'effectue librement. Dès la prise du pouvoir par le général de Gaulle, toute pression physique disparaît. La majorité est importante, mais non pléthorique : 350 voix (412, en 1954); la minorité est substantielle : 163 voix (141, en 1954).

2° Le référendum est proche et libre. Tandis que, le 11 juillet 1940, les actes constitutionnels anticipent sur la décision nationale et que toute espèce de discussion se trouve interdite pendant quatre ans par la censure et l'état de siège, en 1958, il y aura, dans les quatre mois, une vraie consultation et un authentique référendum. La date même du 24 septembre indique qu'un échec du projet constitutionnel aurait eu pour conséquence la réunion des Chambres, fixée au 5 octobre.

Mais, politiquement, tout est fini. Dès le 3 juin, il est clair que le référendum ne sera qu'une confirmation. Avec la séparation des Chambres, la Constitution de 1946 a, en fait, cessé d'exister.

LIVRE III

INSTITUTIONS POLITIQUES DE LA CINQUIÈME RÉPUBLIQUE

378. — Présentation d'ensemble. — Les institutions politiques de la France sont actuellement celles qui ont été établies par la Constitution du 4 octobre 1958. Leur étude doit naturellement s'ouvrir par un exposé des caractères fondamentaux de celle-ci. Cette étude se poursuivra, suivant l'ordonnance même du texte constitutionnel, par l'analyse des dispositions régissant la souveraineté et les différentes institutions dans leur statut, leurs fonctions, leurs rapports. Ce livre III sera donc divisé en six titres :
 I. — La Constitution du 4 octobre 1958.
 II. — La Souveraineté.
 III. — Le Président de la République.
 IV. — Le Gouvernement.
 V. — Le Parlement.
 VI. — La Juridiction.

Fondée dans des circonstances dramatiques (V. nos 375 et s.), la Ve République a désormais plus de trente ans, ce qui la place, pour la longévité, au deuxième rang parmi les régimes qui se sont succédé depuis 1789. Elle a victorieusement surmonté un certain nombre d'épreuves d'ordre institutionnel et politique et, spécialement à ce dernier titre, trois renversements successifs de majorité à l'Assemblée nationale qui ont levé l'hypothèque qui pesait sur le régime depuis la réforme du mode de désignation du chef de l'État.

Riche d'une pratique qui, sur trente années, en a ainsi démontré la souplesse, la constitution de 1958 s'est aussi, fait sans précédent dans notre histoire constitutionnelle, enrichie d'une jurisprudence dont l'importance, quantitative et qualitative, n'a pas cessé de croître au fur et à mesure du développement du contrôle exercé par le Conseil constitutionnel. Cette double circonstance commande la présentation qui sera suivie où références à la pratique et à la jurisprudence constitutionnelle aussi bien qu'indications bibliographiques particulières viendront compléter en petits caractères l'exposé des dispositions fondamentales.

379. — Indications bibliographiques générales. —
Outre les développements qui lui sont naturellement consa-

crés dans les ouvrages et manuels précédemment cités (V. n° 28), la Ve République a fait l'objet de nombreuses études, les unes générales, les autres particulières à telle ou telle question. On se bornera ici à donner les références des principales parmi les premières, les secondes étant mentionnées à la fin des développements consacrés aux sujets dont elles traitent.

A. *Documentation* — *Recueils de textes et de décisions.*

Outre les différentes éditions (lois et décrets, débats parlementaires) ou publications particulières (Constitution-lois organiques et ordonnances relatives aux pouvoirs publics, n° 1119, 1988 — Code électoral) du *Journal officiel,* les principaux textes pourront être consultés dans le Code administratif Dalloz.

Les assemblées publient chacune un Bulletin d'information qui constitue une source de documentation importante et rapidement accessible.

Les décisions du Conseil d'État sont publiées au Recueil « Lebon ». Celles du Conseil constitutionnel le sont dans un Recueil annuel édité sous le haut patronage du Conseil par l'Imprimerie nationale. Le Conseil constitutionnel a établi en outre deux Tables analytiques d'ensemble, l'une consacrée à la jurisprudence électorale (1958-1978); l'autre à la jurisprudence constitutionnelle (1959-1984).

B. *Revues* — *Chroniques.*

Les principales revues à consulter systématiquement sont la *Revue du Droit public* (R.D.P.) et la revue *Pouvoirs* où l'on trouvera, à côté d'articles de fond, un certain nombre de chroniques faisant le point sur différentes questions. A ces chroniques, en particulier celle publiée à Pouvoirs par MM. P. Avril et J. Gicquel, on ajoutera la chronique annuelle publiée à l'Annuaire de législation française et étrangère. On pourra également consulter *L'année politique.*

C. *Ouvrages.*
- Avril (P.) : Le régime politique de la Ve République L.G.D.J., 4e éd. 1979. — La Ve République, histoire politique et constitutionnelle, P.U.F., 1987.
- Baecque (F. de) : Qui gouverne la France? (Essai sur la répartition du pouvoir entre chef de l'État et chef du Gouvernement) P.U.F. 1976.

- Barillon (R.) et autres : Dictionnaire de la Constitution Cujas 4e éd. 1986.
- Chapsal (J.) : La vie politique sous la Ve République, Thémis 1981.
- Conac (G.) et Luchaire (Fr.) (divers auteurs sous la direction de) : La Constitution de la République française Economica, 2e éd., 1987. — Le droit constitutionnel de la cohabitation, 1989.
- Debré (J.-L.) : La Constitution de la Ve République P.U.F., 1975.
- De Gaulle (Ch.) : Discours et Messages, Plon, 1970.
- Favoreu (L.) et Philip (L.) : Les grandes décisions du Conseil constitutionnel (Gdes déc.) 5e éd., 1989.
- Gicquel (J.) : Essai sur la pratique de la Ve République, mise à jour, 1977.
- D. G. Lavroff, Le système politique français, 4e éd., 1986.
- Le Mong Nguyen : La Constitution de la Ve République Théorie et Pratique, 2e éd., 1983.
- Maus (D.) La pratique institutionnelle de la Ve République, Textes et documents (Prat. Inst.) C.N.R.S. Doc. Fr. 2e éd., 1982.
Les grands textes de la pratique institutionnelle de la Ve République Doc. Fr. N.E.D. 4699-4700, 1982.
- Mollet (G.) : Quinze ans après, la Constitution de 1958, 1973.
- Pompidou (G.) : Entretiens et Discours 1968-1974.
- Quermonne (J.-L.) : Le gouvernement de la France sous la Ve République, Dalloz, 1980.
- Sur (S.) : La vie politique sous la Ve République, 2e éd., 1981.
Le système politique de la Ve République, Que Sais-je? 1981.
- Vingt ans après, la Ve République, Pouvoirs, no 4, 1978.
- La Ve République (30 ans), Pouvoirs, no 49, 1989.

TITRE I

LA CONSTITUTION DU 4 OCTOBRE 1958

380. — L'élaboration et l'adoption. — Si la loi du 3 juin 1958 (V. n° 377) habilitait le Gouvernement à mettre en œuvre la procédure de révision constitutionnelle, elle lui imposait un certain nombre de contraintes, tant dans les principes à respecter, que dans la manière de conduire l'opération.

A. Le futur texte devrait appliquer *cinq principes*, qui étaient formulés dans les termes suivants :
1° Seul, le suffrage universel est la source du pouvoir. C'est du suffrage universel, ou des instances élues par lui que dérivent le pouvoir législatif et le pouvoir exécutif.
2° Le pouvoir exécutif et le pouvoir législatif doivent être effectivement séparés de façon que le Gouvernement et le Parlement assument, chacun pour sa part et sous sa responsabilité, la plénitude de leurs attributions.
3° Le Gouvernement doit être responsable devant le Parlement.
4° L'autorité judiciaire doit demeurer indépendante pour être à même d'assurer le respect des libertés essentielles telles qu'elles sont définies par le préambule de la constitution de 1946 et par la Déclaration des droits de l'homme à laquelle il se réfère.

5° La constitution doit permettre d'organiser les rapports de la République avec les peuples qui lui sont associés.

B. La loi du 3 juin fixait d'autre part la *procédure* qui devrait être suivie. Dans l'établissement du projet, le Gouvernement devrait recueillir, outre l'avis du Conseil d'État, celui d'un Comité consultatif où siégeraient notamment des membres du Parlement désignés par les commissions compétentes de chacune des deux assemblées. Il était précisé que le nombre des membres ainsi désignés serait au moins égal au tiers de l'effectif de ces commissions et, au total, au moins égal aux deux tiers de l'effectif du Comité. Le projet ainsi mis au point devrait être soumis au référendum et la loi constitutionnelle portant révision, promulguée dans les huit jours de son adoption.

Un décret du 16 juillet 1958 fixa la composition du comité dit « Comité consultatif constitutionnel » qui comprenait 39 membres : 16 désignés par la commission du suffrage universel de l'Assemblée nationale, 10 par la commission correspondante du Conseil de la République et 13 nommés par le Gouvernement.

L'élaboration du projet s'étendit sur un peu plus de trois mois et se décomposa en quatre phases : la première consista dans la mise au point d'un avant-projet qui fut l'œuvre conjuguée d'un groupe de travail constitué sous la présidence du garde des sceaux, M. Michel Debré et d'un comité interministériel restreint groupant autour du général de Gaulle, outre M. Debré et R. Cassin, vice-président du Conseil d'État, MM. Houphouët Boigny, Jacquinot, G. Mollet et P. Pfimlin, ministres d'État. Ouverte le 12 juin par la réunion du groupe de travail, cette première phase sera close avec l'adoption de l'avant-projet par le Gouvernement au cours de conseils tenus du 20 au 23 juillet. La seconde phase fut celle de la consultation du Comité consultatif constitutionnel qui, saisi le 29 juillet, rendit son avis le 14 août. Après nouvel examen par le Comité interministériel, la procédure entra dans sa troisième phase, celle de l'examen par l'assemblée générale du Conseil d'État qui, saisi le 21 août, rendit son avis le 28. Enfin, le comité interministériel ayant à nouveau procédé à l'examen du texte, celui-ci fut soumis au Conseil des ministres qui l'adopta dans sa version définitive le 3 septembre.

Le référendum prévu par la loi du 3 juin eut lieu le

28 septembre. La campagne référendaire avait été ouverte le 4 septembre, jour anniversaire de la proclamation de la République en 1870, par un discours prononcé place de la République à Paris par le général de Gaulle. A l'exception du parti communiste et des formations extrêmes, tous les groupements politiques se prononcèrent en faveur d'une adoption qui fut acquise à une large majorité.

Le texte de la constitution fut promulgué le 4 octobre.

— Sur les étapes successives, les discussions et l'évolution dans la rédaction du texte, V. *Documents pour servir à l'histoire de l'élaboration de la constitution du 4 octobre 1958,* Documentation Française. — G. Mollet, *Quinze ans après, la constitution de 1958,* 1973. — J.-L. Debré, *La constitution de la Ve République,* 1974. — Fr. Hamon, *Regards nouveaux sur les origines de la Ve République,* R.D.P., 1975, p. 415.

— Le discours du général de Gaulle du 4 sept. 1958 est au tome III des *« Discours et Messages »,* p. 41, et dans *Prat. Inst.,* doc. 00-101.

— La Constitution a été adoptée par 31 066 502 oui contre 5 419 749 non pour 45 840 642 électeurs inscrits et 36 893 979 votants.

381. — La mise en place des nouvelles institutions.

— La Constitution, au titre de ses dispositions transitoires, prévoyait les conditions de mise en place des nouvelles institutions, qui devrait être effectuée dans les quatre mois suivant la promulgation (art. 91). Le Gouvernement recevait délégation pour prendre, par ordonnances ayant force de loi, les mesures nécessaires au fonctionnement des pouvoirs publics, en particulier le régime électoral des nouvelles assemblées, et plus généralement, toutes les mesures nécessaires à la vie de la nation, à la protection des citoyens et à la sauvegarde des libertés.

Pendant la durée de cette habilitation, qui expirait le 4 février 1959, le Gouvernement devait prendre un grand nombre d'ordonnances dans les domaines les plus divers. C'est ainsi que furent notamment édictées les différentes lois organiques destinées à compléter la Constitution.

La nouvelle Assemblée fut élue les 23 et 30 novembre et se réunit pour la première fois le 9 décembre 1958. Le 21 décembre, le général de Gaulle était élu à la Présidence de la République dont il prit les fonctions le 8 janvier 1959. Suppléé provisoirement par l'ancien Conseil de la République, le nouveau Sénat ne fut élu que le 26 avril 1959.

Sur les ordonnances de la période transitoire V.A.M. Lebos-Le Pourhier, *L'article 92 de la Constitution de 1958*, 1980.

382. — Vue générale de la Constitution. — La Constitution du 4 octobre 1948 se présente d'un point de vue formel comme un document composé d'un préambule et de 92 articles, répartis en 15 titres.

Extrêmement bref, le préambule se divise en deux paragraphes dont le second, relatif aux relations avec les territoires d'outre-mer, n'a plus d'intérêt institutionnel direct, sinon par l'adhésion qu'il rappelle au principe de libre détermination des peuples. Le premier est, en revanche, d'une grande importance puisqu'il renouvelle l'attachement aux droits de l'homme et aux principes de la souveraineté nationale « tels qu'ils ont été définis par la déclaration de 1789 confirmée et complétée par le préambule de la constitution de 1946 ». Ce faisant, le préambule incorpore ces deux textes dans le droit constitutionnel positif de la Ve République.

Par sa longueur, la Constitution elle-même occupe une place moyenne parmi ses devancières. Certains de ses titres sont originaux. Ainsi de celui relatif à la Communauté qui, pour n'avoir pas été abrogé, n'a plus d'application actuelle et dont il ne sera plus question dans la suite. Ainsi, également, du titre consacré aux accords d'association ou de celui qui traite du Conseil constitutionnel. On a surtout souligné, comme révélatrice d'un état d'esprit, la modification intervenue dans la succession des titres par rapport à la Constitution de 1946, le président de la République passant du titre V au titre II tandis que le Parlement passait du titre II au titre IV.

Envisagée dans son contenu, la Constitution de la Ve République se caractérise par trois principaux traits : son *inspiration doctrinale,* son *emprise sur l'ordonnancement juridique,* l'*indétermination du régime politique* qu'elle établit.

A. S'il s'inscrit dans la tradition démocratique et républicaine, dont il consacre la continuité dans le fondement de la souveraineté et le respect des libertés ; et s'il prend en charge différentes mesures que la pratique avait suggérées sans que les projets de révision Gaillard-Pfimlin (V. n° 374) parviennent à les imposer, le nouveau texte a dû son originalité aux idées professées en matière constitutionnelle par ceux qui en furent les principaux inspirateurs : M. Michel Debré et le général de Gaulle.

Pour le premier, il s'agissait de rétablir un véritable pouvoir gouvernemental en restituant à l'exécutif une autorité et un champ d'action que le parlementarisme « absolu » des IIIe et IVe Républiques n'avait pas cessé d'altérer. Ce rétablissement passait par une redistribution des compétences entre le Parlement, auquel serait reconnu un domaine réservé, et le Gouvernement qui, hors de ce domaine fondamental mais limité, devait jouir de la plus grande liberté d'action et de pouvoirs s'étendant non seulement au processus législatif, mais encore au fonctionnement interne des assemblées.

Quant au général de Gaulle, ses positions en la matière s'étaient progressivement développées en réaction contre les conceptions des constituants de 1946. Elles s'étaient d'abord exprimées dans le célèbre « discours de Bayeux » prononcé quelque temps après l'échec de référendum du 15 mai (V. n° 352) et surtout, bien que l'on persiste à tenir cette seconde intervention pour moins significative que la première, dans le discours prononcé à Epinal quelque temps avant le référendum du 13 octobre. Tout en se déclarant résolument hostile au projet qui allait devenir la constitution de la IVe République, le général exposait les exigences qui, selon lui, devaient être celles d'un régime équilibré. A relire ce discours, il est facile de constater que, non seulement les idées, mais jusqu'aux formules sont passées, telles quelles, dans la Constitution de 1958.

B. Ces deux inspirations doctrinales, au demeurant parfaitement concordantes, allaient contribuer à faire du texte constitutionnel la clé de voûte de l'ordonnancement juridique.

Sans doute, expression de la souveraineté, à titre originaire, toute constitution a-t-elle vocation à informer un ordonnancement juridique dont elle occupe le sommet.

On peut donc s'attendre à ce qu'elle définisse la nature et fixe le rang de toutes les autres règles qui composent cet ordonnancement. Depuis l'époque révolutionnaire cependant, les constituants n'avaient pas poussé très loin cette opération, se bornant le plus souvent à proclamer la suprématie de la loi, expression d'une souveraineté essentiellement parlementaire, fût-ce au détriment de la primauté naturelle de la constitution.

Le texte de 1958 rompt avec cette sorte de tradition. Conformément à la doctrine qui l'inspire en matière de répartition des compétences, la Constitution caractérise les différentes catégories de règles, et détermine à la fois leur domaine et leur place dans la hiérarchie. Surtout, et pour la première fois, elle met en place un système destiné à sanctionner le respect de cette répartition et de cette hiérarchie par un contrôle de constitutionnalité dont l'importance n'a pas cessé de croître.

C'est assurément là l'une des caractéristiques fondamentales du nouveau système constitutionnel; à l'évidence du point de vue juridique, mais tout autant du point de vue du régime politique ainsi encadré par un ensemble de règles minutieuses. Si, par une déformation inhérente à la préférence donnée aux analyses de science politique, cet aspect des choses a pu être négligé, le développement du contrôle de constitutionnalité, en particulier au cours de ces dernières années, est là pour montrer à quel point les deux perspectives se rejoignent et sont révélatrices de la véritable nature du régime.

C. Celle-ci, considérée du seul point de vue politique, n'a cependant pas cessé d'être discutée. Du parlementarisme rationalisé au parlementarisme trahi, du présidentialisme empirique au régime présidentiel implicite, en passant par une originalité irréductible aux modèles du droit constitutionnel classique, tout aura été dit sur ce régime indéterminé dont les différentes « lectures » de la Constitution autorisent les différentes conceptions, alternatives, successives, ou évolutives.

C'est de ces deux derniers points de vue — ordonnancement juridique, régime politique — qu'il convient donc de conduire la présentation de la Constitution, puisque ce sont eux qui en éclairent l'originalité.

— La succession des titres de la Constitution est la suivante : I. De la souveraineté. II. Le président de la République. III. Le Gouvernement. IV. Le Parlement. V. Des rapports entre le Parlement et le Gouvernement. VI. Des traités et accords internationaux. VII. Du Conseil constitutionnel. VIII. De l'autorité judiciaire. IX. De la Haute Cour de justice. X. Le Conseil économique et social. XI. Des collectivités territoriales. XII. De la Communauté.

XIII. Des accords d'association. XIV. De la révision. XV. Dispositions transitoires.

— V. G. Vedel, *Les sources idéologiques de la Constitution de 1958*, Pages de doctrine, I, 493).

Les conceptions de M. Michel Debré sont exprimées pour l'essentiel dans un ouvrage écrit en collaboration avec E. Monick et qui, rédigé sous l'occupation, fut publié en 1945 sous le pseudonyme de Jacquier-Bruère et le titre *« Refaire la France, l'effort d'une génération »*. On en retiendra en particulier un passage significatif : « Il est une solution que l'on refuse d'envisager par esprit de doctrine bien que, dans les États modernes, la pratique, depuis dix ans, commence déjà à l'imposer un peu partout : elle réside dans le partage soigneusement établi entre Parlement et Gouvernement des attributions législatives et réglementaires. Il est conforme à la mission du Parlement que celui-ci possède un domaine réservé sur lequel le Gouvernement n'a aucun pouvoir. Ce domaine comprend notamment les droits essentiels de la personne humaine — liberté individuelle, liberté d'opinion, liberté de presse, état des personnes; les problèmes qui intéressent l'existence politique de la nation — organisation des pouvoirs publics, traités avec les puissances étrangères — enfin les grandes questions qui touchent au statut économique et social du pays. Hors de ce domaine primordial, il est nécessaire de laisser au Gouvernement une large autorité. » V. en outre le discours prononcé par M. Michel Debré devant le Conseil d'État le 27 août 1958, *Prat. Inst.,* doc. 00-100.

— Du discours prononcé à Épinal par le général de Gaulle, on retiendra le passage suivant : « ... il nous paraît nécessaire que l'État démocratique soit l'État démocratique, c'est-à-dire que chacun des trois pouvoirs publics : exécutif, législatif, judiciaire, soit un pouvoir, mais un seul pouvoir, que sa tâche se trouve limitée et séparée de celle des autres, et qu'il en soit seul mais pleinement responsable. Cela afin d'empêcher qu'il règne dans les pouvoirs de l'État cette confusion qui les dégrade et les paralyse ; cela aussi afin de faire en sorte que l'équilibre établi entre eux ne permette à aucun d'en écraser aucun autre, ce qui conduirait à l'anarchie d'abord, et ensuite à la tyrannie, soit d'un homme soit d'un groupe d'hommes, soit d'un parti, soit d'un groupement de partis.

« Il nous apparaît nécessaire que le Chef de l'État en soit un, c'est-à-dire qu'il soit élu et choisi pour représenter réellement la France et l'Union française, qu'il lui appartienne dans notre pays si divisé, si affaibli et menacé, d'assurer au-dessus des partis le fonctionnement régulier des institutions, et de faire valoir, au milieu des contingences politiques, les intérêts permanents de la nation. Pour que le Président de la République puisse remplir de tels devoirs, il faut qu'il ait l'attribution d'investir les gouvernements successifs, d'en présider les conseils, et d'en signer les décrets, qu'il ait la possibilité de dissoudre l'Assemblée élue au suffrage direct au cas où nulle majorité cohérente ne permettrait à celle-ci de jouer normalement son rôle législatif ou de soutenir aucun gouvernement, enfin qu'il ait la charge d'être, quoi qu'il arrive, le garant de l'indépendance nationale, de l'intégrité du territoire et des traités signés par la France.

« Il nous paraît nécessaire que le gouvernement de la France en soit un, c'est-à-dire une équipe d'hommes unis par des idées et des convictions semblables, rassemblés pour l'action commune autour d'un chef et sous sa direction, collectivement responsables de leurs actes devant l'Assemblée nationale, mais réellement et obligatoirement solidaires, dans tous leurs actes, tous leurs mérites, et dans toutes leurs erreurs, faute de quoi il peut y avoir une figuration exécutive mais non pas de gouvernement.

« Il nous paraît nécessaire que le Parlement en soit un, c'est-à-dire qu'il fasse les lois et contrôle le gouvernement sans gouverner lui-même indirectement ni par personnes interposées. Ceci est un point essentiel et qui implique, évidemment, que le pouvoir exécutif ne procède pas du législatif même par une voie détournée qui serait inévitablement celle des empiètements et des marchandages. Le Parlement doit comporter deux chambres : l'une prépondérante, l'Assemblée nationale, élue au suffrage direct, la seconde, le conseil de la République, élue par les Conseils généraux et municipaux, complétant la première, notamment en faisant valoir dans la confection des lois les points de vue financier, administratif et local qu'une Assemblée purement politique a fatalement tendance à négliger.

« Il nous paraît nécessaire que la justice soit la justice, c'est-à-dire indépendante de toutes influences extérieures, en particulier des influences politiques... »

CHAPITRE I

LA CONSTITUTION ET L'ORDONNANCEMENT JURIDIQUE

383. — Détermination de l'ordonnancement juridique par la Constitution. — La Constitution est théoriquement susceptible de déterminer l'ordonnancement juridique par les dispositions qu'elle comporte à l'égard de deux composantes de cet ordonnancement : la différenciation des règles et la nature de leurs rapports. A cette double intervention s'en ajoute une troisième, puisque la Constitution n'est elle-même que l'une des règles de cet ordonnancement dont la spécificité et la primauté se retrouvent dans le régime qu'elle prévoit pour sa propre révision.

C'est à ces trois points : différenciation des règles, hiérarchie de ces règles, rigidité constitutionnelle que seront successivement consacrées les sections qui divisent ce chapitre.

Section 1

La Constitution et la différenciation des règles

384. — Différenciation des règles et répartition des compétences. — La Constitution consacre un certain nombre de ses articles aux différentes catégories de règles composant l'ordonnancement juridique. On y trouve une nomenclature particulièrement développée qui s'étend des lois organiques aux traités, en passant par les Plans, les lois de programme, de finances, ordinaires, les ordonnances, les décrets, les décisions et les accords internationaux.

La différenciation en catégories, qui aboutit à cette

nomenclature, correspond à une détermination des autorités compétentes pour édicter chaque type de règle ou conclure chaque type de stipulation, à une définition des objets sur lesquels ces règles ou stipulations peuvent intervenir et en conséquence à une différenciation de régime juridique. Il convient de reprendre chacune de ces catégories pour indiquer comment la Constitution les caractérise.

385. — Les lois organiques. — La catégorie des lois organiques est formée par les lois auxquelles la Constitution confère ce caractère. Cette qualification par détermination constitutionnelle résulte de ce que plusieurs articles de la Constitution renvoient à une loi dénommée organique le soin de préciser, compléter ou de déterminer les conditions d'application de leurs dispositions. Le contenu de telles lois doit donc être considéré comme matériellement constitutionnel.

Les lois organiques se trouvent, dès lors, assujetties à un régime particulier que détermine l'article 46 de la Constitution (V. n° 547).

Les articles de la Constitution prévoyant l'existence de lois organiques sont les suivants :

art. 6 : Modalités de l'élection du président de la République.

art. 13 : Emplois pourvus en Conseil des ministres. Délégation des pouvoirs présidentiels de nomination.

art. 23 : Remplacement dans leurs mandats, fonctions et emplois incompatibles des membres du Gouvernement.

art. 25 : Régime des assemblées composant le Parlement.

art. 27 : Délégation du droit de vote des parlementaires.

art. 34 : Domaine de la loi.

art. 47 : Conditions de vote des lois de finances.

art. 57 : Incompatibilités des fonctions de membre du Conseil constitutionnel.

art. 63 : Organisation, fonctionnement et procédure du Conseil constitutionnel.

art. 64 : Statut des magistrats.

art. 65 : Désignation des membres du Conseil supérieur de la Magistrature, conditions de la consultation de ce conseil en matière de nomination des magistrats du siège et en matière de grâces.

art. 67 : Organisation, fonctionnement et procédure de la Haute Cour de justice.
art. 71 : Composition et fonctionnement du Conseil économique et social.

H. Amiel, *Les lois organiques*, R.D.P. 1984, p. 405. — J.-P. Camby, *La loi organique dans la Constitution de 1958*, R.D.P., 1989, p. 1401.

386. — Les lois. — Tout en confirmant le critère organique suivant lequel « la loi est votée par le Parlement », la Constitution (art. 34) apporte au régime de cette catégorie d'actes une modification fondamentale en substituant à sa traditionnelle universalité une détermination des domaines dans lesquels la loi peut désormais intervenir. Il s'agit là d'un véritable système qui, dans ses modalités et dans ses conséquences, peut être décomposé en trois points :

A. *Le domaine de la loi* est défini à partir d'une double énumération suivant que la législation fixe les *règles* ou qu'elle détermine les *principes* à l'égard de tel ou tel objet.

1° Les matières pour lesquelles la loi « fixe les règles » sont :

— les droits civiques et les garanties fondamentales accordées aux citoyens pour l'exercice des libertés publiques et les sujétions imposées par la Défense nationale aux citoyens en leur personne et leurs biens;
— la nationalité, l'état et la capacité des personnes, les régimes matrimoniaux, les successions et les libéralités;
— la détermination des crimes et délits, ainsi que les peines qui leur sont applicables, la procédure pénale, l'amnistie, la création de nouveaux ordres de juridiction et le statut des magistrats;
— l'assiette, le taux et les modalités de recouvrement des impositions de toutes natures; le régime d'émission de la monnaie;
— le régime électoral des assemblées parlementaires et des assemblées locales;
— la création de catégories d'établissements publics;
— les garanties fondamentales accordées aux fonctionnaires civils et militaires de l'État;
— les nationalisations d'entreprises et les transferts de propriété d'entreprises du secteur public au secteur privé.

2º Les matières pour lesquelles la loi « détermine les principes » sont :
— l'organisation générale de la Défense nationale ;
— la libre administration des collectivités locales, de leurs compétences et de leurs ressources ;
— l'enseignement ;
— le régime de la propriété, des droits réels et des obligations civiles et commerciales ;
— le droit du travail, le droit syndical et la sécurité sociale.

L'article 34 ajoute, d'une part, que les lois de finances déterminent les ressources et les charges de l'État dans des conditions et sous les réserves prévues par une loi organique ; d'autre part, que les lois de programme déterminent les objectifs de l'action économique et sociale de l'État.

B. *Cette énumération fonde une répartition des compétences entre législatif et exécutif.*

1º Il résulte en effet de l'article 37 de la Constitution que « les matières autres que celles qui sont du domaine de la loi ont un caractère réglementaire » ; ce qui signifie que la compétence pour les régir appartient au pouvoir exécutif dans l'exercice de son pouvoir réglementaire.

2º Cette répartition en fonction du domaine ou de l'objet prévaut sur la nature formelle des actes tant pour le passé que pour l'avenir. Ainsi, les textes en forme législative intervenus antérieurement dans ce qui est désormais le domaine réglementaire pourront, contrairement au principe du parallélisme des formes et des compétences, être modifiés par des décrets après avis du Conseil d'État. De la même manière, les textes de forme législative qui interviendraient dans des domaines qui, désormais, sont cependant réglementaires, pourront être modifiés par décret si le Conseil constitutionnel a déclaré que ces textes sont effectivement réglementaires.

C. La détermination ainsi opérée du *domaine de la loi n'est pas immuable* et la *répartition des compétences* qui en résulte *n'est pas invariable*.

1º L'article 34, qui contient l'énumération que l'on a vue, prévoit en effet que ses dispositions pourront être précisées et complétées par une loi organique, ce qui implique bien que cette énumération puisse subir des modifications.

2º La répartition des compétences n'est pas non plus invariable dès lors que la Constitution n'exclut pas l'existence de ces actes hybrides qui, sous le nom de « décrets-lois » ou décrets « en matière législative », résultaient d'une confusion dans l'exercice des compétences mais, au contraire, les prévoit sous le nom « d'ordonnances » et en fixe le régime (V. nº 551).

Ce système de répartition des domaines et des compétences entre le législatif et l'exécutif pouvait sans doute s'autoriser de précédents. Il ne se distingue pas moins de ceux-ci par le fait que la répartition à laquelle il procède ne définit pas le domaine réglementaire mais limite le domaine de la loi. C'est ce qui explique que, de manière unanime, la doctrine y a vu la manifestation d'une volonté délibérée de porter atteinte à la souveraineté du Parlement, dont l'universalité traditionnelle de la loi constituait la conséquence juridique ; et ceci d'autant plus que, comme on le verra, le dispositif était aggravé par la mise en place d'un contrôle, non moins contraire à la même tradition de souveraineté.

— L'énumération des objets sur lesquels pourrait désormais porter la législation, complétée à l'article 37 par la formule « les matières » autres que celles qui sont du domaine de la loi, a accrédité l'idée que le constituant avait abandonné la notion formelle au bénéfice d'une notion « matérielle ». Cette idée, qui a été soutenue à l'origine et qui est encore exprimée ici ou là, doit être rejetée. Outre que la fidélité au critère organique est manifestée dès le premier alinéa de l'article 34 lorsqu'il dispose, comme on l'a noté, « la loi est votée par le Parlement », il convient de rappeler que la qualification matérielle des actes ne résulte pas des objets, des domaines ou des matières qu'ils régissent mais de la nature juridique des normes qu'ils portent.

— La loi organique, prévue à l'article 34 de la Constitution et dont l'objet serait de préciser ou de compléter les dispositions de cet article, n'est, malgré plusieurs propositions (V. *Prat. inst.*, doc. 34-100 et 89-300), jamais intervenue jusqu'à une époque récente. Une telle loi organique, relative au contrôle du Parlement sur les finances des régimes obligatoires de sécurité sociale ayant été adoptée en 1987, elle a été déclarée non conforme à la Constitution au motif que ses dispositions n'avaient pas pour objet la détermination des matières qui sont du domaine de la loi mais étaient afférentes à la procédure législative (Cons. const., 7-1-1988, 87/234 DC, 26). Les précisions qu'impliquent les énonciations de l'article 34 demeurent donc jurisprudentielles.

387. — Les règlements. — Suivant la même démarche adoptée pour les lois et de manière d'ailleurs complémentaire, la Constitution distingue une seconde catégorie d'actes dont elle détermine les auteurs, dénomme les espèces, et fixe le régime. Cette catégorie est celle des règlements ou des actes réglementaires.

Ces termes s'entendent exclusivement au sens organique. Les actes en question sont ceux qui, sans égard au caractère général ou non des dispositions qu'ils contiennent, émanent des autorités investies du pouvoir réglementaire, c'est-à-dire le Premier ministre et le président de la République (Const. art. 21 et 13).

Cette catégorie comprend essentiellement les décrets, dont il existe différentes espèces suivant que ces décrets sont ou non délibérés en Conseil des ministres, ou soumis ou non à l'avis du Conseil d'État. Mais elle englobe aussi d'autres actes et en particulier les ordonnances et les « décisions » prises par le président de la République en vertu de l'article 16 de la Constitution (V. n°s 448 et 458).

Si tous ces actes ont en commun d'avoir pour auteur une autorité exécutive, cette qualification organique n'épuise pas tous les aspects de la répartition de compétence que recouvre cette catégorie.

Comme on vient de le voir au numéro précédent, à la détermination du domaine de la loi par l'article 34 de la Constitution correspond une détermination du domaine réglementaire par l'article 37 d'autant plus importante que, de nature résiduelle, elle est à portée générale et conçue de manière à permettre à l'exécutif d'en restaurer les dimensions, tant par rapport aux textes de forme législative intervenus dans le passé, qu'à l'égard des lois qui, à l'avenir, auraient méconnu le partage des compétences. Cette détermination du domaine réglementaire pose en réalité plus de problèmes qu'elle n'en résout dès lors qu'elle paraît instituer deux sortes de pouvoir réglementaire dont l'un, traditionnel, continuerait d'être l'instrument d'exécution des lois (Const. art. 21) tandis que l'autre, nouveau, serait « autonome », s'exerçant dans tous les domaines que la Constitution n'a pas réservés à la loi (Const. art. 37). Outre que le système a pu faussement faire croire que le règlement était désormais de droit commun alors que la loi devenait l'exception, jurisprudence et doctrine demeurent divisées sur cette prétendue dualité et ses implications que l'on retrouvera avec l'étude du droit administratif, dont elles relèvent directement (V. J. Rivéro, précis Dalloz, 12e éd., 1987, nos 55 et s.).

Cette répartition de compétence en fonction du domaine ou de l'objet perd sa signification en présence d' « ordonnances », actes pris par le Gouvernement sur habilitation référendaire (L. 13 avril 1962) ou autorisation parlementaire (Const. art. 38, V. n° 551) dans les domaines qui sont normalement du domaine de la loi, de même qu'à l'égard des décisions prises en vertu de l'article 16 qui, non seulement peuvent intervenir dans ces domaines, mais déroger à la Constitution.

V. Fr. Luchaire, *Le règlement et l'acte réglementaire en droit constitutionnel français*, Mél. L. Hamon, 1982, p. 445 — Adde L. Favoreu, *La délégalisation des textes de forme législative par le Conseil constitutionnel*, Mél. M. Waline, t. 2, p. 429.

388. — Les traités et accords internationaux. —

La Constitution consacre tout un titre — le titre VI — aux traités et accords internationaux.

Les articles qui composent ce titre font apparaître les trois questions que posent les traités et accords, c'est-à-dire le droit international conventionnel. La première concerne la compétence pour négocier et conclure ces traités et accords. L'article 52 de la Constitution confirme sur ce point la compétence traditionnelle du chef de l'État. Une deuxième question est celle des conditions auxquelles l'exercice par l'exécutif de sa compétence d'approbation ou de ratification peut être subordonné. La troisième est celle du rang que traités et accords occuperont dans l'ordre juridique national après y avoir été introduits. Cette troisième question étant relative à la hiérarchie des règles, elle sera examinée à ce titre (V. n° 394).

La ratification ou l'approbation étant la condition, non seulement de l'effectivité de l'engagement, mais aussi celui de son introduction dans l'ordre interne, il a paru nécessaire d'éviter, puisqu'il s'agit d'une compétence exécutive, que cette introduction n'aboutisse à l'existence dans cet ordre d'obligations qui seraient incompatibles avec la constitution. De là, deux sortes de dispositions, l'une consistant à s'assurer de la compatibilité des traités et accords avec la Constitution ; l'autre à subordonner ratification ou approbation à une autorisation parlementaire.

1° A la première de ces préoccupations correspondent les dispositions de l'article 54 de la Constitution suivant lequel : « Si le Conseil constitutionnel, saisi par le Président de la République, le Premier ministre ou par le président de l'une ou l'autre assemblée, a déclaré qu'un engagement international comporte une clause contraire à la Constitution, l'autorisation de la ratifier ou de l'approuver ne peut intervenir qu'après la révision de la Constitution. » Il s'agit donc là d'un contrôle préventif, de caractère non automatique et qui, contrairement à la qualification qui lui est parfois donnée, n'est pas un contrôle de conformité qui n'aurait pas de sens, mais un contrôle de compatibilité ou de non-contrariété. Ce contrôle a été mis en œuvre à trois reprises (Cons. const., 19-6-1970, 70/39 DC, 15 — 30-12-1976, 76/71 DC, 15 — 22-5-1985, 85/188 DC, 15). Cette pratique qui n'a pas donné lieu à constatation d'incompatibilité a aussi montré que les initiatives qui avaient déclenché le contrôle pouvaient être provoquées. En outre, et malgré le caractère particulier de la loi d'autorisation de ratification ou d'approbation (V. n° 549), le Conseil, dans la première de ces décisions, a admis pouvoir être saisi, au titre du contrôle de constitutionnalité de la loi, des lois d'autorisation, de sorte que ce type de contrôle s'est étendu à la saisine parlementaire et à l'appréciation au fond de l'accord.

2° A la seconde préoccupation correspond l'énumération des traités, et accords dont l'approbation ou la ratification exigent une autorisation parlementaire (Const. art. 53). Cette exigence fait à son tour l'objet d'un contrôle qui, outre le respect de la compétence de négociation (Cons. const., 27-7-1982, 82/142 DC, 52) porte sur la nécessité de cette autorisation et sur ses conditions (Cons. const., 19-6-1970, 70/39 DC précité — 30-12-1975, 75/79 DC, 28 — 29-4-1978, 78/93 DC, 23 — 17-7-1980, 80/116 DC, 36 — 27-7-1982, 82/142 DC, 52).

Sont exclus de ces contrôles, les accords de caractère purement politique (Cons. const., 29-12-1978, 78/99 DC, 36) de même que ceux dont l'autorisation de ratification aurait été donnée en application de l'article 11 de la Constitution en raison du caractère référendaire de cette autorisation.

— Sur l'ensemble des questions relatives aux articles 52 et s., V.

Ph. Manin et A. Pellet, *La Constitution de la République française*, *op. cit.*, p. 665 et s. et bibliographie et *infra*, n° 394.

Section 2
La Constitution et la hiérarchie des règles

389. — La hiérarchie des règles et les modalités de sa sanction. — La Constitution ne se borne pas à établir une différenciation des règles conjuguée avec une répartition des compétences. Elle consacre en outre une hiérarchisation de ces règles et en assure le respect en en organisant la sanction.

A dire vrai, la subordination à la loi des actes du pouvoir exécutif et la sanction de son respect par le Conseil d'État statuant au contentieux sont bien antérieures au nouvel établissement constitutionnel. Ce qu'apporte en revanche celui-ci, c'est la subordination à la Constitution, c'est-à-dire la mise en place d'un contrôle de constitutionnalité exercé par un organe spécial — le Conseil constitutionnel — et qui, s'ajoutant au contrôle de légalité déjà opéré par la juridiction administrative, assure la cohérence de l'ensemble de l'ordonnancement juridique à partir de la primauté de la Constitution.

— V. J.-M. Auby, *Sur l'étude de la hiérarchie des normes en droit public, éléments de problématique,* Mél. Pelloux, 1980, p. 21.

390. — Principe de constitutionnalité et primauté de la Constitution. — Si la mise en place d'un contrôle de constitutionnalité consacre la primauté de principe de la Constitution, cette primauté et la hiérarchie qui en découle au sein de l'ordonnancement juridique sont fonction de trois éléments : d'une part, du contenu de la constitutionnalité, c'est-à-dire de ses composantes ; d'autre part, de la nature du rapport de constitutionnalité, c'est-à-dire de sa plus ou moins grande rigueur ; enfin, des normes qui y sont assujetties.

A s'en tenir à la lettre de la Constitution, la réponse sur chacun de ces trois points est simple. La constitutionnalité s'apprécie par rapport aux dispositions de la Constitution. La relation de constitutionnalité est une relation de conformité pour les normes internes concernées et une relation de non-contrariété pour les normes de droit international. Enfin, relèvent du contrôle, obligatoirement les lois organiques et les règlements des assemblées parlementaires ; éventuellement, les lois ordinaires et les traités ou accords internationaux.

Ainsi défini, le système peut paraître singulier. C'est qu'en réalité, il n'était nullement dans les intentions du constituant d'instaurer un véritable contrôle de constitutionnalité généralisé mais, plus simplement, d'une part de faire échec à toute tentative des assemblées de modifier l'équilibre constitutionnel grâce aux dispositions de leurs règlements ou des lois organiques ; d'autre part, d'assurer le respect de la répartition des compétences établie par les articles 34 et 37 de la Constitution ; enfin, de veiller à ce que la construction communautaire européenne ne dépasse pas les limites au-delà desquelles la souveraineté nationale risquerait d'être altérée.

Le système devait cependant s'orienter de manière différente sous la pression d'une logique institutionnelle exigeant une extension conforme à la vocation normale d'un contrôle de constitutionnalité. Cette réorientation date, semble-t-il, des années 1970-1971 où le Conseil constitutionnel, après avoir incorporé le préambule dans les références de constitutionnalité (Cons. const. 19-6-1970, 70/39 DC, 15), ce qui se justifiait s'agissant d'un accord international, maintint cette incorporation pour statuer sur la constitutionnalité d'une loi (Cons. const., 16-7-1971, 71/44 DC, 29), ce qui était contraire aux intentions clairement exprimées des constituants dans la mesure où cela constituait le point de départ d'un assujettissement général de la loi, non seulement à la Constitution, mais à son préambule et, par le truchement de celui-ci, au préambule de 1946 et à la Déclaration des droits de l'homme de 1789.

De son côté, le rapport de constitutionnalité, conçu comme une exigence de conformité caractéristique d'une situation de stricte dépendance hiérarchique, a été quelque peu assoupli par la prise en considération de relations telles que la conformité sous réserve ou « pour autant que » et la « non-contrariété » caractéristique non plus d'une dépendance hiérarchique mais d'une coexistence compatible.

Quant aux normes soumises au contrôle, elles demeurent celles initialement prévues mais le développement considérable de la jurisprudence constitutionnelle a contribué à mieux la caractériser et à mieux les situer. Leur régime de constitutionnalité appelle un examen particulier de chacune d'entre elles.

— V. G. Vedel et P. Delvolvé, *La constitution comme base du système juridique en France,* Journées Sté Lég. comp. Vol. 1, 1979, p. 111 — St. Rials, *Les incertitudes de la notion de constitution sous la Ve République,* R.D.P. 1984, p. 587 — G. Druesne, *L'influence de la constitution sur le droit public français,* Journées Sté Lég. comp., vol. 3, 1981, p. 439 — J. Foyer, *De l'influence de la constitution sur le droit privé en France, idem,* p. 539.

391. — La subordination des lois organiques et des règlements des assemblées parlementaires. — Les lois organiques, d'une part, les règlements des assemblées, de l'autre, sont, en vertu de l'article 61 de la Constitution, obligatoirement soumis, avant promulgation ou mise en application, au Conseil constitutionnel « qui se prononce sur leur conformité à la Constitution ». L'existence d'un tel contrôle, automatique et de « conformité », souligne le caractère matériellement constitutionnel de ces deux catégories de normes qui ne sont en définitive que des prolongements de la Constitution elle-même. A cet égard, la situation de chacune de ces deux catégories n'est cependant pas identique.

Les *lois organiques*, en tant qu'elles sont destinées à compléter, de manière souvent largement autonome, des dispositions de la Constitution, ne peuvent être considérées, vis-à-vis de cette dernière, dans un rapport général de conformité. Leur subordination à la Constitution se limite ainsi au respect des règles particulières imposées pour leur adoption et des domaines qui leur sont assignés et dont elles ne peuvent sortir, sauf à être réduites, le cas échéant, à la condition des lois ordinaires (Cons. const., 28-1-2976, 75/62 DC, 26 — 26-6-1987, 87/228 DC, 38) ou être déclarées inconstitutionnelles (7-1-1988, 87/234 DC, 26); domaines dans lesquels ne peut, pour sa part, intervenir une loi ordinaire (30-8-1984, 84/117 et 84/118 DC, 66).

Quant à la subordination des *règlements des assemblées parlementaires,* elle constitue une innovation qui a été portée au compte de l'inspiration anti-parlementaire de la Constitution. L'application du principe de l'autonomie des chambres, conséquence autant que condition de leur souveraineté, a en effet été conçue en ce sens que leur pouvoir d'établir leur propre règlement intérieur n'est traditionnellement assujetti à aucun contrôle, ni à l'étranger, ni dans aucune constitution française, sauf celle de 1852. En organisant un contrôle préalable et automatique de conformité, les constituants de 1958 n'ont cependant fait que tirer la conséquence logique de la nature des règlements dans lesquels la doctrine s'est toujours accordée à reconnaître le produit d'une fonction constitutionnelle secondaire dont l'importance pourrait même être supérieure au texte constitutionnel proprement dit.

Quoi qu'il en soit, la jurisprudence du Conseil constitutionnel dans ce domaine appelle trois observations. D'une part, le contrôle de conformité à la Constitution a été étendu à la conformité non seulement aux lois organiques mais aussi aux dispositions législatives nécessaires à la mise en place des institutions prises en vertu de l'article 92, al. 1. (Cons. const. 8-7-1966, 66/26 DC, 15. *Prat. Inst.* doc. 61-205, 20-11-1969, 69/37 DC, 15. *Prat. Inst.* doc. 61-310). Si une telle extension peut se comprendre pour les lois organiques, elle est discutable pour les mesures législatives de l'article 92· qui, prises par ordonnance, n'ont pas formellement un caractère constitutionnel. En réalité, pour ce qui est de ces dernières, l'extension n'a concerné que l'ordonnance du 17 novembre 1958 relative au fonctionnement des assemblées parlementaires, laquelle aurait pu tout aussi bien avoir valeur de loi organique. Au surplus, la subordination des règlements des assemblées à l'ordonnance du 17 novembre a dû au caractère de loi ordinaire de celle-ci de pouvoir être tournée. Le législateur a en effet d'abord modifié cette ordonnance par une simple loi du 18 juillet 1977, qui, en tant que telle, n'a pas été soumise au Conseil constitutionnel, en sorte que celui-ci, ayant à examiner la constitutionnalité des modifications du règlement de l'Assemblée nationale prises en application de cette loi du 19 juillet 1977, n'a pu apprécier ces modifications qu'au regard de la Constitution elle-même (Cons. const., 3-11-1977, 77/86 DC, 18. *Prat. Inst.* doc. 61-312).

Bien que le contrôle exercé par le Conseil constitutionnel ait été tout d'abord d'autant plus rigoureux qu'il s'agissait d'un assujettissement à la Constitution qui n'était pas dans les traditions, il faut remarquer d'autre part, que, de manière homologue à l'attitude prise à l'égard des lois organiques, le

Conseil ne s'est pas borné à l'alternative « conforme », « non conforme », mais a pu assimiler la « non-contrariété » à la « conformité » et prononcer des conformités « sous réserve » ou « pour autant que ». Enfin, il faut souligner que le contrôle de conformité des règlements des assemblées, s'il se justifie par la subordination nécessaire à la Constitution de normes ayant un caractère matériellement constitutionnel, n'entraîne pas l'incorporation de ces règlements au bloc de constitutionnalité. Le Conseil constitutionnel décide en effet que le règlement d'une assemblée parlementaire n'a pas, en lui-même, valeur constitutionnelle, de sorte qu'il ne saurait être saisi de la question de la conformité d'un article de loi aux dispositions d'un tel règlement (Cons. const. 27-7-1978, 78/79 DC, 31 — 23-5-1979, 79/104 DC, 27 — 22-7-1980, 80/117 DC, 41).

— V. Ch. Vier, *Le contrôle du Conseil constitutionnel sur les règlements des assemblées,* R.D.P., 1972, p. 165.

392. — L'assujettissement des lois. — Suivant le même article 61 de la Constitution, les lois peuvent être déférées au Conseil constitutionnel qui sera ainsi appelé à se prononcer, le cas échéant, sur leur conformité à la Constitution.

Comme on l'a précédemment indiqué (V. n° 390), il est certain que le contrôle, ainsi institué à titre simplement facultatif, n'avait pas pour objectif d'assujettir systématiquement la loi à un principe général de constitutionnalité mais, d'une manière beaucoup plus limitée, de sanctionner une éventuelle méconnaissance par le législateur des dispositions constitutionnelles délimitant désormais le domaine de la loi. Aussi bien, ce contrôle spécifique, procurant au partage des compétences l'élasticité nécessaire des interprétations jurisprudentielles, était-il destiné à se combiner avec le mécanisme de restauration établi par l'article 37, al. 2, de la Constitution, les deux mécanismes se complétant pour former un système restreint mais homogène. En adoptant une conception différente, le Conseil constitutionnel a complètement modifié la situation de la loi.

Le contrôle de constitutionnalité s'applique éventuellement à toutes les lois, à l'exception de celles adoptées par référendum qui constituent l'expression directe de la souveraineté nationale (Cons. const. 6-11-1962, 62/20 DC, 27). Encore faut-il que le texte déféré au Conseil constitutionnel ait le caractère d'une loi, c'est-à-dire ait été définitivement adopté dans la totalité de ses dispositions conformément à la procédure constitutionnelle par les deux chambres du Parlement (Cons. const. 8-11-1976, 76/69 DC, 37). Il faut enfin que le texte ainsi adopté n'ait pas encore été promulgué, les lois promulguées étant incontestables, le Conseil constitutionnel n'ayant pas accepté de connaître de telles lois par voie d'exception (Cons. const., 23-7-1975, 75/56 DC, 22 — 27-7-1978, 78/96 DC, 29 — 30-12-1980, 80/126 DC, 53). Cependant, s'il en est ainsi lorsqu'il s'agit de la simple mise en application, la régularité au regard de la Constitution d'une loi promulguée « peut être utilement contestée à l'occasion de l'examen de dispositions législatives qui la modifient, la complètent ou affectent son domaine » (Cons. const., 25-1-1985, 85/187 DC, 43).

Ce contrôle exercé sur la loi peut remplir deux objectifs. Le premier est de sanctionner le respect du partage de compétence opéré par les articles 34 et 37 de la Constitution ou de le rétablir. Il englobe en jurisprudence trois catégories de questions : les modalités générales de répartition des compétences, y compris celles résultant du domaine réservé aux lois organiques, de sorte que la loi ordinaire est assujettie au respect de celles-ci ; la mise en œuvre de la délimitation des compétences suivant les articles 34 et 37 ; enfin, la répartition des compétences par rubriques de l'article 34. Le second est d'assujettir la loi au respect de droits et de libertés prévus, soit par la Constitution ou son préambule, soit par le préambule de la constitution de 1946, soit par la Déclaration de 1789 ou impliqués par les « principes fondamentaux reconnus par les lois de la République ».

— Pour une vision d'ensemble du contrôle de constitutionnalité, V. Fr. Luchaire, *Le Conseil constitutionnel*, op. cit. — *La protection constitutionnelle des droits et des libertés*, 1987 ; Br. Genevois, *La jurisprudence du Conseil constitutionnel, principes directeurs*, 1988 et les bibliographies citées.

393. — La situation des règlements. — Si la Constitution n'a rien changé au principe de légalité qui subordonne notamment à la loi les actes des autorités exécutives et dont la sanction appartient à la juridiction administrative, elle n'en a pas moins modifié la situation des « règlements », au sens organique précédemment retenu, au sein de l'ordonnancement juridique.

Cette modification résulte indirectement du partage des domaines législatif et réglementaire qui, pour se présenter comme une répartition des compétences, ne s'en répercute pas moins sur la position hiérarchique des actes de l'exécutif, ne serait-ce que dans la mesure où certains de ceux-ci interviennent désormais dans un domaine où, par hypothèse, leur subordination à la loi n'est plus concevable.

A cet égard, comme on le verra dans l'étude du droit administratif, la situation des actes de l'exécutif a été modifiée, en ce sens que ces actes, naguère encore assujettis à la loi, mais non à la Constitution, peuvent désormais l'être selon le cas à l'une ou à l'autre, tout en conservant en toute hypothèse une autorité inférieure à celle de la loi.

394. — Les traités et accords internationaux. —

La place des traités et accords internationaux dans l'ordonnancement juridique national est déterminée par l'article 55 de la Constitution suivant lequel « les traités régulièrement ratifiés ou approuvés ont, dès leur publication, une autorité supérieure à celle des lois, sous réserve, pour chaque traité ou accord, de son application par l'autre partie ».

La primauté du droit international conventionnel sur la loi est ainsi subordonnée à trois conditions : la régularité de la ratification ou de l'approbation, la publication, la réciprocité dans l'exécution que la rédaction du texte paraît réserver aux accords bilatéraux. Il est difficile d'imaginer une disposition plus mal conçue.

Subordonner la primauté sur la loi à la régularité de la ratification ou de l'approbation est non seulement une exigence inutile, ces formalités conditionnant l'incorporation des conventions à l'ordre juridique national (V. n° 388), sans laquelle le rang de ces conventions ne se pose pas mais surtout une exigence qui méconnaît que ces ratifications ou approbations peuvent, pour certaines d'entre elles, être purement exécutives dès lors que l'autorisation parlementaire n'est pas exigée. L'exécutif peut donc ainsi faire échec à la loi. Pour naturelle qu'elle soit, la condition de publicité est, à son tour, aux mains de ce même pouvoir sans que lui soient imposées des obligations particulières et ses modalités d'application sont loin d'être toujours satisfaisantes. Enfin, la condition de réciprocité, fût-elle limitée aux accords bilatéraux, prolonge dans l'ordre interne une sanction qui devrait demeurer au plan international dans les rapports entre États contractants et aboutit à faire des particuliers les victimes potentielles d'une rétorsion destinée à punir les autres.

On ne s'étonnera pas que, dans ces conditions, l'application de cette disposition ait soulevé des difficultés qui ne sont pas toutes expressément résolues.

La position du Conseil constitutionnel est allée à cet égard en se précisant. Le Conseil a d'abord décidé que l'article 55 ne devait pas être compris comme permettant, au titre du contrôle de la constitutionnalité des lois, de faire contrôler la compatibilité d'une loi à un traité et de faire échec par ce moyen à la promulgation d'une loi réputée contraire (Cons. const., 15-1-1975, 74/54, 19 — Gdes déc. n° 23 et les observations). Cette solution ne mettait pas en cause la primauté des traités sur les lois mais en renvoyait en réalité la sanction aux juges du fond. C'est ce que devaient confirmer une décision du 3 septembre 1986 (86/216 DC, 135, reprise le 29 décembre 1989 (88/268 DC, *J.O.* 30-12-1989, 16498) et plus nettement encore une décision du 21 octobre 1988 (88/1082, 183), par laquelle, statuant cette fois comme juge de l'élection, le Conseil constate la compatibilité de la loi du 11 juillet 1986 avec le protocole additionnel n° 1 à la Convention européenne des droits de l'homme.

De manière complémentaire, le Conseil a décidé que la réciprocité visée par l'article 55 n'était pas une condition de conformité de la loi à la Constitution mais seulement une réserve mise à la primauté des traités sur des lois qui leur seraient contraires (Cons. const., 30-12-1980, 80/126 DC, 53), de sorte qu'une loi peut parfaitement accorder des droits à des étrangers sans exigence de réciprocité (Cons. const., 30-10-1981, 80/130 DC, 31). En revanche, une loi ne saurait limiter sa propre subordination aux traités à des conditions plus restrictives que celles prévues par l'article 55 (Cons. const., 3-9-1986, 86/216 DC, précité).

Si, dès 1975, la Cour de cassation avait tiré les conséquences de la décision du Conseil constitutionnel de la même année en faisant prévaloir le traité de Rome C.E.E. sur une loi française postérieure contraire (Cass. 24-5-1975, J. Vabre, D.S. 1975, 497, concl. A. Touffait), le Conseil d'État ne s'est rallié à cette solution qu'en 1989 (20-10-1989, Nicolo).

Renvoyée à la compétence des juges du fond, la sanction de la primauté n'en suppose pas moins que le justiciable qui les saisit puisse se prévaloir de la convention qu'il invoque, c'est-à-dire que celle-ci lui confère directement des droits. Cette condition, qui ne relève que du droit international et ne doit rigoureusement rien au droit constitutionnel, confère à la sanction de la primauté des traités une dimension particulière qu'une vision purement nationale du problème n'intègre pas.

— Sur l'ensemble de la question, V. Nguyen Quoc Dinh, *La Constitution de 1958 et le droit international*, R.D.P., 1959, p. 515 — *La jurisprudence française actuelle et le contrôle de la conformité des lois aux traités,* A.F.D.I., 1975, p. 859 — L. Favoreu, *Le Conseil constitutionnel et le droit international, idem,* 1977, p. 95 — Cl. Blumann, *L'article 54 de la Constitution et le contrôle de constitutionnalité des traités de France,* Rev. gén. dt int. publ., 1978, n° 2.

— Sur la supériorité des traités sur les lois, V. Fr. Hamon et J. Buisson, *Le traité et la loi postérieure : réflexions à propos de l'arrêt U.D.T.,* Mél. Charlier, 1981, p. 131.

Section 3
La rigidité constitutionnelle

395. — La révision de la Constitution. — La révision de la Constitution a pris sous la Ve République une importance à laquelle on pouvait ne pas s'attendre. Convaincu de l'excellence de son aménagement institutionnel, ambitieux de stabilité et de permanence, le régime de 1958 n'en est pas moins celui qui, de tous ceux qu'a connus la France, a déjà modifié le plus souvent sa Constitution. En trente ans, huit révisions ont été entreprises, d'importance très inégale, suivant des procédures différentes et avec des résultats allant de la réussite sans difficulté à l'échec entraînant la démission du chef de l'État, en passant par le succès partiel et l'abandon pur et simple en cours d'opération.

Cette diversité dans les procédures et dans les résultats est le produit d'une conjonction de règles juridiques complexes et de circonstances politiques particulières. Si la Constitution consacre bien à sa révision un titre spécial — le titre IV formé du seul article 89 — dont les dispositions ouvrent une option entre approbation populaire et approbation parlementaire, elle contient aussi d'autres dispositions dont on pouvait se demander s'il était possible de les utiliser aux mêmes fins. La question passa à peu près inaperçue lors de l'utilisation, cependant approximative, de l'article 85 pour assurer le passage de la communauté « institutionnelle » à la communauté « conventionnelle ». Il n'en alla pas de même pour l'article 11 dans la mesure où le général de Gaulle en fit l'instrument de révisions conçues comme des questions de rapports directs entre le peuple et lui. De là, la controverse sur la constitutionnalité d'une pratique dont la signification politique se mesure à ce que son succès a permis la réalisation d'une réforme constitutionnelle fondamentale à laquelle les parlementaires n'auraient probablement jamais consenti, tandis que son échec s'est présenté comme la sanction d'une responsabilité politique du président de la République.

On comprend que la perspective d'autres réactions tout aussi hostiles à la réforme d'institutions traditionnelles ait par la suite incliné les présidents de la République à une certaine prudence dans le recours au référendum, fût-ce dans le cadre, cependant incontestable, de la réglementation de l'article 89.

De là, ces révisions plus ou moins manquées dont chacun des présidents aura fait l'expérience, sans que les trois derniers s'y soient engagés au point d'y compromettre leur autorité politique. Il n'en demeure pas moins que la pratique s'est finalement orientée dans une direction qui altère l'économie de la révision telle que l'organise l'article 89 lui-même. Le recours au référendum n'est plus la procédure principale mais une procédure subsidiaire tandis que le recours au Congrès devient le droit commun alors qu'il avait été conçu comme exceptionnel.

— Sur la « révision » concernant la communauté dont il ne sera plus question dans la suite. V. XXX, *La révision constitutionnelle relative à la communauté,* Rev. jur. et pol. d'outre-mer, 1960, 457. *Prat. Inst.,* doc. 85-100.

— Sur l'ensemble du problème, V. G. Conac, *Les révisions constitutionnelles* in *La Constitution de la République française, op. cit.,* p. 17 — P. Roy, *L'application de l'article 89 de la Constitution de 1958,* R.D.P., 1980, p. 687. — E. Joss, *Le réformisme constitutionnel parlementaire sous la VIIe Législature : essai de typologie,* R.D.P. 1988, p. 717. — Pour un état des propositions parlementaires de révision, V. *Prat. Inst.,* doc. 89-300.

396. — La révision selon l'article 89 et ses applications. — Après avoir analysé le régime de la révision fixé par l'article 89, on en présentera les applications pour envisager en troisième lieu les problèmes posés par la mise en œuvre de cette procédure.

A. — *La réglementation établie par l'article 89* comporte deux types de dispositions : les unes de fond, les autres de procédure.

Les *dispositions de fond* interdisent qu'il soit porté atteinte à la forme républicaine du gouvernement et s'opposent à ce qu'une procédure de révision soit engagée ou poursuivie lorsqu'il est porté atteinte à l'intégrité du territoire, ce qui avait été le cas de 1940. L'article 89 ne peut en outre être appliqué durant la vacance de la présidence (L. Const. 18 juin 1976).

Quant à *la procédure,* l'article 89 la décompose en quatre points :

— l'initiative de la révision est partagée entre le président de la République sur proposition du Premier ministre et les membres du Parlement. Suivant la terminologie habituelle en matière d'initiative législative, le texte prend le nom de « projet » dans le premier cas, celui de « proposition » dans le second ;

— projet ou proposition doivent être votés par les deux assemblées en termes identiques.

Le texte ainsi adopté, qu'il s'agisse de projet ou de proposition, doit enfin être approuvé par référendum dans les conditions ordinaires de ce type de consultation.

Cependant l'article 89 donne au président de la République la possibilité de ne pas suivre cette voie et de soumettre les projets au Parlement convoqué en Congrès. Celui-ci est convoqué par décret du président de la République qui fixe l'ordre du jour. Le projet de révision n'est approuvé que s'il réunit la majorité des trois cinquièmes des suffrages exprimés.

B. — Depuis 1958, la *procédure de l'article 89 a été mise en œuvre à cinq reprises.* Deux de ces opérations — la deuxième et la cinquième — n'ont pas abouti.

1° La première révision fut opérée par une loi du 30 décembre 1963 qui a modifié l'article 28 de la Constitution relatif au *calendrier des sessions parlementaires* — Le projet renvoyé au Congrès après le vote des assemblées fut approuvé sans difficultés (557 v. c/1).

2° Une seconde révision visant la *réduction du mandat présidentiel* de sept à cinq ans fut entreprise en 1973. Le projet fut soumis aux assemblées qui l'adoptèrent respectivement, l'Assemblée nationale par 270 v. c/211, le Sénat par 162 v. c/112. Ces résultats donnaient à craindre que la majorité constitutionnelle ne soit pas réunie au Congrès. Placé devant l'alternative ouverte par l'article 89 entre un renvoi devant celui-ci et la soumission au référendum, le président de la République différa sa décision et finalement la procédure de révision en resta là.

3° Une troisième révision fut entreprise en 1974 et portait, d'une part, sur le *statut des suppléants* (Const. art. 25 ; V. n° 516) ; d'autre part, sur la *saisine du Conseil constitutionnel* (Const. art. 61, al. 2. V. n° 586). Si la seconde des réformes devait recueillir une majorité confortable dans chacune des deux assemblées (A.N. : 286 v. c/192 - Sénat : 186 v. c/92), la première fut adoptée plus difficilement (A.N. : 237 v. c/223 - Sénat : 182 v. c/95). Compte tenu de ces résultats, le Président ne saisit le Congrès que de la réforme de la saisine du Conseil constitutionnel qui fut approuvée sans difficultée (488 v. c/273).

4° Une quatrième révision a été opérée en 1976. Elle a porté sur l'article 7 de la Constitution et intéresse *certaines modalités de l'élection présidentielle*. Elle a été approuvée par le Congrès le 14 juin 1976 par 490 v. c/258.

5° La cinquième procédure a été déclenchée en 1984. Le 12 juillet, le président de la République, considérant que la question de l'enseignement privé, qui soulevait une profonde émotion dans l'opinion, devrait pouvoir donner matière à référendum, estima le moment venu d'engager une révision de l'article 11 qui, élargissant le champ d'application du référendum, permettrait au chef de l'État, lorsqu'il le jugerait utile et conforme aux intérêts du pays, de consulter le peuple sur les grandes questions relatives aux libertés publiques. Cette révision serait opérée suivant la procédure de l'article 89 et sanctionnée par référendum. Le 19 juillet suivant était en effet établi un projet de loi constitutionnelle qui remplissait *a posteriori* l'exigence d'une initiative du Premier ministre. Le Sénat, saisi en premier lieu pour des raisons d'opportunité, opposa la question préalable, alors que l'Assemblée nationale adoptait le projet. De retour devant le Sénat, le projet y fut définitivement rejeté (5 septembre).

C. — Cette pratique a mis en lumière un certain nombre de problèmes dont les uns se posent au stade de l'examen et de l'adoption par les assemblées et dont les autres concernent les pouvoirs du président de la République en matière de choix de la procédure d'approbation.

L'examen et l'adoption par les assemblées ont été à l'origine d'une double question. On s'est tout d'abord demandé si le recours possible à une approbation par le Congrès ne pourrait pas dispenser de l'adoption préalable en termes identiques par les deux assemblées. Le recours au Congrès étant, on va le voir, présenté comme une procédure rapide et le Congrès n'étant que la réunion des membres des deux chambres, il a semblé que l'on pourrait, dans ces conditions, faire l'économie de la discussion parlementaire. Cette solution est certainement à exclure. Outre qu'elle ne ressort à aucun moment de la lettre du texte, elle méconnaît que la fonction juridique du Congrès n'est pas de délibération et d'adoption mais, comme celle du référendum auquel le recours au Congrès est exceptionnellement substitué, une fonction d'approbation qui implique une délibération et une adoption préalable par les deux chambres à égalité.

On s'est demandé en second lieu si le projet de révision pouvait être amendé par les assemblées. En principe, c'est la procédure normale qui s'applique, à ceci près que le Gouvernement ne peut pas recourir à la procédure de la Commission mixte de l'article 45 de la Constitution (V. n° 546), qui permettait de passer outre la résistance du Sénat. Ceci n'empêche pas que le Gouvernement puisse trouver le moyen de réduire à néant le droit d'amendement des parlementaires. Le projet étant celui du président de la République, déposé en son nom par le Premier ministre, on peut encore s'interroger sur le point de savoir si le Gouvernement pourrait même accepter ces amendements parlementaires. Une réponse positive ne semble pas douteuse dès lors que la proposition de révision doit émaner du Premier ministre. Quoi qu'il en soit, la pratique a montré, lors de l'avant-dernière mise en œuvre de la procédure de révision, la possibilité et l'utilité des amendements parlementaires.

Le choix du président de la République, entre les deux modalités d'approbation prévues par l'article 89, a été, à son tour, l'objet d'interrogations qui ont porté sur quatre points.

Un premier point ne paraît pas dès l'abord douteux : <u>le choix n'est ouvert que pour les projets</u>. Cette solution ressort clairement de la terminologie employée par le texte et est confirmée par les débats du Comité consultatif constitutionnel. Le Président ne pouvant donc exercer de choix que dans le cas où l'initiative vient de lui, on s'est demandé s'il devait faire connaître ce choix dès qu'il prend cette initiative. Le texte ne lui en fait pas l'obligation mais il ne s'y oppose pas. Ainsi, de l'annonce faite par M. Mitterrand d'un recours au référendum dès le moment où il annonçait son initiative (V. *supra,* B. 5º).

Deux autres points sont de savoir si le Président peut s'abstenir de choisir comme en 1973 et s'il peut ne pas soumettre à approbation la totalité du projet adopté par les assemblées comme en 1974. Cette double pratique ayant été présentée dans la presse comme équivalant à l'institution abusive d'un « droit de veto constitutionnel », il est nécessaire de l'examiner juridiquement d'un peu plus près.

Pour répondre à la question de savoir si le fait, pour le Président de la République, de ne décider, ni le renvoi au Congrès, ni l'organisation d'un référendum, entre ou non dans les prévisions de l'article 89, il ne suffit certainement pas de considérer ce texte comme impératif, au seul motif qu'il est écrit à l'indicatif présent. D'autres éléments méritent plus de considération.

Le premier tient à ce que l'article 89 n'assigne aucun délai à l'approbation, de sorte qu'il est possible d'admettre *a priori* que le Président diffère sa décision, à la condition qu'il ne la reporte pas indéfiniment au point d'enterrer la révision. Mais, et c'est un second élément, on ne doit pas oublier que l'on se trouve dans l'hypothèse où l'initiative de la révision est venue du Président. S'il peut paraître contestable et même inadmissible que le Président, en n'organisant pas un référendum, fasse échec à une révision d'initiative parlementaire, la situation est différente lorsque cette initiative est venue de lui. Enfin, troisième ordre de considération, cette sorte d'acharnement juridique qui veut que le Président conduise jusqu'à son terme une procédure dont il a pris lui-même l'initiative, mais dont le vote parlementaire laisse mal augurer de la conclusion, ne peut avoir que d'assez fâcheuses conséquences politiques. En effet, ou bien le Président choisit le Congrès et la majorité constitutionnelle n'y étant pas réunie, le chef de l'État essuie un échec solennel, qui est le seul résultat de l'opération ; ou bien le Président choisit le référendum, et dans ce cas, un éventuel échec rejaillit non seulement sur son autorité mais sur l'autorité des assemblées qui ont voté le projet. L'analyse n'est pas substantiellement différente dans le cas où le Président ne soumet au Congrès qu'une partie du projet voté par les assemblées, étant rappelé que c'est le seul chef de l'État qui, en le convoquant, arrête l'ordre du jour de ce Congrès. Là encore, l'acharnement juridique risque de produire des conséquences politiques fâcheuses.

Le dernier point est de savoir si, après avoir choisi l'une des procédures, et l'avoir conduite à son terme sans succès, le Président peut mettre en œuvre l'autre. Juridiquement, il n'est pas douteux que la réponse à cette question doit être négative. Sans doute, pourrait-on soutenir que si la première voie choisie est celle du Congrès, il ne serait pas absurde de faire, devant le peuple souverain consulté par référendum, appel de la décision de ses représentants. Mais outre que le raisonnement n'est évidemment plus soutenable dans l'autre hypothèse — celle du référendum tout d'abord tenté — il reste que, dès lors qu'elle a été conduite par l'une ou l'autre voie jusqu'à son terme, la procédure est juridiquement épuisée, même si ce terme n'est pas positif. Le seul moyen de reprendre l'affaire serait donc de recommencer depuis son origine une nouvelle procédure.

— Sur le Congrès, V. n° 530.
— Sur l'hypothèse d'une éventuelle économie de la délibération et du vote par les assemblées, V. A. Cocâtre Zilgien, *A propos des articles 49 (al. 1er) et 89 (al. 3) de la Constitution*, R.D.P., 1974, p. 521.
— A propos de la dualité des procédures d'approbation, M. Michel Debré avait précisé : « le référendum est la voie normale de la révision, le recours au Congrès n'est envisagé que dans le cas où les circonstances exigeraient une révision rapide », ajoutant que cette procédure rapide « était réservée aux projets d'origine gouvernementale » (V. G. mollet, *op. cit.*, p. 129).
— Sur l'existence d'un soi-disant « veto » constitutionnel, V. P. Auvret, *La faculté d'empêcher du président de la République*, R.D.P., 1986, p. 141.

397. — Le recours à l'article 11 et la controverse sur sa constitutionnalité. — Ce n'est pas en suivant la procédure de l'article 89 que les deux plus importantes révisions constitutionnelles ont été opérées ou entreprises. Qu'il s'agisse de l'élection du président de la République au suffrage universel direct approuvée le 28 octobre 1962 (V. n° 422) ou du projet intéressant le Sénat et la Région (V.

n° 419) rejeté le 27 avril 1969, la procédure choisie fut en effet celle de l'article 11.

Cet article dispose : « le président de la République, sur proposition du Gouvernement, pendant la durée des sessions, ou sur proposition conjointe des deux assemblées, publiées au *Journal officiel,* peut soumettre au référendum tout projet de loi portant sur l'organisation des pouvoirs publics, comportant approbation d'un accord de communauté ou tendant à autoriser la ratification d'un traité qui, sans être contraire à la Constitution, aurait des incidences sur le fonctionnement des institutions ». En l'état de ces dispositions, peut-on admettre que l'article 11 soit applicable en matière de révision ? Deux thèses se sont, à cet égard, affrontées, dont aucune n'apparaît décisive au regard de l'interprétation juridique de l'article 11.

A. — *Les thèses en présence* peuvent être résumées dans les termes suivants :

1° Pour contester la constitutionnalité d'un recours à l'article 11, on s'est essentiellement appuyé sur deux points. Le premier tient à ce que, la révision faisant dans la Constitution, l'objet d'une réglementation particulière, celle de l'article 89, c'est cette réglementation qui, en principe, serait seule applicable à cette opération. Il ne pourrait en être autrement — c'est le second point — que si le texte constitutionnel contenait des dispositions dérogeant à cette exclusivité de principe. Or, il n'en serait rien, bien au contraire. En effet, l'article 89 ne contient aucun renvoi à l'article 11 indiquant que celui-ci constitue une dérogation à la procédure normale de révision, pas plus que, de son côté, l'article 11 ne contient le moindre renvoi à l'article 89. En outre, alors que l'article 89 vise, d'ailleurs très naturellement, les projets ou propositions de révision, l'article 11 ne mentionne, lui, que les « projets de loi ». Enfin, en visant les traités qui ne sont pas contraires à la Constitution, l'article 11 se situe en dehors du domaine de la révision puisque, selon l'article 54, les engagements internationaux comportant des clauses contraires à la Constitution ne peuvent être approuvés ou ratifiés qu'après révision de celle-ci.

2° A cette thèse, le Gouvernement, appelé à justifier le recours à l'article 11, a opposé l'argumentation suivante. La procédure de révision telle qu'elle est réglementée par l'article 89 comporte une virtualité de déséquilibre. Tandis que le Gouvernement ne peut pas s'opposer à une révision d'initiative parlementaire approuvée par le peuple, les assemblées peuvent tenir en échec un projet de révision émanant du président de la République, soit que les assemblées le repoussent, soit que le Congrès ne l'approuve pas. Le recours à l'article 11 est destiné à rétablir cet équilibre, et c'est dans cette mesure que se justifie sa mise en œuvre. En outre, comme l'article 89 donne au Sénat un véritable droit de veto lui permettant de faire échec à une révision que le président de la République, le Gouvernement et l'Assemblée nationale tiendraient pour nécessaire, seul l'article 11 permettrait de passer outre ce veto en remettant la décision au peuple.

B. — *Ni l'une ni l'autre de ces argumentations ne paraissent tout à fait convaincantes.*

Qu'il s'agisse de l'équilibre entre Gouvernement et Parlement ou du veto accordé au Sénat, conformément d'ailleurs à la conception du constituant, la thèse gouvernementale pèche par le même défaut. Par une application originale de la démarche géométrique, elle considère en effet le problème comme résolu. Or la question n'est pas en réalité de savoir si, étant appliqué, l'article 11 permet de rétablir un équilibre ou de passer outre un veto. La question qui se pose et qui est un préalable est de savoir si l'article 11 est applicable en matière de révision.

De son côté, la thèse de l'inconstitutionnalité, bien qu'elle ait rencontré la plus large audience, ne paraît pas davantage décisive. On remarquera d'abord que l'absence de renvoi réciproque aux articles 89 et 11 ne résout nullement le problème, mais qu'au contraire il le pose; car il est bien évident que si un tel renvoi existait, le problème ne se poserait plus. Si, d'autre part, l'article 89 emploie bien en effet l'expression projet ou proposition de « révision », ce qui, en réalité, n'ajoute rien, compte rendu de l'objet de cet article, il reste que l'article 11 s'applique, lui, à « tout projet de loi ». Or cette formule englobe *a priori* l'ensemble des actes de ce genre, partant les projets de loi de révision puisqu'aussi bien ceux-ci n'en sont pas exclus. Le problème devient dès lors tout à fait général, la véritable question consistant à se demander dans quelle mesure la procédure de l'article 11 constitue une dérogation aux différentes procédures d'élaboration de la loi. Quant à l'argument tiré des règles constitutionnelles en matière de traité, il porte évidemment à faux, l'article 54 ne régissant pas un aspect particulier de la révision, mais impliquant seulement que celle-ci est nécessaire à la ratification d'un traité ou d'un accord qui serait contraire à la Constitution (V. nos 394-586).

Comme on peut le constater, ces argumentations, lors même qu'elles paraissent s'appuyer sur l'exégèse, se détachent assez vite des considérations juridiques pour rejoindre le terrain politique des opinions et des croyances où s'est en réalité formée la thèse qu'elles soutiennent.

C. — Il est cependant possible de proposer de l'article 11 une interprétation proprement juridique qui n'établit pas de manière péremptoire que le recours à cet article en matière de révision soit, comme on l'a soutenu et le soutient toujours la quasi-unanimité de la doctrine, une violation patente de la Constitution.

Ce qui dans l'article 11 permet *a priori* d'envisager son application en matière de révision, c'est la formule « tout projet de loi portant sur l'organisation des pouvoirs publics ». Il est sans doute assez surprenant que ce soit la première partie de cette formule (tout projet de loi) qui ait principalement retenu l'attention au détriment de la seconde (portant sur l'organisation des pouvoirs publics) qui n'a cependant pas moins d'intérêt. Il faut donc considérer l'une et l'autre.

La généralité de l'expression « tout projet de loi » relève de l'évidence. *A priori,* la formule désigne une catégorie — le projet de loi — et à travers cette catégorie les espèces qui la composent : projet de loi organique, projet de loi ordinaire. S'il en est bien ainsi — ce qu'il faut admettre sauf à priver l'article 11 de toute signification — cet article doit être considéré comme dérogeant aux procédures d'élaboration de ces deux espèces de lois sans pour autant qu'il le mentionne expressément; ni, d'autre part, que les dispositions constitutionnelles régissant ces procédures en fassent la réserve. Dès lors, le fait que l'article 89 qui régit la révision ne renvoie pas à l'article 11, et réciproquement, n'a pas plus de signification que l'absence d'un tel renvoi réciproque dans les articles 45 ou 46. La révision s'opère également par voie législative et elle vise également à modifier une loi, la Constitution. Il n'y a donc aucune raison pour qu'un même trait — l'absence de renvoi — concernant une même disposition — l'article 11 — ne s'oppose pas à son caractère dérogatoire lorsqu'il s'agit de projets de lois organiques ou ordinaires mais s'y oppose lorsqu'il s'agit d'un projet de loi de révision. Une telle discrimination ne trouve dans le texte aucune justification d'ordre exégétique.

Ce n'est donc pas dans la formule « tout projet de loi » — dont les projets de loi de révision ne peuvent être exclus qu'arbitrairement — mais dans la formule « portant sur l'organisation des pouvoirs publics » que l'utilisation de l'article 11 en matière de révision peut trouver paradoxalement un obstacle.

Sans s'attarder à une comparaison entre « le fonctionnement des institutions » concernant l'application de l'article 11 aux traités et « l'organisation des pouvoirs publics » par nature proprement constitutionnelle, on observera que la Constitution utilise la qualification « pouvoirs publics », tantôt telle quelle, ce qui est le cas dans cet article 11, tantôt assortie de la précision « constitutionnels », ce qui est le cas de l'article 16. Il faudrait donc admettre qu'il existe plusieurs catégories de « pouvoirs publics » dont les uns seraient constitutionnels, leur statut étant fixé par la Constitution elle-même, tandis que les autres ne le seraient pas. La conséquence serait ainsi que la formule de l'article 11 ne concerne que ces derniers et ne permet pas l'application de cette disposition à une révision constitutionnelle intéressant par hypothèse les premiers. Il n'en resterait pas moins que, là aussi, la formule est aussi générale que possible et que l'exclusion de son champ d'application des pouvoirs publics « constitutionnels » serait difficilement conciliable avec le fait, déjà relevé et d'ailleurs non contesté, que l'article 11 pourrait s'appliquer à la modification d'une loi organique.

Il n'est donc pas aussi certain que l'usage de l'article 11 en matière de révision soit, du point de vue juridique, d'une inconstitutionnalité patente. Nul doute cependant qu'il apparaisse tel du point de vue politique en raison de la prévention qui continue à frapper le recours au référendum par le chef de l'État. Dans ces conditions, il y a peu de chances que le problème se pose à nouveau.

— La thèse hostile à l'usage de l'article 11 s'est notamment exprimée en 1962 par une consultation des professeurs Paul Bastid, Georges Berlia, Georges Burdeau, Pierre-Henri Teitgen, publiée dans le Journal « L'Aurore » du 14 octobre. De son côté, Marcel

Prélot n'avait pas hésité à qualifier cet usage de « voie de fait ». Seul le professeur Pierre Lampué exprimait un avis différent dont on a tenu compte dans l'analyse ci-dessus. V. *Le mode d'élection du président de la République et la procédure de l'article 11,* R.D.P., 1962, p. 931. Pour sa part, et bien que l'on ne connaisse pas la teneur de ses avis, il est admis que le Conseil d'État s'est déclaré défavorable à l'usage de l'article 11 tant en 1962 qu'en 1969.

— A l'occasion de la nouvelle application de l'article 11, en 1969, le débat a rebondi sur le point de savoir si le précédent de 1962 avait ou non coutumièrement validé cette pratique. La controverse, qui opposa sur ce point M. Prélot à M. G. Vedel, ne laissa pas d'être artificielle. Outre qu'un seul usage est insuffisant pour créer une coutume, le précédent de 1962, ou bien était compatible avec une interprétation possible de l'article 11, auquel cas, il en constituait une application mais non pas une validation coutumière ; ou bien, ce précédent n'était compatible avec aucune interprétation de l'article 11, parce que celui-ci ne s'étendait pas à la révision et cette première violation de la Constitution ne pouvait valoir validation coutumière, aucune coutume ne pouvant se créer *contra legem* (V. R. Chapus, *Droit const. et inst. pol.,* cours 1969-1970 polyc., p. 176).

— L'éventualité d'un recours à l'article 11 en matière de révision constitutionnelle a depuis fait l'objet de déclarations des Présidents de la République. Lors d'une visite au Conseil constitutionnel, le 8 novembre 1977, M. V. Giscard d'Estaing devait déclarer qu'« aucune révision de la Constitution n'est possible que si elle est votée en termes identiques par l'Assemblée nationale et le Sénat ». Ce propos a été interprété comme un renoncement à la mise en œuvre de l'article 11 en matière de révision. Telle ne semble pas être, en dernier lieu, la position de M. Fr. Mitterrand. Pour celui-ci, l' « usage » de l'article 11, « établi et approuvé par le peuple, peut désormais être considéré comme l'une des voies de la révision, concurremment avec l'article 89 ». Le Président n'en estime pas moins que « l'article 11 doit être utilisé avec précaution, à propos de textes peu nombreux et simples dans leur rédaction. Sinon, il serait préférable que la consultation des Français fût éclairée par un large débat parlementaire ». Pouvoirs, 1988, n° 45, p. 138.

— Pour une étude d'ensemble, V. en outre G. Conac, *Les révisions constitutionnelles* in *La Constitution de la République française, op. cit.,* 17 — J.-Cl. Maestre, *Remarques sur les procédures utilisées pour réviser la Constitution en vingt ans de la Ve République,* Mél. P. Kayer, Aix-en-Provence, 1979, p. 213 — M.-P. Roy, *L'application de l'article 89 de la Constitution de 1958,* R.D.P., 1980, p. 687 — J. Petot, *Faut-il réviser la Constitution de 1958 ?,* R.D.P., 1985, p. 1441.

CHAPITRE II
LA CONSTITUTION ET LE RÉGIME POLITIQUE

398. — Position du problème. — Le régime politique établi par la Constitution de 1958 peut se définir à partir de trois caractères que la Ve République tient de la loi du 3 juin 1981 (V. n° 380). Si cette loi ne mentionnait pas expressément le caractère républicain et démocratique du régime, au demeurant incontesté et qu'impliquaient plusieurs dispositions notamment celle relative au suffrage universel « source du pouvoir », en revanche, elle posait explicitement le principe d'une séparation rigoureuse des pouvoirs et celui d'une responsabilité du Gouvernement devant le Parlement.

En réalité, ces trois caractères peuvent être réduits à deux, le premier qualifiant la nature politique du régime, le second et le troisième contribuant à sa qualification constitutionnelle. Placée sous ce double éclairage, la Ve République a soulevé bon nombre de controverses et connu une évolution qui en a progressivement modifié les équilibres.

Section 1
La République démocratique

399. — Qualification de la République. — Suivant l'article 2 de la Constitution « la France est une république indivisible, laïque, démocratique et sociale ». Si la notion même de République peut se concevoir de bien des façons, les qualificatifs retenus par le constituant contribuent à caractériser le régime, d'une part en fonction de la composition de la République, d'autre part à partir de ses caractères fondamentaux.

400. — Complexion de la République — son indivisibilité. — Si la Constitution, reprenant une formule traditionnelle, continue à proclamer, sinon l'unité, du moins l'indivisibilité de la République, ce principe doit se comprendre au bénéfice d'une double précision : la complexion de la République comporte l'existence de collectivités secondaires qui s'en partagent le territoire ; ce territoire peut faire l'objet de cessions, d'adjonctions et d'échanges.

A. L'article 72 de la Constitution dispose : « Les collectivités territoriales de la République sont les communes, les départements, les territoires d'outre-mer », et il ajoute « toute autre collectivité territoriale est créée par la loi ».

C'est en vertu de cette disposition que sont intervenues depuis 1958 un certain nombre de modifications. Outre la création de nouveaux départements (région parisienne, Corse) qui a porté à 96 le nombre des départements métropolitains, y compris le territoire de Belfort et la « départementalisation » d'un territoire d'outre-mer (Saint-Pierre-et-Miquelon, le 19 juill. 1976) qui avait porté à 5 le nombre des départements d'outre-mer formé jusque-là de la Guadeloupe, de la Guyane, de la Martinique et de la Réunion, la transformation de Wallis et Futuna d'État protégé en territoire d'outre-mer en a porté le nombre à 3 comprenant encore la Nouvelle-Calédonie et la Polynésie, tandis que l'indépendance des Comores a laissé subsister une collectivité à statut spécial (Mayotte, L. 24 déc. 1976). Plus récemment, Saint-Pierre-et-Miquelon, précédemment départementalisé, a été transformé en collectivité à statut spécial par une loi du 11 juin 1985. Enfin, reprenant une réforme dont les origines remontent au référendum négatif du 27 avril 1969, deux lois du 2 mars 1982 ont érigé les régions en collectivités territoriales et fait de la Corse une région à statut spécial, tandis qu'une loi du 31 décembre 1982 étendait la régionalisation à la Guadeloupe, la Guyane, la Martinique et la Réunion.

Parallèlement, d'autres modifications sont intervenues qui se sont traduites par des processus d'accession à l'indépendance. Ce fut le cas des départements algériens, des îles Comores et du Territoire des Afars et des Issas qui avait précédemment succédé à la Côte française des Somalis.

B. Ces différentes transformations ont posé la question de la portée de l'article 53 de la Constitution qui, au titre des traités et accords internationaux, dispose « nulle cession, nul échange, nulle adjonction, de territoire n'est valable sans le consentement des populations intéressées ». Si cette disposition, qui reprend le principe du droit des peuples à disposer d'eux-mêmes, s'applique, comme l'indique d'ailleurs sa place, aux relations interétatiques, il n'est pas aussi évident qu'elle trouve à s'appliquer entre la République, proclamée indivisible, et telles de ses collectivités composantes, pour lesquelles il s'agit en réalité de sécessions. C'est pourtant en ce sens que s'est prononcé le Conseil constitutionnel en décidant, à propos des Comores, que l'article 53 est applicable non seulement lorsque la France cède un territoire à un État étranger mais aussi lorsqu'un territoire cesse d'appartenir à la République, soit pour se rattacher à un autre État, soit pour constituer un État indépendant (Cons. const. 30-12-1975, 75/79 DC, 26). Confirmant cette jurisprudence à propos de la Nouvelle-Calédonie, le Conseil a précisé les exigences constitutionnelles que doit satisfaire la consultation des populations (Cons. const., 22-6-1987, 87/226 DC, 34).

Une seconde série de problèmes concernant cette fois les Territoires d'outre-mer s'est posée à propos de la portée de l'article 74 de la Constitution suivant lequel ces collectivités ont une organisation particulière qui « est définie et modifiée par la loi après consultation de l'assemblée territoriale intéressée ». Le Conseil constitutionnel a précisé la portée de l'exigence de consultation de l'assemblée territoriale (Cons. const., 23-5-1979, 79/104 DC, 27 — 30/31-10-1981, 81/129 DC, 35 — 1/2-7-1986, 86/208 DC, 78) et déterminé les composantes de cette organisation particulière, en elle-même et au regard du principe de libre administration des collectivités territoriales posé par l'article 72 de la Constitution (Cons. const., 22-7-1980, 80/122 DC, 49 — 8-8-1985, 85/196 DC, 63 — 19-1-1988, 87/241 DC, 31).

Une troisième série de problèmes, plus directement liés à l'indivisibilité de la République, s'est posée à l'occasion des mesures de régionalisation, plus particulièrement à propos du statut particulier de la Corse auquel le Conseil constitutionnel n'a rien trouvé à redire (Cons. const., 25-2-1982, 82/138 DC, 41, A.J.D.A., p. 295, R.D.P. 1982, p. 1288) et de la régionalisation des départements d'outre-mer dont il a au contraire déclaré inconstitutionnelle la première loi pour méconnaissance des dispositions de l'article 73 de la Constitution (Cons. const., 2-12-1982, 82/147 DC, 70, A.J.D.A., 1983, p. 129). Des indications d'ordre plus général sur l'indivisibilité de la République et l'intégrité du territoire se trouvent également dans la décision du Conseil relative à l'élection des représentants à l'Assemblée des Communautés européennes (Cons. const., 30-12-1976, 76/71 DC, 15 — V. également, 30-8-1984, 84/178 DC, 69) et dans celle du 25 février 1982 relative à la loi sur les droits et les libertés des communes des départements et des régions (Cons. const., 18, 23, 24 et 25-2-1982, 82/137 DC, 38).

— Sur l'indivisibilité de la République et l'art. 53 de la Constitution, V. J.-Cl. Maestre, *L'indivisibilité de la République française et l'exercice du droit d'autodétermination*, R.D.P., 1976, p. 431 — L. Favoreu, *La décision du 30 décembre 1975 dans l'affaire des Comores*, idem, p. 557.

— Sur l'indivisibilité de la République et les articles 72 à 74 de la Constitution, V. J.-Cl. Maestre dans *La Constitution de la République française*, op. cit., p. 68, 839 et 874 — P. Lavigne, *idem*, p. 827 — Chr. Autexier, *L'ancrage constitutionnel des collectivités de la République*, R.D.P., 1981, p. 581 — Fr. Luchaire, *Les fondements constitutionnels de la décentralisation*, R.D.P., 1982, p. 1543 — L. Favoreu, *Décentralisation et Constitution*, R.D.P., 1982, p. 1259.

— Sur les problèmes propres aux départements et territoires d'outre-mer, V. F. Miclo, *L'évolution du régime législatif et réglementaire des départements d'outre-mer*, th. Aix-Marseille III, 1981 — Fr. Luchaire, *La décentralisation dans les départements d'outre-mer*, A.J.D.A., 1983, p. 120.

— Sur l'ensemble des problèmes, V. M. H. Fabre, *L'unité et l'indivisibilité de la République, réalité, fiction?*, R.D.P., 1982, p. 603 — Th. Michalon, *La République française, une fédération qui s'ignore*, idem, p. 623.

401. — Caractères fondamentaux de la République. — La République est, selon la Constitution, « laïque, démocratique et sociale ».

La laïcité traduit la neutralité idéologique de l'État. Elle est explicitée par le texte constitutionnel lorsque celui-ci proclame que la République respecte toutes les croyances et qu'elle assure l'égalité devant la loi de tous les citoyens sans distinction... de religion.

Le caractère « démocratique » de la République résulte du principe que la Constitution assigne à celle-ci en reprenant la célèbre formule d'Abraham Lincoln dans son discours de Gettysburg « gouvernement du peuple, par le peuple, pour le peuple ». Lié, dans l'histoire constitutionnelle, à l'avènement du suffrage universel, ce caractère démocratique demeure inséparable de ce suffrage dont la loi du 3 juin 1958 (V. n° 380) avait réaffirmé qu'il est « seul... la source du pouvoir » et dont la Constitution (art. 3) détermine les modalités en fonction d'une certaine conception de la souveraineté et dans des conditions qui font de la Ve République une démocratie semi-directe (V. n° 415).

Quant au caractère « social », il est repris de la constitution de 1946 dans laquelle il manifestait une volonté de dépassement de la démocratie politique au bénéfice d'une démocratie économique et sociale. Les éléments s'en trouvaient énoncés par le préambule de cette constitution en tant que principes « particulièrement nécessaires à notre temps ». On sait qu'ils ont été repris par renvoi dans le préambule de la Constitution de 1958, de sorte qu'il ne s'agit pas seulement de directives d'interprétation mais de dispositions de fond dont la jurisprudence du Conseil constitutionnel a précisé le sens et la portée.

— Sur la laïcité, V. divers auteurs, *La Laïcité,* Centre sup. de Sc. pol., Nice, 1960 — J.-B. Trotabas, *La notion de laïcité dans le droit de l'Église catholique et l'État républicain,* thèse, 1961, Jurisp. const. (V. Cons. const., 23-11-1977, 77/87 DC, 42, liberté de l'enseignement, portée du devoir incombant à l'État d'organiser un enseignement public gratuit et laïque [préambule 1946, al. 13]). On remarquera, à propos d'une affaire qui a récemment défrayé la chronique, que les exigences de la laïcité doivent être conciliées avec les stipulations de l'article 9 de la Convention européenne des droits de l'homme.

— Sur la démocratie « économique et sociale » suivant le préambule de 1946, V. J. Rivero et G. Vedel, *Les principes économiques et sociaux de la Constitution,* le préambule, D. soc., 1947, p. 13-35. Pages de doctrine, I, p. 93.

— Le développement de la jurisprudence constitutionnelle relative au préambule de 1946 et à la Déclaration des droits de 1989 est considérable. Comme il relève de l'étude des libertés publiques, ce qui montre l'arbitraire de l'exclusion de celles-ci du droit constitutionnel, on se bornera à renvoyer sur ce point aux tables analytiques publiées par le Conseil constitutionnel et aux actes du colloque organisé par celui-ci les 25 et 26 mai 1989 sur le thème « La déclaration des droits de l'homme et du citoyen et la jurisprudence », P.U.F., 1989.

Section 2

La séparation des pouvoirs et le système constitutionnel

402. — La Constitution et l'aménagement de la séparation des pouvoirs. — La loi du 3 juin 1958 (V. n° 377) faisait obligation au constituant d'aménager le nouveau système constitutionnel sur la base de la séparation des pouvoirs. Cette obligation s'entendait au bénéfice de trois précisions. D'abord, seuls, exécutif et législatif se verraient reconnaître la nature de « pouvoir », le judiciaire devant se contenter de celle d'« autorité » dont l'indépendance devrait néanmoins être sauvegardée (V. n° 573). En second lieu, la distinction entre exécutif et législatif devait être conçue de telle sorte que le Gouvernement et le Parlement assument, chacun pour sa part et sous sa responsabilité la plénitude de ses attributions. Il s'agissait donc d'une séparation rigoureuse. Cependant et enfin, il était prescrit que le Gouvernement devrait être responsable devant le Parlement, ce qui impliquait qu'entre les systèmes dérivés du principe de séparation, c'est un régime de type parlementaire qui devrait être mis en place.

Les termes dans lesquels ces deux dernières directives ont été traduites dans la Constitution procédaient d'une conception « rationalisée » du parlementarisme d'autant plus limitée ou restrictive qu'il s'agissait de rompre avec le parlementarisme absolu des précédentes républiques. Mais tout en s'inscrivant dans cette perspective, le texte constitutionnel comportait des dispositions dont les implications pouvaient, en fonction de la pratique, se révéler très différentes. A cet égard, deux traits étaient caractéristiques et ont été déterminants.

A. Le premier tient à ce que la Constitution, allant au-delà de la distinction législatif-exécutif, qui ne sont d'ailleurs jamais nommés sous ces noms, consacre l'existence d'une véritable *fonction gouvernementale* (V. n° 462). Jamais dans notre histoire constitutionnelle positive, une telle reconnaissance n'avait été exprimée en termes aussi clairs que ceux employés par l'article 20 du texte de 1958. Jamais, non plus, des constituants n'avaient apporté autant de soin à rendre cette fonction autonome et cohérente. Or il n'est pas inutile de rappeler que la doctrine du pouvoir ou de la fonction gouvernementale a été édifiée à partir d'une analyse critique de la séparation des pouvoirs. Les initiateurs de cette doctrine ont en effet fondé leur construction sur la constatation que les fonctions de l'État ne peuvent être réduites à l'édiction et à l'exécution des lois; que gouverner est une fonction par essence politique qui, si elle englobe bien ces deux activités juridiques indispensables à sa réalisation, les déborde, s'y superpose et en coordonne l'exercice. C'est bien à cette conception qu'appartient, dans son économie d'ensemble, le système constitutionnel de 1958. Organiquement séparatiste, il ne l'est en définitive que pour permettre à l'« exécutif » d'exercer le plus librement possible cette fonction gouvernementale qui lui est attribuée.

B. Le second trait est la place faite à la présidence de la République. C'est avec raison que ce trait a été considéré comme décisif mais il n'est pas évident qu'il le soit devenu à ce point s'il n'avait pas été dès l'origine conjugué avec le précédent. La présidence se présente en effet dans la Constitution comme la première magistrature de l'État, une magistrature qui n'appartient à aucun pouvoir mais participe en réalité de chacun d'eux à des titres divers. En tant que telle, elle aussi les dépasse et s'y superpose à la fois pour en assurer l'indépendance et pour en coordonner l'action. En soi, une telle situation ne serait pas incompatible avec la conception d'un pouvoir neutre régulateur et, à s'en tenir à la lettre des textes, cette interprétation pouvait paraître tout à fait exacte. A ceci près cependant, qu'il suffisait de peu de chose pour que le système constitutionnel s'oriente de manière différente; que l'équilibre apparent se modifie et que la réalité de la fonction gouvernementale passe à un président que tout destinait à l'exercer. Or la personnalité du général de Gaulle non plus que les événements d'Algérie n'étaient peu de chose et l'élection du président au suffrage universel direct est simplement venue compléter, en lui procurant sa légitimation, un système dont la pratique avait déjà modifié l'équilibre.

403. — L'équilibre des pouvoirs et l'évolution du système constitutionnel. — Tel qu'il avait été établi en 1958, le système constitutionnel a immédiatement connu une évolution dont la réforme du mode de désignation du chef de l'État marque assurément une étape décisive mais dont il ne semble pas qu'elle constitue la véritable césure. Cette évolution paraît bien davantage partagée en deux grandes périodes. L'une est dominée par la présence du général de Gaulle à la tête de l'État et va au-delà de cette réforme dont seront tirées toutes les conséquences institutionnelles, y compris la responsabilité politique du Président. L'autre, qui se développe depuis, correspond à une stabilisation dans un système à prépondérance présidentielle que confortent l'élection au suffrage universel du Président et la concordance de sa majorité avec celle de l'Assemblée nationale. Lors même que cette concordance disparaît ou devient relative, il reste que le support populaire dont bénéficie la présidence a permis à celle-ci de ne pas évoluer vers une magistrature purement formelle.

A. Si la première période de la Ve République est dominée par la personnalité du général de Gaulle, elle l'est aussi en grande partie par les circonstances qui avaient amené le rappel au pouvoir de celui-ci. Ces circonstances dramatiques, et qui le sont demeurées encore pendant un certain temps, ont créé un climat spécialement favorable à l'exercice par le Président d'une autorité que — quoi qu'on en ait dit — l'on attendait de lui, sans être tellement enclin à en partager la charge, et elles ont incliné le système suivant celles des dispositions de la Constitution dont l'interprétation pouvait contribuer au renforcement de cette autorité personnelle. Trois époques doivent être distinguées.

1° En moins d'un an — de novembre 1958 à septembre 1959 — la situation des assemblées dans le système va se trouver déterminée dans des conditions qui, pour être quelque peu paradoxales, ne se modifieront guère par la suite. Il faut probablement en chercher la cause dans le choix du scrutin majoritaire uninominal à deux tours pour l'élection des députés alors qu'il paraissait logique de maintenir la représentation proportionnelle avec apparentement national des partis ayant fait campagne pour le « oui » au référendum et participant au Gouvernement. Ce choix, opéré par le général de Gaulle tranchant dans l'incertitude où demeuraient les grandes formations politiques, devait avoir une double conséquence. Il entraîna d'abord l'entrée à l'Assemblée nationale, dont on attendait seulement qu'elle soit modérée, d'un nombre, très supérieur aux prévisions les plus optimistes, de députés appartenant à une nouvelle formation politique dont l'ambition était d'apporter un soutien indéfectible au général de Gaulle et à son gouvernement. Il provoqua ensuite, et comme par contrecoup, l'entrée au nouveau Sénat, élu cinq mois plus tard, d'un certain nombre de personnalités politiques des partis anciens vaincues aux élections générales.

De là, un double paradoxe constitutionnel. Alors que la Constitution permettait une orientation vers ce que Marcel Prélot a appelé une « République sénatoriale », suggérant par là que le président de la République pourrait trouver auprès de la seconde Chambre un appui que la première serait moins encline à lui accorder, c'est au contraire entre le chef de l'État et le Sénat un conflit ouvert qui s'engage, dont l'âpreté n'épargnera pas les personnes et qui ne s'éteindra qu'après la retraite du général de Gaulle. En revanche, tandis que la composition de l'Assemblée permettait sans risque grave une pratique parlementaire classique qu'avait d'ailleurs amorcée la présentation du nouveau gouvernement sollicitant la confiance dès sa nomination, les dispositions constitutionnelles impliquant une « rationalisation » du parlementarisme dans une toute autre perspective n'en furent pas moins mises en œuvre avec une particulière rigueur, spécialement à l'égard des règlements des assemblées. Ajoutée aux dispositions restrictives de la Constitution, la privation délibérée des moyens d'intervention et de contrôle que le Parlement aurait pu, comme par le passé, s'attribuer par la voie réglementaire achevait de le placer dans une position qui tranchait d'autant plus avec celle du parlementarisme « absolu » qu'elle excédait ce qu'exigeait une simple limitation.

2° Si l'on conservait quelques doutes sur l'orientation que devait prendre le nouveau système constitutionnel, la présentation que le général de Gaulle en donna dans son allocution télévisée du 16 septembre 1959 acheva de les dissiper, en rappelant le pouvoir que la Constitution attribuait au président de consulter les citoyens de sorte que la véritable autorité n'était pas celle du Premier ministre et du Gouvernement responsables devant le Parlement mais celle du président de la République appuyé sur le peuple.

Pareille conception n'alla pas sans provoquer critiques et protestations. Tandis que les politologues y reconnaissaient une illustration d'une tendance à la personnalisation du pouvoir caractéristique de l'évolution contemporaine des institutions politiques, on s'efforça de n'y voir que la conséquence passagère des événements d'Algérie et d'en minimiser la portée en faisant appel à des notions telles que celles de « domaine réservé ». Quoi qu'il en soit, la pression des événements obligea, à n'en pas douter, à faire fonctionner tous les mécanismes prévus par la Constitution pour assurer la primauté de l'autorité gouvernementale. La « journée des barricades » à Alger en janvier 1960 entraîna la mise en œuvre de l'article 38 de la Constitution, en vertu duquel le 2 février suivant le Parlement accorda les pleins pouvoirs au Gouvernement, en spécifiant que la délégation était faite au général de Gaulle, président de la République. Le putsch des généraux, en avril 1961, provoqua à son tour la mise en application des pouvoirs présidentiels de crise prévus par l'article 16 de la Constitution. Enfin, les accords d'Evian en mars 1962 conduisirent à l'utilisation de la procédure référendaire de l'article 11.

Il faudrait ajouter que, comme en filigrane, d'autres manifestations caractéristiques de l'autorité présidentielle s'étaient produites; tel le rejet de la demande de convocation du Parlement en session extraordinaire en mars 1960 (V. n° 450), fondé sur une conception du système constitutionnel dont le président revendiquait pour lui l'interprétation authentique; ou encore, l'évolution dans la conception du rôle du Parlement en période d'application de l'article 16 lors de la mise en œuvre de celui-ci.

3° La modification du mode de désignation du président de la République se situe comme une sorte de relais entre cette affirmation progressive de l'autorité présidentielle que ne justifieront plus des événements dramatiques et sa consécration dans l'attribution au président de la plus démocratique des légitimités. L'opération constituait déjà en elle-même une épreuve décisive et elle le fut en effet, tant dans la forme que dans le fond (V. n° 422). Mais elle n'était pas moins lourde de conséquences institutionnelles, qui marqueraient définitivement le système du sceau du présidentialisme.

Un « non » au référendum auquel était soumis le mode de désignation du chef de l'État désormais élu au suffrage universel direct aurait assurément maintenu le président dans une position dont on pouvait escompter que, chez les successeurs du général dont un tel non aurait probablement entraîné la retraite, elle serait celle d'un président parlementaire. Le « oui » allait au contraire permettre de conférer à la fonction et à son titulaire une nature qui légitimerait désormais la personnalisation du pouvoir. Cette conséquence, quoique inévitable, ne fut pas immédiatement sensible.

Le nouvel aménagement constitutionnel n'entraînait pas en réalité de situation politique nouvelle tant que le général de Gaulle n'avait pas achevé son mandat. Au contraire, comme on vient de le dire et comme le montrera plus tard la candidature de M. Alain Poher, ses implications pouvaient être encore très différentes suivant la personnalité qui, pour la première fois, serait portée à la première magistrature de l'État par le suffrage universel. Or, à cette occasion, si le général de Gaulle, à nouveau candidat, n'avait pas eu l'intention de faire du présidentialisme, n'en ayant assurément nul besoin, il y aurait été contraint par ses concurrents, hier encore adversaires déterminés de l'élection du président par le peuple et qui, s'y étant mieux que convertis, s'en servirent comme un moyen pour mobiliser l'opposition au-delà de ses divisions partisanes. Si le premier résultat de cette attitude fut pour le général une réélection difficile, elle fut le point de départ d'une bipolarisation de la vie politique, désormais informée par le mécanisme de l'élection présidentielle, et l'amorce d'un problème institutionnel dont l'éventualité n'a pas cessé de peser sur le système : celui d'une discordance entre majorité présidentielle et majorité parlementaire.

De l'élection du président au suffrage universel direct vont se déduire d'autres conséquences institutionnelles, exprimant, à travers sa nouvelle légitimité, une modification dans la position du chef de l'État. Ainsi, de la pratique inaugurée par G. Pompidou de ne plus engager la responsabilité politique sur le programme d'un gouvernement dont la nomination par le président a désormais valeur, non plus de simple désignation juridique, mais de véritable investiture politique et dont la contrepartie est la responsabilité devant ce même président, se substituant en fait à une responsabilité devant l'Assemblée que le phénomène majoritaire prive d'effectivité. Ainsi, après la crise de 1968, difficilement surmontée et qui marque le déclin de ce que Marcel Prélot avait appelé la « monocratie plébiscitaire », de l'ultime épreuve de 1969 se concluant par la reconnaissance volontaire de la responsabilité politique du président devant le peuple dont le général de Gaulle consacrait la sanction en résignant la magistrature suprême à la suite des résultats négatifs au référendum du 27 avril 1969.

Si une importante réforme institutionnelle qui eût profondément modifié, non seulement les structures territoriales du pays, mais encore l'équilibre des pouvoirs en confondant en une seule assemblée Sénat et Conseil économique et social, se trouvait ainsi écartée, la retraite du général de Gaulle, outre l'exemple de morale démocratique qu'elle administrait à ceux qui, contre toute évidence, en avaient douté, parachevait le système en y incluant la contrepartie nécessaire de l'autorité acquise par la présidence.

B. La seconde période, qui se développe depuis, est loin de présenter le même intérêt, sinon du point de vue politique, du moins du point de vue institutionnel, et s'il est concevable de la diviser aussi en trois époques, c'est moins en considération d'une évolution importante du système qu'en fonction de la succession des trois titulaires de la présidence.

1º En succédant au fondateur de la Ve République, G. Pompidou recueillait, de manière d'ailleurs prévisible, un héritage institutionnel qu'il avait largement contribué à créer. Premier ministre de 1962 à 1968, il avait assumé, dans cette charge, la consolidation du régime et en avait tiré, aussi bien que subi, toutes les conséquences. Le second président ne se rapprochera que de manière épisodique et conjoncturelle du président « médiateur » dont M. Alain Poher avait, sans succès, révélé l'image pendant la campagne présidentielle. Il exercera une influence décisive dans le choix des ministres. Il interviendra, plus peut-être que ne l'avait fait le général de Gaulle, dans les élections contribuant ainsi à l'achèvement de la bipolarisation de la vie politique. La pratique se confirmera, qu'il avait inaugurée, et qui consistait pour les gouvernements à ne plus assortir les présentations de programme d'un engagement de leur responsabilité politique. Il s'efforcera, enfin, de ne pas laisser prescrire l'usage d'un référendum dans des conditions qui en ont peut-être, contre sa volonté, compromis l'avenir. Mais surtout, c'est à G. Pompidou que l'on doit d'avoir, et à plusieurs reprises, exprimé la doctrine dont s'inspire le système constitutionnel de la Ve République tel qu'il est stabilisé. Cette doctrine, animée d'une égale aversion pour le parlementarisme des précédentes républiques et de la même méfiance à l'égard des « modèles » du droit constitutionnel et de la science politique classiques, voit dans la mixité souple de son système la principale qualité du régime.

2° Cette mixité n'a pas été corrigée sous la troisième présidence, celle de M. V. Giscard d'Estaing. Si certaines pratiques ont été dans le sens d'une meilleure orthodoxie parlementaire (engagement de la responsabilité sur le programme, déclaration de politique générale devant le Sénat, convocation d'une session extraordinaire à la demande des députés), rien n'a vraiment été abandonné des prérogatives du chef de l'État de type quasi présidentiel, sans pour autant d'ailleurs qu'aboutisse le courant favorable à une révision constitutionnelle tendant à instaurer un véritable régime présidentiel. C'est sur d'autres points que devaient porter les réformes, les problèmes d'équilibre n'étant plus entre les pouvoirs mais bien plutôt entre majorité et opposition. L'institution de la saisine parlementaire du Conseil constitutionnel (V. n° 526) répondant à cette situation devait entraîner un développement considérable de la jurisprudence constitutionnelle dont l'importance s'est bientôt révélée décisive.

3° L'élection de M. Fr. Mitterrand et les élections législatives de 1981, en portant la gauche au pouvoir et en réalisant « l'alternance », ont définitivement consacré le régime en levant l'une des hypothèques qui pesaient sur lui. La critique du système institutionnel, à laquelle n'avaient pas cessé de se livrer le nouveau président et l'opposition, devait, avec l'accession de l'un et l'autre au pouvoir, perdre beaucoup de sa virulence et fut même reléguée au second plan. Même si le dessein affirmé a été de restituer au Parlement des prérogatives qui auraient été méconnues, les caractères fondamentaux du système — prépondérance présidentielle, phénomène majoritaire — ont, en réalité, été confirmés. Il se serait donc agi d'un « achèvement ».

Encore fallait-il observer que tous les problèmes institutionnels n'étaient pas résolus et notamment pas celui constamment évoqué depuis 1962 d'une discordance entre majorité présidentielle et majorité parlementaire. Le nouveau renversement de majorité qui s'est produit avec les élections générales de mars 1986, consacrant cette discordance, a fait passer ce problème des hypothèses à la réalité. Plusieurs issues étaient possibles. Celle de la « cohabitation », choisie en définitive par un président attachant à la durée du mandat dont il avait été investi plus d'importance qu'au revirement d'opinion rejetant dans l'opposition les forces politiques auxquelles il avait dû son investiture, a sans doute marqué un nouveau tournant. Plus que l'alternance qui n'avait guère d'implications constitutionnelles dès lors que les deux majorités présidentielle et parlementaire étaient les mêmes et que, de droite ou de gauche, leur conjugaison ne modifiait pas les équilibres, la « cohabitation » est rapidement apparue de nature à déplacer ceux-ci.

Une majorité parlementaire, dominant les deux assemblées, plaçait le Président, investi par une majorité différente, dans une position qui paraissait imposer une autre vision du système. En réalité, si le Premier ministre et son gouvernement y gagnèrent une plus grande autonomie, la présidence n'y perdit pas vraiment ce qui constituait l'essentiel de ses prérogatives, ce que confirma la réélection de M. Mitterrand.

Après avoir parcouru tous les cas de figure, depuis la concordance des majorités à leur opposition puis à l'existence d'une concordance relative, le régime se retrouve dans une situation qui, pour ne plus souffrir des tensions de la cohabitation, correspond au maintien des équilibres institutionnels depuis longtemps établis.

— Sur l'ensemble de l'évolution et l'indétermination du système, on pourra consulter notamment : G. Isaac, *Le domaine réservé du président de la République, contribution à l'étude de la première législature de la Ve République*, Ann. Fac. Dt Toulouse, 1964, p. 23 — P. Albertini, *La Constitution de 1958 et l'analyse classique*, Sem. Jur. G., 26 févr. 1975 — Pouvoirs, n° 4, 1978, *« Vingt ans après, la Ve République »*, et n° 20, *« 1981, la gauche au pouvoir »* et plus spécialement : J.-L. Quermonne, *Le gouvernement présidentiel ou un gouvernement partisan?*, p. 67, et O. Duhamel, *1981, la Ve achevée : sur dix caractéristiques du régime*, p. 127 — *Vingt années de système présidentiel*, coll. de l'Assoc. des journalistes parlementaires, La Gazette du Parlement, n° spéc. mars 1982 — P. Avril, *La Ve République, histoire politique et constitutionnelle*, P.U.F., 1987 — G. Conac et Fr. Luchaire, *Le droit constitutionnel de la cohabitation*, Economica, 1989 — *La Ve République, trente ans*, Pouvoirs, 1989, n° 49 — C.-A. Colliard, *Les pouvoirs du Président de la République en cas de coexistence institutionnelle*, R.D.P., 1989, p. 1565.

TITRE II

LA SOUVERAINETÉ

404. — Conception de la souveraineté dans la Constitution. — L'article 3 de la Constitution dispose que « la souveraineté nationale appartient au peuple français qui l'exerce par ses représentants et par la voie du référendum. Aucune section du peuple, ni aucun individu ne peut s'en attribuer l'exercice ».

Cette disposition résout le triple problème que pose la souveraineté : celui de sa nature et spécialement de son indivisibilité ; celui de son détenteur et celui de ses conditions d'exercice. Elle ne présente, à vrai dire, aucune originalité par rapport aux conceptions reçues, au moins depuis 1946, puisque c'est de la Constitution de la IVe République que datent la formule ambiguë qui attribue « au peuple » une souveraineté qui continue à être « nationale » et l'application du gouvernement semi-direct (V. n° 415). On pouvait donc penser que cette conception ne soulèverait pas de problème. Or il n'en a pas été ainsi, ni dans l'ordre international, ni dans l'ordre interne.

C'est dans le cadre du système des Communautés européennes que s'est d'abord posée la question du respect de la souveraineté « nationale ». A une première escarmouche, révélatrice encore que sans conséquence (Cons. const. 19-6-1970, 70/39, 15), devait succéder une prise de position fondamentale du Conseil constitutionnel statuant sur la compatibilité avec la Constitution de l'acte communautaire régissant l'élection du « Parlement européen » au suffrage universel direct. Le Conseil y affirme que si la France peut consentir aux limitations de souveraineté nécessaires à l'organisation et à la défense de la paix (préambule de 1946), aucune disposition constitutionnelle n'autorise des transferts de tout ou partie de la souveraineté nationale à une organisation internationale, quelle qu'elle soit. S'attachant ensuite à la notion même, le Conseil précise que la souveraineté définie à l'article 3 de la Constitution étant « nationale », les seuls représentants qui participent à son exercice sont les représentants élus dans le cadre des institutions françaises, de sorte que les représentants au « Parlement européen » ne participent pas à l'exercice de la souveraineté « nationale », nonobstant le fait qu'ils soient élus au suffrage universel direct (Cons. const. 30-12-1976, 76/71 DC, 15). Une décision ultérieure estimera que la convention franco-allemande additionnelle à la convention européenne d'entraide judiciaire « n'apporte aucune atteinte à la règle qui découle du principe de souveraineté nationale selon laquelle les autorités judiciaires françaises, telles qu'elles sont définies par la loi française, sont seules compétentes pour accomplir en France, dans les formes prescrites par cette loi, les actes qui peuvent être demandés à une autorité française au titre de l'entraide judiciaire en matière pénale » (Cons. const. 17-7-1980, 80/116 DC, 36).

Mais la portée de l'article 3 de la Constitution a également fait problème dans l'ordre interne à propos de la disposition insérée dans la loi relative à l'élection des conseils municipaux et imposant que les listes des candidats ne comportent pas plus de 75 % de personnes du même sexe. Condamnant cette disposition, le Conseil constitutionnel a considéré que, du rapprochement de l'article 3 de la Constitution et de l'article 6 de la Déclaration des droits, il résultait que « la qualité de citoyen ouvre le droit de vote et l'éligibilité dans des conditions identiques à tous ceux qui n'en sont pas exclus pour une raison d'âge, d'incapacité ou de nationalité ou pour une raison tendant à préserver la liberté de l'électeur ou l'indépendance de l'élu »; ajoutant « qu'il en est ainsi pour tout suffrage politique », ce qui implique qu'il puisse en aller autrement pour d'autres suffrages auxquels les intéressés ne sont pas appelés à participer en qualité de citoyens, tels les suffrages économiques ou sociaux (Cons. const. 18-11-1982, 82/146 DC, 66, A.J.D.A., 1983, p. 129 — comp. 14-12-1982, 82/148 DC, 73).

— Sur l'aspect communautaire du problème et sa signification fondamentale, V. G. Vedel, *Les racines de la querelle constitutionnelle sur l'élection du Parlement européen*, Pouvoirs, n° 2, 1977, p. 23. Sur la décision du 18 novembre 1982, V. nos observations, A.J.D.A., 1983, p. 79.

CHAPITRE I

LE TITULAIRE DE LA SOUVERAINETÉ

405. — Le peuple et son organisation. — En désignant le « peuple » comme l'entité à laquelle « appartient » la souveraineté, la Constitution prend le terme dans un sens déterminé qu'il importe de préciser. Le « peuple » dont il s'agit n'est ni la multitude, ni une classe sociale, par opposition à d'autres classes sociales, mais la collectivité des individus auxquels est reconnue la qualité de citoyen, c'est-à-dire l'aptitude à participer aux différentes procédures grâce auxquelles s'exprime la souveraineté.

Le peuple, au sens qui vient d'être dit, est l'objet d'une double organisation : l'une d'ordre juridique et administratif, l'autre de nature politique.

Comme l'a rappelé le Conseil constitutionnel (V. n° précédent) la qualité de citoyen ouvre le droit de vote et l'éligibilité dans des conditions identiques à tous ceux qui n'en sont pas exclus par une raison d'âge, d'incapacité ou de nationalité ou pour une raison tendant à préserver la liberté de l'électeur ou l'indépendance de l'élu. Les principes, posés par la Constitution (art. 3), sont développés et précisés par la loi (Const. art. 34). On se trouve ainsi en présence d'une réglementation très minutieuse qu'il a été nécessaire de codifier, codification qui a donné naissance à un Code électoral dont les articles rappellent la nature juridique des règles qu'ils portent (L.O. pour loi organique, L. pour Loi, R. pour dispositions réglementaires).

Mais parallèlement à cette organisation juridique et administrative qui, conformément à la tradition individualiste et aux exigences du principe représentatif, ne prend en considération que le citoyen en tant que tel, le peuple s'est spontanément doté d'une organisation politique sous forme de groupements et de partis. Si elle rappelle qu'aucune section du peuple ne peut s'attribuer l'exercice de la souveraineté, la Constitution (art. 4) n'en reconnaît pas moins, pour la première fois dans notre histoire constitutionnelle, l'existence de ces groupements et partis dont elle définit sommairement la fonction.

— Sur l'ensemble des questions de droit électoral, V. J.-Cl. Masclet, *Droit électoral,* P.U.F., 1989.

— Sur le caractère législatif ou réglementaire de certaines dispositions du Code électoral, V. Cons. const. 24-10-1980, 80/117 L, 72.

Section 1
Réglementation juridique du pouvoir du suffrage

406. — Caractères généraux du droit de vote. — Tel qu'il apparaît dans l'article 3 de la Constitution, le droit de vote présente trois caractères généraux : « il est toujours universel, égal et secret ». Mais à cette première série de caractères, il faut en ajouter une seconde. Le droit de vote est, en effet, individuel et son exercice facultatif.

L'universalité du suffrage affirmé par la Constitution n'appelle guère de commentaires sinon pour rappeler qu'elle doit se conjuguer avec l'attribution du droit de vote à tous les nationaux français majeurs des deux sexes jouissant de leurs droits civils et politiques, conditions qui seront examinées dans la suite. Que le vote soit toujours secret n'appelle pas non plus d'observations particulières au plan des principes, sinon dans l'ordre de la garantie de ce secret et des sanctions de sa méconnaissance.

L'égalité et le caractère individuel qui se conjuguent appellent au contraire une explication. Ils sont liés à la qualité de citoyen, concept abstrait destiné à assurer l'homogénéité du corps politique dont ce citoyen est la composante élémentaire. Chaque citoyen est donc par hypothèse identique à tout autre citoyen. De là, l'impossibilité rappelée par le Conseil constitutionnel (V. n° 404) d'établir au sein de cette qualité des catégories de quelque nature qu'elles soient, et à plus forte raison d'attribuer à telle de ces catégories des droits spécifiques — à moins de modifier la conception même de la souveraineté. On remarquera que cette impossibilité fait échec, sauf révision constitutionnelle, à l'instauration d'un vote familial tel qu'il est pratiqué dans d'autres pays et dont l'éventualité a pu être évoquée dans le cadre d'une politique démographique. Mais on remarquera aussi que la règle suivant laquelle le suffrage est égal ne s'oppose pas seulement à l'existence d'un vote plural, familial ou autre. Elle a en effet été récemment interprétée comme imposant un aménagement des circonscriptions électorales sur une base démographique (Cons. const., 8 et 23-8-1985, 85/196 et 85/197 DC, 63 et 70 — 1er et 2-7-1986, 86/208 DC, 78). Si l'on admet, comme le veut par ailleurs le système représentatif, que l'élu ne l'est pas de sa circonscription mais de la nation toute entière, il n'est pas certain que la « base démographique » ait l'importance juridique, sinon psychologico-politique, que l'on tend ainsi à lui accorder.

Le droit de vote est enfin d'exercice facultatif, nonobstant le fait qu'on le présente couramment comme l'expression d'un « devoir ». Qu'il existe une obligation de caractère moral de participer aux élections est une chose ; que cette obligation soit transformée en obligation juridique assortie de sanction en est une autre qui implique à tout le moins que l'on décompte les bulletins blancs au nombre des suffrages exprimés et non pas avec les bulletins nuls si l'on veut bien admettre, pour reprendre l'expression de Proudhon, que la démocratie n'est pas faite que de « démocrates assermentés », mais aussi de « réfractaires » dont l'abstention volontaire est aussi l'expression d'une opinion. Quoi qu'il en soit, un moment évoquée, il y a quelques années, à la suite de la consigne d'abstention donnée par un parti d'opposition à l'occasion du référendum du 23 avril 1972, l'institution du vote obligatoire n'a pas eu de suite. Il n'existe d'obligation de vote, sous sanction d'une amende, que pour les membres du collège électoral sénatorial, dont la qualité, à ce titre, est tout à fait particulière (V. n° 503).

— Sur la question du vote obligatoire, V. G. Berlia, *Le référendum du 23 avril 1972*, R.D.P., 1972, p. 929 — J.-P. Charnay, *L'abstentionnisme de combat*, *idem*, p. 945 — J.-M. Becet et D. Colard, *Faut-il introduire en France le vote obligatoire ?*, *idem*, 1972, p. 155.

§ 1. — La possession du droit de vote

407. — La nationalité. — La qualité d'électeur est d'abord liée à celle de national par naissance ou par naturalisation. Il y a donc lieu de se reporter sur ce point au Code de la Nationalité.

La subordination de la qualité d'électeur à celle de national, pour naturelle qu'elle puisse paraître, a pu cependant être remise en cause, soit dans la perspective de l'attribution du droit de vote aux travailleurs émigrés, soit dans le cadre de la réglementation électorale uniforme applicable au « Parlement européen ». V. W. de Lobkowicz, *Des élections européennes aux municipales : un droit de vote limité pour certains étrangers?*, Rev. Pol. parl., sept.-oct. 1982. V. également la proposition de directive communautaire sur *Le droit de vote aux élections municipales des citoyens des États membres des Communautés européenns,* Bull. des C.E., supplément 2/88.

408. — La capacité civile. — L'universalité du suffrage, à la différence des système censitaires, fait en principe coïncider l'électorat avec la capacité civile.

L'idée qui sous-tend cette solution est que l'on ne peut pas être admis à participer à la gestion des intérêts de la nation tant que l'on n'est pas reconnu apte à gérer soi-même ses propres intérêts.

Une loi du 5 juillet 1974 a abaissé de vingt et un ans à dix-huit ans l'âge de la majorité, partant l'âge de l'électorat (C. élect. art. L. 2).

De même qu'il s'acquiert avec la capacité civile, l'électorat se perd avec elle. Tel est le cas des majeurs en tutelle qui ne doivent pas être inscrits sur la liste électorale (C. élect. art. L 5.6°).

409. — La dignité morale. — La formule traditionnelle reprise par l'article 3 de la Constitution et visant la jouissance des « droits civils et politiques » incline à confondre deux notions différentes : celle de capacité et celle de dignité. Tandis que l'incapacité est liée à l'absence de discernement, l'indignité constitue l'accessoire d'un comportement sanctionné pénalement. L'idée est ici que quiconque s'est exposé à être puni en vertu de la loi pénale n'est pas digne de participer à la formation d'une volonté générale qu'il ne respecte pas.

L'indignité se présente comme une atteinte à l'universalité du suffrage. En tant que telle, elle ne doit être prévue que dans des hypothèses limitées, insusceptibles d'impliquer des discriminations d'ordre social ou partisan.

En l'état actuel, les incapacités sont régies par les articles

L 5 à L 8 du Code électoral qui établissent deux régimes, l'un d'exclusion perpétuelle, l'autre d'exclusion temporaire. Il est tenu, dans chaque préfecture, un cahier judiciaire spécial des condamnations entraînant la perte du droit de vote pour les personnes nées dans l'arrondissement. Les maires peuvent demander la communication de ce cahier lors de l'établissement des listes électorales.

Les conséquences de la déchéance électorale pour indignité sont sensiblement atténuées d'une part par la pratique de l'amnistie, prononcée par une loi; d'autre part, par l'institution de la réhabilitation dont l'objet est de faire disparaître les incapacités et déchéances qui accompagneraient une condamnation et qui survivent à son exécution.

§ 2. — L'EXERCICE DU DROIT DE VOTE

410. — L'inscription sur la liste électorale. — Si tout Français ou Française titulaire du droit de vote a le droit de l'exercer, il ne peut le faire que s'il est inscrit sur une liste électorale dont il faut d'abord examiner les caractères, pour considérer ensuite les conditions pour y être inscrit.

A. La *liste électorale*. — C'est le répertoire alphabétique des personnes titulaires du droit de vote et admises à l'exercer dans la commune.

Ce document présente plusieurs utilités. Lors de son établissement, il permet d'effectuer, dans la population de la commune, le tri entre ceux qui sont électeurs et ceux qui ne le sont pas. Une fois établi, il contient la certification que ceux qui y sont inscrits ont bien la qualité d'électeurs. A l'occasion de chaque scrutin, il permet au bureau de vote de vérifier immédiatement que celui ou celle qui se présente peut être admis à voter et, en le faisant émarger en face de son nom, de s'assurer qu'il ne vote qu'une fois. Enfin, dans les scrutins qui exigent une certaine proportion de voix des électeurs, il permet de calculer cette proportion avec exactitude.

La liste électorale doit comporter l'indication du nom, des prénoms, de la date et du lieu de naissance, du domicile ou de la résidence de chaque électeur. Elle présente cinq caractères généraux.

1° Elle est *communale*. La liste électorale est établie dans le cadre de la commune. L'opération donne lieu à deux documents. Une liste électorale est dressée pour chaque bureau de vote par une commission administrative constituée pour chacun de ces bureaux et composée de trois personnes : le maire ou son représentant, un délégué de l'administration désigné par l'autorité préfectorale et un délégué désigné par le président du tribunal de grande instance. D'après ces listes spéciales, il est dressé, par une commission administrative composée de la même manière, une liste générale des électeurs de la commune. A Paris, Lyon et Marseille, cette liste est établie par arrondissement.

2° Elle est *universelle* en ce sens qu'elle sert pour toutes les votations et pour toutes les élections nationales ou locales à caractère politique. Seules les élections à caractère économique ou social se font sur des listes particulières.

3° Elle est *publique*. Tout électeur peut prendre communication et copie de la liste, soit à la mairie, soit à la préfecture, où sont centralisées les listes des communes du département, sous le seul engagement de n'en pas faire un usage purement commercial.

4° Elle est *permanente*. La liste est établie sans condition de durée et indépendamment de toute perspective électorale déterminée. Une fois inscrit, l'électeur n'a pas à redemander son inscription et il a droit à être maintenu sur la liste tant qu'il n'est pas prouvé contre lui qu'il ne remplit plus les conditions pour y figurer, avis devant lui être donné si sa radiation est envisagée.

5° Elle est *révisable* annuellement pour tenir compte des fluctuations du corps électoral.

La procédure de révision se déroule en trois phases. La première s'étend du 1er septembre au 31 décembre. Pendant cette période, les commissions administratives procèdent, d'une part, aux inscriptions nouvelles, d'autre part aux radiations. Pendant la seconde phase, qui va du 1er au 9 janvier, les commissions se prononcent sur les contestations dont elles ont été saisies et dressent un tableau rectificatif de la liste qui est transmis à l'autorité préfectorale et publié à la diligence du maire par voie d'affichage pendant dix jours. Enfin, le dernier jour de février les commissions, compte tenu des décisions juridictionnelles éventuellement intervenues, arrêtent définitivement les listes. Telles qu'elles sont ainsi arrêtées, celles-ci demeureront jusqu'au 1er février de l'année suivante, sauf modifications consécutives aux décès, aux décisions judiciaires ou aux corrections d'inscriptions multiples.

La liste sert pour toutes les élections qui ont lieu dans l'année qui suit sa clôture. La loi prévoit cependant pour certaines catégories de personnes (militaires renvoyés dans leurs foyers — fonctionnaires et agents publics mutés ou mis à la retraite — personnes remplissant la condition d'âge après clôture de la liste) un régime d'inscription hors délai qui fait intervenir le juge d'instance (C. élect. art. L. 30 à 34).

B. *L'inscription sur la liste.* — L'inscription sur la liste conditionne l'exercice du droit de vote en vertu de la règle suivant laquelle tout inscrit peut voter et seuls les inscrits peuvent voter. Encore les non-inscrits peuvent-ils voter s'ils ont obtenu une décision du juge d'instance reconnaissant leur droit (C. élect. art. L. 34). Quant à l'inscrit non encore radié bien qu'il ait été frappé d'une déchéance, il commet, en participant au vote, un délit réprimé par l'article L. 91 du Code électoral.

L'inscription sur la liste est obligatoire. Les électeurs ne doivent être inscrits que sur une seule liste mais la législation leur donne la possibilité de choisir entre deux solutions :

— soit l'inscription sur la liste de la commune de leur domicile réel ou de celle où ils habitent depuis au moins six mois ;

— soit l'inscription sur la liste de la commune où l'année de leur demande d'inscription ils figurent, pour la cinquième fois sans interruption, au rôle d'une des contributions directes communales, à la condition, s'ils ne résident pas dans la commune, d'avoir déclaré vouloir y exercer leurs droits électoraux ; cette possibilité étant ouverte également au conjoint de celui qui en bénéficie.

L'absence de la commune résultant de l'exécution du service national ne porte pas atteinte à ces règles.

Un régime particulier est prévu pour les fonctionnaires publics assujettis à une résidence obligatoire qui sont inscrits sur leur demande sur la liste de la commune de cette résidence ; pour les mariniers et les membres de leur famille habitant à bord qui peuvent, sans condition de résidence, être inscrits sur la liste électorale de certaines communes déterminées par la loi (C. élect., art. 15) ; enfin pour les Français et les Françaises établis hors de France.

Le régime particulier dont bénéficient ces derniers avait été aménagé à deux reprises dans le sens d'une plus grande facilité de choix par des lois de 1972 et de 1977. Mais l'application de cette dernière avait donné lieu à une violente polémique entre opposition et majorité et alimenté un contentieux tant administratif que judiciaire et même constitutionnel. Une loi du 19 novembre 1982 a donc rétabli l'article L 12 C. élect., consacré à ce régime particulier, dans sa rédaction antérieure à la loi de 1972. Les Français et Françaises établis hors de France et immatriculés au consulat ne peuvent plus désormais être inscrits sur leur demande que sur la liste électorale de l'une des communes suivantes : celle de leur naissance, celle de leur dernier domicile, celle de leur dernière résidence de six mois au moins, celle où est né, est inscrit un de leurs ascendants ; celle enfin où est inscrit un de leurs descendants au premier degré. Bien que le choix paraisse ainsi très ouvert, il laisse cependant de côté un certain nombre de personnes qui, faute de pouvoir choisir entre ces différentes solutions, ne peuvent être inscrites sur aucune liste et se trouvent ainsi indirectement privées de leur droit de vote.

— Sur les pouvoirs respectifs des commissions administratives chargées de l'établissement de la liste par bureau et de la liste générale, V. Cons. D'État, 17 févr. 1978, Frèche, rec. p. 91, *Prat. Inst.,* doc. 3-100.

— Si l'inscription sur la liste est obligatoire pour l'exercice effectif du droit de vote, elle n'en demeure pas moins, comme ce droit, facultative, en ce sens qu'elle exige une démarche volontaire des intéressés qui doivent en formuler expressément la demande. Le démarchage à domicile des électeurs destiné à recueillir leur demande d'inscription est de nature à entacher d'irrégularité la procédure de révision de la liste, alors même qu'il n'aurait été à l'origine que d'une partie des inscriptions nouvelles. Cons. d'État, 13 mars 1981, mairie de Tremblay-lès-Gonesse, rec. p. 145. *Prat. Inst.,* doc. 3-200.

— Sur les problèmes posés par l'application du régime particulier aux Français établis hors de France, V. outre *Prat. Inst.,* doc. 3-100, B. Jaubert et V. Graeve, *Le contentieux né de la loi du 18 juillet 1977 relative au vote des Français établis à l'étranger devant les tribunaux d'instance,* J.C.P., 1979, I, 2933 — C. Bidegaray, *Remarques sur quelques difficultés du droit électoral à propos des élections législatives des 12 et 19 mars 1978,* R.D.P., 1980, p. 289.

— Sur la réforme opérée par la loi du 19 novembre 1982, V. A.J.D.A., 1983, p. 74.

411. — Le contrôle de la liste. — La sincérité de la liste électorale est minutieusement garantie par des contrôles administratifs et par des contrôles juridictionnels.

Un dispositif administratif vise à éviter les inscriptions multiples. L'Institut national de la statistique et des études économiques est chargé de tenir un fichier des électeurs et des électrices et peut ainsi transmettre aux mairies et aux préfets les informations nécessaires. Toute demande d'inscription doit être accompagnée d'une demande de radiation. Le maire, ou tout citoyen inscrit sur une liste, peut exiger devant la commission administrative de révision qu'un électeur inscrit sur plusieurs listes soit mis en demeure d'opter pour l'une d'entre elles. A défaut d'une telle option, l'intéressé est maintenu sur la liste où il était inscrit en dernier lieu et radié des autres. Enfin la même procédure peut être diligentée à l'initiative du préfet même en dehors des périodes de révision.

Le contrôle juridictionnel se répartit entre la juridiction administrative et la juridiction judiciaire. Les tribunaux administratifs et, en appel, le Conseil d'État connaissent d'une manière générale de la régularité des opérations, effectuées par les commissions administratives en tant qu'elles agissent comme organes administratifs (V. Cons. d'Ét., 17 févr. 1978, Frèche, rec. p. 91), de la régularité externe des listes (V. par ex. T.A. Marseille, 1er févr. 1972, rec. p. 849 : annulation du tableau de rectification pour insuffisance de publicité. T.A. Paris, 22 janv. 1971, rec. p. 811 : contrôle du respect des formalités et délais prescrits lors de la révision de la liste) et spécialement sur déféré du préfet (C. élect. art. L. 20) de la régularité des listes au regard des mentions qui doivent y figurer.

Mais relèvent de la juridiction judiciaire les contestations relatives aux listes électorales et fondées sur la qualité d'électeur ou de non-électeur des intéressés. Les décisions des commissions administratives statuant juridictionnellement sur de telles contestations sont susceptibles d'appel devant le juge d'instance dont les décisions peuvent, à leur tour, faire l'objet d'un pourvoi en cassation (C. élect. art. L. 25 à L. 27).

En outre le juge de l'élection, qu'il s'agisse, suivant le cas, du Conseil d'État ou du Conseil constitutionnel, peut, au cas de manœuvres de nature à porter atteinte à la sincérité du scrutin, être conduit à exercer un contrôle sur la régularité des listes (V. par ex. Cons. d'État, 1er juillet 1974, élections cantonales de Vezzani, rec. p. 386 — Cons. const. 21 juin et 12 juill. 1978. *Prat. Inst.,* doc. 59-300, X et XI).

Un certain nombre de dispositions (C. élect. art. 86 à 88) prévoient enfin la répression des infractions à la législation sur les listes électorales.

Section 2
L'organisation politique du peuple

412. — La reconnaissance constitutionnelle des partis. — L'article 4 de la Constitution dispose : « Les partis et groupements politiques concourent à l'expression du suffrage. Ils se forment et exercent leurs activités librement. Ils doivent respecter les principes de la souveraineté nationale et de la démocratie ».

Ainsi, pour la première fois, une constitution française reconnaît explicitement l'existence des partis politiques, leur assigne une fonction institutionnelle et énonce un minimum de principes à leur sujet. On n'a pas manqué de relever le caractère inattendu de telles dispositions dans un texte dont le principal inspirateur n'avait jamais caché son hostilité aux partis, agents, à ses yeux, de divisions, de marchandages, et de compromissions et à leur comportement qu'il présentait comme un jeu compliqué préjudiciable à l'intérêt national.

Peut-être est-ce pour dissiper les craintes que risquait d'alimenter cette hostilité que le constituant a jugé nécessaire cette reconnaissance formelle qui apparaît en effet comme une sorte de garantie. Mais il faut bien admettre que dans ses termes mêmes, cette reconnaissance constitue aussi bien une mesure de contenance restrictive. A la différence de la Constitution de 1946 qui ne reconnaissait pas les partis mais les associait par le truchement des groupes parlementaires à de nombreux mécanismes, le texte de 1958 ne contient aucune disposition du même genre dont la limitation du rôle des partis à un concours dans l'expression du suffrage implique au surplus le rejet.

C'est donc en dehors du texte constitutionnel que se

dessinent les lignes principales de ce qui est moins un véritable statut qu'un simple régime.

— Sur la condamnation du « régime des partis » et l'éventualité d'une résurgence de celui-ci sous la Ve République, V. P. Lavigne, *Retour au « régime des partis » sous la cinquième République,* Mél. L. Hamon, 1982, p. 415.

413. — Régime juridique des partis.

— Conditionné désormais par les principes posés par l'article 4 de la Constitution, le régime juridique des groupements et partis politiques est formé de quatre groupes de règles.

A. *La liberté de formation.* — La formation des partis et groupements politiques est libre sous réserve du respect, imposé par la Constitution, des principes de la souveraineté nationale et de la démocratie.

En tant que la forme juridique utilisable était celle de l'association, cette liberté de formation rejoignait la liberté d'association, compte tenu des exceptions concernant les associations étrangères et les groupes de combat et milices privées régies par la loi du 10 janvier 1936 (Cons. const., 16-7-1971, 71/44 DC, 48, *Gdes déc.,* n° 21). La loi du 11 mars 1988 relative à la transparence financière a repris le principe constitutionnel de liberté de formation, en ajoutant que les partis et groupements politiques « jouissent de la personnalité », sans davantage préciser comment cette personnalité leur échoit. Il semble, à considérer les attributs attachés par le texte à cette qualité, qu'il s'agit désormais d'un régime spécifique de ces associations que constituent les partis.

B. *La liberté d'exercice et de programme.* — La liberté d'exercice comporte, en vertu de la loi du 11 mars 1988, le droit d'ester en justice, celui d'acquérir à titre gratuit et onéreux des biens meubles et immeubles; enfin, de manière plus générale, la possibilité d'effectuer tous les actes conformes à leur mission et notamment celle de créer et d'administrer des journaux et des instituts de formation, conformément aux lois en vigueur.

Les réserves posées par la Constitution se retrouvent dans d'autres domaines. Ainsi, outre le respect de la souveraineté nationale et ses corollaires (prohibition du mandat impératif, interdiction à toute section du peuple de s'en attribuer l'exercice) qui conditionne l'action des partis et leurs rapports avec leurs élus, la réglementation des groupes parlementaires telle qu'elle est fixée par les assemblées dans leurs règlements intérieurs (V. n° 524) contribue également à déterminer le statut des formations politiques. Ces règlements étant automatiquement soumis au Conseil constitutionnel, celui-ci a été conduit à garantir la liberté de programme en déniant aux assemblées le droit d'exercer un contrôle sur ces programmes (Cons. const., 17/18 et 26-6-1959, 59/2 DC, 58, *Gdes déc.*, n° 4 — 18-6-1971, 71/42 DC, 19). En disposant que les partis ont la possibilité de créer et d'administrer des journaux conformément aux lois en vigueur, le législateur de 1988 fait application de la jurisprudence constitutionnelle suivant laquelle les dispositions de l'article 4 de la Constitution « n'ont ni pour objet, ni pour effet, de conférer aux partis politiques, en matière de liberté de la presse, des droits supérieurs à ceux que l'article 11 de la déclaration de 1789 reconnaît à tout citoyen (Cons. const., 10-11-1984, 84/181 DC, 78). Enfin, l'article 4 de la Constitution ne s'oppose pas à ce que les partis diffusent sur les ondes des messages publicitaires à caractère politique en dehors des campagnes électorales (Cons. const., 18-9-1986, 86/217 DC, 141).

C. *Le concours à l'expression du suffrage.* — C'est dans le droit électoral que se trouvent à ce titre les éléments du régime des partis. Encore ce trait ne se marque-t-il clairement qu'en matière de propagande radiotélévisée, les autres dispositions continuant à être informées par le caractère individuel des candidatures (V. n° 499). Le Conseil constitutionnel a estimé que les dispositions qui subordonnent la restitution du cautionnement et le remboursement des frais de propagande électorale à un pourcentage minimum de voix n'étaient pas contraires à l'article 4 de la Constitution (23-5-1979, 79/104 DC, 27).

D. *Le financement.* — Évoquée de longue date sans résultat, la question du financement des partis est désormais réglées par la loi du 11 mars 1988 (titre III), complétée par la loi du 15 janvier 1989 (titre II).

S'agissant du financement public, les bureaux des assemblées peuvent faire des propositions conjointes au Gouvernement en ce qui concerne le montant des crédits inscrits au projet de loi de finances en vue de ce financement. Ce montant est divisé en deux fractions égales, l'une en fonction des résultats aux élections à l'Assemblée nationale, l'autre spécifiquement destinée au financement des partis et groupements représentés au Parlement. La répartition de ces aides est effectuée, pour la seconde, proportionnellement au nombre des parlementaires qui ont déclaré au bureau de leur assemblée être inscrits à un parti ou s'y rattacher; pour la première, attribuée aux partis ayant présenté des candidats dans au moins 75 circonscriptions lors du plus récent renouvellement de l'Assemblée nationale (cette condition ne s'appliquant pas aux partis et groupements n'ayant présenté de candidats aux élections législatives que dans un ou plusieurs départements ou territoires d'outre-mer) proportionnellement au nombre des suffrages obtenus au premier tour de ces élections. La condition spplémentaire de 5 % mise par le législateur a été jugée contraire à la Constitution par le Conseil constitutionnel par des motifs tirés des articles 2, 3 et 4 de celle-ci et dont l'intérêt de principe tient à l'énoncé des conditions auxquelles le financement public des partis est constitutionnellement possible (Cons. const., 11-1-1990, 89/271 DC, *J.O.* 13-1, p. 573).

La loi du 15 janvier 1990 a, d'autre part, ajouté à celle du 11 mars 1988 une réglementation des conditions dans lesquelles les partis et groupements politiques et les organisations locales ou spécialisées recueillent des fonds. Cette collecte doit être opérée par l'intermédiaire d'un mandataire désigné par le parti ou groupement et qui peut être soit une personne physique, soit une association de financement agréée par la Commission nationale des comptes de campagne et des financements politiques créée par cette loi (C. élect. art. L. 52-14).

414. — Évolution des partis — Bipolarisation — Alternance.
 — La situation des partis, telle qu'elle se présentait en 1958, n'a évidemment pas manqué d'évoluer en fonction des caractères du régime et de sa pratique. Si le nombre des plus importants n'a pas sensiblement varié, la plupart d'entre eux, à l'exception du parti communiste, sont des partis nouveaux par rapport à ceux de la IVe République. Et si le système qu'ils constituent est caractérisé par une bipolarisation impliquée par le régime de l'élection présidentielle, ce système demeure au plan parlementaire un système de multipartisme à parti dominant.

La division entre majorité et opposition, manifestation de la bipolarisation, s'est essentiellement modelée sur la distinction traditionnelle droite-gauche que ni le gaullisme, ni le centrisme, ni l'apparition de mouvements autonomes ne sont parvenus à sérieusement altérer.

L'opposition a été incarnée jusqu'au 1981 par les partis de l'Union de la gauche ou du « programme commun » : le parti communiste, le parti socialiste, successeur de la S.F.I.O., constitué au Congrès d'Épinay en juin 1971, et le Mouvement des radicaux de gauche, issu d'une scission du parti radical consommée au Congrès de Lille en juin 1972. C'est en vue des élections législatives de 1973 que ces trois partis avaient formé une « Union de la Gauche » sur la base d'un « programme commun de gouvernement » arrêté en juin 1972 entre parti communiste et parti socialiste et auquel, en juillet, avait adhéré le Mouvement des Radicaux de Gauche. La « dynamique » résultant de cette union sur ce programme devait valoir à ces trois partis une audience de plus en plus importante. Elle leur permit de rétablir aux élections législatives de 1973 une situation que les élections de 1968 avaient gravement dégradée. Aux élections présidentielles de 1974, M. Fr. Mitterrand, candidat unique de la gauche, ne le céda à M. V. Giscard d'Estaing qu'au second tour et par seulement 424 599 voix. Les élections locales — municipales et cantonales — confirmèrent largement cette progression qui, faisant de l'opposition la majorité au plan local, paraissait devoir condamner celle-ci à perdre le pouvoir au plan parlementaire. Les élections législatives de 1978 ne confirmèrent pas ce pronostic. C'est que des dissensions s'étaient produites depuis 1975 au sein de l'union entre le parti communiste et le parti socialiste qui iront en s'aggravant jusqu'à l'échec en 1977 de la réactualisation du programme commun, la défaite aux élections législatives de 1978 consommant la dissolution de l'union. Une nouvelle dynamique, personnelle celle-ci, allait retourner la situation. L'emportant cette fois sur M. Giscard d'Estaing dans l'élection présidentielle de mai 1981, M. Fr. Mitterrand usa immédiatement de son pouvoir constitutionnel de dissolution de l'Assemblée nationale permettant ainsi aux partis de gauche d'y conquérir la majorité pour la première fois depuis 1958.

Les mouvements qui perdaient ainsi un pouvoir détenu depuis vingt-trois ans formaient également une coalition. Le premier, successivement dénommé U.N.R. (Union pour la Nouvelle République), U.N.R.-U.D.T. (après sa fusion avec les gaullistes de gauche de l'Union Démocratique du Travail) puis U.N.R. Vᵉ et U.D.R. (Union des Démocrates pour la République) avant de devenir l'actuel R.P.R. (Rassemblement pour la République), y représentait la tendance gaulliste. Créé pour soutenir l'action du général de Gaulle rappelé au pouvoir, il avait largement bénéficié du courant populaire en faveur de celui-ci. Le second mouvement était constitué par les indépendants qui, sous le nom de Fédération des Républicains indépendants et la direction de M. Giscard d'Estaing, s'étaient, en 1962, séparés du Centre national des indépendants et paysans. Un troisième courant était le courant centriste composé de partis ou mouvements divers ayant en commun de refuser la bipolarisation. Ainsi, en particulier, des radicaux non ralliés à la gauche et de la fraction du Centre démocrate (alliance des M.R.P. et des indépendants non gaullistes) non ralliée à la majorité. L'élection présidentielle de 1974 qui, au premier tour, avait vu s'affronter un candidat gaulliste et un candidat indépendant, fut, au second tour, l'occasion d'un regroupement du Centre assurant le succès de M. Giscard d'Estaing. Les élections législatives de 1978 confirmèrent ce mouvement qui aboutit à répartir la majorité en deux grandes formations : le R.P.R. d'une part; d'autre part, l'U.D.F. (Union pour la Démocratie Française) réunissant les centristes et le parti républicain, successeur des indépendants giscardiens. Allant en ordre dispersé à la bataille pour l'élection présidentielle de 1981, la majorité devait la perdre au profit de M. Mitterrand. Quelques semaines plus tard, elle perdait aussi les élections législatives et entrait désormais dans l'opposition.

Ce retournement de situation a illustré ce qu'il est convenu d'appeler « l'alternance », qui était considérée à la fois comme une condition de la démocratie et comme un test de qualité pour les institutions de la Vᵉ République. En réalité, il se peut que de ce double point de vue on ait été victime d'une sorte d'illusion. Du moins, eût-il fallu prendre soin de distinguer, après Tite-Live (Hist. III, 39) entre l'alternance *au* pouvoir, conséquence naturelle du principe majoritaire et l'alternance *du* pouvoir qui, impliquant une transformation radicale de l'appareil politique et de la structure sociale contredit dans une large mesure l'idée et la notion. Or, tant les propos tenus sur le changement « de régime » que l'inspiration des mesures projetées et tout d'abord prises paraissaient correspondre à une alternance du pouvoir. Quoi qu'il en soit, la « gauche au pouvoir » allait en éprouver les contraintes, en particulier, dans le domaine économique. Le gouvernement d'union, tout d'abord formé par M. P. Mauroy, vit le parti communiste, dont l'audience ne cessait de décroître dans le corps électoral, multiplier les réticences jusqu'au retrait de ses ministres en juillet 1984. Pendant le même temps, l'ancienne majorité retrouvait, au fil des élections partielles, des élections cantonales et municipales, le terrain perdu.

C'est une nouvelle alternance que devaient réaliser les élections générales de 1986. Si le parti socialiste conservait le plus grand pourcentage de suffrages (31,61), le parti communiste accusait un nouveau fléchissement (9,69) tandis que la coalition R.P.R.-U.D.F. rétablissait ses positions (42,03). L'application de la proportionnelle ne l'en avait pas empêché mais avait permis l'émergence à droite d'un nouveau mouvement, le Front national (9,80) dont le succès aux élections européennes de 1984 avait déjà révélé l'audience.

Les élections de 1988 sur dissolution consécutive à la réélection de M. Fr. Mitterrand à la présidence de la République marquèrent non seulement un nouveau retournement mais encore des modifications internes au sein des deux pôles. Le parti socialiste conservait sa position de parti dominant mais n'obtenait pas la majorité absolue à l'Assemblée tandis que le règlement de celle-ci devait être modifié pour permettre aux élus communistes de continuer à constituer un groupe. A droite, le R.P.R. et l'U.D.F. étaient à peu près à égalité mais leur coalition en vue des élections sous le sigle U.R.C. ne devait pas survivre à celles-ci, une division supplémentaire s'étant ensuite produite dans la formation des groupes à l'Assemblée. Quant au Front national, il était pratiquement éliminé de la représentation parlementaire. Les grands partis sont à l'heure actuelle traversés par des courants concurrents dans lesquels il est difficile de démêler la part des idées et celle des personnes.

— V. *La gauche au pouvoir*, Pouvoirs, 1982, n° 20 — *Le R.P.R.*, idem, 1984, n° 28. — J. Charlot, *Le système de partis*, in Pouvoirs, 1989, n° 49.

CHAPITRE II

L'EXERCICE DE LA SOUVERAINETÉ

415. — Le gouvernement semi-direct. — L'article 3 de la Constitution dispose que le peuple exerce la souveraineté « par ses représentants et par la voie du référendum ». On se trouve donc en présence de ce que le droit constitutionnel qualifie comme un gouvernement semi-direct, adjoignant au système représentatif des procédés de démocratie directe.

Section 1

Le régime représentatif

416. — Le principe représentatif. — Le régime établi par la Constitution est d'abord et à titre principal le régime représentatif, ce qui implique la mise en œuvre du principe électif pour la désignation de représentants investis d'un mandat représentatif.

Sur ce second point, il ne saurait y avoir de difficultés dès lors que la Constitution (art. 27) déclare nul tout mandat impératif. Cette prohibition est confirmée et développée par le règlement des assemblées. Ainsi de l'article 23 du règlement de l'Assemblée nationale qui interdit la constitution de groupes de défense d'intérêts particuliers locaux ou professionnels, la constitution et la réunion de groupements permanents tendant à la défense de tels intérêts et entraînant pour leurs membres l'acceptation d'un mandat impératif et fait enfin défense à tout député, sous les peines disciplinaires, d'adhérer à une association ou à un groupement de défense d'intérêts particuliers ou de souscrire à son égard des engagements concernant sa propre activité parlementaire. Une disposition du même ordre se trouve à l'article 5, 6º du règlement du Sénat. Il n'en reste pas moins que les conséquences du caractère représentatif du mandat et son corollaire, la prohibition de tout mandat impératif, ont fait ou font l'objet de certaines altérations plus ou moins caractérisées.

Quant à la mise en œuvre du principe électif, la Constitution en remet les conditions au législateur. Ces conditions doivent répondre aux exigences découlant de la nature même de l'élection. Si celle-ci s'analyse comme un mode de désignation à l'exercice d'une fonction et constitue, en tant que telle, un acte-condition entraînant l'application d'un statut préalablement déterminé en dehors de la volonté des opérateurs, elle est, d'abord, comme son nom l'indique, un choix. Pour qu'il en soit effectivement ainsi, il est indispensable que ceux qui sont appelés à choisir puissent se déterminer dans un climat de parfaite liberté et en toute connaissance de cause.

— Invoqué par le Président de la République pour refuser de donner suite à une demande de convocation du Parlement en session extraordinaire (V. nº 450), le principe représentatif a subi par la suite un certain nombre d'altérations qui se sont traduites par la méconnaissance de son expression essentielle qui est que l'élu n'est pas le représentant de sa circonscription mais celui de la nation toute entière. Ainsi et contrairement au noble précédent du refus opposé en 1871 par le président de l'Assemblée nationale à la démission des députés des départements d'Alsace et de Lorraine, de l'ordonnance du 3 juillet 1962 mettant fin au mandat des députés élus dans les départements algériens au prétexte de l'indépendance de l'Algérie. Ainsi, de manière plus fondamentale de la doctrine exprimée par le Conseil constitutionnel en matière de découpage électoral, découpage qui, devant être fondé sur des bases essentiellement démographiques, devrait, de surcroît, être fonction non pas du corps électoral mais de la population (Cons. const., 1/2-7-1986, 86/208 DC, 78 et notre note à l'A.J.D.A., 1987, p. 263).

On rappellera d'autre part que, bien qu'élus au suffrage universel direct, les députés français au Parlement européen ne sont pas investis d'un mandat représentatif et n'ont pas la qualité de représentants, une telle qualité ne pouvant, suivant le Conseil constitutionnel, être conférée que dans le cadre des institutions françaises (V. nº 404), sans que l'on sache dès lors la nature juridique du titre dont ces députés ont été investis par le suffrage universel. Enfin, si les règlements des assemblées contiennent les prohibitions que l'on sait, ils ne font pas obstacle à la constitution de groupes dits

« d'amitié » qui sont aux limites de la représentation d'intérêts particuliers.

417. — Réglementation générale des élections. —

Pour répondre aux exigences qui viennent d'être rappelées, les élections font l'objet d'une réglementation qui se dédouble à la fois par la nature juridique de ses règles et par son objet. Elle se répartit en effet entre la loi et le règlement suivant des principes qui doivent sauvegarder la compétence du Parlement. Mais elle se répartit également en deux corps de règles dont le premier a un caractère général tandis que le second est diversifié suivant la catégorie d'élections qu'il s'agit de régir : élections du président de la République, des députés, des sénateurs, etc. Ce second corps de règles sera examiné à l'occasion de l'exposé de chacune des catégories qu'il concerne. Il reste à considérer ici le premier dont les dispositions concernent d'une part la réglementation générale de la propagande électorale, d'autre part celle des opérations de vote.

A. *Réglementation générale de la propagande électorale.* — La réglementation de la propagande électorale est d'une importance décisive, car elle commande simultanément la bonne information des électeurs et l'égalité nécessaire entre les candidats. Le développement moderne des moyens de communication a rendu cette réglementation encore plus nécessaire, tout en en compliquant les modalités.

1º Dans sa partie législative, la réglementation générale comporte cinq ordres de dispositions :

— Elle prévoit d'abord l'application à la propagande électorale des lois du 30 juin 1881 sur la liberté de réunion, du 28 mars 1907 relative aux réunions publiques et du 29 juillet 1881 sur la liberté de la presse à l'exception de son article 16 (C. élect., art. L. 47 et 48).

— Elle détermine ensuite les conditions de l'affichage électoral dans le cadre de la commune en prescrivant la désignation d'emplacements égaux pour chaque candidat ou liste de candidats et en prohibant sous sanction pénale l'affichage en tout autre lieu.

— Elle comporte en troisième lieu un certain nombre d'interdictions : utilisation des trois couleurs de l'emblème national, de tout procédé de publicité commerciale, distribution par les agents de l'autorité publique de professions de foi, de circulaires ou de bulletins de vote des candidats, etc.

— Elle fixe encore le régime de la propagande audiovisuelle (art. 13 et 16, L. 30 sept. 1986, modifiée L. 17 janv. 1989).

— Enfin, une loi du 19 juillet 1977 régissant les sondages d'opinion en prohibe la publication, la diffusion et le commentaire pendant la semaine qui précède le scrutin et pendant le déroulement de celui-ci.

2º Dans sa partie réglementaire, la réglementation, beaucoup plus détaillée, porte également sur trois points. Elle détermine d'abord en nombre et en dimension les caractéristiques de chacune des trois catégories de documents utilisables (affiches, circulaires et bulletins) ainsi que le nombre et les conditions d'attribution des panneaux d'affichage. Elle fixe ensuite la constitution et les pouvoirs des commissions de propagande électorale. Présidées par un magistrat de l'ordre judiciaire, ces commissions sont composées de trois fonctionnaires respectivement désignés par le préfet, le trésorier payeur général et le directeur départemental des postes et télécommunications. Les candidats, leurs mandataires ou les mandataires des listes peuvent participer à leurs travaux avec voix consultative. Les commissions sont chargées, d'une part, de dresser la liste des imprimeurs qu'elles agréent pour l'impression des documents électoraux; d'autre part, d'assurer la diffusion de ces documents auprès des électeurs et des bureaux de vote. Cette réglementation fixe enfin les conditions de remboursement des frais d'impression et d'affichage mis à la charge de l'État.

B. *Réglementation générale des opérations.* — Cette réglementation est extrêmement détaillée et minutieuse. Elle s'étend des opérations préparatoires au scrutin jusqu'au dépouillement en passant par la fixation du jour, de l'horaire, de la durée, l'organisation des bureaux, la police des lieux et le comportement de l'électeur. On ne saurait entrer ici dans le détail de ces dispositions qui se trouvent au Code électoral sous les articles L. 54 à L. 85 et R. 42 à R. 93. Il suffira d'en indiquer l'essentiel sur les cinq points principaux.

1º *Organisation du bureau de vote.* Les électeurs sont répartis d'après leur domicile en un certain nombre de bureaux de vote dans lesquels ils devront se rendre pour prendre part à l'élection. Les bureaux, au sens du lieu, sont placés sous l'autorité d'un bureau au sens institutionnel dont le Code électoral détermine la composition et les pouvoirs.

Chaque bureau est composé d'un président (le maire, l'un de ses adjoints ou un conseiller municipal), d'au moins quatre assesseurs et d'un secrétaire. Chaque candidat ou chaque liste a le droit de désigner un assesseur et un seul parmi les électeurs du département. Au cas où l'exercice de ce droit ne permettrait pas d'atteindre l'effectif minimum de quatre, le bureau devrait être complété par appel aux conseillers municipaux ou aux électeurs présents à l'ouverture du bureau.

Le bureau a en charge le déroulement régulier de l'opération électorale. Son président a la police des lieux et de l'assemblée. Il a le pouvoir de requérir les autorités civiles et militaires et nulle force ne peut être placée dans la salle ou à ses abords sans son autorisation. Il doit veiller au respect des interdictions destinées à sauvegarder la liberté physique et intellectuelle de l'électeur et, plus généralement, le respect de la réglementation électorale. Les difficultés qui peuvent s'élever dans l'application de celle-ci sont provisoirement tranchées par le bureau dans des décisions motivées.

2° *Réglementation de l'opération de vote.* Elle comporte deux séries de dispositions, dont les unes concernent l'organisation matérielle et les autres différentes conditions juridiques. Elles sont les unes et les autres extrêmement détaillées allant des caractéristiques des enveloppes destinées à recevoir les bulletins à la description précise des gestes que doit effectuer l'électeur (C. élect., art. L. 62) en passant par l'aménagement des isoloirs devant permettre à l'électeur « de se soustraire aux regards pendant qu'il met son bulletin dans l'enveloppe » et les caractéristiques des urnes.

La justification de ce luxe de précisions se trouve dans la préoccupation de garantir le secret et la sécurité du vote. Cette préoccupation apparaît plus clairement, s'il est possible, dans les conditions d'agrément des machines à voter : comporter un dispositif soustrayant l'électeur aux regards pendant le vote, permettre l'enregistrement d'un vote blanc, ne pas permettre l'enregistrement de plus d'un suffrage par électeur; totaliser le nombre des votants sur un compteur qui peut être lu pendant les opérations de vote; totaliser les suffrages obtenus par chaque candidat ou chaque liste ainsi que les votes blancs sur des compteurs qui, eux, ne peuvent être lus qu'après la clôture du scrutin; ne pouvoir enfin être utilisés qu'à l'aide de deux clés différentes (C. élect., art. L. 57-1).

3° *Le vote par procuration*. L'article L. 62 du Code électoral, par sa rédaction, souligne le caractère strictement personnel du vote. Ce caractère par l'exigence qu'il implique présente l'inconvénient de priver de la possibilité d'exercer leur droit ceux qui, pour des raisons valables, ne peuvent se rendre personnellement au bureau de vote. Plusieurs systèmes permettent de remédier à cet inconvénient. Après avoir appliqué le vote par correspondance et le vote par procuration, le droit électoral ne retient plus que ce dernier.

De ce fait, les hypothèses de vote par procuration naguère limitées ont été considérablement augmentées passant de 9 à 33. L'énumération limitative qu'en donne l'article L. 71, C. élect. les répartit en trois catégories : celle des électeurs que des obligations dûment constatées retiennent éloignés de la commune où ils sont inscrits et qui ne comporte pas moins de 23 cas; celle des électeurs auxquels cette possibilité est ouverte, qu'ils se trouvent ou non dans leur commune d'inscription le jour du scrutin, et qui s'étend à 9 cas; enfin celle des électeurs qui ont leur résidence et exercent leurs activités hors du département où se trouve leur commune d'inscription.

Le mandataire désigné par l'électeur doit jouir de ses droits électoraux et être inscrit dans la même commune. Chaque mandataire ne peut disposer de plus de deux procurations, les deux premières étant seules valables, les autres étant le cas échéant nulles de plein droit (C. élect., art. L. 73, art. 14, L. 30 déc. 1988). L'électeur ayant donné procuration peut toujours la résilier comme il peut aussi voter personnellement s'il se présente au bureau de vote avant son mandataire.

4° *Le dépouillement*. L'opération de dépouillement est publique. L'article L. 65, C. élect. (art. 10 et 12, L. 30 déc. 1988) en donne également une description détaillée : décompte des enveloppes contenues dans l'urne, désignation de scrutateurs se répartissant en tables de quatre au moins entre lesquelles le public doit pouvoir circuler; procédure d'extraction et de décompte des bulletins, etc.

5° *Contrôle*. Indépendamment du contrôle exercé par le

juge de l'élection, la loi du 30 décembre 1988 a prévu l'institution, dans les départements comptant une ou plusieurs communes de plus de 20 000 hab., d'une ou plusieurs commissions chargées dans ces communes de veiller à la régularité de la composition des bureaux de vote ainsi qu'à celle des opérations de vote, de dépouillement et de dénombrement des suffrages. Destinées à garantir le libre exercice de leurs droits par les électeurs et les candidats, ces commissions sont présidées par un magistrat de l'ordre judiciaire (C. élect., art. L. 85-1 et R. 93).

Section 2
Le référendum

418. — Régime du référendum. — La Constitution prévoit quatre hypothèses de votation populaire :

1o En vertu de l'article 53 pour les cessions, échanges et adjonction de territoire dont la validité est subordonnée au « consentement des populations intéressées ». Il s'agit donc de référendums localisés, conséquences du droit des peuples à disposer d'eux-mêmes.

2o En vertu de l'article 89 en matière de révision constitutionnelle. La Constitution ayant été adoptée par référendum, le principe général du parallélisme des formes exige qu'elle ne puisse être modifiée que suivant la même procédure. Le référendum constituant est donc la règle, sous réserve de la possibilité donnée au président de la République de lui préférer la procédure d'approbation par le Parlement réuni en Congrès (V. no 396).

3o En vertu de l'article 11 pour l'adoption de projet de loi portant sur l'organisation des pouvoirs publics (V. nos 397 et 446).

4o En vertu du même article 11 pour l'autorisation de ratification d'un traité « qui, sans être contraire à la Constitution, aurait des incidences sur le fonctionnement des institutions ».

Ces différents domaines sont exclusifs de tous les autres.

Les opérations de référendum, auxquelles s'applique la réglementation générale en matière d'élection, y compris la législation relative aux sondages d'opinion, sont placées sous le contrôle du Conseil constitutionnel qui veille à leur régularité et en proclame les résultats.

L'extension du domaine du référendum avec adjonction éventuelle de l'initiative populaire a été évoquée à plusieurs reprises depuis 1981 et spécialement à l'occasion de l'abolition de la peine de mort par modification de l'article 66, soit par révision des articles 11 et 60 de la Constitution. Ces éventualités n'ont pas eu de suite (V. J. Petot, *Les débuts de la Ve bis*, R.D.P., 1982, not. p. 1529-1530). On a vu que l'initiative présidentielle d'extension du référendum de l'article 11 aux libertés et aux problèmes dits « de société » avait échoué (n° 396). Revenant sur ce point, M. Fr. Mitterrand a indiqué que, si une telle réforme aboutissait, « un avis public du Conseil constitutionnel sur la conformité de la question référendaire à la Constitution, à son préambule, aux lois fondamentales de la République serait indispensable », Pouvoirs, 1988, n° 45, p. 138.

419. — Pratique du référendum. — Replacée dans le cadre de la réglementation qui vient d'être rappelée, la pratique du référendum se présente de la manière suivante :

A. *Référendums localisés.* — Cinq référendums ont été organisés dans des territoires pour consulter la population sur le maintien de ces territoires au sein de la République.

1° Le référendum dit d'autodétermination du 1er juillet 1962 qui, organisé à la suite de deux référendums nationaux mentionnés sous B, consacra l'indépendance de l'Algérie constatée par la déclaration du 3 juillet 1962.

2° Le référendum du 19 mars 1967 qui, n'ayant pas conclu à l'indépendance, n'entraîna que la modification du statut de Territoire d'outre-mer de la Côte française des Somalis devenue Territoire des Afars et des Issas.

3° Le référendum du 22 décembre 1974 entraînant l'indépendance des trois îles Comores.

4° Le référendum du 8 février 1976 maintenant Mayotte, quatrième Comore, dans le sein de la République comme collectivité à statut spécial.

5° Le référendum du 8 mai 1977 entraînant cette fois l'indépendance du Territoire des Afars et des Issas.

B. *Référendums nationaux.* — Six référendums nationaux ont effectivement été organisés, en vertu de l'article 11 de la Constitution.

1° Le référendum du 8 janvier 1961, projet de loi concernant l'autodétermination des populations algériennes et l'organisation des pouvoirs publics en Algérie avant l'autodétermination (V. *Prat. Inst.*, doc. 11-200 à 11-203).

2º Le référendum du 8 avril 1962, projet de loi concernant les accords à établir et les mesures à prendre au sujet de l'Algérie (V. *Prat. Inst.*, doc. 11-300 à 11-302).

3º Le référendum du 28 octobre 1962, projet relatif à l'élection du président de la République au suffrage universel (V. *Prat. Inst.*, doc. 11-400 à 11-403).

4º Le référendum du 27 avril 1969 sur le projet de loi relatif à la création des régions et à la rénovation du Sénat dont le résultat devait être négatif (V. *Prat. Inst.* doc. 11-600 à 11-604).

5º Le référendum du 23 avril 1972 sur le projet de loi autorisant la ratification du traité relatif à l'adhésion aux communautés européennes du Danemark, de l'Irlande, de la Norvège et du Royaume Uni (V. *Prat. Inst.*, doc. 11-700 et 11-701).

6º Le référendum du 6 novembre 1988 sur le projet de loi portant dispositions statutaires et préparatoires à l'autodétermination de la Nouvelle-Calédonie.

A ces consultations effectives il convient d'ajouter des tentatives qui ont tourné court. L'une était d'initiative gouvernementale et concernait un projet de loi pour la rénovation universitaire, sociale et économique. Décidé par un décret du 27 mai 1968, ce référendum fut ajourné par un décret du 30 mai suivant (V. *Prat. Inst.*, doc. 11-500 et 11-501), le relais en étant pris par le référendum précité du 27 avril 1969. Les autres ont été d'initiative parlementaire. La première visait à soumettre au référendum le projet de loi relatif aux rapports entre l'État, les communes, les départements, les régions et les établissements d'enseignement privé. Adoptée par le Sénat, elle fut rejetée par l'Assemblée nationale. Les deux autres concernaient le projet de loi modifiant le code électoral et relatif à l'élection des députés (24 avril 1985-18 juillet 1985).

C. Cette pratique appelle trois observations :
On rappellera d'abord que toutes ces applications de la consultation référendaire ont fait l'objet de discussions et de critiques portant sur leur correction juridique.

On observera ensuite que, dans la plupart des cas sinon dans tous, le recours au référendum a été personnellement décidé par le président de la République, la proposition du

Gouvernement prévue par l'article 11 de la Constitution intervenant seulement comme une régularisation purement formelle. Cette circonstance a contribué à donner à la procédure référendaire un caractère personnel et plébiscitaire que n'a pas atténué la décision annoncée par le président de la République d'y avoir recours dans le cadre de l'article 89 à l'occasion de l'initiative qu'il a prise en juillet 1984 (V. n° 396).

Enfin, les résultats de ces consultations populaires obligent à formuler une troisième observation. On constate en effet que, positive ou négative, la décision n'a été obtenue que par une minorité toujours moins élevée du corps électoral : 46 % des inscrits pour l'adoption de l'élection du président de la République au suffrage universel ; 40 % des inscrits pour le rejet de la réforme régionale et sénatoriale ; 36 % des inscrits pour l'autorisation de ratification du traité d'adhésion ; 36,91 % des inscrits pour le référendum sur la Nouvelle-Calédonie. Or si l'on peut admettre que les conséquences du vote facultatif et la nullification des bulletins blancs sont compatibles avec des élections, de tels résultats donnent à penser qu'elles le sont moins avec des votations dont le résultat n'est pas seulement un choix du plus grand nombre de votants mais une décision du corps électoral au sens organique. On constate que la résistance au procédé n'a pas cessé de grandir depuis l'origine et qu'elle a fini par contraindre à la démission un président de la République, le général de Gaulle — dont le prestige personnel était exceptionnel. On est alors enclin à penser que la tradition représentative est demeurée assez vivace pour frapper le référendum d'un certain dépérissement, dont cependant ne témoignent pas vraiment les réactions nuancées de l'opinion publique à son égard.

V. sur le référendum sous la Ve République, P. Stillmunkes, *Le référendum dans la Ve République*, Ann. Fac. Lyon — G. Berlia, *Le référendum du 27 avril 1969*, R.D.P., 1969, p. 451 — *Le référendum du 23 avril 1972, idem*, 1972, p. 929 — J.-M. Garrigou-Lagrange, *Le dédoublement constitutionnel, essai de rationalisation de la pratique référendaire en France*, Rev. int. dt comp., 1976, p. 265 — J. Cadart, *Les inconvénients et les dangers plébiscitaires du référendum d'initiative présidentielle et gouvernementale en France depuis 1958 et les remèdes désirables, idem*, p. 287 — M. Bouissou, *Pour une réhabilitation de l'institution référendaire*, Mél. G. Burdeau, 1977, p. 25 — J.-L. Quermonne, *Le référendum, essai de typologie prospective,*

R.D.P. 1985, p. 577 — S. Sur, *Un bilan du référendum en France*, idem, p. 591. — J.-L. Parodi, *Le référendum devant l'opinion*, Pouvoirs, 1989, n° 49, p. 161.

TITRE III

LE PRÉSIDENT DE LA RÉPUBLIQUE

420. — La Présidence et les présidents. — Comme on a déjà pu s'en apercevoir par certains des développements qui précèdent, la présidence de la République occupe une place dominante dans le système institutionnel mis en place le 4 octobre 1958. Cette situation correspond aux intentions clairement exprimées par le général de Gaulle auquel il apparaissait « nécessaire que le chef de l'État en soit un » (V. n° 382).

Cette restauration de l'institution présidentielle ne tranche pas seulement avec une tradition française, à tout le moins réservée à l'égard de la première magistrature de l'État dont elle ne s'accommode que dans la mesure où elle est dépouillée de véritables pouvoirs. Elle tranche aussi avec le modèle parlementaire, pour autant que, dotée de pouvoirs actifs, la Présidence n'est plus une simple « magistrature d'influence », ni même un pouvoir « neutre ». A cet égard, les formules employées pour qualifier le régime sont significatives qui vont du « président-gouvernant » à la « monarchie républicaine » en passant par le « parlementarisme présidentialiste ». Ainsi, est-ce l'institution présidentielle qui, en définitive, rend inclassable la Ve République dans les catégories du droit constitutionnel classique.

Inscrite dans les dispositions originaires, cette particularité ne pouvait qu'être renforcée par la réforme du mode d'élection du Président. Il est assez remarquable que, sans autre modification de la Constitution, cette réforme ait entraîné une mutation décisive du régime. On a justement remarqué qu'elle transférait dans le peuple le centre de gravité du système de sorte que le peuple et non pas la Présidence en devenait la clé de voûte. Il n'en demeure pas moins que l'investiture populaire était destinée — là encore suivant le vœu du général de Gaulle — à renforcer « l'équation personnelle du futur Président »; en d'autres termes, à conférer aux pouvoirs que lui attribue la Constitution la légitimité la plus authentique, capable d'égaler celle dont le Général s'estimait investi par l'histoire.

Dès lors, il faut admettre que l'institution présidentielle est inséparable de la personnalité de celui qui en assume la charge et que, tout autant que la Présidence, c'est le Président qui contribue à caractériser le système. On peut y voir un facteur de souplesse. Mais c'est aussi un facteur potentiel d'incertitude assez peu compatible avec la fonction que devrait remplir une Constitution dont l'équilibre ne saurait être à ce point tributaire de « l'équation personnelle » du chef de l'État. L'expérience la plus récente a cependant montré combien, au-delà des oppositions politiques les plus tranchées, la conception de la première magistrature demeurait constante dans la pratique de ses titulaires, les différences de l'une à l'autre étant finalement plus affaire de style ou de ton, que de fond.

Ces titulaires sont assez connus pour que l'on se borne à un bref rappel de leur carrière présidentielle. Premier Président, Président élu suivant le mode originaire, le 21 décembre 1958, le général de Gaulle fut réélu, cette fois au suffrage universel, au second tour, le 19 décembre 1965. Il ne devait pas accomplir ce second mandat qu'il a résigné le 28 avril 1969 à la suite des résultats du référendum de la veille (V. n° 419). Élu au second tour le 15 juin 1969, G. Pompidou ne termina pas davantage un mandat que la mort vint interrompre le 2 avril 1974. Lui aussi élu au second tour, le 19 mars 1974, M. Giscard d'Estaing a, en revanche, accompli ce premier mandat mais n'en a pas obtenu le renouvellement qu'il avait sollicité. C'est M. Mitterrand qui fut investi à la suite du second tour de scrutin le 10 mai 1981 et qui, lui, obtint ce renouvellement le 8 mai 1988.

Que les trois premiers Présidents aient marqué l'institution de leur personnalité est désormais un fait d'histoire. Il n'est pas du tout certain qu'à l'autoritarisme du général de Gaulle ait succédé, avec G. Pompidou, une libéralisation dont M. Giscard d'Estaing aurait parachevé le développement; les titulaires successifs de la magistrature suprême ont constamment renforcé la prédominance présidentielle et, au-delà des apparences comme des circonstances, il est probable que ce n'est pas Ch. de Gaulle qui en a eu la conception la plus autoritaire et la plus personnalisée. L'attitude de M. François Mitterrand, naguère si critique à l'égard de ceux dont il devait prendre la succession, n'a pas tout d'abord tranché avec les comportements de ceux-ci. Les élections de 1986, qui l'ont privé de l'appui de la majorité parlementaire, ont naturellement profondément modifié la situation. Ayant choisi ce qu'il est convenu d'appeler la « cohabitation », il a dû y accorder la pratique d'une magistrature qui n'a pas, pour autant, perdu tout ce que les présidences antérieures avaient pu y inscrire d'autonomie et que sa réélection n'a pas remis en cause.

— Sur les présidences successives, V. Pouvoirs, n° 4, 1978 : *20 ans après, la Ve République* — n° 9, 1979, *Le Giscardisme*, et n° 20, 1982, *81 : la gauche au pouvoir*. On consultera également — Assoc. des journalistes parlementaires, *Vingt années de système présidentiel*, la Gazette du Parlement, n° spécial, mars 1982. — J.-L. Quermonne, *La notion de pouvoir d'État et le pouvoir présidentiel sous la Ve République*, Mél. L. Hamon, 1982, p. 549 — S. Cohen, *Les conseillers du Président de Ch. de Gaulle à V. Giscard d'Estaing*, P.U.F., 1980 et en dernier lieu J. Massot, *La présidence de la République en France (20 ans d'élection au suffrage universel 1965-1985)* Doc. Fr., N.E.D., n° 4801, 1986.

— Sur la présidence de G. Pompidou : Fr. Decaumont, *La présidence de G. Pompidou, essai sur le régime présidentialiste français*, 1979 — R. Chiroux, *A propos de l'héritage gaulliste en matière constitutionnelle : Réflexions sur le quinquennat de G. Pompidou*, Mél. de Lagrange, p. 250 — St. Rials, *Les idées politiques du président G. Pompidou*, P.U.F.

— Sur la présidence de M. V. Giscard d'Estaing : M. H. Fabre, *Le giscardisme constitutionnel, un chagrin d'amour*, R.D.P., 1981, p. 671 — J. Chr. Petitfils, *La démocratie giscardienne*, P.U.F., 1981.

— Sur les débuts de la présidence de M. Fr. Mitterrand : J. Petot, *Les débuts de la Ve bis*, R.D.P., 1982, p. 1503.

CHAPITRE I

STATUT DU PRÉSIDENT DE LA RÉPUBLIQUE

Section 1
La désignation

421. — Le mode originaire. — Dans sa version originaire, la Constitution confiait l'élection du président de la République à un collège composé des membres du Parlement (députés et sénateurs), des conseillers généraux, des membres des assemblées territoriales d'outre-mer; enfin de représentants élus des conseils municipaux allant du maire pour les communes de moins de 1 000 hab. à l'ensemble des conseillers municipaux pour celles de plus de 9 000 hab. auxquels venait s'ajouter pour les communes de plus de 30 000 hab. un délégué élu par le conseil municipal par 1 000 hab. en sus de 30 000 hab.

C'est sous ce régime, conforme à la formule préconisée par le général de Gaulle dans le discours de Bayeux, que se déroula la première élection présidentielle. Les résultats en furent les suivants :
inscrits : 81 764 votants : 81290 suffrages exprimés : 79470

Ch. de Gaulle = 62 394
G. Marrane = 10 355
A. Chatelet = 6 721

(Cons. const., rec. 1958-59, p. 47).

Cette première élection fut aussi la seule à s'effectuer sous ce régime qui devait être abandonné en 1962.

422. — La révision de 1962 — l'élection au suffrage universel direct. — Une loi adoptée par référendum le 28 octobre (V. n° 419) et promulguée le 6 novembre 1962 substitua au mode de désignation originaire l'élection au suffrage universel direct.

Le président de la République serait désormais élu de cette manière à la majorité absolue des suffrages exprimés.

Si celle-ci n'était pas obtenue au premier tour, il serait procédé, le deuxième dimanche suivant, à un second tour auquel seuls pourraient se présenter les deux candidats qui, après le retrait, le cas échéant, de candidats plus favorisés, auraient recueilli le plus grand nombre de suffrages au premier tour.

Le mode d'élection étant ainsi déterminé pour l'essentiel, une réglementation détaillée dont les insuffisances ont été progressivement corrigées, régit chaque étape de l'opération depuis les mesures préparatoires jusqu'à la proclamation des résultats.

— La révision constitutionnelle de 1962, aussi bien par son objet que par la procédure choisie, l'article 11 de la Constitution (V. n° 397), a provoqué de très vives réactions dans les milieux politiques et parlementaires. Dans sa conférence de presse du 11 avril 1961, le général de Gaulle avait évoqué l'éventualité d'une révision constitutionnelle concernant le mode d'élection du Président. Il avait indiqué, notamment, que, compte tenu du caractère inadéquat des dispositions constitutionnelles pour la désignation de ses « successeurs » et « pour y remédier en renforçant l'équation personnelle du futur président, on peut penser qu'il faudrait qu'il soit choisi par la nation au suffrage universel » (*Disc. et Mess.*, III, 302). Mais c'est par une allocution du 20 septembre 1962 (*idem*, IV, 19), que le président de la République informa le pays de sa décision d'opérer cette réforme. L'hostilité qui couvait depuis un certain temps prit alors ses plus grandes dimensions. L'élection du chef de l'État au suffrage universel rompait avec une tradition prévenue contre ce mode de désignation par le précédent de 1848 et plus généralement par une certaine conception du régime républicain, qui, en l'espèce, répugnait en outre à la procédure choisie. La bataille, car c'est bien de cela qu'il s'est agi, devait connaître un double déroulement pratiquement simultané. Dès l'ouverture de la session d'automne, le 2 octobre 1962, l'Assemblée nationale, qui venait d'entendre un message du président de la République sur la révision, fut saisie d'une motion de censure, qui à travers le gouvernement réputé avoir proposé la réforme, visait en réalité le chef de l'État. Cette motion fut adoptée le 5 octobre par 280 v. c. 241. Le Gouvernement, qui en avait tiré la conséquence en présentant sa démission, fut maintenu en fonction cependant que l'Assemblée nationale était dissoute le 9 octobre. Parallèlement, la procédure de révision avait suivi son cours et abouti à l'adoption du projet par référendum le 28 octobre. Tentant une ultime démarche, le président du Sénat déféra la loi de révision au Conseil constitutionnel. Celui-ci devait se déclarer incompétent au motif notamment que « les lois que la Constitution a entendu viser dans son article 61 sont uniquement des lois votées par le Parlement et non point celles qui, adoptées par le peuple à la suite d'un référendum, constituent l'expression directe de la souveraineté nationale » (6 nov. 1962, Gdes déc., n° 16). Sur cette révision, V. J.-J. Chevallier, *Histoire des institutions,* 6e édit., n° 488 et s. *Prat. Inst.,* doc. 11-400 à 404.

— La loi du 6 novembre 1962 comportait trois ordres de dispositions. Elle modifiait d'abord les articles 6 et 7 de la Constitution. Elle remplaçait ensuite, par des dispositions ayant valeur organique, l'ordonnance du 7 novembre 1958 relative à l'élection du Président. Elle renvoyait enfin le soin de déterminer certaines de ses modalités d'application à un règlement d'administration publique qui intervint le 14 mars 1964 et dont le contenu fut adapté aux départements d'outre-mer par un décret du 28 juillet 1965. A l'usage, cette réglementation révéla un certain nombre d'imperfections. De nouveaux textes sont donc venus modifier ou compléter ceux de 1962-1964. Ce sont : la loi constitutionnelle 76/227 modifiant l'article 7 de la constitution; les lois organiques 76/528 du 18 juin 1976, 83/1096 du 20 décembre 1983, 88/35 et 88/36 du 13 janvier 1988, enfin 88/226 du 11 mars 1988 modifiant les dispositions organiques de la loi du 6 novembre 1962; les décrets des 4 août 1976, 11 mars 1980, 21 janvier 1981, 6 janvier 1988, 20 janvier 1988 modifiant le décret du 14 mars; la loi organique 76/97 du 31 janvier 1976 modifiée par une loi du 21 juillet 1977 relative au vote des Français établis hors de France et le décret du 14 octobre 1976 (modifiée 29 février 1988) pris pour son application.

Sur ces modifications et leurs origines : Conseil constitutionnel, déclaration du 24 mai 1974, R.D.P., 1974, p. 1127. P. Avril et J. Gicquel, *Les modifications relatives à l'élection du président de la République,* R.D.P., 1976, p. 1263.

§ 1. — Les mesures préparatoires

423. — La date du scrutin et la convocation des électeurs. — Les électeurs sont convoqués pour une date de scrutin dont la fixation incombe au gouvernement. Cette date s'inscrit dans une fourchette de vingt jours au moins et de trente-cinq jours au plus, le point de départ de ces délais étant différent suivant qu'il s'agit d'une élection normale ou de situations exceptionnelles.

Dans l'hypothèse d'une succession normale, le délai se compte à rebours à partir de l'expiration des pouvoirs du Président en exercice en sorte que s'il n'y a pas de discontinuité, il se peut, lorsque le Président en exercice ne se représente pas ou n'est pas réélu, que deux personnalités soient investies de la charge, celle qui va la quitter et l'exerce encore et celle qui en est investie et l'exercera (V. n° 432). Dans l'autre hypothèse, qui est celle de la vacance ou de l'empêchement définitif, le délai se compte, sauf cas de force majeure constatée par le Conseil constitutionnel, à partir de l'ouverture de la vacance ou de la constatation de l'empêchement définitif, ce qui implique l'organisation d'un intérim (V. n° 433).

La loi constitutionnelle du 18 juin 1976 a apporté à cette réglementation deux sortes de compléments. Elle a d'abord reconnu, dans l'une et l'autre de ces hypothèses, la faculté pour le Conseil constitutionnel de proroger les délais sans que le scrutin puisse avoir lieu plus de trente-cinq jours suivant la date de sa décision. Si cette prorogation a pour résultat de reporter l'élection à une date postérieure à l'expiration des pouvoirs du Président en exercice, celui-ci demeure en fonction jusqu'à la proclamation de son successeur.

Elle a ensuite réglé quatre hypothèses exceptionnelles, jusque-là négligées. Ce sont : 1° celle du décès ou de l'empêchement, sept jours avant la date limite du dépôt des présentations, d'une personne ayant, moins de trente jours avant cette date, annoncé publiquement sa décision d'être candidat; 2° celle du décès ou de l'empêchement d'un candidat avant le premier tour; 3° celle du décès ou de l'empêchement entre les deux tours de l'un des candidats les plus favorisés avant les retraits éventuels; 4° celle, enfin, du décès ou de l'empêchement de l'un des deux candidats restés en présence au second tour. Le Conseil constitutionnel est saisi, dans un délai qui n'est pas précisé, soit dans les conditions de la présentation (V. n° 424) soit dans les conditions de l'article 61, al. 2 de la Constitution, c'est-à-dire par le président de la République, le Premier ministre, le président de l'une ou l'autre assemblée ou soixante parlementaires. S'il doit, d'abord, dans tous ces cas, constater que les conditions d'interruption des opérations électorales sont bien réunies, la décision qu'il lui appartient de prendre en conséquence diffère suivant les hypothèses. Dans la première le Conseil « peut décider de reporter l'élection » alors que dans la seconde « il prononce le report de l'élection » et que dans les deux dernières « il déclare qu'il doit être procédé à nouveau à l'ensemble des opérations électorales ».

Le scrutin devant obligatoirement avoir lieu un dimanche, tant en vertu de la règle générale du droit électoral que des termes mêmes de la Constitution, la liberté de choix ouverte par la fourchette normale de délai peut être pratiquement réduite à néant, d'où la nécessité des prorogations.

— Sur la chronologie des différentes élections présidentielles, V. *Prat. Inst.*, doc. 7-200, 7-300, 7-400, 7-500.

424. — La présentation.
— Pour pouvoir être inscrits sur la liste des candidats, les intéressés doivent avoir fait l'objet d'une présentation adressée au Conseil constitutionnel. Plus rigoureuse que celle appliquée dans les pays occidentaux où le chef de l'État est élu au suffrage universel, la réglementation de cette présentation a été progressivement précisée.

La présentation doit émaner d'au moins cinq cents citoyens membres du Parlement, des conseils régionaux, des conseils généraux, du Conseil de Paris, des assemblées des territoires d'outre-mer, maires ou membres élus du Conseil supérieur des Français de l'étranger. Parmi les signataires de la présentation doivent figurer les élus d'au moins trente départements ou territoires d'outre-mer sans que plus du dixième d'entre eux puissent être les élus d'un même département ou d'un même territoire, les membres élus du Conseil supérieur des Français de l'étranger étant considérés comme appartenant à une seule unité territoriale.

A cette première exigence qui remet la présentation aux seuls détenteurs d'un mandat électif dans la proportion d'environ $1/10^e$ de leur effectif total et qui vise, par l'appartenance des « parrains » aux trente départements ou territoires, à établir l'audience nationale du présenté, s'ajoutent des mesures de publicité et de forme. La loi dispose en effet que « le nom et la qualité des citoyens qui ont proposé les candidats inscrits sur la liste sont rendus publics par le Conseil constitutionnel huit jours au moins avant le premier tour du scrutin dans la limite du nombre requis pour la validité de la candidature ». Les présentations sont rédigées sur des formulaires dont le modèle est arrêté par le Conseil constitutionnel. Ces formulaires sont imprimés par les soins de l'administration et adressés par celle-ci aux citoyens habilités par la loi à présenter un candidat.

— En réalité, le contentieux auquel avait donné lieu la présentation était demeuré peu abondant (aucune réclamation en 1965;

cinq, toutes rejetées, en 1969 ; deux, également rejetées, en 1974) et le seul problème qu'il avait posé était celui des présentations multiples à l'égard desquelles le Conseil constitutionnel avait en définitive adopté une position rigoureuse d'interdiction absolue (Comp. 17 mars 1969, Sidos, rec., p. 80 et 21 avril 1974, Lafont, rec., p. 47). C'est l'inflation des candidatures, dont certaines apparaissent sinon comme fantaisistes du moins comme n'ayant qu'un rapport lointain avec l'élection, qui, révélant les imperfections du système, en entraîna la réforme. Parti de 6 en 1965, le nombre des candidats retenus était passé à 7 (sur 14 candidatures) en 1969 et à 12 (également sur 14 candidatures) en 1974. Les propositions s'étaient donc multipliées, destinées à remédier aux conséquences les plus graves d'un régime auquel on reprochait de nuire à la dignité de la campagne présidentielle et de pénaliser les candidats sérieux. La mise en œuvre du nouveau régime de présentation paraît avoir atteint l'objectif qui lui avait été assigné. Si le nombre des présentateurs s'est élevé à 38 600 et celui des prétendants à la candidature à 64, le nombre des présentations a été estimé à 16 443 pour aboutir à l'établissement d'une liste de dix candidats (V. n° 431, élections de 1981). Il n'est pas douteux que les partis, grâce à ce système, aient joué dans les parrainages un rôle déterminant.

— Sur cette question des présentations, V. Cl. Emeri et J.-Cl. Seurin, R.D.P., 1970, p. 639 — Décl. de politique générale du Premier ministre, 10 avril 1973, prop. L. O. Sénat, 1973, *J.O.*, p. 3077.

425. — Le cautionnement. — Chaque candidat doit verser entre les mains du Trésorier payeur général du lieu de son domicile un cautionnement de 10 000 F avant l'expiration du dix-septième jour précédant le premier tour de scrutin. Le trésorier avise immédiatement le Conseil constitutionnel de ce versement (D. 14 mars 1964, art. 5).

— La loi organique du 11 mars 1988 avait introduit dans le code électoral trois articles applicables à l'élection présidentielle (L. 6 nov. 1962, art. 3-II modifié). Deux de ces articles, dont le Conseil constitutionnel avait jugé qu'ils n'avaient pas valeur organique (10-3-1988, 88/242 DC, 36), ont été abrogés par la loi du 15 janvier 1990 (art. 8-I). Dans ces conditions, si l'obligation de présentation de comptes de campagne (art. L.O. 163-1) demeure, le plafonnement des dépenses et les conditions dans lesquelles peuvent être consentis des dons (art. L.O. 163-2 et 3 abrogés) ne sont plus réglementés. Une telle réglementation se trouvait dans une nouvelle loi organique (22 déc. 1989) déclarée non conforme à la Constitution pour des raisons de procédure (Cons. const., 11-1-1990, 89/263 DC, *J.O.* 13-1-572).

426. — L'établissement de la liste des candidats.

— C'est au Conseil constitutionnel qu'il incombe de dresser la liste des candidats après s'être assuré de la régularité des candidatures (éligibilité, présentation, cautionnement) et du consentement des intéressés. Cette liste est publiée au *Journal officiel* par les soins du Gouvernement au plus tard le seizième jour précédant le premier tour de scrutin. C'est huit jours au moins avant le premier tour que le Conseil constitutionnel rend publics le nom et la qualité des citoyens qui ont proposé les candidats inscrits sur la liste dans la limite du nombre requis pour la validité de la candidature (L.O. 18 juin 1976).

Un droit de réclamation contre l'établissement de la liste des candidats est ouvert à toute personne ayant fait l'objet de présentation. Les réclamations doivent parvenir au Conseil constitutionnel, qui statue sans délai, avant l'expiration du jour suivant celui de la publication de la liste au *Journal officiel*.

L'éligibilité est régie par le droit commun électoral, la loi du 6 novembre 1962 renvoyant notamment aux articles L. 1 à L. 45 du C. élect. Il en résulte que s'appliquent, outre les règles ainsi posées en matière de nationalité et de capacité (Cons. const. 21 avril 1974, Roustan, rec., p. 46), celle relative à l'âge minimum fixé à 23 ans par l'art. L. 44 et celle, propre aux candidats de sexe masculin, posée à l'art. L. 45 suivant lequel « Nul ne peut être investi de fonctions électives s'il ne justifie avoir satisfait aux obligations imposées par le code du service national » (Cons. const. 17 mai 1969, Ducatel, rec., p. 78). La condition de masculinité n'est évidemment plus sous-entendue et on rappelle que l'abrogation de la loi d'exil en 1950 a entraîné la disparition de l'inéligibilité qui, depuis 1884, avait écarté de la magistrature suprême les membres des familles ayant régné sur la France.

— En l'état actuel du droit, le Président étant immédiatement et indéfiniment rééligible, aucune inéligibilité ne frappe en cette qualité le Président sortant. Le contraire a cependant été soutenu au motif que les « anciens » présidents de la République, étant membres de droit du Conseil constitutionnel, cette situation les priverait de la possibilité de se porter à nouveau candidat, dès lors surtout que l'intéressé aurait démissionné de sa charge. Cette thèse ne saurait être accueillie (V. Cons. const., 7-11-1984, n° 84.983, rec., p. 117). Aussi bien, la candidature de M. Giscard d'Estaing en 1981 en avait-elle administré la preuve, tout en soulevant pour la première fois le problème de la coexistence dans la même personne du Président en exercice et du candidat à la présidence. La distinction entre le Président et le « citoyen candidat » opérée par l'intéressé s'est en effet révélée pratiquement assez artificielle (V.

déclaration de M. Giscard d'Estaing au Conseil des ministres du 4 mars 1981, *Prat. Inst.*, doc. n° 7-507). On a également évoqué la question de savoir si une personne titulaire d'une charge politique — en l'espèce un membre du Gouvernement — ne devrait pas résigner celle-ci en se portant candidat. Une telle question suggérée par une préoccupation de déontologie électorale échappe à la réglementation.

Sur la méthode suivie par le Conseil constitutionnel dans l'établissement de la liste des candidats et de la liste des présentateurs, V. décision du 24 février 1981, rec., 66. *Prat. Inst.*, doc. 7-505).

Sur les candidats, V. Chr. Guettier, *Les candidats à l'élection présidentielle sous la Ve République*, R.D.P., 1990, 49.

§ 2. — LA CAMPAGNE ÉLECTORALE

427. — L'organisation de la campagne. — La campagne est ouverte à compter du jour de la publication au *Journal officiel* de la liste des candidats arrêtés par le Conseil constitutionnel (ou lorsqu'il y a lieu à un second tour, de la publication des noms des deux candidats habilités à se présenter). Elle prend fin le vendredi précédant le scrutin à minuit.

Les candidats bénéficient de la part de l'État des mêmes facilités (L. 6 nov. 1962, art. 3, IV-D. 14 mars 1964, mod. titre II). Il s'agit notamment de l'égalité dans les programmes d'information du service public de radio-télévision en ce qui concerne la reproduction ou les commentaires des déclarations et écrits des candidats et la présentation de leur personne ; de l'attribution d'emplacements d'affichage spéciaux et de la prise en charge directe du coût du papier, de l'impression, de la mise en place, apposition et diffusion des déclarations, affiches, et bulletins de vote. On a vu précédemment que la réglementation du financement de la campagne telle qu'elle résultait des articles L.O. 163-2 - L.O. 163-3 étendus à l'élection présidentielle (L. 6 nov. 1962, art. 3-II) avait été abrogée par la loi du 15 janvier 1990.

La législation relative aux sondages d'opinion (L. 19 juill. 1977-V. n° 500) est applicable aux élections présidentielles (art. 1er).

— Sur les conditions d'organisation de la campagne télévisuelle pour l'élection présidentielle de 1988, V. J.-Cl. Masclet, *op. cit.*, n° 159.

— Sur les sondages, le Conseil constitutionnel avait spécialement attiré l'attention dans sa déclaration du 24 mai 1974 (V. R.D.P., 1974, p. 1127).

428. — Le contrôle. — Le contrôle de la campagne incombe au Conseil constitutionnel que l'article 58 de la Constitution charge de veiller à la régularité de l'élection et auquel l'article 48 de l'ordonnance du 7 novembre 1958, portant loi organique sur le Conseil, donne le droit de désigner des délégués pour suivre sur place les opérations.

Cependant le décret du 14 mars 1964 (art. 10) a créé une « commission nationale de contrôle de la campagne électorale » chargée de veiller au respect des dispositions organiques de l'article 3, IV (V. n° précédent). Cette commission est composée de cinq membres : le vice-président du Conseil d'État, président, le premier président de la Cour de cassation et le premier président de la Cour des comptes, membres de droit, qui cooptent deux membres au sein de ces trois institutions. Le décret a également institué (art. 16) des commissions locales placées sous l'autorité de la commission nationale et siégeant dans chaque département ou territoire. La création de ces commissions a répondu au souci d'assurer aussi efficacement que possible l'égalité entre les candidats. C'est ainsi notamment que la Commission nationale enregistre le texte des affiches et proclamations, qu'elle décide en matière de propagande radio-télévisée et d'utilisation des services publics.

Les deux contrôles ayant des objectifs différents sont destinés à se compléter. L'expérience a montré qu'ils pouvaient entrer en concurrence.

— Le conflit est né de l'interprétation extensive des pouvoirs de la Commission adoptée par le président de la République par intérim qui demanda au Gouvernement de mettre à la disposition de cette instance un contingent de magistrats qui seraient envoyés sur place pour suivre le déroulement des événements. Cette mesure ayant été exécutée, le Conseil constitutionnel devait réagir en rappelant la Commission au respect de ses compétences (V. échange de correspondance entre le président du Conseil constitutionnel et le président de la Commission nationale de contrôle, R.D.P., 1974, p. 1125). Le président de la Commission n'en maintint pas moins l'envoi sur place de rapporteurs complémentaires dont la mission fut présentée comme de commentaire des directives de la Commission nationale à l'usage des présidents des commissions locales. Le Conseil constitutionnel décida alors d'envoyer lui aussi sur place des délégués chargés de suivre les opérations. V. P. Avril, *Aspects juridiques de l'élection présidentielle des 9 et 19 mai 1974,* R.D.P., 1974, p. 1103. — R. Lindon, *Les enseignements de l'élection présidentielle de mai 1974,* Sem. jur. n° 29, 17 juill. 1974. — Ch. Hen, *La répartition des compétences dans le contrôle de l'élection du président de la République,* Ann. Fac. droit Toulouse, 1974, 287. — J.-P. Valens, *Rôle et fonctionnement de la commission nationale de contrôle de la campagne électorale pour l'élection présidentielle de 1974,* E.D.C.E., n° 27, p. 41.

On trouvera le texte des rapports de la Commission nationale de contrôle dans *Prat. Inst.,* doc. 7-206, 7-311, 7-524.

§ 3. — LE SCRUTIN ET LA PROCLAMATION DES RÉSULTATS

429. — Le scrutin — participation des électeurs établis hors de France. — Le scrutin a lieu dans les conditions fixées par les articles R. 40 à R. 71 C. élect. et par le décret de convocation des électeurs (V. D. 14 mars 1964, art. 20 et s.).

Cependant une loi organique du 31 janvier 1976, modifiée par une loi organique du 21 juillet 1977, a réglé le problème posé par la Commission nationale de contrôle lors de l'élection présidentielle de 1974 relatif à la participation à cette élection des Français établis hors de France. Le régime établi par cette loi est applicable à l'élection présidentielle et au référendum. Soumis à l'assentiment des États où il doit s'appliquer, il comporte la création de centres de vote où pourront s'inscrire les électeurs et où ceux-ci exerceront leur droit de vote dans les conditions du droit commun. L'inscription sur la liste d'un centre exclut la faculté de voter dans les conditions fixées par l'art. L. 12 C. élect.

— Un D. du 14 oct. 1976 (mod. 29 févr. 1988) a été pris pour l'application de la L.O. du 31 janvier 1976.

— V. P. Avril et J. Gicquel, *Les modifications relatives à l'élection du président de la République,* R.D.P., 1976, p. 1286.

430. — L'examen des réclamations. — Chargé, comme on l'a vu, de veiller à la régularité des opérations, le Conseil constitutionnel l'est aussi de statuer sur les réclamations. Dans cet examen, il est procédé « comme en matière de référendum » (L. 6 nov. 1962, art. 3, III). La disposition applicable est donc l'article 50 de l'ordonnance 58-1067 du 7 novembre 1958 portant loi organique sur le Conseil constitutionnel suivant lequel celui-ci « examine et tranche définitivement toutes les réclamations ». Ce même texte précise : « Dans le cas où le Conseil constitutionnel constate l'existence d'irrégularités dans le déroulement des opérations, il lui appartient si, eu égard à la nature et à la gravité de ces irrégularités, il y a lieu, soit de maintenir lesdites opérations, soit de prononcer une annulation totale ou partielle. » Cette disposition qui rompt avec le principe de l'indivisibilité de l'élection ne laisse pas de poser des problèmes pour lesquels les textes ne comportent pas de solutions.

Les réclamations, dont le Conseil a été saisi et qui ont toutes été rejetées comme irrecevables ou mal fondées, sont en nombre variable d'une élection à l'autre. En 1965, les trois réclamations ont mis en cause la régularité du scrutin dans les départements d'outre-mer. L'élection de 1969 a donné lieu à cinq réclamations concernant toutes l'établissement de la liste des candidats. Des trois réclamations relatives à l'élection de 1974, deux ont également porté sur l'établissement de la liste des candidats, la troisième sur l'attribution à ceux-ci de signes distinctifs. L'élection de 1981 a donné lieu à huit décisions. Les requêtes portaient sur la forme des présentations, sur les formalités de présentation, sur la décision arrêtant la liste des candidats, sur un report de l'élection pour assurer l'égalité des chances entre les candidats avant le dépôt de candidature. Lors de l'élection de 1988, le Conseil n'a été saisi que d'une réclamation relative à la liste des candidats.

431. — La proclamation des résultats. — C'est au Conseil constitutionnel qu'il incombe d'arrêter et de proclamer les résultats.

Depuis 1965, les résultats des élections présidentielles ont été les suivants :

1965

1er tour :

Inscrits : 28 910 581 ; exprimés : 24 254 556 ;
    maj. abs. : 12 127 270.
— M. Barbu	279 685
— Ch. de Gaulle	10 828 521
— J. Lecanuet	3 777 120
— P. Marcilhacy	415 017

— Fr. Mitterrand	7 694 005
— J.-L. Tixier-Vignancourt	1 260 208

2e tour :

Inscrits : 28 902 704; exprimés : 23 703 434.

— Ch. de Gaulle	13 083 699
— Fr. Mitterrand	10 619 735

1969

1er tour :

Inscrits : 29 513 331; exprimés : 22 603 924; maj. abs. : 11 301 923.

— G. Defferre	1 133 222
— L. Ducatel	286 447
— J. Duclos	4 808 285
— A. Krivine	239 104
— A. Poher	5 268 613
— G. Pompidou	10 051 783
— M. Rocard	816 470

2e tour :

Inscrits : 29 500 334; exprimés : 19 007 489.

— G. Pompidou	11 074 371
— A. Poher	7 943 118

1974

1er tour :

Inscrits : 30 602 953; exprimés : 25 538 636; maj. abs. : 12 769 319.

— J. Chaban-Delmas	3 857 728
— P. Dumont	337 800
— V. Giscard d'Estaing	8 326 774
— G. Héraud	19 255
— A. Krivine	93 990
— A. Laguiller	595 247
— J.-M. Le Pen	190 921
— Fr. Mitterrand	11 044 373
— E. Muller	176 279
— B. Renouvin	43 722
— J. Royer	810 540
— J.-Cl. Sebag	42 007

2e tour :

Inscrits : 30 600 775; exprimés : 26 367 807.

— V. Giscard d'Estaing	13 396 203
— Fr. Mitterrand	12 971 604

1981

1er tour :

Inscrits : 36 398 859; exprimés : 29 038 117; maj. abs. : 14 519 059.

— H. Bouchardeau	331 353

— J. Chirac	5 225 848
— M. Crépeau	642 847
— M. Debré	481 821
— M.-F. Garaud	386 623
— V. Giscard d'Estaing	8 222 432
— A. Laguiller	668 057
— B. Lalonde	1 126 254
— G. Marchais	4 456 922
— Fr. Mitterrand	7 505 960

2e tour :

Inscrits : 36 398 762; exprimés : 30 350 568.

— Fr. Mitterrand	15 708 262
— V. Giscard d'Estaing	14 642 306

1988

1er tour :

Inscrits : 38 128 507; exprimés : 30 406 038; maj. abs. : 15 203 020.

— R. Barre	5 031 849
— J. Chirac	6 063 514
— P. Juquin	639 084
— A. Laguiller	606 017
— A. Lajoinie	2 055 995
— J.-M. Le Pen	4 375 894
— F. Mitterrand	10 367 220
— P. Roussel	116 823
— A. Waechter	1 149 642

2e tour :

Inscrits : 38 168 869; exprimés : 30 923 249.

— Fr. Mitterrand	16 704 279
— J. Chirac	14 218 970

Section 2

Le mandat présidentiel

432. — Le septennat. — Le mandat du président de la République est de sept ans. Cette durée est considérée comme traditionnelle depuis la loi du 20 novembre 1873 dite « loi du septennat » dont l'adoption avait, à l'époque, été de pure circonstance (V. n° 303). Le Président est immédiatement et indéfiniment rééligible.

Outre l'éventualité d'une réduction de sept à cinq ans qui a fait l'objet d'un projet de révision constitutionnelle dont on a vu qu'elle n'avait pas été menée jusqu'à sa conclusion (V. n° 396), la durée du mandat présidentiel peut être interrompue, avant son terme constitutionnel d'ailleurs susceptible de deux interprétations, par la survenance d'un empêchement ou par la démission.

L'empêchement est prévu par la Constitution (art. 7). C'est au Conseil constitutionnel saisi par le Gouvernement et statuant à la majorité absolue de ses membres qu'il appartient de le constater. L'empêchement à considérer ici est l'empêchement « déclaré définitif » qui équivaut à une vacance et en a les mêmes conséquences. Mais on est réduit aux conjectures en ce qui concerne les situations pouvant entrer dans la qualification d'empêchement. Sans doute, faut-il y inclure la captivité, le départ à l'étranger, les poursuites pour haute trahison, la maladie lorsqu'elle ne permet plus l'exercice des fonctions.

Quant à la démission, elle n'est pas envisagée par le texte constitutionnel mais l'hypothèse ne doit évidemment pas être exclue. La démission ne peut être que volontaire. Nul n'a qualité pour l'accepter ou le refuser. Tout au plus, le Conseil constitutionnel sera-t-il conduit à constater que sont réunies les conditions mises par la Constitution à l'intérim et que commence à courir le délai pour l'élection d'un nouveau Président.

Le droit comparé donne en matière de durée du mandat du chef de l'État des exemples de solutions très diverses que ce mandat soit plus long avec ou sans faculté de réélection ou qu'il soit plus court, ce qui est le cas le plus général.

— Le projet d'abandonner le septennat pour le quinquennat faisait partie du programme commun de l'union de la gauche sous réserve d' « un délai suffisant entre l'élection du Président et celle des députés à l'Assemblée nationale évitant toute simultanéité ». Ce projet fut repris par G. Pompidou, un an avant sa mort, dans un message adressé à l'Assemblée nationale le 3 avril 1973. La perspective d'une telle réforme souleva d'assez vives controverses, tant au sein de la majorité qu'elle avait divisée, qu'au sein de l'opposition qui s'y déclara finalement hostile parce que la réduction du mandat présidentiel était dissociée des autres réformes constitutionnelles prévues par le programme commun. Sur les positions de MM. Giscard d'Estaing et Mitterrand à l'égard de la durée du mandat présidentiel, V. *Prat. Inst.*, doc. 6-301 et Pouvoirs, 1988, n° 45, p. 135. — Sur l'ensemble de cette question, V. J.-M. Denquin, *Réflexions sur la durée du mandat présidentiel,* R.D.P., 1975, p. 1359.

— La pratique a montré que la fixation du terme normal du mandat présidentiel pouvait donner lieu à difficulté tenant au délai qui sépare l'élection de la proclamation des résultats. Ainsi, tandis que compté à partir de la proclamation des résultats, le septennat de M. Giscard d'Estaing ne venait à échéance que le 24 mai 1981, le nouveau Président M. Mitterrand, élu le 10 mai précédent, était proclamé le 15 de sorte que deux Présidents se trouvaient en fonction pendant neuf jours. Le Conseil constitutionnel, par une formule qui suggérait une solution, indiqua dans sa décision de proclamation que la cessation de fonction du Président sortant aurait lieu « au plus tard » le 24 mai, date intermédiaire entre l'échéance du septennat compté à partir de l'élection précédente (19 mai) ou compté à partir de la proclamation (24 mai). On a pu considérer que, juridiquement, le Président sortant s'était implicitement démis de ses fonctions sans que cette démission entraîne de vacance dès lors que le successeur était déjà proclamé. *Prat. Inst.,* doc. 6-101.

La pratique a illustré les hypothèses de fin prématurée du mandat. C'est la mort, survenue le 1er avril 1974, qui a mis fin au mandat de G. Pompidou. En ce qui concerne la maladie, ni l'hospitalisation du général de Gaulle en 1964, ni l'état de santé de G. Pompidou dans les derniers mois précédant sa mort n'ont entraîné application du régime de l'empêchement, fût-ce provisoire, faute d'une mise en œuvre de la procédure par le Gouvernement. Quant à l'hypothèse de la démission, elle a été illustrée par la retraite du général de Gaulle. Celui-ci ayant adressé « à toutes fins utiles » la décision par laquelle il déclarait cesser d'exercer ses fonctions au Premier ministre, ce dernier informa le Conseil constitutionnel qui, après avoir pris acte de cette décision, constata que les conditions de l'intérim étaient réunies et que le délai pour l'élection d'un nouveau Président commençait à courir. *Prat. Inst.,* doc. 7-301 à 303. — Cons. const. rec., 1969, p. 65.

433. — La suppléance et l'intérim. — Le président de la République peut être suppléé dans l'exercice de ses fonctions. Celles-ci peuvent également être assurées par un intérimaire.

La suppléance du chef de l'État à la présidence du Conseil des ministres est assurée par le Premier ministre sur délégation expresse valable pour une séance et pour un ordre du jour déterminé. C'est également le Premier ministre qui supplée sans condition particulière le président de la

République à la présidence des conseil et comité de défense nationale. La suppléance à la présidence du Conseil supérieur de la magistrature est assurée par le garde des Sceaux, ministre de la justice.

L'intérim correspond soit à une situation d'empêchement, soit à la nécessité d'assurer un exercice continu de la première magistrature de l'État entre l'ouverture d'une vacance et l'élection d'un nouveau Président. Il est assuré par le président du Sénat et, si celui-ci se trouve à son tour empêché, par le Gouvernement. L'intérimaire exerce les fonctions du Président à l'exception des attributions prévues aux articles 11 (recours au référendum) et 12 (dissolution de l'Assemblée nationale). La Constitution précise en outre que, pendant l'intérim, il ne peut être fait application des articles 49 (responsabilité du Gouvernement devant l'Assemblée) et 89 (révision de la Constitution).

— La pratique a illustré ces dispositions dans des conditions qui ont renforcé les critiques dont elles étaient l'objet sans parvenir à en entraîner la modification. La suppléance à la présidence du Conseil des ministres a joué à trois reprises dans des circonstances qui eussent tout aussi bien pu relever de l'intérim par empêchement provisoire (*Prat. Inst.*, doc. 21-100). L'intérim se trouve ainsi limité, soit à la vacance, soit à l'empêchement définitif qui y est assimilable et ne s'est effectivement appliqué que deux fois : en 1969, à la suite de la démission du général de Gaulle et, en 1974, à la suite du décès de G. Pompidou. Dès avant la réforme de l'élection présidentielle, l'idée avait été plusieurs fois avancée d'une suppression de l'intérim et de l'institution d'une vice-présidence – dont le droit comparé donne plusieurs illustrations mais dont la tradition constitutionnelle française ne connaît qu'un exemple (1848, Boulay de la Meurthe).

Le projet de loi révisant la Constitution rejeté par le référendum le 27 avril 1969 prévoyait (art. 49) le transfert de l'intérim du président du Sénat au Premier ministre et en cas d'empêchement de ce dernier aux membres du Gouvernement dans l'ordre du décret de nomination (*Prat. Inst.*, doc. 11-600). Plus récemment il a été proposé que, l'intérim restant au président du Sénat, ce dernier soit à son tour remplacé en cas d'empêchement par le Premier ministre à qui reviendrait également, par extension de la suppléance, l'intérim en cas d'empêchement provisoire.

— V. Ph. Godfrin, *La suppléance du président de la République : échec ou succès*, D. 1969, chron. XX, p. 167.

Section 3
L'exercice des fonctions

434. — Les incompatibilités. — Les incompatibilités attachées à la présidence de la République sont générales et absolues. A son entrée en charge, le Président doit se démettre de tous ses mandats. Il en va de même des activités privées, rémunérées ou même gratuites. Il est exclu que, pendant la durée de son mandat, le Président se porte candidat à quelque élection que ce soit.

A sa sortie de charge, la qualité de membre de droit du Conseil constitutionnel le soumet à vie aux incompatibilités attachées à cette qualité (V. n° 579).

435. — La préséance protocolaire et la protection pénale. — Le président de la République est le premier personnage de l'État dont il assure la représentation à l'intérieur et à l'extérieur.

En cette qualité, le Président a le pas sur tous les autres titulaires d'une fonction publique. Des honneurs civils et militaires particuliers lui sont rendus. Il est le grand maître de l'ordre national de la Légion d'Honneur.

En cette qualité également, le Président est pénalement protégé par un délit spécial — le délit d'offense — qui résulte d'un manque d'égards ne constituant ni diffamation, ni injures, ni outrages et qui, comme tel, ne pourrait donner lieu à aucune poursuite s'il s'agissait d'un simple particulier (L. 20 juill. 1881, mod. Ord. 6 mai 1944).

V. G. Druesne, *La jurisprudence constitutionnelle des tribunaux judiciaires*, R.D.P., 1974, p. 216.

436. — La responsabilité personnelle. — On peut se demander si, indépendamment de sa responsabilité politique (V. n°s 459 et s.) le président de la République peut encourir une responsabilité civile ou pénale.

Pour la responsabilité civile, la réponse ne paraît pas discutable. On ne voit pas bien en effet ce qui pourrait conduire à faire bénéficier le Président d'une immunité civile, surtout lorsque le fait générateur du dommage dont il serait l'auteur serait extérieur à l'exercice de ses fonctions.

La solution est moins assurée pour la responsabilité pénale, dès lors que l'on exclut de son champ la haute trahison qui relève plus naturellement de la responsabilité politique. Cette responsabilité serait alors limitée aux incriminations prévues par le Code pénal et l'on peut en effet s'interroger sur la soumission ou non au droit commun. Faute, heureusement, de disposer de précédents, la doctrine demeure incertaine.

CHAPITRE II

LA FONCTION PRÉSIDENTIELLE

Section 1

Le rôle du président de la République

437. — La définition du rôle du président de la République par la Constitution. — Dans plusieurs de ses dispositions, la Constitution attribue au chef de l'État des missions ou des qualités qui contribuent à déterminer le rôle qui est imparti à celui-ci.

Il en est ainsi tout d'abord de l'article 5 suivant lequel « le président de la République veille au respect de la Constitution. Il assure, par son arbitrage, le fonctionnement régulier des pouvoirs publics ainsi que la continuité de l'État. Il est le garant de l'indépendance nationale, de l'intégrité du territoire, du respect des traités ». Il en est ainsi également de l'article 64 qui dispose : « le président de la République est garant de l'indépendance de l'autorité judiciaire ». A ces différentes fonctions correspondent, comme on le verra, des attributions ou des pouvoirs particuliers.

Mais d'autres dispositions se bornent à prévoir des compétences qui impliquent l'existence d'une fonction venant s'ajouter à celles qui sont présentées comme telles. Ainsi de l'article 14 (« le président de la République accrédite les ambassadeurs et les envoyés extraordinaires auprès des puissances étrangères; les ambassadeurs et les envoyés extraordinaires sont accrédités auprès de lui ») ou de l'article 52 (« Le président de la République négocie et ratifie les traités »).

Cette énumération n'est cependant pas complète. Il faudrait encore y ajouter certaines fonctions traditionnellement attachées à la qualité même du chef de l'État et que la Constitution n'a pas, pour cette raison, pris le soin d'énumérer.

Si l'on regroupe par grandes catégories ces différentes composantes du rôle du Président, on peut distinguer trois manifestations de la fonction présidentielle : une fonction de *représentation,* une fonction de *sauvegarde,* et une fonction d'*arbitrage.* Déduites du texte constitutionnel dans ses dispositions originaires, ces trois fonctions ont cependant été modifiées dans leur contenu ou leur signification juridique et politique par l'évolution de la première magistrature de l'État consécutive à l'élection de son titulaire au suffrage universel direct.

438. — La fonction de représentation. — La fonction de représentation doit se concevoir de la manière la plus large, à la fois au sens ordinaire et au sens juridique du terme.

Il n'est pas nécessaire d'insister longuement sur le premier de ces aspects qui englobe toutes sortes de manifestations, depuis les inaugurations jusqu'aux réceptions, sinon pour rappeler dans quel mépris la fonction de représentation a pu être tenue lorsque l'on affectait d'y voir l'essentiel d'une fonction présidentielle réduite à « l'inauguration des chrysanthèmes ». Ce serait cependant une erreur de considérer ce premier aspect comme secondaire. La vie politique est inséparable de ce genre de manifestations dont l'importance s'accroît avec l'écho que lui donnent la presse et les moyens audiovisuels, contribuant ainsi à entretenir dans l'opinion un sentiment de présence, dont l'insuffisance est vite ressentie, et à y projeter une certaine image du chef de l'État.

Mais la fonction de représentation doit encore s'entendre au sens juridique; c'est-à-dire comme l'expression de la qualité de « représentant » conférée au Président. Cette expression se traduit dans l'ordre externe aussi bien que dans l'ordre interne.

Vis-à-vis de l'extérieur, la fonction de représentation se traduit, comme on l'a vu, par divers attributs. Ainsi, de la compétence pour accréditer les ambassadeurs ou les envoyés extraordinaires, pour recevoir les lettres de créance des diplomates étrangers, pour négocier et ratifier les traités dont le Président est, d'autre part, institué garant de l'exécution. Si telle n'est pas la pratique exclusive, rien ne s'oppose à ce que le Président conduise lui-même les négociations internationales et l'on remarquera qu'il participe de plus en plus souvent aux rencontres internationales les plus importantes.

Dans l'ordre interne, la fonction de représentation au sens juridique présente désormais un double aspect. Le premier, traditionnel, se rattache à l'incarnation de l'État dans son existence, sa continuité et sa permanence. Cette conception se retrouve dans le texte constitutionnel, notamment à l'article 5 chargeant le Président d'assurer la continuité de l'État, et l'instituant garant de l'indépendance nationale et de l'intégrité du territoire.

Le second aspect procède de la participation à l'expression de la souveraineté. Bien que l'article 3 ne le dise pas — ce qui, dans le système originaire, aurait en effet pu paraître contestable — il ne paraît pas douteux que, depuis son élection au suffrage universel direct, le président de la République soit au nombre de ces « représentants » par lesquels le peuple exerce la souveraineté nationale. Dès lors et pour reprendre la distinction classique entre les « représentants » et les « agents », le Président appartient juridiquement et à titre personnel à la première catégorie. Cette qualité entraîne des conséquences juridiques importantes. Comme le notait M. Prélot, elle impose l'abandon de la thèse classique suivant laquelle la compétence du Président est toujours collégiale et jamais unipersonnelle et oblige à réserver, dans les compétences que la Constitution confère au chef de l'État pour qu'il les exerce collégialement, la part personnelle attachée à cette qualité.

— La participation personnelle du Président à des instances internationales est spécialement illustrée par le « Conseil européen » dans lequel la France est seule à être représentée par son chef de l'État. Cette situation peut être source de difficultés politiques et constitutionnelles comme l'ont montré les péripéties de la ratification de l'acte portant réforme du mode d'élection des représentants à l'Assemblée des Communautés européennes. V. Cl. Blumann, *Le Conseil européen,* R.T.D.E., 1976, p. 1, — et notre commentaire de la décision du Conseil constitutionnel du 30 déc. 1976 aux Cahiers de droit européen.

— C'est par une conception erronée que Guy Mollet, en en méconnaissant la signification juridique fondamentale, a pu ramener la réforme du mode d'élection du Président aux dimensions d'une quelconque réforme électorale (*op. cit.,* p. 138). On remarquera au contraire l'accent mis par M. Giscard d'Estaing sur la qualité de représentant du président de la République dans son discours du 27 janvier 1978, « Sa circonscription, c'est la France », *Prat. Inst.,* doc. 5-102.

439. — La fonction de sauvegarde. — Si, avec Littré, on entend par sauvegarde ce qui sert de garantie ou de défense contre un danger, la fonction de sauvegarde attribuée au Président se développe dans une double direction.

La première correspond à toutes les hypothèses dans lesquelles la Constitution institue le Président « garant ». Ainsi de l'indépendance nationale, de l'intégrité du territoire ou du respect des traités, où la fonction de sauvegarde se conjugue avec celle de représentation. Ainsi, également, de l'indépendance de l'autorité judiciaire. A l'exception de celle-ci que le Président est mis à même de garantir en présidant le Conseil supérieur de la magistrature (V. n° 574), on a tendance à considérer les autres garanties comme d'ordre essentiellement moral, et à ne leur découvrir de prolongements juridiques que dans le cadre de la haute trahison. Une lecture plus attentive de la Constitution montre cependant que cette dernière met à la disposition du chef de l'État les moyens juridiques nécessaires à l'exercice effectif de ce premier aspect de sa fonction de sauvegarde; d'abord, en lui conférant une autorité personnelle directe sur tout ce qui touche à la défense nationale (V. n° 444), mais aussi en incluant textuellement « l'indépendance de la nation » dans les conditions de mise en œuvre de l'article 16 (V. n° 448). La fonction de sauvegarde comporte donc bien des instruments juridiques destinés à en assurer l'efficacité.

Le second aspect est défini à l'article 5 du texte constitutionnel où il est dit que le Président « veille au respect de la Constitution ». Cette mission est traditionnelle et fait du président de la République le « gardien de la Constitution ».

Elle n'en revêt pas moins ici une portée particulière, non seulement du fait que le Président dispose, par la saisine du Conseil constitutionnel, de la possibilité de faire sanctionner les éventuelles atteintes à la loi fondamentale, mais aussi et surtout en raison de la conception extensive qu'en a adopté le Président. M. Fr. Mitterrand a trouvé dans l'énoncé actif de cette partie de l'article 5 le fondement d'une fonction propre d'interprétation constitutionnelle qui, débordant le champ du simple fonctionnement régulier des pouvoirs publics, s'étend, par une démarche parallèle à celle du Conseil constitutionnel, à la Constitution, aux droits et libertés et aux grands principes de la République.

— Sur des manifestations du rôle de garant de l'indépendance de l'autorité judiciaire, V. communiqué du Conseil des ministres, 25-2-1976 et G. Mangin, *Ctaire de l'art. 64 de la Constitution, in* « Le droit constitutionnel de la cohabitation », *op. cit.*, p. 273 et s.

— Sur la conception extensive du rôle de gardien de la Constitution, V. G. Conac, *Ctaire de l'art. 5 de la Constitution, in* « Le droit constitutionnel de la cohabitation :, *op. cit.*, p. 51 et s. — R. Romi, *Le Président de la République, interprète de la Constitution*, R.D.P., 1987, p. 1265.

440. — La fonction d'arbitrage.

— L'article 5 de la Constitution dispose encore, comme on l'a vu, que le Président « assure, par son arbitrage, le fonctionnement régulier des pouvoirs publics ainsi que la continuité de l'État ».

C'est, sans doute, de toutes les énonciations de cet article considéré comme fondamental, celle qui a donné lieu aux plus vives controverses. Et il semble bien que ce soit le mot « arbitrage » qui soit à la source des malentendus. Certains ont en effet pris le terme au sens de l'exercice par une autorité extérieure aux autorités susceptibles d'entrer en conflit d'un pouvoir neutre habilité à régler le cas échéant de tels conflits. Cette conception correspond certainement au rôle traditionnellement dévolu au chef de l'État dans un régime parlementaire. Mais le mot arbitrage peut aussi s'entendre dans le sens de l'exercice d'un véritable pouvoir de décision autonome et, sans remonter aux origines latines du terme qui furent néanmoins évoquées, on trouverait dans la langue française classique plus d'une illustration de cette signification, que l'on rencontre dérivée dans l'expression « libre arbitre ».

En réalité, la question de mot souligne le problème plus qu'elle ne contribue à le résoudre. Le moyen de découvrir une solution serait de préciser la notion d'arbitrage à l'aide de pouvoirs qui sont l'expression de cette fonction. Or de ce point de vue, les divergences reparaissent. On s'accorde à reconnaître que sont des manifestations de l'arbitrage, destiné à assurer le fonctionnement régulier des pouvoirs publics, la nomination du Gouvernement, sa révocation, la dissolution de l'Assemblée nationale et le recours au référendum. Mais cet accord est aussitôt rompu dès qu'il s'agit de décider dans quelles conditions le Président peut exercer ces attributions et l'on retombe immédiatement dans la querelle des deux arbitres : celui qui se borne à mettre en œuvre une procédure et celui qui utilise cette procédure pour faire prévaloir sa décision.

On pourra cependant constater lors de l'étude de ces divers pouvoirs que la part de décision propre du Président est clairement indiquée par les textes.

La question de l'arbitrage présidentiel n'a pas cessé d'être discutée. Seul M. Pierre Mesmer a déclaré sans la moindre ambiguïté que « depuis l'élection du chef de l'État au suffrage universel, le président de la République a cessé d'être un arbitre » (A.N., Csion des lois, 9 oct. 1973). Le débat s'est finalement circonscrit à deux hypothèses où se trouverait remise en cause la « neutralité » inhérente à la condition de tout arbitre : celle d'une intervention du Président lors d'élections législatives et celle du comportement qu'il devrait avoir au cas de discordance entre majorité présidentielle et majorité parlementaire. On se bornera à remarquer, ce qui donne raison à M. Mesmer, que l'élection du chef de l'État au suffrage universel direct, d'où se déduit la notion de majorité présidentielle, oblige pratiquement le Président à intervenir pour que celle-ci soit confirmée à chaque consultation générale du corps électoral.

V. sur ce point, dans *Prat. Inst.,* la position de M. Giscard d'Estaing, doc. 5-102, et celle de M. Mitterrand, doc. 5-103. V. également l'invocation de la fonction présidentielle d'arbitrage par M. Chaban-Delmas à l'appui de l'avis contraire à la dissolution qu'il a exprimé en qualité de président de l'Assemblée. *Prat. Inst.,* doc. 12-120, *infra,* n° 447.
— Sur l'article 5, V., outre le commentaire précité de G. Conac, Ph. Ardant, *L'article 5,* Pouvoirs, 1987, n° 41. — B. Pays, *L'article 5 de la Constitution,* Th. Paris I, 1987.

Section 2

Les attributions du président de la République

441. — Classifications des attributions présidentielles. — Les attributions conférées au président de la République par la Constitution ne forment pas un ensemble homogène. A considérer leur régime, il est possible de faire entre elles un certain nombre de distinctions.

La première de ces distinctions, et la plus importante du

point de vue du droit constitutionnel, est celle qui repose sur l'exigence de contreseing. Le contreseing remplit en effet une triple fonction : une fonction d'authentification de la signature présidentielle, une fonction de transfert de responsabilité à l'autorité contresignataire, contrepartie nécessaire de l'irresponsabilité du chef de l'État ; une fonction de technique juridique enfin, donnant à l'acte contresigné le caractère d'un acte collectif résultant de l'accord de volonté de ceux qui l'ont signé. De ce dernier point de vue, la distinction entre actes exemptés de contreseing et actes soumis au contreseing recoupe celle entre actes dont le Président est le seul auteur et actes qui comportent des coauteurs, en d'autres termes, celle entre attributions présidentielles personnelles et attributions présidentielles partagées.

Une seconde distinction doit être opérée au sein des attributions personnelles. Si celles-ci correspondent bien à la dispense de contreseing dont bénéficient les actes prévus aux articles 8 (1er al.), 11, 12, 16, 18, 56 et 61, certaines de ces attributions s'exercent sans formalités extérieures tandis que d'autres ne peuvent être exercées que sur proposition ou après consultation d'une autorité déterminée dont l'intervention tempère, au moins en droit, le caractère personnel de leur exercice.

On est ainsi conduit à une répartition en trois catégories depuis les attributions personnelles d'exercice autonome aux attributions partagées, en passant par les attributions personnelles d'exercice conditionné.

Ces distinctions ne recoupent que partiellement celle qui pourrait être établie à partir du caractère lié ou discrétionnaire des compétences du président. Sur cette classification V. J.-P. Payre, *Pouvoirs discrétionnaires et compétences liées du président de la République*, R.D.P., 1981, p. 1613.

§ 1. — Les attributions personnelles d'exercice autonome

442. — La nomination et le remplacement du Premier ministre. — La Constitution (art. 8, al. 1) dispose que le président de la République nomme le Premier ministre.

Non seulement le décret de nomination est dispensé du

contreseing — ce qui pourrait s'expliquer par des raisons purement pratiques — mais encore aucune condition de forme ou de fond ne vient limiter la liberté de choix du Président. La référence aux « consultations d'usage », que l'on trouvait à l'article 45 de la Constitution de 1946 et qui codifiait une coutume, a disparu et la pratique a montré que le choix du Président pouvait ne pas se porter nécessairement sur un membre du Parlement.

Si l'acte par lequel le Président « met fin aux fonctions du Premier ministre » est également dispensé du contreseing, il est suivant la lettre de l'article 8, al. 1, conditionné par la présentation, par ce même Premier ministre, de la démission du Gouvernement. On aura l'occasion de revenir sur cette condition (V. n° 466) au regard d'une pratique qui justifie que, malgré cette disposition, l'hypothèse soit dès à présent mentionnée.

La liberté de choix, par le Président de la République, du Premier ministre s'inscrit cependant dans le contexte politique défini par la concordance ou la non-concordance des majorités présidentielle et parlementaire. Fonction de considérations personnelles dans le premier cas, elle a dû, dans le second, tenir compte du fait majoritaire.

443. — Le droit de message. — Le droit de message est une prérogative traditionnelle du Président de la République. La Constitution a maintenu et même étendu cette prérogative. Elle prévoit d'une part (art. 18) que le Président communique avec les deux assemblées du Parlement par des messages qu'il fait lire et qui ne donnent lieu à aucun débat. Lorsque le Parlement n'est pas en session, il est spécialement réuni à cet effet. Le texte constitutionnel dispose, d'autre part (art. 16), que le Président informe la nation par un message des mesures exceptionnelles exigées par les circonstances et qu'il a décidé de prendre en vertu de cet article.

En fait, le droit reconnu au chef de l'État — du moins dans les rapports avec les assemblées — s'efface derrière la pratique des conférences de presse ou des entretiens télévisés qui, la solennité en moins, sont comme autant de « messages » à la nation.

Compte tenu du message de l'article 16, le nombre des messages du Président de la Ve République, demeure assez faible. En un demi-siècle, ce nombre s'élève seulement à douze, dont trois depuis

1986. V. *Prat. Inst.*, doc. 18-800 et suivants, qui rapportent le texte de ces messages. Il est certain que celui du 8 avril 1986, adressé à une Assemblée dont la majorité était différente de la majorité présidentielle, a revêtu une signification particulière dans la mesure où le Président y exposait les conséquences qu'il tirait de cette situation quant à l'exercice de ses attributions.

Les dispositions constitutionnelles ont posé quelques problèmes. En ce qui concerne les messages au Parlement, la Constitution indique bien que le Président « les fait lire » mais ne précise pas par qui. L'usage a investi de ce rôle les présidents des assemblées, mais il n'y a là rien d'obligatoire et le Président pourrait charger de cette mission toute personne de son choix pourvu qu'elle ait normalement accès aux assemblées. Cela aurait épargné au président du Sénat, candidat à la Présidence en 1969, de lire le message de son rival heureux. Le général de Gaulle avait, à plusieurs reprises, exprimé le souhait que la Constitution soit modifiée pour venir lire les messages lui-même. C'était également la position de M. Giscard d'Estaing. Mais si la chose se pratique dans d'autres pays, elle se heurte en France à une tradition insurmontable qui remonte à M. Thiers et à la méfiance chronique que son habileté et son ascendant personnel avaient fait naître.

Un second problème est de savoir comment doit être qualifiée la réunion du Parlement spécialement convoquée pour la lecture du message : session extraordinaire ou session spéciale? La convocation d'une session extraordinaire étant soumise à contreseing alors que le message ne l'est pas, il semble que l'on doive opter pour la session spéciale. M. Michel Debré n'en avait pas moins conclu pour la session extraordinaire dans un discours au Conseil d'État (*Prat. Inst.*, doc. 001-00, p. 3, col. 1). Enfin, la doctrine paraît divisée sur la nature de l'acte par lequel le Président de la République sollicite une nouvelle délibération de la loi. L'article 10 qui prévoit cette dernière n'est pas exclu par l'article 19 du champ d'application du contreseing. Si l'on admet, cependant, que le seul moyen de communication du Président avec les assemblées est le message, la demande de nouvelle délibération ne pouvant prendre que cette forme devrait en suivre le régime. J.-Cl. Maestre, *Les messages présidentiels en France*, R.D.P. 1964, p. 392 (V. *infra*, n° 451).

444. — Le Président de la République, chef des armées. — L'article 15 de la Constitution confère au Président de la République la qualité de « chef des armées » et lui confie, à ce titre, la présidence des conseils et comités de la Défense nationale.

Si cette seconde fonction est évidemment collégiale, la première a un caractère personnel dont l'importance s'est considérablement accrue, non seulement à raison du contexte dans lequel elle est désormais inscrite (V. Ord. 7 janvier 1959 portant organisation générale de la Défense), mais encore du fait qu'un décret du 14 janvier 1964 a donné au Président le pouvoir d'engager la force nucléaire.

— V. R. Chiroux, *Le Président de la République et la force nucléaire*, Ann. Fac. dt Clermont-Ferrand, 1980.

445. — Le Président de la République et le Conseil constitutionnel. — Sont dispensés du contreseing, d'une part, les actes par lesquels le Président désigne ceux des membres du Conseil constitutionnel qui sont à sa nomination et le président de ce Conseil (Const., art. 56), d'autre part, les actes par lesquels le Président saisit le Conseil soit de la constitutionnalité d'un accord international (Const. art. 54; V. n° 394), soit de celle d'une loi ordinaire (Const. art. 61; V. n° 392).

Il s'agit là d'attributions rigoureusement personnelles dont l'exercice, lors même qu'il n'est pas facultatif, n'est subordonné à aucune condition déterminée.

§ 2. — LES ATTRIBUTIONS PERSONNELLES
D'EXERCICE CONDITIONNÉ

446. — Le recours au référendum de l'article 11. — Comme on l'a vu (n° 397) cet article de la Constitution permet au Président de soumettre au référendum certains projets de loi. La décision est prise par décret du chef de l'État, dispensé du contreseing.

L'article 11 subordonne cependant la prise de cette décision à une double condition. Elle ne peut intervenir que pendant les sessions et nécessite soit une proposition du Gouvernement, soit une proposition conjointe des deux assemblées, publiées au *Journal officiel*. L'ordonnance du 7 novembre 1958, portant loi organique sur le Conseil constitutionnel, prévoit en outre la consultation de celui-ci sur l'organisation des opérations de référendum (art. 46). Il s'agit donc d'une compétence dont le Président, s'il l'exerce seul, n'a pas en principe l'initiative.

La pratique, si elle a récemment donné des exemples de motions proposées ou adoptées dans l'une ou l'autre assemblée (V. n° 419), ne contient aucune illustration de « proposition conjointe ». Quant aux propositions du Gouvernement, il est manifeste qu'elles ne sont intervenues que pour assurer *a posteriori* la régularité formelle de ce qui avait été en réalité une initiative personnelle du Président avec laquelle il est même arrivé que le Gouvernement n'ait pas été spontanément d'accord.

La consultation des textes relatifs aux différentes applications de cette procédure (V. *Prat. Inst.,* doc. 11-100 à 11-701) permet d'en apercevoir la pratique réelle. Sans doute, dans tous les cas, le décret présidentiel est-il précédé d'une lettre du Premier ministre faisant état d'une délibération du Conseil des ministres mais les visas du décret lui-même, s'ils mentionnent toujours la consultation du Conseil constitutionnel, ne font état d'une proposition du Gouvernement que deux fois sur cinq. S'agissant en particulier du référendum sur la modification du mode d'élection du Président, la chronologie des interventions est révélatrice : tandis que la lettre du Premier ministre vise une délibération du Conseil « de ce jour » (2 oct.), c'est le 20 septembre précédent que le Président de la République avait officiellement fait part de sa décision par une allocution radiodiffusée. La situation n'a pas été différente pour le référendum du 23 avril 1972. Si le décret qui le décide vise bien la proposition du Gouvernement et la lettre du Premier ministre une délibération du Conseil des ministres « de ce jour » (5 avril), le Président de la République avait fait connaître sa décision dans une conférence de presse du 16 mars précédent et il devait confirmer ultérieurement que c'était bien lui qui avait personnellement pris l'initiative malgré les réticences du Premier ministre (conf. de presse du 21 sept.).

On remarquera que la proposition du Gouvernement exigée par l'article 11 compense en quelque sorte la dispense de contreseing et aboutit au même transfert de responsabilité. Il suffit pour s'en convaincre de lire le dernier considérant de la motion de censure du 2 octobre 1962 « considérant que le Président de la République n'a pu agir que sur la proposition du Gouvernement, censure le Gouvernement... » (*Prat. Inst.,* doc. 49-204).

La réglementation relative à l'hypothèse d'une proposition conjointe des deux assemblées se trouve dans le règlement de celles-ci A.N., art. 122 et s., Sénat, art. 67 et s.

447. — La dissolution de l'Assemblée nationale. — L'article 12 de la Constitution dispose que le Président de la République « peut, après consultation du Premier ministre et des présidents des assemblées, prononcer la dissolution de l'Assemblée nationale ». Cette possibilité est cependant exclue dans trois cas : dans l'année qui suit les élections consécutives à une dissolution; en période d'application de l'article 16 et en période d'intérim des fonctions présidentielles.

La dissolution est prononcée par décret présidentiel dispensé de contreseing. S'agissant d'une faculté, l'appréciation présidentielle est souveraine et si le chef de l'État doit consulter le Premier ministre et les présidents des assemblées, il ne s'agit que d'une consultation, qui, juridiquement, ne limite pas au fond sa liberté de décision. Celle-ci n'est pas non plus conditionnée par le retrait par l'Assemblée de sa confiance au Gouvernement.

Depuis les origines, la pratique de la Ve République a connu quatre dissolutions. La première, prononcée par un décret du 9 octobre 1962, répondait à la motion de censure qui avait entraîné la démission collective du Gouvernement, suite à l'utilisation de l'article 11 pour la révision du mode d'élection du Président. La deuxième, prononcée par un décret du 30 mai 1968, était liée aux événements de cette période et est intervenue bien que le Gouvernement conservât la confiance de l'Assemblée comme l'avait prouvé le 14 mai précédant le rejet d'une motion de censure. Les deux dernières ont été prononcées par le Président de la République nouvellement élu par une majorité différente de celle existant à l'Assemblée (D. 22-5-1981 et 14-5-1988). Cette pratique n'avait pas rencontré un assentiment général. En 1981, le président de l'Assemblée avait fait connaître par un communiqué (*Prat. inst.*, doc. 12-120) qu'il avait exprimé un avis contraire, estimant que « l'arbitrage présidentiel n'aurait été justifié que par l'existence d'un conflit ouvert entre les pouvoirs résultant d'un vote hostile de l'Assemblée sur le programme du Gouvernement ». En 1988, la dissolution, considérée par M. R. Barre comme conforme à la logique institutionnelle de la Ve République, avait provoqué les réserves de M. Giscard d'Estaing. Elle n'en répondait pas moins aux souhaits exprimés par le Premier ministre nouvellement nommé (V. « Le droit constitutionnel de la cohabitation ;», *op. cit.*, p. 115 et les notes). Dans tous les cas, la dissolution a entraîné l'élection d'une nouvelle assemblée favorable aux positions du chef de l'État.

448. — L'exercice des pouvoirs exceptionnels de l'article 16.
— L'article 16 de la Constitution, dont il est indispensable de reproduire le texte, dispose :

« Lorsque les institutions de la République, l'indépendance de la Nation, l'intégrité de son territoire ou l'exécution de ses engagements internationaux sont menacés d'une manière grave et immédiate et que le fonctionnement régulier des pouvoirs publics constitutionnels est interrompu, le

Président de la République prend les mesures exigées par les circonstances, après consultation du Premier ministre, des présidents des assemblées ainsi que du Conseil constitutionnel. Il en informe la Nation par un message. Ces mesures doivent être inspirées par la volonté d'assurer aux pouvoirs publics constitutionnels, dans les moindres délais, les moyens d'accomplir leur mission. Le Conseil constitutionnel est consulté à leur sujet. Le parlement se réunit de plein droit. L'Assemblée nationale ne peut être dissoute pendant l'exercice des pouvoirs exceptionnels. »

Il s'agit, comme on le voit, d'un régime exceptionnel de crise, tant interne, qu'internationale. Son existence a donné lieu à une abondante littérature plus politique que juridique et, de manière générale, plus hostile que favorable. On peut en effet nier l'utilité d'un tel régime en espérant que les circonstances n'en justifieront jamais la mise en œuvre. Il ne faut cependant pas confondre l'espérance et l'imprévision. Entre l'absence de dispositions appropriées, dont on sait d'expérience qu'elle ouvre la voie à toutes les surprises, et leur présence, qui n'implique pas nécessairement que ces dispositions soient utilisées, la véritable question se ramène au seul point de savoir de quelles garanties est entourée cette utilisation éventuelle qui l'empêchent de dégénérer en entreprise factieuse.

De ce point de vue, on ne peut manquer d'être frappé par l'accumulation des conditions mises à l'exercice par le chef de l'État d'une compétence qui, pour lui être personnelle, ne revêt en aucun de ses aspects — sauf peut-être dans la durée — un caractère discrétionnaire. Ces conditions sont de trois ordres : les unes comportent une détermination précise des circonstances, qui résulte cumulativement de la menace grave et immédiate pesant sur les institutions, l'indépendance nationale, l'intégrité du territoire ou l'exécution des engagements internationaux *et* de l'interruption simultanée du fonctionnement régulier des pouvoirs publics constitutionnels. Lorsque ces conditions préalables sont remplies, qui donnent la mesure de la gravité des circonstances, l'article 16 n'ouvre pas un choix au Président. La rédaction indique que la compétence du chef de l'État est liée : « il prend » les mesures exigées par les circonstances et sa décision d'application de l'article est dispensée de contreseing. Elle n'en est pas moins précédée, accompagnée et conditionnée par un ensemble de mesures qui constituent une seconde série de garanties. C'est, d'une part, la consultation officielle du Premier ministre, des présidents des assemblées, et du Conseil constitutionnel. C'est, d'autre part, l'information de la Nation, par un message. C'est enfin la réunion de plein droit du Parlement, l'Assemblée nationale étant, en outre, à l'abri de toute dissolution. La décision présidentielle est ainsi inscrite dans un contexte solennel qui la soumet à l'appréciation tant des autorités constituées que de l'opinion publique. Quant aux mesures à prendre, elles sont soumises à des exigences qui forment la troisième série de garanties. A la consultation du Conseil constitutionnel s'ajoute l'application du principe de proportionnalité, c'est-à-dire de la stricte adéquation de ces mesures à l'objectif à atteindre qui est « d'assurer aux pouvoirs publics constitutionnels, dans les moindres délais, les moyens d'accomplir leur mission ».

Ainsi strictement réglementé, le régime de l'article 16 n'a heureusement donné lieu qu'à une seule application qui a cependant permis d'en apercevoir les insuffisances. C'est à la suite du coup de force militaire survenu à Alger le 21 avril 1961 que le Président de la République en a décidé l'application par une décision du 23 avril suivant. Si la constitutionnalité de cette décision n'a été contestée par personne, des problèmes de deux ordres sont apparus à l'occasion de sa mise en œuvre.

Les premiers ont concerné les pouvoirs de l'Assemblée nationale. La réunion de plein droit du Parlement prescrite par l'article 16 ayant, par un hasard de dates, correspondu avec l'ouverture de la session ordinaire de printemps, une première question a été de qualification de cette session dont dépendaient les modalités différentes d'exercice de la fonction parlementaire. Une seconde question liée à la précédente fut de savoir si une motion de censure pouvait être déposée contre le Gouvernement pendant l'application de l'article 16. Après avoir consulté le Conseil constitutionnel qui se déclara incompétent (Cons. const., rec., p. 55), le président de l'Assemblée trancha par la négative. Indépendamment de ce point, mais toujours en relation avec la qualification de la réunion de plein droit du Parlement, une troisième question fut de savoir si le travail parlementaire pouvait suivre son aboutissement législatif normal, ce que le chef de l'État contesta dans une lettre au Premier ministre du 31 août au motif que le Parlement n'avait pas à légiférer « en dehors des sessions ».

Le second problème a été celui de la durée d'application du régime de l'article 16. Alors que le coup de force militaire du 21 avril avait rapidement fait long feu et avait définitivement échoué le 25, l'article 16 fut appliqué jusqu'au 29 septembre. Sans doute, la Constitution ne fixe-t-elle pas expressément un terme, qui, en tout état de cause, est impossible à préfixer. Il n'en reste pas moins qu'elle en indique les conditions de survenance. Dès lors qu'il n'y a plus menace, non seulement grave, mais immédiate, et surtout que, la menace persistant, les pouvoirs publics constitutionnels sont à nouveau en mesure d'accomplir normalement leur mission, il est clair que l'application de l'article 16 doit être levée. Qu'il n'en ait pas été ainsi en 1961 a malheureusement nui au crédit de l'institution en l'hypothéquant d'une suspicion dont elle n'avait pas besoin.

Enfin, le troisième problème a été celui du régime juridique des mesures prises sur la base de l'article 16 et plus spécialement de leur contrôle, compte tenu de la circonstance que ces mesures pouvaient intervenir dans des domaines réservés à la loi par l'article 34 de la Constitution. Par un arrêt du 2 mars 1961, Rubin de Servens (rec., p. 143), le Conseil d'État a décliné sa compétence, tant au regard de la décision présidentielle de mise en œuvre au motif qu'il s'agissait d'un acte de gouvernement, qu'en ce qui concernait la décision attaquée, parce que celle-ci, portant sur une matière énumérée à l'article 34, avait le caractère d'un acte législatif.

Plus récemment, un problème d'une autre nature s'est posé en relation avec la ratification du protocole annexe n° 6 à la convention européenne des droits de l'homme relatif à l'abolition de la peine de mort. C'est pour lever toute incertitude que le Président de la République a saisi le Conseil constitutionnel (V. n° 394). Dans sa décision de non-contrariété, celui-ci a relevé, d'une part que cet accord pouvait être dénoncé dans les conditions fixées par l'article 65 de la convention; d'autre part que la peine de mort pouvait être prévue pour des actes commis en temps de guerre ou de danger imminent de guerre, ce qui ne résoud pas vraiment le problème que le protocole pourrait le cas échéant constituer en matière d'article 16. (Sur cette décision, V. L. Favoreu, A.F.D.I., 1985, p. 868).

— On trouvera l'ensemble des documents intéressant la mise en œuvre de l'article 16 et les problèmes qu'elle a posés dans *Prat. Inst.*, nos 16-100 à 16-108.

Divers antécédents ont été suggérés pour l'article 16 : les uns dans l'institution de la dictature *res publica restituenda* de la République romaine ; les autres dans le droit comparé et plus spécialement dans l'article 48 de la Constitution allemande dite de Weimar ; d'autres, enfin, dans l'histoire constitutionnelle française qu'il s'agisse de l'article 92 de la Constitution de l'An VIII ou dans l'article 14 de la charte de 1814, fondement des ordonnances de Charles X, qui devaient provoquer la révolution de 1830. En réalité, même si Paul Reynaud a pu prétendre, très longtemps après, que le Président de la IIIe République avait plutôt trop de pouvoirs que pas assez, c'est dans le souvenir qu'il avait conservé des événements de 1940 que le général de Gaulle a puisé l'inspiration de l'article 16, qui paraît à la fois très largement original et directement marqué par ces événements. On en trouve la preuve dans la lettre au Premier ministre du 31 août 1961.

L'abrogation pure et simple de l'article 16 était inscrite au programme commun de l'union de la gauche. Elle ne figurait plus dans les « 110 propositions » de janvier 1981. Outre cette solution radicale, différentes propositions de révision ont été conçues dans le souci de remédier à l'absence de délai d'application, soit qu'il incombe au Conseil constitutionnel de mettre fin de sa propre autorité à cette application, soit qu'un délai soit préfixé, ce qui ne peut s'admettre qu'avec la possibilité de prorogation dans les mêmes formes que la décision initiale.

— Sur l'article 16, V. M. Voisset, *L'article 16 de la Constitution du 4 octobre 1958*, L.G.D.J., 1969, et *Pouvoirs*, no 10, 1969, spécialement : *une formule originale de crise : l'article 16*.

§ 3. — Les attributions collégiales ou partagées

449. — Les présidences. — La Constitution place un certain nombre de conseils sous la présidence du Président de la République.

● Le Conseil des ministres et par extension les différentes formations secondaires dans lesquelles celui-ci peut, le cas échéant, être constitué.

● Les conseils et comités de la Défense nationale, que le Président préside en sa qualité de chef des armées.

● Le Conseil supérieur de la magistrature, que le président préside en sa qualité de garant de l'indépendance de l'autorité judiciaire.

Ces présidences ne se limitent pas à une présence physique et à la police de la délibération. Elles comportent une véritable participation et impliquent le plus souvent le droit de dernier mot qui n'est autre que le véritable pouvoir de décision. On observera à cet égard que le Conseil constitutionnel a rejeté le grief tiré de l'absence du Premier ministre à un conseil des ministres au cours duquel avait été adopté un projet de loi, au motif notamment que le Conseil, lorsque ce projet y avait été délibéré, était présidé par le Président de la République (Cons. const., 12-9-1984, 84/179 DC, 73).

— D. Turqin, *La présidence du Conseil des ministres*, R.D.P., 1987, p. 873. — Chr. Gouaud, *Le Conseil des ministres sous la Ve République*, R.D.P., 1988, p. 717.

450. — La participation du Président au fonctionnement du Parlement.
— Le Président participe au fonctionnement des assemblées dans tous les cas où celles-ci ne se réunissent pas de plein droit et où il lui appartient de les convoquer. Ainsi, outre la réunion destinée à l'audition des messages (V. n° 443), de la convocation du Congrès dans le cadre de la procédure de révision (V. n° 396) et de la convocation des sessions extraordinaires (V. n° 494).

La réglementation des sessions extraordinaires telle qu'elle résulte de l'article 29, al. 1, de la Constitution suggère que leur convocation est, pour le Président, l'exercice d'une compétence liée. Ce texte dispose : « Le Parlement est réuni en session extraordinaire à la demande du Premier ministre ou de la majorité des membres composant l'Assemblée nationale sur un ordre du jour déterminé ». La convocation est effectuée par décret présidentiel soumis à contreseing.

La pratique ne paraît pas aussi nette, une distinction devant être faite suivant que la demande émane du Gouvernement ou d'une majorité de députés.

Dans le premier cas, si le Président accède à la demande d'un gouvernement dont la majorité coïncide avec la majorité présidentielle, la cohabitation a été l'occasion pour le chef de l'État de rappeler qu'il lui appartenait de décider seul la convocation d'une session extraordinaire et d'en fixer l'ordre du jour. Aussi bien, a-t-on pu, au cours de cette période, relever un refus (*Le droit constitutionnel de la cohabitation*, op. cit., p. 187).

Dans le second cas, la pratique a débuté par un refus opposé par le général de Gaulle le 18 mars 1960. Cette décision a fait l'objet de commentaires divergents. En présence d'une demande identique,

M. Giscard d'Estaing y a au contraire accédé le 12 mars 1981, non sans rappeler le précédent de 1960 et en observant que la demande émanait moins de députés que d'un parti politique.
— Sur le précédent de 1960, V. G. Berlia, R.D.P., 1960, p. 302. —
M. Prélot, ce *Précis*, 5e éd., n° 475. — *Prat. inst.*, doc. 30-100 et 101.
— Sur celui de 1981, *Prat. inst.*, doc. 30-102 et 103.

451. — La participation du Président à la procédure législative.

— Indépendamment de la faculté personnelle, dont il dispose, de déférer une loi au Conseil constitutionnel et de la part qu'il prend, à la présidence du Conseil des ministres, à l'établissement des projets de loi, le Président participe de deux manières à la procédure législative.

En vertu de l'article 10 de la Constitution, il est chargé de la promulgation des lois dans les quinze jours qui suivent la transmission au Gouvernement du texte définitivement adopté. Mais, avant l'expiration de ce délai, il peut aussi demander au Parlement une nouvelle délibération — qui ne peut être refusée — de la loi ou de certains de ses articles. Les conditions de cette double intervention doivent être précisées, tant à l'égard de chacune d'elles, que du fait des incidences du contrôle de constitutionnalité.

A. *La promulgation* n'est pas un élément de formation de la loi qui, sous réserve de ce contrôle, est parfaite du seul fait de son adoption définitive par le Parlement. C'est une opération de vérification et d'authentification, par laquelle le Président de la République « atteste que la loi a été régulièrement délibérée et votée » (Cons. const. 23-8-1985, 85/197 DC, 70), d'où se déduit que cette loi doit recevoir application. Sous réserve du droit de demander une seconde délibération et sauf déclaration d'inconstitutionnalité totale ou partielle mais inséparable, la promulgation est pour le Président obligatoire et s'effectue par décret contresigné dont la formule varie suivant la procédure législative suivie.

B. *La demande de seconde délibération,* dont, comme on vient de le voir, la constitution ne détermine que l'étendue — la loi ou certains de ses articles — a, à l'usage, posé plusieurs questions.

Les unes sont de forme. La demande devant être contresignée par le Premier ministre, il a été soutenu qu'il s'agissait pour celui-ci d'une compétence liée au motif que cette seconde délibération ne pouvait être refusée. L'impossibilité de ce refus ne concerne cependant que le Parlement et ne s'impose pas au Premier ministre qui reste maître de son contreseing. D'autre part, et à la différence des dispositions constitutionnelles antérieures, il n'est plus indiqué que la demande est formulée par une message motivé. La solution, dont la constitutionnalité a été, au moins partiellement mise en doute, a tenu dans la prise d'un décret présidentiel motivé, non délibéré en conseil des ministres, contresigné du seul Premier ministre et précisant que la seconde délibération interviendrait en premier lieu à l'Assemblée nationale (D. 13 juill. 1983), à l'ordre du jour de laquelle la question ne fut finalement jamais inscrite.

Une autre question, celle-ci de fond, procède de la confrontation des dispositions de l'article 10 précité et de celles de l'article 23 de l'ordonnance organique sur le Conseil constitutionnel suivant lesquelles, au cas où le Conseil a déclaré inconstitutionnels mais séparables un ou plusieurs articles d'une loi, le Président de la République peut, soit promulguer la loi à l'exception de ces articles, soit demander aux chambres une « nouvelle lecture ». A la suite d'une déclaration de non-conformité partielle, un décret du 9 août 1985 a fait application de l'article 10 pour l'ensemble de la loi. La constitutionnalité de cette démarche ayant, à son tour été contestée, le Conseil constitutionnel devait décider, d'une part qu'il était loisible au Président de la République de demander au Parlement une nouvelle délibération en vue d'assurer la conformité de la loi à la constitution; d'autre part, que les articles 22 et 23 de la loi organique constituent des « modalités d'application » de l'article 10, les expressions « nouvelle lecture » et « nouvelle délibération » ayant une signification identique; enfin, que le choix par le Président de la République dans l'exercice des prérogatives que lui reconnaît l'article 10, du recours à la demande de nouvelle lecture prévu par l'article 23 de l'ordonnance organique « a pour effet de prolonger, par une phase complémentaire, la procédure législative issue du projet ou de la proposition de loi » (Cons. const., 23-8-1985, 85/197 DC, 70).

En disposant que la saisine du Conseil constitutionnel suspend le délai de promulgation, la Constitution ne règle pas tous les aspects du problème puisque aussi bien la rapidité avec laquelle le Président promulgue peut faire échec à une saisine, qui n'est plus possible après promulgation. Cette situation peut surtout se présenter dans l'hypothèse d'une saisine parlementaire, compte tenu du délai nécessaire pour réunir les soixante signatures exigées. Sur cette question et les conditions empiriques de sa résolution, V. M. Charasse, *Saisir le Conseil,* Pouvoirs, 1980, n° 13, p. 28.

A la suite de la décision du Conseil constitutionnel du 16 janvier 1982 — déclarant à la fois inconstitutionnelles et inséparables certaines dispositions de la loi de nationalisation — on a pu se demander si le Président de la République n'aurait pas pu se borner à demander au Parlement une « nouvelle lecture » des dispositions condamnées — en se fondant sur l'article 10, al. 2, qui prévoit la possibilité de demander une « seconde délibération » de la loi ou de « certains de ses articles ». Une telle solution semble devoir être écartée. Outre que l'article 23 de l'ordonnance la réserve au cas de dispositions séparables, le caractère inséparable des dispositions déclarées inconstitutionnelles projette, par hypothèse, cette inconstitutionnalité sur l'ensemble d'un texte, dont on ne peut dès lors admettre que les autres dispositions doivent être considérées comme définitivement adoptées. Quoiqu'il en soit, le Gouvernement a suivi la seule démarche indiscutable en saisissant le Parlement d'un nouveau projet de loi tenant compte de la décision du Conseil constitutionnel.

— La décision du Conseil constitutionnel du 25 février 1962 déclarant séparables les dispositions législatives qu'il frappait d'inconstitutionnalité a permis au Président de la République de procéder à une promulgation dans les conditions de l'article 23 de l'ordonnance portant loi organique. Il en est résulté un texte singulier qui figure au *Journal officiel* avec des points de suspension et des références en bas de page à la décision du Conseil constitutionnel, ce qui était parfaitement inutile et ne constitue pas un signe de progrès dans la technique législative, ce mode de publication continue d'être pratiqué d'une manière au surplus ambiguë (V. *J.O.,* 16-1-1990, p. 642, col. 2).

— J.-Y. Plouvin, *Le droit présidentiel de demander une seconde délibération de la loi,* R.D.P., 1980, p. 1563 — Ed. Sauvignon, *La promulgation des lois : réflexions sur la jurisprudence Desreumeaux,* R.D.P., 1981, p. 989 — B. Baufumé, *Le droit présidentiel de demander une nouvelle délibération de la loi : le précédent du 13 juillet 1983 (Loi sur l'exposition universelle de 1989),* R.D.P., 1985, p. 1239.

452. — La participation du Président à l'exercice du pouvoir réglementaire.

En vertu de l'article 13 de la Constitution, le Président de la République « signe les ordonnances et les décrets délibérés en Conseil des ministres ».

A la différence de ce qui se passe pour la promulgation,

il s'agit là d'une véritable attribution de compétence au fond, qui résulte d'un partage du pouvoir réglementaire opéré par l'article 21 de la Constitution suivant lequel le Premier ministre exerce le pouvoir réglementaire « sous réserve des dispositions de l'article 13 ». C'est donc tout à fait correctement que le général de Gaulle a pu déclarer que le Président « décrète *ou non* les mesures qui lui sont proposées » (Conf. de presse du 31 janv. 1964, *Prat. Inst.,* doc. 5-100).

La pratique est, à cet égard, inconnue en matière de décret, bien que l'on puisse avoir des raisons de croire que des refus ont été opposés. En revanche et jusqu'à une époque récente, elle ne donnait aucun exemple d'un refus du Président de signer une ordonnance. C'est donc non sans une certaine surprise que l'on a vu le Président Mitterrand opposer à trois reprises un tel refus, après avoir d'ailleurs averti de ses intentions. Cette éventualité a donné lieu à des controverses opposant les partisans de l'obligation de signer à ceux de la liberté de ne pas signer. La circonstance que le gouvernement ait agi sur habilitation législative, faisant partie du régime même des ordonnances, n'a pas de signification particulière, non plus que celle résultant de la déclaration de conformité de la loi d'habilitation par le Conseil constitutionnel qui, en tant que telle, ne concerne que la validité de la loi. De même, n'a pas à être pris en considération le fait que le Président ait promulgué la loi d'habilitation, car il n'est pas contestable que, dans ces conditions, il s'agissait juridiquement pour lui d'une obligation à laquelle il ne pouvait en aucun cas se soustraire. Il ne semble donc pas possible de déduire de ces éléments des arguments en faveur d'une obligation de signer les ordonnances. En revanche, il faut considérer que l'habilitation parlementaire n'est qu'une « autorisation » dont le gouvernement peut user ou ne pas user et non une injonction. En prévoyant que les ordonnances sont « prises en conseil des ministres » et en attribuant au Président de la République la compétence pour les signer, opération qui se distingue de la promulgation, la Constitution paraît bien réserver au chef de l'État un pouvoir de décision propre, tant du fait de la délibération au sein d'un conseil qu'il préside, que de l'exigence d'une signature qui ne saurait avoir valeur de simple authentification.

Il reste que l'espèce de leçon ainsi administrée à la

majorité parlementaire qui avait autorisé l'habilitation et devra y revenir pour voter une loi n'est pas sans signification politique. Indiquer de surcroît que, de cette manière, cette majorité devra prendre ses responsabilités aggrave cette leçon puisqu'aussi bien, les ordonnances devant être soumises à ratification parlementaire, de telles responsabilités sont assumées en tout état de cause (V. n° 551).

B. Mathieu, *Les rôles respectifs du Parlement, du Président de la République et du Conseil constitutionnel dans l'édiction des ordonnances de l'article 38,* R.F.D.A., 1987, p. 700.

453. — Les pouvoirs de nomination. — Le Président de la République est investi du pouvoir de nommer, outre le Premier ministre (V. n° 466) et par décret contresigné :
— « les autres membres du Gouvernement sur proposition du Premier ministre »;
— aux emplois civils et militaires de l'État.

Posée en termes de principe pour rehausser le prestige de la fonction publique nationale, cette seconde règle serait en pratique inapplicable. Aussi convient-il, après la Constitution elle-même, de distinguer à cet égard entre plusieurs catégories d'emplois. La première est constituée par ceux de ces emplois qui sont énumérés expressément par l'article 13, al. 3, de la Constitution. Les deux autres catégories sont déterminées par la loi organique à laquelle ce même article 13 (al. 4) renvoie le soin, d'une part de déterminer les autres emplois auxquels il est pourvu en Conseil des ministres; d'autre part, de définir les conditions auxquelles le pouvoir de nomination du Président de la République peut être délégué au Premier ministre.

Cette loi organique (Ord. 28 nov. 1958) a en réalité ouvert une quatrième catégorie. Après avoir ajouté à la liste de l'article 13, al. 3, et avant de renvoyer tous les autres emplois à la nomination du Premier ministre, elle énumère des emplois auxquels il est pourvu par décret du Président de la République mais sans intervention du Conseil des ministres.

454. — Le droit de grâce. — L'article 17 de la Constitution dispose que le Président de la République « a le droit de faire grâce ».

Dans la mesure où il se présente comme un survivance des droits régaliens, ce droit devrait être considéré comme strictement personnel. Cependant l'article 65 de la Constitution précise que le Conseil supérieur de la magistrature est consulté sur les grâces, dans les conditions fixées par une loi organique qui dispose à son tour que « le décret de grâce, signé par le Président de la République, est contresigné par le Premier ministre, par le ministre de la Justice, et, le cas échéant, par le ministre qui a procédé à l'instruction du décret » (Ord. 22 déc. 1958, art. 19).

— V. X. Prétot, *Le pouvoir de faire grâce*, R.D.P., 1983, p. 1525. — J. Jeanjean, *Le droit de grâce*, Pouvoirs, 1987, n° 41, p. 151.

455. — La ratification des traités et la déclaration de guerre. — Les pouvoirs du Président sont ici partagés avec ceux du Parlement et ce partage se traduit par l'exigence d'une autorisation parlementaire préalable (Const. art. 35 et 53). Conforme à une tradition qui s'est établie à mi-chemin de la pratique monarchique et de la pratique républicaine pure, cette exigence d'une autorisation parlementaire préalable se justifie d'autant plus que les traités tiennent dans l'ordre juridique interne une place qui leur permet de l'emporter sur la loi (V. n° 394).

Section 3
Les moyens d'action du président de la République

456. — Les services. — S'il n'existe pas une administration de la Présidence, le Président de la République dispose au palais de l'Élysée d'un certain nombre de collaborateurs appartenant pour la plupart à la fonction publique et qui sont prêtés par leurs administrations. Ces collaborateurs sont regroupés en trois structures : le cabinet, placé sous l'autorité d'un directeur de cabinet et qui est relativement peu nombreux ; le secrétariat général, placé sous l'autorité d'un secrétaire général de la Présidence et qui constitue la structure principale ; enfin, l'état-major particulier.

L'effectif et la répartition des rôles entre les deux premières de ces structures, et à l'intérieur de chacune d'elles, sont relativement souples et évoluent suivant les présidents.

— V. P. Verrier, *Les services de la présidence de la République*, P.U.F., 1971 — St Rials, *La présidence de la République*, Que sais-je?, 2e éd., 1943, p. 103 et s. — J. Massot, *op. cit.*, Doc. Fr. N.E.D. 4801, 1986.

457. — Les actes. — L'exercice de la fonction présidentielle conduit le Président de la République à agir, soit en prenant un certain nombre d'actes écrits comportant des effets de droit — en d'autres termes, en édictant des actes juridiques —, soit en prenant des positions ou des attitudes que l'on peut, pour ne pas les qualifier d'agissements dont le sens pourrait paraître péjoratif, dénommer actes matériels par opposition aux précédents.

Ici encore l'évolution de la fonction présidentielle mais tout autant l'évolution générale des mœurs ont considérablement augmenté la fréquence et le domaine de ces actes matériels, depuis les entretiens avec les chefs d'État et ministres étrangers jusqu'aux propos, discours, messages, conférences de presse et autres interviews auxquels la radio et la télévision confèrent de plus en plus d'audience et de résonance. Aux yeux de l'opinion, mal informée, lors même qu'elle l'est, des expressions juridiques de la fonction présidentielle, ces déclarations et prises de position finissent par représenter l'essentiel de l'activité du Président au point qu'il n'est pas jusqu'aux silences qui ne donnent lieu à interprétation.

De tels actes se prêtent mal à une réglementation juridique précise susceptible d'une sanction déterminée. Leur portée politique n'en est pas moins souvent considérable, ce qui pose la question de savoir à qui en incombe ou qui en assume la responsabilité. Un usage voulait que le Président ne soit jamais seul et que le chef du Gouvernement ou un ministre soit à ses côtés lorsqu'il prononçait un discours de manière à répondre le cas échéant devant les assemblées des propos tenus. Si ce *contreseing de la présence* s'est en partie maintenu, notamment lors des conférences de presse, il n'en a pas moins considérablement régressé.

458. — Les actes juridiques et leur régime. — Le Président de la République est habilité à prendre un certain nombre d'actes juridiques qui se répartissent en trois grandes catégories : les décrets, les ordonnances et les décisions.

Les décrets constituent une catégorie générique dont le

régime relève du droit administratif (V. J. Rivero, Précis Dalloz, 12e éd., 1987, nos 52 et s.). Ceux de ces actes qui émanent du Président de la République posent en tant que tels quelques problèmes particuliers. Il faut d'abord mettre à part les décrets de promulgation des lois dont il a été jugé qu'étant « des actes relatifs aux rapports du pouvoir exécutif avec les chambres », ils ne peuvent faire l'objet d'un recours devant le Conseil d'État (Cons. d'Ét., 3 nov. 1933, Desreumeaux, S. 1934.3.9, note R. Alibert, V. no 451). Il faut ensuite considérer le cas de décrets qui, bien que n'ayant pas été délibérés en Conseil des ministres, n'en portent pas moins la signature du chef de l'État. Par deux décisions (Cons. d'Ét., 28 avril 1962, *Sicard et a.,* A.J.D.A., 1962, p. 284), le Conseil d'État a jugé que si le Président de la République était incompétent pour signer de tels décrets, l'irrégularité résultant de sa signature était couverte par le contreseing du Premier ministre.

Les ordonnances (V. no 387) sont les actes pris sous la signature du Président de la République dans des matières relevant normalement du domaine de la loi sur habilitation parlementaire (Const. art. 38) ou référendaire (L. 13 avril 1962); en d'autres termes, des « décrets en matière législative » (V. no 551). Le Conseil d'État a transposé à cette catégorie d'actes sa jurisprudence traditionnelle en matière de décrets-lois. S'attachant à l'exigence de procédure qui veut que les ordonnances fassent l'objet d'une ratification parlementaire, il a estimé que, bien que portant sur des matières législatives, ces ordonnances conservaient leur caractère d'actes de l'exécutif jusqu'à leur ratification. Il a donc admis d'exercer son contrôle de légalité à l'égard des ordonnances sur habilitation législative jusqu'à leur ratification et a étendu ce régime aux ordonnances sur habilitation référendaire obligeant le législateur à intervenir pour prononcer une ratification que la loi référendaire d'habilitation n'avait pas prévue (Cons. d'Ét., 3 nov. 1961, *Damiani* R.D.P., 1962, p. 368 — 24 nov. 1961, *Féd. nat. synd. de police* rec., p. 658 — 19 oct. 1962, *Canal,* rec., p. 552, Gds arrêts jurisp. adm., no 103 — L. 15 janv. 1963, art. 50).

Les décisions sont les actes par lesquels sont prises les « mesures » prévues par l'article 16 de la Constitution. Comme on l'a vu (no 448), le Conseil d'État s'est déclaré incompétent pour connaître de la décision de mise en application du régime défini par cet article et des décisions prises à ce titre dans les matières législatives.

Il faut ajouter à ces trois catégories, celles des « directives » adressées par le chef de l'État soit au Premier ministre soit directement à tel ou tel ministre ou haut fonctionnaire pour déterminer le programme d'action du Gouvernement et qui ont été de pratique constante depuis le septennat de M. Giscard d'Estaing. Ce type d'acte, s'il présente un intérêt politique certain, paraît dépourvu de toute sanction juridique déterminée.

— V. P. Avril, *Les décrets réglementaires du Président de la République non délibérés en Conseil des ministres*, A.J.D.A., 1976, p. 116 — M. Gaillard, *Les directives présidentielles*, Presses univ., Lyon, 1979.

Section 4
L'irresponsabilité politique

459. — Le principe d'irresponsabilité. — L'article 68 de la Constitution pose le principe de l'irresponsabilité du Président de la République pour les actes accomplis dans l'exercice de ses fonctions. Ce principe s'inscrit dans la tradition du statut du chef d'État parlementaire. Le texte constitutionnel n'apporte à ce principe qu'une seule exception, elle aussi traditionnelle : la haute trahison. Mais la nature et la portée de cette exception, elle-même sujette à discussion, exigent d'être précisées.

Quoi qu'il en soit de ce premier point, si l'article 68 a été invoqué à plusieurs reprises par le Premier ministre pour justifier son refus de répondre à une question mettant en cause le chef de l'État, il reste que l'évolution de la fonction présidentielle se concilie mal avec cette irresponsabilité. Aussi bien, à la suite du refus d'un ancien Président de répondre à la convocation d'une commission d'enquête parlementaire, celle-ci devait exprimer dans son rapport le vœu que l'article 68 soit mis en harmonie avec les responsabilités effectives exercées par le chef de l'État depuis la réforme constitutionnelle de 1962.

460. — L'exception de haute trahison. — La Constitution ne comporte aucune indication qui permette de déterminer en quoi consiste la haute trahison. Un seul élément paraît certain : la haute trahison n'entre pas dans les incriminations prévues par le Code pénal et ce point est confirmé par l'article 68 de la Constitution aussi bien que par les dispositions de la loi organique sur la Haute Cour de justice concernant la poursuite contre les ministres (V. *infra* n° 571). Tandis que pour ces derniers en effet, les textes renvoient aux crimes et délits visés par la loi pénale, ils ne comportent rien de semblable pour le Président de la République, sans pour autant combler cette lacune par une qualification spécifique.

Cette situation n'est pas nouvelle et la doctrine s'est depuis longtemps efforcée d'y remédier sans aller au-delà des conjectures. Les auteurs se sont cependant accordés pour penser que c'était à la Haute Cour qu'il appartenait de qualifier les faits imputés au Président et de déterminer la peine applicable pourvu que celle-ci entre dans la nomenclature des peines établies par la loi. Cette solution peut être acceptée au bénéfice de deux observations : la première, que la loi organique sur la Haute Cour dénie expressément le droit de qualifier les faits à l'instance d'instruction composée de magistrats professionnels; la seconde, qu'elle ne prescrit, pour la peine, aucune référence aux catégories de la loi pénale.

Le Président de la République est mis en accusation par les deux assemblées statuant par un vote identique au scrutin public et à la majorité absolue des membres les composant. Il est jugé par la Haute Cour de justice.

Ce régime n'est pas satisfaisant. Exception à l'irresponsabilité politique habillée en responsabilité pénale, il procède d'une confusion des genres qui porte encore les stigmates d'une époque depuis longtemps révolue où les deux responsabilités n'étaient pas distinguées. Il serait beaucoup plus sain, à beaucoup d'égards, que cette distinction soit faite entre une responsabilité politique, fût-elle exceptionnelle, dont la sanction naturelle serait la destitution, et une responsabilité pénale cumulable avec la précédente qui obéisse aux règles qui lui sont propres devant les juridictions compétentes en la matière, ce qui est la solution aux États-Unis.

Depuis 1848 où la haute trahison était expressément qualifiée « crime » et définie comme « toute mesure par laquelle le président de la République dissout l'Assemblée nationale, la proroge ou met obstacle à son mandat » (art. 68), les constituants n'ont apporté aucune précision alimentant ainsi les débats de doctrine. V. L. Duguit, 2e éd., t. IV, p. 810 — A. Esmein, II, p. 206 — J. Barthélemy et P. Duez, p. 620 — Pour sa part, J. Laferrière (Manuel, p. 1028) se référant à l'article IV de la Constitution allemande de Weimar admettait que la haute trahison puisse être constituée par « toute violation coupable de la Constitution ou d'une loi ». Mais toute violation de cette sorte n'est-elle pas coupable?

A. Moreau, *La haute trahison du Président de la République sous la Ve République*, R.D.P., 1987, p. 1341.

461. — L'irresponsabilité et l'évolution de la fonction présidentielle.

— Le contreseing des actes du chef de l'État apparaissant traditionnellement comme la contrepartie de son irresponsabilité politique, on pouvait déjà estimer, compte tenu du nombre et de l'importance des actes libérés de cette exigence, que la portée de principe de cette irresponsabilité se trouvait sensiblement réduite. L'évolution de la fonction présidentielle, dans son fondement comme dans sa pratique, incline à aller beaucoup plus loin et à se demander si cette irresponsabilité politique du Président de la République est bien encore la règle.

On peut en effet considérer comme largement incompatibles, d'une part l'irresponsabilité politique de principe; d'autre part, les engagements personnels répétés du Président de la République dans la vie politique, qu'il s'agisse, pour ne prendre que quelques exemples, des interventions dans les campagnes en vue des élections législatives, dans l'existence du Gouvernement ou dans le recours au référendum. Aussi bien l'élection au suffrage universel, dans la mesure où elle implique l'existence d'un « programme » sur lequel se rassemble la majorité dite présidentielle, aboutit-elle à faire du Président un véritable chef politique dont la situation et les pouvoirs ne peuvent se concilier avec un statut d'irresponsabilité (V. n° 459).

Si donc la Constitution continue à poser le principe de l'irresponsabilité présidentielle, la pratique donne déjà plusieurs illustrations d'une mise en cause de la responsabilité politique du Président. Outre celle qui découle de la logique même de l'élection au suffrage universel et dont la sanction se trouve dans la non-réélection du président sortant, candidat à un second mandat, d'autres mises en cause ont résulté, soit d'une censure du Gouvernement, soit d'un désaveu populaire à l'occasion d'un référendum aux résultats duquel le Président avait explicitement subordonné son maintien à la tête de l'État. Mais il est possible d'en concevoir d'autres encore et notamment l'envoi à l'Assemblée nationale d'une majorité opposée à la « majorité présidentielle », dès lors surtout que le président se serait engagé dans la campagne en vue des élections législatives.

— Les analyses politologiques de l'élection de M. Mitterrand ne laissent guère de doute sur le fait que l'échec de M. Giscard d'Estaing a constitué la sanction d'une option politique et, pour partie, le rejet d'une personnalité. V. notamment O. Duhamel et J.-L. Parodi, *L'évolution des intentions de vote, contribution à l'élection présidentielle de 1981,* Pouvoirs, n° 18, 1981, p. 159. — J. Jaffré, *De V. Giscard d'Estaing à F. Mitterrand : France de Gauche vote à gauche, idem,* n° 20, 1982, p. 5, et B. Rideau, *L'énigme Giscard, idem,* p. 29.

La rédaction de plusieurs motions de censure, déposées à l'Assemblée nationale, indique clairement qu'il s'agit à travers le Gouvernement d'une mise en cause de la responsabilité du Président de la République. Outre celle déposée le 2 oct. 1962 et qui fut adoptée (*Prat. Inst.,* doc. 49-204), V. notamment celles déposées mais non adoptées le 13 avril 1966 (*Prat. Inst.,* doc. 49-206), le 12 déc. 1974 (*idem,* doc. 49-214), le 2 oct. 1978 (*idem,* doc. 49-216).

— Dans son allocution télévisée du 25 avril 1969, le général de Gaulle avait déclaré « si je suis désavoué par une majorité d'entre vous solennellement... ma tâche actuelle de chef de l'État deviendra évidemment impossible et je cesserai aussitôt d'exercer mes fonctions » (Disc. et Mess.; V. p. 406). C'est effectivement ce qui se produisit le 28 avril, les résultats du référendum du 27 avril ayant été négatifs (V. n° 419). Compte tenu de ce que l'on devait apprendre des positions prises par M. Giscard d'Estaing au sein du « Conseil européen » sur la question de l'élection au suffrage universel des représentants à l'Assemblée des Communautés qui divisait profondément l'opinion, on peut se demander si l'initiative prise par le président de saisir le Conseil constitutionnel sur le fondement de l'article 54 de la Constitution n'amorçait pas une procédure dont l'aboutissement aurait été la mise en jeu de la responsabilité présidentielle à l'occasion d'une révision constitutionnelle que le Conseil aurait jugée nécessaire. Quant à l'hypothèse d'un désaveu du corps électoral envoyant à l'Assemblée nationale une majorité opposée à la « majorité présidentielle », elle a donné lieu dans ses conséquences à des interprétations différentes de G. Pompidou et de M. Giscard d'Estaing.

Sur l'ensemble de la queston, V. J. Massot, *L'arbitre et le Capitaine : essai sur la responsabilité présidentielle,* 1987 — P. Auvret, *La responsabilité du chef de l'État sous la Ve République,* R.D.P., 1988, p. 77.

TITRE IV

LE GOUVERNEMENT

462. — Gouvernement et fonction gouvernementale. — Sous le titre III, qu'elle consacre au Gouvernement, la Constitution ne contient qu'un nombre très restreint de dispositions : en tout, quatre articles.

Cette brièveté ne doit pas faire illusion. D'une part, même succinctes, ces dispositions du titre III soulignent à elles seules, de façon particulièrement claire, la spécificité de la fonction gouvernementale et la primauté du Premier ministre au sein de l'instance chargée de cette fonction. D'autre part — et ceci confirme cela — de nombreuses autres dispositions intéressant le Gouvernement se trouvent, soit au titre régissant la présidence de la République, soit dans un titre consacré spécialement aux rapports entre Gouvernement et Parlement.

C'est en réalité que la Constitution consacre l'existence d'une fonction gouvernementale autonome dont la définition est naturellement rattachée à l'organe qualifié Gouvernement mais dont les expressions ou les moyens d'action sont en quelque sorte éclatés depuis la première magistrature de l'État jusqu'aux assemblées représentatives.

L'article 20 de la Constitution dispose : « le Gouvernement détermine et conduit la politique de la nation ». Cette proposition, conforme à l'étymologie du terme gouvernement, implique l'existence d'une fonction spécifique par rapport aux fonctions dont la distinction résulte traditionnellement du principe de séparation des pouvoirs. Cette fonction gouvernementale, pour n'être pas d'ordinaire aussi clairement identifiée par nos textes constitutionnels, n'est pas doctrinalement originale. On a déjà rappelé que parmi les théoriciens critiques de ce principe, il s'en est trouvé pour montrer l'artifice qu'impliquait une telle séparation au regard des exigences réelles du gouvernement et pour construire une autre théorie, celle précisément de la fonction et du pouvoir gouvernemental.

Introduite dans un système qui demeure organiquement séparatiste, une telle notion modifie la conception classique de l'exécutif et de ses rapports avec le législatif.

A. Vis-à-vis de la conception classique de l'exécutif — on remarquera que la Constitution n'emploie pas le terme exécutif — dans la mesure où le chef de l'État n'est pas par ailleurs placé dans une situation constitutionnelle qui garantisse rigoureusement « qu'il règne et ne gouverne pas » et à proportion de la part de gouvernement qui lui est directement ou indirectement dévolue.

On conçoit que, s'agissant de « déterminer et de conduire la politique de la nation », un président de la République directement élu au suffrage universel par cette même nation, dont il est ainsi le seul représentant dans son ensemble, acquiert du simple fait de la logique institutionnelle un rôle prépondérant dans l'exercice de la fonction gouvernementale dont le Gouvernement, placé sous l'autorité directe d'un Premier ministre nommé par lui, est l'organe d'exécution. Il n'y a donc pas de discontinuité dans la fonction, ni même de « domaine réservé » du Président. La fonction gouvernementale est indivise et la distinction ne porte que sur ce qui, à un moment donné, revêt une importance politique particulière — ce dont décide le Président — ou ne relève au contraire que de la gestion gouvernementale courante.

On s'explique, dès lors, la doctrine généralement exposée par les Premiers ministres, souvent interrogés sur leur propre condition, en réponse à des questions qui n'étaient jamais innocentes, doctrine qui n'a en rien changé jusqu'en 1986.

B. Quant aux rapports avec le Parlement, la reconnaissance et l'aménagement d'une fonction gouvernementale autonome entraînent une double conséquence que la Constitution consacre très clairement et qui sous ses deux aspects n'a pas manqué de susciter la critique et d'entretenir la tension. Le premier est l'attribution au Gouvernement d'un domaine normatif propre défini par rapport à un domaine législatif désormais limité, de sorte que cette compétence apparemment résiduelle est en réalité très largement indéterminée et s'accompagne de surcroît de la possibilité d'exercer dans la procédure législative un rôle directif et sélectif. Le second concerne les conditions de la responsabilité politique, l'autonomie de la fonction gouvernementale impliquant que l'organe qui en est investi ne puisse être destitué que par une manifestation positive de censure sans avoir lui-même à solliciter ou à vérifier une confiance qui doit être présumée.

A cette double conséquence, la reconnaissance de l'autonomie de la fonction gouvernementale en ajoute une troisième qui se marque par l'incompatibilité des fonctions ministérielles et du mandat parlementaire.

— Sur la notion de « domaine réservé », V. *supra*, n° 403.
— Les déclarations des Premiers ministres sur leur rôle par rapport à celui du Président ont été d'une parfaite constance. Ainsi de M. Pierre Messmer disant le 9 mars 1974 : « le Président *détermine* les grandes orientations de la politique nationale et en contrôle l'exécution. Le Premier ministre conduit l'*application* de cette politique et en répond devant le Président et devant l'Assemblée. Il ne saurait y avoir de dyarchie au sommet ». Ainsi de M. Jacques Chirac déclarant le 3 juillet 1974 : « le Premier ministre exécute la politique telle que l'a définie le président de la République ». Ainsi de M. Pierre Mauroy dont on trouvera *infra*, n° 466 les termes d'une réponse à une question écrite dans le droit fil de cette conception traditionnelle. Dès lors, la formule de M. Laurent Fabius « lui c'est lui et moi c'est moi » n'a pas manqué d'apparaître singulière. La situation de « cohabitation » a évidemment renouvelé la question.

463. — Pouvoir d'auto-organisation et structure du Gouvernement. — Sauf la place prédominante attribuée au Premier ministre, la Constitution ne contient aucune disposition sur l'organisation du Gouvernement et sur sa structure, le texte laissant même toute latitude à cet égard en employant la formule « membres du Gouvernement ».

Bien que notre histoire constitutionnelle ait donné des exemples de tentatives du Parlement d'intervenir dans ce domaine, notamment lors de la création de départements ministériels nouveaux, le principe s'est désormais fixé d'un pouvoir d'auto-organisation du Gouvernement. Ce pouvoir, qui s'exprimait déjà dans l'existence d'un règlement intérieur du Conseil des ministres, se trouve confirmé depuis 1958 par le fait que c'est un décret — le décret du 22 janvier 1959 pris sur la base de l'article 37 de la Constitution, c'est-à-dire dans l'exercice du pouvoir réglementaire autonome — qui dispose que les attributions des ministres sont fixées par décrets délibérés en Conseil des ministres après avis du Conseil d'État. Ainsi, non seulement le fondement, mais encore les modalités de la structure du Gouvernement relèvent exclusivement de la compétence de ce dernier.

Cette structure présente un double aspect suivant que l'on s'attache à la titulature des membres du Gouvernement ou à la répartition entre ceux-ci des responsabilités gouvernementales et administratives par nature d'activités. Si ce second aspect demeure très variable d'un gouvernement à l'autre et est d'un plus grand intérêt pour la science politique et administrative que pour le droit, il n'en va pas de même du premier. Il existe en effet des différences entre les membres des gouvernements que traduisent les titres qu'ils portent. Ainsi, est-on conduit, comme on le verra (n° 479), à distinguer, à côté des ministres dit « à portefeuille » qui constituent le droit commun, des ministres d'État, des ministres délégués et des secrétaires d'État pouvant être autonomes.

464. — La collégialité. — Le Gouvernement est régi par le principe de collégialité, en ce sens que les décisions qui lui incombent sont non pas présentées comme l'œuvre de tel ou tel de ses membres ayant dans ses attributions la matière concernée mais comme le résultat d'une délibération collective. Celle-ci a lieu en Conseil des ministres sous la présidence du président de la République et fait l'objet d'un communiqué publié et d'instructions ou de relevés de décision adressés aux administrations.

La collégialité trouve son illustration dans l'obligation de solidarité ministérielle dont la méconnaissance peut entraîner le départ du membre du Gouvernement qui y a manqué et sa sanction dans la responsabilité collective dont on verra qu'elle ne peut être mise en cause devant l'Assemblée nationale qu'après délibération du Conseil des ministres.

Cela n'empêche pas que l'organisation du travail gouvernemental puisse comporter le recours à des instances telles que les conseils et comités interministériels, les uns et les autres ne réunissant, les premiers sous la présidence du président de la République, les seconds sous celle du Premier ministre.

— La pratique donne quelques exemples de départ de membres du Gouvernement pour désaccord avec celui-ci. Ainsi, en 1974, de M. J.-J. Servan-Schreiber et, en juillet 1988, de M. Léon Schwartzenberg.

— V. A. Delion, *Les conseils et comités interministériels,* A.J.D.A., 1975, p. 268. J. Foyer, *Les ministres entre eux : hiérarchie et collégialité,* Pouvoirs, 1986, n° 36, p. 110. — Chr. Gouaud, *Le Conseil des ministres sous la Ve République,* R.D.P., 1988, p. 423.

465. — La Ve République et la stabilité ministérielle. — L'instabilité gouvernementale était le grand grief formulé à l'encontre de la IIIe et de la IVe République. On peut se demander dans quelle mesure le nouvel aménagement constitutionnel, dont c'était l'un des objectifs, a remédié à cette maladie congénitale du parlementarisme français.

Comme le montre une pratique résumée dans le tableau ci-dessous la réponse à cette question est différente suivant que l'on se place du point de vue du nombre des Premiers ministres, de celui des gouvernements, des remaniements de ceux-ci, pour ne rien dire de la permanence du personnel ministériel qui donne assurément d'assez beaux exemples de longévité.

Président : Ch. de Gaulle
  Premiers ministres — M. Michel Debré (3 ans, 3 mois)
    remaniements : 11
  — G. Pompidou (6 ans, 3 mois)
    nombre de gouvernements : 5
    remaniements : 7
  — M. Maurice Couve de Murville
    (11 mois, 20 jours)

Président : G. Pompidou
  Premiers ministres — M. Jacques Chaban-Delmas (3 ans, 15 jours)
    remaniements : 3

- M. Pierre Messmer (1 an, 10 mois, 22 jours)
  nombre de gouvernements : 3
  remaniements : 2

Président : M. V. Giscard d'Estaing
Premiers ministres — M. Jacques Chirac (2 ans, 2 mois, 19 jours)
  remaniements : 4
— M. Raymond Barre (4 ans, 8 mois, 19 jours)
  nombre de gouvernements : 3
  remaniements : 15

Président : M. François Mitterrand
Premiers ministres — M. Pierre Mauroy (3 ans, 2 mois)
  nombre de gouvernements : 3
  remaniement : 4
— M. Laurent Fabius (8 mois)
  nombre de gouvernement : 1
  remaniements : 5
— M. Jacques Chirac (2 ans, 1 mois, 10 jours)
  remaniements : 2

Président : M. François Mitterrand (deuxième septennat)
Premiers ministres — M. Michel Rocard (1 mois)
— M. Michel Rocard (23 juin 1988...)
  remaniements : 3

— V. D. Amson, *Stabilité ministérielle et gouvernementale sous la Ve République,* Th. Paris, 1971 — B. Mongodin, *Les ministres de la Ve République sous les présidences du général de Gaulle et de G. Pompidou,* Th. Paris 2, 1975 — P. et J. D. Antoni, *Les ministres de la Ve République,* P.U.F., 1976 — G. Carcassonne, *Les ministres de la Ve,* Pouvoirs, 1978, n° 4, p. 89. *Le ministre,* Pouvoirs, 1986, n° 36.

CHAPITRE I

LE PREMIER MINISTRE

Section 1
Statut

466. — Désignation et durée des fonctions. — La désignation est, comme on l'a vu (n° 442), l'une des prérogatives personnelles du président de la République. Cette désignation est faite pour une durée indéterminée et, en principe, indépendante de celle de la législature. Le Premier ministre a seulement l'obligation de présenter au président de la République, qui ne peut pas la refuser, la démission du Gouvernement lorsque, ayant engagé la responsabilité politique de celui-ci, il a été mis en minorité par l'Assemblée nationale ou lorsque cette dernière a adopté une motion de censure (V. n°s 565-566).

Si tel est le droit écrit, la pratique en a précisé la portée sur quatre points.

1. Le Premier ministre présente sa démission après chaque élection présidentielle. Cette démission n'est ni facultative, ni simplement protocolaire. Elle résulte nécessairement de ce que le Premier ministre tient son investiture du chef de l'État et elle s'impose même en cas de réélection de ce dernier.

2. Le Premier ministre présente également sa démission à la suite de chaque renouvellement de l'Assemblée nationale ou à la suite d'une dissolution de celle-ci. Le Premier ministre ne tenant pas son investiture de l'Assemblée, une telle démission pourrait n'être pas considérée comme obligatoire. L'usage en a cependant toujours été respecté et il s'impose politiquement en cas de changement de majorité.

3. Le Premier ministre peut rester en fonction provisoirement après l'adoption d'une motion de censure suivie d'une dissolution de l'Assemblée mais, dans ce cas, le Gouvernement n'a d'autre pouvoir que celui d'expédier les affaires courantes jusqu'à la réunion de la nouvelle Assemblée.

4. La dernière question est celle de la démission volontaire ou provoquée. Il faut admettre qu'un Premier ministre a toujours la possibilité de présenter sa démission pour des raisons personnelles, tel notamment un état de santé ne se limitant pas à un empêchement temporaire de courte durée. La réponse est déjà plus douteuse lorsque le motif de la démission est de convenance politique puisque le texte constitutionnel n'envisage que la démission du Gouvernement en corps. La pratique n'en donne pas moins un exemple, de même qu'elle en donne plusieurs de démission du Premier ministre provoquée par le président de la République et équivalant ainsi à une sorte de démission d'office.

— Sur les hypothèses de démission du Premier ministre pour convenance politique de celui-ci (démission de M. Chirac) ou du président de la République (démissions de G. Pompidou et de MM. M. Debré et J. Chaban-Delmas). V. les lettres échangées dans *Prat. Inst.*, doc. 8-101 à 8-104 et 20-105 IV. D'autres hypothèses sont moins claires dans lesquelles, la démission du Premier ministre étant sans rapport direct avec des élections présidentielles ou législatives, le Premier ministre démissionnaire a été immédiatement renommé dans ses fonctions.

— Dans une réponse à une question écrite n° 9767 du 15 févr. 1982 (*J.O.* A.N., 22 mars, p. 1157, R.D.P., 1982, p. 1683) relative au point de savoir si le Premier ministre s'estimait responsable devant le président de la République autant que devant l'Assemblée nationale, M. Pierre Mauroy a notamment indiqué « sans le double aval du président de la République et de l'Assemblée nationale, qui tous deux bénéficient de la légitimité conférée par le suffrage universel, le Premier ministre ne s'estimerait pas en situation de continuer à exercer ses fonctions ».

— V. A. Homont, *La démission de J. Chaban-Delmas en juillet 1972*, R.D.P., 1972, p. 1527 — G. Berlia, *L'élaboration et l'interprétation de la Constitution de 1958*, idem, 1973, p. 485 — J.-F. Couzinet, *L'investiture des Gouvernements de la Ve République*, Ann. Fac. Dt Toulouse, 1975, p. 493 — F. de Baecque, *Qui gouverne la France?*, 1976, spéc., p. 76 et s. — M. Long, *La situation des Gouvernements de la Ve République à la suite d'élections législatives*, Mél. Charlier, 1981, p. 205.

467. — Délégation et intérim. — La Constitution (art. 21, al. 2) prévoit expressément que le Premier ministre peut déléguer certains de ses pouvoirs aux ministres.

Cette disposition sert de fondement à deux types de délégations. Les unes sont des délégations de caractère temporaire et visent à assurer l'intérim du Premier ministre empêché pour une courte durée par des circonstances telles que maladie, voyage à l'étranger, etc. Elles sont prononcées par décret du président de la République, contresigné par le Premier ministre. Ce décret, dont l'objet correspond, pour le président, à l'exercice des compétences que lui confère l'article 5 de la Constitution, prend effet immédiatement dès avant sa publication au *J.O.* et investit l'intérimaire de toutes les compétences du Premier minitre, notamment celle d'engager la responsabilité du Gouvernement dans les conditions de l'article 49-3 de la Constitution (V. *infra,* n° 565-b) (Cons. const., 29-12-1989, 89/268 DC, *J.O.* 30-12-1989, p. 16498).

Les autres sont de caractère permanent et participent de la structure du Gouvernement. Ce sont elles en effet qui se trouvent à l'origine des catégories de membres du Gouvernement qualifiés secrétaires d'État ou ministres délégués. Mais cette titulature n'accompagne pas toutes les délégations de l'espèce qui, comme les précédentes, font l'objet de décrets sous la signature du président de la République.

A.-M. Le Bos-Le Pourhiet, *Le remplacement du Premier ministre empêché : interim ou délégation?,* R.D.P., 1984, p. 993.

468. — Situation personnelle. — Le Premier ministre est, quant à sa situation personnelle, soumis au principe au droit commun ministériel. Il en est ainsi notamment pour l'aptitude à la fonction, pour les incompatibilités et la responsabilité civile et pénale (V. n° 476). Il bénéficie, en revanche, d'un régime particulier en ce qui concerne le traitement et les indemnités.

Section 2

Attributions et moyens d'action

469. — La primauté du Premier ministre. — Par le titre qu'elle lui confère mais aussi parce qu'elle ramène à lui et à lui seul (art. 21) l'ensemble des activités du Gouvernement dont elle le charge de « diriger » l'action, la Constitution établit la primauté du Premier ministre.

Cette primauté est à l'origine de la plupart des discussions sans cesse renouvelées sur la situation réelle que ce Premier ministre occupe au sein du système constitutionnel. De fait, il existe à cet égard une véritable ambiguïté que l'évolution de la fonction présidentielle n'a fait qu'aggraver. Même avant la réforme du mode de désignation du président de la République, il était clair que la conception dont procédait désormais la magistrature suprême n'excluait pas celle-ci de cette « détermination » et de cette « conduite » de la politique de la Nation confiée au Gouvernement. A plus forte raison, d'un président de la République élu au suffrage universel direct à la suite d'une campagne électorale nationale qui ne se conçoit pas sans l'existence d'un programme politique finalement approuvé par la majorité de cette nation.

Que cette situation n'écarte pas le Premier ministre d'une participation à la définition des grandes options politiques paraît ne pas soulever de problème véritable. Elle trouve d'ailleurs son illustration dans la démission du Premier ministre pour convenance politique aussi bien que dans son départ à la décision du président de la République. Elle ne signifie pas que le Premier ministre ne soit qu'un exécutant subalterne. S'il est vrai, comme on l'a déjà dit (V. n° 462), que la fonction gouvernementale est indivise, il reste que la primauté du Premier ministre s'exerce bien sur l'appareil ministériel placé directement sous son autorité.

Bien que leurs propos successifs aient été parfaitement concordants, il paraît quelque peu artificiel de vouloir fixer en termes abstraits, ou de principe, la répartition du pouvoir entre les deux magistratures. Le ralliement de l'actuel président de la République à la doctrine de ses prédécesseurs qu'il avait naguère si sévèrement contestée a montré qu'il s'agissait finalement d'une affaire plus politique que juridique. A ce titre, on pourrait montrer que cette répartition est une fonction de la politisation des problèmes dont la maîtrise revient au Président; le Premier ministre, sans pour autant y être étranger, ne serait-ce que par son acceptation, conservant pour lui seul celle des questions dont la résolution ne met pas en cause cette fonction.

— Sur cette question, V. outre les documents reproduits dans *Prat. Inst.*, sous les n°s 20-100 et s., F. de Baecque, *Qui gouverne la France?*, op. cit. — J. Massot, *Le chef du Gouvernement en France*, op. cit. — J.-L. Quermonne, *Le gouvernement de la France sous la Ve République*, op. cit., qui consacrent de nombreux développements au problème. — Ch. Debbasch, *Président de la République et Premier ministre dans le système politique de la Ve République : Duel ou Duo?*, R.D.P., 1982, p. 1175, et en dernier lieu, G. Conac, *in Le droit constitutionnel de la cohabitation*, op. cit., p. 142 et s.

470. — La suppléance et le conseil du président de la République.

— Comme on a pu le constater dans l'étude de la présidence de la République, le Premier ministre est étroitement associé à celle-ci. Il est le suppléant désigné du chef de l'État à la tête de certains conseils y compris, dans des conditions particulières, du Conseil des ministres. En outre, un certain nombre d'actes du Président ne peuvent être faits que sur la proposition du Premier ministre (nomination des membres du Gouvernement, convocation du Parlement en session extraordinaire) ou sur sa consultation (dissolution de l'Assemblée nationale, mise en œuvre de l'article 16), et un grand nombre de ces actes doivent être contresignés par lui.

Mais, indépendamment de cette coopération juridiquement organisée, il existe une collaboration politique continue qui se réalise à l'occasion de rencontres hebdomadaires au cours desquelles chef de l'État et chef du Gouvernement examinent ensemble les différents problèmes de la vie politique.

471. — L'exécution de la fonction gouvernementale.

— Les attributions du Premier ministre dans la mission d'exécution de la fonction gouvernementale peuvent être distribuées en cinq rubriques.

A. *La direction de l'action du Gouvernement.* — Placé à la tête de celui-ci, le Premier ministre en dirige l'action (Const., art. 21, al. 1er). A ce titre, il lui revient de prononcer les arbitrages en cas de différends entre ministres, d'adresser toutes instructions ou directives nécessaires, de provoquer et de présider les réunions de rang ministériel qui peuvent être utiles en dehors du Conseil des ministres proprement dit et dont elles sont destinées à préparer les décisions.

Cette première série d'attributions inclut la faculté pour le Premier ministre d'engager devant l'Assemblée nationale la responsabilité politique du Gouvernement (V. n° 565) et celle de demander au Sénat l'approbation d'une déclaration de politique générale (V. n° 562).

B. *La direction de l'administration*. — Rompant avec une tradition bien établie, fût-ce indépendamment des formes constitutionnelles, qui faisait du chef de l'État le chef de l'administration, c'est au Premier ministre que la Constitution confère désormais cette qualité avec les principaux attributs qui lui sont attachés (art. 20, al. 2 - art. 21, al. 1er).

C. *La direction de la défense*. — La force armée étant placée, comme l'administration, à la disposition du Gouvernement, le texte constitutionnel place en outre la défense nationale sous la responsabilité du Premier ministre. La disposition de la force armée s'entend, non seulement des forces à caractère militaire, mais également des forces de caractère civil dépendant du ministère de l'Intérieur. Quant à la responsabilité de la défense nationale, elle implique que le Premier ministre coordonne la préparation et l'exécution des différentes mesures de défense.

D. *La direction de la législation*. — L'examen du processus législatif, depuis l'initiative des lois jusqu'à la mise en œuvre du contrôle de constitutionnalité, en passant par la convocation de sessions extraordinaires, la fixation de l'ordre du jour prioritaire, le contrôle des amendements, la possibilité de contraindre le Parlement à adopter un texte, montre que le Premier ministre, à la tête du Gouvernement ou seul, a le moyen d'intervenir à tous les stades de la fonction législative pour y faire prévaloir son point de vue.

E. *La reconnaissance d'un pouvoir réglementaire autonome*. — Permettant à ce pouvoir remis au Premier ministre de s'exercer dans tous les domaines non réservés constitutionnellement à la loi, elle achève de donner au chef du Gouvernement la maîtrise d'exercice de la fonction gouvernementale et administrative.

— V. M. Lacombe, *Le Premier ministre, clef de voûte des institutions, l'article 49, § 3 et les autres,* R.D.P., 1981, p. 105.

472. — Les services du Premier ministre. — Le rôle dévolu à l'institution sous la Ve République a entraîné un développement de ces services qui, à côté de structures permanentes, sont en état de constante évolution. Un essai de classification a été proposé qui répartit les services du Premier ministre en quatre catégories :

— les services qui constituent le *secrétariat général de l'exécutif,* au nombre desquels le cabinet du Premier ministre, le secrétariat général du Gouvernement, le secrétariat général de la Défense nationale et le secrétariat général du Comité interministériel pour la coopération économique européenne (S.G.C.I.);

— les services qui forment un *ministère d'administration générale,* telles la direction générale de l'administration et de la fonction publique, la direction des Journaux officiels ou de la documentation française et certaines institutions, par exemple l'École nationale d'administration;

— les services qui, sous la dénomination de commissariat, délégation, centre ou mission, correspondent à des *fonctions de développement* ou à la *définition d'actions nouvelles;*

— enfin des services qui font de l'Hôtel Matignon une *structure d'accueil* d'organismes divers dont on estime devoir préserver l'indépendance à l'égard des ministères.

Cette classification a été proposée par M. J. Massot dans son ouvrage *Le chef du Gouvernement en France,* p. 177, où elle est développée et auquel on se reportera. V. également Inst. Fr. Sc. Adm., *Le secrétariat général du Gouvernement,* Economica, 1986.

473. — Les actes du Premier ministre. — La Constitution (art. 21, al. 1er) attribue au Premier ministre la compétence de principe en matière d'exercice du pouvoir réglementaire et du pouvoir de nomination aux emplois civils et militaires. Cette compétence générale ne connaît d'exceptions que celles prévues par l'article 13 du texte constitutionnel attribuant certains de ces pouvoirs au président de la République. Sous cette réserve, l'attribution du pouvoir réglementaire au Premier ministre est exclusive en ce sens que les ministres n'y ont point de part, sauf habilitation législative ou réglementaire expresse.

Les actes faits à ce titre par le Premier ministre sont « contresignés le cas échéant par les ministres chargés de leur exécution » (Const., art. 22). La règle du contreseing prend ici un sens différent de son sens habituel. Il ne s'agit pas d'une prise en charge de responsabilité corollaire d'une irresponsabilité mais de la manifestation formelle d'un engagement à procurer une exécution de la part du ministre contresignataire.

Le Premier ministre est en outre conduit, du fait même de sa position à la tête du Gouvernement, à adresser des instructions d'ordre général aux ministères et à prononcer le cas échéant des arbitrages entre ministres.

CHAPITRE II

LES MEMBRES DU GOUVERNEMENT

Section 1
Statut

474. — Désignation. — La Constitution est tout à fait laconique sur la désignation des membres du Gouvernement. Elle se borne en effet à déclarer (art. 8) que « sur la proposition du Premier ministre, [le président de la République] nomme les membres du Gouvernement et met fin à leurs fonctions ». Aucune autre condition que la proposition du Premier ministre n'est donc juridiquement exigée dès lors que sont par ailleurs satisfaites les exigences d'exercice des fonctions publiques auxquelles s'ajoute la déclaration de situation patrimoniale prévue par l'article L.O. 135-1 C. élect. (L. 11-3-1988, art. 1).

En réalité, la situation paraît être quelque peu différente dans la mesure où, avec des variantes d'un président de la République à l'autre, il semble bien que le chef de l'État participe au choix des ministres que le premier d'entre eux présente à sa nomination. Ces choix sont plus ou moins déterminés par plusieurs facteurs, des liens personnels avec l'une ou l'autre de ces autorités, une certaine expérience technique, une appartenance régionale utile à l'équilibre géographique du Gouvernement, enfin une appartenance, politique, sinon toujours parlementaire, à la majorité.

— Sur le choix des ministres, V. P. et J.-D. Antoni, *Les ministres de la Ve République, op. cit.,* chap. III, p. 39, D. Gaxie, *Immuables et changeants : les ministres de la Ve République,* Pouvoirs, 1986, n° 36, p. 81. On trouvera en outre, dans une réponse à une question écrite n° 3107 (A.N. *J.O.,* 23 nov. 1981, p. 3366, R.D.P., 1982, p. 1682), des indications sur la liste des personnalités politiques nommées ou maintenues à des fonctions ministérielles en dépit d'un échec aux élections législatives.

475. — Les incompatibilités ministérielles. —
Soucieux d'assurer l'autonomie de la fonction gouvernementale, les auteurs de la Constitution ont soumis les membres du Gouvernement à un régime sélectif d'incompatibilités dont le caractère le plus remarquable est d'inclure le mandat parlementaire (Const. art. 23, Ord. org., 17 nov. 1958).

Ce régime est sélectif en ce qu'il n'établit pas une incompatibilité généralisée — ce que la préoccupation de sauvegarder l'indépendance aurait permis d'envisager —, mais seulement quatre sortes d'incompatibilités particulières. Les trois premières concernent respectivement : toute activité professionnelle, tout emploi public et toute fonction de représentation professionnelle à caractère national. Elles ne soulèvent guère de difficultés, l'ordonnance du 17 novembre 1958, qui prévoit que les incompatibilités établies par l'article 23 de la Constitution prennent effet à l'expiration d'un délai d'un mois à compter de la nomination, ayant, pour chacune de ces trois sortes, déterminé des règles simples de remplacement de l'intéressé dans son emploi ou sa fonction.

La quatrième sorte d'incompatibilité concerne le mandat parlementaire à l'exclusion des mandats électifs locaux ou régionaux, y compris les fonctions de membre du Gouvernement du territoire de la Polynésie française (Cons. const., 30-8-1984, 84/177 DC, 67), qui demeurent compatibles, sauf la présidence du conseil régional d'Ile-de-France (L. 6 mai 1976, art. 22). Bien qu'il ne s'agisse pas à proprement parler d'une innovation puisque l'histoire constitutionnelle en donne des exemples, cette incompatibilité des fonctions ministérielles et du mandat parlementaire est apparue immédiatement comme une atteinte à l'esprit même du parlementarisme dont, à l'inverse, la compatibilité entre cette fonction et ce mandat passe pour l'un des traits fondamentaux. Mais plus encore peut-être, parce qu'elles sont concrètes et susceptibles de renouvellement, ce sont les conséquences de cette incompatibilité, telles qu'elles ont été déterminées par la réglementation constitutionnelle, qui ont donné lieu à critique, sans parvenir d'ailleurs à entraîner la suppression du système ou même sa réforme.

Ce sont évidemment les modalités du remplacement du parlementaire nommé membre du Gouvernement qui sont à l'origine d'un certain nombre de problèmes. Ce remplacement est assuré comme on le verra (V. n° 516) grâce à l'institution du suppléant qui est déjà par elle-même à l'origine de certaines difficultés. Mais du seul point de vue gouvernemental, les modalités du remplacement sont susceptibles de conséquences dont la pratique a révélé le caractère insolite. Si, comme on vient de le dire, l'ordonnance organique dispose de manière générale que les incompatibilités prennent effet à l'expiration d'un délai d'un mois à compter de la nomination comme membre du Gouvernement, elle ajoute en effet que les incompatibilités ne prennent pas effet si le Gouvernement est démissionnaire avant l'expiration de ce délai, et elle précise que, pendant celui-ci, le parlementaire, membre du Gouvernement, ne peut prendre part à aucun scrutin. De là, un certain nombre de situations ou de stratégies singulières.

— La compatibilité avec les mandats électifs locaux ou régionaux ne constitue que l'un des aspects du problème plus général du cumul des mandats. Elle peut néanmoins être source de complications, notamment lorsque l'intéressé est membre d'un conseil régional en qualité de parlementaire (V. Formation du gouvernement J. Chirac-I). La pratique paraît s'orienter vers la disparition de ce genre de cumul, les présidents de conseils régionaux nommés ministres en 1981 ayant renoncé à leurs présidences. Bien qu'aucune disposition ne l'impose, il semble qu'une incompatibilité entre membre du Gouvernement et présidence d'un parti politique s'établisse coutumièrement. Ainsi successivement pour MM. Crépeau et R. G. Schwarzenberg qui ont abandonné la présidence du M.R.G. à leur entrée au Gouvernement.

— Parmi les curiosités du système d'incompatibilité des fonctions de membre du Gouvernement avec un mandat parlementaire, on signalera la neutralisation de ce régime en 1981, la dissolution de l'Assemblée ayant fait perdre aux députés, devenus ministres le même jour, la qualité de parlementaire tandis que le premier Gouvernement de M. Mauroy, n'ayant duré qu'un mois, les sénateurs et membres de l'Assemblée des Communautés européennes n'ont pas eu à subir les conséquences de l'incompatibilité. Mais il faut remonter en 1967 pour assister à ce que Marcel Prélot avait appelé le labyrinthe constitutionnel et qui s'apparentait davantage à une sorte de gymkhana. Lors des élections générales de 1967, les formations au pouvoir n'avaient obtenu qu'une courte majorité encore réduite par le Gouvernement à la fois par le fait que tous les ministres avaient été invités à se présenter, ce qu'ils avaient fait, sauf deux d'entre eux, et que l'ordonnance organique comme on vient de le voir ne fixe les effets de l'incompatibilité qu'à un mois, mais prive pendant ce délai le parlementaire nommé ministre de sa participation aux scrutins. Le Gouvernement commença donc par démissionner mais resta au pouvoir pour expédier les affaires courantes. Les membres du Gouvernement, mais qui ne l'étaient plus du fait de leur démission, purent donc participer en qualité de députés à l'élection du président de l'Assemblée nationale. Le nouveau Gouvernement fut alors constitué et se présenta devant l'Assemblée sans que celle-ci soit appelée à formuler un vote et on attendit que leurs suppléants aient remplacé les députés devenus ministres pour relancer la vie parlementaire.

476. — La responsabilité civile et pénale. — Les membres du Gouvernement encourent une double responsabilité civile et pénale.

1° Ils sont civilement responsables, d'une part, à l'égard des particuliers dans les mêmes conditions que les fonctionnaires publics ; d'autre part, à l'égard de l'État, en raison de l'étendue de leur pouvoir en matière financière.

En pratique, malgré l'existence de textes, d'ailleurs anciens, les usages répugnent à soumettre les membres du Gouvernement à une autre responsabilité que politique.

2° Ils sont pénalement responsables devant la Haute Cour des crimes et délits perpétrés dans l'exercice de leurs fonctions à la condition que ces actes aient été qualifiés ainsi au moment de leur accomplissement (V. n° 571).

477. — Les séquelles de la condition de membre du Gouvernement. — Indépendamment de dispositions d'ordre financier, notamment la déclaration de situation patrimoniale à nouveau exigée dans les quinze jours qui suivent la date de cessation des fonctions pour une cause autre que le décès, le fait d'avoir appartenu au Gouvernement produit des effets après la cessation des fonctions ministérielles. Pendant un délai de six mois après cette cessation et à moins que l'intéressé ne les ait exercées avant sa nomination au Gouvernement, les anciens membres de celui-ci se voient interdire des activités par ailleurs déclarées incompatibles avec le mandat parlementaire (Ord. org., 17 nov. 1958, art. 6).

Section 2
L'exercice des fonctions

478. — La répartition des attributions. — Comme on l'a précédemment indiqué (V. n° 463), c'est par décret en Conseil des ministres délibéré après avis du Conseil d'État que sont fixées les compétences respectives des membres du Gouvernement (D. 22 janv. 1959). En réalité, cette répartition intervient après la constitution politique du Gouvernement. C'est donc celle-ci qui commande celle-là, ce qui n'est pas sans présenter des inconvénients lorsqu'il s'agit d'articuler ensuite structure du Gouvernement et structure de l'administration.

A cet égard, dénominations des départements ministériels par catégories d'activités, concentration ou dispersion des compétences, subordination ou autonomie des secteurs, les uns par rapport aux autres n'obéissent en définitive à aucune règle fixe. A des divergences de doctrine que signalent par exemple les formules « économie et finances » ou « finances et économie », s'ajoutent des variations dans les intitulés dont les justifications sont parfaitement contingentes et ne correspondent en réalité à aucune modification substantielle véritable.

479. — Les catégories de membres du Gouvernement. — Le Gouvernement est normalement constitué de ministres. Mais il apparaît que cette catégorie peut se diversifier; d'autre part, qu'elle n'est pas la seule. On est ainsi conduit à distinguer quatre sortes de membres du Gouvernement.

1° *Les ministres d'État*. Ils constituent une espèce assez particulière dont l'existence peut s'expliquer de différentes manières, allant d'un honorariat profitable — ce qui correspond aux origines de l'institution — à la nécessité d'établir une représentation spécifique et un équilibre des grandes tendances politiques. La présence de ministres d'État dans les gouvernements de la Ve République illustre cette dernière hypothèse, aussi bien avant que depuis 1981, étant précisé qu'il s'agit d'un équilibre au sein de la majorité, voire entre personnalités particulièrement marquantes des partis de celle-ci, ou des tendances à l'intérieur de ces partis. Le titre de ministre d'État ne préjuge pas les attributions de ses titulaires qui peuvent n'en avoir aucune en particulier, en exercer sur délégation du Premier ministre ou se trouver placés à la tête d'un département ministériel.

2° *Les ministres dits « à portefeuille ».* Ils sont placés à la tête d'une administration déterminée dont ils ont la direction administrative et la responsabilité politique. Cette double qualité les situe à l'articulation entre une hiérarchie administrative dont ils occupent le sommet et l'organe politiquement responsable qu'est le Gouvernement dont ils sont partie intégrante et solidaire.

3° *Les ministres délégués.* Ils constituent une catégorie particulière résultant d'une sorte de déconcentration des attributions d'un ministère de coordination, la terminologie indiquant que, placés « auprès » du Premier ministre ou d'un ministre, ils exercent en qualité de ministre des attributions « déléguées » du département ministériel dont ils assistent le titulaire.

4° *Les secrétaires d'État.* L'institution des secrétaires d'État, dont le titre remonte à l'Ancien Régime où il désignait les ministres, répond, comme celle des ministres d'État, à des préoccupations qui peuvent être très différentes, et correspondre ainsi soit à un phénomène d'effacement d'une activité gouvernementale, soit, à l'inverse, à la naissance d'une individualisation administrative nouvelle. Elle peut aussi manifester un souci de dosage politique. Elle peut enfin viser à alléger la tâche d'un ministre dont le département ministériel est devenu trop important et trop complexe pour qu'il puisse être maîtrisé par un seul responsable. Quoi qu'il en soit de toutes ces justifications, les secrétariats d'État constituent toujours une sorte d'école de formation du personnel politique à la fonction ministérielle.

La Constitution ne faisant pas de distinctions entre les membres du Gouvernement, les secrétaires d'État appartiennent à ce dernier en principe à part entière. La compétence leur a d'ailleurs été reconnue, dès le siècle précédent, de prendre des arrêtés à l'égal des ministres. Cependant leurs attributions, déterminées par décret contresigné par le ministre dont ils dépendent, sont strictement délimitées. Ils ne siègent pas au Conseil des ministres sauf à y être spécialement convoqués pour des questions de leur ressort. Ils n'ont pas le droit de contreseing qui demeure une prérogative des ministres.

La pratique n'en a pas moins connu des secrétaires d'État

« autonomes », auxquels le droit de contreseing a été reconnu.

— V. J.-Cl. Groshens, *Les secrétaires d'État,* R.D.P., 1955, p. 357. — D. Amson, *Les secrétaires d'État sous la Ve République,* R.D.P., 1972, p. 661. — G. Mongodin, Th. citée p. 40 et s. — M. Staub, *Les secrétaires d'État autonomes,* R.D.P., 1981, p. 377. — J. Foyer, *Les ministres entre eux : hiérarchie et collégialité,* Pouvoirs, 1986, n° 36 précité. Sur les « ministres délégués », V. *J.O.,* A.N., QE, 16 mai 1983, p. 2. 171.

480. — La fonction ministérielle. — Comme on vient de le dire, la fonction ministérielle place son titulaire à la charnière entre le Gouvernement, dont le ministre est membre, et l'administration, dont, pour son département, il est le chef hiérarchique. Elle est d'exercice personnel et continu. Les ministres peuvent cependant déléguer leur signature à un certain nombre de membres de leur cabinet ou de fonctionnaires de rang élevé dont la nomenclature est déterminée. Une telle délégation ne peut englober ni le contreseing, ni les décrets, ni les actes financiers.

En cas d'absence ou d'empêchement de courte durée, un intérim est assuré par l'un des collègues du ministre empêché.

Les fonctions ministérielles peuvent prendre fin de manière collective ou individuelle. Le premier mode, présenté par la Constitution comme la conséquence d'un refus de confiance ou d'une censure, est l'expression et la conséquence de la solidarité ministérielle. Mais compte tenu du lien personnel qui unit les membres du Gouvernement au Premier ministre, il paraît juridiquement nécessaire d'étendre la démission collective à la démission personnelle et au décès de ce dernier. Quant à la fin individuelle, elle est expressément prévue par l'article 8 de la Constitution et les nombreux remaniements ministériels intervenus sous la Ve République en constituent autant d'illustrations.

— V. D. Amson, *La démission des ministres sous la IVe et la Ve République,* R.D.P., 1975, p. 1653. — B. Chenot, *Le ministre, chef d'une administration,* Pouvoirs, 1986, n° 36, p. 79. — G. Carcassonne, *Typologie des cabinets, idem,* p. 85. — D. Maus, *Démissions et révocations des ministres sous la Ve République, idem,* p. 117.

481. — Les actes ministériels. — Les ministres pris individuellement ne disposent pas du pouvoir réglementaire qu'ils n'exercent indirectement que par l'intermédiaire du

Premier ministre dont ils contresignent les décrets ou par le truchement des autorités administratives territoriales dotées de ce pouvoir et qui leur sont subordonnées ou qu'ils contrôlent.

La Constitution a prévu deux modalités de contreseing ministériel suivant que ce contreseing doit être apposé par les ministres « responsables » (art. 19) ou qu'il l'est par les ministres « chargés de l'exécution » (art. 22).

Les membres du Gouvernement disposent du pouvoir de prendre un certain nombre d'actes qui se répartissent formellement en deux grandes catégories génériques : les arrêtés ministériels, ou interministériels lorsqu'ils émanent de plusieurs ministres, et les circulaires directives ou instructions de service. L'étude de ces actes et de leur régime relève du droit administratif.

— V. C. Wiener, *Recherches sur le pouvoir réglementaire des ministres,* L.G.D.J., 1970.

— Sur la distinction entre ministres « responsables » et ministres « chargés de l'exécution », V. Cons. d'État, 10 juin 1966, *Pelon et al.,* rec. p. 384.

CHAPITRE III
LES CONSEILS AUXILIAIRES

482. — Fonction des conseils auxiliaires. — Dans l'exécution de ses tâches, le Gouvernement est éclairé par des organismes consultatifs nombreux, de dénomination, de composition et de situation très variables. Ces organismes remplissent essentiellement deux fonctions : l'une qui est de permettre l'expression de compétences techniques ; l'autre d'assurer une représentation de la diversité des intérêts. Ils sont pour leur plus grande partie intégrés aux structures administratives et se situent auprès des administrations centrales de chaque ministère ou prennent place dans les services du Premier ministre (V. n° 472). Il en est deux cependant qui occupent une place prééminente comme conseils des pouvoirs publics. Ce sont le Conseil économique et social et le Conseil d'État.

Section 1
Le Conseil économique et social

483. — Présentation. — Régi par le titre X de la Constitution, le Conseil économique et social prend place dans le système institutionnel au titre de la représentation des intérêts. Sa destinée (V. n°s 327 et 372) mérite d'être rappelée car elle révèle à la fois une nécessité — celle de traduire la complexion économique et sociale de la nation — et une impossibilité — celle d'intégrer la représentation des intérêts dans des mécanismes constitutionnels fondés sur le principe représentatif.

Le Conseil national économique est né au sein de l'administration et son acte de naissance fut un simple décret

(16 janv. 1925, mod. 19 juin), confirmé par voie législative l'année suivante. Il faudra attendre 1936 pour que le législateur élève le Conseil au niveau des pouvoirs publics en s'efforçant d'en faire le conseiller du Parlement aussi bien que du Gouvernement. Placée sous l'autorité du président du Conseil, l'institution n'en demeure pas moins du genre des organismes administratifs.

La IVe République devait lui conférer la dignité constitutionnelle, où allait le maintenir la Constitution de 1958. Les propositions s'étant multipliées en faveur d'une extension de ses pouvoirs et de son autorité, le Gouvernement élabora un projet intégrant le Conseil économique et le Sénat. Mal accueilli dans chacune des assemblées, ce projet devait être rejeté par référendum le 27 avril 1969, rejet qui entraîna, on le sait, la démission du général de Gaulle de la présidence de la République.

Une réforme du Conseil a été ultérieurement opérée par une loi organique du 24 juin 1984, modifiant l'ordonnance organique originaire du 29 décembre 1958 et par deux décrets des 4 juillet et 6 septembre 1984.

— Le texte du projet de loi soumis au référendum et les documents annexes sont rapportés dans *Prat. Inst.*, doc. 11-600 à 604.

— Sur le Conseil, V. G. et A. Merloz, *Le Conseil économique et social sous la Ve République*, Dt Soc., 1976, p. 413. — J.-P. Beurier, *Le rôle du Conseil économique et social*, R.D.P., 1982, p. 1627. — Sur la réforme de 1984, V. Th. Renoux, *La rénovation du Conseil économique et social*, A.J.D.A. 1985, p. 21. — D. Turpin, *La réformette du Conseil économique et social*, R.D.P. 1985, p. 15. — J. Frayssinet, *Le Conseil économique et social*, Doc. Fr. N.E.D., 1986, n° 4807.

484. — Composition — Statut des membres.

L'effectif du Conseil est de 230 membres qui sont répartis par catégories économiques et sociales de la manière suivante :
— 69 représentants des salariés ;
— 72 représentants des entreprises ;
— 3 représentants des professions libérales ;
— 10 représentants de la mutualité, de la coopération et du crédit agricoles ;
— 5 représentants des coopératives non agricoles ;
— 4 représentants de la mutualité agricole ;
— 17 représentants des activités sociales ;

— 8 représentants des activités économiques et sociales des départements d'outre-mer;
— 2 représentants des Français établis hors de France;
— 40 personnalités qualifiées dans le domaine économique, social, scientifique et culturel.

Les membres du Conseil sont pour partie désignés par les organisations professionnelles les plus représentatives elles-mêmes désignées par décret; pour partie, nommés directement par décret (V. D. 4 juil. 1984). Le contentieux de cette désignation est de la compétence du Conseil d'État.

Les conseillers sont nommés pour cinq ans. Ils doivent appartenir depuis au moins deux ans à la catégorie professionnelle qu'ils sont appelés à représenter et remplir les conditions d'éligibilité au Parlement, l'âge minimum étant ici de 25 ans.

La qualité de membre du Conseil est incompatible avec un mandat parlementaire, avec les fonctions ministérielles et avec la qualité de membre du Conseil constitutionnel. Elle n'est pas protégée par les immunités parlementaires.

Un membre du Conseil qui perd en cours de mandat la qualité au titre de laquelle il avait été désigné est déclaré démissionnaire d'office et remplacé.

485. — Organisation et fonctionnement. — Les règles d'organisation et de fonctionnement du Conseil sont fixées, outre l'ordonnance organique qui le régit, par le décret du 6 septembre 1984 et par un règlement intérieur adopté par le Conseil sur proposition du bureau. Ce règlement doit être approuvé par décret. Cette réglementation permet de distinguer d'une part les organes de direction et d'administration; d'autre part, les formations internes; enfin les modalités générales de fonctionnement.

A. *Organes de direction et d'administration.* — Le Conseil a à sa tête un président et un bureau comprenant, y compris celui-ci, de 14 à 18 membres. Lorsqu'ils n'en font pas partie, les présidents des sections d'étude peuvent être appelés à assister, avec voix consultative, aux réunions du bureau. Ces instances exercent les fonctions qui incombent à leurs homologues des assemblées parlementaires sous réserve de leur adaptation au caractère propre du Conseil.

Un secrétaire général, nommé par décret du Premier ministre sur proposition du bureau, dirige sous l'autorité du président les services du Conseil et organise les travaux de ses formations (Ord. org., art. 24). Il participe aux délibérations du bureau et il en tient procès-verbal.

B. *Formations*. — Il en existe de quatre sortes dont trois prévues par l'ordonnance organique et la quatrième par le règlement intérieur.

1º *Les sections*. Elles sont créées pour l'étude des principaux problèmes intéressant les différentes activités économiques et sociales. Le texte organique (art. 11) renvoie à un décret en Conseil d'État la fixation de la liste, des compétences et de la composition des sections. Le décret du 6 septembre 1984 (art. 1) a établi en conséquence neuf sections dont il a (art. 2) déterminé à titre indicatif les compétences.

Chaque section compte au maximum 27 conseillers désignés par le bureau sur proposition des groupes ; la répartition étant faite compte tenu de la volonté de ceux-ci et des préférences personnelles des conseillers qui doivent faire partie d'une section au moins et de deux au plus. La composition des sections est arrêtée chaque année par l'assemblée. Les sections peuvent comprendre, en plus de leur effectif normal, des personnes appelées à y siéger en raison de leur compétence et qui sont nommées, pour deux ans non immédiatement renouvelables, par décret. Il est procédé aux nominations par moitié chaque année. Chaque section comprend au maximum huit de ces personnalités dites membres de section.

Les sections constituent l'organe de préparation des travaux du Conseil.

2º *Les commissions*. Le texte organique (art. 13) prévoit que des commissions temporaires peuvent être créées pour l'étude de problèmes particuliers. Le décret du 6 septembre 1984 prévoit en outre l'existence d'une commission spéciale chargée de préparer les avis et rapports concernant le Plan et l'ensemble des problèmes de planification. Les conditions de fonctionnement des sections, de la commission spéciale et des commissions temporaires sont fixées par le règlement intérieur.

3º *L'assemblée*. Il s'agit de la formation plénière à laquelle peuvent participer tous les membres du Conseil à l'exception des « membres de section ».

4º *Les groupes*. Le règlement intérieur prévoit que les

membres du Conseil économique et social sont répartis en groupes de représentation par ailleurs visés par le décret du 6 septembre (art. 4). Le Conseil arrête la liste et approuve la composition des groupes sur proposition du bureau. Il s'agit d'un regroupement par affinités, différent de celui des catégories. Chaque groupe désigne un président chargé de le représenter auprès des instances dirigeantes du Conseil et de remplir vis-à-vis de celles-ci les fonctions que lui confie le règlement. Sans en avoir les caractères, les groupes s'efforcent de s'organiser à l'image des groupes politiques des assemblées parlementaires.

C. *Modalités générales de fonctionnement.* — Le texte organique (art. 16) prévoit que le Conseil se réunit selon les modalités prévues par son règlement intérieur et qu'il peut tenir des sessions spéciales à la demande du Gouvernement.

Les séances de l'assemblée, sauf décision contraire de celle-ci, et celles des sections ne sont pas publiques. Les délibérations ne sont soumises à aucun quorum. Le droit de vote est personnel tant au sein de l'assemblée qu'au sein des sections. Il ne peut être délégué.

486. — Mission et attributions. — La mission et les attributions du Conseil économique et social telles qu'elles sont définies par la législation font clairement apparaître la double nature du Conseil :

— celui-ci est « auprès des pouvoirs publics *une assemblée consultative* » (Ord. org., art. 1, al. 1);

— par *la représentation des principales activités économiques et sociales,* le Conseil favorise la collaboration des différentes catégories professionnelles entre elles et assure leur participation à la politique économique et sociale du Gouvernement. Il examine et suggère les adaptations économiques et sociales rendues nécessaires, notamment par les techniques nouvelles (*idem,* al. 2 et 3).

En réalité, si le Conseil est bien une assemblée représentative des principales activités économiques et sociales et s'il n'exerce qu'une fonction consultative s'exprimant par des avis, il est quelque peu exagéré de dire qu'il exerce cette fonction auprès « des pouvoirs publics »; car, comme le montrent ses modalités de saisine, le Conseil n'est que le conseiller du Gouvernement.

C'est en effet au nom de celui-ci que le Conseil est saisi par le Premier ministre dans trois hypothèses :

— d'abord, obligatoirement, des projets de loi de programme ou de plans à caractère économique et social à l'exception des lois de finances. Il peut être au préalable associé à leur élaboration (Const., art. 70 — Ord. org., art. 2, al. 2);

— ensuite, facultativement, des projets de loi, d'ordonnance ou de décret ainsi que des propositions de loi entrant dans le domaine de sa compétence (Const., art. 69 — Ord. org., art. 2, al. 3);

— enfin, de demandes d'études ou d'avis (Ord. org., art. 2, al. 1).

Mais le Conseil peut également prendre l'initiative d'attirer l'attention du Gouvernement sur les réformes qui lui paraissent de nature à favoriser les objectifs définis dans sa mission et de lui faire connaître son avis sur l'exécution des plans ou des programmes d'action à caractère économique et social (Ord. org., art. 3).

Le seul contact direct avec les assemblées parlementaires résulte de la possibilité donnée au Conseil d'y déléguer un de ses membres pour exposer ses avis sur les textes qui lui ont été soumis (Ord. org., art. 5).

La procédure d'élaboration, de discussion et d'adoption des avis est homologue de la procédure parlementaire. Seul le Conseil en assemblée est compétent pour donner un avis.

Les avis et les rapports du Conseil en assemblée sont adressés par le bureau au Premier ministre, le cas échéant dans le délai fixé par le Gouvernement. Ils sont publiés au *Journal officiel.* Chaque année, le Premier ministre fait connaître la suite donnée aux avis.

— Sur les auditions des membres du Conseil par les assemblées, V. A.N., Règl. art. 45, al. 3, 91, al. 3 et 97. — Sénat, Règl. art. 18 et 42.

— On trouvera un bilan des activités du Conseil économique et social dans *Prat. Inst.,* doc. 69-100 et 69-200.

Section 2

Le Conseil d'État

487. — Le Conseil d'État, conseiller du Gouvernement. — L'étude du Conseil d'État relève normalement du droit administratif et n'aurait donc pas sa place ici. On ne saurait cependant passer complètement sous silence une institution dont la double vocation intéresse le droit constitutionnel.

Une première fonction, exercée par les formations dites contentieuses, fait du Conseil d'État l'organe suprême de la juridiction administrative appelé notamment en tant que tel à contrôler la constitutionnalité et la légalité des actes pris par les autorités exécutives. La seconde fonction, exercée par les formations dites administratives, consiste à émettre des avis destinés aux ministres et au Gouvernement.

La consultation du Conseil d'État présente trois séries de caractères tenant respectivement à la portée de l'obligation dont elle découle, à l'objet sur lequel elle porte, enfin aux domaines dans lesquels elle intervient :

— la consultation peut être facultative ou obligatoire. Dans cette seconde hypothèse, l'obligation s'applique en général à l'opération de consultation mais non à l'avis qui en est le résultat, à moins que le texte qui prévoit la consultation précise qu'il s'agit d'un avis conforme. S'il en est ainsi, l'autorité obligée de consulter ne pourra en outre prendre de décision que conforme à l'avis qui lui aura été délivré, sauf à renoncer à son projet;

— la consultation peut porter sur une difficulté juridique déterminée ou sur un projet de texte. Dans le premier cas, qui concerne en général les questions posées par les ministres, l'avis se présente comme une consultation sur le ou les points de droit en cause. Dans le second cas, le Conseil délibère sur le projet de texte qui lui est soumis tant du point de vue de sa constitutionnalité ou de sa légalité que du point de vue de son opportunité;

— cette délibération et l'avis qui peut comporter des amendements ne s'appliquent qu'aux projets de texte d'origine gouvernementale, c'est-à-dire d'une part les *projets* de loi, à l'exclusion des *propositions* émanant des parlementaires; d'autre part les projets d'ordonnances de l'article 38 de la Constitution (V. n° 591), les projets de décrets de l'article 37 de la Constitution (V. n° 387); enfin, les projets de décrets pour lesquels tel ou tel texte renvoie à un décret en Conseil d'État.

Il faut ajouter qu'en vertu de l'ordonnance du 31 juillet 1945 (art. 24) le Conseil d'État peut, de sa propre initiative, appeler l'attention des pouvoirs publics sur les réformes d'ordre législatif, réglementaire ou administratif qui lui paraissent conformes à l'intérêt général, et qu'en application du décret du 30 juillet 1963 il a été créé au sein du Conseil une Commission du rapport et des études ultérieurement érigée en section, et prévu que les ministres pourraient faire appel à des membres du Conseil pour l'élaboration de textes ou la résolution de problèmes juridiques.

Sur les fonctions du Conseil d'État et leurs conditions d'exercice, V. J. Massot et J. Marimbert, *Le Conseil d'État*, Doc. Fr. N.E.D., 1988, n° 4869.

TITRE V

LE PARLEMENT

488. — Le Parlement dans le système constitutionnel de 1958. — C'est une idée quasi unanimement reçue que la Constitution de 1958 est informée par une volonté délibérée et systématique de réduire ce qu'il est convenu d'appeler les « droits » du Parlement et de ravaler les assemblées à la pitoyable condition de « chambres d'enregistrement ». Et les ouvrages se sont multipliés sur l'interrogation : à quoi peuvent donc servir un député ou un Parlement ? Il y a dans cette vue des choses une part évidente d'exagération et quelquefois de polémique.

Sans doute, la liste est-elle longue de ces dispositions nouvelles qui ont restreint ou supprimé des prérogatives que les assemblées s'étaient attribuées dans leur marche continue vers ce « parlementarisme absolu », si proche du régime conventionnel, qui caractérisait les deux précédentes républiques. Qu'il s'agisse de l'autonomie des assemblées sous ses divers aspects, de la vérification des pouvoirs de leurs membres à l'indépendance administrative et financière en passant par l'autonomie réglementaire ; qu'il s'agisse de la détermination du domaine de la loi substituée à l'universalité de principe de la compétence législative traditionnelle ou de la « rationalisation » rigoureuse des instruments et des procédures de la fonction parlementaire, il est certain que le nouveau régime a porté de nombreuses atteintes à la « souveraineté » du Parlement.

Aussi bien, les auteurs de la Constitution n'ont-ils jamais dissimulé leur détermination de mettre un terme à des pratiques discutables auxquelles certains projets de réforme antérieurs avaient déjà tenté de remédier sans y parvenir. Des scandales qui avaient accompagné la vérification des pouvoirs à l'instabilité ministérielle chronique qu'entretenait un usage inconsidéré de la responsabilité politique du Gouvernement; d'un impérialisme législatif générateur d'impuissance au recours répété aux « décrets-lois » qui en était l'inévitable corollaire, les manifestations étaient nombreuses d'une confusion des genres et d'une altération des équilibres qui pouvaient parfaitement justifier un effort de remise en ordre.

Au-delà de sentiments de frustration trop aisément ressentis et cultivés, il reste à savoir si le Parlement a été réellement privé par le nouveau système constitutionnel de ce qui forme l'essentiel de sa fonction. Si l'on a quelques raisons d'en douter, c'est qu'à la lumière de la pratique d'un quart de siècle, les principales critiques, formulées sous le coup de la rupture, se sont progressivement estompées lorsqu'elles ne se sont pas transformées en reconnaissance de véritables mérites dont d'anciens censeurs et non des moindres n'ont pas répugné à profiter le moment venu. Ainsi du contrôle de constitutionnalité, conforme d'ailleurs aux tendances contemporaines du constitutionnalisme libéral, qui réalise un progrès considérable dans le perfectionnement de l'État de droit en assujettissant les assemblées et leurs majorités, quelles qu'elles soient, à cette exigence naturelle qu'est le respect de la Constitution. Ainsi des moyens donnés au Gouvernement d'intervenir dans l'exercice par le Parlement d'une fonction de législation dont il est sans doute devenu le promoteur sans pour autant que les assemblées soient réduites à un enregistrement que dément l'usage fait par leurs membres de leur droit d'amendement et qui devrait plus au phénomène majoritaire qu'aux dispositions de la Constitution. Ainsi d'un système de responsabilité politique destiné à remédier à l'instabilité ministérielle dont ce même phénomène majoritaire, joint aux prérogatives présidentielles, a déplacé le centre de gravité mais dont il n'est pas certain que l'utilité à ce titre ne se vérifie pas quelque jour.

489. — Le droit applicable au Parlement. — S'il est évidemment régi par la Constitution, le Parlement est en réalité assujetti à un ensemble plus étendu de règles d'origine et de nature différentes qui forment ce qu'il est convenu d'appeler le *« droit parlementaire »*. Celui-ci se compose ainsi, outre les dispositions constitutionnelles formelles, des lois organiques ou ordinaires concernant les assemblées, des dispositions prises par ces dernières sous forme d'actes parlementaires; enfin d'un certain nombre de coutumes, d'usages et de précédents.

Cette situation implique que soient précisés deux ordres de questions et qu'en soit déduite la conséquence en ce qui concerne l'étude du droit constitutionnel spécialement applicable à l'institution parlementaire.

A. La première question est celle de la répartition des règles applicables aux assemblées entre les différentes catégories composant le droit parlementaire. Cette répartition détermine en effet la marge de pouvoir laissée à ces assemblées sur le droit qui les régit et donne ainsi une première mesure de leur autonomie.

La prise en charge d'un précédent ou d'une règle coutumière par une disposition écrite du règlement élaboré par chaque chambre à son propre usage ne correspond qu'à un processus de codification qui n'altère pas l'autonomie normative des assemblées. Il n'en va plus exactement de même du passage d'une règle coutumière, ou contenue dans les règlements parlementaires, dans le domaine de la loi dont l'adoption nécessite, dans l'hypothèse bicamérale, l'intervention concordante des deux chambres, soumise en outre à des conditions renforcées lorsqu'il s'agit de lois organiques. Et moins encore lorsque le transfert se produit au profit d'une disposition formellement constitutionnelle dont l'éventuelle modification exige la mise en œuvre de la procédure de révision.

A cet égard, il est certain que le droit parlementaire de la Ve République se caractérise par une assez large constitutionnalisation ou légalisation de règles précédemment contenues dans des actes purement parlementaires.

B. L'existence de ceux-ci, leur domaine et leur régime posent le second ordre de questions. Les assemblées sont traditionnellement investies d'un pouvoir d'édicter des actes nécessaires à leur organisation et leur fonctionnement. Ces actes se distinguent formellement des lois en ce que, pris par chacune des assemblées pour son propre compte, ils ne font pas l'objet d'une promulgation.

Mais, au-delà de ce premier caractère général, les actes parlementaires ne forment pas une catégorie homogène. Ils se répartissent au contraire en trois grandes catégories qui reproduisent d'une certaine manière les structures ordinaires de la hiérarchie des règles depuis les résolutions prises par l'assemblée elle-même et dont l'exemple le plus significatif est donné par son propre règlement jusqu'aux nominations, telles notamment les désignations de parlementaires dans des instances extraparlementaires, en passant par les instructions, arrêtés et décisions prises par les organes de l'assemblée pour les besoins du fonctionnement interne de celle-ci et dont l'illustration la plus caractéristique est l'Instruction générale du bureau.

Le pouvoir, dont ces actes parlementaires sont l'expression, est un pouvoir originaire en ce sens que son existence ne suppose aucune habilitation particulière. Il procède de l'aptitude de toute institution à s'organiser soi-même. En revanche, la doctrine a toujours considéré que ce pouvoir pouvait être restreint ou réglementé par la Constitution. On est ainsi ramené à la question précédente dès lors en effet qu'une telle réglementation a été particulièrement développée par le régime de 1958 dans trois directions : d'une part, en soumettant à un contrôle de constitutionnalité cette résolution fondamentale que constitue le règlement; d'autre part en fixant un régime des résolutions qui, s'il intervient à l'égard de certaines *résolutions d'ordre interne* sans pour autant altérer le principe de l'autonomie de la compétence dont elles sont l'expression, limite au contraire aux seules catégories prévues par la Constitution ou les lois organiques les *résolutions d'ordre externe*, c'est-à-dire celles qui mettent en cause un autre organe constitutionnel; enfin, en privant désormais les actes parlementaires de l'immunité juridictionnelle dont ils bénéficiaient au même titre que la loi.

C. Il n'en reste pas moins que les règlements des assemblées ont conservé toute leur importance et qu'ils demeurent une source essentielle des règles qui régissent l'organisation et le fonctionnement du Parlement. Il ne paraît donc pas satisfaisant d'exposer le droit applicable à celui-ci en ignorant sinon l'existence de ces règlements, du moins les plus importantes de leurs dispositions. C'est pourquoi, après avoir sommairement présenté ces documents, il y sera fréquemment fait référence dans les développements qui suivront.

— La répartition des règles du droit parlementaire entre les différentes catégories de règles qui le composent n'a pas été pendant très longtemps le résultat de l'application de critères au demeurant difficiles à établir. R. Bonnard observait à ce propos : « le contenu des règlements a été fonction de celui des constitutions et des lois politiques. Il s'est trouvé d'autant plus considérable que celles-ci étaient plus réduites » (*Les règlements des assemblées législatives françaises depuis 1789*, Sirey, 1926, p. 9). Compte tenu du laconisme des lois constitutionnelles de 1875, on s'explique le propos si souvent cité d'Eugène Pierre : « Le règlement n'est qu'en apparence la loi intérieure des assemblées... en réalité il a souvent plus d'influence que la Constitution elle-même sur la marche des affaires publiques » (*Traité de droit politique, électoral et parlementaire*, 2e édit., 1902, n° 445). Intervenant en 1959 dans la discussion par l'Assemblée nationale de son propre règlement, M. Michel Debré, alors Premier ministre, avait indiqué l'esprit dans lequel le nouveau système constitutionnel avait considéré la question : « Tout ce qui intéresse la procédure législative, tout ce qui intéresse les rapports des assemblées entre elles, tout ce qui intéresse les rapports de l'Assemblée et du Gouvernement constitue des dispositions qui dépassent le caractère réglementaire au sens strict; elles sont d'inspiration constitutionnelle; je veux dire qu'elles touchent au mécanisme des institutions » (A.N., Déb. 26 mai 1959, p. 557).

— V. P. Avril, *Droit parlementaire et droit constitutionnel sous la Ve République*, R.D.P. 1984, p. 573. — J. Laporte et M. J. Tulard, *Le droit parlementaire*, Que sais-je, n° 2285, 1986. — P. Avril et J. Gicquel, *Droit parlementaire*, Domat, 1988.

490. — Les Règlements des assemblées. — Chaque assemblée possède un règlement qui est son œuvre propre et qui, comme on vient de le dire, est une résolution. Ni le Gouvernement, ni l'autre chambre n'ont à intervenir dans son élaboration, sa discussion et son vote.

Les règlements se présentent formellement comme des sortes de codes divisés en articles. La table analytique de celui de l'Assemblée nationale, plus développé que celui du Sénat, permet de prendre une vue cavalière du contenu de ce type de document. Le règlement de l'Assemblée comporte ainsi trois titres. Le premier traite de l'organisation et du fonctionnement de l'Assemblée. Le deuxième, consacré à la procédure législative, est divisé en trois parties : procédure législative ordinaire, procédure et discussion des lois de finances, procédures législatives spéciales. Le titre trois, intitulé contrôle parlementaire, est à son tour subdivisé en trois parties : procédures d'information et de contrôle de l'Assemblée, mise en jeu de la responsabilité gouvernementale, responsabilité pénale du président de la République et des membres du Gouvernement.

Ces règlements ont, depuis leur adoption, fait respectivement l'objet d'un certain nombre de modifications que le contrôle automatique de constitutionnalité (V. n° 391) permet de situer dans le temps et quant à leur objet (ce qui est sans doute l'un des mérites supplémentaires de ce contrôle). Le règlement de l'Assemblée nationale, dont l'ensemble a été déclaré conforme par une décision du Conseil constitutionnel du 24 juillet 1959, a été depuis modifié à quatorze reprises. Celui du Sénat, dont l'ensemble a été déclaré conforme le 18 novembre 1960, a été modifié un plus grand nombre de fois.

On trouvera la liste des décisions du Conseil constitutionnel intervenues à l'occasion de l'examen du Règlement de l'Assemblée nationale dans *Prat. Inst.*, doc. 61-300, et de l'examen du Règlement du Sénat, *idem*, doc. 61-200. Ces listes devront être complétées par les indications suivantes :
- pour l'Assemblée nationale
  — 13-7-1988, 88/243 DC, 85, art. 19,
  — 18-10-1988, 88/245 DC, 153, art. 153,
  — 7-6-1989, 89/252 DC, *J.O.*, 7113, art. 33;
- pour le Sénat
  — 19.7.1983, 83/158 DC, 19,
  — 26.7.1984, 84/175 DC, 15,
  — 3.6.1986, 86/206 DC, 43.

491. — Institution parlementaire et fonction parlementaire. — L'étude du Parlement peut être conduite en distinguant les deux aspects sous lesquels il est possible de le considérer : un aspect institutionnel englobant l'ensemble des règles de constitution et d'organisation et un aspect fonctionnel s'attachant au rôle joué par les assemblées dans le système constitutionnel. C'est sur ces bases que sont définis les deux chapitres entre lesquels est divisé ce titre V.

CHAPITRE I

L'INSTITUTION PARLEMENTAIRE

492. — Le siège des assemblées. — Le siège des assemblées n'est pas fixé par la Constitution. Cette question étant passée depuis 1879 dans la compétence du législateur, c'est actuellement l'ordonnance du 17 novembre 1958 relative au fonctionnement des assemblées parlementaires qui régit la matière.

Suivant l'article 1er de ce texte, l'Assemblée nationale et le Sénat siègent à Paris. Le Palais-Bourbon est affecté à la première, le palais du Luxembourg au second tandis que les locaux dits du Congrès et sis à Versailles sont affectés au Parlement lorsqu'il est réuni en congrès (art. 2).

L'ordonnance prévoit d'autre part que « lorsque les circonstances exigent le transfert du siège des pouvoirs publics dans une autre ville (que Paris), le Gouvernement prend en accord avec les présidents des assemblées toutes mesures nécessaires pour permettre au Parlement de siéger à proximité du lieu où se trouvent le président de la République et le Gouvernement » (art. 1, al. 2).

— Sur les problèmes juridiques posés par l'affectation des immeubles aux assemblées, V. B. Delcros, *L'unité de la personnalité juridique de l'État (étude sur les services non personnalisés de l'État)*, L.G.D.J., 1976.

493. — La structure bicamérale. — La Constitution (art. 24) dispose que « le Parlement comprend l'Assemblée nationale et le Sénat ». Elle confère ainsi à l'institution parlementaire une structure bicamérale et consacre la restauration de la seconde chambre dans une situation qu'elle n'avait pas cessé de reconquérir au fur et à mesure de l'évolution du régime précédent.

A s'en tenir à la lettre des textes, les deux assemblées

semblent replacées sur un pied d'égalité. L'exercice de la fonction législative leur appartient de manière homologue, qu'il s'agisse de l'initiative, du droit d'amendement ou des conditions de discussion et de vote, l'objectif étant l'adoption par chacune d'entre elles d'un texte identique. La fonction de contrôle politique semble elle aussi partagée, l'article 20 de la Constitution fixant en principe que le Gouvernement est responsable devant le « Parlement ». Les pouvoirs dévolus aux deux assemblées, à leurs organes ou à leurs présidents en matière de désignation et de juridiction constitutionnelle se présentent également dans les mêmes termes. Le Sénat semble même bénéficier d'une sorte de veto en matière de révision constitutionnelle et dispose d'une garantie particulière dans le vote des lois organiques qui le concernent.

S'il n'est donc plus possible d'employer à l'égard de la seconde chambre des qualificatifs qui traduiraient une condition inférieure et des fonctions mineures, il n'en reste pas moins qu'il ne s'agit que d'une égalité relative. En matière législative, celle-ci n'existe que pour les procédures particulières mais, dans la procédure générale, le Gouvernement peut, grâce au système de la commission mixte paritaire (V. n° 546), déroger au principe de l'adoption en termes identiques et donner le dernier mot à l'Assemblée nationale. Celle-ci doit en outre être saisie la première des projets de loi de finances. Quant au contrôle politique, si la Constitution prévoit bien que le Premier ministre a la faculté de demander au Sénat l'approbation d'une déclaration de politique générale, cette simple possibilité ne participe pas de la mise en cause de la responsabilité politique du Gouvernement, le Conseil constitutionnel (24, 25-6-1959, 59/3 DC, 61, *Prat. Inst.*, doc. 61-201) n'ayant pas admis que la seconde assemblée puisse voter sur des propositions de résolution à ce titre ou clore par un vote le débat sur une question orale.

Le Sénat n'en occupe pas moins une place très importante dans le fonctionnement constitutionnel et politique de la Ve République, qu'il s'agisse de sa contribution à l'œuvre législative, des interventions, d'abord de son président, puis de ses membres en matière de contrôle de constitutionnalité ou de la fonction d'équilibre que lui confère un mode de recrutement qui aboutit à y maintenir des majorités différentes de celles de l'Assemblée.

— Il est d'usage que les présidents des assemblées prononcent des discours de fin de session. Ceux du président du Sénat comportent nombre d'informations sur les conditions dans lesquelles s'exercent effectivement les attributions de la Haute Assemblée. Elles permettent d'avoir une vue concrète du bicamérisme et de sa pratique réelle.

V. Constantinesco, *La seconde chambre législative en France : problèmes du bicamérisme,* Journées Sté Lég. comp. 1985, p. 187. — Pouvoirs, 1988, n° 44, Le Sénat. — M. Morin, *Les discours de fin de session dans les assemblées parlementaires,* Pouvoirs, 1982, n° 20, p. 155.

494. — Le régime des sessions. — Les deux assemblées ne siègent pas d'une manière continue mais seulement pendant certaines périodes de l'année qui constituent les sessions. Ce système des sessions est généralement opposé au système de la permanence mais il faut préciser en quoi consiste la différence de l'un à l'autre. Le système de la permanence ne signifie pas qu'une assemblée siège effectivement sans interruption. Il correspond à une situation dans laquelle la Constitution reconnaît à l'assemblée le pouvoir de déterminer elle-même les périodes de temps pendant lesquelles elle siégera. Le système des sessions prive au contraire l'assemblée d'un tel pouvoir en subordonnant ses réunions, soit à une convocation par l'exécutif, soit à un calendrier fixé par la Constitution. C'est à un système intermédiaire, combinant ces deux solutions, que revient le régime de 1958. On est ainsi conduit à distinguer deux séries d'hypothèses suivant que la réunion du Parlement a lieu de plein droit ou sur convocation du président de la République.

A. *Les réunions de plein droit.* — Elles se subdivisent en deux catégories : les sessions ordinaires et un certain nombre de réunions provoquées par des circonstances particulières.

1° *Les sessions ordinaires.* L'article 28 de la Constitution prévoit que le Parlement se réunit de plein droit en deux sessions ordinaires par an : la première, dite d'automne, s'ouvre le 2 octobre pour une durée de 80 jours ; la seconde, dite de printemps, s'ouvre le 2 avril et ne peut excéder 90 jours. Cette réglementation résulte de la loi constitutionnelle du 30 décembre 1963 qui a modifié le régime originaire encore plus restrictif. Il n'en reste pas moins que ce calendrier des sessions ordinaires représente par rapport à celui de la IIIe République une amputation de plus de trois mois et qu'il est d'autant moins favorable à la qualité du travail parlementaire que le Gouvernement, maître de l'ordre du jour, se laisse trop souvent aller à surcharger les sessions ou les fins de sessions.

La clôture des sessions ordinaires est de droit retardée pour permettre le cas échéant l'application des dispositions de l'article 49 réglementant la mise en cause de la responsabilité politique du Gouvernement (V. nos 565-566).

2o *Les réunions de plein droit particulières.* Elles sont prévues par la Constitution dans trois circonstances :
— en cas de message adressé par le président de la République au Parlement en dehors des sessions (Const., art. 18);
— en cas de mise en application de l'article 16;
— en cas de dissolution de l'Assemblée nationale, la nouvelle assemblée se réunissant de plein droit le deuxième jeudi qui suit son élection. Si cette réunion a lieu en dehors des périodes prévues pour les sessions ordinaires, une session est ouverte de droit pour une durée de 15 jours.

Ces dispositions appellent deux observations. En ce qui concerne les deux premières hypothèses, les réunions ne sont pas qualifiées. Ce problème n'est pas résolu dans le cas du message présidentiel (V. no 443) et sa solution a rencontré des difficultés lors de l'application de l'article 16 (V. no 448). Quant à la session de droit après dissolution, son point de départ se situe le deuxième jeudi qui suit l'élection des seuls députés des départements. Si ce point de départ tombe dans une période de session dont la durée restant à courir est inférieure à quinze jours, cette période est prolongée pour atteindre les quinze jours. En outre, la pratique est en faveur d'une session du Parlement, les sénateurs s'étant également réunis, session au cours de laquelle s'appliquent les règles des sessions ordinaires.

B. *Les réunions à la convocation du président de la République.* — Il s'agit des réunions qualifiées par la Constitution de sessions extraordinaires (art. 29).

Ces sessions peuvent intervenir à la demande, soit du Premier ministre, soit de la majorité des membres composant l'Assemblée nationale. Elles sont convoquées par décret du président de la République sur un ordre du jour déterminé. Lorsque l'initiative est venue de la majorité des députés, le décret de clôture, également pris par le Président, intervient dès que le Parlement a épuisé l'ordre du jour pour lequel il a été convoqué et au plus tard 12 jours à compter de sa réunion. Le Premier ministre peut seul demander une nouvelle session avant l'expiration du mois qui suit le décret de clôture.

De la même manière que pour les sessions ordinaires, la clôture des sessions extraordinaires est de droit retardée pour permettre l'application le cas échéant de l'article 49 de la Constitution.

On rappelle que la convocation des sessions extraordinaires dépend de la seule appréciation du Président de la République (V. n° 450).

— Le Conseil constitutionnel a précisé certains aspects du régime des sessions extraordinaires. Dans le cas où une telle session est tenue à la demande des députés, le décret de clôture ne peut interrompre un débat figurant à l'ordre du jour avant l'expiration du délai maximum de douze jours (Cons. const., 17, 18 et 29-6-1959, 59/2 DC, 58). Si, au cours d'une telle session, le Parlement ne peut délibérer que sur les questions inscrites à l'ordre du jour sur lequel il a été convoqué, aucune disposition constitutionnelle lui impose d'épuiser cet ordre du jour avant la fin de la session extraordinaire, ni n'interdit que ses travaux se poursuivent au cours de la session qui suit cette dernière (Cons. const., 30-10-1981, 81/130 DC, 30-31, 81/129 DC, 35).

— Le bilan des différentes catégories de réunions se trouve dans *Prat. inst.,* doc. 28.100 et 29.100. Il pourra être complété par les indications suivantes relatives aux trois dernières législatures.

VIIe Lég (1981-1986)
    session de droit : 1 (2 au 16-7-1981)
    sessions extraordinaires : 16 : 1981 : 4 - 1982 : 4 - 1983 : 2
                                      1984 : 3 - 1985 : 4 - 1986 : 1
VIIIe Lég (1986-1988)
    sessions extraordinaires : 4 : 1986 : 1 - 1987 : 2 - 1988 : 1
IXe Lég (1988...)
    session de droit : 1 (1er au 7-7-1988)
    sessions extraordinaires : 2 (2/4 juillet et 21 décembre 1989)

Section 1

Les membres du Parlement

495. — Le mandat parlementaire. — Les membres du Parlement — députés et sénateurs — sont investis d'un mandat — le mandat parlementaire — qui leur confère la qualité juridique de représentants.

Ce mandat, les membres du Parlement le tiennent de leur élection et la qualité qui y est attachée est acquise dès la proclamation des résultats du scrutin par l'autorité compétente en vertu du droit électoral. Ce point n'est pas juridiquement sans intérêt car si la plupart des conséquences découlant de la qualité de parlementaire se manifestent avec la prise effective des fonctions, certains auteurs estiment que les élus sont couverts par les immunités dès la proclamation de leur élection.

La Constitution appliquant le principe représentatif (V. n° 416), le mandat parlementaire est lui-même représentatif, ce qui détermine ses principaux caractères : généralité, liberté, irrévocabilité, absence d'une ratification nécessaire des actes.

En tant qu'il correspond à une fonction, le mandat laisse au parlementaire la plus complète liberté dans l'expression de la volonté nationale. Députés ou sénateurs ne sont liés par aucune obligation juridique à l'égard de quiconque. Sans doute, les parlementaires se tiennent-ils en contact très étroit avec leur circonscription. Sans doute, aussi, leurs comportements sont-ils plus ou moins déterminés par leur appartenance à un parti dont la discipline peut être rigoureuse, ou par l'intervention de groupes de pression. Sans doute encore existe-t-il, sous l'appellation de « Barodet » (du nom du député qui en eût l'idée), un recueil des textes authentiques des programmes et engagements électoraux des députés (Règl. A.N., art. 164). Mais rien de tout cela ne modifie la situation juridique des représentants. En droit, le titulaire du mandat parlementaire n'a pas à tenir compte des engagements antérieurs à son élection, ni des injonctions, défenses ou directives qui lui seraient adressées ensuite. Il est même libre d'exercer ou de ne pas exercer ce mandat encore que son abstentéisme l'expose en principe à des sanctions (V. n° 533).

Les parlementaires sont d'autre part, quant à leur statut,

dans une situation légale et réglementaire de droit objectif. De ce point de vue et bien qu'ils appartiennent à la catégorie des gouvernants et non à celle des agents, les parlementaires sont dans une situation statutaire, homologue de celle des fonctionnaires publics. Cette situation entraîne à leur égard les mêmes conséquences. D'une part, tout élément de cette situation peut à tout moment être modifié sans qu'il y ait lieu de se préoccuper de droits acquis ou de rétroactivité. Il est vrai que lorsqu'une telle modification intervient par la voie législative elle est l'expression de la volonté parlementaire elle-même, d'où l'importance de cette procédure comme garantie. Il n'en reste pas moins une différence qui tient à la généralité et à l'objectivité de la règle opposée à la subjectivité d'une situation conventionnelle individuelle. D'autre part, le parlementaire, à moins de résigner son mandat, ne peut renoncer valablement à aucun des éléments de sa situation, même pas à ceux qui constituent des avantages. Seraient par exemple dépourvus de toute portée juridique la renonciation à une augmentation de l'indemnité parlementaire ou l'engagement de ne pas se prévaloir, en cas de poursuites, de la protection des immunités.

Le mandat parlementaire comporte encore certaines conséquences particulières en ce qui concerne les obligations de service national. La loi du 17 novembre 1958 relative au fonctionnement des assemblées parlementaires apporte à ce sujet une double précision. Elle dispose d'une part qu'en temps de paix les parlementaires ne peuvent accomplir aucun service militaire pendant les sessions, si ce n'est de leur propre consentement. Lorsqu'il en est ainsi, ils ne peuvent participer aux délibérations de leur assemblée, ni, si ce n'est par délégation, aux votes. Elle décide, d'autre part, que les parlementaires restent en fonction à la mobilisation ou dans le cas d'agression manifeste mettant le pays dans la nécessité de pourvoir à sa défense ou dans les cas prévus par la charte des Nations unies ou en période de tension extérieure. Cependant, ceux d'entre eux qui appartiennent à la disponibilité ou à la première réserve sont astreints à suivre intégralement les obligations de leurs classe de mobilisation. Tous les autres, soumis ou non à des obligations militaires, peuvent, sans être tenus de donner leur démission de député ou de sénateur, contracter un engagement dans une unité combattante ou un service de la zone de combat ou demander à être mobilisés. Dans toutes ces hypothèses, il appartient aux assemblées de déterminer les conditions d'exercice du mandat sous réserve des dispositions relatives à la délégation du droit de vote.

§ 1. — LES ÉLECTIONS AUX ASSEMBLÉES

A. — *Les élections à l'Assemblée nationale*

496. — Caractères généraux du régime électoral.
— Au nombre de 570 pour les départements, les députés à l'Assemblée nationale, en vertu de la loi du 11 juillet 1986, élus au scrutin majoritaire uninominal à deux tours dans le cadre de circonscriptions définies par une loi du 24 novembre 1986.

Ce régime constitue un retour au mode de scrutin auquel des lois du 10 juillet 1985 avaient substitué la représentation proportionnelle à la plus forte moyenne, sans panachage, ni vote préférentiel, dans le cadre du département formant circonscription. Condamnée d'avance par la nouvelle majorité qu'elle devait cependant porter au pouvoir lors des élections du 16 mars 1986, cette application de la représentation proportionnelle n'en a pas moins entraîné deux conséquences sur ce retour au scrutin majoritaire.

D'autre part, l'effectif des députés élus dans les départements que la loi organique du 10 juillet 1985 avait porté à 570, a été maintenu à ce nombre. D'autre part, ce maintien a rendu indispensable un nouveau découpage des circonscriptions dont, depuis longtemps, la nécessité avait été admise en raison des inégalités résultant des mouvements de population.

Posant le principe de ce nouveau découpage, la loi du 11 juillet 1986 en fixait les lignes directrices et habilitait le Gouvernement à y procéder par voie d'ordonnance dont le texte devrait être préalablement soumis à une commission *ad hoc* de six membres, respectivement désignés par tiers par le Conseil d'État, la Cour de cassation et la Cour des comptes. Saisi de cette loi, le Conseil constitutionnel en avait reconnu la constitutionnalité (Cons. const., 1 et 2-7-1986, 86/208 DC, 78). Le Président de la République ayant cependant refusé de signer les ordonnances, le découpage a finalement été opéré par la loi du 24 novembre 1986 qui, déférée à son tour au Conseil constitutionnel, devait être déclarée non contraire à la Constitution (Cons. const., 18-11-1986, 86/218 DC, 187).

— Sur les problèmes de procédure et de fond tranchés à cette occasion par le Conseil constitutionnel, V. B. Genevois, *La jurisprudence du Conseil constitutionnel, principes directeurs*, op. cit., p. 249 et nos observations à l'A.J.D.A., 1986, p. 263.

497. — La convocation des électeurs. — Les électeurs sont convoqués par décret pour le cinquième dimanche qui suit la publication du décret de convocation. Quatre situations peuvent se présenter :

1. Celle de l'échéance normale des pouvoirs de l'Assemblée : les élections doivent avoir lieu dans les soixante jours qui précèdent cette échéance, c'est-à-dire l'ouverture de la session ordinaire de printemps (2 avril) de la cinquième année suivant les précédentes élections.

2. Celle de la dissolution : dans ce cas la Constitution précise elle-même que les élections générales ont lieu 20 jours au moins et 40 jours au plus après la dissolution.

3. Celle du renouvellement anticipé. Un tel renouvellement ne pourrait résulter que d'une modification de l'ordonnance organique du 7 novembre 1958 qui fixe la durée des pouvoirs de l'Assemblée et qui déterminerait, le cas échéant, le délai dans lequel devrait être élue la nouvelle Assemblée.

4. Celle de la vacance partielle dans laquelle l'élection au siège vacant doit avoir lieu dans un délai de trois mois à moins que l'on ne se trouve dans la période de douze mois qui précèdent l'expiration des pouvoirs de l'Assemblée.

— A la suite de la dissolution de l'Assemblée nationale le 22 mai 1981, les décrets convoquant les collèges électoraux ont été attaqués, d'abord devant le Conseil d'État qui devait se déclarer incompétent, ensuite devant le Conseil constitutionnel qui décida que les dispositions de l'article 12, al. 2, de la Constitution « prévalent nécessairement en ce qui regarde les délais assignés au déroulement de la campagne électorale et au dépôt des candidatures sur les dispositions du Code électoral qui d'ailleurs ne concernent point le cas d'élections consécutives à la dissolution de l'Assemblée nationale » (déc. du 11 juin 1981, *F. Delmas*, rec., p. 97 — V. A.J.D.A., 1981, p. 357, note Cl. Goyard). Cette solution a été confirmée en 1988 (Cons. const., 4-6-1988, *Gallienne et a.*, rec., p. 77).

498. — L'éligibilité. — L'éligibilité à l'Assemblée nationale est subordonnée d'une part à la possession de l'électorat renforcé par certaines conditions; d'autre part, à l'absence dans la personne du candidat d'inéligibilités propres au mandat de député.

A. Toute personne ayant la qualité d'électeur peut être élue à l'Assemblée nationale sous réserve d'avoir vingt-trois ans accomplis. En outre, s'il s'agit d'un électeur, l'article 3 de l'ordonnance organique du 24 octobre 1958 impose à celui-ci d'avoir « définitivement satisfait aux prescriptions concernant le service militaire actif ». Cette exigence, formulée en termes plus rigoureux que celle posée pour l'ensemble des fonctions électives par une disposition du Code du service national elle-même reprise à l'article L. 45 du Code électoral, a donné lieu à un contentieux lors des élections législatives de 1978. Le Conseil constitutionnel a tranché dans le sens de l'inéligibilité des personnes qui, à la date du premier tour de scrutin, accomplissent leurs obligations d'activité du service national (Cons. const., déc. du 17 mai 1978, Table analytique, p. 17).

Les dispositions restrictives de l'éligibilité des étrangers naturalisés et des femmes ayant acquis la nationalité par mariage ont été abrogées par la loi organique du 20 décembre 1983.

Dès lors qu'elle est liée à la qualité d'électeur, l'éligibilité en suit par ailleurs le régime. Sont ainsi inéligibles les individus condamnés lorsque la condamnation empêche d'une manière définitive l'inscription sur la liste électorale. Lorsque la condamnation n'empêche que temporairement cette inscription, l'inéligibilité frappe les individus condamnés pour une période double de celle pendant laquelle ils ne peuvent être inscrits sur la liste. Sont en outre inéligibles les personnes pourvues d'un conseil judiciaire et celles qui ont été privées de leur droit d'éligibilité par une décision judiciaire en application des lois qui autorisent cette privation (C. élect., art. L.O. 129 et 130).

B. Mais d'autres inéligibilités sont propres au mandat parlementaire. La première de caractère général concerne le médiateur déclaré inéligible « dans toutes les circonscriptions » (C. élect., art. L.O. 130-1). Une autre, limitée à un an, frappe ceux qui n'ont pas déposé les déclarations de patrimoine prévues par l'article L.O. 135-1 C. élect. ou les cmptes de campagne prévus par l'article L.O. 179-1 du même code (C. élect., art. L.O. 128). D'autres, enfin, limitées dans le temps et dans l'espace, frappent les titulaires d'un certain nombre de fonctions publiques en raison de l'autorité particulière que ces fonctions leur confèrent sur la population ou des moyens qu'elles mettent à leur disposition dans les circonscriptions où elles sont exercées. La liste de ces inéligibilité est fixée par les articles L.O. 131 et L.O. 133 du Code électoral. S'appliquant territorialement à toutes les circonscriptions du ressort des intéressés, elles s'étendent dans le temps, outre la durée d'exercice des fonctions, à une période complémentaire variant de six mois à trois ans.

On verra au numéro suivant que s'y ajoutent des hypothèses qui, sans être à proprement parler des inéligibilités, comportent le même effet faute pour l'intéressé de pouvoir se porter candidat.

— Le contentieux sur l'exigence relative au service national avait, avant d'être réglé par le Conseil constitutionnel, donné lieu à une jurisprudence divergente des Tribunaux administratifs. V. J.-Cl. Ricci, *L'éligibilité des sursitaires et appelés aux élections législatives,* A.J.D.A., 1978, p. 334.

499. — La candidature. — Par une règle dont l'origine remonte à 1889, nul ne peut être candidat dans plus d'une circonscription. Si, contrairement à cette règle, une personne faisait acte de candidature dans plusieurs circonscriptions, sa candidature ne serait pas enregistrée et elle s'exposerait à une sanction pénale (C. élect., art. L. 156 et L. 171).

Depuis la même date et de manière corollaire, il est exigé de chaque candidat une déclaration de candidature. Cette déclaration doit être signée de l'intéressé et énoncer ses nom, prénoms, date et lieu de naissance, domicile et profession. En raison du système du remplaçant (V. n° 516) la déclaration doit également indiquer les nom, prénoms, date et lieu de naissance, profession et domicile de la personne appelée à remplacer le candidat en cas de vacance du siège. Elle doit être accompagnée de l'acceptation écrite du remplaçant qui doit remplir les conditions d'éligibilité exigées des candidats. Nul ne peut figurer en qualité de remplaçant sur plusieurs déclarations de candidature, ni être à la fois candidat et remplaçant d'un autre candidat. Un député, un sénateur ou le remplaçant d'un membre d'une assemblée parlementaire ne peut être remplaçant d'un candidat à l'Assemblée nationale. Enfin, quiconque est appelé à remplacer un député nommé membre du Gouvernement (V. nos 475 et 516) ne peut faire acte de candidature contre lui lors de l'élection suivante.

Les déclarations de candidature doivent être déposées en double exemplaire à la préfecture au plus tard vingt et un jours avant celui de l'ouverture du scrutin. Il en est délivré un reçu provisoire, puis, dans les quatre jours qui suivent le dépôt, un reçu définitif après vérification que la candidature remplit bien les conditions légales et sur présentation du récépissé du cautionnement de 1 000 F exigé de chaque candidat.

Les candidatures peuvent être retirées jusqu'à l'expiration du délai prévu pour leur dépôt. Si le candidat vient à décéder après cette date, le remplaçant devient candidat et peut choisir un nouveau remplaçant. Si c'est le remplaçant qui décède, le candidat peut choisir un nouveau remplaçant.

Les conditions de la candidature au second tour seront examinées lors de l'étude du scrutin (V. n° 501).

C'est le Tribunal administratif statuant dans les trois jours à la requête du préfet qui prononce sur le respect des règles régissant la candidature. Par une disposition particulière, la décision du Tribunal administratif ne peut être contestée que devant le Conseil constitutionnel, juge de l'élection.

— La jurisprudence du Conseil constitutionnel en matière de candidature est relativement peu abondante et trouve sa source principale dans l'institution du suppléant et dans l'incompatibilité des fonctions de ministre avec le mandat parlementaire. V. Cons. const., Table analytique, p. 19. V. également Trib. adm. Grenoble, 2 juin 1981, A.J.D.A., 1981, p. 302, concl. Viargues.

— Les décrets de convocation des collèges électoraux à la suite de la dissolution de l'Assemblée nationale le 22 mai 1981 fixaient la date limite de dépôt des candidatures le 31 mai à minuit. Ayant été publiés au *Journal officiel* du 23 mai, ils réduisaient donc à neuf jours la période de ce dépôt. Si cette disposition n'a pas été jugée inconstitutionnelle (V. n° 497), on a estimé qu'elle avait entraîné une réduction d'environ 30 % du nombre des candidatures, ce qui pour des élections sur dissolution peut être considéré comme très regrettable.

— Il va de soi que la candidature réglementée par le Code électoral ne doit pas être confondue avec « l'investiture » que les candidats peuvent recevoir des partis et groupements politiques. Ne dépendant que des instances de ceux-ci, cette « investiture », pour les problèmes qu'elle pose, ne relève que de la science politique. V. sur ce point Le Mire, *La sélection des candidats aux élections législatives dans les partis politiques*, 1972 — J.-Cl. Masclet, *Dépendance partisane et attaches locales dans la désignation des candidats aux élections législatives*, Pouvoirs, 1978, n° 4, p. 171.

500. — La propagande électorale. — La campagne électorale est ouverte à partir du vingtième jour qui précède la date du scrutin. Elle prend fin le jour du scrutin à 0 heure. Pendant cette période les candidats se livrent à des activités d'information du corps électoral qui, sous leurs différentes formes (écrite, orale, radiotélévisée) sont réglementées. Cette réglementation vise plusieurs objectifs dont il serait exagéré d'affirmer qu'ils sont toujours atteints malgré les sanctions pénales susceptibles de frapper les contrevenants et l'éventualité d'une annulation de l'élection. Ces objectifs sont essentiellement au nombre de deux : sauvegarde de la dignité de la campagne et sauvegarde de l'égalité entre les candidats. Cinq séries de dispositions sont à distinguer :

1° Celles qui concernent *la propagande écrite* (C. élect., art. L. 51 ; L. 165 à L. 167 et L. 171) et qui confèrent à celle-ci trois caractères. Cette forme de propagande est :

— *Limitée :* des emplacements spéciaux sont réservés dans chaque commune par l'autorité municipale pour l'apposition des affiches électorales et, dans chacun de ces emplacements, une surface égale est attribuée à chaque candidat. L'affichage en dehors de ces emplacements ou sur une surface réservée à un autre candidat est interdit sous peine d'une amende de 10 800 à 60 000 F (C. élect., art. L. 90). Un décret en Conseil d'État (C. élect., art. R. 26 à R. 30 et R. 103) fixe le nombre et les dimensions des affiches que chaque candidat peut faire apposer ainsi que le nombre et les dimensions des circulaires et bulletins de vote qu'il peut faire imprimer et envoyer aux électeurs. L'impression et l'utilisation, sous quelque forme que ce soit, de toute autre circulaire, affiche ou bulletin et de tout tract sont interdites sous peine d'une amende de 3 000 à 20 000 F et d'un emprisonnement de 15 jours à 3 mois.

— *Contrôlée :* vingt jours avant la date des élections, il est institué, pour chaque circonscription, une commission chargée d'assurer l'envoi et la distribution de tous les documents de propagande. Cette commission est présidée par un magistrat judiciaire désigné par le premier président de la Cour d'appel (V. C. élect., art. R. 31 à R. 38).

— *Gratuite :* en ce sens que l'État prend à sa charge les dépenses provenant des opérations effectuées par les commissions ainsi que celles qui résultent de leur fonctionnement. En outre, il est remboursé aux candidats ayant obtenu au moins 5 % des suffrages exprimés le coût du papier, l'impression des bulletins de vote, affiches, circulaires ainsi que les frais d'affichage (C. élect., art. L. 167).

2º Celles qui concernent la *propagande orale* et qui sont déterminées pas la loi du 30 juin 1881 sur la liberté de réunion et la loi du 28 mars 1907 relative aux réunions publiques.

3º Celles qui régissent la *propagande radiotélévisée.* Elles sont fixées par l'article L. 167-1 C. élect. (L. 11 juill. 1986). Cet article prévoit que les partis et les groupements peuvent utiliser les antennes du service public de radiodiffusion et de télévison pour leur campagne en vue des élections législatives (§ 1). Il répartit les durées d'émission du premier et du second tour, d'abord entre partis et groupements représentés par des groupes parlementaires à l'Assemblée nationale, de sorte que majorité et opposition soient traitées de manière égale (§ II); puis attribue aux partis et groupements présentant au premier tour au moins 75 candidats une durée d'intervention lorsque aucun de ces candidats n'appartient aux partis et groupements bénéficiant de la répartition précédente (§ III). Les conditions de production, de programmation et de diffusion sont fixées par le Conseil supérieur de l'audiovisuel (V. L. 17 janv. 1989). Les émissions publicitaires à caractère politique ne peuvent être diffusées qu'en dehors des campagnes électorales. La loi du 11 mars 1988 les a interdites dans les quatre ans qui suivent sa promulgation.

4º Celles qui réglementent les *sondages d'opinion.* Une loi du 19 juillet 1977 a réglementé la publication et la diffusion de « tout sondage d'opinion ayant un rapport direct ou indirect avec un référendum, une élection présidentielle ou l'une des élections réglementées par le Code électoral y compris les élections régionales (L. 10-7-1985), ainsi qu'avec l'élection des représentants à l'Assemblée des Communautés européennes » (art. 1). Cette législation (art. 2 à 4) fixe le contenu des sondages et institue une commission « chargée d'étudier et de proposer des règles tendant à assurer dans le domaine de la prévision électorale l'objectivité et la qualité des sondages » (art. 5 à 10). Elle prohibe la publication, la diffusion et le commentaire de tout sondage par quelque moyen que ce soit pendant la semaine qui précède chaque tour de scrutin ainsi que pendant le déroulement de ceux-ci. Au cas d'élections partielles, cette prohibition ne s'applique qu'aux sondages portant directement ou indirectement sur ces scrutins partiels. Elle ne s'applique pas aux opérations qui ont pour objet de donner une connaissance immédiate de chaque tour de scrutin et qui sont effectuées entre la fermeture du dernier bureau de vote en métropole et la proclamation des résultats (art. 11). Le non-respect de ces prescriptions est sanctionné par les peines prévues à l'article L. 90-1 C. élect. (amende de 10 800 F à 60 000 F).

5° Celles qui régissent le *financement de la campagne.* Ces règles avaient été fixées par une loi organique du 11 mars 1988 et figuraient aux articles L.O. 163-1 à 164-4 C. élect. On a déjà indiqué que les articles L.O. 163-2 (plafonnement des dépenses), L.O. 163-3 (conditions d'acceptation des dons manuels) et L.O.163-4 (contributions ou aides d'origine étrangère) avaient été abrogés par la loi du 15 janvier 1990. La loi organique relative au financement de la campagne en vue de l'élection des députés qui devait, parallèlement à cette dernière, régir cette question a été déclaré contraire à la Constitution par décision du Conseil constitutionnel du 11 janvier 1990 (89/263 DC, *J.O.* 13-1, p. 572). Fixé par l'article L. 52-11 ajouté au Code électoral par la loi du 15 janvier 1990, le plafonnement des dépenses pour les dépenses de l'élection des députés demeure à 500 000 F.

Plusieurs plaintes déposées par la Commission des sondages pour violation de l'article 11 de la loi ont abouti à des condamnations. Ainsi de celles prononcées le 17 juin 1982 par la 17e chambre correctionnelle du Tribunal de Paris contre un quotidien et un hebdomadaire dont l'un avait publié au lendemain du premier tour un article faisant état d'une simulation à partir des résultats de ce premier tour, et dont l'autre avait, dans sa chronique financière, fait état de sondages occultes à l'appui d'interprétations des fluctuations des cours de Bourse.

— V. P. Huet, *Le contrôle des sondages d'opinion en matière électorale,* C.E.E.D., n° 31, p. 105 — P. Avril, *Le droit des sondages,* Mél. Charlier, 1981, p. 687 — A. Lazareff, *Le droit des sondages politiques,* L.G.D.J., 1983 — Pouvoirs, 1985, n° 33 et plus spécialement : Ph. Crouzet, *La jurisprudence de la commission des sondages,* p. 57 — O. Duhamel, *Les mises au point de la commission* (tableau) p. 71. V. également Cons. d'Ét. 5 juill. 1985, *Sarl Ipsos,* rec. p. 219 — 13 déc. 1985, *Sté Indice,* rec., p. 379.

501. — Le scrutin. — Le scrutin a lieu le cinquième dimanche qui suit la publication du décret de convocation des électeurs et se déroule dans les conditions générales fixées par le Code électoral (V. n° 417).

Nul n'est élu au premier tour s'il n'a réuni :
— la majorité absolue des suffrages exprimés;
— un nombre de suffrages égal au quart du nombre des électeurs inscrits.

Si aucun candidat ne remplit ces conditions, il y a ballottage. Il est alors procédé à un second tour qui a lieu le dimanche suivant.

Nul ne peut être candidat à ce second tour s'il ne s'est présenté au premier et s'il n'a obtenu un nombre de suffrages au moins égal à 12,5 % du nombre des électeurs inscrits. Dans le cas où un seul candidat remplit ces conditions, le candidat ayant obtenu, après celui-ci, le plus grand nombre de suffrages au premier tour peut se maintenir au second. Si aucun candidat ne remplit ces conditions, les deux candidats ayant obtenu le plus grand nombre de voix au premier tour peuvent se maintenir au second. Un candidat ne peut présenter pour le second tour un remplaçant autre que celui qu'il avait désigné dans sa déclaration de candidature au premier tour, sous réserve des règles précédemment exposées et relatives au décès de l'un ou de l'autre des intéressés.

La déclaration de candidature obéit aux mêmes dispositions que pour le premier tour. Elle doit être déposée avant le mardi à minuit qui suit celui-ci. Le Tribunal administratif statue dans les vingt-quatre heures.

Est élu au second tour le candidat ayant obtenu la majorité relative. A égalité de suffrages, c'est le candidat le plus âgé qui est élu.

B. — *Les élections au Sénat*

502. — Caractères généraux du régime électoral. — Les sénateurs sont élus au suffrage universel indirect de sorte que le Sénat assure la représentation des collectivités territoriales de la République et celle des Français établis hors de France (Const., art. 24). Le régime de leur élection est codifié au Livre II du Code électoral.

Les élections des sénateurs des départements se déroulent dans le cadre de cette circonscription. La législation applicable, après avoir fixé le nombre de sièges, répartit ceux-ci par département, et les départements par séries en vue du renouvellement triennal. A la différence de ce qui s'est passé pour l'Assemblée nationale, cette législation a été modifiée sur ces trois points pour tenir compte des évolutions démographiques qui se sont produites depuis 1958. Ces réformes, s'appliquant progressivement au fur et à mesure des renouvellements triennaux, ont porté l'effectif des sénateurs des départements à 304 (L.O. 13 août 1986), auxquels s'ajoutent 4 sièges pour les territoires d'outre-mer et 2 sièges respectivement pour Mayotte et Saint-Pierre-et-Miquelon (L.O. 13 août 1986). La réglementation des opérations électorales est, dans une très large mesure, homologue de celle des élections à l'Assemblée. Les inéligibilités et les incompatibilités sont les mêmes et les conditions d'éligibilité ne diffèrent que sur l'exigence d'âge, qui est ici de trente-cinq ans révolus. La déclaration de candidature est obligatoire et les candidatures multiples également prohibées. Le régime de la propagande obéit aux mêmes principes, même si, compte tenu des caractères du corps électoral et de la campagne, il apparaît plus simple (C. élect., L.O. 296 à L.O. 308).

Le régime électoral des sénateurs représentant les Français hors de France a fait l'objet de modifications récentes. Une loi organique du 17 juin 1983 modifiant l'ordonnance du 15 novembre 1958 portant loi organique relative à la composition du Sénat a doublé le nombre de ces sénateurs qui passe ainsi de six à douze, à raison de quatre par série, cette augmentation devant se réaliser progressivement à l'occasion des trois prochains renouvellements triennaux. Ce texte détermine également un certain nombre d'inéligibilités particulières. Quant aux modalités de l'élection de ces sénateurs, elles avaient été précédemment déterminées en termes nouveaux par une loi du 18 mai 1983.

503. — Le corps électoral sénatorial. — La détermination particulière du corps électoral sénatorial est une conséquence du caractère indirect du suffrage. Les sénateurs sont ainsi des « élus des élus » dans des conditions différentes suivant qu'il s'agit de ceux qui représentent les Français établis hors de France, élus par un collège formé simplement des membres élus du Conseil supérieur des Français de l'étranger (L. 7 juin 1982 mod. 15 oct. 1986 et L. 18 mai 1983) ou des sénateurs des départements pour lesquels le collège électoral comprend deux catégories d'électeurs :

— D'une part, les électeurs de droit : les députés, les conseillers régionaux élus dans le département, les conseillers généraux, et tous les conseillers municipaux des communes de plus de 9 000 habitants. La loi du 19 novembre 1982 ayant augmenté l'effectif des conseils municipaux, cette augmentation se répercute directement sur cette partie du corps électoral sénatorial.

— D'autre part, des électeurs élus par les conseils municipaux. Dans les communes de moins de 9 000 habitants, le nombre de ces délégués s'inscrit entre un et quinze suivant l'effectif du conseil municipal (C. élect., art. L. 284 mod. par art. 17, L. 19 nov. 1982). Dans les communes de plus de 30 000 habitants, dont tous les conseillers municipaux sont déjà délégués de droit, les conseils municipaux élisent des délégués supplémentaires à raison de un pour 1 000 habitants en sus de 30 000.

Ces deux catégories conservent leur intégrité. Lorsqu'un conseiller général est député ou conseiller régional, un remplaçant lui est désigné sur sa présentation par le président du conseil général. De même, dans le cas où un conseiller régional est député, un remplaçant lui est désigné sur sa présentation par le président du Conseil régional. Enfin, au cas où un député, un conseiller régional ou un conseiller général serait délégué de droit comme conseiller municipal, un remplaçant lui serait désigné par le maire sur sa présentation. Quant aux délégués élus, le choix des conseils municipaux ne peut se porter ni sur un député, ni sur un conseiller général.

Outre les titulaires, les conseils municipaux élisent des suppléants dont le nombre, fixé à 3 quand le nombre des titulaires est égal ou inférieur à 5, est augmenté de 2 par 5 titulaires ou fraction de 5.

Dans les communes élisant 15 délégués ou moins, l'élection des titulaires et des suppléants a lieu séparément dans les conditions prévues à l'article L. 121-12 C. des communes, c'est-à-dire à la majorité absolue des suffrages exprimés. Dans les communes de 9 000 habitants et plus, l'élection des suppléants, et dans les communes de plus de 30 000 habitants, celle des délégués et des suppléants ont lieu sur la même liste à la représentation proportionnelle suivant la règle du plus fort reste, sans panachage ni vote préférentiel, les listes pouvant comprendre moins de noms que de personnes à désigner (C. élect., art. L. 289).

Le préfet établit un tableau des électeurs sénatoriaux contre lequel est ouvert un recours devant le Tribunal administratif dont la décision ne peut être contestée que devant le Conseil constitutionnel saisi de l'élection (C. élect., art. L. 292 et 293). On rappelle que, pour les électeurs sénatoriaux, le vote est obligatoire sous sanction (C. élect., art. L. 318).

504. — L'élection. — L'élection constitue le deuxième aspect spécifique du régime électoral sénatorial.

A la différence de l'Assemblée nationale, en effet, le Sénat est renouvelé par tiers tous les trois ans. Aux fins de renouvellement partiel régulier, les départements sont répartis en trois groupes ou séries — A, B, C — de sorte que le nombre de sièges de chaque série soit sensiblement égal, les douze sénateurs représentant les Français établis hors de la France étant répartis, on l'a vu, à raison de quatre par série.

Le corps électoral est convoqué par décret, les élections devant avoir lieu le septième dimanche qui suit la publication de cette convocation et dans les soixante jours qui précèdent l'ouverture de la session ordinaire d'octobre. Ce corps électoral se réunit au chef-lieu du département.

Le mode de scrutin est différent suivant le nombre de sièges à pourvoir :

— Dans les départements comptant quatre sièges ou moins, est élu sénateur, le candidat qui, au premier tour, a réuni la majorité absolue des suffrages exprimés et un nombre de voix égal au quart des électeurs inscrits ; au second tour celui qui a obtenu le plus grand nombre de voix.

— Dans les départements comptant cinq sièges et plus (et dans les trois départements issus de l'ancien département de Seine-et-Oise), l'élection a lieu à la proportionnelle à la plus forte moyenne, sans panachage ni vote préférentiel, les sièges sont attribués sur chaque liste dans l'ordre de présentation.

Lorsque l'élection a lieu au scrutin majoritaire, le système du remplaçant se présente dans les mêmes termes que pour les députés. Au cas d'élection à la proportionnelle, le remplacement s'opère normalement par appel au suivant de liste. Le Sénat ne pouvant pas être dissous, il résulte de ces

dispositions que l'hypothèse d'élections hors calendrier ou d'élection partielle ne peut qu'être tout à fait exceptionnelle. Les élections partielles sont néanmoins prévues en dehors de l'année qui précède le renouvellement normal par tiers. Elles doivent se dérouler dans les mêmes conditions que celui-ci, sauf à appliquer le scrutin majoritaire à deux tours toutes les fois que la vacance ne porte que sur un seul siège.
— La répartition est la suivante :
    série A — Ain à Indre + Guyane, Polynésie, Wallis et Futuna, 98 sièges + 4.
    série B — Indre-et-Loire à Pyrénées-Orientales + Réunion, 97 sièges + 4.
    série C — Bas-Rhin à Yonne + Essonne à Yvelines + Guadeloupe, Martinique, Saint-Pierre-et-Miquelon, Mayotte, 113 sièges + 4.

C. — *Le contentieux des élections aux assemblées*

505. — Le jugement des contestations par le Conseil constitutionnel. — C'est au Conseil constitutionnel que la Constitution (art. 59) confie le soin de statuer, en cas de contestation, sur la régularité de l'élection des députés et des sénateurs. Elle met fin ainsi à une tradition qui remontait sans interruption aux États généraux où se trouvait d'ailleurs sa justification juridique particulière et qui remettait aux assemblées sous le nom de « vérification des pouvoirs » le contrôle de la validité de l'élection de leurs membres. Cette vérification des pouvoirs avait donné lieu, non seulement à des controverses juridiques sur la nature et l'étendue de la compétence des chambres en tant que « juge de l'élection », mais surtout, sous la IIIe République et plus encore sous la IVe, à des comportements proprement scandaleux. Bien que sa suppression et son remplacement par l'intervention du Conseil constitutionnel aient fait l'objet d'appréciations critiques, cette réforme a, pour ces raisons, revêtu un caractère salutaire.

La réglementation de cette attribution du Conseil constitutionnel est fixée par les articles 32 et suivants de l'ordonnance organique régissant l'institution, dispositions qui sont reprises aux articles L.O. 179 à L.O. 189 et L.O. 325 du Code électoral.

Le droit de contester une élection appartient à toutes les

personnes inscrites sur les listes électorales de la circonscription dans laquelle il a été procédé à l'élection ainsi qu'aux personnes qui ont fait acte de candidature. Le Conseil est saisi par une requête écrite adressée soit à son secrétariat général, soit au préfet ou au chef de territoire. Cette requête doit contenir le nom, les prénoms et la qualité du requérant, le nom des élus dont l'élection est contestée et les moyens d'annulation invoqués. Elle doit être formulée pendant les dix jours qui suivent la proclamation du scrutin et n'a pas d'effet suspensif.

Pour le jugement des contestations, le Conseil constitutionnel forme, en son sein, trois sections composées de trois membres nommés par le président de la République, ceux nommés par le président de l'Assemblée nationale et ceux nommés par le président du Sénat. Le Conseil arrête d'autre part, chaque année, une liste de dix rapporteurs adjoints choisis parmi les maîtres des requêtes au Conseil d'État et les conseillers référendaires à la Cour des comptes. Ces rapporteurs adjoints n'ont pas voix délibérative.

Le président du Conseil constitutionnel confie dès sa réception la requête à l'une des sections et désigne un rapporteur. Les sections instruisent les affaires qui sont ensuite rapportées devant le Conseil qui statue par une décision motivée.

La compétence du Conseil est limitée au contrôle de la régularité de l'élection. Comme on l'a vu, elle s'étend à cette occasion au contrôle des jugements des Tribunaux administratifs statuant sur la validité des candidatures et le tableau des électeurs sénatoriaux. Le Conseil est en outre compétent pour connaître de toute question ou exception posée à l'occasion de la requête, étant précisé que, dans ce cas, sa décision n'a d'effet juridique qu'en ce qui concerne l'élection dont il est saisi.

Lorsqu'il fait droit à la requête, le Conseil peut, selon le cas, annuler l'élection contestée ou réformer la proclamation faite par la commission de recensement et proclamer le candidat qui a été régulièrement élu.

— Sur la jurisprudence du Conseil constitutionnel, V. Table analytique 1958-1978 à compléter par la consltation des recueils annuels et le bilan 1958-1981 *in Prat. inst.,* doc. 59-100.

— G. de Grandmaison et F. Boulte, *Le contrôle des élections législatives par le Conseil constitutionnel,* D.S., 1973, chron., p. 53 — L. Philip, *Les attributions et le rôle du Conseil constitutionnel en* matière d'élections et de référendum, R.D.P., 1962, p. 46 — *Le Conseil constitutionnel, juge électoral,* Pouvoirs, n° 13, 1980, p. 61 — Ph. Ardant, *Le contentieux électoral devant le Consel constitutionnel et le Conseil d'État,* in Conseil constitutionnel et Conseil d'État, L.G.D.J., 1988, p. 55 — B. Genevois, *La jurisprudence du Conseil constitutionnel,* op. cit., p. 327.

§ 2. — LE STATUT DU PARLEMENTAIRE

506. — Principes généraux. — Le statut du parlementaire est tout entier informé par la préoccupation d'assurer l'indépendance des élus à l'égard des pressions de toute sorte qui pourraient s'exercer sur eux, altérant ainsi l'expression de la volonté générale. Déjà consacrée par le caractère représentatif du mandat et la prohibition de tout mandat impératif (V. n° 416), cette préoccupation se traduit en outre de deux manières : d'abord par l'édiction d'un certain nombre d'incompatibilités qui obligent l'élu à choisir entre son mandat et l'exercice d'une autre activité dont on estime que la confusion en sa personne serait susceptible de nuire à son indépendance; ensuite, par l'établissement d'immunités destinées cette fois à protéger l'élu dans un certain nombre de circonstances où il serait exposé à des poursuites. Il faut ajouter que l'indépendance ne se concevant pas sans la possibilité matérielle de vivre, il est nécessaire que le parlementaire reçoive une indemnité qui le garantisse à cet égard.

A. — *Les incompatibilités*

507. — L'incompatibilité avec les fonctions publiques. — Le mandat parlementaire est, en règle générale incompatible avec les fonctions publiques. Cette règle d'abord appliquée aux emplois dans la fonction publique n'a pas cessé de s'étendre au point d'atteindre aux dimensions d'une sorte de principe, suivant une tendance qui n'est d'ailleurs pas propre à notre pays.

Le régime des incompatibilités répartit celles-ci en quatre catégories suivant qu'il s'agit de la qualité de membre du Gouvernement, de fonctions publiques électives, de fonctions publiques non électives, enfin de fonctions exercées auprès d'entreprises publiques.

Ce régime, lorsqu'il n'est pas défini par la constitution elle-même, relève de la loi organique. Une loi ordinaire ne peut donc y ajouter de nouvelles catégories (Cons. const., 30-8-1984, 84/177 DC, 66).

A. *La qualité de membre du Gouvernement.* — L'article 23 de la Constitution dispose que « les fonctions de membre du Gouvernement sont incompatibles avec l'exercice de tout mandat parlementaire ».

C'est assurément sur ce point que le texte constitutionnel apporte l'innovation la plus remarquable aussi bien que la plus controversée dès lors que l'une des composantes du système parlementaire consiste dans le choix des membres du Gouvernement parmi les membres de la majorité parlementaire.

Si c'est à cette innovation que l'on doit principalement l'institution du remplaçant (V. n° 516), on a vu (V. n° 475) quel genre de difficultés pouvaient entraîner cette incompatibilité et cette institution. On comprend que ce système ait fait l'objet de propositions de révision constitutionnelle tendant à l'aménager et, plus radicalement, à l'abroger.

B. *Les fonctions publiques électives.* — Cette seconde série d'incompatibilités se subdivise en deux :

Le cumul des mandats parlementaires est strictement prohibé, les assemblées ne pouvant avoir de membres communs. Tout député élu sénateur ou tout sénateur élu député cesse d'appartenir à la première des assemblées dont il est membre. Si l'élection est contestée, la vacance du siège n'est proclamée qu'après la décision du Conseil constitutionnel rejetant la contestation, l'élu ne pouvant en aucun cas participer simultanément aux travaux des deux assemblées. La même incompatibilité frappe le suppléant qui ne peut conserver cette qualité s'il est élu à l'une ou l'autre assemblée. La seule exception à ce régime concerne le mandat au Parlement européen qui a été déclaré cumulable avec un mandat parlementaire dans l'un des États membres par la réglementation communautaire (Acte du 20 septembre 1976).

Quant au cumul d'un mandat parlementaire avec un mandat électif de caractère non parlementaire, il s'agissait d'une pratique largement développée (V. par ex. *J.O.* déb. A.N. 1978, p. 3861). Depuis 1978 cependant des consultations et des études avaient été entreprises, sinon pour prohiber cette pratique, du moins pour en réduire l'étendue. Les différentes formations politiques étant à cet égard partagées, c'est seulement le 30 décembre 1985 qu'est intervenue la réforme correspondante (C. élect., art. L.O. 141). Suivant cette nouvelle législation, le mandat de député comme celui de sénateur sont incompatibles avec l'exercice de plus d'un des mandats électoraux aux fonctions électives suivants : député au Parlement européen, conseiller régional, conseiller général, conseiller de Paris, maire d'une commune de 20 000 habitants ou plus autre que Paris, adjoint au maire d'une commune de 100 000 habitants ou plus autre que Paris.

J.-Cl. Masclet, *Un remède homéopathique — Les lois sur le cumul des mandats et des fonctions électifs*, A.J.D.A., 1986, p. 214.

C. *Les fonctions publiques non électives.* — Outre les fonctions de membre du Conseil constitutionnel (V. n° 579) et celles de membre du Conseil économique et social (V. n° 484), les fonctions publiques non électives sont incompatibles avec le mandat parlementaire, qu'il s'agisse de fonctions exercées dans l'administration française ou de celles conférées par un État étranger ou une organisation internationale et rémunérées sur leurs fonds. Il en va de même des fonctions de magistrat.

Le caractère général de cette incompatibilité ne connaît que trois exceptions :

— Les professeurs qui, à la date de leur élection, étaient titulaires de chaires données sur présentation des corps où la vacance s'est produite ou chargés de directions de recherches. Cette terminologie n'a plus guère de signification depuis l'abrogation du système des chaires par l'article 33 de la loi du 12 novembre 1968. L'exception prévue par l'article L.O. 142 du Code électoral n'en demeure pas moins et a donné lieu à des controverses sur sa portée et l'opportunité de son maintien.

— Les ministres des cultes et les délégués du Gouvernement dans l'administration des cultes dans les départements du Bas-Rhin, du Haut-Rhin et de la Moselle.

— Les parlementaires chargés de mission par le Gouvernement, lorsque cette mission n'excède pas six mois.

D. *Les fonctions exercées auprès d'entreprises nationales et d'établissements publics nationaux.* — Suivant l'article L.O. 145 du Code électoral sont incompatibles avec le mandat parlementaire les fonctions de président et de membre de Conseil d'administration ainsi que celles de directeur général et de directeur général adjoint exercées dans les entreprises nationales et établissements publics nationaux. L'incompatibilité s'étend à toute fonction exercée de façon permanente en qualité de conseil auprès de ces entreprises ou établissements. En revanche, elle ne s'applique évidemment pas aux parlementaires désignés en cette qualité comme membres de conseils d'administration d'entreprises nationales ou d'établissements publics nationaux en vertu de textes organisant ces entreprises ou établissements.

— Sur l'ensemble, V. F. Ancel, *Les incompatibilités parlementaires sous la Ve République,* P.U.F., 1975 — Y. Michel, *Les incompatibilités parlementaires en droit positif français,* Th. sc. pol., Paris, 2, 1975.

— Sur l'exception concernant les professeurs d'université, V. B. Toulemonde, *Le cumul du mandat parlementaire avec l'exercice de la fonction de professeur de l'enseignement supérieur en France,* R.D.P., 1978, p. 949. La question a rebondi à propos du mandat au Parlement européen auquel l'article 6 de la loi du 7 juillet 1977, relative à l'élection des représentants à cette assemblée, étend les dispositions de l'article L.O. 142 C. élect. L'exception prévue par celui-ci ne bénéficiant pas aux professeurs n'ayant pas la qualité de titulaire, les professeurs « associés » sont contraints à l'option. D'autre part, un contentieux est né de la décision refusant à tout ressortissant d'un État membre, député au Parlement européen, la possibilité d'exercer dans une université française en qualité de professeur associé.

— Sur les parlementaires chargés de mission par le Gouvernement, V. G. Zalma, *Le parlementaire en mission dans les institutions françaises,* Presses univ. de Lyon, 1980, et *Prat. Inst.,* doc. 25-201 qui en donne la liste.

— Sur l'incompatibilité du mandat avec les fonctions exercées auprès d'établissements publics nationaux, V. Cons. const., déc. 66-1, I du 8 juill. 1966 (rec., p. 43). Cette décision précise d'une part que le régime d'incompatibilité des fonctions exercées dans les établissements publics est réglé non pas par l'article L.O. 142 C. élect. (incompatibilité concernant les fonctions publiques non électives) mais par l'article L.O. 145 du même code ; d'autre part, qu'il n'existe aucune incompatibilité avec des fonctions exercées dans des établissements n'ayant pas un caractère national, en l'espèce un hôpital ayant le statut d'établissement public communal.

508. — La compatibilité avec les activités privées et ses limites. — A l'inverse des fonctions publiques, pour lesquelles les incompatibilités se justifient par la préoccupation d'une séparation des fonctions, les activités privées sont en principe tenues pour compatibles avec l'exercice du mandat. Ce principe, inspiré du souci de ne pas professionnaliser celui-ci, n'a pas cessé de faire l'objet de restrictions, à la suite de scandales mettant au jour, depuis la IIIe République et en dernier lieu en 1972, des cas de collusion entre parlementaires et intérêts privés. Il faut distinguer ici entre les interdictions et les incompatibilités.

A. *Il est interdit au parlementaire :*
— De faire ou de laisser figurer son nom suivi de l'indication de sa qualité dans toute publication relative à une entreprise financière, industrielle ou commerciale. La sanction est, pour le parlementaire, la démission d'office et, pour le responsable de l'entreprise, des peines d'emprisonnement de un à six mois, d'amende de 2 000 à 20 000 F (un an et 40 000 F en cas de récidive).
— S'il est avocat, d'accomplir directement ou indirectement, par l'intermédiaire d'un associé, d'un collaborateur ou d'un secrétaire, sauf devant la Haute Cour de justice, aucun acte de sa profession dans les affaires à l'occasion desquelles des poursuites pénales sont engagées devant les juridictions répressives pour crimes et délits contre la chose publique ou en matière de presse ou d'atteinte au crédit ou à l'épargne. Il lui est interdit, dans les mêmes conditions, de plaider ou de consulter pour le compte des entreprises nationales, des établissements publics nationaux ou des entreprises que l'on mentionnera *infra* sous B dont il n'était pas habituellement le conseil avant son élection ou contre l'État, les sociétés nationales, les collectivités ou établissements publics à l'exception des affaires visées par la loi du 31 décembre 1957 (actions de responsabilité pour dommages causés par les véhicules et dirigées contre une personne morale de droit public).
— D'accepter en cours de mandat une fonction de membre du conseil d'administration ou de surveillance ou toute fonction exercée de façon permanente en qualité de

conseil dans l'un des établissements, sociétés ou entreprises qui vont être mentionnés sous B.

B. *Sont incompatibles avec le mandat parlementaire,* les fonctions de chef d'entreprise, de président de conseil d'administration, de président et de membre de directoire, de président du conseil de surveillance, d'administrateur délégué, de directeur général adjoint ou gérant exercées dans :
— Les sociétés, entreprises ou établissements jouissant, sous forme de garanties d'intérêts, de subventions, ou sous forme équivalente, d'avantages assurés par l'État ou par une collectivité publique, sauf dans le cas où ces avantages découlent de l'application automatique d'une législation générale ou d'une réglementation générale.
— Les sociétés ayant exclusivement un objet financier et faisant publiquement appel à l'épargne ainsi que les sociétés civiles autorisées à faire publiquement appel à l'épargne et les organes de direction, d'administration ou de gestion de ces sociétés.
— Les sociétés ou entreprises dont l'activité consiste principalement dans l'exécution de travaux, la prestation de fournitures ou de services pour le compte ou sous le contrôle de l'État, d'une collectivité ou d'un établissement public, ou d'une entreprise nationale ou d'un État étranger.
— Les sociétés ou entreprises à but lucratif dont l'objet est l'achat ou la vente de terrains destinés à des constructions, quelle que soit leur nature, ou qui exercent une activité de promotion immobilière ou, à titre habituel, de construction d'immeubles en vue de leur vente.
— Les sociétés dont plus de la moitié du capital est constituée par des participations de sociétés, entreprises ou établissements qui viennent d'être mentionnés.

L'article L.O. 146 du Code électoral, qui porte ces dispositions, ajoute qu'elles sont applicables à toute personne qui, directement ou par personne interposée, exerce en fait la direction de l'un des établissements, sociétés ou entreprises ainsi visés.

Cependant ces incompatibilités et l'interdiction corollaire ne s'opposent pas à ce qu'un député ou un sénateur, membre d'un conseil général ou d'un conseil municipal, puisse être désigné par ces conseils pour représenter le département ou la commune dans les organismes d'intérêt régional ou local à la condition que ces organismes n'aient pas pour objet propre de faire ou de distribuer des bénéfices et que les intéressés n'y occupent pas des fonctions rémunérées.

En outre, les députés ou sénateurs, même non membres d'un conseil général ou d'un conseil municipal, peuvent exercer les fonctions de président du conseil d'administration, d'administrateur délégué ou de membre du conseil d'administration des sociétés d'économie mixte d'équipement régional ou local ou des sociétés ayant un objet exclusivement social lorsque ces fonctions ne sont pas rémunérées (C. élect., art. L.O. 148).

Les dispositions de l'article L.O. 147 ont donné lieu à une double précision de la part du Conseil constitutionnel. Il résulte d'une décision 76-2, I (15 juin 1976, rec., p. 71) que l'incompatibilité concernant les sociétés ou entreprises à but lucratif dont l'objet est l'achat ou la vente de terrains destinés à des constructions n'englobe pas les sociétés anonymes coopératives de construction d'H.L.M., ces sociétés ne pouvant être considérées comme ayant un but lucratif à cause tant de leur raison d'être que de leur régime fiscal et des conditions de leur liquidation. Quant à la disposition du même article L.O. 147 qui intéresse la direction « en fait », le Conseil a jugé que la formule devait s'entendre d'une participation à la gestion générale de l'entreprise, active, régulière et comportant prise de décision, mais que l'incompatibilité qui était ainsi définie ne pouvait s'étendre aux personnes qui, détenant la propriété d'une partie, quelle qu'en soit l'importance, du capital d'une société, exercent les droits qui y sont attachés (Cons. const., 18-10-1977, 77/5 I, 81).

— A l'occasion du contrôle qu'il exerce sur les règlements des assemblées, le Conseil constitutionnel a décidé que ces règlements ne pouvaient sanctionner, par des peines disciplinaires prévues par eux, les infractions susceptibles de se confondre avec celles qui entraînent la démission d'office (en l'espèce, l'interdiction frappant la mention du nom, de la qualité dans une publicité) laquelle est exclusive de sanctions de moindre gravité (déc. 59-2 DC et 59-3 DC, rec., 1959, p. 58 et 61).

509. — Sanction des incompatibilités. — La sanction des dispositions relatives aux incompatibilités est organisée par l'article L.O. 151 du Code électoral. Cet article conduit à distinguer plusieurs situations.

Tout d'abord et conformément à la nature même des incompatibilités, le parlementaire, qui, au moment de son élection, se trouve dans l'un des cas d'incompatibilité, doit se démettre de ses fonctions incompatibles ou, s'il est titulaire d'un emploi public, demander à être placé dans la position spéciale prévue par son statut. Le délai, en la matière, est de quinze jours suivant l'entrée en fonctions ou, en cas de contestation de l'élection, de la décision du Conseil constitutionnel statuant sur cette contestation.

S'agissant en second lieu d'une méconnaissance par un parlementaire des interdictions édictées à l'encontre des activités d'avocats et des publicités relatives aux entreprises financières, industrielles ou commerciales (V. n° précédent), la sanction consiste dans une déclaration de démission d'office prononcée sans délai par le Conseil constitutionnel statuant à la requête du bureau de l'assemblée intéressée ou du ministre de la Justice. Cette démission d'office est aussitôt notifiée au président de l'assemblée. Elle n'entraîne pas d'inéligibilité.

Enfin le Code électoral prescrit que, dans le délai de quinze jours qui lui est laissé pour régulariser sa situation, le parlementaire devra déclarer au bureau de l'assemblée à laquelle il appartient toute activité professionnelle qu'il envisage de conserver et, en cours de mandat, toute activité professionnelle nouvelle qu'il envisage d'exercer. Le bureau examine si les activités ainsi déclarées sont ou non compatibles. En cas de doute, ou en cas de contestation, le bureau, le ministre de la Justice ou le parlementaire lui-même saisissent le Conseil constitutionnel qui apprécie souverainement. Le parlementaire dont la situation a été jugée incompatible a quinze jours à compter de la notification de la décision du Conseil constitutionnel pour la régulariser, faute de quoi le Conseil constitutionnel le déclare démissionnaire d'office.

— Le Conseil constitutionnel a été conduit à donner différentes précisions sur les conditions de son intervention au titre des incompatibilités dans trois décisions concernant Marcel Dassault, député. Il a d'abord prononcé l'irrecevabilité de la saisine directe par celui-ci, compte tenu de ce que le bureau de l'Assemblée nationale s'était borné à prendre acte de cette saisine directe sans exprimer de doute sur le fond et sans que sa position soit l'objet d'une contestation (Cons. const., 20-12-1976, 76/3 I, 73). Puis, une nouvelle réunion du Bureau ayant estimé qu'en l'espèce, il y avait à la fois doute et contestation, le Conseil a décidé qu'aucun obstacle ne s'opposait plus à la recevabilité de la demande dont il avait été précédemment saisi et sur laquelle il lui appartenait de statuer (Cons. const., 7-6-1977, 77/4 I, 79). Statuant au fond, le

Conseil a enfin estimé que, les textes édictant des incompatibilités ne pouvant faire l'objet d'une interprétation extensive, c'était à la date où il prenait sa décision qu'il devait apprécier la situation du parlementaire sans qu'il y ait lieu de tenir compte des circonstances ayant pris fin antérieurement à cette décision (Cons. const., 18-10-1977, 77/5 I, 81) sur une application récente, V. Cons. const., 7-11-1989, 89/81, *J.O.* 11-11, 14101.

B. — *Les immunités*

510. — La protection du parlementaire. — Les membres des assemblées constituant le Parlement bénéficient, pour des raisons sur lesquelles on ne reviendra pas, d'une protection particulière qui se traduit par une *irresponsabilité* et par une *inviolabilité*.

Celles-ci sont d'ordre public, ce qui a comme conséquence qu'elles peuvent être invoquées pour la première fois à tous les niveaux des procédures; que le parlementaire ne peut pas y renoncer; que le juge doit les soulever d'office et statuer sur les exceptions qu'elles constituent sans pouvoir les joindre au fond; enfin, que les actes de procédure accomplis en méconnaissance de l'immunité sont nuls.

La protection ne couvre que le parlementaire lui-même. Elle ne s'étend ni aux personnes qui sont à son service, ni, le cas échéant, à ses complices. Elle ne couvre ni son lieu de travail, ni son domicile.

Attachée à leur qualité de parlementaire, cette protection ne doit bénéficier aux intéressés que du moment où ils ont acquis cette qualité, c'est-à-dire, en principe, du jour de la proclamation de l'élection. L'application de cette règle simple avait cependant donné lieu à différentes difficultés auxquelles le régime actuel a partiellement remédié. Le contrôle des élections étant désormais exercé par le Conseil constitutionnel et l'article 35 de l'ordonnance du 7 novembre 1958 disposant que la requête en contestation d'élection devant le Conseil « n'a pas d'effet suspensif », il faut admettre que le parlementaire dont l'élection est contestée est protégé par les immunités et qu'il ne cessera de l'être que si le Conseil constitutionnel annule l'élection ou réforme les résultats proclamés.

La question posée par la coexistence de deux parlementaires sur le même siège, le sortant et le nouvel élu, apparaît au contraire moins bien réglée. Elle n'existe plus pour les sénateurs, dès lors que l'article 4 de l'ordonnance organique du 15 novembre 1958 précise que le mandat des sénateurs commence à l'ouverture de la session ordinaire d'octobre qui suit leur élection et ajoute « date à laquelle expire le mandat des sénateurs antérieurement en fonctions ». Mais des difficultés peuvent se présenter pour les députés, l'ordonnance organique du 7 novembre 1958 (art. 3) se bornant à décider que les pouvoirs de l'Assemblée nationale expirent à l'ouverture de la session ordinaire d'avril de la cinquième année qui suit son élection, et disposant par ailleurs (art. 4) que, sauf le cas de dissolution, les élections générales ont lieu dans les soixante jours qui précèdent l'expiration des pouvoirs de l'Assemblée. Dans ces conditions, ce ne peut être que le régime de l'inviolabilité hors session qui pourrait être applicable et celui-ci requérant, comme on va le voir, l'intervention du bureau de l'Assemblée qui est et ne peut qu'être celui de l'assemblée sortante, on conçoit mal qu'il puisse s'appliquer à un nouvel élu. Admettre que la protection joue, se heurte donc à cette difficulté. Mais admettre qu'elle ne joue pas, comme la jurisprudence le décidait sous le régime antérieur (V. C.A. Paris, 18 mai 1953, Gaz. Pal., 1953, II, p. 178), conduit à laisser temporairement sans protection quelqu'un investi par l'élection et dont on peut craindre qu'il soit particulièrement exposé au lendemain des luttes électorales qui ont accompagné celle-ci.

511. — L'irresponsabilité. — L'article 26, al. 1, de la Constitution dispose : « Aucun membre du Parlement ne peut être poursuivi, recherché, arrêté, détenu ou jugé à l'occasion des opinions ou votes émis par lui dans l'exercice de ses fonctions. » Modifiant pour sa part les deux premiers alinéas de l'article 42 de la loi du 29 juillet 1881, l'ordonnance du 17 novembre 1958 (art. 9) dispose que « ne donneront ouverture à aucune action les discours tenus dans le sein de l'Assemblée nationale ou du Sénat, ainsi que les rapports ou toute autre pièce imprimée par ordre de l'une de ces deux assemblées » et ajoute « ne donnera lieu à aucune action le compte rendu des séances publiques des assemblées (Assemblée nationale et Sénat) fait de bonne foi dans les journaux ».

L'exercice des fonctions doit être entendu de manière compréhensive. Il englobe non seulement l'activité en séance plénière mais également les réunions de groupe et de commission ainsi que les missions à l'extérieur. L'irresponsabilité ne couvre cependant pas les rapports établis par les parlementaires en exécution d'une mission à eux confiée par le Gouvernement en application de l'article L.O. 144 C. élect. (Cons. const., 7-11-1989, 89/262 DC, *J.O.* 11-11, 14099 — rappr. C.A. Paris, 11-3-1987, P.A. 1989, n° 50, com. Chr. Bigaut).

L'irresponsabilité ne s'étend pas cependant aux propos tenus à titre privé, fût-ce dans l'enceinte de l'assemblée, ni aux opinions émises oralement ou par écrit en dehors de cette enceinte à l'occasion de réunions publiques ou de l'exercice d'autres fonctions y compris les fonctions administratives électives, quand bien même ces opinions correspondraient à un discours prononcé devant l'assemblée. L'irresponsabilité ne couvrant pas l'activité de journaliste, le législateur, pour combattre la multiplication des demandes de levée d'immunité parlementaire de ce chef, avait dû intervenir pour modifier l'article 6 de la loi du 29 juillet 1881 sur la presse et imposer au parlementaire, directeur de journal ou de publication périodique, l'assistance d'un codirecteur responsable (L. 25 mars 1952).

L'irresponsabilité est absolue. Elle fait obstacle à toute poursuite aussi bien pénale que civile ou disciplinaire. Elle protège le parlementaire non seulement au cours de son mandat mais encore après l'expiration de celui-ci pour les opinions émises pendant qu'il l'exerçait.

512. — L'inviolabilité. — Participant du même souci de protection de la liberté du parlementaire dans l'intérêt de l'exercice de son mandat, l'inviolabilité se distingue cependant nettement de l'irresponsabilité. Outre qu'il ne s'agit plus de l'expression d'opinions mais d'agissements et d'agissements tombant sous le coup de la loi, l'objectif n'est pas de soustraire le parlementaire à l'application de celle-ci — ce qui constituerait un privilège inadmissible — mais d'éviter que, par des poursuites inconsidérées, arbitraires ou vexatoires, il puisse être distrait de l'exercice de sa fonction.

Cette préoccupation informe l'article 26 de la Constitution suivant lequel : « Aucun membre du Parlement ne peut, pendant la durée des sessions, être poursuivi ou arrêté en matière criminelle ou correctionnelle qu'avec l'autorisation de l'assemblée dont il fait partie, sauf le cas de flagrant délit » (al. 2).

« Aucun membre du Parlement ne peut, hors session, être arrêté qu'avec l'autorisation du bureau de l'assemblée dont il fait partie, sauf le cas de flagrant délit, de poursuites autorisées ou de condamnation définitive » (al. 3).

« La détention ou la poursuite d'un membre du Parlement est suspendue si l'assemblée dont il fait partie le requiert » (al. 4).

L'ensemble de ces dispositions appelle quatre séries d'observations.

1º *Le champ d'application matériel*. Le champ d'application matériel de l'inviolabilité est déterminé, comme on vient de le remarquer, à partir d'une double distinction propre au droit pénal : la matière criminelle et la matière correctionnelle ; les poursuites et la détention.

L'inviolabilité est limitée aux matières criminelles et correctionnelles. Cela exclut les actions en matière civile quand bien même l'action aurait lieu devant une juridiction répressive. La question est moins claire pour les infractions fiscales encore que la pratique se soit orientée à la fin de la IVe République dans le sens d'une extension de l'inviolabilité à celles des infractions faisant l'objet d'une répression autre que proprement fiscale. Reste le problème des contraventions que l'article 26 n'inclut pas dans la protection. Cette exclusion devenue classique se justifie, comme le rappelait aussi Marcel Prélot, par le fait qu'il n'y a dans ce cas ni arrestation préventive, ni caractère infamant, susceptibles de soustraire le parlementaire à l'exercice de son mandat ou d'altérer son autorité. Il faut cependant tenir compte du nouveau régime de contraventions tel qu'il résulte notamment de l'article 34 de la Constitution. En faisant passer ce régime du domaine de la loi au domaine du règlement, cet article ne crée pas seulement un risque pour les particuliers. Il permet au pouvoir réglementaire, c'est-à-dire à l'exécutif, de restreindre le domaine de l'inviolabilité. Une telle situation n'est pas seulement contraire à l'esprit de l'institution, elle aboutit à ce paradoxe que le parlementaire est moins bien protégé pour des infractions mineures, dont la sanction s'aggrave, que pour d'autres. On doit cependant rappeler que le Conseil constitutionnel a jugé que la détermination des contraventions et des peines qui leur sont applicables est du domaine de la loi lorsqu'il s'agit de peines privatives de liberté (Cons. const., 28-11-1973, 73/80 L, 45).

La Constitution distingue d'autre part entre la poursuite et la détention. Tandis que l'article 26 subordonne l'une et l'autre à une autorisation préalable de l'assemblée lorsque celle-ci est en session, hors session, seule l'arrestation est soumise à autorisation à moins qu'elle ne soit la conséquence de poursuites précédemment autorisées ou la conséquence d'une condamnation définitive, l'hypothèse du flagrant délit étant réservée dans les deux cas.

La protection contre les poursuites liée au fait que le Parlement est en session, suppose que soit déterminé l'acte initial de ces poursuites. Si l'initiative vient du ministère public, cet acte est le réquisitoire à fin d'informer et non la citation. Si l'initiative émane d'un particulier portant plainte avec constitution de partie civile, ce n'est pas celle-ci qui est considérée comme acte initial des poursuites, encore que cela soit très discutable, mais là aussi le réquisitoire qui, compte tenu de l'inviolabilité, requiert du juge d'instruction une ordonnance de non-informer nécessaire au particulier pour solliciter la levée d'immunité. Puisque l'acte initial est ainsi le réquisitoire, il suffit qu'il ait été délivré par le Parquet pendant l'intersession pour que les poursuites puissent être valablement continuées pendant la session (Cass. crim., 11 avril 1973, D. 1973, som. 74), sauf pour l'assemblée à en requérir la suspension.

Quant à la protection contre l'arrestation, elle est tout d'abord fonction du sens donné à ce mot. En utilisant le terme « arrêté », il faut admettre que le constituant a entendu viser toutes les mesures privatives de liberté, aussi bien la détention pour l'exécution d'une peine que la détention préventive, la garde à vue, voire l'internement administratif. Mais cette protection est aussi fonction du système des sessions et du fait que les poursuites ne sont soumises à autorisation que pendant les sessions. De là plusieurs hypothèses. La première est celle de poursuites entamées hors session aboutissant à une condamnation prononcée elle-même hors session. La protection ne joue pas contre l'arrestation si la condamnation est définitive. La seconde est celle de poursuites entreprises pendant une session, et comme telles autoritées, aboutissant à une condamnation prononcée hors session. La protection ne joue pas non plus contre l'arrestation et, bien que l'article 26, al. 3 le dise expressément pour les intersessions, il faut admettre qu'il s'agit d'une règle générale, la levée d'immunité autorisant les poursuites et l'arrestation. Reste le cas des poursuites, entamées hors session, donc sans une autorisation qui n'est pas nécessaire, et d'une condamnation prononcée après l'ouverture de la session. Dans ce cas, il ne semble pas douteux que l'arrestation soit subordonnée à autorisation, l'article 26, al. 2, étant à cet égard tout à fait général.

2° *L'exception de flagrant délit.* L'article 26 excepte des règles qu'il pose dans ses alinéas 2 et 3 le flagrant délit.

Dans un tel cas, le parlementaire peut donc être poursuivi et arrêté sans autorisation de son assemblée ou du bureau de celle-ci. Suivant la doctrine traditionnelle dominante, la justification de cette exception se trouve dans la circonstance que, de par sa nature même, le flagrant délit exclut pratiquement l'éventualité d'une poursuite ou d'une arrestation mal fondée ou vexatoire. L'expérience montre cependant qu'il peut ne pas en être ainsi, certaines affaires de flagrant délit étant apparues à tout le moins discutables.

Quoi qu'il en soit, cette exception appelle deux observations. L'une concerne la notion de flagrant délit « continu », prise en considération par l'Assemblée nationale sous l'empire de la Constitution de 1946 et à nouveau évoquée depuis 1958. Cette notion, unanimement critiquée par la doctrine, doit être rejetée, ne serait-ce que pour la raison que le flagrant délit, en tant qu'exception à l'inviolabilité, doit demeurer d'interprétation stricte. Une seconde observation consiste à rappeler que, même en cas de flagrant délit, il est toujours loisible à l'assemblée à laquelle appartient le parlementaire concerné de requérir la suspension de la détention ou de la poursuite.

3° *La levée de l'immunité.* L'inviolabilité ne consiste pas en ce que le parlementaire ne puisse pas être poursuivi, ni détenu. Elle consiste en ce qu'il ne peut pas l'être sans l'autorisation de son assemblée. Cette autorisation porte le nom de levée d'immunité parlementaire et intervient à la suite d'une procédure qui se déroule en trois étapes.

L'assemblée à laquelle appartient le parlementaire concerné doit être saisie d'une demande. Lorsque cette demande émane du ministère public, elle est transmise au président de l'assemblée intéressée par le ministre de la Justice. Si elle émane d'un particulier, elle doit être accompagnée de la preuve d'un commencement de poursuite (A.N., Instr. G. B., art. 16).

La demande fait ensuite l'objet d'un examen par une commission (Règl. A.N., art. 80; Sénat, art. 105) dont les travaux doivent rester secrets.

Saisie du rapport de cette commission, l'assemblée statue enfin sur la demande. La discussion en séance publique porte sur les conclusions de la commission prises en forme de proposition de résolution. Celle-ci est limitée aux seuls faits visés dans la demande de levée d'immunité et sont seuls recevables les amendements portant sur ces faits. Peuvent seuls prendre part aux débats le rapporteur de la commission, le Gouvernement, le député concerné ou un membre de l'assemblée le représentant, un orateur pour et un orateur contre. L'examen auquel procède l'assemblée et sur lequel se fonde sa décision ne doit même pas préjuger de la culpabilité ou de l'innocence du parlementaire mis en cause. Suivant la pratique et l'opinion dominante de la doctrine traditionnelle, il lui appartient seulement de considérer si la demande de levée d'immunité est « sérieuse et loyale ». Cette conception est assurément insuffisante, notamment dans la mesure où elle aboutit à ne faire contrôler que le caractère non arbitraire ou vexatoire de la poursuite alors que l'inviolabilité vise un autre but qui est, comme on l'a vu, d'empêcher que le parlementaire soit distrait de l'exercice de son mandat.

Lorsque la levée d'immunité est votée, l'autorisation qu'elle comporte est « limitée aux faits visés dans la résolution adoptée ». Cette autorisation permet le déroulement du cours normal de la justice, le parlementaire se retrouvant placé dans le droit commun pour les faits sur lesquels l'assemblée a permis au juge d'instrumenter. Le parlementaire dont l'immunité a ainsi été levée continue à bénéficier de son inviolabilité. S'il est seulement poursuivi, il continue à jouir de toutes ses prérogatives et d'exercer tous ses droits. S'il est détenu, il perd de ce fait le droit de faire des propositions et de participer aux votes encore qu'il continue à compter pour le calcul de la majorité des membres composant l'assemblée.

4° *La suspension de la détention et de la poursuite.* La possibilité pour une assemblée de requérir la suspension de la détention et de la poursuite de l'un de ses membres est prévue, on l'a vu, à l'alinéa 4 de l'article 26 de la Constitution.

La procédure est déclenchée par un membre de l'assemblée intéressée. La question est ensuite examinée par une commission dans des conditions semblables à celles qui viennent d'être indiquées pour la levée d'immunité. Sur rapport de cette commission, l'affaire est inscrite à l'ordre du jour de l'assemblée. Cette inscription est faite d'office par la Conférence des présidents dès la distribution du rapport à la plus prochaine séance réservée par priorité par l'article 48, al. 2, de la Constitution aux questions des membres du Parlement et aux réponses du Gouvernement, à la suite desdites questions et réponses. Les dispositions déjà mentionnées pour la discussion en matière de levée d'immunité sont applicables. L'assemblée peut ne décider que la suspension de la détention. Sa décision, en forme de résolution, est notifiée au Premier ministre.

La question de la durée de la suspension — durée de la session ou durée du mandat — a été résolue de manière d'abord différente au Sénat et à l'Assemblée nationale à partir du moment où le premier, rompant avec la pratique traditionnelle, a en 1977 et en 1979 requis la suspension des poursuites jusqu'à la fin du mandat. En fin état de cette prise de position et compte tenu du fait que les parlementaires membres par ailleurs du Parlement européen, bénéficient à ce dernier titre d'une immunité permanente, la « session » de cette assemblée étant annuelle, la jurisprudence de l'Assemblée nationale s'est en 1980 alignée sur celle du Sénat.

— V. G. Soulier, *L'inviolabilité parlementaire en droit français*, 1966 — P. Avril et J. Gicquel, chron. const. Pouvoirs, n° 11, p. 94 — Ph. Seguin, *Rapport au nom de la commission ad hoc*, A.N., doc. n° 2054, séance du 12 nov. 1980.

— La matière a donné lieu à deux décisions du Conseil constitutionnel statuant sur les règlements des assemblées : V. déc. 60-10 DC du 20 déc. 1960, 18, déc. 62-18 DC du 10 juill. 1962, 17, dans laquelle il est rappelé que la résolution de levée d'immunité n'est conforme à la Constitution que dans la mesure où son objet est uniquement de permettre à l'Assemblée de se prononcer sur le caractère sérieux, loyal et sincère de la demande au regard des faits sur lesquels cette demande est fondée.

— Le cumul des mandats parlementaires nationaux et communautaires crée une situation de nature à interférer sur le régime des immunités. L'article 10 du protocole sur les privilèges et immunités des Communautés européennes dispose en effet que « pendant la durée des sessions du Parlement européen, les membres de celle-ci bénéficient : *a)* sur leur territoire national, des immunités reconnues aux membres du Parlement de leur pays... ». L'application de cette disposition est ainsi conditionnée par la définition des sessions du Parlement européen et de leur durée. Par un arrêt récent, la Cour de justice des Communautés européennes, statuant sur renvoi de la Cour d'appel de Paris, a décidé que le Parlement européen devait être considéré en session même s'il n'est pas effectivement en séance jusqu'à la décision par laquelle il prononce la clôture des sessions annuelles ou extraordinaires (10 juill. 1986, 149/85, R. Wybot c/E. Faure). La protection est ainsi pratiquement continue sous réserve du flagrant délit ou d'une levée d'immunité prononcée par le Parlement européen lui-même, ce qui a été le cas pour M. J.-M. Le Pen à la demande des autorités françaises.

C. — *La situation matérielle*

513. — L'indemnité parlementaire. — Les parlementaires bénéficient d'une indemnité prévue par l'article 25 de la Constitution et dont le régime est déterminé par une ordonnance du 13 décembre 1958 portant loi organique relative à l'indemnité des membres du Parlement.

L'indemnité parlementaire est calculée par référence au traitement des fonctionnaires occupant les emplois de l'État classés dans la catégorie dite « hors échelle » et égale à la moyenne du traitement le plus bas et du traitement le plus élevé de cette catégorie. Elle est complétée par une indemnité dite indemnité de fonction, égale au quart de l'indemnité parlementaire et que le règlement des assemblées peut faire varier en fonction de la participation du parlementaire aux travaux de l'assemblée à laquelle il appartient (V. Règl. A.N., art. 42, al. 3 — Sénat, art. 15). L'indemnité parlementaire est soumise à un régime particulier de cumul.

Il est nécessaire — car elle a trop souvent servi un antiparlementarisme démagogique trop prompt à exiger ce désintéressement dont il prétend qu'il devrait être de règle pour les représentants du peuple — de souligner que l'indemnité parlementaire est une condition à la fois du libre accès de tous les citoyens à l'exercice de la représentation nationale (son absence aboutirait à instituer un système censitaire indirect) et d'indépendance dans cet exercice. Ces caractères justifient que cette indemnité soit considérée comme personnelle. Les parlementaires peuvent cependant procéder à des délégations au profit de bénéficiaires désignés par eux et autoriser des retenues au profit de groupes d'études ou d'amitié.

514. — Les avantages accessoires. — Les parlementaires bénéficient d'un régime de retraite géré par une caisse alimentée par leurs propres versements et par une contribution de leur assemblée (Ord. 13 déc. 1958, art. 5). Ils jouissent en outre d'un certain nombre d'avantages en nature : carte de circulation sur les chemins de fer, franchise postale pour le courrier politique, abonnement gratuit au *Journal officiel*. Dans les cérémonies publiques ou lorsqu'ils sont en session les parlementaires portent des insignes dont les caractères sont déterminés par leur assemblée (Règl. A.N., art. 163 ; Sénat, art. 107), dont l'un, familièrement appelé « baromètre », est un insigne de boutonnière orné des faisceaux du licteur et d'une main de justice. Ils reçoivent une médaille frappée pour chaque législature par la Monnaie et qui constitue une pièce officielle d'identité.

En revanche, toujours dans le souci de sauvegarder leur indépendance, les parlementaires ne peuvent être l'objet d'aucune nomination ou promotion dans l'Ordre de la Légion d'Honneur ou recevoir la Médaille militaire, sauf pour faits de guerre.

§ 3. — LA FIN DU MANDAT ET LE REMPLACEMENT

515. — Fin collective et fin individuelle. — Le mandat parlementaire peut prendre fin de deux manières comportant chacune plusieurs modalités.

A. La *fin collective* résulte, soit de la fixation de la durée des pouvoirs de l'assemblée intéressée, soit de la dissolution, soit de la cessation de la souveraineté française.

1º La première modalité est différente de l'une à l'autre assemblée. Pour l'Assemblée nationale, dont le renouvellement est intégral, la date d'expiration normale des pouvoirs est fixée à l'ouverture de la session ordinaire d'avril de la cinquième année suivant l'élection de l'assemblée. Au contraire, pour le Sénat, renouvelable par tiers, le mandat des sénateurs appartenant à la série renouvelable prend fin à l'ouverture de la session ordinaire d'octobre qui suit l'élection. Le législateur peut toujours prolonger ou réduire la durée des pouvoirs des assemblées, mais les dispositions fixant cette durée ayant un caractère organique, leur modification devrait suivre la procédure particulière correspondante, ce qui rend l'hypothèse relativement exceptionnelle.

2º La dissolution ne concerne que l'Assemblée nationale, prononcée dans les conditions que l'on sait (V. nº 447) par le président de la République. Elle entraîne, par anticipation, la fin collective du mandat des députés.

3º La cessation de la souveraineté française a été considérée comme de nature à mettre fin collectivement au mandat des élus des départements ou territoires devenus indépendants. Cette solution constitue une négation du principe représentatif suivant lequel chaque parlementaire est le représentant de la nation tout entière et non pas celui de la circonscription où il a été élu ; de sorte que les parlementaires concernés auraient dû continuer à siéger jusqu'à l'expiration normale de leur mandat.

B. Le mandat parlementaire peut également *prendre fin individuellement,* du fait :

1º De la démission volontaire de son titulaire. Le mandat étant facultatif, le parlementaire peut toujours s'en démettre volontairement. Encore faut-il que, pour éviter qu'un élu puisse se soustraire de cette manière aux conséquences judiciaires d'une élection frauduleuse, l'élection ait été reconnue régulière, explicitement ou implicitement.

2º De la démission d'office consécutive au maintien ou à la survenance d'une situation d'incompatibilité. La démission d'office est prononcée par le Conseil constitutionnel (V. nº 509).

3º De la déchéance résultant de la révélation tardive ou de la survenance d'une incapacité ou d'une indignité. Elle est également prononcée par le Conseil constitutionnel.

L'interruption collective du mandat en conséquence d'une cessation de la souveraineté française avait été discutée en 1870 pour les députés des départements d'Alsace et de Lorraine. La question s'est posée à nouveau pour les parlementaires des départements algériens et plus récemment pour les élus des Comores. On se reportera (*Prat. Inst.,* doc. 25-600) à l'exposé des motifs de l'ordonnance du 3 juillet 1962 relative au mandat des députés et sénateurs élus dans les départements algériens et sahariens pour connaître les raisons qui ont été avancées à l'appui de l'interruption du mandat de ces élus. Ces raisons aggravent, s'il est possible, la méconnaissance du principe représentatif dont elles contredisent les fondements au bénéfice des motifs erronés sous l'apparence d'une argumentation juridique exacte. Ainsi, est-ce par pur artifice qu'il a été prétendu que le maintien des parlementaires élus en Algérie aurait été à l'encontre de la souveraineté algérienne reconnue par la France puisque, suivant le principe représentatif, ces parlementaires représentaient, comme leurs autres collègues, la nation française tout entière. Pas plus fondé n'apparaît le soi-disant principe fondamental qui voudrait que « seules des populations se réclamant de la souveraineté française soient représentées dans les assemblées parlementaires », les représentants n'ayant jamais représenté des « populations » mais la « nation » toujours en vertu de la doctrine la plus certaine sur le mandat représentatif. Sur le problème à propos des Comores, V. A.N., séance du 8 oct. 1975.

516. — Le remplacement. — La possibilité d'interruption individuelle du mandat parlementaire entraînant des vacances au sein des assemblées oblige à résoudre le problème du remplacement.

Ce problème se pose en termes différents suivant le mode de scrutin. En cas de scrutin proportionnel en effet, le remplacement s'effectue normalement par appel au suivant de liste. Telle est justement la solution pour celles des élections sénatoriales régies par ce mode de scrutin. Au contraire, en cas de scrutin majoritaire, il est pourvu aux sièges devenus vacants en cours de mandat par des élections dites partielles. Telle était notamment la pratique de la IIIe République.

Le constituant de 1958 a voulu rompre avec cette solution dont la fréquence d'application, avec les inconvénients qu'elle est présumée comporter, se trouvait accrue par l'extension des incompatibilités, en particulier l'incompatibilité entre mandat parlementaire et fonctions ministérielles. De là, la disposition de l'article 25, al. 2, de la Constitution suivant laquelle une loi organique « fixe également les conditions dans lesquelles sont élues les personnes appelées à assurer, en cas de vacance du siège, le remplacement des députés ou sénateurs jusqu'au renouvellement général ou partiel de l'assemblée à laquelle ils appartenaient ».

Ces dispositions organiques, intégrées au Code électoral aux articles L.O. 176, 176-1 pour l'Assemblée nationale et L.O. 319 à L. 324 pour le Sénat, ont donc organisé le remplacement dans les conditions suivantes :

— D'une part, les députés (et les sénateurs élus au scrutin

majoritaire) dont le siège devient vacant pour cause de décès, d'acceptation des fonctions de membre du Gouvernement ou du Conseil constitutionnel, ou de prolongation au-delà de six mois d'une mission temporaire conférée par le Gouvernement, sont remplacés par des personnes élues en même temps qu'eux à cet effet.

— D'autre part, en cas d'annulation des opérations électorales d'une circonscription, dans le cas de vacances autres que celles qui viennent d'être indiquées ou lorsque le système du remplaçant prévu pour ces cas ne peut plus être appliqué, il est procédé à des élections partielles dans un délai de trois mois, sauf dans les douze mois (dans l'année pour le Sénat) qui précèdent l'expiration des pouvoirs de l'Assemblée (un renouvellement partiel pour le Sénat).

Le système ainsi mis en place ne fait donc pas disparaître les élections partielles. Celles-ci demeurent nécessaires en cas de démission volontaire, de démission d'office, de déchéance du titulaire et dans les hypothèses où le suppléant devenu titulaire décède, démissionne ou est à son tour nommé à des fonctions gouvernementales. Pour rares que puissent paraître ces hypothèses, la pratique montre que, finalement, elles ne sont pas exceptionnelles et peuvent prendre une signification politique qu'elles revêtaient rarement lorsqu'elles constituaient le droit commun.

Quant au système du remplaçant ou du suppléant, s'il n'est pas sans précédent dans l'histoire constitutionnelle française, il doit aux conditions dans lesquelles il a été aménagé d'être à l'origine de nombreuses difficultés et l'objet de critiques sévères. Outre les problèmes que pose ce système, en tant que contrepartie de l'incompatibilité entre le mandat parlementaire et les fonctions gouvernementales (V. n° 475), il est devenu toujours plus évident que la situation personnelle du remplaçant était une situation paradoxale lorsqu'elle ne devenait pas dérisoire. C'est ainsi notamment que le remplaçant ne jouit évidemment d'aucune des prérogatives attachées à la qualité de parlementaire et qu'il est même frappé d'inéligibilité dans la circonscription où il a été élu en tant que suppléant (C. élect., art. L.O. 135). La règle qui était identique pour les suppléants des sénateurs a été quelque peu assouplie (C. élect., art. L.O. 296 mod. par L.O. 26 juill. 1979).

On comprend que, dans ces conditions, l'idée de réformer le système se soit peu à peu développée sans parvenir cependant à se traduire concrètement dans des dispositions nouvelles.

— La statistique des élections partielles sous la Ve République s'établit globalement pour les députés à 79 dont notamment :
29 après annulation de l'élection;
19 après démission du suppléant devenu titulaire;
10 après élection du titulaire au Sénat;
8 après démission du titulaire;
pour les sénateurs à 28 dont notamment :
13 après élection du titulaire à l'Assemblée.
(V. *Prat. Inst.*, doc. 25-300, 25-301.)

Ces indications seront complétées par les données suivantes :
A.N. VIIe Lég. remplaçants 60 - Élect. partielles 10
    VIIIe Lég. suivant de liste 23 - Élect. partielles 11.

— La réforme du système des remplaçants a d'abord fait l'objet d'une proposition (R. Bruyneel, Sénat, 26 oct. 1967) tendant à la suppression pure et simple de l'institution avec retour aux élections partielles et d'une proposition (M. Prélot, Sénat, *idem*) tendant à la suppression de l'incompatibilité entre mandat parlementaire et fonctions gouvernementales. Le projet de révision de l'article 25 de la Constitution (V. n° 396) ayant tourné court, la question devait être reprise sous forme de modification des dispositions organiques. Issues à l'Assemblée nationale d'une proposition Bignon-Foyer et au Sénat d'une proposition Cluzel, ces modifications n'ont pas trouvé grâce aux yeux du Conseil constitutionnel (Cons. const., 5-7-1977, 77/80-81 DC, 24). Le problème de la réforme du système des suppléants n'est donc toujours pas résolu.

— V. G. Morin, *Un exemple de résistance au changement constitutionnel : l'impossible réforme du statut des suppléants parlementaires*, R.D.P., 1979, p. 1559 — L. Martin, *Les élections législatives partielles en France de 1973 à 1980*, Rev. Fr. Sc. Pol., 1981, p. 535.

Section 2
L'organisation des assemblées

517. — Vue générale. — L'hétérogénéité de leur composition politique, la nature même du travail parlementaire et ses exigences imposent que soit mise en place une organisation destinée à donner aux assemblées des structures appropriées à leurs fonctions. Cette organisation doit satisfaire un double besoin : d'une part un besoin de direction et d'administration générale; d'autre part, un besoin de répartition des tâches à partir des données propres à leur exécution. On sera donc conduit à rechercher comment il est pourvu à cette double nécessité en considérant successivement quels sont les organes qui dirigent et administrent les assemblées et dans quelles formations celles-ci s'organisent.

§ 1. — LES ORGANES DIRECTEURS

518. — Le Bureau. — Le bureau est l'organe directeur de l'assemblée. Comme sa désignation suppose déjà un minimum d'organisation, la première séance de la législature à l'Assemblée nationale — ou celle qui suit chaque renouvellement partiel au Sénat — est placée sous l'autorité d'un bureau d'âge. Une fois constitué, le bureau dit définitif est collégialement investi d'un certain nombre d'attributions, chacune des catégories de membres qui le composent exerçant, d'autre part, des fonctions particulières.

A. *Constitution du bureau*. — Comme on vient de le dire, il est d'abord constitué dans l'une et l'autre assemblée un bureau d'âge, composé du parlementaire le plus âgé, président, assisté des six parlementaires les plus jeunes en qualité de secrétaires. Aucun débat ne peut avoir lieu sous la présidence du président d'âge dont le rôle se borne à faire procéder à l'élection du président, les autres membres du bureau définitif étant désignés à la séance suivante.

Le bureau se compose :

— à l'Assemblée nationale, d'un président, de 6 vice-présidents, de 3 questeurs et de 12 secrétaires;

— au Sénat, d'un président, de 4 vice-présidents, de 3 questeurs et de 8 secrétaires.

Le président de l'Assemblée nationale est désigné pour la durée de la législature (Const., art. 32). Il est élu au scrutin secret à la tribune. Si la majorité absolue des suffrages exprimés n'a pas été acquise aux deux premiers tours de scrutin, la majorité relative suffit au troisième tour et au cas d'égalité de suffrages le plus âgé est élu. Le président du Sénat est désigné après chaque renouvellement partiel de celui-ci (Const., *idem*). Il est élu dans les mêmes conditions que le président de l'Assemblée.

A l'Assemblée nationale, les autres membres du bureau sont élus au début de chaque législature et renouvelés chaque année à la séance d'ouverture de la seconde session ordinaire. Cette élection a lieu en s'efforçant de reproduire au sein du bureau la configuration politique de l'Assemblée. Les présidents des groupes politiques se réunissent en vue d'établir, dans l'ordre de présentation qu'ils déterminent, la liste de leurs candidats aux différentes fonctions. Lorsque, pour chacune de ces fonctions, le nombre des candidats n'est pas supérieur au nombre des sièges à pourvoir, la désignation est acquise dès la publication de ces listes. Dans le cas contraire ou en l'absence de liste, la nomination a lieu séparément pour chaque fonction au scrutin plurinominal majoritaire (Règl. A.N., art. 10). La procédure est différente au Sénat. L'élection des vice-présidents et des questeurs a lieu au scrutin secret, par scrutins séparés et par bulletins plurinominaux, la majorité absolue étant exigée aux deux premiers tours, la majorité relative suffisant au troisième. C'est ensuite que les présidents des groupes politiques se réunissent pour établir la liste des secrétaires « selon la représentation proportionnelle des groupes et compte tenu de la représentation acquise aux groupes aux autres postes du bureau » (Règl. Sénat, art. 3-9). Faute d'opposition dans un certain délai « la liste des candidats est ratifiée par le Sénat et le Président procède à la proclamation des secrétaires » (*idem,* art. 3-11).

B. *Attributions collectives.* — Suivant la formule identique de leurs règlements respectifs, le bureau a, dans chaque assemblée, tous pouvoirs pour présider à leurs délibérations et pour organiser et diriger tous leurs services. On est donc en présence de deux séries de fonctions dont les unes se rapportent à l'exercice du travail parlementaire tandis que les autres sont d'ordre administratif.

Suivant le Règlement de l'Assemblée nationale, dont à cet égard le Règlement du Sénat ne diffère pas substantiellement, le bureau est, au premier de ces titres, investi d'un assez grand nombre d'attributions. Il vérifie le quorum et examine les contestations relatives aux excuses, aux délégations de vote et aux procès-verbaux. Il statue sur la recevabilité des propositions de résolution portant mise en accusation devant la Haute Cour et sur la recevabilité financière des propositions de loi. Il décide de la publication du compte rendu intégral, des rapports et des avis, il reçoit les déclarations de situation de patrimoine. Il peut être consulté sur l'irrecevabilité législative, sur la recevabilité financière des amendements et sur les demandes de constitution de commissions d'enquête et de contrôle. Il réglemente le statut et l'installation des secrétaires de groupe. Il autorise les missions pendant les sessions, participe à l'application de certaines peines disciplinaires, détermine la nature des insignes de député et tranche les difficultés relatives à la confection du recueil des programmes électoraux dit « Barodet ».

Comme organe d'administration, le bureau assure le fonctionnement matériel des assemblées, fixe le statut de leur personnel et a autorité sur leurs services. Il détermine par un règlement intérieur (Instruction générale) et des arrêtés les modalités d'application, d'interprétation et d'exécution du Règlement. Il autorise, s'il y a lieu, l'engagement d'instances judiciaires.

Le bureau exerce ses attributions sous le contrôle de l'assemblée et peut faire l'objet en séance de questions ou de demandes d'explications.

— Il existe un certain nombre de délégations du Bureau chargées de différentes tâches. Ainsi, à l'Assemblée nationale, des délégations en matière d'incompatibilités, d'examen de la recevabilité des propositions de loi, de l'informatique parlementaire, du contrôle de la radiodiffusion et de la télévision des débats, d'examen des demandes d'agrément des groupes d'études et d'amitié.

519. — La présidence. — La présidence des assemblées est assurée par les présidents et les vice-présidents dont le rôle se borne à les suppléer.

La charge du président se dédouble dans la mesure où à côté de la fonction qui le place à la tête de l'assemblée, il est investi personnellement d'un certain nombre d'attributions constitutionnelles.

Le président doit veiller à la dignité et à la fécondité du débat parlementaire et ce rôle peut se concevoir de deux grandes manières, soit qu'il se limite à assurer le respect du Règlement, soit au contraire qu'il se comprenne comme une fonction de direction, d'ordre, de clarification et de simplification. Le choix entre l'une ou l'autre conception dépend d'abord des dispositions du Règlement lui-même. Ainsi, le Règlement de l'Assemblée nationale incline-t-il plutôt vers la seconde conception par les pouvoirs qu'il attribue au président dans un grand nombre de domaines tels, par exemple, l'étendue de la discussion, le temps de parole attribué aux orateurs, les autorisations de réponse, la clôture des débats, etc. Mais en réalité la prédominance de l'une ou l'autre conception est aussi et peut-être surtout fonction de la personnalité du président, de son caractère et de la manière dont il conçoit son autorité. L'histoire parlementaire a connu d'illustres exemples de présidents « maîtres d'école » aussi bien que de présidents « grands seigneurs ». Quoi qu'il en soit une coutume qu'exprime l'adage « le président n'a pas de parti lorsqu'il préside » veut que les présidents s'abstiennent de participer aux débats et aux votes non seulement lorsqu'ils président mais aussi lorsqu'ils n'occupent pas le fauteuil.

Chaque président est en outre investi à titre personnel d'attributions particulières. Les unes se traduisent par des avis donnés au président de la République en cas de dissolution de l'Assemblée nationale (V. n° 447) et de mise en application des mesures exceptionnelles (V. n° 448). Les autres sont de décision sur l'irrecevabilité des propositions ou amendements contraires à la répartition des compétences législatives (Const., art. 41 ; V. n° 540). D'autres sont de nomination au Conseil constitutionnel et de saisine de celui-ci (Const., art. 54, 56 et 61). D'autres enfin intéressent directement l'assemblée, qu'il s'agisse du maintien de sa sécurité intérieure ou extérieure comportant le pouvoir de requérir la force armée et toutes les autorités dont le concours est nécessaire ou qu'il s'agisse de la représentation en justice. On rappelle qu'en outre le président du Sénat est investi de l'intérim de la présidence de la République (V. n° 433).

— Lors de la session de printemps 1989, la présidence de l'Assemblée nationale était constituée de la manière suivante :

Président : M. L. Fabius (P.S.)

Vice-présidents : MM. A. Billardon (P.S.), Cl. Labbé (R.P.R.), P. Clément (U.D.F.), L. Bouvard (U.D.C.), M. Coffineau (P.S.), G. Hage (P.C.).

— A la suite du renouvellement partiel de septembre 1989, la présidence du Sénat était constituée de la manière suivante :

Président : M. Alain Poher (U.C.)

Vice-présidents : MM. P.-Chr. Taittinger (U.R.E.I.), E. Dailly (G.D.), Chamat (R.P.R.), M. Dreyfus-Schmidt (P.S.).

— On a relevé que contrairement à la règle coutumière, le président de l'Assemblée nationale avait participé au vote sur la déclaration de politique générale du Gouvernement le 9 juillet 1981. Cette attitude ne paraît pas s'être renouvelée.

520. — La Questure. — Les questeurs — dont l'appellation remonte au sénatus-consulte du 28 frimaire an XII — sont chargés dans chaque assemblée de l'administration intérieure. Ils assurent, sous l'autorité du bureau, la direction des services administratifs et financiers et visent notamment toutes les dépenses. Ils assistent le président dans sa fonction de maintien de l'ordre et peuvent recevoir de lui délégation du droit de requérir les autorités civiles et la force armée. Ils sont logés dans le palais de l'assemblée et bénéficient d'indemnités spéciales.

A l'ouverture de la session de printemps 1989, les questeurs de l'Assemblée nationale étaient MM. Ph. Bassinet (P.S.), M. Cointat (R.P.R.) et G. Bonnemaison (P.S.).

Après le renouvellement partiel de septembre 1989, ceux du Sénat étaient MM. Neuwirth (R.P.R.), J. Bialski (P.S.) et J. Massion (U.C.).

521. — Les secrétaires. — Ils sont chargés de surveiller la rédaction du procès-verbal et de l'authentifier de leur signature. Ils ont le contrôle des appels nominaux et des délégations de vote. Ils dépouillent les scrutins, procèdent aux pointages, constatent les résultats des scrutins à main levée et par assis et levé. Le président les consulte sur les difficultés relatives au quorum et plus généralement aux scrutins.

Deux d'entre eux doivent toujours être présents au bureau.

522. — La Conférence des présidents. — La Conférence des présidents est une instance investie par les règlements des assemblées d'un certain nombre d'attributions relatives au fonctionnement de celles-ci.

La Conférence est composée, à l'Assemblée nationale, du président, des vice-présidents, des présidents des commissions permanentes, des présidents des groupes politiques et du rapporteur général de la commission des finances. Les présidents des commissions spéciales peuvent y être convoqués sur leur demande et le Gouvernement peut y déléguer un représentant. Elle est convoquée par le président, s'il y a lieu chaque semaine (Règl. A.N., art. 48, § 1 à 3). La composition de la Conférence est au Sénat homologue, à ceci près qu'y sont convoqués les présidents des commissions spéciales intéressés (Règl. Sénat, art. 29 mod. par la résolution du 20 mai 1986).

La Conférence intervient dans l'aménagement du travail parlementaire à la fois en ce qui concerne son calendrier et certains de ses aspects de fond. C'est ainsi, par exemple, qu'à l'Assemblée nationale c'est elle qui fixe différentes dates ou jours : date de discussion des motions de censure, jour réservé aux commissions, date de vote sur les nominations personnelles et de discussions des oppositions aux candidatures, etc. C'est ainsi, d'autre part et toujours à titre d'exemple, qu'elle peut décider de l'organisation de la discussion générale des textes, qu'elle fixe le temps global attribué aux groupes dans le cas des déclarations du Gouvernement avec débat, etc. C'est elle enfin qui examine l'ordre des travaux et fait toutes propositions concernant le règlement de l'ordre du jour « en complément des discussions fixées par priorité par le Gouvernement » (Règl. A.N., art. 48, § 1 — Sénat, art. 29, § 1).

Afin de refléter autant que possible la composition de l'Assemblée le règlement de celle-ci prévoit que, dans les votes émis au sein de la Conférence sur les propositions qui lui sont soumises par ses membres, il est attribué aux présidents de groupes un nombre de voix égal au nombre des membres de leur groupe après défalcation des autres membres de la Conférence.

§ 2. — Les formations

523. — Diversité des formations. — Les membres des assemblées se répartissent entre des formations de nature différente qui correspondent à des modalités différentes d'organisation et d'exécution des fonctions parlementaires.

Il est possible de distinguer entre celles de ces formations qui ne réunissent qu'une partie des membres de la chambre et ne constituent qu'une structure interne à celle-ci et celles qui au contraire rassemblent en principe l'ensemble de ces membres et revêtent un caractère public.

A. — *Les formations internes*

524. — Les groupes politiques. — Nés d'une tendance naturelle au regroupement par affinités, les groupes politiques se sont progressivement institutionnalisés depuis 1910, date de leur accession à l'existence officielle. Ils constituent la manifestation d'une modification fondamentale dans la structure des assemblées par l'intégration collective qu'ils réalisent au détriment de l'indépendance personnelle des parlementaires dont ceux-ci se sont longtemps montrés jaloux. Ils sont ainsi devenus un rouage important du fonctionnement interne du Parlement.

Si la Constitution ne les mentionne pas, les règlements de l'Assemblée nationale et du Sénat leur consacrent un ensemble de dispositions qui en définissent la formation et le statut et en déterminent les attributions ou les fonctions.

1° *La formation et l'organisation des groupes.* Les conditions de formation et d'organisation des groupes présentent d'une assemblée à l'autre, à côté d'une similitude générale, quelques différences que l'on signalera en exposant à titre principal la réglementation de l'Assemblée nationale.

Le principe est, dans l'une et l'autre assemblée, que les parlementaires peuvent se grouper par affinités politiques. Il ne s'agit donc que d'une simple faculté, ce que le Règlement du Sénat éprouve le besoin de rappeler en précisant que nul ne peut être contraint de faire partie d'un groupe (art. 5-I). Les membres des assemblées peuvent donc se trouver dans trois situations suivant qu'ils sont inscrits à un groupe, qu'ils y sont simplement « apparentés » (et au Sénat « rattachés administrativement ») ou qu'ils ne sont inscrits à aucun groupe. L'apparentement (comme le rattachement administratif) exige l'agrément du bureau du groupe mais n'en impose pas la discipline.

Le parlementaire ne peut être inscrit ou apparenté (ou rattaché administrativement) qu'à un seul groupe. Les groupes sont en conséquence dits fermés. Leur constitution est subordonnée à trois conditions : une condition d'*effectif* qui est d'au moins vingt députés ou d'au moins quinze sénateurs, non compris les apparentés; une condition de *définition politique,* la formation d'un groupe s'accompagnant d'une déclaration politique signée des membres du groupe; une condition négative déjà rencontrée (V. n° 416) et qui réside dans l'*interdiction des groupes de défense d'intérêts particuliers.* La constitution des groupes s'effectue par la remise aux présidents des assemblées de cette déclaration qui est publiée au *Journal officiel* avec la liste des membres du groupe.

Le Règlement de l'Assemblée nationale consacre des dispositions particulières aux conditions de modification des groupes qui peuvent résulter, soit de la démission d'un député, soit de sa radiation, soit d'une adhésion ou d'un apparentement (Règl. A.N., art. 21).

2º *Le rôle des groupes politiques.* Les groupes politiques jouent dans le fonctionnement des assemblées un rôle très important comme le montre l'énumération des interventions de leurs présidents.

C'est ainsi qu'à l'Assemblée nationale ce sont les présidents de groupe qui proposent les candidatures au bureau (Règl., art. 10), peuvent s'opposer à la proposition par les commissions de candidatures aux nominations personnelles (*idem*, art. 26, al. 9), peuvent demander la création d'une commission spéciale ou s'y opposer (*idem*, art. 31, 32) et proposent les candidatures à de telles commissions (*idem*, art. 34), sont membres de droit de la conférence des présidents (*idem*, art. 48), inscrivent les membres de leur groupe dans le débat (*idem*, art. 49), etc. Leur situation n'est pas moins importante au Sénat.

— L'abaissement de trente à vingt de l'effectif minimum nécessaire à la formation d'un groupe à l'Assemblée a visé au maintien d'un groupe communiste.

— J.-P. Duprat, *Les groupes parlementaires sous la Ve République*, Mél. Montané de Laroque, 1986.

Au 2 avril 1989, les groupes à l'Assemblée nationale se présentaient comme suit :
— Socialiste   - prés. M. L. Mermaz
                   membres 257 - apparentés 15
— R.P.R.   - prés. M. B. Pons
                   membres 129 - apparentés 4
— U.D.F.   - prés. M. J.-Cl. Gaudin
                   membres 80 - apparentés 10
— U.D.C.   - prés. M. P. Méhaignerie
                   membres 34 - apparentés 7
— Communiste   - prés. M. A. Lajoinie
                   membres 25 - apparenté 1
— Non inscrits : 15.

Après renouvellement partiel de septembre 1989, les groupes au Sénat se présentaient comme suit :
— R.P.R.   - prés. M. Ch. Pasqua

	membres 85 - apparentés 6
— Union centriste	- prés. D. Hoeffel
	membres 59 - rattachés 9
— Socialiste	- prés. M. Cl. Estier
	membres 69 - apparentés 2
— U.R.E.I.	- prés. M. M. Lucotte
	membres 49 - rattachés 3
— R.D.E.	- prés. M. E. Cartigny
	membres 22 - rattaché 1
— Communiste	- prés. Mme H. Luc
	membres 15 - apparenté 1

— Non inscrits : 5.

525. — Les Commissions. — A la différence des groupes qui, traduisant seulement une propension au regroupement par affinités politiques, ne sont pas absolument indispensables au fonctionnement des assemblées dont ils ont modifié la structure au détriment de l'indépendance traditionnelle des représentants, les commissions répondent à une nécessité imposée par les exigences de travail de tout corps délibérant quelque peu nombreux. L'analyse des problèmes, la manière de les poser, la recherche des solutions à leur apporter, l'examen des textes; en d'autres termes, l'instruction de chaque dossier ne peut être convenablement conduite en séance plénière. La pratique des commissions est ainsi l'une des plus anciennes des assemblées politiques.

L'usage du procédé, pour naturel et nécessaire qu'il soit, pose cependant quelques problèmes. S'il est vrai que l'instruction des dossiers ne pourrait être confiée à un organe extérieur à une assemblée sans porter atteinte à la souveraineté de celle-ci, l'histoire enseigne que les commissions peuvent acquérir une autorité et une puissance redoutable non seulement pour le Gouvernement mais pour l'Assemblée elle-même dont elles ne sont cependant que l'émanation.

Constitutionnalisées en 1946, tout en étant laissées dans leur régime à la discrétion des assemblées, les commissions le sont encore mais dans des conditions rigoureuses par la Constitution de 1958 et par l'ordonnance du 17 novembre de la même année relative au fonctionnement des assemblées parlementaires. Cette réglementation conduit à distinguer quatre sortes de commissions : les commissions générales permanentes, les commissions spéciales, les commissions d'enquête et de contrôle et les commissions particulières.

526. — Les commissions générales permanentes.
— La Constitution (art. 43) limite à six le nombre des commissions permanentes dans chacune des deux assemblées. Le régime de leur formation et de leur fonctionnement est fixé par le règlement de celles-ci.

Les commissions permanentes sont constituées à l'Assemblée nationale au début de chaque législature et chaque année au début de la session ordinaire d'avril; au Sénat, après chaque renouvellement partiel. Les groupes disposent d'un nombre de sièges proportionnel à leur importance numérique, des sièges étant attribués aux parlementaires n'appartenant à aucun groupe (sur la procédure de désignation, V. Règl. A.N., art. 37 — Sénat, art. 8). Un parlementaire ne peut être membre que d'une seule commission permanente de son assemblée.

Les commissions permanentes ont un bureau. A l'Assemblée nationale, ce bureau est composé, outre le président, d'un vice-président et d'un secrétaire par fraction de 30 membres de l'effectif maximum, le nombre des vice-présidents et des secrétaires ne pouvant être inférieur à 3. La commission des finances nomme en outre un rapporteur général. Le bureau des commissions est élu par catégorie de fonctions au scrutin secret à la majorité absolue aux deux premiers tours, relative au troisième (Règl., art. 39). Au Sénat, les commissions permanentes élisent un président, 4 vice-présidents et 4 secrétaires et la commission des finances nomme également un rapporteur général (Règl., art. 13).

Les commissions sont convoquées à la diligence du président de l'Assemblée nationale lorsque le Gouvernement le demande. En cours de session, elles sont également convoquées par leur président; hors des sessions, soit par le président de l'Assemblée soit par leur président après accord du bureau de la commission (Règl. A.N., art. 40). Le règlement du Sénat dispose (art. 20) que les commissions sont convoquées à la diligence de leur président.

Chaque commission est maîtresse de ses travaux sous réserve des règles fixées par la Constitution, les lois organiques et le règlement (Règl. A.N., art. 41-5). Pendant les sessions, une matinée par semaine est réservée aux travaux des commissions permanentes (*idem,* art. 41). Le Sénat consacre en principe la journée du mercredi aux travaux des commissions (Règl., art. 14). La présence aux réunions des commissions est obligatoire, un certain nombre d'absences non excusées étant sanctionné par une démission d'office (Règl. A.N., art. 42 — Sénat, art. 15).

Les ministres ont accès dans les commissions et doivent être entendus lorsqu'ils le demandent, mais ils ne peuvent assister aux votes (Règl. A.N., art. 45 — Sénat, art. 18). Le président de chaque commission peut demander l'audition d'un membre du Gouvernement. Chaque commissaire peut également demander l'audition d'un rapporteur du Conseil économique et social sur les textes sur lesquels le Conseil a été appelé à donner un avis.

Il est dressé des séances des commissions un procès-verbal qui a un caractère confidentiel. A l'issue de chaque réunion, il est publié un communiqué à la presse rendant compte des travaux et des votes. Le bureau d'une commission peut décider la publication, soit au *Journal officiel,* soit par tout autre moyen approprié, du compte rendu de tout ou partie des auditions auxquelles elle a procédé sous réserve de l'accord des personnalités entendues (Règl. A.N., art. 46 — comp. Sénat, art. 23).

Composition et compétences des Commissions permanentes :
— *Assemblée nationale* (Règlement, art. 36)
  I. *Affaires culturelles, familiales et sociales*
     effectif : 2/8e de l'effectif des membres composant l'Assemblée
     compétences : enseignement et recherche; formation professionnelle, promotion sociale; jeunesse et sports; activités culturelles; information; travail et emploi; santé publique, famille, population, sécurité sociale et aide sociale; pensions civiles, militaires de retraite et d'invalidité.
  2. *Affaires étrangères*
     effectif : 1/8e de l'effectif des membres composant l'Assemblée
     compétences : relations internationales, politique extérieure, coopération, traités et accords internationaux.
  3. *Défense nationale et forces armées*
     effectif : 1/8e de l'effectif des membres composant l'Assemblée

compétences : organisation générale de la Défense; politique de coopération et d'assistance dans le domaine militaire; plans à long terme des armées; industries aéronautique, spatiale et d'armement; établissements militaires et arsenaux; domaine militaire; service national et lois sur le recrutement; personnels civils et militaires des armées; gendarmerie et justice militaire.

4. *Finances, économie générale, Plan*
effectif : 1/8e de l'effectif des membres composant l'Assemblée
compétences : recettes et dépenses de l'État; exécution du budget; monnaie et crédit; activités financières intérieures et extérieures; contrôle financier des entreprises nationales; domaine de l'État.

5. *Lois constitutionnelles, législation et administration générale de la République*
effectif : 1/8e de l'effectif des membres composant l'Assemblée
compétences : lois constitutionnelles, organiques et électorales; règlement; organisation judiciaire; législation civile, administrative et pénale; pétitions; administration générale des territoires de la République et des collectivités locales.

6. *Production et échanges*
effectif : 2/8e de l'effectif des membres composant l'Assemblée
compétences : agriculture et pêches; énergie et industries; recherche technique; consommation; commerce intérieur et extérieur; douanes; moyens de communication et tourisme; aménagement du territoire et urbanisme; équipement et travaux publics; logement et construction.

— *Sénat* (Règlement, art. 7, mod. résolution du 20 mai 1986)
 1. *Affaires culturelles:* effectif : 52 membres.
 2. *Affaires économiques et Plan;* effectif : 78 membres.
 3. *Affaires étrangères, Défense et forces armées;* effectif : 52 membres.
 4. *Affaires sociales;* effectif : 52 membres.
 5. *Finances, contrôle budgétaire, comptes économiques de la nation;* effectif : 43 membres.
 6. *Lois constitutionnelles, législation, suffrage universel, règlement et administration générale;* effectif : 44 membres.

527. — Les commissions spéciales. — Également prévues par l'article 43 de la Constitution, qui paraît en faire le droit commun en la matière, les commissions spéciales sont constituées, cas par cas, pour l'examen des projets ou des propositions de loi.

La constitution d'une commission spéciale est de droit lorsqu'elle est demandée par le Gouvernement. Elle peut également être décidée par l'Assemblée sur la demande soit du président d'une commission permanente, soit du président d'un groupe, soit de trente députés. Cette demande peut faire l'objet d'une opposition du Gouvernement, du président d'une commission permanente ou du président d'un groupe. Si une telle opposition est formulée, il y a lieu à débat au cours duquel peuvent seuls prendre la parole le Gouvernement et, pour une durée limitée, l'auteur de l'opposition, l'auteur ou le premier signataire de la demande et les présidents des commissions permanentes. Cette constitution à l'initiative de l'Assemblée est cependant de droit lorsqu'elle est demandée par un ou plusieurs présidents de groupe dont l'effectif global représente la majorité absolue des membres composant l'Assemblée, sauf lorsqu'il s'agit d'un projet de loi de finances, d'un projet portant approbation des options du Plan ou du Plan lui-même, d'un traité ou accord non soumis à ratification ou si l'Assemblée a déjà refusé la constitution d'une commission spéciale (Règl. A.N., art. 30 à 32). La constitution des commissions spéciales est, au Sénat, décidée par celui-ci sur proposition de son président (Règl. Sénat, art. 16).

L'effectif des commissions spéciales ne peut au Sénat excéder 24 membres désignés sur une liste de candidats établie par les présidents des commissions permanentes réunis à cet effet par le président (Règl. Sénat, art. 10). A l'Assemblée nationale, les commissions spéciales se composent de 57 membres désignés à la représentation proportionnelle des groupes. Elles ne peuvent comprendre plus de 28 membres appartenant lors de leur constitution à une même commission permanente. Elles peuvent s'adjoindre au plus deux membres choisis parmi les députés n'appartenant à aucun groupe (Règl. A.N., art. 33).

Chaque commission spéciale demeure compétente jusqu'à ce que le projet ou la proposition ayant provoqué sa création ait fait l'objet d'une décision définitive (Règl. A.N., art. 35 — Sénat, art. 16).

Pour une statistique des commissions spéciales demandées et constituées depuis 1959, V. *Prat. Inst.*, doc. 43-100. Onze commissions spéciales ont été demandées et neuf constituées à l'Assemblée nationale au cours de la VIIe lég. (1981-1986). Aucune ne l'a été depuis.

528. — Les commissions d'enquête et de contrôle.

— Instruments nécessaires de la fonction de contrôle du Parlement (V. n° 535), les commissions d'enquête et de contrôle ne sont pas prévues par la Constitution mais par l'article 6 de l'ordonnance du 17 novembre 1958. Celle-ci n'ayant l'autorité que d'une loi ordinaire, les dispositions de cet article ont pu être modifiées (L. 19 juill. 1977) pour faire aboutir une réforme du texte originaire que le Sénat n'était pas parvenu tout d'abord à faire admettre par le Conseil constitutionnel, puis par le Gouvernement et l'Assemblée nationale.

Le régime établi par l'article 6 ainsi modifié détermine, à partir d'une distinction entre commission d'enquête et commission de contrôle, les conditions respectives de création de ces commissions en fonction de la mission qu'elles doivent remplir.

— Les *commissions d'enquête* sont formées pour recueillir des éléments d'information sur des faits déterminés et soumettre leurs conclusions à l'assemblée qui les a créées. Il ne peut être constitué de commissions d'enquête lorsque les faits ont donné lieu à des poursuites judiciaires et aussi longtemps que ces poursuites sont en cours. Si une commission a déjà été créée, sa mission prend fin dès l'ouverture d'une information judiciaire relative aux faits qui ont motivé sa création.

— Les *commissions de contrôle* sont formées pour examiner la gestion administrative, financière ou technique de services publics ou d'entreprises nationales en vue d'informer les assemblées qui les ont créées des résultats de cet examen.

Ces commissions ont un caractère temporaire. Leur mission prend fin avec le dépôt de leur rapport et au plus tard à l'expiration du délai de six mois à compter de la date d'adoption de la résolution qui les a créées. Elles ne peuvent être reconstituées avec le même objet avant l'expiration d'un délai de douze mois à compter de la fin de leur mission.

L'effectif des commissions ne peut excéder trente députés

ou vingt et un sénateurs (Règl. A.N., art. 140 — Sénat, art. 11). Les membres en sont nommés au scrutin plurinominal. Ils sont, ainsi que toutes les personnes qui assistent ou participent à un titre quelconque aux travaux des commissions, tenus au secret sous les peines de droit (sur les pouvoirs et le fonctionnement, V. n° 557).

— On trouvera dans *Prat. Inst.* la liste des demandes de constitution de commissions d'enquête (doc. 43-200) et de commissions de contrôle (doc. 43-201) et les suites données dans l'un et l'autre cas.

— V. M. Ceoara, *Les commissions d'enquête parlementaire sous la Ve République,* mémoire DES, Paris I, 1972 — J. Desandre, *Les commissions parlementaires d'enquête et de contrôle en droit français* Th. Paris 2, 1975, dact.

529. — Les Commissions particulières. — Ce sont :

— la commission des comptes (Règl. A.N., art. 14 — Sénat, art. 103);

— les commissions *ad hoc* en matière d'immunité parlementaire et de renvoi devant la Haute Cour (Règl. A.N., art. 80 et 160 — Sénat, art. 105 et 86);

— les commissions mixtes paritaires (V. n° 546).

— Au cours de la VIe législature (1978-1981) trois commissions *ad hoc* ont été constituées dont les rapports ont abouti à deux résolutions suspendant pendant la durée de la législature les poursuites engagées contre neuf membres de l'Assemblée nationale. Trois nouvelles commissions *ad hoc* ont été constituées en matière de levée d'immunité parlementaire à l'Assemblée depuis le début de la VIIe législature (16 déc. 1981, 28 avril et 3 nov. 1982) Une commission a, d'autre part, été constituée pour l'examen de la proposition de résolution portant mise en accusation devant la Haute Cour de M. M. Poniatowski, ministre de l'Intérieur du 28 mai 1974 au 30 mars 1977. Cette commission nommée le 24 avril 1981 a tenu 21 séances et déposé un rapport repoussant la proposition (20 janv. 1982). A cette occasion, deux thèses s'étaient opposées en ce qui concerne la mission d'une telle commission, la première suivant laquelle cette mission se limiterait à décider sur la seule demande de mise en accusation, la seconde concevant cette mission comme comportant publicité et pouvoirs d'investigation La solution retenue paraît avoir été intermédiaire. Le nombre des commissions *ad hoc* constituées au cours de la VIIe législature (1981-1986), s'est finalement élevé à cinq, deux nouvelles commissions ayant été créées en 1985. Au cours de la VIIIe législature (1986-1988), deux commissions *ad hoc* ont été constituées et une pour examen d'une proposition de résolution portant mise en accusation devant la Haute Cour.

B. — *Les formations générales*

530. — Le Congrès. — Les deux assemblées composant le Parlement peuvent être réunies en Congrès sur convocation du président de la République en vue de délibérer sur un projet de révision de la Constitution (V. *supra,* n° 396).

La Constitution (art. 89) dispose que le Bureau du Congrès est celui de l'Assemblée nationale. Lors de sa première réunion, le 20 décembre 1963, le Congrès a adopté son propre règlement. Ce règlement comporte notamment deux dispositions importantes. Il exclut tout amendement du texte discuté et limite à de simples explications de vote, de cinq minutes chacune, les interventions des orateurs à raison d'un orateur par groupe de chaque assemblée. Le règlement impose d'autre part le scrutin public à la tribune comme procédure de vote.

Le règlement du Congrès a été soumis au contrôle de constitutionnalité, ce qui n'était juridiquement pas évident (Cons. const., 20-12-1963, 63/24 DC, 16).

L'article 61 de la Constitution n'assujettissant au contrôle de constitutionnalité que « les règlements des assemblées parlementaires », on pouvait douter que le Règlement du Congrès doive y être soumis, d'autant que cette instance se présente comme dépositaire du pouvoir constituant (V. L. Hamon et Cl. Émeri, chron. R.D.P., 1964, p. 16).

L'éventualité d'une modification du Règlement du Congrès a été réservée en 1963 et évoquée depuis. Cette modification paraît devoir être subordonnée à une inscription à un ordre du jour qui est cependant fixé par le président de la République.

531. — La séance plénière ou publique. — L'article 33 de la Constitution dispose que « les séances des deux assemblées sont publiques. Le compte rendu intégral des débats est publié au *Journal officiel.* Chaque assemblée peut siéger en comité secret à la demande du Premier ministre ou d'un dixième de ses membres ».

La formation plénière est ainsi la formation normale de délibération. C'est aussi la seule formation de décision, aucun autre organe ne possédant de pouvoir de décision, comme c'est quelquefois le cas pour les commissions dans certains systèmes étrangers.

Cette formation est dite plénière en ce sens que tous les membres de l'assemblée intéressée peuvent y participer. On reviendra (*infra,* n° 533) sur la question de leur présence effective. La Constitution indique (art. 31) que les membres du Gouvernement ont accès aux deux assemblées et sont entendus quand ils le demandent. Ce même texte ajoute qu'ils peuvent se faire assister de commissaires du Gouvernement dont l'instruction générale du Bureau de l'Assemblée nationale précise qu'ils ne peuvent prendre place au banc du Gouvernement (deuxième rang) que sur demande du ministre intéressé (I.G.B., art. 26-V-3). Le Règlement du Sénat prévoit pour sa part que ces commissaires puissent intervenir à la demande du Gouvernement (art. 37).

La séance plénière est également une séance publique. Compte tenu du risque de désordre — dont l'histoire a multiplié les exemples — que comporterait le libre accès dans l'enceinte des délibérations, la publicité est organisée et procurée sous différentes formes. La première est une forme écrite qui correspond, comme on vient de le voir, à la publication au *Journal officiel* du compte rendu intégral des débats prescrit par la Constitution. Le texte ainsi publié dans l'édition « débats parlementaires » est le compte rendu sténographique *in extenso* auquel les orateurs ne peuvent apporter que des corrections de forme à l'exclusion de toute correction de fond (A.N.I.G.B., art. 19 — Sénat, I.G.B., XII). Ce compte rendu intégral constitue le procès verbal de la séance. Il est établi, d'autre part, pour chaque séance publique un compte rendu analytique qui est affiché et distribué. Un second moyen de publicité réside évidemment dans la presse écrite, parlée et filmée. La presse est admise à suivre les débats et dispose sur place de tout l'équipement technique nécessaire à la diffusion de l'information. L'instruction générale du Bureau de l'Assemblée nationale comporte depuis le 6 juillet 1982 un article 19 *bis* qui règle l'enregistrement audiovisuel des débats et les conditions de son utilisation. Enfin, le public lui-même est admis aux séances, soit sur présentation de cartes spéciales, soit librement pour les dix premiers citoyens présents à la porte donnant accès à la tribune du public.

Comme on l'a vu, le texte constitutionnel prévoit que les assemblées puissent siéger en comité secret soit à la demande du Gouvernement, soit à celle du dixième de leurs membres. La décision est prise par un vote exprès sans débat, le dixième étant calculé sur le nombre des sièges effectivement pourvus. (Règl. A.N., art. 51 — Sénat, art. 32). Lorsque le motif qui a donné lieu au comité secret a cessé, le président consulte l'assemblée sur la reprise de la séance publique *(idem)*. L'assemblée décide ultérieurement sur la publication éventuelle du compte rendu intégral des débats en comité secret.

532. — L'organisation des séances plénières. —

Mises à part les dispositions de son article 48 relatif à l'ordre du jour et aux questions, la Constitution n'intervient pas directement dans l'organisation des séances plénières qui est régie par le Règlement de chaque assemblée. Pour l'essentiel, cette organisation porte sur quatre points.

1° *Tenue des séances*. L'Assemblée nationale se réunit en séance publique chaque semaine dans l'après-midi des mardi, mercredi, jeudi et vendredi sur proposition de la Conférence des présidents; le Sénat, en principe, les mardi, jeudi et vendredi. D'autres séances peuvent être prévues dans l'une et l'autre assemblée dans les cas et les conditions déterminés par leurs règlements (A.N., art. 50. — Sénat, art. 32).

2° *Fixation de l'ordre du jour*. L'ordre du jour est préparé par la Conférence des présidents et réglé par l'assemblée. Il ne peut en principe être ultérieurement modifié que dans des conditions particulières et notamment en cas d'usage par le Gouvernement du droit que lui confère l'article 48 de la Constitution.

Ce texte prévoit en effet que « l'ordre du jour des assemblées comporte, par priorité et dans l'ordre que le Gouvernement a fixé, la discussion des projets de loi déposés par le Gouvernement et des propositions de loi acceptées par lui ». Ce texte réservant en outre, également par priorité, une séance par semaine aux questions des parlementaires, l'ordre du jour comprend : la discussion des projets et propositions inscrits par priorité par décision du Gouvernement; les questions orales (V. n° 556) pour les séances qui leur sont réservées; enfin, les autres questions dont l'inscription à titre complémentaire a été proposée par la Conférence des présidents — et réglée par l'assemblée. De là la distinction entre *ordre du jour prioritaire et ordre du jour complémentaire*.

On remarquera que, dans ces conditions, le Gouvernement possède en réalité la maîtrise de l'ordre du jour, ce qui n'est pas sans conséquence sur l'exercice effectif de l'initiative des lois.

3° *Déroulement des débats.* En ouvrant la séance, le président donne connaissance à l'assemblée des communications qui la concerne et passe à l'ordre du jour. Le déroulement des débats fait l'objet d'une réglementation générale et d'une réglementation propre aux débats organisés.

En règle générale, nul ne peut prendre la parole même avec l'autorisation de l'orateur, s'il ne l'a demandée et obtenue du président. Les députés qui désirent intervenir s'inscrivent auprès du président qui détermine l'ordre dans lequel ils sont appelés à prendre la parole. L'orateur parle à la tribune ou de sa place. Quand le président juge l'assemblée suffisamment informée, il peut inviter l'orateur à conclure, de même qu'il peut, dans l'intérêt du débat, l'autoriser à poursuivre son intervention au-delà du temps qui lui était attribué (A.N., art. 54 — Sénat, art. 36). Les orateurs ne doivent pas s'écarter de la question, sinon le président les y rappelle et peut, si ce rappel demeure sans effet, leur retirer la parole. Lorsque au moins deux orateurs d'opinion contraire sont intervenus dans la discussion générale, dans la discussion d'un article ou dans les explications de vote, la clôture immédiate de cette phase de la discussion peut être décidée par le président ou proposée par un membre de l'assemblée. Un orateur par groupe doit cependant avoir eu la faculté de prendre la parole pour une explication de vote avant la clôture de la discussion sur l'ensemble d'un texte (comp. A.N., art. 54 — Sénat, art. 36).

Les ministres, les présidents et les rapporteurs des commissions saisies au fond obtiennent la parole quand ils la demandent (A.N., art. 56 — Sénat, art. 37).

Les rappels au règlement (de plus en plus utilisés comme substitut de l'interpellation) et les demandes touchant au déroulement de la séance ont toujours priorité sur la question principale dont ils suspendent la discussion.

Le président peut à tout moment suspendre ou lever la séance. Les demandes de suspension de séance sont par ailleurs soumises à l'assemblée, sauf lorsqu'elles sont formulées par le Gouvernement, par le président ou le rapporteur de la commission saisie et, pour une réunion de groupe, par le président d'un groupe ou son délégué.

La Conférence des présidents peut décider d'organiser la discussion générale des textes soumis à l'assemblée dans les mêmes conditions que celles prévues pour les débats sur les déclarations du Gouvernement, soit de manière particulière (A.N., art. 49 — Sénat, art. 29 *bis*). Dans ce dernier cas, elle fixe la durée globale de la discussion générale dans le cadre des séances prévues par l'ordre du jour. Le temps est ensuite réparti par le président entre les groupes de manière à garantir à chacun d'eux, en fonction de la durée du débat, un temps minimum identique ; les parlementaires n'appartenant à aucun groupe disposant d'un temps global de parole proportionnel à leur nombre. Lors du débat, quand un groupe a épuisé son temps de parole, celle-ci est refusée à ses membres. Si, dans la même hypothèse, l'un de ceux-ci a déposé ou dépose un amendement, cet amendement est lu par le président et mis aux voix sans débat. Par ailleurs, et sauf sur l'ensemble d'un projet ou d'une proposition, le président d'un groupe qui a épuisé son temps de parole ne peut plus demander de scrutin public. Cependant, si au cours d'un débat organisé, il devient manifeste que les temps de parole sont devenus insuffisants, l'assemblée peut, sur proposition de son président, décider d'organiser des temps de parole d'une durée déterminée.

4º *Les modes de votation.* Bien que la délibération soit de la nature même des assemblées, leur rôle est en définitive de décider, fût-ce comme cela est prévu, « sans débats ». Ces décisions sont prises sur des votes dont les modalités peuvent être différenciées.

Les assemblées sont considérées comme étant toujours en nombre pour délibérer et pour régler leur ordre du jour (A.N., art. 61 — Sénat, art. 33). Les votes émis sont valables quel que soit le nombre des présents, dès lors que, avant l'ouverture du scrutin, le Bureau n'a pas été appelé sur demande personnelle du président d'un groupe à vérifier le quorum en constatant la présence, dans l'enceinte du palais, de la majorité absolue du nombre des députés calculée sur le nombre de sièges effectivement pourvus. Lorsqu'un vote ne peut avoir lieu, faute de quorum, la séance est levée après l'annonce par le président du report du scrutin à l'ordre du jour de la séance suivante, laquelle ne peut être tenue moins d'une heure après. Le vote est alors valable quel que soit le nombre des présents (A.N., art. 61 — comp. Sénat, art. 51).

Les modalités des votes sont les suivantes :

a) *A main levée* : modalité simple et rapide, c'est le mode normal en toute matière, sauf pour les nominations personnelles. Il présente l'inconvénient de ne pas laisser de traces et de permettre des décisions au hasard des présences. Il arrive aussi que son résultat soit douteux. Dans ce cas, le président peut déclarer qu'il sera procédé au scrutin public ordinaire ou par assis et levé (A.N., art. 64 — Sénat, art. 54).

b) *Par assis et levé,* utilisé lorsque le règlement le prévoit ou, comme on vient de le dire, en cas de doute sur le résultat d'un scrutin à main levée, il a les mêmes avantages et les mêmes inconvénients que celui-ci.

c) *Au scrutin public ordinaire.* Ce mode de scrutin est de droit sur décision du président, sur demande du Gouvernement ou de la commission saisie au fond ou sur demande émanant personnellement, soit du président d'un groupe, soit de son délégué dont il a préalablement notifié le nom au président (A.N., art. 65 — comp. Sénat, art. 56). L'annonce du scrutin est faite dans l'ensemble des locaux du Palais. Elle interrompt tout débat. Cinq minutes après cette annonce, le président invite les parlementaires à regagner leurs places et déclare le scrutin ouvert. A l'Assemblée nationale, le vote suivant cette modalité a lieu par procédé électronique (Inst. Gén., art. 13, § 3º A).

d) *Au scrutin public à la tribune.* Il est de droit lorsque la Constitution prévoit une majorité qualifiée ou lorsque la responsabilité du Gouvernement est engagée. Tous les parlementaires sont appelés nominalement par les huissiers, les premiers étant ceux dont le nom commence par une lettre préalablement tirée au sort. Il est procédé à l'émargement du nom des votants (A.N., art. 66 — Sénat, art. 56 *bis*).

Le Sénat connaît pour les scrutins publics ordinaires un mode de votation propre par division des votants; les sénateurs qui sont pour sortent par la porte de droite après avoir remis au secrétaire un bulletin blanc, ceux qui sont contre sortent par la porte de gauche après avoir remis à un autre secrétaire un bulletin bleu. Quant aux sénateurs qui s'abstiennent, ils remettent un bulletin rouge au secrétaire qui se tient au centre de l'hémicycle et ils regagnent leur place (Sénat, art. 56).

Sauf lorsqu'un vote a été émis par procédé électronique, le pointage des scrutins est de droit dans les scrutins publics à la tribune et dans les scrutins publics ordinaires lorsque l'écart entre le nombre des bulletins (pour) et celui des bulletins (contre) n'est pas supérieur à 10. Il peut également être décidé par le président après consultation des secrétaires.

— Le tableau suivant permet d'avoir une idée de l'*activité des assemblées* au cours des trois dernières législatures, étant entendu que la seconde de ces législatures (la VIe) a été interrompue par la dissolution de l'Assemblée nationale, le 22 mai 1981.

	VIe	VIIe	VIIIe (1986-1988)
Assemblée nationale			
— nombre de séances	613	1 409	557
— durée horaire totale	2 136 h 50	4 711 h 15	1 888 h 10
— répartition horaire			
débats législatifs	1 037 h 50	3 184 h 40	1 243 h 50
débats budgétaires	652 h 40	937 h 15	400 h 30
questions	240 h 55	364 h	145 h 25
déclarations (et censure)	205 h 25	225 h 20	98 h 25
Sénat			
— nombre de séances	672	1 081	510
— durée horaire totale	2 052 h 10	3 578 h 30	1 643 h
débats législatifs	1 093 h 25	1 923 h 15	1 170 h 20
débats budgétaires	558 h 40	785 h 30	348 h 40
questions	331 h 30	282 h 15	
déclarations	34 h 15	60 h 25	94 h 55

On remarquera aisément l'intensification de l'activité parlementaire.

— S'agissant de l'*ordre du jour,* le Conseil constitutionnel a été conduit à donner différentes précisions. Ainsi, a-t-il déclaré que le règlement d'une assemblée ne pouvait pas prévoir qu'une discussion serait inscrite de droit en tête de l'ordre du jour d'une séance, une telle disposition étant susceptible de porter atteinte au droit de priorité reconnu au gouvernement par l'article 48, al. 1 de la constitution (Cons. const., 24-25-6-1953, 59/3 DC, 61). De même a-t-il décidé, par combinaison de ce texte et de son alinéa 2, que si les assemblées fixent librement le jour de la semaine et la séance de ce jour où sont inscrites par priorité les questions, elles ne peuvent répartir celles-ci sur deux séances successives (Cons. const., 21-1-1964, 63/25 DC, 23). De même encore de l'inconstitutionnalité, au regard de l'article 48, de l'attribution à la seule conférence des présidents du pouvoir de déroger à la règle suivant laquelle la matinée du jeudi est réservée aux travaux des commissions permanentes (Cons. const., 20-11-1969/37 DC, 15). En revanche, le Conseil a estimé que ne constitue pas une méconnaissance de l'article 48, qui ne prévoit pas l'intervention de la conférence des présidents, le fait, pour un projet de loi, d'avoir été mis en discussion à l'Assemblée nationale sans avoir été inscrit à l'ordre du jour par cette conférence (Cons. const., 30-10-1981, 81/130 DC, 31). V. aussi, n° 494.

— V. M. Chenevoy, *Les rappels au règlement,* Ann. Univ. Clermont, 1977, p. 287.

533. — L'obligation de vote personnel des parlementaires. — L'article 27 de la Constitution dispose que le droit de vote des membres du Parlement est personnel et renvoie à une loi organique le soin d'autoriser exceptionnellement la délégation de vote sous la réserve que nul ne puisse recevoir délégation de plus d'un mandat.

Une ordonnance organique du 7 novembre 1958 (mod. 1962) a, en conséquence, autorisé la délégation de vote dans six cas et en a réglé le formalisme de manière stricte.

Ces dispositions visaient à lutter contre une pratique consacrée sous la IIIe République et dénommée des « boîtiers » parce qu'elle consistait pour les parlementaires à confier leur boîte à bulletins à l'un de leurs collègues pour qu'il vote à leur place. Cette pratique était considérée comme la cause principale d'un absentéisme de nature à discréditer la fonction parlementaire. Pour autant, il n'était pas certain que, malgré les apparences, l'efficacité de celle-ci en ait vraiment souffert. Comme l'observait M. Prélot, « pour être éclairé, le vote personnel exige des conditions irréalisables : l'assistance à la totalité des débats, la lecture des documents afférents et une compétence universelle ». Il ajoutait : « un vote par boîtier, préparé par une délibération au sein d'un groupe où celui-ci a entendu ses représentants dans les commissions intéressées est certainement mieux étudié ».

Ainsi s'explique que, malgré leur rigueur ou à cause d'elle, les dispositions constitutionnelles nouvelles soient demeurées sans efficacité véritable. Composant avec elles, une convention s'est établie à l'Assemblée entre les présidents de groupe, avec l'accord du Bureau, suivant laquelle l'exigence du vote personnel est décidée au préalable par la Conférence des présidents. La portée de cette convention ayant été mise en cause à l'occasion du vote d'une loi pour lequel elle avait été appliquée, le Conseil constitutionnel a été saisi. Il a rejeté le grief au motif que la loi en cause n'aurait été adoptée sur procédure irrégulière que s'il avait été établi que des députés absents avaient été portés comme ayant émis un vote contraire à leurs opinions et que, sans la prise en compte de ces votes, la majorité requise n'aurait pas été atteinte (Cons. const., 23-1-1987, 86/225 DC, 13). Cette solution, plus que minimaliste et au demeurant à côté de la question, ne faisant pas obstacle à ce qu'un petit nombre de députés présents tourne les clés de vote des députés absents, il en est résulté, outre des erreurs de manipulation entraînant des rejets, un certain nombre d'incidents consécutifs à des refus de vérification du quorum.

— V. J.-Cl. Nemery, *Le principe du vote personnel dans la Constitution de la Ve République*, R.D.P., 1987, p. 995. — V. également, Pouvoirs, chron. const. franç. n°s 41, p. 226; 42, p. 193; 43, p. 217; 45, p. 200.

534. — La discipline des parlementaires. — Elle est régie par le règlement des assemblées qui fixe les sanctions applicables à leurs membres. Si ces sanctions ne sont pas limitées aux seuls manquements aux règles de délibération et de vote, il résulte de leur définition même que c'est là néanmoins leur principal objet.

Ainsi, le règlement de l'Assemblée nationale, après avoir indiqué dans son article 70 que les peines applicables aux membres de l'Assemblée sont « le rappel à l'ordre, le rappel à l'ordre avec inscription au procès-verbal, la censure (et) la censure avec l'exclusion temporaire », donne-t-il à ces sanctions le champ d'application suivant :

— Le *rappel à l'ordre* est prononcé par le président à l'encontre de tout orateur qui trouble cet ordre. Tout député, qui, n'étant pas autorisé à parler, s'est fait rappeler à l'ordre, n'obtient la parole pour se justifier qu'à la fin de la séance, à moins que le président n'en décide autrement.

— Le *rappel à l'ordre avec inscription au procès-verbal* est prononcé par le président à l'encontre de tout député qui, dans la même séance, a encouru un premier rappel à l'ordre ou qui a adressé à un ou plusieurs de ses collègues des injures, des provocations ou des menaces. Il comporte, de droit, privation pendant un mois du quart de l'indemnité parlementaire.

— La *censure* est prononcée contre tout député qui, après un rappel à l'ordre avec inscription au procès-verbal, n'a pas déféré aux injonctions du président ou qui, dans l'Assemblée, a provoqué une scène tumultueuse. L'Assemblée décide par assis et levé et sans débat sur proposition du président. L'intéressé a toujours le droit d'être entendu ou de faire entendre en son nom un de ses collègues. La censure simple emporte, de droit, la privation pendant un mois de la moitié de l'indemnité allouée au député.

— La *censure avec exclusion temporaire*. Elle est décidée dans les mêmes conditions et peut être prononcée contre tout député qui a résisté à la censure simple ou qui a subi cette sanction deux fois; qui, en séance publique, a fait appel à la violence; qui s'est rendu coupable d'outrages envers l'Assemblée ou son président; qui s'est rendu coupable d'injures, provocations ou menaces envers le Président de la République, le Premier ministre, les membres du Gouvernement et des assemblées prévues par la Constitution. La même peine est applicable à un député qui se serait livré à des voies de fait sur l'un de ses collègues. La censure avec exclusion temporaire entraîne l'interdiction de prendre part aux travaux de l'Assemblée et de reparaître dans le palais de celle-ci jusqu'à l'expiration du quinzième jour de séance qui suit celui où la sanction a été prononcée. Elle emporte, de droit, privation de l'indemnité pendant deux mois.

Le régime fixé par le règlement du Sénat (art. 92 et s.) est très largement homologue.

— On mentionnera comme illustration de la tension existant au sein de l'Assemblée l'incident provoqué par le rappel à l'ordre infligé par M. Stasi, président de séance, à M. Berson qui avait nommément mis en cause différentes personnalités dont le président du Conseil constitutionnel. Si, sur proposition du président du groupe socialiste, le Bureau de l'Assemblée avait finalement estimé qu'il n'y avait pas lieu d'infliger un rappel à l'ordre à M. Berson, il semble avoir été démenti par le Président de la République qui exprima en Conseil des ministres son « vif regret que le président du Conseil constitutionnel ait été mis en cause, et, qui plus est, sans fondement ». Par la suite et pour la première fois sous la Ve République, la censure simple a été infligée à trois députés de l'opposition qui avaient mis en cause le passé du chef de l'État (2 févr. 1984).

CHAPITRE II

LA FONCTION PARLEMENTAIRE

535. — Les composantes de la fonction parlementaire. — La fonction parlementaire est une fonction complexe dont les composantes se sont peu à peu ajoutées au point de former un ensemble cohérent dont la commune mesure, conforme à l'origine du mot, est la délibération. C'est cette délibération, en tant que principe et en tant que méthode, qui constitue le fond de la fonction parlementaire, lui confère ses caractères et la rend indispensable; aussi bien en ce qui concerne la qualité technique que la valeur politique des décisions nécessaires à l'exercice du pouvoir. Elle s'inscrit entre la représentation qui l'authentifie et les objectifs qui la déterminent.

Historiquement, le premier de ces objectifs fut les levées d'hommes et d'impôts auxquelles il s'agissait de consentir; un tel consentement, une telle autorisation impliquant une appréciation de la situation et des motifs de la demande soumise à l'acceptation des représentants de ceux qui devraient en supporter les conséquences concrètes dans leurs personnes et dans leurs biens. Ils appelaient donc un contrôle et c'est ce contrôle qui ira en s'étendant et en s'approfondissant jusqu'à trouver dans la responsabilité politique du Gouvernement sa sanction majeure.

La délibération appuyée sur la représentation comportait un second aspect de nature tout à fait différente. Elle constituait la justification du transfert aux assemblées du pouvoir d'exprimer la volonté générale; en d'autres termes, de faire la loi. Si, à cet égard, la fonction parlementaire ne s'est accrue que plus tardivement, le rôle législatif des assemblées a revêtu d'emblée une importance décisive.

Ainsi ramenée à ses composantes fondamentales, la fonction parlementaire comporte quatre aspects corollaires :

représenter, délibérer, légiférer, contrôler. La représentation et la délibération, étant principalement de structure, appartiennent à l'institution et ont déjà été examinées à ce titre. Restent donc à considérer la législation et le contrôle.

Comme on l'a déjà indiqué (V. n° 488), la Constitution de 1958 passe pour avoir sérieusement restreint l'une et l'autre de ces fonctions.

Section 1
La fonction de législation

536. — Conditions générales d'exercice. — La fonction de législation impartie au Parlement présente, dans son exercice, trois caractères généraux. Le premier tient à la détermination constitutionnelle du domaine de la loi; le second réside dans une différenciation des procédures d'élaboration des lois; le troisième se trouve dans l'existence d'hypothèses de dessaisissement du Parlement.

On a déjà examiné les aspects de technique juridique de la détermination du domaine de la loi (V. n° 386). Il suffira d'ajouter ici que ce régime, s'il fait obstacle à ce que le Parlement excède ce domaine et comporte des dispositions appropriées à cette fin que l'on retrouvera dans l'examen de la procédure législative (V. n°s 537 et s.), ne s'oppose pas à ce que le Gouvernement laisse ou fasse voter par les assemblées des mesures qui n'entrent pas, constitutionnellement, dans leurs compétences, quitte à demander ultérieurement au Conseil constitutionnel leur délégalisation.

Il reste donc à étudier en trois paragraphes successifs la procédure législative ordinaire, les procédures spéciales, enfin le dessaisissement des assemblées.

— V. X. Roques, *L'examen de la loi par le Parlement en France*, Journées Sté Lég. comp. 1982, p. 81.

§ 1. — LA PROCÉDURE LÉGISLATIVE ORDINAIRE

537. — L'initiative des lois. — L'initiative des lois appartient également au Premier ministre et aux membres du Parlement (Const., art. 39). Cette égalité s'entend sous la précision que l'initiative de certaines lois ne peut appartenir qu'au chef du Gouvernement seul à pouvoir saisir le Parlement des lois de finances et des lois portant autorisation de ratification des traités ou d'accords internationaux.

Lorsque l'initiative émane du Premier ministre, le texte porte le nom de « projet de loi ». Les projets de loi sont délibérés en Conseil des ministres après avis du Conseil d'État et font l'objet d'un décret de présentation signé par le Premier minitre. Ils sont déposés sur le bureau de l'une ou l'autre assemblée de sorte que, sauf pour les lois de finances, la procédure peut être entreprise aussi bien à partir du Sénat que de l'Assemblée nationale. Ils peuvent toujours être retirés par le Gouvernement avant leur adoption définitive, l'initiative gouvernementale étant autonome et ne pouvant pas faire l'objet d'injonctions parlementaires de nature à en compromettre la liberté d'exercice.

Lorsque l'initiative émane des parlementaires, le texte porte le nom de « proposition de loi ». Les députés et les sénateurs disposent à cet égard d'un droit égal. Aucun minimum d'adhésion n'est imposé. Une proposition peut être signée par un seul parlementaire avec référence à un groupe politique, ou par plusieurs, le premier signataire étant alors réputé en être l'auteur. Les propositions peuvent être retirées par leur auteur avant leur adoption en première lecture. Elles peuvent être reprises par un autre parlementaire. Les propositions repoussées par l'Assemblée nationale ne peuvent être reproduites avant un délai d'un an.

Dès leur dépôt, les propositions font l'objet d'un contrôle de recevabilité au titre de l'article 40 de la Constitution (V. n° 540).

— V. D. Mandelkern, *Le rôle du gouvernement dans l'élaboration de la loi en France,* Journées Sté Lég. comp., 1982, p. 47.

— Sur les règles constitutionnelles : non exigence de la présence physique du Premier ministre lors de la délibération sur le projet en Conseil des ministres présidé par le Président de la République dès lors que le décret de présentation est bien signé par le Premier ministre (Cons. const., 12-9-1984, 84/179 DC, 73). Prohibition des injonctions parlementaires (Cons. const., 21-12-1966, 66/7 FNR, 37 — 28-12-1976, 76/73 DC, 41 — 17-1-1979, 78/102 DC, 26 — comp. 27-7-1982, 82/142 DC, 52).

— Pour la statistique des projets et des propositions de loi déposés de 1959 à 1981, V. *Prat. Inst.,* doc. 39-100 et 101. Ces indications pourront être complétées par les données suivantes relatives aux deux dernières législatures :

VIIe lég. (1981-1986)	déposés	adoptés	
projets	538	499 (1)	203 (2)
propositions	937	25	
VIIIe lég. (1986-1988)			
projets	166	143 (1)	47 (2)
propositions	690	44	

1. Y compris les autorisations de ratification (174-51).
2. Adoptés après commission mixte paritaire.

— Sur l'origine politique des propositions et le sort de celles émanant de l'opposition, V. Linotte et Bergères, chron. R.D.P., 1976, p. 12222. Ces indications pourront être complétées en ce qui concerne la VIe législature (1978-1981) par les données suivantes :

origine politique	R.P.R.	U.D.F.	Soc.	Com.	N. inscrits
enregistrées	440	236	177	214	18
irrecevables	5	3	2	—	1
déposées	435	233	175	214	17
adoptées	17	9	3	1	1

538. — L'examen en commission. — Aucun texte, projet ou proposition, ne peut être mis en discussion, ni soumis à un vote s'il n'a pas fait, au préalable, l'objet d'un examen et d'un rapport en commission. Il semble cependant que cette exigence puisse n'être pas respectée en ce sens que l'absence de rapport n'empêcherait pas l'ouverture de la discussion, compte tenu du droit constitutionnel du gouvernement de fixer l'ordre du jour prioritaire. Cette commission peut être spécialement constituée à cet effet si le Gouvernement ou l'assemblée saisie le demandent. A défaut d'une telle demande, le texte est renvoyé à l'examen de l'une des commissions permanentes (Const., art. 43). Au cas de conflit de compétence entre commissions permanentes, il est procédé à la nomination d'une commission spéciale. Cette solution, de principe au Sénat (Règl., art. 16, § 3), ne résulte à l'Assemblée que d'une proposition du président qui, si cette proposition est rejetée, soumet à l'Assemblée la question de compétence (Règl. art. 85, § 2).

La commission ainsi saisie désigne un rapporteur — les rapports sur les projets de loi soumis en premier lieu à l'Assemblée nationale et sur les textes transmis par le Sénat concluent par un texte d'ensemble (Règl. A.N., art. 86).

Si une commission permanente autre que la commission saisie au fond s'estime compétente pour donner un avis sur tout ou partie du texte soumis à examen, elle en informe le président et l'assemblée décide (Règl. A.N., art. 87 — Sénat, art. 17, § 1). La commission intéressée désigne alors un rapporteur pour avis, qui a le droit de participer avec voix consultative aux travaux de la commission saisie au fond et notamment d'y défendre les amendements adoptés par sa commission. Réciproquement, le rapporteur de la commission saisie au fond peut, dans les mêmes conditions, participer aux travaux de la commission saisie pour avis.

— V. la statistique des commissions spéciales demandées et constituées à l'Assemblée nationale et au Sénat de 1959 à 1981 dans *Prat. Inst.*, doc. 43-100.

— M. George, *Les pouvoirs des rapporteurs des commissions parlementaires*, Mél. G. Burdeau, 1977, p. 44.

539. — Les amendements. — Le Gouvernement, les commissions saisies au fond des projets de loi, les commissions saisies pour avis et les parlementaires de l'une et de l'autre assemblée ont le droit de proposer des amendements aux textes déposés sur le bureau de celles-ci. Les amendements ne peuvent porter que sur un seul article. Les contre-projets sont présentés sous forme d'amendements article par article au texte en discussion. Les sous-amendements, qui ne peuvent être amendés, ne doivent pas contredire le sens de l'amendement auquel ils se rapportent. Amendements et sous-amendements doivent s'appliquer au texte qu'ils visent et, lorsqu'il s'agit d'articles additionnels, être proposés dans le cadre du projet ou de la proposition. Toutes ces exigences constituent autant de conditions de recevabilité.

Indépendamment de ceux présentés en commission, les amendements peuvent être présentés dans un délai de quatre jours de séance suivant la distribution du rapport (Règl. A.N., art. 99 — comp. Sénat, art. 50). Passé ce délai, ne sont plus recevables que les amendements déposés, soit par le Gouvernement, soit par la commission saisie au fond ou ceux dont l'un ou l'autre accepte la discussion ; les amendements déposés au nom d'une commission saisie pour avis ; les amendements aux textes nouveaux proposés par la commission saisie au fond en cours de discussion ; enfin ceux qui se rapportent directement à des textes modifiés par l'Assemblée en cours de discussion.

Le jour de la séance à l'ordre du jour de laquelle est inscrit l'examen d'un projet ou d'une proposition, la commission saisie au fond se réunit pour examiner les amendements déposés. Elle délibère au fond sur ceux qui, parmi ces amendements, ont été déposés avant l'expiration du délai de quatre jours précédemment mentionné. Elle les repousse ou les accepte sans les incorporer à ses propositions ni présenter de rapport supplémentaire. Elle examine ensuite les amendements postérieurs pour déterminer si elle en acceptera la discussion en séance et ne délibère au fond que dans l'affirmative (Règl. A.N., art. 88).

Les amendements font l'objet des mêmes irrecevabilités que les propositions elles-mêmes (V. n° 540 suivant). Ils peuvent, dans certaines conditions, être écartés par le Gouvernement et celui-ci a la faculté, triant entre eux, de demander que l'assemblée saisie se prononce par un seul vote sur tout ou partie d'un texte, y compris les seuls amendements proposés ou acceptés par lui (procédure dite du vote bloqué, V. n° 544).

Les règlements des assemblées (A.N., art. 100 — Sénat, art. 49) déterminent les conditions dans lesquelles sont examinés les amendements au cours de la discussion générale.

— Les dispositions constitutionnelles restrictives (irrecevabilités, opposition du Gouvernement à la discussion, vote bloqué) ont été considérées comme des manifestations caractéristiques de la restriction des pouvoirs du Parlement au même titre que l'intervention du Gouvernement dans la fixation de l'ordre du jour restreignant l'initiative des parlementaires dont le droit d'amendement constitue traditionnellement le corollaire. Cette analyse semble devoir être corrigée dans la mesure où la pratique a permis de constater que, loin d'être l'accessoire altéré d'un droit lui-même amoindri, le droit d'amendement était devenu le substitut du droit d'initiative et a même débordé sur la fonction de contrôle pour y jouer un rôle original. V. A. Brouillet, *Le droit d'amendement dans la Constitution de la Ve République*, P.U.F., 1973.

Comme le montre les statistiques [V. *Prat. Inst.*, doc. 44-100 et 101, complété par les chiffres suivants concernant la seule Assemblée nationale : VIIe lég. (1981-1986) : 38-997 enregistrés — 15-711 adoptés — VIIIe lég. (1986-1988) : 11-509 enregistrés — 2-336 adoptés], l'exercice de ce droit est en effet considérable. Son usage se partage en réalité entre ce qui relève d'une participation à l'élaboration ou l'amélioration des textes et ce qui n'est que la mise en œuvre d'une stratégie. Ainsi, à ce dernier titre, de l'obstruction par multiplication des amendements destinée à alourdir la discussion au point d'en compromettre la conclusion. Parmi d'autres, une illustration de ce procédé a été donnée par le projet de loi sur l'aménagement du temps de travail qui, ne comportant que quatre articles, a fait l'objet de 2 365 amendements et sous-amendements.

Si elles ont donné lieu à différentes réactions, les conditions d'usage du droit d'amendement ont été précisées par le Conseil constitutionnel. Indépendamment des irrecevabilités dont il va être question dans la suite, cette jurisprudence a porté sur la notion même d'amendement et de sous-amendement (Cons. const., 17-5-1973, 73/49 DC, 15 — 29-12-1986, 86/221 DC, 179 — 23-1-1987, 86/225 DC, 13), sur le droit d'amendement en cas d'échec d'une commission mixte paritaire (Cons. const., 31-12-1981, 81/136 DC, 48 — 10-7-1985, 85/191 DC, 46 — 13-12-1985, 85/198 DC, 78) et dans le cadre de la discussion d'un texte élaboré par une telle commisson (Cons. const., 29-12-1986, 86/221 DC, précité).
— G. Carcassonne, *A propos du droit d'amendement : les errements du Conseil constitutionnel,* Pouvoirs, 1987, n° 41, p. 163.

540. — Les irrecevabilités. — Indépendamment des irrecevabilités frappant, comme on vient de le voir, les amendements à raison des règles de procédure fixées par les règlements ou par l'article 44, al. 2, de la Constitution, celle-ci contient deux dispositions qui établissent deux régimes généraux d'irrecevabilité communs aux propositions et aux amendements, les articles 40 et 41, qu'il faut examiner en ordre inverse.

A. *L'irrecevabilité de l'article 41.* — Ce texte dispose : « S'il apparaît, au cours de la procédure législative, qu'une proposition ou un amendement n'est pas du domaine de la loi ou est contraire à une délégation accordée en vertu de l'article 38, le Gouvernement peut opposer l'irrecevabilité. En cas de désaccord entre le Gouvernement et le président de l'assemblée intéressée, le Conseil constitutionnel, à la demande de l'un ou de l'autre, statue dans un délai de huit jours. »

Il s'agit ainsi de faire respecter la répartition des compétences entre législatif et exécutif, que celle-ci résulte de la délimitation du domaine de la loi (Const., art. 34) ou d'un dessaisissement du Parlement au profit du Gouvernement (Const., art. 38; V. n° 551). Très naturellement, puisqu'il s'agit de la sauvegarde de ses prérogatives, c'est au Gouvernement qu'il appartient d'opposer l'irrecevabilité; mais l'on remarquera que, suivant la lettre même du texte, ce n'est pour lui qu'une faculté. Dès lors, le fait qu'il n'ait pas usé de cette faculté à propos d'une délégation contraire à l'article 38 n'est pas de nature à vicier la procédure législative (Cons. const., 23-1-1987, 86/224 DC, 8).

La Constitution employant la formule large « au cours de la procédure législative » le Règlement de l'Assemblée nationale (art. 93) distingue suivant que l'irrecevabilité est opposée par le Gouvernement avant le commencement de la discussion en séance publique ou au cours de cette discussion. Dans le premier cas, le président de l'Assemblée peut, après consultation éventuelle du bureau, admettre l'irrecevabilité et, s'il ne l'admet pas, saisit le Conseil constitutionnel. Dans le second cas, si le président préside, il peut statuer sur-le-champ. S'il ne préside pas ou désire consulter le bureau, la séance est suspendue. S'il n'accepte pas l'irrecevabilité, il saisit le Conseil constitutionnel et c'est la discussion elle-même qui est suspendue. La réglementation sénatoriale (Règl., art. 45, § 5 et 6) se borne à reprendre l'essentiel des dispositions constitutionnelles.

— Les décisions d'irrecevabilité au titre de l'article 41 prononcées par les présidents des assemblées s'élèvent depuis 1959, pour le président de l'Assemblée nationale à 41, et pour le président du Sénat, à 50. Quant aux décisions du Conseil constitutionnel sur ce point elles s'élèvent à 11 dont 7 sur saisine du président du Sénat et 4 sur saisine du président de l'Assemblée (V. *Prat., Inst.,* doc. 41-100, 41-200 et 41-201 à 211 reproduisant les décicions du Conseil). Il faut rappeler que, spécialement en cours de discussion, il n'est ni facile ni politiquement opportun pour le Gouvernement d'user de la faculté que lui donne l'article 41.

B. *L'irrecevabilité de l'article 40.* — Ce texte dispose : « Les propositions ou amendements formulés par les membres du Parlement ne sont pas recevables lorsque leur adoption aurait pour conséquence soit une diminution des ressources publiques, soit la création ou l'aggravation d'une charge publique. »

Envisagée dès avant la Constitution de 1958, cette irrecevabilité a un caractère de principe. Elle a été reprise spécifiquement par l'ordonnance portant loi organique relative aux lois de finances qui dispose (art. 42) : « aucun article additionnel, aucun amendement à un projet de loi de finances ne peut être présenté sauf s'il tend à supprimer ou à réduire effectivement une dépense, à créer ou à accroître une recette ou à assurer le contrôle des dépenses publiques. »

On remarquera que ces textes, à la différence de l'article 41, ne donnent aucune indication de procédure et ne prévoient pas d'intervention du Conseil constitutionnel. Sur la procédure, il a donc appartenu aux assemblées de fixer les règles, celles-ci étant différentes à l'Assemblée ou au Sénat. A l'Assemblée, un premier contrôle s'exerce au moment du dépôt qui est refusé lorsque l'irrecevabilité est évidente (Règl., art. 81). Un second contrôle se produit lors de l'examen en commission, l'irrecevabilité des amendements étant appréciée par le président de la commission et, en cas de doute, par son bureau, celle des modifications apportées par la commission étant appréciée suivant la procédure qui va être décrite (Règl., art. 86). Par la suite, l'irrecevabilité peut être opposée à tout moment par le Gouvernement ou par tout député aux propositions, rapports et amendements répondant aux conditions de l'article 40. Pour les propositions ou rapports l'irrecevabilité est appréciée par le bureau de la commission des finances qui peut, en outre, opposer l'irrecevabilité à tout moment, de sa propre initiative. Pour les amendements, c'est au président de l'Assemblée qu'il incombe de se prononcer sur l'irrecevabilité en en refusant le dépôt, sauf, en cas de doute, à consulter le président ou le rapporteur général de la commission des finances (Règl., art. 92 et 98). La réglementation sénatoriale (Règl., art. 45), apparemment moins complexe, aboutit également à confier le contrôle de l'irrecevabilité à la commission des finances.

Quant à l'absence de mention d'une intervention du Conseil constitutionnel, il ne s'agit nullement d'un oubli ou d'une lacune, le constituant ayant estimé que le contrôle par les instances parlementaires était à la fois approprié et suffisant. Le Conseil, sollicité, n'en a pas moins accepté d'intervenir d'abord pour donner une interprétation des dispositions de l'article 40, qui s'efforce d'en fixer la portée au fond, puis pour contrôler le respect de l'irrecevabilité, à la condition qu'elle ait d'abord été soulevée au cours des débats et appréciée par les instances parlementaires compétentes dont le Conseil apparaît ainsi comme un degré d'appel, voire comme une instance de cassation.

Les statistiques des irrecevabilités de l'article 40 s'établissent de 1959 à 1982 aux chiffres suivants :
A.N.   propositions de loi 417   amendements 3 736
Sénat   propositions de loi   9   amendements   733
— La pratique parlementaire a conduit au Sénat à un régime

différent de celui de l'Assemblée. D'une part, il est de règle coutumière que les amendements, y compris ceux auxquels s'applique l'article 40, puissent être discutés, ce à quoi a fini par consentir le Gouvernement en acceptant de n'opposer l'irrecevabilité qu'après défense des amendements par leurs auteurs. D'autre part, l'irrecevabilité de l'article 40 ne s'applique qu'aux amendements et non pas aux propositions adoptées par l'Assemblée.

— Sur la jurisprudence de la commission des finances de l'Assemblée nationale en matière d'irrecevabilité financière, V. rapports J. Charbonnel (Doc. A.N., 1971, n° 2064), R. A. Vivien (Doc. A.N., 1980, n° 1860) et Ch. Goux (Doc. A.N., 1982, n° 753).

La jurisprudence du Conseil constitutionnel se répartit de la manière suivante : procédure d'application de l'article 40, compétence des organes parlementaires et du Conseil : décisions 59-3, 24 et 25 juin 1959 (rec. p. 61), 77-82, 20 juillet 1977 (rec. p. 37), 79-91, 18 janv. 1978 (rec. p. 19), 78-94, 14 juin 1978 (rec. p. 15) — champ d'application : 60-11, 20 janv. 1961 (rec. p. 29), 63-21, 12 mars 1963 (rec. p. 23), 75-57, 23 juill. 1975 (rec. p. 24), 76-24, 2 juin 1976 (rec. p. 21), 5 janv. 1982 (A.J.D.A., 1982, p. 85), 16 janv. 1982 (*idem*, p. 202).

— P. Lalumière, *Un domaine nouveau de l'intervention du Conseil constitutionnel : les dispositions constitutionnelles à caractère financier et budgétaire*, Pouvoirs, n° 13, 1980, p. 49. — J.-L. Pesant, *Le contrôle de la recevabilité des initiatives parlementaires : éléments pour un bilan*, Rev. Fr. Sc. Pol., 1981, p. 140.

541. — La discussion en séance publique.

— La discussion des projets et propositions s'engage par l'audition éventuelle du Gouvernement, par la présentation du rapport de la commission saisie au fond et, s'il y a lieu, par l'audition du rapporteur de la ou des commissions saisies pour avis (Règl. A.N., art. 91 — comp. Sénat, art. 42). Elle va se développer en plusieurs phases.

1° Il peut être mis en discussion et aux voix une seule *exception d'irrecevabilité* dont l'objet est de faire reconnaître que le texte proposé est contraire à une ou plusieurs dispositions constitutionnelles et une seule *question préalable* dont l'objet est de faire décider qu'il n'y a pas lieu à délibérer. L'adoption de l'une ou l'autre de ces propositions entraîne le rejet du texte à l'encontre duquel elle a été soulevée.

2° S'ouvre ensuite la *discussion générale* au cours de laquelle la parole est donnée aux orateurs qui se sont fait inscrire, l'auteur ou le premier signataire d'une proposition ayant priorité. Après la clôture de la discussion générale, une seule motion de renvoi de l'ensemble du texte à la commission saisie au fond peut être mise en discussion dans les mêmes conditions que celles qui viennent d'être indiquées pour l'exception d'irrecevabilité et la question préalable. Si cette motion de renvoi est adoptée, la discussion est suspendue jusqu'à la présentation d'un nouveau rapport par la commission. La date de cette présentation est fixée par le Gouvernement s'il s'agit d'un texte prioritaire au sens de l'article 48, al. 1, de la Constitution; par l'Assemblée s'il s'agit d'un texte non prioritaire (Règl. A.N., art. 91 — comp. Sénat, art. 44, mod. résolution 20 mai 1986).

3º S'il n'est pas présenté de motion ou si celle-ci est rejetée, le passage à la *discussion des articles* soit du projet, soit — s'il s'agit d'une proposition — du texte de la commission, est de droit. La discussion des articles porte successivement sur chacun d'eux. Pour chaque article, les amendements sont mis en discussion après la discussion du texte auquel ils se rapportent dans un ordre déterminé par les règlements (V. A.N., art. 100. — Sénat, art. 49, mod. résolution 20 mai 1986) et aux voix avant le vote sur ce texte. La réserve d'un article ou d'un amendement peut toujours être demandée. Elle est de droit si la demande émane du Gouvernement ou de la commission saisie au fond.

4º Après le vote du dernier article additionnel proposé par voie d'amendement, il est procédé au *vote sur l'ensemble*. Si un projet ou une proposition ne comporte qu'un seul article et qu'il n'a pas été présenté d'article additionnel, le vote sur cet article unique équivaut à un vote sur l'ensemble.

— Sur les exceptions d'irrecevabilité destinées à contester la conformité d'un texte à la constitution, V. J.-L. Autin, *Les exceptions d'irrecevabilité soulevées par les parlementaires français*, R.D.P. 1983, p. 687.

542. — Les secondes délibérations. — Avant le commencement des explications de vote sur l'ensemble des projets ou propositions, l'Assemblée peut décider, sur la demande du Gouvernement ou d'un député, qu'il sera procédé à une seconde délibération de tout ou partie d'un texte. Cette seconde délibération est de droit si la demande émane du Gouvernement ou de la commission saisie au fond ou lorsque celle-ci l'a acceptée.

Les textes qui font l'objet d'une seconde délibération sont renvoyés à la commission qui doit présenter un nouveau rapport. La seconde délibération ne porte que sur les nouvelles propositions de la commission ou du Gouvernement et sur les amendements qui s'y rapportent. En l'absence de propositions de la commission, elle porte sur les amendements relatifs aux articles pour lesquels l'Assemblée l'a décidé. Le rejet par l'Assemblée des nouvelles propositions de la commission ou du Gouvernement vaut confirmation de la décision prise en première délibération.

Bien que la seconde délibération ait lieu avant le vote sur l'ensemble, il est admis que le Gouvernement puisse utiliser la procédure du vote bloqué pour remettre en question des votes déjà intervenus en demandant un vote unique sur ses nouvelles propositions et sur l'ensemble.

On rappelle qu'une nouvelle délibération peut également avoir lieu à la demande du président de la République dans les conditions fixées par l'article 10 de la Constitution (V. n° 451).

A titre indicatif, la pratique des secondes délibérations a été la suivante depuis la Ve législature (1973-1977) jusqu'au 31 décembre 1982 (Assemblée nationale) :

— à la demande :	V^e lég. (1973-1978)	VIe lég. (1978-1981)	VIIe lég. (1981-1982)
du Gouvernement	38	21	14
de commissions	5	7	1
de députés	2	1	2

— Sur la réglementation des secondes délibérations au Sénat, V. Règl., art. 43.

543. — Les procédures abrégées. — La discussion en séance publique peut être, soit réduite par un débat restreint, soit supprimée par le vote sans débat.

Le vote sans débat peut être demandé par le Gouvernement ou par la commission saisie au fond soit pour un projet en première lecture, soit pour un texte transmis par le Sénat dans leur rédaction initiale ou modifiée par les amendements de la commission, soit pour une proposition dans le texte du rapport de la commission. Il n'a lieu qu'en l'absence d'opposition ou d'amendements.

La discussion avec débat restreint peut également être demandée par le Gouvernement ou la commission saisie au fond. Peuvent seuls intervenir le Gouvernement, le président et le rapporteur de la commission saisie au fond et les auteurs d'amendements. Avant le vote sur l'ensemble, la parole peut être accordée, pour cinq minutes, à un représentant de chaque groupe (V. Règl. A.N., art. 103 à 107).

— Si la pratique donne des exemples d'utilisation du vote sans débat (1973 : 1 — 1975 : 11 — 1976 : 37 — 1977 : 23 — 1978 : 21 — 1979 : 12 — 1980 : 20 — 1981 : 12 — 1982 : 17) elle n'en donne aucun de la procédure de débat restreint qui n'a connu aucun succès.

544. — Le vote bloqué. — L'article 44, al. 3 de la Constitution permet au Gouvernement de faire modifier les procédures de vote telles qu'elles ont été précédemment indiquées au titre de la discussion générale. Ce texte dispose en effet que « si le Gouvernement le demande, l'assemblée saisie se prononce par un seul vote sur tout ou partie du texte en discussion en ne retenant que les amendements proposés ou acceptés par le Gouvernement ». C'est cette procédure que l'on désigne ordinairement sous le nom de « vote bloqué ».

La portée de l'article 44, al. 3 est aussi générale que possible. Après avoir indiqué que cette disposition avait « pour objet de permettre au Gouvernement d'obtenir par une procédure ne mettant pas en jeu sa responsabilité politique un résultat analogue à celui qui ne pouvait être atteint sous le régime de la Constitution de 1946 et en vertu de la coutume parlementaire que par la pratique de la question de confiance », le Conseil constitutionnel n'a fixé qu'une seule limite à l'effet de l'article 44, al. 3 : celui-ci ne peut pas faire obstacle à la discussion de chacune des dispositions du texte à propos duquel son application est demandée (Cons. const., 15-1-1960, 59/5 DC, 15). La discussion se poursuit donc jusqu'à son terme normal, et seule la procédure de vote se trouve affectée. Le vote bloqué peut intervenir aussi bien lors d'une seconde délibération qu'aux différents stades du développement de la procédure entre les deux assemblées.

— La pratique du vote bloqué à révélé le caractère complexe de cette procédure et en a souligné l'évolution. V. la statistique d'utilisation dans *Prat. Inst.*, doc. 44-300. Instrument majoritaire, le vote bloqué peut également être un instrument de contrainte de la majorité, comme a pu le montrer l'invitation faite en 1980 au Gouvernement par le président de l'un des groupes de la majorité d'y avoir recours. Bien que M. Mitterrand se soit déclaré hostile à cette procédure qu'il a placée au nombre des procédés inutiles et dangereux, la statistique précitée fait état de son utilisation à quatre reprises en 1981 au Sénat.

— P. Avril, *Le vote bloqué,* R.D.P., 1965, p. 399, et 1971, p. 469.

545. — La coopération des deux assemblées. — En vertu de l'article 45 de la Constitution « tout projet ou proposition de loi est examiné successivement dans chacune des deux assemblées du Parlement en vue de l'adoption d'un texte identique ».

Cet objectif oblige à des allées et venues d'une assemblée à l'autre tant que subsiste un désaccord sur le texte en discussion. Ce sont ces allées et venues qui portent le nom de « navette ». La navette ne s'applique qu'aux articles pour lesquels un texte identique n'a pas été adopté. Les articles sur lesquels un accord est intervenu ne peuvent plus être remis en cause, sauf pour assurer, le cas échéant, leur coordination avec les dispositions restant en discussion.

La « navette » constitue le principe de la coopération des deux assemblées. Elle peut se poursuivre jusqu'à ce que l'objectif d'une adoption en termes identiques, expression même du bicamérisme, ait été atteint. Cependant, comme on va le voir, la Constitution permet au Gouvernement d'en modifier le cours.

546. — La procédure de la commission mixte paritaire et le pouvoir de l'Assemblée nationale de statuer définitivement. — Après avoir posé en règle générale l'adoption en termes identiques par les deux assemblées impliquant la navette, l'article 45 de la Constitution aménage en effet une procédure particulière dans les termes suivants :

« al. 2 : Lorsque, par suite d'un désaccord entre les deux assemblées, un projet ou une proposition de loi n'a pu être adopté après deux lectures par chaque assemblée ou si le Gouvernement a déclaré l'urgence, après une seule lecture par chacune d'entre elles, le Premier ministre a la faculté de proposer la réunion d'une commission mixte paritaire chargée de proposer un texte sur les dispositions restant en discussion.

« al. 3 : Le texte élaboré par la commission mixte peut être soumis par le Gouvernement pour approbation aux deux assemblées. Aucun amendement n'est recevable sauf accord du Gouvernement.

« al. 4 : Si la commission mixte paritaire ne parvient pas à l'adoption d'un texte commun ou si ce texte n'est pas adopté sous les conditions prévues à l'alinéa précédent, le Gouvernement peut, après une nouvelle lecture par l'Assemblée nationale et le Sénat, demander à l'Assemblée nationale de statuer définitivement. En ce cas, l'Assemblée nationale peut reprendre, soit le texte élaboré par la commission mixte, soit le dernier texte voté par elle, modifié le cas échéant par un ou plusieurs des amendements adoptés par le Sénat. »

Cette réglementation présente ainsi trois aspects : l'un proprement institutionnel relatif à la composition des commissions mixtes et à leur fonctionnement ; l'autre processuel, s'agissant des différentes situations régies par le texte ; un troisième enfin, d'évaluation d'ensemble du système.

A. Les règles régissant la *composition et le fonctionnement des commissions mixtes paritaires* ont été fixées d'un commun accord par les deux assemblées et figurent dans leurs règlements respectifs en termes identiques (Règl. A.N., art. 110 à 112 — Sénat, art. 12 et 70). L'effectif de ces commissions est de quatorze membres (sept pour chaque assemblée) et d'autant de suppléants. Ces derniers ne sont appelés à voter que dans la mesure nécessaire au maintien de la parité entre les deux assemblées. Une liste de candidatures par catégorie est établie par les commissions compétentes, d'autres candidatures pouvant se manifester à la présidence de l'assemblée. La désignation a lieu par scrutin à moins que le nombre des candidatures n'excède pas celui des sièges à pourvoir. Aucune règle de valeur constitutionnelle n'exige que, pour la formation d'une telle commission, les noms de ses membres aient fait au préalable l'objet d'une publication au *J.O.* (Cons. const., 30-10-1981, 81/130 DC, 31, A.J.D.A., p. 595).

Les commissions se réunissent sur convocation de leur doyen d'âge, alternativement par affaire dans les locaux de l'Assemblée nationale et dans ceux du Sénat. Elles élisent leur bureau dont elles fixent la composition. Elles examinent les textes dont elles sont saisies suivant la procédure ordinaire des commissions telle qu'elle est prévue par le règlement de l'assemblée dans les locaux de laquelle elles siègent. Aucune disposition de la constitution ne fait obstacle à ce que les travaux d'une commission mixte paritaire soient accomplis en dehors des sessions (Cons. const., 30-10-1981, 81/130 DC, précité).

B. *Les situations prévues par le texte constitutionnel.* Elles peuvent se présenter à partir de la mission dévolue à la commission qui est de proposer un texte « sur les dispositions restant en discussion ». Après avoir décidé que la commission pouvait retenir dans ses propositions des dispositions nouvelles introduites dans le texte au cours de la lecture qui précède immédiatement sa réunion (Cons. const., 28-12-1976, 76/74 DC, 45), le Conseil constitutionnel a ultérieurement précisé que l'expression « dispositions restant en discussion » doit s'entendre de dispositions « qui n'ont pas été adoptées dans les mêmes termes par l'une et l'autre assemblée, sans qu'il soit nécessaire au surplus que ces dispositions aient été introduites avant la dernière lecture de l'assemblée saisie en second » (Cons. const., 19/20-1-1981, 80/126 DC, 15). Trois hypothèses sont dès lors à considérer :

1º La commission parvient à élaborer un texte commun. L'article 45, al. 3, dispose, on vient de le voir, que ce texte peut être soumis à l'approbation par le Gouvernement qui demeure maître de la recevabilité d'éventuels amendements.

2º La commission ne parvient pas à élaborer un texte commun ou le texte commun soumis aux assemblées n'est pas adopté par celles-ci. Lorsque la commission n'a pas abouti à un texte commun, la navette reprend entre les deux assemblées. Lors de ces nouvelles lectures, il n'existe aucune limitation spéciale au droit d'amendement. Ainsi, au cours de la première lecture à l'Assemblée nationale suivant l'échec d'une commission mixte paritaire, le gouvernement exerce son droit d'amendement dans les mêmes conditions que lors des lectures antérieures (Cons. const., 10-7-1985, 85/191 DC, 46 — 13-12-1985, 85/198 DC, 78). Il en va de même pour les députés (Cons. const., 28-12-1985, 85/199 DC, 83). En cas de désaccord persistant entre les deux assemblées, l'Assemblée nationale peut être appelée à statuer définitivement. Elle se prononce alors sur le texte qu'elle avait adopté lors de la lecture précédente, comportant le cas échéant les amendements qui ont été repoussés par le Sénat (Cons. const., 31-12-1981, 81/136 DC, 48).

3º Enfin, le Gouvernement, pour lequel il ne s'agit que de facultés, ou bien ne soumet pas le texte élaboré par la commission à l'approbation des assemblées, ou bien ne demande pas à l'Assemblée nationale de statuer définitivement. Cette double éventualité ouverte, mais non réglée par la Constitution, est traitée par le règlement des assemblées qui fixe un délai de quinze jours à compter, soit du dépôt du rapport de la commission, soit de la transmission du texte adopté en nouvelle lecture par le Sénat. Dans le premier cas, l'Assemblée qui, avant la réunion de la commission, était saisie en dernier lieu du texte en discussion peut en reprendre l'examen. Dans le second cas, l'Assemblée nationale reprend l'examen du texte à partir du texte transmis par le Sénat sans que le Gouvernement puisse se prévaloir des dispositions de l'article 45, alinéa 4. En d'autres termes la navette recommence sans possibilité de limitation.

C. Comme tout mécanisme parlementaire, le système de la commission mixte présente un *double aspect, l'un technique, l'autre politique*. Si le premier consiste dans une faculté d'accélération du processus législatif en favorisant le rapprochement entre les deux assemblées, le second réside dans le rôle imparti au Gouvernement, depuis la déclaration d'urgence jusqu'à la remise du « dernier mot » à l'Assemblée nationale en passant par la restriction du droit d'amendement des parlementaires qui lui permet de briser l'éventuelle résistance du Sénat, voire celle des deux assemblées.

Dans cette perspective, deux problèmes plus particuliers se sont posés. Le premier l'a été à l'occasion d'une combinaison du système de la commission mixte avec l'engagement de la responsabilité politique du Gouvernement sur le vote d'un texte (V. n° 565). Une telle combinaison permet en effet au Gouvernement d'obtenir l'adoption d'un texte malgré l'opposition du Sénat et sans que l'Assemblée nationale se soit prononcée explicitement sur lui. Le second problème, également de combinaison, correspond à l'usage simultané de la commission mixte et de la procédure du vote bloqué. Une telle combinaison permet pour sa part au Gouvernement d'obliger les assemblées à statuer par un vote unique sur les propositions de la commission mixte assorties d'un certain nombre d'amendements proposés par lui; en d'autres termes en éliminant ce qui ne lui convient pas dans ces propositions. Cette solution est certainement contestable, car si l'article 45, al. 3, permet bien au Gouvernement de choisir parmi les amendements, il n'implique pas qu'il puisse prendre l'initiative d'en déposer.

La pratique de la commission mixte paritaire a généralement donné lieu à des jugements sévères. Toutes les opinions ne sont cependant pas critiques dès lors qu'elles distinguent entre l'aspect technique du système et ses implications politiques qui varient avec la structure de la majorité et spécialement, comme on le constate à nouveau depuis quelque temps, la position du Sénat.

— On trouvera un bilan de l'utilisation de la procédure de la commission mixte de 1959 à 1981 dans *Prat. Inst.*, doc. 45-200. Ce bilan sera complété par les indications suivantes :

	Nbre de lois adoptées	C.M.P.	Accords sur C.M.P.
VIIe lég. (1981-1986)	534	213	61
VIIIe lég. (1986-1988)	176	47	47

Le président du Sénat, dans ses allocutions de fin de session, devait souligner, à plusieurs reprises, les altérations de cette procédure : « Nous assistons depuis un certain temps au développement de deux pratiques qui dénaturent tout à fait cet équilibre voulu par les constituants de 1958 : l'utilisation de plus en plus fréquente de la procédure d'urgence qui rend impossible le dialogue entre les deux assemblées, et la proclamation prématurée de l'échec d'une commission mixte paritaire qui enlève au système bicaméral une part de sa substance » (allocution du 23 juillet 1982). Il y revenait en 1985, ajoutant que « l'usage immodéré de la procédure d'urgence — qui limite à une seule lecture par chaque assemblée l'examen d'un texte avant la réunion d'une commission mixte — risque de donner naissance à une œuvre législative marquée par la précarité, la fragilité et l'inapplicabilité ». Le président du Sénat devait encore souligner que la constitution n'avait pas établi deux sortes de commissions mixtes qui pourraient poursuivre ou arrêter leurs travaux selon que les textes soumis sont à portée économique et sociale d'une part, budgétaire de l'autre (22-12-1984).

Outre la chronique de la R.D.P., 1960, p. 648 et 999 — 1961 p. 105 — 1963, p. 264 et 973 — 1964, p. 101 — 1965, p. 393, V H. Trnka, *La commission mixte paritaire*, R.D.P., 1963, p. 477, et *Évolution de la procédure de la commission mixte paritaire au cour. de la seconde législature de la Ve République, idem,* 1967, p. 739 — B. Faucher, *Le dernier mot à l'Assemblée nationale,* R.D.P., 1981 p. 191. M. D. Pierre, *L'article 45 de la constitution du 4 octobre 1958* L.G.D.J. 1981 — Ph. Terneyre, *La procédure législative ordinaire dans la jurisprudence du Conseil constitutionnel,* R.D.P., 1985, p. 691

LA FONCTION PARLEMENTAIRE

§ 2. — Les procédures spéciales

547. — Les lois organiques. — Si les projets ou propositions portant révision de la Constitution sont examinés, discutés et votés selon la procédure législative ordinaire à l'exclusion de la procédure abrégée de discussion et compte tenu d'un vote en termes identiques (Const., art. 89, al. 2), il n'en va pas de même pour les lois organiques (V. n° 385) que l'article 46 soumet à un régime particulier.

Le projet ou la proposition n'en est soumis à la délibération et au vote de la première assemblée saisie qu'à l'expiration d'un délai de quinze jours après son dépôt. Si la procédure législative ordinaire leur est ensuite applicable, c'est sous la réserve que, faute d'accord entre les deux assemblées, le texte ne puisse être adopté par l'Assemblée nationale en dernière lecture qu'à la majorité absolue de ses membres.

En outre, ce qui constitue pour la seconde Chambre une garantie décisive, les lois organiques relatives au Sénat doivent être votées dans les mêmes termes par les deux assemblées. La notion de loi organique « relative au Sénat », qui conditionne ainsi ce régime particulier, a été précisée par le Conseil constitutionnel. Par cette formule il faut entendre « les dispositions législatives qui ont pour objet, dans les domaines réservés aux lois organiques, de poser, de modifier ou d'abroger des règles concernant le Sénat ou qui, sans se donner cet objet à titre principal, n'ont pas moins pour effet de poser, de modifier ou d'abroger des règles le concernant ; en revanche, si une loi organique ne présente pas ces caractères, la seule circonstance que son application affecterait indirectement la situation du Sénat ou de ses membres ne saurait la faire regarder comme relative au Sénat » (Cons. const., 10-7-1985, 85/195 DC, 20).

Ces dispositions sont complétées par les règlements parlementaires. Celui de l'Assemblée nationale (art. 127) impose que la mention expresse du caractère organique du texte figure dans son intitulé, exclut toute disposition, amendement ou article additionnel n'ayant pas ce caractère et précise que la procédure de discussion abrégée n'est pas applicable. Le règlement du Sénat (art. 59) se borne à prévoir que le scrutin public est de droit lors du vote sur l'ensemble.

548. — Les lois de finances. — La Constitution consacre aux lois de finances plusieurs dispositions, soit directement, soit par renvoi à une loi organique. La matière relevant du droit budgétaire, on ne considère ici que les conditions dans lesquelles est affectée la procédure législative.

1º A la différence des autres projets de loi qui peuvent être déposés indifféremment sur le bureau de l'une ou l'autre assemblée, « les projets de loi de finances sont soumis en premier lieu à l'Assemblée nationale » (Const., art. 39).

2º Les conditions dans lesquelles le Parlement délibère sur les lois de finances et les votes sont déterminées par l'ordonnance 59-2 du 2 janvier 1959 portant loi organique sur les lois de finances modifiée par une loi organique du 22 juin 1971, spécialement dans son titre III : « de la présentation et du vote des projets de loi de finances ». Ces dispositions sont complétées par les règlements des assemblées. (Règl. A.N., art. 117 à 121 — Sénat, art. 46, 47 *bis* et 59).

3º L'article 47 de la Constitution ajoute :

« *al. 2* — Si l'Assemblée nationale ne s'est pas prononcée en première lecture dans un délai de quarante jours après le dépôt d'un projet, le Gouvernement saisit le Sénat qui doit statuer dans un délai de quinze jours. Il est ensuite procédé dans les conditions prévues à l'article 45.

« *al. 3* — Si le Parlement ne s'est pas prononcé dans un délai de soixante-dix jours, les dispositions du projet peuvent être mises en vigueur par ordonnance.

« *al. 4* — Si la loi des finances fixant les ressources et les charges d'un exercice n'a pas été déposée en temps utile pour être promulguée avant le début de cet exercice, le Gouvernement demande d'urgence au Parlement l'autorisation de percevoir les impôts et ouvre par décret les crédits se rapportant aux services votés.

« *al. 5* — Les délais prévus au présent article sont suspendus lorsque le Parlement n'est pas en session. »

— L'application de ces dispositions a donné lieu à des difficultés particulières lors de la discussion du projet de loi de finances pour 1980 (V. Cons. const., 24-12-1979, 79/110 DC, 36 — 17-7-1980, 80/110 DC, 19 — 29-10-1980, 80/124 DC, 20). Au surplus, il n'est guère de lois de finances qui aient échappé au contrôle de constitutionnalité.

Quant à la *loi de règlement,* sa nature et les conséquences, qui en découlent en ce qui concerne les pouvoirs du Parlement et l'éventuel contrôle de constitutionnalité ont donné lieu à une décision importante (V. Cons. const. 16-1-1986, 85/202 DC, 14 — comp. 24-7-1985, 85/190 DC, 53).

V. J. Caritey, *La crise des procédures parlementaires en matière budgétaire,* R.D.P., 1974, p. 501 — P. Lalumière, *Un domaine nouveau de l'intervention du Conseil constitutionnel, les dispositions constitutionnelles à caractère financier et budgétaire,* Pouvoirs, n° 13, p. 49 — G. Peiser, *La priorité de l'Assemblée nationale sur le Sénat en matière de lois de finances,* Mél. P.-M. Gaudemet, 1984, p. 223.

549. — Les lois autorisant la ratification des traités ou accords internationaux.

— Si la ratification de certains traités ou accords internationaux ne peut, suivant l'article 53 de la Constitution, être opérée qu'en vertu d'une loi, cette loi n'a que formellement ce caractère, s'agissant en réalité non pas d'un acte normatif mais d'une simple autorisation qui, lors même qu'elle est nécessaire, ne comporte pas d'obligation.

De cette analyse reçue par la doctrine classique, le règlement de l'Assemblée nationale tire la conséquence en disposant que, pour les projets de loi autorisant la ratification d'un traité ou l'approbation d'un accord non soumis à ratification, « il n'est pas voté sur les articles contenus dans ces actes et il ne peut être présenté d'amendement », et en ajoutant « l'Assemblée conclut à l'adoption, au rejet ou à l'ajournement du projet de loi. L'ajournement peut être motivé » (Règl. A.N., art. 128). Si le règlement du Sénat comporte la même règle excluant le vote sur les articles du traité ou de l'accord, il ne dit rien en revanche sur l'interdiction des amendements au projet de loi, ni sur la conclusion du débat sur celui-ci (Règl. Sénat, art. 47). Cette divergence a été à l'origine d'une controverse lors du débat sur l'autorisation de ratification de l'acte du 20 septembre 1976 relatif à l'élection des représentants de l'Assemblée des Communautés européennes.

— Le nombre de lois d'autorisation de ratification ou d'approbation représente un pourcentage appréciable du total des lois promulguées : 174/524 au cours de la VIIe législature — 51/176 au cours de la VIIIe.

— Sur la position du Conseil constitutionnel incluant la loi d'autorisation dans le champ de la saisine parlementaire et ses conséquences. V. n° 394.

— V. L. Saidj, *Le parlement et les traités : la loi relative à la ratification et à l'approbation des engagements internationaux*, L.G.D.J., 1979. — J. Dhommaux, *Le rôle du Parlement dans l'élaboration des engagements internationaux*, R.D.P., 1987, p. 1449.

§ 3. — Le dessaisissement du parlement

550. — Le dessaisissement au profit du peuple. — Il consiste à faire adopter par référendum certains projets de loi dans les conditions fixées par l'article 11 de la Constitution.

On a déjà examiné (V. n°s 397 et 446) les conditions d'exercice de cette compétence du président de la République sur proposition du Gouvernement. L'initiative du dessaisissement peut également venir des chambres. A l'Assemblée nationale, elle s'exprime par une motion unique qui doit être signée par le dixième au moins des députés et ne peut être assortie d'aucune condition ou réserve, ni comporter d'amendement au projet gouvernemental. Cette motion est débattue immédiatement avant la discussion générale de ce projet ou, si cette discussion générale est commencée, dès le dépôt de la motion. L'adoption de celle-ci suspend la discussion. La motion est alors transmise au Sénat. Si l'initiative part du Sénat, la motion adoptée est renvoyée à l'Assemblée nationale et inscrite, suivant la position prise par le Gouvernement, soit en tête de l'ordre du jour prioritaire, soit en tête de l'ordre du jour complémentaire. L'assemblée doit statuer dans les trente jours (sur l'existence de telles motions, V. n° 419).

Le président de l'assemblée où la motion a été adoptée définitivement notifie au président de la République le texte adopté conjointement. Ce texte est publié au *Journal officiel*. Le président de la République apprécie souverainement la soumission du projet au référendum.

551. — Le dessaisissement au profit du gouvernement. — L'article 38 de la Constitution prévoit un système permettant au Gouvernement sur autorisation du Parlement d'exercer la fonction législative. Cet article dispose dans les termes suivants :

« Le Gouvernement peut, pour l'exécution de son programme, demander au Parlement l'autorisation de prendre par ordonnance, pendant un délai limité, des mesures qui sont normalement du domaine de la loi.

« Les ordonnances sont prises en Conseil des ministres après avis du Conseil d'État. Elles entrent en vigueur dès leur publication mais deviennent caduques si le projet de loi de ratification n'est pas déposé devant le Parlement avant la date fixée par la loi d'habilitation.

« A l'expiration du délai mentionné au premier alinéa du présent article, les ordonnances ne peuvent plus être modifiées que par la loi dans les matières qui sont du domaine législatif. »

Ce texte constitutionnalise ainsi la technique des décrets « en matière législative » ou « décrets-lois », à laquelle il emprunte certains de ses caractères, mais il l'inscrit dans un contexte nouveau que détermine désormais la délimitation du domaine de la loi.

De la technique des décrets-lois, l'article 38 reprend, tels quels, trois éléments : la justification par la présentation d'un programme gouvernemental, la limitation dans le temps, la nécessité d'une ratification. Encore faut-il faire une double remarque. D'une part, la Constitution ne frappe les ordonnances de caducité que faute par le Gouvernement d'avoir satisfait à cette exigence de pure forme que constitue le dépôt dans les délais d'un projet de loi de ratification. Cette exigence satisfaite, la ratification n'a de signification qu'à l'égard de la nature et du régime des ordonnances (V. n° 387), non de leur existence.

Il faut, d'autre part, admettre que la justification attachée à la présentation d'un programme par le Gouvernement ne peut plus avoir le même sens dans un système de compétence législative déterminée.

C'est en effet de sa nécessaire conciliation avec un tel système que la réglementation de l'article 38 tire son originalité. Il est d'abord certain que l'autorisation donnée par le Parlement s'analyse, de la part de celui-ci, en un dessaisissement puisque l'article 41 de la Constitution prévoit, on l'a vu (V. n° 540), que le Gouvernement pourra opposer l'irrecevabilité à une proposition ou à un amendement qui seraient contraires à une « délégation » de l'article 38. Or, il est aussi certain que pareil dessaisissement ne peut être total. L'argumentation présentée naguère par le Conseil d'État dans son avis du 6 février 1953 (R.D.P., 1953, p. 170) conserve en effet toute sa pertinence. Si l'article 3 de la

Constitution de 1946 s'opposait à ce que la délégation consentie à l'exécutif puisse « par sa généralité et son imprécision » aboutir de la part de l'Assemblée à un abandon de l'exercice de la souveraineté nationale au profit du Gouvernement, il en va désormais d'autant plus ainsi que, la rédaction de l'article 3 de l'actuelle Constitution n'étant pas sensiblement différente, la compétence législative a été limitée à un ensemble de domaines considérés comme fondamentaux. Aussi bien se référant implicitement à l'article 34, l'article 38 contient-il une double limite. D'une part, le Gouvernement ne peut être autorisé à prendre que « *des* » mesures entrant dans ce domaine. D'autre part, de telles mesures doivent logiquement correspondre aux exigences du programme présenté par le Gouvernement, et il faut induire de l'adverbe « normalement » que ce programme doit avoir un caractère particulier pour que son exécution suppose la prise de mesures qui, en temps normal, sont de la compétence du Parlement.

La pratique ne s'est pas conformée à toutes ces exigences que le Conseil constitutionnel a donc été conduit à rappeler. Sa jurisprudence a ainsi porté sur deux points.

1º Elle a d'abord précisé le sens de la formule « pour l'exécution de son programme ». Cette formule doit être entendue « comme faisant obligation au Gouvernement d'indiquer avec précision au Parlement, lors du dépôt d'un projet de loi d'habilitation et pour la justification de la demande présentée par lui, quelle est la finalité des mesures qu'il se propose de prendre », toute autre interprétation étant à exclure, « notamment celle qui serait tirée d'un rapprochement avec les énonciations de l'alinéa 1 de l'article 49 de la Constitution ; car une telle interprétation, qui tend à conférer une acception analogue au terme " programme " et à l'expression " déclaration de politique générale ", d'une part, ne ferait aucune place aux notions de circonstances imprévues ou de situation requérant des mesures d'urgence pour la justification d'un recours à l'article 38 ; d'autre part, aurait pour conséquence, en raison de sa généralité, d'étendre sans limites le champ de la procédure d'habilitation prévue par cet article au détriment du respect des prérogatives du Parlement » (Cons. const., 12-1-1977, 76/72 DC, 31). Cette exigence d'une indication précise de la finalité des mesures envisagées, réitérée depuis, s'est accompagné à cette occasion de considérations sur le degré de précision suffisant, notamment la mention du domaine d'intervention envisagé (Cons. const., 25/26-6-1986, 86/207 DC, 61).

2° La jurisprudence a contribué, en second lieu, à déterminer certains éléments du régime de la loi d'habilitation.

De manière générale, celle-ci ne saurait avoir pour objet ou pour effet de dispenser le Gouvernement, dans l'exercice des pouvoirs qui lui sont conférés en vertu de l'article 38, du respect des règles et principes de valeur constitutionnelle (Cons. const., 5-1-1982, 81/134 DC, 15 — 25/26-6-1986, 86/207 DC, précité).

Quant aux mesures que la loi habilite le Gouvernement à prendre, ce sont toutes celles qui relèvent du domaine de la loi, telles qu'énumérées par l'article 34 de la Constitution (Cons. const., 1er-2-1986, 86/208 DC, 78) à l'exception de celles relevant des lois organiques (Cons. const., 5-1-1982, 81/134 DC — 1er/2-7-1986, 86/208 DC, précité).

L'irrecevabilité financière de l'article 40 de la Constitution (V. n° 540) est applicable aux dispositions des lois d'habilitation, mais non le 4e alinéa de l'article 1 de l'ordonnance organique sur les lois de finances (Cons. const., 25/26-6-1986, 86/207 DC, précité).

S'agissant enfin de la ratification, le Conseil a admis que celle-ci pouvait « résulter d'une loi qui, sans avoir pour objet direct cette ratification, l'implique nécessairement » sous réserve que, saisi d'une telle loi, il en décide ainsi (Cons. cont., 23-1-1987, 86/224 DC, 8). Il avait précédemment statué sur la constitutionnalité d'une loi ratifiant des ordonnances en les modifiant (Cons. const., 28-5-1983, 83/156 DC, 41).

On trouvera un état du recours à l'article 38 depuis les origines dans *Prat. Inst.*, doc. 38-100 — V. également « Pouvoirs », 1978, n° 4, p. 87.

V. G. Berlia, *Le projet de loi du 5 mai 1967*, R.D.P., 1967, p. 503 — S. Dickschat, *L'article 38 et la loi d'habilitation du 22 juin 1967*, R.D.P., 1968, p. 832 — P. Ebrard, *L'article 38 de la Constitution du 4 octobre 1958 et la Ve République*, R.D.P., 1969 — J.-M. Becet, *La pratique des ordonnances de l'article 38*, Rev. adm., 1968, p. 704.

Section 2

La fonction de contrôle

552. — Présentation. — Second volet de la fonction parlementaire, la fonction de contrôle est tout aussi importante que la fonction de législation. Politiquement, elle l'emporte même sur celle-ci. Comme l'écrivait déjà J. Stuart Mill : « Le véritable office d'une assemblée représentative n'est pas de gouverner, elle y est radicalement impropre ; mais bien de surveiller et de contrôler le gouvernement, de mettre en lumière tous ses actes, d'en exiger l'exposé et la justification, quand ces actes paraissent contestables, de les blâmer s'ils sont condamnables, de chasser de leur emploi les hommes qui composent le gouvernement s'ils abusent de leur charge ou s'ils la remplissent d'une façon contraire à la volonté expresse de la nation, et de nommer leurs successeurs, soit expressément, soit virtuellement » (*Le gouvernement représentatif* trad. Dupont White 2e éd., 1865, p. 119). De nature plus complexe, à la fois par son fondement et par les modalités de son exercice, au point de résister à toute définition scientifique sérieuse, c'est finalement à partir des conditions dans lesquelles elle est sanctionnée que se distinguent les différents régimes constitutionnels.

L'exercice d'une telle fonction est naturellement subordonné à une exigence préalable : pour être en mesure de contrôler, il faut d'abord savoir. Le Parlement doit donc être mis à même de connaître tous les aspects de la vie publique. L'étendue de son information, sa discontinuité ou sa permanence, les conditions dans lesquelles cette information lui parvient — qu'elle lui soit due ou qu'il doive et puisse la recueillir — sont autant de facteurs décisifs pour l'appréciation de l'efficacité réelle du contrôle parlementaire. Il convient donc d'examiner en premier lieu de quels moyens dispose le Parlement pour être informé.

Mais cette exigence préalable d'information étant satisfaite, il reste que l'effectivité du contrôle est tributaire de sa sanction ; c'est-à-dire des modalités par lesquelles s'exprime le pouvoir qu'il représente. Or, de la simple publicité, qui fait appel au jugement de l'opinion, à la mise en cause de la responsabilité politique du Gouvernement, susceptible d'entraîner la démission de celui-ci, ces modalités peuvent revêtir des formes différentes qu'il conviendra ensuite d'analyser.

§ 1. — Les moyens d'information des assemblées

553. — Vue générale. — Indépendamment de ce que chaque parlementaire est conduit à apprendre comme simple citoyen, de l'information particulière qu'il obtient par les contacts qu'il entretient avec ses électeurs et par le canal du groupement politique dont il fait partie, l'information du Parlement fait l'objet d'une organisation qui comporte, outre l'aménagement de procédures, la création d'institutions spécialement destinées à cette fin. Ainsi aménagés les moyens d'information du Parlement peuvent être distingués suivant que l'initiative de leur mise en œuvre appartient aux citoyens, aux assemblées ou au Gouvernement.

554. — A. L'information à l'initiative des citoyens : les pétitions. — La pétition, très pratiquée jusqu'à la Restauration, paraît une institution en voie de régression. A certains égards la création d'un médiateur que les administrés peuvent saisir par le truchement d'un député ou d'un sénateur a déplacé le point d'application de cette procédure.

Ignoré par la Constitution, le droit de pétition est en revanche mentionné par l'article 4 de l'ordonnance du 17 novembre 1958 qui, après avoir interdit « d'apporter des pétitions à la barre des deux assemblées parlementaires », renvoie aux règlements de celles-ci le soin de déterminer les conditions dans lesquelles des pétitions écrites pourront être présentées aux chambres. Cette réglementation se trouve aux articles 147 à 151 du Règlement de l'Assemblée nationale et en termes homologues aux articles 87 à 89 *bis* du Règlement du Sénat.

— La réglementation des pétitions a donné lieu à trois décisions du Conseil constitutionnel : 59-3 des 24 et 25 juin 1959, rec., p. 61, sur le règlement du Sénat — 69-37 du 20 nov. 1969, rec., p. 15, sur le règlement de l'Assemblée nationale, et 74-64 du 2 juin 1976, rec., p. 21, à nouveau sur le règlement du Sénat.

555. — B. L'information à l'initiative des assemblées. — Les textes qui régissent l'information du Parlement à son initiative conduisent à distinguer les moyens mis à la disposition personnelle des parlementaires et ceux qui, mis en œuvre par les formations internes des assemblées, revêtent un caractère institutionnel.

Une telle distinction est nécessaire dans la mesure où elle permet de souligner une différence d'attitude à l'égard de ces deux catégories, différence que le Conseil constitutionnel a bien marquée dans ses décisions de contrôle de la constitutionnalité des règlements des assemblées. Sans que la tendance soit exagérément favorable aux moyens mis à la disposition individuelle des parlementaires, elle est manifestement restrictive à l'égard des moyens de caractère institutionnel. On en trouvera la preuve dans le souci de ne pas laisser les premiers servir d'amorce à la mise en œuvre des seconds (refus d'accorder aux présidents de commission le droit d'intervenir ès qualités dans la procédure des questions orales, Cons. const., 20-11-1969, 69/37 DC, 15) comme dans les obstacles mis à l'extension de cette procédure (Cons. const., 21-1-1964, 63/25 DC, 23), ou dans la restriction dont a été assortie la constitutionnalité de l'article 145 du règlement de l'Assemblée nationale qui dispose que « les commissions permanentes assurent l'information de l'Assemblée pour lui permettre d'exercer son contrôle sur la politique du Gouvernement » (Cons. const., 17, 18, 24-6-1959, 59/2 DC, 58).

Cette attitude restrictive a conduit les assemblées à mettre en place d'autres institutions suppléant ce qu'elles considèrent comme des lacunes du système d'information.

556. — 1° L'initiative individuelle des parlementaires : le système des questions. — Les questions sont des demandes de renseignements ou d'explications adressées par des parlementaires aux membres du Gouvernement. La Constitution se borne à déclarer à leur propos qu' « une séance par semaine est réservée par priorité aux questions des membres du Parlement et aux réponses du Gouvernement », ce qui ne concerne au demeurant que l'une des catégories de questions, les questions orales. A cette première catégorie, d'ailleurs diversifiée, s'en ajoute une seconde, celle des questions écrites.

a) *Les questions orales.* Indépendamment de l'affectation de séance prévue par la Constitution, la procédure en est régie par les règlements des assemblées (A.N., art. 133 et s.

— Sénat, art. 76 et s.), Les questions orales sont posées par un député ou un sénateur à un ministre et, si elles portent sur la politique générale du Gouvernement, au Premier ministre. Elles doivent être sommairement rédigées et sont remises au président de l'assemblée où elles sont posées qui les notifie au Gouvernement. On en distingue de trois ordres :

— *Les questions orales sans débat.* Elles sont exposées sommairement par leurs auteurs ou exceptionnellement par les suppléants qu'ils ont désignés. Le ministre compétent y répond. Les auteurs disposent ensuite de la parole pendant cinq minutes. A l'Assemblée nationale, le ministre peut répliquer. Aucune autre intervention n'est permise.

— *Les questions orales avec débat.* Elles sont exposées par leurs auteurs qui disposent à l'Assemblée nationale d'un temps de parole variant suivant la décision du président entre dix et vingt minutes; au Sénat, de trente minutes. Le ministre compétent y répond. Après cette réponse, le président organise le débat en fonction de la liste des orateurs inscrits. L'auteur de la question a toujours priorité pour intervenir. Après l'intervention du dernier orateur, le président passe à la suite de l'ordre du jour. Le débat peut, à l'Assemblée nationale, être interrompu par l'annonce pour l'un des deux prochains jours de séance d'une communication du Gouvernement avec débat portant sur le même sujet que la question.

— *Les questions au Gouvernement.* La procédure des questions orales traditionnelles s'étant en pratique révélée relativement décevante, l'idée s'imposa de l'améliorer. Une première modification en ce sens du Règlement de l'Assemblée nationale ne trouva pas grâce aux yeux du Conseil constitutionnel (21-1-1964, 63/25 DC, 23). Une nouvelle réforme fut donc entreprise aménageant d'une part la procédure des questions orales et prévoyant d'autre part une nouvelle forme de questions dites « d'actualité ». Si le Conseil constitutionnel devait condamner une fois encore la première de ces mesures, il accepta les questions d'actualité (20-11-1969, 69/37 DC, 15). Mais celles-ci se rapprochèrent peu à peu des questions orales classiques.

Une relance de l'institution devint donc nécessaire dont l'initiative fut prise par le président de la République dans son message au Parlement du 30 mai 1974. Le président y suggérait que l'Assemblée nationale réserve chaque mercredi en début d'après-midi une heure pour des questions d'actualité qui seraient posées à égalité de temps par la majorité et par l'opposition et annonçait qu'il demanderait au Premier ministre et à l'ensemble des membres du Gouvernement d'être présents pour répondre personnellement aux questions. Ainsi aménagée la procédure dite désormais des questions au Gouvernement connut rapidement un grand succès. Aussi a-t-elle été étendue au Sénat par un échange de lettres entre le président de la haute assemblée et le ministre chargé des relations avec le Parlement et aménagée par l'attribution à l'auteur de la question d'un bref droit de réponse au ministre. En revanche, un conflit s'est élevé à la suite du changement de majorité au sein de l'Assemblée nationale sur la répartition du temps entre les groupes politiques, la nouvelle majorité ne se contentant plus d'un partage égal avec l'opposition. La controverse qui en est résultée a été réglée par une décision de la conférence des présidents substituant au partage égal une solution permettant à la majorité et à l'opposition de disposer d'un temps de parole « équivalent ».

b) *Les questions écrites.* Les questions écrites sont rédigées, notifiées et publiées dans les mêmes conditions que les questions orales. Les réponses des ministres doivent être publiées dans le délai d'un mois qui suit la publication de la question. Ce délai ne comporte aucune interruption. Les ministres peuvent cependant soit déclarer que l'intérêt public ne leur permet pas de répondre, soit demander à titre exceptionnel un délai supplémentaire qui ne peut excéder un mois pour rassembler les éléments de leur réponse (Règl. A.N., art. 139, nouvel al. 4 suivant résolution du 16 avril 1980 rejoignant le texte de l'art. 75, al. 3, Règl. Sénat). Non toujours dépourvues d'un certain humour dans leur formulation dont sont exclues toutes imputations d'ordre personnel à l'égard de tiers nommément désignés, les questions écrites donnent lieu de la part des ministres à des réponses qui, bien qu'elles ne soient pas toujours pertinentes, constituent une source précieuse d'information sur la pratique des administrations.

La participation de parlementaires à un certain nombre d'organismes constitue également un mode d'information et de contrôle indirect.

— Sur la pratique des questions dans les deux assemblées

depuis 1959, *Prat. Inst.*, doc. 48-300 à 48-303. Compléter par les indications suivantes :

	VIIe lég. (1981-1986)	VIIIe lég. (1986-1988)
A.N.		
• Questions au Gouvernement	1 522	615
• Orales avec débat (*)	5 (0)	2 (0)
• Orales sans débat (*)	961 (803)	344 (299)
• Écrites (*)	80 898 (70 430)	40 007 (32 934)
Sénat		
• Questions au Gouvernement	383	243
• Orales sans débat		76
• Orales avec débat (*)	783 (473)	296 (218)
• Écrites (*)	75 871 (25 324)	10 279 (8 479)

* Le premier nombre est celui des dépôts; le second, entre parenthèses, celui des réponses.

— V. H. Ameller, *Les questions, instruments du contrôle parlementaire,* L.G.D.J., 1964 — *L'heure des questions au Palais Bourbon,* Mél. G. Burdeau, p. 355. V. également R.D.P., chron. const., 1960, p. 1000 — 1961, p. 1024 et 1244 — 1963, p. 967 — 1964, p. 95 — 1970, p. 1045 et 1721. — V. O. Chabord, *La représentation du Parlement dans les organismes extraparlementaires,* Pouvoirs, n° 17, 1981, p. 169.

557. — 2° L'information du Parlement par ses commissions. — C'est une fonction normale des commissions des assemblées de rechercher, indépendamment des nécessités de la délibération législative, l'information nécessaire à l'exercice du contrôle parlementaire. Mais si ce rôle incombe normalement aux commissions permanentes, il peut également être dévolu à des commissions spécialement constituées à cet effet, les commissions d'enquête et de contrôle.

a) *Le rôle d'information des commissions permanentes* est affirmé aussi bien par le règlement de l'Assemblée nationale (art. 145) que par celui du Sénat (art. 22). La fonction comporte la possibilité de constituer des missions d'information (A.N., Instr. Gén. Bureau, art. 5-2° — Règl. Sénat, art. 21), de bénéficier de l'assistance de certains fonctionnaires des administrations centrales en qualité d'experts (A.N., *idem,* art. 5-4°), de demander la comparution des ministres et de se faire communiquer toute pièce utile, spécialement en matière budgétaire et financière.

b) Mais les assemblées peuvent également créer pour les besoins de leur information des commissions particulières, les *commissions d'enquêtes et de contrôle,* dont on a déjà présenté les conditions générales de création (V. n° 528).

L'article 10 (al. 2 et 3) de la loi du 22 juin 1967 relative à la Cour des comptes est applicable aux commissions d'enquête et de contrôle dans les mêmes conditions qu'aux commissions de finances. Les rapporteurs de ces commissions exercent leur mission sur pièce et sur place. Tous les renseignements de nature à faciliter cette mission doivent leur être fournis. Ils sont habilités à se faire communiquer tout document de service à l'exception de ceux revêtant un caractère secret et concernant la défense nationale, les affaires étrangères, la sécurité intérieure et extérieure de l'État et sous réserve du respect du principe de séparation de l'autorité judiciaire et des autres pouvoirs.

Toute personne dont une commission d'enquête ou de contrôle a jugé l'audition utile est tenue de déférer à la convocation qui lui est délivrée, si besoin est, par un huissier ou un agent de la force publique à la requête du président de la commission. Le refus de comparaître, de prêter serment ou de déposer est puni d'une amende. Les dispositions des articles 363 et 365 C. pénal sont respectivement applicables aux faux témoignages et à la subornation de témoins, les poursuites étant exercées dans tous les cas à la requête du président de la commission ou du bureau de l'assemblée intéressée lorsque le rapport de la commission a été publié.

L'assemblée intéressée peut décider par un vote spécial et après s'être constituée en comité secret de ne pas autoriser la publication de tout ou partie du rapport d'une commission.

— On trouvera dans *Prat. Inst.,* doc. n° 43-200 et 43-201, la liste des demandes de constitution de commissions d'enquête et de commissions de contrôle et les suites qui ont été données à ces demandes. Cette liste sera complétée par les indications suivantes relatives aux deux dernières législatures pour l'Assemblée.

	Commissions d'enquête	Commissions de contrôle
VIIe lég.	61 (3)	2
VIIIe lég.	19 (1)	3

Le premier nombre est celui des demandes, le second celui des constitutions.

— Sur les problèmes posés par ces commissions, V. Ch. Bidegaray et Cl. Émeri, R.D.P., 1973, p. 1633, reprenant les analyses et conclusions de M. Ceoara, *Les commissions d'enquête parlementaire sous la Ve République,* mémoire D.E.S., Paris 1er, 1972 — J. Desandre, *Les commissions d'enquête et de contrôle en droit français,* th.

Paris 2, 1975. — *La responsabilité des personnes entendues par les commissions parlementaires d'enquête*, R.D.P., 1986, p. 345.

558. — L'information du Parlement par les délégations.
— La limitation constitutionnelle du nombre des commissions permanentes, partant la lourdeur de leurs charges, le caractère nécessairement temporaire et strictement limité en durée des commissions d'enquête et de contrôle ont conduit les assemblées à mettre en place une autre institution dérivée des missions d'information : les délégations.

Depuis la suppression de la plus ancienne d'entre elles, la délégation pour la communication audiovisuelle (L. 27-11-1986, art. 4-VIII), les délégations sont au nombre de quatre :

— la délégation pour les *Communautés européennes* (L. 6 juill. 1979, insérant un article 6 *bis* dans l'ordonnance du 17 novembre 1958);

— la délégation pour les *problèmes démographiques* (art. 13, L. 31 déc. 1979, relative à l'interruption volontaire de grossesse);

— la délégation pour la *planification* (art. 2, L. 29 juill. 1982);

— l'office parlementaire d'*évaluation des choix scientifiques et technologiques* (L. 83.609 du 8 juill. 1983).

Ces délégations peuvent être communes aux deux assemblées ou propres à chacune d'elles. Elles s'organisent elles-mêmes. Leurs fonctions sont essentiellement d'information et de rapport aux commissions compétentes des assemblées, voire de consultation au profit du Gouvernement.

— V. J. Laporte, *Un nouveau mode de contrôle, les délégations parlementaires*, Rev. Fr. Sc. Pol., 1981, p. 121 — M. Paillet, *L'adaptation du droit parlementaire français à la construction européenne (L. 6 juill. 1979 créant les délégations parlementaires pour les Communautés européennes)*, Rev. Trim. Dt. europ., 1981, p. 301 — G. Cottereau, *Les délégations parlementaires pour les Communautés européennes*, R.D.P., 1982, p. 35 — J. Desandré, *Les délégations parlementaires, bilan et questions*, R.D.P. 1984, p. 77.

559. — C. L'information à l'initiative du Gouvernement.
— Indépendamment de l'audition des ministres par les commissions, le Gouvernement peut prendre l'initiative de faire des communications destinées à informer les assemblées.

Ces communications sont de deux ordres. Les unes sont prévues par la Constitution qui les conjugue avec une éventuelle mise en jeu de la responsabilité politique du Gouvernement (V. n° 564). Les autres se distinguent des précédentes par le fait que, accompagnées ou non de débats, elles ne peuvent donner lieu à aucun vote.

Lors des communications sans débat devant l'Assemblée nationale, le président de celle-ci peut autoriser un seul orateur à répondre au Gouvernement (Règl., art. 132-7). Dans le cas des communications avec débat — dont on a vu qu'elles pouvaient se greffer sur une question orale avec débat (n° 556) —, le règlement de l'Assemblée en organise rigoureusement le déroulement en partageant le temps de parole entre les groupes et en limitant le nombre des orateurs de ceux-ci. Il prévoit cependant à titre exceptionnel la non-limitation de ce nombre de sorte qu'en pratique cette exception a tendance à devenir la règle. Le Premier ministre ou un membre du Gouvernement prend la parole le dernier pour répondre aux intervenants. La réglementation sénatoriale remet à la Conférence des présidents la décision sur l'éventualité d'un débat.

En outre, le Gouvernement a pris à plusieurs reprises l'initiative de communications ou de déclarations impromptues en relation avec tel ou tel événement important, cette pratique apparaissant en quelque sorte comme le pendant des questions d'actualité.

Au cours des quatre dernières législatures, le nombre des déclarations du Gouvernement s'est établi comme suit :

	VIe (1978-1981)	VIIe (1981-1986)	VIIIe (1986-1988)	IXe (1988-28-12-1989)
avec débat	15	14	3	4
sans débat	5	1	0	0

§ 2. — LES SANCTIONS
DU CONTRÔLE PARLEMENTAIRE

560. — Modalités. — Comme on l'a indiqué, la sanction du contrôle parlementaire comporte des modalités très différentes par leur nature et par leurs conséquences.

Les techniques d'information portent déjà en elles-mêmes une sanction dans la mesure où, à partir des données qu'elles contribuent à révéler et qu'elles obligent à soumettre à la discussion, elles sont susceptibles d'écho dans l'opinion et de prolongements dans les rapports politiques du Gouvernement avec le Parlement. De là, en particulier, l'importance des commissions d'enquête et de contrôle, dont la création révèle l'existence de situations présumées anormales et que les assemblées désirent mieux connaître. Aussi bien, faut-il observer qu'en raison du système majoritaire, le centre de gravité de ces mécanismes s'est déplacé de la relation Parlement-Gouvernement à la relation opposition-majorité.

Mais d'autres techniques sont mises en œuvre qui procurent à la fonction de contrôle une sanction juridique précise. Ces techniques sont de quatre ordres : l'orientation, l'approbation, l'autorisation, la mise en jeu de la responsabilité politique du Gouvernement.

561. — A. **Les orientations.** — Une première série de moyens permettant aux assemblées de sanctionner leur pouvoir de contrôle en lui conférant des conséquences effectives réside dans la possibilité dont elles disposent d'orienter l'action du Gouvernement.

Ces possibilités sont liées à certaines procédures, au premier rang desquelles se situent les débats de politique générale ou particulière au cours desquels sont discutées les grandes options politiques. Même lorsqu'ils ne sont pas sanctionnés par un vote qui ne peut se conclure que par la confiance ou par la censure, ces débats peuvent être l'occasion de peser sur les décisions et d'en modifier le cours. Ainsi de la pratique des débats d'orientation amorcés par des déclarations gouvernementales ou de la discussion des lois dites de programme permettant aux assemblées de participer concrètement à la définition des « objectifs de l'action économique et sociale de l'État » (Const., art. 34). Mais, contribuent également à peser sur les orientations gouvernementales les questions ou les conclusions des enquêtes et des rapports.

Est-il possible au Parlement d'aller plus loin et de transformer en véritables injonctions ce qui n'est en définitive que suggestions et pressions? Théoriquement, la question n'a pas cessé d'être discutée en doctrine et il ne semble pas qu'une telle possibilité, lorsqu'elle demeure limitée, ne soit pas compatible avec un régime parlementaire.

Il est certain cependant qu'elle a été formellement exclue

du système de la Vᵉ République par la prohibition des résolutions externes autres que celles expressément prévues par la Constitution ou les lois organiques. Une interdiction identique frappe les éventuelles injonctions qui seraient incluses dans un texte de loi et qui prendraient ce caractère du fait que le Gouvernement n'y aurait pas préalablement consenti.

— Sur la prohibition des injonctions selon la jurisprudence du Conseil constitutionnel, V. 21-12-1966, 66/7 FNR, 37 — 28-12-1976, 76/73 DC, 41 — 17-1-1979, 78/102 DC, 26.

— Sur les débats d'orientation, V. Ch. Bidegaray et Cl. Émery, chron. const., R.D.P., 1973, p. 1743.

562. — B. **L'approbation par le Sénat d'une déclaration de politique générale.** — L'article 49, alinéa 4 de la Constitution donne au Premier ministre la faculté de demander au Sénat l'approbation d'une déclaration de politique générale. Il n'exige pas de délibération préalable du Conseil des ministres, ce qui s'explique par le fait que la responsabilité politique du Gouvernement n'est pas juridiquement engagée ni sanctionnée, faute d'une disposition expresse en ce sens.

La pratique n'a eu que tardivement recours à cette procédure dont l'usage, pour apprécié qu'il ait été par la Haute Assemblée, est demeuré limité. On n'en compte en effet que sept applications depuis 1975.

— Sur la nature de « simple information » de cette déclaration, V. Cons. const., 2-6-1976, 76/64 DC, 21.

563. — C. **Les autorisations.** — La Constitution, dans plusieurs de ses articles, investit le Parlement, moins d'une compétence de décision propre, que d'un pouvoir d'autorisation, qui, s'il associe les assemblées aux mesures que se propose de prendre le Gouvernement et qui ne pourront l'être qu'avec cette autorisation, constitue le mode de sanction du contrôle qu'il exerce sur les conditions dans lesquelles ces décisions se justifient.

Les cas dans lesquels est prévue une telle autorisation appartiennent à des domaines très différents. Le terme même d'autorisation n'y est pas toujours employé de manière générale. S'il peut enfin être précisé que l'autorisation prend la forme d'une loi, il est des hypothèses où le texte constitutionnel reste muet sur ce point. La classification des autorisations n'en est pas rendue plus aisée d'autant que, à en considérer de plus près la justification juridique, on est conduit à constater que cette justification réside aussi bien dans l'existence d'une attribution propre de l'un ou de l'autre des pouvoirs.

Au bénéfice de ces observations générales, les autorisations parlementaires se répartissent entre 5 hypothèses.

1º *État d'urgence ou état de siège*. Si l'état d'urgence non régi par la Constitution exige le vote d'une loi (Cons. const., 25-1-1985, 85/187 DC, 43), l'état de siège, normalement décrété en Conseil des ministres, ne peut selon l'article 36 de la Constitution être prorogé au-delà de douze jours que sur « autorisation parlementaire ». Les règlements des assemblées (A.N., art. 131 — Sénat, art. 73) indiquent que cette autorisation, donnée par chacune d'entre elles suivant des règles qui lui sont propres, ne prend donc pas la forme d'une loi.

2º *Déclaration de guerre*. Elle est, suivant l'article 35 de la Constitution, « autorisée par le Parlement ». Ici encore les mêmes dispositions des règlements des assemblées indiquent que cette autorisation ne prend pas la forme d'une loi.

3º *Ratification des traités*. L'article 53 de la Constitution énumère un certain nombre de traités ou d'accords internationaux qui ne peuvent être ratifiés ou approuvés « qu'en vertu d'une loi », tandis que l'article 11 permet la soumission au référendum de projets de loi « tendant à autoriser la ratification » de certains traités.

Si la forme est donc ici législative, l'acte est par sa nature une autorisation comme le mentionne explicitement l'article 11 et implicitement l'article 53. La ratification est en effet une prérogative traditionnelle du chef de l'État et celui-ci conserve à cet égard son entière liberté. Non seulement un traité ou un accord pour la ratification duquel une autorisation parlementaire n'est pas constitutionnellement nécessaire peuvent très bien être soumis à une telle autorisation mais celle-ci, ayant été donnée lorsqu'elle est requise, n'oblige pas à ratifier. On comprend que, dans ces conditions, ce genre de loi soit d'un type particulier et obéisse pour sa discussion à des règles spéciales (V. nº 549).

4º *Habilitation de l'article 38*. Cet article, comme on l'a vu (nº 551), envisage que le Parlement donne sur sa demande au Gouvernement « l'autorisation » de prendre des mesures qui sont normalement du domaine de la loi. Accordée en forme de loi, cette autorisation a pour double effet de permettre au Gouvernement de prendre de telles mesures tout en l'habilitant à le faire, d'où la qualification de « loi d'habilitation » appliquée à cette loi par ce même article 38. Là encore, on se trouve en présence d'un texte auquel il manque une des qualités de la loi, le caractère obligatoire. S'analysant en effet en une autorisation, la loi d'habilitation, si elle est indispensable à l'action envisagée par le Gouvernement, ne fait aucune obligation à celui-ci de prendre les mesures envisagées. On a vu cependant dans quelles conditions les exigences appliquées à la définition de son programme par le Gouvernement permettaient au Parlement d'exercer son contrôle.

5° *Les recettes et les dépenses publiques.* Si là encore, on est en présence d'une loi — la loi de finances — il n'en demeure pas moins que ce genre d'acte se différencie des lois ordinaires, non seulement, comme on l'a vu, par sa procédure de discussion et d'adoption (V. n° 548), mais encore par sa nature juridique propre. Sans entrer ici dans des considérations qui relèvent du droit budgétaire, on se bornera à remarquer que le caractère d'autorisation de la loi de finances apparaît dans les termes mêmes de l'article 47, s'agissant de la perception des impôts.

Quoi qu'il en soit, il est certain que la discussion et le vote des lois de finances ont toujours été et demeurent l'occasion privilégiée d'exercice du contrôle parlementaire, puisque aussi bien le projet de budget est le document le plus complet et le plus révélateur des options politiques d'un Gouvernement.

564. — D. **La mise en jeu de la responsabilité politique du Gouvernement.** — C'était l'un des cinq principes fondamentaux imposés par la loi du 3 juin 1958 au Gouvernement chargé de la réforme constitutionnelle, que « le Gouvernement doit être responsable devant le Parlement » (V. n° 380). Et c'est bien ce principe que l'on trouve posé à l'article 20 de la Constitution.

Cependant ce principe étant affirmé, il était susceptible, dans son application, de modalités différentes. La Constitution adopte à cet égard des dispositions, qui, inscrites dans ses articles 49 et 50, appartiennent à ce qu'il est convenu d'appeler, après B. Mirkine-Guetzevitch qui réinventa l'expression, le « parlementarisme rationalisé »; en d'autres termes, une codification plus ou moins rigoureuse de procédures relatives à la responsabilité politique du Gouvernement.

Cette codification aboutit à organiser la sanction de cette responsabilité de deux manières alternatives, en quoi le système est d'ordinaire présenté comme symétrique. D'une part, le Gouvernement pourra prendre l'initiative d'engager sa responsabilité politique et la question se pose de savoir s'il est des cas où il y est obligé. D'autre part, l'Assemblée nationale, sinon le Parlement, pourra prendre, pour sa part, l'initiative de manifester que le Gouvernement n'a plus sa confiance en adoptant une motion de censure. Le système, dont Marcel Prélot contestait la symétrie en dénonçant la contradiction interne, ne peut se comprendre que si l'on ajoute que chacune de ces deux procédures a une signification propre dont la conjugaison contribue à caractériser la responsabilité ainsi sanctionnée. La motion de censure est une démarche autonome dont les adversaires du Gouvernement doivent prendre l'initiative, et à l'occasion de laquelle ils doivent établir l'existence et la cohésion d'une majorité de rechange. C'est pour cette raison que l'on parle de « motion de censure constructive ». Sa logique implique que, pour l'adoption d'une telle motion, on ne décompte que les votes pour et que ce compte se calcule par rapport à la majorité des membres composant l'Assemblée. Au contraire lorsque le Gouvernement prend lui-même l'initiative d'engager la responsabilité, il lui faut, de la même manière, obtenir une majorité positive. Mais, comme il peut fort bien ne pas prendre pareille initiative, le résultat est que, pour demeurer en place, le Gouvernement a seulement besoin de ne pas encourir explicitement la défiance d'une majorité différente de celle sur laquelle il est présumé s'appuyer.

Un tel système n'est pas une invention des constituants de 1958 dans le dessein plus ou moins avouable de restreindre, voire de supprimer la responsabilité politique du Gouvernement. L'idée de la motion de censure constructive est due au professeur Nawiasky et a été mise pour la première fois en œuvre dans la loi fondamentale de la République fédérale d'Allemagne. Les constituants de 1946, pour tenter de remédier à la plaie que constituait l'instabilité ministérielle chronique, s'étaient déjà engagés sur la voie d'une rationalisation de cette responsabilité.

Cependant, par le contexte dans lequel il s'inscrit, ce système acquiert une portée particulière. D'une part, le phénomène majoritaire le condamne à ne jamais aboutir à la chute du Gouvernement. On peut certes regretter qu'il en soit ainsi mais de là à voir dans cette conséquence une altération du régime parlementaire, il y a une bonne part d'exagération si l'on veut bien admettre que la Grande-Bretagne, où la situation n'est pas différente, pratique toujours un tel régime. Mais, d'autre part, si se produisait cependant une chute du Gouvernement, celle-ci pourrait s'accompagner d'une dissolution de l'Assemblée nationale et c'est en cela que le contexte constitutionnel modifie fondamentalement la nature du système. Car une dissolution prononcée par un chef d'État élu au suffrage universel direct ne constitue plus un moyen de remettre au peuple l'arbitrage d'un conflit entre l'Assemblée et le Gouvernement mais une manière d'opposer « majorité présidentielle » et « majorité parlementaire » pour faire confirmer l'une ou l'autre ; en d'autres termes, de substituer, à la responsabilité politique du Gouvernement, la responsabilité du chef de l'État devant le corps électoral. Aussi bien, avant même que le président de la République ait été élu au suffrage universel, c'est bien contre lui qu'était dirigée la seule motion de censure qui ait jamais été votée (V. n° 461). Cette conséquence, elle, n'est certainement pas parlementaire et elle est lourde de risques politiques graves.

Au bénéfice de ces observations générales, il faut donc examiner successivement les deux volets du mécanisme : celui d'abord où le Gouvernement engage sa responsabilité; celui, ensuite, où cette responsabilité est mise en cause par l'Assemblée.

V. G. Burdeau, *La responsabilité gouvernementale dans le régime de la Ve République en France,* Mél. Gandshof van der Meersch, 1971, III, p. 11 — D. Detragiache-Dorlencourt, *La responsabilité gouvernementale pendant les quatre premières années du septennat de G. Pompidou,* R.D.P., 1974, p. 789.

565. — 1° L'engagement par le Gouvernement de sa responsabilité politique. — L'article 49 de la Constitution prévoit deux hypothèses dans lesquelles le Gouvernement peut prendre l'initiative d'engager sa responsabilité politique : l'une correspond à l'exposé du programme ou à une déclaration de politique générale; l'autre au vote d'un texte.

a) *Le programme du Gouvernement et les déclarations de politique générale.* L'alinéa premier de l'article 49 dispose : « Le Premier ministre, après délibération du Conseil des ministres, engage devant l'Assemblée nationale la responsabilité du Gouvernement sur son programme ou éventuellement sur une déclaration de politique générale. »

Bien que ce texte distingue ainsi « programme » et « déclaration de politique générale », il ne semble pas exister de différences substantielles entre ces deux types d'actes. Si le programme dont il s'agit ici n'a pas à être confondu avec celui que mentionne l'article 38 (V. n° 551), il ne se présente pas *a priori* comme devant avoir un contenu distinct de celui d'une déclaration de politique générale. Tout au plus pourrait-on admettre que l'un est une espèce du genre que constitue l'autre.

Ceci étant, il reste que le programme est cette déclaration de politique générale que fait un Gouvernement nouvellement nommé car c'est pour un tel Gouvernement que se pose spécifiquement la définition d'un programme dont l'exécution pourra, en fonction des circonstances, rendre ultérieurement nécessaires des déclarations de politique générale complémentaires ou correctives. Il faut en outre remarquer que la rédaction à l'indicatif paraît impliquer que programme et engagement par le Gouvernement de sa responsabilité vont de pair, tandis que le lien n'est qu'éventuel pour les déclarations de politique générale.

Il faudrait donc en déduire que tout Gouvernement nouvellement nommé doit venir exposer son programme devant l'Assemblée nationale en engageant sa responsabilité politique. La pratique, après s'être conformée à cette conception, s'est orientée différemment au point d'intervertir les hypothèses et de ne plus lier la responsabilité politique du Gouvernement qu'à des déclarations de politique générale pour revenir, ces dernières années, à la conception originaire.

C'est que l'interprétation de l'article 49-1 a donné lieu à un débat de principe entre majorité et opposition dont l'interversion, intervenue en 1981, explique ce retour en arrière. Pour les uns, naguère dans l'opposition, l'exégèse du texte impose clairement à tout Gouvernement nouvellement nommé de venir exposer son programme à l'Assemblée en engageant sa responsabilité politique. Ils y ont toujours vu une obligation inhérente au caractère parlementaire du régime, et, très logiquement, devenus majoritaires, ils s'y sont conformés. Pour les autres, au contraire, soucieux d'éviter toute résurrection du « scrutin d'investiture » de la IVe République, l'article 49-1 n'impose aucune obligation de caractère automatique. Ils ont ainsi soutenu que, s'il devait en être ainsi, il n'aurait servi à rien d'exiger une délibération du Conseil des ministres, ce qui n'est nullement probant, cette exigence n'étant pas liée à l'absence d'obligation mais au caractère collectif de l'engagement de responsabilité. Surtout, ils ont estimé que l'investiture présidentielle du Gouvernement était à elle seule suffisante dès lors précisément que le Président était élu au suffrage universel direct. C'est d'ailleurs à partir de cette réforme que la pratique a connu son premier infléchissement.

Quoi qu'il en soit l'engagement de la responsabilité politique du Gouvernement sur une déclaration de politique générale est également apparue, quelle que soit la majorité, comme un moyen de raffermir la cohésion de celle-ci; en quoi elle rejoint l'une des fonctions que la pratique avait imparties à l'ancienne question de confiance.

Qu'il s'agisse de programme ou de déclaration de politique générale, la procédure est la même. Il doit y avoir délibération du Conseil des ministres. A l'Assemblée, la Conférence des présidents fixe le temps global attribué aux groupes dans le cadre des séances consacrées aux débats. Le président répartit ce temps entre les groupes à proportion de leur importance numérique. Après clôture du débat, la parole peut être accordée pour une explication de vote d'une durée de quinze minutes à l'orateur désigné par chaque groupe et d'une durée de cinq minutes aux autres orateurs. Le président met aux voix l'approbation du programme ou de la déclaration de politique générale. Le vote est acquis à la majorité absolue des suffrages exprimés.

— Sur la pratique de l'art. 49, al. 1, V. *Prat. Inst.*, doc. 49-100 et 101. Ce bilan sera complété par les indications suivantes :

VIIe lég.	Gouvernement P. Mauroy I	0
	Gouvernement P. Mauroy II	5
	Gouvernement L. Fabius	1
VIIIe lég.	Gouvernement J. Chirac	3
IXe lég.	Gouvernements M. Rocard	0

b) *Le vote d'un texte.* L'alinéa 3 de l'article 49 aménage une seconde hypothèse d'engagement par le Gouvernement de sa responsabilité politique en disposant : « Le Premier ministre peut, après délibération du Conseil des ministres, engager la responsabilité du Gouvernement devant l'Assemblée nationale sur le vote d'un texte. Dans ce cas, le texte est considéré comme adopté sauf si une motion de censure, déposée dans les vingt-quatre heures qui suivent, est votée... ».

Il s'agit là d'une procédure particulière où la responsabilité politique du Gouvernement ne trouve pas sa sanction dans un vote sur le texte mais sur l'adoption, le cas échéant, d'une motion de censure. Si celle-ci n'est pas déposée, ou l'ayant été, n'est pas adoptée, le texte est considéré comme adopté. La décision du Premier ministre, prise par celui-ci, ou par le ministre chargé de son intérim (V. n° 467), après délibération du Conseil des ministres puisqu'il y va de la responsabilité du Gouvernement, provoque la suspension immédiate du débat pendant vingt-quatre heures, délai prescrit par le texte constitutionnel pour le dépôt d'une motion de censure. A l'échéance de ce délai, l'Assemblée se réunit pour prendre acte de l'adoption du texte sur lequel elle n'aura donc pas délibéré ou du dépôt de la motion de censure qui suit alors sa propre procédure et dont la non-adoption aura le même effet.

Destinée à forcer la main de la majorité, cette procédure en a, dans son usage, suivi les difficultés internes. On la croyait abandonnée lorsqu'elle fit une réapparition en 1976 pour atteindre à une véritable célébrité lorsque le Gouvernement l'appliqua six fois entre le 17 novembre 1979 et le 9 janvier 1980. Pareille pratique fut à l'origine de nombreuses controverses. Le Gouvernement appuyé sur la nouvelle majorité n'a pas dédaigné d'y faire appel en l'utilisant non plus pour forcer la main de ses partisans mais pour couper court à la résistance opiniâtre de l'opposition. Le même phénomène s'est reproduit depuis le renversement de majorité de mars 1986. L'utilisation quasi systématique de cette procédure a, de nouveau, soulevé des controverses. Sa mise en œuvre devant être délibérée en conseil des ministres pour les raisons que l'on a indiquées, l'éventualité a été évoquée que le président de la République puisse y faire obstacle. Il faut cependant rappeler que, comme pour la mise en œuvre de l'article 49, al. 1 dont le précédent de

M. J. Chaban Delmas en 1972 avait été l'illustration, la délibération du conseil des ministres ne constitue qu'une autorisation laissant au Premier ministre la décision finale. Si donc le président de la République ne peut s'y opposer, il n'a pas manqué d'exprimer ses réserves, rejoint en cela par son prédécesseur, pourtant député de la majorité.

— Sur la pratique de l'art. 49, al. 3, V. *Prat. Inst.*, doc. 49.300 et 399. Ce bilan sera complété par les indications suivantes :

VIIe lég.	Gouvernement P. Mauroy I	0
	Gouvernement P. Mauroy II	7 (1)
	Gouvernement L. Fabius	4 (3)
VIIIe lég.	Gouvernement J. Chirac	8 (1)
IXe lég. (jusqu'au 22-12-1989)		
	Gouvernements M. Rocard	17 (12)

Le chiffre entre parenthèses indique le nombre de cas où, à défaut du dépôt d'une motion de censure, le texte a été considéré comme adopté. Les motions de censure déposées dans tous les autres cas n'ont pas été adoptées. On remarquera l'importance de l'usage fait de cette procédure dans la seule année et demie de la IXe législature.

566. — 2° La mise en cause de la responsabilité politique du Gouvernement par l'Assemblée : la censure. — La censure est le moyen donné à l'Assemblée nationale de mettre en cause la responsabilité du Gouvernement. Elle se traduit par une motion réglementée « dans des conditions qui donnent à cette rupture un caractère d'extraordinaire gravité » (Ch. de Gaulle, Discours et messages, IV, p. 168). La réglementation de la motion de censure conduit à en distinguer de deux catégories :

a) *La motion de censure autonome.* Elle est prévue par l'article 149, al. 2, mais le règlement de l'Assemblée nationale (art. 156) en envisage une autre, soumise d'ailleurs au même régime, comme accessoire nécessaire d'une demande d'interpellation du Gouvernement présentée par un député.

La recevabilité d'une motion de censure est subordonnée à la condition qu'elle soit signée par un dixième au moins des membres de l'Assemblée (Const., art. 49, al. 2). Le règlement de celle-ci précise (art. 153) que ce dixième est calculé sur le nombre de sièges effectivement pourvus, avec, en cas de fraction, arrondissement au chiffre immédiatement supérieur. Un même député ne peut signer plusieurs motions de censure. A partir du dépôt de la motion, aucune signature ne peut plus être ajoutée ou retirée. La motion qui doit porter expressément la mention « motion de censure » peut être motivée. Elle est remise au cours d'une séance publique au président de l'Assemblée, qui en informe celle-ci, notifie la motion au Gouvernement et la fait afficher. Les députés ne peuvent pas proposer une nouvelle motion de censure au cours de la même session.

La discussion des motions est portée à l'ordre du jour de l'Assemblée par la Conférence des présidents à une date qui doit se situer au plus tard le troisième jour de séance suivant l'expiration du délai constitutionnel de quarante-huit heures consécutif au dépôt (Const., art. 49, al. 2, Règl. A.N., art. 154). S'il y a plusieurs motions, la Conférence des présidents peut décider qu'elles seront discutées en commun sous réserve qu'il soit procédé à un vote séparé pour chacune d'elles. Après sa mise en discussion, une motion de censure ne peut plus être retirée, et la discussion doit se poursuivre jusqu'au vote. Aucun amendement ne peut être présenté. La discussion est organisée de la même manière que pour une déclaration du Gouvernement avec débat. Après la discussion générale, la parole peut être accordée pour des explications de vote d'une durée de quinze minutes à l'orateur désigné par chaque groupe et de cinq minutes pour les autres orateurs.

Le vote sur la motion de censure a lieu par scrutin public à la tribune. Seuls y participent les députés qui y sont favorables. Pour être adoptée la motion doit recueillir la majorité des voix des membres composant l'Assemblée. Son adoption entraîne la démission collective du Gouvernement.

b) *La motion de censure sur le vote d'un texte.* Comme on l'a vu (n° précédent), l'article 49, al. 3 de la Constitution prévoit le dépôt d'une motion de censure en réplique à la décision du Premier ministre d'engager la responsabilité politique du Gouvernement sur le vote d'un texte.

Cette décision provoque la suspension immédiate du débat pendant vingt-quatre heures. C'est dans ce délai qu'une motion de censure répondant aux conditions de forme qui viennent d'être indiquées et mentionnant en outre l'article 49, al. 3, doit être déposée même si l'Assemblée ne tient pas séance. A l'échéance de ce délai, l'Assemblée se réunit pour prendre acte, le cas échéant, du dépôt d'une motion de censure dont la notification, l'inscription à l'ordre du jour, la discussion et le vote sont soumis aux règles précédemment indiquées (Règl. A.N., art. 155).

Liée à une initiative du Premier ministre, ce type de motion ne tombe pas sous le coup de la limitation à une seule proposition par session. Elle peut intervenir chaque fois que le gouvernement engage sa responsabilité sur le vote d'un texte et à tout moment de la procédure législative.

De toutes les motions de censure déposées depuis les origines de la Ve République, une seule a été adoptée, celle du 4 octobre 1962, liée à la révision du mode d'élection du président de la République. Ce peu de succès n'est pas seulement dû à une réglementation dont il consacre l'efficacité et qui, imposant de ne prendre en compte que les voix favorables à la motion, range les éventuels abstentionnistes au nombre des partisans du Gouvernement. Il est la conséquence du phénomène majoritaire et de la fidélité plus ou moins spontanée de la majorité parlementaire renforcée par une bipolarisation qui ne permet qu'une certaine forme d'alternance.

Dans ces conditions, on a pu être surpris de voir la multiplication de motions dont leurs auteurs savaient fort bien d'avance qu'elles ne seraient pas adoptées. En réalité la motivation des motions déposées permet de comprendre la fonction qu'elles remplissent. La chute du Gouvernement étant par hypothèse exclue, le dépôt d'une motion de censure constitue pour l'opposition le moyen, en choisissant son moment et son terrain, d'imposer au Premier ministre un débat, soit sur la pratique institutionnelle, soit sur les grandes options politiques. C'est aussi pour cette opposition le moyen de manifester son existence et de renforcer sa cohérence. A cet égard, le changement de majorité intervenu en 1981 n'a pas fondamentalement modifié l'analyse. La nouvelle opposition utilise la procédure avec une pugnacité que les mêmes divergences avec la nouvelle majorité rendent homologue et que la répartition des sièges condamne à être tout aussi vaine dans la perspective d'une démission du Gouvernement sinon dans celle de son harcèlement.

— Sur la liste des motions de censure et leur texte V. *Prat. Inst.*, doc. 49-200 à 225 et 49-300 à 322. Ce bilan sera complété par les indications suivantes concernant les VIIe et VIIIe législatures et les débuts de la IXe (jusqu'au 22-12-1989) :

motion de censure de l'art. 156 - R.A.N.   1
motions de censure de l'art. 49-2 Ction   10

VIIe législature 8
VIIIe législature 1
IXe législature 1

motions de censure de l'art. 49-3 Ction   20
   VIIe législature 8
   VIIIe législature 7
   IXe législature 5

TITRE VI

LA JURIDICTION

567. — La juridiction dans la Constitution. — La Constitution de 1958 consacre un certain nombre de dispositions à trois expressions de la fonction juridictionnelle : la juridiction politique (Titre IX, la Haute Cour de justice), l'autorité judiciaire (Titre VIII) et la juridiction constitutionnelle (Titre VII, le Conseil constitutionnel).

Cette conception n'est pas nouvelle. Les constitutions prévoient traditionnellement l'institution d'une juridiction politique. Nombre d'entre elles ont, dans le passé, donné à l'autorité judiciaire un statut constitutionnel. La Constitution de 1946, rompant avec une tradition bien établie, avait en outre mis en place un embryon de contrôle de constitutionnalité.

Mais, sur chacun de ces trois points, le texte de 1958 a adopté des solutions plus ou moins originales qui contribuent à caractériser chacune de ces fonctions juridictionnelles ainsi constitutionnalisées.

CHAPITRE I

LA JURIDICTION POLITIQUE

568. — Conception de l'institution. — L'expression « justice politique » suffit par elle-même à expliquer que l'on puisse contester le principe même d'une telle institution. Quel que soit le sens qu'on leur donne, les termes qui la composent jurent en effet d'être assemblés.

L'histoire constitutionnelle, aussi bien que le droit comparé, enseignent cependant qu'il est, en fait, nécessaire d'organiser pour certaines infractions et pour certains délinquants une juridiction particulière à caractère politique. En cela le terme juridiction est, à tous égards, préférable au terme justice dans la mesure même où il souligne la nature propre des problèmes à résoudre qui sont de deux ordres. Certains agissements dangereux pour l'État peuvent revêtir un caractère tel qu'ils ne tombent pas normalement sous le coup du droit pénal commun. Ces agissements ne sont pas seulement singuliers par leur nature mais aussi par la qualité de ceux qui sont susceptibles de les commettre et à l'égard desquels, compte tenu de leur rang, les juridictions ordinaires ne peuvent jouir, ni de l'indépendance, ni de l'autorité nécessaires. On s'accorde ainsi à reconnaître que dans l'intérêt de l'État, l'institution d'une juridiction politique répond à une nécessité. Mais, cette nécessité étant admise, le second problème est de savoir comment cette juridiction sera organisée. Les solutions peuvent être d'une assez grande diversité, se modelant sur la structure du système constitutionnel lui-même. Dans le système représentatif, la fonction est traditionnellement confiée aux assemblées parlementaires.

La Constitution de 1958, tout en s'inspirant de la conception classique, s'en écarte cependant en plusieurs points comme elle s'écarte aussi du système adopté en 1946. La poursuite appartient désormais aux deux assemblées statuant par un vote identique au scrutin public. Le jugement est confié à un organe spécial, la Haute Cour de justice, dont il convient d'examiner successivement l'organisation et le fonctionnement.

La répression des atteintes à la sûreté de l'État commises par d'autres personnes que les complices des ministres qui relèvent comme ceux-ci de la Haute Cour était confiée à une juridiction spéciale, la Cour de sûreté de l'État. Succédant à différentes juridictions militaires créées depuis 1961 en relation avec les événements d'Algérie, cette juridiction avait été créée par une loi du 15 janvier 1963. Elle a été supprimée par une loi du 4 avril 1981, de même que l'ont été, par une loi du 21 juillet 1982, les tribunaux permanents des forces armées en temps de paix, les crimes et délits contre la sûreté de l'État relèvent désormais des juridictions de droit commun mais dans une composition spéciale qui, pour la cour d'assises, exclut le jury (V. R. Perrot, Institutions judiciaires, 1989, n° 195).

— Sur la Haute Cour de justice, V. J.-P. Rougeaux, *La Haute Cour de justice sous la Ve République,* R.D.P., 1978, p. 1019.

Section 1
La Haute Cour de justice : organisation

569. — Désignation et statut des membres. — L'article 67 de la Constitution prévoit que la Haute Cour est composée de membres élus, dans leur sein et en nombre égal, par l'Assemblée nationale et le Sénat après chaque renouvellement général ou partiel de ces assemblées. L'ordonnance organique du 3 janvier 1959 fixe à vingt-quatre (deux fois douze) le nombre de juges titulaires et à douze (deux fois six) celle des juges suppléants. Le scrutin est secret et l'élection acquise à la majorité absolue des membres composant chacune des assemblées. Le règlement de celles-ci précise les modalités d'organisation du scrutin (Règl. A.N., art. 157 — Sénat, art. 85, mod. résolution du 20 mai 1986). Dès leur élection les juges titulaires et suppléants prêtent serment devant l'assemblée qui les a désignés.

Les membres de la Haute Cour sont tenus d'assister aux audiences et aux délibérations auxquelles ils sont convoqués. En cas d'absence non justifiée par un motif grave, ils peuvent être déclarés démissionnaires par la Haute Cour elle-même statuant, soit d'office, soit à la requête du ministère public. Ils peuvent également démissionner volontairement. La démission est adressée au président de la juridiction qui la transmet à l'assemblée intéressée. Cette démission ne prend effet qu'à la date de l'élection du remplaçant. Les fonctions de juge prennent fin, pour ceux qui ont été élus par l'Assemblée nationale, en même temps que les pouvoirs de celle-ci; pour ceux qui ont été élus par le Sénat, après chaque renouvellement partiel de ce dernier. Un juge qui cesse d'appartenir à l'assemblée qui l'a désigné cesse en même temps d'appartenir à la Haute Cour.

Les juges, titulaires et suppléants, ne prennent pas part, dans l'assemblée à laquelle ils appartiennent, ni aux débats, ni aux votes sur la résolution de mise en accusation.

Tout membre de la Haute Cour peut être récusé s'il est parent ou allié de l'accusé jusqu'au sixième degré en ligne collatérale, s'il a été cité ou entendu comme témoin ou s'il y a motif d'inimitié capitale entre lui et l'accusé. S'il sait, même en dehors de ces hypothèses, qu'il y a cause de récusation en sa personne, il est tenu de le déclarer à la Haute Cour qui décide s'il doit s'abstenir.

570. — Fonctionnement. — La Haute Cour, statuant au scrutin secret et à la majorité absolue des membres la composant, procède, après renouvellement de la moitié de ceux-ci, à l'élection de son président. Elle élit dans les mêmes conditions les deux vice-présidents.

Une commission d'instruction de cinq membres titulaires et de deux membres suppléants est constituée chaque année parmi les magistrats du siège de la Cour de cassation, désignés par le bureau de celle-ci siégeant hors la présence des membres du parquet.

Le ministère public est exercé par le procureur général près la Cour de cassation, assisté du premier avocat général et de deux avocats généraux désignés par lui.

Le greffier de la Haute Cour est de droit le greffier en chef de la Cour de cassation.

Section 2
Compétence et procédure

571. — Compétence. — La compétence de la Haute Cour est une compétence *ratione personae*. Elle s'étend :
— au président de la République en cas de haute trahison (V. n° 460);
— aux membres du Gouvernement pour les actes accomplis dans l'exercice de leurs fonctions et qualifiés crimes ou délits au moment où ils ont été commis (V. n° 476);
— aux membres du Gouvernement et à leurs complices en cas de complot contre la sûreté de l'État.
— En ce qui concerne la responsabilité pénale des membres du Gouvernement, l'article 68 de la Constitution n'indique pas clairement si la compétence de la Haute Cour laisse subsister la compétence concurrente des juridictions de droit commun. La Cour de cassation s'est prononcée pour la négative. Il n'en demeure pas moins que la quasi-irresponsabilité pénale qui en résulte reste subordonnée à l'appréciation par les tribunaux du point de savoir si les faits incriminés ont été ou non commis dans l'exercice des fonctions.
— V. G. Druesne, *La jurisprudence constitutionnelle des tribunaux judiciaires,* R.D.P., 1974, p. 214. Pour des illustrations ultérieures, V. Paris, 13-3-1982 (*Prat. Inst.,* doc. 68-200); 13-1-1984 et Ajaccio, 27-10-1986.

572. — Procédure. — La procédure est déclenchée par le vote en termes identiques par les deux assemblées statuant en scrutin public et à la majorité absolue des membres les composant d'une résolution de mise en accusation. S'agissant des membres du Gouvernement, cette résolution doit comporter le visa des dispositions législatives en vertu desquelles est exercée la poursuite.

La résolution de mise en accusation a pour origine une proposition qui, à l'Assemblée nationale, doit être signée du dixième au moins des députés et au Sénat de la même proportion de sénateurs. La recevabilité de telles propositions donne lieu à un examen d'office par le bureau de l'Assemblée. Déclarées recevables, elles sont renvoyées à une commission *ad hoc* qui, après instruction, les repousse ou les adopte. Dans ce dernier cas, les conclusions de la commission font l'objet d'un débat en séance publique dans des conditions particulières.

La résolution de mise en accusation ensuite est communiquée au procureur général qui la notifie au président de la commission d'instruction. Celle-ci procède à tous les actes nécessaires à la manifestation de la vérité selon les règles établies par le Code de procédure pénale, spécialement celles qui assurent les garanties de la défense. Lorsqu'il s'agit de haute trahison imputée au président de la République, la commission apprécie s'il y a preuve suffisante de l'existence des faits énoncés dans la résolution de mise en accusation mais ne qualifie pas ces faits. Il en va différemment pour les ministres puisque la résolution doit comporter visa des dispositions correspondantes de la loi pénale.

Le jugement a lieu en audience publique, en principe suivant les règles fixées par le Code de procédure pénale pour les débats et jugements en matière correctionnelle. Les arrêts de la Haute Cour de justice ne sont susceptibles ni d'appel, ni de pourvoi en cassation, ni de révision.

— La pratique donne deux exemples d'irrecevabilité fondée sur des considérations de fait et plusieurs d'une appréciation au fond en tant que telle tout à fait contestable. La Haute Cour est actuellement saisie de poursuites contre un ancien ministre, suite au vote en termes identiques par les deux assemblées (30-6 et 1-12-1967) d'une résolution de mise en accusation. Cette affaire a permis de préciser que le vote d'une telle résolution valait levée d'immunité parlementaire.

CHAPITRE II

L'AUTORITÉ JUDICIAIRE

573. — L'autorité judiciaire et son indépendance. — Conformément à l'un des principes posés par la loi du 3 juin 1958 (V. n° 380) la Constitution consacre son titre VIII à l'autorité judiciaire. L'expression a en elle-même une signification précise. Elle vise à bien marquer par l'usage d'une terminologie administrative que les juges ne constituent pas dans l'État un pouvoir au même titre que le législatif ou l'exécutif. Cette conception, différente de celle généralement reçue dans les pays à séparation des pouvoirs, remonte, on le sait, à la Révolution, elle-même héritière d'une méfiance traditionnelle à l'égard des Parlements d'Ancien Régime.

La constitutionnalisation n'a donc pour objet que de garantir d'une manière juridiquement plus stable et plus solennelle l'indépendance de la justice civile et pénale. Cette indépendance est assurée en ce qui concerne aussi bien les actes que les personnes.

1° Les actes de l'autorité judiciaire jouissent d'un régime particulier qui les soustrait à l'emprise de tout autre autorité, notamment politique. L'autorité de la chose jugée confère aux décisions de justice force de vérité légale et l'autorité judiciaire en est seule maîtresse suivant les degrés de sa propre hiérarchie.

2° Quant aux personnes, plusieurs dispositions concordantes donnent la mesure de leur indépendance et de sa garantie. Ce sont :

a) Le principe de l'*inamovibilité des magistrats du siège* posé par l'article 64 de la Constitution. Pour comprendre la signification de cette disposition, il convient de la replacer dans un contexte que détermine la distinction opérée dans l'organisation judiciaire entre le siège et le parquet. Le

« siège » désigne les magistrats qui prononcent les jugements; le « parquet » ceux qui exercent les fonctions du ministère public. Les premiers doivent jouir d'une indépendance absolue. Les seconds, requérant au nom de la société, peuvent au contraire recevoir des instructions qu'ils sont tenus de suivre, au moins dans leurs réquisitions écrites.

L'inamovibilité est destinée à garantir cette indépendance absolue des magistrats du siège. Elle consiste en ce que ceux-ci ne peuvent être changés de poste contre leur gré ni privés de leurs fonctions sauf pour des raisons et suivant une procédure déterminées, impliquant soit une inaptitude physique soit une faute de leur part. L'inamovibilité protège donc le magistrat contre la révocation et le déplacement d'office. Elle ne concerne en définitive que l'aspect négatif de son indépendance, la garantie positive de celle-ci se trouvant dans l'organisation de la carrière telle qu'elle résulte d'un statut particulier.

b) Le statut. C'est une seconde garantie. Il est fixé en vertu de la Constitution (art. 64), non pas par une loi ordinaire, mais par une loi organique (Ord. 22 déc. 1958).

c) En troisième lieu, la Constitution, comme on le sait, institue le président de la République « garant de l'indépendance de l'autorité judiciaire » (V. n° 439). Dans cette mission, le chef de l'État est assisté par un organisme composé de magistrats, le Conseil supérieur de la magistrature, dont il faut présenter successivement l'organisation et le fonctionnement.

Ces différentes dispositions ont donné lieu à une jurisprudence du Conseil constitutionnel à l'occasion, soit du contrôle qu'il exerce obligatoirement sur les dispositions des lois organiques, soit du contrôle de constitutionnalité des lois.

— Sur *l'indépendance de l'autorité judiciaire,* V. Cons. const., 9-7-1970, 70/40 DC (statut particulier des auditeurs de justice), 25 — 17-7-1980, 80/116 DC (autorités judiciaires françaises agissant en matière de procédure pénale à la demande d'une autorité étrangère), 36 — 22-7-1980, 80/119 DC (indépendance de la juridiction administrative résultant des principes fondamentaux reconnus par les lois de la République. Impossibilité pour le législateur ou le gouvernement de censurer les décisions des juridictions, de leur adresser des injonctions ou de se substituer à elles dans le règlement des litiges), 46 — 18-1-1985, 84/132 DC (administrateurs judiciaires), 27.

— Sur *l'inamovibilité des magistrats du siège,* V. Cons. const.,

26-1-1967, 67/31 DC et 12-7-1967, 67/33 DC (affectation des conseillers référendaires à la Cour de cassation), 19 et 21 — 24-10-1980, 80-123 DC (magistrats affectés au remplacement de magistrats temporairement empêchés d'exercer leurs fonctions), 24.
— Sur l'ensemble de la question, R. Perrot, *Institutions judiciaires*, Domat, 1989 — Pouvoirs, 1981, n° 16.
— Sur les données jurisprudentielles, Th. Renoux, *Le Conseil constitutionnel et l'autorité judiciaire : l'élaboration d'un droit constitutionnel juridictionnel*, 1984 — St Doumbé-Bille, *La justice judiciaire dans la jurisprudence du Conseil d'État et du Conseil constitutionnel*, R.D.P., 1986, p. 345.

Section 1

Organisation du Conseil supérieur de la magistrature

574. — Composition. — Outre le président de la République, président, et le garde des Sceaux, ministre de la Justice, vice-président, le Conseil supérieur de la magistrature est composé de neuf membres :
— trois magistrats de la Cour de cassation dont un avocat général ;
— trois magistrats du siège des cours et tribunaux ;
— un conseiller d'État ;
— deux personnalités n'appartenant pas à la magistrature et choisies à raison de leur compétence.
Le Conseil peut également comprendre des membres honoraires dont le nombre, s'agissant de magistrats et de conseillers, ne peut excéder trois.

575. — Statut des membres. — Les membres du Conseil supérieur de la magistrature sont désignés par le président de la République.
Pour les six membres, magistrats judiciaires, le choix du président s'exerce sur une liste établie par le bureau de la Cour de cassation et comprenant, pour chaque catégorie, un nombre de noms triple du nombre de postes à pourvoir. Le conseiller d'État est choisi également sur une liste de trois noms établis par l'assemblée générale du Conseil d'État. L'ordonnance organique ne précise pas les modalités du choix des personnalités désignées à raison de leur compétence.

Le mandat des membres du Conseil est de quatre ans, renouvelable une seule fois. Le membre, désigné à la suite d'une vacance se produisant avant la date normale d'échéance des mandats, achève le mandat de son prédécesseur.

Aucun membre du Conseil ne peut, pendant la durée de ses fonctions, exercer un mandat parlementaire ni la profession d'avocat ou d'officier public ou ministériel. Les magistrats, membres du Conseil, ne peuvent faire l'objet ni d'une promotion de grade, ni d'une mutation pendant la durée de leur mandat. Le président de la République décide de la mise en position de détachement des magistrats qui, en raison de leur qualité de membres du Conseil, ne pourraient pas continuer à exercer leurs fonctions.

Les membres du Conseil sont tenus au secret professionnel. Ils reçoivent une indemnité de fonction.

Prévue dans le programme de candidature à la présidence de M. François Mitterrand, la réforme du Conseil supérieur de la magistrature a été évoquée par la presse en avril 1983, puis, plus récemment, en juillet 1989. L'article 65 de la Constitution permet d'envisager deux procédures à cet effet suivant qu'il s'agit de ses dispositions de fond qui exigeraient une révision constitutionnelle ou des dispositions que ce texte renvoie à une loi organique et dont la modification pourrait être effectuée par la procédure propre à cette catégorie de lois. Bien que cette seconde procédure limite l'ampleur potentielle de la réforme, sa relative simplicité par rapport à la révision constitutionnelle pourrait la faire préférer.

Section 2

Fonctionnement et attributions

576. — Fonctionnement. — Le Conseil se réunit sur la convocation de son président, ou, le cas échéant, du ministre de la Justice.

Il ne peut valablement délibérer que si, outre le président ou le vice-président, cinq de ses membres au moins sont présents. Les propositions et les avis sont formulés à la majorité des voix.

577. — Attributions. — Les attributions du Conseil se répartissent en quatre catégories :

1° Le Conseil peut être consulté par le président de la République sur toute question concernant l'indépendance de la magistrature. Il s'agit là d'une attribution consultative purement passive.

2° Il intervient dans la nomination des magistrats du siège. Pour les nominations des premiers présidents de Cour d'appel et à la Cour de cassation, le Conseil soumet au président de la République des propositions arrêtées sur le rapport d'un de ses membres. Pour les nominations des autres magistrats du siège, le Conseil formule seulement un avis sur les propositions du ministre de la Justice.

3° Il statue comme conseil de discipline des magistrats du siège. Dans ce cas, le président de la République et le ministre de la Justice n'assistent pas aux séances et le Conseil est présidé par le premier président de la Cour de cassation. La procédure suivie ainsi que la détermination des sanctions applicables sont fixées par la loi organique portant statut de la magistrature.

4° Le Conseil donne enfin son avis en matière de grâces.

L'hétérogénéité de telles attributions explique sans doute que la question de la nature du Conseil en fonction de sa place et de son rôle au sein des organes supérieurs de l'État n'ait pas reçu de réponse claire. Garant de l'indépendance personnelle des magistrats, mais sous le contrôle du Conseil d'État (Cons. d'Ét., 12 juin 1969, L'Étang, A.J.D.A., 1969, II, 567, et chron. jurisp., I, 558), le Conseil supérieur n'exprime ni l'existence d'un véritable pouvoir judiciaire, ni même l'indépendance organique de la magistrature par rapport à la structure ministérielle dont il relève comme n'importe quel autre service public. C'est dans cette contradiction que réside finalement tout le problème de la reconnaissance d'une « autorité judiciaire » que son élévation à la dignité constitutionnelle, fût-ce sous la garantie du président de la République lui-même, ne libère pas de sa condition de service public, soumis, comme tel, à l'autorité d'un ministre. Dès lors que l'on entend assurer l'indépendance de ceux qui sont investis du pouvoir de juger, on ne peut éviter de faire apparaître le caractère souverain de ce pouvoir et, le rendant visible, de rendre manifeste l'imperfection des solutions qui ne font que compromettre avec ses exigences.

V. Ch. Bréchon-Moulènes, *L'impossible définition du Conseil supérieur de la magistrature*, R.D.P., 1973, p. 599.

CHAPITRE III

LA JURIDICTION CONSTITUTIONNELLE

578. — La Constitution et la juridiction constitutionnelle. — L'institution d'un Conseil constitutionnel chargé de différentes missions de contrôle est assurément l'une des originalités de la Constitution de 1958.

Cette originalité se manifeste aussi bien à l'égard de la tradition constitutionnelle française qui avait été constamment hostile à l'existence d'un organe de ce type, sinon politique, du moins juridictionnel, investi d'un véritable pouvoir de décision capable de tenir en échec la volonté parlementaire, qu'à l'égard des exemples du droit comparé, dont le Conseil constitutionnel est finalement très différent.

Cette rupture avec la tradition nationale et ces différences avec les institutions étrangères tiennent à la conception qui informe l'institution. La création du Conseil et la détermination de ses différentes fonctions se présentent moins comme le résultat d'un empirisme auquel certains ont voulu les réduire que comme la conséquence de données très précises qui s'inscrivent toutes dans une même perspective générale de renforcement de l'encadrement juridique des institutions au détriment de leurs aspects politiques. Il en est ainsi de la juridiction électorale substituée à la vérification des pouvoirs jusque-là exercée par les assemblées ou du contrôle sur les incompatibilités parlementaires. Mais le trait est encore plus net dans le domaine de la constitutionnalité proprement dite où l'institution apparaît comme le corollaire nécessaire du renforcement de l'ordonnancement juridique opéré par la Constitution en ce qui concerne aussi bien la distinction que la hiérarchie des règles. C'est parce qu'il est chargé de maintenir cet ordonnancement juridique rigoureux et, à travers lui, tout l'équilibre institutionnel, que le

Conseil occupe dans le système constitutionnel de la Ve République une place fondamentale.

Le caractère décisif du rôle qu'il est appelé à jouer s'est manifesté dans de multiples occasions et dans les domaines les plus divers. Qu'il s'agisse de la constitutionnalité des règlements des assemblées où sa rigueur n'a pas été appréciée ; du rang des lois organiques dont il a renforcé l'autorité ; de la nature des lois référendaires où il a su s'incliner devant l'expression directe de la souveraineté ; de la délimitation des domaines respectifs de la loi et du règlement où le premier a été finalement protégé aussi efficacement que le second, la jurisprudence du Conseil, désormais source vivante du droit constitutionnel positif apparaît comme la chronique juridique du régime, écrite en contrepoint de sa chronique politique.

On comprend que l'institution n'ait pas échappé à la critique même si le Conseil se comportait avec la plus grande prudence et interprétait sa compétence avec une exactitude que d'aucuns trouvaient un peu trop exemplaire. Bien que le grief n'ait pas été équitable, certains n'ont voulu voir en lui que l'auxiliaire complaisant de l'abaissement du Parlement et ce préjugé n'a pas laissé de dissimuler l'importance du rôle que l'institution était appelée à jouer à l'égard de l'ensemble du système. Cette importance est apparue en pleine lumière lorsqu'il fut clair que le Conseil pouvait être aussi le gardien des droits et libertés du citoyen contre les entreprises d'une majorité parlementaire dévouée aux initiatives du Gouvernement. Une telle mission, qui, pour n'avoir pas été dans les prévisions du constituant, s'inscrivait dans la logique de l'institution, n'a pas cessé de se développer. Elle a donné au Conseil la qualité d'une Cour suprême que ses adversaires voudraient paradoxalement lui faire attribuer en le réformant.

Si la modification des conditions de la saisine n'a pas, jusqu'à présent, ouvert le prétoire du Conseil au citoyen, elle a donné à une minorité de parlementaires la faculté de lui déférer une loi suspecte d'inconstitutionnalité. Immédiatement mis à l'épreuve par une opposition qui, devenue majorité, a affecté d'oublier les garanties qu'elle en avait obtenues, ce mécanisme, dont les mérites n'avaient pas tout d'abord paru évidents, s'est à son tour développé, multipliant les occasions de contrôle sur des questions où il n'était pas certain qu'il se fût exercé, pour le plus grand profit du respect de l'État de droit.

Ainsi, n'est-il plus guère d'aspects de la Constitution qui, comme on l'a vu, puissent être considérés sans référence à une jurisprudence qui intéresse l'ordre juridique dans toutes ses parties. Techniquement, le droit constitutionnel s'en trouve transformé, où la jurisprudence ne tenait jusque-là aucune place appréciable, mais également la plupart des disciplines juridiques, des libertés publiques au droit social, du droit civil ou commercial au droit administratif. A travers la référence aux principes reconnus par les lois de la République, c'est, en outre, la dimension historique du droit public, la continuité et la permanence de ses fondements qui trouvent une consécration.

Que le spectre du « gouvernement des juges » n'ait pas manqué d'être régulièrement évoqué ne surprendra pas. Le Conseil, conscient du danger, en a clairement conjuré les maléfices dans les termes les plus nets qui ne semblent cependant pas avoir toujours convaincu ceux qui continuent à placer au-dessus du respect de l'État de droit la volonté contingente des majorités parlementaires.

La prise de position du Conseil sur la nature et l'étendue de ses pouvoirs se trouve dans une décision n° 74-54 DC du 15 janvier 1975 (rec., p. 19) où l'on peut lire que l'article 61 de la Constitution ne lui confère pas un pouvoir général d'appréciation et de décision identique à celui du Parlement mais lui donne seulement compétence pour se prononcer sur la conformité à la Constitution des lois déférées à son examen (V. J. Rivero, *Le Conseil constitutionnel : des juges qui ne veulent pas gouverner,* A.J.D.A., 1975, p. 134). Cette formule a été reprise dans une décision 80-127 DC des 19 et 20 janvier 1981 (rec., p. 15), tandis que, s'agissant de la nécessité publique justifiant une nationalisation, la portée paraît en avoir été postérieurement réduite par l'introduction de la notion d'erreur manifeste (81/132 DC du 16-1-1982, 18).

L'importance prise par le Conseil constitutionnel est attestée par l'ampleur et la variété de la littérature qui le concerne et dont il n'est pas possible de donner ici une bibliographie exhaustive. Sont des ouvrages de référence indispensables, L. Favoreu et L. Philip, *Les grandes décisions du Conseil constitutionnel,* 5e éd., 1989 — B. Genevois, *La jurisprudence du Conseil constitutionnel, principes directeurs,* 1988 — F. Luchaire, *Le Conseil constitutionnel 1980. La protection constitutionnelle des droits et libertés,* 1987.

Section 1

Organisation du Conseil constitutionnel

579. — Désignation et statut des membres. — Le Conseil constitutionnel est composé de neuf membres, choisis respectivement à raison de trois par le président de la République, trois par le président de l'Assemblée nationale et trois par le président du Sénat. Ces nominations ne sont subordonnées à aucune condition, ni de procédure, ni de qualité des intéressés.

Le Conseil étant renouvelable par tiers tous les trois ans, c'est à ce rythme qu'interviennent normalement les nominations des nouveaux membres, chacune des autorités investies du pouvoir de désignation en désignant un.

Le Conseil comprend en outre les anciens présidents de la République qui en sont membres de droit et à vie.

Le mandat des membres du Conseil est de neuf ans et n'est pas renouvelable. Il peut prendre fin avant l'échéance du terme, soit par décès, soit par démission volontaire, soit à la suite d'une démission d'office constatée par le Conseil en cas d'exercice de fonctions incompatibles, de perte de jouissance des droits civils et politiques ou d'incapacité permanente. Le conseiller désigné en remplacement d'un membre dont le mandat a pris fin prématurément achève le mandat de celui qu'il remplace et ne peut être désigné à nouveau si la durée restante de ce mandat égale ou excède trois ans.

Les fonctions de membre du Conseil sont incompatibles avec celles de membre du Gouvernement, de membre du Parlement et de membre du Conseil économique et social. Les membres de ces instances nommés au Conseil sont réputés avoir opté pour ces fonctions s'ils n'ont pas exprimé une volonté contraire dans les huit jours qui suivent la publication de leur nomination. De même, les membres du Conseil nommés à des fonctions gouvernementales, élus à l'une des assemblées du Parlement ou nommés au Conseil économique et social sont remplacés dans leurs fonctions.

Pendant la durée de celles-ci, les membres du Conseil ne peuvent être nommés à aucun emploi public ni, s'ils sont fonctionnaires, bénéficier de promotion au choix. Ils peuvent solliciter un mandat électif mais doivent demander leur mise en congé — qui est de droit — pour la durée de la campagne électorale. Ils doivent, en particulier, s'interdire de prendre aucune position publique ou de consulter sur des questions ayant fait ou étant susceptibles de faire l'objet de décisions du Conseil, d'occuper des postes de direction ou de responsabilité au sein d'un parti ou d'un groupement politique, de laisser mentionner leur qualité dans tout document susceptible d'être publié et relatif à toute activité publique et privée.

Avant d'entrer en charge, les personnalités nommées au Conseil constitutionnel prêtent devant le président de la République un serment dont les termes sont fixés par l'ordonnance organique (art. 3).

C'est le Conseil qui apprécie les manquements de ses membres aux obligations générales et particulières de leur charge. Il se prononce dans ce cas au scrutin secret à la majorité simple des membres le composant, y compris les membres de droit.

Le président et les membres du Conseil reçoivent une indemnité qui est réduite de moitié pour ceux de ces membres qui continuent d'exercer une activité compatible avec leur fonction.

580. — Organisation interne. — Le président du Conseil constitutionnel est désigné par le président de la République parmi les membres du Conseil nommés ou de droit. Il convoque et préside le Conseil avec voix prépondérante en cas de partage. En cas d'empêchement du président, le Conseil est convoqué et présidé par le plus âgé de ses membres.

Les avis et décisions exigent la présence d'au moins sept conseillers.

Pour l'examen de contestations des élections des députés et des sénateurs, le Conseil se constitue en sections (V. n° 505).

Un secrétaire général est nommé par décret du président de la République sur proposition du président du Conseil constitutionnel. Sous l'autorité de celui-ci, ce secrétaire général dirige les services administratifs du Conseil. Il peut recevoir délégation pour signer tous les actes et décisions de caractère administratif. Il prend les mesures nécessaires à la préparation et à l'organisation des travaux du Conseil dont il établit un compte rendu sommaire.

Le président ou, sur sa délégation, le secrétaire général mandate les dépenses de fonctionnement du Conseil. Un trésorier, nommé par le président et responsable devant lui, assure la gestion financière.

Le personnel nécessaire est recruté par le président, soit directement, soit par voie de détachement.

581. — Critique de la composition du Conseil. —
La composition du Conseil constitutionnel a soulevé un problème et donné lieu à plusieurs critiques.

Le problème concerne la condition des membres de droit et à vie que sont les anciens présidents de la République. L'attitude de ceux-ci a varié suivant les personnalités. V. Auriol, qui y avait pris séance, n'y a plus siégé après le 25 mai 1960 sauf le 6 novembre 1962, date à laquelle le Conseil a statué sur la requête du président du Sénat relative à la révision du mode d'élection du président de la République. R. Coty avait au contraire activement participé aux travaux jusqu'à sa mort en novembre 1962. Le général de Gaulle, quant à lui, n'avait jamais siégé. Le problème s'est posé à propos de M. Giscard d'Estaing et des possibilités qui pourraient lui être reconnues d'une poursuite de ses activités politiques. La difficulté tient à ce que la qualité de membre de droit et à vie des anciens présidents de la République, les privant en principe de toute faculté de démission ou d'option en cas d'incompatibilité, paraît leur interdire toute participation à la vie politique active. Une telle solution ne semble pas satisfaisante. Aussi bien, M. Giscard d'Estaing, s'étant porté candidat à la députation et ayant été élu, le Conseil constitutionnel, saisi d'un recours, a décidé que, si l'article 57 de la constitution établit une incompatibilité entre les fonctions de membre du Conseil constitutionnel et celles de membre du Parlement, il n'édicte pas l'inéligibilité d'un membre du Conseil à un mandat parlementaire. Il a donc rejeté le recours tout en indiquant, qu'en l'absence de disposition expresse en ce sens, la qualité de membre de droit d'un ancien président de la République ne saurait priver celui-ci du droit reconnu à tout citoyen d'être candidat à tout mandat électif mais que l'élection au Parlement d'un membre de droit du Conseil fait obstacle à ce qu'il puisse y siéger (Cons. const., 7-11-1984, 84/983, 117). M. Giscard d'Estaing a, en conséquence, informé le président du Conseil constitutionnel de sa décision de siéger désormais à l'Assemblée nationale.

V. D. Rosenberg, *Les anciens présidents de la République, membres de droit du Conseil constitutionnel : l'impossible retraite*, R.D.P. 1985, p. 1263.

Quant aux critiques, elles ont essentiellement porté sur trois points : l'âge moyen élevé des membres, l'insuffisance de leur formation juridique, la politisation de leur désignation. Aucun de ces griefs n'est vraiment pertinent et l'ancienne opposition dont ils émanaient principalement paraît les avoir oubliés avec son accession au pouvoir.

On peut passer rapidement sur la moyenne d'âge, le bon sens suggérant qu'une certaine expérience est indispensable à l'exercice de telles fonctions et le droit comparé étant là pour confirmer cette observation.

L'insuffisance de formation juridique apparaît d'emblée comme un grief plus pertinent. La critique se fonde sur l'idée que l'interprétation de la Constitution est par nature une opération juridique qui exige une compétence technique de haut niveau. Or tel n'est pas vraiment le cas. L'interprétation constitutionnelle est le produit d'une démarche complexe qui, à raison même de la nature du texte à interpréter, conjugue des considérations qui ne relèvent pas toutes exclusivement de la technique juridique. Il est certainement souhaitable que l'expérience politique acquise dans l'exercice de fonctions très diverses puisse se faire entendre au sein du Conseil. Aussi bien, si celui-ci a toujours compté dans son sein des professeurs de droit, il est exagéré de dénier aux autres de ses membres une expérience juridique dont il est rare qu'ils aient été complètement dépourvus.

Quant au grief de « politisation », il apparaît à tout le moins ambigu. En admettant qu'il corresponde à une certaine réalité, celle-ci n'est ni plus ni moins évidente que pour les autres Cours constitutionnelles. S'il est normal que chacune des autorités investies du pouvoir de nomination ne choisisse pas dans des familles de pensée politique différentes de la sienne, la pratique a montré et montre encore qu'il y a là un facteur d'équilibre. Aussi bien, n'est-ce pas faire honneur aux membres du Conseil que de ne pas les créditer d'une indépendance personnelle suffisante pour ne pas transformer une fonction qu'ils exercent sous serment en autant d'occasions de faire prévaloir leurs préférences politiques au détriment du respect de la Constitution.

On trouvera dans Pouvoirs, n° 13, Nlle éd., 1986, p. 174, un tableau des membres du Conseil indiquant leur formation universitaire et leurs activités professionnelles politiques. Pour un tableau comparatif des règles de composition des juridictions constitutionnelles européennes, V. L. Favoreu, *Les Cours constitutionnelles,* Que sais-je ?, n° 2293, 1986, p. 20.

Section 2

Les attributions du Conseil constitutionnel et leurs conditions d'exercice

582. — Présentation. — Comme on a eu de nombreuses occasions de le constater, la Constitution confie au Conseil constitutionnel un certain nombre d'attributions finalement assez différentes les unes des autres par leur objet, par leur nature et par leurs conditions d'exercice.

La classification de ces attributions, que d'aucuns ont trouvées disparates, est d'autant plus malaisée à établir qu'aucun véritable critère n'apparaît satisfaisant et que la terminologie employée par les textes aussi bien que celle utilisée par le Conseil lui-même dans ses décisions comportent bien des incertitudes.

Techniquement, la seule distinction qui puisse être faite répartit les attributions du Conseil en deux grandes catégories : celle des attributions consultatives qui se traduisent par des avis et celle beaucoup plus étendue qui englobe toutes les autres attributions qui suivant leur domaine se traduisent par de véritables décisions résultant d'une opération de contrôle.

583. — Les attributions consultatives. — Elles sont de deux ordres.

L'article 16 de la Constitution prévoit la consultation du Conseil constitutionnel tant sur la mise en application du régime prévu par ce texte que sur les mesures qu'il permet de prendre. Consulté « officiellement » par le président de la République, le Conseil se réunit « immédiatement » et émet un avis motivé « sur la réunion des conditions exigées par l'article 16 pour sa mise en application ». Le Conseil est ensuite « avisé » par le président des mesures que celui-ci se propose de prendre et lui donne sans délai son avis. Il n'est pas prévu que ces derniers avis doivent être motivés et publiés. En pratique, ils n'ont effectivement pas été publiés. Aucune disposition ne règle la question de l'autorité juridique de ces deux catégories d'avis auxquels ne semble pas s'appliquer, en raison même de leur nature, la disposition de l'article 62, al. 2, de la Constitution suivant laquelle les « décisions » du Conseil s'imposent aux pouvoirs publics. Il n'est pas discutable que la consultation elle-même soit obligatoire et qu'elle constitue une condition de la validité des mesures prises lorsque celle-ci peut être sanctionnée. Les termes dans lesquels est prévue la demande d'avis sur la mise en œuvre de l'article 16 conduisent à penser qu'il serait impossible pour le chef de l'État de passer outre un avis du Conseil estimant que les conditions constitutionnelles de cette mise en œuvre ne sont pas réunies. Cette conséquence est moins certaine pour les avis de la seconde catégorie.

A cette première sorte d'attributions consultatives, l'ordonnance organique du 7 novembre 1958 en ajoute une seconde en prévoyant la consultation du Conseil par le Gouvernement sur l'organisation des opérations de référendum, consultation qui implique que le Conseil soit « avisé sans délai de toute mesure prise à ce sujet » (art. 46) et qui comporte pour lui la possibilité de « présenter des observations » concernant la liste des organisations habilitées à user des moyens officiels de propagande (art. 47). Cette compétence apparaît comme le complément de la disposition constitutionnelle chargeant le Conseil de veiller à la régularité des opérations de référendum.

Ces compétences sont exclusives de toute autre. Saisi par le président de l'Assemblée nationale d'une demande d'avis sur la recevabilité d'une motion de censure alors que le Parlement était réuni de plein droit en vertu cependant de l'article 16, le Conseil a refusé d'y répondre au motif que les dispositions de la Constitution délimitant strictement sa compétence ne le lui permettaient pas (14 sept. 1961, rec., p. 55).

584. — Les attributions de contrôle : A. L'exercice du pouvoir de suffrage. — Le Conseil est chargé par la Constitution du contrôle de l'exercice du pouvoir de suffrage dans trois cas : les référendums, l'élection présidentielle, les élections législatives.

1° *Le contrôle des référendums.* L'article 60 de la Constitution dispose que le Conseil constitutionnel veille à la régularité des opérations de référendum et en proclame les résultats. Comme on vient de l'indiquer au numéro précédent, cette compétence a été complétée par l'ordonnance organique qui prévoit la consultation du Conseil par le Gouvernement sur l'organisation des opérations de référendum. Le terme ne doit pas s'entendre de toute votation populaire mais seulement de celles ayant un caractère national à l'exclusion des consultations locales impliquées par l'article 53, al. 3, de la Constitution dont le contrôle incombe à des organes *ad hoc.* L'ordonnance organique, dans ses articles 46 à 50, réglemente les interventions du Conseil qui s'appliquent aux quatre phases de l'opération : préparation et surveillance de l'opération, surveillance du rencensement général des suffrages, examen et jugement des contestations pouvant conduire le Conseil à maintenir les résultats ou à en prononcer l'annulation totale ou partielle, proclamation de ces résultats par une décision dont la mention doit figurer dans le décret de promulgation de la loi adoptée par référendum. On rappelle que la compétence du Conseil en ce qui concerne la première de ces quatre phases demeure purement consultative (Cons. const., 23-12-1960, 67), le contrôle juridictionnel des opérations préparatoires continuant à relever du Conseil d'État sauf question de constitutionnalité dont celui-ci se refuse à connaître (Cons. d'Ét., 27 oct. 1961, le regroupement national, rec., p. 594 — 19 oct. 1962, Brocas, *idem,* p. 553).

2° *Le contrôle de l'élection présidentielle.* L'article 58 de la Constitution charge le Conseil constitutionnel de veiller à la régularité de l'élection du président de la République, d'examiner les réclamations et de proclamer les résultats. C'est ici l'ordonnance organique relative à l'élection du président qui décompose l'intervention du Conseil suivant les différentes phases de l'opération. On a vu (n°s 423, 426, 428, 430 et 431) à quel genre de difficultés s'était heurté l'exercice de ces attributions et quels remèdes y avaient été apportés par la loi constitutionnelle du 18 juin 1976.

3° *Le contrôle des élections législatives.* Mettant fin à l'ancienne et traditionnelle procédure de la vérification des pouvoirs, la Constitution (art. 59) a chargé le Conseil constitutionnel de statuer en cas de contestation sur la régularité de l'élection des députés et des sénateurs dans les conditions qui ont été exposées au n° 505.

585. — Les attributions de contrôle : B. L'exercice des mandats.
— Le Conseil constitutionnel, au titre de ses attributions de contrôle, est encore chargé du contrôle de l'exercice des mandats électifs nationaux.

1° *Le contrôle de l'exercice du mandat présidentiel.* En vertu de l'article 7 de la Constitution, c'est au Conseil constitutionnel qu'il incombe de constater que le président de la République est empêché de remplir ses fonctions (V. n°s 432, 433). Le Conseil doit être saisi par le Gouvernement et il statue à la majorité absolue de ses membres. Il semble bien qu'il s'agisse d'une compétence discrétionnaire dans l'appréciation de l'empêchement et plus particulièrement de son caractère provisoire ou définitif.

2° *Le contrôle des incompatibilités parlementaires.* Le Conseil est appelé à assurer la sanction de ces incompatibilités dans les conditions qui ont été exposées au n° 509.

— La pratique en matière d'intervention du Conseil constitutionnel en ce qui concerne le mandat présidentiel montre que l'exercice de cette attribution demeure relativement incertain. Lors de la maladie qui, au printemps 1964, avait justifié l'hospitalisation du général de Gaulle, le Conseil n'avait pas eu à intervenir faute d'avoir été saisi par le Gouvernement. En revanche, lors de la démission du général le 28 avril 1969, le Conseil « informé » par le Premier ministre a d'une part « constaté » qu'étaient remplies les conditions de l'intérim des fonctions présidentielles ; d'autre part, « déclaré » ouverts les délais fixés par la Constitution pour l'élection d'un nouveau président (28 avril 1969, rec., p. 65). De même, à la suite du décès de G. Pompidou, la vacance a été « constatée » par une décision du 3 avril 1974 (rec., p. 33).

586. — Les attributions de contrôle : C. Le contrôle de constitutionnalité.
— Comme on l'a exposé aux numéros 389 et suivants, le système mis en place en 1958 se caractérise par l'aménagement d'un contrôle de constitutionnalité des différentes catégories de normes constituant l'ordonnancement juridique, contrôle qui est confié au Conseil constitutionnel suivant trois modalités.

1° La première de ces modalités, celle qui se trouve à l'origine de l'institution du Conseil, intéresse la *répartition des compétences entre pouvoir législatif et pouvoir réglementaire* en fonction de la délimitation désormais effectuée par la Constitution du domaine de la loi.

Le Conseil constitutionnel est appelé à ce titre à se prononcer dans deux situations. L'une se place au stade de l'élaboration législative et correspond à un désaccord entre le Gouvernement et le président de l'assemblée intéressée sur la portée des irrecevabilités des articles 40 et 41 de la Constitution (V. n° 540). La seconde est celle d'une loi portant sur un objet qui n'entre pas dans la compétence du législateur et qui n'en a pas moins été adoptée et promulguée. Une telle hypothèse peut se présenter en raison du caractère facultatif du contrôle de constitutionnalité des lois ordinaires. Pour répondre à une telle situation et rétablir le respect de la répartition des compétences, l'article 37, al. 2, de la Constitution charge le Conseil constitutionnel de se prononcer à la demande du Premier ministre sur les textes de forme législative intervenus après l'entrée en vigueur de la Constitution pour décider de leur caractère législatif ou réglementaire.

Si le Conseil constitutionnel contrôle ainsi le respect de la répartition des compétences par le pouvoir isgisltatif, c'est au Conseil d'État qu'il appartient de se prononcer sur le respect de cette même répartition par le pouvoir réglementaire. Ce partage du contrôle entre les deux institutions ne devrait pas en principe conduire à des contrariétés de jurisprudence, l'article 62 de la Constitution disposant que les décisions du Conseil constitutionnel s'imposent à toutes les autorités administratives et juridictionnelles, donc au Conseil d'État. Encore faut-il que celui-ci n'ait pas été appelé à statuer le premier et même lorsqu'il en est autrement la question demeure posée de la portée exacte de l'autorité de chose jugée par le Conseil constitutionnel.

2° La seconde modalité concerne la *subordination à la Constitution* d'une part des *normes constitutionnelles secondaires* — lois organiques, règlements des assemblées parlementaires — pour lesquelles le contrôle du Conseil constitutionnel est obligatoire (V. n° 391); d'autre part, *des lois ordinaires* (V. n° 392). Dans sa conception originaire, ce contrôle de la constitutionnalité des lois ordinaires présentait un triple caractère : il était facultatif; sa mise en œuvre était réservée à un petit nombre d'autorités; il portait sur la conformité à la « Constitution ». Si le premier de ces caractères demeure formellement inchangé, les deux autres ne se présentent plus de la même manière.

À la suite de la révision constitutionnelle opérée par la loi constitutionnelle du 29 octobre 1974, les lois peuvent être déférées au Conseil constitutionnel avant leur promulgation, non seulement par le président de la République, le Premier ministre, les présidents de l'une ou l'autre assemblée (énumération originaire) mais également par soixante députés ou sénateurs. Dans cette dernière hypothèse, le Conseil est saisi « par une ou plusieurs lettres comportant au total » les signatures des parlementaires qui ont pris cette initiative. Le Conseil en avise immédiatement les autres autorités habilitées à lui déférer une loi, notamment les présidents des assemblées qui à leur tour en informent celles-ci. Cette révision de 1974 instituant ce que l'on a appelé la « saisine de groupe » a marqué une importante étape dans la pratique du contrôle et une véritable transformation de l'économie du système. Conçue comme un premier pas vers un statut de l'opposition, elle a fini par en remplir la fonction et par enrichir substantiellement la jurisprudence du Conseil.

Tel qu'il a évolué, le contrôle de constitutionnalité a connu d'autre part une mutation fondamentale. Comme on l'a indiqué précédemment, dans l'intention du constituant, ce contrôle ne visait qu'à sauvegarder la répartition des compétences normatives; en d'autres termes à faire échec à une extension par le Parlement du domaine de la loi. Il n'avait nullement pour mission d'assujettir le législateur à d'autres exigences et notamment pas au respect du préambule explicitement exclu du contrôle de la loi, sinon de celui des traités, grâce auxquels le Conseil devait l'introduire cependant dans les références de constitutionnalité des lois et avec lui la déclaration de 1789. La loi se trouve ainsi assujettie au respect d'un principe de constitutionnalité qui, s'il n'incorpore ni les traités ni les règlements des assemblées, englobe outre la Constitution, les lois organiques, le préambule et par son truchement la déclaration des droits de 1789 et les principes fondamentaux reconnus par les lois de la République.

La sanction de ce contrôle est aussi radicale que possible. L'article 62 de la Constitution dispose en effet qu' « une disposition déclarée inconstitutionnelle ne peut être promulguée, ni mise en application ». Toutefois, cette déclaration d'inconstitutionnalité n'a cette conséquence à l'égard du texte soumis au contrôle que si la disposition déclarée inconstitutionnelle est également déclarée par le Conseil inséparable de l'ensemble de ce texte. Dans l'hypothèse inverse, ce texte peut être promulgué et mis en application à l'exception de la seule disposition inconstitutionnelle.

3º La troisième modalité du contrôle de constitutionnalité concerne *les engagements internationaux*. Par application de l'article 54 de la Constitution, le Conseil peut être appelé par le président de la République, par le Premier ministre ou par le président de l'une ou l'autre assemblée à se prononcer sur le point de savoir si un engagement international comportait une clause contraire à la Constitution. Au cas de réponse positive à cette question, la ratification de l'accord concerné est subordonnée à une révision constitutionnelle éliminant la contradiction (V. nº 394).

— Sur le bilan statistique des activités du Conseil au 1er mars 1986, V. Pouvoirs, nº 13, Nlle éd. 1986, p. 173.

— Sur le contrôle des engagements internationaux, V. M. Fromont, *Le Conseil constitutionnel et les engagements internationaux de la France*, Festschrift für H. Mosler, 1983, p. 221.

587. — Sur le caractère juridictionnel ou non du Conseil. — La présentation des attributions du Conseil constitutionnel qui vient d'être faite s'est efforcée de ne pas prendre parti sur la nature de l'institution. Cette nature demeure en effet controversée entre ceux qui dénient au Conseil le caractère de juridiction et ceux qui au contraire le lui reconnaissent.

Les premiers se fondent, indépendamment du mode de recrutement et de nomination des membres, sur un certain nombre d'éléments tenant à la procédure (absence de parties, caractère sommaire des pièces, exclusion de représentants ou d'avocats) ou la forme des décisions, notamment en ce que celles-ci ne sont pas rendues « au nom du peuple français » comme il est de règle pour les juridictions. Ils n'en conviennent pas moins qu'en matière électorale le Conseil agit en juridiction véritable. Pour les autres, qui se fondent à leur tour sur des caractères de forme et sur l'autorité qui s'attache aux décisions du Conseil conçue par celui-ci comme une autorité de chose jugée, la qualité de juridiction de l'institution doit être reconnue.

Il est en vérité difficile de prononcer entre les deux thèses à partir d'un ensemble d'éléments absolument concluants déduits de l'état actuel des choses. S'il fallait vraiment le faire, on devrait certainement pencher en faveur du caractère juridictionnel. Celui-ci découlerait non seulement du fait que le Conseil exerce bien certaines attributions de cette nature sans pour autant que sa composition soit modifiée mais encore de ce que, en appliquant à ses décisions rendues en dehors du contentieux électoral les règles de l'autorité de la chose jugée, le Conseil d'État lui-même incline implicitement en ce sens. Quoi qu'il en soit, même si ce caractère juridictionnel devait impliquer une évolution des méthodes du Conseil vers une plus grande rigueur et une plus grande discipline juridique, ce qui semble en effet se produire, il serait utile de l'affirmer pour soutenir une telle évolution. C'est de cette manière que le Conseil d'État est devenu ce qu'il est et il est souhaitable que le Conseil constitutionnel connaisse le même destin.

— V. F. Luchaire, *Le Conseil constitutionnel est-il une juridiction?*, R.D.P., 1979, p. 27.

INDEX ALPHABÉTIQUE

(Les chiffres renvoient aux numéros des paragraphes.)

A

Abberufungsrecht 50.
Abdication 103.
Absolutisme
— V. *Monarchie absolue.*
Acte
— additionnel aux Constitutions de l'Empire 257.
— constitutionnels (Pétain) 334.
— d'établissement 107.
Administration 19.
Adresse 254.
— des 221, 261.
Affaires courantes 466.
Affichage électoral 417, 500.
Agora 30.
Aisymnétie 69.
Algérie 341, 374.
Allemagne 42, 62, 125, 147, 151, 154.
Alsace et Lorraine 141.
Alternance 414.
Amendement (droit d') 539.
Amparo (procédure d') 125.
Anapolis (Convention d') 152.
Angleterre 58, 104, 107, 141, 162, 169.
Anne (reine d'Angleterre) 58.
Annulation des élections
— V. *Invalidation.*
Apatridie 9.
Apparentement 359.
Appel au peuple 289.
Arbitraire 67.
Aristocratie 29, 78, 80.
Aristote 3, 27, 32, 37, 47, 80, 84, 111.
Arrestation des membres du Parlement
— V. *Immunités parlementaires.*
Article 16 (Const. 1958) 448.
Assemblée constituante 115, 182, 196, 273, 344, 346, 347, 351.
Assemblée consultative 341.
Assemblée fédérale suisse 153.
Assemblée (Gouvernement d') 56, 57.
Assemblée législative 192, 196, 279.
Assemblée nationale
— de 1848 115, 273,
— de 1871 103, 115, 297 et s.,
— de 1926 118,
— de 1940 133, 333,
— de 1945 347,
— de 1946 351,
— de la constitution de 1940 360.
— de la constitution de 1958 428 et s.
Assemblées primaires et électorales 191, 207, 221.
Assemblée de l'Union française 362.
Auriol (Vincent) 348, 353, 368, 581.
Ausgleich (austro-hongrois) 163.
Authoritative opinion 124.
Autonomie (loi d') 149.
Autorité (principe d') 65.
Autorité judiciaire 573 et s.
Autriche 90.

B

Barodet 495.
Bases (cinq) 117, 286.
Bayeux (Constitution de) 352.
Belgique 117, 144, 162.
Beschlüsse 50.
Bibliographie du droit constitutionnel 28, 177, 379.
Bicamérisme 220, 254, 275, 313, 321, 366, 493.
Bill des Droits 107.
Bipartisme 45.
Bipolarisation 414.

Bloc électoral 45.
Bonaparte (rôle dans l'élaboration de la Constitution de l'an VIII) 88, 225, 228, 233, 234, 235.
Boulè 47.
Budget 563.
Bulle d'Or 121.
Bundesrat
— suisse 57.
— allemand (1870) 154.
Bundesstaat 158.
Bundestag 154.
Bundesverfassungsgericht 125.
Bureaux des Chambres 518.

C

Cabinet 58.
Candidature 499.
Candidatures
— multiples 499,
— officielles 291.
Cantons (Suisse) 140.
Capacité (en régime censitaire) 256, 267, 270.
Capacité électorale 407 et s.
Carnot (Lazare) (rôle dans la Constitution de l'an III) 212, 225.
Cens électoral 191, 221, 251, 256, 265, 270.
Censure (motion de) 566.
Centralisation 134, 135, 136
— administrative 136.
Centralisme démocratique 96.
Césarisme démocratique 84, 88, 289.
Chambre
— des Communes 58, 62,
— des Députés 251, 254, 266, 267, 313,
— des Faisceaux et des Corporations 71,
— des Lords 58, 107,
— des Pairs 254, 266, 267, 292,
— des Représentants 151.
Chambres hautes
— V. *Chambre des Pairs et Sénat*.
Chancelier *du Reich* 62, 154.
Charles X
— V. *Charte de 1814* 261.

Charte de 1215 107
— de 1814 102, 117, 247 et s.,
— de 1830 103, 119, 132,
— albertine 60, 116,
— d'établissement 180.
Chef *(Duce, Caudillo, Fürher)* 64, 71, 73, 89.
— de l'État (dans le gouvernement de Vichy) : 333 et s.,
— des Français Libres 339.
Chine populaire 99.
Circonscription électorale 40, 191, 278, 291, 312, 496, 502.
Cité (antique) 3, 6, 101.
Clayton act 124.
Classe (gouvernement de) 78, 79, 81, 85, 86, 94, 251, 255, 266.
Coadministration 140.
Colonie 358.
Colonisation 4.
Comité constitutionnel 122, 126, 366
— consultatif constitutionnel 381,
— de guerre (gouvernement d'Alger) 341,
— de la France libre 339, 340,
— français de la Libération nationale 341,
— national français 340,
— nationaux 340.
Commandement en chef civil et militaire 341.
Commission :
— *ad hoc* 529,
— de comptabilité 529,
— d'enquête et de contrôle 528, 557,
— mixte paritaire 529, 546,
— particulière 529,
— permanente 526, 557,
— spéciale 527.
Common law 107, 124.
Commonwealth britannique 169.
Communauté *(Gemeinschaft)* 111, 170, 388.
Communautés européennes 160, 512.
Commune de Paris 94.
Communisme
— V. *État socialiste, Parti communiste*.

INDEX ALPHABÉTIQUE

Concentration (des pouvoirs) 65, 134.
Concours des pouvoirs (dans la Charte de 1814) 252.
Confédération d'États 157, 158, 159, 160.
— de l'Allemagne du Nord 154,
— germanique 154.
Conférence des Présidents 522.
Confiance (question de) 321, 361, 367.
Confirmatio Cartarum 107.
Confusion des pouvoirs 56, 57.
Congrès :
— des députés du peuple de l'U.R.S.S. 97.
— des U.S.A. 54, 152,
— des Soviets 155,
— panrusse des Soviets 94.
Conquête 102.
Conseil de Cabinet
— V. *Cabinet.*
— constitutionnel 386, 387, 391, 392, 424, 426, 428, 430, 431, 445, 505, 509, 578 et s.,
— de défense de l'Empire (gouvernement de Londres) 340,
— d'État 237, 245, 279, 292, 487,
— de la République 360, 366, 367,
— des Cinq Cents 122, 222, 223,
— des ministres 255, 314, 323, 361, 370, 449.
Conseil des États 57.
— des producteurs 99.
— fédéral suisse 153.
— national suisse 57, 153.
— économique 327, 362, 372, 388, 518 et s.
— impérial (gouvernement d'Alger) 341.
— national de la Résistance (C.N.R.) 342.
— supérieur de défense 479.
— supérieur de la magistrature 363, 449, 574 et s.
Constituante
— V. *Assemblée constituante.*
Constitution
— de 1791 19, 111, 115, 117, 119, 121, 131, 184, 252.
— de 1793 19, 48, 121, 131, 199 et s.
— de l'an III 19, 48, 121, 122, 214 et s.
— de l'an VIII 103, 122, 227 et s.
— de l'an X (sénatus-consulte) 133, 242.
— de l'an XII (sénatus-consulte) 122.
— sénatoriale du 6 avril 1814 (sénatus-consulte) 246.
— de 1814 (Charte constitutionnelle) 48, 116, 247 et s.
— de 1814 (Acte additionnel) 257.
— de 1830 (Charte constitutionnelle) 117, 262 et s.
— de 1848 19, 48, 103, 115, 272 et s.
— de 1852 119, 133, 138, 286 et s.
— de 1870 (sénatus-consulte) 133, 295.
— de 1875 48, 61, 126, 128, 131, 296 et s.
— de 1946 19, 61, 131, 164, 170, 347 et s.
— de Philadelphie 111, 124, 152 et s.
— de la République espagnole de 1931 50.
— de Weimar 154.
— de Bonn 154.
— écrite 111.
— rigide 128.
— souple 110.
— Grévy 318.
— Rivet 300.
Constitutionnalisme 180.
« Contrat Social »
— V. *Rousseau Jean-Jacques.*
Contreseing ministériel 441.
Contrôle de constitutionnalité 120 et s., 586.
Convention de 1793 199.
Corps électoral
— V. *Assemblées primaires et électorales, Peuple.*
Corps législatif 291.
— V. *Assemblée législative (1791), Conseils des Anciens et des Cinq Cents.*
Corporatisme 91.
Coronatio 108.
Cortès 29, 62, 143.

Cours constitutionnelles 125.
Cour de Riom 126.
— suprême des États-Unis 124, 127, 152.
Couronne 58, 107.
Coutume constitutionnelle 106 et s.
Coup de force 102.

D

Débats parlementaires 531, 541.
Débats organisés 532, 541.
— restreint 543.
— (sans) 543.
Decemvirs 69.
Décentralisation 139.
Déchéance 103.
Décision 490.
Déclaration de candidature 499.
Déclaration des Droits de 1789 387.
— de 1791 121, 183.
— de 1793 121.
— de l'an III 122.
Déclaration des Droits :
— de l'État du Maryland 121.
— de l'État de Virginie 121.
Déclaration de guerre 330, 455, 563.
Décolonisation 170, 373.
Déconcentration 138, 139.
Déconstitutionnalisation 103.
Décret 458.
— V. *Pouvoir réglementaire, Règlement.*
Décret-loi 331, 386.
Défense
— V. *Force armée.*
Délégation (austro-hongroise) 163.
Délégations parlementaires 558.
Délégués (sénatoriaux) 503.
Délibération (seconde) 542.
Démission en blanc
— V. *Mandat impératif.*
Démocratie 29 et s.
— antique 30.
— chrétienne 100.
— conventionnelle 56.
— constitutionnelle 32.
— directe 47, 115.
— définition 29.
— marxiste 93, 98 et s.
— parlementaire 58 et s.
— présidentielle 52.
— populaire 98.
— représentative 48.
— semi-directe 50, 115, 356.
— semi-représentative 49, 115, 356.
Départements 188.
Député
— V. *Mandat parlementaire.*
Designatio 108.
Despotisme populaire 66, 72.
— éclairé 67.
Destalinisation 94.
Dictateur 65.
Dictature :
— collective du Parti unique 73, 81.
— constituante 69, 71.
— démocratique populaire chinoise 99.
— hitlérienne 71, 72, 73, 154.
— mussolinienne 71, 72, 73, 103, 104, 132, 134.
— napoléonienne 88, 132, 235, 239.
— permanente 70.
— du prolétariat 70, 94.
— stalinienne 94.
Directives présidentielles 458.
Directoire 223.
Discussion et vote des lois 537 et s.
Dissolution 60, 261, 269, 285, 311, 317, 349, 361, 362, 367, 368, 374, 447.
Districts nationaux 155.
Diviseur électoral 42.
Docimasie 47.
Doctrine de Calhoun 152.
— de Stimson 103.
— de Tobar 103.
Dominion 59, 169.
Double vote 256.
Doumergue (Gaston) (projet de révision constitutionnelle) 329.

INDEX ALPHABÉTIQUE

Droit constitutionnel 5.
- administratif 20.
- comparé 23.
- coutumier 106 et s.
- démotique 20.
- écrit 111 et s.
- étranger 23.
- général 23.
- (histoire du) 23, 171.
- judiciaire ou juridictionnel 20.
- national 23.
- politique 20.
- privé 18.
- public 18, 19.

Droit de grâce 454, 577.
Droit privé 12, 13.
Droits publics 19, 34.
Droit public 12 et s.
Droit public relationnel 19.
Droite (partis de) 371.
Dualité des Chambres
- V. *Bicamérisme.*

Duce
- V. *Dictature mussolinienne.*

Due process of law 124.
Dyarchie 79, 336.

E

Ecclesia 47, 115.
École du Droit de la Nature et des Gens 180.
Égalité d'opinion 35.
Einzelstaaten 148.
Élection 417.
- à l'Assemblée nationale 496 et s.
- au Sénat 502 et s.
- à la présidence de la République 48, 280, 314, 361, 422 et s.

Électorat
- V. *Cens électoral, Scrutin, Vote.*
- (acquisition de l') 406 et s.
- capacité 407 et s.
- contentieux 411.
- dignité 409.
- fonction 191, 251.
- inscriptions 410.
- listes électorales 410.
- nationalité 407.

Éligibilité 498.
Empire britannique 169.

Engagement de la responsabilité ministérielle 564 et s.
Enquête :
— (commission d') 528, 557.
Entreprises nationales :
— V. *incompatibilités.*
Équilibre des pouvoirs 54.
Espagne 62, 91, 102, 125, 143, 162.
« Esprit des lois »
— V. *Montesquieu.*
État complexe 140.
— composé 140, 146.
— définition 1.
— (droit de l') 12, 13, 14, 15.
— étymologie 1.
— fédéral 140, 145 et s.
— fédéré 140, 148-149, 150.
— mandataire 167.
— membre de l'Union Française 164, 170.
— population 6, 134, 147.
— pouvoir 5, 10-11.
— pluralitaire 140.
— protecteur 166.
— protégé 164-166.
— (régime d') 17.
— simple 137.
— socialiste 27, 93 et s.
— société 5, 6, 7, 8.
— sous-mandat 164, 167.
— territoire 7.
— totalitaire 10, 74.
— union d'états 157.
— unitaire 134 et s.
— vassal 164, 165.
États généraux 115, 182.
États-Unis d'Amérique 52, 53, 54, 55, 101, 118, 119, 120, 123, 124, 131, 152.
Étatisme 153.
État de siège 563.
Exception d'inconstitutionnalité 123.
Exécutif dépendant 57, 206, 349.

F

Fascisme
— V. *Dictature.*

Fédéralisme 145.
— allemand 154.
— américain 152.
— coopératif 151, 152, 154, 156.
— par agrégation 149.
— par ségrégation 149.
— soviétique 155.
— suisse 153.
Fonction gouvernementale 462.
Fonctionnaires (nomination des) 453.
Force armée 444, 471, 504.
Formule magique (suisse) 57.
Fraction 44.
France combattante 340.
Frédéric II 66.
Front démocratique 45, 100.
Führer
— V. *Dictature hitlérienne.*

G

Gaulle (général Charles de) 78.
— V. *Gouvernement de Londres, d'Alger, de la Libération, Régime transitoire, Bayeux.*
— appel du 18 juin 340, 342.
— retour au pouvoir 376.
— vues constitutionnelles 382.
Gemeinschaft
— V. *Communauté.*
George I, II, III, IV, Rois d'Angleterre 58, 169.
Gesellschaft
— V. *Société.*
Giraud (Général Henri) 341.
— V. *Gouvernement d'Alger.*
Giscard d'Estaing 414, 420, 426, 431, 432, 440, 443, 450.
Gliedstaaten 140.
Gorbatchev 94, 95.
Gouvernement
— collégial 57.
— conventionnel
— — V. *Exécutif dépendant.*
— de la défense nationale 104, 173, 296.
— de fait 104, 173.
— des juges 124, 152.
— provisoire 105.
— d'Assemblée
— — V. *Exécutif dépendant.*
— de la Libération 343.
— de Vichy 333 et s.
— présidentiel 52 et s.
— provisoire (1848) 272.
— de 1870 296.
— provisoire de 1944 343.
Gouvernements
— d'Alger 341.
— de Londres 340.
— semi-constitutionnels 173.
Grâce (droit de) 454.
Grand Conseil du Fascism 71, 82, 132.
Grand Conseil de Venise 80.
Grande Charte *(Magna Carte* 107, 111, 121.
Graves de Communi (encyclique 98.
Grévy (Jules) 318, 322.
— amendement (1848) 56, 280.
— Constitution (1879) 318, 322 324.
Grotius (Hugo) 31, 180.
Groupe parlementaire 40, 524
— de pression 330, 372.

H

Haut Commissariat
— V. *Gouvernement d'Alger.*
Haut Conseil de l'Union fran çaise 362.
Haute Cour constitutionnelle :
— d'Autriche 125.
— d'Irlande 125.
Haute Cour de Justice 569 et s
Haute trahison 460.
Heimatlosat 9.
Hérédité 67.
Histoire constitutionnelle française (divisions de l' 171 et s.
Hitlérisme
— V. *Dictature hitlérienne.*
Hobbes 25.
Hollande
— V. *Pays-Bas.*
Homogénéité du pouvoir 134
Hondt (système d') 42.

INDEX ALPHABÉTIQUE 919

I

Immunités parlementaires 510 et s.
Impeachment 54, 58.
Imperium 69.
Incompatibilités :
— ministérielles 475, 507 et s.
— parlementaires 544.
Indemnité parlementaire 513.
Indépendants (Centre national des) 371.
Indignité électorale 409.
Indivisibilité (de la République) 400.
Inégalité de représentation 40.
Initiative populaire 50.
Inscription électorale
— V. *Liste électorale.*
Instabilité gouvernementale 324, 465.
Instabilité ministérielle 465.
Institution 11, 26.
— agrégative 27, 57 et s.
— chose 26.
— constituante 27, 101, 105, 115, 116, 121, 132, 150.
— gouvernante 27, 29 et s.
— intégrante 27, 34 et s.
— mécanisme 26.
— personne 26.
Insurrection 102.
Interpellation 60.
Intervention étrangère 102.
Invalidation 505.
Irresponsabilité du Chef d'État 59, 459 et s.
Isègoria 30.
Isonomia 30.
Isotimie 30.
Italie 62, 125, 143.
Italie fasciste 70 et s

J

Juridiction 19.
— fédérale 149.
Jurie constitutionnaire 122.
Jus
— *belli* 147,
— *legationis* 147,
— *tractatum* 147.

Justice politique 568 et s.

K

Kaiserreich 154.

L

Landamann 47, 152.
Lander 50, 56, 148, 154.
Landrat 47.
Landsgemeinde 47, 115.
Leader 54, 62.
Légalité républicaine 103, 104.
Légitimité 104.
Liberté 34.
— des Anciens 30,
— des Modernes 30,
— d'opinion 35,
— publique 22.
Liste de confiance 228, 236.
Liste électorale 410 et s.
Loi (amendement à la) 539.
— de 1875 (24, 25 février, 16 juillet) 306,
— de finances 548, 563,
— de programme 386, 551,
— discussion et vote 537 et s.,
— domaine 386,
— initiative 537,
— ordinaire 386, 392, 537,
— organique 385, 391, 547,
— projet 537,
— promulgation 451.
Lois fondamentales 67, 178.
Lords 58, 62.
Louis XIV 67, 187, 248.
Louis XVI 183, 184, 193 et s.
Louis-Napoléon 280 et s.
Louis-Philippe 87, 261 et s.

M

Magistrats (nomination et discipline) 577.
Mai (16 mai 1877) 317.
Majorité 36.
Mandat parlementaire
— fin 515,
— impératif 416,
— représentatif 48,
— semi-représentatif 49.

Mao-Zedong 99.
Marschall (Grand Juge) 120, 124.
May flower 7.
Médiateté 159.
Médiateur 498, 554.
Message présidentiel 443.
Mid term elections 54.
Ministre
— dans la Constitution de 1946 361,
— dans la Constitution de 1958 474 et s.,
— — attributions 478 et s.,
— — délégué 479,
— — démission 480,
— — incompatibilités 475, 477,
— — nomination 474,
— — responsabilité civile 476,
— — — pénale 476,
— — révocation 480,
— — solidarité 464,
— d'État 479,
— pan-unioniste 155,
— président 154.
Minorité 36.
Mixtes (régimes) 83 et s.
Monarchie
— absolue 67, 185,
— censitaire 87,
— limitée 81, 86, 248, 250,
— parlementaire 266,
— représentative 251,
— révolutionnée 86, 186, 262,
— de Juillet
— — V. *Charte de 1830*.
Monocamérisme 57, 192, 202, 208, 279.
Monocratie 63 et s., 132.
— classification 66,
— définition 63,
— étymologie 63.
Montesquieu 12, 29, 32, 37, 54, 55, 58, 67, 185, 189, 201.
Motion
— de censure 566.
Moulins (ordonnance de) 107, 178.
Mouvement Républicain Populaire (M.R.P.) 347, 348 et s., 365, 369, 371.

Mouvement Poujade 371.
Moyenne (la plus forte) 42.
Multipartisan 371.
Mussolini (Benito) 71 et s.

N

Napoléon
— V. *Constitutions de l'an VII de l'an X, et de l'an XII*.
Napoléon III
— V. *Constitution de 1852*.
Nation
— V. *Droit constitutionnel démotique*.
Nationalité (électorat et éligibilité) 407.
— fédérale 146.
National-Socialisme 71.
New Deal 124.
Nombre unique 42.

O

Octroi 116, 132.
Oligarchies 78 et s.
Opinion (gouvernement d') 32, 81.
Ordonnances
— du Comité français de la Libération nationale 341,
— du Comité national français 340,
— du Gouvernement provisoire de la République française 341.
— du 9 août 1944
— — V. *Légalité républicaine*,
— de la constitution de 1958, 387, 458, 551.
Ordonnances (grandes de Charles X) 262.
Ordre
— individualiste 17,
— du jour 531, 532,
— des débats 531, 532.
Ordres (les trois) 183, 187.
Orléanisme 262 et s.

INDEX ALPHABÉTIQUE

P

Pacte
— colonial 169,
— constitutionnel 133, 184, 221.
Pairs (Chambre des) 62, 86.
Panachage 43.
Parallélisme des formes 130.
Parlement
— V. *Régime parlementaire.*
Parlementarisme
— V. *Régime parlementaire.*
— dualiste 86,
— rationalisé 59.
Parliament act (1911-1949) 58, 62, 107.
Participation (loi de) 145.
Parti politique 44, 45, 412 et s.
— communiste 347 et s., 365 et 414.
— (dualisme des) 45,
— unique 73,
— multiples 44, 45, 91, 371,
— paysan 371,
— républicain de la Liberté 347,
— radical socialiste 326, 347, 351, 371,
— socialiste 326, 347, 351, 371, 414.
Pays allemands
— V. *Länder.*
Pays-Bas 159.
Pays légal 270.
Périodes constitutionnelles (théorie des) 175.
Personnalisation du pouvoir 409.
Pétain (Maréchal) 126, 133, 332 et s.
— pouvoir constituant du 333,
— projet de Constitution du 337.
Petite constitution 173, 345.
Pétition 604.
— des droits 107.
Peuple 38 et s.
— V. *Corps électoral.*
Phalange 91.
Phases constitutionnelles (théorie des) 175.
Philadelphie
— V. *Constitution de.*

Plébiscite 234, 242, 244, 286 et s.
Pleins pouvoirs 334, 376.
Ploutocratie 78, 81.
Pluralisme idéologique 35.
— organique 37.
Politologie 11.
Pologne 90, 98.
Polyarchie 79.
Population
— V. *État.*
Portugal 91, 123.
Pouvoir
— constituant 113,
—— dérivé 113,
—— déterminateur 113 et s., 180, 241,
—— du maréchal Pétain 333,
—— originaire 113,
—— spontané 109,
—— sanctionnateur
—— — V. *Contrôle de la constitutionnalité,*
— constitué 113,
— hiérarchique 136,
— législatif fédéral 147,
—— fédéré 149,
— constitutionnalisé 37,
— personnalisé 64, 239, 245,
— réglementaire 386, 387,
—— V. *Décret.*
Pnyx 30.
Préambule
— de la Constitution de 1946, 387,
— de la Constitution de 1958, 390.
Premier ministre 466 et s.
Président
— V. *Régime présidentiel.*
— de l'Assemblée nationale 519,
— de la République
—— (dans la Constitution de 1875) 314, 322,
—— (dans le projet du 19 avril 1946) 349,
—— (dans la Constitution de 1946) 361,
—— (dans la Constitution de 1958) 421 et s.
— du Conseil des Ministres (dans la Constitution de 1875) 323.

— du Conseil des ministres (dans la Constitution de 1946) 360.
— du Sénat 519.
Présidents (conférence des) 522.
Présidentialismes 84, 92.
Présidentiel (régime) 51 et s.
Présidium 97, 155.
Primaires (Assemblées) 53, 191, 207.
Promulgation des lois 451.
Pronunciamiento 89, 103, 104.
Propagande 72.
— électorale 417, 427, 500, 502.
Protectorat 166.
Protocole d'Anfa 341.
Prusse 57.
Publicité des débats parlementaires 531.
Putsch 102.

Q

Questeur 520.
Questions de confiance
— V. *Engagement de la responsabilité ministérielle.*
— orales et écrites 556.
— préalable 541.
Quotient électoral 42.
— rectifié 42.

R

Racisme 74.
Rassemblement du peuple français 371.
Ratification des traités 455, 563.
Rébellion 102.
Recall 50.
Recettes et dépenses publiques 563.
R.D.A. (Const. 1974) 98.
Réélection présidentielle 55.
Référendum 50, 115.
— du 21 octobre 1945, 344.
— du 5 mai 1946, 350.
— du 13 octobre 1946, 353.
— du 28 septembre 1958, 383.
Reform bill 58, 107.
Réforme de l'État 329.

Régime autoritaire 378 et s.
— — censitaire.
— — V. *Cens électoral.*
— conventionnel.
— — V. *Exécutif dépendant.*
— de fait.
— — V. *Gouvernement de fait.*
Régime parlementaire 51, 58 s., 107.
— allemand 62.
— anglais 58, 62.
— authentique 59.
— dans la Constitution de 1875 311.
— dualiste 60, 87, 266, 316.
— (formation du) 58.
— espagnol 62.
— italien 62.
— rationalisé 61.
Régime présidentiel 46, 52 et s
Régime provisoire
— V. *Gouvernement provisoire.*
Régime représentatif 48, 137 310.
Régime semi-représentatif 49.
Régime transitoire 173.
Régimes constitutionnels 172
Régimes mixtes 83 et s.
Régionalisme 142.
Règlement 387, 393.
— des assemblées 391, 490.
Reichsamt 154.
Reichsgericht 125.
Reichskommissar 69.
Reichsrecht bricht Landesrecht 154.
Reichstag 71, 154.
Représentation of the people Ac 58, 107.
Représentation
— familiale.
— — V. *Vote familial.*
— des minorités 41.
— majoritaire 40.
— proportionnelle 42.
République 203, 217, 296, 354 399.
— autoritaire 287.
— démocratique 274.
— parlementaire 308.
— présidentielle 282.

INDEX ALPHABÉTIQUE

Républiques autonomes soviétiques 155.
— fédérées soviétiques 155.
Républicain (parti) 53.
Résolution 489, 490.
Responsabilité ministérielle 58, 324, 370, 564 et s.
Responsabilité présidentielle 346, 459 et s.
Révision constitutionnelle
— V. *Pouvoir constituant dérivé*.
— Constitution 1958, 395 et s.
Révocation des ministres 466, 480.
— du président de la République (indirecte) 322.
— populaire 50.
Révolution 9.
— de 1688 58.
— de 1789 179.
— de 1830 261.
— de 1848 271.
— nationale.
— — V. *Vichy*.
— d'Octobre : 93.
Rigidité constitutionnelle 128, 143, 395 et s.
Roi (ou Reine) d'Angleterre 58.
Rome
— dictature 69.
— (fondation de) 101.
— (marche sur) 104.
— république 85.
Rousseau (Jean-Jacques) 6, 12, 26, 32, 37, 47, 48, 153, 185, 186, 204, 205, 206.
Royaume-Uni 8.
Royauté
— V. *Monarchie*.
Russie 59.

S

Sagonte (*Pronunciamiento de*) 105.
Salazar 91.
Scrutin
— V. *Élections, Vote*.
— à la tribune 532.
— d'arrondissement 291, 325.
— de liste.
— — V. *Circonscription électorale*.
— public 532.
— uninominal 291, 325, 501.
Séances 531 et s.
Secrétaire d'État 479.
Secrétaire général du Gouvernement 472.
Self-Government colonial 169.
Sénat :
— de l'an VIII 122, 237.
— de 1852 122, 292.
— de 1875 313.
— de 1958 493, 502 et s., 524, 526, 527, 528.
— des U.S.A. 54, 152.
Sénatus-consulte 132, 133, 242, 244, 246, 295.
Sens formel (constitution) 110.
— (constitution) matériel 110.
Séparation des pouvoirs 51, 54, 195, 196, 220, 276, 403, 403.
Service militaire (des parlementaires) 551.
Sessions 494.
Shermann Act 124.
Sieyès (Abbé) 48, 49, 122, 129, 180, 182, 188, 195, 200, 215, 226, 228, 229, 231, 234, 236, 237, 239, 240, 244.
Société 111.
Souveraineté 10.
— nationale 187, 233, 264, 309, 404.
— populaire 204, 218, 275, 355, 404.
— royale 249.
Soviet 93.
— des nationalités 97, 155.
— suprême 97, 155.
Sparte 84.
Staatenverbindung 157.
Staatenbund 157.
Staatspartei 73.
Staline 94.
— V. *Dictature de*.
Stare decisis 124, 152.
Statut de Westminster 169.
Statute Law 107, 124.
Structures 11, 134.
Structure étatique 27.
Suffrage
— V. *Élections, Vote*.
— censitaire 191, 221, 251, 256, 267, 270.

— familial ou intégral 33.
— féminin 33.
— (pouvoir de) 37.
— restreint :
— — V. *Suffrage censitaire.*
— universel (direct) 33.
— universel (indirect) 502.
Suisse 47, 50, 56, 57, 118, 123, 125, 126, 131, 153.
Superlégalité constitutionnelle 112.
Suppléance 516.
Suppléant 396, 516.
Sylla (Dictature) 69.
Système électoral
— automatique ou badois 42.
— Hagenbach-Bishof 42.
— de Hare 42.
— d'Hondt 42.

T

Tchécoslovaquie 98, 125, 151.
Territoire 7, 101, 134, 147.
Thermidorienne (aristocratie) 225.
Thiers (Adolphe) 34, 245, 269, 270, 284, 298 et s.
— Gouvernement de 300.
Tito (Maréchal) 100.
Totalitarisme 10, 74, 134.
Traités 388, 394.
Tramways de Bucarest 123.
Treize mai 1958 375.
Tribunal constitutionnel de Karlsruhe 125.
— fédéral de Lausanne 123, 126, 153.
— des garanties constitutionnelles (Espagne) 125.
Tribunat 122, 237.
Truck-system 124.
Tutelle administrative 140.
Two parties system 45.
Tyrannie 68.

U

Unification 135.
Union
— d'États 157.
— incorporée 141.
— inégale 164.

— personnelle 161.
— réelle 163.
— française 358.
— — (Assemblée de l') 361.
— démocratique et socialiste de la Résistance (U.D.S.R.) 371.
— des démocrates pour la République (U.D.R.) 414.
— centriste des démocrates de progrès 524.
Unicité de pouvoir 71, 201.
Usage 107.
U.R.S.S. 66, 73, 93 à 95, 155.

V

Veto
— législatif 54.
— populaire 50.
— présidentiel (E.U.) 54.
— royal 195.
— temporaire.
— — V. *Délibération (nouvelle).*
Vice-Président de la République 432.
Vichy (gouvernement de) 59, 102, 104, 333 et s.
Victoria (Reine) 58, 108.
Vidovdan (Constitution de) 87, 102.
Vote
— V. *Élections, Scrutin.*
— à mains levées 532.
— bloqué 42, 544.
— (bureau de) 417.
— commissions de contrôle 417.
— cumulatif 41.
— de confiance 565.
— (dépouillement du) 417.
— des femmes 33.
— électronique 532.
— familial 33.
— limité 41.
— machines à voter 417.
— panaché 42.
— par assis et levé 532.
— par correspondance 417.
— par division 532.
— par procuration 417.
— personnel 522.
— (recensement des) 417.
— transférable 42.

W

Wallon (amendement) 306.

Y

Yougoslavie 100, 123, 151, 156, 165.

PRÉCIS DALLOZ

DROIT

DROIT ADMINISTRATIF,
— Données juridiques fondamentales. Organisation administrative. Formes de l'action administrative,
 par J. RIVÉRO.

DROIT ADMINISTRATIF,
— Fonction publique. Biens publics. Travaux publics.
— Expropriation. Urbanisme. Aménagement du territoire,
 par J.-M. AUBY et R. DUCOS-ADER.

ACTION ET AIDE SOCIALES,
 par E. ALFANDARI.

DROIT ANGLAIS,
 sous la direction de J.-A. JOLOWICZ.

DROIT DES ASSURANCES,
 par Y. LAMBERT-FAIVRE.

ASSURANCES DES ENTREPRISES,
 par Y. LAMBERT-FAIVRE.

DROIT BANCAIRE,
 par J.-L. RIVES-LANGE et M. CONTAMINE-RAYNAUD.

DROIT CIVIL,
— Introduction générale,
— Les personnes. La famille. Les incapacités,
— Les obligations,
 par A. WEILL et F. TERRÉ.
— Les successions. Les libéralités,
 par F. TERRÉ et Y. LEQUETTE.
— Les biens,
— Les régimes matrimoniaux,
 par F. TERRÉ et Ph. SIMLER.
— Les sûretés. La publicité foncière,
 par Ph. SIMLER et Ph. DELEBECQUE.

DROIT COMMERCIAL,
— Commerçants et entreprises commerciales. Concurrence et contrats du commerce,
 par R. HOUIN et M. PÉDAMON.

— Instruments de paiement et de crédit. Entreprises en difficulté,
 par M. JEANTIN.

— Sociétés commerciales,
 par Ph. MERLE.

DROIT COMMERCIAL EUROPÉEN,
par B. GOLDMAN et A. LYON-CAEN.

DROIT COMPTABLE,
par A. VIANDIER.

DROIT DE LA CONSOMMATION,
par J. CALAIS-AULOY.

CONTENTIEUX ADMINISTRATIF,
par Ch. DEBBASCH et J.-C. RICCI.

CRIMINOLOGIE,
par R. GASSIN.

DROIT DE LA DROGUE,
par F. CABALLERO.

DROIT DE L'ENVIRONNEMENT,
par M. PRIEUR.

DROIT DES ÉTATS-UNIS,
sous la direction de A. LEVASSEUR.

DROIT FISCAL DES AFFAIRES,
par F. GORÉ et B. JADAUD.

LES GRANDS SYSTÈMES DE DROIT CONTEMPORAINS,
par R. DAVID et C. JAUFFRET-SPINOSI.

DROIT DE L'INFORMATION,
par J.-M. AUBY et R. DUCOS-ADER.

INSTITUTIONS ADMINISTRATIVES,
par J.-M. AUBY, R. DUCOS-ADER et J.-B. AUBY.

INTRODUCTION AU DROIT COMPARÉ,
par R. RODIÈRE.

DROIT INTERNATIONAL DU DÉVELOPPEMENT,
par G. FEUER et H. CASSAN.

DROIT INTERNATIONAL PRIVÉ,
par Y. LOUSSOUARN et P. BOUREL.

DROIT INTERNATIONAL PUBLIC,
par Ch. ROUSSEAU.

LA JUSTICE ET SES INSTITUTIONS,
par J. VINCENT, G. MONTAGNIER et A. VARINARD.

LIBERTÉS PUBLIQUES,
    par Cl. A. COLLIARD.

DROIT MARITIME,
    par R. RODIÈRE et E. du PONTAVICE.

DROIT PÉNAL GÉNÉRAL,
    par G. STEFANI, G. LEVASSEUR et B. BOULOC.

DROIT PÉNAL INTERNATIONAL,
    par Cl. LOMBOIS.

DROIT PÉNAL SPÉCIAL,
par M.-L. RASSAT.

PHILOSOPHIE DU DROIT,
— Définitions et fins du droit,
— Les moyens du droit,
    par M. VILLEY.

PROCÉDURE CIVILE,
    par J. VINCENT et S. GUINCHARD.

PROCÉDURE PÉNALE,
    par G. STEFANI, G. LEVASSEUR et B. BOULOC.

DROIT DE LA PROMOTION IMMOBILIÈRE,
    par Ph. MALINVAUD et Ph. JESTAZ.

DROIT DE LA PROPRIÉTÉ INDUSTRIELLE,
    par A. CHAVANNE et J.-J. BURST.

PROPRIÉTÉ LITTÉRAIRE ET ARTISTIQUE ET DROITS VOISINS,
    par C. COLOMBET.

DROIT PUBLIC ÉCONOMIQUE,
    par A. de LAUBADÈRE et P. DELVOLVÉ.

DROIT RURAL,
    par J. HUDAULT.

DROIT DE LA SÉCURITÉ SOCIALE,
    par J.-J. DUPEYROUX.

DROIT DES SERVICES PUBLICS ET DES ENTREPRISES NATIONALES,
    par B. JEANNEAU.

DROIT SOCIAL INTERNATIONAL ET EUROPÉEN,
    par G. LYON-CAEN et A. LYON-CAEN.

LA THÉORIE DES OBLIGATIONS,
   par R. SAVATIER.

DROIT DES TRANSPORTS TERRESTRES ET AÉRIENS,
   par R. RODIÈRE et B. MERCADAL.

DROIT DU TRAVAIL,
   par G. LYON-CAEN et J. PÉLISSIER.

VOIES D'EXÉCUTION ET PROCÉDURES DE DISTRIBUTION,
   par J. VINCENT et J. PRÉVAULT.

GESTION D'ENTREPRISE

ÉLÉMENTS D'INFORMATIQUE APPLIQUÉE A LA GESTION,
   par H. LESCA et J.-L. PEAUCELLE.

GESTION COMMERCIALE DES ENTREPRISES,
   par A. MICALLEF.

GESTION DE L'ENTREPRISE ET COMPTABILITÉ,
   par P. LASSÈGUE.

SCIENCES ÉCONOMIQUES

LES CIRCUITS FINANCIERS,
   par P.-J. LEHMANN.

DYNAMIQUE ÉCONOMIQUE,
   par G. ABRAHAM-FROIS.

ÉCONOMIE POLITIQUE,
— Introduction générale. Analyse micro-économique. Analyse macro-économique,
   par H. GUITTON et D. VITRY.
— La monnaie. La répartition. Les échanges internationaux,
   par H. GUITTON et G. BRAMOULLÉ.

ESPACE RÉGIONAL ET AMÉNAGEMENT DU TERRITOIRE,
   par J. LAJUGIE, C. LACOUR et P. DELFAUD.

HISTOIRE DES FAITS ÉCONOMIQUES DE L'ÉPOQUE CONTEMPORAINE,
   par A. GARRIGOU-LAGRANGE et M. PENOUIL.

LA MONNAIE,
   par H. GUITTON et G. BRAMOULLÉ.

LES MOUVEMENTS CONJONCTURELS,
   par H. GUITTON et D. VITRY.

PENSÉE ÉCONOMIQUE ET THÉORIES CONTEMPORAINES,
   par A. PIETTRE et A. REDSLOB.

RELATIONS ÉCONOMIQUES INTERNATIONALES,
   par G. DESTANNE de BERNIS.

SOCIO-ÉCONOMIE DU SOUS-DÉVELOPPEMENT,
   par M. PENOUIL.

STATISTIQUE,
   par H. GUITTON.

SCIENCE POLITIQUE

COMMUNAUTÉS EUROPÉENNES,
   par L. CARTOU.

COMPTABILITÉ PUBLIQUE (Principes de),
   par G. MONTAGNIER.

DROIT DE L'AUDIOVISUEL,
   par Ch. DEBBASCH.

DROIT BUDGÉTAIRE ET COMPTABILITÉ PUBLIQUE,
   par L. TROTABAS et J.-M. COTTERET.

DROIT FISCAL,
   par L. TROTABAS et J.-M. COTTERET.

DROIT FISCAL INTERNATIONAL ET EUROPÉEN,
   par L. CARTOU.

DROIT DE L'URBANISME,
   par H. JACQUOT.

HISTOIRE DES IDÉES POLITIQUES,
   par M. PRÉLOT et G. LESCUYER.

HISTOIRE DES INSTITUTIONS PUBLIQUES DEPUIS LA RÉVOLUTION FRANÇAISE,
   par G. SAUTEL.

HISTOIRE DES INSTITUTIONS PUBLIQUES ET DES FAITS SOCIAUX,
   par P.-C. TIMBAL et A. CASTALDO.

INSTITUTIONS POLITIQUES ET DROIT CONSTITUTIONNEL,
   par M. PRÉLOT et J. BOULOUIS.

INSTITUTIONS POLITIQUES ET SOCIALES DE L'ANTIQUITÉ,
   par M. HUMBERT.

INSTITUTIONS DES RELATIONS INTERNATIONALES,
   par Cl.-A. COLLIARD.

INTRODUCTION A LA POLITIQUE,
   par Ch. DEBBASCH et J.-M. PONTIER.

LES ÉTATS SOCIALISTES EUROPÉENS,
   par R. CHARVIN.

LE SYSTÈME POLITIQUE FRANÇAIS,
   par D.-G. LAVROFF.

MÉTHODES DES SCIENCES SOCIALES,
   par M. GRAWITZ.

SCIENCE ADMINISTRATIVE,
   par Ch. DEBBASCH.

MÉMENTOS DALLOZ

DROIT PRIVÉ

DROIT DES AFFAIRES,
   par E. ALFANDARI.

DROIT DES ASSURANCES,
   par Cl.-J. BERR et H. GROUTEL.

DROIT BANCAIRE,
   par F. DEKEUWER-DEFOSSEZ.

DROIT CIVIL,
— Introduction générale du droit,
   par P. COURBE.
— Les personnes et les droits de la personnalité. La famille. Les incapacités.
— Les biens,
— Principaux contrats,
— Contrat de mariage et régimes matrimoniaux. Successions. Libéralités.
   par P. DUPONT-DELESTRAINT.
— Sûretés. Publicité foncière,
   par P. DUPONT-DELESTRAINT et M.-N. JOBARD-BACHELLIER.
— Les obligations,
   par P. DUPONT-DELESTRAINT et G. LÉGIER.

DROIT DU COMMERCE INTERNATIONAL,
   par B. JADAUD et R. PLAISANT.

DROIT COMMERCIAL,
— Les activités commerciales,
— Les groupements commerciaux,
   par J.-P. LE GALL.

DROIT DE LA CONSTRUCTION,
   par R. SAINT-ALARY et C. SAINT-ALARY HOUIN.

CRIMINOLOGIE ET SCIENCE PÉNITENTIAIRE,
   par J. LARGUIER.

DROIT DE L'ENREGISTREMENT
   et taxe de publicité foncière,
   par C. DAVID.

DROIT FISCAL DES ENTREPRISES COMMERCIALES,
   par J.-P. LE GALL.

FISCALITÉ IMMOBILIÈRE,
   par B. JADAUD.

GRANDS SYSTÈMES DE DROIT CONTEMPORAINS,
   par M. FROMONT.

INSTITUTIONS JUDICIAIRES,
   par J.-J. TAISNE.

DROIT INTERNATIONAL PRIVÉ,
   par J. DERRUPPÉ.

LOCATIONS ET LOYERS,
— Baux d'habitation, professionnels, commerciaux,
   par J. DERRUPPÉ.

DROIT PÉNAL DES AFFAIRES,
   par G. GIUDICELLI-DELAGE.

DROIT PÉNAL ÉCONOMIQUE,
   par J. PRADEL.

DROIT PÉNAL GÉNÉRAL,
   par J. LARGUIER.

PROCÉDURE PÉNALE,
   par J. LARGUIER.

DROIT PÉNAL SPÉCIAL,
   par J. et A.-M. LARGUIER.

PROCÉDURE CIVILE (Droit judiciaire privé),
   par J. LARGUIER.

DROIT DE LA PROPRIÉTÉ INDUSTRIELLE,
   par J. SCHMIDT-SZALEWSKI.

DROIT RURAL,
   par G. CHESNÉ et E.-N. MARTINE.

DROIT DE LA SÉCURITÉ SOCIALE,
   par J.-J. DUPEYROUX.

DROIT DES TRANSPORTS, terrestres, aériens et maritimes; internes et internationaux,
   par M. ALTER.

DROIT DU TRAVAIL,
   par J.-M. VERDIER.

VOIES D'EXÉCUTION,
   par J. VINCENT et J. PRÉVAULT.

GESTION

COMPTABILITÉ GÉNÉRALE,
   par P.-J. LEHMANN.

SCIENCES ÉCONOMIQUES

AMÉNAGEMENT DU TERRITOIRE ET DÉVELOPPEMENT RÉGIONAL,
   par Cl. LACOUR.

ANALYSE ET GESTION FINANCIÈRES DE L'ENTREPRISE,
   par M. LEVASSEUR et B. PIGANIOL.

ANALYSE MICROÉCONOMIQUE,
   par R. GOFFIN.

DÉMOGRAPHIE SOCIO-ÉCONOMIQUE,
   par A. FOUQUET et A. VINOKUR.

ÉCONOMIE DU DÉVELOPPEMENT,
   par Ph. HUGON.

ÉCONOMIE INDUSTRIELLE,
   par M. RAINELLI.

ÉCONOMIE MONÉTAIRE INTERNATIONALE,
   par A. SAMUELSON.

ÉCONOMIE POLITIQUE,
— Objet et méthodes de la science économique. Facteurs et cadres de l'activité économique. Prix et production,
— Monnaie. Répartition. Relations internationales,
   par A. PAGE.

ÉCONOMIE DU TRAVAIL,
   par J.-L. CAYATTE.

ÉLÉMENTS D'ANALYSE MONÉTAIRE,
   par F. RENVERSEZ.

GRANDS PROBLÈMES ÉCONOMIQUES CONTEMPORAINS,
   par G. CHAMBON.

INITIATION A LA VIE ET A LA GESTION DE L'ENTREPRISE,
   par G. CHAMBON.

INTRODUCTION A L'ÉCONOMIE POLITIQUE,
   par J. ARROUS.

MACROÉCONOMIE,
   par C. BORDES-MARCILLOUX.

MATHÉMATIQUES DES SYSTÈMES DYNAMIQUES,
   par M.-C. BARTHÉLEMY.

RELATIONS FINANCIÈRES INTERNATIONALES,
   par A. SAMUELSON.

SYSTÈMES FISCAUX,
   par M. BASLÉ.

DROIT PUBLIC

DROIT ADMINISTRATIF,
— Actes administratifs. Organisation administrative. Police. Service public. Responsabilité. Contentieux,
— Fonction publique. Domaine public. Expropriation. Réquisitions. Travaux publics,
   par G. PEISER.

ADMINISTRATION DE L'ÉTAT,
   par F. CHAUVIN.

ADMINISTRATION RÉGIONALE, DÉPARTEMENTALE ET MUNICIPALE,
   par J. MOREAU.

DROIT CONSTITUTIONNEL ET INSTITUTIONS POLITIQUES,
   par B. JEANNEAU.

CONTENTIEUX ADMINISTRATIF,
   par G. PEISER.

DROIT EUROPÉEN,
   par J.-C. GAUTRON.

FINANCES PUBLIQUES,
— Budget et pouvoir financier,
— Droit fiscal,
   par F. DERUEL.

HISTOIRE DES IDÉES POLITIQUES DE L'ANTIQUITÉ A LA FIN DU XVIIIe SIÈCLE,
   par D.-G. LAVROFF.

HISTOIRE DES IDÉES POLITIQUES DEPUIS LE XIXe SIÈCLE,
   par D.-G. LAVROFF.

HISTOIRE DES INSTITUTIONS PUBLIQUES ET DES FAITS SOCIAUX (XIe-XIXe siècles),
   par J. HILAIRE.

HISTOIRE DES INSTITUTIONS PUBLIQUES DE LA FRANCE (de 1789 à nos jours),
   par P. VILLARD.

INSTITUTIONS INTERNATIONALES,
   par J. CHARPENTIER.

INTRODUCTION A LA SCIENCE POLITIQUE,
   J. BAUDOUIN.

DROIT INTERNATIONAL PUBLIC,
   par D. RUZIÉ.

LIBERTÉS PUBLIQUES,
   par J. ROCHE.

DROIT DE LA SANTÉ PUBLIQUE,
   par J. MOREAU et D. TRUCHET.

CAPACITÉ EN DROIT

DROIT CIVIL,
   par P. DUPONT-DELESTRAINT.

DROIT COMMERCIAL,
   par J.-P. LE GALL.

DROIT PUBLIC,
   par L. DUBOUIS et G. PEISER.

La photocomposition a été réalisée
par l'Imprimerie de Montligeon
61400 La Chapelle Montligeon

IMPRIMÉ EN FRANCE PAR BRODARD ET TAUPIN
Usine de La Flèche (Sarthe), le 25-06-1990.
6652C-5 - Dépôt légal : juillet 1990.